中国检察年鉴

PROCURATORIAL YEARBOOK OF CHINA

最高人民检察院《中国检察年鉴》编辑部 编

2010

中国检察出版社

《中国检察年鉴》联系人名单

苏轶峰	北京市人民检察院
徐　健	天津市人民检察院
肖　蘅	河北省人民检察院
杨振田	山西省人民检察院
武天舒	内蒙古自治区人民检察院
牛凤祥	辽宁省人民检察院
栾海燕	吉林省人民检察院
矫季仁	黑龙江省人民检察院
丁　雁	上海市人民检察院
马　融	江苏省人民检察院
张新新	浙江省人民检察院
崔家超	安徽省人民检察院
陈国枝	福建省人民检察院
黎　娟	江西省人民检察院
朱会民	山东省人民检察院
周登敏	河南省人民检察院
徐泽坤	湖北省人民检察院
欧春燕	湖南省人民检察院
孙玉萍	广东省人民检察院
王运华	广西壮族自治区人民检察院
高　峰	海南省人民检察院
陈春雨	重庆市人民检察院
赵秉恒	四川省人民检察院
马　涛	贵州省人民检察院
聂荣发	云南省人民检察院
廖红荣	西藏自治区人民检察院
刘池阳	陕西省人民检察院
陶　星	甘肃省人民检察院
何育秀	青海省人民检察院
韩　冰	宁夏回族自治区人民检察院
张　艺	新疆维吾尔自治区人民检察院
王晓国	中国人民解放军军事检察院
贺胤应	新疆生产建设兵团人民检察院

2009年2月11日，全国基层检察院建设工作会议在北京召开。中共中央政治局常委、中央政法委书记周永康出席会议并亲切接见了第三届“全国十佳基层检察院”和“全国先进基层检察院”等先进集体代表。

肖杰 摄

2009年3月11日，最高人民检察院检察长曹建明向第十一届全国人民代表大会第二次会议作《最高人民检察院工作报告》。

肖杰 摄

2009 年 3 月 20 日，最高人民检察院检察长曹建明亲切接见了“全国模范检察官”、“河北省优秀共产党员”、河北省承德市人民检察院副检察长李永志同志，并号召广大检察人员认真学习他的先进事迹。

肖杰 摄

2009 年 6 月 5 日，最高人民检察院检察长曹建明等院领导与第二批在最高人民检察院挂职的法学专家、教授合影。

肖杰 摄

2009年7月3日，全国检察机关内部监督工作座谈会在黑龙江省哈尔滨市召开。

肖杰 摄

2009年12月16日，最高人民检察院第十一届检察委员会进行第四次集体学习。

肖杰 摄

2009年12月23日，全国检察机关学习贯彻全国政法工作会议精神电视电话会议在最高人民检察院主会场和全国各分会场举行，会议就检察机关深入推进社会矛盾化解、社会管理创新和公正廉洁执法三项重点工作进行部署。

肖杰 摄

2009年12月27日，最高人民检察院检察长曹建明就贯彻全国政法工作电视电话会议精神，深入推进社会矛盾化解、社会管理创新、公正廉洁执法三项重点工作，到云南省检察机关进行调研。

王翠云 摄

2009年11月23日，越南国家主席阮明哲在河内主席府会见了率团出席第六次中国与东盟成员国总检察长会议的中华人民共和国首席大检察官、最高人民检察院检察长曹建明。

简闻之 摄

2009年4月13日，中华人民共和国首席大检察官、最高人民检察院检察长曹建明率团出席在莫斯科举行的第七次上海合作组织总检察长会议。

鲁金搏 摄

2009年10月20日，最高人民检察院检察长曹建明在北京会见了新加坡总检察长温长明及其一行。

肖杰 摄

2009年10月13日，最高人民检察院检察长曹建明等院领导亲切接见了第十一期基层检察长培训班学员。

肖杰 摄

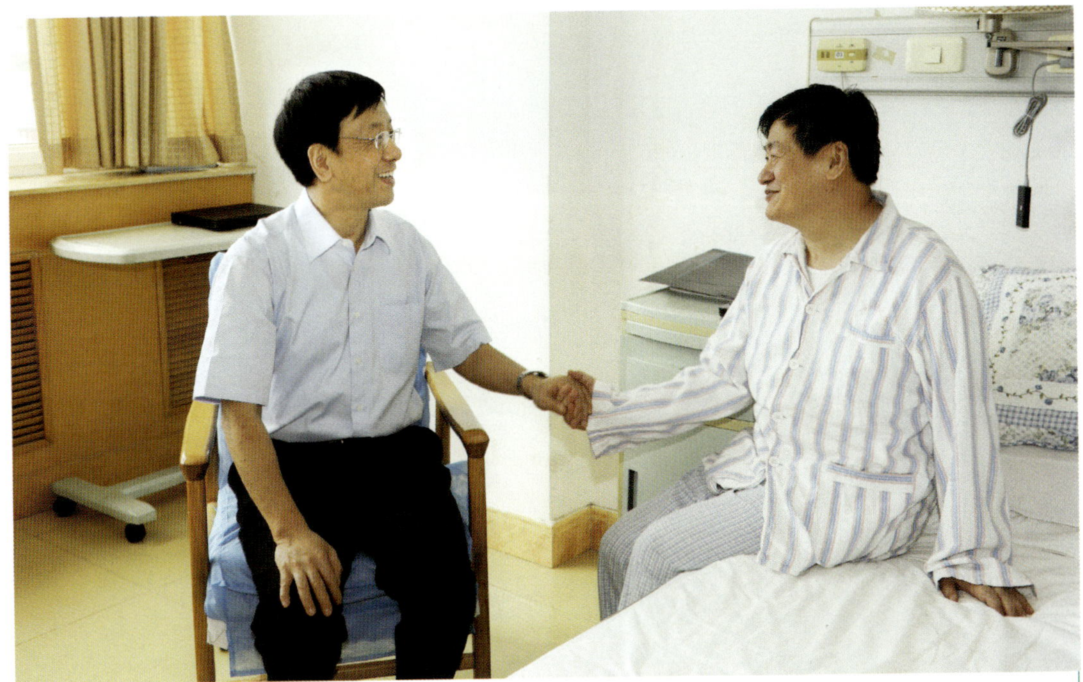

2009年7月1日，曹建明检察长代表最高人民检察院党组和全院党员干部，到医院亲切探望新时期共产党员的优秀代表、人民检察官的时代楷模喻中升同志。

肖杰 摄

2009年1月28日，曹建明检察长亲切看望刘复之等最高人民检察院老领导。

肖杰 摄

2009年6月21日，检察机关“12309”职务犯罪举报电话在最高人民检察院和部分省级检察院正式投入使用。

肖杰 摄

2009年9月16日，最高人民检察院向河北、山西、内蒙古、辽宁、河南等五省区派出接访工作组，接待和受理依法应当由最高人民检察院管辖的申诉和举报案件。

肖杰 摄

云南省昆明市西山区检察院侦查监督科科长杨竹芳荣获中央电视台年度十大法制人物。

肖杰 摄

全国检察机关庆祝新中国成立六十周年文艺演出。

肖杰 摄

编辑说明

一、《中国检察年鉴》是记载中国检察工作情况、及时反映检察工作全貌和各个年度的新发展、新成就的大型资料性年刊。年鉴以法律赋予检察机关的任务为轴心，收集了来自检察工作实践丰富、翔实的信息、数据和第一手资料。年鉴所采用的资料均由最高人民检察院各业务部门和省、自治区、直辖市人民检察院，军事检察院，新疆生产建设兵团人民检察院组织专业人员撰写和提供，具有权威性和准确性。

二、《中国检察年鉴》从1988年创刊开始，每年编辑出版一期。《中国检察年鉴》2010年刊反映的是2009年的情况，内容包括12个部分。

三、《中国检察年鉴》收录的资料，均未包括台湾省和香港、澳门特别行政区。

四、《中国检察年鉴》收录的资料，均截止到当年12月31日。

五、《中国检察年鉴》的编辑工作，得到各省、自治区、直辖市人民检察院，军事检察院，新疆生产建设兵团人民检察院和最高人民检察院有关业务部门的大力支持和协助，谨在此表示衷心的感谢。《中国检察年鉴》在编辑工作中存在的缺点和不足，恳请读者提出宝贵意见。

中国检察年鉴编辑部

2010年9月

目 录

第一部分 特载

第二部分 最高人民检察院负责人重要报告和讲话选载

第三部分

省、自治区、直辖市人民检察院工作报告

第四部分

检察工作概况

全国检察工作

地方、军事检察工作

第五部分

最高人民检察院重要文件选载

第六部分
最高人民检察院司法解释选载

第七部分
案例选载

第八部分
对外交流与合作

·第九部分·
检察理论研究 报刊出版 学院协会 技术信息

·第十部分·
大 事 记

·第十一部分·
统计资料

·第十二部分·
名 录

第一部分

特　载

第十一届全国人民代表大会第二次会议关于最高人民检察院工作报告的决议

（2009年3月13日第十一届全国人民代表大会第二次会议通过）

第十一届全国人民代表大会第二次会议听取和审议了曹建明检察长所作的最高人民检察院工作报告。会议对最高人民检察院过去一年的工作表示满意，同意报告提出的2009年的工作安排，决定批准这个报告。

会议要求，最高人民检察院要高举中国特色社会主义伟大旗帜，以邓小平理论和“三个代表”重要思想为指导，深入贯彻落实科学发展观，切实履行宪法和法律赋予的职责，坚持围绕中心、服务大局，公正执法、一心为民，深化司法改革，完善工作机制，规范执法行为，加强队伍建设，充分发挥检察机关的职能作用，为保持经济平稳较快发展、维护社会公平正义、促进社会和谐稳定，为夺取全面建设小康社会新胜利提供有力的司法保障。

最高人民检察院工作报告

——2009年3月10日在第十一届全国人民代表大会第二次会议上

最高人民检察院检察长　曹建明

各位代表：

现在，我代表最高人民检察院向大会报告工作，请予审议，并请全国政协各位委员提出意见。

2008年检察工作的主要情况

2008年，在以胡锦涛同志为总书记的党中央坚强领导下，在全国人大及其常委会的有力监督下，全国检察机关认真贯彻党的十七大、十七届三中全会和十一届全国人大一次会议精神，深入贯彻落实科学发展观，坚持“强化法律监督，维护公平正义”的工作主题，紧紧围绕经济社会发展全局，忠实履行宪法和法律赋予的职责，各项检察工作取得新进展。

一、充分发挥打击刑事犯罪等职能作用，维护国家安全与社会和谐稳定

针对国家安全面临的新形势、刑事犯罪的新情况和社会矛盾的新特点，全国检察机关认真贯彻宽严相济的刑事政策，依法履行批准逮捕、提起公诉等职责，妥善化解矛盾纠纷，有力地维护了国家安全，维护了社会稳定，促进了社会和谐。

坚持依法打击刑事犯罪。把确保北京奥运会、残奥会安全顺利举办作为重中之重的任务，积极参与平安奥运行动，依法打击各类刑事犯罪，认真落实社会治安综合治理措施，全力维护北京奥运会、残奥会期间社会治安大局稳定。积极参加反分裂、反恐怖斗争，坚决打击危害国家安全犯罪。依法妥善处理发生在拉萨等地的打砸抢烧严重暴力犯罪案件。与有关部门密切配合，深化打黑除恶等专项斗争，突出打击黑恶势力犯罪、严重暴力犯罪、多发性侵财犯罪和毒品犯罪，依法严惩走私、集资诈骗、非法吸收公众存款等严重经济犯罪。全年共批准逮捕各类刑事犯罪嫌疑人952583人，提起公诉

1143897 人,分别比上年增加 3.5% 和 5.7%。

坚持对轻微犯罪落实依法从宽政策。着眼于加强教育转化、促进社会和谐,对涉嫌犯罪但无逮捕必要的,依法决定不批准逮捕;对犯罪情节轻微,依照刑法规定不需要判处刑罚或者免除刑罚的,依法决定不起诉。对轻微刑事案件快速办理,并建议人民法院适用简易程序或简化审理程序。对因家庭或邻里纠纷引发、当事人达成和解的轻微刑事案件,依法予以从宽处理。对未成年人犯罪案件,贯彻"教育、感化、挽救"的方针,采取适合未成年人身心特点的办案方式,依法保障未成年人权益。

坚持把妥善化解矛盾贯穿于执法办案的始终。进一步畅通控告申诉渠道,完善信访工作机制,办理群众信访 418633 件次。深入开展排查化解涉检重信重访工作,加大督察力度,通过依法处理、教育疏导、救助救济,千方百计解决群众的合法合理诉求,努力实现案结事了、息诉罢访。共排查重点案件 2013 件,已办结息诉 1832 件。最高人民检察院派出工作组对 214 件重大疑难信访案件进行督办,就地联合接访、组织复查,已办结息诉 208 件;对 60 件反映司法不公的重点信访案件进行责任倒查,分别对有关责任人员依法追究刑事责任或建议有关部门依法作出处理。加强涉检信访分析、研判和排查,努力从源头上减少信访问题的发生,最大限度促进社会和谐稳定。

二、深入查办和预防职务犯罪,保障经济社会又好又快发展

认真贯彻党中央关于党风廉政建设和反腐败工作的总体部署,把查办和预防职务犯罪摆在突出位置,促进反腐倡廉建设,为经济社会又好又快发展提供司法保障。

着力查办职务犯罪大案要案。坚持"一要坚决、二要慎重、务必搞准"的原则,完善案件线索管理机制和侦查指挥协作机制,加强与执法执纪部门的配合,提高发现犯罪、侦破案件的能力。全年共立案侦查贪污贿赂、渎职侵权犯罪案件 33546 件 41179 人,已侦结提起公诉 26684 件 33953 人,人数分别比上年增加 1% 和 10.1%。其中,立案侦查贪污贿赂大案 17594 件,重特大渎职侵权案件 3211 件;查办涉嫌犯罪的县处级以上国家工作人员 2687 人,其中厅局级 181 人、省部级 4 人。会同有关部门加强境内外追逃工作,抓获在逃职务犯罪嫌疑人 1200 名。

着力服务于经济社会科学发展。一是以集中查办城镇建设领域商业贿赂犯罪为重点,深化治理商业贿赂工作。最高人民检察院会同最高人民法院制定《关于办理商业贿赂刑事案件适用法律若干问题的意见》。立案侦查涉及国家工作人员的商业贿赂犯罪案件 10315 件,涉案金额 21 亿余元。二是为保障社会主义新农村建设、促进农村改革发展,开展查办涉农职务犯罪专项工作。立案侦查发生在农村基础设施建设、支农惠农资金管理等领域和环节的职务犯罪案件 11712 件。三是为促进生态文明建设,开展查办危害能源资源和生态环境渎职犯罪专项工作。立案侦查非法批准征用土地、违法发放林木采伐许可证、环境监管失职等国家机关工作人员渎职犯罪案件 2637 件。四是紧紧围绕中央应对国际金融危机冲击的决策部署,最高人民检察院制定了《关于充分发挥检察职能为经济平稳较快发展服务的意见》,明确检察工作的着力点,积极主动做好服务经济建设的各项工作。

着力加强预防职务犯罪工作。落实中央关于建立健全惩治和预防腐败体系的要求,立足检察职能,重点围绕事关国计民生的重大建设项目以及职务犯罪多发行业和领域开展预防,分析职务犯罪发案原因、特点和规律,及时建议有关单位和部门堵塞漏洞、健全制度,共提出预防建议 8239 件。最高人民检察院就做好新增中央预算内投资项目的预防职务犯罪工作,向有关部门提出建议。广泛开展预防宣传和咨询,加强职务犯罪典型案例剖析,对国家工作人员进行警示教育。完善和推行行贿犯罪档案查询,共向工程招标单位、建设主管部门等提供查询 27630 次。

三、强化对诉讼活动的法律监督,维护司法公正和法制统一

坚持检察机关的宪法定位,认真履行对诉讼活动的法律监督职责,抓住群众反映强烈的执法不严、司法不公问题,加大监督力度,增强监督实效。

加强刑事诉讼法律监督,重点解决有罪不究、违法办案、侵犯人权的问题。推动完善和落实行政执法与刑事司法相衔接的机制,督促行政执法机关向司法机关移送涉嫌犯罪案件 3864 件,比上年增加 4%。对侦查机关应当立案而不立案的刑事案件,督促立案 20198 件;对侦查机关不应当立案而立案的,督促撤案 6774 件,分别增加 15.9% 和 42.2%。对应当逮捕而未提请逮捕、应当起诉而未移送起诉的，决定追加逮捕 20703 人、追加起诉 16679 人，分别增加 28.5% 和 28.8%。对不符合法定逮捕、起诉条件的，决定不批准逮捕 107815 人、不起诉 29871 人，分别增加 7.1% 和 6.7%。对侦查活动中滥用强制措施等违法情况提出纠正意见 22050 件次，增加 43.8%。把有罪判无罪、量刑畸轻畸重，以及因徇私枉法和严重违反法定程序影响公正审判的案件作为刑事审判法律监督的重点，对认为确有错误的刑事判决、裁定提出抗诉 3248 件，对刑事审判活动中的程序违法情况提出纠正意见 2995 件次，分别增加 6.4% 和 14.5%。加强死刑第二审案件审查和出庭工作，探索开展死刑复核法律监督。

积极开展民事审判和行政诉讼法律监督，重点解决裁判不公的问题。适应民事诉讼法的修改，探索上下级检察院协调办案等机制，强化抗诉书说理，提高办案效率和质量。对认为确有错误的民事、行政判决和裁定提出抗诉 11459 件，比上年减少 3%；提出再审检察建议 5222 件，比上年减少 12.9%。对裁判正确的，重视做好申诉人的服判息诉工作。依法加强对损害国家利益、公共利益、案外人利益的虚假诉讼的法律监督。对造成国有资产严重流失等涉及公共利益的民事案件，通过检察建议督促有关单位及时提起诉讼。

强化刑罚执行和监管活动法律监督，重点解决超期羁押和减刑、假释不当等问题。为切实防止罪犯逃避刑罚执行，维护被监管人合法权益，最高人民检察院制定关于监狱检察、看守所检察等四个规范性文件，加强和改进相关法律监督工作。着力纠正和防止超期羁押，落实羁押期限届满提示、超期羁押责任追究等制度，对超期羁押提出纠正意见 181 人次，比上年增加 112.9%。探索刑罚变更执行同步监督，依法监督纠正减刑、假释、暂予监外执行不当 4990 人，增加 34.6%；对侵犯被监管人合法权益等问题提出纠正意见 11660 件次，增加 85.6%。

严肃查处司法工作人员职务犯罪，重点解决司法领域中的腐败问题。把监督纠正违法与查办职务犯罪结合起来，注意在诉讼监督中发现执法不严、司法不公背后的职务犯罪线索，依法查处涉嫌贪赃枉法、徇私舞弊等犯罪的司法工作人员 2620 人。

四、坚持执法为民，切实维护人民群众合法权益

努力践行执法为民宗旨，把维护人民群众合法权益作为检察工作的根本出发点和落脚点，关注民生，服务群众，不断从人民群众的新要求新期待出发改进检察工作。

注重保障抗震救灾和灾后恢复重建。四川汶川特大地震发生后，最高人民检察院坚决落实中央部署，组织全国检察机关全力投入抗震救灾。灾区检察机关和广大检察人员在自身受灾十分严重的情况下，千方百计救助受灾群众，克服困难尽快恢复正常工作秩序，依法打击抢劫、盗窃和故意编造、散布谣言等危害抗震救灾及受灾群众利益的刑事犯罪，严肃查处和积极预防救灾款物管理、恢复重建工程建设中的职务犯罪，保障抗震救灾和灾后恢复重建顺利进行。

注重服务和保障民生。积极参加以改善民生为重点的社会建设，抓住关系民生的突出问题加大法律监督力度。依法严厉打击危害人民群众生命财产安全的制假售假犯罪，起诉制售伪劣食品、药品等犯罪嫌疑人 3320 人，比上年增加 21.4%。依法介入重大安全生产事故、重大食品安全事件调查，立案侦查严重失职渎职造成国家和人民利益重大损失的国家机关工作人员 918 人。最高人民检察院直接介入 14 起重特大事故调查，已立案侦查 123 人。加强对人权的司法保障，立案侦查涉嫌利用职权实施非法拘禁、报复陷害、破坏选举等犯罪的国家机关工作人员 555 人。

注重完善和落实便民利民措施。开设网上举报、申诉和信息查询系统，在一些重点乡镇设置联系点，推行下访巡访、预约接待，方便群众举报、控告和申诉。一些地方检察院设立民生服务热线，听取群众意见，提供法律咨询。扩大司法救助范围，对被害人因无法获得犯罪人经济赔偿造成生活困难的，积极协调有关方面给予救助，体现司法人文关怀。

五、加强对自身执法活动的监督制约，保障检察权依法正确行使

增强正人先正己、监督者必须接受监督的观念，不断完善内外部监督制约机制，保障检察机关执法办案活动严格依法进行。

自觉接受人大监督。十一届全国人大一次会议闭幕后，最高人民检察院及时召开电视电话会议，对全国检察机关认真学习贯彻会议精神、加强和改进检察工作作出全面部署。逐条研究全国人大代表提出的建议、批评和意见,认真对照查找检察工作存在的问题,梳理出8个方面30项任务,逐项研究和落实。各级检察机关认真贯彻监督法,主动向人大及其常委会报告工作,积极配合人大常委会组织的专题调研和执法检查,严格执行接受人大监督的各项制度。最高人民检察院就加强刑事审判法律监督工作情况向全国人大常委会作了专项工作报告,并根据常委会审议意见认真研究、落实整改措施;制定的司法解释均及时报送全国人大常委会备案;认真听取人大代表、政协委员的意见和建议。全国人大代表、全国政协委员提出的68件建议和提案,已在规定期限内办结。

自觉接受民主监督和社会监督。最高人民检察院制定了与各民主党派中央、全国工商联和无党派人士联络工作办法,两次召开座谈会听取对检察工作的意见和建议。坚持和完善特约检察员、专家咨询委员制度,在检察决策和执法办案过程中充分听取意见,接受监督。推进人民监督员制度改革,进一步规范监督程序,明确监督重点,增强监督实效。人民监督员监督职务犯罪案件中拟作撤案、不起诉处理和犯罪嫌疑人不服逮捕决定的"三类案件"5291件。深化检务公开,加强网上信息发布,及时向社会公布检察工作重大部署和重大案件办理情况,继续探索实行公开审查等办案机制,增加检察工作透明度,保障人民群众的知情权、参与权和监督权。认真执行修订后的律师法,完善和落实保障律师执业权利的措施,注意听取律师意见,促进自身公正执法。

自觉加强内部监督。最高人民检察院更加注重加强执法规范化建设,重视对办案的流程管理和动态监督,着力解决执法不规范等问题。颁布《人民检察院执法办案内部监督暂行规定》,加强对检察人员执法办案活动的监督。重点加强办理职务犯罪案件内部监督,严格执行立案、逮捕报上一级检察院备案和撤案、不起诉报上一级检察院批准制度。完善讯问职务犯罪嫌疑人全程同步录音录像制度。落实执法过错责任追究条例,对检察人员违法违规或者严重不负责任,导致案件处理错误的,严肃追究责任。全面推行检务督察制度,省级以上检察院均开展了督察工作,通过明察暗访等形式,对检察机关和检察人员履行职责、遵章守纪、检风检容等情况进行监督检查。最高人民检察院对5个省份的61个检察院进行了集中督察。

六、大力加强检察队伍建设,提高整体素质和法律监督能力

按照党的十七大关于严格、公正、文明执法的要求,最高人民检察院着力强化对检察人员的教育、管理和监督,努力造就高素质检察队伍。

坚持把思想政治建设放在首位。在全国检察机关深入学习贯彻党的十七大精神和胡锦涛总书记在全国政法工作会议代表和全国大法官、大检察官座谈会上的重要讲话,认真开展"大学习、大讨论"活动,深入开展社会主义法治理念教育,引导广大检察人员坚定政治方向,统一执法思想,牢固树立推动科学发展、促进社会和谐的大局观,以人为本、执法为民的执法观,办案力度、质量、效率、效果相统一的政绩观,监督者更要接受监督的权力观。按照中央统一部署,省级以上检察院扎实开展深入学习实践科学发展观活动。最高人民检察院在深入学习调研的基础上,广泛征求全国人大代表、全国政协委员和社会各界意见,针对贯彻落实科学发展观存在的问题认真整改,进一步明确检察工作服务经济社会科学发展和实现自身科学发展的思路及措施。

突出抓好领导班子建设。最高人民检察院进一步加强领导干部思想教育和素质能力培训,对地市级检察长普遍进行了轮训,对部分省级检察院领导班子成员和新任基层检察长进行了培训。认真落实述职述廉、个人有关事项报告、任前廉政谈话等制度,对新任省级检察长普遍进行了任前廉政谈话。加强对领导班子的巡视工作,最高人民检察院对3个省级检察院进行了巡视,并对已巡视的省级检察院落实巡视建议的情况进行了检查;各省级检察院共派出136个巡视组,对312个市县(区)检察院领导班子进行了巡视。

推进队伍专业化建设。最高人民检察院认真执行检察官法,严格职业准入,坚持凡进必考;规范初任检察官选拔工作,与有关部门联合下发了公开选拔初任检察官人选办法;加强与高等院校的人才培养协作;选任法学专家、学者到检察机关挂职;开展检察业务专家评审工作;分类建立检察人才库;注重引进和培养高层次人才。各级检察院以执法一线检察官为重点,加大业务培训力度,共举办各类培训班2878期,培训检察人员10万余人次。广泛开展岗位练兵、业务竞赛活动,鼓励在职人员参加继续教育,提高检察人员执法能力和水平。

狠抓纪律作风建设和自身反腐倡廉建设。最高人民检察院认真落实中央《建立健全惩治和预防腐败体系2008—2012年工作规划》,制定检察机关实施办法。严格执行党风廉政建设责任制,积极探索落实责任分解、责任考核、责任追究机制。注重运用正反两方面的典型,加强反腐倡廉教育。最高人民检察院深入剖析10起检察人员违纪违法案例,通报各级检察院进行警示教育。紧紧抓住群众反映强烈的执法不严、不公、不廉的问题,加大专项治理力度,开展规范安全文明执法专项检查。强化纪律要求,坚持从严治检,严肃查处违纪违法的检察人员258人,其中追究刑事责任24人。

加强基层检察院建设。坚持把检察工作和队伍建设的重心放在基层,推进基层检察院业务、队伍、保障和信息化相结合的管理机制建设。完善和落实上级检察院领导联系基层等制度,最高人民检察院领导带头下基层蹲点调研,认真研究解决影响基层检察工作的突出困难和问题。积极争取有关部门支持,补充政法专项编制重点充实基层,选派业务骨干到基层锻炼,缓解基层检察院办案力量不足、人才短缺等困难。加大对中西部和贫困地区检察院经费保障、装备建设的支持力度,推动落实县级检察院公用经费保障标准,基层执法条件得到改善。推行统一招录基层检察人员制度,注重提高基层检察队伍的思想政治素质、业务素质和职业道德素质,不断优化队伍年龄、知识结构,增强公正执法、为民执法的自觉性。一年来,全国基层检察院共有801个集体和5256名个人受到省级以上表彰,涌现出一批一心为民、秉公执法的先进典型。

一年来检察工作的成绩,是在党的领导、人大监督和政府、政协以及社会各界的关心、支持下取得的。在此,我代表最高人民检察院表示衷心的感谢!

各位代表,2008年是检察机关恢复重建三十周年。胡锦涛总书记等中央领导同志作出重要指示,充分肯定了三十年来检察工作取得的成绩,对进一步做好新时期检察工作提出了更高要求。我们清醒地认识到,与党和人民的要求相比,检察工作还存在不少问题和不足:一是一些检察机关法律监督意识和能力不强,存在不敢监督、不善监督、监督不到位等现象,对民事审判、行政诉讼的法律监督仍然比较薄弱。二是一些检察机关和检察人员贯彻落实科学发展观、践行社会主义法治理念的自觉性不强,不能正确处理监督与配合、打击与保护、实体公正与程序公正、法律效果与社会效果等关系。三是少数检察人员宗旨意识淡薄,对群众态度生硬、作风霸道,滥用检察权损害群众利益,甚至执法犯法、贪赃枉法。四是检察工作中的一些体制性、机制性、保障性障碍还没有从根本上消除,法律监督制度、队伍管理机制、经费保障体制还不完善,执法规范化体系和自身监督制约机制还不健全。一些基层检察院办案力量不足、检察官断档等问题仍然突出。对这些问题,最高人民检察院高度重视,将继续采取积极有效措施,认真加以解决。

2009年检察工作的主要安排

2009年是党和国家事业发展进程中十分关键的一年。检察机关要全面贯彻党的十七大、十七届三中全会和本次全国人大会议精神,认真落实胡锦涛总书记等中央领导同志对检察工作的一系列重要指示,牢固树立社会主义法治理念,坚持党的事业至上、人民利益至上、宪法法律至上,紧紧围绕保增长、保民生、保稳定这一全国工作大局,坚持科学发展,强化法律监督,维护公平正义,促进社会和谐稳定。

第一,着力保障经济平稳较快发展。增强大局意识,充分发挥打击、预防、监督、保护等职能作用,为我国经济平稳较快发展提供司法保障。积极参与整顿和规范市场秩序专项行动,深化治理商业贿赂工作,依法打击金融、证券、房地产等领域的犯罪活动。严肃查处和积极预防民生工程、基础设施、灾后恢复重建等建设项目审批和资金管理使用中的职务犯罪。依法打击造成重大环境污染、严重破坏生态环境的犯罪,继续深入查办危害能源资源和生态环境渎职犯罪。加强对知识产权的司法保护,依法打击侵犯知识产权犯罪。依法妥善处理涉及企业特别是广大中小企业的案件,平等保护各类市场主体的合法权益。依法打击制售假冒伪劣农资等坑农害农的犯罪,加大查办和预防涉农职务犯罪力度,强化涉农法律监督工作,维护农民权益,保障农业生产,服务农村改革发展。

第二,切实维护社会和谐稳定。严格执法,准确把握宽严相济的刑事政策,坚持该严则严,当宽则宽,做到既有力打击犯罪,又促进社会和谐。坚决打击危害国家安全犯罪,严惩黑恶势力犯罪、严重暴力犯罪、多发性侵财犯罪、涉众型经济犯罪和毒品犯罪,维护国家安全和社会稳定。正确把握逮捕、起诉条件,对具有从轻、减轻、免除处罚情节的犯罪嫌疑人落实依法从宽处理的政策。完善未成年人犯罪、老年人犯罪及其他轻微刑事案件办案方式,积极探索有利于化解矛盾纠纷、修复社会关系的工作机制。加强检察环节的社会治安综合治理工作,结合办案做好法制宣传。进一步加强涉检信访工作,建立信访督察专员制度,加大责任倒查和责任追究力度。妥善处理人民内部矛盾,依法及时解决群众的合理诉求,促进社会和谐稳定。

第三,更加关注和保障民生。积极参与食品药品安全专项整治以及"质量和安全年"活动,严厉打击制售有毒有害食品、药品等犯罪,依法查办重大安全生产事故、重大食品安全事件背后的渎职犯罪。严肃查办社会保障、劳动就业、征地拆迁、移民补偿、抢险救灾、医疗卫生、招生考试等领域的职务犯罪案件。强化对涉及劳动争议、保险纠纷、补贴救助等民事审判和行政诉讼活动的法律监督。依法维护军人军属、归侨侨眷的合法权益;加强对妇女、儿童、残疾人、农民工、下岗职工权益的司法保护。对生活确有困难的刑事被害人实行救助。逐步开通全国统一的12309举报电话,深化文明接待室创建活动,进一步完善和落实便民利民措施,体现司法为民。

第四,全面加强对诉讼活动的法律监督。进一步提高监督水平,努力做到敢于监督、善于监督、依法监督、规范监督,维护和促进司法公正。坚持打击犯罪与保障人权并重,加强对有罪不究、以罚代刑、刑讯逼供以及违法动用刑事手段插手民事经济纠纷等问题的监督,开展刑事审判法律监督工作专项检查,防止放纵犯罪和冤枉无辜。进一步加大对民事审判、行政诉讼的法律监督力度,探索开展对民事执行活动的监督,切实纠正裁判不公等问题。加强对超期羁押和减刑、假释、暂予监外执行不当的监督,促进刑罚执行和监管活动依法进行。严肃查处司法工作人员职务犯罪,纯洁司法队伍,维护司法廉洁。

第五,深化检察体制和工作机制改革。全面落实中央关于深化司法体制和工作机制改革的部署,从满足人民的司法需求出发,以强化法律监督和加强对自身执法活动的监督制约为重点,推进检察体制和工作机制改革。完善对民事、行政诉讼实施法律监督的范围、程序和方式。建立健全对适用搜查、扣押、冻结等侦查措施以及刑事立案、死刑复核、刑罚变更执行的法律监督机制。继续完善人民监督员制度。健全对重点执法岗位和环节特别是职务犯罪侦查的监督制约机制。进一步完善各项检察业务工作流程和执法行为规范。健全对人民群众举报、控告、投诉、申诉的办理、督察、反馈机制。深化检务公开,不断提高检察机关执法的透明度和公信力。

第六,加强高素质检察队伍建设。扎实开展深入学习实践科学发展观活动,深化社会主义法治理念教育。切实加强检察机关领导干部党性修养,树立和弘扬优良作风。开展全员教育培训,加强检察专门人才培养,提高检察队伍整体素质。制定实施检察官职业道德准则,强化职业道德约束。毫不放松地抓好自身反腐倡廉建设,建立领导干部廉政档案和检察人员执法档案制度,集中整治队伍中的违纪违法突出问题,坚决纠正损害群众利益的行为,保障严格、公正、文明、廉洁执法,切实维护社会公平正义。以执法规范化、队伍专业化、管理科学化、保障现代化为目标,深入推进基层检察院建设,加大对中西部和贫困地区基层检察院的支持力度,推动东西部地区检察机关互派干部挂职,认真解决基层面临的突出问题和困难,提高基层检察工作和队伍建设水平,筑牢执法为民的一线平台。

各位代表,接受监督是检察工作健康发展的重要保证。我们将更加自觉地接受人大及其常委会的监督,接受人民政协和民主党派、工商联、无党派人士的民主监督,接受人民群众监督和新闻舆论监督,不断加强和改进检察工作。

在新的一年里,全国检察机关将更加紧密地团结在以胡锦涛同志为总书记的党中央周围,高举中国特色社会主义伟大旗帜,以邓小平理论和"三个代表"重要思想为指导,深入贯彻落实科学发展观,振奋精神,扎实工作,以优异成绩迎接新中国成立六十周年!

最高人民检察院关于加强渎职侵权检察工作促进依法行政和公正司法情况的报告

——2009年10月28日在第十一届全国人民代表大会常务委员会第十一次会议上

最高人民检察院检察长　曹建明

全国人民代表大会常务委员会：

现在，我代表最高人民检察院报告加强渎职侵权检察工作、促进依法行政和公正司法的情况，请予审议。

一、认真履行职责，依法查办和积极预防渎职侵权犯罪

渎职侵权犯罪是指国家机关工作人员滥用职权、玩忽职守、徇私舞弊等犯罪，以及利用职权实施的侵犯公民人身权利、民主权利的犯罪，涉及43个罪名。这类犯罪不仅使公共财产、国家和人民利益遭受重大损失，而且严重损害党和政府的形象及威信。2005年以来，检察机关坚决贯彻党中央关于推进依法治国和党风廉政建设的总体部署，按照全国人大及其常委会的决议和要求，认真履行法律赋予的职责，不断加大查办和预防渎职侵权犯罪力度，努力为促进依法行政和公正司法，维护人民群众合法权益，保障经济社会科学发展发挥积极作用。截至今年6月，共立案侦查渎职侵权犯罪案件31202件38754人，已侦结提起公诉17943件23308人，为国家和集体挽回经济损失197.4亿元。其中，立案侦查重大案件8387件、特大案件4381件，查处县处级以上国家机关工作人员1396人（内有厅局级47人、省部级5人）。

（一）围绕推动科学发展、促进社会和谐开展专项工作。坚持把渎职侵权检察工作放在党和国家工作大局中谋划和推进，紧紧抓住影响改革发展稳定的突出问题和人民群众普遍关注的热点问题，有针对性地集中查办严重渎职犯罪。去年以来，受国际金融危机持续蔓延的影响，我国经济运行困难急剧增加。最高人民检察院积极研究检察工作应对金融危机的措施，制定下发《关于充分发挥检察职能服务经济平稳较快发展的意见》，着力加强专项查办工作，取得良好效果。

开展集中查办破坏市场经济秩序渎职犯罪专项工作。一些负有市场监管职责的行政管理和行政执法人员严重失职渎职，是造成制假售假、偷税骗税等经济犯罪频发的重要原因之一。检察机关坚决贯彻党中央、国务院关于整顿和规范市场经济秩序的重大部署，从2005年8月至2006年底开展集中查办破坏市场经济秩序渎职犯罪专项工作。把对市场经济破坏大、对国家利益危害大、社会影响大的案件作为查办重点，深入排查线索，集中力量攻坚，共立案侦查国家机关工作人员不作为或乱作为，严重扰乱市场秩序、侵犯市场主体利益的渎职犯罪案件5841件。

开展查办危害能源资源和生态环境渎职犯罪专项工作。为加强能源资源节约和生态环境保护，促进生态文明建设和可持续发展，从2008年4月起开展查办危害能源资源和生态环境渎职犯罪专项工作，共立案侦查破坏土地、森林、矿产、水电等能源资源和生态环境的渎职犯罪案件4599件。最高人民检察院直接派员督办了云南省阳宗海特大水污染事件、新疆维吾尔自治区巴楚县2.4万余亩国家重点公益林被毁事件等重特大渎职犯罪案件。

开展查办涉农职务犯罪专项工作。为保障社会主义新农村建设、促进农村改革发展，从2008年5月起开展查办涉农职务犯罪专项工作。各级检察机关主动走访有关部门，调研了解“三农”政策落实情况，有针对性地开展办案工作。以支农惠农资金管理、农村土地征用、基础设施建设以及土地和林权制度改革等领域和环节为重点，立案侦查侵害农民合法权益、危害农业生产发展、影响农村和谐稳定的渎职侵权犯罪案件3327件。

(二)突出查办民生领域的渎职犯罪案件。坚持以人为本、执法为民,围绕解决人民群众最关心、最直接、最现实的利益问题,着力查办发生在安全生产、医疗卫生、征地拆迁、社会保障、企业改制、抢险救灾、就业就学等民生领域的渎职犯罪案件,国家机关工作人员充当黑恶势力"保护伞"的案件,以及其他发生在群众身边、侵害群众切身利益的案件,促进党和国家保障和改善民生各项政策措施的落实。最高人民检察院直接查办或督办了中共上海市委原书记陈良宇受贿、滥用职权违规使用社保基金案,国家食品药品监督管理局原局长郑筱萸受贿、玩忽职守导致药品市场管理混乱案等重特大渎职犯罪案件。针对一些地方重大安全生产事故频发,造成严重经济损失和重大人员伤亡的情况,会同国务院有关部门制定《关于加强行政机关与检察机关在重大责任事故调查处理中的联系和配合的暂行规定》,建立了检察机关同步介入事故调查的工作机制。各级检察机关共依法介入7982起重大责任事故的调查,立案侦查玩忽职守、纵容违法违规生产等涉嫌渎职犯罪的国家机关工作人员3923人。最高人民检察院派员直接介入山西省襄汾县新塔矿业公司尾矿库溃坝、湖南省凤凰县堤溪沱江大桥垮塌、广东省深圳市舞王俱乐部火灾等38起特大事故的调查,检察机关从中立案侦查涉嫌渎职等职务犯罪的国家机关工作人员264人。

(三)坚决查办司法不公背后的渎职犯罪。司法工作人员执法犯法,社会影响尤为恶劣,人民群众深恶痛绝。检察机关坚决贯彻党中央关于惩治司法领域中的腐败的要求,坚持把查办司法不公背后的职务犯罪放在重要位置来抓。一是把监督纠正诉讼中的违法情况与查办司法工作人员职务犯罪结合起来,注意透过有案不立、有罪不究、重罪轻判等现象特别是冤错案件,深挖严查背后的玩忽职守、徇私枉法等犯罪,共立案侦查涉嫌渎职犯罪的司法工作人员7857人。二是在处理涉法涉诉信访工作中加大责任倒查力度。去年,最高人民检察院对60件反映司法不公的重点信访案件进行责任倒查,对有失职渎职行为的42名司法工作人员依法追究刑事责任或建议有关部门作出处理。三是针对群众反映强烈的刑罚执行中以钱抵刑和"前门进、后门出"等突出问题,结合开展减刑、假释、保外就医专项检查和核查纠正监外执行罪犯脱管漏管专项活动,立案侦查徇私舞弊减刑、假释、暂予监外执行和私放在押人员等犯罪案件258件。今年2月"躲猫猫"事件发生后,最高人民检察院立即派出工作组,指导当地检察机关在较短时间内查清案情,对有关人员依法追究刑事责任。今年4月,又与公安部联合部署开展全国看守所监管执法专项检查活动,对社会关注的"牢头狱霸"等问题进行重点检查,对监管人员严重失职渎职、侵犯在押人员合法权益的案件进行严肃查处。

(四)严肃查办国家机关工作人员利用职权侵犯人权的犯罪。认真落实尊重和保障人权的宪法原则,加强对人权的司法保障,切实维护公民依法享有的人身权利和民主权利。依法查办国家机关工作人员利用职权实施的非法拘禁案件,以及滥用职权、假公济私,对控告人、申诉人、批评人、举报人进行报复陷害的案件1266件2186人。为保证换届选举活动依法顺利进行,保障选民和代表自由行使选举权、被选举权,严肃查办以暴力、威胁、欺骗、贿赂等手段破坏选举的犯罪案件69件111人。重点加强对司法活动中侵犯人权现象的监督,严肃查办非法搜查、刑讯逼供、暴力取证和虐待被监管人的犯罪案件1062件1586人。

(五)结合办案加强预防渎职侵权犯罪工作。认真贯彻标本兼治、综合治理、惩防并举、注重预防的方针,按照中央关于建立健全惩治和预防腐败体系的要求,在依法查办案件的同时,积极开展预防工作。深入剖析渎职侵权犯罪的原因、特点和规律,向发案单位及其主管(监管)部门提出检察建议,督促其健全规章制度、堵塞管理漏洞;积极开展行业预防和系统预防,与环保、国土、质检等部门共同组织专题调研,针对带有普遍性的问题,完善预防犯罪的机制和制度;深入机关单位宣讲授课,举办惩治和预防职务犯罪展览,广泛开展法制宣传和警示教育,引导国家机关工作人员增强依法行政、勤政廉政的自觉性,从源头上预防和减少渎职侵权犯罪发生。

二、加强反渎职侵权能力建设,提高渎职侵权检察工作水平

检察机关要履行好宪法和法律赋予的职责,必须着力提高自身的法律监督能力。最高人民检察院始终把加强反渎职侵权能力建设作为推进渎职侵权检察工作的重要抓手,制定下发《关于加强反渎职侵权能力建设的决定》,要求各级检察机关不断提高渎职侵权检察工作水平。

(一)牢固树立正确的执法理念。扎实开展社会主义法治理念教育、"大学习、大讨论"和深入学习实践科学发展观等活动,认真查找和解决执法思想上存在的问题,牢固树立正确的执法观。特别是结合渎职侵权检察工作实际,强调正确处理办案力度与办案质量的关系,既要认真履行职责,加大查办案件力度,又要重事实、重证据、重程序,确保所办案件经得起检验;正确处理打击与保护的关系,准确把握改革探索与违法犯罪、工作失误与失职渎职等界限,依法惩治犯罪者,教育失误者,保护无辜者,支持改革者;正确处理法律效果与政治效果、社会效果的关系,在严格依法办案的同时,认真贯彻宽严相济刑事政策,注重改进办案方式和方法,注重维护正常工作秩序,注重化解社会矛盾纠纷、促进社会和谐稳定,努力实现"三个效果"的有机统一。

(二)创新和完善渎职侵权检察工作机制。一是健全举报工作机制。深入开展举报宣传周、反渎职侵权宣传月活动,完善网上举报、电话举报等方式,提高依靠群众发现犯罪的能力。最高人民检察院全面修订《人民检察院举报工作规定》,开通了全国统一的"12309"举报电话。二是健全线索管理机制。实行案件线索报上一级检察院备案制度,制定《关于进一步加强和改进举报线索管理工作的意见》、《关于发现和初查司法工作人员职务犯罪案件线索的若干意见》,强化线索查处的配合与制约,防止有案不办、压案不查。三是健全侦查办案一体化机制。针对查办渎职侵权犯罪干扰多、阻力大等问题,采取上级检察院交办、提办、参办、督办和指定异地管辖等措施,加强统一指挥和组织协调。四是健全内部协作机制。制定检察机关各内设机构在查办职务犯罪中加强协调配合的意见,充分发挥整体效能,提高执法办案能力。

(三)加强与有关部门的协作配合。各级检察机关主动加强与行政管理、执法执纪和其他司法机关的沟通协作,建立健全情况通报、信息共享、线索移送、协助调查、联手预防等制度,积极推动行政执法与刑事司法相衔接,努力构建共同惩治和预防渎职侵权犯罪的工作格局。最高人民检察院会同公安部、监察部等部门制定了关于在行政执法中及时移送涉嫌犯罪案件的意见,会同国家审计署、国家环保总局等部门制定了关于在查处和预防渎职等职务犯罪工作中加强协作配合的意见;与国务院十六个部委局建立联席会议制度,互相通报违法犯罪情况,研究解决工作中的问题,促进了渎职侵权检察工作的依法顺利开展。

(四)推进渎职侵权检察机构和队伍建设。2005年5月起,地方各级检察院渎职侵权检察机构统一更名为"反渎职侵权局"。各地以此为契机,健全工作机制,充实办案力量,强化渎职侵权检察工作的组织保障。以加强能力建设为核心,组织大规模的集中培训,广泛开展业务竞赛、案例研讨等岗位练兵活动,推进渎职侵权检察队伍专业化建设。建立全国和省、市三级侦查办案人才库,对优秀业务骨干实行统一培养、统一管理、统一使用。今年上半年,依托检察机关视频专线网络,聘请专家学者授课,对18000多名渎职侵权检察干警普遍进行岗位素能全员培训,促进了队伍整体素质和法律监督能力的提高。

三、强化对自身执法活动的监督制约,保障依法正确履行渎职侵权检察职责

加强监督制约是保障公正执法的必然要求。各级检察机关自觉把渎职侵权检察工作置于各方面的监督之下,不断强化内外部监督制约机制建设,促进自身严格、公正、文明、廉洁执法。

(一)自觉接受人大及其常委会监督。坚持把渎职侵权检察工作作为检察机关接受人大监督的重要内容,主动汇报工作情况,认真执行人大及其常委会的决议和要求。内蒙古、安徽、重庆、四川、甘肃、宁夏、新疆、广西、福建等省级检察院就开展渎职侵权检察工作的情况向同级人大常委会作了专项报告。高度重视、依法办理各级人大和人大代表关注的案件,及时反馈办理情况。积极配合人大组织的执法检查,主动邀请人大代表视察,真诚接受批评,切实进行整改。

(二)诚恳接受人民群众监督和有关方面的制约。严格落实人民监督员制度,对渎职侵权犯罪嫌疑人不服逮捕和拟作撤案、不起诉决定的案件,全部交由人民监督员监督。坚持以公开促公正,通过召开新闻发布会等形式,及时公布有关司法解释、重大工作部署和重大案件办理情况,保障人民群众的知情权、参与权和监督权。认真贯彻执行修订后的律师法,注意听取律师意见,保障律师执业权利。自觉接受人民法院制约,对判决无罪的案件认真分析原因,查找自身不足,努力提高执法水平和办案质量。

(三)不断强化检察机关内部的监督制约。一是加强内部分工和制约。渎职侵权犯罪案件的受理、立案侦查、审查逮捕、审查起诉等环节的工作,分别由不同的内设机构承办。二是实行讯问犯罪嫌疑人全程同步录音录像制度,切实防止在讯问中发生侵犯犯罪嫌疑人合法权益的现象。三是加强上级检察院对下级检察院办案工作的监督。2005年实行撤案、不起诉报上一级检察院批准,立案、逮捕报上一级检察院备案制度。今年9月起实行省级以下检察院立案侦查的案件由上一级检察院审查决定逮捕的制度。四是加强执法活动专项检查。针对一些检察机关存在的受利益驱动办案和办案安全隐患等问题,组织开展扣押、冻结、处理涉案款物专项检查和办案安全专项检查。五是健全和落实执法责任制、责任追究制。制定执法办案内部监督规定、执法过错责任追究条例和办案安全责任追究规定,严肃追究执法过错责任,坚决查处违法违纪行为,努力做到自身正、自身净、自身硬。

(四)大力推进渎职侵权检察工作规范化建设。一是根据经济社会发展和司法实践需求,适时出台有关司法解释,修订了渎职侵权犯罪案件立案标准,努力减少执法随意性。二是抓住容易发生问题的关键环节,细化办案程序,明确执法要求。最高人民检察院制定完善了关于加强案件管理、规范扣押冻结款物行为等规定。三是健全办案考评机制,修订了考评各省、自治区、直辖市检察机关查办渎职侵权犯罪案件工作办法,对促进严格执法、提高办案质量起到了良好的导向作用。2008年渎职侵权犯罪案件的起诉率、有罪判决率分别比2005年上升2.6和1.3个百分点,撤案率、不起诉率分别下降1.1和2.6个百分点。

四、当前工作中存在的问题和困难

近年来,渎职侵权检察工作取得了新的进展,但与党中央的要求和人民群众的期待相比还有不小的差距,仍然是检察工作中相对薄弱的环节,并存在一些值得高度重视的问题:一是渎职侵权检察工作力度还不够大,职能作用发挥还不充分。一些检察机关对渎职侵权检察工作认识不足、重视不够,工作打不开局面。有的对查办渎职侵权案件存在畏难情绪,怕影响部门间的关系、影响地方经济发展,缺乏依法办案、攻坚克难的勇气,不敢办案,导致有的案件没有受到依法查处。二是渎职侵权检察工作机制还不健全。在宣传发动群众举报、加强案件线索管理、增强查办案件合力等方面,相关工作机制需要进一步完善。一些地方特别是基层检察院机构设置不健全,人员力量严重不足。三是反渎职侵权能力还不适应。一些检察人员业务素质和侦查水平偏低,对新形势下渎职侵权犯罪的特点、规律把握不准,对相关行业、领域的知识学习研究不够,主动发现线索、收集固定证据、运用法律政策、排除阻力干扰的能力不强,有的案件办案质量不高。四是队伍的思想作风建设有待加强。一些检察人员政治素质、职业道德素质不高,公正执法、执法为民的意识淡薄,有的执法不规范、不公正、不文明,甚至违法办案、以案谋私,严重损害了检察机关的执法公信力。对这些问题,最高人民检察院将高度重视,切实采取措施,认真加以解决。

在开展渎职侵权检察工作中,检察机关也面临一些实际困难,渎职侵权犯罪案件发现难、取证难、处理难、阻力大的问题尚未得到根本解决:一是社会公众特别是一些领导干部对渎职侵权犯罪的危害性认识不足。由于这类犯罪发生在执行职务过程中,涉及环节较多,责任相对分散,容易被忽视、被容忍、被谅解,通过公众举报的案件线索较少。有的地方和部门领导认为只要不谋私利、不揣腰包,就不应以犯罪论处,有的法外说情、偏袒庇护,人为设置障碍。二是行政执法与刑事司法相衔接机制在一些地方和部门还没有真正得到落实。有的执法不透明,检察机关难以从中发现和调查渎职侵权犯罪线索。有的对涉嫌渎职侵权犯罪的案件不移送检察机关,往往以党纪政纪处理代替刑事追究。三是渎职侵权犯罪案件轻刑化的问题突出,难以起到惩治和警示作用。四是相关立法还不够完备。刑法关于渎职犯罪构成要件和量刑标准的规定不够明确,导致司法实践中执法不统一、认识不一致;一些危害严重的渎职犯罪法定刑偏低。刑事诉讼法赋予检察机关的侦查手段不足,影响了对一些案件的及时有效查处。面对这些情况,检察机关积极争取党委领导、人大监督、政府支持还不够,提高社会认知度、改善执法环境的办法还不多,制约了这项工作的深入开展。

五、深入贯彻落实科学发展观,全面加强和改进渎职侵权检察工作

当前我国正处于改革发展的关键时期,渎职侵权犯罪仍呈发案多、危害大的态势。全国检察机关要认真学习贯彻党的十七大精神和胡锦涛总书记等中央领导同志对检察工作的一系列重要指示，深入贯彻落实科学发展观，适应经济社会发展的新要求和人民群众的新期待，全面加强和改进渎职侵权检察工作，为促进依法行政和公正司法发挥更加积极的作用。

（一）提高思想认识，增强工作责任感和自觉性。深刻认识渎职侵权犯罪的危害性和加强渎职侵权检察工作的重要性，始终牢记法律赋予的职责，切实增强敢于办案、秉公办案、依法办案的信心和勇气。把渎职侵权检察工作放在更加突出的位置，创新思路，强化措施，着力解决面临的突出困难和问题，全面提高渎职侵权检察工作水平。

（二）突出工作重点，加大查办和预防渎职侵权犯罪力度。紧紧围绕“保增长、保民生、保稳定”的要求，重点查办影响科学发展、损害民生民利、危害公平正义、破坏和谐稳定的渎职侵权案件，特别要突出查办危害政府投资安全、扰乱市场经济秩序以及食品卫生、医疗医药、安全生产、社会保障等民生领域的渎职犯罪。认真落实党中央的决策部署，积极参与工程建设领域突出问题专项治理工作，严肃查处国家机关工作人员监管不力、行政不作为和乱作为造成重大损失的渎职犯罪案件。加大查办司法工作人员渎职侵权犯罪的力度，纯洁司法队伍，促进司法公正。认真总结预防渎职侵权犯罪工作经验，进一步拓宽宣传教育领域，推进预防制度建设，增强预防工作实效。

（三）推进改革创新，进一步完善渎职侵权检察工作机制。认真落实中央关于深化司法体制改革的部署，探索建立对司法活动中违法行为的调查机制，推动完善刑事司法与行政执法、执纪有效衔接机制。健全鼓励群众实名举报的制度，完善对举报的办理、督察、反馈机制。推进侦查办案机制建设，加强地市级渎职侵权检察机构设置和人员配备。完善诉讼监督的工作机制，加大对有罪判无罪、重罪轻判等案件的抗诉力度。加强自身监督制约机制建设，强化对自身办案全过程的管理和监督。健全办案工作考评机制，坚持力度、质量、效率和效果有机统一，进一步形成正确的执法导向。

（四）狠抓队伍建设，提高整体素质和反渎职侵权能力。深化社会主义法治理念教育和学习实践科学发展观活动，促进检察人员树立正确的执法思想和执法观念。深入推进大规模检察教育培训，组织各种形式的岗位练兵活动，引导检察人员增强主动发现线索、侦查突破案件、收集固定证据、运用法律政策等能力。加强人才队伍建设，大力培养侦查专家和办案能手。加强职业道德建设和纪律作风建设，认真解决群众不满意的突出问题，努力建设一支政治坚定、业务精通、作风优良、执法公正的渎职侵权检察队伍。

（五）坚持多措并举，积极营造良好的执法环境。结合办案实际，深入开展形式多样的法制宣传活动，引导社会充分认识渎职侵权犯罪的危害性，提高渎职侵权检察工作的社会认知度。自觉把渎职侵权检察工作置于党的领导和人大监督之下，紧紧依靠党委、人大的支持解决工作中的困难和问题，排除办案中的阻力和干扰。加强与发案单位及其主管部门的沟通联系，争取理解和支持。加强与人民法院的协调配合，共同做好调查研究、司法解释等工作，统一执法尺度，促进严格执法。

全国人大常委会专门听取最高人民检察院关于加强渎职侵权检察工作情况的报告，是对我们工作的有力监督和支持。我们将根据常委会的审议意见，认真进行整改。借此机会，我们建议：一是完善刑法关于渎职罪的规定，对一些严重犯罪适当提高法定刑，进一步明确量刑标准，规范免刑、缓刑的适用，加大惩治渎职犯罪的力度。二是加强对司法解释工作的监督和协调，指导解决司法实践中适用法律的重大问题，促进渎职侵权犯罪案件依法处理。三是加大执法检查力度，全面落实和完善行政执法与刑事司法相衔接机制，保证犯罪行为依法受到追究，维护社会主义法制的统一、尊严、权威。

全国检察机关将以这次全国人大常委会听取和审议专项工作报告为契机，坚持以邓小平理论和“三个代表”重要思想为指导，深入贯彻落实科学发展观，恪尽职守，锐意进取，不断加强和改进渎职侵权检察工作，努力为推动科学发展、促进社会和谐作出新的更大贡献！

第二部分

最高人民检察院负责人重要报告和讲话选载

深入贯彻落实科学发展观
努力开创基层检察院建设新局面

——在全国基层检察院建设工作会议上的讲话

最高人民检察院检察长　曹建明

（2009 年 2 月 11 日）

这次全国基层检察院建设工作会议的主要任务是：认真学习贯彻党的十七大、十七届三中全会精神和胡锦涛总书记等中央领导同志对检察工作的重要指示，深入贯彻落实科学发展观，总结 2004 年以来的基层检察院建设工作，交流经验，表彰先进，研究部署当前和今后一个时期基层检察院建设工作，努力在新的起点上开创基层检察院建设新局面。

今天，中共中央政治局常委、中央政法委书记周永康同志出席会议并作了重要讲话，充分体现了党中央对基层检察工作的重视和关心，使我们备受鼓舞和鞭策。永康同志在讲话中深刻阐述了加强基层检察院建设的重要性，就全面提高基层检察工作水平，建设过硬的检察队伍提出了明确要求，对加强和改进检察工作具有重要意义。我们一定要认真学习，深刻领会，坚决贯彻落实。下面，我讲六个问题。

一、过去五年基层检察院建设工作的回顾

2004 年全国基层检察院建设工作会议以来，检察机关认真落实《中共中央关于进一步加强人民法院、人民检察院工作的决定》，始终把基层检察院建设作为检察事业发展的基础性、战略性、全局性任务来抓，紧紧围绕党和国家中心工作，坚持业务建设、队伍建设、保障建设并举，基层检察院各项工作都取得了新的成绩。

法律监督成效明显。全国基层检察院坚持“强化法律监督，维护公平正义”的检察工作主题，按照“加大工作力度、提高执法水平和办案质量”的总体要求，依法打击危害社会治安、影响人民群众安全感的犯罪活动，集中查办侵害群众切身利益的职务犯罪案件，强化对群众反映强烈的执法不严、司法不公问题的监督，有力地保障了经济社会发展，维护了社会公平正义和社会和谐稳定。

队伍建设不断加强。持续深入地开展检察工作主题教育、社会主义法治理念教育、“大学习、大讨论”等活动，队伍思想政治素质进一步提高。配齐配强基层检察院检察长，基层检察院领导班子年龄、知识结构不断优化，创造力、凝聚力、战斗力得到增强。队伍专业化建设稳步推进，省级检察院统一招录基层检察人员制度逐步实行，“万人续本”学历攻坚、正规化培训和岗位练兵不断深化，全员轮训顺利完成，具有本科以上学历的检察人员比例大幅提高。西部和贫困地区基层检察院人才短缺问题得到缓解，基层检察院共招录高校毕业生 11512 名、选调生 2000 余名，招募大学生志愿者 1526 人次，基层司法考试通过率逐年提高，去年达 41.58%，比 2004 年的 15.2% 提高了 26.38 个百分点。新增政法专项编制有 80% 以上用于基层检察院。队伍纪律作风方面存在的一些突出问题得到进一步解决。近年来，涌现出了浙江省义乌市人民检察院等一批业绩突出、群众公认的先进基层检察院和王书田、白云、白洁等一批无私奉献、秉公执法的优秀基层检察官。

检察管理逐步规范。基层检察业务、队伍和信息化相结合的管理机制建设取得明显进展，以执法规范化为重点的规范化管理体系试点工作深入推进，办公、办案和队伍管理的信息化水平明显提高。普遍加强执法过程控制和案件质量管理，规范办案流程,逐步建立办案质量和效率预警机制,完善案件质量评价指标体系,管理水平有了新的提高。

执法保障得到改善。检察经费投入逐年递增,中央财政补助基层检察院专款由2004年的5.4亿元增加到2008年的15亿元,五年总计达50.05亿元。基层经费保障机制进一步完善,制定了县级检察院公用经费保障标准,并在多数地方得到落实。95%的基层检察院完成了"两房"建设任务,中央对2000多个基层检察院补助投资36.98亿元。科技装备建设和信息化建设明显加强,86%的基层检察院开通三级专线网,89%的基层检察院建成局域网,基层检察工作的科技含量明显增加。

五年来,基层检察院面貌发生了新的变化,队伍素质明显提高,执法形象日益改善,法律监督能力不断增强,各项职能发挥更加充分,为推进依法治国、保障改革开放和现代化建设顺利进行作出了积极贡献。这些成绩的取得,是党中央正确领导,各级党委、人大、政府、政协以及社会各界高度重视、关心支持的结果,也是全国基层检察院和广大基层检察人员艰苦努力、顽强拼搏、共同奋斗的结果。

五年来基层检察院建设的实践,使我们深刻认识到:加强基层检察院建设,必须始终坚持用马克思主义中国化的最新理论成果武装头脑、指导实践,认真贯彻落实胡锦涛总书记等中央领导同志对检察工作的重要指示,牢固树立社会主义法治理念,坚持"三个至上",牢牢把握基层检察院建设的政治方向;必须始终坚持贯彻落实科学发展观,着力解决基层检察院服务经济社会科学发展和实现检察工作自身科学发展两大课题;必须始终坚持检察机关的宪法定位,坚持把强化法律监督、维护社会公平正义作为检察工作的根本任务来抓;必须始终坚持立检为公、执法为民,以人民满意为标准,依靠群众、服务群众,切实把严格执法、公正执法、文明执法统一到为民执法的工作中去,实现好、维护好、发展好人民群众的根本利益;必须始终坚持加强基层检察队伍建设,强化内部监督制约,在提高法律监督能力、增强法律监督实效、解决司法不公问题上见成效;必须始终坚持突出基层基础工作的战略地位,统筹兼顾,深入解决基层业务建设、队伍建设、保障建设中的突出问题,不断深化检察改革,不断提高基层检察工作水平,不断完善中国特色社会主义检察制度。

二、深刻认识基层检察工作面临的形势,牢牢把握基层检察院建设的总体思路

当前,基层检察工作正面临难得的发展机遇。党中央高度重视法治建设,胡锦涛总书记等中央领导同志对做好新时期检察工作作出了一系列重要指示,为我们指明了前进方向;各级党委、人大、政府、政协和广大人民群众对基层检察工作关心和支持的力度越来越大,为基层检察院建设创造了更加良好的外部环境;中国特色社会主义法律体系进一步健全,司法体制和工作机制改革逐步深化,为基层检察院履行职责提供了更加有力的法律和制度支撑;我国经济持续较快发展,为基层检察院建设提供了更加坚实的物质保障;经过多年努力,基层检察院建设积累了宝贵经验,为在新的起点上继续推进基层检察院建设奠定了深厚的工作基础。

我们要清醒地看到,当前检察工作面临不少新情况、新问题和新挑战,在基层检察工作中表现得尤为突出:一是化解社会矛盾的任务更加繁重。在开放、多元、动态的社会环境和信息化条件下,基层各种社会矛盾和问题交织并相互影响,以民生问题为主的人民内部矛盾尤为突出,贫富差距、城乡差距、分配不公及社会保障、劳动就业等问题引发的矛盾增多,影响社会治安的不稳定因素增多,造成社会对抗的风险增大。二是维护社会稳定的压力增大。刑事犯罪总量仍在高位运行,维护社会和谐稳定需付出更大努力。2003年至2007年检察机关批准逮捕和提起公诉的犯罪嫌疑人、被告人数分别比前五年上升20.5%和32.8%,2008年的批捕、起诉数分别比上年上升3.5%和5.7%。基层检察机关打击刑事犯罪、维护社会稳定的任务更加艰巨。三是反腐败斗争形势依然严峻。从近年基层检察机关的办案情况看,贪污贿赂等职务犯罪在一些部门和领域仍然易发多发,涉农职务犯罪等发生在基层的案件呈增多趋势。一些发生在基层的腐败犯罪案件损害群众切身利益,成为引发群众上访甚至群体性事件的重要因素。四是执法不严、司法不公的问题仍然突出。近几年全国人大代表审议最高人民检察院工作报告时,对执法、司法机关不作为、乱作为、司法不公等问题一直反映比较强烈,要求检察机关加大监督力度。维护司法公正特别是强化对基层执法司法活动法律监督的任务十分繁重。

从基层检察院建设情况看,虽然有了很大进步,但仍然存在一些突出问题和薄弱环节。一是法律监督工作水平有待进一步提高。一些基层检察院不敢监督、不善监督、监督不规范、监督不到位的问题比较突出，严格执法、排除干扰、攻坚克难的能力不强。二是队伍整体素质和执法水平有待进一步提高。基层检察队伍的专业化水平总体偏低，年龄、知识结构不够合理。执法规范化体系和自身监督制约机制还不健全。少数基层检察人员执法不规范、不严格、不文明、不廉洁的问题仍然比较突出。特别是有的基层检察院领导班子和领导干部精神状态不佳，责任心不强，满足于现状，不能适应形势发展需要。三是工作机制有待进一步完善。一些基层检察院机构设置不合理，制度不健全，工作规范化水平不高，离科学管理要求差距较大。四是基本保障有待进一步加强。东部沿海地区基层检察院案多人少的矛盾和中西部基层检察院检察官断档、人才短缺问题仍然没有根本解决；一些地方公用经费保障标准尚未落实，保障水平不能满足执法需要，西部和贫困地区基层检察院基础建设面临不少实际困难。五是对基层检察院建设的组织领导有待进一步加强。一些上级检察院深入基层调研不够，工作指导缺乏针对性，帮助基层解决困难的力度不大。我们必须高度重视这些问题，继续认真加以解决。

基层人民检察院是人民检察院整体工作的基础，是党通过司法途径保持同人民群众血肉联系的桥梁和纽带，也是全面落实依法治国基本方略的重要力量。基层检察院工作直接关系到检察工作全局，关系到党和国家工作大局。我们一定要充分认识新形势下加强基层检察院建设的极端重要性，认真解决基层检察工作在执法观念、监督能力、机制体制、队伍素质等方面还存在的不适应、不符合科学发展观要求的问题，始终把基层检察院建设作为战略任务常抓不懈。当前和今后一个时期基层检察院建设总体思路是：高举中国特色社会主义伟大旗帜，坚持以邓小平理论和“三个代表”重要思想为指导，深入贯彻落实科学发展观，坚持“强化法律监督，维护公平正义”的检察工作主题，认真落实《2009—2013年基层人民检察院建设规划》，以执法规范化、队伍专业化、管理科学化、保障现代化为方向，以业务建设为中心，以队伍建设为根本，以深化改革为动力，努力建设思想政治坚定、执法能力过硬、领导班子坚强、队伍素质精良、管理机制健全、检务保障有力、社会形象良好的基层检察院，打牢检察工作坚实基础，努力开创中国特色社会主义检察事业新局面。

三、立足基层实际和特点，充分发挥基层检察院法律监督职能作用

全面正确履行法律监督职能，是检察机关的立身之本，也是基层检察院建设的目的所在。周永康同志深刻指出：“加强基层检察院建设，必须从巩固党的执政基础、维护人民群众合法权益、维护宪法法律尊严出发，坚持党的事业至上、人民利益至上、宪法法律至上，把法律监督工作真正落实到基层，着力解决一些地方存在的不敢监督、不愿监督、不善监督的问题，全面提升基层检察机关的法律监督能力和水平。”我们要认真贯彻永康同志的重要讲话精神，在基层检察院建设中始终以履行法律监督职责为中心，围绕服务科学发展大局、围绕服务人民群众、围绕维护公平正义主线、围绕促进社会和谐稳定进行法律监督，做到精力向业务工作集中，政策向业务工作倾斜，整体力量向业务工作凝聚，并以法律监督成效作为衡量和检验基层检察院建设成效的主要标准。

一要发挥好服务大局的基础前沿作用。党和国家各项方针政策、上级检察院的工作部署，最终要靠基层去贯彻和实施；促进经济社会又好又快发展，最终要靠基层共同努力和实现。基层检察院要切实增强大局意识，更加自觉地把检察工作放在党和国家工作大局中谋划和推进，关注经济社会发展中的新情况、新动向，努力提高服务科学发展大局的能力和水平。当前，要紧紧围绕中央应对国际金融危机的各项决策部署，全面贯彻执行最高人民检察院制定的《关于充分发挥检察职能为经济平稳较快发展服务的意见》，紧密结合本地实际，找准服务的切入点。基础设施建设投资较大地区的基层检察院，要特别重视查办和预防民生工程、灾后重建等重大工程建设和项目资金使用中发生的贪污贿赂、失职渎职等犯罪行为。农业占经济比重较大地区的基层检察院，要更加注重涉农检察工作，依法打击各种危害农村稳定、侵害农民权益、危害农业生产的犯罪，深入查办涉农职务犯罪，强化涉农法律监督。资源环境保护任务较重地区的基层检察院，要更加注重对能源资源、生态环境的司法保护，促进能源资源和生态文明建设。

二要发挥好执法为民的一线平台作用。基层检察院与群众接触最广泛、联系最密切，是检察机关服务人民群众最直接的平台。要紧贴人民群众的司法需求,始终把各项工作的着力点放在促进解决人民群众最关心、最直接、最现实的利益问题上。严肃查办和积极预防社会保障、劳动就业、征地拆迁、移民补偿、抢险救灾、医疗卫生、食品安全、招生教育等领域的职务犯罪,努力保障和改善民生。强化对涉及劳动争议、保险纠纷、补贴救助等涉及群众切身利益的民事审判和行政诉讼活动的法律监督,坚决查办执法不严、司法不公背后的司法腐败犯罪案件。积极出台便民利民措施,简化办事程序,提高工作效率,加强对困难群众的司法保护。办理每一起案件、进行每一次执法活动,都要换位体会人民群众的感受,在能够让人民群众满意的细节上多做工作,在可能引起人民群众不满的问题上防微杜渐。要以增强做群众工作的能力为重点,教育和鼓励检察人员深入农村、社区,建立和落实基层检察院领导干部深入农村、社区联系制度,向群众学习,与群众交朋友,用群众听得懂的语言析案释法,用群众信服的方式执法办案。

三要发挥好维护稳定的第一防线作用。基层检察院处于打击犯罪、执法办案的一线,处于排查纠纷、化解矛盾的一线,是检察机关维护社会稳定的第一道防线。要进一步增强维护社会稳定的责任感和忧患意识,依法严厉打击各种危害国家安全和社会稳定的刑事犯罪,始终保持对严重犯罪的高压态势,增强人民群众安全感。按照把问题解决在基层、把矛盾消除在萌芽状态的要求,紧紧依靠地方党委的领导,加强与有关职能部门的协作配合,高度关注、及时掌握基层热点敏感问题,不断提高运用宽严相济刑事政策和法律、教育等手段化解矛盾的能力。大力加强涉检信访工作,深入开展重信重访治理,落实信访督察专员制度、首办责任制度、检察长接访制度和下访、巡访制度,切实增强涉检信访工作的实效。前不久,中央召开了全国维护稳定暨信访工作电视电话会议,各级检察机关特别是基层检察院要认真落实会议的要求,做好检察环节的各项工作。

四、以深化检察改革为动力,大力推进基层检察院执法规范化、队伍专业化、管理科学化和保障现代化建设

要认真落实中央关于深化司法体制和工作机制改革的部署,大力推进基层检察院执法规范化、队伍专业化、管理科学化、保障现代化建设,努力破除制约基层检察工作的体制性、机制性障碍,集中解决影响基层检察工作的突出困难和问题,实现基层检察工作的科学发展。

着力推进执法规范化建设。规范执法行为,是保证执法公正的前提和基础,是检察业务建设的核心内容。要深入总结近年来执法规范化建设的成功经验,全面整合、细化各项检察业务工作流程和执法行为规范,形成更加完备的执法规范体系,进一步提高执法规范化水平。特别要针对容易发生问题的重点岗位和环节,进一步完善执法岗位职责规范、业务工作运行规范、执法质量保障规范、业务工作考评规范和执法责任追究规范,确保权责明确、要求具体、管理到位、监督有效。基层检察院要重点抓好三个方面的工作:一是要在上级检察院制定的规范基础上,结合自身实际进一步加以细化,全面规范,力求使各项执法活动、每个执法环节都做到有章可循。二是要加强执法行为规范的培训,把执法行为规范作为业务培训和岗位练兵的重要内容,使检察人员特别是一线执法办案人员都能熟练掌握,并在执法办案活动中自觉遵守。三是要注重提高执法行为规范的执行力。通过推行检务督察、执法监督、检察人员执法档案等制度,加强对执法行为规范执行情况的监督检查,及时发现和纠正执法不规范的问题,确保各项执法行为规范真正落到实处。

着力推进队伍专业化建设。认真执行检察官法的规定,进一步采取有效措施,提高基层检察队伍专业化水平。一是要完善基层选人用人机制。积极争取组织人事部门支持,全面实行基层检察院录用新进人员由省级检察院统一组织,逐步推行按职位分类招录、公开定向招录。加大人才选拔招录力度,力争用三年左右的时间基本解决西部地区部分基层检察院没有全日制法律本科毕业生的问题。注重从基层检察院选拔优秀干部,形成优秀人才到基层去、优秀干部从基层来的良性互动的用人导向。推行检察官逐级遴选,市级以上检察院补充检察官,主要从下级检察院优秀检察官中遴选,为基层优秀检察官创造更大的发展空间。二是要实行基层检察人员全员培训。基层检察长和中层以上领导干部每年脱产、集中培训不少于110学时,其他检察人员不少于100学时。今、明两年安排全国基层检察院检察长到国家检察官学院普遍轮训一次。加强初任检察官和晋升资格培训,非经培训不任职、不晋升。支持在职检察人员继续学习，提升基层队伍学历和知识层次。到 2012 年，每个基层检察院大学本科以上学历比例较 2008 年至少提高 10%。要以提高基层检察人员自主学习、创新学习能力为重点，坚持全员参与，深入开展“创建学习型检察院、争当学习型检察官”活动，积极组织岗位练兵，广泛开展业务竞赛，在实践中提高执法办案能力和水平。三是要加大解决基层编制不足、人才短缺和检察官断档等问题的力度。积极争取政策支持，采取调剂办案人员、提高司法考试通过率、选拔招录急需紧缺人才等办法，进一步缓解西部和贫困地区基层检察院检察官短缺问题。切实用好新增编制，对经济发达、办案任务重、编制紧缺的地区，在增编时优先予以补充，努力缓解人少案多的矛盾。在西部和贫困地区基层检察院，拿出一定数量检察官职位包括副检察长及以下领导职位，面向社会公开选拔。省际之间、省（自治区、直辖市）内要建立发达地区与欠发达地区基层检察院人员对口挂职机制，加大对欠发达地区对口帮扶力度。

着力推进管理科学化建设。要大力加强基层检察院的科学管理，向管理要效率，向管理要战斗力。一是要积极推进检察业务、队伍、保障和信息化相结合的管理机制建设。充分运用信息化手段，加强对执法办案活动的流程管理和动态监督，完善检务公开、检察人员绩效考核和激励机制，提高机关事务、后勤、装备管理的质量和效率，努力实现基层检察院各项工作的有效衔接和高效运转。二是要科学设置基层检察院内设机构。按照优化检察职能配置的要求推进机构改革，更好地整合检察资源，增强监督合力。三是要推进检察人员分类管理改革。认真总结近年分类管理改革试点工作的经验，抓紧建立检察人员分类管理制度，完善以检察官为重点的各类人员职务序列，形成符合检察工作规律和检察人员特点的管理体制。在检察人员分类管理改革中，为基层检察官等级晋升预留空间，提高长期在基层一线、善于做群众工作的优秀资深检察官职级待遇。四是要构建科学的基层检察工作考评机制。建立健全体现科学发展观和正确政绩观要求的业务工作考评机制和案件质量评价指标体系，增强考评机制的科学性、完整性、统一性，进一步形成正确的执法导向。

着力推进保障现代化建设。以经费保障、科技装备建设、“两房”建设和信息化建设为重点，全面加强检务保障机制建设，保障基层检察工作有效开展。一是要完善基层检察院经费保障机制，加大基层检察院经费投入。积极争取地方党委和政府支持，落实县级检察院公用经费保障标准。积极争取中央和省级财政加大转移支付力度，逐步建立与经济社会发展、财力增长水平和检察工作实际需要相适应的基层检察院公用经费正常增长机制。改革和完善基层检察院经费管理制度。二是要加强科技装备保障建设和信息化建设。认真执行《人民检察院 2008—2010 年科技装备发展规划纲要》，落实和完善各类业务装备配备标准，加强通讯、侦查指挥、检验鉴定等科技装备建设，逐步建立适应基层检察工作需要的现代化科技装备体系。按照统一规划、统一规范、统一设计、统一实施的要求，抓紧制定实施未来五年检察信息化发展规划纲要，加强基础网络和网络安全建设，力争到 2011 年底基层检察院全部完成局域网和专线网建设。高度重视科技装备和网络设施的应用，坚持人机同建、建用并举，加强对检察人员的科技培训，不断拓展科技应用领域，提高科技应用水平。三是要全面完成“两房”建设任务。最高人民检察院和省级检察院要加强与有关部门协商，进一步加大投入，重点支持尚未完成“两房”建设的基层检察院加快建设进度，力争在 2010 年底全部完成任务。基层检察院要加大争取地方财政支持的力度，并牢固树立过紧日子的观念，厉行节约，勤俭办事，防止盲目攀比、贪大求洋，造成新的浪费。

五、坚持不懈地加强基层检察队伍建设，确保严格公正文明廉洁执法

周永康同志在讲话中强调：“在全部检察工作中，队伍建设是根本，也是保证；在整个检察队伍中，基层检察队伍建设是重点，也是难点。”我们要深刻认识加强基层检察队伍建设的重要性，把基层检察队伍建设放到更加突出的位置来抓，全面提高队伍的整体素质和执法水平，切实做到政治过硬、执法公正、自身清廉，树立检察机关严格、公正、文明、廉洁执法的良好形象，把基层检察队伍真正造就成为中国特色社会主义事业的建设者、捍卫者和社会公平正义的守护者。

要始终把思想政治建设作为加强基层检察队伍建设的中心环节和根本举措。要坚持深入学习中国特色社会主义理论体系，深入贯彻落实科学发展观，切实用党的最新理论成果武装头脑、指导实践、推动工作,切实抓好基层检察院学习实践科学发展观活动,继续深化“大学习、大讨论”活动,不断增强走中国特色社会主义法治道路的坚定性,自觉抵制各种错误思想观点的侵蚀。要深入开展社会主义法治理念教育,建立社会主义法治理念教育长效机制,使全体检察人员牢固树立起依法治国、执法为民、公平正义、服务大局、党的领导的理念,始终做到党在心中、人民在心中、法律在心中、正义在心中。要深入学习贯彻胡锦涛总书记等中央领导同志对检察工作的重要指示,进一步增强政治意识、大局意识和责任意识,把思想和行动统一到党中央对检察工作的要求上来,始终忠于党、忠于国家、忠于人民、忠于法律。要加强和改进基层党组织建设,不断完善以保持共产党员先进性为核心的长效机制,坚持党内民主生活制度,注重党员的教育管理,充分发挥基层党组织的战斗堡垒作用和党员干部的先锋模范作用,以党的建设带动和推进检察队伍建设。

要始终把领导班子建设作为重中之重来抓。要以高举旗帜、坚定信念、践行宗旨为根本,以提高领导水平和执法能力为核心内容,以贯彻执行民主集中制、树立正确用人导向、改进领导作风为重点,努力把基层检察院领导班子建设成为坚定贯彻党的理论和路线方针政策、忠实履行宪法和法律赋予的神圣职责、善于领导科学发展的坚强集体,使基层检察院领导班子真正起到模范带头作用。要严格执行民主集中制,完善党组会、检察委员会议事制度,不断提高基层检察院领导班子依法、科学、民主决策的水平,积极稳妥推进党内民主建设,切实增强领导检察工作科学发展的能力。要把政治立场坚定、熟悉法律业务、年富力强、符合检察官法条件的人选拔到人民检察院的领导岗位。进一步完善领导干部双重管理制度,认真协助做好领导班子调整补充工作,选好配强基层检察院领导班子特别是检察长,大力加强后备干部队伍建设和优秀年轻干部培养锻炼工作,进一步加强检察干部队伍宏观管理。建立实施基层检察长和上级检察机关领导干部互动机制,对市级检察院空缺的副职岗位和部门领导职位,优先考虑选拔优秀基层检察长;对上级检察院年轻优秀的中层干部,可放到基层任职。建立实施基层检察长异地交流制度。突出抓好对基层检察院领导班子的管理和监督,提高党组民主生活会的质量,健全落实班子内部谈心、提醒谈话等制度,认真落实诫勉谈话、述职述廉和个人有关事项报告制度,保证基层检察院领导干部的廉洁自律。试行基层检察院检察长向市级检察院报告工作制度。建立健全市级检察院、省级检察院对所属基层检察院领导班子全面考核制度。对软弱涣散的领导班子和不胜任现职的领导干部,商地方党委及时调整。

要突出抓好检察职业道德建设。检察职业道德,是从事执法办案等活动应当遵循的行为规范和要求,是检察人员必须具备的品行和最基本的道德素养。人民群众对司法不公深恶痛绝,对专司法律监督职能的检察人员的道德品行有很高要求。近年来,人民群众对检察队伍的作风与素质有不少反映,认为检察队伍还存在这样那样的问题,其中不少集中在检察人员的职业道德问题上。实践证明,检察人员是否具备优良的品行、高尚的道德情操,对于确保执法公正、维护社会公平正义、维护国家法治尊严至关重要。要以忠诚、公正、清廉、严明为核心,大力加强检察职业道德建设,教育引导广大检察人员把维护社会公平正义作为崇高的职业使命和毕生的价值追求,努力提高检察人员职业道德水准,坚守职业信仰,不断提升检察队伍的职业素养和职业形象。要把职业道德建设与执法规范化建设和纪律作风建设紧密结合起来,使检察职业道德的基本要求细化、融入到各项制度规范和工作机制中,贯穿于行使检察权的各个方面,落实到检察人员职务行为外的一切活动中。最高人民检察院正在研究制定检察官职业道德准则和执法行为规范,将向社会公布,广泛宣传并接受人民群众和社会各界监督。要加强检察职业道德实施机制建设,建立职业道德考核制度,对违反检察职业道德的行为,必须严格按规定给予惩戒,努力在全系统形成以恪守职业道德为荣、以违背职业道德为耻的良好风尚。

要持之以恒地抓好纪律作风建设。要牢固树立正人先正己,监督者必须接受监督的观念,始终坚持从严治检,对检察队伍特别是领导干部严格教育、严格管理、严格监督、严格纪律,切实维护检察队伍的荣誉和尊严,以自身的清正廉洁赢得人民群众的信任和支持,进一步提高检察机关的公信力。认真贯彻落实中央《建立健全惩治和预防腐败体系2008—2012年工作规划》,深入推进基层检察院惩治和预防腐败体系建设。严格执行党风廉政建设责任制，完善政策规定，加强监督检查，确保责任分解、责任考核、责任追究落到实处。下大力气解决受利益驱动办案、侵犯当事人合法权益、特权思想和霸道作风等顽症，防止和纠正发生在基层的执法不公现象以及损害群众利益的不正之风。认真落实中央政法委关于专项治理人民群众反映强烈的司法腐败问题的部署要求，省级检察院和分州市检察院要强化检务督察工作，加大明察暗访力度，对违纪违法问题，绝不能姑息迁就，更不能袒护包庇，一定要严肃纪律，发现一起、查处一起。

六、加强领导，确保基层检察院建设取得实际成效

加强基层检察院建设，关键在领导。基层检察院存在的一些问题，虽然表现在基层，但根子往往在上级。上级检察院要切实担负起领导责任，充分发挥领导作用，形成上下共建的整体合力。

要增强抓基层检察院建设的责任感和使命感。上级检察院要切实把基层检察院建设摆到重要议事日程，把抓基层检察院建设的成效作为检验和评价自身工作的一项重要标准。要加强决策部署和宏观指导，特别是最高人民检察院和省级检察院要围绕基层建设总体目标，制定和落实相关政策措施，认真做好整体规划、统筹协调、全面推进等工作，协调解决基层建设中的重点难点问题。市级检察院是基层检察院建设的"一线指挥部"，要切实承担起领导基层检察院建设的直接责任，经常深入基层，实行面对面的指导，帮助解决实际困难，充分发挥承上启下、具体指导和协调落实作用。着力增强服务意识，改变工作作风，牢固树立心系基层、服务基层的思想，想基层所想、急基层所急、帮基层所需。要弘扬求真务实的作风，多干为基层排忧解难的事情，多出有利基层长远发展的实招，精简会议、文件，减少评比、表彰。今后，最高人民检察院和省级检察院的内设机构及直属事业单位、市级检察院一律不再保留自行设置的评比达标表彰项目，确保基层检察院把主要精力放到执法办案上来。

要提高指导基层检察院建设的针对性和实效性。坚持用科学的态度和方法指导基层检察院建设，既要突出当前，更要谋划长远。要加强分类指导，突出地区特色，坚持从实际出发确定基层检察院建设的目标和工作步骤，不搞齐步走、一刀切。特别要重视中西部和贫困地区基层检察院建设，加大对西藏、新疆基层检察院的支援力度。要完善决策指导机制，上级院作出决策、出台政策、制定措施，要充分听取基层意见和建议，充分考虑基层的实际情况。要发扬改革创新精神，不断创新工作方式方法，推动基层检察院建设深入发展。

要积极营造基层检察院建设的有利环境和良好氛围。各级检察机关要主动向地方党委、人大、政府领导报告基层检察院建设情况，反映面临的实际困难，积极争取对基层检察院建设的重视、关心和支持。要继续推行和完善上级检察院领导干部和内设机构联系基层制度，市级以上检察院领导班子成员和内设部门都要确定基层工作联系点，特别是要重点联系后进院，积极做好帮扶工作。加强上级检察院干部到基层检察院挂职锻炼工作，加大上下干部交流力度。要加大对基层检察院执法办案的支持力度，充分发挥检察体制优势，加强对执法办案工作的组织协调，通过参办、督办、提办、指定异地管辖等方式，帮助基层检察院排除阻力和干扰。要采取组织巡讲团等有效形式，为中西部和贫困地区基层检察人员提供更多的学习培训机会。基层检察院工作任务重、压力大，广大检察人员辛勤工作、默默奉献，一定要十分关心他们、爱护他们、支持他们。对优秀的基层检察干部，可安排到上级检察院和党政机关挂职锻炼，在晋级、奖励、评优等方面予以倾斜。积极争取、充分发挥财政保障作用，认真执行国家有关检察人员职级待遇、工资、福利、津贴等保障政策以及因公牺牲检察官特别补助金和特别慰问金制度，切实把从优待检的各项政策措施落实到基层。依法保障检察人员的人身财产安全，为他们提供履行职责应当具备的基本条件。严格执行法定退休年龄制度，不得要求检察人员提前离岗或退休。市级以上检察院每年都要为基层检察院办几件实事。今年，最高人民检察院和省级检察院要为相对贫困的基层检察院建一批图书室，为基层检察人员学习提高创造条件。

要充分保护和发挥基层检察院的积极性和主动性。基层检察院和检察人员是基层检察院建设的主体。上级检察院对基层建设工作既要靠前指挥、积极帮扶，又要防止包揽过多、管得过细，切实调动基层检察院的主观能动性，增强基层检察院自我发展能力。基层检察院要坚持自力更生、不等不靠，通过自身努力改变面貌、谋求发展。特别是基层检察长，要当好基层建设第一责任人，敢于负责、勇于争先，团结和带领检察人员奋发进取、干事创业,努力创造一流的工作业绩。

做好基层检察工作,责任重大,使命崇高。让我们更加紧密地团结在以胡锦涛同志为总书记的党中央周围,深入学习实践科学发展观,以更加饱满的热情,更加昂扬的斗志,更加扎实的作风,埋头苦干,务求实效,不断开创基层检察院建设新局面!

在全国检察机关纪检监察工作会议上的讲话

最高人民检察院检察长　曹建明

(2009年2月13日)

这次全国检察机关纪检监察工作会议,是深入学习实践科学发展观,贯彻落实十七届中央纪委三次全会精神,扎实推进检察机关党风廉政建设和反腐败斗争的一次重要会议。最高人民检察院党组对这次会议非常重视,先后两次专门研究,并请各省级检察院检察长也参加今天的大会。下午,文秀同志还要回顾检察机关恢复重建三十年来党风廉政建设和自身反腐败工作取得的成绩和经验,总结去年的工作,对今年工作进行部署,各地要结合实际抓好落实。下面,我讲几点意见。

一、认真学习贯彻胡锦涛总书记重要讲话,切实把思想和行动统一到中央的部署和要求上来

胡锦涛总书记在十七届中央纪委三次全会上的重要讲话,从党和国家事业发展全局和战略的高度,全面分析了当前的反腐倡廉形势,明确提出了深入推进党风廉政建设和反腐败斗争的总体要求和主要任务,深刻阐述了新时期加强领导干部党性修养、树立和弘扬优良作风的重要性、紧迫性以及基本要求和工作重点,号召全党把加强领导干部党性修养、树立和弘扬优良作风作为重大政治任务抓紧抓好,以坚强的党性和优良的作风保证科学发展观的贯彻落实。胡锦涛总书记的重要讲话是指导当前和今后一个时期党的作风建设和反腐倡廉建设的纲领性文献,对于深入开展党风廉政建设和反腐败斗争,全面推进党的建设新的伟大工程,具有重大而深远的意义。贺国强同志向全会作的工作报告,客观总结了党的十七大以来党风廉政建设和反腐败工作,全面部署了2009年的主要工作任务。各级检察机关一定要认真学习、深刻领会胡锦涛总书记的重要讲话和贺国强同志的工作报告,切实把思想和行动统一到十七届中央纪委三次全会精神上来,统一到中央对反腐倡廉形势的正确判断和对反腐倡廉建设的总体要求上来,统一到中央推进党风廉政建设和反腐败斗争的决策部署上来。要进一步增强推进党风廉政建设和反腐败斗争的责任感、使命感,进一步增强加强党性修养、树立和弘扬优良作风的自觉性、主动性,既要把查办和预防职务犯罪工作放在更加突出的位置,促进反腐败斗争深入开展,又要认真落实中央加强党风廉政建设的各项要求,深入扎实推进检察机关自身反腐倡廉建设。

去年以来,各级检察机关认真学习贯彻党的十七大、十七届三中全会精神和胡锦涛总书记等中央领导同志对检察工作的一系列重要指示,深入贯彻落实科学发展观,坚持把自身反腐倡廉建设放在突出位置,以贯彻实施中央《建立健全惩治和预防腐败体系2008—2012年工作规划》和落实党风廉政建设责任制为重要抓手,全面推进教育、制度、监督、纠风、改革、惩处等反腐倡廉工作,加大巡视、执法监察、检务督察和查处违纪违法案件工作力度,党风廉政建设和自身反腐败工作取得了新成效,群众反映强烈的问题得到进一步解决,检察机关执法形象进一步改观。这些成绩的取得,是检察机关各级领导干部和广大检察人员共同努力的结果,也凝聚了纪检监察部门同志们的心血和汗水。在此,我代表最高人民检察院党组向同志们表示亲切的慰问!

在充分肯定成绩的同时,我们必须清醒地看

到，当前检察队伍中仍然存在不少问题，与科学发展观的要求、党和人民的期待还有不小的差距。一是极少数检察人员包括领导干部违纪违法的问题时有发生。二是特权思想、霸道作风等现象仍未杜绝。三是受利益驱动违法违规办案问题屡有发生。四是极少数检察人员执法不规范、不文明、不公正、不廉洁的问题仍然突出。这些问题虽然发生在极少数检察人员身上，但极大地损害了检察队伍的形象、法律监督的权威和检察机关的公信力，也反映出检察机关纪检监察工作仍然存在薄弱环节，防止和监督纠正队伍中突出问题的实效性有待增强。对此，我们务必保持清醒头脑，克服盲目乐观和麻痹松懈思想，切实按照党中央的要求，采取更加有力的措施，持之以恒地抓紧抓好党风廉政建设和自身反腐败工作。

二、深入贯彻落实科学发展观，扎实推进检察机关反腐倡廉建设

根据十七届中央纪委三次全会精神和胡锦涛总书记等中央领导同志对检察工作的一系列重要指示，检察机关党风廉政建设和自身反腐败工作的总体要求是：认真贯彻党的十七大、十七届三中全会和十七届中央纪委三次全会精神，深入贯彻落实科学发展观，坚持标本兼治、综合治理、惩防并举、注重预防的方针，以完善惩治和预防腐败体系为重点，狠抓《工作规划》和检察机关《实施办法》的贯彻落实，严格执行党风廉政建设责任制，强化监督检查，着力解决检察机关党员干部在党性党风党纪方面存在的突出问题，以党风廉政建设和自身反腐败的新成效取信于民，为检察事业科学发展提供坚强保证。重点抓好以下几项工作：

（一）严明党的政治纪律，确保中央决策部署在检察机关落到实处。政治纪律是我们党最重要的纪律。严明党的政治纪律对于维护党的团结统一，保持党的先进性和提高党的执政能力，妥善应对各种风险和挑战至关重要。要深入开展政治纪律教育，加强对政治纪律执行情况的监督检查，使广大检察人员牢固树立政治意识、政权意识、责任意识、忧患意识，增强做中国特色社会主义事业建设者、捍卫者的自觉性、坚定性，始终同以胡锦涛同志为总书记的党中央保持高度一致。要旗帜鲜明地坚持党对检察工作的领导，坚决维护中央权威，确保党中央的重大决策部署在检察机关得到不折不扣的执行，确保中央反腐倡廉的各项决策部署在检察机关落到实处，确保检察机关法律监督工作和党风廉政建设更加深入、更富成效。

（二）认真落实《工作规划》，扎实推进检察机关惩治和预防腐败体系建设。贯彻实施《工作规划》，是检察机关推进反腐倡廉建设的重要任务，也是加强自身反腐倡廉建设的重要内容。各级检察机关要坚持把落实《工作规划》和检察机关《实施办法》作为推进自身反腐倡廉建设的重要抓手和重要措施，融入检察工作、检察改革、队伍建设的各个方面，贯穿于执法办案的各个环节。坚持党组统一领导，检察长负总责，班子成员分工负责，纪检监察部门组织协调，职能部门各负其责，切实抓好各项分工任务的落实，确保收到实效。年底，省级检察院要向最高人民检察院专题报告当地检察机关贯彻落实《工作规划》和《实施办法》的情况。

（三）加强反腐倡廉教育，筑牢检察人员拒腐防变的坚固防线。要从真正关心、爱护检察人员出发，切实加强反腐倡廉教育，着力增强检察人员严格自律、廉洁从检意识，引导广大检察人员严格遵守党章，坚定理想信念，牢固树立马克思主义世界观、人生观、价值观和正确的权力观、地位观、利益观，始终坚持正确的事业观、工作观、政绩观，培养良好职业操守和严明纪律观念。要把反腐倡廉教育与干部培养选拔和管理使用结合起来，把正面引导与反面警示结合起来，着力提高教育的针对性和有效性，增强教育的说服力和感染力。

（四）强化内部监督制约，保证检察权正确行使。加强反腐倡廉建设，监督是关键。检察机关作为法律监督机关，更要坚持有权必有责、用权受监督的原则。周永康同志指出，检察机关要牢固树立正人先正己、监督者必须接受监督的观念，加强对自身执法活动的监督制约。因此，各级检察机关一定要把加强对自身的监督放在与强化法律监督同等重要的位置，做到两手都要抓、两手都要硬。全体检察人员，各级检察机关领导干部，特别是主要领导干部，包括我本人，都要自觉接受监督。要紧紧抓住重点岗位、重要环节，着力加强监督制约机制建设。一要切实加强党内监督，特别是加强对领导干部的监督。严格执行党内监督条例，增强党内监督实效。认真落实上级检察院派员参加下级检察院党组专题民主生活会、领导干部述职述廉、个人有关事项报告等制度。加强和改进巡视工作，提高巡视工作的质量和水平。推行检察机关领导干部廉政档案制度。二要切实加强对执法办案活动的监督。结合执法规范化建设,进一步健全落实执法办案内部监督和过错责任追究等制度,加大执法监察、检务督察等监督的力度。三要切实加强对干部选拔任用等工作的监督。进一步完善检察机关干部选拔任用和监督的相关配套制度,防止选人用人上的不正之风。继续推行和完善政府采购、重大工程建设项目招标投标制度。积极稳妥开展领导干部任期经济责任审计工作。

(五)大力开展专项治理,坚决纠正损害群众利益的不正之风。从近年来的实践看,抓住执法和队伍中的突出问题开展专项治理,是加强检察机关党风廉政建设,提高队伍素质和人民群众满意度的有效举措。周永康同志明确要求,要对有案不查、该诉不诉和办人情案、金钱案等突出问题进行专项治理,进一步提高检察机关的公信力。各级检察机关要认真落实这一要求,切实加大治理检察队伍中人民群众不满意问题的力度,坚决纠正损害群众利益的不正之风。纪检监察部门要会同有关部门认真研究部署今年的专项治理,并针对多发性、苗头性问题加强制度建设,形成防治不正之风的长效机制。

(六)加大查办案件力度,推进检察队伍建设。要坚决贯彻胡锦涛总书记等中央领导同志的重要指示,始终坚持从严治检,对检察人员严格教育、严格管理、严格监督,着力打造严格、公正、文明、廉洁执法的高素质检察队伍。进一步加大查办检察人员违纪违法案件的力度,特别是对那些利用和滥用检察权贪赃枉法、受利益驱动违法违规办案、违反办案安全规定致使案件当事人伤亡等严重违纪违法案件,要坚决严肃查处。坚持严管与厚爱结合、惩处与保护并重,在坚持从严治检的同时,认真研究和落实从优待检的措施,特别是对因坚持原则、秉公执法反遭诬告、错告的同志,一定要为他们澄清是非、伸张正义,支持他们依法办案、大胆工作。坚决保护坚持党性、坚持原则的同志,营造敢于坚持党性、坚持原则的良好氛围。

三、大力加强检察机关领导干部党性修养,树立和弘扬优良作风

胡锦涛总书记指出,领导干部作风问题,说到底是党性问题;党性纯洁则作风端正,党性不纯则作风不正。各级检察机关领导干部要切实按照党中央的要求,自觉加强党性修养,树立和弘扬优良作风,以自己的模范带头作用,带动广大检察人员进一步树立良好的执法作风和工作作风。

第一,要充分认识检察机关领导干部加强党性修养、树立和弘扬优良作风的极端重要性。领导干部的作风是领导干部精神境界、思想水平、能力素质的集中体现,对领导干部作用的发挥有着重要影响。总体上看,检察机关领导干部的作风是好的。同时也要看到,胡锦涛总书记在讲话中指出的领导干部作风方面的问题在检察机关也不同程度地存在,有的还比较突出:一是有的宗旨意识不强,执法为民观念不牢,对群众诉求关注不够、解决不力,甚至对群众冷硬横推;二是有的学风不端正、学习不扎实,理论指导实践、解决检察工作实际问题的能力不强;三是有的工作责任心、事业心不强,精神状态不佳,工作得过且过,贪图安逸享受,不敢坚持原则,不能依法独立公正行使检察权;四是有的政绩观不正确,好大喜功,急功近利,不按司法规律办事,搞形式主义、做表面文章;五是有的个人主义严重,不能正确对待名利,一事当前先替自己打算,甚至利用手中职权谋取私利;六是有的纪律观念淡薄,自由主义严重,对中央决策部署和指示采取实用主义态度,合意的就执行,不合意的就不执行,甚至有令不行、有禁不止。这些问题,务必引起我们高度重视,切实加以解决。

第二,要牢牢把握检察机关领导干部加强党性修养、树立和弘扬优良作风的重点任务。胡锦涛总书记对加强领导干部党性修养、树立和弘扬优良作风提出了"四个统一"、"六个着力"的基本要求和重点工作。这是检察机关领导干部加强党性修养和作风建设的重点任务。各级检察机关领导干部要切实按照胡锦涛总书记的要求,坚持不懈地加强党性修养、树立和弘扬优良作风,真正做到政治坚定、作风优良、纪律严明、勤政为民、恪尽职守、清正廉洁,充分发挥模范带头作用。

一要着力增强宗旨观念,始终做到立检为公、执法为民。能不能坚持党的宗旨,是检验领导干部党性是否坚强、作风是否优良的首要标准。人民性是检察工作的根本属性。各级检察机关领导干部一定要牢固树立宗旨意识,坚持以人为本、执法为民,始终把人民的愿望和要求作为检察工作决策的根本依据,把解决人民群众最关心最直接最现实的利益问题放在检察工作首位,紧紧抓住关系民生的突出问题加大法律监督力度,做到密切联系群众,紧紧依靠群众,全力服务群众。

二要着力提高实践能力,切实用党的科学理论指导检察工作发展。加强理论修养,增强理论指导实践能力,是加强党性修养的重要方面。当前,我们正在开展深入学习实践科学发展观活动。科学发展观是用来指导发展的,只有紧密结合实际,才能落到实处、发挥作用。各级检察机关领导干部一定要牢固树立马克思主义的实践观点,把党的科学理论与检察工作实践紧密结合起来,认真研究解决实际问题特别是影响检察工作科学发展的突出问题,扎扎实实地推动检察工作科学发展。

三要着力强化责任意识,忠实履行法律监督职责。领导就是责任。加强党性修养,增强责任意识,是对领导干部的基本要求。检察机关承担着强化法律监督、维护公平正义的重任,党和人民对我们寄予厚望。特别是各项法律监督工作和每个案件的处理,都直接关系到群众的切身利益,关系到国家安全和社会稳定,责任重大,不容半点马虎和懈怠。各级检察机关领导干部一定要牢记肩上的重任和使命,牢记党和人民的重托,以如履薄冰之感履行职责,兢兢业业做好工作。

四要着力树立正确政绩观,切实增强法律监督能力和实效。秉持什么样的政绩观,是领导干部党性修养的重要体现。树立正确的政绩观,必须坚持一切从实际出发,尊重客观规律。就检察机关领导干部来说,就是要遵循司法规律,坚持办案力度、质量、效率、效果的有机统一,使办理的每一起案件经得起实践、人民和历史的检验;就是要求真务实,真抓实干,在增强法律监督能力上下功夫,在保发展、保民生、保稳定上求实效,使法律监督工作符合科学发展观的要求,符合人民根本利益。要坚决克服形式主义,精简会议和文件,多出实招,多办实事,努力创造实实在在的工作业绩。

五要着力树立正确利益观,始终坚持党的事业至上、人民利益至上、宪法法律至上。坚持什么样的利益观,选择什么样的利益,对领导干部是一个非常现实的考验。对检察机关领导干部来说,选择了检察官这个神圣职业,就是选择了正义,选择了清廉,选择了奉献!我们一定要把实现个人追求与实现党的奋斗目标、人民利益和社会正义紧密联系起来,正确看待个人利益,正确看待个人得失,正确把握利益关系,淡泊名利,克己奉公,艰苦奋斗,在为检察事业拼搏奉献中实现自己高尚的人生价值。

六要着力增强纪律观念,自觉接受各方面的监督。党性坚强的人,必定是模范遵纪守法、自觉接受监督的人。检察机关担负着维护法制统一的任务,模范遵纪守法是对检察人员的基本要求。检察机关的领导干部加强党性修养,必须带头维护纪律的严肃性和权威性,做遵纪守法的模范、严格自律的模范、廉洁从检的模范。要勇于接受各方面的监督,堂堂正正做人,干干净净做事,带头树立检察人员忠诚、公正、清廉、严明的良好形象。

第三,要切实把加强检察机关领导干部党性修养、树立和弘扬优良作风作为一项重大政治任务抓紧抓好。各级检察院党组要按照党中央的要求,把对领导干部的教育、培养、管理工作放在更加突出的位置,把加强领导干部党性修养和作风养成落实到党要管党、从严治党的工作和措施上,健全党内生活制度,开展批评和自我批评,深入查找和全面整改检察机关领导干部党性党风党纪方面存在的突出问题。深入推进检察机关干部人事制度改革,完善干部考核评价体系,从教育培训、培养锻炼、选拔任用、考核评价、作风要求、纪律规定等各方面制定科学衡量领导干部党性修养和作风养成的具体制度,形成有利于领导干部加强党性修养和作风养成的制度环境。强化监督约束,对违反党性原则、作风问题严重的领导干部要严肃批评教育,对经教育不改的要作出组织处理,对造成严重后果的要按党纪国法予以追究。坚持按照德才兼备、以德为先的标准,把党性强、作风好、工作实、有本事的干部选拔到各级领导岗位上来,形成干部选拔任用科学机制和良好导向,促使领导干部自觉加强党性修养和作风养成。

四、加强组织领导,努力提高检察机关纪检监察工作水平

加强检察机关反腐倡廉建设,关系到检察事业的科学发展,务必作为一项全局性的工作,提到各级检察院党组的重要日程,加强领导,明确责任,狠抓落实,确保取得实效。

第一,要切实把党风廉政建设和反腐倡廉工作放到更加突出的位置来抓。检察机关是国家法律监督机关,承担着推进反腐败斗争的重要任务。检察机关的地位和作用,决定了我们对自身反腐倡廉建设必须有更高的标准、更严的要求。各级检察院党组特别是主要领导干部对此一定要有清醒的认识,真正把党风廉政建设放到更加突出的位置抓实抓好。从这些年的实践看,党风廉政建设责任制是一项能够推动反腐倡廉工作全局的好制度,各级检察院领导班子和领导干部要认真落实,切实对所管辖范围内的党风廉政建设负起责任。党组书记、检察长要履行第一责任人的政治职责,对班子内部和管辖范围内的反腐倡廉建设负总责,做到重要工作亲自部署,重大问题亲自过问,重点环节亲自协调,重要案件亲自督办。领导班子其他成员要抓好自己职责范围内的反腐倡廉建设。要把任务分解落实到每个部门和每个领导,并加强监督检查和责任追究。建立健全纪检监察、政工及相关部门参加的反腐倡廉工作联席会议制度,把反腐倡廉建设作为一项经常性工作纳入检察工作总体布局,与各项检察工作同部署、同检查、同落实。

第二,要切实发挥好纪检监察部门的职能作用。检察机关纪检监察部门是内部监督的职能部门,是各级检察院党组抓党风廉政建设的参谋和助手。各级检察院党组要充分发挥纪检监察部门的职能作用,经常研究纪检监察工作,帮助解决遇到的实际困难和问题,排除各种阻力和干扰,旗帜鲜明地支持纪检监察部门依纪依法开展工作,坚定不移地做他们的坚强后盾。要进一步加强检察机关的纪检监察工作,完善工作体制机制,建立健全纪检监察部门,配齐配强纪检监察干部。

第三,要切实加强纪检监察队伍建设。检察机关纪检监察干部承担着内部监督职责,工作要求高、压力大。各级检察院领导要关心、爱护他们,高度重视并切实加强纪检监察干部的培养使用,对做出突出贡献的优秀纪检监察干部要大胆提拔使用。检察机关的纪检监察干部要以更高的标准、更严的要求抓好自身建设,进一步加强修养、提高素质、改进作风、增强本领。要扎实开展深入学习实践科学发展观活动,认真查找纪检监察工作与科学发展观要求不相适应、不相符合的突出问题,制定可行的整改措施,努力把检察机关纪检监察工作提高到一个新的水平。

让我们更加紧密地团结在以胡锦涛同志为总书记的党中央周围,高举中国特色社会主义伟大旗帜,以邓小平理论和"三个代表"重要思想为指导,深入贯彻落实科学发展观,求真务实,锐意进取,努力开创检察机关党风廉政建设和反腐倡廉工作新局面,以优异的成绩迎接新中国成立六十周年!

在全国检察机关学习贯彻十一届全国人大二次会议精神电视电话会议上的讲话

最高人民检察院检察长　曹建明

(2009年3月26日)

这次电视电话会议的主要任务是,深入学习贯彻十一届全国人大二次会议精神,进一步加强、改进和推动各项检察工作。下面,我讲几点意见。

一、深入学习贯彻十一届全国人大二次会议精神,统一思想,坚定信心,进一步增强做好检察工作的责任感和紧迫感

刚刚闭幕的十一届全国人大二次会议和全国政协十一届二次会议,是在我国积极应对国际金融危机冲击,努力保持经济平稳较快发展的关键时刻召开的重要会议。会议审议和批准了政府工作报告和其他重要报告,圆满完成了各项任务,是一次团结、民主、求实、奋进的大会。学习好、贯彻好大会精神,对于全面贯彻党的十七大、十七届三中全会和中央经济工作会议精神,进一步激励和动员全国各族人民振奋精神、共克时艰,战胜国际国内环境带来的严峻挑战,保持经济平稳较快发展,维护改革发展稳定大局,具有十分重要的意义。

十一届全国人大二次会议审议和批准了最高

人民检察院工作报告，对最高人民检察院过去一年的工作表示满意，同意报告提出的2009年的工作安排，强调最高人民检察院要高举中国特色社会主义伟大旗帜，以邓小平理论和“三个代表”重要思想为指导，深入贯彻落实科学发展观，切实履行宪法和法律赋予的职责，坚持围绕中心、服务大局，公正执法、一心为民，深化司法改革，完善工作机制，规范执法行为，加强队伍建设，充分发挥检察机关的职能作用，为保持经济平稳较快发展、维护社会公平正义、促进社会和谐稳定，为夺取全面建设小康社会新胜利提供有力的司法保障。这对做好今年的检察工作，推动检察工作科学发展指明了方向，提出了新的更高的要求。

3月18日，中央政法委召开全体会议，专门听取“两高”和中央政法各部门关于学习贯彻全国“两会”精神的工作汇报。周永康同志在会上充分肯定了去年政法工作包括检察工作取得的成绩，强调政法机关要认真学习贯彻全国“两会”精神，紧紧围绕保增长、保民生、保稳定的要求，积极回应人民群众新要求新期待，进一步加强和改进政法工作，在服务经济社会发展大局、维护社会公平正义、建设过硬政法队伍等方面取得更大成效。各级检察机关要认真落实周永康同志的讲话要求，把深入学习贯彻全国“两会”精神作为当前的一项重要政治任务，加强领导，精心组织，切实抓紧抓好。特别是要组织全体检察人员认真学习胡锦涛总书记等中央领导同志在“两会”期间的重要讲话，认真学习政府工作报告、全国人大常委会工作报告、政协全国委员会常委会工作报告、最高人民检察院工作报告等重要文件，切实把思想统一到会议精神上来，把行动落实到会议提出的各项任务上来。

一要通过学习，进一步增强服务经济平稳较快发展的主动性。要把思想统一到中央对当前经济形势的分析判断上来，统一到我国经济社会发展目标任务和保增长、保民生、保稳定的一系列重大措施上来，切实增强大局意识、责任意识、忧患意识和服务意识，自觉把检察工作放到党和国家工作大局中谋划和推进，不断提高执法水平，改进执法方式，注重执法效果，努力为经济平稳较快发展创造稳定的社会环境、提供有力的司法保障。

二要通过学习，进一步增强坚持和完善人民代表大会制度，坚持和完善中国特色社会主义检察制度的自觉性和坚定性。要充分认识人民代表大会制度是我国的根本政治制度，是人民当家作主的根本途径和最高实现形式；充分认识人民代表大会制度与西方资本主义国家政体有着本质区别，我们要积极借鉴人类社会创造的文明成果包括政治文明的有益成果，但绝不照搬西方的那一套，绝不搞多党轮流执政、“三权分立”、两院制；充分认识人民检察院作为国家的法律监督机关，由人大产生、对人大负责、受人大监督，必须始终坚持党的领导、自觉接受人大监督、严格依法办事，毫不动摇地坚持和完善中国特色社会主义检察制度。

三要通过学习，进一步增强做好检察工作的责任感和紧迫感。既要看到随着党和国家事业不断发展，检察机关在政治、经济、社会生活中的作用越来越重要，党中央对检察工作越来越重视，各级党委、人大、政府对检察工作的领导、监督、支持力度越来越大，人民群众和社会各界对检察工作的要求越来越高，检察工作面临难得的有利环境和条件；也要看到今年是党和国家事业发展进程中十分关键的一年，改革发展稳定的任务十分艰巨，检察机关维护社会公平正义、维护社会和谐稳定、促进经济平稳较快发展以及自身改革、发展的任务也十分繁重。要认清形势、把握大局、明确方向，坚定信心、振奋精神、开拓进取，努力把检察工作提高到一个新水平，不辜负党和人民的重托。

二、高度重视人大代表、政协委员的意见和建议，努力从人民的新要求新期待出发加强和改进检察工作

全国人大代表、全国政协委员在审议和讨论最高人民检察院工作报告时认为，过去的一年，全国检察机关深入贯彻党的十七大、十七届三中全会和十一届全国人大一次会议精神，认真落实胡锦涛总书记等中央领导同志对检察工作的一系列重要指示，紧紧围绕经济社会发展大局履行法律监督职责，各项检察工作取得新的进步，法律监督能力、队伍整体素质和执法公信力有了新的提高。

在充分肯定去年工作的同时，代表和委员们也对检察工作中存在的一些问题提出了批评，对进一步做好检察工作提出了许多宝贵的意见和建议，希望检察机关要进一步增强大局意识，加强对危害经济发展的各类犯罪的打击，注重办案方式和执法效果，为经济平稳较快发展提供司法保障；要正确把握社会治安的严峻形势，依法严厉打击危害国家安全和社会治安的严重刑事犯罪，积极化解矛盾纠纷,维护社会和谐稳定;要加强查办和预防职务犯罪工作,突出查办民生领域和重点环节的腐败犯罪,抓好国家重大投资项目实施过程中的职务犯罪预防;要加强和改进对诉讼活动的法律监督,切实解决不敢监督、不善监督、监督不到位的问题,维护司法公正;要加大对关系群众切身利益、群众反映强烈的突出问题的法律监督力度,不断完善便民利民措施,把执法为民落到实处;要积极推进检察改革,强化法律监督职能,完善内外部监督制约机制,提高执法公信力;要继续下大气力加强检察队伍建设,不断提高检察人员的思想政治素质、法律监督能力和职业道德水平,树立检察队伍的良好形象,等等。

从审议、讨论的情况看,全国人大代表和全国政协委员对检察工作更加关注、更加了解、更加理解,对去年检察工作总体比较满意,对各级检察机关和广大检察人员为履行好法律监督职责付出的辛勤和努力给予充分肯定,对检察机关存在的实际困难积极呼吁。我们在看到代表、委员对检察工作关心、支持的同时,更要认识到,代表、委员们指出的问题,在检察工作和检察队伍中确实存在,有的还比较严重。各级检察机关和全体检察人员特别是领导干部,一定要始终保持清醒的头脑,既要看到过去一年检察工作有了新的发展和进步,坚定做好工作的信心;更要眼睛向内,看到检察工作与党和人民群众的要求相比还有不小的差距,绝不能有丝毫的自满和懈怠情绪。要坚持把人民群众的呼声作为第一信号,把人民群众的需求作为第一选择,以高度的责任感和紧迫感,认真研究落实代表和委员的意见、建议,进一步把握人民群众对检察工作的新要求、新期待,进一步明确加强和改进检察工作的努力方向,进一步解决好人民群众不满意的突出问题。

"两会"闭幕后,最高人民检察院党组专门召开扩大会议,认真听取代表、委员审议讨论最高人民检察院工作报告的情况,研究贯彻落实"两会"精神的意见。最高人民检察院还对代表、委员的发言进行了综合整理,印发机关各部门和各省级检察院,并制定分工落实方案。各级检察院都要对照代表、委员的意见、建议,认真查找差距,严肃进行整改,切实加强和改进各项检察工作。各省级检察院和最高人民检察院机关各部门都要在年初确定的工作计划基础上,研究提出贯彻全国"两会"精神,落实代表、委员意见和建议的工作方案,4 月 10 日前报最高人民检察院党组。

三、认真落实会议要求,切实抓好今年的各项检察工作

贯彻落实全国"两会"精神,最根本的是要扎扎实实地做好今年的各项检察工作。要把贯彻全国"两会"精神与贯彻党的十七大和十七届三中全会精神结合起来,与贯彻胡锦涛总书记等中央领导同志对检察工作的一系列重要指示结合起来,与贯彻全国政法工作会议和全国检察长会议精神结合起来,紧紧围绕保增长、保民生、保稳定这一全国工作大局,进一步突出重点,强化措施,推动各项检察工作取得新的明显成效。

(一)要在维护国家安全和社会和谐稳定上下功夫、求实效

今年维护社会稳定的任务十分繁重。各级检察机关一定要全力维护国家安全和社会稳定,认真履行批捕、起诉等职责,依法严厉打击危害国家安全、公共安全、社会治安秩序和破坏市场经济秩序的严重刑事犯罪,保持对严重刑事犯罪的高压态势。要坚持严格执法,正确贯彻宽严相济刑事政策,切实提高打击犯罪、维护稳定工作水平。要高度重视返乡农民工因就业困难引发的犯罪和未成年人犯罪等社会关注的问题,在依法打击相关犯罪的同时,加强法制宣传和教育挽救,努力从源头上预防和减少犯罪,最大限度地促进社会和谐稳定。

今年是中央确定的"信访积案化解年"。要认真贯彻落实中央政法委即将下发的《关于加强和改进涉法涉诉信访工作的指导意见》。最高人民检察院将在全国检察机关组织开展涉检不稳定因素大排查大化解工作和化解信访积案专项活动。各级检察机关对排查发现的矛盾纠纷和涉检信访特别是重信重访案件,要下大气力予以解决,务求案结事了、息诉罢访。要进一步完善和落实首办责任制、检察长接待、重点约访、下访巡访等制度和便民利民措施,及时有效地化解矛盾纠纷,为经济平稳较快发展提供良好的社会环境。

(二)要在深入查办和预防职务犯罪上下功夫、求实效

查办和预防职务犯罪,是检察机关服务大局、保障民生的重要途径,也是代表和委员高度关注的重点工作。

一要进一步加大查办职务犯罪力度。要突出

办案重点，既集中力量查办大案要案，又坚决查办那些发生在群众身边、侵害群众切身利益的案件，以反腐倡廉的实际成效取信于民。要继续深入开展查办商业贿赂犯罪、查办危害能源资源和生态环境渎职犯罪、查办涉农职务犯罪三个专项工作，最高人民检察院有关厅局和各省级检察院要在总结去年经验的基础上，对专项工作进行再动员、再部署，带动查办职务犯罪工作整体推进、不断深入。今年10月，全国人大常委会将听取和审议最高人民检察院关于加强渎职侵权检察工作情况的专项报告。要以此为契机，认真总结分析近年来的渎职侵权检察工作，着力破解查办渎职犯罪案件发现难、查证难、处理难等突出问题，推动渎职侵权检察工作创新发展。

二要高度重视办案质量和效果。要认真贯彻最高人民检察院《关于充分发挥检察职能为经济平稳较快发展服务的意见》，牢固树立大局意识和服务意识，坚决克服就案办案、机械办案的倾向，坚持理性、平和、文明、规范执法。要依法审慎处理涉及企业的案件，加强与涉案企业及主管单位的沟通，慎用扣押、冻结、限制人身自由等措施，切实做到法律效果与社会效果相统一、依法办案与服务发展相统一。各级检察机关都要切实规范侦查活动，严明办案纪律，坚决杜绝受利益驱动办案等问题，坚决防止发生重大办案安全事故，避免因执法不当引发新的矛盾。

三要进一步加强职务犯罪预防工作。要突出预防工作重点，紧紧围绕保障中央投资安全和各项决策部署的落实，加强职务犯罪预防工作，为经济平稳较快发展保驾护航。要积极探索预防职务犯罪的途径、方法和措施，进一步加强犯罪分析和对策研究，提高预防工作的针对性和实效性。要坚持立足职能开展预防，高度重视预防工作的自身监督制约机制建设，推动职务犯罪预防工作健康、规范、深入发展。

(三)要在强化对诉讼活动的法律监督上下功夫、求实效

“两会”期间，代表、委员要求检察机关加大监督力度的呼声十分强烈。要进一步采取有效措施，全面加强对诉讼活动的法律监督，真正做到敢于监督、善于监督、依法监督、规范监督。最近，最高人民检察院制定了《关于进一步加强对诉讼活动法律监督工作的意见》，即将下发执行。各地要认真落实这个意见，紧紧抓住人民群众反映强烈的问题，突出监督重点，狠抓薄弱环节，完善监督机制，强化监督措施，着力解决好法律监督由“软”变“硬”的问题，推动诉讼监督工作再上一个新台阶。

“两会”期间，许多代表、委员对“躲猫猫”事件高度关注。这一事件发生后，最高人民检察院和云南省人民检察院迅速采取措施，及时查明了案件真相，对有关责任人员依法作出处理。这一事件的发生，反映出我们对监管活动的监督确实还存在不少薄弱环节。最近，一些地方又发生了看守所在押人员非正常死亡事件。各级检察机关一定要从中汲取深刻教训，举一反三，进一步采取有针对性的措施，加强对刑罚执行和监管活动的监督，有效预防、及时发现和监督纠正违法监管等问题。今后，凡发现看守所有在押人员死亡的，当地检察机关要立即上报，上一级检察院要立即派员介入调查。

加大对裁判不公的监督力度，是代表、委员意见比较集中的另一个问题。为落实去年全国人大常委会审议最高人民检察院专项工作报告的要求，今年最高人民检察院将组织开展刑事审判法律监督专项检查。各地要按照最高人民检察院的要求，对本地区本单位开展刑事审判法律监督工作的情况进行全面摸底，重点查找和解决检察机关自身监督不力、不到位的突出问题，有针对性地加强和改进工作。要进一步加强和改进对民事审判和行政诉讼活动的法律监督，探索对民事执行活动进行监督的有效途径，着力改变民事行政检察工作长期薄弱的局面。

(四)要在深化检察体制和工作机制改革上下功夫、求实效

按照中央关于司法体制改革的统一部署，最高人民检察院先后制定了《关于贯彻落实〈中央政法委员会关于深化司法体制和工作机制改革若干问题的意见〉的实施意见》，以及贯彻落实中央改革意见的分工方案。各级检察机关一定要加强协调配合，齐心协力地抓好各项改革措施，重点推进中央确定由最高人民检察院牵头的七项改革任务，确保这些改革在今年全面启动。特别是完善检察机关对侦查机关立案活动和采取扣押、冻结等强制措施的监督机制，完善检察机关职务犯罪案件审查逮捕程序，依法明确、规范检察机关调阅审判卷宗材料、调查违法、建议更换办案人、提出检察建议等程序，推进人民监督员制度改革等四项改革任务，要力争

在今年取得明显成效。要结合深化检察改革,以强化内部监督制约为重点,继续推进执法规范化建设,完善检察业务考评机制,健全业务工作流程和执法行为规范。要进一步加强检察理论研究特别是相关法律修改的研究,积极提出立法建议,不断巩固改革成果,完善中国特色社会主义检察制度。

最近,中央政法委会同有关部门制定下发了《关于开展刑事被害人救助工作的若干意见》。这是深化司法改革的重要措施,也是执法为民的重要体现。各级检察机关要认真学习贯彻,把推动建立刑事被害人救助制度作为今年的一项重要工作来抓,确保这项改革措施落到实处、取得实效。

(五)要在建设高素质检察队伍上下功夫、求实效

检察队伍建设始终是党和人民高度关注的重大问题。要始终把队伍建设作为检察工作的根本,持之以恒,常抓不懈。

一要着力加强思想政治建设。目前,地县两级检察院深入学习实践科学发展观活动已经开始,"大学习、大讨论"活动也要延长到6月底。各级检察机关特别是地县两级检察院要把两个活动有机结合起来,切实抓紧、抓好。要按照中央政法委的要求,认真组织全体检察人员通读《学习实践科学发展观暨深入开展"大学习、大讨论"活动读本》。要把社会主义法治理念教育列为各类教育培训、招录和晋升考试的重要内容,形成社会主义法治理念教育长效机制。

二要着力加强法律监督能力建设。坚持以领导干部和执法办案一线人员为重点,大力推进正规化分类培训和岗位练兵,提高检察人员执法办案、化解矛盾、做群众工作的本领。最高人民检察院已经启动对全国基层检察长和省级检察院领导班子成员的轮训,今年还将召开全国检察教育培训工作会议,全面部署开展大规模培训工作。各级检察机关要把教育培训工作摆在更加突出的位置来抓,积极探索教育培训的各种有效形式和途径,扩大培训的覆盖面,增强培训的针对性和实效性。要加大对西部检察人员的培训力度,加强对少数民族地区双语人才的培养,促进检察队伍整体素质不断提高。

三要着力加强职业道德建设。加强检察职业道德建设,是提高检察机关公信力的重要内容和有效途径。最高人民检察院将制定下发《检察官职业道德基本准则》和《检察官执法行为规范》,细化、充实检察职业道德的内涵,规范检察官的执法行为。

四要着力加强自身反腐倡廉建设和纪律作风建设。要坚持从严治检,对检察人员特别是领导干部严格教育、严格管理、严格监督,建立领导干部廉政档案制度,健全选人用人监督制约机制,强化自身监督制约机制,确保自身正、自身硬、自身净。要加大检务督察力度,抓住群众反映强烈的突出问题开展专项治理,坚决严肃查处违纪违法案件,绝不护短,切实维护检察机关和检察队伍的良好形象。

五要着力加强基层检察院建设。要按照全国基层检察院建设工作会议的部署,认真落实《2009—2012年基层人民检察院建设规划》,大力推进执法规范化、队伍专业化、管理科学化、保障现代化建设,全面提升基层检察工作水平。

最后,我再强调三点:一是要进一步增强接受监督的意识,更加自觉地接受人大、政协和社会各界的监督。特别是要加强与人大代表、政协委员的联系,畅通联络渠道,改进联络方式,积极主动地通报情况,真心实意地听取意见和建议,努力赢得代表、委员对检察工作更多的关心、理解和支持。二是要进一步加强和改进检察宣传工作。要加强与新闻媒体的联系、沟通及合作,积极主动地为媒体提供新闻素材,尽可能地为其采访报道提供方便,充分利用各种媒体宣传检察工作的新进展、新成效,宣传检察队伍中的先进典型。要高度重视、切实加强舆论引导,完善新闻发布制度,健全舆论引导机制,对社会关注的问题及时作出回应,防止因媒体炒作造成不良影响。要严明宣传纪律,严格执行案件报道审批等制度,对社会关注的重大问题、重大情况要及时向上级检察院报告。三是要进一步树立和弘扬优良作风,坚持求真务实、真抓实干。"两会"结束,各级检察机关特别是领导干部不能有松口气思想,要把主要精力放在抓工作上,不自满、不懈怠,不搞形式主义、不做表面文章,真正把落实全国"两会"精神、落实今年各项检察工作抓得很紧,抓出成效。

今年的检察工作任务繁重而艰巨,党和人民对我们寄予厚望。我们要更加紧密地团结在以胡锦涛同志为总书记的党中央周围,深入贯彻落实全国"两会"精神,坚持科学发展,强化法律监督,维护公平正义,促进社会和谐,不断开创检察工作新局面,以优异成绩迎接新中国成立六十周年。

在全国检察机关第三次预防职务犯罪工作会议上的讲话

最高人民检察院检察长　曹建明

（2009 年 5 月 25 日）

我们这次会议的主要任务是：全面贯彻党的十七大和十七届三中全会精神，深入贯彻落实科学发展观，认真落实胡锦涛总书记等中央领导同志关于完善惩治和预防腐败体系以及对检察工作的一系列重要指示，总结 2005 年以来的预防职务犯罪工作，研究部署当前和今后一个时期的主要任务，努力开创检察机关预防职务犯罪工作新局面。

2005 年第二次预防职务犯罪工作会议以来，全国检察机关认真贯彻党中央关于党风廉政建设和反腐败斗争的总体部署，立足检察职能，在依法惩治职务犯罪的同时，结合执法办案工作，深入分析犯罪原因，积极提出预防建议，广泛开展预防咨询、宣传和警示教育，推行行贿犯罪档案查询，着力完善预防工作机制，创新预防工作方法，推动预防职务犯罪工作取得新的明显成效。各级检察机关预防职务犯罪部门和广大从事预防工作的检察人员，在相关职能部门的配合支持下，认真履行职责，开拓进取，扎实工作，为加强职务犯罪预防、促进反腐倡廉建设付出了艰苦努力，作出了积极贡献。在此，我代表最高人民检察院，向同志们表示崇高的敬意和亲切的慰问！

下面，我讲几点意见。

一、充分认识新形势下加强和改进检察机关预防职务犯罪工作的重要意义，增强做好预防工作的责任感和紧迫感

当前，我国正处于改革发展的关键阶段，党风廉政建设和反腐败斗争面临许多新情况新问题，惩治和预防腐败的任务重要而紧迫。检察机关预防职务犯罪工作，是反腐败斗争的重要组成部分。我们必须从深入贯彻落实科学发展观、服务党和国家工作大局的高度，充分认识新形势下加强和改进检察机关预防职务犯罪工作的重要性和紧迫性。

第一，加强和改进预防职务犯罪工作，是深入贯彻落实党的十七大精神，扎实推进惩治和预防腐败体系建设的必然要求。党的十七大系统总结反腐倡廉实践经验，对新时期反腐倡廉建设作出了全面部署，提出“坚持标本兼治、综合治理、惩防并举、注重预防的方针”，“以完善惩治和预防腐败体系为重点加强反腐倡廉建设”，强调“在坚决惩治腐败的同时，更加注重治本，更加注重预防，更加注重制度建设，拓展从源头上防治腐败工作领域”。党的十七大以来，以胡锦涛同志为总书记的党中央全面把握反腐倡廉形势和任务，颁布了《建立健全惩治和预防腐败体系 2008— 2012 年工作规划》，对扎实推进惩治和预防腐败体系建设作出了一系列重要指示。在十七届中央纪委二次全会上，胡锦涛总书记提出，“坚持治标和治本、惩治和预防两手抓、两手都要硬”，“既坚决查处违纪违法案件，依法严惩腐败分子，又加大预防工作力度，不断铲除腐败滋生的土壤”。在十七届中央纪委三次全会上，总书记再次强调“既要从严惩治顶风作案、铤而走险的不法分子，又要未雨绸缪、提前防范，把事后监督与事前、事中监督结合起来，切实提高监管水平”。党的十七大精神和胡锦涛总书记的重要论述，是党中央对新形势下全面推进反腐倡廉建设作出的重大战略决策，是我们党对执政规律和反腐倡廉工作规律认识的进一步深化，是从源头上防治腐败的根本举措。检察机关作为反腐败斗争的一个重要职能部门，一定要善于从全局和战略高度，把握和落实中央部署要求，切实增强推进惩治和预防腐败体系建设的责任感，在坚决惩治职务犯罪的同时，把预防工作摆到更加重要的位置来抓。

第二，加强和改进预防职务犯罪工作，是顺应人民期待、坚持执法为民的必然要求。职务犯罪是最典型、最集中、最严重的腐败现象,破坏社会公平正义,损害党群干群关系,特别是那些发生在民生领域的职务犯罪,直接侵害群众切身利益,给人民生命财产造成重大损失。广大人民群众对此深恶痛绝,要求有效遏制职务犯罪的呼声十分强烈,不仅希望我们加大办案力度,也殷切期待我们把办案向预防延伸,进一步加强预防工作。在今年全国"两会"上,许多人大代表、政协委员都呼吁,检察机关要在加大惩治职务犯罪力度的同时,下更大功夫做好预防工作,从源头上减少职务犯罪的发生。一些代表、委员提出,党和人民培养一名干部很不容易,干部发生腐败犯罪问题,不仅害了自己和家庭,也给党和人民的事业造成不可挽回的损失。希望检察机关把法律监督关口前移,使干部少犯和不犯错误,使党和人民事业少受和不受损失。我们一定要自觉加强和改进预防职务犯罪工作,增强反腐倡廉教育的针对性和有效性,加强监督,促进制度建设,充分发挥办案在治本方面的建设性作用。

第三,加强和改进预防职务犯罪工作,是保障和促进经济社会科学发展的必然要求。职务犯罪对经济社会科学发展构成了严重干扰和损害。从检察机关办案情况看,当前工程建设、房地产开发、土地管理、矿产资源开发和金融、国有企业经营管理等经济活动和领域中的职务犯罪易发多发,而且危害严重,有的一个干部犯罪就毁了一个企业;有的酿成"豆腐渣"工程,造成巨额经济损失;有的破坏生态环境,贻害子孙后代;有的引起群体上访,严重影响社会稳定。因此,推动经济社会科学发展,必须有效遏制职务犯罪。检察机关积极开展预防职务犯罪工作,是充分发挥检察职能,推动科学发展、促进社会和谐的重要体现。各级检察机关一定要切实增强政治意识、大局意识和责任意识,紧紧围绕党和国家工作大局,加强和改进预防职务犯罪工作,为推动经济社会又好又快发展作出积极贡献。

第四,加强和改进预防职务犯罪工作,是实现检察工作自身科学发展的必然要求。从我国宪法和法律规定看,检察机关的职能不仅是打击犯罪,还包括通过检察活动,加强法制教育,预防和减少犯罪。"惩治于既然"和"防患于未然"是相辅相成的,抓好预防工作是检察机关增强惩治职务犯罪效果的必然要求。高度重视惩治腐败与预防腐败的结合,在惩治腐败的同时积极预防腐败,是世界各国通行的做法,也是《联合国反腐败公约》的规定。新加坡、我国香港等国家和地区的经验表明,反腐败机构要有效发挥职能作用,必须在坚决严肃查办案件的同时,积极认真做好预防工作。因此,坚决惩治和积极预防,是有效遏制职务犯罪不可或缺的两个方面,只有两者统筹兼顾,才能取得更好的法律效果和社会效果。近年来,检察工作包括预防职务犯罪工作取得了长足进步,但仍然面临着如何进一步实现科学发展的问题。我们一定要以科学发展观为指导,真正做到惩治和预防职务犯罪两手抓、两手都要硬,努力推动检察工作全面、协调、健康发展。

二、准确把握检察机关预防职务犯罪工作的职能定位和基本要求

检察机关预防职务犯罪工作,是党和国家反腐倡廉建设总体格局的重要方面,是惩治和预防腐败体系的重要组成部分,是检察机关惩治职务犯罪工作的必然延伸,是法律监督职能的重要内容。其基本职责是:立足检察职能,结合执法办案,分析职务犯罪原因及其规律,提出预防职务犯罪的对策和措施,促进从源头上遏制和减少职务犯罪。工作的主要方式方法是,结合执法办案,分析研究管理和制度等方面的漏洞,向发案单位提出预防建议并协助堵漏建制;在深入调研的基础上,向党委、人大、政府以及相关主管部门提出职务犯罪状况调查报告和对策建议;开展预防咨询、宣传和警示教育;建立职务犯罪信息库,开发和管理行贿犯罪档案查询系统并受理社会查询等。各级检察机关必须准确把握和始终坚持预防工作的职能定位,认真总结实践经验,深入探索工作规律,努力从更高起点、更高层次、更高水平上推动检察机关预防职务犯罪工作健康深入发展。为此,要在实践中牢牢把握以下几点:

第一,必须坚持党委统一领导,在推进惩治和预防腐败体系建设中发挥检察机关惩治和预防职务犯罪的职能作用。推进惩治和预防腐败体系建设是一项复杂艰巨的系统工程,是全党全社会的共同任务,必须在党委统一领导下,党政齐抓共管,纪委组织协调,部门各负其责,依靠人民群众支持和参与,统筹推进。检察机关预防职务犯罪工作作为惩治和预防腐败体系的重要组成部分,必须纳入党和国家反腐倡廉建设总体格局,纳入惩治和预防腐败体系建设总体部署,按照反腐败领导体制和工作机制要求，在党委统一领导和部署下开展。检察机关既要按照职责和分工，积极开展预防职务犯罪工作，为党委治理腐败当好参谋；又要紧紧依靠党委领导，积极参加党委、人大、政府及国家专门预防机构等组织的预防活动，加强与有关部门的协调配合，在人民群众参与和支持下，共同推动预防职务犯罪工作，在惩治和预防腐败体系建设中更好地发挥检察职能。

第二，必须围绕中心、服务大局，始终把检察机关预防职务犯罪工作置于党和国家工作大局中开展。检察机关开展预防职务犯罪工作，本身就是服务大局的具体体现，只有围绕中心、服务大局，才能明确方向、突出重点、取得实效。要根据党和国家一个时期经济社会发展战略部署和重大措施，适应反腐倡廉建设的形势和任务，针对职务犯罪易发多发的重要领域和关键环节，紧紧围绕社会关注、群众反映强烈的问题，结合检察机关查办职务犯罪工作重点，科学确定和及时调整预防工作重点，增强预防工作实效，为深化改革、促进发展、维护稳定、保障民生服务。

第三，必须坚持立足检察职能，紧密结合执法办案开展预防职务犯罪工作。检察机关承担着侦查、决定逮捕和起诉职务犯罪等执法办案职责，对职务犯罪症结、特点有比较准确的把握，对犯罪分子的堕落过程有比较直接的了解，对引发犯罪的体制机制制度问题有比较深刻的认识，这是检察机关开展预防职务犯罪工作的职能优势。我们必须始终立足检察职能，紧密结合执法办案，从办理每一起职务犯罪案件入手，扎扎实实地做好预防工作，取得“办理一案，教育一片”的预防效果，在全党全社会惩治和预防腐败的大格局中发挥独特作用。既要着眼于强化法律监督职能，勇于创新、大胆探索，不断改进方式方法，拓展领域途径，研究提出惩治和预防职务犯罪的新思路、新办法、新举措，防止可有可无、无所作为的倾向；又要坚持立足职能，摆正位置，做到“到位不越位、尽职不越权、参与不干预、帮忙不添乱、服务不代替”，绝不能偏离职能、超越职权，把预防工作搞成一般监督、“包打天下”，也不能与有关单位签订所谓“廉政协议”，作出不发案的承诺，以致损害法律监督的严肃性、权威性。

第四，必须统筹兼顾、协调配合，增强预防职务犯罪工作的合力和整体效果。检察机关预防职务犯罪工作涉及到各项检察业务，是各个业务部门的共同责任，必须坚持院党组统一领导，业务分管领导齐抓共管，预防部门加强组织协调，各个业务部门分工负责抓落实。预防部门要发挥职能部门的作用，加强对预防工作的组织协调、综合规划、规范管理和检查指导，促进预防工作落实，增强预防工作合力。相关业务部门要坚决克服办案是硬任务、预防是软任务的思想，切实把预防职务犯罪融入到执法办案工作之中，与执法办案任务同部署、同落实、同检查，真正做到两项工作统筹兼顾、相互促进。执法办案人员要主动把办案向预防延伸，在依法查明犯罪事实和情节，准确适用法律惩治犯罪的同时，注意深入分析和研究职务犯罪产生原因、作案手段和发展变化规律，有针对性地提出相应的治理对策，预防同类犯罪的发生，扩大执法办案的效果。

三、扎实做好当前及今后一个时期的预防职务犯罪工作

党中央颁布的《工作规划》，对扎实推进惩治和预防腐败体系建设作出了总体部署。各级检察机关要结合实际，全面贯彻落实《工作规划》，按照最高人民检察院制定的《关于加强和改进预防职务犯罪工作的意见》的要求，扎实做好今后一个时期的预防职务犯罪工作。当前，要重点做好以下几方面工作：

（一）围绕中央推动科学发展重大决策部署的贯彻落实加强预防职务犯罪工作。为应对国际金融危机冲击，保持经济平稳较快发展，中央提出了一系列扩大内需、促进经济增长的重大政策措施。这些政策措施能否顺利实施，关系到当前和今后一个时期经济社会发展全局。各级检察机关要紧紧围绕这些政策措施的贯彻落实，按照最高人民检察院《关于充分发挥检察职能为经济平稳较快发展服务的意见》，积极主动做好预防职务犯罪工作。要根据政府加大投资力度、较大幅度增加公共支出的情况，配合有关部门加强民生工程、基础设施、灾后重建等重大工程建设和项目资金使用中的预防职务犯罪工作。要突出重大工程项目规划、立项、审批，大额资金调拨使用，大宗物资采购，项目招投标等职务犯罪隐患较多、管理监督较为薄弱、公共投入相对集中的关键部位和环节，加强职务犯罪风险预测预警，抓住其中发生的典型案件，加强犯罪成因剖析和预防对策研究，推动有关部门加强监管、完善制度、堵塞漏洞，及时消除犯罪隐患。要紧密结合本地实际,根据本地投资和项目建设总体状况及进展情况,有针对性地开展预防调查,形成有分析、有对策的调查报告,提出预防建议,及时向党委、人大、政府报告或通报,促进科学决策,推动“保增长、扩内需、调结构”等政策措施的顺利实施。

(二)围绕人民群众反映强烈的突出问题加强预防职务犯罪工作。要把实现好、维护好、发展好广大人民的根本利益作为预防工作的出发点和落脚点,围绕维护群众切身利益加强职务犯罪预防工作,努力以惩治和预防腐败的实际成效取信于民。一要着力加强民生领域预防职务犯罪工作,对发生在人民群众身边、直接侵害群众切身利益的职务犯罪,特别是发生在社会保障、劳动就业、征地拆迁、移民补偿、抢险救灾、医疗卫生、招生考试等领域的职务犯罪,在积极查办的同时,要剖析典型案例,加强警示教育和法制宣传,推动有关单位和主管部门加强管理,预防和减少职务犯罪的发生。二要积极参加食品药品安全专项整治以及“质量和安全年”活动,结合开展查办危害能源资源和生态环境渎职犯罪专项工作,加强对生态环境保护、食品药品质量、安全生产等领域职务犯罪预防工作,认真研究这些领域职务犯罪发生原因,及时发现苗头性、倾向性问题,及时提出预防对策。三要结合开展深入查办涉农职务犯罪专项工作,积极预防农村土地、林业、水利、交通等综合开发、补贴补偿、防灾减灾和教育、医疗卫生改革等领域的职务犯罪以及农村基层干部失职渎职、侵犯人权的犯罪,保障农村基础设施、民生工程的投入和农业补贴款项的规范使用,保障中央各项支农强农惠农政策的有效实施,服务社会主义新农村建设。要认真倾听群众的呼声,注重对群众举报的综合分析,及时掌握群众反映突出的问题以及职务犯罪的重点部位,有针对性地做好预防工作;对经调查不构成犯罪的举报线索,也要注意分析发现其中反映的突出问题,向有关部门通报,对有关人员加强警示教育,防止违法违纪行为演变为职务犯罪。

(三)围绕职务犯罪易发多发的领域加强预防职务犯罪工作。胡锦涛总书记在十七届中央纪委三次全会上明确提出,“要针对工程建设、房地产开发、土地管理和矿产资源开发、金融、司法等领域腐败现象易发多发的情况,加大工作力度,开展专项治理,特别是要深入开展治理商业贿赂专项工作”,“着力解决重点领域的腐败问题”。各级检察机关要认真贯彻中央部署,综合运用好惩治和预防两个手段,切实在治理重点领域腐败问题上发挥重要作用。一要注重发挥检察机关在治理重点领域商业贿赂犯罪方面的职能作用。在依法惩治商业贿赂犯罪的同时,深入做好工程建设、土地出让、产权交易、医药购销、政府采购、资源开发和经销等领域以及银行信贷、证券期货、商业保险等方面的职务犯罪预防工作。加强对一个时期、一个领域商业贿赂犯罪的综合分析,加强与有关行业主管部门的联系和配合,强化系统性的预防措施,推动行业性、区域性的犯罪治理。完善行贿犯罪档案查询系统,拓宽行贿案件录入领域,逐步实现查询系统全国联网,更加有效地预防贿赂犯罪。二要注重发挥检察机关在治理司法领域腐败问题上的职能作用。改进法律监督的方式方法和工作机制,把事后监督与犯罪预防结合起来,切实防止和纠正诉讼活动中的违法犯罪问题,促进司法廉洁和公正。三要注重发挥检察机关在治理国有企业、金融等重点领域腐败问题上的职能作用。无论在查办官商勾结、权钱交易等职务犯罪案件中,还是在批捕、起诉经济犯罪案件中,都要注意发现国有企业经营管理中的漏洞,注意发现金融监管不到位的问题,注意发现可能诱发职务犯罪的薄弱环节,积极提出预防对策建议,促进加强行业监管和权力监督,完善市场机制和经营管理制度,维护金融稳定和国有资产安全。

(四)围绕惩治和预防腐败体系建设加强预防职务犯罪工作。预防职务犯罪工作是惩治和预防腐败体系的重要组成部分,必须紧紧围绕惩治和预防腐败体系建设的基本要求、工作目标和重点任务来开展。一要着力推进反腐倡廉教育。认真做好典型案例剖析和以案说法、警示教育工作,进一步加强反腐倡廉法制宣传和反腐败成果展览工作,推动廉政文化建设,营造反腐倡廉的良好氛围。二要着力推进反腐倡廉制度建设。围绕党和国家推进干部人事制度改革、行政管理体制改革、财税金融和投资体制改革、国有企业改革以及现代市场体系建设的一系列改革措施,结合查办相关行业、领域职务犯罪案件,认真调查分析犯罪产生原因,查找具体制度和法律法规方面存在的漏洞和问题,积极提出深化改革、健全法制、完善制度的合理化建议,促进提高反腐倡廉制度化、法制化水平。三要着力推进权力运行的监督制约。结合办理领导干部职务犯罪案件特别是利用人事权、司法权、行政执法权、行政审批权索贿受贿、徇私舞弊的典型案件，抓住权力易被滥用的薄弱环节和关键部位加强专题调查和预防对策研究，积极探索加强重要领域和关键环节权力行使监督的有效途径和办法，协助和配合有关部门健全权力运行监控机制，促进权力规范行使，有效防范职务犯罪。

四、以科学发展观为指导，推动预防职务犯罪工作健康深入发展

科学发展观是检察工作包括预防职务犯罪工作发展的重要指导方针。各级检察机关要深入学习实践科学发展观，紧密联系预防工作实际，认真思考和正确处理预防工作与办案工作、预防工作开展与加强自身监督制约、预防队伍专业化建设与预防工作规范化建设、突出预防工作重点与夯实预防工作基础等重要关系，努力推动预防职务犯罪工作科学发展。

一要切实加强对预防职务犯罪工作的组织领导。检察机关预防职务犯罪工作总体上还处于探索发展阶段，工作中遇到的新情况、新问题比较多。各级检察院党组要把预防工作作为一项重要业务工作，列入议事日程，加强统筹规划、组织协调和检查指导，正确把握工作的发展方向，及时解决工作中出现的问题。检察长和分管院领导要靠前指挥，主动与党政领导沟通协调、争取支持。预防部门要认真履行职责，协助院党组抓好预防工作任务分解和督促检查，统筹协调重大预防活动，组织有关业务部门抓好落实。上级检察院要对下级检察院预防工作加强指导，认真研究带有普遍性、倾向性问题，组织开展全局性预防活动，协调解决难点问题，总结推广预防经验，推动预防工作健康深入开展。

二要高度重视对预防职务犯罪工作的监督制约。做好任何检察工作，都必须牢固树立监督者更要接受监督的观念，切实加强对自身的监督制约，预防工作也不例外。尤其要看到，预防工作是检察机关联系社会、服务群众的一个“窗口”，做得好有利于提升检察形象，做得不好就会损害检察形象。在今年全国“两会”上，人大代表、政协委员在充分肯定检察机关预防职务犯罪工作的同时，对有的检察人员以预防为名干涉企业招投标活动、谋取个人和小团体私利的行为提出了尖锐的批评。我们一定要引以为戒、举一反三，高度重视并切实加强对预防工作的监督制约。要加强预防工作规范化建设，完善预防工作制度，明确预防工作权责，细化预防工作流程，规范预防工作方式，把预防工作纳入规范发展的轨道。要自觉把预防工作置于党委领导和人大监督之下，及时报告预防工作情况，主动接受社会各界监督，认真听取各方面意见和建议，不断改进预防工作。严格执行检察机关内部监督规定，完善预防工作监督制约制度，建立预防工作责任制和过错责任追究制度。对检察人员在预防工作中滥用职权、谋取私利等违纪违法行为，要坚决查处，绝不姑息。

三要建立健全预防职务犯罪工作机制。要进一步加强与纪检监察、审计及有关行业主管（监管）等部门的协调配合，通过惩治和预防腐败联席会议制度等形式，建立健全检察机关与相关部门惩治和预防腐败工作的协作机制。要正确处理与国家预防腐败局等专门预防机构之间的工作关系，国家预防腐败局主要是负责预防腐败工作的组织协调、综合规划、政策制定和检查指导，而检察机关主要是在履行职务犯罪侦查、决定逮捕和起诉等职责中，结合办案有针对性地开展预防职务犯罪工作。因此，检察机关一方面要主动接受国家预防腐败局的组织协调，另一方面要充分发挥自身职能优势，与专门预防机构密切配合、互相支持，共同做好预防腐败包括预防职务犯罪工作。要进一步完善检察机关内部惩治和预防职务犯罪工作协调配合制度，既要明确预防部门和相关执法办案部门各自预防工作职责和任务，又要加强工作衔接与相互支持，积极探索建立惩防一体化工作机制，促进特殊预防与一般预防有机结合、查办案件与预防犯罪有机结合，增强惩治和预防职务犯罪整体效能。进一步加强职务犯罪信息库建设，完善与有关行业、系统、部门的预防职务犯罪工作信息共享机制，提高预防工作效率和水平。进一步加强预防职务犯罪工作宣传，配合有关部门完善反腐倡廉新闻发布制度，及时公开惩治和预防职务犯罪工作情况，建立健全依靠群众的支持和参与做好职务犯罪预防工作的机制。

四要大力加强职务犯罪预防队伍建设。要把思想政治建设放在首位，认真开展深入学习实践科学发展观、“大学习、大讨论”和社会主义法治理念教育活动，引导从事预防工作的检察人员增强政治意识和大局观念，更加自觉地围绕党和国家工作大局履行预防工作职责。要加强预防队伍专业化建设，根据预防工作特点和岗位需要选好配强干部，强化从事预防工作所需的法律政策、检察业务以及社会调查、统计等方面的知识和业务技能培训,提高预防工作能力和专业化水平。要狠抓预防队伍的纪律作风建设,严肃工作纪律,严禁干预机关、企事业单位正常管理和合法经营活动,严禁以预防为名拉关系谋私利、拉赞助搞创收。

五要不断夯实预防职务犯罪工作基础。适应工作发展需要,进一步加强预防职务犯罪专门机构建设和人员配备,加大对预防工作人力、物力和财力投入,为预防工作开展提供充分保障。大力推进预防工作信息化建设,健全完善职务犯罪案件信息计算机分析管理系统,强化预防工作手段,提高预防工作科技含量。加强预防理论研究,立足中国国情和检察职能,借鉴其他国家和地区治理腐败的有效模式和预防职务犯罪的有益经验,深入探索预防工作规律,构建中国特色检察机关预防职务犯罪理论体系,为预防工作科学发展提供理论支持。坚持理论研究与实践创新相结合,围绕完善预防工作法律制度加强调研论证,及时提出立法建议,推动预防工作法制化进程。

切实加强预防职务犯罪工作,检察机关责无旁贷,大有可为。让我们更加紧密地团结在以胡锦涛同志为总书记的党中央周围,开拓进取,扎实工作,努力开创检察机关预防职务犯罪工作新局面,为深入开展党风廉政建设和反腐败斗争,推动经济社会又好又快发展,夺取全面建设小康社会新胜利作出更大的贡献!

在全国检察机关内部监督工作座谈会上的讲话

最高人民检察院检察长　曹建明

(2009年7月3日)

这次座谈会是最高人民检察院党组决定召开的专题研究部署强化检察机关内部监督的一次重要会议。会议的主要任务是,全面贯彻党的十七大精神和胡锦涛总书记等中央领导同志对检察工作的一系列重要指示,深入贯彻落实科学发展观,总结交流近年来检察机关内部监督工作的经验,研究部署新形势下强化内部监督工作的措施,确保严格、公正、文明、廉洁执法。文秀同志还要作总结讲话,下面,我先讲几点意见。

一、充分认识强化检察机关内部监督的重要意义,切实把这项工作放在与强化法律监督同等重要的位置来抓

我们党历来重视对自身的监督。党的十七大报告把加强对权力的制约和监督作为社会主义民主政治建设的重要任务,明确提出要完善制约和监督机制,保证人民赋予的权力始终用来为人民谋利益。胡锦涛总书记多次强调要加强党内监督,完善对司法权行使的监督机制。周永康同志也明确指出,检察机关作为国家法律监督机关,必须首先接受监督,切实加强对自身执法活动的监督制约。特别是中央下发的《建立健全惩治和预防腐败体系2008—2012年工作规划》,明确要求加强对司法权行使的监督,强化司法机关内部监督。各级检察机关要深刻认识强化检察机关内部监督的重大意义,切实增强做好这项工作的责任感和紧迫感。

(一)强化内部监督,是坚持和完善中国特色社会主义检察制度的必然要求。坚持和完善中国特色社会主义检察制度,充分发挥我国检察制度的优越性,最根本的是必须正确行使人民赋予的检察权,正确履行宪法和法律赋予的法律监督职能。要做到这一点,必须高度重视对检察机关自身的监督,不仅要自觉接受外部监督,而且要切实强化内部监督。

检察机关恢复重建以来,在党中央的坚强领导下,检察工作取得显著成绩。但是我们应当清醒地看到,少数检察机关和检察人员执法不严格、不公正、不文明、不廉洁,社会各界反映比较强烈。由于这些问题的存在,社会上出现了"检察机关监督别人、谁来监督检察机关"的疑问,对此我们必须引起重视,在自觉接受外部监督的同时,切实加强对检察权行使的内部监督和制约,防止权力的滥用和腐败。今天,我们把切实强化内部监督制约放在如此重要、突出的位置,并不是忽视了强化法律监督,而是为了更好地坚持和落实"强化法律监督,维护公平正义"的工作主题。要使全体检察人员特别是领导干部都认识到,检察机关必须强化监督意识,监督意识是包括监督他人和接受监督两个方面。如果我们不重视对自身的监督,就不可能解决好检察工作中的突出问题,我们的法律监督就不会有公信力,最终将会损害检察事业的发展,甚至动摇检察制度的根基。我们一定要按照党中央的要求,牢固树立监督者必须接受监督的观念,突出抓好自身监督制约机制建设,不断加强对自身执法活动的监督制约,保证检察机关按照法定权限和程序行使权力、履行职责,确保检察权的依法正确行使。

(二)强化内部监督,是推进检察机关惩治和预防腐败体系建设的必然要求。强化检察机关内部监督,建立健全具有检察特点的惩治和预防腐败体系,是加强检察机关自身反腐倡廉建设的重要内容。《建立健全惩治和预防腐败体系 2008—2012年工作规划》从教育、制度、监督、改革、纠风、惩处等六个方面,明确提出了今后五年惩治和预防腐败体系建设的工作目标和重点任务。要使全体检察人员特别是领导干部都认识到,加强自身反腐倡廉建设涉及各方面工作,监督是关键。加强监督,可以增强教育的说明力、制度的执行力、惩处的威慑力以及纠风和改革的实效性,带动惩防腐败体系建设全面推进。检察机关贯彻落实《工作规划》,也必须牢牢抓住监督这个关键,把它作为推进惩防腐败体系建设的切入点和着力点,通过完善监督机制、改进监督方式、加大监督力度,带动和促进其他各项工作的深入开展。可以认为,强化内部监督是反腐倡廉工作的重中之重,是从源头上治理腐败,最大限度地减少检察人员违法违纪现象的重要举措,对于全面推进检察机关反腐倡廉建设具有十分重要的意义。

(三)强化内部监督,是推进高素质检察队伍建设的必然要求。长期以来,各级检察机关在加强队伍建设方面做了大量工作,整体素质不断提高,执法形象明显改观,得到了社会各界的充分肯定。同时,我们也要清醒地看到,检察队伍的整体素质与党和人民的要求还有不小的差距,特别是在纪律作风方面还存在一些不容忽视的问题:有的检察人员违法违规办案,侵犯当事人的合法权益;有的特权思想、霸道作风严重,对群众冷硬横推;有的以权谋私、执法犯法、贪赃枉法,特别是个别领导干部严重腐败案件,在社会上产生了恶劣影响。检察队伍仍然存在突出问题,其中一个重要原因就是内部监督不力。要使全体检察人员特别是领导干部都认识到,监督的本质是关爱、是保护、是保证。强化检察机关的内部监督,不是对干部的不信任,而是对干部政治上的关心、爱护;不是对干部主观能动性和工作积极性的挫伤,而是对干部的保护;不是对检察工作的束缚,而是促进检察工作健康科学发展的重要保证。只有切实强化内部监督,才能真正用制度管权、管事、管人,才能全面提高队伍整体素质和执法水平。

近年来,各级检察机关认真贯彻落实党中央要求,在忠实履行法律监督职责、不断强化法律监督职能的同时,积极探索接受内外部监督的途径、方式和机制。特别是在强化内部监督方面采取了一系列重要举措,为保证严格、公正、文明、廉洁执法,发挥了重要作用。但也存在一些问题:一些检察机关和检察人员接受监督的意识不强,比较注重监督别人,对自身监督仍然重视不够,特别是存在不愿监督,不敢监督,大事化小,小事化了等突出问题;对一些容易发生问题的部位和环节,特别是对领导干部和自侦案件的内部监督还缺乏有效的监督机制和措施;有的内部监督制度虽然已经制定,但没有注重落实,影响了监督效果;特别是一些同志仍然存在错误观念甚至埋怨情绪,认为"现在事事讲加强自身监督,就会无法办案",等等。各级检察机关特别是领导干部,不能掉以轻心,自满自足,要始终保持清醒的头脑,始终以更加积极主动的姿态,切实把强化自身内部监督制约放到与强化法律监督同等重要的位置来抓,用比监督别人更严的要求来监督自己,为检察工作科学发展提供坚实有力的保障。

二、突出重点,进一步加大内部监督力度

检察机关的内部监督是多方位、全过程的监督。要把各项检察工作包括业务工作、队伍建设等,都置于内部监督之下,做到权力行使到哪里、监督就延伸到哪里,切实把监督制约的措施落实到权力运行的各个环节,既全面加强监督,防止监督缺位;又突出工作重点,增强监督实效,确保权力不被滥用。当前,要重点抓好两个方面的监督:

(一)强化对领导干部的监督。强化检察机关内部监督,首先要进一步加强党内监督,重点是加强对党员领导干部的监督。越是领导干部,越要从严要求。要始终把对领导干部包括检察长的监督作为重中之重,进一步加大监督力度,切实防止权力失控、决策失误、行为失范。根据中央的要求和检察机关实际,当前一是要加强对领导干部遵守政治纪律情况的监督,看领导干部是否旗帜鲜明地坚持党对检察工作的领导,始终同以胡锦涛同志为总书记的党中央保持高度一致,推动科学发展重大决策部署的落实。二是要加强对领导干部执行民主集中制情况的监督,看领导干部在重大决策问题上是否充分发扬民主,坚持依法决策、民主决策、科学决策,保证党内政治生活健康有序。三是要加强对选拔任用干部情况的监督,看领导干部是否认真贯彻执行《党政领导干部选拔任用工作条例》,坚持德才兼备、以德为先,公道正派地选人用人。四是要加强对领导干部落实党风廉政建设责任制和勤政廉政情况的监督,看领导干部是否以身作则、廉洁自律,正确行使手中的权力,做到决不利用职务上的便利谋取不正当利益。五是要加强对领导干部作风的监督,看领导干部是否坚持加强党性修养、弘扬优良作风,及时发现和解决在作风方面存在的苗头性、倾向性问题。

(二)强化对检察机关自身执法活动的监督制约。执法办案是检察机关履行法律监督职能的基本手段,是检察权行使的集中体现。因此,强化内部监督最基本的要求是加强对自身执法办案活动的监督,特别是要紧紧抓住执法办案的重点岗位和关键环节,紧紧抓住社会关注度高、群众反映强烈的突出问题,紧紧抓住容易发生问题的自侦案件,加大执法监督的力度。对初查后决定不立案的职务犯罪案件,犯罪嫌疑人变更强制措施的职务犯罪案件,侦查机关或侦查部门对不逮捕、不起诉提出不同意见的案件,当事人长期申诉上访的案件,人民监督员提出不同意见的案件,都应当作为监督的重点。要高度重视执法办案中不作为、乱作为和监督不到位的现象。着力监督纠正刑讯逼供、暴力取证、滥用强制措施和变相体罚等侵犯当事人人身权利的问题;受利益驱动违法违规办案,插手经济纠纷,违法扣押、冻结、处理涉案款物等侵犯当事人财产权利的问题;对群众漠不关心,作风霸道,特权思想严重的问题;与案件当事人及其亲友、律师串通,收受钱财,以权谋私,贪赃枉法等问题。要严格执行《人民检察院执法办案内部监督暂行规定》,认真开展执法监察、案件复查和重点案件回访,加强上级检察院对下级检察院执法活动的监督。继续推行"一案三卡"、"流程监督"、"网上监督"等行之有效的措施,加强对办案的流程管理和动态监督,抓好案前、案中、案后的监督。同时,要加强对检察人员违法违纪情况的分析研判,密切关注执法中值得注意的问题,研究提出加强和改进内部执法监督的对策措施,增强监督工作的前瞻性和预见性。

三、加强制度建设,建立健全内部监督长效机制

党的十七大强调,要坚持用制度管权、管事、管人,建立健全决策权、执行权、监督权既相互制约又相互协调的权力结构和运行机制。监督靠制度作保障,制度靠监督去落实。强化检察机关内部监督,制度建设至关重要。要把制度建设作为强化内部监督的基础性工作来抓,不断健全发现问题的机制、纠正错误的机制、追究责任的机制。说到底,要通过逐步建立健全内部监督长效机制,实现检察机关内部的有效监督。可以说,真正实现有效监督是内部监督全部问题的关键。当前,要着重抓好以下三个方面:

(一)要对已有制度进行充实和完善。近几年来,我们通过深化改革和规范化建设,陆续出台了一系列强化内部监督的制度。这些制度对于从源头上防治腐败、保障检察权依法正确行使发挥了积极作用,但有的制度也存在可操作性不够强、责任规定不明确等问题,需要进一步修改完善。一是要完善对领导干部的监督制度。按照中央关于巡视工作的要求,进一步完善检察机关巡视制度,加强对领导班子及其成员特别是检察长的监督。完善民主决策机制,着重加强党组会和检察委员会制度建设,规范议事程序,切实发挥各级党组会和检察委员会的作用。完善党风廉政建设责任制配套制度和领导班子廉政档案制度,健全上级检察院派员参加下级检察院党组民主生活会制度,促进领导班子思想、作风和纪律建设。二是要完善对自身执法办案活动的监督制约制度。制定执法办案内部监督实施细则，完善对执法办案活动多角度、全方位、全过程的监督机制。继续推进执法规范化建设，完善职业道德规范、执法行为规范，建立健全能够有效防止违法违纪和冤假错案发生的制度。三是要完善对干部选拔任用工作的监督制度。研究制定对干部选拔任用工作实施监督的规范性文件，明确监督的具体对象、内容、环节和程序，增强监督的刚性和实效。四是要完善重大经费开支、政府采购、重大工程建设项目的监督制度。改革完善检察机关财政保障制度，研究制定对重大经费开支、政府采购、重大工程建设项目招投标等工作实施监督的办法。

（二）要及时总结实践中好的经验和做法。上级检察院要加强调查研究，鼓励并指导下级检察院在实践中大胆探索。对基层创造的好的经验和做法，条件成熟时要及时总结并形成新的制度。对带有普遍性、全局性的重大问题，最高人民检察院和省级检察院都要及时研究，制定相应的制度或工作规范。

（三）要认真抓好各项制度的落实。现在一些地方检察院制度很多，但管用的不多，落实情况也不尽如人意。对此，要认真进行整改。制度不完善的要抓紧完善，执行不到位的要狠抓落实。要加强对制度执行情况的监督检查，及时发现和纠正违反制度的行为，确保各项制度不折不扣地得到落实。

四、加强领导，增强内部监督的合力和实效

强化内部监督，关键在于领导。各级检察院党组一定要高度重视，把这项工作摆在重要议事日程，加强领导，完善机制，明确责任，狠抓落实，确保内部监督工作扎实开展并见到实效。

首先，领导干部特别是检察长要增强监督意识，自觉接受监督，带头开展监督。能不能做到这一点，是衡量一名领导干部政治上、思想上是否真正合格的重要标准。最高人民检察院领导班子全体成员包括我本人，一定诚恳地接受同志们的监督，接受各方面的监督。希望各级检察院领导干部也在接受监督方面做好表率。

其次，要充分发挥纪检监察部门的职能作用。检察机关纪检监察部门是负责内部监督的主要职能部门之一，是各级检察院党组抓党风廉政建设的参谋和助手。院党组特别是检察长，要经常听取纪检监察部门汇报，研究解决存在的困难和问题，帮助排除各种阻力和干扰，旗帜鲜明地支持他们的工作，坚定不移地做他们的坚强后盾。纪检监察部门要增强工作责任感，认真履行监督职责，做到坚持原则、铁面无私，切实发挥好内部监督的职能作用，同时还要严于律己、以身作则，模范遵守法律、纪律和规章制度，自觉接受其他部门和广大检察人员的监督。

第三，要进一步健全和落实内部监督工作责任制。强化内部监督，不能仅靠纪检监察部门，必须充分发挥各方面的作用。按照《检察机关党风廉政建设责任制实施办法》，检察长要对本院的内部监督工作负总责，分管院领导要抓好对所辖部门的监督；部门负责人除抓好本部门的监督工作外，还要承担本系统的对下监督职责；完善纪检监察部门和政工部门以及各个业务部门在内部监督工作中的协作配合机制。上级检察院既要加强对下级检察院的监督，又要虚心接受下级检察院的监督。因疏于履行监督职责，导致班子成员或者下属发生严重违法违纪行为的，要严肃追究有关领导的责任。

各级检察机关要把不断强化内部监督与自觉接受外部监督结合起来。要进一步深化检务公开和人民监督员制度改革，完善接受人大监督、民主监督、人民群众监督、新闻舆论监督以及其他执法司法机关依法制约的机制，不断拓宽接受监督的渠道，创新接受监督的方式，形成监督的整体合力。

强化检察机关内部监督是纪检监察部门的重大政治责任，事关检察工作全局，意义重大，任务艰巨。希望大家以对党、对人民、对检察事业高度负责的态度，振奋精神，开拓进取，恪尽职守，真抓实干，不断加强和改进检察机关内部监督工作，为推动检察工作科学发展作出新的更大贡献！

在全国检察长座谈会上的讲话

最高人民检察院检察长　曹建明

（2009年7月15日）

同志们：

这次座谈会的主要任务是：以邓小平理论和"三个代表"重要思想为指导，深入贯彻落实科学发展观，全面贯彻党的十七大、十七届三中全会和十一届全国人大二次会议精神，认真落实胡锦涛总书记等中央领导同志对检察工作的一系列重要指示，回顾总结上半年工作，研究部署下半年工作，推动今年各项检察工作任务全面落实。

今年上半年，面对错综复杂的国内外形势，全国检察机关以科学发展观为指导，坚持党的事业至上、人民利益至上、宪法法律至上，紧紧围绕"保增长、保民生、保稳定"这一全党全国工作大局，忠实履行法律监督职责，深化检察改革，狠抓队伍建设，各项检察工作取得新成绩，为保持经济平稳较快发展、维护社会公平正义、促进社会和谐稳定作出了积极贡献。

一是认真贯彻中央的要求和部署，扎实开展深入学习实践科学发展观活动。最高人民检察院和省级检察院在全面完成学习实践活动的基础上，进一步落实整改措施，巩固和拓展学习实践活动成果。地县两级检察院学习实践活动全面启动、有序推进，取得阶段性成效。

二是充分发挥检察职能作用，保障经济平稳较快发展。针对我国面临国际金融危机冲击、经济运行困难明显增加的形势，紧紧围绕保持经济平稳较快发展的首要任务，认真贯彻落实最高人民检察院制定的《关于充分发挥检察职能为经济平稳较快发展服务的意见》，着力维护良好的市场经济秩序，着力保障政府投资安全，着力促进农村改革发展，着力改进办案方式方法。特别是在积极参与整顿和规范市场秩序等专项行动的同时，继续深化治理商业贿赂、查办涉农职务犯罪、查办危害能源资源和生态环境渎职犯罪专项工作，取得了新的成效。

三是坚持执法为民，关注和保障民生。抓住关系民生的突出问题加大法律监督力度，促进解决涉及群众利益的难点热点问题。积极参与食品药品安全专项整治以及"质量和安全年"活动，批准逮捕制售有毒有害食品、药品等犯罪嫌疑人244人，起诉227人。依法介入重大责任事故调查，严肃查办了一批重大安全生产事故、重大食品安全事件背后涉嫌渎职犯罪的国家机关工作人员。推进对生活确有困难的刑事被害人救助工作。开通12309举报电话，产生良好社会反响。

四是加强和改进批捕、起诉等工作，维护社会和谐稳定。全面贯彻宽严相济刑事政策，坚持依法严厉打击严重危害国家安全、社会治安和市场经济秩序的犯罪，对轻微犯罪落实依法从宽处理的政策。召开第三次侦查监督工作会议，进一步研究了强化审查逮捕和立案监督、侦查活动监督的措施。1至6月，共批准逮捕各类刑事犯罪嫌疑人448078人，提起公诉502153人，决定不批捕55339人、不起诉13769人。加强涉检信访工作，探索建立信访督察专员制度，组织开展化解信访积案专项活动，共办理群众来信来访197457件，其中排查信访积案1127件，已化解息诉544件。

五是积极查办和预防职务犯罪，促进反腐倡廉建设。坚持集中力量查办大案要案，立案侦查各类职务犯罪案件19204件24514人，其中大案12888件、要案1527人，已侦结提起公诉11271人，法院已作有罪判决9158人。召开第三次预防职务犯罪工作会议，制定《关于加强和改进预防职务犯罪工作的意见》，进一步明确预防工作的指导思想、职能定位、基本要求和工作重点。加大惩治和预防司法不公背后渎职侵权犯罪工作力度。

六是进一步强化对诉讼活动的法律监督，维护和促进司法公正。狠抓诉讼监督工作的薄弱环节，先后部署开展刑事审判法律监督工作专项检查、看守所监管执法专项检查活动，努力在提高监督水平、增强监督实效、解决司法不公问题上见成效。刑事立案监督、纠正漏捕漏诉、提出刑事抗诉、监督纠正违法、查处司法人员犯罪等数量明显上升。

七是落实中央关于深化司法体制改革的部署，稳步推进检察体制和工作机制改革。按照《中央政法委关于深化司法体制和工作机制改革若干问题的意见》，制定了检察机关的实施意见和分工方案、工作方案、调研方案。重点抓好最高人民检察院牵头的七项司法体制改革任务，今年要完成的完善刑事立案和侦查监督制度，改革职务犯罪案件审查逮捕程序，依法规范调卷、调查违法、建议更换办案人、提出检察建议等法律监督措施，深化人民监督员制度改革等四项任务均已起草实施方案。其中，改革职务犯罪案件审查逮捕程序、实行抗诉工作与职务犯罪侦查工作由不同业务部门负责承办的两项改革实施方案已经最高人民检察院检察委员会讨论通过，正在报批程序中。

八是加强检察队伍建设，提高整体素质和法律监督能力。在开展深入学习实践科学发展观活动中，进一步深化社会主义法治理念教育和“大学习、大讨论”活动。从检察队伍的实际出发，制定大规模推进检察教育培训工作的实施意见，广泛开展业务培训和岗位练兵，最高人民检察院对省级检察院领导班子成员和基层检察长普遍进行轮训。认真贯彻中央《建立健全惩治和预防腐败体系2008—2012年工作规划》，深入推进检察机关惩防腐败体系建设。加强职业道德建设，最高人民检察院检察委员会已原则通过《中华人民共和国检察官职业道德基本准则》。召开专门会议，研究部署进一步强化内部监督的措施。加大检务督察力度，最高人民检察院今年再次先后组织两次集中督察活动，对陕西、湖南、吉林、安徽、河南、云南、甘肃等7个省79个检察院进行了明察暗访。进一步加强巡视工作，最高人民检察院对黑龙江、福建、内蒙古3个省级检察院领导班子进行了巡视，全国有30个省级检察院开展了巡视工作。颁布“禁酒令”，集中治理整顿酒后驾车等违规行为。组织开展直接立案侦查案件扣押冻结款物专项检查，促进严格、公正、文明、廉洁执法。在检察队伍中，又涌现出了喻中升、张京文、李永志、金启和、陈海宏等一批执法为民、清正廉洁的先进典型。

九是深入推进基层检察院建设，进一步加强基层基础工作。制定基层人民检察院建设规划，召开全国基层检察院建设工作会议，全面部署当前和今后一个时期基层检察院建设。深入开展争先创优活动，评选表彰了第三届全国先进基层检察院和十佳基层检察院。坚持上级检察院领导联系基层制度，认真研究解决基层面临的突出困难和问题，加大对中西部和贫困地区基层检察院的支持力度，促进了基层检察院建设总体水平的提高。

总的看，在全国检察机关和广大检察人员的共同努力下，上半年工作保持了良好的发展势头，为全面完成今年各项检察工作任务，奠定了扎实基础。

今年是党和国家事业发展进程中十分关键的一年。在以胡锦涛同志为总书记的党中央坚强领导下，我国积极应对国际金融危机冲击，着力解决影响科学发展的突出问题，保持了经济平稳较快发展。同时要清醒地看到，当前我国正处在应对国际金融危机的关键时期，经济回升的基础尚不牢固，前进中还面临不少困难和挑战，特别是维护国家安全和社会稳定的压力明显增大。下半年，全国检察机关要继续紧紧围绕党中央“保增长、保民生、保稳定”的要求，认真履行法律监督职责，狠抓各项执法办案工作，切实维护社会公平正义和社会和谐稳定，为保持经济平稳较快发展提供有力的司法保障。这里，我着重强调几个问题：

第一，要把维护社会稳定作为压倒一切的中心任务。我国正处于社会变革时期，社会稳定形势严峻复杂，斗争尖锐。金融危机对社会稳定的冲击不容忽视，各种矛盾碰头叠加并相互交织。因人民内部矛盾和经济利益矛盾引发的群体性事件不断攀升，既有累积性，又有突发性；经济方面的不稳定因素与政治、社会方面的不确定因素互相影响；国内不稳定因素与境外敌对势力的干扰破坏互相交织，一些深层次的问题和矛盾加剧。对此，我们要保持清醒头脑，深刻认识国内外形势的严峻复杂性，在检察工作中全面把握社会稳定大局，妥善加以应对。要认真贯彻落实中央有关精神，教育和动员广大检察人员充分认识当前维护社会稳定面临的严峻形势，充分认识维护国家安全和社会稳定的极端重要性，增强政治敏锐性和政治鉴别力，切实把思想统一到党中央对形势的分析判断和对工作的决策部署上来,扎扎实实做好检察环节维护稳定的各项工作,确保国家长治久安和社会和谐稳定。要高举维护社会稳定、维护社会主义法制、维护人民群众根本利益的旗帜,与有关部门密切配合,依法妥善处理发生在新疆乌鲁木齐市的打砸抢烧严重暴力犯罪案件,有效保护各族群众生命财产安全,坚决维护国家统一、民族团结和社会稳定。全国检察机关要着眼全局,严密防范、坚决打击境内外敌对势力的干扰破坏活动,认真做好本地区打击犯罪、维护社会稳定的各项工作,为迎接新中国成立六十周年创造良好的社会环境。

第二,要坚持检察工作主题,抓好执法办案工作。强化法律监督、维护公平正义,是党中央的明确要求,是人民群众的殷切期盼,是检察机关的根本任务,也是我们做好检察工作必须牢牢把握的主题。坚持这个主题,就必须坚持以业务工作为中心,把强化法律监督落实到加大执法办案力度、提高执法办案质量上来。全体检察人员特别是各级领导干部一定要充分认识到,强化法律监督决不能弱化执法办案。如果执法办案抓不好,该办的案件不办,强化法律监督就成了一句空话。要正确处理执法办案工作与其他检察工作的关系,加强对查办职务犯罪的监督制约与加大执法办案力度的关系,办案数量与办案质量的关系,专项工作与其他执法办案的关系,执法办案与服务大局的关系,抓业务指导与抓执法办案的关系,进一步采取有效措施,把执法办案工作抓上去。要突出抓好治理商业贿赂、查办涉农职务犯罪、查办危害能源资源和生态环境渎职犯罪等专项工作,带动和推进各项执法办案工作的全面加强。

第三,要高度重视、正确把握检察工作面临的新情况新问题,切实加强网络舆情的掌握和应对引导工作。随着信息技术特别是互联网的飞速发展,社会舆论特别是网络舆情对司法工作包括检察工作的影响力明显加大。我们要高度重视并切实转变观念,自觉接受舆论监督、群众监督和社会监督,充分发挥其对检察机关改进执法办案、加强队伍建设的积极促进作用。同时,也要清醒认识到,当前一些社会问题包括司法个案置于更加开放的环境下,更容易产生聚合效应和放大效应。各级检察机关一定要切实增强政治意识、大局意识、责任意识和忧患意识,切实做好意识形态领域工作,切实加强和改进舆论引导工作。要高度重视涉检网络舆情,积极引导社会热点。在重大政治和原则问题上要立场坚定、旗帜鲜明;对可能引起或已引起境内外媒体高度关注的涉及检察工作或检察队伍的舆情信息,要及时分析研判,抓紧核查事实真相,及时、适时、准确、公开发布权威信息。要牢固树立理性、平和、文明、规范执法的理念,进一步深化检务公开,加强涉检信访的源头治理和妥善化解,切实提高执法公信力。要引导人们正确认识当前社会矛盾,理性合法表达诉求,自觉维护社会主义法制权威,切实维护社会和谐稳定。

第四,要正确认识和处理好强化法律监督与强化自身监督的关系。这是检察机关作为国家法律监督机关必须严肃对待、认真解决的一个重大问题。强化法律监督,是检察机关的立身之本;强化自身监督,是检察工作的发展之基。只有二者统筹兼顾,检察事业才能科学发展。近年来,我们在强化法律监督的同时,不断加强对自身执法活动的监督制约,推行讯问职务犯罪嫌疑人同步录音录像制度,强化办案安全防范责任,对扣押、冻结款物进行专项检查,目前又正在改革职务犯罪案件审查逮捕程序,研究制定检察业务工作考评体系。这些都是强化内部监督制约的重要措施。但是,我们一些检察机关和检察人员比较注重强化法律监督,在强化自身监督上还有较大差距,忽视、削弱甚至拒绝对自身的监督,认为这些措施束缚手脚,无法办案,等等。对这些错误认识和倾向,一定要高度警惕,切实加以纠正。我们应当清醒认识到,不受监督的权力必然导致滥用和腐败,检察权也不例外。极少数检察人员违法违规办案,甚至以权谋私、贪赃枉法,一个很重要的原因就是我们监督不到位。周永康同志多次强调,检察机关只有正人先正己,切实做到自身正、自身硬、自身净,才能理直气壮地监督别人。各级检察机关尤其是主要领导同志,一定要深刻认识加强自身监督的极端重要性,牢固树立监督者必须接受监督的观念,切实把强化自身监督摆到与强化法律监督同等重要的位置来抓。今年要突出抓好检察职业道德建设,完善执法行为规范,认真开展扣押、冻结款物专项检查,严格执行省级以下(不含省级)检察院逮捕职务犯罪嫌疑人报上一级检察院审查批准的规定,狠抓办案安全防范和“禁酒令”等纪律规定的落实,加强巡视和检务督察工作,确保严格、公正、文明、廉洁执法。对中央最近下发的《中国共产党巡视工作条例(试行)》和《关于实行党政领导干部问责的暂行规定》等反腐倡廉文件,各级检察机关要认真学习领会,坚决贯彻执行。

第五,要把精力集中到抓好各项工作部署的落实上来。去年底召开的全国检察长会议,对今年的检察工作作了全面部署,明确了今年工作的指导思想、总体思路、基本要求和主要任务。之后,最高人民检察院又根据中央要求和十一届全国人大二次会议精神,对一些重大工作作了全面部署。召开这次座谈会,主要是在总结上半年工作、分析存在的问题基础上,根据当前形势的发展和特点,进一步明确重点、细化任务,推动各项检察工作的全面深入开展。可以说,中央要求和最高人民检察院各项工作部署都很明确。完成好今年各项工作任务,关键是抓落实。各级检察机关一定要把精力集中到深入贯彻落实胡锦涛总书记等中央领导同志对检察工作的一系列重要指示,深入贯彻落实十一届全国人大二次会议精神,深入贯彻落实全国检察长会议和这次座谈会精神上来,以更大的决心,下更大的力气,采取更有力的措施,确保全年检察工作任务顺利完成,为维护改革发展稳定大局、迎接新中国成立六十周年作出新的更大的贡献。

在全国检察教育培训工作会议上的讲话

最高人民检察院检察长　曹建明

(2009 年 7 月 16 日)

这次全国检察教育培训工作会议,是最高人民检察院党组决定召开的一次重要会议。会议的主要任务是:以邓小平理论和“三个代表”重要思想为指导,深入贯彻落实科学发展观,全面贯彻落实胡锦涛总书记等中央领导同志对检察工作的一系列重要指示和全国干部教育培训工作会议精神,研究部署当前和今后一个时期大规模推进检察教育培训工作,努力开创检察机关教育培训工作新局面。

下面,我讲三点意见:

一、深刻认识加强检察教育培训工作的重要意义,进一步增强大规模推进检察教育培训的责任感和紧迫感

检察教育培训是检察机关加强法律监督能力建设的重要基础和主要途径,是建设高素质检察队伍的先导性、基础性、战略性工程,事关当前,也事关检察事业长远发展和进步。各级检察机关一定要从全局和战略的高度,深刻认识新形势下加强检察教育培训工作的重要意义。

第一,加强检察教育培训工作,是贯彻落实党中央加强干部教育培训的战略部署,把中国特色社会主义事业不断推向前进的迫切需要。干部教育培训是保证党的事业顺利发展的基础工程,我们党历来高度重视。邓小平同志指出,“忽视教育的领导者,是缺乏远见的、不成熟的领导者,就领导不了现代化建设”。江泽民同志指出,“改革开放和社会主义建设越深入,越要加强对干部特别是领导干部的教育”。胡锦涛同志多次强调领导干部要“加强学习,不断提高领导科学发展的思想水平和业务素质”。党的十七大根据全面建设小康社会和党的建设的新要求,作出了继续大规模培训干部、大幅度提高干部素质的战略决策。去年 7 月,中央召开全国干部教育培训工作会议,对新一轮大规模培训干部工作作了全面部署。广大检察人员是中国特色社会主义事业的建设者和捍卫者,检察教育培训工作是党和国家干部教育培训工作的重要组成部分。我们一定要从建设中国特色社会主义、保证党和国家事业顺利发展的高度,充分认识加强检察教育培训、提高检察队伍素质的极端重要性,下大力气抓出更大的成效,更好地担当起建设和捍卫中国特色社会主义事业的重大责任。

第二,加强检察教育培训工作,是深入贯彻落实科学发展观,努力开创中国特色社会主义检察事业新局面的迫切需要。党的十七大以来,胡锦涛总书记等中央领导同志对检察工作作出一系列重要指示,要求检察机关深入贯彻落实科学发展观,不断提高检察工作水平,努力开创中国特色社会主义检察事业新局面。全国检察机关要认真贯彻党中央指示精神,牢牢把握当前和今后一个时期检察工作科学发展的总体思路、基本要求和主要任务,全面加强和改进检察工作,努力推动检察事业取得新的发展和进步。在这一进程中,我们具有很多有利条件,但也面临不少困难和严峻挑战。这就要求我们必须加强教育培训,使广大检察人员特别是领导干部有开阔的视野和胸怀,有敏锐的观察判断能力,有高瞻远瞩的战略眼光,并学会从国际国内两个大局出发,不断加深对检察事业发展中一系列重大理论和实践问题的认识,不断提高驾驭复杂局面、解决复杂问题的能力,不断增强领导检察工作科学发展的本领。

第三,加强检察教育培训工作,是深入推进检察队伍建设,全面提高检察人员素质的迫切需要。在整个检察工作中,队伍建设是根本,也是保证。党中央高度重视和关心检察队伍建设,胡锦涛总书记明确提出要加强高素质检察队伍建设;周永康同志多次强调要加强检察队伍建设,切实提高检察人员素质。近年来,检察队伍整体素质和执法水平有了新的提高,但与党中央和人民群众的要求相比,还有不小的差距,主要是:一些检察人员在执法宗旨、法治理念、职业道德、纪律作风等方面的修养需要加强;一些检察人员法律政策水平不高,专业知识老化,有的甚至连岗位应知应会技能都不掌握;有的虽然具有较高文化知识和专业理论水平,但业务知识和专业技能急需训练提高;少数检察人员学历还达不到任职资格要求,一些基层检察院检察官断档、专业人才匮乏的状况亟待改变。解决这些问题,必须下大气力大规模推进检察教育培训,注重加强学习和培训,注重知识更新,建设一支适应新形势新任务要求的高素质检察队伍。

党的十六大以来,全国检察机关坚持把教育培训放在检察队伍建设的战略位置来抓,推动检察教育培训工作取得了新的明显成效。国家检察官学院等培训基地建设、教材资料建设和师资力量不断加强,教育培训的制度机制不断健全,质量水平不断提高,逐步进入科学化、规范化、制度化的轨道。通过大力开展思想政治理论教育和学历教育、岗位培训、人才培养以及西部支教等工作,检察队伍素质和专业化水平不断提高,法律监督能力不断增强,培养了一大批业务骨干和专家型人才,为检察工作提供了有力的智力支持和人才保证。同时,我们必须清醒地看到,面对新形势新任务,检察教育培训工作还有不少不适应的地方:一些检察机关特别是有的领导干部对这项工作认识不足、重视不够、抓得不紧;不少检察机关不能做到全员培训,教育培训次数少、规模小、经年不训甚至多年不训的问题突出;教育培训模式滞后、形式单一,内容、课程不完善,一些地方检察教育培训工作局限于学历教育和司法考试培训;教育培训的针对性、实效性不强,质量、效果不能满足检察工作发展和队伍建设需要;教育培训工作发展不平衡,特别是西部和基层检察教育培训比较薄弱;一些地方检察教育培训经费投入不足,培训基地等基础保障亟待加强,等等。这些问题,严重制约了高素质检察队伍建设和检察机关法律监督能力的提高。可以认为,检察教育培训从本质上讲是继续教育、终身教育。各级检察机关特别是领导干部要充分认识加强检察教育培训工作的重要性、长期性和紧迫性,切实增强工作责任感,把这项工作摆在更加突出的位置,作为"一把手"工程,坚持不懈地抓下去,抓出实实在在的成效。

二、认真贯彻最高人民检察院关于大规模推进检察教育培训工作的实施意见,全面加强和改进检察教育培训工作

今年3月,最高人民检察院印发了《关于2009—2012年大规模推进检察教育培训工作的实施意见》。这是当前及今后一个时期加强和改进检察教育培训工作的重要指导性文件。各级检察机关要紧密结合实际,深入贯彻落实,努力把检察教育培训工作提高到一个新水平。这里,我着重强调几点:

(一)理清思路、明确任务,推进大规模教育培训工作深入健康开展。要正确认识和把握当前和今后一个时期检察教育培训工作的指导思想、总体要求、主要任务和基本目标,努力解决制约检察教育培训发展的长期性问题和深层次矛盾,加快形成有利于检察教育培训事业全面协调可持续发展的体制机制,切实做好新形势下的检察教育培训工作。

第一，正确把握大规模推进检察教育培训工作的指导思想。要坚持以邓小平理论和“三个代表”重要思想为指导，深入贯彻落实科学发展观，把学习和掌握马克思主义中国化最新成果作为检察教育培训工作的中心内容；要深入学习贯彻党的十七大精神和胡锦涛总书记等中央领导同志对检察工作的一系列重要指示，把思想和行动统一到党中央对检察工作的要求上来，不断推动中国特色社会主义检察事业发展和进步。

第二，正确把握大规模推进检察教育培训工作的总体要求。开展大规模检察教育培训，要以建设高素质检察队伍和增强法律监督能力为核心，始终紧扣法律监督机关的宪法定位，根据法律监督工作的形势发展，按照法律监督职能的实践需求，有针对性地设置教育培训目标，完善教育培训内容，改进教育培训方式；要以推进专业化建设为基本要求，注重检察职业所需的专业素质教育和业务技能训练，注重检察职业道德修养，注重检察职业精神培养；要以领导骨干和业务一线检察官为重点，突出抓好检察机关“带头人”和执法办案“主力军”的教育培训，带动、促进队伍整体素质和法律监督能力的全面提高；要以改革创新为动力，积极推进教育培训内容形式、方法手段和工作机制创新，使检察教育培训工作始终与时代同步伐、与检察事业共发展。

第三，正确把握大规模推进检察教育培训工作的主要任务。大规模推进检察教育培训，各级检察机关要着力完成四个方面的任务：一是扎实抓好正规化教育培训工作，按照分级分类实施的要求，有组织、有计划、有步骤地实现对各级检察机关全体检察人员每年定期脱产、集中轮训；二是扎实抓好素质、能力、基本技能的训练与考核，根据检察工作特点和岗位要求，进一步丰富岗位培训和岗位练兵的内容和形式，提高参与程度，积极开展多种多样的实战演练和实务技能交流、竞赛活动；三是扎实抓好高层次专门人才培养，有针对性地加强优秀公诉人、优秀侦查员、业务尖子、办案能手等检察业务专家的教育培训，加快构筑检察人才战略高地；四是扎实抓好西部和基层检察教育培训工作，继续加大政策扶持和保障倾斜力度，不断提高自主教育培训能力，推动检察教育培训工作全面协调发展。

第四，正确把握大规模推进检察教育培训工作的基本目标。检察教育培训工作，必须着眼于为检察事业科学发展提供坚强的思想政治保证、人才保证和智力支持。为此，各级检察机关在开展教育培训工作中，一是要下大气力扩大教育培训规模，切实做到全员轮训，使正规化教育培训覆盖整个检察队伍，保证检察人员人人受教育、年年有培训；二是要努力提高教育培训质量，使教育培训更具有针对性、适应性、实效性，更好地满足检察工作科学发展和检察人员全面发展的需要；三是要加大教育培训投入，加强培训基地建设，为大规模推进检察教育培训提供有力的支持和保证，夯实教育培训基础；四是要深化检察教育培训改革，创新教育培训模式，完善教育培训制度，实现从学历教育向能力教育的转变，从应急性、临时性培训向系统化、规范化培训的转变，从一般法律课程、讲座向多形式、多层次岗位培训的转变。

（二）完善教育培训内容，全面提高检察队伍思想政治素质、业务素质和职业道德素质。大规模推进检察教育培训，必须着眼于检察人员综合素质培养和全面发展，将思想政治理论教育、职业道德教育、职业技能培养、社会阅历磨练等有机结合起来，科学设置和完善教育培训内容，着力打造一支政治坚定、业务精通、作风优良、执法公正的高素质检察队伍。

第一，把提高思想政治素质作为首要任务，大力加强理论教育培训。理论上的成熟是政治上成熟的基础和前提。检察教育培训必须把理论教育培训放在首位，把学习和掌握中国特色社会主义理论体系作为中心内容，坚持不懈地用马克思主义中国化最新成果武装检察队伍。特别是要结合深入学习实践科学发展观活动，突出抓好科学发展观的教育培训，引导检察人员真正把科学发展观贯彻落实到检察工作的各个方面。要深化社会主义法治理念的教育培训，切实把社会主义法治理念纳入检察教育培训课程，作为必修必考内容常抓不懈。要积极开展中国特色社会主义检察理论的教育培训，帮助检察人员加深对中国特色社会主义检察制度的认识，加深对检察改革基本原则和目标任务的认同，加深对检察工作重大理论和实践问题的把握，始终坚持正确政治方向。

第二，把提高业务素质作为核心要求，大力加强检察业务培训。检察官是一个专业性很强的职业。检察官鲜明的职业特点，要求检察官必须具备很强的检察业务素质。提高检察机关法律监督能力和检察队伍专业化水平,关键是要不断完善和更新检察人员的知识结构,不断提高业务素质。各级检察机关要充分认识加强检察业务培训的重要性和紧迫性,着力改变业务培训薄弱的状况。当前要突出抓好以下五个方面的业务培训:一是法律监督基本理论知识的教育培训,帮助检察人员准确把握法律监督的范围和重点,坚持敢于监督、善于监督、依法监督、规范监督,不断破解法律监督难题,丰富法律监督方式,切实履行法律监督职责。二是法律专业素质的教育培训,帮助检察人员熟练运用法学基本原理,重视对新法律新规定的学习,重视对案件事实与证据、定罪与量刑、程序与法律适用的研究,重视法律思维能力和专业知识素养的培养,真正做到严格执法、公正办案。三是执法办案能力、技能的教育培训,帮助检察人员系统总结实践经验,准确把握工作规律,提高执法办案的本领,增强攻坚克难的能力,成为胜任本职业务工作的行家里手。四是群众工作方法的教育培训,帮助检察人员熟悉、了解社会,增强群众工作能力,学会运用大局观念、群众观念、和谐观念来理解和把握法律规定的精神实质,正确处理法律与政策以及法、理、情的关系,妥善化解矛盾纠纷,提升执法办案效果。五是履行岗位职责必需的科学文化知识和其他知识的教育培训,帮助检察人员掌握计算机、网络等现代信息技术手段的操作技能,掌握公文写作、司法文书处理等岗位必备的通用技能,掌握经济、社会、管理等各方面的新知识,切实提高履行岗位职责的能力。

第三,把提高职业道德素质放在突出位置,大力加强检察职业道德教育培训。当前,检察人员面临各种诱惑和腐蚀的风险越来越大,人民群众对检察人员道德品行的要求越来越高,加强对检察人员的职业道德教育培训非常重要。最高人民检察院将制定下发《检察官职业道德基本准则》,就检察人员必须遵循的道德规范和行为准则作出全面规定。各级检察机关要组织全体检察人员认真学习、深入贯彻,并作为检察教育培训的重要内容,切实加强马克思主义道德观、社会主义核心价值体系和检察职业道德教育,引导广大检察人员自觉加强道德修养,提高道德品行和精神境界,始终保持忠于党、忠于国家、忠于人民、忠于法律的职业本色,始终坚持理性、平和、文明、规范执法的职业理念,始终坚守廉洁从检的职业底线,树立忠诚、公正、清廉、文明的良好职业形象。

(三)突出重点、覆盖全员,统筹抓好各级各类检察人员的教育培训。全员培训和分级分类培训是教育培训工作的两个重要原则。只有坚持全员培训,才能从整体上提高队伍素质;只有坚持分级分类培训,才能有效抓住队伍建设的重点。因此,要把全员轮训与重点提高、分类培训与分级实施、组织调训与对口支援、在职培训与岗位练兵等有机结合起来,统筹推进大规模教育培训工作。

第一,坚持分级实施,扎实推进全员轮训。推进全员轮训,是各级检察院的共同责任。要按照统一规划、分级实施的要求,确保培训工作落实到各级检察机关、覆盖到整个检察队伍。特别是,要保证基层检察长和中层以上领导干部每年脱产轮训和在岗集中培训不少于110学时,其他检察人员不少于100学时。最高人民检察院、省级检察院和市级检察院要高于这个要求。按照《实施意见》的部署,最高人民检察院要在完成省级检察院领导班子成员和分州市检察院检察长培训的基础上,继续抓好基层检察院检察长轮训,深入开展全国性专项业务培训,适时开展省级检察院业务部门主要负责人轮训工作。省级检察院不仅要全面承担起本地检察人员轮训的组织领导职责,保证每年培训人数不少于辖区检察人员总数的四分之一,还要加大对市、县两级检察院检察人员直接培训的力度,重点抓好本地检察机关领导干部、业务部门负责人、业务骨干及拟任检察官和晋升高级检察官人员的培训工作。市级检察院要加强对基层检察院教育培训活动的组织指导和督促检查,努力提高教育培训能力,大力开展对基层检察人员的轮训工作。基层检察院要有计划、有组织地抓好检察人员在岗学习,全面开展岗位练兵活动。各级检察院都要制定计划、规定学时,扎实开展对本院检察人员的脱产轮训和在岗集中培训,认真做好培训组织和参训保障工作,形成定期集中培训的长效机制。

第二,坚持分类培训,突出抓好重点对象的教育培训工作。大规模教育培训工作涉及的面广、人多,既要注重全面,又要突出重点对象,根据不同类别、不同层次、不同岗位检察人员的需要,按照干什么学什么、缺什么补什么的要求开展培训,切实增强针对性和实效性。一是以领导干部为重点,突出抓好领导素能培训。要高度重视对各级领导干部特别是检察长包括后备干部的教育培训，着力开阔带队伍、抓业务、领导检察工作科学发展的视野和思路，切实提高思想政治素质和开拓创新、驾驭全局、科学决策、危机管理等方面的能力。二是以执法办案人员为重点，突出抓好专项业务培训。一线人员特别是业务骨干承担着执法办案的主要任务，其素质能力如何直接决定了办案质量和执法水平的高低。因此，要按照面向一线、倾斜基层、突出重要岗位、突出业务骨干的要求，加大对执法办案人员的培训力度，加强对业务骨干的高层次、正规化专门技能培训。三是以新进新任人员为重点，突出抓好任职资格培训。坚持凡进必训、晋升必训的原则，切实加强新进人员的岗前培训和初任检察官、晋升高级检察官的资格培训，强化新任领导干部的任职培训。要增强培训效力，形成培训、考核、任用三位一体的教育培训激励约束机制，做到非经培训不能上岗、不能晋级、不能任职，确保他们具备新任职位所必需的素质能力。同时，要毫不放松地抓好学历教育和司法考试培训工作，促进检察官断档问题的进一步解决。

第三，坚持统筹协调，大力加强西部地区检察教育培训工作。我国地域辽阔，各地情况千差万别。因此，大规模推进检察教育培训，要针对不同区域检察工作和队伍建设的实际，因地制宜进行。目前，中西部地区一些检察机关的队伍学历层次较低，又面临检察官断档的问题，应当坚持统筹兼顾，既要继续抓好学历教育、司法考试培训，又要高度重视抓好检察业务培训，防止只抓学历教育而忽视业务培训的倾向。要从检察工作全面协调发展的需要出发，着力加强西部检察教育培训工作。为此，最高人民检察院将采取以下措施：一是深入推进西部培训工程，加大对西藏、新疆和其他西部少数民族地区中青年业务骨干的培训力度，加强藏汉、维汉、蒙汉等“双语”检察人才的培养；二是积极开展西部巡回培训活动，选派优秀教师、检察业务专家、业务骨干赴西部地区开展现场教学；三是加大对西部检察教育培训工作的扶持力度，对西部检察教育培训重点项目给予政策倾斜和经费支持，积极推动少数民族地区检察教育培训基地建设，对西部地区检察人员司法考试培训进行资助；四是完善落实对口支援制度，组织东中部地区检察机关代培代训西部地区业务骨干，通过互派干部挂职锻炼等方式加强交流学习。东中部地区检察机关要发扬团结协作精神，扎实做好对口支援工作。西部地区检察机关要用好外部援助，挖掘内在潜力，不断增强自主培训能力。

（四）积极推进改革创新，注重提高教育培训的质量。要牢固树立改革创新意识，积极探索检察教育培训工作的新方法、新途径，不断提高教育培训质量。

第一，着力完善教育培训体系。教育培训体系不完善，教育培训渠道窄、途径少、形式单一，是影响检察教育培训工作实效的重要原因之一。大规模推进检察教育培训，必须建立完善的检察教育培训体系，努力形成完整的大教育、大培训格局。一是要加快培训基地建设步伐，扩大培训规模。正规化、系统化的教育培训，主要由各级检察机关培训机构来承担。当前，检察教育培训基地的容量和功能与实际要求相差甚远，一些地方至今没有稳定的、正规化的教育培训基地。因此，要适应大规模教育培训的需要，按照分工明确、优势互补、合理布局、科学管理的要求，进一步加强国家检察官学院及其分院建设，努力形成检察教育培训基地体系，特别是要明确各分院的定位，突出优势和特色，大力提高教学、科研、管理、服务水平和能力，使之切实承担起对不同类别、不同区域、不同层次检察人员的培训任务。要积极推进职务犯罪侦查、侦查监督、公诉三类业务技能实训基地建设试点工作。考虑到各地发展情况不尽相同，检察教育培训任务轻重不一，在一些地区仅靠省级检察院培训机构完成所辖检察机关的全部培训任务确有很大困难，因此，市级检察院可根据本辖区的培训任务和经济发展条件，在统一规划和实际可能的情况下，建立自己的培训基地，自上而下逐步形成检察教育培训体系。各级检察机关培训机构要聚精会神办教育、一心一意搞培训，切实纠正把培训基地仅仅用作搞创收、搞接待的错误做法。二是要充分利用其他教育培训资源为检察教育培训服务。继续采取委托培养、联合办班、兼职教学等形式，加强与高等院校、科研院所及专业培训机构的合作，深入推进检察人员学历教育、课程进修、专题培训和专门人才培养，提高检察教育培训的层次。同时，积极选派检察人员参加各级党校、干部学院和党政机关的相关培训项目，加强和改进境外培训工作，进一步拓展外部培训和交流学习渠道。三是要扎实抓好在职学习、岗位培训和岗位练兵。在加大组织调训、集中培训力度的同时,要坚持党组中心组学习制度,推进检委会学习经常化、制度化,切实抓好领导干部在职学习;广泛开展"争创学习型检察院、争当学习型检察官"活动,鼓励、支持检察人员通过实践锻炼和在职自学提高素质、增强能力。从实践看,岗位培训和岗位练兵是提高检察人员业务技能的一个有效途径。各级检察机关要认真总结经验,深入扎实地抓好岗位培训和岗位练兵活动,积极推动岗位培训和岗位练兵的制度化、长效化,切实通过经常性的岗位"学练赛"和"传帮带"提高队伍素质和执法水平。

第二,着力改进教育培训的方法手段。遵循检察人员学习培训的规律和特点,适应现代教育培训的发展趋势,不断创新培训方法和手段,是增强培训实效的重要途径。从最高人民检察院对有关培训班学员的问卷调查情况看,检察人员对提高培训内容的针对性、教学方法的适应性、培训手段的多样性要求十分迫切。我们要善于了解和把握检察人员对教育培训的意见和要求,积极改进教育培训的方法和手段。一要全面落实按需施教的要求。切实改变就培训抓培训、为培训而培训的观念和做法,深入研究检察工作科学发展对检察队伍素质能力的基本要求,深入了解和掌握不同地区、不同部门、不同岗位人员的培训需求,科学制定符合实际需要的培训计划,使广大检察人员学有所专、学有所长、学有所获。二要切实改进教学方法。在坚持和完善讲授式教学的基础上,加强教学法研究和改革创新,积极采用案例研究、专题研讨、情景模拟等适合检察人员特点的教学方法,提高教学水平和质量。三要不断创新培训手段。特别是要充分运用现代信息技术手段开展更加便捷、生动的教育培训,大力推广远程教育、网络培训和在线学习,扩大教育培训覆盖面,有效解决工学矛盾等实际问题。要整合检察机关教育培训网络资源,抓紧筹建中国检察官教育培训网,建立统一、开放、兼容的全国检察教育培训网络平台。

第三,着力健全教育培训课程和教材资料体系。培训课程和教材资料建设是教育培训工作的一项极为重要的基础性工作,也是目前检察教育培训工作的一个薄弱环节。要围绕全面提高思想政治素质、业务素质和职业道德素质,突出检察教育培训的特点、重点和系统性,进一步开发形成由政治教育、专业理论、业务能力和综合素养等板块构成的基本培训课程体系和标准化教材资料体系。最高人民检察院将调整充实检察教育培训教材编审委员会,由政治部牵头,检察官学院等单位和有关专家、学者共同参加,根据少而精、管用的原则,组织编写适合不同类型、不同层次检察教育培训需要的教学大纲和培训教材,逐步实现同类培训在教学内容、课程设置、教材资料及考试考核上的规范统一。各地检察机关特别是省级检察院要积极开发有特色的检察业务专题性培训课程和有较强操作性、针对性的讲稿、讲义等培训资料,研究制定岗位培训、岗位练兵的规范化操作指南。要高度重视图书资料建设,切实加强电子教材资料建设,积极推进教学资源的交流共享,提高使用效益。同时,要注意使培训课程和教材资料体现和反映法治建设新进步、检察实践新发展和检察理论研究新成果。

三、切实加强领导,确保检察教育培训各项任务落到实处

检察教育培训工作是一项事关检察事业全局和长远发展的系统工程。各级检察院党组要切实担负起领导责任,把这项工作纳入检察工作的整体布局,放到队伍建设优先发展的战略地位,加强统筹规划、组织协调和督促检查,真正做到组织领导到位、基础建设扎实、工作措施有力,确保取得实效。

第一,各级检察机关领导干部要亲自抓教育培训工作,带头参加教育培训活动。检察机关领导干部特别是检察长一定要高度重视检察教育培训工作,深入实际调查研究,及时解决工作中的实际问题,切实加强对这项工作的领导。要带头学习、带头参加培训、带头教学授课,教育和动员全体检察人员真正把积极参加培训、坚持不懈学习当作一种觉悟、当作一种修养、当作一种境界、当作一种责任。要建立健全领导干部到培训机构讲课、作报告、与学员座谈的制度,完善落实领导责任制和工作考核制度,并切实把教育培训工作及其成效作为考核和评价一个检察院建设的重要指标,纳入对检察院年度工作和领导班子的考核评价体系,进行严格考核。

第二,要建立健全检察教育培训工作机制。加强机制建设是推进检察教育培训模式转变、提高检察教育培训水平的重要工作。要进一步完善落实检察教育培训联席会议制度,充分发挥教育培训主管部门管方向、管政策、管指导、管协调的职能，充分发挥培训机构具体组织实施培训和教学的功能，充分调动业务部门参与和支持教育培训工作的积极性，努力形成分工明确、职责清晰、配合有力、齐抓共管的检察教育培训工作格局。要建立健全检察教育培训的激励约束机制，积极推行岗位培训学习的学分、学时管理制度和档案管理制度，加强对参训学习情况的考核，并把考核结果作为干部绩效考评和任职晋升的重要依据。要完善教育培训机构教学质量管理制度，研究制定教学质量检查评估指标体系和评估办法，规范和加强评估工作，促进提高培训质量和效益。

第三，要高度重视、切实抓好师资队伍建设。检察教育培训不同于学历教育，也不同于一般的职业教育。其培训内容和对象的特定性决定了作为教学主体的教师，不仅应具备扎实的法学理论功底，而且应具备丰富的立法、司法包括检察工作经验以及较强的执法办案能力。因此，要积极推进专、兼职教师相结合以兼职为主的师资队伍建设。可以认为，“检察官教检察官”是保证检察教育培训取得实效的重要特点，并将发挥越来越重要的作用。要高度重视发挥检察业务专家等资深、优秀检察官和其他司法人员的作用，积极聘请优秀检察官、法官、律师、立法专家、侦查专家和知名教授等担任兼职教师，特别是要通过岗位轮换、短期聘任等方式，大力选聘检察业务专家、实践经验丰富的检察官到培训机构从事一定时间的教学工作。要加强教学人员的科研能力建设，紧紧围绕检察工作实践、检察改革和检察教育培训，全面、深入、广泛开展应用法学研究和检察学研究，做到教学与科研相互促进，切实提高教育培训能力。要加强师资资源的开发利用，建立全国检察教育培训师资库，并积极促进师资的合理流动与地区共享。要把关心爱护与严格要求结合起来，加强专职教师的实践锻炼和师德建设，加强教育培训管理队伍建设，不断提高检察机关教育培训工作水平。

第四，要不断夯实检察教育培训工作基础。要积极争取当地党委政府支持，把检察教育培训经费列入检察经费总体预算，并按照一定比例在检察业务经费中单独列支，逐步建立计划内培训经费由财政分级解决并随当地经济发展、财政收入增加而逐年提高的保障机制。要加强培训经费使用管理和监督，完善预算制度，坚持专款专用，提倡勤俭节约，提高教育培训经费的使用效益。要着眼于扩大培训容量、增强培训能力、提高培训质量，全面加强培训基地建设，健全省级院培训基地，加快西部和少数民族地区培训基地建设步伐，鼓励并指导有条件的市级院建立检察业务培训基地。培训基地建设主要应在教学、科研、管理等软件建设上下功夫，以保障培训、服务教学为中心强化规范化管理，防止和克服在基础设施等硬件建设上盲目讲排场、搞攀比。

第五，要大力加强学风建设，大兴学习之风。良好的学风是教育培训取得实效的重要保证。必须把学风建设摆在检察教育培训工作的突出位置，始终抓紧抓好。要把大力弘扬理论联系实际的马克思主义学风贯穿教育培训工作全过程，引导检察人员在学习培训中坚持理论联系实际，努力提高运用科学理论分析和解决实际问题的能力。要坚持从严治学、从严治教，强化学员管理，严肃学习纪律，维护教学秩序。要引导广大检察人员特别是领导干部深刻认识学习的重要性、紧迫性，树立终身学习的观念，养成勤奋学习的习惯，始终保持学习的钻劲、挤劲和韧劲。各级检察机关要以大规模教育培训为契机，大兴学习之风，在全系统兴起自觉加强学习、刻苦钻研业务的良好风气，促进队伍素质不断提高，推动检察工作深入发展。

同志们，检察教育培训工作使命光荣，任务艰巨，责任重大。我们要紧密团结在以胡锦涛同志为总书记的党中央周围，开拓进取，扎实工作，努力开创检察教育培训工作新局面，为建设高素质检察队伍，推动检察工作科学发展，推进中国特色社会主义事业作出新的更大贡献！

在全国检察机关技术信息工作会议上的讲话

最高人民检察院检察长　曹建明

(2009年11月2日)

这次会议是最高人民检察院党组决定召开的一次重要会议。会议的主要任务是,深入学习贯彻党的十七大和党中央关于更好实施科教兴国战略的重大部署,深入贯彻落实科学发展观,研究部署今后一个时期加强检察技术和信息化工作的主要任务及措施,加快实施科技强检战略,为检察工作科学发展提供强有力的科技保障。

近年来,各级检察机关高度重视现代科技对检察工作的引领作用,坚持以信息化为主导,大力实施科技强检战略,推动检察技术和信息化工作取得了长足发展。检察信息网络等基础建设卓有成效,网上办公办案等信息化应用深入拓展,信息安全保障体系初步建立,司法鉴定体制改革顺利推进,检察技术工作机制日益完善,技术信息人才队伍不断壮大,检察工作科技含量明显提高,为强化法律监督,规范执法行为,提高执法办案的质量、效率和水平,推动检察事业深入健康发展提供了有力的技术支持。这些成绩的取得,是各级检察机关克服困难、拼搏进取的结果,也与广大检察技术信息人员的辛勤工作、无私奉献密不可分。在此,我代表最高人民检察院,向全国检察技术信息部门的同志们致以亲切的慰问和崇高的敬意!

下面,我就进一步加强新形势下的检察技术和信息化工作,加快实施科技强检战略,讲几点意见。

一、充分认识实施科技强检战略的重大意义,切实增强做好检察技术和信息化工作的责任感、紧迫感

当今世界科技发展突飞猛进,科技竞争在综合国力竞争中的地位日益突出,党和国家事业包括检察事业的发展比以往任何时候都更加迫切地需要坚实的科学基础和有力的技术支撑。党的十七大指出,提高自主创新能力、建设创新型国家是国家发展战略的核心和提高综合国力的关键,要求更好实施科教兴国等战略,实现又好又快发展。科技强检战略是科教兴国战略对检察工作的必然要求,是推动检察事业科学发展的重大战略措施。各级检察机关一定要从深入贯彻落实党的十七大精神、全面贯彻实施科教兴国战略的高度,从提高检察机关法律监督能力、推动检察工作科学发展出发,深刻认识实施科技强检战略的重大意义。

第一,实施科技强检战略,是强化法律监督职能的迫切需要。科技水平是衡量一个系统、一个部门、一个单位综合实力和工作水平的重要标志。现代科技在检察工作中应用的深度和广度,直接关系到法律监督职能发挥的程度,直接关系到检察工作水平的高低。特别是现代科技在促进社会进步的同时,也使犯罪活动智能化、高科技化特点更加突出,使检察机关履行法律监督职能面临新的挑战。检察机关只有充分掌握和运用信息网络技术以及科技侦查、司法鉴定等科技手段,才能适应同犯罪作斗争的新需要,适应维护社会和谐稳定的新要求,适应法律监督工作的新形势。从实践看,现代科技也为检察机关提高法律监督能力开辟了新的途径,提供了有效手段。一些检察机关大力推进以信息技术为重点的现代科技在检察工作中的应用,有力地促进了办公自动化、办案现代化和管理科学化,有力地促进了网上检务公开、在线处理信访等便民服务形式的创新,有力地促进了检察工作质量、效率和管理水平的提高。因此,面对日新月异的科技进步和日益繁重的检察工作任务,我们必须深入实施科技强检战略,大力加强现代科技在法律监督工作中的应用。

第二,实施科技强检战略,是促进高素质检察队伍建设的必然要求。胡锦涛总书记在党的十七届四中全会上强调，要运用信息网络技术来加强和改进党的建设，提高党的建设科学化水平。这对于我们加强检察机关党的建设和队伍建设具有重要的指导意义。在科学技术日益渗透到人类生活各个领域的时代，高素质检察队伍不仅要政治坚定、业务精通，还应当熟练掌握和运用现代科技。实施科技强检战略的进程，就是不断加强科技知识培训、提高检察队伍素质的过程，也是不断创新队伍建设手段、提高队伍建设水平的过程。现代科技丰富了检察队伍教育、管理和监督的手段，特别是运用信息网络技术加强办案流程管理，实行网上质量监控和执法绩效自动考核等，可以有效改进队伍管理模式，有效强化对自身执法办案的监督，有效促进执法规范化和管理科学化。我们一定要把科技强检与素质兴检更加紧密地结合起来，通过实施科技强检战略，更加有力地推进高素质检察队伍建设。

第三，实施科技强检战略，是检察工作创新发展的强大动力。实施科技强检战略，就必须转变观念、创新机制，对传统的执法方式、组织结构和工作模式进行全面而深刻的变革，促进现代科技与检察工作的有机结合。党的十七大以来，中央和各政法部门加快推进执法信息化，并通过信息化建设加强对政法机关执法办案活动的管理和监督。近年来，我们利用现代科技手段，先后实施了讯问职务犯罪嫌疑人全程同步录音录像、职务犯罪案件逮捕权上提一级等改革，有力促进了执法办案方式的变革。我们还要进一步加大科技装备特别是侦查技术装备建设力度，完善职务犯罪侦查指挥系统，逐步实现对举报线索的统一管理、侦查任务的远程分派、对犯罪嫌疑人的跟踪定位和跨区域同步调查取证等，这必将进一步引起职务犯罪侦查模式乃至整个检察工作模式的深刻变化。因此，大力实施科技强检战略，以科技创新推动观念创新、机制创新和工作创新，是检察工作与时俱进的必由之路，也是检察事业创新发展的不竭动力。

近年来，检察机关科技强检工作取得了新的明显成效，但与新形势新任务特别是强化法律监督的需要相比，还有不小差距。从检察技术和信息化工作看，也还存在一些问题和不足：一是有的地方检察院领导对检察技术和信息化工作认识不足、重视不够，没有摆到应有的位置来抓；二是信息化建设与检察工作特别是业务工作结合得不够紧密，重建设轻应用问题突出，软件系统不统一、不规范，信息互通、资源共享程度不高，严重影响信息化建设效能的发挥；三是科技装备建设亟待加强，信息网络带宽、安全保密设施不配套，管理维护不到位；四是技术信息人才短缺，队伍不稳定，机构不健全，科技支撑能力有待提高；五是检察技术为办案服务的手段不多，参与办案少、技术水平不高的问题比较突出；六是中西部特别是贫困地区检察院科技经费保障困难，投入严重不足，工作发展相对滞后。这些问题，严重制约了科技强检战略的深入推进。各级检察机关特别是领导干部，一定要充分认识新形势下加强检察技术和信息化工作的重要性、紧迫性，找准工作中的差距和不足，进一步强化科技意识，增强工作责任感和紧迫感，以更大的决心、用更大的气力，把检察技术和信息化工作抓出更大的成效，把科技强检不断推向深入。

二、进一步加强检察技术和信息化工作，推动科技强检战略全面深入实施

加强检察技术和信息化工作，是实施科技强检战略的核心和基础。最高人民检察院党组高度重视检察技术和信息化工作，多次进行研究，明确了今后一个时期的工作思路和具体措施。各级检察机关要认真贯彻落实最高人民检察院的部署，切实按照全国检察信息化发展规划纲要和人民检察院司法鉴定实验室建设规划，按照统一规划、统一标准、统一设计、统一实施的要求，着力在推进建设、整体升级上下功夫，着力在全面应用、资源共享上下功夫，着力在加强管理、注重安全上下功夫，努力把检察技术和信息化工作提高到一个新水平。

（一）大力加强检察技术工作

检察技术工作是法律监督职能必不可少的保障。尤其是司法鉴定，是检察机关不可或缺的重要业务工作，直接关系到检察机关执法能力、执法水平和办案质量的提高。近年来，检察技术工作以深化司法体制改革为契机，完善管理体制，狠抓基础建设，与执法办案紧密结合，取得了可喜成绩，逐步走上了规范化、制度化发展轨道。但这项工作总体上还比较薄弱，技术人才缺乏、技术装备落后、技术水平不高的问题仍然突出，还不适应法律监督工作需要，必须高度重视、切实加强。当前，要重点抓好两方面的工作：

一要加大建设力度。要进一步采取有力措施，大力加强检察技术人才、设备、机构和技术用房等基础建设,加快推动检察技术工作取得新的突破和大的发展。最近,中央启动了国家级司法鉴定机构遴选工作。最高人民检察院及时制定了人民检察院司法鉴定实验室建设规划,按照统一标准、分类建设等原则,对检察系统实验室进行了合理布局,明确了总体建设目标和任务。各地要认真贯彻,切实把司法鉴定实验室建设和国家认可工作作为提高法律监督能力的重要举措,作为推进检察技术工作的重要抓手,抓住机遇、全力以赴,加大力度、加快进度,有计划、有步骤地建成一批通过国家认可、满足检察业务需要的司法鉴定实验室。要对照遴选标准,优化资源配置,千方百计地抓好基础建设和高素质专业人才队伍建设,争取通过国家级、省级司法鉴定机构遴选。要完善工作格局,明确发展目标,重点建设基础扎实、办案需求多、有检察特色和发展潜力的鉴定项目,注重发展检察业务工作需要的新技术、新项目,努力建设一批在全国同行业处于领先地位的权威鉴定项目和实验室。

二要突出抓好应用。检察技术只有真正应用于执法、服务于办案,才能彰显价值、发挥作用、推动发展。要紧紧围绕检察业务工作,大力加强司法鉴定、文证审查、技术协助等检察技术应用,进一步开拓案源、健全机制,积极探索检察技术为业务工作服务的新途径、新领域。要坚持在实践应用中不断提高检察技术工作水平,着力增强解决疑难复杂案件的能力。尤其是法医鉴定等司法鉴定工作,司法鉴定人员面临的大多是办案中的难点、热点、焦点问题,社会关注,敏感性强,一定要学会从大局出发,客观公正、依法规范、科学严谨地办理,切实通过过硬的专业技术解决疑难问题,化解矛盾纠纷,树立司法权威。

(二)大力推进检察信息化工作

检察信息化是科技强检的先导。各级检察机关要始终把这项工作作为实施科技强检战略重中之重的任务来抓。在深入推进检察信息化工作中,要着重把握以下几点:

第一,要坚持统一规划、统一标准、统一设计、统一实施。检察信息化是一项复杂的系统工程,必须统一部署、统筹推进,增强整体效能,形成规模效益。"统一"是信息化工作最基本最主要的原则。在这个原则下,任何各成体系的建设都将成为信息化工作的障碍。由于检察信息化在初期主要是各级检察院根据各自情况进行建设和开发的,发展到现阶段,不可避免地带来了各自为政、条块分割、分散建设、重复开发、多头管理和系统无法互联互通、信息资源无法共享等一系列突出问题,不仅形成了"信息孤岛",而且构成了检察信息化进一步发展的"瓶颈",严重阻碍检察信息化工作的整体推进,必须高度重视和认真解决。深入推进检察信息化建设,最高人民检察院和省级检察院都必须转变观念、转变思路,必须遵循信息化建设的内在规律,按照统一规划、统一标准、统一设计、统一实施的原则,深入调查研究,统筹协调开展,坚定不移推进。最高人民检察院已制定了今后几年检察信息化发展规划纲要,正抓紧开展电子检务工程立项工作。各级检察机关特别是省级检察院要切实按照规划纲要的要求和部署,抓紧制定本地区检察信息化发展规划和具体实施意见,整体推进电子检务工程建设。要以检察工作需求为导向,以检察信息资源管理为核心,加快建设全国检察机关统一的信息交换与资源共享平台及服务体系,大力推进应用系统互联互通、资源共享,争取到2013年建成覆盖全国各级检察机关的检察信息化综合体系。为此,最高人民检察院要统一规划全国检察信息数据库的建设结构和应用模式,统一选择数据存储模式,统一制定检察信息分类、归纳、整合、分析、评估、挖掘、运用等功能的相关技术规范与数据标准,逐步建成全国检察机关统一的检察信息数据库。必须指出,强调"四个统一",并不意味着所有的工作都由最高人民检察院承担,并不意味着对过去工作的否定,而是要在"四个统一"的前提下,充分发挥上下级检察院的积极性,在以往工作的基础上,统筹兼顾最高人民检察院和地方检察机关的需求,认真总结各级检察机关信息化建设具有普遍性、规律性的东西以及成功经验和做法,遵循统一的技术标准和规范,梳理、优化、整合检察信息资源和业务流程,规范新建系统,调整在建系统,改进已建系统,实现信息系统之间互联互通和信息资源共享,加快发展,避免浪费。最高人民检察院要通过统一的网络平台和信息交换中心,实现最高人民检察院与各省级检察院之间信息系统的纵向互联共享和各省级检察院之间信息系统的横向互联共享。各省级检察院也要以平台建设为切入点,着力抓好本省检察机关信息系统的纵向和横向的互联共享。总之,全国检察机关必须牢固树立大局观念,以统一的思想、统一的步调、统一的行动推动全国检察机关信息化建设,并使之真正成为推动检察工作的强大动力。

第二,要坚持建用并举、更加突出应用。信息化建设的目的在于应用。建了不用,不仅没有成效,还是很大的浪费。目前不少检察机关信息化有了较好的硬件基础,但应用还远远不够。今后一个时期,检察信息化必须把解决原有问题和新的发展目标紧密结合起来,从基础建设阶段向建用并举、更加注重应用的全面发展阶段转变,从注重硬件装备向注重软件系统转变,从分散建设向加强整合、促进资源共享转变,坚持以应用为核心,着力在深化应用、互联互通、资源共享上下功夫、见成效,真正把检察机关信息系统建成覆盖全国、多层次、全方位、内容丰富、涵盖各项检察工作、动态即时反应、跟踪和有效监督、指导检察工作的管理系统。一要把加强网络设施、应用平台和数据中心建设作为推进信息化应用的重要基础。进一步加强检察专线网和局域网建设,加快实现检察网络的全面覆盖,并以省、市级检察院为主体,加强应用平台和基础数据库建设,加大检察信息采集和开发利用力度,最大程度地满足检察工作的信息需求。二要坚持组织领导、检察业务人员和信息技术人员的紧密结合,特别是要让熟悉各项检察业务工作的同志深度参与,推进软件系统的开发和完善。要以业务为主线、以需求为主导、以网上办案为重点,加快开发和完善案件流程管理、案件信息交换、电子公文传输、执法办案质量考评、司法统计分析等各类软件系统,全面加强信息化在检察业务、综合办公、队伍管理和检务保障等方面的应用,深入推进业务、队伍、保障和信息化相结合的管理机制建设。三要不断拓宽信息化应用领域和范围。坚持以应用促建设、以应用促发展,注重运用信息技术的新成果满足检察工作的新需求,着力把信息化应用向基层延伸、向一线拓展,切实以信息化提高检察工作质量和效率,以信息化提升管理能力、决策能力、应急处理能力和公共服务能力,以信息化促进执法规范化、队伍专业化、管理科学化和保障现代化。四要更加注重信息化在执法为民和社会服务方面的应用。积极参与政法部门网络设施共建和信息资源共享,进一步完善行贿犯罪档案查询系统,积极探索网上举报、远程申诉、在线接待等便民服务新形式,使检察信息化更多地惠及人民群众。五要把全面提高检察人员信息化应用能力作为推进信息化应用的当务之急。大力开展信息化应用技能培训和岗位练兵,建立健全经常性应用竞赛、考核和激励约束机制,从制度上保证和促进信息化的广泛应用。

第三,要坚持加强管理、确保安全。要围绕信息化应用,完善管理设施,健全管理制度,加快制定工作制度、应用规范、技术标准、安全保密规定等管理规范体系,并扎实抓好制度和责任落实,加强日常管理和维护,确保信息系统正常安全运行。特别要强调的是,检察信息系统是重要的涉密信息系统,必须按照中央有关加强信息系统安全和保密管理的要求,高度重视并切实解决好信息安全问题。要坚持一手抓信息化发展,一手抓信息安全保障,切实做到信息安全与信息化同步规划、同步建设、同步运行,综合采取技术和管理等措施,建立健全信息安全保障体系,全面提高信息安全防护能力。既要按照国家保密规定,落实安全技术措施,强化内部保密管理,又要不断改进技术手段,在安全保密的前提下尽可能地方便应用,做到以安全保发展,在发展中求安全,充分发挥信息化建设的效用。

第四,要坚持统筹推进、科学发展。检察信息化正处于深入推进、提升水平的关键阶段,必须以科学发展观为指导,统筹处理好信息化发展中的各种重要关系,实现全面、协调、可持续发展。一要正确处理检察信息化建设与国家信息化发展的关系。坚持把检察信息化放到国家信息化发展战略中来谋划和推进,认真落实检察信息化发展规划纲要,并抓紧完善电子检务工程项目,争取尽早把检察信息化建设纳入国家信息化发展规划,取得长久的经费支持保障,促进检察信息化的长远发展。二要正确处理整体推进与分类实施的关系。既要统一规划、统筹推进全国检察信息化工作,又要分类明确不同地区、不同层级检察机关信息化工作任务,并切实从政策、资金、技术和人才等方面解决好西部检察机关信息化发展的"短板"问题,提升检察信息化整体水平。三要正确处理当前需求与长远发展的关系。既要立足当前,抓住办公办案需求迫切、效益明显的建设项目,集中人力、物力、财力加快建设和应用步伐,又要着眼长远,充分考虑检察信息化建设和应用的长期性、连续性,循序渐进,为未来发展预留足够空间,促进检察信息化的可持续发展。

在大力推进检察技术和信息化建设的同时,要把科技装备建设放在十分重要的位置。加强科技装备建设，是提高检察机关现实战斗力的重要途径，也是科技强检的一项重要的基础性工作。各级检察机关一定要按照《人民检察院2008—2010年科技装备发展规划纲要》的要求，进一步强化措施，加大力度，扎实抓好科技装备的建设和应用，不断增加检察工作的科技含量。特别是要高度重视科技装备在查办职务犯罪等执法办案中的应用，紧紧依靠科技手段，提高攻坚克难能力，提高执法办案水平。

三、切实加强对检察技术和信息化工作的组织领导

检察技术和信息化工作是一项涉及检察工作全局的基础性、长期性工作。各级检察院党组要切实把这项工作当作关系检察工作全局、关系检察事业科学发展的大事，真正摆上重要议程，加强领导，统筹规划，完善机制，强化保障，确保取得实效。

一是各级检察院领导要重视、关心、支持检察技术和信息化工作。领导重视和支持，是抓好检察技术和信息化工作的关键。各级检察院领导特别是主要领导同志要真正负起责任，切实加强对这项工作的领导，及时研究解决工作中的实际困难和问题，带头学习、带头应用计算机网络等现代科技知识，努力成为检察技术和信息化工作的直接领导者、积极推动者和模范实践者。对司法鉴定实验室建设和信息化建设等重点工作，检察长要高度重视、亲自过问，分管副检察长要具体负责抓落实，其他院领导要全力支持。上级检察院要加强对下指导和督促检查，对工作相对薄弱的地方要采取技术指导、政策支持、领导包片等措施进行帮扶。

二是要建立健全检察技术和信息化工作机制。完善上下级检察机关统筹推进检察技术和信息化工作的机制，明确不同层级检察院的职责任务，形成以最高人民检察院为中心、省级检察院为重点、地市级检察院为骨干、基层检察院为基础的工作格局。要建立和完善检察技术和信息化领导小组的工作机制，明确技术信息部门与业务部门的职责分工，建立健全工作衔接和协调配合制度，构建检察技术与执法办案紧密结合的工作机制。技术信息部门要深入了解检察实践需求，积极履行管理职责，切实做好整体规划、技术指导和支持服务等工作；业务部门要及时提出技术需求，主动加强与技术信息部门的沟通配合，推动检察技术在业务工作中的应用。要完善检察机关与相关部门的合作机制，继续扩大网络共建互联、资源共享、技术互助等方面的合作，积极探索外包、托管等有效利用社会资源的方式，提高检察技术和信息化工作水平。

三是要切实加强检察技术信息人才队伍建设。检察技术和信息化工作专业性很强，需要一批既精通技术信息业务，又掌握法律和其他知识的高素质、专业化、复合型人才。要适应工作发展和实际需要，增加或者调剂必要的编制，多渠道地引进专门技术人才，进一步充实检察技术信息人才队伍。要继续通过系统内部和借助公安机关等系统外资源开展技术交流与培训，着力提高技术信息工作能力，加快培养专家型检察技术信息人才和学科带头人。要加强检察技术信息人才库建设，积极推进人才资源交流共享，着力加强对西部地区的人才支持。要改善人才队伍管理，解决好技术信息人员的职级待遇等实际问题。要把关心爱护与严格要求结合起来，完善并严格执行司法鉴定管理、政府采购和招投标、项目管理等制度和工作纪律，切实加强对技术信息人员的严格教育、严格管理和严格监督，坚决防止违纪违法问题的发生。

四是要下大力气抓好科技经费保障。科技强检是一项投资大、周期长的建设项目，各级检察机关要切实转变观念、提高认识，紧紧依靠党委领导和政府支持，千方百计创造条件，不断加大科技投入，确保经费保障到位。要争取把检察技术和信息化建设项目纳入国民经济和社会发展规划和财政预算，切实保证检察技术工作和信息化建设、应用、管理等方面的资金投入。要拓宽经费来源渠道，积极争取国家科技项目和经费支持。从明年起，中央将加大对中西部地区政法机关业务装备及业务基础设施建设经费转移支付力度，各地要抓住机遇，积极争取，集中财力办成大事。要完善项目招标、经费使用和管理的监督机制，注重使用效益，既适应需要，尽力而为，又突出重点，量力而行，不搞花架子，不搞形象工程，特别是要防止信息化建设中的盲目投资和软件的草率开发，切实把有限的经费用到刀刃上，用出实际效益来。

做好检察技术和信息化工作，加快实施科技强检战略，意义重大，任务艰巨。让我们以邓小平理论和“三个代表”重要思想为指导，深入贯彻落实科学发展观，求真务实，开拓创新，努力推动检察技术和信息化工作实现新的飞跃，为检察工作科学发展和服务经济社会科学发展提供强有力的科技保障。

以改革创新精神加强检察机关党的建设
不断推动检察工作科学发展

——2009年9月3日在检察机关党的建设理论研讨会上的讲话

最高人民检察院副检察长　张　耕

这次会议以党的十七大精神为指导，紧密结合检察机关实际，进一步贯彻落实全国机关党的建设工作会议精神，总结交流检察机关党建工作经验，进一步推动检察机关党的建设，更好地为检察工作的科学发展服务。下面，我就在新形势下加强检察机关党的建设讲几点意见。

当前，国际局势复杂多变，我国正处在应对国际金融危机冲击、保持经济平稳较快发展、全面建设小康社会的关键时期，改革发展稳定面临新的重要机遇和严峻挑战，维护国家安全稳定的压力明显增大。检察机关认真履行法律监督职责，狠抓执法办案工作，切实维护社会公平正义和社会和谐稳定的任务更加繁重。在这种形势下，必须进一步加强检察机关党的建设，以党的建设带动和促进队伍建设，为检察工作的科学发展提供有力的政治保障和组织保障。检察机关干部队伍是以党员为主体的队伍，党员人数已经达到检察机关人员总数的83%。检察机关党员干部是贯彻落实检察工作方针政策和各项部署的中坚力量，党员干部队伍的政治素质、业务能力、作风状况如何，直接关系着检察机关的法律监督能力和检察机关的执法公信力和社会形象。因此，检察机关党的建设对于检察队伍建设和检察事业科学发展具有十分重要的意义。

从目前检察机关党的建设的现状看，一方面，检察机关党员干部队伍的结构发生了很大变化。上个世纪六七十年代以至八十年代出生的同志成为检察机关党员干部的主体。检察机关新一代的年轻党员干部学历高、知识新、眼界宽，创新意识强，精力充沛，是推动检察工作科学发展，开创检察工作新局面的新生力量，但是很多同志缺乏对国情、社情、民情的深刻了解，缺乏严格的党性锻炼和基层艰苦环境的历练，对党的奋斗历史和优良传统了解和体会得不够深刻，对基层的困难和群众的疾苦体验不够深刻，距离党中央和人民群众的要求还存在不少差距。另一方面，检察机关党建工作，在思想观念、工作实践、体制机制上还存在着不适应、不符合新形势和科学发展观要求的问题。一些检察机关党组织对新情况新问题研究不够，党建工作的理念比较陈旧，思路比较狭窄，方式方法有待创新，针对性和实效性有待增强，领导、监督和保障执法办案等检察业务工作的能力需要进一步提高。一些检察机关领导对机关党的建设重视不够，业务工作与党建工作“两张皮”的现象仍然存在。这些问题，需要我们以改革创新的精神认真加以解决。

按照胡锦涛总书记关于“机关党建工作必须适应新形势、新任务的要求，走在党的基层组织建设的前头”的重要指示和全国机关党的建设工作会议精神，当前和今后一个时期，加强和改进检察机关党的建设的总体要求是：高举中国特色社会主义伟大旗帜，以邓小平理论和“三个代表”重要思想为指导，深入学习贯彻落实科学发展观，以加强法律监督能力建设和先进性建设为主线，以建设为民、务实、清廉的检察机关为目标，以加强检察机关党员干部党性锻炼和改进检察机关作风为重点，以开展讲党性、重品行、作表率活动为载体，坚持改革创新，全面推进检察机关党的思想、组织、作风建设和反腐倡廉建设，更好地为检察工作大局服务，推动检察工作科学发展。

一、切实加强检察机关党的理论建设，为保证检察工作的正确政治方向和科学发展打牢坚实的理论基础

高举中国特色社会主义伟大旗帜，坚持用中国特色社会主义理论体系武装党员干部头脑，是检察机关党的建设的根本任务。党的十七大以来，党中央对检察工作高度重视，胡锦涛总书记等中央领导同志对检察工作作出了一系列重要指示，为检察工作发展指明了方向。检察机关各级党组织要以学习实践科学发展观活动为契机，紧紧围绕"坚持科学发展，强化法律监督，维护公平正义，促进社会和谐"的实践载体，努力促进和推动理论武装工作，把组织党员干部认真学习中国特色社会主义理论体系特别是科学发展观，作为检察机关党的理论建设的根本任务，要坚持和弘扬党的理论联系实际的学风，不断创新理论学习的方式和方法，用科学理论解答检察工作在发展中遇到的难点和热点问题，推动中国特色社会主义检察理论体系的建立和完善。既要注重基础理论学习，又要注重应用理论学习，通过学习研讨、知识竞赛、参观调研、集中轮训、党校培训等多种形式，牢固树立社会主义法治理念，增强政治意识、大局意识、法律意识、廉洁意识，坚持党的事业至上、人民利益至上、宪法法律至上，不断提高做好检察工作的能力和水平，为保持检察工作的正确政治方向，推动检察工作科学发展打牢坚定的理论基础。

二、加强检察机关党的思想政治建设，为检察工作的创新发展提供有力的思想保障

在新的形势下，加强检察机关党的思想政治建设，必须坚持以人为本，把提高党员干部的素质作为思想政治工作的出发点和落脚点。

(一)进一步加强政治教育。要坚持不懈地抓好党的路线方针政策教育、形势任务教育、社会主义核心价值体系教育和社会主义法治理念教育，引导党员干部深刻理解和把握党中央的重大决策部署，自觉按照中央的要求统一思想和行动，越是在关键时刻，越要加强对党员干部的教育引导，坚决维护中央权威，在思想上、行动上同以胡锦涛同志为总书记的党中央保持高度一致。当前和今后一段时期，要重点开展好讲党性、重品行、作表率活动，切实解决机关党员干部在党性、品德、作风等方面存在的突出问题，建设一流机关、打造一流队伍、培育一流作风、创造一流业绩。

(二)进一步加强思想工作。要注重人文关怀，帮助党员干部解除困惑，理顺情绪，以良好的精神状态投身检察工作。要根据新形势下党员干部的思想状况，建立和完善思想状况定期分析制度，开展好经常性的谈心谈话活动，随时了解党员干部的思想动态、工作和生活状况，建立党员关怀、帮扶机制，真心实意为党员干部服务，把教育、引导、关怀贯穿于思想工作的全过程。

(三)进一步加强党员党性修养。要求党员干部自觉增强党的意识，牢记党的宗旨，严守党的纪律，维护党的形象。围绕如何做一名优秀党员、优秀检察官，开展党性教育和职业道德建设，使每一位党员领导干部成为党性修养的模范。要针对检察机关年轻党员干部增多的实际，着力加强党的历史教育、党的优良传统教育，不断锤炼共产党人的党性、党风、党纪。坚持完善"三会一课"制度，建立健全领导干部讲党课制度，党组成员带头讲党课。认真开好党员领导干部民主生活会和基层组织生活会。

三、切实加强检察机关党的组织建设，为模范履行检察机关职责提供坚强的组织保证

在新的形势下，要以更高的标准、更严的要求和更加有力的措施，加强检察机关党组织建设和对党员队伍的教育、管理和服务。

(一)进一步加强检察机关各级党组织建设，充分发挥党组织对检察工作的领导、监督和保障作用。要从实际出发，进一步调整和加强检察机关党组织的设置，改进检察机关党组织的工作方式方法，创新活动内容，增强党组织的凝聚力、战斗力和创造力。要依据即将修订发布的《中国共产党党和国家机关基层组织工作条例》，进一步明确和完善检察机关各级党组织的职能和委员会的组成结构，在坚持行政一把手兼任书记基础上，把各方面检察业务骨干充实到党的各级委员会中来。要按照有关规定适当调整和充实机关党委，更好地发挥机关党委和机关纪委的职能作用。各级检察机关党组织必须紧紧围绕检察中心工作，服务检察工作大局，努力形成有利于检察机关党组织对检察工作领导、监督和保障的长效机制。

(二)进一步加强检察机关党员队伍建设，提高党员干部的业务能力和工作效能。近年来，检察机关党员干部的知识化、专业化水平有了很大提高，有力推动了各项检察工作的开展。但我国经济社会快速发展，依法治国建设社会主义法治国家的进程进一步加快，人们的法治意识进一步增强，各种社会矛盾和纠纷往往以司法诉求的形式表现出来，这就对检察机关党员干部的知识更新、业务能力提升提出了新的更高的要求。因此,我们要进一步落实好中央《关于加强党员经常性教育的意见》等四个文件和中央《2009—2013 年全国党员教育培训工作规划》,加强党员队伍建设,不断提高党员干部的业务能力和工作效能。一要加强学习研究,大力推进学习型机关建设。在组织好政治理论学习的同时,要把业务学习培训作为学习的重要内容;要鼓励党员干部加强对工作中重点难点问题的研究,积极探索和把握检察工作规律,不断提高党员干部的执法办案能力和公正执法水平。要抓好现代科学文化知识学习,不断拓宽党员干部的视野,提高党员干部的思维站位和党性修养,逐步形成具有特色的检察文化,推进和谐机关建设。二要深入了解实际,了解国情、社情、民情。要利用主题党日活动等多种形式,引导党员干部深入农村、社区、企业,深入基层和服务对象,了解经济社会的发展情况,了解人民群众对检察工作的新要求新期待,了解检察工作的真实效果和社会各界的客观反映,增强"立检为公,执法为民"的自觉性和责任感。三要加强实践锻炼,提高实际工作能力。采取挂职锻炼等多种形式有组织、有计划地安排党员干部特别是年轻党员干部到基层去,到艰苦和边远地区去,到困难多、任务重的地方去经受磨练,增强群众观念,密切同人民群众的联系,提高执法为民和解决实际问题的本领。要有意识地在处理突发事件、抗击重大自然灾害等关键时刻锻炼党员干部,提高他们应对复杂局面的能力。四要创一流业绩,作检察队伍的表率。深入开展"创先争优"活动,引导党员干部以认真负责的精神和精益求精的态度做好本职工作,在各自的岗位上努力提高工作水平,严格遵守党纪国法,坚决执行机关的各项规章制度,充分发挥先锋模范作用。

四、加强检察机关党的作风建设和反腐倡廉建设,确保检察干部队伍的廉洁性

(一)大力加强检察机关党的作风建设。胡锦涛总书记在中央纪委十七届三次全会上深刻分析了党的领导干部队伍在作风上存在的突出问题,明确指出:"如果领导干部作风上存在的这些问题不能得到有效解决,党的十七大作出的战略部署就难以贯彻落实,全面建设小康社会的目标就难以顺利实现。"又指出:"领导干部作风问题,说到底是党性问题。事实充分说明,领导干部作风与领导干部党性修养是紧密联系在一起的。党性是作风的内在根据,作风是党性的外在表现,作风和党性相互影响、相互作用。党性纯洁则作风端正,党性不纯则作风不正。"胡锦涛总书记把领导干部作风问题,提到了党性修养的高度来认识,为加强党的作风建设进一步指明了方向。我们一定要以改革创新的精神,把加强检察机关的作风建设作为一项长期的重大政治任务抓紧抓好,要始终坚持以人为本、执法为民,把维护好人民权益作为检察工作的根本出发点和落脚点。一要倡导求真务实之风,克服脱离实际的作风。要走出机关、走近群众,切实纠正脱离实际,只在机关里写文件、阅案卷,只在大楼里想办法的作风。二要倡导执法为民之风,克服官僚主义作风。要增强公仆意识、服务意识,克服高高在上、盛气凌人、当官做老爷的衙门习气。要设身处地为基层和群众着想,带着深厚感情帮助他们解决实际困难,维护他们的合法权益。三要倡导敬业负责之风,克服不负责任的作风。要坚决克服在工作中敷衍塞责、得过且过,遇事推诿,争功诿过的现象。教育党员干部树立正确的事业观、工作观、政绩观,时刻牢记党和人民的重托,以高度负责的精神履行检察职能,兢兢业业地完成组织交给的工作任务。要从制度上采取措施,不让懒官、庸官在检察机关舒舒服服地混日子。要重用那些认真负责、务实奉献的老实人,在检察机关形成埋头干事,奋发向上的良好氛围。四要倡导艰苦奋斗之风,克服铺张浪费的作风。检察机关党员干部要带头过紧日子,勤俭办一切事情。

(二)大力加强检察机关反腐倡廉建设。要认真贯彻中央纪委十七届三次全会精神,加快推进反腐倡廉建设。要坚持从严治党、从严治检,对党员干部严格要求、严格教育、严格管理、严格监督。近年来,检察机关在反腐倡廉建设方面取得了明显成效,但与党和人民群众的期望相比,还有不少差距。我们一定要把反腐倡廉建设作为检察机关党建工作的重点,持之以恒地抓紧抓好。一要强化监督职能。检察机关党组织对党员干部特别是党员领导干部负有直接监督的职责。要认真贯彻落实全国检察机关内部监督工作座谈会精神,把党内监督贯穿于检察机关的各项工作之中,与日常教育管理有机结合起来,着力加强对党员领导干部的监督,着力加强对管理人、财、物等重点岗位和一线办案人员的监督,着力解决廉洁从检方面存在的突出问题,不断拓宽监督渠道,创新监督手段,提高监督实效。二要坚持教育在先、预防在先。深入开展廉政文化建设,运用先进典型和重大腐败案件进行廉洁从检教育和警示教育,引导党员干部筑牢拒腐防变的思想道德防线,自觉遵守廉洁自律的各项规定。要培养健康的生活情趣,组织丰富多彩的文化体育活动,教育引导党员干部加强道德修养,培养高尚情操,保持身心健康,正确选择个人爱好,慎交友、多读书、少应酬。三要进一步完善检察机关的反腐倡廉制度体系,切实落实党风廉政建设责任制。认真落实《建立健全惩治和预防腐败体系 2008—2012 年工作规划》,全面贯彻全国检察机关落实党风廉政建设责任制电视电话会议精神,严格执行党风廉政建设责任制,努力从源头上加强机关的纪律作风建设。四要坚持依纪依法查办违纪违法案件,维护党纪国法的严肃性。对检察干部特别是党员领导干部发生的腐败问题一定要认真调查,严肃处理,决不姑息迁就。同时要针对办案中发现的薄弱环节,有针对性地完善机关的规章制度,以起到清除隐患,防止发生腐败问题的治本作用。

五、切实加强领导,认真落实检察机关党建工作责任制

加强和改进检察机关党的建设,关键在领导的高度重视。各级检察机关党组要更好地把党建工作纳入检察工作的总体布局,深入研究解决检察机关党建工作中存在的突出问题。党组每年至少要专门听取一次机关党建工作汇报,分析情况,研究措施,解决实际问题。党组书记要增强管党意识,认真履行第一责任人的职责。领导班子成员要自觉落实"一岗双责"制,既要以普通党员身份积极参加单位党组织和所在支部的活动,又要加强对分管部门党建工作的领导。党组要积极支持机关党委履行职责,充分发挥职能作用。要建立健全党建工作考核评价体系,把抓党建工作的情况和成效,作为评价领导班子和领导干部实绩的重要指标。要鼓励各基层党组织增强自主活动能力,积极创新机关党建工作的方式方法,充分调动广大党员干部的积极性和创造性。要注意发现典型、总结经验,加大宣传力度。要采取有效办法,完善经费保障机制,为加强和改进检察机关党建工作创造良好的条件。2006 年以来,检察机关党建理论研讨会坚持每年确定一套调研课题,召开一次理论研讨会,出版一本论文集,很好地发挥了对检察机关党建工作的指导、促进作用,成为推动检察机关党建工作的重要平台。各级检察机关领导要重视这个平台,办好这个平台,用好这个平台,以推进检察机关党建理论调研工作的深入开展。

加强和改进检察机关党的建设,必须充分调动机关党务工作者的积极性和创造性。近年来,广大检察机关党务干部努力工作、默默奉献,在检察机关党的建设中发挥了重要的骨干作用。各级检察机关党组要继续把建设政治强、业务精、作风好的党务干部队伍作为重要任务来抓,配齐配强党务干部,通过集中培训、轮岗交流、实践锻炼等途径,帮助党务干部特别是党组织书记提高政治素质和业务能力。要注重从优秀年轻干部和业务骨干中选拔党务干部,把机关党务工作作为培养综合性领导干部的重要岗位,为检察机关培养一批既讲政治又懂业务,既有党务和政治工作经历,又有业务工作经历的高素质复合型人才。要加强对检察机关工会、共青团和妇联工作的领导,充分发挥它们的职能作用。

加强和改进检察机关党的建设意义重大而深远。我们一定要紧密团结在以胡锦涛同志为总书记的党中央周围,坚持以邓小平理论和"三个代表"重要思想为指导,深入贯彻落实科学发展观,全面贯彻落实党的十七大、全国机关党的建设工作会议和即将召开的党的十七届四中全会精神,以改革创新精神全面加强和改进检察机关党的建设,用优异的成绩迎接新中国成立六十周年和检察机关建立六十周年!

在部署实施职务犯罪案件审查逮捕程序改革电视电话会议上的讲话

最高人民检察院副检察长 张 耕

（2009年9月4日）

根据中央关于深化司法体制和工作机制改革的部署，最高人民检察院在深入调查研究、广泛征求意见的基础上，制定了《关于省级以下人民检察院立案侦查的案件由上一级人民检察院审查决定逮捕的规定（试行）》（以下简称《规定》），经中央政法委批准，已于近日印发执行。这个文件对改革职务犯罪案件审查逮捕程序作了具体规定，其核心内容是省级以下（不含省级）人民检察院立案侦查的案件，需要逮捕犯罪嫌疑人的，应当报请上一级人民检察院审查决定。这是一项重大的检察改革，涉及检察职权配置的重要调整，牵扯面广，影响深远，因此最高人民检察院党组决定专门召开电视电话会议，对实施这项改革进行动员部署。

按照中央要求，职务犯罪审查逮捕程序改革要在今年内取得成效。考虑到目前普遍实施这项改革还面临一些实际困难，最高人民检察院报经中央政法委同意，决定分步骤实施：从2009年9月起实施这项改革；西藏、青海、新疆、甘肃、内蒙古等地域辽阔、交通不便、经济欠发达地区，先在省会（自治区首府）市和具备条件的地方实施；其他省（自治区、直辖市）那些信息化建设比较滞后、交通不便、难以一步实施到位的地方，经省级检察院审核并报最高人民检察院批准，可以适当推迟实施时间。

下面，我就贯彻落实中央批准的改革方案讲几点意见。

一、充分认识改革职务犯罪案件审查逮捕程序的重要意义，切实把思想统一到中央和最高人民检察院的决策部署上来

完善职务犯罪案件审查逮捕程序，是中央确定的一项重大司法改革，是优化检察职权配置、强化自身监督制约的重要举措。贯彻落实好这项改革措施，首先要统一思想，提高认识。

（一）改革职务犯罪案件审查逮捕程序，是加强对检察权的监督制约，保证检察工作科学发展的需要。加强对检察权的监督制约，是深化检察改革的重点之一。这既是党中央的明确要求，是人民群众的热切期待，也是推进检察工作科学发展的客观需要。中央领导反复强调，要以加强权力的制约和监督为重点，优化司法职权配置，规范执法行为。周永康同志明确指出，检察机关作为法律监督机关，必须首先接受监督，切实加强对自身执法活动的监督制约。曹建明检察长多次指出，强化法律监督是检察机关的立身之本，强化自身监督是检察工作的发展之基，只有二者兼顾，检察事业才能科学发展；要把强化自身内部监督制约放到与强化法律监督同等重要的位置，用比监督别人更严的要求来监督自己；只有牢固树立监督者更要接受监督的观念，高度重视自身监督制约机制建设，检察工作才能实现自身科学发展，服务科学发展。应当看到，检察权与其他公权力一样，存在着被滥用或误用的可能。特别是职务犯罪侦查权，一旦被滥用或误用，就会严重侵犯人权，影响反腐败斗争顺利开展，影响检察工作的科学发展。正因为如此，党中央对于加强对检察权特别是职务犯罪侦查权的监督制约高度重视，社会各界也十分关注。去年，《中央政法委员会关于深化司法体制和工作机制改革若干问题的意见》明确提出要完善检察机关的职务犯罪案件审查逮捕程序，目的就是要进一步加强对办理职务犯罪案件的监督制约，以确保检察权特别是职务犯罪侦查权的依法正确行使。有的同志把执法办案与加强对自身的监督制约对立起来，认为限制了手脚，增加了办案的难度，甚至存在一定的抵触情绪。这些错误的认识一定要坚决克服和纠正。各级检察机关和全体检察人员特别是领导干部,一定要从国家民主法治建设全局和检察事业长远发展的高度,充分认识这项改革的重要性、必要性和紧迫性,切实把思想和行动统一到中央和最高人民检察院的决策部署上来,高度重视,精心组织,以积极主动的姿态认真抓好这项改革的实施工作。

(二)改革职务犯罪案件审查逮捕程序,是增强检察机关执法公正性和公信力的需要。近几年来,检察机关在强化对职务犯罪侦查工作的内外部监督制约方面采取了一系列措施,包括建立人民监督员制度,实行职务犯罪案件立案、逮捕和不起诉、撤案"双报备、双报批"制度,推行讯问职务犯罪嫌疑人全程同步录音录像制度,等等。这些措施对规范执法行为,提高办案质量,增强执法公正性和公信力,发挥了积极的作用。但是,由于职务犯罪案件的立案、侦查、逮捕、起诉均由同一个检察院办理,权力较为集中,尽管内部有分工和制约,但容易产生监督制约不到位的问题,影响检察机关执法的公正性和公信力。将职务犯罪案件的逮捕由过去报上一级备案改为上提一级审查决定,克服了立案、侦查、逮捕在同一平台操作的问题,有利于加强上级检察院对下级检察院查办职务犯罪案件工作的监督制约,体现了检察机关对人民群众的新要求、新期盼的积极回应,对于提高检察机关的执法公正性和公信力,无疑具有积极的意义。

(三)改革职务犯罪案件审查逮捕程序,是进一步规范执法、提高办案质量的需要。规范执法是公正执法的基础和前提。执法不规范不仅有损于程序公正,而且可能影响实体公正。近几年来,全国检察机关依法查办了一大批职务犯罪案件,办案力度不断加大,办案质量稳步提高。但是,当前在办理职务犯罪案件中执法不规范的问题仍然比较突出,办案质量也有待进一步提高。改革职务犯罪案件审查逮捕程序,实行审查逮捕权上提一级,既是加强对职务犯罪侦查工作监督制约的一项重要举措,也是促进职务犯罪侦查工作规范化的一项硬性措施。通过推行这项改革,可以促使检察机关和检察人员进一步增强严格、公正、文明执法的意识,更加自觉地依法办案、规范执法。另一方面,由上级检察院严格按照逮捕的条件审查犯罪事实和证据,并支持下级检察院依法办案、排除干扰,有利于促使各级侦查部门切实摒弃"以捕代侦"的办案方式,更加注重案件初查,更加注重全面收集和固定证据,更加注重提高报捕案件的质量,更加注重办案数量、质量、效率、效果的有机统一,真正走出一条办案力度大、质量高、效果好的良性发展路子。

二、严格执行程序,加强配合衔接,确保查办职务犯罪工作平稳健康开展

实施审查逮捕程序改革后,职务犯罪案件的办案模式发生了较大变化,对侦查工作和侦查监督工作都提出了新的更高要求。要积极适应这项改革的实施,努力在更新执法观念、转变工作方式、提高能力素质、加强配合制约、形成工作合力等方面下功夫。上下级检察院之间、侦查部门与侦查监督部门之间,要各司其职、各负其责,既要加强监督制约,又要加强衔接配合,防止办案规模和办案质量出现大起大落,确保工作平稳过渡、稳步开展。

(一)严格执行规定的程序,不折不扣地落实改革措施。最高人民检察院制定下发的《规定》,对职务犯罪案件审查逮捕程序改革的具体内容,包括下级检察院报请逮捕、上级检察院审查决定逮捕、讯问犯罪嫌疑人、介入侦查等办案程序,都作了明确、具体的规定,各级检察机关一定要严格执行。实行这项改革后,下级检察院报请审查逮捕案件,应当由侦查部门制作报请逮捕书,经本院侦查监督部门提出审查意见,报经检察长或者检察委员会审批后,连同案卷材料、讯问犯罪嫌疑人录音录像资料及本院侦查监督部门的意见一并报上级检察院审查,并确保报请逮捕的材料齐备、规范。这个规定对报请逮捕案件的质量要求更高,由于增加了路途时间和上级审查程序,办案时限比过去更加紧张。为了防止出现超期羁押现象,要采取提前介入、网络传输、加班加点等办法,加快办案进度。还需要强调的是,要认真执行最高人民检察院有关案件管辖的规定,上级检察院不得随意把应由自己查办的案件交下级检察院办理。

(二)加强提前介入工作。实施改革后,报送案件材料、讯问犯罪嫌疑人、送达法律文书等工作大多需要异地进行,审查逮捕办案时间更加紧迫。因此要加强对案件提前介入工作,以熟悉案情和证据,为及时审查逮捕做好准备。侦查监督部门要加强与侦查部门的沟通协调,共同做好提前介入侦查工作。侦查部门在查办重大、疑难、复杂案件时,要及时邀请本院或者上级检察院侦查监督部门介入;对案件中存在的问题,要及时向侦查监督部门介绍情况，共同研究应对方案，提高报捕案件质量。侦查监督部门要积极介入侦查，参与重大案件讨论，提出收集、固定证据的意见，必要时可以旁听对犯罪嫌疑人的讯问。

（三）正确处理监督与配合的关系。逮捕是保障侦查工作顺利开展的重要强制措施，审查逮捕阶段处于侦查工作的初始阶段。特别是职务犯罪案件有其自身的特殊性，客观上有些证据一时难以收集到位，案件中不少是“一对一”的言词证据，稳定性不强。因此，上级检察院侦查监督部门在审查案件过程中，既要按照法定逮捕条件认真审查把关，又要加强与侦查部门的沟通配合，充分考虑职务犯罪案件的特殊性和侦查工作对逮捕措施的需要，依法及时作出决定，做到不错不漏、不枉不纵，真正形成打击犯罪的合力。发现侦查工作有违法行为的，要认真履行职责，依法监督纠正。

（四）正确处理实施改革与强化办案的关系。实行职务犯罪案件审查逮捕程序改革，对办案质量提出了更高的要求，工作模式变化较大，需要有个磨合适应的过程。上级检察院要注意掌握本地区办案工作动态，及时了解改革带来的影响，研究解决遇到的困难，有针对性地加强具体指导，确保查办职务犯罪工作平稳健康发展，保证办案力度不减、执法更加规范、案件质量有新的提高。

（五）以实施这项改革为契机，进一步提高职务犯罪侦查水平。各级检察机关职务犯罪侦查部门要积极适应改革提出的新要求，进一步强化证据意识、程序意识，努力提高侦查能力和水平，严格按照逮捕条件报请逮捕，尽可能降低报请逮捕案件的不捕率。要进一步转变侦查模式，改进办案方法，把工作重心放到提高初查效率和质量上，把初查工作做深、做细。要坚持严把立案关，慎重采取拘留措施，切实防止“以捕代侦”现象。要进一步增强证据意识，更加注重全面收集、固定证据，按预定规划坚定不移地推行讯问职务犯罪嫌疑人全程同步录音录像制度，逐步做到报请逮捕时随案移送全程同步录音录像资料，以规范的办案行为和牢固的证据意识，办出质量高、效果好的案件。要大力加强侦查信息等基础工作，逐步实现信息引导侦查；积极推进侦查工作改革，加大侦查装备现代化建设的投入，切实提高侦查工作的科技含量，努力解决制约侦查工作发展的突出问题；扎实推进侦查专业化建设，提高办案人员的综合素质和侦查技能。

三、加强领导，有力保障，确保改革措施落实到位

今年以来，各地按照最高人民检察院的统一部署，从思想认识、组织领导、人员配备、装备保障等方面，为推行职务犯罪案件审查逮捕程序改革做了大量准备工作。现在，这项改革进入了具体实施阶段，加强组织领导和各方面保障更为关键。这里，我强调几点：

（一）各级检察院党组要高度重视，切实加强对改革实施工作的组织领导。各级检察院党组要把落实这项改革摆上重要议事日程，作为当前的一项重点工作切实抓紧抓好。检察长要亲自抓，分管副检察长要切实负起责任，确保认识到位、领导到位、措施到位、人员到位、保障到位。要按照最高人民检察院的要求和部署，结合本地实际认真研究制定具体的实施方案，并抓紧向党委、人大报告，抓紧同有关部门沟通协调，进一步解决好人员编制、物资保障等实际问题，确保这项改革如期顺利实施。上级检察院要加强指导，帮助协调解决遇到的困难和问题。落实改革方案中遇到的重大问题，要及时层报最高人民检察院。最高人民检察院将适时开展这项改革的效果评估，并报中央政法委。

（二）加强办案力量和装备配置。实施这项改革后，省、市两级检察院的审查逮捕工作量将大幅增加，急需补充相应的办案力量。各地要尽快调配精干办案人员，充实侦查监督队伍。为适应网上传输案卷材料、讯问犯罪嫌疑人以及远距离办案的需要，各级检察院要配置必要的办案车辆和高清晰度文件扫描仪、笔记本电脑等必备的办案装备。

（三）加大检察网络建设力度。为节省办案时间，确保不因路途遥远、交通不便等问题影响在法定期限内办结案件，要积极创造条件，通过检察专线网报送案卷材料和送达法律文书，通过视频系统讯问犯罪嫌疑人。目前，全国还有部分市级检察院和县级检察院尚未建成检察专线网或视频会议系统。凡未建成检察专线网的市级检察院和县级检察院要加紧建设，对不适应办案要求的网络要进行扩容改造。同时，要加强检察专线网的保密建设，所有用于办案的检察专线网和视频会议系统均应采取符合保密规定的技术措施。各地检察机关要积极主动向当地党委、政府报告，争取财政支持，为落实改革提供必需的技术保障。

（四）加强学习和培训。这项改革给检察机关侦查工作和侦查监督工作带来较大变化。对于新制度、新规定，要分批组织学习和培训，使办案人员尽快掌握。同时要加强对侦查监督部门新调配人员的培训，使其尽快熟悉侦查监督业务。最高人民检察院侦查监督厅、反贪污贿赂总局和渎职侵权检察厅已经联合举办了培训班。各地也要积极开展培训，确保办案人员适应改革提出的新要求。

(五)加强调查研究和实践探索。对于改革实施过程中遇到的新情况、新问题，各地要加强调查研究，总结经验教训。要结合工作实际，发挥主观能动性，在现有法律框架和改革方案之下，积极开展工作机制的探索创新，使改革不断深化。要加强对实践经验的总结和理论概括，形成一批有价值的调研成果，为推动改革提供理论支撑和实践参考。必要时，侦查监督部门要会同相关部门制定改革的实施细则，促进这项工作的规范化。

实施职务犯罪案件审查逮捕程序改革意义重大，党中央和社会各界十分关注。各级检察机关一定要统一思想，提高认识，坚定信心，攻坚克难，扎实抓好这项改革的组织实施工作，努力开创检察工作科学发展的新局面！

切实强化自身监督　努力推动检察事业科学发展

——2009年9月8日在第七届全国检察长论坛上的讲话

最高人民检察院副检察长　张　耕

会议将“强化法律监督与强化自身监督”确定为论坛的主题，抓住了推动检察事业科学发展的关键。希望大家通过深入研讨和交流，深刻认识和正确把握强化法律监督与强化自身监督的关系，统筹抓好两个监督，特别要抓好自身监督，更好地推动检察事业科学发展。借此机会，我代表最高人民检察院向参加论坛的同志们表示热烈的欢迎和诚挚的问候，向为论坛举办给予大力支持的义乌市委、市政府和浙江省、金华市、义乌市三级检察院表示衷心的感谢！下面，我着重就强化自身监督问题作一简要发言。

一、深刻认识和正确把握强化自身监督与强化法律监督的辩证关系

正确处理强化自身监督与强化法律监督的关系，是检察机关必须严肃对待、认真解决的重大问题。对这个问题，不少检察机关和检察人员包括一些领导干部，仍然存在一些模糊认识。有的重法律监督、轻自身监督；有的认为加强自身的监督会束缚手脚，影响检察人员办案的积极性；有的以监督者自居，忽视、弱化对自身的监督等等。我们必须从推动检察工作科学发展的高度，从服务于、服从于党和国家工作大局的高度，深刻认识和正确把握强化自身监督与强化法律监督的辩证关系。

我们要深刻认识到，强化自身监督与强化法律监督都是实现检察工作科学发展不可或缺的重要方面。检察机关学习实践科学发展观，就是要通过实现自身的科学发展，提高为党和国家大局服务，促进经济社会科学发展的能力和水平。实现检察工作科学发展，既要强化法律监督，全面履行好法律监督职责，为经济社会发展创造良好的法治环境；又要强化自身监督，提高执法公信力，提高履行法律监督职责的能力和水平。二者都是检察工作科学发展的重要内容，是检察事业立身和发展的根基。

我们要深刻认识到，强化自身监督是履行法律监督职能的重要保障。强化法律监督，必须首先从强化自身监督抓起。只有加强对自身执法办案活动的监督，做到自身正、自身硬、自身净，才能理直气壮地监督别人，才能树立法律监督权威，才能赢得其他执法司法机关的尊重。如果不重视对自身的监督，自身执法不公正、不严格、不文明、不廉洁，就会丧失执法公信力，强化法律监督也就会成为了一句空话。

我们要深刻认识到，强化自身监督与强化法律监督必须统筹兼顾、不可偏废。强化法律监督与强化自身监督是相辅相成、辩证统一的。对于检察工作而言，二者犹如车之两轮、鸟之两翼，互为依存、缺一不可。既不能因为强调加强法律监督而轻视自身监督，也不能因为强调加强自身监督而弱化法律监督。片面强调一个方面，忽视另一个方面，最终都将会损害检察事业的发展，动摇检察制度的根基。要实现检察事业全面、协调、可持续发展，必须统筹抓好强化法律监督与强化自身监督，做到两手抓，两手都要硬。

二、充分认识强化自身监督的极端重要性和紧迫性

我们党和国家高度重视对权力运行的制约和监督，始终把它作为巩固党的执政地位、密切党同人民群众的血肉联系、发展社会主义民主政治的大事来抓。我们是中国共产党领导下的社会主义国家，国家的一切权力属于人民，国家机关及其工作人员在依法履行职责的同时，必须坚持党的领导，接受人民群众的监督以及有关方面的监督制约。检察机关作为国家的法律监督机关和反腐败的重要职能部门，强化自身监督更具有特殊重要的意义。

强化自身监督是确保检察权依法正确行使、防止检察权滥用和腐败的有效措施。人类社会的演进史表明，公共权力无论是作为政治上的强制力量，还是作为职权上的支配力量，都是一把“双刃剑”：如果运用得当，它可以为人类社会进步带来巨大利益；如果运用不当、对权力的制约和监督缺失，则会给社会民众造成深重灾难。可以说，任何权力都有被滥用的倾向，任何权力都需要有效的监督，否则就会产生腐败，这是一条带有普遍性的规律。加强对权力的监督，是社会进步的必然产物和要求，是当代政治文明的一个主要标志。防止权力异化和腐败，不仅要教育公职人员树立正确的世界观、人生观和价值观，更重要的是要加强对权力的有效监督。检察机关的法律监督权是国家权力的重要组成部分，具有权力的一般特性，因此，必须遵循权力运行的一般规律。检察机关在履行法律监督职责，依法防止和纠正执法不严、司法不公的同时，也必须坚持有权必有责，用权受监督的原则，自觉接受监督，以确保自身严格公正执法，保证法律监督权不被滥用。

强化自身监督是有效回应对法律监督权的质疑，坚持和完善中国特色社会主义检察制度的必然要求。检察机关依法享有较为广泛的法律监督权，不仅监督公安机关、国家安全机关的立案和侦查活动，监督人民法院的审判活动、监督监狱、看守所的刑罚执行和监管活动，而且还直接对贪污贿赂犯罪、国家机关工作人员渎职犯罪、国家机关工作人员利用职权实施的某些侵犯公民人身权利、民主权利的犯罪进行立案侦查。从上个世纪 90 年代以来，针对一些检察机关法律监督权被滥用的问题，“谁来监督监督者”的质疑声时有反响，有时还很强烈。这就表明，对法律监督权运行的监督是一个不可回避、必须予以高度重视的问题。近年来各级检察机关通过深化检察改革，在强化自身监督方面采取了不少措施，取得了明显成效，有效回应了这些质疑。但是对此绝不能掉以轻心。必须清醒地认识到，自身监督机制如果不能从根本上健全和完善，并有效运行，切实发挥其作用，检察机关就难以有效地担负起强化法律监督、维护公平正义的重要职责。只有强化自身监督，完善对检察权运行的监督机制并切实遵行，才能确保检察权依法公正地行使，才能以自身模范的执法实践证明我国检察制度的合理性和优越性，坚持和发展中国特色社会主义检察制度。

强化自身监督是促进严格公正文明廉洁执法，加强检察队伍建设的迫切需要。检察工作特别是查办职务犯罪工作的对象绝大多数是手中握有一定权力、有着各种社会联系和影响的国家工作人员，办理这类案件往往会受到这样或那样的干扰。同时，检察机关在办理案件的过程中享有一定的自由裁量权，特别是检察机关的职务犯罪侦查部门和处在办案第一线的检察人员，往往会遇到各种诱惑和腐蚀的考验。如果缺乏严密的监督机制，很容易被犯罪分子拉拢腐蚀，发生违纪违法现象。近年来，检察人员违纪违法案件时有发生，特别是领导干部违纪违法和执法办案环节的违纪违法问题比较突出。有的检察机关和检察人员受利益驱动办案，违法违规扣押、冻结和处理涉案款物，乱拉赞助、搞违法创收；有的执法不严明，极少数检察人员包括领导干部执法不公正、不廉洁甚至滥用职权、贪赃枉法、索贿受贿，走上了犯罪道路。这些问题虽然发生在极少数人身上，但极大地损害了检察队伍的形象,影响了执法的公信力,降低了法律监督的权威。这就警醒我们,作为国家重要的司法机关和反腐败的重要职能部门,检察机关必须具有很强的自律意识和自觉接受监督的意识,必须把强化自身监督放在同强化法律监督同等重要的位置来抓,尤其是对于职务犯罪侦查等部门和办理案件的关键环节,还要放在更加重要的位置来抓,在这方面必须有很强的紧迫感和忧患意识。只有强化自身监督,把检察队伍建设好,始终做到秉公执法、清正廉洁,检察机关才能更好地履行法律监督职责,才能在反腐败斗争中更好地发挥职能作用。

三、采取有力措施,强化自身监督,确保检察权依法正确行使

近年来,检察机关深入实践"强化法律监督、维护公平正义"的工作主题,在加大法律监督力度的同时,高度重视自身监督工作,积极探索强化自身监督的有效措施,紧密结合规范执法行为专项整改、社会主义法治理念教育和检察改革,初步构建了内部监督与外部监督相结合、纵向监督与横向监督相结合、对执法活动监督与对执法人员监督相结合的监督体系,促进了严格公正文明执法,有力地推动了检察工作和队伍建设。但是,与党中央的要求相比,与人民群众的期待相比,与检察机关承担的职责任务相比,检察机关在自身监督机制建设和相关制度措施的落实方面还有不小差距,强化自身监督的长效机制还需要进一步完善,上级检察院对下级检察院的监督还需要进一步加强。这里,我着重强调几点具体意见。

一是要牢固树立监督者必须接受监督的意识。中央反复强调,要以加强对权力的制约和监督为重点,优化司法职权配置,规范执法行为。这其中就包括了加强对检察权的监督。正人先正己,打铁还得自身硬。检察机关作为法律监督机关,首先要牢固树立自觉接受监督的意识,既要勇于监督别人,更要勇于接受监督,严格做好自身监督。要教育检察人员尤其是领导干部,正确对待监督,明确强化自身监督是对检察人员真正的关心、爱护和保护,引导大家主动接受监督,乐于接受监督,习惯接受监督,学会和适应在有效的监督下开展工作、履行职责。

二是要进一步深化检务公开。检务公开是检察机关接受人民群众和社会各界监督、保障严格依法履行职责的重要方式,是检察机关强化自身监督的重要途径。要在总结近年来检务公开实施情况的基础上,进一步推动和深化检务公开工作,努力以公开促公正。要根据人民群众对检察工作知情权的需要,不断充实和完善检务公开内容,扩大公开事项并及时向社会公布,最大限度地增强检察工作透明度。要充分利用现代化信息手段,深化电子检务公开力度,拓宽公开的渠道和形式。要探索实行"阳光检务"、"检察开放日"等活动,接受和邀请人民群众到检察机关参观,了解检察机关工作职责、办案流程等不涉及执法秘密的事项和程序,为人民群众行使知情权、监督权提供便利。要进一步健全诉讼权利义务告知、检察文书说理、新闻发言人等制度,形成较为完善的检务公开配套管理体系,推动检务公开深入健康发展,更好地接受人民群众和社会各界监督。同时,要建立健全检务公开的相关保障机制,对检察人员违反检务公开规定的,依法依纪严肃追究责任。

三是要深入推进人民监督员制度。人民监督员制度是我国司法改革的一项重大举措,是中国特色社会主义检察制度的一项重大发展,是检察机关接受群众监督的一种重要形式。最高人民检察院自2003年10月部署开展人民监督员制度试点工作以来,目前全国已有2100多个检察院开展了试点工作,人民监督员共监督"三类案件"2.7万余件,对"五种情形"提出监督意见500多件,人民监督员制度取得了明显成效,得到人民群众和社会各界的普遍认同。要按照中央深化司法体制和工作机制改革的部署,积极推进人民监督员制度的改革和完善,促进人民监督员制度规范化、法制化建设。要进一步完善人民监督员的选任、管理和服务工作。进一步规范对"三类案件"和"五种情形"的监督。进一步拓展监督范围,定期听取人民监督员对检察工作的意见,邀请人民监督员参与执法检查、检务督察等活动。进一步完善督察督办、监督备案、情况通报等机制,为人民监督员有效开展监督工作提供保障。

四是要切实加强对执法办案的内部监督。执法办案是检察机关的主要业务,是履行法律监督职能最基本的手段和最重要的途径,也是检察权行使的集中体现。执法办案工作的地位越重要,越需要加强监督。要紧紧抓住执法办案的重点岗位和关键环节,紧紧抓住社会关注度高、群众反映强烈的突出问题,紧紧抓住容易发生问题的自侦案件,强化监督,盯住不放,坚决防止和及时纠正执法不廉、司法不公的问题。经中央司法体制改革领导小组批准,从今年9月起,实施职务犯罪案件审查逮捕程序改革方案,这一方案的内容是省级以下(不含省级)人民检察院立案侦查的案件,需要逮捕犯罪嫌疑人的,应当报请上一级人民检察院审查决定。对于这一改革方案,除那些交通不便、信息化建设滞后的检察院可以经批准推迟实施外,其他地方的检察院都要认真实施。这是优化检察职权配置、强化对检察机关自身执法监督的重要举措。最高人民检察院已于9月4日召开电视电话会议进行了动员部署。各级检察机关要统一思想,提高认识,抓好这项改革措施的实施工作。要进一步完善和规范检察机关各业务部门执法办案相互制约机制,继续落实"一案三卡"和案件回访制度,积极探索运用信息化手段加强流程管理和动态控制,建立健全执法档案制度,严格落实执法办案过错责任追究制度。要科学构建执法办案内部和外部监督体系,在执法办案的各个环节建立有效的监督制约机制。

五是要强化检务督察工作。检务督察是检察机关强化自身监督的重要举措。近年来,最高人民检察院大力推行检务督察制度,强化对检察权运行的事前、事中的动态监督,努力从源头上防止检察权滥用、防止和减少检察人员违纪违法问题的发生。从实践看,检务督察工作取得了很好的成效,产生了积极效应。检务督察已经成为检察机关强化自身监督体系的重要组成部分,在检察机关强化内部监督工作中发挥了十分重要的作用。要继续坚持好、完善好检务督察制度,重点抓好贯彻落实最高人民检察院和上级检察院重大工作部署、决议、决定和各项规章制度情况、落实办案安全防范措施和严格依法办案情况、接待和处理群众来信来访情况、公诉人出庭情况、警用装备使用管理情况、遵守检容风纪情况等方面的督察。集中力量,采取明察暗访、突击督察、现场督察等多种形式,经常抓、反复抓,确保检务督察工作落到实处。要加强对检务督察工作的调查研究,不断总结经验,完善督察内容,明确督察重点,改进督察方式,加大督察通报和宣传力度,充分运用督察成果,保证督察工作的实效性。同时,要积极完善督察领导体制和工作机制,使之进一步制度化、规范化。

六是要加强巡视等党内监督工作。检察机关是党领导下的政法机关,要带头认真落实党内监督条例,进一步深入推进领导干部述职述廉、诫勉谈话、报告个人有关事项等制度。尤其要加强巡视工作,通过巡视强化自身监督,促进领导干部廉洁自律。在检察机关建立巡视制度,是最高人民检察院党组根据中央要求和检察机关实际作出的一项重大决策,是促进检察机关党风廉政建设、加强检察机关领导班子建设、强化检察机关自身监督的重要抓手。各级检察机关要认真贯彻落实《中国共产党巡视工作条例(试行)》,加大对各级检察机关领导班子和成员的巡视力度。要突出巡视重点,重点巡视各级检察机关领导班子和领导干部贯彻落实党的路线、方针、政策和科学发展观情况,贯彻落实最高人民检察院和上级检察院重大工作部署、决议、决定情况,执行民主集中制情况,廉洁自律、勤政廉政情况,以及贯彻落实党风廉政建设责任制和领导干部思想作风、学风、工作作风、领导作风、生活作风等方面的情况。对已经巡视过的检察院要进行回访,督促巡视建议的落实,切实强化对自身的监督。要健全巡视工作制度和巡视机构,总结推广工作中的好经验、好做法,完善巡视工作方式,增强发现问题、促进整改的能力,提高巡视工作实效。

这里,我要特别强调,党的领导、人大监督是强化自身监督的重要方面,也是做好检察工作、确保检察权正确行使的重要保证。各级检察机关要始终坚持党的领导,对于检察机关的重大决策部署、重大案件办理等事项,要积极主动地向党委汇报,争取领导和支持。要自觉接受人大监督,深入贯彻监督法,严格执行接受监督的各项规定,积极主动地向人大及其常委会报告工作,认真落实人大及其常委会的决议和要求,进一步完善人大代表建议、批评和意见办理工作,在人大及其常委会的有力监督和支持下,不断加强和改进检察工作。

还有二十多天我们就将迎来新中国成立六十周年。六十年的检察实践充分证明,坚持强化法律监督与强化自身监督相结合,是人民检察事业兴旺发达的重要保证,是中国特色社会主义检察制度优越性的重要体现。全国检察机关和广大检察干警要以邓小平理论和"三个代表"重要思想为指导,深入贯彻落实科学发展观,认真落实胡锦涛总书记等中央领导同志对检察工作的重要指示,以高度的政治责任感、良好的精神状态和扎实的工作作风,统筹兼顾做好强化法律监督与强化自身监督的工作,推动检察事业科学发展,为保障经济社会又好又快发展作出新的更大的贡献!

在全国检察长座谈会上的讲话

最高人民检察院副检察长　邱学强

(2009年7月15日)

按照这次会议的安排,下面我就职务犯罪侦查和预防工作讲几点意见。

一、上半年职务犯罪侦查和预防工作开展情况

今年以来,面对国际金融危机严重冲击我国经济发展的严峻形势,全国检察机关紧紧围绕中央"保增长、保民生、保稳定"的重大决策部署,依法履行职务犯罪侦查职责,积极开展职务犯罪预防工作,取得新的明显成效。

(一)查办职务犯罪案件工作总体健康发展。1至6月,全国检察机关共依法立案侦查贪污贿赂、渎职侵权犯罪案件19204件24514人,其中大案12888件,县处级以上要案1527人;侦查终结13560件17254人,提起公诉11271人,有罪判决9158人,大案比例、侦结比例、起诉比例和有罪判决比例与去年同比进一步提高,办案质量和效率有了新的提升。各级检察机关积极查办国家和地方重点投资领域、重大建设项目中的职务犯罪案件,集中力量查办大案要案和涉及民生、严重损害群众利益、影响社会和谐稳定的案件,办案中注意正确把握宽严相济的刑事政策,讲究办案的方式方法,取得了良好的法律效果和社会效果。

(二)三个专项工作扎实推进、成效明显。各地认真贯彻落实最高人民检察院工作部署,继续深入开展治理商业贿赂、查办涉农职务犯罪、查办危害能源资源和生态环境渎职犯罪专项工作,上半年立案侦查商业贿赂犯罪案件6277件6842人,涉农职务犯罪案件5873件7670人,危害能源资源和生态环境渎职犯罪案件1679件1949人。检察机关围绕服务大局开展专项工作的做法和成绩,得到了中央和地方党政领导的肯定,社会各界反映良好。

(三)各项改革有序推进,执法行为更加规范。认真落实"完善查办职务犯罪的程序和措施"等司法体制改革任务,顺利完成了第一阶段工作。侦查一体化、讯问全程同步录音录像等检察改革稳步推进。积极适应修订后律师法的实施,强化对犯罪嫌疑人权利和律师执业权利的保障,规范执法的水平进一步提高。认真贯彻落实中央政法委《关于加强办案安全防范工作防止涉案人员非正常死亡的规定》,办案安全防范工作进一步加强,涉案人员自杀等办案事故得到有效遏制。

(四)职务犯罪预防工作得到加强。5月下旬,最高人民检察院召开全国检察机关第三次预防工作会议,印发了《关于加强和改进职务犯罪预防工作的意见》,进一步明确了职务犯罪预防工作的指导思想、职能定位和工作重点,对做好新形势下的职务犯罪预防工作作出了全面部署。上半年,结合办案提出预防建议3128件,开展预防咨询8687次,受理行贿犯罪档案查询15858次,组织开展警示教育8404次,对于遏制和防范职务犯罪发挥了积极作用。

(五)队伍建设进一步加强。认真组织开展深入学习实践科学发展观活动,队伍的政治素质和执法思想有了新的提高,作风建设明显加强。围绕加强侦查能力建设,广泛开展岗位练兵和业务培训,最高人民检察院渎职侵权检察厅依托检察视频专线网络,聘请知名法学专家对全国检察机关反渎职侵权干警进行集中远程授课,取得了良好效果。

当前,工作中也还存在一些突出问题:一是办案工作发展不够平稳。全国检察机关4、5、6三个月立案件数同比连续下降超过14%,大要案立案数同比全面下滑。部分省份特别是一些办案大省上半年立案数、大案数、要案数全面下降,有5个省份立案数同比下降超过20%,办案力度明显不符合当前职务犯罪发案实际。二是有些地方不善于正确处理办案数量、质量、效率、效果的关系，一些案件质量不高、久侦不结，有的简单机械执法，办案效果不佳。三是在规范执法、保障人权、强化对职务犯罪侦查工作的监督制约等方面执法思想不统一，部分干警对人民监督员制度、律师法的修订实施、讯问全程同步录音录像等抱有消极抵触情绪，一些地方存在违法违规办案现象。四是有些地方查办职务犯罪案件工作与预防工作协调配合不够，“两张皮”现象没有得到很好解决。五是职务犯罪侦查队伍的素质能力还不适应反腐败斗争和法治发展进步的新形势、新挑战，反贪污贿赂、反渎职侵权干警违法违纪时有发生，有的性质和影响恶劣，严重损害了检察机关的执法形象。造成上述问题的原因是多方面的，从根本上分析，还是在贯彻落实科学发展观上存在差距，统筹各项工作科学发展、全面发展的能力不强，执法思想和工作上存在片面性。各级检察机关对这些问题要引起高度重视，在今后工作中认真研究解决。

二、下半年工作的主要任务和措施

今年以来，最高人民检察院对职务犯罪侦查和预防工作作出了一系列重要部署，10月份全国人大常委会将专门听取最高人民检察院关于反渎职侵权工作情况汇报。下半年全国检察机关反贪污贿赂、反渎职侵权和预防工作的主要任务，就是要围绕贯彻落实周永康同志提出的“三个强化”的要求，全力以赴抓好各项任务的贯彻落实，着力在“深入、提高、抓实”上下功夫、见成效，努力实现各项既定工作目标和要求，为深入推进反腐倡廉建设、保障经济平稳较快发展作出新的贡献。

（一）大力强化执法办案，推动职务犯罪侦查工作健康发展

今年二季度，全国检察机关立案侦查职务犯罪案件数量大幅下滑，引起了最高人民检察院党组的高度重视。7月10日，最高人民检察院召开部分省级检察院加强执法办案工作座谈会，学习传达了曹建明检察长最近在宁夏、甘肃、黑龙江等地调研时的重要讲话精神，深入分析案件下降的原因，研究强化办案的工作措施。从各省汇报情况看，案件下降虽有金融危机等一些客观因素，但主要原因还是对强化执法办案的认识不到位，没有真正把查办职务犯罪案件作为中心工作来抓。曹建明检察长强调指出，执法办案是强化法律监督、维护公平正义最基本的手段和最重要的途径；检察机关以业务工作为中心，就是以执法办案为中心，离开执法办案就谈不上强化法律监督，有案不办就是失职；同时强调要正确处理好办案数量与办案质量、强化执法办案与加强监督制约等六个关系，坚持理性、平和、文明、规范执法，努力实现办案数量、质量、效率、效果相统一。这些重要论述，既深刻指出了执法办案在强化法律监督和服务党和国家工作大局中的核心定位，又全面阐述了强化执法办案的科学内涵，对于职务犯罪侦查工作具有很强的现实针对性和重要的指导意义。各级检察机关特别是职务犯罪侦查部门一定要深刻领会曹检察长的重要讲话精神，准确、全面把握强化执法办案的科学内涵，切实把思想统一到强化办案上来，把精力集中到强化办案上来，把行动落实到强化办案上来，切实把查办职务犯罪职责履行好。实事求是地讲，办案数量上下有所波动是正常的，但是在法律政策、案件管辖、办案力量、犯罪态势等没有发生大的变化情况下，查办职务犯罪案件工作明显下滑，既不符合现阶段职务犯罪易发高发的实际，不符合中央对反腐败工作的总体要求和对形势的正确判断，也不符合人民群众对检察机关惩贪反渎的强烈呼声和殷切期望。今年上半年办案数量下降较大的地方，要着重从主观上查找办案下滑、力度衰减的原因，迅速采取有力措施，确保查办职务犯罪案件工作健康发展。

强化办案工作，必须突出办案重点。各地要紧紧围绕“三保”政策措施的实施，深入查办国家和地方重点投资项目中发生的职务犯罪案件，重点抓好治理商业贿赂、查办涉农职务犯罪、查办危害能源资源和生态环境渎职犯罪三个专项工作，确保取得更大成效。要认真贯彻落实全国检察机关查办司法不公渎职侵权犯罪案件座谈会部署，抓住人民群众反映强烈的问题，加大查办徇私枉法、玩忽职守、滥用司法权、充当黑恶势力和严重刑事犯罪保护伞、侵犯人权等五类危害司法公正的渎职侵权案件的力度，通过查办案件强化法律监督，维护社会公平正义，保障司法公正廉洁。要敢于和善于攻坚克难，集中力量查办有影响的大案要案和窝案串案，有力昭示党和国家反腐败的坚定决心。

强化办案工作，关键是要强化办案措施。一是要振奋精神，鼓舞斗志，充分调动办案的积极性。各级检察长要切实把查办职务犯罪案件工作作为“一把手”工程来抓，分管检察长和反贪污贿赂、反渎职侵权局长要带头办案，自侦干警要努力克服厌

战、畏难等情绪,齐心协力抓办案。要完善办案工作考评机制、激励机制和保障机制,既要防止简单不切实际地下办案指标,更要坚决纠正一些地方人为不办案或人为调控办案数量的做法。二是要积极扩大案源。要在办案中深挖案中案,努力提高自行发现犯罪的能力;加强与有关部门的沟通协作,畅通案件移送渠道。要抓住12309举报热线开通的时机,大力加强举报宣传,发动群众积极举报职务犯罪。同时,对积压待查的案件线索要进行清理排查,提高线索利用率,防止瞒案不报、压案不查。三是上级检察院要带头办案。从最高人民检察院和省级检察院做起,带头查办大案要案,为下级检察院作出表率。加强线索统一管理和要案线索报备制度,充分发挥侦查一体化机制的作用,采取交办、督办、参办、提办、指定异地管辖的方式,排除办案的干扰阻力,营造良好的执法环境;对于下级检察院难以突破的案件,上级检察院要派员进行具体指导。四是要创新侦查工作思路,提高侦查工作水平。要转变办案方式,把办案的重心前移,扎实做好初查工作,提高初查成案率。五是要加强分类指导和法律政策指导。上级检察机关要高度关注宏观层面动态情况的变化,对办案工作明显不正常的要加强重点督导,帮助扭转局面。要正确把握立案标准和宽严相济的尺度,既不能盲目追求办案数量、立凑数案,也不能擅自提高立案标准,片面追求大案率。要加强对办案工作中出现的新情况、新问题的调查研究,对金融危机形势下企业发生的案件,要深入分析、吃透实质,而不能在困惑中盲目放弃职责有案不办。

强化办案工作,要高度重视统筹办案数量、质量、效率和效果,坚持数量是基础、规范是前提、质量是生命、效果是根本,真正走出一条办案力度大、质量高、效果好的良性发展路子。在加大办案力度的当口,决不能忽视办案质量、办案安全、办案效果,不能重蹈片面强调数量或质量的覆辙,更不能放松规范文明执法的要求。要认真贯彻落实最高人民检察院《关于充分发挥检察职能为经济平稳较快发展服务的意见》,进一步增强服务意识,讲究办案的方法策略,正确把握宽严相济的刑事政策,对于涉及企业的案件,既要依法查办又要慎重处理,保障企业正常经营,努力维护社会和谐稳定。在当前信息日益公开透明的情况下,我们既要努力改进工作、做到公正执法,坚持实事求是、有错必纠,同时也要建立网络舆情应对机制,对于受到炒作的敏感案件,要快速反应、冷静应对、及时研判、妥善处理,重大问题要依靠党委、纪委和政法委的协调,该公开透明的要公开透明,防止影响扩大化。

(二)在强化监督制约上进一步统一执法思想,保障职务犯罪侦查权依法正确行使

近年来,职务犯罪侦查工作机制改革的一个显著特点,就是突出加强了对侦查权力的规范,强化对侦查工作的监督制约。最高人民检察院先后出台了一系列重要措施,包括建立人民监督员制度、推行讯问全程同步录音录像、实行职务犯罪案件“双报备、双报批”制度、出台保障律师执业权利的规定等等,这些对保障侦查权正确行使、回应社会各界对我们权力行使的担忧和期待,产生了很好的作用。但是,一些干警特别是职务犯罪侦查部门的同志对最高人民检察院出台的这些改革和制度存在模糊认识,抵触情绪比较大,认为这样做是自己束缚手脚,增添了许多麻烦,加大了办案难度,挫伤了办案积极性。由于执法思想不统一,有些地方对最高人民检察院相关部署消极应付,有的改革和制度在实践中流于形式,讯问全程同步录音录像制度在一些地方至今没有得到严格执行。要从根本上解决好职务犯罪侦查工作中存在的突出问题,保障职务犯罪侦查权的执行力和公信力,切实做到以执法办案为中心,当前最重要的是要在强化对自身执法的监督制约这个重大问题上进一步统一执法思想,形成共识。

党中央明确要求,要加强对司法权行使的监督,强化司法机关内部监督制约。周永康同志多次强调,检察机关作为法律监督机关,必须首先接受监督,切实加强对自身执法活动的监督制约。曹建明检察长在最近召开的全国检察机关内部监督工作座谈会上明确指出,要切实把强化内部监督制约放到与强化法律监督同等重要的位置,用比监督别人更严的要求来监督自己,特别是要紧紧抓住社会关注度高、群众反映强烈的突出问题,紧紧抓住容易发生问题的一些职务犯罪侦查工作环节,加大执法监督的力度。各级检察机关特别是职务犯罪侦查部门的同志,一定要深刻领会周永康同志和曹建明检察长的重要讲话精神,从国家民主法治建设全局和检察事业长远发展的高度,充分认识强化对职务犯罪侦查权监督制约的重要性、必要性和紧迫性,切实在强化对自身执法的监督制约上统一执法

思想，在人民监督员制度、讯问全程同步录音录像制度、职务犯罪案件审查逮捕权上提一级等改革上统一执法思想，在规范执法、保障人权、严格执行刑诉法和律师法上统一执法思想，充分认识到这些改革措施并不是对办案工作的束缚，而是法治文明进步的必然要求，是职务犯罪侦查工作科学发展的重要保障，是对办案干警的关爱和保护，同时也是促进我们职务犯罪侦查工作提高和发展的重要机遇。唯有如此，我们才能与时俱进、更有作为。

今年下半年，各级检察机关在强化对职务犯罪侦查工作监督制约方面，要着重抓好以下几项工作：一是认真落实职务犯罪案件审查逮捕程序改革。经最高人民检察院报中央政法委批准，今年下半年起，市、县两级检察院立案侦查的职务犯罪案件，逮捕犯罪嫌疑人必须报上一级检察院审查决定。各级检察机关职务犯罪侦查部门一定要端正认识，统一思想，严格按照改革后的报捕程序和要求办理，确保中央确定的这项重要改革得到落实。同时，要积极适应这项改革引起的变化，进一步转变办案方式，把工作重心放到提高初查效率和质量上，保证办案工作健康开展。对于改革中遇到的问题，各地要加强调查研究和请示报告，及时研究解决。二是积极推进讯问职务犯罪嫌疑人全程同步录音录像工作。最高人民检察院将在近年来实践的基础上，进一步修改完善这项制度，各级检察机关要创造条件、加大投入，积极推行讯问全程同步录音录像，并且使其在实际上而不是口头和形式上得到切实应用，把这种自我约束监督的有效措施真正转化为增强公信力的有效载体。三是认真搞好扣押冻结款物专项检查。最高人民检察院决定在全国检察机关开展的直接立案侦查案件扣押冻结款物专项检查，这是加强自身执法监督、解决群众反映强烈问题的一项重要举措。各级检察机关职务犯罪侦查部门要积极配合纪检监察、计划财务装备部门，认真搞好这次专项检查，及时纠正违法违规处置涉案款物问题，进一步规范扣押款物管理，坚决防止受利益驱动办案。对于顶风违纪特别是造成重大影响、酿成重大后果的，要严肃执行纪律。

（三）认真贯彻第三次预防工作会议部署，切实加强和改进职务犯罪预防工作

关于今后一个时期的职务犯罪预防工作，全国检察机关第三次预防工作会议已经作出了全面部署，中心要求是惩治职务犯罪这一手一定要硬，预防职务犯罪这一手一定不能软。当前的主要任务就是抓好贯彻落实。要进一步重申，检察机关预防职务犯罪工作，是党和国家反腐倡廉建设总体格局的重要方面，是惩治和预防腐败体系的重要部分，是检察机关惩治职务犯罪工作的必然延伸和法律监督职能的重要内容。各级检察机关要切实从党和国家惩治和预防腐败的政治高度领会预防工作的重要意义，在实践中使这项工作受到重视、得到加强。应当明确，预防工作一定要紧贴法律监督职能、结合办案来进行。当前，各级检察机关要重点围绕中央推动科学发展重大决策部署的贯彻落实，围绕人民群众反映强烈的突出问题，围绕职务犯罪易发多发的领域，围绕惩治和预防腐败体系建设加强职务犯罪预防，注意总结分析职务犯罪的规律特点和诱发原因，有针对性地提出预防对策建议，加强预防咨询和警示教育。搞好预防工作，必须形成工作合力，预防职务犯罪绝不仅仅是职务犯罪预防部门的工作，只有把查办和预防职务犯罪紧密结合起来，才能充分发挥检察机关的职能优势，增强查办和预防职务犯罪的综合效果。各级检察机关职务犯罪侦查部门要克服“重办案、轻预防”的倾向，切实与预防部门加强协作配合，形成信息共享、优势互补的惩防一体机制，共同做好职务犯罪预防工作。要进一步规范职务犯罪预防工作，努力做到到位不越位，参与不干预，服务不代替；要强化对预防工作的管理和监督制约，严禁借预防之名谋取单位、个人私利。

（四）以廉政建设和能力建设为重点，加强职务犯罪侦查和预防队伍建设

队伍建设是根本、是保证。在全面加强队伍思想政治建设、领导班子建设、纪律作风建设的基础上，对于职务犯罪侦查和预防队伍来说，要突出抓好廉政建设和能力建设。职务犯罪侦查干警处在反腐败斗争的第一线，工作性质和岗位特殊，既有对腐败与反腐败斗争的切身感受，同时又面临着糖衣炮弹袭击的现实危险。从检察人员违法违纪的实际情况看，职务犯罪侦查干警出问题也比较多，加强廉政建设对职务犯罪侦查队伍具有特别重要的意义和现实针对性，必须坚持严格教育、严格管理、严格监督，选人用人要坚持德才兼备、以德为先。要结合职务犯罪侦查工作的职业特点，大力加强职业道德建设和纪律作风建设，层层落实党风廉政建设责任制，把临时党支部建在办案组上，每个

干警都要切实做到“自身正、自身硬、自身净”。对于滥用职权、以案谋私、违法违纪的，要发现一起，坚决查处一起，确保队伍纯洁。要认真贯彻最高人民检察院《关于2009年—2012年大规模推进检察教育培训工作的实施意见》，适应职务犯罪侦查工作面临的新形势、新挑战，着力加强侦查能力建设，积极推进侦查队伍专业化。要紧密结合办案实践，广泛开展岗位练兵活动，加强专项业务培训，组织侦查技能竞赛，提高各种侦查专业素能。下半年最高人民检察院反贪污贿赂总局和预防厅要高质量办好专项业务培训班，各级反渎职侵权部门要继续扎实搞好反渎职侵权岗位素能全员培训，务求取得更大实效。

最后，我要强调，职务犯罪侦查和预防工作要真正做到强化办案、强化监督制约、强化队伍建设，成为服务党和国家工作大局的重要力量，实现自身发展和实际工作上的与时俱进，一个最重要的原则就是必须增强党性观念和纪律观念，切实加强组织领导。职务犯罪侦查工作的重要性、特殊性和敏感性，决定了我们必须坚决贯彻中央关于反腐败工作的一系列重大原则要求，重大问题、重要案件要及时向党委请示报告，主动争取领导和支持。上级检察院和各级检察院党组要切实加强对职务犯罪侦查工作的领导，切实履行好抓班子、建队伍、把方向的职责，尤其是要协助党委按照德才兼备、以德为先的原则配好反贪污贿赂局长、反渎职侵权局长，充分发挥体制优势，努力建设一支让党放心、让人民满意的职务犯罪侦查队伍。这不单是个工作问题，而是一个政治问题，在政治问题上我们要始终保持清醒和坚定。

在全国检察机关贯彻党的十七届四中全会精神加大查办职务犯罪工作力度电视电话会议上的讲话

最高人民检察院副检察长　邱学强

（2009年10月26日）

这次会议的主要任务是贯彻落实党的十七届四中全会精神，动员部署全国各级检察机关加大查办职务犯罪工作力度，特别是要抓好今年后两个月和明年开年的办案工作，为党风廉政建设和反腐败斗争作出更大贡献。最高人民检察院党组高度重视学习贯彻四中全会精神。曹建明检察长要求各级检察机关要深刻领会四中全会精神，深刻分析反腐败斗争形势，深刻认识检察机关肩负的职责，深刻总结查办职务犯罪工作所取得的成绩、经验和存在的问题，把思想和行动统一到四中全会“加大查办违纪违法案件工作力度”的部署和要求上来，迅速落实到切实加大查办职务犯罪工作力度的行动上，尽快见到实效，取得更大成效。下面，我围绕贯彻落实四中全会精神和曹建明检察长的重要指示，讲几点意见。

一、深入贯彻落实四中全会精神，正确把握当前查办职务犯罪工作面临的形势和任务

党的十七届四中全会是在国际形势继续发生深刻变化，我国处在进一步发展的重要战略机遇期召开的重要会议，对当前和今后一个时期加强和改进党的建设作出了全面部署。全会作出的《中共中央关于加强和改进新形势下党的建设若干重大问题的决定》指出，当前党内还存在不少不适应新形势新任务要求、不符合党的性质和宗旨的问题，包括一些领导干部严重腐败和一些领域腐败现象易发多发，这些问题严重削弱党的创造力、凝聚力、战斗力，严重损害党同人民群众的血肉联系，严重影响党的执政地位巩固和执政使命实现，必须引起全党警醒，抓紧加以解决。胡锦涛总书记在四中全会上的重要讲话中深刻分析指出，当前反腐败斗争形势仍然严峻复杂，任务依然艰巨，强调“要加大查办违纪违法案件工作力度，保持惩治腐败高压态势，坚决遏制一些领域腐败现象易发多发势头,决不让腐败分子逃脱党纪国法惩处”。中纪委四次全会按照四中全会精神,对进一步深入推进党风廉政建设和反腐败斗争作出了新的部署。检察机关作为党和国家反腐败的专门机关和重要力量,必须认真贯彻落实四中全会精神和中纪委四次全会的部署,切实增强反腐败的责任感和紧迫感,迅速行动起来,采取有力措施,加大查办职务犯罪工作力度,为加强和改进新形势下党的建设,深入推进反腐败斗争作出积极贡献。

我们必须清醒地认识和正确把握当前反腐败斗争的形势。从检察机关查办的案件情况看,当前职务犯罪还比较严重,并出现了许多新情况新问题。一些领导干部滥用职权、贪污贿赂、失职渎职,犯罪数额巨大,危害后果严重;工程建设、房地产开发、土地管理和矿产资源开发、国有资产管理、金融、司法等领域职务犯罪问题突出,窝案、串案、案中案屡发;犯罪手段和表现形式不断翻新,日趋智能化、隐蔽化,侦查与反侦查的斗争日益激烈;一些国家工作人员与地方黑恶势力、不法分子相互勾结、互为利用,为非作歹,等等。贪污贿赂、渎职侵权等职务犯罪直接危害民生民利,破坏和谐稳定,影响科学发展,对巩固党的执政地位与实现执政使命构成了极大的威胁。胡锦涛总书记谆谆告诫我们:“在和平建设时期,如果说有什么东西对党造成致命伤害的话,腐败就是很突出的一个。”“坚决反对腐败,防止党在长期执政条件下腐化变质,是党必须始终抓好的重大政治任务。”我们必须增强忧患意识、责任意识,站在党的建设和民族复兴的高度来看待我们的职责,恪尽我们的职守,旗帜鲜明地加大查办职务犯罪工作力度,深入推进反腐败斗争。

今年以来,各级检察机关紧紧围绕党和国家工作大局,围绕“保增长、保民生、保稳定”的要求,认真履行法律监督职能,依法惩治各种职务犯罪,深入开展治理商业贿赂、查办涉农职务犯罪、查办危害能源资源和生态环境渎职犯罪和治理工程建设领域突出问题等专项工作,为推进反腐倡廉建设、促进经济平稳较快发展作出了积极贡献。各地在办案中牢固树立社会主义法治理念,更加注重办案质量,注重规范执法,注重强化监督制约,注重办案法律效果、政治效果、社会效果的有机统一,保障了查办职务犯罪工作的健康发展。同时我们也应当清醒地认识到,由于受金融危机等因素的影响,上半年特别是第二季度一些地方查办职务犯罪工作一度有所波动,有些地方波动幅度较大。最高人民检察院党组对此高度重视。今年6月曹建明检察长在宁夏、黑龙江等地调研时明确指出,检察机关要坚持以业务工作为中心,正确处理好数量与质量、强化执法办案与加强监督制约、执法办案与服务大局等六个方面的关系,采取有力措施抓好执法办案工作;7月份最高人民检察院专门召开了部分省级检察机关加强执法办案工作座谈会,研究部署进一步加大查办职务犯罪案件力度,随后又在全国检察长座谈会上对强化执法办案工作作出了全面部署。各地迅速传达贯彻全国检察长座谈会和曹建明检察长的重要讲话精神,各级检察院党组专题研究部署,检察长亲自抓办案工作,职务犯罪侦查部门全员发动,上级检察院带头办案,帮助指导下级检察院扭转案件下滑局面。最高人民检察院也派出8个工作组,深入到13个省份进行督导。经过上下共同努力,三季度办案力度明显加大,到9月份贪污贿赂、渎职侵权犯罪案件立案人数均比去年同期上升,大案数同比有较大幅度增长。但是,我们也要看到,查办职务犯罪工作与中央的要求和人民群众的期望还有差距,与职务犯罪的实际发案状况还不相符。当前办案工作虽然发展势头很好,但还需要进一步巩固,特别是进入10月份以后,很多地方逐步把精力放在抓结案上,可能会影响到办案的力度,使这种良好的发展势头难以继续保持下去。实事求是地讲,当前检察机关查办职务犯罪工作仍然面临很多困难和新的挑战,包括举报数量和质量下降,办案力量不足,侦查装备落后,侦查手段匮乏,规范执法要求提高,执法环境有待改善等等。这些都会给查办工作带来这样或那样的困难和影响。但在事关党和人民利益的重大原则问题面前,我们必须勇于接受挑战,充分发挥主观能动性,坚决贯彻落实四中全会精神,毫不松懈、持之以恒地抓好查办职务犯罪工作,以反腐败的实际成果取信于民。曹建明检察长最近在最高人民检察院党组中心组学习四中全会精神时指出,做好当前和今后一个时期的检察工作,必须准确把握好我国经济发展、社会稳定、党风廉政建设和反腐败斗争三大形势。查办职务犯罪不仅关系到反腐倡廉建设,也关系到经济发展和社会稳定。各级检察机关要紧紧围绕党和国家工作大局,紧紧抓住执法办案这个中心,进一步统一思想,明确办案重点,再接再厉抓好今年后两个月和明年开年的办案工作,抓紧立案查处一批、起诉一批、配合法院审判一批职务犯罪案件,用查办案件的实绩体现加大反腐败工作力度,表明贯彻四中全会精神的决心和行动。

二、坚持以执法办案为中心,在保证案件质量的前提下加大查办职务犯罪工作力度

四中全会在部署反腐败工作中突出强调:“加大查办违法违纪案件力度,保持惩治腐败高压态势。”这是根据当前反腐败斗争面临的严峻复杂形势与加强和改进新形势下党的建设的需要提出来的,具有特别重大的意义。各级检察机关要把思想和行动统一到四中全会的要求上来,坚持中央确定的反腐败工作方针,在保证案件质量的前提下切实加大查办职务犯罪工作力度。

第一,进一步端正执法观和政绩观。加大查办职务犯罪工作力度,是检察机关贯彻落实四中全会精神的具体行动,更是我们的职责所在。曹建明检察长反复强调:“检察机关必须把工作的着力点放在法律监督上。执法办案是检察机关履行法律监督职责最基本的手段和最主要的途径,离开了执法办案就谈不上法律监督。”“执法办案是检察机关最主要的业务工作。检察工作要以业务工作为中心,实际上就是强调要以执法办案为中心。各级检察机关无论是维护社会稳定,查办职务犯罪,还是强化对诉讼活动的法律监督,都要切实抓好自身的执法办案工作,要把执法办案工作抓上去。”各级检察机关都要坚持党的事业至上,人民利益至上,宪法法律至上,以对党无限忠诚和对人民高度负责的精神,自觉地、主动地、积极地投入到反腐败斗争中去。无论遇到什么样的困难和问题,多么大的干扰和阻力,都应认真履行职责,不能丝毫地计较地方利益、部门利益和个人得失。集中精力查办案件,用强劲的办案力度保持惩治腐败的高压态势,遏制职务犯罪的发展蔓延,促进新时期党的建设,就是检察机关最大的政绩。

第二,正确处理办案数量与质量的关系。办案的数量与质量,是办案力度有机统一的两个基本要素。数量是前提和基础,质量是生命和保证,必须兼顾并重,不可偏废。当前反腐败斗争形势严峻复杂,导致腐败滋生的各方面因素将长期存在,还有相当数量的贪污贿赂、渎职侵权犯罪没有被发现和惩处,职务犯罪易发多发势头还没有遏制住。加大查办职务犯罪工作力度,保持惩治腐败的高压势态是我们当前和今后一个时期的主要任务,必须在保证质量的前提下加大办案力度,并且把数量规模建立在保证质量的基础之上,用提升侦查素能和办案水平来保证办案质量。

第三,正确处理大案与小案的关系。要突出重点,集中力量查办大案要案,但不等于放弃小案不查。小案是相对于大案而言的。有些案件虽然数额不大,但性质恶劣、情节严重。有些案件直接侵害民生民利,为人民群众所关注,放弃不查将失信于民。从发案情况来分析,小案还是占多数的,覆盖影响面很广,而且很多大案都是从小案查起的,一些窝案串案也是从小案深挖出来的。在坚持突出查办大案要案的同时,要防止片面追求大案率,忽视对小案的查办,更不能超越法律人为提高立案标准。特别是对那些侵害民生民利、人民群众反映强烈的案件,要严肃查办、优先查办。

第四,正确处理办案与监督的关系。随着社会主义法治的进步和发展,检察机关自觉接受监督和加强自身监督制约的机制逐步健全完善,对于规范执法行为,保障检察机关依法办案,提高办案质量和效果发挥了重要作用,必须继续坚持和强化。要认识到监督是为了防止滥用权力、违法办案,也是为了保护侦查人员不犯错误,而不是限制和束缚办案,不能把办案与监督对立起来,更不能有抵触情绪。要坚持理性、平和、文明、规范执法,尊重和保障人权,确保办案安全,树立检察机关公正廉明、正气浩然的高大形象。

第五,正确处理立案与处理的关系。我们坚决反对为追求办案数而草率立案、违反法律规定随意立案,更不能虚假立案,反对把撤案、不起诉当作“下台阶”的方式。但是也要看到,从立案侦查到作出处理是一个整体的诉讼过程。立案仅仅是案件侦查工作的开始,案件侦查工作是通过收集证据来证实已经发生的犯罪事实,最终是什么结果客观上具有一定的不确定性。因此,不能片面地、简单地、绝对化地把撤案、不起诉都看成是办案质量不高,关键是看立案侦查是不是从实际出发,是不是符合法律规定。符合法律规定的就不能看作是办错了案。在这一点上,一定要坚持实事求是、依法办事,按侦查规律办事,按客观规律办事。

第六,正确处理惩治与预防的关系。近年来,各级检察机关认真贯彻标本兼治、综合治理、惩防并举、注重预防的反腐败方针，积极开展职务犯罪预防工作，取得了良好效果。这项工作还要进一步加强。所以，必须坚持结合办案搞预防，把预防寓于办案之中。否则，预防就没有前提和基础，结合办案搞预防就成了一句空话。但是必须明确，预防必须结合办案来进行，搞好预防首先要抓办案。通过惩治犯罪形成高压态势，本身就是一种积极的预防、特殊的预防。只有通过办案发现问题、总结规律，才能更有针对性、更有效地开展预防工作。

第七，工作安排要更加符合客观规律。职务犯罪是随时发生的，是客观的，是不以人的意志为转移的。使命和职责要求我们对职务犯罪，尤其对社会影响大、人民群众反映强烈的案件必须及时立案查办，保证办案工作的时效性和连续性，取得办案工作的最佳效果。工作安排上，人为地制造“波峰波谷”，搞“春种秋收”，“上半年抓办案，下半年抓结案”，甚至人为控制办案数等做法，是不符合客观规律的，是责任感和主动性不强的表现。要改变这种做法，必须坚持有案必办。不管年初还是年末，发现案件都应该准确把握大局和有利时机及时查办，使工作更加符合人民的愿望，更加符合客观规律，更加适应反腐败斗争的形势。

这里我还要特别强调，贯彻四中全会精神，加大查办职务犯罪工作力度，必须解决好执法思想问题，不断创新和完善执法方式，但决不是说我们以往建立起来的正确的执法思想和制度不坚持了，为了办案就可以无所顾忌了。恰恰相反，解决执法思想上的认识问题，是为了更好地树立正确的执法思想，是执法思想新的发展和提高，是为了把思想更好地辩证统一起来，走出一条力度大、质量高、效果好的科学发展路子。要发展、联系、全面地领会最高人民检察院党组关于贯彻四中全会精神、加大查办职务犯罪力度的要求，决不能简单、机械、片面地对待这个问题，防止出现一个倾向掩盖另一个倾向。

三、采取有力措施，加大办案力度，确保查办职务犯罪工作取得更大成效

（一）切实加强对办案工作的组织领导。加大办案力度，关键在党组，在检察长。院党组高度重视办案，检察长旗帜鲜明地抓办案，办案工作就会力度大、质量高、效果好。各级检察院党组要按照四中全会要求和最高人民检察院的部署，对本地区职务犯罪的严重程度、多发领域、规律特点专门做一次全面深刻的分析，理清思路，明确重点，强化措施，把加强办案工作落到实处。检察长要加强对办案工作的组织领导，正确把握形势，把握方向，把握重点。对有重大影响的大要案要亲自指挥，对办案风险要敢于担当，对遇到的干扰阻力要有勇气去冲破。要大力支持侦查部门查办案件，从政治上、工作上、生活上关心和爱护侦查人员，充分调动办案积极性和主动性。

（二）坚持上级检察院带头办案。省级检察院要依法承担起分级负责案件的查办工作，还要对下级检察院查办确有困难的重大复杂案件直接查办或领办，对跨地区的窝案串案负起领导、指挥、协调责任。分州市检察院要发挥好办案的主体作用，统一管理所辖区域内的案件线索，统一指挥办案工作，对基层检察院查办确有困难的案件要派员组织突破。要灵活运用提办、督办、交办、领办、参办和指定管辖等各种有效措施强化办案工作，下级办不动的上级办，本地办不了的异地办。要建立健全反贪污贿赂局、反渎职侵权局的侦查指挥中心，充分发挥指挥协调作用。要用上级检察院的领导和带头作用，调动基层检察院的办案积极性。最高人民检察院不仅要对各省的整体办案工作进行考评，还要对省级检察院自身的办案工作进行考评。省级检察院也要对分州市检察院进行考评。

（三）强化对办案工作的督促指导。首先从最高人民检察院做起，会后就要组织对贯彻四中全会精神、加大办案力度的部署和落实情况进行督促检查。省市两级检察院要加强对办案工作的宏观掌控，加强分类指导。对办案的成功经验要及时总结和推广，树立先进典型，带动整体工作；对办案工作中存在的普遍性问题，要及时研究解决；对办案空白单位，要派员蹲点指导，帮助梳理、排查、分析案件线索，打开工作局面。

（四）科学改进和完善办案工作考评机制。要强化对查办职务犯罪工作的考评，进一步完善考评办法，建立起一套科学合理、导向明确、能够引导办案工作健康深入发展的考评机制。这里我强调两点，一是要针对职务犯罪侦查工作需要发挥主观能动性的特点，建立起合理的能够引导和促进办案积极性和主动性的激励机制；二是要注重考评办法的科学性，使之更有利于加大工作力度，更有利于提高办案质量和水平，更有利于促进经济社会发展和社会和谐稳定。

(五)严格落实办案责任制。加大查办职务犯罪工作力度,始终保持高压态势,既是长期任务,又是当务之急。要完善和落实好办案工作责任制,对领导班子、检察长、主管副检察长和反贪污贿赂局长、反渎职侵权局长的责任层层加以落实,使他们切实承担起责任来。上级检察院对交办的重大案件线索要跟踪督办直至落实。对重大案件要实行挂牌督办,做到件件有责任、层层抓落实。要把查办职务犯罪工作作为督察、巡视、考核的重点。对怠于职守,工作长期消极被动和有案不办、压案不查的,要进行诫勉、问责;对造成群体上访事件、危害稳定等严重后果的,要严肃追究纪律法律责任。

(六)坚持密切配合,形成办案工作合力。贯彻四中全会精神,加大查办职务犯罪工作力度,是整个检察机关的任务。自侦部门要履行好侦查职责,各相关部门要做好配合、监督、支持和保障。控告举报部门要加强举报宣传,对受理的线索及时向自侦部门移送,各相关部门在诉讼监督工作中要注意发现职务犯罪线索;侦查监督、公诉部门在强化监督的同时,要加强与侦查部门的协调配合,对重大案件及时提前介入、引导取证,正确把握批捕、起诉标准,提高办案效率;技术、法警、后勤装备等部门要做好保障工作,统筹协调,形成查办职务犯罪工作"一盘棋"格局。

(七)坚持和运用反腐败成功经验。一是要坚持党的领导,紧紧依靠党的领导,积极争取党的领导。上级检察院要做好沟通协调工作,支持下级检察院依法办案。二是自觉接受人大及其常委会监督,主动汇报查办职务犯罪工作,邀请人大代表视察,认真落实人大及其常委会相关决议。三是加强与纪检监察、政法委、公安、法院和行政执法部门的联系配合,形成反腐败工作的合力。四是加强宣传工作,营造查办职务犯罪的良好氛围,发动社会各界和广大人民群众同职务犯罪等腐败现象作斗争,夯实查办职务犯罪的社会基础和群众基础。同时要注意把握宣传口径,防止给办案工作带来负面影响。

中央作出开展工程建设领域突出问题专项治理工作的重要决策后,最高人民检察院作出了具体部署。各级检察机关要把查处工程建设领域职务犯罪案件作为当前和今后一个时期的重点工作,进一步拓展案源渠道,排查梳理案件线索。要加强与有关部门的联系协调,完善案件移送和协查机制,抓紧立案查办一批案件,挂牌督办一批重大案件。同时,要加强职务犯罪预防工作,积极推进工程建设领域诚信体系建设。检察机关正在开展的其他几项专项工作也都要抓紧抓实,确保取得更大成效。

这里我要特别强调一下队伍建设问题。队伍建设始终是一件大事,必须坚持一手抓办案、一手抓队伍。要按照四中全会要求进一步加强队伍的自身建设,把深入学习贯彻四中全会精神与学习实践科学发展观活动结合起来,不断加强思想建设,教育和引导广大反贪污贿赂、反渎职侵权干部努力做到对党和国家无限忠诚,对职务犯罪坚决斗争,对广大群众和干部关心爱护,对自己和亲属严格要求。特别是对队伍的严格要求、严格管理一刻也不能放松,在办案纪律、工作纪律方面丝毫不能松绑。要进一步加强党风廉政建设,使我们这支队伍经得起诱惑与抗诱惑、腐蚀与反腐蚀的严峻考验。对检察队伍中发生的职务犯罪案件,更要从严查处,绝不姑息。

贯彻落实十七届四中全会精神,加大查办职务犯罪工作力度,意义重大,任务艰巨。让我们紧密团结在以胡锦涛同志为总书记的党中央周围,振奋精神,齐心协力,开拓创新,真抓实干,把办案工作抓上去,力争尽快见到更大成效,为推进反腐倡廉建设、保障经济社会发展、促进社会和谐稳定作出新的更大贡献!

迎接新挑战　开创新局面
为侦查程序合法公正社会和谐稳定经济社会发展服务

——2009年6月25日在全国检察机关第三次侦查监督工作会议上的讲话

最高人民检察院副检察长　朱孝清

我们这次会议是最高人民检察院党组同意召开的一次十分重要的会议。6月5日上午，最高人民检察院曹建明检察长主持召开党组会，听取了侦查监督厅关于全国检察机关第三次侦查监督工作会议筹备情况的汇报。

这次会上，杨振江同志（最高人民检察院侦查监督厅厅长——编者注）作了很好的报告，十个单位介绍了经验，吉林省劳动模范、优秀检察官黄力杰同志作了先进事迹报告，大家围绕会议主题及有关规范性文件进行了认真讨论，会议开得很好，达到了认清形势、提高认识、明确任务、交流经验、增强信心的目的，请各地认真贯彻这次会议精神。下面，我再强调三个重点问题：

一、认清形势，迎接挑战，切实增强做好侦查监督工作的责任感、使命感

2005年5月全国检察机关第二次侦查监督工作会议以来，侦查监督工作以邓小平理论和“三个代表”重要思想为指导，深入落实科学发展观，认真贯彻胡锦涛总书记等中央领导同志对检察工作的一系列重要指示和最高人民检察院决策部署，坚持“立检为公、执法为民”的执法思想，围绕“强化法律监督，维护公平正义”的工作主题，立足本职，胸怀全局，努力开创侦查监督工作新局面，为保障社会公平正义、维护社会和谐稳定、促进经济社会发展作出了重要贡献！这四年，是侦查监督工作指导思想进一步明确、服务大局的自觉性进一步提高的四年；是逮捕质量明显提高、监督实效明显增强、整体工作科学发展的四年；是执法不断规范、工作机制不断完善的四年；是队伍素质不断提高、侦查监督能力进一步增强的四年。实践证明，全国侦查监督队伍是一支政治坚定、业务胜任、作风优良、有战斗力的队伍！在此，我代表最高人民检察院和曹建明检察长向全国侦查监督干部表示亲切慰问和崇高敬意！

侦查监督是检察机关法律监督职能的重要组成部分，它集打击犯罪与保障人权、保障诉讼与监督诉讼两个方面功能及制约型监督与督察型监督、被动型监督与主动型监督、裁断型监督与启动程序型监督等多类型监督于一体，既是逮捕措施的审查把关者，又是侦查程序的纠错匡正者，处于检察机关打击刑事犯罪和诉讼监督的前沿阵地，对于维护社会和谐稳定和公平正义，促进经济社会科学发展，保证法律在侦查程序中正确实施，都具有重要作用。

同时，侦查监督又是一项难度较大的工作，与侦查工作的特殊性（如动态作战、灵活机动、相机决策、斗智斗勇、接触社会阴暗面等）相关联，侦查环节是刑事诉讼中容易发生违法办案等问题的环节之一，社会各界要求检察机关加强法律监督的呼声很高，而现行法律虽赋予检察机关以侦查监督职责，但规定过于原则，任务要求与法律规定不够明确具体的矛盾突出；侦查监督身处检察机关打击刑事犯罪和诉讼监督的前沿，一些难题先于院内其他部门碰到，一些案件敏感性强，把握法律政策界限的难度较大，而决策的时间又非常有限，解决难题和时间紧迫的矛盾突出；批准（或决定）逮捕、监督立案、追加逮捕、纠正违法等都事关重大，但由于案件尚处于诉讼的初始阶段，侦查（调查）尚不充分，证据收集尚不完整，批捕、监督立案、追加逮捕、纠正违法等决定只能在此情况下作出，决策的重要性与证据不完整性的矛盾突出；侦查往往需要单独行动，动态性强，且需保密，对其实施监督，无论是掌握信息、发现线索还是收集固定证据难度都很大。

当前,侦查监督工作面临一系列新的挑战:一是维稳面临新难度。由国际形势和国内社会发展阶段所决定,今后一个时期我国仍是“人民内部矛盾凸显、刑事犯罪高发、对敌斗争形势复杂”期,并且呈现出境内因素与境外因素相互作用、传统安全因素与非传统安全因素相互影响、“虚拟社会”与现实社会相互渗透、人民内部矛盾与敌我矛盾相互交织的局面;今年敏感节点多,境内外敌对势力加紧勾联聚合,妄图伺机破坏;受国际金融危机影响,我国经济形势严峻,产品出口下挫,一些企业开工不足甚至破产倒闭、工人下岗、农民工返乡、大学生就业困难等,不仅有可能使社会矛盾和违法犯罪增多,而且容易使一些人产生失望、抵触情绪,一旦受到特定情境、特殊事件的影响,就有可能借机发泄,演化为群体性事件。总之,各类矛盾碰头叠加,各种问题相互影响,给维稳带来了莫大的压力。在这样的形势下,侦查监督工作在为“保增长、保民生、保稳定”服务、在执行法律、把握政策、确定监督重点、化解社会矛盾、工作方式方法等方面都面临新的难度。二是监督面临新期待。如前所说,侦查环节是刑事诉讼中容易发生问题的环节之一。以往,新闻媒体对有关问题披露有限,人民群众反应也不太强烈,也较少将负监督职责的检察机关与侦查机关捆绑在一起加以评价。而近些年来,随着全社会民主意识、法治意识、权利意识的增强,随着社会开放度、透明度的提高和网络媒体的发展,人民群众和新闻媒体对侦查和侦查监督的要求和关注度都越来越高:不仅要求快捷高效(及时破案、及时抓捕),而且要求公开透明;不仅要求实体公正,而且要求程序合法;不仅要求严厉打击犯罪,而且要求理性、平和、文明、规范执法;不仅关心自身权益的实现,而且要求广泛参与监督。一旦侦查和侦查监督工作中存在不准不当、不公不廉、违法失误等情况,就会成为新闻舆论特别是网络媒体关注的焦点,有的甚至成为敌对势力攻击、诋毁我国司法制度的口实。对于侦查监督工作,社会各界不仅要求其自身过硬,而且期待对侦查实施有力的监督,及时纠正违法,匡正错漏,保障侦查程序的合法公正。否则,就不仅要求侦查监督部门对自身存在的问题负责,而且要求对侦查中的问题负监督不力之责。从实际情况来看,近几年来,侦查工作在依法、公正、文明、规范等方面取得了明显进步,但一些地方刑讯逼供、执法不公、违法办案、作风粗暴等问题仍屡有发生,加上侦查监督自身也还存在一些问题和不足,因而侦查监督往往成为新闻舆论关注的焦点,有时甚至成为“风口浪尖”。三是职能面临新任务。中央部署的本次司法体制和工作机制改革,把强化对侦查活动的监督作为一个重要内容,赋予了侦查监督部门许多新的任务,如职务犯罪案件审查逮捕上提一级,对侦查机关不应当立案而立案,对搜查、查封、扣押、冻结等强制性侦查措施,对公安派出所实施监督等等。四是队伍面临新考验。侦查监督队伍在思想观念、执法思想、知识储备、能力水平、作风养成以及力量配置等方面与新形势新任务的要求都还存在不适应之处。

在看到新挑战的同时,我们也要看到有利条件:中央关于高举中国特色社会主义伟大旗帜、坚持和完善中国特色社会主义司法、检察制度、加强对权力监督制约等一系列指示,为强化侦查监督指明了方向,创造了很好的政治环境;广大人民群众要求强化法律监督包括侦查监督的强烈呼声,为我们提供了强大的动力;经过社会主义法治理念教育和学习实践科学发展观活动,侦查监督人员的思想素质有了明显提高,执法思想进一步明确;随着司法体制和工作机制改革的深入,制约侦查监督发展的体制性、机制性、保障性障碍将会得到不同程度的解决;以往的工作实践为侦查监督积累了较为丰富的理论和经验,等等。

总之,我们既要充分认识新形势带来的新挑战,又要充分认识有利条件和机遇,切实增强做好侦查监督工作的责任感、使命感,努力化挑战为机遇,化压力为动力,克服困难,锐意进取,乘势而上,奋力前行,开创侦查监督工作的新局面。

二、理清思路,抓住要点,进一步实现侦查监督工作的科学发展

当前和今后一个时期侦查监督工作的总体思路是:以邓小平理论和“三个代表”重要思想为指导,深入贯彻落实科学发展观,全面贯彻宽严相济刑事政策,围绕“强化法律监督、维护公平正义”的工作主题,依法履行侦查监督三项职责,着力提高审查逮捕的质量和效果,增强立案监督、侦查活动监督的力度和实效,认真落实司法改革任务,进一步加强队伍思想作风和监督能力建设,努力开创侦查监督工作新局面,保障侦查程序合法公正,维护社会和谐稳定,促进经济社会发展。

要落实好这一思路，必须着力抓住以下四个要点：

（一）着力树立正确的执法思想

执法思想是执法的灵魂，它关系到执法的方向，目标和成效。树立正确的执法思想，就侦查监督工作来说，重点要正确理解和处理以下五个方面关系：一要正确理解和处理党的事业至上、人民利益至上、宪法和法律至上的关系，执行法律与执行政策的关系，做到全面把握，不可偏废，实现“三个至上”的有机统一，执行法律与执行政策的有机统一。二要正确理解和处理侦查监督工作与党和国家工作大局及检察工作全局的关系，始终把侦查监督工作置于党和国家工作大局及检察工作全局中去谋划和推进，通过履行好侦查监督职能，全力为大局及全局服务。三要正确理解和处理打击犯罪与保障人权、宽与严、支持配合与监督制约的关系。既最大限度地使逮捕措施满足侦查工作的需要，有力地惩治犯罪，又最大限度地减少逮捕，切实保障人权。既坚决支持配合侦查机关（部门）依法履行职责，又强化对侦查的监督制约，保障侦查程序合法公正，从而实现打击犯罪与保障人权、宽与严、支持配合与监督制约的有机统一。四要正确理解和处理工作力度、质量、效率、效果以及政治效果、社会效果、法律效果的关系。做到全面把握、统筹兼顾，实现上述“四个要素”、“三个效果”的有机统一。五要正确理解和处理监督他人与监督自己的关系，既强化对公安等侦查机关侦查的监督，又强化对检察机关职务犯罪侦查的监督，实现监督他人与监督自己的有机统一。除了正确理解和处理上述五个方面的关系外，还要树立理性、平和、文明、规范的执法理念。

（二）着力强化监督，提高逮捕的质量和效果，增强立案监督、侦查活动监督的力度和实效

监督是侦查监督的主线和基本特色，必须进一步强化。强调以下几点：

1. 全力办好当地有影响的案件。对当地有影响、各方关注、敏感性强的审查逮捕、立案监督和侦查活动监督案件，务必摆到重要位置，切实加强领导，安排精兵强将办准办好。对新闻媒体关注甚至热炒的案件，思想要敏锐，行动要迅速，态度要冷静，应对要理性。既要高度重视，防止麻木迟钝，又要冷静理性，正确研判与应对；既要通过科学机制吸收民意，又要不为舆论所左右，坚持依法独立行使检察权；既要正确办理好案件，又要做好释法说理答疑解惑工作，以引导舆论向理性和法治方向发展，努力树立检察机关的公信力；既要认真履行好自己的职责，又要及时报告党委，以便党委从全局上把握，并协调有关部门。在此过程中，检察长要靠前指挥，果断决策，上级检察院要及时进行指导。

2. 全面准确地把握逮捕条件。对逮捕条件如果把握过严，则会影响案件的进一步侦查，影响对犯罪的打击和社会稳定的维护；如果把握过松，则会侵犯人权，也不利于社会和谐和长治久安。从总体上看，当前审前羁押率过高，对一些没有逮捕必要的轻微案件的犯罪嫌疑人作了逮捕，但也存在该捕不捕的情况。因此，要全面准确地把握逮捕的法定条件，实事求是地解决存在的问题。为此，一要破除片面强调“方便诉讼”、“图省事”、“构罪即捕”、“构罪才捕”等思想观念，树立严格依照法定条件决定捕与不捕的观念。二要加强对轻罪案件证明逮捕必要性的证据材料的审查，根据证据材料准确评估犯罪嫌疑人的社会危险性，特别是对未成年人的轻罪案件，更要加强对该未成年人犯罪后的态度、一贯表现及家庭、学校对案件的态度、是否愿意取保候审等证据的审查，坚持可捕可不捕的不捕。三要对证据材料稍有欠缺但确有逮捕必要的少数严重犯罪案件，符合附条件逮捕条件的，依法予以逮捕，并落实跟踪督促措施，如果发现侦查工作难以深入，案件难以构罪，立即撤销逮捕，从而使逮捕措施既满足侦查重大案件的需要，又确保逮捕质量。同时，要总结附条件逮捕的经验，完善附条件逮捕制度。四要对涉及企业负责人、企业关键岗位人员的案件，要根据犯罪性质、轻重、嫌疑人社会危险性大小及企业的具体情况慎重把握，确需逮捕的，要建议安排好接替人员，维护企业正常的生产经营秩序。五要全面推行不捕说理制度，减少侦查机关（部门）复议复核和被害人上访。

3. 强化立案监督和侦查活动监督。要突出抓好四个方面：一要畅通案件线索发现渠道。通过审查批捕、受理来信来访、捕捉新闻线索、健全与有关方面的案件线索移送制度、深化行政执法与刑事司法“网上衔接、信息共享”机制等途径，努力发现案件线索。同时，完善对批捕执行、捕后撤案、捕后变更强制措施、不捕补查、不捕直诉、“另案处理”等案件的跟踪制度，发现监督线索。二要筛选线索，突出监督重点。周永康同志指出，“法律监督工作只

有突出重点,才能取得事半功倍的效果。"侦查监督的经验也表明,突出重点是社会主义初级阶段监督工作必须坚持的重要策略原则,是确保监督质量和效果的重要一环。因此,要选择明显构成犯罪特别是重罪案件或者明显不涉嫌犯罪的案件开展立案监督,选择严重违法案件开展侦查活动监督,特别要着力发现侦查中刑讯逼供、暴力取证、徇私枉法、索贿受贿等职务犯罪线索,积极为侦查部门提供案源。三要跟踪监督,务求实效。要在监督立案、建议追加逮捕、发出纠正违法通知后,盯住不放,跟踪到底,务使违法和错案得到纠正,漏案漏罪得到处理,职务犯罪得到查处。四要敢于监督、善于监督。既要坚持原则,刚正不阿,执法如山,敢于碰硬;又要讲究方式方法和工作艺术,加强与侦查机关(部门)沟通,加强向党委、人大请示汇报,通过党委、人大统一有关方面认识,排除阻力干扰,从而使监督取得最佳效果。

4. 强化对职务犯罪侦查的监督。要切实改变一些地方存在的侦查监督对人严对己宽的情况,防止搞双重标准。要以职务犯罪案件审查逮捕上提一级为契机,加强审查逮捕工作。要积极探索强化对职务犯罪立案监督和侦查活动监督的办法和措施,发现有案不立、不文明办案、在检察院搞监视居住等违法情形的,依法提出监督纠正意见。同时,要根据职务犯罪侦查的特殊性研究职务犯罪侦查监督的特殊性,使监督工作符合职务犯罪侦查的特点。

5. 结合办案化解矛盾。无论是审查逮捕还是立案监督、侦查活动监督,都要着眼于案结事了和社会和谐,努力做好化解矛盾纠纷工作。办理各类案件,都要讲究工作方式方法,都要追求法、理、情的有机统一,都要注重效果,防止因工作不当不慎而引起新的涉检上访。

6. 完善工作评价体系。逮捕是在侦查初始阶段根据案件当时的事实证据作出的阶段性的司法判断,随着诉讼程序的推进,一些案件的事实证据、犯罪嫌疑人人身危险性、犯罪嫌疑人与被害人之间的紧张程度甚至案件所适用的法律都有可能发生变化,从而出现最终处理结果与审查逮捕时所作的判断不一致的情况,因此,要完善逮捕质量标准,使捕或不捕决定既接受诉讼结果的检验,又防止简单地以案件处理结果来评价逮捕质量。要坚持个案分析评查制度,对捕后撤案、不诉、判无罪、不捕后经复议复核被纠正的案件,要逐案认真分析,实事求是评查,总结经验,吸取教训,并报上级检察院。对因故意或过失甚至徇私枉法而办错案的,要追究有关人员的责任。要以监督所产生的实效即案件被处理、被纠正的实际效果作为评价立案监督和侦查活动监督成效的主要依据,防止片面追求数量,以推动立案监督和侦查活动监督的科学发展。

(三)着力把握法律政策

作为逮捕的审查把关者和侦查程序的纠错匡正者,对把握法律政策负有特殊的责任。

1. 正确判断案件性质,准确理解适用法律。当前,要特别注意以下几点:一要正确区分民事纠纷与刑事犯罪的界限,凡是能用民事法律调整处理的问题,一般不用刑事手段。二要正确区分舆论监督与诽谤的界限,对虽有过实之言或过激之语,但总体上属于舆论监督范畴的,不应以诽谤定罪。同时,要区分诽谤罪的自诉与公诉,对不属于"严重危害社会秩序和国家利益"的,检察机关不应介入;对虽可列入公诉但犯罪嫌疑人社会危险性不大的,一般没有必要批捕。三要区分企业借贷融资与非法吸收公众存款罪的界限。一些中小企业因贷款难、资金紧,为了生存或维持正常生产经营,既有规范的借贷,也有不规范的融资行为,对其不规范的融资行为,要持慎重态度,一般不宜以非法吸收公众存款罪批捕或立案监督。四要正确处理企业老板在金融危机背景下逃匿的案件,对以非法占有银行贷款、客户货款、员工工资等为目的卷款逃跑的,要依法严厉打击;对仅为躲债、回避矛盾等暂时躲避的,要慎用刑事手段;逃跑行为涉嫌犯罪,但愿意回厂重新组织生产经营的,可依法从宽处理。五要慎重对待"边缘案"、"踩线案"、罪与非罪界限一时难以划清的案件,对其不要轻易按犯罪批捕或立案监督。

2. 认真执行政策,把握好逮捕和刑事打击面。要认真贯彻"宽严相济"、"分化瓦解"、"打击少数,教育团结多数"等刑事政策。对危害国家安全的犯罪、黑恶势力犯罪、严重暴力犯罪、恐怖活动犯罪、严重经济犯罪、严重职务犯罪等严重犯罪特别是严重破坏增长、危害民生、破坏稳定的犯罪,要依法从严打击,决不手软。对轻微犯罪特别是其中的初犯、偶犯、过失犯及老年人、未成年人,要依法从宽处理,慎用逮捕措施。当前,要特别注意把握好以下五类案件:一是对土地征用、房屋拆迁安置、员工工资发放等经济、民生等问题引发的群体性事件，要重在解决源头问题，化解矛盾，防止过于依赖刑事手段；对有别有用心者插手利用，发生打砸抢烧等严重后果的，要重点打击极少数别有用心者、组织、策划、指挥者以及打砸抢烧的骨干，对被裹胁、蒙蔽的一般参与者，重在教育挽救。二是对集资诈骗等涉众型、团伙型的案件，要重点打击组织领导者和骨干，多层次多手段地处理涉案人员。三是对未成年人案件，要贯彻“教育、感化、挽救”的方针和“教育为主、惩处为辅”的原则，除少数性质严重、社会危险性大而必须逮捕外，应尽量发挥家庭、学校等的积极性，由他们取保管束，一般不要逮捕。四是对家庭邻里纠纷引起的案件，要本着“冤家宜解不宜结”的精神，尽量促其和解，符合条件的依法从宽处理。五是对侵害个人法益的轻微犯罪，当事人和解的，一般不要批捕，也不必监督立案。

贯彻宽严相济、分化瓦解等刑事政策，都必须在法律规定的幅度之内。决不能在法度之外乱开口子，自行其是。

（四）着力落实司法改革措施

加强侦查监督是本次司法体制改革的一个重点，通过本次改革，侦查监督立法原有的监督范围存在盲区、知情渠道有限、监督措施不足、监督效力缺乏刚性等问题都能得到不同程度地解决。这充分体现了党中央对侦查监督工作的重视和支持，必将为强化侦查监督创造极为有利的制度条件，同时，也赋予了侦查监督更重的任务和更大的责任。目前，最高人民检察院正在会同有关单位制定落实改革项目的具体措施，待报请中央政法委批准后下发实施。按照预定计划，职务犯罪案件逮捕上提一级、对不应当立案而立案的监督、对搜查、查封、扣押等强制性侦查措施的监督等三项改革，今年下半年就要实施。

为了落实好改革措施，我强调三点：一要统一思想，就是要把思想统一到中央文件和中央政法委部署要求上来，统一到最高人民检察院的决策上来，决不能各取所需，合意的就执行，不合意的就不执行。特别是职务犯罪案件逮捕上提一级，对于加强上级检察院对下级检察院职务犯罪侦查的监督，保证办案质量，保障人权，提高检察机关办案的公正性和公信力，具有十分重要的意义。各级检察机关一定要提高认识，统一思想，认真落实中央的改革决策。二要认真准备，包括思想、人员、装备等准备。关于职务犯罪案件审查逮捕上提一级的有关准备工作，最高人民检察院已于5月份下发通知，请各地认真落实，以确保改革顺利实施。三要全面落实，就是要不折不扣地贯彻落实改革措施，决不偷工减料、走样变调。各地在改革中遇到的情况和问题，请及时报告最高人民检察院。

三、加强领导，强化服务，为侦查监督工作提供有力保障

侦查监督工作是任务较重、难度较大的一项工作。各级检察院检察长要充分认识其职能的拓展和工作的困难，充分认识其在人民群众民主、法治、权利观念增强、社会公开、透明、信息化的条件下遇到的挑战，切实加强对侦查监督工作的领导。

（一）围绕中心，明确重点

要根据党的路线方针政策和一个时期的中心工作以及检察机关的总体部署，指导侦查监督部门找准在大局中的位置，始终把侦查监督工作放到党和国家工作大局中去谋划，去推进。要及时掌握当地严打整治和专项行动的部署，对侦查监督部门提出具体要求。要经常听取侦查监督工作的汇报，了解一个时期的苗头性、倾向性问题及困难，共同研究提出解决问题的办法。当前，特别要指导侦查监督部门调查了解保增长、保民生、保稳定对侦查监督工作的新要求新期待，理清为“三保”服务的思路和措施；指导侦查监督部门正确理解涉及侦查监督工作的司法改革任务，保证有关司法改革措施的顺利实施。

（二）靠前指挥，亲自办案

要抓住一些重大典型案件亲自审查，作出捕与不捕、建议追加逮捕、监督立案、发书面纠正违法通知等决定。对于当地有影响、各方关注的案件，要抓在自己手上，亲自组织指挥，精心权衡处理，必要时，做好向有关方面汇报沟通工作；对法律政策上的疑难问题，要亲自组织研究，必要时向专家咨询，作出正确决策；对陷入舆论漩涡的案件，要立即行动，理性应对，并组织人员释法说理答疑解惑，正确引导舆论；对发现的重大监督线索，要紧紧抓住不放，组织调查核实，依法监督到底，务使取得实效。

（三）严管厚爱，带好队伍

队伍是做好侦查监督工作的根本和保证。检察机关要监督别人，必须“技高一筹”，自身过硬。要坚持严管和厚爱相结合，切实加强队伍建设，确保侦查监督队伍政治坚定、业务精通、公正廉洁。

一要加强思想政治建设,确保政治坚定。要坚持用中国特色社会主义理论体系武装干部头脑,组织干部认真学习中央领导同志关于中国特色社会主义制度及司法制度、检察制度历史必然性和优越性的一系列重要论述和曹建明检察长的有关重要讲话,学习中宣部理论局组织编写的《六个"为什么"——对几个重大问题的回答》等书籍,深入开展学习实践科学发展观活动,坚持"三个至上"和"三个统一",牢固树立社会主义法治理念,提高在复杂情况下分析判断问题的能力,确保在任何时候、任何情况下都保持政治上的清醒和坚定。二要加强学习训练,确保业务精通。在科学技术日新月异的今天,必须建设学习型单位,强化学习训练。要学习掌握刑事侦查、职务犯罪侦查基本知识和技能,防止外行监督内行;要掌握侦查监督的技能和规律,深化侦查监督理论研究,提高监督的科学性和预见性;要加强新类型案件有关知识的学习,实行办案的专业分工,鼓励干部攻读相关专业的学位,有计划地培养办理各类案件的专家;要加强技能培训和岗位练兵,使干部都成为本职工作的行家里手。要把干部的水平、能力与选拔任用联系起来,完善优胜劣汰的机制,以激励干部勤奋学习、刻苦钻研,形成良好风气。三要加强作风建设,确保公正廉洁。作为监督别人的检察队伍是否公正廉洁,历来是社会各界关注的焦点。第二次侦查监督工作会议以来,各地在保证队伍公正廉洁方面采取了一系列措施,取得了明显的成效,但干部违法违纪仍时有发生,严重败坏了侦查监督队伍的声誉和形象,必须采取更坚决有力的措施,努力降低违法违纪的发生率。要认真贯彻中央纪委、最高人民检察院的有关决策部署和措施,坚持惩防并举,教育、制度、监督紧密结合。要加强职业道德教育和思想政治工作,强化作风养成,筑牢拒腐防变的思想防线。要加强制度建设,坚持并完善不私自会见案件当事人及其委托的人,遇有说情请客送礼情况及时报告,严禁向下级、同事打听案情和为他人说情,对捕后撤案、不诉和判无罪案件逐案分析评查,队伍、业务、信息化三位一体管理等制度,推进办案规范化建设,并不断创新内部监督制约机制,用制度规范执法、约束干部,努力减少腐败发生的机会和可能性。要加强监督,发现违法违纪要立即报请纪检部门查处,决不姑息迁就,提高腐败的成本。在严格要求严格管理的同时,还要关心爱护干部,力所能及地帮助干部解决一些实际困难,解除后顾之忧;要关心干部的进步和成长,对在工作中作出突出成绩的,要给予表彰奖励,该提拔重用的提拔重用;要重视人才、珍惜人才、用好人才,努力营造拴心留人、激励优秀人才脱颖而出的机制和环境。

(四)协调内外,搞好服务

要加强检察机关内部的协调,帮助侦查监督部门做好与反贪污贿赂、反渎职侵权、公诉、监所检察、控告申诉检察及后勤保障等部门的沟通协调工作。当前,一些检察长对侦查监督职能的认识仍停留在"审查逮捕"上,致使人员、装备配置不能适应任务的需要,因此,要对新形势下的侦查监督工作进行再认识,根据新形势新任务的要求,为侦查监督部门增配必要的力量、车辆和其他装备。要加强与公安、国家安全、海关等侦查机关的协调,建立会商协调机制;要把个案监督与一个时期或一类案件的综合分析监督结合起来,建议有关机关及时解决侦查中存在的普遍性、倾向性问题;要会同侦查机关加强法律政策特别是宽严相济刑事政策的研究,统一执法思想和宽严尺度,促进侦、捕对接,从而与侦查机关(部门)建立既相对又相容,既严格监督、相互制约又相互配合、团结和谐的侦、检关系。

新的形势给侦查监督工作带来新的挑战和机遇,我们要认清形势,坚定信心,抓住机遇,迎接挑战,努力开创侦查监督工作新局面,为维护社会和谐稳定和公平正义,促进经济社会科学发展作出新的贡献!

在全国检察长座谈会上的讲话

最高人民检察院副检察长　朱孝清

（2009年7月15日）

按照这次会议的安排，下面我就分管的侦查监督、公诉、死刑复核监督、司法体制改革工作讲几点意见。

一、关于侦查监督和公诉工作

今年上半年，全国检察机关侦查监督部门和公诉部门紧紧围绕"保增长、保民生、保稳定"工作大局，根据最高人民检察院的决策部署，认真履行职责，取得了新的成绩。一是打击犯罪重点突出。批捕、起诉数同比分别上升0.6%和2.7%，其中起诉危害国家安全犯罪数上升12.3%；批捕、起诉破坏市场经济秩序犯罪上升14.7%和11.9%。二是办案质量提高。捕后撤案、不起诉、判无罪数同比分别下降24.4%、4.7%和27.3%，复议复核改变原不捕决定数同比下降41.5%。撤回起诉数同比下降13.2%；无罪判决数仅为0.2‰。三是监督力度加大。立案监督案件有罪判决数同比上升23.9%，其中判决十年以上有期徒刑、无期徒刑、死刑数同比上升20.7%。追捕、追诉数同比上升6.1%和23.6%；提出抗诉数上升7.4%；书面纠正侦查活动违法数同比上升19%；还部署开展为期7个月的全国检察机关刑事审判法律监督专项检查活动。四是宽严政策进一步落实。因无逮捕必要而不批捕数同比上升15%，批捕未成年人数下降10.4%，刑事犯罪不诉率增加0.1个百分点。

上半年工作存在的问题和不足是：审前羁押率过高，一些没有逮捕必要的案件作了批捕，也存在该捕不捕的情况；诉讼监督工作很不平衡；应对新挑战、办理敏感复杂案件的能力还不强；干部违法违纪数上升。

当前，侦查监督、公诉工作面临一系列新的挑战：一是维稳面临新压力。今后一个时期我国仍是"人民内部矛盾凸显、刑事犯罪高发、对敌斗争形势复杂"期，而且各种矛盾叠加；今年敏感节点多，境内外敌对势力加紧勾联聚合，妄图伺机破坏；受国际金融危机影响，我国经济形势严峻，不仅有可能使社会矛盾和违法犯罪增多，而且容易演化为群体性事件。在这样的形势下，侦查监督和公诉工作在执行法律、把握政策、确定监督重点、化解社会矛盾、工作方式方法等方面都面临新的压力。二是工作面临新难度。敏感案件、涉众案件、新类型案件明显增多。同时，随着全社会民主、法治、权利意识增强和社会开放度、透明度提高以及网络媒体发展，人民群众和新闻媒体对侦查监督和公诉工作的要求越来越高，监督越来越严。不仅要求其自身过硬，而且期待对侦查和审判实施有力的监督，无论是检察机关自身存在问题，还是侦查、审判存在问题，舆论和媒体都会对检察机关提出批评。特别是网络媒体的发展，一方面有利于发扬民主，另一方面也容易引发事端，且容易被极少数别有用心的人和西方敌对势力插手利用，煽动仇官、仇富、仇警情绪，推动"颜色革命"，并引发现实的群体性事件甚至社会动荡。网络媒体对检察工作的影响，一是揭露的涉检问题明显增多；二是将检察机关与政法其他机关作捆绑式评价，要求检察机关不仅对自身存在的问题负责，还要对其他政法机关存在的问题负监督不力之责；三是"网络司法"，未审先"判"。在这样的情势下，侦查监督和公诉工作往往成为新闻舆论关注的焦点，有时甚至成为"风口浪尖"。三是职能面临新任务。中央部署的本次司法体制和工作机制改革，把强化对诉讼监督作为一个重要内容，赋予了侦查监督和公诉部门许多新的任务，如职务犯罪案件审查逮捕上提一级、对侦查机关不应当立案而立案、对搜查、查封、扣押、冻结等强制性侦查措施、对公安派出所实施监督，将量刑纳入庭审程序等等。四是队伍面临新考验。侦查监督和公诉队伍在思想观念、执法思想、知识储备、能力水平、作风养成以及力量配置等方面与新形势新任务的要求都还存在不适应之处。

根据全国检察长会议的部署和曹建明检察长最近的一系列讲话,根据上述形势,下半年侦查监督工作要认真落实最近召开的工作会议精神,公诉工作要坚持既有的格局和思路,从而努力维护社会和谐稳定和公平正义,促进经济社会发展,特别是要为庆祝新中国成立六十周年和“保增长、保民生、保稳定”创造良好的社会环境。为此,要着力抓好以下五个方面:

(一)着力提高捕、诉质量,增强出庭效果,强化侦查、审判监督

1. 全力办好有影响的案件。一是高举“三个维护”旗帜,全力办好最近发生在新疆乌鲁木齐市的严重暴力犯罪案件,坚决依法严惩严重犯罪分子,全力维护新疆稳定和民族团结。二是对当地有影响、各方关注、敏感性强的捕、诉案件,务必摆到重要位置,切实加强领导,安排精兵强将办准办好。要把有影响案件的出庭作为向社会展示检察机关能力水平和检察人员良好形象的重要窗口,并充分发挥其指控犯罪、宣传法治、彰显检察机关公平正义形象的作用。三是对新闻媒体关注甚至热炒的案件,思想要敏锐,行动要迅速,态度要冷静,应对要理性。既要高度重视,防止麻木迟钝,又要冷静理性,正确研判与应对;既要通过科学的机制吸收民意,又要不为舆论所左右,坚持依法独立公正行使检察权;既要正确办理好案件,又要做好释法说理、答疑解惑工作,以引导舆论向理性和法治方向发展,努力树立检察机关的公信力。在此过程中,检察长要靠前指挥,果断决策;要加强向党委请示汇报,以便党委从全局上把握,并协调有关部门;上级检察院要及时实施指导。四是对当地领导机关协调的案件,遇有协调的定性处理意见不符合法律规定的,要认真汇报说明法律规定;领导机关仍坚持原意见的,要立即向上一级检察院汇报,由上一级检察院协调解决。

2. 强化立案监督和侦查活动监督。一要畅通案件线索发现渠道。通过审查批捕、受理来信来访、捕捉新闻线索、健全与有关方面的案件线索移送制度、深化行政执法与刑事司法“网上衔接、信息共享”机制等途径,努力发现案件线索。二要突出重点。永康同志指出:“法律监督工作只有突出重点,才能取得事半功倍的效果。”侦查监督的经验也表明,突出重点是社会主义初级阶段监督工作必须坚持的重要策略和原则,是确保监督质量和效果的重要一环。因此,要选择明显构成犯罪特别是重罪案件或者明显不涉嫌犯罪的案件开展立案监督;选择严重违法案件开展侦查活动监督;特别要着力发现侦查中刑讯逼供、暴力取证、徇私枉法、索贿受贿等职务犯罪线索,积极为侦查部门提供案源。三要跟踪监督,务求实效。即在监督立案、建议追加逮捕、发出纠正违法通知后,盯住不放,跟踪到底,务使违法和错案得到纠正,漏案漏罪得到处理,职务犯罪得到查处。四要敢于监督、善于监督。既要坚持原则,刚正不阿,又要讲究方式方法和工作艺术,从而使监督取得最佳效果。无论是立案监督还是侦查活动监督,都要加强对检察机关自侦工作的监督,决不能对人严、对己宽,搞双重标准。

3. 抓好专项检查,强化审判监督。刑事审判法律监督专项检查活动开局很好。各地要继续按照最高人民检察院的部署,做到认识到位、组织到位、人员到位、措施到位,实现查找问题、纠正违法、完善机制三大目标任务,真正做到既敢于对执法不严、司法不公进行依法监督,又坚决防止监督权的滥用;既善于综合运用抗诉、列席审判委员会、检察建议、联席会议等监督方式,又坚持个案监督与类案监督相结合、日常监督与专项监督相结合、诉讼监督与查办司法人员职务犯罪相结合,努力增强监督实效。同时,要以专项检查促进刑事抗诉工作。当前,人民群众对执法不严、司法不公反映强烈;刑事抗诉还存在不少盲区和薄弱环节。这些情况说明,抗诉工作还有较大发展空间。要坚持敢抗、抗准“两点论”。敢抗就要有敢于坚持真理和实事求是的勇气,抗准则要解决能力和机制问题,重点是要探索建立专人审查判决制度,健全抗诉工作整体联动和科学考评机制。还要坚持客观公正原则,既要抗轻,又要抗重。

4. 结合办案化解矛盾。无论是审查逮捕、审查起诉还是立案监督、侦查活动监督和审判监督,都要着眼于案结事了和社会和谐,努力做好化解矛盾纠纷工作;都要讲究工作方式方法,实现“三个效果”的统一,防止因工作不当不慎而引起新的涉检上访。

5. 完善工作评价体系。对捕后不诉和捕、诉后

判无罪案件，既要高度重视，又要防止简单地将它们视为错案。要坚持个案分析评查制度，总结经验教训。对因故意或过失甚至徇私枉法而办错案的，要追究有关人员的责任。要以监督所产生的实效即案件被处理、被纠正的实际效果作为评价各种监督成效的主要依据，防止片面追求数量，以推动监督工作的科学发展。

（二）着力把握好法律政策

1. 全面地把握逮捕条件。要破除“构罪即捕”、“构罪才捕”等思想观念。要加强对轻罪案件证明逮捕必要性的证据材料的审查，准确评估犯罪嫌疑人的社会危险性，没有逮捕必要的坚持不捕。

2. 正确判断案件性质，准确理解适用法律。一要正确区分舆论监督与诽谤的界限，对虽有过实之言或过激之语，但总体上属于舆论监督范畴的，不应以诽谤定罪。同时，要区分诽谤罪的自诉与公诉，对不属于“严重危害社会秩序和国家利益”的，检察机关不应介入；对虽可列入公诉但犯罪嫌疑人社会危险性不大的，一般没有必要批捕。二要区分企业借贷融资与非法吸收公众存款罪的界限。对中小企业为自用而不规范融资的，一般不宜以非法吸收公众存款罪批捕、起诉。三要正确处理企业老板在金融危机背景下逃匿的案件，对以非法占有银行贷款、客户货款、员工工资等为目的卷款逃跑的，要依法严厉打击；对仅为躲债、回避矛盾等暂时躲避的，要慎用刑事手段；逃跑行为涉嫌犯罪，但愿意回厂重新组织生产经营的，可依法从宽处理。四要慎重对待“边缘案”、“踩线案”、罪与非罪界限一时难以划清的案件，不要轻易按犯罪批捕或立案监督。

3. 认真执行政策，把握好逮捕和刑事打击面。要认真贯彻“宽严相济”、“分化瓦解”、“打击少数，教育团结多数”等刑事政策。对危害国家安全的犯罪、黑恶势力犯罪、严重暴力犯罪、恐怖活动犯罪、严重经济犯罪、严重职务犯罪等严重犯罪特别是严重影响增长、危害民生、破坏稳定的犯罪，要依法从严打击，决不手软。对轻微犯罪特别是其中的初犯、偶犯、过失犯及老年人、未成年人，要依法从宽处理。当前，要特别注意把握好以下五类案件：一是对土地征用、房屋拆迁安置、员工工资发放、公职人员作风粗暴等经济、民生等问题引发的群体性事件，要重在解决源头问题，化解矛盾，防止过于依赖刑事手段；对有别有用心者插手利用，发生打砸抢烧等严重后果的，要重点打击极少数别有用心者、组织、策划、指挥者以及打砸抢烧的骨干，对被裹胁、蒙蔽的一般参与者，重在教育挽救。二是对集资诈骗等涉众型、团伙型的案件，要重点打击组织领导者和骨干，多层次、多手段地处理涉案人员。三是对未成年人案件，要贯彻“教育、感化、挽救”的方针和“教育为主、惩处为辅”的原则，除少数性质严重、社会危险性大而必须逮捕外，应尽量发挥家庭、学校等的积极性，由他们取保管束，一般不要逮捕。四是对家庭邻里纠纷引起的案件，要本着“冤家宜解不宜结”的精神，尽量促其和解，符合条件的依法从宽处理。五是对侵害个人法益的轻微犯罪，当事人和解的，一般不要批捕，也不必监督立案。

贯彻宽严相济、分化瓦解等刑事政策，都必须在法律规定的幅度之内。决不能在法度之外乱开口子，自行其是。

（三）着力落实司法改革措施

（参见“司法体制改革工作”部分有关内容）

（四）着力强化队伍素质建设

一要加强思想政治建设，确保政治坚定。二要加强学习训练，确保业务精通。要建设学习型单位，掌握侦查监督和公诉的技能和规律；要大力加强技能培训和岗位练兵，使检察人员都成为本职工作的行家里手，并进一步壮大优秀侦查监督员、优秀公诉人队伍。三要加强作风建设，确保公正廉洁。坚持惩防并举，教育、制度、监督紧密结合，把违法违纪降到最低限度。同时，还要关心爱护干部，解除后顾之忧，努力营造拴心留人、激励优秀人才脱颖而出的机制和环境。

（五）进一步加强对侦查监督、公诉工作的领导

要充分认识人民群众民主、法治、权利观念增强、社会公开、透明、信息化的条件下侦查监督和公诉工作遇到的挑战，切实加强领导。一要理清思路，明确重点。二要靠前指挥，亲自办案。对当地有影响、各方关注的案件，要抓在自己手上，亲自组织指挥，精心权衡处理，并坚持和强化检察长出庭支持公诉制度。三要协调内外，搞好服务。要加强检察机关内部协调，帮助做好与院内其他部门的沟通协调工作。要加强与侦查、审判机关的协调，及时解决遇到的问题，努力建立既相对又相容，既严格监督、相互制约又相互配合、团结和谐的关系。

二、关于死刑复核法律监督工作

2007 年以来，检察机关认真落实中央关于办理

死刑案件改革的决策部署，在全面加强死刑二审案件审查和出庭工作的同时，积极探索开展死刑复核法律监督工作。最高人民检察院组建了专门工作机构，制定了暂行工作办法。通过列席最高人民法院审判委员会、实行重点案件备案审查、加强对死刑申诉的审查等方式，共办理各类案件 153 件，其中，向最高人民法院提出监督意见和反映重要情况 20 余件。抓住各地反映较多的问题组织开展了综合调研和复核裁判文书实证研究；协同中央政法委开展了死刑案件质量和效率问题专题调研；在中央司法改革方案出台前，就死刑复核法律监督程序和机制问题，组织调研论证并提出了改革建议。这些工作，为死刑复核法律监督的深入开展作了必要准备。当前，这项工作面临的困难和问题仍然突出，主要是立法上缺乏具体的监督程序规定，制约了监督的深入开展；实践中对死刑政策和死刑适用法律标准的把握问题较多；一些案件事实和证据把关不严，办案质量有待提高。针对面临的问题，下半年要重点抓好三项工作：

（一）加强调研论证，抓紧出台完善死刑复核法律监督程序的改革实施意见。中央司法改革方案明确规定，要完善死刑复核的法律程序，最高人民法院对不予核准死刑或长期不能核准的，应当通报最高人民检察院并听取意见。目前，我们正在积极工作，争取尽快提出改革实施意见，促进死刑复核法律监督程序和机制的确立。

（二）正确把握死刑政策，确保办案法律效果和社会效果的统一。“保留死刑，严格控制和慎重适用死刑”是党和国家的一贯刑事政策，必须一如既往地贯彻执行。当前要注意把握三个问题：一是要审时度势，在社会治安大局总体平稳的情况下，防止死刑案件数量大起大落和不正常波动。案件出现较大起伏的地方检察机关应当客观地分析原因，加强对社会治安形势和刑事政策的把握，确保死刑案件的办案质量和效果。二是要注重研究和准确把握体现宽严政策的量刑情节。在最高人民法院不予核准的案件中，属于政策把握问题的占 60% 以上。从实践看，量刑情节的运用对于落实死刑政策和宽严相济刑事政策至关重要，往往成为一个案件是否适用死刑的关键。尤其是对于“因民间矛盾引发”、“被害人过错”、民事赔偿等酌定量刑情节，以及自首、立功等法定量刑情节，要加强应用研究，切实提高执法水平和法律监督水平，实现办案的最佳效果。三是要密切关注社会上反映较多、可能影响司法公正的问题。注意发现虚假立功、买功卖功的问题，对恶性暴力犯罪滥用民事赔偿情节轻纵罪犯的问题，以及对不应当判处死刑的案件面对压力搞矛盾上交的问题，依法加强监督。发现司法不公背后的职务犯罪线索，要移送侦查部门坚决依法查办。

（三）夯实工作基础，层层把好办案质量关。确保死刑案件质量，一审是基础，二审是关键。据最高人民法院统计，在不予核准的案件中，属于事实证据存在问题的超过 30%；在死刑复核阶段需要补查、补证的案件超过 50%。这表明相当一些死刑案件存在基础不牢、把关不严的问题。为此，必须强调层层把关，层层落实责任。市级检察院要切实履行好引导取证、审查起诉、出庭支持公诉职责，从证据源头抓起，将质量隐患解决在起诉之前，发挥好保证办案质量的基础作用。省级检察院要切实履行指导办案、二审出庭和法律监督的职能，发挥好审查把关和纠错的关键作用。各级检察机关要做好工作衔接，始终保持审慎的工作态度，坚持严格的证据标准，严守规范的办案程序，使所办的每一起死刑案件经得起历史的检验。

三、关于司法改革工作

去年底《中央政法委关于深化司法体制和工作机制改革若干问题的意见》及分工方案下发以来，最高人民检察院按照中央要求，及时制定了实施意见和工作方案，下发了深化检察改革 2009—2012 年工作规划和配套工作方案，积极稳妥地推进检察改革，总体上开局良好。

按照中央政法委的要求，最高人民检察院牵头的 7 项改革任务，今年要完成 4 项，明年完成 3 项。在党组高度重视和直接领导下，最高人民检察院司法体制改革领导小组办公室和各责任部门通力合作、深入调研，已起草了关于完善刑事立案和侦查监督制度、改革职务犯罪案件审查逮捕程序等一系列落实改革任务的实施方案或意见。各省级检察院党组也高度重视改革工作，按照中央和最高人民检察院的统一部署，研究提出了本地贯彻落实的具体方案。

下半年的检察改革工作要重点把握以下几点：

（一）准确把握中央关于深化司法体制改革的精神，树立正确的改革观。中央下发的改革意见是在充分调研论证的基础上形成的。周永康同志反复强调，要认真贯彻中央决策部署，正确把握改革方向,加大工作力度,积极稳妥地推进司法体制和工作机制改革。我们必须认真领会中央领导的指示精神,把思想统一到中央的改革决策上来。

强化法律监督职能,加强对检察权的监督制约,是深化检察改革的两个重点,不能偏废。通过完善相关法律规定和工作机制加强对诉讼活动的法律监督,是中央的明确要求,也是人民群众的热切期待,对此我们一定要坚定信心,攻坚克难,加大推进力度。同时也要看到,检察权与其他公权力一样,也存在着被滥用或误用的可能。特别是职务犯罪侦查权,一旦被滥用或误用,就会侵犯人权,影响反腐败斗争顺利开展。中央领导反复强调,要以加强权力的制约和监督为重点,优化司法职权配置,规范执法行为。这其中就包含了加强对检察权的制约和监督。因此,在司法改革中,我们要从全局出发来考虑问题,绝不能只重视强化法律监督,而忽视或者消极对待对检察权的监督制约。

(二)要不折不扣地落实好职务犯罪审查逮捕程序改革。职务犯罪审查逮捕程序改革是中央要求在今年内取得成效的一项重要改革。最高人民检察院经过深入调查研究,制定了《关于省级以下人民检察院立案侦查的案件由上一级人民检察院审查决定逮捕的规定(试行)》,各级检察机关要充分认识该项改革对于加强上级检察院对下级检察院职务犯罪侦查的监督,保证办案质量,保障人权,提高检察机关办案的公正性和公信力所具有的重要意义,进一步统一思想,认真准备,不折不扣地抓好落实。

(三)在坚持自上而下推进改革的同时,充分发挥地方检察机关的积极性。对于涉及体制性的改革或者需要修改法律的改革,地方检察机关要积极开展调研,向最高人民检察院提出具体意见、建议;对于不属于体制性或具有全局性影响,也不需要修改法律的工作机制改革,地方检察机关可以在现行法律规定框架内积极进行探索或经批准后开展试点,积累和总结经验,为建立和完善全国统一的工作机制奠定基础。最高人民检察院司法体制改革领导小组办公室要加强与省级检察院检察改革办事机构特别是研究室的工作联系,互通情况信息,共同推进检察改革。

在全国检察机关开展看守所监管执法专项检查活动电视电话会议上的讲话

最高人民检察院副检察长　孙　谦

(2009 年 4 月 17 日)

为了进一步加强对看守所的法律监督,促进看守所严格执法、文明管理,解决监管执法活动中存在的牢头狱霸等突出问题,最高人民检察院商公安部,决定今年 4 月 20 日至 9 月 30 日,在全国看守所联合开展一次监管执法专项检查活动。4 月 15 日至 16 日,公安部已经召开全国公安监管工作会议,对公安机关开展专项检查活动进行了动员和部署。今天最高人民检察院召开电视电话会议,就检察机关开展专项检查活动工作进行动员和部署。这里,我讲几点意见:

一、充分认识开展专项检查活动的重要意义

今年 2 月,云南省晋宁县看守所发生在押人员李荞明非正常死亡事故,在社会上引起强烈反响。曹建明检察长对此非常重视,作出重要批示。最高人民检察院及时派出工作组,配合云南有关部门查清事实,依法作了处理。近期,最高人民检察院对 2006 年以来监管场所在押人员非正常死亡情况进行了分析。总的看,近年来监管场所在押人员非正常死亡情况是很严重的,特别是今年以来看守所在押人员被殴打致死在非正常死亡事故中所占的比

例较大。李荞明事件发生后,此类事件受到社会各界和媒体高度关注,近期又有海南儋州、江西九江等多起看守所在押人员非正常死亡事故被媒体、网络连续报道。在押人员非正常死亡事故接连发生,不仅暴露了看守所监管执法工作中存在的问题,而且暴露出检察监督工作存在的突出问题和薄弱环节。社会各界对此反映较为强烈,全国"两会"期间,人大代表和政协委员也提出了不少批评意见。对此,各级检察机关必须引起高度重视,采取坚决有效的措施,积极配合公安机关进行集中整治,加强和改进监所检察工作。

看守所的监管执法活动贯穿于刑事诉讼的全过程。监管执法状况如何,能否做到严格管理、文明执法,直接关系到监管秩序的稳定,关系到在押人员的合法权益,关系到刑事诉讼活动的顺利进行。近年来,各级检察机关认真履行对看守所的监督职责,为维护监管秩序,促进监管执法活动依法规范文明进行,发挥了积极的作用。但是也要看到,当前一些地方看守所监管执法活动仍然存在不少问题,其中很典型、很突出、也是社会特别关注的一个问题,就是牢头狱霸问题。看守所牢头狱霸问题的存在,既有公安机关监管不力的原因,也有检察机关法律监督不到位的原因。一些地方派驻看守所检察室没有发挥应有作用,监督流于形式。一些派驻检察人员在事故发生后,不是把工作重点放在按照职责要求查明事实真相上,而是把重点放在与监管部门一道做家属工作、平息事态上,甚至帮助看守所掩盖真相,这是不能允许的。在押人员合法权益得不到有效保障,非正常死亡事故屡有发生,新闻媒体连续报道,不仅影响政法机关形象,也影响我国国际形象和国际人权斗争大局。如何充分发挥派驻检察职能作用,促进看守所严格执法、文明管理,保障在押人员的合法权益,提高执法的公信力,已经是迫在眉睫的一项重要任务。在全国看守所开展监管执法专项检查活动,既是检察机关深入贯彻落实十一届全国人大二次会议精神,回应人大代表、政协委员和社会各界强烈呼声的实际行动,也是进一步解决看守所监管活动中的突出问题,规范执法行为,保障在押人员合法权益的一项重要举措,特别是对于落实党中央关于"把法律监督由软变硬,把功夫下在监督上"的指示意义重大。

最高人民检察院党组对开展这次专项检查活动十分重视,曹建明检察长主持党组会听取汇报并作了研究,在此基础上,向中央专题报告了当前看守所监督的有关情况和下一步工作意见,引起了中央领导同志的高度重视。周永康同志、孟建柱同志都作出重要批示。曹建明检察长要求检察机关要认真贯彻落实中央领导同志的重要批示精神,把专项检查活动与加强基础建设结合起来,与加强队伍建设结合起来,与加强制度建设结合起来,与加强经常性工作结合起来,与公安机关密切协作,确保专项检查活动取得实效,共同推动看守所的执法规范化建设和法律监督工作。各级检察机关一定要深刻领会中央和最高人民检察院领导的重要指示精神,深刻认识牢头狱霸问题的严重危害性,深刻认识开展专项检查活动的特殊重要性,切实增强工作责任感,严格按照最高人民检察院和公安部关于专项检查活动的部署,深入扎实地做好各项工作。

二、正确把握和严格落实专项检查活动的要求

最高人民检察院会同公安部制定的专项检查活动工作方案已经印发。方案明确了专项检查活动的总体要求、主要任务、方法步骤,各地要结合实际抓好落实。

第一,要明确主要任务。根据方案,检察机关在这次专项检查活动中主要有四项任务:一是要依法严厉打击看守所牢头狱霸的违法犯罪活动,深入查找看守所监管执法和派驻检察工作中存在的问题,促进监管执法及法律监督工作的规范化,共同维护监管秩序。二是要进一步强化责任意识、监督意识和保障人权意识,严格履行监督职责,强化监督措施,更好地发挥派驻检察的职能作用。三是要进一步抓好看守所检察办法的落实,切实加强和规范日常执法监督工作。四是要进一步总结看守所检察工作经验,深化对监督工作的规律性认识,建立健全监督工作机制。

第二,要突出工作重点。方案明确这次专项检查要重点检查看守所牢头狱霸情况、2006年以来看守所非正常死亡事故处理情况、监控设施配置和运行情况等,各地检察机关要围绕这几个方面,深入开展检查工作。各地一定要结合当地看守所的实际,注意抓住一两个突出问题,有重点地予以解决,推动专项检查工作不断深入。同时,要注意剖析自身是否依法履行了监督职责,监督措施是否到位,监督机制是否健全,从而有针对性地强化监督措施。特别要会同公安机关坚决整治牢头狱霸,逐件检查2006年以来看守所非正常死亡事故处理情况，查明死因是否查清、责任是否追究。对于检查中发现的看守所监控设施闲置、值班巡视和安全防范措施不落实、监管民警殴打或者纵容、指使他人殴打在押人员，以及混管混押、跑风漏气、提供假立功材料、帮助犯罪分子逃避处罚、违规组织劳动、乱收费、高价销售日用品等执法不严格、不规范、不文明的问题，都要监督和配合公安机关坚决纠正。

第三，要注重实效，认真抓好各个阶段的工作。这次专项检查，是今年全国检察机关开展的一项重要的专项法律监督工作。各级检察机关要高度重视，采取有力措施，扎实抓好部署启动、查摆剖析、整改建制等各个阶段、各个环节的工作。特别要注意抓好集中检查的相关工作，切实摸清底数、找准问题、剖析原因。对发现的问题要认真进行清理和分类，有针对性地进行整改，建立健全相应工作机制。

三、结合专项检查活动，着力提高妥善处置监管场所突发事件的能力

各地在专项检查活动中，要注意吸取处置李荞明非正常死亡事件方面的经验教训，进一步提高妥善处置监管场所突发事件的能力，加强日常检察工作，以杜绝此类事件的发生。

（一）要进一步重视监管场所事故检察和防范工作。监管场所在押人员非正常死亡，容易诱发家属上访、群访等不稳定因素，也容易成为媒体炒作热点，影响政法机关形象和国际人权斗争大局，负面后果严重。今后，这类问题将进一步受到社会关注。所以，各地必须引起高度重视，采取切实有力的措施，做好事故检察和安全防范工作。特别是牢头狱霸等问题，如果解决得不好，就是一种特殊的安全隐患。监管场所发生事故后，派驻检察人员必须在获知后第一时间赶到现场了解情况，并及时报告本院领导。检察长要亲自过问，上级检察机关接到报告后也要快速作出反应。

（二）要严格依法履行监督职责。监狱检察办法、看守所检察办法和劳教检察办法都对事故检察的内容、程序、时限、方法作了明确规定。各级检察机关一定要严格按照这些规定开展事故检察工作，做到思想上重视，行动上果断，方法上妥当。要正确处理监督与配合、全局利益与局部利益的关系，切实改变重配合、轻监督和派驻检察无所作为的思想，改变单纯追求平息事态的不正确做法。对监管场所发生事故的，不管涉及到谁，都要及时查清事实，依法作出处理。这是应对和处置事故的最好方法，是维护稳定、服务大局的最好表现，也是法律对检察机关的最根本要求。

（三）要熟练掌握调查处理各类事故的基本技能。对于监管场所发生的各类事故，都要坚持深入调查、慎下结论。其中，对于在押人员死亡事故，首先要通过尸表的检查对死亡原因作出初步判断。其次，对有现场的要采取保护措施，封存文书、录像等有关资料，并请专业人员进行现场勘验，及时固定相关证据。第三，对死亡原因有疑义或者需要通过尸检确定死因的，要及时进行尸检。第四，要开展外围调查，掌握第一手材料。第五，要按照规定报告事故情况。要通过深入细致的调查，准确界定是正常死亡还是非正常死亡，以及死亡的具体原因，在此基础上依法作出妥善处理。

（四）要提高深挖监管事故背后违法犯罪的能力。既要注意查处牢头狱霸等在押人员体罚虐待被监管人、故意伤害等刑事犯罪，也要注意查办重大事故背后的职务犯罪。对发现的案件线索，要认真细致地进行审查，该立案的依法立案。对群众举报、社会关注的案件，要抓住不放，务必查清楚、处理好，给人民群众一个负责任的答复。同时，要注意结合办案，结合事故发生的原因，有针对性地加强预防工作。

（五）要提高化解矛盾、平息事态的能力。死者家属与监管场所的对立是客观存在的，检察机关作为法律监督机关，必须依法独立公正地行使监督权，在查清事实、明确责任的基础上，妥善做好矛盾化解工作。既要与监管场所共同剖析事故原因，研究对策，完善监管措施，防止事态恶化，又要注意依法保护在押人员及其家属的合法权益，防止因处置不当引发突发事件。这里有一条最基本的要求，就是绝不能为了息事宁人而掩盖真相。

（六）要提高正确引导舆论的能力。从云南李荞明事件来看，一些地方检察机关特别是基层检察院的同志还缺乏应对新闻媒体的经验，特别是网络时代如何应对媒体是一个需要认真研究的课题。监管场所出了事故，检察机关首先必须尽快查清事实真相，但这往往需要一个过程，而新闻媒体讲究时效性，二者势必会产生一定的矛盾。一旦处置不当，就会产生很大的负面效应，使检察机关陷于被动。因此，在处置监管场所突发事件的过程中，一定要注意妥善应对新闻媒体，不能未查清事实就轻易下结论或者认同其他部门的结论,不能轻易、草率地向媒体发表意见或看法。要坚持情况不明的不发表、责任不清的不发表、未经批准的不发表。对社会关注的个案,要注意发挥主流媒体的导向作用,做好舆论应对特别是网络应对工作,维护检察机关的执法公信力。

四、加强对专项检查活动的组织领导

一是要加强领导和协调。为了加强对专项检查活动的组织领导和工作协调,最高人民检察院决定成立专项检查活动领导小组。各级检察院也要成立相应的领导和办事机构。省级检察院专项活动领导和办事机构的具体名单、联系方式以及专项活动的实施方案,请及时报最高人民检察院。要主动向当地党委和人大汇报专项检查活动情况,听取指示,接受监督,争取支持。要主动与公安机关加强联系,建立健全联席会议、情况通报等协作配合机制,促进专项活动顺利开展。

二是要严格落实责任。要结合本地实际情况,制定具体的实施方案,做到目标明确、任务明确、措施明确、责任明确。省级检察院要统筹规划,会同省级公安机关组织好本地区看守所和派驻检察室的自查,以及对看守所的集中检查。在上级检察院和公安机关对看守所进行集中检查时,所在地检察院要积极配合。各地要及时将专项活动开展情况层报最高人民检察院,有关情况和数据要全面、准确。

三是要加强督察指导。上级检察机关要深入派驻检察室了解专项检查活动开展情况,加强督促检查和工作指导,帮助协调解决遇到的困难和问题,及时总结和推广好的经验和做法。对专项检查不认真、走过场、搞形式主义的单位和个人,要督促整改。最高人民检察院和公安部将适时派出督导组赴各地检查指导。

四是要注重制度建设。要结合专项检查活动,认真落实《中央政法委员会关于深化司法体制和工作机制改革若干问题的意见》针对健全检察机关对看守所的法律监督机制提出的要求,进一步完善看守所非正常死亡事故的报告、调查和责任追究等制度。最高人民检察院经研究决定,今后看守所发生在押人员死亡的,当地检察机关要立即向上一级检察机关报告,由上一级检察机关负责调查。对发生重大事故负有监督不力责任的检察室,依法依纪追究有关人员责任,撤销检察室的规范化等级。各地要严格执行。要进一步加强派驻看守所检察室建设,适当调整和充实派驻检察人员,加强对派驻人员的教育培训,改善办公条件和装备,规范执法监督行为特别是日常监督活动,促进派驻检察室切实发挥法律监督职能作用。

这次专项检查活动意义重大,党中央和社会各界十分关注。各级检察机关一定要提高认识,扎实工作,与公安机关密切配合,圆满完成好专项检查活动的各项任务。

在全国检察长座谈会上的讲话

最高人民检察院副检察长　孙　谦

(2009 年 7 月 15 日)

按照这次会议的安排,下面我就分管的监所检察、法律政策研究、检察官教育、检察理论研究和检察出版工作讲几点意见。

一、关于监所检察工作

上半年,全国检察机关监所检察部门认真贯彻去年底全国检察长会议的部署,积极应对新形势对刑罚执行和监管活动监督工作提出的新要求,进一步突出重点,强化工作措施,努力推进工作。一是针对社会各界和人民群众反映强烈的看守所牢头狱霸等监管活动中存在的突出问题,最高人民检察院在向中央领导同志专题报告后,于 4 月份与公安部联合部署了全国看守所监管执法专项检查活动。

各地检察机关迅速行动,同公安机关密切协作,对看守所执法和管理中的问题以及驻所检察室监督工作中的问题进行全面检查,取得了阶段性成果。二是对刑罚执行和监管活动的监督力度进一步加大。1至6月,共检察发现刑罚执行和监管活动中的各类违法情况6430人次,同比上升114%;提出纠正意见6334人次,已纠正5986人次,纠正率为94.5%;立案侦查刑罚执行和监管活动中职务犯罪案件243件291人,同比上升3.8%。三是坚持把纠防超期羁押作为日常重点工作来抓,落实纠防超期羁押的工作制度,共发现超期羁押案件79人,已纠正77人。四是进行了监所检察"四个办法"全员培训,进一步增强了监所检察的规范化。

当前,监所检察工作面临的任务十分繁重。全国监狱在押量、看守所日均在押量创近年来新高。由于管理不完善、羁押条件差等原因,监管场所安全隐患增多,在押人员非正常死亡事件时有发生,也给监所检察工作带来新的压力。我们已进入网络时代,这种新型媒体的快速、广泛和难以控制,很容易导致一些事故、事件成为公众事件,处置稍有不当,就会小事变大事,影响社会稳定和司法公信。今年2月,云南晋宁县看守所李荞明非正常死亡事件发生以后,社会各界特别是互联网,对监管场所在押人员非正常死亡事件的关注程度前所未有,要求检察机关加强监督的呼声很高,对检察机关监督的效力也提出了质疑。目前监管执法活动中确实存在一些不容忽视的问题,一些监管单位和人员人权意识淡薄,致使体罚虐待或者纵容指使他人体罚虐待被监管人现象屡有发生;一些监管场所监管不严格、管理不到位、执法不文明,对牢头狱霸等突出问题防范和打击不力,造成严重后果和恶劣的社会影响;少数执法人员为在押人员通风报信、提供假立功材料,或滥用减刑、假释、保外就医的申报权索贿受贿,等等。如何进一步有效地监督纠正这些问题,促进刑罚执行和监管活动依法进行,仍然是监所检察工作面临的重要任务。党中央对加强刑罚执行监督十分重视,周永康同志2008年在深入贯彻党的十七大精神、全面加强和改进检察工作座谈会上明确提出,必须下大力气监督纠正违法减刑、假释、保外就医等问题,切实避免犯罪人逃避刑罚执行;必须下大力气监督纠正超期羁押、体罚虐待被监管人员的问题,切实保障被监管人员的合法权益。针对李荞明非正常死亡事件,中央领导同志明确要求检察机关协同公安机关和司法行政机关抓好对监管场所的执法监督,杜绝此类事件的发生。这些都给监所检察工作提出了更高的要求。

尽管这几年监所检察工作有了新的进步,但总体上看仍然相对薄弱,还存在不少问题。一是监督工作不到位。一些监所检察部门和人员责任心不强,职业忠诚度不高,对监管场所存在的违法违规问题监督纠正不力;有的地方派驻检察流于形式、形同虚设;有的派驻检察人员被监管单位同化,丧失应有的原则和立场。二是执法观念不适应。主要是不能正确处理维护监管秩序与保障人权的关系,对维护被监管人合法权益重视不够。三是执法工作不规范。执法随意性较大,存在着想监督就监督、不想监督就不监督的问题。四是基层基础较薄弱。一些派驻检察机构和基层监所检察部门建设滞后,队伍整体素质偏低,人员量少质弱,不少地区派驻检察机构体制没有理顺,执法保障水平不高等等,影响了职能作用发挥。

面对新的形势、任务和自身工作中存在的问题,今年下半年监所检察要重点做好以下几项工作:

(一)集中精力抓好全国看守所监管执法专项检查活动。这项工作是今年监所检察工作的重中之重,社会各界和人民群众十分关注,一定要全力抓好。前一阶段最高人民检察院与公安部联合派出工作组,对全国看守所监管执法专项检查活动进行了督察。从掌握的情况看,各地对这项工作抓得很紧,查找出不少隐患和问题,正在有针对性地整改。根据目前工作进展情况,最高人民检察院上周召开电视电话会议,部署对前期工作组织一次"回头看"。各地要按照最高人民检察院要求,继续进行查摆剖析,把存在的问题查深、查透。在此基础上,配合公安机关采取有效措施进行整改,坚决遏制牢头狱霸现象,有效防控看守所在押人员非正常死亡事件,建立健全保障在押人员合法权益的工作机制,同时还要注重查找我们自身工作中的不足,认真解决看守所法律监督不到位等突出问题,保证专项活动收到实效。

(二)继续做好纠防超期羁押工作,清理久押不决案件。通过这几年各级检察机关坚持不懈的努力,纠防超期羁押工作取得了明显成果,近几年每年全国发生的超期羁押案件不超过200件。应该讲,显性的超期羁押问题得到了较好解决,但一些地方隐性的超期羁押问题仍然存在,有的还有相当数量。纠防超期羁押是一项必须常抓不懈的工作,重在预防,贵在坚持,绝不可放松。要进一步探索完善相关工作机制,坚持实行期限届满提示、到期催办、超期纠正和责任追究等制度,防止超期羁押反弹。为了解决一些案件久押不决的问题,各省级检察院要对2006年6月30日以前羁押而目前仍未审结的案件,组织进行一次集中清理,逐案审查并提出意见,督促有关部门尽快处理。这项清理工作的情况,各省级检察院要在11月份之前向最高人民检察院写出专题报告。

(三)探索推行刑罚变更执行同步监督机制。刑罚变更执行是刑罚执行活动中容易发生执法和司法不公问题的环节。虽然变更执行的裁决主要是由法院或监管部门作出,但实际上监管场所的提请环节是关键。因此,要真正解决刑罚变更执行中的问题,维护刑罚的严肃性,必须对变更执行的全过程实行同步监督,而且要把监督重点放在提请环节。为此,中央在司法体制和工作机制改革的方案中明确提出:"完善对减刑、假释、暂予监外执行的法律规定,严格重大刑事罪犯减刑、假释、暂予监外执行的适用条件,建立检察机关同步监督制度。"由于这项改革不涉及法律修改,希望各地加强与人民法院和司法行政等机关的沟通,积极推进同步监督。最高人民检察院将适时出台指导意见,并推广一些地方的经验。

(四)推进派驻检察室与监管单位信息联网和监控联网。这是近年来最高人民检察院一直强调的,是完善监督手段、提高监督效力的重要措施。公安部决定9月30日之前全部完成看守所监控设施安装并投入使用,特别提出要将看守所执法信息和监控设施与驻所检察室联网。这是对检察监督的支持和配合。各省级检察院要加强与公安机关的沟通,统筹协调和规划本地区的联网事宜,同步实现驻所检察室与看守所的两网相连。同时,具备条件的地方还要积极推进与监狱的信息联网和监控联网工作。

这里再讲一下对监管场所发生事故、事件妥善处理的问题。法律监督是一项法律权力,更是一项法律责任和义务。一些发生在看守所的死亡事件在互联网上被曝光后,有的把矛头指向了法律监督,这应当引起我们的深刻思考和高度重视。刑罚执行和监管活动监督是检察职能的一个重要部分,社会各界日益清楚维护刑罚执行和监管活动公平公正是检察机关的一项重要责任。这种社会认识是正确的,这也是监管场所发生问题时,社会各界对检察机关提出批评的重要原因。因此,一旦发生事故、事件,我们一定要反应敏锐,处置要果断得当,做结论和发布消息要慎重得体。法律监督机关要敢于揭示真相而绝不能掩饰真相,对失职渎职的包括我们自身失职渎职的要依法追究,妥善处理。同时,要尽可能避免媒体炒作。

二、关于法律政策研究工作

今年上半年,根据全国检察长会议的部署,最高人民检察院和地方各级检察机关紧紧围绕"保增长、保民生、保稳定"的大局,密切关注金融危机发生后形势的变化,及时了解经济社会发展中遇到的新情况、新问题以及给检察工作带来的新挑战和新要求。在调研的基础上,最高人民检察院法律政策研究室提出了专题调研报告,就金融危机形势下检察机关遇到的法律政策问题提出了对策和建议。许多地方检察机关出台了应对金融危机的政策性意见。针对检察工作中反映突出的法律适用问题,最高人民检察院加大了司法解释工作力度,年初制定了司法解释工作计划。上半年出台了6件司法解释和司法解释性文件,对检察机关正确适用法律发挥了积极作用。

在国际金融危机持续蔓延和全球经济增长放缓的形势下,我国经济社会发展面临严峻挑战和考验。形势越是复杂,任务越是艰巨,越需要调研工作先行,越需要正确、及时的政策和法律指导。在这种背景下,法律政策研究和业务调研显得尤为重要。各级检察机关一定要增强主动性和敏锐性,紧贴党和国家工作大局、紧贴检察工作主题开展调研,更好地为检察决策和业务工作服务。

下半年的调研工作,要突出重点,紧紧围绕金融危机形势下"保增长、保民生、保稳定"的工作大局,注重前瞻性问题的研究。

一是要着重围绕如何立足检察职能,促进经济平稳较快发展;如何服务民生,全力维护社会稳定;如何正确运用宽严相济刑事政策,化解矛盾纠纷,实现三个效果的有机统一等问题深入调研,为完善立法、制定政策提供科学的依据。

二是加强对检察业务工作中新情况、新问题、新经验的调查研究,加强专题调研的力度和深度,及时发现和解决问题特别是带有全局性、苗头性的问题,注意总结工作中的好做法、好经验,指导检察工作的健康发展。

三是将金融危机背景下检察工作中遇到的具体法律政策问题作为调研的重点。金融危机对社会治安形势产生了较大影响,破坏社会主义市场经济秩序和侵犯公民人身财产权利的案件呈高发态势,严重影响经济发展、社会稳定和广大人民群众的切身利益。这些案件在适用法律方面存在一定的认识分歧,需要深入进行调查研究,解决罪与非罪、此罪与彼罪的法律界限问题。如金融危机形势下如何处理"地下钱庄"案件、关于民间借贷与非法吸收公众存款、非法集资的区分问题、逃税罪的认定问题、企业主欠款逃匿问题以及"扩内需,调结构"过程中新型职务犯罪的定罪量刑问题等。

各地检察机关要通过加强调研,发现问题,及时提出解决问题的措施。对于急需解决的法律适用问题,最高人民检察院和地方检察机关要加强配合,加大司法解释工作力度,及时明确相关法律界限,为检察机关服务"三保"提供有力的法律政策保障。

三、关于教育培训、检察理论研究和检察出版工作

(一)要把教育培训作为提高检察官队伍整体素质和法律监督能力的基础性、战略性措施

一是要按照即将召开的全国检察教育培训工作会议精神,认真落实《最高人民检察院关于2009—2012年大规模推进检察教育培训工作的实施意见》,进一步加大培训力度,扩大培训规模,提高培训的针对性和实效性,特别是要在提高培训质量上下功夫。

二是要珍惜资源、整合资源,把有限的资源有效地用在教育培训上。经过二十多年的努力,检察教育院校从无到有、从小到大,有了很大的发展。国家检察官学院的改扩建工程即将完成,将于今年10月全面投入使用;在学院原址改建的"检察官国际交流中心",也为高级检察官培训和检察官国际交流创造了条件;各省级检察院已建立分院14个,正在筹建的11个。这将使检察官的教育培训条件、能力和规模发生根本性改变。我们一定要充分发挥和利用好这些资源,在大规模培训检察干部,大幅度提高检察官素质方面体现出资源价值,避免把有限和宝贵的资源用于单纯的接待。同时,要抓紧建立和建好中国检察官培训网,尽可能为地方检察教育培训提供更多的服务。

三是要探索建立检察官教检察官制度。检察官教检察官,是推进检察教育专业化,创建有中国特色的检察教育培训机制的重要途径。在这方面,国家检察官学院一定要起带头作用,积极探索把检察业务专家、优秀检察官选聘到国家检察官学院任教的工作机制,积极推进检察官教检察官制度的建立和完善。

四是切实解决检察教育培训经费问题,积极争取中央和地方财政的支持,把教育培训经费列入检察经费总体预算,专款专用,不得挪用挤占。

(二)继续深化检察理论研究,为检察工作科学发展提供理论支持

近年来,检察理论研究有了长足的发展和进步。各级检察院认真贯彻最高人民检察院关于深入开展检察理论研究的要求,对检察理论研究工作的重要性和紧迫性的认识不断提高,在拓展检察理论研究平台、完善检察理论研究激励机制、深化与法学界合作、建设一支高素质的检察理论研究队伍上取得了实质性的进步,产生了一大批有影响、高质量的研究成果,初步建立了中国特色社会主义检察理论体系,基本回答了什么是中国特色社会主义检察制度、为什么要建立这个制度、怎样坚持好发展好完善好这个制度等重要的、基本的问题,赢得了法学界对检察制度的理解、支持,为检察改革和检察实践提供了较好的理论指导。

2007年底胡锦涛总书记在与大法官、大检察官座谈时的重要讲话发表之后,中央领导同志在关于中国特色社会主义政治发展道路、人民代表大会制度、"一府两院"的国家体制、中国特色社会主义司法制度和检察制度以及坚持检察机关宪法定位等一系列问题上发表重要论述,为检察工作的科学发展指明了方向,澄清了一系列重大政治、法律问题。但也要看到,我国的检察制度本身也还存在着一些不完善之处,司法体制和工作机制中的一些重大问题还需要在理论上加以总结和论证,法律监督在实践中还面临着许多难题。这些都需要我们高度重视和切实加强检察理论研究工作。

检察理论研究要从我国的宪政体制出发,立足我国检察机关的宪法定位,牢牢把握检察权的法律监督属性,加强对法律监督基本原理和法律监督机制及其运行规律的研究,围绕新一轮司法体制和工作机制改革确立的改革方案进行缜密的论证,确保

检察职权优化配置以及监督制约问题落到实处。要围绕如何为经济社会平稳较快发展服务,为检察机关重大决策和重点工作服务来开展研究,努力为检察工作科学发展和检察职能的充分发挥提供强有力的理论支撑。

(三)继续做好检察出版工作,为繁荣检察理论、宣传检察制度、指导检察实践服务

今年是中国检察出版社成立二十周年。二十年来,检察出版社出版法律、检察图书2300余种1500万册。为宣传中国特色检察制度,促进检察机关业务发展,建设和积累检察文化,几代检察出版人付出了辛勤劳动和汗水,作出了他们独特的贡献。

随着国家文化体制改革的深入,中央国家机关部委所属出版社将作大的体制改革。我们将认真贯彻中央的部署,积极、稳妥地做好出版社转制工作。但有一点是明确的,检察出版事业是检察事业的一部分,只能加强,不能弱化。检察出版社一定要立足检察,多出好书、多出精品,为检察官提供更优质的精神食粮,努力满足检察官的学习、研究需要,在传承检察精神、弘扬检察文化、宣传中国特色社会主义检察制度方面,继续发挥应有的作用。

在全国检察长座谈会上的讲话

最高人民检察院副检察长　姜建初

(2009年7月15日)

按照这次会议的安排,下面我就分管的民事行政检察和铁路运输检察工作讲几点意见。

一、关于民事行政检察工作

(一)上半年民事行政检察工作主要情况

今年上半年,各级民事行政检察部门深入学习实践科学发展观,认真贯彻落实中央领导同志对检察工作的一系列重要指示,按照全国检察长会议的部署,不断加大办案力度,保持了民事行政检察工作健康发展的良好势头。

一是各项业务工作平稳开展。1至6月,全国检察机关共受理民事、行政申诉案件28833件,立案审查17344件,提出抗诉4268件,提出再审检察建议1996件,经过调查以建议、意见、通知等方式提出纠正违法行为的案件1547件。半年来,各级民事行政检察部门围绕促进经济平稳较快发展的中心任务,密切关注金融危机给社会和司法带来的新问题,注重促进农村改革发展、保障和改善民生、维护司法公正和司法权威,重点强化涉农法律监督和司法保护,强化对涉及劳动争议、保险纠纷、补贴救助等民事审判和行政诉讼活动的法律监督,强化对弱势群体的司法保护,依法监督严重违反法定程序、严重侵害当事人合法权益等问题,注意发现司法不公背后的司法腐败现象,实现办案的法律效果、政治效果和社会效果的有机统一。例如,浙江湖州96名退休职工因养老保险合同纠纷申诉一案,经过浙江省、湖州市两级检察机关的协调沟通,抗诉再审后双方和解,最大程度地化解了矛盾。事后,96名职工联名给曹建明检察长写来感谢信,对办案同志提出表扬。再如,福建省莆田市人民检察院民事行政检察部门通过办理一起民事执行申诉案件,发现包括涉嫌受贿、滥用职权、妨碍司法、妨碍证人作证、伪造证据、抽逃资金等8起刑事犯罪案件线索,现已移送有关部门立案侦查。

二是民事行政检察工作呈现出一些新的动态。第一,加强了对民事行政检察工作的领导。一些省级检察院党组专题听取民事行政检察工作汇报,有的召开了民事行政检察工作会议,研究部署了加强工作的举措。北京市人民检察院在新年伊始,就召开了民事行政检察工作会议,在全国带了个好头。云南省人民检察院召开的民事行政检察工作会议,一直开到基层检察院,形成了加强民事行政检察工作的意见。宁夏回族自治区人民检察院王雁飞检

察长带领班子全体成员,多次与高级法院的班子成员开展"一对一"的协调工作,形成了检法两院一致意见并联合发文,有力地推动了民事行政检察工作的开展。第二,注重了民事、行政法律的学习,加强了对民事行政检察制度及其理论的研究。4月28日,最高人民检察院检察委员会组织了第一次集中学习,邀请中国法学会民事诉讼法学研究会会长陈桂明教授作了题为"民事检察监督及立法完善"的专题讲座,曹建明检察长亲自主持,并作了重要讲话。河南、重庆等地检察机关也组织了类似的学习活动,促进了民事行政检察业务建设和理论建设。第三,加强了民事行政检察机构和队伍建设,增强了民事行政检察力量。吉林省人民检察院张金锁检察长多次出面向省委汇报,要求调整民事行政检察部门机构,3月份经省委组织部和省编委批准,民事行政检察部门调整为四个处室,现已设置民事行政检察一、二、三处,分司综合指导、民事检察、行政检察职能。山东省人民检察院国家森检察长亲自出面协调,增设民事行政检察二处,编制已经到位。海南省人民检察院马勇霞检察长提出按照民事诉讼和行政诉讼的不同诉讼规律分设机构,目前下属的两个分院已分设民事检察处和行政检察处,为进一步加强民事检察和行政检察工作打下了基础。还有其他一些省检察院,正在积极争取调整和健全民事行政检察机构,加强民事行政检察力量。第四,开展了新的民事行政检察监督业务的探索。如各地根据中央司法改革精神和多年的实践,普遍开展了对执行案件的监督。湖北、甘肃、宁夏等省级检察院与法院召开了专项座谈会,并下发了规范性文件,推动了对执行监督工作的全面开展。有不少地方还对基层检察院民事行政工作的定位、对民事行政抗诉监督范围的拓展等进行了有益探索。

三是与民事行政检察相关的司法体制和工作机制改革稳步推进。按照最高人民检察院落实中央深化司法体制和工作机制改革任务的分工意见,最高人民检察院民事行政检察厅作为牵头单位或协办单位,广泛参与有关民事行政诉讼监督和民事执行法律监督等改革任务,并负责最高人民检察院民事诉讼法和行政诉讼法修改的调研论证工作,目前,这几项工作正在紧张进行,稳步推进。民事诉讼法修正案颁布实施后,最高人民检察院按照新的法律规定,结合多年工作实践,经过深入调查研究,对《人民检察院民事行政抗诉案件办案规则》及相应的配套法律文书进行了修改,已提交检察委员会讨论,这将促进民事行政检察工作进一步规范化和制度化。

（二）当前民事行政检察工作中存在的主要问题

一是一些检察院对民事行政检察工作重视不够。在有的地方,长期以来形成的"重刑轻民"思想仍然存在,个别地方还比较严重。在有的检察院,领导班子成员、检察委员会委员中缺乏懂民事行政检察、干民事行政检察的人员,甚至有的领导班子长期不研究民事行政检察工作,检察委员会长期不研究民事行政案件,民事行政检察工作不能经常性或常态化地进入领导视野,必然造成不力、薄弱的局面。二是一些民事行政检察干部对民事行政检察职责的认识有偏差。当前突出的错误认识有两种:一种是将监督等同于抗诉。抗诉是办案的一种方式,但办案并不仅仅限于抗诉。抗诉和再审检察建议是办案,通过受理、审查申诉案件,发现职务犯罪和其他犯罪线索也是办案,对包括调解、执行、特别程序、公示催告程序案件等的监督,也是办案。另一种是认为基层检察院没任务。只将民事行政检察的职责限于抗诉,基层检察院当然无事可干。只要改变了第一种错误认识,基层检察院就可以大有所为。三是省级检察院以上民事行政检察部门疲于办案,指导工作不力。目前,全国有民事行政检察干部近万名,但四级检察院人数比例与承担的工作任务严重不适应。最高人民检察院和省级检察院加起来,民事行政检察干部人数不到500人,却要承担大部分办案工作,无力开展指导工作,客观上讲是任务重、人员不足。主观上讲上级检察院有畏难情绪,存在不善于指导的问题。四是民事行政检察队伍现状与工作需要不相适应。一些民事行政检察干部的业务水平和监督能力亟待提高,特别是大量"刑转民"干部,对民事行政法律知识、办案规律的把握还有待加强。并且,民事行政检察干部流动性大,稳定性差。培养一个业务骨干很不容易,好不容易培养出熟悉业务的骨干又留不住。五是民事行政检察工作不平衡的局面仍未基本改观。案件量仍集中在几个大省,一些省、自治区案件数量少的状况与当地的司法需求、案件总量等情况明显不相符合。

（三）下半年民事行政检察工作的主要任务和措施

一是召开第二次民事行政检察工作会议,并贯彻落实好会议精神。2001 年,最高人民检察院召开了第一次全国民事行政检察工作会议。会议对统一思想、推动工作全面规范发展起到了极大的促进作用。近八年来,民事诉讼法已经修改,民事行政检察工作也取得了长足发展。但是,这项工作仍是检察工作的薄弱环节,仍然面临严峻的形势。为了进一步统一思想,结合新形势、新任务总结部署工作,开创民事行政检察工作的新局面,最高人民检察院党组决定要召开第二次全国民事行政检察工作会议,现在时机已经基本成熟。会议召开后,各地检察机关要做好传达、贯彻、落实会议精神的工作,在新的历史起点上开创新局面,力争使民事行政检察工作的薄弱局面能有明显的改变。

二是修改办案规则及相应的配套法律文书,并做好实施和应用工作。修改后的办案规则已提交最高人民检察院检察委员会讨论。下一步,各级检察院要做好相关工作。对外要结合新的办案规则的宣传,进一步扩大民事行政检察的社会影响,结合办案增强影响力,让公众了解检察机关民事行政法律监督的职责,推动民事行政检察工作的开展。对内要加强学习和培训,熟练掌握和运用办案规则,促进办案工作更加规范化、制度化、科学化,进一步提高办案质量,增强办案效果。

三是继续深化与民事行政检察有关的司法体制和工作机制改革,加强“两法”修改的调研工作。要按照中央关于司法改革的总体部署和最高人民检察院的分工要求,深入研究如何完善民事行政检察制度,系统研究和论证民事法律监督和行政法律监督的范围、程序、手段及其法律效力。要按照科学发展观的要求,着眼于建设社会主义法治国家的大局,注重实证调查和理论分析,提出改革建议。对于改革中涉及的民事执行监督、违法调查、更换办案人、督促起诉等新的问题,要积极地同相关部门协商,进行实践探索,总结实践经验,制定实施方案,形成立法建议。要始终高度关注“两法”的修改,加强上下联系,积极配合,举全系统之力,高质量地完成立法建议工作。

四是推动民事行政检察办案工作机制改革。要进一步明确各级民事行政检察部门的工作重点,建立上下协作、各有侧重、分工配合的工作机制。最高人民检察院将侧重承担理论建设、立法调研、业务培训等工作,领导全国民事行政检察工作规范健康发展。省级检察院和分州市检察院是办理民事行政抗诉案件的主力军,肩负着保持一定办案规模、完成法定监督任务的职责,同时,要做好上传下达,配合最高人民检察院开展立法调研、业务培训等,指导本地区所辖检察院、特别是基层检察院依法开展工作,规范、充实、提高基层检察院民事行政检察工作。基层检察院要发挥面向广大群众,直接接触实际的优势,针对社会对司法工作的意见和人民群众的需求进行积极探索。

五是加强民事行政检察队伍建设,增强监督能力,完善自身监督制约机制。各级检察机关要适应加强民事行政检察工作的需要,配齐配强民事行政检察人员,保证民事行政检察职责履行到位。基层检察院民事行政检察队伍要保持相对稳定,分州市检察院以上要予以充实,最高人民检察院和省级检察院民事行政部门的力量需要增强,使之与履行民事行政检察职责相适应。要继续坚持最高人民检察院和省级检察院每年至少举办一期培训班、分州市检察院以上都要抓培训的做法,开展经常性、专题性的业务培训,适应办案需要,提高办案能力。要不断完善自身监督制约机制建设。要真正从思想深处高度重视加强对自身的监督制约,真正把加强对自身监督制约放在与加强法律监督同等重要的位置。要严格贯彻执行中央政法委和最高人民检察院有关硬性规定,完善办案程序和制约机制,强化自身监督制约,增强拒腐防变能力。

二、关于铁路运输检察工作

(一)上半年铁路运输检察工作主要情况

今年以来,全国铁路运输检察机关以保增长、保民生、保稳定为主线,强化专门检察工作特色,突出重点,整体推进,各项工作取得了较好成绩。

一是以专项工作为抓手,推动铁路运输检察工作全面、健康发展。半年来,各级铁路运输检察机关牢牢把握铁路改革发展的形势,不断深化服务铁路发展的措施,适时组织开展专项工作,推动铁路运输检察工作全面、健康发展。第一,开展集中打击涉票犯罪专项行动。各级铁路运输检察机关重点在售票秩序混乱、倒票活动猖獗的重点地区以及人口流动性大的大中城市和民工、旅客重要集散地,集中打击那些犯罪数额大、危害严重的涉票犯罪和内外勾结、有组织的涉票犯罪。春运期间,共批捕涉票犯罪嫌疑人 275 人,同比上升 23.87%。在打击同时,各级铁路运输检察机关充分发挥法律监督职能作用,积极参加涉票犯罪综合治理工作,向铁路有关部门发出检察建议，敦促铁路部门加强内部票务管理工作。第二，深入开展站车交接案件专项监督工作。针对站车交接案件以罚代刑现象比较突出、人民群众反映强烈的问题，最高人民检察院铁路运输检察厅组织了专题调研，并联合铁道部公安局进一步规范了站车交接案件的程序，全面加强了对站车交接案件的法律监督工作。上半年，共监督公安机关立案23件。第三，继续做好看守所专项检查工作。针对铁路看守所刑事、行政拘留混管混押、发生在押人员非正常死亡事故等问题，最高人民检察院铁路运输检察厅与铁道部公安局联合开展了铁路看守所安全专项检查工作，对62个铁路公安看守所进行了专项检查，督促纠正解决了一批苗头性问题，检察监督工作进一步加强。

二是适应铁路发展形势要求，在铁路重点建设项目中大力推进职务犯罪预防工作。国家铁路今年计划完成基本建设投资6000亿元，预防工作任务非常突出。各级铁路运输检察机关立足职能，强化措施，对各自管内铁路重点工程项目逐一开展了职务犯罪预防工作。对涉及跨省区和铁路局的铁路工程，最高人民检察院铁路运输检察厅牵头组织有关铁路运输检察分院开展联合预防工作，实现了对项目预防工作的全面覆盖。今年4月，最高人民检察院铁路运输检察厅牵头召开了“太中银”铁路预防职务犯罪工作经验交流会，对兰州、太原、西安铁路运输检察分院联合在“太中银”铁路开展预防职务犯罪工作经验进行了总结和推广。

三是深入践行检察工作主题，严厉打击犯罪，维护铁路运输安全稳定。根据今年铁路维护安全稳定任务重、要求高的形势和特点，各级铁路运输检察机关成立了维护铁路运输秩序安全稳定应急小组，分别制定强化维护安全稳定工作的具体措施，全面加强维护铁路安全稳定工作。对于铁路发生的运输安全和建设安全事件，各级铁路运输检察机关高度重视，及时、全面、准确上报信息，保证了重大责任事故的及时查处。胶济铁路“4·28”事故发生后，最高人民检察院铁路运输检察厅及时介入调查工作，对济南铁路局常务副局长郭吉光等人以铁路安全运营事故罪审查批捕，现已提起公诉。

四是队伍建设和基层检察院建设工作进一步加强。在最高人民检察院党组的高度重视下，铁路公检法管理体制改革调研、论证工作取得重大进展。这对于进一步完善、健全铁路运输检察制度，加强和改进铁路运输检察工作，维护铁路安全稳定具有十分重大的意义。各级铁路运输检察机关以此为契机，不断推进铁路检察机关直管工作，进一步加大对下级铁路运输检察院干部的直管，优化了基层检察院领导班子结构。各级铁路运输检察机关广泛开展了以提高执法技能为核心的业务培训和岗位练兵，有不少铁路运输检察干警成长为省级检察业务专家型人才。以组织铁路运输检察机关参加全国信息化竞赛为契机，大力推进以办案管理系统为重点的信息化应用工作。

（二）当前铁路运输检察工作中存在的突出问题

一是面对铁路发展和铁路运输检察管理体制改革的新情况，应对举措不多。对铁路改革发展的新动向和新情况、新问题调研不深入，信息掌握、分析、报告不够，应对举措不多、落实不够。在铁路运输检察管理体制改革调研论证过程中，部分干警认识不高，有一些干警特别是中西部地区铁路运输检察院干警甚至出现了抵触情绪。如个别地处经济落后地区的铁路运输检察院干警要求撤并回大城市。二是铁路运输检察业务工作发展不平衡。主要体现在查办职务犯罪案件方面。今年上半年，一些铁路运输检察分院立案下降幅度较大，有的降幅达85%；一些基层检察院工作乏力，至今没有立案，甚至多年没有办理案件。今年检察分院之间立案数差距也很大，多的分院立案16件，少的仅1件，西部检察院办案远远少于东部检察院。查办渎职侵权案件不平衡问题更是明显，目前只有3个检察分院有立案，很多检察分院多年没有立一起案件。三是涉铁职务犯罪案件管辖争议时有发生。在武汉、南昌、兰州铁路运输检察分院管辖区域出现了多起地方检察院办理涉铁职务犯罪案件的情况。四是队伍结构不合理，队伍整体素质不适应形势发展需要。由于进人渠道不畅，铁路运输检察人员更新慢，年龄老龄化严重，一些铁路运输检察院出现了人才断档；高学历人才少，既懂得铁路专业知识，又懂法律的复合型人才尤其短缺；班子平均年龄普遍偏大，工作进取心和创新意识较弱。五是“两房”建设滞后，严重影响铁路运输检察机关长远发展。大部分铁路运输检察院“两房”建设都没有达到标准，有的铁路运输检察院至今还在居民楼内，甚至在危房中办公。

(三)铁路运输检察机关下半年工作的主要任务和措施

今年是铁路运输检察事业发展非常关键的一年,既面临着机遇,也面临着巨大的挑战。各级铁路运输检察机关要深入贯彻落实这次全国检察长座谈会精神,积极推进铁检体制改革,进一步加强和改进铁路专门检察工作。

一是认真履行法律监督职责,为铁路发展提供优质高效的服务。

第一,切实采取有效措施,确保铁路运输安全。受国际金融危机影响,我国经济社会发展中各种社会矛盾和不稳定因素有所增多,维护铁路安全稳定的任务更加繁重。各级铁路运输检察机关要高度关注可能出现的新情况、新问题,采取切实有效措施,确保铁路运输安全,为迎接新中国成立六十周年创造良好的社会环境。要继续发挥维护铁路运输秩序安全稳定应急小组的重要作用,高度关注涉及群众利益、干群关系的案件或群体性事件,配合有关部门妥善处理,使不稳定的苗头、不稳定因素控制在萌芽、化解在当地,共同创造和保持良好的铁路社会环境。

第二,强化维稳意识,依法打击和防范各种涉铁刑事犯罪。要依法严厉打击以危险方法危害公共安全和破坏交通工具、交通设施等危害铁路运输安全的犯罪,确保铁路运输安全和畅通。针对利用铁路贩卖运输毒品、拐卖妇女儿童犯罪突出的情况,各级铁路运输检察机关要高度重视,积极参加、适时组织相关专项打击行动。毒品多发地的铁路运输检察机关还要就打击运输毒品犯罪加强与地方检察机关的联动,共同严厉打击涉毒犯罪。要严厉打击盗窃铁路运输物资、危害旅客生命财产安全的多发性犯罪以及人民群众反映十分强烈的倒卖车票、敲诈勒索等严重扰乱铁路运输市场秩序的犯罪。根据铁路刑事犯罪流动性大等特点,在打击和防范铁路刑事犯罪中,除要加强铁路公检法之间的联系和配合外,还要主动加强与地方检察机关之间的横向沟通、协调和配合,形成立体、全方位的打击态势。最高人民检察院铁路运输检察厅和有关省级检察院要加强对这方面工作的指导和协调。

第三,积极查办和预防涉及铁路的职务犯罪。各铁路运输检察机关要把保障国家投资安全作为检察机关确保中央政策措施顺利实施的重中之重,严肃查处贪污贿赂、失职渎职犯罪,查处铁路热点领域和重点环节的商业贿赂犯罪。主动及时介入铁路重大特大事故、重大突发事件的调查,注意发现和查处背后的职务犯罪案件。对于涉及铁路的职务犯罪案件管辖问题,最高人民检察院党组有明确要求。各省级检察院要加大领导力度,支持专门检察体制建设,对涉及铁路的职务犯罪案件要由铁路运输检察机关管辖。铁路运输检察机关在查办职务犯罪案件中发现涉及地方的,应及时移交有关地方检察院管辖。

要抓住铁路建设、发展的机遇,进一步深化对铁路重点工程项目建设等基础设施的职务犯罪预防工作。各级铁路运输检察机关要主动配合审计、财务、纪检监察部门,围绕铁路重点工程、重大项目等领域的公共资金使用、项目实施,有针对性地建立健全职务犯罪风险预测预警机制,充分运用预防咨询、检察建议帮助堵塞漏洞。注意建立预防长效机制,争取在惩治和预防工作的科学统筹、协调发展、整体推进上有新突破,真正打造具有铁路特色的预防品牌。

二是科学发展铁路运输检察体制和工作机制,不断提高专门检察工作质量和水平。铁路运输检察机关纳入国家司法管理体系,对于加强社会主义法制,维护铁路安全稳定,促进经济发展具有深远的战略意义。改革方案出台后,各级检察机关要认真贯彻执行,确保改革任务顺利完成。当前,要注意以下几点:

第一,加强领导,稳定队伍。铁路运输检察体制改革有利于铁检机关的长远发展,符合司法规律,各级铁路运输检察机关要充分认识改革的重要意义。铁路运输检察院领导要以身作则,引导铁路运输检察干警把主要精力投入到做好检察业务工作中去,在改革过程中,做到队伍不松、不散、不乱。目前,铁路运输检察机关的“两房”建设水平远远落后于全国平均水平,要抓住铁路运输检察体制改革的特殊时期,积极协调铁路相关部门落实铁路运输检察机关“两房”规划和建设工作。相关省级检察院要加强对铁路运输检察机关“两房”建设的领导、支持和协调力度,会同铁路局和地方有关部门共同研究铁路运输检察机关“两房”建设问题,加大对铁路运输检察机关的帮扶力度。

第二,研究新情况,创新铁路运输检察管理体制。铁路运输检察体制是中国特色社会主义检察制度的重要组成部分。铁路运输检察机关纳入国家司法管理体系后，仍然行使对铁路领域的专门法律监督职责。其办案程序、法律监督职能范围、案件管辖等业务，仍然按照最高人民检察院有关规定执行。对于铁路运输检察业务与各有关机关、部门业务的配合协调、铁路检察业务领导与铁路运输检察人财物管理之间的职责分工等问题，各省级检察院与各铁路运输检察机关要加强调研论证，逐渐形成健全、完善的业务工作体系，为铁路运输发展提供公正、高效的法律监督和司法保障。两级铁路运输检察院人财物管理由铁路企业转到有关省、自治区、直辖市后，铁路运输检察机关必须及时与企业脱钩，严格遵守计划财务、技术装备、工资待遇等规章制度。对于遇到的新情况、新问题，要认真调研，及时报告，按规定程序解决。

在部分省级检察院铁路运输检察机关管理体制改革调研座谈会上的讲话

最高人民检察院副检察长 姜建初

（2009年8月12日）

同志们：

这次调研座谈会的任务就是，以科学发展观为指导，认真学习研究贯彻中央编办《关于铁路公检法管理体制改革和核定政法专项编制的通知》［中央编办发（2009）15号］文件精神，进一步提高认识、统一思想，充分听取大家对落实铁路运输检察体制改革的意见和建议，从而推进铁路运输检察机关管理体制改革，推动铁路运输检察工作顺利、健康发展。会上，大家就铁路运输检察机关管理体制改革问题进行热烈的讨论，提出了很多好的建议和意见。会后，我们还会就大家提出的问题和建议进行专门研究。铁路运输检察管理体制改革是一项复杂系统工程，牵扯面比较广，涉及的各方利益也比较多，所以大家必须充分认识改革任务的艰巨性和复杂性。这里，我着重讲三点意见。

一、充分认识推进铁路运输检察体制改革的重要意义

中央编办文件确定，铁路运输检察分院和基层检察院“与铁路企业全部分离，一次性整体纳入国家司法管理体系。”“现有铁路法院、检察院一次性移交给驻在地的省、自治区、直辖市党委和高级人民法院、省级人民检察院，实行属地管理。”“现有全部资产一并移交”，“移交工作在最高人民法院、最高人民检察院指导下，由铁道部与有关省自治区直辖市组织实施，2009年底前完成。”这一改革举措是党中央、国务院确定的司法体制改革的重大成果，对于加强社会主义法制，依法治国，维护铁路安全稳定，促进经济发展具有深远的战略意义。

铁路运输检察机关自重建三十年来，与铁路公安、法院形成配套的互相配合、互相制约的铁路专门司法体系和法律监督体系，在确保铁路大动脉的畅通，维护铁路治安秩序，打击犯罪，保护人民群众的生命安全等方面发挥了重要作用，作出了重大贡献。三十年来，累计依法批准逮捕各类犯罪嫌疑人近22万人，提起公诉22.5万人。立案查办贪污贿赂、渎职等职务犯罪案件12223件、13718人，挽回经济损失近25亿元。

然而由于铁路运输检察机关人财物一直由铁路部门负责，没有纳入国家司法管理体系。党中央、国务院对此十分重视，中央文件明确提出把铁路公检法机关纳入国家司法管理体系的司法体制改革任务。经过多方努力，最近中央编办下发了《关于铁路公检法管理体制改革和核定政法专项编制的通知》，铁路运输检察管理制度改革正式启动。这次改革对铁路运输检察机关的发展具有深远的意义，也是一次创新。各级检察机关，一定要认真学习和领会文件精神，从政治和全局的高度，充分认识推进铁路检察体制改革、加强铁路运输检察工作的重要意义,进一步增强做好这项工作的责任感和使命感。

一是改革铁路司法管理体制,是实现社会公平正义,构建和谐社会,促进铁路发展的必然要求。铁路企业管司法人财物,不符合我国法制。随着社会主义市场经济的发展,政府职能的转变,政企分离,特别是依法治国基本方略的确立,这种由部门或企业管理司法人财物的体制,越来越显露出其问题和弊端,越来越与维护法制不协调、不适应。将铁路司法机关纳入到国家司法管理体系,理顺了法律关系,有利于建立健全公正高效的专门司法制度,有利于维护国家法制的统一和司法的独立性。当前,我国铁路改革与发展已进入一个关键阶段,其管理和经营模式都已发生并正在发生着深刻变化,市场化程度越来越高。铁路司法机关脱离后,将使铁路在国际和国内市场竞争中处在更加有利的位置,有利于铁路发展。

二是改革铁路运输检察管理体制,是完善中国特色社会主义检察制度的有益尝试。专门检察制度是中国特色的社会主义检察制度的重要组成部分。铁路运输检察机关自重建以来,在维护铁路安全稳定、强化诉讼监督的作用是有目共睹的。特别是近几年来,铁路运输检察工作得到了快速的发展,社会影响也越来越大,在打破司法地方保护等方面发挥了独特的作用。在铁路运输检察机关从铁路企业脱离后,我们应更好地发挥铁路运输检察的优势,不断探索和丰富铁路运输检察工作的内涵,使我国的铁路运输检察制度更加完善,为我国法治建设、特别是具有中国特色的检察制度更加丰富作出有益的探索。如一些省检察院在积极探索扩大铁路运输检察机关的管理职能,将民航等一些与铁路运输性质相同的行业划归铁路运输检察机关管理;一些省检察院准备将铁路运输检察机关建设成为省检察院直接管理的,能打破地方保护的生力军。这都是非常有益的探索。希望大家回去后,在铁路运输检察机关划归省检察院管理后,如何更好地发挥铁路运输检察机关的职能,丰富具有我国特色的检察制度上多进行思考和探索。

三是改革铁路检察管理体制,有利于强化铁路运输检察机关的职能作用,更好地为铁路发展服务。从当前我国铁路发展形势看,进一步加强铁路运输检察工作十分必要。而脱离铁路部门企业管理后,有利于铁路运输检察机关进一步强化监督职能,为我国铁路发展作出贡献。首先,铁路是国民经济大动脉、国家基础设施、大众化交通工具,强化这一专门领域的法律监督,为铁路稳定发展创造良好法治环境,对全国的经济社会发展、国家安全、社会治安稳定至关重要;其次,我国幅员辽阔人口众多、铁路网点多线长,危害铁路犯罪呈现流动性和跨区域性等特点,铁路公安任务繁重、队伍庞大,强化铁检机关的法律监督和司法配合制约,有效打击各类犯罪、维护铁路稳定发展,符合我国国情,对保障法治和促进经济社会发展有着重要作用;第三,符合全国铁路高度集中统一的管理体制,进而更有利于服务国家经济建设、社会稳定和国家安全。

二、统筹兼顾,科学发展铁路运输检察体制和工作机制,积极稳妥推进铁路运输检察改革

铁路运输检察机关纳入国家司法管理体系是一项系统而又复杂的过程,各省级检察院要高度重视。最高人民检察院还要制定相应落实意见,有关检察机关都要认真贯彻执行,确保改革任务顺利完成。为此,要注意以下几点:

一是要高度重视,服从大局,加强协调配合。这次铁路运输检察管理体制改革,涉及面广,新情况多。有关检察机关一定要深入贯彻落实党的十七大精神,深入贯彻落实科学发展观,从依法治国、保稳定促发展的大局着眼,从科学发展中国特色社会主义检察制度立足,准确、认真贯彻落实中央确定的方针、政策、方案。在最高人民检察院领导、指导下,铁路运输检察分院及铁路运输检察基层院驻在地的各个省级检察院要抓紧研究新情况、新问题,提出相应举措;要加强各省级检察院之间、检察院与有关部门之间的协调协作,互相支持,互相配合,促进检察和谐发展。遇到问题要加强请示报告。

二是要强化铁路运输检察法律监督,加强铁路运输检察业务建设,确保铁路安全稳定发展。这次铁路运输检察管理体制改革,虽然主要是人财物管理体制机制问题,但也涉及铁路运输检察业务制度的相应问题。改革前后,铁路运输检察机关仍然是国家依法设置的专门铁路检察院,行使对铁路领域的专门法律监督职责,其职能管辖、审级、办案程序、法律监督范围等检察业务,仍然按照最高人民检察院有关规定执行。铁路运输检察分院要继续加强对其基层铁路运输检察院检察业务的领导和管理。各级检察院都要重视和支持铁路运输检察机关推进业务,各级铁路检察机关要进一步加大专门检察工作力度,强化专门法律监督,以保证为铁路提供公正、高效的法律监督和司法保障。

三是要创新铁路运输检察管理体制,继续加强铁路运输检察队伍建设。由于铁路运输检察跨地区管辖、检务保障任务重等原因,移交省级检察院管理后,要积极研究实行对铁路运输检察分院、铁路运输检察基层院人财物由驻在地的省级检察院分别直属直管的办法,防止层层下放管理的问题。在“两高”未对铁路运输检察机关业务管理规定出台之前,不同省的分别负责铁路运输检察业务及人财物的省级检察院,要强调协调配合,防止推诿扯皮和影响工作的争议。对于基层铁路运输检察院与其上级铁路运输检察分院不在一个省的,除要继续加强铁路运输检察分院对其基层铁路运输检察院检察业务的领导和管理外,有关省级检察院以及铁路运输检察分院还要积极协助、配合相关省级检察院,做好这些基层铁路运输检察院干警队伍管理教育工作。目前,铁路运输检察机关的“两房”建设、信息技术设备等远远落后于规定标准,在移交时,要注意积极协调铁路部门解决遗留拖欠问题,落实铁路运输检察机关“两房”建设规划。相关省级检察院接纳本地铁路运输检察机关前后,要与有关部门协调,寻求支持,积极制定并确实落实铁路运输检察机关各项经费、干警待遇等检务保障制度。移交后,铁路运输检察机关必须及时与铁路部门、企事业单位脱钩,严格遵守检察计划财务、技术装备、工资待遇等规章制度。铁路运输检察院领导要以身作则,严格管理,全体干警都要严守法纪,恪尽职守。

三、加强领导,精心组织,确保铁路运输检察体制改革平稳推进

铁路运输检察体制改革不仅关系到铁路运输检察事业的长远发展和未来专门检察机关的发展壮大问题,而且事关司法体制总体改革部署,也是一项牵一发而动全身的工作。因此,我们必须以高度的政治责任感和强烈的历史使命感,以积极姿态面对改革,把握好改革的各个环节,切实把改革的各项任务落到实处。

一是要加强对铁路运输检察体制改革的组织领导。为保障铁路运输检察体制改革的顺利进行,各省级人民检察院的主要领导要亲自过问、亲自抓,分管领导要全力投入、具体负责,集中时间、集中精力,全力以赴,在上级规定的时间内抓好这次改革工作。要细化落实改革方案,排出时间表,强化工作责任,精心组织实施,确保改革任务如期完成,尽快建立起新的管理体制,保证铁路运输检察工作的平稳过渡。

二是要关注和理顺铁路运输检察干警的思想情绪。改革必然会触及部分人的切身利益,要把铁路运输检察干警利益放在重要位置来考虑,积极作为,多方争取,充分维护铁路运输检察干警的利益。要注意倾听干警的意见和呼声,及时沟通和协调。各级铁路运输检察院的领导一定要在改革中发挥模范带头作用,以身作则,不说不利于改革的话,不做不利于改革的事情,千方百计做好干警的稳定工作。相关省级检察院也要从大局出发,认真领会改革精神,为改革的顺利推进营造良好的环境。

三是要加大协调力度,积极争取有关方面的政策扶持。铁路运输检察机关在移交过程中涉及的单位多,牵涉面广,能否顺利推进,需要省内有关部门和铁路部门的大力支持和配合。总的原则是,不能因为铁路运输检察体制改革,影响铁路运输检察事业的发展,影响各部门对铁路运输检察机关的支持和投入。如在铁路运输检察机关“两房”建设、装备保障、经费保障、干警个人待遇、人员过渡等问题上,相关省级人民检察院应积极协调省内有关部门和铁路部门做好协调和衔接工作,积极争取有关政策支持,形成工作合力,共同完成铁路运输检察体制改革的工作目标。

四是要注重调查研究。按照新体制运行的铁路运输检察工作,与以前相比,在诸多方面都有很大的不同,我们的工作面临着许多新的课题。各相关检察机关特别是领导干部,要经常深入基层,深入实际,调查研究,了解铁路运输检察工作的现状,发现和掌握新体制建立和运行过程中遇到的困难和问题,分析原因,寻求解决的办法。对于本地区、本部门无法解决的,要积极向上反映,并提出建设性的意见和建议。

五是要严明改革纪律。铁路运输检察体制改革是为了更好地促进和保障铁路的发展。体制改革不能影响当前的工作,不能妨碍正常的工作秩序和铁路运营秩序,不能削弱铁路运输检察专门检察监督职能。相关省级检察院以及各级铁路运输检察院都要从讲政治,讲大局高度,在抓好铁路运输检察体制改革的同时,牢固树立服务铁路意识,认真做好各项业务工作。

最后我再强调一下,现在铁路司法体制改革已经成为媒体关注的焦点问题,引起社会各界和舆论的广泛关注。对此,相关单位和部门应保持清醒的认识。一是要密切关注社会舆论发展动态,发现敏感和苗头问题要及时上报;二是对新闻媒体的采访,相关部门应有一个预案,要做好正面宣传引导;三是要严格纪律。

在全国检察长座谈会上的讲话

最高人民检察院副检察长　张常韧

(2009 年 7 月 15 日)

按照这次会议的安排,下面我就检察政治工作和计划财务装备工作讲几点意见。

一、关于检察政治工作

(一)上半年工作情况

今年上半年,在最高人民检察院和地方各级检察院党组领导下,检察政治工作认真落实全国检察长会议、全国检察机关第五次政治工作会议和全国基层检察院建设工作会议的部署,突出重点,整体推进,取得新进展。

1. 认真开展以深入学习实践科学发展观活动为重点的思想政治教育,检察队伍的思想政治素质进一步提高。在最高人民检察院、省级检察院第一批学习实践活动结束后,对作为第二批的各分市检察院和基层检察院学习实践活动进行指导。认真贯彻落实党中央和最高人民检察院党组的部署要求,在坚持正确政治方向、坚定理想信念、树立科学发展理念、解决突出问题上下功夫,加强领导干部的政治轮训,组织理论学习研讨班、报告会、宣讲团,推动学习实践活动深入开展。坚持把学习实践活动与深化社会主义法治理念教育和"大学习、大讨论"活动有机结合,健全长效教育机制,认真开展以案析理等活动,巩固和深化了社会主义法治理念教育成果,检察队伍的执法思想进一步统一,执法行为进一步规范。

2. 大力加强领导班子建设,领导班子凝聚力战斗力进一步提高。着眼换届后领导班子建设实际,将工作重点转移到班子的思想政治建设上来,制定实施《关于加强检察机关领导班子思想政治建设的实施意见》。主动发挥干部协管职能,积极协助搞好正副检察长的调整配备,班子结构进一步优化,领导能力明显提高。深入分析领导班子现状,抓好后备干部队伍的长远规划和培养补充,为班子建设增添后续力量。

3. 大力开展以正规化岗位培训和岗位练兵为重点的大规模教育培训,检察队伍法律监督能力进一步提高。认真落实中央关于开展大规模培训干部工作的部署,颁布了《2009—2012 年大规模推进检察教育培训工作的实施意见》。扎实开展以领导干部和办案一线检察官为重点的领导素能、任职资格、专项业务培训,最高人民检察院举办省级检察院班子成员、基层检察院检察长等各类培训班 21 期培训 1473 人。加强教育培训基础建设,启动职务犯罪侦查、侦查监督、公诉三类业务技能实训基地建设试点,完成全国检察教育名师评审工作。广泛开展岗位练兵和创建学习型检察院活动,大力推进检察业务专家、业务尖子和办案能手培养工作,检察人才队伍建设取得新进展。

4. 大力推进以落实司法体制和工作机制改革任务为重点的队伍管理改革,检察队伍管理水平进一步提高。认真抓好司法体制和工作机制改革相关工作任务的落实,积极配合有关部门开展专题调研,就改进完善检察队伍管理体制和机制提出解决办法和意见建议。加强中央企业所属检察体制改革的组织协调,林业检察体制改革基本完成,铁路检察管理体制改革稳步推进。认真开展政法干警招录培养体制改革试点,在完成去年 240 名定向招录人员试点的基础上，今年落实2000名人员的招录任务。加强司法警察工作规范化管理，警务保障能力有了新的提高。

5. 大力开展以弘扬先进典型为重点的检察宣传，检察机关公正执法的社会形象进一步提高。牢牢把握检察舆论导向，召开检察机关宣传思想工作会议暨检察日报社记者工作会议，研究部署加强和改进检察宣传工作的思路措施。规范达标表彰活动，总结宣传先进典型，隆重表彰和广泛宣传第三届全国十佳基层检察院和喻中升等一批先进集体和先进个人。加强检察文化建设，积极开展丰富多彩的群众性文化活动。

6. 大力加强以落实《规划》为重点的基层检察院建设，检察基层基础水平进一步提高。认真谋划和推进新形势下的基层检察院建设，召开全国基层检察院建设工作会议，制定下发《2009—2012年基层人民检察院建设规划》，狠抓基层建设各项任务措施的落实。深入推进基层检察院业务、队伍、保障和信息化相结合的规范化管理机制建设，在缓解基层编制紧张、人才短缺、经费困难等重点难题上下功夫，继续推动"两房"建设和县级检察院经费保障标准的落实，认真坚持和不断完善上级检察院领导干部联系基层、基层检察院结对帮扶等制度，基层检察院建设整体水平有新的提高。

回顾半年来的工作，检察政治工作和队伍建设取得了新的进展，但一些体制性、机制性和保障性障碍依然存在，需要我们继续努力解决。就半年工作而言，存在的主要问题是：上级检察院政工部门包括最高人民检察院政治部加强宏观指导、推进工作落实的力度还不够；解放思想、开拓创新的能力还不强；对最高人民检察院党组决策部署的执行和落实还不够细、不够深、不够具体；补短板、促平衡，统筹不同区域、不同层次检察政治工作的能力有待进一步加强等等，需要高度重视，切实加以改进。

（二）下半年主要任务和措施

下半年，我们要紧紧围绕最高人民检察院党组的部署和检察政治工作年度安排，以良好的精神状态和求真务实的工作作风，创造性地抓好各项任务的落实，确保今年工作任务的全面完成。

1. 以开展深入学习实践科学发展观活动为主线，大力推进检察队伍思想政治建设。一是继续抓紧抓好深入学习实践科学发展观活动。最高人民检察院和各省级检察院要认真组织开展学习实践活动的"回头看"，巩固和深化学习实践活动成果。地县两级检察院要结合实际，突出实践特色，深入解决在执法思想、执法作风、执法实践等方面存在的突出问题，确保学习实践活动成为群众满意工程。二是加强检察职业道德建设。颁布《检察官职业道德基本准则》，加强宣传，大力倡导，推进践行，促进检察队伍职业道德素质和执法水平不断提高。三是加强纪律作风建设。认真贯彻落实《建立健全惩治和预防腐败体系2008—2012年工作规划》，深入推进反腐倡廉教育，将党风廉政建设纳入检察教育培训内容，完善落实反腐倡廉法规制度，强化党风廉政建设责任制考核，推进检察机关纪律作风建设。四是围绕庆祝建国六十周年做好检察宣传。深入宣传中国特色社会主义检察制度的优越性和科学性，充分展示检察工作和检察队伍建设的成就与风貌。筹备召开全国检察机关第七届"双先"表彰会和第八届"中国十大杰出检察官"评选表彰活动，推出重大先进典型。五是深入推进检察文化建设。颁布《关于加强检察文化建设的意见》，筹建检察文联，召开全国检察机关文化建设现场会，组织以"辉煌历程"为主题的检察机关摄影作品展、文艺汇演等活动，集中展示和交流检察文化建设成果。在当前形势下，要重点抓好中央政治局常委会会议精神和胡锦涛总书记重要指示的学习，认清乌鲁木齐"7·5"事件的性质，把思想统一到中央对形势的分析判断和对工作的决策部署上来，旗帜鲜明地反对民族分裂主义。

2. 以强化对领导班子和领导干部的管理监督和考核评价为重点，大力加强领导班子建设。一是加强领导班子思想政治建设。认真执行《关于加强检察机关领导班子思想政治建设的实施意见》，继续抓好领导干部政治轮训，提高领导班子和领导干部思想政治素质。二是抓好各项管理监督制度的落实。强化对领导班子和领导干部特别是"一把手"的管理监督和考核评价，坚持执行巡视、上级检察院派员列席下级检察院党组民主生活会、任职前双重谈话和诫勉谈话、下级检察院检察长向上级检察院述职述廉、领导干部个人有关事项报告和收入申报等制度。认真贯彻中央《关于建立促进科学发展的党政领导班子和领导干部考核评价机制的意见》，研究制定检察机关领导班子和领导干部考核评价机制。三是加强干部协管工作。利用巡视、参加民主生活会等机会，加强对下级检察院领导班子和领导干部的考察,落实基层检察院检察长任免报省级检察院备案制度。坚持德才兼备、以德为先的用人标准,主动协调党委组织部门充实领导班子。四是贯彻落实民主集中制。研究健全集体领导与个人分工负责相结合的具体制度和办法,推行讨论决定重大问题和任用重要干部票决制,建立务虚研究制度,完善民主生活会测评制度,实现决策的科学化、民主化和制度化。五是加强后备干部队伍建设。制定《2009—2020年检察机关后备干部队伍建设规划》,以地方集中调整补充领导班子后备干部为契机,积极配合地方党委抓好检察机关后备干部调整充实工作。加强对后备干部的培训、轮岗交流、挂职锻炼,最高人民检察院将举办省级检察院后备干部培训班。

3. 以落实中央司法体制和工作机制改革任务为目标,认真抓好执法规范化建设和队伍管理改革。一是深入推进执法规范化制度建设。研究制定检察机关规范化管理标准和操作规程,梳理办案工作流程,形成涵盖检察机关各个业务部门和各个工作环节的统一、完备、权威的执法规范体系。二是认真总结各地的经验做法,积极探索加强涉农检察工作的途径、方式和方法,提出规范性意见。三是推进检察人员管理改革。建立检察人员分类管理制度,建立检察官职务序列,构建符合检察工作规律和检察人员特点的管理体制。重点抓好提高检察人员职级比例、加强检察人员职务保障、规范检察机关进人制度、制定检察机关编制标准等问题的专题调研,提出建议方案。四是继续深化干部人事制度改革。继续推行公开选拔、逐级遴选检察官等举措。完善选人用人工作机制,研究提出贯彻落实《关于深入整治用人上不正之风进一步提高选人用人公信度的意见》的办法措施。加强司法警察工作机制建设和队伍管理,强化岗位培训和技能训练,不断提高警务保障质量和水平。五是进一步解决西部及贫困地区基层检察院检察官短缺问题。继续贯彻组通字〔2006〕8号文件精神,认真落实相关政策措施,抓好政法干警招录培养体制改革试点,为西部及贫困地区基层检察院补充高素质人才。

4. 以贯彻全国检察教育培训工作会议精神为契机,努力开创检察教育培训工作新局面。一是继续推进大规模正规化培训。最高人民检察院要继续抓好全国基层检察院检察长轮训和省、地两级检察院业务部门负责人轮训工作,完成省级检察院领导班子成员轮训。举办初任检察官资格和晋升高级检察官资格培训班。研究制定岗位练兵、业务竞赛指导意见,推动岗位练兵、业务竞赛制度化、规范化和常态化。二是加强检察人才培养工作。认真实施"人才强检"战略,培养壮大高素质专业化检察人才队伍。组织对首批全国检察业务专家进行复审,完成第二批全国检察业务专家评审工作。三是加强对西部和基层的针对性培训。最高人民检察院将在国家检察官学院举办6期西藏、新疆和其他西部少数民族地区中青年检察业务骨干培训班和1期最高人民检察院领导同志定点联系的基层检察院检察业务骨干培训班,组建检察业务讲师团赴西部和基层巡回培训。四是加强教育培训基础建设。筹建中国检察官培训网,探索开展晋升高级检察官资格网络培训。推进职务犯罪侦查、侦查监督、公诉三类业务技能实训基地建设试点工作,组织对国家检察官学院分院开展办学质量评估。深化教育培训管理制度和机制改革创新,研究出台培训方式和教学方法改革指导性意见。

5. 以落实全国基层检察院建设工作会议精神为动力,不断推进基层检察院建设上水平。一是制定完善落实会议精神和《规划》的制度规范。研究制定体现科学发展观要求的基层检察院建设考核评价体系和机制,出台《基层检察院建设考核办法》,引导基层检察院全面建设、规范管理、科学发展。二是大力推进执法规范化、队伍专业化、管理科学化和保障现代化建设。把握工作重点,分步落实《规划》提出的任务和要求,确保基层检察院建设始终沿着"四化"建设方向,不断取得新的进展。三是深入推进基层检察院规范化管理试点工作。认真总结运用质量管理、绩效管理等管理模式加强基层检察院规范化管理试点工作的经验,提出深化试点和在基层院全面推行规范化管理的思路措施,加快基层检察院管理工作的规范化进程。四是深入开展基层检察院争先创优活动。在全国深入开展争创先进基层检察院活动,充分发挥先进院、示范院的带头辐射作用,不断调动和激发基层加强自身建设的积极性和创造热情。五是加强对基层检察院建设的宏观指导。认真落实上级检察院及其职能部门在基层检察院建设中的任务要求,继续抓好上级检察院领导干部联系基层、业务部门对口指导和基层检察院结对帮扶等制度,不断提升基层检察院建设整体水平。

下半年的工作任务艰巨繁重。我们将进一步解放思想，开拓创新，聚精会神，真抓实干，在工作思路和工作方法上坚持把握好以下几点：一是履行职能与服务大局结合。自觉把检察政治工作放在大局中来思考、来推进，找准服务大局的切入点，发挥好服务保障作用，提高工作效能。二是解决思想问题与解决实际问题结合。既从严治检，加强理论武装和思想教育，坚定理想信念，弘扬职业道德，又从优待检，做到事业留人、感情留人、适当的待遇留人。三是机关建设与基层建设结合。既加强上级机关自身建设，作好表率，又加强督促指导，确保上级部署和要求在基层落实，协调解决基层实际困难，夯实检察工作科学发展的根基。四是政工部门综合协调与各部门齐抓共管结合。发挥政工部门的牵头协调作用，形成在党组领导下，各部门分工负责、齐抓共管、各司其职的检察政治工作格局。五是党的建设与队伍建设结合。积极探索发挥党组织战斗堡垒作用和党员先锋模范作用的办法途径，以党的先进性建设带动检察队伍建设。六是领导班子建设与队伍建设结合。队伍靠班子带，要以领导班子的表率作用和良好形象，带动和引领检察队伍建设，使检察队伍建设迈上新台阶。

二、关于计财装备工作

（一）上半年工作情况

今年以来，计财装备工作深入贯彻落实科学发展观，紧紧围绕检察工作主题，积极推进检察保障体制改革，经费和物质保障水平有新的提高。

1. 研究提出加强政法经费保障政策的意见建议。为修改财政部牵头制定的《关于加强政法经费保障工作的意见》和《政法经费分类保障办法》，专门组织召开部分省级检察院主管检察长和计财处长座谈会听取意见，多次向中央政法委和财政部报送修改建议。

2. 研究制订《人民检察院装备配备标准》（送审稿）。在充分调研、深入论证、广泛征求意见的基础上，研究制订了《人民检察院装备配备标准》（送审稿），经最高人民检察院司法体制改革领导小组审议通过，已报送财政部。

3. 确定检察机关编制（修订）基础设施建设标准项目。经过努力争取，国家发改委批准最高人民检察院编制《国家检察官学院地方分院建设标准》，修订《人民检察院办案用房和专业技术用房建设标准》。目前已经组织专门班子，启动了编制、修订工作。

4. 完成全国检察机关业务基础设施的专题调研工作。根据国家发改委部署，下发通知对全国检察机关“两房”建设任务和投资需求进行了专项统计。根据各地上报情况汇总，截至2008年底，全国检察机关现有各类基础设施面积1428.9万平方米；今后几年拟建设“两房”总面积676.57万平方米，需要总投资223.8亿元。在综合以上几方面情况的基础上，已向国家发改委报送了《全国检察机关基础设施建设情况专题调研报告》。

5. 组织开展电子检务工程需求分析编制工作。电子检务工程是国家电子政务工程的重要组成部分，是检察信息化建设的核心。根据《国家电子政务工程建设项目管理暂行办法》要求，组织专门班子，抓紧开展编制电子检务工程需求分析工作，目前进展顺利。

6. 组织开展2009年检察服换装工作。根据最高人民检察院检察长办公会的决定，与财政部反复沟通，努力提高检察服装配备标准，增加配备品种。邀请总后军需装备研究所设计检察大衣版型，组织进行了试穿。组织评审确定了春秋服及冬服的版型、所用面料和辅料，试制了样服。整理编写了《检察服技术标准》（草案）。组织审核了2009年检察服生产入围企业。

当前，检察保障体制还不完善，检务保障水平相对滞后，不能完全满足检察事业发展的需要，仍然是计财装备工作的主要矛盾；各地区之间、各项工作之间发展不平衡，中西部地区一些检察院经费不足、装备落后，仍然是检察工作协调发展的制约因素。从自身工作看，一是各级检察院争取政策和资金支持的力度还不够；二是全系统资金和物资管理的制度不够健全、规范；三是上下级检察院之间计财装备工作的监管制约和协调配合不够有力；四是计财装备机构和队伍的总体状况与当前财政改革和财政管理的新要求不相适应，特别是队伍的整体素质和专业化水平有待进一步提高。

（二）下半年主要任务和措施

下半年，计财装备工作要以推进司法保障体制改革为契机，抓重点，攻难点，全面提高检务保障水平。

1. 配合财政部出台加强政法经费保障《关于加强政法经费保障工作的意见》和《政法经费分类

保障办法》。财政部《关于加强政法经费保障工作的意见》和《政法经费分类保障办法》出台后，要做好文件的宣传、贯彻、实施工作，筹备召开检察保障体制改革工作会议，推动中央关于司法保障体制改革决策的贯彻落实。

2. 会同财政部制定出台《人民检察院装备配备标准》。继续开展调研论证，对《人民检察院装备配备标准》(送审稿)进行补充、完善，争取在今年底前与财政部联合印发执行。

3. 完成两个基础设施建设标准的编制和修订工作。加快工作进度，力争在今年内完成编制《国家检察官学院地方分院建设标准》和修订《人民检察院办案用房和专业技术用房建设标准》工作，并报送国家发改委和建设部审批发布。同时，配合国家发改委、司法部、公安部修订监狱、看守所建设标准，确保检察机关派出(驻)场所必需的办公和业务用房需求。

4. 编制今后几年全国检察机关业务基础设施建设规划。年底前，根据国家发改委编制的全国政法机关业务基础设施建设规划，编制完成今后几年全国检察机关“两房”等业务基础设施建设规划和年度计划，明确今后几年的建设任务和投资安排。

5. 配合财政部做好中央专项资金的分配下达工作。大力争取财政部支持，落实好 2009 年度中央财政补助地方检察机关专项资金，配合财政部做好分配下达工作。同时，建立监督机制，保证中央财政下达资金落实到基层，充分发挥效益。

6. 继续抓好检察服换装工作。对全国检察机关换装工作进行全面部署。完成《检察服技术标准》(草案)的审定和发布，并抓好贯彻落实。加强对服装制作质量的检查和监控，保证服装质量。加强检查指导，规范换装工作的程序和标准。

7. 加快电子检务工程需求分析的编制工作。抓紧汇总各业务部门提出的业务需求，会同具备国家发改委认定资格的专门研究机构，依据《电子检务工程项目建议书》确定的 18 类检察业务应用信息系统，编制完成电子检务工程需求分析报告，力争在年底前报送国家发改委，为批复立项奠定基础。

8. 做好经费和物质援藏、援疆工作。认真落实中央第五次西藏工作座谈会精神，根据西藏、新疆检察机关在打击“藏独”、“疆独”分裂势力斗争中面临的新形势新任务，制定新一轮经费和物质援藏、援疆方案，并抓好落实。

9. 加强财务和资产管理工作。举办省级检察院财务人员业务培训班，提高其业务素质和工作水平。加强对地方检察院财务管理、资产管理、政府采购管理等工作的指导，提高管理水平。继续做好计财装备信息系统建设，建立健全装备和资产管理系统，完善经费保障数据库，为加强检务保障建设奠定基础。

做好下半年的计财装备工作，各级管钱管物的领导者和部门都要在思想观念、工作思路、具体措施、纪律作风等方面与时俱进。一是要发扬开拓创新、积极进取的精神，克服和防止墨守成规、无所作为、消极等待等思想，锐意改革，奋力拼搏，上下互动，左右联动，整合资源，攻坚克难。二是要发扬艰苦奋斗、厉行节约的精神，克服和防止大手大脚、铺张浪费、盲目攀比、贪大求洋等问题，敢抓善管，勤俭办事业，精打细算，把有限的财力物力用在当处，发挥最大的效益，建设节约型机关。三是要发扬以人为本、周到服务的精神，克服和防止高高在上、口大气粗、冷硬横推等问题，全心全意为基层、为业务工作、为干警服务，千方百计解难事、办好事、干实事。四是要发扬爱岗敬业、干事创业的精神，克服和防止敷衍塞责、拖拉应付、鄙薄本职工作等问题，努力钻研业务，勤政优政，真抓实干，摸实情、想实招、讲实话、求实效。五是要发扬一心为公、清正廉洁的精神，克服和防止争名夺利、贪图享乐、小节无害等思想，严格自律，筑牢拒腐防变的思想防线，不拿公家钱物送人情、谋私利，清清白白做人，干干净净做事。

检察政治工作和计财装备工作取得的每一份成绩、每一点进步，都与各级检察院党组的正确领导密不可分，与各内设机构的齐抓共管密不可分，与广大检察人员的支持参与密不可分。我们要倍加珍惜各方面共同创造的良好工作基础，保持良好势头，以这次会议为新的契机，全力以赴，扎实工作，全面完成年度工作任务，以优异的成绩迎接新中国成立六十周年。

在全国检察教育培训工作会议上的讲话

最高人民检察院副检察长 张常韧

（2009 年 7 月 16 日）

最高人民检察院党组决定，与全国检察长座谈会同时召开全国检察教育培训工作会议。今天上午，曹建明检察长就全面加强和改进新时期检察教育培训工作发表了重要讲话。讲话站在全局和战略的高度，深刻阐述了大规模推进检察教育培训工作的重要意义，明确指出了大规模推进检察教育培训工作的总体思路、工作措施和具体要求。讲话高屋建瓴，主题鲜明，内涵丰富，思想性、指导性、操作性都很强，是指导当前和今后一个时期检察教育培训工作的重要文件。我们一定要认真学习，深刻领会，全面落实。

刚才，吉林省检察院等 6 个省级检察院介绍了检察教育培训工作经验，王少峰同志（最高人民检察院政治部副主任——编者注）宣读了评定全国检察教育名师的决定。介绍的经验重点突出，举措得力，各具特色，对深入推进检察教育培训工作具有借鉴示范意义。评选的全国检察教育名师，是在检察教育培训中爱岗敬业、成绩卓著的优秀代表，对于提高教育培训工作水平、推动工作发展也将产生积极影响。在此，我代表最高人民检察院对获得荣誉的教师们表示热烈的祝贺，并对长期以来为检察教育培训工作付出辛勤劳动和作出突出贡献的同志们表示亲切的慰问！

下面，我讲三个问题。

一、进一步统一认识，振奋精神，增强做好检察政治工作的责任感和紧迫感

最高人民检察院党组高度重视检察政治工作。从去年 7 月至今的一年时间里，相继召开了各省级检察院检察长参加的全国检察机关第五次政治工作会议、全国基层检察院建设工作会议和全国检察教育培训工作会议。周永康同志出席全国基层检察院建设工作会议并发表重要讲话，曹建明检察长全程出席这三个会议并作重要讲话。连续召开如此高规格的会议，充分说明了最高人民检察院党组对检察政治工作全局性、战略性、重要性的清醒认识，充分体现了最高人民检察院党组对加强和改进检察政治工作的殷切期望。我们要切实把思想认识统一到最高人民检察院党组的部署要求上来，进一步振奋精神，真抓实干，全面贯彻落实好这些重要会议的精神，推动检察政治工作不断取得新的更大发展。

一要清醒认识和切实抓住检察政治工作的良好机遇。当前检察政治工作面临着难得的发展机遇，中央对中国特色社会主义检察制度的加强完善，司法体制和工作机制改革对政治工作的健全强化，为做好检察政治工作指明了方向、拓展了空间。最高人民检察院党组对检察政治工作的正确领导，明确了当前和今后一个时期检察政治工作的总体思路、目标任务、工作格局和措施要求，为做好检察政治工作理清了思路、坚定了信心。广大检察人员政治业务素质的不断提高和对检察政治工作的理解、支持、参与，为做好检察政治工作创造了良好的环境和氛围。长期以来全体检察政工人员的无私奉献，检察政治工作不断积累和总结的鲜活经验，为做好检察政治工作奠定了坚实的基础。所有这些，汇成了检察政治工作难得的发展条件和机遇。各级检察机关政工部门要增强机遇意识，善借东风，乘势而上，结合实际，狠抓各项部署要求的落实，不断创出新亮点、推进新发展、实现新跨越。

二要清醒认识和勇于面对检察政治工作的严峻挑战。当前，检察政治工作也面临着一些突出问题，国际斗争的尖锐复杂和国内改革开放的深入推进，检察队伍思想观念和利益诉求的深刻变化，给做好检察政治工作提出了新的课题，增添了新的难度。从检察政治工作自身来看，检察队伍整体素质能力与形势要求还不完全适应，制约检察政治工作发展的体制性、机制性和保障性障碍尚未得到根本解决，思想政治工作思路不够开阔、开拓创新不够等问题依然存在。从今年上半年情况看，我们的工作也还存在不少需要加强和改进的地方，比如：上级政工部门加强宏观指导、推进工作落实的力度需要不断加大；对党组决策部署的细化、深化、具体化研究和落实需要不断加强；抓平衡，促短板，统筹不同区域、不同层次工作平衡发展的能力需要不断提高，等等。我们一定要居安思危，未雨绸缪，勇于面对，以改革创新的勇气和求真务实的作风，全面深入谋划、逐步研究解决这些困难和挑战，在解决问题、迎接挑战的进程中实现检察政治工作的不断进步。

三要清醒认识和全面履行检察政治工作的重大责任。在全部检察工作中，检察政治工作是灵魂，也是前提和动力。依靠强有力的政治工作来保障检察权的正确行使，促进各项检察业务工作的开展，这是我国社会主义检察制度的重要特色，是我们的重要政治优势。最高人民检察院党组明确强调，不论检察事业发展到什么阶段，不论检察工作所处的历史条件发生怎样的变化，检察政治工作只能加强、不能削弱。全体检察政工人员一定要清醒认识到检察政治工作的重要地位和作用，清醒认识到自己肩负的神圣职责和光荣使命，全面扎实地履行好检察政治工作职责，为检察事业的科学发展提供有力的政治保障、组织保障、人才支持和精神动力，绝不辜负各级检察院党组和全体检察人员的厚望和期盼。

二、扎实抓好下半年的检察政治工作

今年上半年，我们认真贯彻落实最高人民检察院党组的部署和年度工作安排，认真履行职责，各项工作都取得了新的进展。对下半年的工作，曹建明检察长在全国检察长座谈会上提出了明确要求，我在大会发言中也提出了具体任务和措施。各地要结合实际，认真抓好落实。总的要求是要“紧扣一条主线，把握四个着力点”。

紧扣一条主线：就是开展深入学习实践科学发展观活动，扎实推进检察队伍思想政治建设。要把深入学习实践科学发展观活动作为当前思想政治建设的首要任务和工作主线，切实抓紧、抓好、抓出成效。要在继续深化理论学习上下功夫，组织检察人员深入学习科学发展观和胡锦涛总书记等中央领导同志对检察工作的一系列重要指示，进一步坚定理想信念，坚定推进科学发展的信心和决心。要继续在解决突出问题上下功夫，认真整改人民群众反映强烈的党性党风党纪特别是执法作风方面的突出问题，解决影响和制约检察工作科学发展的突出问题。要继续在推动改革创新上下功夫，建立完善服务科学发展与实现检察工作自身科学发展的体制机制。要继续在巩固扩大成果上下功夫，最高人民检察院和省级检察院要认真组织整改落实“回头看”，巩固和深化学习实践活动成果，发挥好对下的示范和指导作用。地县两级检察院要坚持边教育边整改，使干警和群众随时看到学习实践活动成果。要继续在加强组织领导上下功夫，坚持“两手抓、两不误、两促进”，不断创新学习实践活动的形式和载体，把学习实践活动与社会主义法治理念教育和检察职业道德教育结合起来，与庆祝建国六十周年宣传纪念活动结合起来，确保学习实践活动取得实实在在的新成效。

把握四个着力点：一是以强化对领导班子和领导干部的监督考核为着力点，扎实抓好领导班子建设。要研究制定促进科学发展的检察机关领导班子和领导干部考核评价机制，认真落实《关于加强检察机关领导班子思想政治建设的实施意见》，加强对下级检察院领导班子、领导干部的考察和调整充实工作，坚持和完善民主集中制，增强领导班子的团结和活力。二是以完成中央司法体制和工作机制改革任务为着力点，扎实抓好执法规范化建设和队伍管理改革。要认真梳理涉及检察政治工作的改革任务，落实责任，明确时间进度和质量要求，确保各项改革任务措施落实到岗到人。要抓住改革重点进行突破，积极推进执法规范化制度建设，探索与涉农检察工作相协调的队伍管理改革，稳步推进检察人员分类管理改革，继续抓好铁路运输检察体制改革，深化政法干警招录培养体制改革，推动完善司法考试制度，确保各项改革措施取得预期成果。三是以贯彻全国检察教育培训工作会议精神为着力点，扎实抓好教育培训工作。要把正规化分类培训的部署落到实处，抓好各项正规化分类培训；要把加强人才培养工作的部署落到实处，重点培养检察工作急需的领导人才、业务专家和办案能手；要把加强对西部和基层教育培训的部署落到实处，不断改善西部和基层检察人员知识结构、提高整体素质能力；要把加强教育培训改革的部署落到实处，增强检察教育培训工作的发展后劲。四是以落实全国基层检察院建设工作会议部署为着力点，扎实抓好基层检察院建设。要落实《2009—2012 年基层人民检察院建设规划》，确保《规划》得到有效贯彻实施；要落实执法规范化、队伍专业化、管理科学化和保障现代化建设任务，确保基层检察院建设始终突出“四化”方向；要落实规范化管理试点工作，为全面推行基层检察院规范化管理奠定基础；要落实基层检察院建设领导责任，推动基层检察院建设整体水平的提高。

三、大力加强检察政工队伍的自身建设

检察政工部门是党组的办事机构，是负责政治工作的职能部门，在自身建设上必须有更高的目标和更严的要求。要按照建设一流部门、创造一流业绩、培养一流作风的目标，认真抓好检察政工队伍自身建设，使政工队伍走在整个检察队伍的前头。

在加强思想政治建设上走在前头。要强化理论武装和政治意识教育，坚持用中国特色社会主义理论体系武装检察政工人员头脑，进一步坚定理想信念，不断提高自身思想政治素质，不断提高思想政治工作水平，正确运用政策理论指导检察政治工作和队伍建设，确保党的路线、方针、政策在检察机关得到不折不扣的贯彻实施，真正使检察政工队伍成为思想政治建设的表率。

在加强能力素质建设上走在前头。要加强思想政治理论和党的基本路线方针政策的学习教育，不断提高政治理论素养和政策理论水平。要加强业务培训，学习和掌握政治工作的基本知识和基本方法，不断提高检察政治工作能力。要加强法律特别是检察业务知识学习，不断提高围绕中心服务大局、促进检察工作科学发展的水平。要深入干警，深入基层，在实践中增强本领，提高能力。要加强调查研究，探索把握新形势下检察政治工作的基本特点规律，善于总结检察政治工作理论和实践经验，不断提高做好检察政治工作、推进检察队伍建设的本领。

在加强纪律作风建设上走在前头。对政工队伍要严格教育、严格管理和严格监督。加强党风廉政建设和反腐败工作，完善重点岗位规章制度，健全监督检查制度和责任追究制度，从制度和机制上有效防止违法违纪等问题的发生。要带头加强党性修养，严格按照法律政策和程序规则办事，坚决反对和抵制干部选拔任用上的不正之风，做到自身正、自身硬、自身净。始终坚持公道用人，正派做事，不徇私情，一身正气。要带头树立和弘扬优良作风，牢固树立淡泊名利、甘为人梯的思想作风，求真务实、廉洁勤政的工作作风，讲操守、重品行、情趣健康、追求高尚的生活作风，切实作纪律作风建设的表率。

今年的检察政治工作已经有了很好的基础。下半年，我们要继续保持这个好的发展势头，以贯彻这次会议精神为新的动力，进一步加大工作力度，开拓进取，扎实工作，全面完成年度工作任务，以优异的成绩迎接和庆祝新中国成立六十周年。

在全国检察长座谈会上的讲话

最高人民检察院副检察长　柯汉民

（2009 年 7 月 15 日）

按照这次会议的安排，下面我就分管的控告检察、刑事申诉检察和检察技术信息工作讲几点意见。

一、关于控告检察工作

（一）上半年主要工作情况

1. 狠抓信访积案排查化解，坚持督察督办落实

根据中央部署，最高人民检察院决定今年 3 月至 12 月开展全国检察机关“涉检信访积案化解年”专项活动。在先期部署集中排查的基础上，5 月 18 日召开了电视电话会议，对专项活动进行再动员、再部署。要求进一步对涉检信访矛盾纠纷进行“清

仓见底”式大排查;7月底前对涉检信访积案的案卷进行一次全面清理;把不服检察机关扣押、冻结款物的涉检信访案件作为重点,抓紧办理,该退则退,该赔则赔;分析涉检信访积案成因,落实包案责任,制定化解预案,明确办理期限。

各省级检察院党组按照最高人民检察院电视电话会议精神,加强组织领导,周密安排部署,提出明确要求。各地根据最高人民检察院确定的重点,对未息诉罢访的涉检信访案件进行了拉网式排查。对清理出的896起积案进行了集中交办,挂牌督办。最高人民检察院控告检察厅对2006年至2008年6月底前交办未报结果的169起来信申诉案件和47件涉检进京上访老户案件进行清理,并发出通报,要求各地抓紧办理,做好息诉罢访工作。同时,各级检察机关因案施策,采取领导包案、领导接访、下访巡访、联合接访、公开听证、心理咨询、信访代理、司法救助等多种有效措施和办法推动积案的化解。最高人民检察院和省级检察院坚持督察督办促落实,深入基层督办指导,就地组织联合接访。最高人民检察院已先后派出6个督察组赴河北、山西、吉林、山东、江西、福建等省督办积案75件,息诉49件;黑龙江、山东、河南、湖南等省检察院派出督察组,共帮助基层息诉积案144件,占四省排查总数的70%。

截至6月10日,专项活动已取得阶段性成果,全国检察机关共化解息诉积案403件,占45%。涉检进京访呈持续下降趋势。

2. 开通12309举报电话,畅通群众投诉渠道

开通12309举报电话是今年检察机关的重要便民措施和依靠群众加大反腐败力度的重要举措,曹建明检察长在全国检察长会议和最高人民检察院工作报告中对这项工作提出了明确的要求。经过控告检察厅和检察信息技术研究中心的共同努力,目前最高人民检察院已开通试运行12309举报电话,有16个省级检察院将原有的举报电话统一切换到12309,部分有条件的地市级检察院也已完成平台建设。

3. 完善制度建设,加强涉检信访源头治理

一是大幅修改完善了1996年制定的《举报工作规定》,下发了《关于进一步加强和改进举报线索管理工作的意见》,重点突出了依靠群众、方便群众、规范执法、加强制约、保护奖励举报人等内容,改进了举报线索分流方式,强化了线索查处的配合与制约,进一步明确了举报工作纪律。二是探索建立信访督察专员制度。目前湖南、河南、山东等地检察机关已率先建立该制度,有效地发挥了控告检察工作的监督制约职能作用,进一步推动了涉检信访案件的息诉罢访、责任倒查、分析研判、风险预警评估等工作的深入开展。三是完善考评制度。文明接待室创建评比是全面提升控告申诉检察工作水平的有效载体,但从检查验收和检务督察情况看,存在标准设置不合理、动态管理弱等问题。控告检察厅已对评比标准进行了充分论证和修改,将提交最高人民检察院检察委员会通过后下发。四是加强对工作制度的检查落实。最高人民检察院近几年先后制定下发了一系列信访举报工作的规范性制度,但制度落实不力严重制约了工作发展。目前已制定方案,要求各地对制度落实情况进行检查调研,控告检察厅将组织交叉检查,并提出改进工作的意见和建议。

当前控告检察工作存在的主要问题是,涉检信访积案化解工作任务还很繁重,排查出的积案有一半多还未化解息诉。

(二)下半年的主要任务

1. 坚决贯彻党中央重要部署,全力维护社会稳定。控告检察工作要进一步树立服从和服务于党和国家工作大局的意识,把维护国家安全和社会和谐稳定放在更加突出的位置。当前,各种敌对势力正加紧勾联聚合,企图在新中国成立六十周年之际进行捣乱破坏活动。最近发生的乌鲁木齐“7·5”事件,就是一起典型的境外指挥、境内行动,有预谋、有组织的打砸抢烧严重暴力犯罪事件。种种迹象表明,维稳工作的形势将更加严峻,任务会更加繁重。各级检察机关务必要从政治和全局的高度开展控告检察工作,大力强化政治意识、大局意识、责任意识和忧患意识,切实提高政治敏锐性和政治鉴别力,提高排查化解社会矛盾纠纷的能力,为庆祝新中国成立六十周年营造良好的社会环境。

2. 继续狠抓涉检信访积案的化解。坚持边排查、边化解、边息诉、边防范,坚持领导包案、接访、办案,继续派督察组加大督办督察力度,深入基层主动预防和消除涉检信访隐患,做好信访风险的评估预警和信访信息的季度、年度分析研判,实行积案息诉销号制度,确保绝大部分积案在年底前得到化解。做好信访维稳应急工作,加强对国庆期间接访工作的具体领导和督促检查,实行定岗定位定

责，及时掌控相关信息和动态，对苗头性、倾向性问题和隐患，及时分析报告，做到“早发现、早稳控、早报告、早处理”。加强与各地和相关部门的信息沟通和配合，及时妥善处置可能发生的突发性群体事件。深化专项活动的成果，选取涉检信访积案典型案例，深入剖析久拖不决的原因和教训，实行责任倒查，大力开展警示教育、廉洁自律教育，并以此为契机，全面加强控告检察队伍的思想政治建设、业务能力建设和纪律作风建设，促进严格、公正、文明、规范执法。

3. 认真检查制度落实情况。及时总结专项活动中化解积案的有效经验和做法，探索建立信访风险预警机制和信访案件评查机制。要认真组织交叉检查，对《中共中央、国务院关于进一步加强新时期信访工作的意见》的贯彻落实和最高人民检察院制定的首办责任制、信访工作规定、举报工作规定等制度执行情况进行检查调研，及时分析存在问题及原因，研究改进措施，促进化解涉检信访和举报工作的开展。

4. 抓紧建立信访督察专员机制。按照最高人民检察院党组学习实践科学发展观整改落实方案的要求，在控告检察厅设督察处，配齐配强信访督察专员。年内制定完善督察办法，并要求各省级检察院逐步建立该项机制。

5. 抓紧落实和完善12309举报电话运行制度。最高人民检察院要求在年底前地市级以上检察院全部开通12309举报电话，有条件的县级检察院要尽快完成系统建设，建立相应的工作制度，确保举报电话在工作期间有专人接听，非工作期间有录音和自动传真，每个来电都有统一规范的记录，受理或转移受理都有明确记载。

二、关于刑事申诉检察工作

（一）上半年主要工作情况

1. 注重办案质量，突出办案效果

各级刑事申诉检察部门针对申诉案件缠诉多、息诉难度大的特点，强调“受理一件，办理一件，息诉一件”，在及时受理、认真复查、确保办案质量的基础上，更加注重息诉罢访工作。今年1至6月，全国不服检察机关处理决定的申诉案件数量同比基本持平，立案复查数同比下降1.2%，立案率上升1.6%，复查纠正率上升1.6%，达21.4%；对原审裁判存在错误的案件提出抗诉意见同比上升65.9%，提抗率上升5%，达13.7%；刑事赔偿案件办理力度继续保持不断加大的良好势头，案件息诉率有所上升。

2. 改革办案机制，适时调整工作重心

在不服法院生效刑事裁判申诉案件所占比例不断增大的形势下，及时调整工作重心，在加大办案力度的同时，突出对申诉案件背后的司法腐败问题的查处。将探索完善不服法院生效刑事裁判申诉案件的办理程序问题列为司法改革项目，最高人民检察院刑事申诉检察厅正会同有关业务部门进行调研论证，并在江西、湖南、四川、云南等省开展办案程序调整试点工作，为理顺和完善办案程序积累实践经验。

3. 完善刑事被害人救助制度，着力化解社会矛盾

中央《关于开展刑事被害人救助工作的若干意见》出台后，最高人民检察院及时下发了贯彻实施《意见》的通知。各地积极推进刑事被害人救助工作，广东、江苏、河南、四川、重庆、甘肃等地成效明显。一些地方已在当地党委政法委的组织领导下，积极参与制定本地区实施办法，重庆市人民检察院已出台试行办法。

当前刑事申诉检察工作存在的主要问题是，一些地方对法院生效刑事裁判的监督工作重视不够，有的不愿监督、不善监督，办案程序和工作机制还不顺畅，个别地方依法赔偿意识有待加强。

（二）下半年的主要任务

1. 积极应对新形势和新任务，提高刑事申诉检察工作服务大局的能力和水平。当前，我国正处在社会变革时期，利益诉求日益多元，各种矛盾交织叠加，权利主体的维权意识不断觉醒，人民群众对于社会公平正义、特别是司法公正抱有极大的期待。在这种形势下，对于一些敏感刑事申诉案件的不当处理，很容易引发媒体和网络的关注炒作，产生不稳定因素，诱发群体性事件，甚至成为国内外敌对势力攻击我国社会主义制度的口实。各级检察机关的刑事申诉检察干警一定要保持清醒的政治头脑，立足新情况新问题，进一步树立理性、平和、文明、规范执法的理念，自觉增强驾驭复杂局面、解决复杂问题的能力，依法妥善处理刑事申诉案件，提高检察工作服务大局的水平。

2. 进一步提高监督能力，完善办案程序，创新工作机制。把对法院生效刑事裁判的监督工作摆上重要位置，充实业务骨干，提高工作能力，以适应

强化对刑事审判活动履行监督职责的客观需要。突出办案重点，注意透过执法不严、司法不公的现象发现职务犯罪线索，将复查案件与查处司法人员职务犯罪问题有机结合起来。高度重视办案程序调整试点工作，为调整和完善办案程序提供有益经验。进一步探索和规范再审检察建议的适用范围和操作程序，充分发挥其在对外监督中的优势作用。

3. 认真做好国家赔偿法修改实施的各项准备工作。各地要在国家赔偿法修正案出台前，做好准备工作，保障新旧法律顺畅衔接。及时办结现有的刑事赔偿案件，防止案件积压。尽快全面清理、检查近年来涉案款物的扣押、冻结、处理情况，该上缴的上缴，该移送的移送，该返还的返还，避免由此引发新的上访。

4. 继续抓好《关于开展刑事被害人救助工作的若干意见》的贯彻落实。大力推进刑事被害人救助制度，各地要积极争取当地党委政府的支持，探索开展个案救助，尽快打开救助工作新局面。同时，刑事申诉检察部门要加强与公诉部门的沟通协调，共同做好救助工作。上级检察院要加强组织指导和调研，及时总结推广经验。

三、关于检察技术信息工作

(一)上半年主要工作情况

1. 进一步规范司法鉴定工作

一是结合媒体关注的司法鉴定案件及存在的问题，组织召开了全国电视电话会议，对司法鉴定工作提出要求。印发了《检察机关司法鉴定人员纪律规定》、《人民检察院承办非正常死亡案件法医鉴定的若干意见》，提出了办理非正常死亡案件的受理程序、检验过程中需注意的问题及相关纪律要求。二是研究建立与各业务部门协作配合工作机制。已与最高人民检察院驻司法部燕城监狱检察室联合制定了《关于开展服刑人员保外就医法律监督工作的意见(试行)》，对燕城监狱需要保外就医服刑人员的暂予监外执行呈报、审批活动的全过程实行同步监督。三是推动全国检察机关司法鉴定实验室建设，制定和规范了理化检验方法、电子证据检验方法，完成了方法验证并通过专家评审后，已正式发布执行。理化检验和电子证据检验实验室已正式投入运行。指导培训了内蒙古、辽宁、江苏、浙江、山东、湖南6省(自治区)检察院实验室认可试点工作。

2. 加大检察信息化建设与应用力度

坚持以检察信息化为主导，加强执法保障建设。一是组织制定《2009—2013年检察信息化发展规划纲要》和实施意见，目前正在征求意见过程中。二是贯彻落实曹建明检察长的指示，到5个省专题调研检察信息化应用软件问题。在分析归纳了影响检察信息化工作发展的突出问题后，提出了最高人民检察院建立统一权威的检察信息化管理机制和工作机制、抓紧“电子检务工程”立项工作、加强信息化条件下的检察业务规范化建设、建设最高人民检察院综合信息管理系统、尽快启动全国检察数据中心建设工作、修改完善《检察信息应用系统技术规范》、推进公检法司数据共享工作等7项建议，为下一步最高人民检察院党组决策提供了依据。三是加强全国检察机关信息化运行维护保障，组织指导省级检察院进行电视电话会议室整改。目前共有10个省级检察院完成整改，其中6个省级检察院通过了远程验收；组织、指导启用全国检察机关内网新域名。四是继续实行检察信息化人员综合信息网上统计，制定了“检察信息化人员名册系统”建设规范；启动建立检察专网微软补丁分发系统体系，与6个省级检察院开展试点测试工作，近期可向各省级检察院提供检察专网微软补丁分发服务，更好地提高全国检察机关网络信息系统安全。五是加大基础网络建设力度，按照今年全国检察机关专线网和局域网建设达到95%以上的目标任务，加快二、三级专线网和计算机局域网建设步伐，目前任务完成数分别约占专线网、局域网建设任务的33%和40%。

3. 重视检察信息技术人员培训

组织开展了省、地(市)级检察院技术骨干轮训工作，分专业进行了5期培训；组织举办了法医鉴定培训班，聘请全国著名专家授课，培训法医鉴定人90余名；组织举办了第三期西部地区检察机关信息技术骨干培训班，培训学员81人(近三年共培训220人)，实现了为西部地区154个地(市)级检察院每个院培养一名以上骨干的目标；组织举办了全国检察机关信息资源规划高级培训班，培训学员92名，提高了检察机关规划利用信息资源的能力。

目前检察技术信息工作存在的主要问题是，检察信息化建设的任务仍十分繁重，检察技术信息应用水平亟待进一步提高。

（二）下半年的主要任务

1. 进一步加强检察技术工作。筹备开好全国检察技术工作座谈会；组织开展案件质量检查，指导省级检察院对本省所有检验鉴定、文证审查和技术协助案件质量进行普查，最高人民检察院进行抽查；组织开展检察机关所属鉴定机构能力验证，准确掌握各地检察机关所属鉴定机构检验鉴定能力的情况，促进全系统整体检验鉴定能力水平的提高；组织开展实验室认可工作，适时开展内审、管理评审等活动，加强对认可试点单位的检查督导，确保年底前有条件的试点单位通过评审；大力组织开展科研工作，启动蓝色圆珠笔书写时间检验项目，加快司法会计标准体系课题研究进程，完成司法语音和声学检验方法的编制工作；组织开展电子物证、文检专题等专业技术培训；组织完成2009年中央级科学事业单位修缮购置专项和财政预算项目。

2. 进一步加强信息化建设和应用工作。要按照曹建明检察长提出的“加强统一规划、统一规范、统一设计、统一实施，不断提高检察工作的技术含量”的“四统一”要求，进一步加强检察信息化建设，促进检察工作科学发展。一是着力抓好《2009—2013年检察信息化发展规划纲要》的颁布实施，制定下发分年度实施意见。二是修改完善信息化应用软件开发的相关标准和规范，进一步研究解决适应检察信息化应用发展的软件统一问题。三是推进软件的开发与应用，做好全国检察机关信息化应用竞赛和全国检察机关信息化工作会议的筹备工作。从“建设、应用、管理、培训、安全”五方面加强对下指导，指导各省级检察院完成2009年全国检察机关基础网络平台建设任务和省级检察院视频会议室整改验收工作。做好最高人民检察院信息化建设应用，完成全国统一的12309举报电话系统建设。尽快建立检察专网微软补丁分发系统，为省级检察院提供微软补丁更新包下载服务。四是高度重视解决信息安全问题，开展涉密信息系统分级保护建设和全国检察机关涉密信息系统分级保护方案审查工作，确保信息化条件下信息安全保密要求的落实。

在全国检察机关技术信息工作会议上的讲话

最高人民检察院副检察长　柯汉民

（2009年11月2日）

这次全国检察机关技术信息工作会议是最高人民检察院党组决定召开的一次重要会议。我们要通过这次会议，回顾总结几年来的检察技术和信息化工作，研究部署今后一个时期的主要任务及措施，进一步认清形势，统一思想，抢抓机遇，加快发展，努力实现检察技术和信息化工作新飞跃。

最高人民检察院党组对这次会议十分重视，会前听取了会议筹备情况汇报，并进行深入讨论，研究了会议的主要任务和重点内容，确定了要解决的重点问题。曹建明检察长等院领导专门视察了最高人民检察院司法鉴定中心（实验室），并召开检察长现场办公会，专题研究检察技术和信息化工作，确定了当前和今后一个时期检察技术和信息化工作的指导思想、目标任务、原则、思路和格局。今天，曹建明检察长亲临会议并发表了重要讲话，从深入贯彻落实党的十七大精神，实施科教兴国战略，推动检察工作科学发展的高度，深刻阐明了实施科技强检战略的重要意义，对进一步加强新形势下的检察技术和信息化工作、加快科技强检步伐提出了明确要求，为实现检察技术和信息化工作深入发展指明了方向。这充分体现了最高人民检察院党组和曹建明检察长对检察技术和信息化工作的高度重视和殷切期望。下面，我就认真贯彻落实最高人民检察院党组工作部署和曹建明检察长的一系列重要指示，切实抓好检察技术和信息化工作讲几点意见：

一、2006 年以来检察技术和信息化工作的新进展

近几年来，在最高人民检察院党组的正确领导下，各级检察技术信息部门紧紧围绕检察工作主题，秉持“有为有位，科学发展”的理念，紧贴检察业务，面向办案一线，开拓创新，真抓实干，做了大量卓有成效的工作，检察技术和信息化工作有了新的发展。

（一）检察技术工作稳步发展，服务保障能力明显增强

大力强化司法鉴定和文证审查。从 2006 年 1 月至今年 6 月，全国检察机关各级检察技术部门共办理司法鉴定案件 5.6 万件，出具鉴定书 4.9 万份、检验报告 1.1 万份。开展技术性证据审查 16.8 万件，出具文证审查意见 15.8 万份，纠正问题案件 8705 件，纠错率为 5.2%。拓宽服务办案的领域，探索建立文证审查制度和加强技术协作的配合机制。最高人民检察院检察技术部门会同职务犯罪侦查、公诉、监所等部门研究了有关业务协作的意见，已印发《关于在罪犯保外就医和在押人员死亡、伤残案件中加强技术协作的意见(试行)》，形成了死刑案件涉及专门技术问题证据材料审查以及加强职务犯罪侦查技术协作的有关意见。针对社会关注的司法鉴定个案，积极履责，妥善应对，有力维护了检察机关公正执法的良好形象。去年哈尔滨“10 · 11”案件发生后，最高人民检察院法医专家组及时赶赴现场开展工作，出具的司法鉴定结论对化解矛盾、平息事态起到重要作用，提高了检察机关司法鉴定的公信力。

为业务工作提供技术支持和技术服务效果显著。通过现场勘验、技术协助，为办案部门发现、提取、固定关键证据和突破案件提供有力的技术支持。三年多来，共参加现场勘验 5170 次，提供技术协助 17.5 万余件。积极开展同步录音录像工作，对 10.6 万多个案件进行同步录音录像，录制时间达 201 万小时。

司法鉴定实验室建设步伐加快。最高人民检察院建成了国内一流的司法鉴定实验室，实现了历史性跨越。最高人民检察院司法鉴定实验室正在参加全国的国家级司法鉴定实验室遴选。近日组织了国家级遴选专家组进行了现场评审。按照实验室认可的国际标准，指导各地建立质量管理体系，强化司法鉴定的过程控制和质量监督。辽宁省人民检察院作为最高人民检察院确定的首批 6 个试点单位之一，第一个通过了实验室国家认可。各地陆续添置了先进设备，实验室建设规模和水平得到提升。

检察技术工作进一步规范。最高人民检察院出台《人民检察院鉴定规则(试行)》，进一步细化了各专业门类程序规则。针对社会上法医鉴定问题频繁引发网络炒作的新情况，最高人民检察院及时召开电视电话会议，制定《人民检察院承办非正常死亡案件法医鉴定的若干意见》，对法医鉴定工作提出了明确要求。根据《人民检察院鉴定机构登记管理办法》和《人民检察院鉴定人登记管理办法》，完成了对 309 个鉴定机构和 4149 名鉴定人的登记、注册、备案工作。出台《关于检察机关鉴定资源整合及相关工作的指导意见》，较好地缓解了检察机关司法鉴定资源缺乏、鉴定人分散的状况。积极探索建立检察技术部门“上下一体、横向联动”的工作机制，四川省人民检察院在“5 · 12”汶川地震中，依托该机制以最短的时间调集全省法医赶赴灾区，出色完成了任务，受到各界的好评。

（二）检察信息化步伐明显加快，电子检务工程深入推进

局域网建成率和专线网覆盖率进一步提高。重点加大对中西部经济欠发达地区的政策支持和资金投入力度，推动“两网”建设加快发展。三年多来，685 个基层检察院新建了局域网，比 2006 年初增长 21.4%。1048 个基层检察院联入检察专线网，比 2006 年初增长 33%。目前，全国检察机关局域网建成率达 95.7%，专线网覆盖率达 93.3%。一部分检察院还对建成的“两网”环境进行改善，增加网络带宽，优化网络结构。

视频会议系统、互联网站和安全保密建设进一步加快。已有 2985 个检察院建成视频会议系统，比 2006 年初增长了 35.1%。充分利用视频会议系统部署检察工作，开展教育培训，发挥了信息化工作“快捷、高效、节约”的优势和效能。大力开展互联网站建设，及时发布信息，推行检务公开，引导涉检网络舆情。1610 个检察院建成了互联网门户网站(页)，比 2006 年初增长了 20%；实施涉密信息系统分级保护工程，15 个省级检察院制定了分级保护实施方案，24 个省级检察院完成了密钥管理分中心建设。

网上办案、办公和管理成效进一步显现。已有

2041个检察院实现了办案活动网络化管理和流程化控制。许多地方还积极推行远程侦查指挥和案件讨论，推广运用多媒体示证系统出庭支持公诉，探索建立了行政执法与刑事司法信息共享平台。开通了12309举报热线，网上接访控告举报，网上管理线索，为及时化解矛盾纠纷起到了积极作用。67%的检察院已实现网上办公，85%的检察院建成专线网信息发布系统和电子邮件系统，检察工作效率大为提高，检务运行成本显著降低。通过建立队伍管理、绩效考核、在线学习和考试等电子检务系统，队伍管理进一步向网络化、规范化、科学化迈进。北京市检察机关在深入推进信息化建设过程中，加强领导，深入调研，科学决策，较好地解决了阻碍检察信息化发展的体制、机制性问题，探索出符合检察工作特点和规律的信息化发展模式，逐步形成了“集中建设、立体应用、统筹推进”的信息化工作新格局，实现了信息化效能的“最大化”，推动了检察工作创新发展。会前我专门到北京市人民检察院进行参观考察，启发很大。他们的一些好的做法、成功的经验，以及开展办公、办案自动化的具体措施都值得借鉴、学习、参考。

（三）强化教育管理，队伍素质进一步提升

一是狠抓思想作风建设。认真组织开展社会主义法治理念教育、“大学习、大讨论”和深入学习实践科学发展观活动。二是狠抓能力建设。采取岗位练兵、技能竞赛、专业培训、交流研讨等多种形式，不断提高队伍的专业水平和业务能力。这次全国性竞赛取得了很好的成效，这种方式的竞赛今后要大力加强，继续举办下去。三是狠抓廉政建设。制定了《检察技术信息工作人员廉政规定》和《检察机关司法鉴定人员纪律规定》，建立并不断完善设备采购、工程建设等方面的工作制度，严格司法鉴定工作程序，队伍的综合素质和整体形象进一步提升。三年来，先后有141个先进集体和209名先进个人受到最高人民检察院表彰，涌现出了以顾晓生（党的十七大代表、全国检察业务专家、江苏省人民检察院主任法医师）、陈方方（全国“人民满意的公务员”、安徽省“十佳人民公仆”、淮北市人民检察院高级工程师）等同志为代表的一大批先进典型。

通过几年努力，检察技术和信息化工作基础差、底子薄的状况有了明显改善，整体工作跃上了一个新台阶，在实施科技强检战略、履行法律监督职责中发挥了重要作用。这是各级党委、政府关心支持的结果，是各级检察院党组高度重视和正确领导的结果，也是检察机关各部门团结协作、广大检察技术信息人员努力拼搏的结果。在此，我代表最高人民检察院党组，向支持检察技术信息工作的各级领导表示崇高的敬意！向同志们表示诚挚的慰问！向参加全国检察机关信息化应用竞赛的单位和选手表示衷心的感谢，向在竞赛中取得优胜成绩的单位和个人表示热烈祝贺！

同时，我们也要清醒地看到工作中还存在不少问题和不足。主要表现在：一是认识不到位。有的领导科技强检意识淡薄，对检察技术和信息化工作重视不够，抓得不力，导致本地区工作长期没有起色。检察技术信息工作尽管取得了很大成绩，从全国来看，也有工作做得很好的一些地方和单位，但是做得差的地方也不在少数。刚才曹建明检察长讲的“各地的检察技术信息工作发展如何，单位领导尤其是‘一把手’是关键”，当然在座的各位分管领导也负有重要责任。如果“一把手”重视不到位，再加上分管领导抓得不得力，那么这项工作自然会长期处于落后局面。二是保障不到位。一些地方机构不健全、人员不齐备、队伍不稳定，专业人才缺乏。一些地方科技装备、技术设施等基础条件比较薄弱，建设和运行维护经费得不到保障。技术信息化工作是投入很大、花钱很多的工作。如果说经费不到位，有一些设备买不来，建好了也不能用；建好了，买来了，没有经费维护，就会影响运行。技术信息工作是需要花大钱的，经费保障问题要引起高度重视。三是应用不到位。科技应用深度不够，建设效益没有得到充分发挥，一些地方重建轻用，重建轻管的现象未得到根本改变。这几年检察机关硬件建设得到很大加强，各地检察院的办公楼、技侦楼以及监控中心、指挥中心都建得很好，设备也较先进。但是一些地方用得很少，建用“两张皮”现象比较突出。所以要在突出应用上下功夫。建用“两张皮”的现象必须得到纠正。四是指导不到位。统一的信息化和检察技术工作机制尚未建立，各类检察业务规范体系亟待形成，信息化建设、管理、软件开发和应用需要进一步规范，司法鉴定管理以及实验室认可等工作都有待加强。五是服务不到位。检察技术为办案服务的手段不多、措施不够有力，司法鉴定工作模式及运行机制仍处于探索阶段，案源不足、能力不强、技术水平不高的问题比较突出，与全面履行职能还有较大差距。这些都需要在今后的工作中进一步高度重视并努力加以解决。

二、当前形势与今后一个时期检察技术和信息化工作的总体要求

从当今世界科技发展的形势看,世界科技进步日新月异,信息技术正步入飞速发展时期,科学技术和信息化在推动社会进步中的基础性、先导性、战略性作用越来越突出,已经成为经济社会发展的重要驱动力。

从国家信息化发展的形势看,党中央作出了以信息化带动工业化、以工业化促进信息化的重大决策。党的十七大要求更好地实施科教兴国等战略,建设创新型国家,实现又好又快发展。实施国家信息化发展战略,将检察信息网络确定为电子政务建设的重要内容,大力提升检察工作的信息化、科技化水平,是科技发展新形势对检察机关提出的客观要求。

从司法体制改革的形势看,随着司法体制和工作机制改革不断深入,中央提出推进政法部门网络设施共建和信息资源共享的要求,这为检察信息化发展提供了重要的政策支持;全国人大对司法鉴定管理体制作出决定,中央政法委出台了《关于进一步完善司法鉴定管理体制遴选国家级司法鉴定机构的意见》,要求政法机关从更高起点、更高层次、更高水平上做好司法鉴定工作,发挥国家司法鉴定机构的主导作用,切实维护人民群众的合法权益,维护社会和谐稳定,这为检察机关司法鉴定工作指明了发展方向。

从国家经济形势和综合国力看,我国经济保持平稳较快发展,国力不断增强。随着依法治国深入推进,各级党委和政府对检察工作越来越重视,财政支持力度不断加大,经费保障不断增加,这为检察技术和信息化工作的发展提供了坚实的物质基础。

从最高人民检察院党组对检察技术和信息化工作提出的新要求看,提高检察机关的法律监督能力,推进执法规范化、队伍专业化、管理科学化和保障现代化建设,实现检察工作的科学发展,迫切需要科学技术的有力支撑。最高人民检察院党组和曹建明检察长高度重视检察技术和信息化工作,多次进行专题研究,作出了一系列重要指示。对检察技术工作,曹建明检察长强调:“司法鉴定是检察权的重要组成部分,关系到检察机关科技强检,关系到检察机关法律监督能力的发挥。”“司法鉴定中心(实验室)要坚持为办案服务,要立足于服务检察机关办案,要着眼于提高解决重大疑难案件的能力,要建设一支高素质的专业技术队伍,要引进高层次的专业技术人才和骨干,特别是学科带头人。”对检察信息化工作,曹建明检察长指出:推进检察信息化具有重要战略意义,检察信息化不仅仅是检务保障问题。检察机关要推进程序公开、规范执法、强化管理、加强内部监督,提高办公办案工作效率和质量,增强战斗力,提高法律监督能力,信息化建设至关重要。要通过组织制定和实施检察信息化中长期发展规划,大力推进检察信息化建设,使检察工作的发展产生新的飞跃。对检察技术和信息化工作存在的问题,提出了“统一规划、统一标准、统一设计、统一实施”的原则。最高人民检察院党组和曹建明检察长的一系列指示精神,特别是今天上午曹建明检察长的重要讲话为做好新形势下的检察技术和信息化工作进一步指明了方向,明确了思路,提供了强大动力。

当前,检察技术和信息化工作正面临着难得的发展机遇。我们必须顺应时代潮流,紧跟科技发展步伐,坚决贯彻落实最高人民检察院党组和曹建明检察长的指示,增强责任感和使命感,把检察技术和信息化工作放到检察工作全局中去把握,放到充分履行法律监督职能中去谋划,以时不我待的紧迫感和只争朝夕的进取心,抢抓机遇,乘势而上,采取更加有力的措施,大力加强检察技术和信息化工作,努力实现新飞跃。当前和今后一个时期,检察技术和信息化工作的总体要求是:以邓小平理论和“三个代表”重要思想为指导,深入贯彻落实科学发展观,紧紧围绕检察工作主题和深入实施科技强检战略,认真落实《2009—2013 年全国检察信息化发展规划纲要》和《2009—2013 年人民检察院司法鉴定实验室建设规划》,全面发挥检察技术和信息化职能作用,不断提高技术水平和工作质量,增强保障能力和服务效果,为检察工作科学发展提供有力支持。

落实总体要求,必须坚持“四统一”的原则。“统一规划、统一标准、统一设计,统一实施”原则揭示了检察技术和信息化工作发展的内在规律,是科学发展观在检察技术和信息化工作中的具体体现,是推进检察技术和信息化工作科学发展必须遵循的基本原则。“统一规划”就是要对全国检察技术和信息化工作通盘谋划,制定总目标,确定发展方向;“统一标准”就是要通过制定各项业务和技术标准,规范工作程序和步骤,增强功能,提高效率;“统一设计”就是要将业务需求和技术标准转化为实施方案;“统一实施”就是要采取强有力的措施,整体组织,有序推进。我们要正确理解和把握“四统一”的深刻内涵和辩证关系,不折不扣地落实到工作中去。

落实总体要求,必须贯彻“推进建设、突出应用、加强管理”的工作思路。建设是基础。要加大投入,重点推进基础建设和人才队伍建设,为检察技术和信息化工作的深入发展奠定基础。应用是根本,是重中之重。当前,要把应用摆在更加突出的位置,在“深度应用”和“广度应用”上下功夫、求实效,将检察技术和信息化工作真正融入执法办案的各个环节,切实提高检察机关实际战斗力。管理是保障。要加强领导体制和工作机制建设,完善制度、强化措施、加强管理、落实责任,使其成为促进工作规范高效运行的保障。建设、应用和管理是有机的整体,三者既各有侧重,又密切联系,缺一不可,必须全面把握,突出重点,协调发展。这是我们经过长期实践总结出的一条基本规律,是推进检察技术和信息化工作科学发展的道路,今后必须始终坚持。

落实总体要求,必须形成以最高人民检察院为中心、省级检察院为重点、地市级检察院为骨干、基层检察院为基础的工作格局。具体讲:在检察技术方面,最高人民检察院建成国家级司法鉴定机构,负责制定司法鉴定实验室建设规划,对全国检察机关司法鉴定机构和鉴定人实施管理。省级检察院负责本省范围内检察技术规划的具体实施,建设省级司法鉴定机构,解决区域内重大疑难复杂案件的技术问题,重点专业门类成为区域权威。地市级检察院既是检察技术工作的骨干,也是司法鉴定工作的基础,要建立本地区的司法鉴定机构,承担辖区内司法鉴定工作,重点建设二至三个专业门类。基层检察院既是检察技术工作的基础,又是司法鉴定工作的补充,要巩固现有机构,确保人员不散,尚未建立机构的,要有专人负责日常技术工作。在检察信息化方面,最高人民检察院负责制定总体发展规划,规范业务标准和技术标准,统一开发全国检察机关主要应用软件,建立全国检察数据中心。省级检察院负责本省范围内检察信息化规划的具体实施,在继续巩固现有应用的基础上,逐步向全国统一的应用软件过渡,建立省级检察数据中心。地市级检察院负责建设服务于本地区各基层检察院的应用系统平台,建立地市级检察数据中心。基层检察院是基础数据来源的主渠道,负责落实网络应用和运维保障。

三、检察技术工作目标和主要任务

今后五年检察技术工作的目标和主要任务是:围绕“三项主要职能”,着力加大“四个力度”,实现“四个突破”。

第一,紧紧围绕司法鉴定职能,着力加大办案力度,提高鉴定水平,努力实现办案能力的新突破。当前,一些地方司法鉴定案源不足、数量萎缩,甚至无案可办的问题必须要引起高度重视。司法鉴定机构如果长期无案可办,先进设备就会闲置,技术人员的专业知识技能就会日渐荒疏,长此以往必将影响整体工作的长远发展。因此,各级检察技术部门必须要把办案作为首要任务,切实加大力度,拓宽案源渠道,充分发挥技术优势,为业务工作提供科技支撑和技术保障。一是要紧盯检察环节的司法鉴定案件,重点抓住职务犯罪案件中电子证据、心理测试等手段的应用。各级检察机关在办案中凡需要司法鉴定的,一定要充分发挥技术部门的作用,主动与技术部门联系,避免案件外流。技术部门要主动配合业务部门,积极参与办案,通过办案锻炼队伍,树立权威,决不能推诿懈怠,畏首畏尾。二是要正确处理好办案数量与办案质量的关系,既要防止一强调质量就人为控制办案数量的倾向,更要避免片面强调加大办案力度而忽视办案质量的做法。这里重点强调一下涉及死亡案件的法医鉴定问题。当前,随着公民法治意识、维权意识的增强,当事人对法医鉴定工作的要求也越来越高。涉及死亡案件的法医鉴定难度大、社会关注度高,如果处置不当,在网络环境中极易成为舆情焦点和炒作热点,诱发群体性事件,甚至被境内外敌对势力利用,成为攻击我国社会主义检察制度和司法制度的口实。因此,我们必须高度重视案件中涉及死亡原因的法医鉴定工作,严肃执法纪律,严格鉴定程序,加强指导监督,进一步提高处置涉检鉴定突发性事件的能力,坚决杜绝问题鉴定、违法鉴定的发生,真正把案件办成经得起历史检验的铁案、精品案、和谐案。三是要进一步健全技术管理体系。要做好鉴定机构和鉴定人的管理(包括资格审查、年度审验、资格延续与变更注销、系统内部名册编制、技术考核、加强业务指导、队伍建设和监督检查等),规范鉴定工作。强化对鉴定工作人员的业绩考核,建立鉴定人诚信档案和责任追究制度。最高人民检察院和省级检察院要充分发挥司法鉴定管理职能,二到三年内建立和完善过程跟踪、质量控制、风险评估、监督考核等工作机制,从机制层面上保证司法鉴定的案件质量。

第二,紧紧围绕文证审查职能,着力加大技术性证据材料审查力度,防漏纠错,努力实现证据质量的新突破。首先要抓好死刑案件中涉及“四种情况”(对案件定罪量刑起关键作用的、具有两个以上不同结论的、对鉴定意见提出异议的、社会鉴定机构出具鉴定意见的)的技术性证据材料审查。其次要突出监管场所在押人员病残鉴定材料的审查和非正常死亡的法医学鉴定。会前最高人民检察院已就此印发专门规定,各地要认真贯彻执行。技术部门要进一步调整思路,调配力量,保证办案工作需要。三是要积极探索为业务工作服务的突破口,通过试行与公诉、反贪污贿赂、渎职侵权检察、监所检察等业务部门建立协作配合机制,为今后出台规范性制度奠定基础。

第三,紧紧围绕技术协助职能,着力加大服务职务犯罪侦查工作力度,发挥专业优势,努力实现技术取证能力的新突破。当前查办职务犯罪案件难度加大,运用科技手段侦破案件的需求迫切。技术工作要坚持始终面向办案一线,根据业务部门需求,积极主动地把检察技术运用到办案中,参与技术取证、现场勘验、同步录音录像等办案活动,解决好目前办案工作科技含量偏低、办案方法单一落后的问题。重点强化通过司法会计、电子证据、文件检验等技术手段收集、审核、固定证据的能力;积极运用心理测试技术协助突破案件;运用视听技术手段协助进行录音、录像、跟踪等工作,固定案件证据,提高侦查工作质量和水平。

第四,着力加大实验室建设力度,尽快建成一批符合标准、满足业务需求的司法鉴定实验室,努力实现检察机关司法鉴定整体工作的新突破。加强实验室建设要明确任务、下定决心。依据中央司法鉴定体制改革的要求,结合检察技术工作现状,最高人民检察院研究制定了《2009—2013年人民检察院司法鉴定实验室建设规划》(以下简称《规划》),各地要认真抓好落实,完成建设任务。鉴于司法鉴定实验室建设任务重、标准高、周期长,各地应当早规划、早部署、早建设,否则会影响到检察机关司法鉴定工作的整体发展,落后于国家司法鉴定改革的要求。最高人民检察院通过反复论证并与省级检察院协商,确定检察机关未来五年司法鉴定实验室建设目标是:5至8个省级检察院建成一类司法鉴定实验室,15个省级检察院和21个地市级检察院建成二类司法鉴定实验室,6个省级检察院和110个地市级检察院建成三类司法鉴定实验室。认可目标是:23个省级检察院和51个地市级检察院司法鉴定实验室通过国家认可(或计量认证)。遴选目标是:1至2个司法鉴定机构遴选成为国家级司法鉴定机构,5至8个司法鉴定机构遴选成为省级司法鉴定机构。今明两年,重点抓好东部省份实验室建设和认可,到2010年底,力争9个省级检察院、18个地市级检察院完成实验室建设,5个省级检察院司法鉴定实验室通过国家认可。各地要认清国家司法鉴定工作的大趋势和总要求,切实增强紧迫感和责任感。首批明确任务的地方要加紧建设,不等不靠,切实保证建设任务的完成。有条件的单位,可不受《规划》任务的限制,高标准、高起点地进行建设,力争早建设、早受益。

四、检察信息化工作目标和主要任务

今后五年检察信息化工作的目标和主要任务是:落实《2009—2013年全国检察信息化发展规划纲要》(以下简称《规划纲要》),坚持“三个把握”,做到“三个不放松”,努力推动信息化工作向纵深发展。

第一,坚持把握长远,做到推进建设不放松。建设是基础,没有建设信息化就无从谈起。检察信息化建设是一项系统工程和长期任务,加强基础网络平台建设和软件应用平台建设,是当前和今后一个时期建设的主要内容。一是加快网络设施建设。到2013年检察专线网要覆盖全国所有检察院,已建网的地区要根据业务应用的不断深化,适时进行网络扩容或改造,提高网络的效率和质量;加快与派驻监管场所联接的分支网络建设,适应职务犯罪侦查远程指挥、审查逮捕上提一级及驻所检察远程监督的需要。东部和有条件的中部地区要率先建成,其他地区也要加快建设,到2013年分支网络覆盖率要达到80%(目前覆盖率是15.5%)。二是以业务需求为导向,加快应用平台和数据中心建设。要按先建应用平台、后建数据中心的步骤推进。依据《规划纲要》要求,目前主要业务应用平台建在地市一级,供所辖基层检察院使用。有条件的地方,要抓紧建设省级应用平台,供全省统一使用。

针对各地集中反映的检察业务软件统一的问题,今年5月,遵照曹建明检察长的指示,最高人民检察院领导专门带领工作组赴5省(市)调研,征求了15个省级检察院的意见,最高人民检察院党组专门听取汇报后,在充分讨论研究的基础上,确定了近一个时期检察业务应用软件开发的整体原则和具体要求:在检察机关信息化建设中,必须坚定不移地贯彻执行“统一规划、统一标准、统一设计、统一实施”的原则。信息化建设执行“四统一”原则,就是要解决目前所存在的重复投资、重复开发、各自为战、条块分割的问题,用一至两年的时间过渡到“大统一”上来。在具体工作中,就是由最高人民检察院统一规划全国检察信息化的建设结构、应用模式,统一制定检察信息分类、归纳、整合、分析、评估、挖掘、运用等功能的相关技术规范、数据标准、功能需求和保密要求,统一开发全国检察机关主要应用软件,建成统一的检察信息数据库,达到互联互通、信息共享。各省级检察院在继续巩固现有应用的基础上,逐步向全国统一的应用软件过渡。关于全国检察机关应用软件“大统一”的问题,会后最高人民检察院将专门组织班子,广泛、深入地进行调研,拿出具体的实施方案。各级检察机关都要将思想统一到最高人民检察院的部署上来,提高认识,坚定信心,克服困难,抓好落实。

第二,坚持把握根本,做到突出应用不放松。推进检察信息化,应用是根本。要把应用作为重中之重,加大力度,深化应用。经过多年的不懈努力,全国检察机关的信息化水平已经发生了显著变化。有的地方实现了跨越式发展,为检察事业发展奠定了坚实基础。但这仅仅是初步的,特别是在应用上,还必须下大气力向深度和广度迈进,真正实现应用的全面覆盖,不留空白点。下一步,我们要在实现均衡发展的同时,高度重视信息化建设成果的应用,切实把科技强检的要求落到实处。

今后一个时期,信息化应用工作要紧紧围绕和全面服务“执法规范化、队伍专业化、管理科学化和保障现代化”建设的要求,突出抓好检察业务、综合办公、队伍建设和检务保障四大类应用,重点是网上办案。到2013年,要争取全国80%(目前57%的检察院初步实现网上办案,67%的检察院初步实现了网上办公)的检察院主要业务工作在网上办理。继续拓宽网上受理举报、控告申诉及预防等业务新领域,利用网络广泛开展阳光检务、便民服务、检察宣传。发挥网络应用优势,及时防范和化解重大涉检上访矛盾纠纷。开展网上公文流转、信息发布、电子邮件、法律法规查询、机要文件传输等办公应用;充分利用视频会议系统,降低检务运行成本;开展人员管理、绩效考核、执法档案建设、在线培训教育考试等队伍管理应用;围绕楼宇智能化、国有资产管理、装备管理等开展检务保障应用。同时,要积极参与政法部门网络设施共建和信息资源共享。

第三,坚持把握关键,做到加强管理不放松。三分技术,七分管理。推进检察信息化建设与应用,加强管理是关键。没有科学的管理,再先进的设备也难以发挥应有的作用。要把完善管理作为一项基础性、长期性和关键性的工作任务来抓,实现对现有人员和设备的科学配置,合理使用。一是建立信息化领导体制和推进信息化应用的工作机制。各级检察机关都要按照《规划纲要》的要求,成立或调整信息化领导小组及其办公室,组长由一把手担任,办公室主任由分管副检察长兼任,主要业务部门的负责人应是小组成员。检察技术信息化如何应用到办案、办公中去,业务部门人员深度参与是关键。光靠技术部门不行、光靠信息化部门不行,公诉、反贪污贿赂、反渎职侵权等部门必须参与。各地领导小组没有调整完的,可以根据这一思路进行调整。年底前省级检察院要完成调整,地市级检察院明年上半年完成调整,基层检察院最晚在明年底前完成调整。各级检察院领导、特别是检察长要率先垂范,带头抓应用。逐步建立以上带下、以下促上、上下联动、全员参与的信息化应用推进机制,使信息化工作步入业务部门主导、技术部门督导、计划财务部门支持、保密部门配合的良性发展轨道。领导要带头使用,要真正把它作为办公办案的手段,使网络成为领导不可或缺的重要办公办案工具,只有这样,应用工作才能向前发展。二是完善标准和规范体系。最高人民检察院组织制定标准与规范,建立动态更新机制,为各省级检察院开发应用软件、数据交换与共享提供规范性依据,计划于2010年完成《检察信息应用系统技术规范》的修订完善,启动检察业务、队伍、保障等方面的标准与规范的制定工作。各省级检察院在遵循最高人民检察院规范的前提下,要结合实际制定本地区落实规范和技术标准的方案。三是健全人才保障机制。加快制定引进、培养、使用信息化专门人才的工作机制,确保检察信息化队伍的稳步发展。根据工作需要,省级检察院和大中城市检察院信息技术人员应达到10人以上、一般地市级检察院和较大县区级检察院6人以上、基层检察院至少2人。进一步加强专业技术人员培训,加快全国和省级信息化人才库建设。四是强化安全保密管理。检察信息系统属于涉密系统,做好安全保密工作事关重大,不容忽视。中央和国家有关部门出台了许多硬性规定,明确提出涉密信息系统采取分级保护、非涉密信息系统采取等级保护的要求。各级检察机关要严格遵循这些规定,健全和落实安全保密责任制,遵照"查漏补缺"的原则,加快安全保密建设和系统测评步伐。

五、加强领导,强化措施,为实现检察技术和信息化工作新飞跃提供有力保障

检察技术和信息化工作要发展壮大,要实现新的飞跃,加强领导是关键。与其他工作相比,检察技术和信息化工作需要更多的人力、财力、物力投入,领导的重视支持显得格外突出和重要。各级检察机关和全体检察人员,特别是各级检察院"一把手"要进一步统一思想、深化认识,从事关检察工作科学发展的高度,充分认识加强检察技术和信息化工作的重要性和紧迫性,更加主动地了解支持检察技术和信息化工作,更加自觉地在执法办案中依靠技术信息部门,为检察技术和信息化工作的发展创造良好的环境和条件。

第一,要进一步加大投入,强化保障。检察信息化工作和司法鉴定实验室建设与认可工作均需要较大的投入。各地要从多方面入手,主动向党委、政府汇报反映加强这项工作的重要性,积极争取专项资金支持,将信息化建设、应用及运维资金和司法鉴定实验室建设经费纳入当地的财政预算。在统筹的基础上,中央政法补助专款应尽可能地向检察技术和信息化工作倾斜,采取集中财力办大事的方式解决所需资金,确保专款专用。必要时,上级检察院要出面协调督促下级检察院解决资金问题。要积极引进专业人才,为检察技术和信息化工作健康发展提供人力支持。

第二,要进一步加强督导,落实工作部署要求。当前检察技术和信息化建设任务十分繁重紧迫。上级检察院要加大对下督察和指导力度,协调解决重大共性问题和工作发展不平衡问题,采取重点帮扶、政策支持等方式解决下级检察院遇到的实际困难。在技术工作方面,各地要将司法鉴定实验室建设以及《规划》的落实情况纳入年度考核,加大督察力度。最高人民检察院要对试点单位进行具体指导,帮助建立实验室管理体系,组织专家进行现场模拟评审。其他省级检察院也要及早启动实验室认可工作,指导地市级检察院开展认可或计量认证。在信息化工作方面,最高人民检察院将围绕基础网络、信息化应用、安全保密、数据中心建设等重点任务,进行督导,落实措施,实行考核。各地要抓好落实,注意发现问题,及时上报情况。省级检察院和地市级检察院要定期汇总情况,为最高人民检察院提供决策依据。

第三,要加强教育培训,提高队伍素质和工作技能。要把检察技术信息队伍的能力建设摆在突出位置来抓,以提高能力为核心,以专业化为方向,大力加强思想政治和业务素质建设。要采取岗位练兵、教育培训、理论研讨、业务竞赛等多种形式,提高专业技术人员的能力和水平;要选好配强技术信息部门领导班子,优化年龄知识结构。对工作突出的,要不拘一格,大胆提拔,委以重任。对那些不思进取、领导不力、工作软散的部门负责人,应当及时通过组织程序予以调整。要采取有效措施,下力气切实解决一些地方由于长期不办案、技术水平下降而导致的疑难案件不敢办、复杂案件不愿办、硬着头皮办错案的现象,将办案数量和办案质量纳入绩效考核中,建立和完善错案责任追究制度,努力走出一条检察技术信息部门队伍建设和业务建设良性互动的发展路子。

第四,要重视抓好检察技术信息队伍的廉政建设。信息化项目建设、司法鉴定实验室建设过程中涉及大量经费投入,司法鉴定人员在工作中也极易受到各种腐蚀和诱惑。检察技术信息队伍的廉政建设十分重要,决不能掉以轻心,决不能放松警惕,决不能放松严格要求,一定要警钟长鸣。要强化党风廉政教育,严格规范行为,切实加强对廉洁从检情况的监督,引导大家自觉遵纪守法。项目方案制定、工程招投标和设备采购全过程,都要坚持"公开、公平、公正"的原则,引入监督机制,实行全程监控,防止个人说了算。检察技术信息部门的每位同志都要提高廉洁自律意识,忠于职守,洁身自好,老老实实做人,干干净净办事,经得起各种诱惑的考验，坚决防止和杜绝发生违纪违法问题。

新形势下加强检察技术和信息化工作的目标已清，思路已明，任务艰巨，使命光荣。我们要认清形势，抓住当前难得的发展机遇，乘势而上，开拓进取，真抓实干，努力实现新飞跃，续写新辉煌，以优异的业绩为检察事业的科学发展作出新的更大贡献！

认真贯彻十七届中央纪委三次全会精神 扎实推进检察机关党风廉政建设和反腐倡廉工作

——在全国检察机关纪检监察工作会议上的讲话

中央纪委驻最高人民检察院纪检组组长　莫文秀

（2009 年 2 月 13 日）

这次会议的主要任务是：以邓小平理论和“三个代表”重要思想为指导，深入贯彻落实科学发展观，认真学习贯彻胡锦涛总书记在十七届中央纪委三次全会上的重要讲话、十七届中央纪委三次全会和全国检察长会议精神，回顾检察机关恢复重建三十年来党风廉政建设和自身反腐败工作取得的成绩和经验，总结 2008 年工作，研究部署 2009 年工作任务。

最高人民检察院党组对这次会议十分重视，先后两次召开会议进行专题研究，对开好会议提出了具体要求。今天上午，曹建明检察长作了重要讲话，深刻阐述了学习贯彻胡锦涛总书记重要讲话和中央纪委三次全会精神的重大意义，充分肯定了检察机关党风廉政建设和自身反腐败工作取得的成绩，突出强调了当前和今后一个时期检察机关反腐倡廉建设和领导干部作风建设的指导思想、总体要求和工作重点，并对加强检察机关纪检监察队伍建设提出了具体要求。讲话主题鲜明，论述深刻，思想性和针对性都很强，是推进检察机关反腐倡廉建设的重要指导性文件。我们一定要认真学习、深刻领会、坚决贯彻落实。

下面，我讲四个问题。

一、检察机关恢复重建以来党风廉政建设和自身反腐败工作取得的成绩和经验

党的十一届三中全会决定恢复重建党的纪律检查机关，这是我们党在政治上拨乱反正的重要内容，也是在改革开放新的历史条件下坚持党要管党、从严治党、端正党风、维护党纪的重大战略举措。1978 年检察机关恢复重建以来，伴随着检察事业的进步和发展，检察机关纪检监察部门从无到有，从小到大，从弱到强，工作任务不断增加，工作思路逐渐清晰，监督职能日趋完善，在推进中国特色社会主义检察事业中发挥了不可替代的作用。认真回顾总结检察机关恢复重建三十年来党风廉政建设和自身反腐败工作取得的成绩和经验，深入研究检察机关反腐倡廉工作的特点和规律，对于在新的起点上推进检察机关党风廉政建设和自身反腐败工作，具有十分重要的意义。

（一）紧跟检察事业发展步伐，不断健全纪检监察机构、充实人员。检察机关恢复重建之初，自身反腐倡廉工作由人事部门主管。1987 年经中央纪委批准设立了党组纪检组，并于次年组建监察局，与党组纪检组合署办公。1990 年，党组纪检组更名为中央纪委驻最高人民检察院纪检组。同年，最高人民检察院会同国家编委联合下发了《关于设立地方人民检察院监察机构的通知》，地方各级检察机关纪检监察机构相继设立。中央纪委驻最高人民检察院纪检组、最高人民检察院监察局先后增设了执法监察室、巡视办公室和检务督察室，内设机构已增至 5 个。2004 年，最高人民检察院下发了《关于健全检察机关纪检监察机构设置等问题的通知》,有力地推动了纪检监察机构设置和人员配备工作。截至2008年底,全国各级检察机关已设立纪检组2892个,监察处(科、室)1633个,配备专职纪检监察干部3832人,兼职纪检监察干部900人,为全面履行纪检监察职能提供了组织保证。2005年以来,最高人民检察院先后召开了全国检察机关加强内部执法办案监督座谈会、案件检查审理工作会、党风廉政建设责任制工作座谈会、巡视督察工作研讨会和贯彻落实《建立健全教育、制度、监督并重的惩治和预防腐败体系实施纲要》经验交流会,首次组织了检察机关纪检监察工作先进集体和先进个人评选表彰活动,举办了全国检察机关纪检组长研修班,增强了纪检监察队伍执纪办案和防治腐败的能力。

(二)坚持改革创新,探索建立具有检察特色的纪检监察工作机制。按照中央关于改革和完善党的纪律检查体制的部署和要求,积极推进检察机关纪检监察领导体制改革,纪检组逐步由同级检察院党组领导、党组与纪委双重领导到由派驻纪检组的纪委统一管理。纪检组与监察部门合署办公,形成了整体合力。积极适应纪检监察工作形势和任务的发展变化,在强化监督职能、健全工作机制等方面积极探索,纪检监察工作由过去的保护、惩处、监督、教育四项职能,拓展为教育、制度、监督、改革、纠风、惩治六项职能;充分利用执法监察、巡视和检务督察三个平台,强化对检察机关领导班子、领导干部和检察权运行的监督,促进了检察机关严格、公正、文明、廉洁执法。

(三)加强反腐倡廉法规制度建设,基本实现了反腐倡廉工作有章可循。最高人民检察院先后建立了巡视、上级检察院负责人与下级检察院负责人谈话、上级检察院派员参加下级检察院党组民主生活会、领导干部任前廉政谈话、诫勉谈话、个人有关事项报告、述职述廉和任期经济责任审计等制度,颁布了《检察机关党风廉政建设责任制责任追究暂行规定》、《检察机关领导干部必须遵守的"六个严禁"规定》,促进了领导干部廉洁自律工作。先后颁布了《九条"卡死"的硬性规定》、《检察人员纪律》、《廉洁从检十项纪律》、《关于严禁检察人员违规驾车的四项规定》等禁止性制度,健全了检察人员行为规范。先后制定了《人民检察院监察工作条例》、《检察人员纪律处分条例(试行)》、执法办案内部监督、执法过错责任追究和检务督察等制度规定,规范了纪检监察各项工作。各地检察机关也结合实际,建立健全了一批规章制度,初步形成了涵盖规范领导干部廉洁从检行为、惩戒违纪违法行为、对检察权进行监督制约等方面的制度体系,为正确行使检察权、从源头上防治自身腐败提供了制度保障。

(四)加大对执法办案活动的监督力度,提高了检察机关的执法公信力。针对执法办案中容易发生违纪违法问题的重点岗位、环节和部位,广泛推行了"一案三卡"、"流程监督"、"网上监督"等内部监督措施。先后组织对检察机关和检察干警经商办企业、对办案部门下达创收指标、无偿占用企业钱物和交通通讯工具、利用职权插手经济纠纷、枪支弹药使用管理、违规办案导致涉案人员死亡、特权思想和霸道作风、扣押冻结款物处理以及利用检察权乱收费、乱罚款、拉赞助等情况进行专项检查清理,一些群众反映强烈的突出问题和不正之风不断得到解决。

(五)严肃检察纪律,纯洁检察队伍,促进了检察事业健康发展。各级检察机关坚持从严治检,针对不同时期的突出问题,有重点地查处了一批检察人员违纪违法案件。据统计,1989年至2008年,全国检察机关有3555人受到党纪处分,6850人受到检纪处分,1024人被移送司法机关追究刑事责任。检察人员违纪违法人数呈逐年下降的趋势,检察队伍的纪律作风进一步好转,促进了检察业务建设和队伍建设,维护了检察机关的良好形象。

三十年来,全国检察机关在党风廉政建设和自身反腐败工作实践中,开拓进取,大胆创新,在锐意改革中发展,在破解难题中前进,积累了宝贵的经验。

第一,必须坚持以中国特色社会主义理论体系为指导,始终做到政治坚定,服务大局。中国特色社会主义理论体系,是马克思主义中国化的最新成果,是全国各族人民团结奋斗的共同思想基础。实践使我们深刻地认识到,只有以中国特色社会主义理论体系为指导,才能更好地从政治上观察和处理各种问题,正确判断党风廉政建设和反腐败斗争形势,明确不同历史时期反腐倡廉的主要任务,保证党风廉政建设和反腐败工作始终沿着正确的方向健康发展。只有始终坚持围绕中心、服务大局,党风廉政建设和自身反腐败工作才能找准突破口和切入点，增强工作针对性和实效性，为推动检察工作又好又快发展提供有力保证。

第二，必须坚持把党风廉政建设和自身反腐败工作放在突出位置来抓，始终做到从严治检，秉公执纪。在改革开放和发展社会主义市场经济的条件下，检察队伍面临着腐蚀与反腐蚀的严峻考验。不断增强检察人员拒腐防变和抵御风险能力，是检察机关始终面临的重大课题。扎实推进反腐倡廉建设，是检察机关必须始终抓好的重大政治任务。只有坚持从严治检，秉公执纪，才能有效解决检察队伍中存在的突出问题，才能履行好宪法和法律赋予检察机关的神圣职责，确保检察权依法公正行使。

第三，必须坚持以维护人民群众的合法利益和检察人员的合法权益为出发点和落脚点，始终做到以人为本，执纪为民。以人为本是党的性质和宗旨的集中体现，也是推进反腐倡廉工作的基本要求。只有坚持以人为本，紧紧围绕人民群众最关心、最直接、最现实的利益问题，认真开展专项治理，切实纠正损害群众利益的不正之风，才能更好地维护人民群众的利益。只有坚持惩处与保护并重，在严肃查处违纪违法行为的同时，注意为受到诬告、错告的检察人员澄清是非，才能更好地激励广大检察人员干事创业的积极性。

第四，必须坚持以完善惩治和预防腐败体系为重点加强反腐倡廉建设，始终做到统筹兼顾，协同推进。完善惩治和预防腐败体系，要把坚持标本兼治、综合治理、惩防并举、注重预防的方针始终贯穿于反腐倡廉全过程，既要严肃处理违反党的纪律和检察纪律的行为，又要努力从源头上预防和治理腐败，不断铲除腐败现象滋生蔓延的土壤和条件。只有坚持以完善惩治和预防腐败体系为重点，逐步建立健全拒腐防变教育长效机制、反腐倡廉制度体系、权力运行监控机制，才能全面推进检察机关反腐倡廉建设。

第五，必须坚持不断推动反腐倡廉工作理念、思路、方法和体制机制的创新，始终做到解放思想，与时俱进。检察机关恢复重建以来，党风廉政建设和自身反腐败工作经历了从着力治标、侧重办案到标本兼治、综合治理，从注重开展专项治理到整体推进惩治和预防腐败体系建设这样一个认识上不断深化、实践上不断发展的过程。实践证明，只有紧密结合检察机关实际，坚持改革创新，才能使检察机关党风廉政建设和自身反腐败工作不断体现时代性、把握规律性、富于创造性。

第六，必须坚持和完善检察机关党风廉政建设和自身反腐败工作领导体制和工作机制，始终做到党组统一领导，检察长负总责。检察机关党风廉政建设和自身反腐败工作是一项复杂艰巨的系统工程，涉及检察工作全局，只有坚持党组统一领导，检察长负总责，副检察长分工负责，部门各负其责，纪检监察部门组织协调，全体检察人员共同参与的领导体制和工作机制，认真落实党风廉政建设责任制，才能有效动员和组织全系统的力量，确保反腐倡廉各项任务的顺利完成。

以上六个方面，既是检察机关恢复重建以来党风廉政建设和自身反腐败工作的经验，也是今后推进检察机关反腐倡廉建设必须遵循的重要原则。检察事业在不断发展，反腐倡廉建设在不断深入，我们要结合新的实践，不断深化对检察机关反腐倡廉工作规律的认识，扎实推进检察机关党风廉政建设和自身反腐败工作。

二、2008年检察机关反腐倡廉工作的回顾

最高人民检察院新一届党组高度重视党风廉政建设和自身反腐败工作，坚决贯彻中央关于反腐倡廉的重大决策部署，把党风廉政建设摆上了党组的重要议事日程，多次进行专题研究。曹建明检察长对反腐倡廉工作亲自抓，亲自安排部署，多次听取汇报，并就落实党风廉政建设责任制、推进惩防体系建设、强化执法办案监督、加强巡视和检务督察等重点工作，提出了明确要求。各级检察机关按照最高人民检察院的要求，以改革创新精神全面推进检察机关党风廉政建设和自身反腐败工作，取得了新的成绩。

（一）学习贯彻中央精神有新举措。中央《建立健全惩治和预防腐败体系2008—2012年工作规划》（简称《工作规划》）颁布后，最高人民检察院制定下发了实施办法，将《工作规划》中涉及检察机关的24项工作任务，细化分解到18个职能部门。召开了全国检察机关贯彻落实《工作规划》电视电话会议，对全系统的贯彻落实工作提出了具体要求。邀请中央纪委、中央政法委等七家协办单位座谈研讨，就最高人民检察院牵头的三项任务的目标要求、落实措施、完成时限达成共识。江苏、上海、广东、辽宁、江西、新疆生产建设兵团等省级检察院自觉把贯彻落实《工作规划》作为一项重要的政治任务,健全工作机制,抓好任务分解和落实,促进了教育、制度、监督、改革、纠风、惩治工作整体推进。对中央纪委召开的落实党风廉政建设责任制会议以及巡视、查办案件、清理规范评比达标表彰、干部工作等一系列会议精神,最高人民检察院党组都及时进行传达学习,研究提出了贯彻落实的具体措施,确保中央的决策部署不折不扣地落到实处。

(二)履行监督职责有新增强。进一步加强对领导班子、领导干部的监督工作,严格执行党风廉政建设责任制,全年共追究领导责任 28 人,有 38 名下级检察院领导同志到上级检察院检讨责任。福建、山东、新疆、贵州等地检察机关积极探索完善责任分解、责任考核、责任追究机制,推动了党风廉政建设各项任务的落实。最高人民检察院对山东、湖北、重庆 3 个省级检察院领导班子进行了巡视,30 个省级检察院派出 136 个巡视组,对 312 个市县(区)检察院领导班子进行了巡视。浙江省人民检察院、四川省人民检察院注重在发现和找准问题上下功夫,巡视工作成效明显。全国地市级以上检察机关共派员参加下级检察院党组民主生活会 1970 次,进行任前廉政谈话 9169 人次,诫勉谈话 918 人次,领导干部述职述廉 25880 人次,报告个人有关事项 14672 人次,接受质询 302 人次。对 437 名领导干部进行了任期经济责任审计,其中正副检察长 135 人。全面推行检务督察制度,最高人民检察院先后对北京、天津、河北、山西、内蒙古的 61 个检察院接待群众来访、公诉人出庭、办案安全防范、警车警械枪支管理以及遵守检风检纪等情况开展了集中督察,并就督察中发现的问题向全国检察机关发出通报。32 个省级检察院成立检务督察机构,组建检务督察队伍,开展了督察活动。河南、河北、黑龙江、山西等地检察机关不断加强检务督察机构和工作规范化建设,取得了明显成效。

(三)查办违纪违法案件有新进展。各级检察机关纪检监察部门全年共受理群众举报检察人员违纪违法案件线索 3369 件,初核 2367 件,立案 184 件 246 人,结案 194 件 258 人(含上年积存案件),给予党纪处分 82 人,检纪处分 221 人,双重处分 55 人,移送司法机关追究刑事责任 24 人。坚持惩治与保护并重,加强案件申诉复查工作,在严肃查处案件的同时,查核了一批举报失实的信访件,为一些受到诬告、错告的检察人员澄清事实,保障了检察人员的合法权利。健全对违纪违法典型案件通报制度,选择 10 起检察人员违纪违法典型案例汇编成册,印发各地开展警示教育。北京、广西、重庆等地检察机关纪检监察部门狠抓案件查办工作,通过办案促进检察工作规范化建设和监督制度的落实,较好地发挥了查办案件的治本作用。

(四)解决群众反映突出问题有新成效。各级检察机关抓住群众反映强烈的执法不公、不严、不廉的问题,加大专项治理力度,着力纠正受利益驱动越权办案、插手经济纠纷、违法查封、扣押、冻结、处理涉案款物、乱收费、拉赞助以及侵犯当事人人身权利、刑讯逼供、暴力取证、非法拘禁、滥用强制措施和变相体罚等问题,继续治理特权思想、霸道作风和对人民群众冷硬横推、侵犯人民群众合法权益等不正之风,严肃追究有关人员的责任。认真开展治理公款出国(境)旅游工作,进一步规范检察机关出访考察工作,压缩出国(境)团组 20 个。湖南、湖北、安徽、宁夏等地检察机关积极探索纠风工作的长效机制,取得明显效果。天津市检察院纪检监察部门邀请人大代表、政协委员组成暗访组,针对存在的突出问题开展专项检查,促进了全市检察机关纪律作风建设。

(五)健全监督工作机制有新思路。最高人民检察院制定《人民检察院执法办案内部监督暂行规定》,进一步明确了各级检察院检察长、业务部门负责人、执法办案人员和监察人员在执法办案内部监督工作中应当履行的职责及要求,初步建立了对执法办案活动多角度、全方位、全过程的监督工作机制。针对办案安全事故上升的趋势,召开全国检察机关办案安全防范工作电视电话会议,对办案安全防范工作提出明确要求,并向中央政法委报送了《加强办案安全防范工作采取的措施》。下发了认真执行《检察人员执法过错责任追究条例》的通知,要求各级检察机关纪检监察部门切实履行职责,严肃追究检察人员的执法过错责任。制定《最高人民检察院检务督察委员会议事规则》和《检务督察暗访工作规则》等制度,进一步规范了检务督察工作。吉林、海南、云南等地检察机关积极探索对干部选拔任用、重大经费开支使用、重大项目招投标以及政府采购等工作的监督,探索出了一些行之有效的监督办法。

(六)纪检监察队伍素质有新提高。在深入学习实践科学发展观活动中,各级检察机关纪检监察部门把"做党的忠诚卫士,当群众的贴心人"主题实践活动与“坚持科学发展，强化法律监督，维护公平正义，促进社会和谐”实践载体结合起来，着力解决纪检监察干部中存在的参加与科学发展观要求不适应、不符合的突出问题。曹建明检察长亲自参加中央纪委驻最高人民检察院纪检组、最高人民检察院监察局“做党的忠诚卫士，当群众的贴心人”主题实践活动讨论交流会并作重要讲话，促进了检察机关纪检监察队伍自身建设。河北、河南、山东等省检察机关重视纪检监察机构规范化建设，较好地发挥了纪检监察部门的职能作用。各级检察机关纪检监察部门按照党中央的要求和最高人民检察院的部署，积极参与抗震救灾、平安奥运建设。汶川特大地震发生后，四川、陕西、甘肃等灾区检察机关纪检监察部门快速反应，迅速行动，为抗震救灾和灾后重建作出了积极贡献。拉萨“3·14”打砸抢烧严重暴力犯罪事件发生后，西藏、四川、甘肃、青海等地检察机关纪检监察部门旗帜鲜明地投入反分裂斗争，在应对重大事件中发挥了积极作用。

这些成绩的取得，是各级纪委和各级检察院党组高度重视和正确领导的结果，是全国检察机关广大纪检监察干部顽强拼搏、辛勤努力的结果。在此，我代表最高人民检察院党组、代表中央纪委驻最高人民检察院纪检组、最高人民检察院监察局向关心、支持纪检监察工作的各级领导和广大检察干警表示衷心感谢，向辛勤工作在检察机关纪检监察战线的全体同志表示亲切的慰问！

在肯定成绩的同时，我们也要清醒地看到，当前检察机关党风廉政建设和自身反腐败工作中还存在着一些不容忽视的问题。一些地方检察人员贪赃枉法等严重违纪违法案件仍时有发生；执法不严格、不规范、不公正、不廉洁的现象仍然存在；有令不行、有禁不止的情况在有些地方仍比较突出；少数检察人员特权思想、霸道作风仍比较严重。特别应当引起高度重视的是检察机关领导干部和重点执法岗位人员违纪违法案件居高不下。去年查办检察机关领导干部113人，占违纪违法总人数的43.8%。其中，各级检察院检察长12人，副检察长、党组成员35人，部门负责人66人。涉及重点执法岗位人员144人，占违纪违法总人数的56%。性质严重、情节恶劣的违纪违法案件明显上升，被开除党籍的34人，比上年上升88.9%；被开除公职的35人，比上年上升105.9%；被移送追究刑事责任的24人，比上年上升100%；被法院作出有罪判决的26人（含上年积存案件），比上年上升160%，其中被判处十年以上有期徒刑的8人。

检察机关纪检监察队伍建设和业务工作还存在一些薄弱环节。少数纪检监察干部特别是个别领导干部责任心不强，精神状态不佳，工作标准不高；有的原则性不强，怕得罪人，执纪执法失之于宽、失之于软；上级检察院纪检监察部门对下指导不够，对自身反腐倡廉工作的特点和规律调查研究不深，解决问题的措施不力，针对性不强；纪检监察部门机构设置、人员配备还不能完全适应新形势新任务的需要。

对上述问题，我们一定要高度重视，保持清醒的头脑，决不能盲目乐观，掉以轻心。要深刻认识检察机关自身反腐倡廉工作的长期性、复杂性、艰巨性，居安思危，警钟长鸣，以更加坚定的信心、更加积极的态度、更加有力的措施，推动检察机关党风廉政建设和自身反腐败工作再上新台阶。

三、2009年检察机关党风廉政建设和自身反腐败工作的主要任务

2009年是新中国成立六十周年，是应对国际国内环境重大挑战、推动党和国家事业实现新发展的关键一年。检察机关肩负着维护社会公平正义，促进社会和谐稳定，为经济平稳较快发展提供司法保障的重任，新的形势和任务对检察机关自身反腐倡廉工作提出了新的要求。在刚刚结束的全国基层检察院建设工作会议上，中共中央政治局常委、中央政法委书记周永康同志明确指出，在全部检察工作中，队伍建设是根本，也是保证。强调检察队伍要做到政治过硬，执法公正，自身清廉，树立严格、公正、文明、廉洁执法的良好形象。我们要认真贯彻党的十七大、十七届三中全会和十七届中央纪委三次全会精神，高举中国特色社会主义伟大旗帜，以邓小平理论和“三个代表”重要思想为指导，深入贯彻落实科学发展观，坚持标本兼治、综合治理、惩防并举、注重预防的方针，以完善惩治和预防腐败体系为重点，狠抓《工作规划》和检察机关《实施办法》的贯彻落实，严格执行党风廉政建设责任制，加强领导干部作风建设，强化监督检查，加强组织协调，着力解决检察机关党员干部在党性党风党纪方面存在的突出问题，以党风廉政建设和自身反腐败工作的新成效取信于民，为检察事业科学发展提供坚强保证。

（一）确保中央权威，切实抓好党的纪律特别是

政治纪律执行情况的监督检查

党的纪律是党的生命,是我们党不断从胜利走向胜利的可靠保证。检察机关的党员干部,必须严格遵守党的政治纪律、组织纪律、经济工作纪律、群众工作纪律。在党的纪律中,政治纪律是最重要的纪律,是全部纪律的基础。要深入开展政治纪律教育和宣传,促使广大检察人员特别是领导干部增强政治意识、政权意识、责任意识、忧患意识,旗帜鲜明地坚持党对检察工作的领导,始终同以胡锦涛同志为总书记的党中央保持高度一致。要加强对检察机关贯彻落实科学发展观情况的监督检查,督促各级检察机关充分发挥法律监督职能作用,保证中央关于"保增长、保民生、保稳定"一系列政策措施落实到位。要严肃党的纪律,严禁公开发表同中央的决定和党的路线方针政策相违背的言论,决不允许编造、传播政治谣言,决不允许参与各种非法组织和非法活动,严肃查处反对四项基本原则和改革开放等违反政治纪律的行为,维护党的团结统一。对违反政治纪律的,要坚决依纪依法予以惩处。

(二)加强党风廉政教育和党性修养,切实抓好领导干部作风建设

坚强的党性和优良的作风,是检察机关忠实履行法律监督职责的重要保证。要把加强领导干部作风建设作为一项重大政治任务来抓,坚持教育与管理相结合、自律与他律相统一,进一步推进领导干部思想作风、学风、工作作风、领导作风和生活作风建设,认真落实"八个坚持、八个反对"的要求,大力倡导八个方面的良好风气,以优良作风促进检察工作科学发展。

要加强党风廉政教育,促进领导干部廉洁自律。以树立正确的执法观、政绩观、利益观为重点,进一步加强理想信念、党风党纪和廉洁从检教育。要把党风廉政教育列入检察机关干部教育培训规划,同领导干部培养、选拔、管理、使用结合起来,完善廉洁从检教育的常态机制,不断提高领导干部拒腐防变的意识和能力。要按照十七届中央纪委三次全会的要求,认真抓好领导干部廉洁自律各项规定的贯彻落实。结合检察工作实际和以往相关规定,对领导干部明确和重申"十个严禁"的要求:(1)严禁办关系案、人情案、金钱案;(2)严禁违反法定程序办案;(3)严禁收送现金、有价证券、支付凭证和收受干股;(4)严禁买官卖官、跑官要官,违反规定任免干部;(5)严禁插手工程招投标、政府采购等经济活动;(6)严禁违规建房、超预算超标准装修办公用房、超标准超编制配备使用小汽车;(7)严禁相互请托,违反规定为对方的特定关系人谋取不正当利益;(8)严禁接受可能影响公务活动的吃请和礼物;(9)严禁用公款出国(境)旅游;(10)严禁利用职权为特定关系人谋取利益。希望检察机关各级领导干部带头遵守,严格执行。今年,最高人民检察院将在总结经验和调查研究的基础上,全面推广领导干部廉政档案制度,进一步促进领导干部廉洁自律。纪检监察部门要加强监督检查,认真抓好落实。对违反规定的,要严肃查处,决不姑息迁就。

要通过加强党性修养和党性锻炼,促进领导干部作风好转。要结合开展深入学习实践科学发展观活动,积极探索建立有利于领导干部党性修养和作风养成的制度和机制。积极探索对领导干部作风问题实施监督的渠道和方法,加强对领导干部作风情况和工作圈、生活圈、社交圈以及八小时以外的监督管理,及时发现、纠正和解决领导干部在作风方面的苗头性、倾向性问题,严肃查处因作风败坏引发的各种严重违纪违法行为。

(三)严肃执纪执法,切实抓好查办违纪违法案件工作

要突出办案重点,提高办案能力。重点查办检察机关领导干部违反"十个严禁"的案件;检察人员贪赃枉法、徇私舞弊的案件;执法办案中侵犯当事人人身权、财产权的案件;违法违规办案或失职渎职导致发生重大安全事故的案件;严重违反政治纪律和组织人事纪律的案件。建立健全检察机关纪检监察部门向职务犯罪侦查部门移交案件和查办案件的督办协作机制,努力提高发现和查办违纪违法案件的能力。最高人民检察院和省级检察院纪检监察部门要带头办案,为下级检察机关纪检监察部门作出表率。

要规范办案行为,依纪依法办案。把依纪依法办案作为查办案件的基本要求,贯穿到案件查办的各个环节。完善检察人员违纪违法案件线索集中管理和集体排查制度,健全对实名举报线索查处情况的反馈机制。对有案不查、瞒案不报的,严肃追究有关人员的责任。完善办案的程序性规定,健全办案工作责任制。坚持实事求是,务必搞准,使查办的每一起案件都经得起历史的检验。

要充分发挥查办案件的治本功能。结合办案,

认真研究检察人员违纪违法案件的新情况、新特点，注意发现工作机制、管理制度方面存在的问题，及时提出建章立制、堵塞漏洞的对策。要利用正反两个方面的典型，狠抓纪律作风和反腐倡廉教育。要坚持“惩前毖后、治病救人”的方针，积极教育和挽救犯有错误的检察人员，为受到诬告错告的同志澄清事实，保护检察人员秉公执法、干事创业的积极性。

（四）坚持以人为本，切实纠正损害群众利益的不正之风

要以端正执法作风为重点，着力纠正有令不行、有禁不止的问题；着力纠正刑讯逼供、暴力取证、滥用强制措施和变相体罚，侵犯当事人人身权利的问题；着力纠正受利益驱动违法违规办案，插手经济纠纷，违法查封、扣押、冻结、处理涉案款物以及乱收费、乱罚款、拉赞助等侵犯当事人财产权利的问题；着力纠正特权思想、霸道作风，对告状求助群众冷硬横推的问题；着力纠正占用发案单位交通通讯工具或接受案件当事人及其亲友钱物、宴请等问题，切实维护人民群众的根本利益。

今年要着重抓好三个专项清理检查活动：一是清理规范评比达标表彰活动。按照中央的要求和最高人民检察院的通知精神，认真落实检察机关清理规范实施方案。纪检监察部门要加强与政工部门的协调配合，确保上半年完成自查自纠、审核公示、建章立制等各项工作。二是配合职务犯罪侦查部门抓好办案安全防范工作专项检查。一季度，最高人民检察院将制定下发《办案安全事故责任追究暂行规定》。三是由纪检监察部门牵头，职务犯罪侦查部门、计划财务装备部门配合，对2004年至2008年检察机关自侦案件扣押、冻结、处理涉案款物和中央转移支付资金使用情况开展一次专项检查。

各地要结合自身实际，认真排查本地区本单位存在的突出问题，自行组织开展专项治理工作，最高人民检察院将适时组织抽查。

（五）健全工作机制，切实加强内部监督

制度不完善、监督不到位是导致权力滥用、滋生腐败的重要原因。周永康同志强调指出，要牢固树立正人先正己、监督者必须接受监督的观念，加强对自身执法活动的监督制约，切实维护检察队伍的荣誉和尊严，以自身的清正廉洁赢得人民群众的信任和支持。曹建明检察长也多次强调，要把加强检察机关内部监督放在与强化法律监督同等重要位置上抓，健全和完善工作机制，全面加强对检察权运行的监督制约。

加强对领导班子和领导干部的监督。要把领导班子执行党的路线方针政策特别是贯彻落实科学发展观、领导干部廉政勤政、执行民主集中制和干部选拔任用制度、领导干部作风建设、遵守最高人民检察院“十个严禁”规定等情况作为监督重点，坚持有权必有责，用权受监督，努力做到领导干部权力行使到哪里，监督工作就延伸到哪里，坚决防止权力失控、决策失误、行为失范。要健全党内政治生活制度，完善民主决策机制。进一步加强和改进巡视工作。认真落实上级检察院负责人同下级检察院负责人谈话制度，着力抓好领导干部个人有关事项报告、述职述廉、诫勉谈话等制度执行情况的检查。各地要积极探索对领导班子和领导干部加强监督的渠道和方式，增强监督的实效。

加强对执法办案活动的监督。执法办案是行使检察权的集中体现，检察机关违纪违法案件多发生在执法办案环节。要完善执法办案内部监督配套制度，重点强化对自侦案件的监督，对有案不查、该诉不诉和办人情案、金钱案等突出问题进行专项治理，及时发现和查处背后的腐败问题，进一步提高检察机关的公信力。继续采取“一案三卡”、“流程监督”、“网上监督”等行之有效的监督措施，认真开展执法检查、案件复查和重点案件回访，加强对重点执法岗位、重点执法人员、重点执法环节的监督，加大对执法过错责任追究的力度。全面推行检察人员执法档案制度，进一步规范检察人员执法办案行为。

加强对干部选拔任用工作的监督。配合有关部门研究制定对干部选拔任用工作实施监督的规范性文件。凡提拔任用干部，必须事先征求纪检监察部门的意见。要严肃组织人事纪律，坚决防止和纠正干部选拔任用工作中跑风漏气、跑官要官等不正之风。

加强对重大经费开支、政府采购、重大工程建设项目的监督。配合有关部门改革完善检察机关财政保障制度，研究制定对重大经费开支、政府采购、重大工程建设项目招投标等工作实施监督的办法。继续开展领导干部任期经济责任审计工作。严格执行“收支两条线”和扣押、冻结款物管理规定，严禁乱收费、乱罚款、拉赞助和私设小金库。加

强对检察人员出国(境)管理和监督工作,严肃查处违反财经纪律和外事纪律的行为。

加强对最高人民检察院重大决策部署、决议决定、规章制度执行情况的监督。充分发挥检务督察的作用,加大明察暗访和突击检查的力度,对上级决策部署执行不力、造成不良影响或发生安全事故的,要严肃追究相关人员和领导的责任。今年春节前,最高人民检察院制定下发了禁酒令,纪检监察部门既要带头严格遵守,又要加强对禁酒令执行情况的监督检查,对违反规定的要及时查处,决不手软。最高人民检察院将在每个季度派出督察组,不打招呼进行督察。

今年下半年,最高人民检察院将召开全国检察机关加强内部监督工作座谈会,总结交流经验,研究部署进一步推进检察机关内部监督工作。各省级检察院要及早安排,认真总结这方面的工作经验。

(六)加强组织协调和监督检查,切实抓好党风廉政建设责任制和《工作规划》的落实

落实党风廉政建设责任制和《工作规划》是今年的两项重要工作,关系到检察机关反腐倡廉建设的整体性、协调性、系统性、实效性。纪检监察部门要主动承担起组织协调和监督检查的职责,加大工作力度,确保这两项工作落到实处。

要按照全国检察机关落实党风廉政建设责任制电视电话会议特别是曹建明检察长重要讲话精神的要求,把落实党风廉政建设责任制作为重要的政治任务,突出抓好责任分解、责任考核、责任追究三个重要环节。纪检监察部门要积极协助党组落实党风廉政建设各项任务,当好参谋和助手。要抓好组织协调工作,发挥各业务部门的优势,形成抓党风廉政建设的合力。

要按照全国检察机关贯彻落实《工作规划》电视电话会议精神的要求,认真分析研究贯彻《工作规划》和检察机关《实施办法》中的新情况、新问题,提出完善惩治和预防腐败体系的新思路、新举措,以改革创新精神抓好《工作规划》和《实施办法》的落实。加强对任务落实情况的督促检查,对责任不明确,措施不得力,工作不落实,出现问题的单位和部门,要按照《检察机关党风廉政建设责任制责任追究暂行规定》的规定,严肃追究有关人员的责任。

四、进一步加强检察机关纪检监察队伍自身建设

各级检察机关纪检监察部门要以深入学习实践科学发展观和深入开展“做党的忠诚卫士、当群众的贴心人”主题实践活动为契机,切实加强纪检监察队伍自身建设,更好地履行党和人民赋予的神圣职责。

(一)加强思想政治建设,坚持用科学理论武装头脑,指导工作。要把加强思想政治建设放在自身建设的首位,深入学习中国特色社会主义理论体系,用马克思主义中国化最新成果武装头脑。当前,要把深入学习实践科学发展观作为纪检监察队伍思想政治建设的首要任务,进一步深化对科学发展观的理解和把握,进一步把握科学发展观对党风廉政建设和反腐败工作提出的新要求,进一步用科学发展观所体现的马克思主义立场、观点、方法谋划和推进纪检监察工作。继续开展“做党的忠诚卫士、当群众的贴心人”主题实践活动,使纪检监察干部真正做到对党和国家无限忠诚,对腐败分子和消极腐败现象坚决斗争,对广大干部和群众关心爱护,对自己和亲属严格要求,把纪检监察队伍建设成为一支政治坚强、公正廉洁、纪律严明、业务精通、作风优良的队伍。中央纪委驻最高人民检察院纪检组、最高人民检察院监察局将于今年底组织评选全国检察机关纪检监察系统先进集体和先进个人,表彰先进,树立典型,弘扬正气。

(二)加强组织建设,健全机构设置,配齐配强人员。最高人民检察院曾就健全检察机关纪检监察机构设置问题专门下发过通知,各地也积极努力,取得了较大进展。但由于种种原因,仍有相当一部分检察院纪检监察机构不健全、人员配备不足。下一步,我们将就这个问题进一步开展调研,加大指导力度。从一些地方的实践情况看,能否健全机构、配齐人员,关键在领导。各省级检察院要积极主动加强组织协调,按照中央关于深化司法体制和工作机制改革的要求,积极探索建立与社会主义司法制度相适应的检察机关纪检监察工作体制机制,任何地方都不能以改革为名撤并纪检监察机构,削弱纪检监察工作。

(三)加强作风建设,树立纪检监察干部良好形象。纪检监察部门作为专司内部监督的部门,在作风建设方面必须有更高更严的要求。要把今年作为检察机关纪检监察系统的“作风建设年”,从自身做起,从小事抓起,使纪检监察干部的作风有明显转变,努力成为加强学习的模范、秉公执纪的模范、真抓实干的模范、严格自律的模范,树立可亲、可

信、可敬的良好形象。当前，要在检察系统纪检监察部门大力提倡三种作风：一是坚持原则，敢抓敢管的作风。这是纪检监察干部的职业操守，是一项基本的素质要求。在监督和执纪工作中，要讲真话，报实情，敢抓敢管，敢于监督，敢于碰硬，克服好人主义，不怕得罪人。二是认真负责、真抓实干的作风。要树立强烈的事业心和责任感，坚持对工作高标准、严要求，坚决反对敷衍了事、推诿扯皮不负责任的态度。以锲而不舍的精神、真抓实干的作风抓好各项工作。三是密切联系群众的作风。要经常深入基层，深入群众，听真话、访实情、办实事、求实效。中央纪委驻最高人民检察院纪检组、最高人民检察院监察局干部要带头转变作风，到基层出差做到轻车简从，取消不必要的迎来送往，减轻基层负担。严禁收受任何土特产品；严禁超标准接待；严禁参加高消费娱乐活动；严禁参加可能影响公务活动的宴请。在这里，我向各位表个态，从我做起，严于律己，并接受大家监督。希望大家同心同德，共同营造良好风气。

（四）加强能力建设，不断提高工作水平。随着反腐倡廉工作的推进，检察机关纪检监察部门的工作领域越来越宽，任务越来越重，面临的新情况新问题越来越多，对纪检监察干部能力素质的要求也越来越高。要按照曹建明检察长在中央纪委驻最高人民检察院纪检组、最高人民检察院监察局主题实践活动讨论交流会上的要求，通过加强学习、教育培训、实践锻炼等多种途径，着力增强五个方面的能力：一是增强把握大局的能力，使纪检监察工作更好地服务检察中心工作；二是增强运用政策的能力，提高执纪和监督工作的综合效果；三是增强组织协调的能力，统筹推进反腐倡廉各项任务；四是增强查办案件的能力，提高反腐倡廉建设的实效；五是增强开拓创新的能力，使纪检监察工作与时俱进，更好地适应形势发展的需要。要把纪检监察干部的培训工作纳入检察机关教育培训整体规划之中，全面提高纪检监察干部的政治业务素质。

（五）加强制度建设，提高纪检监察工作的规范化水平。要针对纪检监察队伍建设和业务工作的薄弱环节，建立完善相关制度，进一步提高自身建设的科学化、制度化、规范化水平。要强化内部管理，建立严格的监督约束机制，做到按制度管人管事。抓紧做好《检察人员纪律处分条例（试行）》和《人民检察院监察工作条例》的修订工作，以适应新时期检察队伍建设的需要。中央纪委驻最高人民检察院纪检组、最高人民检察院监察局正在对检察机关纪检监察法规制度进行汇编，各地检察院也要认真清理、修订和完善相关规定。要进一步加强信息网络建设，加强上下级之间的联系和沟通，提高工作效率。要探索建立检察机关纪检监察干部综合考核评价办法，改进考核方式，完善考核机制，重视考核结果的使用，激发大家争先创优的积极性。

新的形势下，检察机关的反腐倡廉建设任重道远。我们要更加紧密地团结在以胡锦涛同志为总书记的党中央周围，深入学习实践科学发展观，以更加坚决的态度、更加有力的措施、更加扎实的工作、更加优良的作风，振奋精神，开拓进取，全面完成好今年的各项工作任务，努力开创检察机关党风廉政建设和反腐败工作的新局面，以优异成绩迎接新中国成立六十周年。

在全国检察长座谈会上的讲话

中央纪委驻最高人民检察院纪检组组长　莫文秀

(2009年7月15日)

按照这次会议的安排,下面我就检察机关纪检监察工作讲几点意见。

一、今年上半年主要工作情况

今年以来,全国检察机关纪检监察部门在中央纪委、最高人民检察院党组和各级检察院党组的领导下,认真贯彻落实十七届中央纪委三次全会和全国检察机关纪检监察工作会议精神,紧紧围绕检察工作大局,充分发挥纪检监察职能作用,着力服务检察工作科学发展,各项工作取得了新的进展。

(一)贯彻十七届中央纪委三次全会精神态度坚决,措施有力。2月13日至14日,召开了各省级检察院检察长参加的全国检察机关纪检监察工作会议,曹建明检察长在会上作了重要讲话,对贯彻落实十七届中央纪委三次全会精神,加强检察机关反腐倡廉建设和领导干部作风建设提出了明确要求。会后,最高人民检察院下发了《关于贯彻落实十七届中央纪委三次全会和全国检察机关纪检监察工作会议部署的分工方案》。各省级检察院先后召开党风廉政建设会议、纪检监察工作会议,传达贯彻全国检察机关纪检监察工作会议精神。上海、河南、福建、广西、青海、甘肃等地将参会人员扩大到基层检察院检察长;广东省人民检察院通过检察三级网向全省检察干警传达贯彻会议精神;天津市人民检察院派出两个督察组,对8个基层检察院贯彻会议情况进行督促检查;内蒙古自治区人民检察院组织与会代表和自治区检察院全体人员参观警示教育基地,安排监狱服刑人员现身说法。各地检察机关采取有效措施,把中央的精神和最高人民检察院的要求迅速传达到基层,扎实推进检察机关反腐倡廉建设。

(二)落实党风廉政建设责任制认识深刻,责任到位。2月2日,最高人民检察院召开机关落实党风廉政建设责任制大会,曹建明检察长与分管院领导、院领导与分管部门负责人签订了《党风廉政建设责任书》。各级检察机关采取层层签订党风廉政建设责任书、责任状的形式,明确了任务和责任。组织开展了对2008年落实党风廉政建设责任制情况的专项检查,对部分省级检察院进行了重点检查。从检查的情况看,各级检察机关把党风廉政建设作为"一把手"工程,领导班子和领导干部抓党风廉政建设的责任意识进一步增强;不断完善责任制相关配套制度,强化责任分解、考核、追究三个关键环节,党风廉政建设的责任体系进一步完善;落实党风廉政建设责任制的领导体制和工作机制进一步健全。

(三)推进惩治和预防腐败体系建设任务明确,机制健全。各级检察机关先后建立了惩治和预防腐败体系建设领导小组及其办事机构,把贯彻落实《建立健全惩治和预防腐败体系2008—2012年工作规划》(简称《工作规划》)同部署年度工作任务结合起来,制定了《2009年贯彻落实〈工作规划〉的分工方案》。按照中央纪委的要求,制定了《关于推进检察机关惩治和预防腐败体系建设的检查办法》,加大对各部门工作任务落实情况的监督检查,确保教育、制度、监督、改革、纠风、惩治等方面的工作稳步开展,整体推进。

(四)开展专项治理工作重点突出,效果初显。一是组织开展直接立案侦查案件扣押冻结款物专项检查,制定下发了实施方案。6月3日,召开全国检察机关电视电话会议进行部署。各级检察机关相继成立了领导小组和办公室。河北、江苏、北京、四川、黑龙江、安徽、江西、云南、湖北等地采用各种形式迅速作出安排部署。目前,这项工作正在有序开展。二是按照中央的要求,会同政治部组织开展清理规范评比达标表彰活动，评比达标表彰项目拟由29项缩减为4项。三是按照中央的要求，会同计划财务部门组织开展治理“小金库”专项工作，制定了《最高人民检察院开展“小金库”专项治理工作实施方案》，认真开展了自查自纠。四是颁布《最高人民检察院禁酒令》。各级检察机关采取制作警示卡片、签订承诺书、手机短信提醒、随机抽查等有效措施，有力地推进了禁酒令的贯彻执行。五是对开霸道车、酒后驾车等违规行为开展集中治理整顿，检察人员酒后驾车导致交通事故多发的势头得到了有效遏制。

（五）查办案件工作坚持依纪依法，注重治本。今年1至6月，全国检察机关纪检监察部门共受理检察人员违纪违法线索1415件，初核933件，立案查处检察人员违纪违法案件70件86人。目前已结案67件89人（含上年积存案件），给予党纪处分22人，检察纪律处分77人，双重处分16人，移送司法机关6人。加大对重大违纪案件的交办督办力度，共向省级检察院交办案件63件。坚持依纪依法查办案件，理直气壮地保护检察人员的合法权益，为一些受到诬告、错告的检察人员澄清了事实。结合办案查找容易发生问题的薄弱环节和原因，并有针对性地提出完善规章制度的监察建议，较好地发挥了查办案件工作的治本作用。

（六）强化对执法办案活动的监督注重整合力量，协同推进。组织最高人民检察院相关部门和6个省级检察院纪检监察部门就强化上级检察院对下级检察院执法活动的监督措施进行专题调研。认真总结山东等地建立检察人员执法档案的经验做法，正在抓紧制定在全国检察机关全面推行执法档案制度的规定。会同最高人民检察院反贪污贿赂局、渎职侵权检察厅研究起草了《关于办理直接立案侦查案件安全防范工作及责任追究暂行规定》，已经最高人民检察院党组审议并原则通过。各级检察机关采取“一案三卡”、“流程监督”、“网上监督”等行之有效的监督措施，认真开展执法检查、案件复查和重点案件回访。注重发挥分管检察长、检察委员会、业务部门和党组织的监督作用，加强对重点执法岗位、重点执法人员、重点执法环节的监督。认真执行《检察人员执法过错责任追究条例》，对26名有执法过错行为的检察人员进行了责任追究。

（七）深化检务督察力求严格规范，强化整改。采取明察暗访和突击督察相结合的方式，对陕西、湖南、吉林、安徽、河南、云南、甘肃等7个省79个检察院办案安全防范、接待群众来访、出庭公诉、警车警械枪支管理以及遵守“禁酒令”等情况进行了督察。6月12日，召开了全国检察机关检务督察工作会议，通报了开展集中督察的情况，张耕副检察长对深化检务督察工作特别是抓好整改工作提出了明确要求。上半年全国有27个省级检察院开展了检务督察工作，进一步加强了检察队伍纪律作风建设，提升了检察机关在人民群众中的良好形象。

（八）加强对领导班子和领导干部监督多措并举，力促巡视。按照曹建明检察长关于把强化内部监督制约放到与强化法律监督同等重要的位置来抓的要求，突出抓了对领导班子和领导干部的监督。认真落实党内监督条例，领导干部述职述廉、诫勉谈话、报告个人有关事项等制度普遍实行。同时，进一步推进巡视工作，最高人民检察院派出3个巡视组，分别对黑龙江、福建、内蒙古等3个省级检察院领导班子进行了巡视，针对存在的问题提出了整改建议并进行了反馈。上半年全国有30个省级检察院开展了巡视工作。通过巡视，增强了检察机关领导班子、领导干部接受监督的自觉性，促进了领导干部廉洁自律。

今年上半年，全国检察机关纪检监察工作坚持改革创新，取得了明显的成效，这是各级纪委和各级检察院党组有力领导的结果，是各级检察长高度重视的结果，是各有关部门配合支持的结果，是广大纪检监察干部辛勤努力的结果。最高人民检察院党组和曹建明检察长高度重视纪检监察工作，多次召开会议听取纪检监察工作汇报，专题研究检察机关党风廉政建设和自身反腐败工作，并就加强巡视和检务督察、开展扣押冻结款物专项检查、办案安全防范及责任追究等重点工作提出明确要求。各级检察院党组把党风廉政建设和自身反腐败工作放在更加突出的位置，切实加强对纪检监察工作的领导和支持，有力地促进了纪检监察工作的深入开展。

二、当前工作中存在的主要问题

在肯定检察机关党风廉政建设和自身反腐败工作取得了明显成效的同时，我们也清醒地看到，当前检察机关反腐倡廉建设还存在着一些不容忽视的问题。

（一）执法不公、为检不廉甚至贪赃枉法等严重违法违纪案件时有发生,其中领导干部占有相当的比例。在今年上半年查处的86名违法违纪检察人员中,领导干部44人,占49%;因贪赃枉法、徇私舞弊、索贿受贿等情节比较严重的问题受到开除党籍、开除公职、追究刑事责任等重处分的18人,占21%。

(二)受利益驱动违规违法办案的问题仍然存在。

(三)侵犯当事人人身权利的问题屡禁不止。

(四)贪图享乐,追求奢侈,特权思想、霸道作风还比较严重。

(五)检察机关纪检监察工作还存在一些薄弱环节。反腐倡廉教育的针对性和有效性不强;抓制度落实的力度不够;对领导班子、领导干部和执法办案活动还存在不敢监督、不愿监督、不会监督的问题;对违纪违法案件的查处仍存在失之于宽、失之于软的现象;基层检察院纪检监察机构不健全,人员配备不足。全国有607个检察院还未设置纪检组,202个检察院应当设置监察机构还未设置,难以适应形势和任务的需要。

上述问题的存在,不仅影响和制约着检察机关党风廉政建设和自身反腐败工作,而且影响和制约着检察事业的科学发展,务必引起各级检察机关的高度重视。

三、今年下半年的主要任务和措施

今年下半年,我们要在各级纪委和各级检察院党组的领导下,按照十七届中央纪委三次全会和全国检察长会议、全国检察机关纪检监察工作会议的部署,以党风廉政建设责任制为抓手,以贯彻落实《工作规划》为重点,坚持标本兼治、综合治理、惩防并举、注重预防的方针,着力解决检察机关党员干部在党性党风党纪方面存在的突出问题,整体推进检察机关自身反腐倡廉建设,为检察权的正确行使提供坚强保证。

(一)坚决维护党的政治纪律的严肃性,推动中央和最高人民检察院重大决策部署的贯彻落实。继续深入开展党的政治纪律教育,加强对党的政治纪律执行情况的监督检查,坚决维护党对检察工作的领导,确保党的路线方针政策在检察工作中得到不折不扣的贯彻执行。当前,各级检察机关纪检监察部门要按照党中央的要求和最高人民检察院的具体部署,切实履行纪检监察职能,把维护国家统一,维护民族团结,维护社会稳定,维护人民群众的根本利益作为首要的政治任务,旗帜鲜明地同各种违法犯罪行为作坚决斗争。要加强对最高人民检察院重大决策部署执行情况的监督检查,坚决纠正有令不行、有禁不止的现象,确保检令畅通、令行禁止。

(二)积极协助党组抓好《工作规划》的贯彻落实,确保各项任务落到实处。要按照《2009年贯彻落实〈工作规划〉的分工方案》的要求,突出重点,细化措施,加快进度,确保高标准按时完成任务。会同政工部门建立健全贯彻落实《工作规划》的督察、考核、奖惩机制,及时发现和解决存在的问题。按照《最高人民检察院关于推进检察机关惩治和预防腐败体系建设的检查办法》的要求,认真组织好年度自查、重点抽查和问卷调查,对贯彻落实措施不得力,责任不明确,工作不到位的,要通报批评并限期改正。对出现问题的单位和部门,要按照《检察机关党风廉政建设责任制责任追究暂行办法》的规定,严肃追究有关人员的责任。

(三)进一步完善检察机关的反腐倡廉制度体系,深化治本抓源头工作。要切实抓好已有制度的贯彻落实,同时加强调查研究,把实践中一些好的经验做法用制度的形式固定下来。按照最高人民检察院党组落实科学发展观整改方案和《关于落实检察改革2009—2012年工作规划的分工意见》的要求,下半年要着重建立健全以下几项制度:一是尽快出台《关于办理直接立案侦查案件安全防范工作及责任追究暂行规定》。二是制定全面推行执法档案制度的实施意见。三是建立检察机关领导干部廉政档案制度。四是制定规范和约束检察官与律师关系的规定。五是制定强化上级人民检察院对下级人民检察院执法活动的监督措施。六是制定对干部选拔任用工作实施监督的规范性文件。七是尽快完成《检察人员纪律处分条例(试行)》和《人民检察院监察工作条例》的修订工作。

(四)认真贯彻全国检察机关内部监督工作座谈会精神,切实加强内部监督工作。最近,最高人民检察院召开了全国检察机关内部监督工作座谈会,曹建明检察长作了重要讲话,深刻阐明了加强检察机关内部监督的重大意义,全面论述了监督的本质、监督的重点、监督的方式方法,并对强化内部监督提出了明确要求。这是指导当前和今后一个时期检察机关内部监督工作的重要文件。各级检察机关一定要认真学习贯彻,切实把加强检察机关内部监督放在与强化法律监督同等重要的位置上，坚持两手抓、两手都要硬。要认真贯彻落实中央《关于实行党政领导干部问责的暂行规定》，切实抓好对领导班子和领导干部的监督，积极探索对领导班子和领导干部监督的渠道和方式，充分发挥问责在党风廉政建设中的积极作用。要认真贯彻落实《中国共产党巡视工作条例（试行）》，切实增强领导干部接受监督的意识，进一步加强和改进巡视工作，下半年最高人民检察院将对3个省级检察院领导班子开展巡视。加强对执法办案活动的监督，完善执法办案内部监督配套制度，加大对执法过错责任追究的力度，对有案不查、该诉不诉和办人情案、金钱案等突出问题进行专项治理，及时发现和查处背后的腐败问题。加强对干部选拔任用工作的监督，严肃组织人事纪律，坚决防止和纠正干部选拔任用工作中跑风漏气、跑官要官等不正之风。加强对重大经费开支、政府采购、重大工程建设项目的监督，严肃查处违反财经纪律的行为。

（五）加大查办检察人员违纪违法案件工作力度，维护党纪检纪的严肃性。要继续坚持从严治检，重点查处检察机关领导干部违反“十个严禁”规定的案件和检察人员利用职权索贿受贿、徇私舞弊、为黑恶势力充当保护伞的案件，检察人员滥用职权违法违规办案、侵犯当事人合法权益的案件以及渎职失职导致案件当事人脱逃、自杀、死亡的案件。完善检察人员违纪违法案件线索受理排查制度，健全对实名举报线索查处情况的反馈机制。同时，要注重发挥办案的治本功能，运用典型案例开展警示教育，把党风廉政教育列入检察机关干部教育培训的必修课，加大预防检察人员违纪违法工作力度。针对办案中发现的薄弱环节，提出完善规章制度的监察建议，做到查处一批案件，教育一批干部，完善一套制度。

（六）继续着力解决群众反映强烈的不正之风，维护人民群众的合法权益。要抓住人民群众反映强烈的执法不严、不公、不廉问题，以端正执法作风为重点，坚决纠正损害群众利益的不正之风。着力纠正侵犯案件当事人人身权、财产权的问题，着力纠正特权思想、霸道作风、对告状求助群众冷硬横推的问题，着力纠正吃拿卡要、到涉案单位报销费用、侵占涉案单位交通通讯工具以及有令不行、有禁不止等不良风气。下半年要集中力量抓好检察机关直接立案侦查案件扣押、冻结、处理涉案款物专项检查工作，认真查找和纠正存在的突出问题，做到该上缴的上缴，该移送的移送，该返还的返还。在总结各地经验的基础上，修改完善《人民检察院扣押冻结款物工作规定》，建立规范扣押、管理、处理涉案款物的长效机制。继续推进检务督察制度，组织各省之间的交叉督察，加大明察暗访力度，发挥检务督察在维护检察机关形象、加强队伍纪律作风建设中的作用。

（七）深入开展“做党的忠诚卫士、当群众的贴心人”主题实践活动，进一步加强检察机关纪检监察队伍自身建设。要继续开展主题实践活动，使纪检监察干部真正做到对党和国家无限忠诚，对腐败分子和消极腐败现象坚决斗争，对广大干部和群众关心爱护，对自己和亲属严格要求。坚持从服务检察工作大局出发，谋划和部署纪检监察工作，为检察工作的科学发展提供政治、纪律和作风保证。切实抓好纪检监察干部的业务培训工作，特别是加强对新调整、新提拔的纪检监察领导干部的培训，不断提高纪检监察队伍履行监督职责的能力和水平。中央纪委驻最高人民检察院纪检组、最高人民检察院监察局将于今年底组织评选全国检察机关纪检监察系统先进集体和先进个人，表彰先进，树立典型，弘扬正气。

检察机关纪检监察部门是在各级纪委、检察院党组领导下专司内部监督的职能部门，希望各位检察长进一步重视检察机关纪检监察机构和队伍建设，把那些党性好、作风正、能力强的干部选拔到纪检监察岗位上来，确保纪检监察队伍的战斗力和纯洁性。

扎实推进检察机关惩治和预防腐败体系建设，全面完成好今年的纪检监察工作任务，责任重大，使命光荣。我们要按照这次会议的部署和要求，振奋精神，开拓创新，努力工作，不断开创检察机关党风廉政建设和反腐败工作的新局面，以优异成绩迎接新中国成立六十周年。

在全国检察机关第十二期拟授予、晋升一级警督以上警衔司法警察培训班结业典礼上的讲话

最高人民检察院政治部主任　李如林

(2009年11月1日)

全国检察机关第十二期拟授予、晋升一级警督以上警衔司法警察培训班,今天就要结束了。这次培训班,是在全国检察机关深入学习贯彻党的十七届四中全会精神,大力推进检察机关党的建设和队伍建设的新形势下,着眼于强化司法警察理论武装、提高司法警察队伍素质、推进司法警察工作发展而举办的一次重要培训。十余天来,大家努力学习,刻苦训练,认真思考,在思想政治、法学理论、职业道德、检察实务、警务技能等方面都有了新的收获。培训期间,各省级检察院法警总队长交流了今年以来的工作情况和明年的工作意见,研讨了当前司法警察工作的难点、热点问题和对策措施。培训班组织严密,安排紧凑,内容丰富,方法灵活,达到了统一思想、学习知识、开阔视野、振奋精神、明确思路的目的,办得很成功。我代表最高人民检察院对全体学员的顺利结业表示热烈的祝贺!对为培训班提供优质服务保障的江苏省、南京市检察院和全体教员表示衷心的感谢!

下面,我着重围绕检察机关司法警察部门学习贯彻十七届四中全会精神,建设高素质专业化的司法警察队伍,进一步做好新形势下的司法警察工作,讲几点意见。

一、以学习贯彻党的十七届四中全会精神为动力,进一步打牢做好新形势下司法警察工作的思想基础

党的十七届四中全会是一次专门研究新形势下党的建设的重要会议。学习领会和贯彻落实全会精神是当前和今后一个时期检察机关的重大政治任务。最高人民检察院党组结合检察工作实际,对全国检察机关学习贯彻全会精神,进一步加强检察机关党的建设和队伍建设作出了全面部署安排。各级检察机关司法警察部门和广大司法警察特别是高中级警官要认真学习、深刻领会、深入贯彻落实全会精神,以全会精神为指导,进一步打牢思想理论根基,全面加强和改进新形势下检察机关司法警察工作。

(一)坚持用全会精神武装司法警察队伍头脑。目前,全国检察机关按照中央的部署,正在兴起学习全会精神的热潮。司法警察队伍作为检察队伍的组成部分,作为一支重要的武装力量,必须认真抓好全会精神的学习贯彻。各级检察机关司法警察部门要认真组织全体司法警察深入学习领会全会精神,并以此为新的契机,大力加强司法警察队伍思想政治建设。要利用司法警察的编队管理优势,制定符合司法警察职业特点的学习计划和安排,开展形式多样的学习竞赛和交流活动,不断加深司法警察对全会精神的理解。要通过学习,进一步提高司法警察队伍对加强和改进新形势下党的建设的重大意义的认识,全面掌握党的建设理论创新、实践创新、制度创新、工作创新的丰富成果,进一步牢固树立党的意识,自觉忠诚党的事业,真正做到用全会精神武装头脑。

(二)坚持用全会精神指导司法警察工作。全会对加强和改进党的建设作出了战略部署,提出了新的要求。学习贯彻全会精神,必须落脚到用全会精神指导工作上。具体到司法警察工作中,就是要按照曹建明检察长对全国检察机关学习贯彻全会精神的要求,更加注重思想理论建设,更加注重民主集中制建设,更加注重领导班子和领导干部队伍建设,更加注重基层党组织建设,更加注重作风建设,更加注重反腐倡廉建设。要牢牢把握党员占司法警察队伍80%以上的实际,紧紧依靠和动员党员

队伍这个主体,为司法警察工作开展提供坚强的思想和组织保障。要清醒看到司法警察队伍和工作面临的新挑战新课题,充分认识加强和改进司法警察工作的艰巨性、紧迫性和长期性,进一步强化政治意识、责任意识和忧患意识,进一步增强常抓不懈的责任感、紧迫感和危机感,不断提高司法警察工作水平。

(三)坚持用全会要求研究改进工作的措施。贯彻落实全会精神,既要在武装头脑、统一思想上下功夫,更要在指导实践、推动工作上见成效。各级检察机关司法警察部门要紧密结合工作实际,紧紧围绕加强和改进新形势下司法警察部门党组织建设和党员队伍建设这个目标,广泛开展调研活动,切实找准司法警察工作与检察机关党建工作的结合点、切入点和着力点,制定贯彻落实全会精神的具体意见和措施。要坚持以民主集中制为重点,研究制定加强司法警察部门领导班子建设的具体措施。要坚持以党建带队建的基本思路,研究制定司法警察队伍转型升级的对策和办法。要坚持理论联系实际的原则,着眼党建的根本目的,研究制定在全会精神指导下推进司法警察工作科学发展的规划,努力在推动工作上见成效。

二、立足于推进司法警察工作的创新发展,进一步树立与新形势新任务相适应的思想观念

思想是行动的先导,观念是实践的指南。各级司法警察部门要按照四中全会的部署和全国检察长座谈会的要求,进一步解放思想、开阔思路、凝聚共识,牢固树立与新形势新任务相适应的思想观念。

(一)牢固树立抢抓机遇的观念。当前,司法警察工作面临着难得的发展机遇和有利条件。一是在检察机关不断加大维护社会稳定、查处职务犯罪、强化诉讼监督等工作力度的新形势下,作为参与执法办案、保障办案安全的司法警察,工作任务日益加重,地位作用日益重要,司法警察工作面临着良好的发展机遇。二是司法警察体制和工作机制改革已纳入检察改革之中,随着检察改革的不断深入,司法警察所具有的强制性和专业性,决定其在检察改革发展中必将成为一支特殊的执法办案力量而得到不断加强。三是《人民检察院办案工作区设置和使用管理规定》已正式颁布,第一次明确办案工作区由司法警察统一管理,第一次明确司法警察负责办案工作区安全工作,第一次明确司法警察对办案人员执法行为实施监督,这标志着我们对司法警察工作规律性认识达到新的高度,标志着司法警察履职的平台得到新的拓展。这些都为司法警察工作提供了历史性的发展机遇。我们要善于抓住这难得的机遇,乘势而上,推进工作上台阶、上水平。

(二)牢固树立全面建设的观念。执法规范化、队伍专业化、管理科学化,既是总结司法警察工作经验得出的基本结论,也是推动司法警察工作全面发展的内在要求。司法警察工作实践表明,执法规范化是司法警察工作的重要环节,队伍专业化是司法警察工作的根本前提,管理科学化是司法警察工作的基本保障,三者相互联系,相互促进,构成一个有机整体。党的建设在各项建设中始终处于龙头地位。只有抓好司法警察部门党的组织建设,才能从全局的高度统筹好三者之间的关系,解决好制约“三化”建设全面发展的各种障碍。要把牢固树立全面建设的观念作为加强和改进党的建设的重要体现,坚持以队伍专业化推动执法规范化和管理科学化,以管理科学化带动队伍专业化和执法规范化,以执法规范化检验队伍专业化和管理科学化,从而推动司法警察工作全面健康发展。

(三)牢固树立改革创新的观念。改革创新是我们解决一切矛盾和问题的不竭动力。由于历史等多种因素的影响,目前,检察机关司法警察工作还存在一些与形势任务不相适应的问题,严重影响了司法警察依法、全面、高效地履行职责。要认真研究司法警察体制改革中的重大问题,制定有事实依据和理论支持的改革方案,力争尽快形成一套既有检察特色又符合人民警察建设规律的组织模式和运作方式。要深入调查,精心设计,缜密论证,及时提出有关法律条文的修改建议,从法律上明确司法警察的性质地位、职责职权、机构设置、管理体制和编制比例等。要加强司法警察理论研究,加快构建司法警察理论体系,为推进司法警察工作改革创新提供理论支撑。

三、切实履行司法警察工作职能,为检察工作提供坚强有力的警务保障

履行职责是司法警察工作的核心,也是司法警察工作赖以存在的价值。各级检察机关司法警察部门要切实增强履职意识,找准履行警务保障职能的切入点、结合点和着力点,全面担负起服务检察业务工作、维护检察工作秩序、保障执法办案工作的神圣职责,更好地发挥司法警察工作的警务保障作用。

(一)坚持把服务检察业务工作作为司法警察履行职责的价值追求。检察业务工作是检察机关的中心工作。衡量司法警察工作做得好不好,职能作用发挥得是否充分,关键在于能不能为检察业务工作提供有力的警务保障。要准确把握司法警察工作的职能定位,始终围绕服务检察业务这个中心来谋思路、抓工作、促发展。要牢固树立服务中心的职责意识,主动加强与业务部门的沟通联系,急业务部门之所急,帮业务部门之所需,只要业务部门工作需要,就应积极配合,快速行动。要充分发挥服务保障检察业务工作的职能作用,提高服务质量,讲究服务效果,确保各项检察业务工作的顺利开展。要坚持以服务检察业务工作为中心安排各项工作,加强统筹协调,使各项工作都紧贴中心、服务大局。

(二)坚持把保障办案安全作为司法警察履行职责的首要任务。保障办案安全是检察机关执法办案的基本要求,也是司法警察的天职和工作的重中之重。发生重大办案安全事故,是司法警察工作不可原谅的重大失职。必须把保障办案安全作为第一位的任务抓紧抓好,任何时候、任何情况下都不能有丝毫放松。要强化办案安全重于一切的意识,认真贯彻"明确责任、落实制度、教育在先、预防为主"方针,积极应对"看审分离"后办案安全面临的新形势新要求,深入总结和研究保障办案安全工作的特点规律,掌握防范的时机、要素和方法,有效消除各种办案安全隐患,切实防止发生犯罪嫌疑人自杀、自残、逃跑等事故,保护检察官依法履行职责。

(三)坚持把规范用警执警作为司法警察履行职责的基本要求。司法警察是一支具有武装性质的队伍,是国家强制性在法律监督中的具体体现,司法警察履行职能必须高度规范,严格依法依规用警执警。要把加强司法警察工作规范化建设作为一项基础性工作来抓,认真查找用警执警工作中容易发生问题的部位和环节,不断健全完善派警、调警、用警的规章制度,进一步规范用警范围及程序、执行警务的工作流程、工作标准、保障措施等内容,既规范用警行为,又提高执警质量,推进司法警察工作健康发展。要加强对用警执警制度执行情况的监督检查,健全工作责任制和责任追究制,确保各项制度落到实处。

(四)坚持把融入自侦办案作为司法警察履行职责的主要方向。司法警察履行职责大多数是在职务犯罪侦查环节,只有主动融入自侦办案,司法警察的职业属性才能得到充分体现,专业优势才能得到充分发挥。要积极探索司法警察协助检察官开展职务犯罪侦查工作的途径和方式,合理划分决策层面和执行层面的工作,确保司法警察在检察官指挥下,承担起办案工作中一些程序性、事务性工作,更好地发挥司法警察在职务犯罪侦查工作中的职能作用。实践证明,构建检察官与司法警察既相互协作、密切配合,又各司其职、互相监督的办案工作机制,不仅有利于整合检察资源、提高办案质量和效率,而且有利于完善检察机关内部监督制约机制、确保公正文明办案。《人民检察院办案工作区设置和使用管理规定》首次明确规定了司法警察对检察官执法行为的监督权。各地要深入研究司法警察对检察官执法行为进行监督的方式、途径和范围,切实加强对检察官执法办案的监督制约。

四、认真贯彻从严治警和从优待警方针,建设高素质专业化的司法警察队伍

司法警察队伍建设是司法警察工作的根本和保证。经过长期坚持不懈的努力,司法警察队伍建设取得了明显进展。目前,全国检察机关有司法警察15000多名,占检察队伍总数的7%。近年来有310多个法警队和2000多名司法警察受到表彰。要继续把司法警察队伍建设作为关系司法警察工作全局的战略任务来抓,坚持从严治警,从优待警,建设一支规模适度、警力充实、结构合理、专业精湛的司法警察队伍。

(一)严格职业准入。司法警察工作是一项专业性较强的职业,需要司法警察具备专门的法律知识、熟练的警务技能、过硬的身体素质。公务员法、人民警察法、《人民检察院司法警察警衔管理细则》明确规定了司法警察的任职资格条件。但少数地方随意放宽司法警察准入条件,让一些没有专业技能、超过评授警衔年龄的人员担任司法警察。个别地方先用事业编制接收军转干部,再转任司法警察,造成这些人员不能授予警衔,也造成了司法警察队伍结构的混乱。这些问题必须坚决纠正。要严格执行法律和最高人民检察院规定的司法警察职业准入条件,规范司法警察进人机制,切实按照法定资格条件和程序选拔任用司法警察。要将司法警察人员招录纳入政法院校招录培养体制改革试点，有计划地从警察院校毕业生中择优录用，适量选用符合任职条件的军转干部，严格杜绝不符合条件的其他人员向司法警察转岗，坚决杜绝为解决待遇而转任司法警察的现象。要根据检察人员分类管理的要求，逐步理顺司法警察的进出口渠道。

（二）加强教育培训。要牢固树立素质强警的理念，走内涵式发展之路，在扩大司法警察队伍数量规模的同时，更加注重提升司法警察队伍的素质和本领。加强正规化培训，认真贯彻凡授必训、凡晋必训、分级培训制度，改进培训方式，规范培训内容，增强培训效果。制定司法警察训练大纲，组织编写训练教材，力争三年内实现司法警察培训内容规范化、系统化。坚持把岗位练兵作为提高司法警察素质最可行、最经济、最有效的办法，适时举办警务技能大比武，引导司法警察立足本职岗位苦练内功。广泛开展“建设学习型警队，争当学习型法警”活动，引导和鼓励司法警察学习法律、检察业务及其他相关知识，不断提高综合素质。加快司法警察师资库建设步伐，建立一支数量充足、相对稳定的师资队伍，努力实现教育资源共享。

（三）推进科学管理。司法警察作为检察机关唯一一支带枪的队伍，必须实行编队管理，形成统一指挥、统一管理、统一使用的管理体系。目前还有部分地方没有成立专门的法警机构，司法警察分散在各个部门，有的没有从事法警工作，不仅加剧了警力短缺，而且给管理教育带来了很大困难。要抓住司法警察体制和工作机制改革的机遇，进一步理顺管理体制，建立起上下一体、运转协调的编队管理体系。要以开展争创编队管理示范单位活动为抓手，做好司法警察队伍的清理、归队、分流工作。对因年龄、能力、身体等原因不能继续从事司法警察工作的人员，要合理调配到其他岗位。通过科学管理，使每个司法警察定岗、定位、定责。

（四）强化道德养成。职业道德和职业精神是凝聚队伍的重要精神力量，培育弘扬职业道德和职业精神是司法警察队伍建设的重要内容。最高人民检察院最近颁布了《检察官职业道德基本准则（试行）》，对检察人员的职业道德建设提出了更加明确的要求。司法警察作为展示检察机关执法形象的重要窗口，在执行职业道德基本准则上应当有更高的标准和更严的要求。要结合司法警察队伍的特点和实际，组织开展多种形式的职业道德宣传、教育和实践活动，引导广大司法警察准确理解和把握“忠诚、公正、清廉、文明”的基本要求。开展司法警察礼仪与文明执法语言艺术教育培训，强化司法警察文明素养和作风养成。探索建立初任司法警察宣誓制度，规范宣誓誓词和程序，增强司法警察职业荣誉感。研究制定司法警察履职中恪守检察职业道德的实施细则，引导司法警察把职业道德要求落实到每一次执法活动之中。

（五）坚持严管厚爱。要坚持从严治警方针，加强对司法警察队伍的教育、管理和监督，使司法警察队伍真正做到服从命令、听从指挥、令行禁止、纪律严明。加强对警械具等警用设备的管理，严格领用手续，杜绝安全事故的发生。建立健全岗位责任制度，有效预防和严肃查处各种违法违纪行为。要认真落实从优待警的政策措施，关心司法警察队伍的发展，关心司法警察的成长进步，帮助他们解决实际困难，尽力改善司法警察的政治待遇和经济待遇。特别是要参照公安民警职务序列，积极探索建立适合人民检察院司法警察特点的职位分类、职级序列与职数管理制度，打通司法警察晋升渠道，逐步解决司法警察职级偏低的问题。

司法警察工作责任重大，使命光荣。让我们在党的十七大、十七届四中全会精神指引下，坚定信心，振奋精神，扎实工作，恪尽职守，以更加优异的成绩为检察事业的科学发展作出新的贡献！

第三部分

省、自治区、直辖市人民检察院工作报告

北京市人民检察院工作报告（摘要）

——2009年1月15日在北京市第十三届人民代表大会第二次会议上

北京市人民检察院检察长　慕　平

（2009年1月17日北京市第十三届人民代表大会第二次会议通过）

2008年工作情况

2008年是全面贯彻党的十七大精神的第一年，也是北京奥运会、残奥会成功举办之年。北京市检察机关在市委、最高人民检察院的领导和市人大及其常委会的监督下，以党的十七大精神为指导，深入贯彻落实科学发展观，紧紧围绕举办一届有特色、高水平的奥运会、残奥会，全面履行检察职能。全年共审查逮捕各类刑事案件15173件21251人，审查起诉18700件26793人；立案查处贪污贿赂犯罪案件282件333人、渎职侵权犯罪案件28件30人，为国家挽回经济损失2.1亿元；审查处理举报、控告申诉案件8247件，受理民事行政申诉案件1347件，开展监管场所检察28576次，各项检察工作取得了新的成效，为北京奥运会、残奥会的成功举办和首都经济社会发展作出了积极贡献。

一、紧紧围绕平安奥运建设，全力维护首都社会和谐稳定

平安奥运是北京奥运会取得成功的最大标志，也是最重要的国家形象。全市检察机关把服务平安奥运作为首要政治任务，依法履行审查批捕、审查起诉等职能，严厉打击各类刑事犯罪，积极化解矛盾纠纷。

认真贯彻宽严相济刑事政策。坚持该严则严、当宽则宽、区别对待、注重效果。一方面，对危害国家安全犯罪、严重暴力犯罪和严重危害群众安全感的多发性侵财犯罪从严惩治；另一方面，对未成年人犯罪和一些犯罪情节较轻、悔罪态度较好的轻微犯罪案件，坚持教育、感化和挽救的方针，积极做好释法说理、化解矛盾等工作，慎用逮捕措施，严格掌握起诉标准，依法决定不批准逮捕2299人，不起诉481人，积极促进社会和谐。

认真办理涉奥刑事案件。为了及时有效打击各种针对奥运会、残奥会的刑事犯罪活动，市检察院成立了专门办案机构，对涉奥案件实行统一管理，着力提高办案质量和办案效率。健全了涉奥刑事案件快速办理工作机制，切实加强对下级检察院的指导、督办和信息沟通，积极与公安、法院协调配合，批准逮捕涉奥刑事案件91件206人，提起公诉44件80人，依法办理了假冒奥组委名义诈骗、非法销售奥运门票和特许商品、破坏奥运工程建设、编造涉及奥运会恐怖信息等案件，努力为奥运会、残奥会的举办创造良好的社会环境。

重点惩治恶势力犯罪和严重破坏经济秩序犯罪。继续深入开展"打黑除恶"专项斗争，依法批准逮捕涉恶犯罪嫌疑人161人，提起公诉110人，审查起诉了以朱嘉乐为首的21人恶势力犯罪集团敲诈勒索、聚众斗殴、寻衅滋事、强迫交易等一批恶势力犯罪案件，切实保障人民群众生命财产安全。严厉打击破坏市场经济秩序犯罪，依法批准逮捕1005件1378人，提起公诉1095件1641人。深入开展打击非法集资和非法证券经营活动，审查起诉了涉及被害人5000余名、涉案金额达7.6亿元的北京碧溪广场有限公司非法吸收公众存款案，办理了涉及被害人320人、涉案金额1500万余元的"美中融公司"非法经营等一批重大案件，依法维护市场经济秩序。

深入排查化解矛盾纠纷。扎实开展涉检信访排查化解专项工作，针对筹办奥运期间涉检信访特点，健全上下级检察院、各部门之间联动机制，全面开展检察长大接访活动，积极采取领导包案、联合接访、带案下访等举措，排查出重点涉检信访案件

46件,依法妥善办结40件。综合运用救助救济、教育疏导与依法处理等手段,有效化解了一批缠访缠诉多年的疑难复杂案件,实现了"无非正常访、无群体性事件"的目标。

积极参与社会治安综合治理。充分发挥检察机关在社会治安防控体系建设中的作用,深入开展平安奥运督察工作,结合办案发现影响社会治安的问题和隐患,及时发出检察建议。积极配合司法行政部门,做好社区矫正工作,努力维护社会和谐稳定。

二、紧紧围绕反腐倡廉建设,深入查办和预防职务犯罪

按照中央和市委关于反腐倡廉建设的总体部署,坚持惩防并举、注重预防的方针,坚决查办职务犯罪,积极开展预防工作,努力推动反腐败工作不断深入。

集中力量查办贪污贿赂大案要案、窝案串案。按照中纪委、最高人民检察院的统一部署,积极参与市纪委的组织协调,有效发挥市检察院对侦查工作的组织指挥作用,充分整合全市侦查力量,立案侦查大案188件,其中一百万元以上案件28件;查办县处级以上职务犯罪要案67人,其中处级领导干部48人,局级领导干部19人;依法查处了商务部正司级巡视员郭京毅、副司长邓湛等多名领导干部涉嫌受贿案,查处了西城区法院原院长郭生贵受贿、贪污案等一批有较大影响的案件。提高发现和突破案件的能力,先后在林业、水利、教育、质量监督、税务等领域和行业查办了一批窝案串案。如在国家林业系统深挖出涉及2名局级干部、3名处级干部等11人贪污贿赂案件,在水利系统突破了9人涉嫌挪用公款、贪污案,取得了较好的社会效果。积极参与治理商业贿赂工作,针对城镇建设领域和新农村建设过程中商业贿赂突出、群众反映强烈的状况,开展一系列专项活动,严厉查办官商勾结、权钱交易和严重侵害群众利益的商业贿赂犯罪115件117人。

严肃查办渎职侵权犯罪。全市检察机关面对渎职侵权犯罪发现难、查证难、处理难的实际,先后与国资委、国土、质监、国税、园林绿化等部门建立联系机制,畅通案件线索移送渠道。不断加大办案力度,查办了一批国家机关工作人员玩忽职守、滥用职权、徇私枉法、故意泄露国家秘密、虐待被监管人员等渎职侵权犯罪。其中,重大案件11件,县处级以上要案6人。如针对社会关注的国家医师资格考试等国家级考试试题泄密事件,查办了国家医师资格考试中心副处长孟磊等一批涉嫌故意泄露国家秘密的案件。深入开展查办危害能源资源和生态环境渎职专项工作,目前已查处2件2人。积极介入重大责任事故调查39起,按照最高人民检察院的指定,参与山西临汾溃坝重大事故背后的渎职犯罪案件侦查,依法查办了山西省襄汾县公安局局长韩春喜涉嫌玩忽职守、徇私枉法案。

深入开展职务犯罪预防工作。按照党的十七大提出的"更加注重治本、更加注重预防、更加注重制度建设"的要求,认真贯彻落实中央《建立健全惩治和预防腐败体系2008—2012年工作规划》,坚持打防结合,重点加强制度建设。深入推进奥运阳光工程建设,积极配合国资委及建设单位,对奥运场馆建设及运行等环节开展全方位的职务犯罪预防,促进奥运工程建设的廉洁高效。积极探索建立侦防一体化工作机制,结合办案,在关系民生的重点行业和领域开展专项预防调研,从体制、机制和管理层面剖析职务犯罪区域性、行业性和规律性问题,积极向发案单位和上级主管部门提出预防建议和对策,得到各级党委政府和有关部门的高度重视,推进了医药购销、教育收费、社保基金管理、农村合作医疗等领域的制度建设。充分发挥北京市反腐倡廉法制教育基地作用,大力开展法制宣传,深入机关、企业、学校、乡镇举办法律咨询、预防讲座等活动,努力从源头上防治腐败。

三、紧紧围绕司法公正建设,不断强化诉讼监督

全市检察机关从维护社会主义法制统一、尊严、权威的高度出发,认真履行宪法和法律赋予的法律监督职能,大力加强诉讼监督工作,努力促进司法公正。

认真贯彻市人大关于加强诉讼监督工作的决议。随着依法治国进程的不断推进,人民群众对司法公正的需求越来越强烈,诉讼监督工作面临新的考验。市检察院深入调研五年来开展诉讼监督工作的整体情况,并按照市人大的要求,专题向市人大常委会进行了汇报。市人大常委会经过认真审议,作出了《关于加强人民检察院对诉讼活动的法律监督工作的决议》,为进一步推进诉讼监督工作提供了有力保障,在全国检察机关产生重要影响。全市检察机关认真贯彻落实《决议》精神,迅速成立组织落实机构,积极向区县党委、人大汇报《决议》

内容和贯彻情况,加强与公安、法院、司法局的协调沟通,出台了落实意见,确保《决议》精神得到有效落实。

进一步加大监督纠正执法不严和裁判不公的力度。坚持打击犯罪与保护人权并重,不断加强刑事立案和侦查活动监督。对应当立案而未立案的,依法监督侦查机关立案26件;对应当逮捕、起诉而侦查机关未提起逮捕和移送起诉的,依法追捕追诉;对违反法律规定的侦查活动和行为,及时提出书面纠正意见;对事实不清、证据不足的,依法退回补充侦查或自行补充侦查。坚持实体公正与程序公正并重,不断加强审判监督。对认为有罪判无罪、量刑畸轻畸重的刑事裁判依法提起抗诉47件,对认为确有错误的民事行政判决、裁定,依法提出抗诉30件,人民法院对抗诉案件一律开庭审理,依法改判、发回重审25件;对认为人民法院裁判并无不当的1000余件申诉案件,积极做好释法说理工作,引导申诉人息诉服判,维护司法权威。坚持维护监管秩序与保障被监管人员权利并重,不断加强刑罚执行监督。认真开展减刑、假释、保外就医检察和羁押期限检察4903次,立案侦查监管场所职务犯罪2件,维护刑罚执行活动的公正性。坚持促进严格公正执法与解决群众诉求并重,加强控告申诉检察工作。本着实事求是、有错必纠的原则,作出刑事赔偿6件,切实维护当事人合法权益。

不断拓展诉讼监督举措。积极拓宽监督渠道,改进监督方式,把监督的手段、目的和效果有机统一起来。全面扩大审查逮捕阶段听取犯罪嫌疑人供述和辩解的范围,有效监督侦查违法活动。在公安机关的支持配合下,主动介入一些重大复杂案件的引导侦查,不断促进侦查质量提高。加强民事抗诉案件派员出席再审法庭工作,各级检察院出席再审法庭89次。实行抗诉案件检察长列席同级法院审判委员会,增强监督的实效性。积极推进行政执法与刑事司法衔接,会同市烟草局、市食品药品监督管理局、市知识产权局签订移送涉嫌犯罪案件的相关意见,进一步推动诉讼监督工作的开展。

四、紧紧围绕机制建设,不断改革创新检察工作

全市检察机关以检察权的公正高效运行为目标,着眼于提升执法能力、保障群众权益、强化自身监督,积极有序地推动检察制度机制改革创新。

完善执法办案工作机制。健全贯彻宽严相济刑事政策的制度和办法,建立犯罪嫌疑人认罪案件和轻微刑事案件快速办理机制,完善未成年人刑事案件专门办理机制,探索轻伤害刑事案件、民事行政申诉案件和解新模式,节约司法成本,提高执法效率。完善业务工作领导机制,加强检察委员会对业务工作的领导,深化职务犯罪侦查一体化建设,实行职务犯罪案件“双报批、双报备”制度,加强案件质量复查和专项检查。

完善便民维权工作机制。积极维护犯罪嫌疑人合法权益,完善诉讼参与人权利告知制度,实行向犯罪嫌疑人送达《听取辩解告知书》、羁押状况通报等制度,健全检察环节保障人权长效机制。切实维护律师执业权利,认真执行新修订的律师法,会同市高级法院、司法局、公安局制定律师会见在押犯罪嫌疑人、被告人的有关规定。健全司法救助机制,与市司法局联合下发《关于在刑事审查起诉活动中加强法律援助工作的意见》。积极开展法律咨询和释法说理工作,制定进一步加强检务接待工作的意见,搭建举报、申诉和案件查询网络平台,努力为群众提供便捷高效的法律服务。

完善内外部监督机制。加强内部监督机制建设,进一步细化检务督察制度,实行日常督察、专项督察和个案督察相结合,加大对执法行为、办案安全等方面的督察力度,形成涵盖业务、队伍、保障工作的内部监督体系。完善外部监督机制,建立健全主动接受人大监督的长效机制,定期向人大汇报工作,邀请人大代表参加检察开放日、举报宣传周、视察驻监管场所检察室等活动。深化人民监督员试点工作,组织人民监督员参加监督评议案件等活动,健全特约监督员、特约检察员和专家咨询监督员制度。定期召开公安、法院、检察院联席会,推进互相配合、互相制约的工作机制建设。深化检务公开,推行办案公示、法律文书释法答疑等制度,自觉接受诉讼参与人及其家属的监督,确保检察权在阳光下运行。

五、紧紧围绕法律监督能力建设,努力提升队伍整体水平

坚持以科学发展观为指导,以公正执法为核心,以专业化建设为方向,不断提升履职能力和整体素质。

努力提升检察干部的思想政治水平。认真贯彻党的十七大精神,积极开展深入学习实践科学发展观活动,扎实推进以胡锦涛总书记在全国大法官、大检察官座谈会上的重要讲话为内容的大学习、大讨论活动,引导广大检察人员始终高举中国特色社会主义伟大旗帜,牢固树立社会主义法治理念,坚定不移地做中国特色社会主义事业的建设者、捍卫者。大力加强检察文化建设,以纪念首都检察机关恢复重建三十周年为契机,弘扬艰苦奋斗传统,坚持改革创新的精神,切实增强职业荣誉感。

不断增强各级检察院班子领导检察工作的能力。配齐配强各级检察院领导班子,开展市院和一、二分院反贪局局长竞争上岗,选聘法学专家挂职分院、区县院副检察长,目前已经有18个检察院选聘了法学专家挂职副检察长,调整、交流区县检察院班子副职21人。提高各级领导干部的执法能力,加强业务培训和锻炼,举办检察长研修班,全面开展检察长直接办理案件工作。强化领导班子和领导干部的监督管理,严格执行领导干部个人重大事项报告和述职述廉制度,加大市检察院对基层检察院巡视工作力度。

注重提高队伍的业务素质。深入开展专业化分类培训,建立在线学习及培训管理系统,坚持以办案一线的检察官为重点,不断加强执法技能培训。着眼于提升队伍的整体素质,举办第三届业务技能大比武活动,发现、培养、储备一批业务骨干。突出抓好高层次人才培养工作,大力开展名家论坛、检察理论与实践等系列培训,组织检察业务专家开展司法疑难问题巡讲,抽调业务专家和骨干到西藏、甘肃参与办理重大案件,选派年轻干部赴偏远省份基层检察院挂职锻炼,组织反贪、公诉部门干警到市纪委、市公安局跨系统交流锻炼。健全检察队伍科学管理机制,优化检力资源配置,加大从基层检察院遴选检察官力度,完善绩效考核评价机制,充分激发队伍活力和争先创优的积极性。同时,大力加强纪律作风建设,坚持从严治检,认真开展违纪案例警示教育,严肃查处违纪案件5件9人,确保检察队伍清正廉洁。

全市检察工作的顺利开展,得益于各级党委的正确领导,得益于人大及其常委会的有力监督,得益于政府、政协和人民群众的大力支持。

市委、市人大高度重视检察工作,市委常委会专题听取了检察院工作汇报,刘淇书记在纪念首都检察机关恢复重建三十周年座谈会上要求,北京检察机关要以一流的工作、一流的队伍、一流的作风,不断开创全市检察事业新局面。这既是对检察机关的巨大鼓舞,又是有力的鞭策,为首都检察工作在新的历史起点上创新发展提供了前进的动力。

2009年工作思路

今年是我国经济发展遇到严峻挑战的一年,是首都社会稳定压力不断增大的一年,也是建设"人文北京、科技北京、绿色北京"的关键之年。首都检察机关服务经济平稳较快发展、维护社会和谐稳定的任务十分艰巨。我们的总体工作思路是:以党的十七大精神为指导,深入贯彻落实科学发展观,牢固树立社会主义法治理念,坚持党的事业至上、人民利益至上、宪法法律至上,努力实践"强化法律监督、维护公平正义"的检察工作主题,大力推进改革创新,全面加强队伍建设和基层基础建设,不断开创首都检察工作新局面,努力为首都经济平稳较快发展和"人文北京、科技北京、绿色北京"建设提供有力的司法保障。

一、深入学习实践科学发展观,推动首都检察工作科学发展

自觉把检察工作融入首都经济社会发展大局,围绕"人文北京、科技北京、绿色北京"建设,积极谋划首都检察工作服务发展的新思路、新举措。深入开展学习实践科学发展观活动,针对新时期人民群众对司法工作提出的新要求,始终坚持以人为本、执法为民、公正司法,把维护好人民群众的合法权益作为检察工作的根本出发点和落脚点,确保人民赋予的检察权更好地为人民服务。坚持改革创新,积极构建有利于检察工作科学发展的机制,推动首都检察工作进一步走上科学发展的轨道。

二、全面履行检察职能,努力服务首都经济平稳较快发展

认真贯彻中央、市委关于促进经济平稳较快发展的一系列指示精神和重大部署,充分认识经济形势变化可能给社会稳定带来的影响,做到未雨绸缪。要努力为经济发展创造良好的环境,严厉打击严重破坏经济秩序和损害群众利益的犯罪活动,加强对民生工程、基础设施等重大工程建设和项目资金使用的监督,严肃查处公共支出和政府投资中的贪污贿赂、渎职失职犯罪,切实做好公共资金使用等重点领域和环节的预防职务犯罪工作。认真贯彻中央十七届三中全会精神,为农村的改革发展提供有力的司法保障。要坚决依法打击影响农村和谐稳定、破坏农业生产发展、侵害农民合法权益的各类犯罪,保障各项支农强农惠农政策的落实。要积极参加平安北京建设,严厉打击危害国家安全犯罪,依法惩治严重危害群众生命财产安全的各类刑事犯罪,坚持不懈抓好涉检信访工作,努力维护首都社会和谐稳定。要切实保障和改善民生,严肃查处医疗、教育、食品安全等重点领域的职务犯罪,依法妥善处理人民群众诉求。要深入贯彻落实中央建立惩治和预防腐败体系的部署,加大职务犯罪大案要案、窝案串案的查处力度,积极探索检察机关预防职务犯罪新定位,努力在惩治和预防职务犯罪工作上取得新成效。

三、深入贯彻落实市人大常委会《关于加强人民检察院对诉讼活动的法律监督工作的决议》,扎实推进诉讼监督工作

要把党委和人大对检察机关诉讼监督工作的重视、关心和支持转化为做好法律监督工作的强大动力,转化为强化法律监督、维护司法公正的具体行动,采取有力措施,破解制约法律监督职能发挥的难题,切实做到敢于监督、善于监督,促进公正司法,维护司法权威。一是坚持在党委领导下,认真接受人大及其常委会监督,加强与政法各部门协调配合,确保《决议》内容积极稳妥、循序渐进地得到落实。二是要完善诉讼监督工作机制,加强与行政执法单位、律师协会等部门的联系,积极拓宽监督渠道。三是突出监督重点,紧紧围绕人民群众反映强烈的问题和影响司法公正的突出问题开展诉讼监督。四是狠抓监督能力建设,大力提升业务水平和队伍的整体素质,确保监督工作取得实效。

四、大力加强基层基础建设,打牢检察工作科学发展的根基

突出抓好领导班子建设,不断提高各级领导班子推动检察工作科学发展的能力和廉洁自律水平。积极推进检察工作机制改革,认真贯彻落实中央关于深化司法体制和工作机制改革若干问题的意见,积极稳妥地推进强化法律监督职能和加强自身执法活动监督制约为重点的各项改革,为检察工作科学发展提供制度保障。继续加强执法规范化建设,完善信息化办案系统,充分运用信息化手段对执法办案进行流程管理、过程控制和动态监督。完善案件质量考核体系,切实保障办案质量和执法水平。优化检察职能配置,增强法律监督的整体合力。加强纪律作风建设,不断健全教育、制度、监督并重的惩治和预防腐败体系,严肃查处违纪案件,树立检察机关清正廉洁的执法形象。

五、自觉接受人大和社会各界监督,确保检察权公正清廉行使

进一步强化依法接受人大监督的意识,主动向人大及其常委会报告工作,坚决执行人大及其常委会的决议;进一步加强与人大代表、政协委员的联络工作,充分发挥特约监督员、人民监督员的作用,认真办理代表、委员转交的事项,真诚听取意见和建议;进一步深化检务公开,主动接受社会各界监督,不断提升首都检察工作水平,努力使检察工作更加符合人民群众的新要求新期待。

在新的一年里,全市检察机关将在市委和最高人民检察院的正确领导下,在市人大及其常委会的有力监督下,深入贯彻落实科学发展观,锐意进取,扎实工作,为促进首都经济平稳较快发展、维护社会和谐稳定作出新的贡献,以优异的成绩迎接新中国成立六十周年。

天津市人民检察院工作报告(摘要)

——2009年1月13日在天津市第十五届人民代表大会第二次会议上

天津市人民检察院检察长　于世平

(2009年1月15日天津市第十五届人民代表大会第二次会议通过)

过去的一年,全市检察机关认真学习贯彻党的十七大和十七届三中全会精神,以邓小平理论和“三个代表”重要思想为指导,深入贯彻落实科学发展观,按照市委的一系列决策部署和市十五届人大一次会议的要求,牢固树立社会主义法治理念,深入实践“强化法律监督,维护公平正义”的检察工作主题,依法履行各项法律监督职责,全面开展争创全国先进检察院活动,大力加强自身建设,服务经济社会发展,维护社会和谐稳定,努力为我市科学发展和谐发展率先发展提供司法保障。

一、充分发挥法律监督职能作用,为促进全市经济社会又好又快发展作出了新贡献

全市检察机关认真贯彻落实中央和市委对检察工作的指示要求,充分发挥法律监督职能作用,各项检察工作取得了新进展。

依法打击各类刑事犯罪,努力发挥维护社会稳定的职能作用。全市检察机关始终坚持严格依法履行维护稳定的第一责任,在公安机关和人民法院等密切配合下,通过批准逮捕和提起公诉,依法打击各类刑事犯罪活动。去年,共批准逮捕刑事犯罪嫌疑人10875人,提起公诉14519人。按照市委和最高检察院的有关部署,全力做好协办北京奥运和举办夏季达沃斯论坛期间的稳定工作。认真贯彻宽严相济的刑事政策,主动与有关司法机关座谈研讨,统一认识和执法标准,慎用强制措施,做到既有力打击犯罪,又减少社会对抗。依法扩大简易程序适用,健全快速办理轻微刑事案件机制,对初犯、偶犯、未成年人和老年人犯罪中一些罪行轻微的人员依法从宽处理。积极参与社会治安防控体系建设和平安天津创建活动,深入开展创建“青少年维权岗”活动,切实加强法制宣传教育工作,主动结合执法办案中发现的问题,向有关部门和单位提出检察建议395份,有效预防和减少犯罪的发生。

依法查办和预防职务犯罪,努力发挥促进反腐败工作和党风廉政建设的职能作用。全市检察机关坚决贯彻落实中央和市委的决策部署,把查办和预防职务犯罪放在更加突出的位置,突出工作重点,加大工作力度。去年,共依法立案查办贪污贿赂、渎职侵权等职务犯罪案件368件451人,为国家挽回经济损失1.09亿元。经最高人民检察院指定管辖,审查起诉了陈良宇等领导干部职务犯罪案件,取得了良好的法律效果和社会效果。在查办职务犯罪工作中,坚持把案件质量作为生命线,切实做到有罪追究、无罪保护、严格依法、客观公正,案件起诉率和有罪判决率进一步提高。坚持把治理商业贿赂、查办涉农职务犯罪和司法人员职务犯罪等作为重点,集中力量查办大案要案和窝案串案。其中,立案查办司法人员职务犯罪案件31件34人。认真贯彻“标本兼治,综合治理,惩防并举,注重预防”的方针,积极落实《建立健全惩治和预防腐败体系2008—2012年工作规划》及实施方案,市人民检察院制定了《天津市检察机关预防职务犯罪工作暂行规定》,进一步明确职责,强化措施,推动预防职务犯罪工作健康开展。各级检察长带头深入机关、企事业单位开展职务犯罪法制教育宣讲,宣传党和国家反腐倡廉的方针政策。加强对典型案件发案原因、特点的剖析,向有关部门提出检察建议129份,协助发案单位落实预防措施579项,受理行贿犯罪档案查询284次。深入天津站交通枢纽改造、南水北调等重点工程开展专项预防,市人民检察院与22个市级工委、局建立了预防职务犯罪联席会议制度，形成了预防职务犯罪的整体合力。

依法强化各项诉讼监督，努力发挥维护社会公平正义的职能作用。全市检察机关始终把强化法律监督作为根本任务来抓，努力做到依法监督、规范监督。加强对刑事立案和侦查活动监督，既依法监督有案不立、有罪不究等问题，又依法监督不应立案而立案、违法插手经济纠纷等问题，既依法监督漏罪漏犯，又依法监督纠正各种违反诉讼程序、侵犯人权的违法行为，保障无罪的人不受刑事追究和诉讼参与人的诉讼权利不受侵犯。要求公安机关说明不立案理由136件，公安机关接通知后主动立案76件，通知公安机关立案3件。决定不批准逮捕439人，不起诉160人，对侦查活动中的违法情况提出纠正意见58件。加强审判和诉讼活动监督，严格依法掌握抗诉标准，加大抗诉力度，提高抗诉水平。对认为确有错误的刑事判决和裁定提出抗诉32件，二审出庭监督审理死刑案件93件，对民事行政判决和裁定提出抗诉109件，法院已改变原判决和裁定76件，提出再审检察建议19件。对不服正确判决和裁定的当事人，耐心做好服判息诉工作，维护法制权威。加强对刑罚执行和监管活动的监督，不断完善监督机制，继续做好纠正和防止超期羁押工作，发现和纠正违法减刑、假释、暂予监外执行等问题4件，依法查办执法和司法不公背后的职务犯罪案件。

依法妥善办理涉检信访案件，努力发挥促进社会和谐的职能作用。全市检察机关坚持畅通渠道、文明接待、热情服务，耐心做好法律宣传、政策解释、思想疏导等工作，依法化解矛盾纠纷，妥善解决人民群众的利益诉求。认真研究和把握新形势下群众工作的特点和规律，注重用说服教育、沟通协调等方法，引导和服务信访群众，促进社会和谐稳定。严格执行首办责任制、检察长接待和责任追究等制度，健全处理涉检信访问题的长效机制，研究制定了《天津市检察机关信访工作规则（试行）》，同时主动配合其他单位和部门协调解决涉法涉诉问题，力求“案结事了”。对重大疑难复杂案件，各级检察长亲自接待和督办，成功办结了一批缠诉案件。去年，受理各级人大交办案件9件并已全部办结，办理群众来信来访5653件，连续3年没有发生“非正常进京上访”的涉检信访事件。

二、坚持以科学发展观为指导，加强和改进检察工作取得了新进展

去年，是检察机关恢复重建三十周年，检察事业的发展又处于新的历史起点上。全市检察机关在认真总结法律监督工作成功经验的同时，自觉按照科学发展观的要求加强和改进检察工作，努力推动检察工作实现新发展。

认真落实中央和市委的指示要求，明确检察工作的发展思路。党的十七大以来，党中央和市委对检察工作高度重视，胡锦涛总书记等中央领导同志多次就做好检察工作作出重要指示，市委书记张高丽同志去年连续三次就全市检察工作作出重要批示，为做好检察工作指明了方向。全市检察机关认真贯彻落实中央和市委的指示精神，坚持党的事业至上、人民利益至上、宪法法律至上，努力加强和改进检察工作。市人民检察院在深入基层调查研究、广泛听取各方意见的基础上，提出了“四、三、四、四”的检察工作发展思路，引导全市检察机关正确认识检察工作面临的“四个新形势”，自觉做到“三个坚持”，充分发挥“四个作用”，大力强化“四个保障”，从而进一步明确了全市检察工作的任务目标和努力方向，起到了指导和推动全市检察工作科学发展的重要作用。

主动适应经济社会又好又快发展的形势任务，提高服务大局的能力水平。发展是科学发展观的第一要义，全市检察机关始终坚持把促进经济社会又好又快发展作为重要责任，不断增强服务发展、促进发展、保障发展的自觉性。各级检察长主动深入滨海新区等改革发展的前沿阵地和重点领域开展调查研究，了解司法需求，听取意见建议，找准检察工作服务发展的切入点和着力点。各级检察机关自觉按照科学发展观的要求审视检察工作，着力克服不符合科学发展观要求的执法观念，着力改进不适应经济社会科学发展的办案方式，努力在服务发展中提高检察工作水平。针对滨海新区先行先试中可能出现的新情况和新问题，深入做好法律和政策研究工作，市人民检察院制定了《天津市人民检察院为滨海新区开发开放服务的意见》，主动为加快滨海新区开发开放提供法律支持和保障。

自觉坚持一流的工作标准，深入开展争创全国先进检察院活动。全市检察机关坚持把解放思想作为推动检察工作科学发展的先导，按照胡锦涛总书记关于“两个走在全国前列”和“一个排头兵”的重要要求,切实克服固步自封、小进则满的思想观念,自觉树立争先创优、科学发展的坚定信念,坚持高标准,追求高水平,在全系统启动了争创全国先进检察院活动。市人民检察院及时制定了争创指导意见,明确指导思想、基本原则、目标要求、工作内容、主要标准和实施步骤,并加强组织领导和实施推动,一个求真务实、干事创业,团结奋进、争先创优,打造亮点、力创特色的争创氛围正在形成,有力推动了全市检察工作的健康发展。

全面加强自身建设和监督制约,为检察工作科学发展提供制度机制保障。实现检察工作的科学发展,必须有科学的制度机制作保障。全市检察机关牢牢把握检察工作的发展规律,从有利于发挥检察职能作用出发,积极统筹解决各项检察工作之间、各地区检察工作之间发展不平衡的问题,既突出重点抓关键,又抓好基层打基础,通过修订和完善考核标准、工作制度和业务规范,初步建立了科学的检察工作考核评价机制。市人民检察院检察委员会讨论通过了《公诉案件督办工作暂行规定》等12项业务性规范文件,统一了执法尺度,规范了执法行为。在审查批捕阶段率先推行"被害人告知制度",依法保护被害人合法权益,新华社等20余家媒体作了报道,取得了良好社会反响。自觉树立监督者更要接受监督的意识,在加强自身监督的同时,主动寻求外部监督。及时选任了新一届人民监督员、特约检察员和特邀监督员并切实发挥其应有作用,提请人民监督员对152件拟作撤案、不起诉处理及犯罪嫌疑人不服逮捕决定的职务犯罪案件进行监督。认真负责地向人大及其常委会报告工作,积极配合开展专项执法检查活动。去年7月,市人大专门组织视察和审议了全市监所检察工作,有力促进了监所检察工作的深入开展。

三、始终把队伍建设作为战略任务常抓不懈,检察队伍整体素质有了新提高

全市检察机关主动适应作中国特色社会主义建设者、捍卫者和社会公平正义守护者的要求,进一步加强队伍建设,努力造就一支严格、公正、文明、廉洁执法的检察队伍。

以思想政治建设为根本,深入开展大学习大讨论和学习实践科学发展观活动。全市检察机关按照中央政法委和市委的要求部署,相继开展了党的十七大精神和胡锦涛总书记在全国政法工作会议代表和全国大法官、大检察官座谈会上的重要讲话以及"解放思想,干事创业,科学发展"两个大学习、大讨论活动,采取专题辅导、座谈交流等形式深入组织学习讨论和交流,教育和引导检察干警进一步坚定理想信念,牢记责任使命,自觉做党和人民的忠诚卫士。精心组织学习实践科学发展观活动,以"学习实践科学发展观,争创全国先进检察院,服务保障天津又好又快发展"为主题,认真查找并切实解决影响和制约检察工作科学发展的突出问题,切实做到检察干警受教育、法律监督上水平、执法为民显成效。

以领导班子建设为重点,提高领导检察工作科学发展的水平。全市检察机关坚持把领导班子建设作为重中之重,对领导干部分期分批进行培训,加强实践锻炼,努力提高把握检察工作规律的能力和领导检察工作科学发展的能力。加强领导班子制度建设,严格执行民主集中制,完善检察委员会决策机制,有力促进了科学决策、民主决策和依法决策。加强领导班子内部监督和外部监督机制建设,把监督贯穿于领导干部行使权力的全过程。各级领导干部特别是"一把手",牢固树立科学发展观和正确政绩观,自觉落实"六个一定要"、"五个表率"和"四个严禁"的要求,不断提高自身素质和修养,以自身行动带动班子和队伍弘扬正气,努力创造一流业绩。

以执法能力建设为核心,提高检察队伍专业素质。全市检察机关始终把加强执法能力建设摆在突出位置,紧密结合职务犯罪立案侦查、侦查监督、公诉、民行检察等各类检察业务的特点,加大专业培训和岗位练兵力度,全面提升检察队伍的综合素质和专业技能。去年,共举办各类培训班33期,培训检察干警3069人次,83名检察干警通过了全国司法考试。市人民检察院从提高专业理论水平、增长实践经验出发,先后选派后备干部和青年干警到基层检察院进行挂职和实践锻炼。以举办第二届"天津检察论坛"为抓手,大力推进学习型检察院建设,收获了一批检察理论研究和检察工作调研成果,努力营造学习法学理论和钻研检察业务的浓厚氛围。同时,加大干部人事制度改革力度,推行晋级考试、公开选拔、竞争上岗等改革措施,全面确立强素质、看能力、重业绩的选人用人导向,有效调动了干警积极性,激发了队伍活力。

以纪律作风建设为抓手,加强自身党风廉政建设。全市检察机关坚持从严治检,对检察干警严格教育、严格管理、严格监督,坚决防止执法不公、不廉问题的发生。加强执法规范化建设,重点围绕易发多发问题的关键岗位和环节,完善执法规范,健全权责明确、行为规范、监督有效的工作机制,保证严格、公正、文明执法的要求真正落到实处。加大检务督察力度,采取明察与暗访相结合的方式,组织开展了遵守办案纪律、落实办案安全防范规定情况的专项检查。去年,共受理违法违纪举报 29 件,比前一年下降 23.6%,没有检察干警因违法违纪问题受到处理。

回顾去年的检察工作,也还存在一些问题和不足,主要表现为:执法观念还不够适应,有的检察干警存在就案办案等单纯业务观念,不能正确处理好监督与配合、打击与保护、办案与服务等关系;职能发挥还不够适应,一些法律监督工作仍然比较薄弱,法律监督能力和总体水平还不高;制度机制还不够适应,工作机制和管理机制还不健全,检察工作考核评价体系还需要进一步完善;队伍素质还不够适应,检察队伍结构不够合理、专业水平不高,还不能很好地适应形势和任务的需要。对存在的这些问题,我们要进一步采取有效措施,认真加以解决。

2009 年是应对国际国内环境重大挑战,实现市委“一二三四五六”奋斗目标第一阶段任务的关键一年。市委九届五次全会根据中央的精神和天津的实际,提出了保增长、渡难关、上水平的总体要求。充分发挥检察职能作用,服务经济平稳较快发展,是检察机关的重大责任。根据新的形势和任务,我们确定今年检察工作的主要任务是:全面贯彻落实党的十七大、十七届三中全会和市委九届五次全会、全国检察长会议、全市政法工作会议精神,深入贯彻落实胡锦涛总书记等中央领导同志对检察工作的重要指示,以邓小平理论和“三个代表”重要思想为指导,深入贯彻落实科学发展观,深入实践“强化法律监督,维护公平正义”的检察工作主题,围绕“保增长、渡难关、上水平”的总体工作要求,以争创全国先进检察院为目标,以提高法律监督能力为核心,以深化检察体制和机制改革为动力,以加强基层基础工作为重点,以建设高素质检察队伍为保障,全面加强和改进检察工作,维护社会公平正义,促进社会和谐稳定,为推进我市科学发展和谐发展率先发展提供强有力的司法保障。完成好上述任务,我们要突出抓好五个方面:

(一)着力保障经济社会科学发展。发展关联着民生和稳定。要立足检察职能为经济平稳较快发展提供服务和保障,切实维护市场经济秩序,主动服务滨海新区开发开放,保障全市经济社会发展的顺利进行。主动改进办案方式方法,努力实现法律效果和社会效果的有机统一,既严格依法办案,又注重促进企业生存发展。对于那些利用职权、以权谋私,严重扰乱经济秩序和侵犯群众利益、败坏党和国家声誉的职务犯罪案件,要坚决依法查处、严惩不贷。要依法打击侵害农民利益、危害农业生产、影响农村稳定的犯罪活动,深入开展查办涉农职务犯罪工作,更好地服务农村改革发展。围绕民生热点问题,重点查办社会保障、医疗卫生、食品安全和教育等领域的职务犯罪和商业贿赂案件,强化对涉及群众切身利益的民事审判和行政诉讼活动的法律监督,促进难点和热点问题的解决,充分体现司法公正和人文关怀。

(二)着力维护社会和谐稳定。要积极应对影响社会和谐稳定的各种问题和挑战,充分发挥检察职能作用,坚决依法惩治危害国家安全的犯罪,严惩严重刑事犯罪,保持社会治安大局稳定。准确把握宽严相济的刑事政策,当宽则宽,该严则严,最大限度地促进社会和谐。有效开展预防犯罪工作,积极参与社会治安综合治理和平安天津建设。加强涉检信访工作,排查调处矛盾纠纷,切实抓好源头治理,不断提高执法透明度,完善和落实便民利民措施,真正把化解矛盾贯穿于执法办案的全过程。

(三)着力维护司法公正和公平正义。要准确把握检察机关的宪法定位,真正把功夫下在监督上,突出监督重点,狠抓薄弱环节,下大力量解决好人民群众反映强烈的执法不严和司法不公问题,不断创新和完善对诉讼活动的法律监督机制,强化监督责任,增强监督合力,扩大监督成效。加大查办执法不严、司法不公背后职务犯罪的力度,切实提高法律监督水平。

(四)着力推进检察改革。要按照中央关于深化司法体制和工作机制改革的部署要求,准确把握深化检察体制和工作机制改革的基本原则和主要任务,依靠党委,加强协调,积极稳妥地推进检察改革。特别是要以强化法律监督职能和加强自身执法活动的监督制约为重点,改革和完善检察机关接受监督制约的制度,进一步规范执法行为,保障检察权依法公正行使。

(五)着力加强检察队伍和基层基础建设。要始终把检察队伍建设和基层基础工作作为关系检察工作全局的战略任务来抓,以深入开展学习实践科学发展观活动为主线,加强思想政治建设;以开展大规模教育培训为抓手,加强法律监督能力建设;以确保严格、公正、文明、廉洁执法为目标,加强监督制约机制建设;以领导机关、领导干部和关键执法岗位人员为重点,加强纪律作风和反腐倡廉建设;以检察信息化为主导,加强执法保障建设;以执法规范化、队伍专业化、管理科学化和保障现代化为方向,加强基层检察院建设。

新的一年,检察工作任务艰巨,责任重大。我们决心在市委和最高人民检察院的正确领导下,在市人大及其常委会的监督支持下,坚定信心,迎接挑战,求真务实,扎实工作,努力开创全市检察工作新局面,为维护社会和谐稳定、推进滨海新区开发开放、保障经济平稳较快发展作出新贡献,以优异成绩迎接新中国成立六十周年。

河北省人民检察院工作报告(摘要)

——2009 年 1 月 10 日在河北省第十一届人民代表大会第二次会议上

河北省人民检察院检察长　张德利

(2009 年 1 月 12 日河北省第十一届人民代表大会第二次会议通过)

2008 年,省人民检察院领导全省检察机关以科学发展观为统领,认真落实省十一届人大一次会议关于检察工作的决议,紧紧围绕以奥运安保工作为中心的维护和谐稳定工作、以服务经济建设为中心的服务科学发展工作两大任务,忠实履行法律监督职责,各项工作平稳健康发展,为促进和谐稳定、服务科学发展、保障改善民生、维护公平正义,建设沿海经济社会发展强省作出了积极贡献。

一、依法打击严重危害社会治安的刑事犯罪

全省检察机关把确保奥运会安全作为头等大事,认真做好检察环节维护和谐稳定的各项工作。深入开展以打黑除恶为龙头的严打整治专项斗争,重点打击危害国家安全犯罪、危害公共安全犯罪、严重侵犯公民人身权利犯罪,特别是恐怖犯罪、黑社会性质组织犯罪和恶势力团伙犯罪及其"保护伞"。全省共批捕各类刑事犯罪嫌疑人 43184 人,提起公诉 50313 人。正确贯彻宽严相济的刑事政策,对严重刑事犯罪依法该严则严,对犯罪情节轻微、社会危害较小的依法当宽则宽。认真排查化解矛盾纠纷,采取领导包案、组织督导组下访巡视、上下级检察院联合接访、挂账督办、责任倒查等方式,以案结事了、息诉罢访为目标,在依法办案的同时,注重用关注民生的方法和非诉讼手段化解矛盾,妥善处理了一批涉检访案件,包括一些陈年积案。全省共办结中央政法委、省委政法委交办的涉检访案件 132 件,没有发生新的非正常涉检进京上访,96% 的赴省涉检上访已办结息诉。1000 多名检察干警参加省委部署的"万名机关干部下基层"活动。秦皇岛、保定、唐山、张家口、承德、廊坊等地检察机关,抽调数千名检察干警直接参加奥运会分赛场和北京周边地区的奥运安保工作。

二、依法惩处破坏市场经济秩序和经济发展的刑事犯罪

坚持立足检察职能,为我省经济社会又好又快发展服务。积极参加整顿和规范市场经济秩序工作,严厉打击金融诈骗、偷税骗税、非法集资、制假售假、商业贿赂等犯罪活动,共批准逮捕破坏市场经济秩序犯罪案件 751 件 1173 人,提起公诉 646 件 1208 人。三鹿问题奶粉事件发生后,省检察院成立了办案指导小组,相关检察院依法及时介入案件侦查活动,开展批捕、起诉工作,目前已批捕犯罪嫌疑人 60 人,提起公诉 21 人。加强对能源资源和生态环境的司法保护，组织开展了查办危害能源资源和生态环境渎职犯罪专项工作，依法查处危害土地、林业、矿产资源和破坏生态环境的滥用职权、玩忽职守等渎职犯罪案件117件208人。积极介入重大安全生产事故调查工作，严肃查处与事故相关联的职务犯罪案件27件67人。组织开展了查办涉农职务犯罪保障社会主义新农村建设专项工作，开展法律咨询和职务犯罪预防工作，对涉及农村基础设施建设、支农惠农政策、专项资金管理和使用的职务犯罪，依法查处338件541人。党的十七届三中全会和省委七届四次全会召开后，省检察院制定了《关于充分发挥检察职能服务农村改革发展的意见》，全省检察机关创新工作机制，改进工作作风，深入农村，依法打击危害农业生产、影响农村稳定、侵害农民权益的犯罪活动。

三、依法查办和预防贪污贿赂、渎职侵权等职务犯罪

全省检察机关认真落实中央《建立健全惩治和预防腐败体系2008—2012年工作规划》和省委《实施办法》，加大查办和预防职务犯罪工作力度。反贪污贿赂工作，重点查办国家工作人员利用人事权、司法权、行政执法权、行政审批权、国有资产管理权贪污受贿等职务犯罪案件，全省共立案侦查806件1244人，其中大案633件、要案53人。加强追逃工作，抓获在逃犯罪嫌疑人36人。通过办案为国家挽回经济损失2.74亿元。按照最高人民检察院指定管辖，查办省外贪污贿赂犯罪案件12件54人，其中厅级以上干部10人。反渎职侵权工作，重点查办国家机关工作人员滥用职权、玩忽职守和利用职权侵犯公民人身权利、民主权利等职务犯罪案件，全省共立案侦查304件606人，其中大案89件、要案8人。进一步加强职务犯罪预防工作，重点围绕曹妃甸、黄骅港等69个重点项目建设，开展专项预防，保障资金安全，防范职务犯罪。在搞好个案分析和类案分析的基础上，向有关部门提出检察建议333份，提供预防咨询853次，通过行贿犯罪档案查询系统接受社会查询248次。检察机关查办和预防职务犯罪工作，在惩治和预防腐败体系中发挥了积极作用。

四、依法开展各项诉讼监督工作

围绕人民群众反映强烈的执法不严、司法不公等问题，加强各项诉讼监督工作。在刑事立案监督中，依法纠正有案不立、有罪不究、以罚代刑等问题，监督侦查机关立案侦查该立而未立的案件2268件，监督撤销不该立而立的案件298件。在侦查活动监督中，依法纠正滥用强制措施、违反法定程序和侵犯诉讼权利等问题，提出纠正意见1252件次；严格掌握批捕、起诉条件，依法纠正漏捕918人、纠正漏诉897人，决定不批准逮捕1920人、不起诉829人。在刑事审判监督中，依法纠正有罪判无罪、量刑畸轻畸重等问题，提出抗诉193件；对不履行告知义务、超审限办案、不及时送达法律文书等程序违法问题，提出纠正意见618件次。认真做好死刑二审案件出庭工作，加强对死刑案件审判活动的监督。在民事审判和行政诉讼监督中，依法纠正裁判不公、侵害当事人合法权益等问题，提出抗诉819件、再审检察建议674件。在刑罚执行监督中，依法纠正不交付执行和违法减刑、假释、暂予监外执行等问题，提出纠正意见429人次，纠正监外执行罪犯脱管、漏管问题167件次。坚持加强诉讼监督与查办职务犯罪案件相结合，共立案查处司法人员职务犯罪170人；坚持加强诉讼监督与维护司法权威相结合，对正确的刑事、民事判决和裁定，耐心细致地做好息诉工作，促进了司法公信力的提高。进一步加强对检察机关自身执法办案活动的内部监督制约，强化不同业务部门、不同办案环节之间的制约机制；加强上级检察院对下级检察院办案工作的检查督导；深化人民监督员制度试点工作，人民监督员监督检察机关拟作撤案、不起诉处理和犯罪嫌疑人不服逮捕决定的职务犯罪案件101件。

五、进一步加强检察队伍建设

把队伍建设作为检察工作科学发展的关键来抓。加强思想政治建设。深入开展解放思想大讨论活动、党的十七大精神和胡锦涛总书记重要讲话大学习大讨论活动，深化社会主义法治理念教育，引导广大检察人员保持正确的政治方向，坚持中国特色社会主义检察制度。认真开展学习实践科学发展观活动，以“推动检察工作科学发展、更好地为河北科学发展服务”为主题，采取集中学习、调研考察、征求意见、分析检查、加强整改等措施，查找和解决检察队伍在执法观念、宗旨意识、工作作风等方面存在的突出问题。加强各级检察院领导班子建设。强化对领导干部的教育、管理和监督，建立和推行巡视、述职述廉等制度，健全考核考评办法，督促各级检察院领导干部讲党性、重品行、作表率。加强法律监督能力建设。省检察院从下级检察院遴选优秀检察官17人,面向社会招录书记员15人。精心组织司法考试培训工作,全省共有417名干警通过了国家统一司法考试,通过率为45.6%,比上年提高了12个百分点。开展正规化分类培训和岗位练兵活动,举办了169期5100余人次参加的检察业务培训班;组织检察业务专家和办案能手、优秀公诉人评选活动,着力培养高层次检察人才。加强纪律作风建设,严格政治纪律、检察纪律、廉洁纪律,加强对执法办案中易出、常出问题的岗位和环节的监督检查,查处违纪违法检察人员6人。在全省检察机关组织开展了清理违规扣押、冻结和处理涉案款物专项工作。加强基层检察院建设,完善考评机制,强化动态考核,广泛开展争先创优活动。汶川大地震发生后,广大检察干警多次捐款捐物支援灾区,共计捐款850余万元,棉衣棉被1200余件。去年全省检察机关共有240个集体、460名个人受到省级以上表彰。承德市检察院副检察长李永志被省委授予"河北省优秀共产党员"称号,并当选2008年度"中国十大法治人物";衡水市检察院反贪局、反渎局被评为"全国检察机关十佳反贪局"和"全国检察机关十佳反渎局"。

六、自觉接受人大、政协和社会监督

全省检察机关把人大、政协和社会各界的监督作为爱护和支持,作为加强和改进检察工作的动力,更加自觉地接受监督。深入贯彻监督法,完善和落实接受人大监督的具体措施。各级检察院共向同级人大常委会报告工作472次,办理人大代表提出的建议299件。采取组织座谈、送阅《冀检通讯》、《河北检察》、登门拜访等形式,把向人大代表、政协委员汇报工作、接受监督经常化。在学习实践科学发展观活动中,省检察院向省人大代表、政协委员发出征求意见函1851份,征得意见和建议3550条。组织召开了省各民主党派、工商联负责人和无党派人士代表座谈会,听取对检察工作的批评、意见和建议。按照省人大常委会对刑事诉讼监督工作的审议意见和省人大内司委对出庭公诉工作的旁听评议意见,省检察院认真研究制定了加强和改进相关工作的具体措施。人大、政协、新闻舆论和社会各界的监督,对检察机关提高办案质量、规范执法行为、加强队伍建设,起到了重要的推动作用。

在看到成绩的同时,我们也清醒地认识到,全省检察工作还存在不少问题:一是按照科学发展观的要求解放思想还不够,检察工作融入经济社会发展大局的自觉性还需要进一步增强,服务全省科学发展的水平还有待进一步提高。二是法律监督能力与人民群众的司法需求还不相适应,在履行监督职责中存在不规范、不到位、水平不高等现象。三是在把握打击与保护、惩治与预防、办案数量与办案质量、办案法律效果与社会效果、政治效果的关系方面,有时还不够全面、协调。四是在检察队伍建设上还有薄弱环节。队伍结构不合理,专业化水平不高;一些检察人员执法能力不强,不善于做群众工作,影响了执法效果;个别检察人员违纪违法,损害了检察机关形象。对这些问题,我们将认真研究解决。

今年全省检察机关将深入贯彻党的十七大精神和省委的各项工作部署,认真落实科学发展观和胡锦涛总书记等中央领导同志对检察工作的重要指示,进一步解放思想、更新观念,以推动检察工作科学发展、更好地为全省科学发展服务为目标,坚持"强化法律监督、维护公平正义"的工作主题,全面加强和改进检察工作,不断提高检察队伍整体素质,为我省经济社会又好又快发展提供有力的司法保障。

我们将重点抓好以下两方面的工作:

忠实履行检察职责,为全省科学发展服务

充分发挥职能作用,为全省经济平稳较快发展保驾护航。进一步增强大局意识和责任意识,紧紧围绕保经济增长、促结构调整两大主要任务,依法履行职责,更加注重维护市场经济秩序,更加注重保障政府投资安全,更加注重对能源资源、生态环境和知识产权的司法保护,更加注重保护各类市场主体和企业家、创业者、投资者的合法权益。通过有效开展法律监督,对有利于中央和省委、省政府重大决策贯彻实施,有利于维护企业正常生产经营,有利于维护企业职工利益,有利于促进经济社会秩序稳定的,坚决依法保护;对构成犯罪的,坚决依法打击;对不构成犯罪但属于违法的,依法监督纠正。

认真落实《关于充分发挥检察职能服务农村改革发展的意见》,依法打击危害农业生产、影响农村稳定、侵害农民权益的犯罪活动,深化查办和预防涉农职务犯罪工作,强化涉农法律监督和司法保护。全省基层检察院普遍组织农村工作队,深入到乡镇和重点村开展检察工作,宣传法制,接待信访,受理举报，查办案件，服务农村改革发展。

认真研究新形势下影响社会稳定的新情况、新问题，加大对黑恶势力犯罪、严重暴力犯罪、多发性侵财犯罪、涉众型经济犯罪和毒品犯罪的打击力度。积极参加整顿和规范市场秩序专项行动、食品药品安全专项整治以及“质量和安全年”活动，严厉打击危害市场经济秩序、危害经济发展、危害人民健康的犯罪活动。正确贯彻宽严相济刑事政策。认真做好涉检信访工作。

严肃查办贪污贿赂、渎职侵权等职务犯罪案件。重点查办发生在领导机关、金融证券、产权交易、土地出让、重点项目建设、政府采购等领域的职务犯罪案件，重大安全生产事故中的职务犯罪案件，社会保障、劳动就业、征地拆迁、医疗卫生等涉及民生领域的职务犯罪案件。

强化各项诉讼监督工作。依法监督有案不立、有罪不究、以罚代刑和违法立案、刑讯逼供问题，监督违法减刑、假释、暂予监外执行问题，监督裁判不公、执法不严问题，严肃查办司法人员徇私枉法、贪赃枉法以及滥用职权、玩忽职守犯罪案件。

加强职务犯罪预防工作。积极做好公共资金使用、公共资源配置等领域和环节的预防职务犯罪工作，特别是围绕民生工程、基础设施、生态环境等重大项目建设，密切配合有关部门，建立健全共同预防机制，开展预防宣传、预防咨询，提出预防对策，做好职务犯罪预防工作。

以科学发展观为指导，推动检察工作科学发展

牢固树立以人为本、执法为民的执法观，把维护人民利益作为各项检察工作的出发点和落脚点。提高群众工作能力，用群众的语言和易于接受的方式开展工作，使履行职责的过程成为维护公平正义的过程、促进和谐稳定的过程、为人民服务的过程，以实际成效让人民群众更多地感受到中国特色社会主义检察制度的优越性。

把握宪法定位，把强化法律监督作为检察工作科学发展的主要标志。坚持“强化法律监督、维护公平正义”的工作主题，突出法律监督这个根本任务，全面开展各项检察业务，强化监督职能和成效。

深化检察体制和工作机制改革。根据中央关于深化司法体制、工作机制改革和最高人民检察院关于检察改革的总体部署，以强化法律监督职能和加强对自身执法活动的监督制约为重点，积极稳妥地推进检察改革工作。

按照科学发展观的要求正确处理检察工作中的重大关系。正确把握强化法律监督职能与防止检察权滥用、配合与监督、打击与保护、实体公正与程序公正、办案数量与办案质量等关系，注重全面协调，坚持统筹兼顾，确保法律效果与社会效果、政治效果的有机统一。

建设高素质检察队伍。以领导干部和关键执法岗位的人员为重点，大力加强思想政治和职业道德建设、法律监督能力建设、纪律作风建设。深入开展学习实践科学发展观活动和“听民声、察民情、知民意、解民忧、护民权”主题实践活动，坚持党的事业至上、人民利益至上、宪法法律至上，确保检察队伍忠于党、忠于国家、忠于人民、忠于法律。强化检察职业道德教育，提高检察人员的职业道德水准，培育推广典型，不断提升检察队伍的整体形象和检察工作的社会公信力。加强职业培训，继续抓好司法考试培训工作，提高检察人员的专业技能和水平。坚持从严治检，严格纪律，严格要求，严肃查处违纪违法行为，坚决清除检察队伍中的害群之马。加强基层检察院建设，提高依法办案、化解矛盾、服务发展的能力，不断满足人民群众的司法需求。牢固树立监督者必须接受监督的意识，进一步深化检务公开，加强同人大代表、政协委员的联系工作，更加主动、自觉地接受来自各方面的监督，让检察权在阳光下运行。

在新的一年里，全省检察机关将在省委和最高人民检察院的正确领导下，在各级人大及其常委会的有力监督下，深入贯彻本次会议精神，忠实履行宪法职责，全面推进各项检察工作，为人民执法，受人民监督，让人民满意，以优异成绩迎接新中国成立六十周年！

山西省人民检察院工作报告(摘要)

——2009 年 1 月 13 日在山西省第十一届人民代表大会第二次会议上

山西省人民检察院检察长　柯汉民

(2009 年 1 月 16 日山西省第十一届人民代表大会第二次会议通过)

2008 年,全省检察机关坚持和发扬三十年来检察工作改革发展的宝贵经验,认真学习贯彻党的十七大精神,以科学发展观为统领,积极落实"五抓"工作思路,不断强化法律监督职能,各项检察工作在新的历史起点上取得了新的成绩,为维护全省社会和谐稳定,促进经济社会又好又快发展作出了积极贡献。

一、以奥运安保为重点,全力维护社会和谐稳定

2008 年,全省充分发挥检察职能,严厉打击各种刑事犯罪,积极化解社会矛盾,为确保北京奥运会安全顺利举办和全省社会大局稳定提供了有力司法保障。严厉打击严重危害社会治安的刑事犯罪,共批准逮捕各类刑事犯罪嫌疑人 25356 人,提起公诉 31295 人。严厉打击黑恶势力犯罪、严重暴力犯罪和"两抢一盗"等多发性侵财犯罪;继续深化"打黑除恶"专项斗争,深挖黑恶势力"保护伞",共批准逮捕以上重点犯罪案件嫌疑人 14595 人,提起公诉 16936 人。依法打击破坏社会主义市场经济秩序犯罪,共批准逮捕金融诈骗、偷税骗税、侵犯知识产权等破坏社会主义市场经济秩序犯罪嫌疑人 671 人,提起公诉 766 人。认真贯彻宽严相济刑事政策,最大限度地减少不和谐因素,全年共对 3045 人作出了不批准逮捕决定,对 1060 人作出了不起诉决定。依法妥善处理涉检信访问题,及时解决群众合理诉求,共受理群众来信 5515 件,接待群众来访 2910 人次;受理刑事申诉案件 250 件;办理国家赔偿案件 23 件,支付赔偿金 33.5 万元,返还扣押财产 223.4 万元。认真做好涉检重信重访案件排查化解工作,共办理涉检重信重访重点案件 11 件,已息诉 10 件;省检察院领导包案处理重信重访案件 17 件,已息诉 13 件;对 14 件涉检信访案件进行了责任倒查,其中有 1 人被追究刑事责任。北京奥运会期间,我省未发生非正常涉检信访案件。

二、以推进反腐倡廉建设为目标,依法查办和预防职务犯罪

全省检察机关认真贯彻党的十七大关于加强反腐倡廉建设的新要求和省委反腐败工作的总体部署,进一步加大查办和预防职务犯罪工作力度。一年来,共查办各类职务犯罪案件 1349 件 1553 人。查办职务犯罪大要案工作实现新突破,查办县处级以上干部职务犯罪要案 87 人,其中厅级干部 5 人。查办群众反映强烈的职务犯罪取得新进展,共查办煤焦领域职务犯罪案件 199 件 220 人;查办发生在新农村建设领域的职务犯罪案件 195 件 215 人;查办危害能源资源和生态环境渎职犯罪案件 193 件 202 人;查办教育、医疗卫生、社会保障、房地产等领域的商业贿赂案件 122 件 129 人;查办司法人员职务犯罪 208 人。查办重大安全生产事故中的滥用职权、玩忽职守等职务犯罪案件 195 件 203 人。职务犯罪预防工作取得新进步,全省检察机关积极开展法制教育、警示教育活动;对重点工程项目的招标投标、材料采购、施工验收等重要环节进行了全程监督;在省人大常委会的统一安排部署下,省检察院积极开展预防职务犯罪立法调研、论证工作,省十一届人大常委会第四次会议审议通过了《山西省预防职务犯罪工作条例》,使我省预防职务犯罪工作步入法制化轨道。

执法水平和办案质量有了新提高。全省检察机关认真学习贯彻修改后的《律师法》,努力改进办案方式方法,进一步规范执法行为;加强侦查一体化机制建设,提高突破案件的能力;深化人民监督员制度试点工作，人民监督员共对257件“三类案件”进行了监督；健全完善案件质量考核评价机制，努力实现办案数量、质量、效果的有机统一；加强办案工作区建设，严格落实办案安全的有关制度。全年共决定起诉各类职务犯罪案件1097件1325人，起诉率为89.8%；法院已作出有罪判决1100人，有罪判决率为98.9%。全年未发生办案安全责任事故。

三、以促进司法公正为目的，加大诉讼监督工作力度

加强对刑事诉讼活动的监督，共监督纠正侦查机关应当立案而不立案的案件1234件，不应当立案而立案的案件195件；对侦查活动中的违法行为提出书面纠正意见和检察建议4234件；依法纠正漏捕625人；依法决定追诉895人。在刑事审判监督中，共对219件认为确有错误的刑事判决、裁定提出了抗诉。加强对死刑二审案件的法律监督，提高办案质量，促进了死刑的依法正确适用。加强对民事审判和行政诉讼活动的监督，对认为确有错误的民事行政判决、裁定提出抗诉310件，提出再审检察建议117件。加强对刑罚执行和监管活动的监督，依法监督纠正违法减刑、假释、保外就医23人；依法监督纠正监外执行罪犯脱管、漏管339人；依法监督纠正超期羁押6人；查办刑罚执行和监管活动中的职务犯罪29件30人，办理劳教人员犯罪及服刑人员又犯罪案件63件73人。

四、以严格、公正、文明执法为方向，全面加强检察队伍建设

省检察院以“三大建设”（思想政治建设、业务能力建设、纪律作风建设）为抓手，引领各级检察机关全面落实队伍建设的各项措施，全省检察队伍的整体素质有了新的提高。

大力加强思想政治建设。全省检察机关深入开展大学习、大讨论活动，使广大检察人员进一步坚定了中国特色社会主义的政治信念，强化了大局意识和责任意识。省检察院开展了深入学习实践科学发展观活动，进一步增强了检察人员贯彻落实科学发展观的自觉性和坚定性，进一步强化“立检为公，执法为民”的观念，为服务经济社会科学发展和实现检察工作科学发展奠定了坚实的思想基础。

大力加强领导班子建设，进一步完善了对市、分院检察长和领导班子及其成员的年度考核办法；组织了对市、分院检察长及领导班子的述职述廉和测评考核；积极开展巡视工作，加强了对各级检察院领导班子和领导干部的管理和监督。

大力加强队伍专业化建设，全省检察机关共有1121人取得了本科学历，95人取得了研究生学历；有290人通过了国家司法考试；7640余人次接受了业务培训。

大力加强纪律作风建设，扎实推进全省检察机关惩治和预防腐败体系建设，制定了2008—2012年惩治和预防腐败工作实施方案、《山西省检察机关工作纪律十条规定》；推行了廉政提醒谈话制度；积极开展了检务督察工作；严明检察纪律，共查处检察人员违法违纪案件15件15人。

大力加强检察文化建设。积极开展创建文明和谐单位、争创先进检察院、评选“十大杰出检察官”等争先创优活动以及纪念检察机关恢复重建三十周年等活动，激励广大检察人员立足本职岗位建功立业，创造一流成绩。全省检察机关共有46个先进集体、10名先进个人受到最高人民检察院和国家有关部门的表彰；13个检察院被评为省级文明和谐单位。全省检察机关全力支援四川地震灾区的灾后重建工作，共向地震灾区捐款710余万元。

大力加强基层基础建设。进一步完善了领导干部联系基层检察院制度、基层检察院规范化建设分类考核办法，积极探索基层检察院业务、队伍和信息化相结合的管理机制，并开展了试点工作。狠抓经费保障工作，87%的县级检察院落实了公用经费保障标准。着力提高科技装备水平，为基层检察院配备了一批高科技办公办案设备。

五、自觉接受各级人大及其常委会的监督，不断加强和改进检察工作

全省检察机关不断增强接受人大监督的意识，认真贯彻《各级人民代表大会常务委员会监督法》，自觉地把检察工作置于人大及其常委会的监督之下。2008年，全省检察机关共向各级人大常委会报告工作280余次，召开人大代表座谈会210余次，邀请人大代表视察工作130余次。对各级人大及其常委会转交办的530件案件，全部列为督办案件，严格落实承办部门和责任人，及时反馈办理结果，目前已全部办结。同时，进一步完善接受政协民主监督的形式，建立健全向各级政协通报检察工作制度，认真办理政协委员提案。深化检务公开制度，主动接受新闻舆论和社会各界的监督，进一步落实人民群众对检察工作的知情权、监督权。

一年来全省检察工作取得了一定成绩,但还存在一些问题和不足。一是检察工作中还存在与科学发展观的要求不符合、不适应的问题,以科学发展观指导和推动检察工作科学发展的能力还需要进一步加强。二是法律监督工作与党和人民群众的需求还有差距。不善监督、监督不力的问题依然存在,工作的力度还需进一步加大。三是检察队伍整体素质与新形势新任务的要求还不适应。检察队伍的知识、专业、年龄结构不尽合理,队伍的管理机制还不够健全,检察人员违法违纪的问题仍有发生。四是检务保障工作还比较薄弱。基层检察院经费紧缺,基建债务负担较重,在一定程度上制约了检察工作的正常开展。对于这些问题,我们将采取措施,努力加以解决。

2009年全省检察工作的指导思想和主要任务是:高举中国特色社会主义伟大旗帜,全面贯彻党的十七大和十七届三中全会精神,坚持以邓小平理论和"三个代表"重要思想为指导,深入贯彻落实科学发展观,紧紧围绕全省工作大局,认真实践"强化法律监督,维护公平正义"的检察工作主题,坚持"五抓"工作思路,深入推进"三大建设",突出重点,统筹兼顾,努力实现服务大局有新成效,业务工作有新发展,队伍素质有新提升,改革创新有新突破,检务保障有新加强,为新基地新山西建设创造和谐稳定的社会环境和公正高效的司法环境。具体从以下五个方面加强和改进工作:

一是更加全面深入地贯彻落实科学发展观。扎实推进深入学习实践科学发展观活动,切实转变不符合科学发展观要求的思想观念,不断增强贯彻落实科学发展观的自觉性和坚定性。切实提高贯彻落实科学发展观的能力和水平,努力在检察工作服务经济社会科学发展上形成新思路、取得新成效。坚持把科学发展观作为检察工作的重要指导方针,进一步解决影响检察工作科学发展的突出问题,努力开创全省检察工作新局面。

二是更加积极主动地为全省工作大局服务。牢牢把握确保经济平稳较快发展的首要任务,努力适应我省实现转型发展、安全发展、和谐发展对检察工作提出的新要求,不断开拓服务大局的新途径、新方法,认真研究制定检察机关服务大局的具体措施,把服务大局的成效作为检验检察工作成绩的重要标准。要充分发挥检察职能,找准检察工作服务大局的着力点和结合点,为促进我省经济平稳较快发展作出贡献。

三是更加扎实有效地履行法律监督职责。坚持"严打"方针,严厉打击严重刑事犯罪和破坏社会主义市场经济秩序犯罪;依法打击侵害农民利益、危害农业生产、影响农村稳定的犯罪活动;认真贯彻宽严相济刑事政策,进一步加强涉检信访工作,努力维护社会和谐稳定。以查办大案要案为重点,突出查办重大工程建设和项目资金使用中的职务犯罪、涉农职务犯罪特别是农村土地流转过程中的职务犯罪、煤焦领域和重大安全生产事故中的职务犯罪,以及教育、就业、食品安全、社会保障、征地拆迁、移民补偿等民生领域的职务犯罪,积极推进反腐倡廉建设。全面加强对诉讼活动的法律监督,严肃惩治执法不严、司法不公背后的职务犯罪,努力维护司法公正。

四是更加积极稳妥地推进检察体制和工作机制改革。认真学习贯彻中央转发的关于深化司法体制和工作机制改革若干问题的意见,从满足人民群众的司法需求出发,以解决影响司法公正的突出问题为重点,深入分析制约检察工作发展的体制和机制障碍,不断探索和建立检察机关自觉接受人大监督的新机制,研究检察工作接受民主监督、社会监督的有效途径,进一步整合完善内部监督制约机制,积极推进符合检察工作特点、符合司法工作规律、符合人民利益和愿望的检察制度建设。

五是更加坚定不移地加强检察队伍和基层基础建设。要把开展深入学习实践科学发展观活动,与大学习、大讨论活动和深化社会主义法治理念教育紧密结合起来,加强检察队伍的思想政治建设;以提高领导水平和法律监督能力为核心,加强领导班子建设;以开展大规模教育培训为抓手,加速检察队伍专业化建设;坚持从严治检,对检察队伍特别是领导干部严格要求、严格管理、严格监督、严格纪律;围绕加强基础工作、提高基本素质、落实基本保障,着力推进基层检察院建设,进一步夯实检察工作科学发展、健康发展、持续发展的基础。

在新的一年里,全省检察机关将高举中国特色社会主义伟大旗帜,深入贯彻落实科学发展观,在省委和最高人民检察院的领导下,认真贯彻落实本次会议精神,解放思想,开拓创新,求真务实,为促进我省转型发展、安全发展、和谐发展,为服务和保障新基地新山西建设作出新的更大的贡献!

内蒙古自治区人民检察院工作报告（摘要）

——2009 年 1 月 11 日在内蒙古自治区第十一届人民代表大会第二次会议上

内蒙古自治区人民检察院检察长　邢宝玉

（2009 年 1 月 13 日内蒙古自治区第十一届人民代表大会第二次会议通过）

一、去年工作的回顾

2008 年，全区检察机关认真贯彻党的十七大和胡锦涛总书记关于政法工作的重要指示精神，高举中国特色社会主义伟大旗帜，以邓小平理论和“三个代表”重要思想为指导，深入学习实践科学发展观，按照自治区党委、最高人民检察院的部署和自治区十一届人大一次会议的要求，坚持“强化法律监督，维护公平正义”的检察工作主题，全面履行法律监督职责，努力维护公平正义和社会和谐稳定，为保障自治区经济社会发展作出了积极贡献。

（一）适应经济社会又好又快发展的要求，全面加强和改进法律监督工作

严厉打击严重刑事犯罪，积极化解社会矛盾，维护奥运安全和社会和谐稳定。面对上半年我区刑事案件大幅上升、奥运安保任务艰巨的新形势，自治区检察院加强组织领导，加大指导和督察力度，全区检察机关全力以赴、积极投入奥运安保工作。与有关部门密切配合，严密防范各种暴力恐怖活动。加强批捕、起诉工作，及时审查处理、突出打击危害国家安全犯罪和黑恶势力犯罪、严重暴力犯罪、严重影响群众安全感的多发性侵财犯罪以及严重破坏社会主义市场经济秩序的犯罪，保持了对严重刑事犯罪的高压态势。全年共批准逮捕各类刑事犯罪嫌疑人 15382 人，提起公诉 19629 人。自治区检察院提前介入，与公安机关密切配合，及时批捕了“万里大造林”案件的犯罪嫌疑人，指导包头市检察院起诉了该案 10 名被告人，妥善处理了有关人员的群体上访，取得了良好的法律效果和社会效果。积极参加社会治安综合治理工作，积极参与突出治安问题排查整治，推进平安建设，营造和谐稳定的社会环境。

加强控告申诉检察工作，努力化解矛盾纠纷。开展了涉检重信重访排查化解专项工作，认真摸排、依法审查，逐级逐案落实领导包案责任，对重大疑难复杂案件挂牌督办，与各地党委、政府协调，举全系统之力，合力攻坚，办结息诉了多年的积案 65 件，确保奥运会、残奥会期间未发生进京到呼涉检上访案件。协调社会各方，解决上访人生活救济、社会保险等资金 165 万余元，体现了司法的人文关怀。坚持检察长接待日制度，推行带案下访、深入基层巡访等便民利民措施，畅通信访渠道，依法及时解决群众的合理诉求，从源头上减少了涉检信访问题的发生。

依法查办和积极预防职务犯罪，促进反腐倡廉建设。认真研究新形势下职务犯罪的新特点、新动向，正确把握查办重点和主攻方向。加强举报宣传，健全奖励、实名举报答复等制度，鼓励人民群众举报，拓宽案件线索渠道。自治区检察院加强对办案工作的领导，带头查办大案要案，发挥分市院的办案主体作用和基层检察院的基础作用，既集中查办热点行业、领域发生的案件，又及时查办发生在群众身边、损害群众切身利益的案件，全区查办职务犯罪工作平稳健康发展。全年共立案侦查贪污贿赂、渎职侵权等职务犯罪案件 631 件 796 人。其中，贪污贿赂五万元以上、挪用公款十万元以上大案 202 件，渎职侵权重特大案件 50 件，涉嫌犯罪的县处级以上国家工作人员 38 人。开展了查办危害能源资源和生态环境渎职犯罪专项工作，立案侦查 61 件 73 人，这项工作被评为 2008 年度全区十大法治事件；开展了查办涉农涉牧职务犯罪、保障社会

主义新农村新牧区建设专项工作,立案侦查181件228人;继续深入开展查办商业贿赂、重点是城镇建设领域商业贿赂犯罪专项工作,立案侦查89件98人;与有关部门联合开展“高考移民”专项整治工作,立案侦查职务犯罪30件34人;坚决惩治重大责任事故背后的职务犯罪案件,立案侦查26件33人。这些案件的查办,维护了市场经济秩序,保障了民生,促进了经济社会的发展。

认真贯彻中央建立健全惩治和预防腐败体系2008—2012年工作规划及自治区党委、最高人民检察院的实施办法,坚持惩防并举、标本兼治,立足检察职能深化职务犯罪预防工作,预防网络覆盖到国家机关和国有企业、事业单位,帮助各部门、各系统落实预防措施583项,提出检察建议227件,接受预防咨询306件,防止经济损失2400.7万元。开展法制宣传和警示教育433次,深入开展预防调查、对策研究和行贿犯罪档案查询工作,开展检企共建,促进了反腐倡廉建设。

强化对诉讼活动的法律监督,维护司法公正。增强监督意识,在依法监督纠正人民群众反映强烈的执法不严、司法不公问题上下功夫。一是加强立案监督和侦查活动监督。对应当立案而不立案的监督立案341件,对不应当立案而立案的监督撤案154件。对应当逮捕而未提请逮捕、应当起诉而未移送起诉的,决定追加逮捕230人、追加起诉294人。对侦查活动中的违法情况提出书面纠正意见361件次。二是加强刑事审判监督。对认为确有错误的刑事判决裁定抗诉92件,法院已审结56件,改判12件、发回重审25件。对刑事审判中的违法情况提出书面纠正意见59件次,已纠正43件。三是加强刑罚执行和监管活动监督。依法监督纠正违法减刑、假释、保外就医324人。持续监督超期羁押问题,全区各诉讼环节实现“零超押”。四是加强民事行政检察工作。对认为确有错误的民事、行政判决裁定提出抗诉221件,法院已审结115件,改判50件、发回重审16件、调解9件,原审改变率达65.2%。对经审查认为法院裁判正确的大量申诉案件,认真做好服判息诉工作,维护了司法的权威。五是严肃查办执法和司法不公背后的职务犯罪。全年共查办公安、司法工作人员职务犯罪案件67件78人,维护了司法公正。

树立正确的执法标准,提高执法水平和办案质量。正确处理法律监督的力度、质量、效率与效果的关系,把四者的有机统一作为评价法律监督工作水平的基本标准,促进执法办案工作由数量、规模型向数量、质量、效率、效果并重的综合型转变。强化办案流程管理,加强对下业务指导,坚持案件复查制度,继续开展查办职务犯罪“优质案件”和“优胜单位”评选活动,不断加强对办案质量的监控。全年起诉的刑事案件已判决17262人,其中有罪判决17253人,有罪判决率达99.9%;职务犯罪案件已判决618人,其中有罪判决616人,有罪判决率达99.7%。适应办案工作要求,着手解决以检代警的问题,推进司法警察队伍建设和制度建设,为各项检察工作的顺利开展提供了警务保障。开展了规范执法教育和办案安全隐患排查整改活动,制定了职务犯罪案件办案安全防范三十条工作规范,健全了安全防范长效机制。全系统三级院联动,在全国率先开展了清理职务犯罪积案专项工作,共清理历年积案386件;与公安机关联合开展了抓捕在逃职务犯罪嫌疑人专项行动,实行政策攻心和奖励抓捕相结合,抓捕逃犯和投案自首共50人,是上年总数的3倍多。

认真贯彻宽严相济的刑事政策,促进社会和谐。组织开展专题调研,积极探索贯彻宽严相济刑事政策的措施。依法准确把握职务犯罪立案和各种刑事犯罪批捕、起诉条件,慎重适用强制措施,努力做到该严则严、当宽则宽、宽严适度,最大限度地增加和谐因素、减少不和谐因素。对涉嫌犯罪但无逮捕必要的,决定不批捕2004人;对犯罪情节轻微,依照刑法规定不需要判处刑罚或者免除刑罚的,决定不起诉1068人。积极探索、建立快速处理轻微刑事案件工作机制,依法扩大简易程序和简化审理程序的适用,完善未成年人犯罪案件办案方式,探索当事人达成和解的刑事案件办理机制,使宽严相济贯穿于检察工作各个环节。加强了与公安、法院的协调,统一执法思想和执法尺度,促进了宽严相济刑事政策的落实。

(二)深化检察改革,强化检务保障,提高法律监督能力

推进工作机制创新,强化法律监督措施。为从机制上解决制约全区检察工作科学发展的突出问题,自治区检察院组织力量,就加强基层检察院建设问题开展专题调研论证,制定了《2009—2012年全区基层检察院建设的指导意见》;围绕盟市分院检察业务管理考评和自治区院机关部门实绩考核

工作开展专题调研论证，分别制定了符合正确的执法导向和政绩观的考评方案。着手研究建立与有关部门的信息交流机制，建立完善侦查一体化和侦、捕、诉结合机制，探索建立上下统一、横向协作、内部整合、总体统筹的检察一体化机制，优化检察权的配置。继续深化审查逮捕方式、公诉方式和民事行政案件提请抗诉审查方式改革，试行重点难点刑事申诉案件公开审查制度和不批捕、不起诉答疑说理制度，检察机关的办案能力和水平有了新的提高。提出了查办职务犯罪工作以反贪污贿赂、反渎职侵权部门为主体，以民事行政检察和监所检察部门为两翼的“一体两翼”工作思路，有效地加强了民行、监所部门查办职务犯罪工作，增强了有关部门工作的协调，形成了办案合力。全年查办审判人员职务犯罪10件14人、监管人员职务犯罪12件12人。健全查办职务犯罪内外部监督机制，全面实行了讯问职务犯罪嫌疑人全程同步录音录像制度，继续深入开展人民监督员制度试点工作。全区三级检察院选任的822名人民监督员中，到届换任366名，全年监督结案“三类案件”264件299人。

活跃检察理论研究，推动检察工作创新发展。坚持社会主义检察理论研究的正确方向，坚持理论与实践相结合的正确方针，努力发挥检察理论研究对检察工作的理论支撑和实践指导作用。实行了课题负责制，加强了检察理论研究的保障机制、激励机制、成果转化机制建设。成立了内蒙古法学会检察学研究会，为更好地凝聚系统内外力量，加强检察理论研究工作，搭建了新的平台。以检察机关恢复重建三十周年为契机，举办了以“法律监督与和谐社会”为主题的第三届“正义论坛”，调动和吸引了全区检察人员和法学法律界有关人士踊跃参与，是历届论坛参与面最广、论文数量最多、研究成果最丰硕的一次，为检察工作的创新发展提供了支持。

加快科技强检步伐，提高检务保障水平。依托自治区政法网，自治区检察院、15个分市地区检察院和103个基层检察院专线网实现了互联互通，并同步建成了视频会议系统。自治区检察院和5个分市检察院、基层检察院开通了因特网门户网站。下力推进信息化应用工作，自治区院和盟市分院召开视频会议和进行视频培训150次，呼市、包头、通辽3个试点地区的30个检察院在侦查监督、公诉、民行检察三个部门试行了网上办案。去年，自治区检察院被自治区政府评为全区信息化工作先进集体。加强了自治区院和盟市分院法医类、司法会计类、物证类、声像资料类、心理测试等项司法鉴定设备的配备，加强了自治区检察院和4个重点地区检验鉴定中心的建设，检察科技装备的配备初具规模。制定了2008—2010年全区检察技术工作发展规划，促进了全区检察技术工作的全面协调发展。加快各院办案和专业技术用房建设。

（三）全面加强队伍建设，确保严格公正文明执法

扎实开展大学习大讨论和深入学习实践科学发展观活动。按照中央政法委的统一部署，全区检察机关开展了党的十七大和胡锦涛总书记关于政法工作的重要讲话精神大学习、大讨论活动，自治区检察院按照自治区党委的部署开展了深入学习实践科学发展观活动。全区检察机关和检察人员深入学习科学发展观和党中央关于政法工作的指示，广泛开展解放思想、执法为民的讨论，努力查找并下力解决不符合社会主义法治理念，影响、制约检察工作服务经济社会科学发展和自身科学发展的突出问题，进一步坚定走中国特色社会主义道路、坚持中国特色社会主义检察制度的正确政治方向，进一步树立“立检为公、执法为民”的执法观，进一步改进执法作风、规范执法行为，恪守忠诚、公正、清廉、严明的职业道德，促进了队伍建设的全面加强。把宣传先进典型、为检察人员树立执法为民的榜样，作为教育活动的重要内容。自治区检察院做出了向包头市土右旗检察院控申科科长张章宝同志学习的决定，与包头市委、政府联合召开动员大会，与自治区党委组织部、宣传部、政法委联合发出学习通知并召开座谈会，组织中央和自治区多家媒体采访报道，培养、树立了张章宝这个“服务大局、执法为民、爱岗敬业、忠诚奉献”的重大先进典型，展示了新时期检察官的良好形象，全系统掀起了学先进、赶先进、创业绩，争做亲民、爱民、为民模范的热潮。

加强业务建设与从严治检相结合，提高检察队伍的执法能力。继续强化学历教育，全区检察人员本科以上学历达到69.8%，其中检察官本科以上学历达到72.2%。以业务骨干和一线执法人员为重点，加大业务培训力度，开展了网上岗位练兵和视频网络全员培训，全区举办各类培训班30期，培训9467人次，其中网络培训7872人次。实施查办职

务犯罪人才建设工程,开展高层次人才评定和培养工作,加快我区检察人员教育培训基地建设,聘请高等院校法学法律专业教师到检察机关挂职,三级检察院上下互派干部挂职锻炼,推进了队伍的专业化建设。坚持队伍建设重点抓班子,班子建设突出抓廉政的思路,认真落实巡视、上级检察院负责人与下级检察院负责人谈话、派员参加下级检察院党组民主生活会等制度,开展了党风廉政建设互查,结合换届和班子调整,加强了对分市院领导班子成员协管工作,强化了领导班子建设。狠抓队伍纪律作风建设、强化内部监督,坚持在全区查办职务犯罪工作中推行"一案三卡"制度。实行明查与暗访相结合,在部分盟市开展了检务督察,对个别检察人员警车私用、酒后驾车等违纪行为给予了严肃处理。加大查处违纪违法案件的力度,严肃查处了9名违纪检察人员。

加强基层检察院建设,强化基层基础工作。自治区检察院认真落实胡锦涛总书记关于"基层稳、全局安"的重要指示精神,把基层检察院建设作为检察工作的基础性、战略性工程来抓。在深入调研的基础上制定了今后四年基层检察院建设的规划,召开了基层检察院建设座谈会,举办了新一届基层检察院检察长政治培训班。完善了基层检察院考核评价机制,调整、落实了上级检察院领导联系基层检察院、业务部门对口指导等制度。坚持实行人、财、物向基层倾斜的政策,认真解决基层检察院存在的实际困难,中央下拨的装备和办案补助专款主要支持基层检察院。积极与各地党委政府协调,督促各地落实基层检察院经费保障标准。继续下力破解基层检察人员断档难题,在2007年考录补员的基础上,2008年又为基层检察院考录补员334名,占全系统录用总数的84%;配合有关部门做好政法院校为基层检察院定向培养人才工作,2008年为23个基层检察院培养专业人才24名,其中蒙汉兼通人员20名;连续四年举办司法考试培训班,2008年通过225人,比上年增加53人,通过率达36.9%。为进一步调动基层检察院和基层检察人员争先创优的积极性、引导社会各界关注基层检察院建设,以检察机关恢复重建三十周年为契机,开展了首届内蒙古"十佳基层检察院"和"十佳检察官"评选活动,自治区各大媒体深度采访、连续报道,百万群众积极参与评选,社会各界反响热烈,为基层检察院建设创造了良好的社会和舆论环境。

(四)自觉接受人大监督和政协民主监督

全区检察机关认真贯彻《各级人民代表大会常务委员会监督法》,不断增强接受监督的意识,自觉接受人大及其常委会的法律监督和工作监督,自觉接受政协的民主监督。各级检察院及时向当地人大报告工作、向政协通报工作情况,邀请人大、政协领导参加检察机关的活动,在工作上给予指导。自治区检察院向自治区人大常委会第五次会议报告了全区检察机关查办渎职侵权犯罪的情况,并认真落实常委会审议意见,进一步改进了工作。加强与人大代表、政协委员的联系,主动征求意见。自治区检察院坚持为本级人大代表订阅《检察日报》,去年又创办了《内蒙古检察工作通报》,及时向自治区人大代表送阅,已编发了4期。对人大、政协交办的案件和代表、委员提出的建议、提案,各级检察院及时办理,按期答复,做到了件件有着落、事事有回音。聘请部分人大代表、政协委员担任了特约检察员和人民监督员,创新联络方式,拓宽联络渠道。在深入学习实践科学发展观活动中,自治区检察院领导班子成员走访代表、委员,邀请代表、委员座谈,开展问卷调查,征求对检察工作的意见和建议,认真研究、制定了加强和改进检察工作的措施。

2008年,是检察机关恢复重建三十周年,自治区检察院开展了系列纪念活动。隆重召开了纪念大会,组织了系列宣传报道,评选"双十佳"、大力表彰先进典型,举办了纪念检察机关恢复重建三十周年专题论坛、检察人员书画摄影作品展、内蒙古检察史陈列展,编纂出版了《内蒙古自治区志·检察志》,编辑了《全区检察机关恢复重建以来重要文件选编》。活动前夕,中央、最高人民检察院和自治区领导同志为自治区检察机关恢复重建三十周年题词,自治区主要领导接见了全区检察机关模范代表。通过开展系列纪念活动,全面展示和宣传了检察机关恢复重建三十年来的成就,总结了历史经验,弘扬了社会主义法治,使广大检察人员受到了宪法精神、改革开放政策和中国特色社会主义检察制度的教育,坚定了做中国特色社会主义事业的建设者、捍卫者和公平正义守护者的决心和信心,对内教育了干警、鼓舞了士气,对外扩大了宣传和影响,展示了形象。这项活动被评为2008年度全区十大法治事件。

在肯定成绩的同时,我们也清醒地认识到面临的困难和存在的问题。一是全区法律监督工作的水平与党和人民的期望还有较大差距，不敢监督、不善监督、监督不到位的问题依然存在。二是检察队伍的整体素质和执法能力与形势发展的要求和人民的期望还有较大差距，加强检察人员教育、培训的任务非常艰巨。三是一些检察院对加强检察人员监督、管理的制度落实得不够好，失之于软、失之于宽的问题仍然存在。四是基层检察院人员短缺、检察官特别是业务骨干断档，一些基层检察院经费困难，仍然是影响办案和规范执法的突出问题。这些问题，在今后的工作中我们要下力解决。

二、今年工作的安排

今年将是全国全区经济发展遇到严峻挑战的一年。保持经济平稳较快发展，是全党全国工作的首要任务，也是检察机关服务大局的首要任务。面对严峻的经济形势，全区检察机关要进一步提高认识，统一思想，增强适应性，强化大局意识，认真贯彻中央“保增长、扩内需、调结构”等一系列重大政策措施和自治区的部署，充分发挥打击、预防、监督、保护等职能作用，积极主动地做好检察工作，为经济发展创造良好的社会环境和法治环境。今年全区检察工作的总体思路是：全面贯彻党的十七大、十七届三中全会和中央、自治区经济工作会议、全国全区政法工作会议、全国检察长会议精神，以邓小平理论和“三个代表”重要思想为指导，深入贯彻落实科学发展观，坚持“强化法律监督，维护公平正义”的检察工作主题，紧紧围绕保持经济平稳较快发展的首要任务，全面履行法律监督职责，深化检察改革，加强检察队伍建设、检务保障建设和基层基础建设，推动全区检察工作在服务自治区经济社会科学发展作出新贡献，在自身科学发展上取得新成效。

（一）强化法律监督职能，为保持经济平稳较快发展提供有力的司法保障

着力保障经济平稳较快发展。更加注重维护良好的市场经济秩序，依法打击严重破坏市场经济秩序特别是金融、证券、房地产等领域的犯罪活动。切实保障政府投资安全，严肃查处民生工程、基础设施、生态环境建设等重大工程建设和项目资金使用中的贪污贿赂、失职渎职等犯罪行为，积极做好公共资金使用、公共项目实施等领域的预防职务犯罪工作。加强对能源资源、生态环境和知识产权的司法保护。改进办案方式和方法，从有利于维护企业正常生产经营、有利于维护企业职工利益、有利于维护经济社会秩序出发，规范执法，文明办案，促进企业健康发展。

着力促进农牧区改革发展。依法打击各种危害农牧业生产、侵害农牧民利益、影响农村牧区社会稳定的犯罪，积极参与农村牧区社会治安综合治理和平安创建活动，维护农村牧区社会稳定。继续严肃查办和积极预防涉农涉牧职务犯罪，保障中央各项支农强农惠农政策的有效实施。进一步密切与农牧民群众的联系，积极探索加强农村牧区检察工作的有效措施，提高为“三农三牧”服务的能力和水平。

着力保障和改善民生。严肃查办社会保障、劳动就业、征地拆迁、移民补偿、抢险救灾、医疗卫生、招生考试等领域的职务犯罪案件，严肃查办国家机关工作人员利用职权实施的侵犯公民人身权利和民主权利的犯罪案件，积极参加食品药品安全专项整治工作，严厉打击制售有毒有害食品药品等犯罪活动，坚决查办重大安全生产事故、重大食品安全事件背后的失职渎职等职务犯罪案件，切实维护人民利益。强化对涉及劳动争议、补贴救助等方面民事审判和行政诉讼活动的法律监督，加强对困难群众和弱势群体的司法保护。积极协调有关部门帮助诉讼当事人解决法度之外、情理之中的问题，充分体现司法的人文关怀。

着力维护国家安全和社会和谐稳定。坚决依法惩治危害国家安全的犯罪。依法严惩黑恶势力犯罪、严重暴力犯罪、多发性侵财犯罪、涉众型经济犯罪和毒品犯罪，坚决遏制严重刑事犯罪高发的势头。认真执行宽严相济的刑事政策，最大限度地减少社会对抗，促进社会和谐稳定。进一步加强涉检信访工作，及时解决人民群众的合理诉求，把化解矛盾贯穿于执法办案的全过程。

着力维护司法公正。要以对党、对人民、对宪法法律高度负责的态度，全面加强对诉讼活动的法律监督，努力做到敢于监督、善于监督、依法监督、规范监督，切实维护司法公正。突出监督重点，狠抓薄弱环节，着力解决人民群众反映强烈的执法不严、司法不公问题，维护刑事、民事、行政裁判的公平公正。加强对监外执行和社区矫正的监督，切实防止罪犯脱管漏管。与政法各机关密切配合，加大查办执法不严、司法不公背后职务犯罪的力度，加强预防职务犯罪工作，教育和警示执法、司法工作人员廉洁自律，促进司法公正，增强人民群众对司

法的信心。

(二)积极稳妥地推进检察改革,为检察工作科学发展提供制度保障

认真学习、深入领会中央关于司法体制和工作机制改革的要求以及最高人民检察院的实施意见,把思想统一到中央精神上来,增强推进检察改革的自觉性和坚定性。加强调查研究,积极向上级反映本地区本系统的情况,努力使上级作出的改革安排符合本地区本系统的实际。以强化检察机关法律监督职能和加强对自身执法活动的监督制约为重点,对已经推行的改革措施和我区检察机关能定能做的改革事项,积极慎重地推行和试行,力争取得良好的法律效果和社会效果。加强检察理论研究,努力回答和解决检察工作实践中提出的重要问题,大力推进研究成果的应用和转化,切实发挥理论研究在改革中的理论支撑、决策参考和指导实践的作用。

(三)加强检察队伍、检务保障和基层基础建设,推进检察工作自身科学发展

以深入开展学习实践科学发展观活动为主线,加强队伍思想政治建设。坚持进行社会主义法治理念教育,加强人民性教育和职业道德教育,确保全体检察人员始终坚持党的事业至上、人民利益至上、宪法法律至上。开展大规模、有重点的检察人员业务培训和岗位练兵,全面提升队伍素质和执法能力。加强纪律作风和反腐倡廉建设,全面推行检务督察制度,深化检务公开和人民监督员制度,保障检察权依法正确行使。继续深入开展向张章宝同志学习的活动,大力树立、培养和宣传先进典型。落实《2009—2012 年全区基层检察院建设的指导意见》,积极推进基层检察院执法规范化、队伍专业化、管理科学化和保障现代化建设。全面推进素质兴检、基础固检、科技强检、文化育检工程,下力解决一些基层检察院人员断档、人才短缺、经费不足、装备落后等问题,筑牢检察机关执法为民的一线平台。

在新的一年里,全区检察机关要进一步增强党的观念和人大意识,自觉接受党的领导,自觉接受人大监督和政协的民主监督,密切与人大代表、政协委员的联系,全面加强和改进法律监督工作,在服务自治区科学发展和实现检察工作自身科学发展两个方面取得新进展,以优异的成绩迎接新中国成立六十周年!

辽宁省人民检察院工作报告(摘要)

——2009 年 1 月 16 日在辽宁省第十一届人民代表大会第二次会议上

辽宁省人民检察院检察长　肖　声

(2009 年 1 月 18 日辽宁省第十一届人民代表大会第二次会议通过)

2008 年,是全省三级检察长换届后的第一年,也是全省检察工作平稳、务实、和谐发展的一年。在省委和最高人民检察院的领导下,在省人大及其常委会的依法监督、省政府的大力支持、省政协的民主监督下,全省检察机关深入践行“强化法律监督,维护公平正义”的检察工作主题,忠实履行宪法和法律赋予的职责,各项检察工作取得了新的进展。

一、依法履行批捕、起诉和参与综合治理职责,全力维护社会和谐稳定

全年共批准逮捕各类刑事犯罪嫌疑人 34514 人,提起公诉 51936 人,同比分别上升 6.2% 和 4.0%。严厉打击严重刑事犯罪。突出打击危害国家安全犯罪、黑恶势力犯罪、严重暴力犯罪和多发性侵财犯罪,批准逮捕黑社会性质组织犯罪和故意杀人、放火、爆炸、强奸、绑架、抢劫犯罪嫌疑人 5374

人，提起公诉5748人。坚决查处破坏市场经济秩序和环境资源犯罪。批准逮捕走私、金融诈骗、偷税骗税、侵犯知识产权等犯罪嫌疑人1327人，提起公诉1584人。批准逮捕造成重大环境污染事故、非法采矿等破坏环境资源保护犯罪嫌疑人323人，提起公诉859人。切实贯彻宽严相济的刑事政策。在依法严厉打击严重犯罪的同时，对主观恶性不大、犯罪情节轻微的未成年人、初犯、过失犯，以及因亲友邻里纠纷引发、当事人达成和解的轻微刑事案件，可捕可不捕的不批捕，可诉可不诉的不起诉。对涉嫌犯罪但无逮捕必要的，决定不批准逮捕2526人；对犯罪情节轻微，依照《刑法》规定不需要判处刑罚或者免除刑罚的，决定不起诉1981人。强化涉检信访工作。共妥善办理群众来信来访13069件次。中央政法委交办的进京重信重访案件20件，检察机关自身排查的涉检信访案件113件，已全部办结息诉。奥运会期间，全省检察机关在最高人民检察院的涉检信访登记数为"零"。省检察院"化解矛盾纠纷，为奥运会作贡献"专项工作，被评为省直单位第三季度最佳实事之一。

二、依法履行查办和预防职务犯罪职责，促进反腐倡廉建设

共立案侦查涉嫌贪污贿赂、渎职侵权职务犯罪的国家工作人员1848人，提起公诉1577人，通过办案为国家挽回直接经济损失1.96亿元。集中力量查办大案要案。立案侦查职务犯罪大案564件，查处涉嫌职务犯罪的县处级以上国家工作人员178人，其中厅局级6人。注重查办侵害人民群众切身利益的案件。积极参加深入查办危害能源资源和生态环境渎职犯罪及涉农职务犯罪等专项工作。共立案侦查贪污、挪用国家支农资金、征地补偿金和扶贫、救灾、救济等款物的农村基层组织人员185人，立案侦查滥用职权、玩忽职守等渎职造成危害能源资源和生态环境的国家机关工作人员104人。此外，还立案侦查私分、侵吞、挪用国有资产犯罪的国有企业人员532人，利用职权非法拘禁、刑讯逼供等侵犯公民人身权利和民主权利犯罪的国家机关工作人员19人。积极参加治理商业贿赂工作。以工程建设、土地出让、产权交易、医药购销、政府采购、资源开发和市场经销等领域为重点，共立案侦查涉及国家工作人员的商业贿赂犯罪案件嫌疑人297人。深入开展预防职务犯罪工作。立足检察职能，积极开展个案预防、系统预防和专项预防。结合办案，开展预防咨询216件，进行预防警示教育567次，向有关部门提出检察建议512件，协助落实预防措施1411项，书面提出纠正违法139件。继续围绕国家开发银行开发性金融贷款项目和沿海经济带建设、哈大铁路客运专线建设以及社会主义新农村建设项目，积极开展职务犯罪专项预防。省检察院与省国资委联合召开了全省国有企业预防职务犯罪工作经验交流会，取得了积极的预防成效。

三、依法履行诉讼监督职责，维护司法公正

强化刑事诉讼法律监督。对侦查机关应当立案而不立案的，督促侦查机关立案797件1211人。对应当逮捕而未提请逮捕、应当起诉而未移送起诉的，决定追加逮捕805人、追加起诉978人；对依法不应当追究刑事责任或证据不足的，决定不批准逮捕2784人、不起诉379人；对侦查活动中滥用强制措施等违法情况提出书面纠正意见236件次。对认为确有错误的刑事判决、裁定提出抗诉102件，同比上升7.4%。对刑事审判中的违法情况提出书面纠正意见33件次。加强对死刑第二审案件的法律监督。省检察院采取有效措施，增设死刑第二审案件办案机构，充实办案力量，提高办案人员业务素质，切实保证了死刑第二审案件审查和出庭监督工作的顺利进行。强化刑罚执行和监管活动法律监督。依法监督纠正不当减刑、假释、暂予监外执行424人，清理纠正不按照规定将罪犯交付执行等违法问题344件。强化民事审判和行政诉讼法律监督。共对认为确有错误的民事、行政裁判提出抗诉592件、再审检察建议457件；对裁判正确的，认真做好申诉人的服判息诉工作。严肃查处执法和司法不公背后的职务犯罪。坚持把监督纠正违法与查办职务犯罪相结合，注意在诉讼监督中发现徇私枉法等职务犯罪线索，立案侦查涉嫌犯罪的司法工作人员123人，查处行政执法工作人员359人。

四、全面加强检察队伍建设，提高整体素质和执法水平

加强思想政治建设。深入开展"大学习、大讨论"活动和学习实践科学发展观活动，认真贯彻中央、省委领导同志对检察工作的重要指示精神，全省检察人员加深了对新时期检察工作一系列重大理论和实践问题的认识，进一步坚定了政治方向、统一了执法思想，检察队伍的整体素质有了新的提高。一年来，全省检察机关共有35个集体和38名个人受到省级表彰。强化业务能力建设。在全省检察系统深入开展优秀法律文书评选,优秀公诉人评选和优质、精品案件评选等岗位练兵活动,加大了正规化分类业务培训的力度,共培训检察人员48600余人次;实施高层次人才培养工程,大力培养专家型、复合型和专门型人才;进一步加强检察人员学历教育和司法考试考前培训工作,全省检察机关具有本科以上文化程度的检察人员比例达到了70.3%,司法考试通过率达到了37.4%,同比上升9.2%。加强执法规范化建设。进一步修改完善执法质量和队伍建设考评体系,健全案件质量管理机制,规范执法行为。省检察院组织开展了案件质量专项检查活动,对全省市、县两级检察机关有重点地评查了各类案件4940件,确认错案和严重瑕疵案件7件,并追究了有关责任人的责任;实行上级检察院检察委员会委员列席下级检察院检察委员会会议制度,切实加强对下级检察院检察委员会工作的指导和监督。加强领导班子建设,推进基层检察院建设。省检察院对各市(分)检察院和基层检察院检察长进行了政治轮训和素质能力培训,培训各级领导干部1587人次。省检察院新一届领导班子深入16个市(分)院和100多个基层检察院开展调查研究,收集整理基层检察院特别是贫困地区基层检察院经费紧缺、装备落后、检察官断档、人才流失等涉及检察工作长远发展的困难和问题150余个,经党组会逐一研究后,积极予以解决。去年全省检察机关公开招录全日制大学本科毕业生589人,其中法律专业毕业生占95%,绝大部分充实到基层执法办案第一线。全省已有112个基层检察院落实了县级检察院公用经费保障标准,占基层检察院总数的比例同比上升了18.8%;有122个检察院建成办案用房和专业技术用房,"两房"建设达标的比例同比上升了14.6%。

五、自觉接受人大监督,加强和改进检察工作

坚持把接受人大及其常委会的监督和人大代表的监督,作为改进和加强检察工作的强大动力,坚决贯彻《监督法》和《辽宁省实施〈监督法〉办法》,坚持向人大及其常委会报告工作,认真执行人大及其常委会的决议和决定;坚持定期向人大代表送阅《辽宁检察工作汇报》专刊,及时汇报工作情况;坚持人大代表联络制度,共走访代表800余人次。主动邀请省人大代表视察、评议检察工作,并对基层检察院进行明察暗访;高度重视人大代表建议、批评和意见的办理工作,去年省人大交办的代表批评、意见和建议共14件,已在规定期限内全部办复,与代表见面率和代表满意率均达到100%。

2009年全省检察工作的总体思路是:高举中国特色社会主义伟大旗帜,深入贯彻落实科学发展观,紧紧围绕"保增长、保民生、保稳定"的工作大局,突出"强化法律监督,维护公平正义"的检察工作主题,以提高法律监督能力为核心,以深化检察改革为动力,以加强基层基础工作为重点,以建设高素质检察队伍为保证,全面履行法律监督职责,为加快辽宁全面振兴提供强有力的司法保障。

(一)着力保障经济平稳较快发展。一要更加注重维护良好的市场经济秩序。积极参加整顿和规范市场秩序专项行动,依法打击严重破坏市场经济秩序特别是金融、证券、房地产等领域的犯罪活动;深化治理商业贿赂工作,继续抓好集中查办城镇建设领域商业贿赂犯罪工作。二要更加注重保障政府投资安全。加强对民生工程、基础设施、生态环境建设和灾后重建等重大工程建设和项目资金使用的法律监督,严肃查处贪污贿赂、失职渎职等犯罪行为,积极做好公共资金使用、公共资源配置、公共项目实施等重点领域和环节的预防职务犯罪工作。三要更加注重对能源资源、生态环境的司法保护。依法打击造成重大环境污染、严重破坏生态环境等犯罪,继续抓好深入查办危害能源资源和生态环境渎职犯罪工作。四要更加注重对知识产权的司法保护。加大对行政执法机关移送知识产权犯罪案件和司法机关受理知识产权犯罪案件的监督力度,依法惩治、积极预防侵犯知识产权的犯罪,着力营造有利于自主创新的法治环境,推动创新型社会建设。

(二)着力促进农村改革发展。一要依法打击侵害农民利益、危害农业生产、影响农村稳定的犯罪活动;坚决打击农村黑恶势力犯罪、严重影响农民群众安全感的"两抢一盗"、拐卖妇女儿童等犯罪以及组织利用邪教组织破坏法律实施和利用宗教、宗族势力等破坏农村政权建设的犯罪活动;积极参与农村社会治安综合治理和平安创建活动。二要继续开展深入查办涉农职务犯罪工作,有针对性地加强涉农职务犯罪预防。三要强化涉农法律监督和司法保护,严厉打击制售假冒伪劣农资等坑农害农的犯罪,认真办理土地承包经营权流转、农产品生产经营、农村金融等领域和涉及农民工劳资等纠纷的民事行政申诉案件。

（三）着力保障和改善民生。一要严肃查办社会保障、劳动就业、征地拆迁、移民补偿、抢险救灾、医疗卫生、招生考试等领域的职务犯罪案件，严肃查办国家机关工作人员利用职权实施的侵权犯罪案件。二要积极参加食品药品安全专项整治活动，严厉打击制售有毒有害食品药品等犯罪活动，依法及时介入重大责任事故调查，坚决查办重大安全生产事故、重大食品安全事件背后的失职渎职等职务犯罪案件。三要强化对涉及劳动争议、保险纠纷、补贴救助等民事审判和行政诉讼活动的法律监督。

（四）着力维护社会和谐稳定。一要坚决依法惩治危害国家安全的犯罪。二要依法严惩严重刑事犯罪。重点打击黑恶势力犯罪、严重暴力犯罪、多发性侵财犯罪、涉众型经济犯罪和毒品犯罪，依法妥善处理流动人口犯罪以及由经济纠纷引发的暴力讨债、绑架、哄抢等“民转刑”案件，积极参与平安建设，加强检察环节的社会治安综合治理工作。三要切实贯彻宽严相济的刑事政策。防止片面强调从严和片面强调从宽两种倾向，做到既有力打击犯罪，又减少社会对抗。四要进一步加强涉检信访工作。着力抓好源头治理，不断增强执法透明度，完善和落实便民利民措施，认真做好释法说理、心理疏导等工作，把化解矛盾贯穿于执法办案的全过程，坚决防止重大群体性事件发生。

（五）着力维护司法公正。坚持把强化法律监督、维护公平正义作为检察工作的根本任务，切实在监督上下功夫，突出监督重点，狠抓薄弱环节，不断创新和完善对诉讼活动的法律监督机制，坚决纠正人民群众反映强烈的执法不严、司法不公问题，坚决查办执法司法不公背后的司法和行政执法工作人员职务犯罪。

（六）着力加强检察队伍建设。坚持把队伍建设作为关系全省检察工作全局的战略任务来抓，提高检察队伍整体素质和基层基础工作总体水平。着力加强思想政治建设；重点加强法律监督能力建设；强化监督制约机制建设；加强纪律作风建设；深入推进反腐倡廉建设。

在新的一年里，全省检察机关要更加自觉地接受人大及其常委会和人大代表的监督，主动向人大及其常委会报告检察工作的重大部署和重要事项，进一步加强与人大代表的联系，认真办理代表提出的建议、批评和意见，以保证检察权的正确行使。

吉林省人民检察院工作报告（摘要）

——2009年1月19日在吉林省会第十一届人民代表大会第二次会议上

吉林省人民检察院检察长　张金锁

（2009年1月21日吉林省第十一届人民代表大会第二次会议通过）

2008年，省人民检察院在省委和最高人民检察院的领导下，在省人大及其常委会的监督下，以科学发展观为指引，领导全省各级人民检察院，立足构建和谐社会的新起点，把握法治建设的新要求，顺应人民群众的新期待，认真履行法律监督职责，维护社会公平正义，保障吉林振兴发展，各项检察工作取得了新进展。

一、立足全省大局，着力服务振兴，积极为经济社会发展提供有力的检察保障

加快振兴步伐是实现富民强省目标的迫切需要，是全省人民的共同愿望。服务振兴、保障发展是全省检察机关的重大责任。2008年，我们将服务大局摆在检察工作的突出位置。针对队伍中存在的发展与己无关、紧迫感不强，就案办案、机械执法，有服务想法、缺乏服务措施等问题，围绕“吉林要振兴，检察怎么做”开展主题实践活动，邀请党政有关部门领导、专家学者、企业负责人到检察机关作经济形势报告、介绍改革发展情况,组织检察人员深入农村、企业、项目建设单位调查研究、征求意见。通过采取请进来、走出去的方式,进一步转变服务观念,明确服务重点,制定服务措施。在思想上,牢固树立"只要不违反法律规定,只要有利于推动经济发展,就要坚持主动服务不动摇"的理念,增强了服务的自觉性和坚定性。在重点上,围绕左右吉林振兴的重大项目建设和民营经济发展,制定了《为全省重大项目建设服务的工作意见》和《为全省民营经济腾飞服务的工作意见》。确定服务对象510个。三级检察院检察长和省市两级检察院中层干部定点联系、跟踪服务,省检察院统一调度、加强指导。在措施上,突出打击损害重大项目建设、破坏市场经济秩序及危害民生的各类犯罪。正确把握法律政策界限,改进办案方式方法,慎重使用拘留、逮捕、查封、扣押、冻结等措施,严格规范检察人员行为,坚决防止因办案不当、服务方式不规范影响企业正常生产经营,努力实现法律效果、政治效果和社会效果的有机统一,为全省经济发展营造良好环境。

二、坚持宽严相济,严厉打击严重刑事犯罪,全力维护社会和谐稳定

坚持"宽严相济,促进和谐,保证质量"的工作思路,切实把维护稳定作为硬任务和第一责任,做好检察环节的各项工作。

依法严厉打击严重刑事犯罪。为维护奥运年社会治安大局稳定,充分履行批捕、起诉职能,深入开展"打黑除恶"专项斗争,严厉打击杀人、抢劫等严重刑事犯罪,走私毒品等跨国犯罪,金融诈骗、集资诈骗等严重经济犯罪,制售假冒伪劣食品药品等危害人民群众健康安全的犯罪,共批捕犯罪嫌疑人18290人,提起公诉23906人。其中,批捕涉黑恶犯罪516人,提起公诉478人,查办黑恶势力"保护伞"犯罪30人;批捕跨国犯罪63人,提起公诉38人;批捕严重经济犯罪511人,提起公诉759人;批捕制售伪劣商品犯罪33人,提起公诉45人,有力地维护了国家安全、社会稳定和市场秩序。

依法从宽处理轻微刑事犯罪。对主观恶性较小、犯罪情节轻微的初犯、偶犯、过失犯、未成年犯,以及因婚姻家庭矛盾、邻里纠纷引发的轻微刑事案件,矛盾化解的,依法从宽处理,体现人文关怀。对无逮捕必要的不批捕1441人,对认为不需要判处刑罚的不起诉1024人,同比分别上升6.8个和3.7个百分点。积极开展不批捕案件答疑说理、刑事和解不起诉、未成年人案件集中办理、轻微刑事案件快速办理机制改革,推动宽严相济刑事政策的落实,促进了社会和谐。

积极稳妥化解涉法社会矛盾。加强涉检信访分析、研判和排查,严格落实首办责任制,实行检察长包案,在解决重大疑难信访案件上下功夫。采取公开听证、约请专家咨询等方式,增强处理信访案件的透明度。全年办理控告申诉案件4071件;妥善处理群体访9件;办理刑事赔偿案件46件;依法妥善处理重信重访积案128件,办结122件,奥运会期间无涉检进京访。对于侦查合法、裁判得当和刑罚执行正确但当事人提出异议的,协助有关部门做好释法明理和息诉工作。和解民事行政申诉案件49件。

三、注重办案效果,依法惩治和预防职务犯罪,努力促进廉政建设

坚持"加大力度,突出重点,提高质量,惩防并举,确保安全,注重效果"的工作思路,协调推进查办和预防职务犯罪工作。

突出查办职务犯罪大案要案。针对职务犯罪的新形势和新特点,调整打击重点,加大打击力度,集中开展了查办危害能源资源和生态环境渎职犯罪、涉农职务犯罪、城建领域商业贿赂犯罪、重大责任事故背后的渎职犯罪四个专项活动。共查办各类职务犯罪1395人,其中贪污贿赂犯罪960人、渎职侵权犯罪435人。查办大案要案814件,其中涉案百万元以上的91件、千万元以上的7件。挽回直接经济损失8.6亿元。完成了"上海社保系列案件"的侦查、公诉及后续工作。

坚持办案质量、效率和效果相统一。以进一步提升办案质量、提高办案效率和增强办案效果为目标,制定了《关于进一步提高职务犯罪案件诉讼质量的工作意见》,对查办职务犯罪案件进行全程质量、效率和效果控制。全面实行讯问职务犯罪嫌疑人全程同步录音录像制度,严格执行"双报批、双报备"制度,主动接受人民监督员对"三类案件"和"五种情形"的监督,职务犯罪办案质量和效率明显提高,所立案件当年起诉到法院的占86.1%,有罪判决案件占法院作出判决总数的99.8%。查办的省国土资源厅原处长张凤才滥用职权案被最高人民检察院评为"十佳精品案件"。

积极开展职务犯罪预防。结合办案开展个案预防389件。在重点行业、重点领域开展专项预防608件。举办预防职务犯罪讲座305场。一些地方将职务犯罪预防纳入党校培训课程。提供行贿档案信息查询297件次。同时,注重加强犯罪分析,提出防范对策。在办理涉农保险系列案件中,我们向省委报送了《关于政策性农业保险试点工作运行中存在问题的报告》,省领导作出重要批示,有关部门进行认真整改,取得了较好的预防效果。

四、强化监督职责,不断加大诉讼监督力度,促进严格公正文明司法

坚持"整体协调推进,强化薄弱环节,增加监督实效"的工作思路,按照中央政法委关于"把功夫下在监督上"的要求,进一步加强和改进诉讼监督工作。

突出监督重点,整体协调推进。以促进刑事立案的准确性为重点,监督公安机关立案457件、撤案189件,监督检察机关职务犯罪侦查部门立案69件。以维护侦查活动的合法性为重点,对不应追究刑事责任和证据不足的不批捕936人、不起诉160人,对应当提请逮捕、移送起诉而未提请、未移送的追捕81人、追诉571人。以维护审判的公正性为重点,对刑事判决、裁定提出抗诉108件,已改判26件,发回重审26件;对民事行政判决、裁定提出抗诉460件,已改判、撤销原判发回重审、调解203件。依法对涉及弱势群体的民事行政案件督促起诉49件。以维护刑罚执行的有效性为重点,纠正超期羁押17人,纠正违法减刑、假释、保外就医41人,纠正监外执行脱管漏管315人,维护了监管秩序。

健全监督机制,强化薄弱环节。针对监督工作信息不畅的问题,进一步完善检察机关与各行政执法部门相衔接的工作机制,拓展了监督信息渠道。针对监督意识不强的问题,强调办案与监督并重,在审查批捕、起诉和出庭支持公诉中,注意发现和纠正违法取证、超期羁押等诉讼违法行为。为强化打击犯罪力度,开展了另案处理、批捕在逃、事实不清不批捕未重报案件专项监督活动。为强化上级检察院对下级检察院审判监督工作的督导,全面推行了起诉意见书、起诉书、判决书"三书会审"制度。

营造司法和谐,维护司法权威。诉讼监督的价值追求是提高司法公信力和维护司法权威性。依法查办妨害司法公正、损害司法形象的司法人员犯罪,促进了严格执法和公正司法。针对侦查、审判活动中的倾向性问题,加强与审判机关、侦查机关沟通,统一执法思想,明确执法标准,增强执法效果。正确处理监督、制约与配合的关系,主动接受审判机关、公安机关对检察机关执法活动的制约,办理公安机关复议和复核案件26件,接受法院关于规范检察行为的建议38件,促进了检察机关自身规范执法。

五、创新有效载体,大力加强队伍建设,不断提高法律监督能力

坚持政治建检、人才兴检、文化育检,努力建设一支高素质的检察队伍。在思想建设方面,结合"大学习、大讨论"和学习实践科学发展观活动,开展了以检察官职业信念、职业精神、职业道德、职业责任和职业纪律为主要内容的"五职"教育和以走进农村、走进社区、走进企业、走进基层为主要内容的"四走进"活动,着力解决执法观念、执法感情、执法行为和执法作风等方面的突出问题,努力实践"公正、文明、廉洁、为民"的检察官职业价值追求,涌现出黄力杰等一批先进典型。在班子建设方面,高度重视班子的自身建设,做到讲党性、重品行、做表率,上级检察院注重加强对下级检察院班子建设的指导和工作引领,开展新任检察长培训,加强对班子的巡视,坚持上级检察院领导联系基层检察院、列席下级检察院班子生活会、述职述廉、民主评议等制度,努力建设"和谐共事、团结干事、按章办事"的班子。在能力建设方面,招录87名检察人员充实到基层,检察人员年龄断层、检察官断档问题得到进一步缓解;分类别、分层次地实施系统性、针对性培训,共培训检察人员4802名;组织开展业务巡讲和"十佳基层检察院"、"十佳检察官"、"十佳公诉人"评选等活动,提高了能力,推动了工作;举办了第三期司法考试集训班,通过率达41.7%。在规范建设方面,积极构建执法规范化、队伍专业化、保障现代化和管理科学化"四个体系",强化各项检察管理;制定并严格执行"六条禁令";全面加强检务督察,严肃检察纪律,严肃查处违法违纪检察人员。

为了切实履行好检察职责,我们牢固树立"监督者首先要接受监督"的观念,认真贯彻《监督法》和人大及其常委会的决议。省检察院向省人大常委会专题报告了2005年至2007年刑事诉讼监督工作。通过召开座谈会、发征求意见函、定期邮寄资料、登门专访等形式,向代表通报检察工作,听取意见和建议。全年三级检察院共接受各级代表视察182次,报告专项工作103次,办理交办案件、议案和建议59件。同时,不断深化检务公开,虚心接受人民群众及社会各界的监督,不断加强和改进检察工作。

回顾过去一年的工作,我们清醒地认识到还存在许多问题和不足。在服务大局方面,服务主动性需要进一步增强,服务措施需要进一步改进;在履行监督职责方面,监督的意识需要进一步强化,监督的难点需要进一步突破,监督的机制还需要进一步完善,监督能力不适应、不敢监督、不善监督的问题需要进一步解决;在规范执法方面,特权思想、霸道作风还存在,滥用检察权谋取私利、执法不规范不文明、办案安全事故等问题仍时有发生;在队伍建设和检务保障方面,人员年龄断层、检察官断档问题比较突出,基层基础工作特别是检务保障需要进一步加强。我们将高度重视这些问题,努力加以解决。

2009年是保增长、保稳定的关键一年。全省检察机关将进一步增强忧患意识、大局意识和责任意识,认真贯彻中央和省委、高检院一系列会议精神,全面落实胡锦涛总书记等中央领导和省委领导重要指示,以科学发展观为指导,自觉坚持党的事业至上、人民利益至上、宪法法律至上,深入践行"强化法律监督,维护公平正义"的检察工作主题,紧紧围绕"保增长、保稳定、保公正",抓学习明方向,抓改革增活力,抓能力强素质,抓管理促规范,抓基层基础,推动全省检察工作科学发展,为吉林振兴提供强有力的检察保障。重点要做好六个方面的工作:一是认真组织全省检察机关深入开展学习实践科学发展观活动,着力转变不符合科学发展要求的执法观念,着力解决制约检察工作科学发展的工作机制。二是进一步做好服务大局工作,围绕促进经济平稳较快发展,拓宽服务领域,强化服务措施,增强服务效果。三是坚持"四个贯穿始终",切实把服务大局促进发展、强化监督守护公正、维护稳定促进和谐、化解矛盾保障人权贯穿打击刑事犯罪、查办和预防职务犯罪、诉讼监督等检察工作始终,努力提高整体工作水平。四是围绕强化法律监督职能深化检察改革,完善"四个体系"建设,深化检察一体化改革,创新法律监督机制。五是围绕提高执法公信力全面加强队伍建设,继续推进"五职"教育和"四走进"活动,开展大规模有针对性的检察官培训,制定实施《检察领导干部问责制》。六是加强基层检察院建设,着力解决基层检察人员法律监督能力薄弱的问题。

黑龙江省人民检察院工作报告(摘要)

——2009年1月15日在黑龙江省第十一届人民代表大会第三次会议上

黑龙江省人民检察院检察长　姜　伟

(2009年1月17日黑龙江省第十一届人民代表大会第三次会议通过)

一、2008年全省检察工作主要情况

2008年,全省检察机关在省委和最高人民检察院的正确领导下,在人大、政府、政协和社会各界的监督和支持下,高举中国特色社会主义伟大旗帜,坚持以邓小平理论和"三个代表"重要思想为指导,深入学习实践科学发展观,认真贯彻落实党的十七大和十七届三中全会精神,按照《黑龙江省第十一届人民代表大会第一次会议关于省人民检察院工作报告的决议》的要求,强化法律监督,维护公平正义,服务科学发展,促进社会和谐,为我省经济社会又好又快发展提供司法保障。

(一)维护社会和谐稳定作出了新贡献。共批捕各类刑事犯罪16410件22496人;提起公诉20648件30097人。其中批捕杀人、爆炸、放火、抢

劫、强奸、绑架等严重刑事犯罪2738件3788人，提起公诉2769件4111人；批捕盗窃、抢夺、诈骗等多发性侵财犯罪4670件6711人，提起公诉5269件7985人；批捕破坏社会主义市场经济秩序犯罪417件584人，提起公诉416件711人。共受理、接待群众来信来访11482件，对属检察机关管辖的2800件来信来访和12件集体上访进行了妥善处理。排查出的55件重信重访案件已全部办结，息诉48件，占87.3%。涉检进京访和新的涉检访案件逐年减少。在全国"两会"、奥运会等重要敏感期间实现了无涉检进京上访。

（二）查办和预防职务犯罪实现了新突破。共立案查办职务犯罪1371件1728人，其中大案840件，要案90人（县处级85人、地厅级5人）。共为国家挽回经济损失26397万元。当年立案查办贪污贿赂案件977件1260人，查办渎职侵权案件394件468人。全省抓捕在逃职务犯罪嫌疑人203人，开展了行政执法等领域的职务犯罪预防调查工作，形成的《关于2003年—2007年全省行政执法领域工作人员职务犯罪案件情况的调查报告》，重点对振兴东北老工业基地和"十一五"规划的239个重点工程建设项目开展了专项预防工作，对查处的188件大要案开展了个案分析工作，对29600余名农村基层组织工作人员进行了法制培训，开展法制宣传教育398次，专题调研344次，提出检察建议252份，均被有关部门采纳。开展行贿档案查询工作。

（三）法律监督工作开创了新局面。在立案监督方面，共办理立案监督案件1375件1540人，其中办理应当立案而未立案案件941件1068人，办理不应当立案而立案案件434件472人。在侦查活动监督方面，依法纠正漏逮捕698人，纠正漏起诉612人。书面纠正侦查活动违法2382人，依法不批准逮捕4050人、不起诉369人。在刑事审判监督方面，共向法院提出刑事抗诉案件127件，法院审结78件，其中改判38件，发回重审27件，维持原判13件。认真做好死刑二审案件的审查和出庭工作。在民事审判和行政诉讼监督方面，共受理不服民事、行政判决、裁定的申诉案件1631件，依法提出抗诉600件，法院再审审结463件，其中改判246件、撤销原判发回重审6件、调解77件，维持原判117件。通过监督使原判决再审改判率达53.1%，原判改变率达71.1%。提出再审检察建议219件，法院采纳率85.8%。在刑罚执行和监管活动监督方面，共立案查处监管场所职务犯罪案件45件53人。加大纠正超期羁押工作力度，维护在押人员合法权益。

（四）检察队伍建设迈上了新台阶。在领导班子建设方面，省检察院机关深入开展学习实践科学发展观活动，找准了存在的问题，明确了整改的方向和措施。进一步加大了对分市院和基层检察院班子的经常性管理和监督力度。提倡检察长率先垂范，以身作则，分市院和基层检察院检察长、副检察长出庭支持公诉1040件。在党风廉政建设方面，省检察院巡视组对4个分市院进行了巡视。分市院对45个基层检察院开展了巡视工作。不断强化督导督察工作，省检察院制定了《检务督察工作暂行规定》。推进干警执法档案和廉政档案建设，坚持"一案三卡"制度。共立案查处违法违纪干警4件6人。在提高干警素质方面，共举办各类培训班96期，培训检察干警7052人次。继续实施引进人才工程，又有10名京、津检察机关的业务骨干到基层检察院挂职，选任10名教授、副教授到检察院挂职，在省内高校招募50名法律专业大学毕业生到基层检察院从事志愿服务。加大司法考试助学力度，2008年全省共有272名检察人员通过国家司法考试，通过率55.4%。在基层检察院建设方面，不断强化对分市院的目标管理和完善对基层检察院的分类管理，推行由分市院对基层检察院执法干警的绩效管理。2008年全省有124个基层检察院达到了优秀档次，有45个达到了良好档次，有11个进入达标档次，没有不达标的院。

（五）接受社会监督取得了新进步。全省检察机关牢固树立监督者更要接受监督的观念，坚持党对检察工作的统一领导，自觉接受人大及其常委会、政协和人民群众的广泛监督，主动向人大报告工作。2008年，全省检察机关共向各级人大报告工作527次，召开人大代表座谈会493次，邀请3976人次人大代表视察检察工作。不断规范人民监督员制度，人民监督员监督"三类案件"26件29人，监督"五种情形"5件5人，全部同意检察机关拟定意见。

近年来，我省检察机关在推进科学发展观中取得了一定成效，积累了一些经验。但在执法观念、监督能力、工作机制和队伍素质等方面还存在着不完全适应、不完全符合科学发展观的问题。一是执法理念有待于进一步更新。二是执法行为有待于进一步规范。三是法律监督能力有待于进一步提高。四是工作作风有待于进一步改进。五是科技强检有待于进一步加强。

二、2009 年全省检察机关主要任务

做好新形势下的检察工作,必须深入贯彻落实科学发展观,义不容辞地担负起和履行好中国特色社会主义事业建设者、捍卫者的神圣使命。一是牢固树立检察工作科学发展的执法理念。树立理性、平和、文明、规范执法的新理念,切实把严格执法、公正执法、文明执法、廉洁执法统一到为民执法中去。二是准确把握检察工作科学发展的根本目标。牢牢把握"一个保障,四个维护"的根本目标,即保障经济社会又好又快、更好更快发展,维护社会和谐稳定,维护社会公平正义,维护人民权益,维护社会主义法制的统一、尊严、权威。三是自觉运用检察工作科学发展的统筹方法。在检察工作中要努力做到法律效果与社会效果相协调、惩治犯罪与保障人权相统一、办案数量与办案质量相促进、强化监督与加强配合相适应、业务建设和队伍建设相结合、从严治检与从优待警相兼顾,更好地推动检察工作的科学发展。四是紧紧围绕检察工作科学发展的战略任务。我们要把提高执法公信力作为检察工作科学发展的战略任务,转变工作作风,规范执法行为,提升队伍素质,提高执法水平,树立检察机关法律监督的权威。

(一)进一步加大思想解放力度,自觉服务经济社会发展大局。通过学习实践科学发展观活动,进一步解放思想,更新观念,着眼我省建设"八大经济区"、实施"十项工程"的发展规划,立足检察职能,找准加强和改进检察工作的着力点,积极主动地做好服务经济建设的各项工作。在执法办案中牢固树立平等服务和平等保护意识,平等保护各类市场主体的合法权益。注重改进办案方式和方法,高度重视、依法妥善处理涉及企业的案件,坚持从有利于维护企业正常生产经营、有利于维护企业职工利益、有利于促进经济社会发展稳定出发,规范执法,文明办案。

(二)进一步加大打击刑事犯罪力度,全力维护社会和谐稳定。坚决依法惩治危害国家安全的犯罪,严厉打击境内外敌对势力的渗透颠覆破坏活动,坚决维护国家安全;依法严惩严重刑事犯罪,加大对黑恶势力犯罪、严重暴力犯罪、多发性侵财犯罪、涉众型经济犯罪和毒品犯罪的打击力度,坚决遏制严重刑事犯罪高发的势头,确保一方平安。依法打击破坏市场经济秩序特别是金融、证券、房地产等领域的犯罪活动,维护金融稳定、经济稳定和社会稳定;依法打击侵害农民利益、危害农业生产、影响农村稳定的犯罪活动,依法维护农村基本经营制度、土地管理制度、民主管理制度和农业支持保护制度;加大对行政执法机关移送知识产权犯罪案件和司法机关受理知识产权犯罪案件的监督力度。切实贯彻宽严相济刑事政策,健全快速办理轻微刑事案件和未成年人刑事案件工作机制,探索建立刑事案件当事人和解机制,对初犯、偶犯、未成年人和老年人的轻微犯罪采取轻缓的刑事政策,最大限度地促进社会和谐稳定。

(三)进一步加大惩治和预防职务犯罪力度,深入推进反腐倡廉建设。突出办案重点,重点查办发生在党政领导机关和领导干部中的职务犯罪案件,集中力量查办有影响的大案要案,保持查办职务犯罪工作力度。继续深入开展治理商业贿赂工作,集中查办城镇建设领域商业贿赂犯罪;依法打击造成重大环境污染、严重破坏生态环境等犯罪,促进能源资源节约和生态文明建设;严厉打击制售有毒有害食品药品等犯罪活动,坚决查办重大安全生产事故、重大食品安全事故背后的失职渎职等职务犯罪案件,切实保障人民生命财产安全;严肃查办社会保障、劳动就业、征地拆迁、医疗卫生、招生考试等领域的职务犯罪案件和国家机关工作人员利用职权实施的侵权犯罪案件,切实保障人民群众依法享有的政治、经济、文化、社会等各项权利;深入查办涉农职务犯罪,保障中央各项支农、强农、惠农政策的有效实施。加强对公共资金使用、公共资源配置、公共项目实施等重点领域和环节的预防工作。有针对性地加强涉农职务犯罪预防,加强行贿犯罪档案查询工作,深入开展公路建设专项预防工作。

(四)进一步加大法律监督力度,切实维护社会公平正义。突出监督重点,在刑事诉讼监督中加强对有案不立、有罪不究、以罚代刑、量刑畸轻畸重和违法立案、刑讯逼供等问题的监督,防止放纵犯罪和冤枉无辜。在刑罚执行和监管活动监督中加强对违法减刑、假释、暂予监外执行的监督,切实防止罪犯逃避刑罚执行,加强纠防超期羁押工作,切实保障被监管人员的合法权利。在民事、行政审判监督中突出抓好抗诉和再审检察建议工作,依法监督纠正裁判不公、侵害当事人合法权益等问题。创新监督机制，建立健全立案监督案件的跟踪监督机制、强制性侦查措施的监督机制、刑罚变更执行的监督机制、刑事审判监督和死刑复核的监督机制。健全民事、行政申诉案件的受理、立案和抗诉工作机制，加强对抗诉、建议再审等案件的跟踪监督。对司法人员涉嫌贪赃枉法、失职渎职犯罪造成司法不公的，坚决依法严肃查处。

（五）进一步加大处理涉检信访力度，妥善化解社会矛盾纠纷。加强涉检信访的分析、研判和排查，探索建立重大敏感案件风险评估预警机制。完善和落实首办责任制和检察长接访、定期巡访等制度。及时执行已复查纠正的案件和刑事赔偿决定，探索实行对生活确有困难的被害人司法救助制度，把化解矛盾贯穿于执法办案的全过程，切实防止重大群体性事件发生。

（六）进一步加大队伍建设力度，提高检察队伍整体素质。把开展学习实践科学发展观活动作为检察队伍思想政治建设的主线，着力转变不适应、不符合科学发展观要求的思想观念，着力解决影响和制约科学发展的突出问题以及人民群众反映强烈的突出问题。弘扬“忠诚、公正、清廉、严明”的检察职业道德，做勤奋学习的模范、秉公执法的模范、严于律己的模范。突出抓好素能培训、业务培训、岗前培训和任前培训，努力建设一支具有深厚法律功底和丰富实践经验的检察队伍。认真落实党风廉政建设责任制，运用民主方式开展工作，自觉在监督下行使权力。领导干部要严格履行“一岗双责”责任制，管住自己，管好亲属，带好班子，带好队伍，及时发现和严肃查处检察人员违法违纪问题，深入推进检察机关惩治和预防腐败体系建设。坚持以人为本，想方设法落实从优待警的各项措施，切实稳定检察队伍。

（七）进一步加大基层建设力度，夯实检察工作发展根基。以执法规范化、队伍专业化、管理科学化和保障现代化为方向，不断提高基层检察工作和队伍建设水平。建立绩效管理机制，加强对基层检察院建设的领导和指导，在帮助基层解决难题、提供服务上下功夫。积极争取当地党委、政府和有关部门的支持，逐步完善检务保障机制，提高保障水平，为检察工作科学发展创造良好的物质条件。

我们要始终坚持党对检察工作的统一领导，确保党的路线方针政策在检察机关得到不折不扣地贯彻执行。自觉接受人大及其常委会的监督，认真负责地报告工作，及时办理交办事项。主动接受政协监督、群众监督和社会监督，进一步完善人民监督员制度，虚心听取社会各方面意见。从人民满意的地方做起，从人民不满意的地方改起，把立检为公，执法为民的宗旨落到实处。

对维护社会稳定的新形势新任务和人民群众的新要求新期待，检察机关责任重大，任务艰巨。我们要高举中国特色社会主义伟大旗帜，深入学习实践科学发展观，解放思想，振奋精神，真抓实干，开拓创新，为推动黑龙江经济社会又好又快发展作出新的更大的贡献，以优异成绩迎接新中国成立六十周年！

上海市人民检察院工作报告(摘要)

——2009年1月15日在上海市第十三届人民代表大会第二次会议上

上海市人民检察院检察长　陈　旭

(2009年1月17日上海市第十三届人民代表大会第二次会议通过)

2008年是我们党和国家历史上极不平凡的一年。全市检察机关面对非比寻常的形势和繁重的任务,在市委和最高人民检察院的领导下,自觉接受各级人大及其常委会的监督,认真贯彻党的十七大精神,以科学发展观为统领,坚持"加强法律监督,维护公平正义"的检察工作主题,依法履行宪法和法律赋予的检察职能,各项检察工作取得了新的进展。

一、依法履行刑事检察职能,全力维护社会和谐稳定

坚持把维护社会稳定、确保北京奥运安全作为检察机关的重要任务,认真贯彻宽严相济的刑事政策,依法打击各类刑事犯罪。2008年,共受理提请批准逮捕的犯罪嫌疑人29305人,同比上升6%;受理移送审查起诉22100件34707人,同比上升7%和7.3%。经审查,批准逮捕27623人,同比上升6.4%;提起公诉20946件32625人,同比上升8%和9.2%。坚持对罪行较轻的初犯、偶犯和未成年犯区别对待,慎捕慎诉,依法不批准逮捕439人,不起诉185人。

依法严厉打击严重刑事犯罪。始终把打击锋芒对准严重暴力犯罪、黑恶势力犯罪和严重影响群众安全感的抢劫、抢夺、入室盗窃等犯罪。共批准逮捕故意杀人、绑架、强奸等严重刑事犯罪嫌疑人4808人,提起公诉3655件5536人。依法打击妨害公务、暴力袭警、寻衅滋事等扰乱公共秩序的犯罪,共批准逮捕2650人,提起公诉1419件2851人。依法办理杨佳袭警杀人案,精心组织出庭支持公诉。依法惩治严重破坏社会主义市场经济秩序的犯罪,重点打击生产销售伪劣商品、集资诈骗、非法吸收公众存款、非法经营证券期货等影响社会稳定和公共利益的经济犯罪。共批准逮捕犯罪嫌疑人1371人,提起公诉1712件2380人。

健全未成年人刑事检察制度。全年批准逮捕未成年犯罪嫌疑人1943人,提起公诉2531人。坚持"教育、感化、挽救"的方针,对未成年犯罪嫌疑人慎用逮捕措施,慎用刑罚处罚,对有从宽条件的建议法院判处缓刑。积极探索未成年人轻微刑事案件和解制度;会同法院对未成年人和成年人共同犯罪的案件分案审理;推行罪错未成年人观护帮教工作,加强对不捕不诉未成年人的考察教育,帮助涉案未成年人改过自新、回归社会。会同市政协社会和法制委员会对来沪未成年人犯罪预防开展调研,将社区服务管理延伸至来沪未成年人,努力减少犯罪。

积极化解社会矛盾。进一步抓好涉检信访矛盾的源头预防、化解息诉与终结工作,坚持检察长接待日和检察长包案制度,各级检察院检察长共接待群众来访897件,督办处理信访案件265件。在农村偏远地区和矛盾纠纷比较突出的乡镇设立了36个基层联系点,定期下访巡访,努力使涉检信访矛盾化解在基层,化解在萌芽状态。强化控告申诉工作首办责任制和责任追究制,排查化解矛盾突出的涉检重信重访66件,其中包括一些缠访多年的历史老案。各级检察机关积极参与社会治安综合治理工作,深入社区开展普法宣传,参与治安问题突出地区的专项治理、禁毒、社区矫正等工作,结合办案积极建议有关部门落实综合治理措施。

二、严肃查办和积极预防职务犯罪,推进反腐倡廉建设

认真贯彻中央《建立健全惩治和预防腐败体系

2008—2012年工作规划》，研究制定上海检察机关的实施意见，充分发挥检察机关在惩治和预防腐败体系建设中的作用。

依法查办贪污贿赂等大案要案。共立案侦查贪污贿赂等职务犯罪案件348件388人，其中大案319件319人，占91.7%；追缴赃款、赃物合计价款2.36亿元。立案侦查县处级以上要案73件75人，占21%。依法查办了浦东新区原副区长康慧军受贿、巨额财产来源不明案和上海华谊(集团)原副总裁范宪贪污、受贿案。追捕到案潜逃的职务犯罪嫌疑人10人。

重点查办侵犯群众利益的案件。坚持把侵犯群众切身利益、损害国家工作人员声誉的职务犯罪作为查案重点。查办党政机关、司法机关和行政执法机关人员职务犯罪案件83件86人，其中涉嫌滥用职权、玩忽职守、徇私枉法等渎职侵权案30件31人。依法查办市规划局监督检查处原副处长邬建刚利用职务之便帮助超规划面积的建设项目通过验收，收受贿赂53万余元案。查办发生在社会保障、征地拆迁、医疗卫生、环境保护等领域中涉及民生的职务犯罪案件59件61人。

坚决查办行贿犯罪案件。坚持从源头治理的高度认识查办行贿犯罪案件的重要性。共立案侦查行贿犯罪案件42件68人。其中涉及基建工程建设领域的21件，涉及商业流通领域的9件，涉及行政审批、环境保护、资金管理等12件。如朱桂平在承接消防工程中，对国家工作人员行贿37万余元，被依法查处。进一步完善行贿档案查询制度，推动建立华东六省一市行贿犯罪查询平台，供有关单位在政府采购、工程招投标、签订商业合同时查询，以遏制行贿犯罪，全年对外提供查询服务127次。

发挥检察机关在新农村建设中的服务和保障作用。共查办涉农职务犯罪案件38件38人。依法查办农村土地征用、企业转制、行政管理中利用职务便利侵占集体资产和侵犯农民利益的职务犯罪案件。依法查办上海新长征(集团)有限公司原董事长、法定代表人王妙兴贪污、受贿、职务侵占案，并追回经济损失1.1亿余元。针对有的农村干部虚设征地拆迁名单骗取镇保款，引发村民集体上访的情况，在依法查办的同时，提出预防对策。在查办侵吞、骗取本市种粮财政补贴资金的职务犯罪案件后，提出从制度上保证财政补贴资金安全的检察建议，受到市委领导和有关部门的高度重视。

增强职务犯罪预防工作实效。重点围绕世博会、虹桥交通枢纽、轨道交通等20多项工程项目，开展争创“工程优质、干部优秀”活动，确保世博会等重大建设项目顺利进行。与全市87家单位建立了工作联系，职务犯罪预防工作社会网络进一步完善；会同市纪委、市监察局探索建立职务犯罪的预测预警机制。针对办案中暴露出的突出问题，开展个案预防160件，在涉及种粮补贴、低保金发放、小城镇保险等领域开展系统预防25件，提出检察建议107件，对预防和减少职务犯罪起到了积极作用。

三、强化诉讼监督，努力维护社会公平正义

法律监督是宪法赋予检察机关的基本职能，全市检察机关坚持突出监督重点，严格执法，加强对诉讼活动的监督，促进司法公正。

认真履行立案监督和侦查监督职能。对应当立案而公安机关未立案的，要求说明不立案理由的289件，公安机关已立案209件。进一步发挥与行政执法机关的信息共享平台作用，建议行政执法机关向公安机关移送涉嫌犯罪案件101件，公安机关已立案侦查96件。对侦查活动中的违法取证或采取强制措施不当等情形提出纠正意见59件，侦查部门已纠正42件。对在侦查活动中涉嫌犯罪的依法立案查处。对应当逮捕而未提请逮捕、应当起诉而未移送起诉的，决定追捕557人、追诉378人。

认真履行刑事审判监督职能。裁判公正是司法公正最重要的体现，各级检察机关坚持把监督刑事裁判放在重要位置，防止冤及无辜、罚不当罪。通过依法抗诉、检察建议以及检察长列席法院审判委员会等途径，加强对刑事审判活动的监督。对适用法律不当等确有错误的刑事裁判，依法提出抗诉31件，法院已审结29件，其中改判16件，发回重审1件。加强对办理死刑案件的诉讼监督，严格落实死刑复核案件备案报告制度，规范死刑二审监督的方式与程序。坚持有错必纠，认真受理刑事申诉案件，对20名当事人因财产扣押、强制措施使用不当等作出国家赔偿。

认真履行民事审判和行政诉讼监督职能。认真贯彻落实修改后的《民事诉讼法》，对认为确有错误的民事行政裁判，依法提出抗诉75件，法院已审结67件，其中改判、发回重审22件，维持原判23件，以调解等其他方式结案22件；向法院提出检察建议49件,法院已采纳46件;向有关部门移送涉嫌犯罪线索16件,其中已立案5件。积极配合法院对1036件申诉案做好当事人的服判息诉工作。对民事判决中执法不统一、不平衡的农村宅基地房屋买卖、不当得利举证责任分配等五类问题,建议法院统一执法标准。对涉嫌虚假民事诉讼调解案件和裁判执行中存在的问题提出建议。

认真履行刑罚执行和监管活动监督职能。依法查办发生在监管场所职务犯罪案件4件5人;纠正监管执法活动中的各类违法违规行为415起,发出书面纠正违法通知书和检察建议书353份;加强对减刑、假释和暂予监外执行的同步监督,对301件提请减刑、假释等案件提出检察意见;继续加强对羁押期限的监督,坚决防止超期羁押。全面排查假释、保外就医等监外执行罪犯监督管理状况,牵头制定《上海市非监禁刑罚执行衔接工作规定》,对38名有严重违法或不符合法定条件的监外执行罪犯提出收监建议。会同公安机关对劳教人员长期滞留看守所问题进行专项检查,减少滞留劳教人员209人。

强化检察委员会的业务决策和指导作用。对全市各级院检察委员会工作进行专项检查,修改完善检察委员会工作规则,进一步落实各级检察长列席法院审判委员会、检察委员会委员旁听案件庭审、检察委员会业务学习等制度,探索对部分具有指导意义的重大、疑难复杂和新类型案件实行案例通报的制度,充分发挥检察委员会在指导检察业务、加强法律监督中的作用。

四、加强检察队伍建设,不断提高法律监督能力

队伍建设是检察工作的根本和保证,始终坚持把队伍建设作为关系检察工作全局的战略任务来抓,着力建设政治坚定、业务精通、作风优良、执法公正的高素质检察队伍。

坚定检察工作政治方向。深入开展学习实践科学发展观和政法机关"大学习、大讨论"活动,认真学习胡锦涛总书记在全国政法工作会议代表和全国大法官、大检察官座谈会上的重要讲话和对检察工作的重要批示。通过举办检察长研讨班、开展解放思想大讨论、开门听取社会各界对检察工作的意见和组织先进事迹巡回报告等活动,增强检察干警对中国特色社会主义理论体系的政治认同、理论认同和感情认同,更加坚定了政治信念。以纪念上海检察机关恢复重建三十周年为契机,通过回顾历程,总结经验,展望未来,进一步坚定走中国特色社会主义检察事业发展道路的自觉性,增强了全面履行法律监督职能的责任心。

着力加强领导班子建设。在领导班子和领导干部中开展"讲党性、重品行、作表率"活动,提出领导干部要做解放思想、开拓创新的模范,立检为公、执法为民的模范,求真务实、真抓实干的模范,执行纪律、廉洁自律的模范,勤奋学习、刻苦钻研的模范。市院领导带头解放思想,深入实际,转变作风,牵头对加强法律监督能力建设、完善评比考核机制、加强检委会工作、青年干部培养等事关检察工作全局和长远发展的十个课题进行调查研究,着力推进思维创新、制度创新和实践创新。为从制度上保障公正执法,进一步完善了市院检察长联系基层检察院制度,加大市分院与区县检察院上下交流任职和跨地区交流力度,全年共有32名处以上干部进行了交流。加大青年后备干部的培养,选拔35名优秀青年干部到基层检察院、分院以及世博局、市信访办等部门挂职锻炼。

努力提高队伍专业化水平。研究制定《关于进一步加强上海检察队伍建设的意见》,提出了今后几年检察队伍建设的总体思路和具体目标。针对检察业务特点的,以最能锻炼提高检察人员专业能力的公诉工作为重点,开展"集中听庭评议"和"公诉文书评选"活动,全市15名正副检察长和38名全国、市级优秀公诉人带头出庭示范,323名公诉干部的571个公诉庭参与评比,市检察院检察长旁听庭审62人次,并邀请人大代表、政协委员、人民监督员等社会各界人士听庭评议5158人次,评选出123个"优秀公诉庭"和77份"优秀公诉意见书"。在公开听取社会各界意见的基础上,制定了全面加强公诉工作的意见和在全市检察系统开展岗位练兵、岗位成才活动的指导意见。为了提高检察队伍的法学理论水平,市、分院和8个区检察院共配备了12名高等院校、科研单位副教授职称以上的专家、学者挂职副检察长或处室领导。

加强自身反腐倡廉建设。年初,市检察院党组公开作出十项廉政承诺,制定了《市院党组关于"三重一大"事项集体决策的实施办法》,坚持以领导干部廉洁自律模范带头作用推进反腐倡廉建设。开展廉政勤政教育讲评和重点岗位、重点执法环节的专题检查,落实党风廉政责任制和检察人员执法过错责任追究制。严肃处理违法违纪事件，对2名违纪的检察人员作出了纪律处分。

五、自觉接受人大和社会各界监督，增强接受监督的自觉性

进一步完善重大事项向人大报告制度，加强了重要工作、重要案件、重要情况的报告，争取监督指导；重视人大代表、政协委员意见和建议的落实，认真办理代表议案和书面意见，改进提高检察工作。积极拓宽人大代表、政协委员监督检察工作的途径和方法，邀请人大代表和政协委员以及特约检察员、廉政监督员、人民监督员视察检察机关、听取意见建议、开展专项检查、专题调研、评议执法活动等。继续推进人民监督员制度试点工作，全年接受人民监督员监督评议自行侦查案件33件。在公诉"听庭评议"活动中聘请了412名人大代表、政协委员和社会各界代表，直接参与对检察工作的评议和监督。

在肯定成绩的同时，我们也清醒地看到检察工作存在的问题和不足，主要是：服务大局、保障民生的意识还需进一步增强；法律监督能力还不够强，特别是民事、行政检察工作比较薄弱；执法规范化建设和自身监督制约机制还不够健全；检察队伍专业化水平和高层次人才培养还存在差距，整体素质有待进一步提高；个别检察人员严重违纪现象仍有发生。对此，我们将高度重视，采取扎实有效措施，努力加以解决。

保持经济平稳较快发展，实现"四个确保"，是2009年本市工作的首要任务。也是检察机关服务大局的首要任务。我们要认清形势，振奋精神，锐意进取，扎实工作，充分发挥检察职能作用，注意改进工作方式方法，提高检察工作水平，努力在新起点上开创检察工作新局面，作出新贡献。

2009年，全市检察机关将高举中国特色社会主义伟大旗帜，深入贯彻落实科学发展观，紧紧围绕保持经济平稳较快发展的首要任务，更加自觉服务大局，更加重视保障民生，加强法律监督，加强自身建设，为实现"四个确保"的总体目标营造良好的社会环境和提供坚强的司法保障。

一、以科学发展观统领检察工作。进一步深入学习实践科学发展观，自觉把科学发展观作为检察工作长期坚持的重要指导思想，把落实科学发展观作为一条主线，贯穿于检察工作各个方面、各个环节，努力在服务经济社会科学发展和推动自身科学发展两个层面上下功夫。针对学习实践活动中查找的问题，认真落实整改措施，进一步端正执法理念、提高执法能力、改进执法作风，一定要把保发展、保民生、保稳定作为检察机关贯彻落实科学发展观的重要实践，全面加强改进检察工作。

二、把服务经济平稳较快发展的任务落到实处。始终坚持把服务经济社会发展作为检察工作的首要责任，把人民群众的需求作为检察机关的第一需求，紧紧围绕市委"四个确保"的总体目标，依法打击各类犯罪活动，维护社会稳定，维护市场经济、金融秩序，保障世博会重大项目和政府投资安全，加大对知识产权的司法保护。严格把握法律政策界限，准确区分罪与非罪，改进办案方式和方法，依法保护企业合法权益，为保持经济平稳较快发展提供强有力的司法保障。

三、进一步加大查办和预防职务犯罪力度。认真贯彻《建立健全惩治和预防腐败体系2008—2012年工作规划》，继续突出重点，集中精力查办大案要案。严肃查办在社会管理、经济调节、市场监管、执法司法等方面的职务犯罪；依法查办重大工程、重大责任事故中的滥用职权、玩忽职守犯罪。要继续以确保"世博会"和关系国计民生的投资项目为重点，加强涉及公众利益、公共项目、公共资金管理等重点领域和重要环节的预防职务犯罪工作。

四、强化诉讼监督，促进严格执法和公正司法。认真贯彻《中央政法委关于司法体制与工作机制改革若干问题的意见》，加强法律监督能力建设，以加强刑事立案监督、民事、行政案件审判和执行的监督为重点，努力做到敢于监督、善于监督、依法监督、规范监督。要不断提高监督工作水平，善于从个案监督中发现在社会主义法治理念、政策法律把握和司法公正方面存在的问题，扩大监督效果。在履行法律监督职能的同时，不断完善检察机关自身执法办案的监督制约机制。进一步深化检务公开，加大检察宣传力度，认真接受社会各界监督。

五、加强队伍建设，提高自身监督能力。以提高队伍整体素质和法律监督能力为重点，加大政治培训和检察业务培训的力度，制订新一轮培训规划。实施岗位练兵、岗位成才三年计划，苦练基本功，提高检察实务能力。加强反腐倡廉制度建设，建立领导干部廉政档案和检察官执法档案制度，加大检务督察力度，强化职业道德建设，加强检察文化建设，切实提高检察人员职业道德素质。

在新的一年里，我们将在市委和最高人民检察院的领导下，在市人大及其常委会的监督下，奋发有为，锐意进取，忠实履行检察职能，加强法律监督，维护社会公平正义，努力为上海推进“四个率先”、建设“四个中心”和社会主义现代化国际大都市作出新的贡献。

江苏省人民检察院工作报告(摘要)

——2009年2月7日在江苏省第十一届人民代表大会第二次会议上

江苏省人民检察院检察长　徐　安

(2009年2月9日江苏省第十一届人民代表大会第二次会议通过)

2008年是极不平凡的一年，也是我省检察工作经受考验、开拓进取的一年。省检察院在省委、最高人民检察院的领导和省人大及其常委会的监督下，在省政府的支持和省政协的民主监督以及社会各界的关心支持下，带领全省检察机关深入贯彻党的十七大精神，按照省十一届人大一次会议的要求，紧紧围绕党和国家工作大局，全面履行宪法和法律赋予的职能，奋力争创一流工作业绩，打造一流检察队伍，为维护社会稳定、保障公平正义、促进经济发展作出了新的贡献。

一、强化思想政治建设，认真开展学习实践科学发展观活动和“大学习、大讨论”活动

党的十七大以来，党中央对加强和改进政法工作、检察工作提出了一系列新思想、新论断，尤其是胡锦涛总书记在全国政法工作会议代表和全国大法官、大检察官座谈会上的重要讲话，周永康同志在全国政法系统领导干部专题研讨班和最高人民检察院座谈会上的重要讲话，全面阐述了政法工作及检察工作一系列重大理论和实践问题，对检察机关坚持和完善中国特色社会主义检察制度，做中国特色社会主义事业坚定的建设者、捍卫者和公平正义的守护者提出了明确要求，极大鼓舞和鞭策了全省检察人员。在深入开展学习实践科学发展观活动和“大学习、大讨论”活动中，全省检察机关通过各种形式的学习培训活动，深刻领会中央领导重要指示精神，进一步坚定政治方向，增强对中国特色社会主义制度的政治认同、理论认同、感情认同，牢固树立社会主义法治理念，“党的事业至上、人民利益至上、宪法法律至上”正在成为检察工作遵循的根本原则；通过深入查摆，坚决整改执法办案中存在的不符合、不适应科学发展观的问题，切实纠正孤立办案、就案办案的单纯业务观点和偏重办案数量、忽视办案质量的片面“政绩观”，把科学发展的要求体现在检察工作中，努力做到谋全局与务本行并重、打击与保护并重、惩治与预防并重、法律效果与政治效果、社会效果并重。

二、强化大局意识，全力维护奥运之年的社会稳定

依法严厉打击严重刑事犯罪。全年共批准逮捕各类犯罪嫌疑人55127人，同比上升3%；提起公诉85141人，同比上升5.8%。加大对黑恶势力犯罪、严重暴力犯罪、多发性侵财犯罪的打击力度，共提起公诉杀人、绑架等严重暴力犯罪案件5458件8923人，抢夺、盗窃等多发性犯罪案件19485件29943人，黑恶势力犯罪案件36件201人。

认真贯彻落实宽严相济刑事政策。对未成年人、老年人、初犯、偶犯、过失犯中犯罪情节轻微的人员，慎重批捕和起诉，依法从宽处理。全年共不批准逮捕8563人，同比上升9.1%；决定不起诉1310人，同比上升2%。继续深化创建青少年维权岗活动，健全办理未成年人刑事案件工作机制；推行轻微刑事案件快速办理机制；探索建立刑事案件和解机制，对当事人达成和解的轻微刑事案件依法从宽处理。

着力化解矛盾纠纷。全年共接待处理群众来信来访26371件次，妥善处理集体访、告急访228次。深入开展排查化解涉检重信重访专项工作，集中处理涉检信访突出问题。全省检察机关对上级交办的重点信访案件和责任倒查案件，已全部办结，自行排查的191件重信重访案件，也已息诉化解184件，息诉率达96.3%。对人民法院正确的民事、行政判决、裁定，主动做好释法说理、化解矛盾工作，共息诉1766件。积极探索建立特困刑事被害人救助制度，对84件刑事案件的被害人实施了救助，发放救助资金71万余元。

三、强化职务犯罪查办和预防工作，促进反腐倡廉建设

突出查办职务犯罪大案要案。全年立案侦查贪污贿赂案件1364件1445人，其中大案1297件，大案率为95.1%，位居全国检察系统前列，涉案金额一百万元以上的案件73件；立案侦查涉嫌职务犯罪的县处级以上干部104人，其中厅级干部2人。立案侦查渎职侵权案件278件319人，同比上升39.3%，重特大案件占29.1%。通过办案，为国家挽回直接经济损失4.1亿元。

积极查办涉及民生的职务犯罪案件。围绕人民群众反映强烈的突出问题，开展一系列专项行动，着力查办发生在民生领域的职务犯罪案件。立案侦查商业贿赂案件770件783人。深入查办涉农职务犯罪，立案侦查侵犯农民利益、贪污挪用农村建设专款和支农惠农专款等职务犯罪案件423件447人。深入查办危害能源资源和生态环境渎职犯罪，立案侦查危害水利、土地、林业、矿产等领域的渎职犯罪案件97件126人。

更加注重预防职务犯罪工作。结合办案，加强对典型案件发案原因、特点和职务犯罪易发多发行业犯罪态势的分析，提出检察建议602件，推动相关单位落实预防措施2687项；采取以案释法、开展警示教育等方式，加强宣传教育，共召开职务犯罪案例剖析会662次；开展行贿犯罪档案查询工作，共向社会提供查询服务5859次。

四、强化对诉讼活动的法律监督，维护司法公正

加强对侦查活动的监督。对应当立案而不立案的，依法监督侦查机关立案787件；对不应当立案而立案的，监督侦查机关撤销案件1279件。对侦查工作中的违法情况提出书面纠正意见1924次；对应当逮捕而未提请逮捕的，依法追加逮捕1630人；对应当起诉而未移送起诉的，追加起诉903人。

加强对审判活动的监督。刑事审判监督提出抗诉61件，同比上升15.1%，已审结37件，改判、撤销原判发回重审19件；对审判活动中的违法情况提出书面纠正意见174次。民事审判和行政诉讼监督提出抗诉397件，已审结194件，改判、撤销原判发回重审61件，调解53件，提出再审检察建议235件；积极探索开展督促、支持相关单位起诉的工作，共督促、支持起诉908件，帮助挽回国有、集体资产损失13.5亿元。

加强对刑罚执行和监管活动的监督。加大对违法减刑、假释、暂予监外执行的监督力度，对刑罚执行和监管活动中各类违法违规情况提出书面纠正意见28次。加强对监外执行和社区矫正活动的监督，监督纠正脱管漏管罪犯12人。针对少数监管场所执法不规范等现象，共向监管部门及上级主管机关提出检察建议12件。

着力增强法律监督效果。认真落实检察长列席同级法院审判委员会制度，主动加强与同级法院的沟通，及时跟进了解抗诉案件和再审检察建议的办理情况。加强行政执法与刑事司法相衔接的机制建设，完善与省公安厅、省监察厅等行政执法机关的联席会议制度，推进与各行政执法机关信息管理系统的联网共享，增强监督的及时性。立案查处政法工作人员职务犯罪案件63件70人。

五、强化对自身的监督制约，提高执法公信力

下大力气整改执法中存在的突出问题。省检察院对办案工作提出严禁刑讯逼供等“六个严禁”的要求，对各地警务区及驻看守所检察专用审讯室进行专项检查，限期改正全程录音录像设施不到位、审查犯罪嫌疑人工作不规范等现象。认真贯彻修订后的《律师法》，保障律师会见、阅卷等权利，切实维护犯罪嫌疑人、被告人的合法权益。加强对扣押、冻结涉案款物的动态监管，对诉讼终结但涉案款物尚未处理完结的292件自侦案件逐一核查，逐案清理，截至去年底，已清理251件3500余万元，对尚未清理完毕的案件也明确提出清理时限。

大力强化内部监督制约。围绕执法办案的重点环节和部位，健全制度规范，完善办案流程管理。强化对职务犯罪案件线索的管理和初查工作，完善对大要案立案的备案制度和请示报告制度，对慎用监视居住等强制措施和规范调查取证提出更加明确的要求。加强案件监督管理和检务督察工作,狠抓各项制度的执行。对检风检纪中存在的问题,做到早发现、早处置、早解决,切实把问题解决在萌芽状态。全年没有发生办案安全责任事故。

更加自觉地接受人大监督、政协民主监督和社会各界监督。全年共邀请人大代表、政协委员视察检察工作681次,召开人大代表、政协委员座谈会738次,办理人大代表、政协委员提出的各类意见和建议111件、转交的案件91件,每件都做到认真落实,及时反馈。深入推进人民监督员制度试点工作,311件拟作撤案、不起诉处理和犯罪嫌疑人不服逮捕决定等三类职务犯罪案件全部进入监督程序,人民监督员提出不同意见8件,检察机关已全部采纳。开展了人民监督员、特约检察员、专家咨询委员换届工作,全省检察机关共聘请人民监督员、特约检察员、专家咨询委员1248名,其中各级人大代表、政协委员864名。进一步深化检务公开,让人民群众更多地了解检察机关,监督支持检察工作。

六、强化检察队伍建设,筑牢检察工作科学发展的根基

加强各级检察院领导班子建设。省检察院党组带头加强自身思想政治建设、民主集中制建设、领导作风建设和党风廉政建设。强化上级检察院对下级检察院领导班子的管理、监督,认真落实上级检察院与下级检察院负责人任职谈话、廉政谈话、诫勉谈话和参加下级检察院领导班子民主生活会等制度;加强对下级检察院领导班子的巡视工作,省检察院对6个省辖市检察院领导班子进行了巡视。加强干部交流轮岗,省检察院与下级检察院之间交流干部33人,增强了队伍的活力。

加强队伍专业化建设。加大教育培训力度,制订了未来五年大规模培训检察人员的规划。各级检察院共举办专题研讨、专项培训、岗前培训、任职资格培训等各类培训班326期,受训人员达18726人次。广泛开展岗位练兵、业务竞赛等实战训练,组织了全省检察机关全员岗位练兵经验交流会,举办了公诉对抗赛、职务犯罪十大精品案例评选、信息化应用竞赛等活动,促进队伍总体素质的提升。检察人员参加2008年度司法考试通过率达到56%,继续位居全国检察机关前列。

加强纪律作风建设。坚持抓教育促廉政,开展经常性的廉政教育和职业道德教育。坚持抓机关带基层,要求省检察院机关工作人员严于律己、作好表率。坚持推进检察工作一体化建设,保证检察工作健康、深入、协调发展。坚持落实党风廉政建设责任制,共立案查办违法违纪人员9人,追究执法过错责任人员13人。

加强基层检察院建设。完善和落实上级检察院领导班子成员联系基层制度,就地帮助基层检察院解决实际问题。注意发现、总结、推广基层先进经验,引导全省基层检察院深入开展争先创优活动,全省有29个基层检察院被评为省级先进检察院,9个基层检察院被评为全国先进检察院,宜兴市检察院被评为全国十佳检察院,苏州、南通市检察院被授予全国基层检察院建设组织奖。省、市检察院还加强与有关部门沟通协调,确保人均公用经费最低保障标准在全省基层检察院全面落实,并为经济欠发达地区的基层检察院争取政法专项经费、业务经费、装备经费等补助专款、配套资金共计1.09亿元。

2008年检察机关取得的这些成绩,既是全省广大检察人员团结一心、共同奋斗的结果,更是各级党委坚强领导,人大有力监督,政府、政协和人民群众大力支持的结果。一年来,我们更加深切地体会到:做好检察工作,必须高举中国特色社会主义伟大旗帜,把自身工作放在全党大局中来谋划、来推进,紧紧围绕党的中心工作改进和加强检察工作,坚定不移地做中国特色社会主义事业的建设者、捍卫者和公平正义的守护者;必须把科学发展观落实在检察工作中,牢固树立办案力度、质量、效率、效果相统一的政绩观,以人民满意为标准,着力解决人民群众最关心、最直接、最现实的利益问题,形成符合科学发展观要求的执法导向;必须全力维护社会公平正义,准确把握宪法定位,在强化法律监督上下功夫,真正使法律监督由“软”变“硬”,不断满足全社会对公平正义的需求;必须高度重视对检察机关自身的监督制约,形成刚性机制,坚持常抓不懈,切实做到严格公正文明执法,以良好形象和过硬作风提升执法公信力;必须不断加强检察队伍建设,深化对各级领导班子的管理、监督,全面提高检察人员的执法能力,努力造就高素质的检察队伍。

今年是国际国内经济环境发生重大变化,我省经济社会发展面临重大考验的一年。做好今年的检察工作,对于保障和促进我省经济社会又好又快发展,为隆重庆祝新中国成立六十周年营造稳定、祥和的氛围，具有十分重要的意义。全省检察机关将按照省委和最高人民检察院的部署，以邓小平理论和“三个代表”重要思想为指导，深入贯彻党的十七大、十七届三中全会精神，以科学发展观统领检察工作，紧紧围绕党和国家工作大局，全面履行检察职能，着力保增长促发展，着力维护社会和谐稳定，着力维护公平正义，着力深化检察改革，着力提高法律监督能力，继续争创一流业绩，打造一流队伍，为江苏经济社会又好又快发展提供强有力的司法保障。我们将着重抓好以下几方面工作：

（一）增强大局意识，更加有力地保障经济平稳较快发展。把保增长促发展作为全省检察机关的首要任务，通过全面履行检察职能更好地为全党大局服务。切实改进执法办案的方式方法，从有利于维护企业正常生产经营、维护企业职工利益、维护经济社会秩序出发，准确把握执法尺度，规范执法、文明办案，努力实现法律效果、政治效果和社会效果的有机统一。

（二）认真履行职责，更加有力地维护社会稳定和公平正义。全力以赴投入平安江苏建设，突出打击黑恶势力犯罪、严重暴力犯罪、多发性侵财犯罪、涉众型经济犯罪，切实维护人民群众生命财产安全；认真贯彻宽严相济刑事政策，着力减少社会对抗、促进社会和谐；高度重视人民群众的涉检来信来访，维护群众合法权益。深入推进反腐倡廉建设，突出查办危害大、影响大的职务犯罪大案要案，深化预防职务犯罪工作，从源头上遏制职务犯罪的发生。全面加强对诉讼活动的法律监督，切实维护司法公正。

（三）坚持创新创优，更加有力地推进检察改革。按照省委和最高人民检察院的要求，结合江苏检察工作实际，有力有序推进各项改革措施。进一步加强检察理论和检察工作实践研究，继续深化量刑建议、刑事和解、检调对接、特困刑事被害人救助、检察工作一体化建设等行之有效的改革创新措施，不断提升检察工作科学发展的能力。

（四）加强自身监督，更加有力地促进严格公正文明执法。抓住最容易发生问题的关键岗位和执法环节，深入推进执法规范化建设，狠抓各项规章制度的执行落实。大力加强上级检察院对下级检察院执法活动的监督，落实监督制约责任制、执法过错责任追究等制度，使监督制约贯穿于检察权行使的各个环节。进一步加强外部监督制约，不断完善和细化接受党委领导、人大监督以及社会各界监督的工作制度。

（五）注重固本强基，更加有力地抓好检察队伍建设。全面开展学习实践科学发展观活动，进一步提高检察人员的思想认识，深化社会主义法治理念教育。突出抓好各级检察院领导班子建设，确保各级检察院领导班子和领导干部正确行使检察权。突出抓好执法能力建设，促进各类检察人员都能提升履职能力。突出抓好基层基础建设，建立基层检察工作综合考核评价办法，引导基层检察院牢固树立正确的政绩观；加大基层保障力度，努力为基层检察工作创造良好的执法环境和执法条件。

在新的一年里，我们将在省委和最高人民检察院的领导下，在省人大及其常委会的监督下，振奋精神，锐意进取，全力以赴做好各项检察工作，为保增长、保稳定、保民生作出新的更大贡献，以优异成绩迎接新中国成立六十周年！

浙江省人民检察院工作报告(摘要)

——2009年1月18日在浙江省第十一届人民代表大会第二次会议上

浙江省人民检察院检察长　陈云龙

(2009年1月20日浙江省第十一届人民代表大会第二次会议通过)

2008年,全省检察机关在省委、最高人民检察院的坚强领导下,在省人大及其常委会的监督和省政府、省政协及社会各界的支持下,高举中国特色社会主义伟大旗帜,深入贯彻落实科学发展观,认真履行法律监督职责,各项工作取得了新的进展。

一、围绕大局,努力为全省经济社会发展提供和谐稳定的社会环境

牢固树立大局观念和服务意识,充分发挥检察机关维护稳定和服务发展的职能作用,为经济社会发展提供有力的司法保障。

积极推进"平安浙江"建设,打防并举保稳定。围绕奥运会的成功顺利举办,认真履行批捕起诉职责,坚持依法从严与依法从宽的有机结合、批捕起诉工作与综合治理的有机结合,全力维护社会稳定。共批捕各类刑事犯罪嫌疑人78792人,提起公诉97128人,同比分别上升3.6%和4.3%。其中,批准逮捕危害国家安全的犯罪嫌疑人69人,提起公诉82人;批准逮捕黑社会性质组织犯罪和故意杀人、放火、爆炸、绑架、强奸等严重暴力犯罪嫌疑人16658人,提起公诉19542人;批准逮捕诈骗、盗窃、抢夺等侵财犯罪嫌疑人43311人,提起公诉47782人。积极参与打黑除恶、打击毒品犯罪、打击非法经营等专项斗争,会同有关部门建立联席会议、信息通报、提前介入、挂牌督办等"严打"经常性工作机制,始终保持对严重刑事犯罪的高压态势。采取深化主诉检察官办案责任制、依法建议适用简易程序、被告人认罪案件普通程序简化审等措施,着力提高办案效率和质量。同时,与有关部门密切配合做好奥运会安保的排查管控,集中整治治安混乱地区和突出治安问题,强化青少年法制教育和犯罪青少年的跟踪帮教,建立乡镇综合治理联系点,积极参与社区矫正工作,推动完善社会治安防控体系,促进平安建设。

完善服务保障措施,强化职能促发展。围绕省委加快经济转型升级、保稳促调、防止经济下滑等重大决策部署,省检察院出台《服务经济转型升级若干意见》、《关于当前检察机关帮助企业解困服务经济平稳较快增长的十五条意见》,从更加注重维护良好的市场经济秩序、更加注重保障投资安全、更加注重对能源资源、生态环境和知识产权的司法保护、更加注重改进办案的方式方法等方面,引导全省检察机关准确把握经济社会形势,切实增强检察工作服务经济发展的针对性和实效性。依法严惩破坏市场经济秩序犯罪,批准逮捕金融诈骗、偷税骗税、走私贩私等严重经济犯罪嫌疑人2022人,提起公诉3226人。加强对环境资源和知识产权的司法保护,批准逮捕造成重大环境事故、非法采矿等破坏环境资源犯罪嫌疑人110人,提起公诉493人;批准逮捕假冒商标、侵犯著作权等侵犯知识产权犯罪嫌疑人100人,提起公诉164人。加大对破坏企业生产经营犯罪的打击力度,批准逮捕职务侵占、挪用资金、侵犯商业秘密等犯罪嫌疑人533人,提起公诉841人。积极应对当前经济发展中出现的突出矛盾,充分运用检察职能调节经济社会关系,帮助企业克服困难。对妨害企业正常经营秩序、侵害企业正当权益的犯罪,安排专门力量,依法快速办理。对企业非法吸收公众存款等经济犯罪案件,坚持从有利于维护企业正常生产经营、有利于维护企业职工利益、有利于促进经济社会秩序稳定出发,正确把握法律政策界限,讲究执法方式方法,对涉案企业人员慎重使用强制措施,努力为经济发展提供良好的法律保障和法律服务。

强化定分止争理念,化解矛盾促和谐。积极探索和谐执法方式,在执法办案中强化定分止争理念,把执法办案的过程变成化解消极因素、促进社会和谐的过程。重点抓了三方面工作:一是全面推行法律监督说理。对举报初查不立案、不批捕、不起诉等办案环节由简单告知结论变为同时对结论进行释法说理答疑,对社会关注的重大申诉案件由封闭审查变为公开审查,通过释法说理、阳光操作化解矛盾,理顺情绪。二是贯彻宽严相济的刑事政策。慎重办理群体性事件中的相关犯罪案件,对情节严重确需批捕起诉的,层报上级检察机关把关,防止处理不当而激化矛盾。全面试行轻微刑事案件和解工作,推进刑事和解与人民调解的有机衔接,将办案与综治工作有机结合起来,提升刑事和解工作的成效。对我省改革开放三十年来未成年人犯罪案件开展专门调研,提出未成年人犯罪案件专门办理的意见,加强对未成年犯罪嫌疑人的特殊保护。大力推进外来人员轻微刑事犯罪不捕不诉工作,促进宽缓刑事政策在外来人员犯罪案件中的平等落实。全省共适用宽缓刑事政策不捕2030人、不诉1537人。三是全力抓好涉检信访工作。深入开展涉检来省进京零上访活动,涉检进京访比2007年(下同)下降57%,有94个检察院实现了涉检进京零上访。开展排查化解重信重访专项行动,对因多种因素形成的缠访缠诉案件,通过联合接访、公开听证答询、领导包案、司法救助等措施,逐案落实稳控和息诉责任。省、市两级检察机关共交办案件408件,息诉367件,息诉率达90%。

二、加大查办和预防职务犯罪工作力度,深入推进反腐倡廉建设

坚决贯彻中央《建立健全惩治和预防腐败体系2008—2012年工作规划》和省委实施办法,进一步加大查办和预防职务犯罪工作力度,推动反腐败斗争深入开展。

突出查办贪污贿赂大案要案。立案查处贪污贿赂犯罪1203件1494人,其中贪污贿赂五万元以上、挪用公款十万元以上大案943件,占立案数的78.4%;查处县处级以上领导干部139人,其中厅级干部12人。深化集中查办城镇建设领域商业贿赂犯罪工作,开展查办涉农职务犯罪专项工作,切实加大查办涉及社会保障、征地拆迁、环境保护、医疗卫生、教育考试等与民生密切相关领域的贪污贿赂犯罪的力度,依法查处教育考试、医疗卫生等领域案件105人,土地审批、房地产开发等环节案件82人,安监系统案件40人,贪污、挪用征地补偿、扶贫救济等款物的农村基层组织人员职务犯罪案件403人。加大追逃追赃力度,在有关部门配合下,抓获在逃职务犯罪嫌疑人31人,追缴赃款赃物和非法所得共计人民币2.94亿元。

加大反渎职侵权工作力度。加强反渎职侵权举报宣传,提高发现线索能力,重点查办国家机关工作人员侵害市场主体利益、妨碍市场经济秩序的渎职犯罪和侵犯公民人身权利、民主权利的犯罪。共立案查办渎职侵权犯罪案件250件275人,其中重、特大案件96件,占立案总数的38.4%。开展集中查办危害能源资源和生态环境渎职犯罪专项工作,立案查处危害能源资源和生态环境渎职犯罪125人。针对重大安全生产事故严重危害人民生命财产安全的情况,同步介入事故调查,立案查处涉嫌放纵违法违规生产犯罪的国家机关工作人员11人。

进一步提高办案质量。注意把握和处理维护社会和谐、促进经济发展与反腐败的关系,正确区分经济纠纷与经济犯罪、工作失误与渎职犯罪、不正之风与贪污贿赂犯罪的界限,切实做到有罪追究、无罪保护、客观公正。规范讯问职务犯罪嫌疑人全程同步录音录像制度,加强办案工作区建设,严格落实依法办案十条规定,对超时限审讯、不规范办案、不依法保障律师正当执业权利、违法扣押冻结款物等办案中容易出现问题的十个环节明确制度要求,严格责任追究,强化刚性约束。通过全面规范侦查行为,全省检察机关在保持办案力度的同时,办案质量和规范执法水平有了较大提升,所立案件已侦查终结1949人,提起公诉1615人,已被判决有罪1420人,有罪判决率达100%。

扎实推进预防职务犯罪工作。在坚决惩治腐败的同时,更加注重治本,更加注重预防。通过以案释法和建立警示教育基地、举办廉政展览等,积极开展警示宣传教育;健全与重点行业的共同预防机制,配合交通、教育、建设等41个重点行业部门联合开展系统预防,深入"三个千亿"工程等288个重大公共投资建设项目开展同步预防,完善预防职务犯罪信息库,深入推进行贿犯罪档案查询工作;结合村"两委"换届有针对性地加强农村职务犯罪预防工作;针对环保、教育、安监、农村基层组织等领域发案中暴露出的突出问题进行专题剖析与对策研究,得到省委、省政府领导的批示肯定。省检察院与纪检监察机关、审计机关根据各自职责,对有关单位落实《浙江省预防职务犯罪条例》进行检查、督促和指导,合力推进了社会预防。

三、坚持以人为本,切实维护社会公平正义

适应人民群众对司法公正的新要求新期待,紧紧围绕诉讼活动中存在的突出问题和薄弱环节,强化监督措施,加大监督力度,切实维护法律的统一、正确实施,促进司法公正。

加强刑事诉讼法律监督。对有案不立、有罪不究的,依法监督立案800件,监督立案案件被判处三年有期徒刑以上的207人,同比增加31.8%;对应当逮捕、起诉而未提请批捕和移送起诉的,追捕537人,追诉748人;对不符合逮捕、起诉条件的决定不捕、不诉5825人;对认为确有错误的刑事判决裁定,提出抗诉156件。加大对减刑、假释的监督力度,通过对职务犯罪、涉黑涉毒犯罪等九类罪犯逐人建档,监督纠正违法减刑、假释、保外就医不当案件1021人次;加强对监外执行罪犯脱管漏管情况的检察监督,依法建议收监766人。

加强对人权的司法保障。坚持尊重和保障人权的宪法原则,对违反法定程序、违法取证和违法采取强制措施等侵犯诉讼参与人合法权益的问题,依法监督纠正194件。在公安机关的支持配合下,深化刑事拘留监督试点工作,重点纠正刑事拘留超范围、违法延长拘留期限等问题。制定检察机关临场监督执行死刑活动及备案制度实施意见,强化对死刑案件的人权保障。加强派驻监管场所检察室规范化建设,实现与监管场所的信息联网,对刑罚执行和监管活动中体罚虐待被监管人、刑期计算错误等问题监督纠正749件次。会同公安机关开展保障在押人员合法权益示范单位创建活动,防止违法提审等问题的发生。

加强民事审判和行政诉讼法律监督。重点加强对严重侵害国家和社会公共利益、侵害农民工、下岗职工等困难群众利益、因司法工作人员贪赃枉法导致司法不公等案件的监督。对认为确有错误的民事、行政裁判提出抗诉703件,法院再审后已改变原裁判294件,提出再审检察建议139件。深化民事督促起诉工作,会同省国资委建立协作机制,共依法督促起诉严重侵害国家利益的民事案件693件,防止土地出让金等国有资产损失7亿元。

加大惩治司法腐败的力度。把对诉讼活动的法律监督与查办司法腐败案件更加紧密地结合起来,注意在诉讼监督中发现索贿受贿、枉法裁判、徇私舞弊等职务犯罪线索,严肃查处执法不严、司法不公背后的职务犯罪,从源头上维护司法公正。共立案查处司法工作人员职务犯罪75人,其中贪污受贿犯罪37人,徇私舞弊、滥用职权等渎职侵权犯罪38人。

四、着眼于检察工作科学发展,全面加强自身建设

始终把检察队伍和基层基础建设作为一项战略任务,围绕提高法律监督能力、确保严格公正文明执法,全面加强自身建设。

扎实开展"三项活动"。按照中央政法委的统一部署,组织开展了党的十七大精神和胡锦涛总书记重要讲话大学习、大讨论活动。按照省委的部署要求,在领导干部中开展深化拓展"树新形象、创新业绩"主题实践活动。省检察院作为第一批单位,开展了深入学习实践科学发展观活动。全省检察机关把大学习、大讨论与学习实践科学发展观活动、学习贯彻中央、省委领导同志对检察工作的重要指示和检察机关恢复重建三十周年纪念活动紧密结合起来,切实解决与科学发展观要求不适应、不符合以及群众反映强烈的突出问题,着力加强和改进检察工作。广大检察干警提高了对检察工作中重大理论和实践问题的认识,执法思想更加统一。立足上述三项活动,省检察院出台《关于践行社会主义法治理念目标化的指导意见》,将理念转化为具体的工作要求和目标举措,为推动检察工作健康深入发展提供可靠的保证。

切实加强对自身执法活动的监督制约。完善案件管理机制,强化对执法办案重要岗位、重点环节的监督监控。全面开展检务督察工作,对撤销案件、不批准逮捕、不起诉、无罪判决等重点案件,以及落实依法办案"十条规定"、执行职务犯罪案件讯问全程同步录像制度情况进行重点督察,对执法办案问题的投诉,逐件进行核查处理,着力解决群众反映的突出问题。认真落实党风廉政建设责任制,严格执行领导干部重大事项报告、诫免谈话等制度,深入开展巡视工作,强化对领导干部的监督。深化检务公开,完善外部监督机制,加强人民监督办公室建设,完善与人大代表、政协委员联络制度,各级检察院领导与人大代表、政协委员建立了直接联系，省检察院以《检察工作要况》为载体及时向人大代表和政协委员通报工作，结合深入学习实践科学发展观活动诚恳征求和听取代表、委员的意见建议。深入推进人民监督员制度试点工作，对337件犯罪嫌疑人不服逮捕决定和检察机关拟作撤案、不起诉处理的职务犯罪案件，全部接受人民监督员的评议，强化了检察执法的外部刚性监督。

深入推进改革创新。健全和落实行政执法与刑事司法相衔接、检察机关介入重大责任事故调查、检察长列席审判委员会等工作机制，探索开展对刑事拘留、民事行政案件执行、社区矫正等环节的监督试点，法律监督的手段进一步完善。推进业务、队伍和信息化“三位一体”机制建设，推行网上案件管理和网上绩效考核，开展政法机关之间信息共享平台建设，依靠信息技术强化法律监督，提升工作效率。组织检察创新成果评选，树立正确的创新导向，创新强检的良好氛围进一步形成。

狠抓干警专业能力提升。针对律师法、民事诉讼法修改实施等新要求，培训干警7713人次，开展优秀公诉人等岗位技能训练和竞赛活动，推动业务培训和岗位练兵不断深入。高度重视在职人员司法考试备考工作，263名干警通过国家司法考试，缓解了欠发达地区检察官断档问题。更加重视培养干警的做群众工作能力，加强处置突发公共事件培训，选派年轻干部到基层和信访接待岗位等执法办案一线，锻炼干警的群众意识和做群众工作能力，干警业务技能和整体素质得到提升。

全面推进基层检察院建设。部署新一轮基层检察院建设，改革争先创优考评机制，对基层检察院实行分类考评，激发了基层检察院争先创优的积极性和工作活力。实行省、市两级检察院领导班子成员联系基层检察院制度，加强上级检察院对基层检察院的分类指导，帮助基层检察院解决实际困难和问题。确定16个基层检察院为全省规范化建设示范院，充分发挥示范院的辐射导向作用。制定实施《全省检察机关科技强检建设与应用规划（2008—2012）》，推动落实县级检察院公用经费保障标准，积极促进解决一些地方检察官断档等问题，基层检察院的整体面貌发生了新的变化。涌现出了中国十大杰出检察官赵桔水、浙江省优秀共产党员金启和等一批心系百姓、执法为民的先进典型，有52个集体和63名个人获得省级以上表彰。在去年的抗震救灾中，通过各种形式帮助灾区群众和灾区检察机关渡过难关，展现了新时期检察机关和检察队伍的良好形象。

去年全省检察工作有了新的发展，但还存在不少问题和不足。主要是：(1)法律监督职能发挥得还不够充分，对诉讼活动中执法不严、司法不公问题的监督还不够到位，民事行政检察工作仍较薄弱。(2)队伍整体素质与新形势新任务还不完全适应，有的检察人员执法水平不高，对群众的诉求了解不够，不善于做新形势下的群众工作，执法不规范的问题仍时有发生，有3名干警因违纪被查处，损害了检察机关的形象。(3)检察宣传的水平有待进一步提高，一些群众对检察职能还不十分了解，影响了法律监督工作的顺利开展。对此，我们将认真对待，努力加以解决。

2009年是我省顺利实施“两创”总战略的关键一年，检察机关任务繁重、责任重大。全省检察机关将认真贯彻中央、省委的一系列重大决策部署和胡锦涛总书记等中央领导同志对检察工作的重要指示，深入学习实践科学发展观，紧紧围绕省委“保增长、抓转型、重民生、促稳定”的工作主线，坚持“强化法律监督，维护公平正义”的检察工作主题，以加强法律监督能力建设为核心，以改革创新为动力，以提高办案质量、规范执法行为、加强基础工作为重点，以建设高素质检察队伍为保障，全面加强和改进检察工作，为我省经济平稳较快发展和社会和谐稳定提供有力的司法保障。重点抓好以下五个方面的工作：

（一）紧紧围绕大局，着力服务经济平稳较快发展。认真抓好省检察院出台的《关于当前检察机关帮助企业解困服务经济平稳较快增长的十五条意见》的贯彻落实。积极参加整顿和规范市场经济秩序专项行动，依法打击严重破坏市场经济秩序犯罪，加强对政府投资安全、能源资源、生态环境、知识产权的司法保护，维护良好的市场经济秩序。加强与有关部门的协调配合，对涉众型经济纠纷、劳资纠纷等案件，善于发挥好检察手段的调节功能，尽可能推动解决群众的合理诉求，维护企业的生存发展，为经济平稳较快发展提供有力的法治保障与和谐的社会环境。

（二）加强批捕、起诉等工作，着力维护社会和谐稳定。依法严惩严重刑事犯罪，加大对黑恶势力犯罪、严重暴力犯罪、多发性侵财犯罪和毒品犯罪的打击力度,坚决遏制严重刑事犯罪高发的势头。加强与有关部门的沟通协调,推进轻微刑事案件和解、未成年人犯罪案件专门办理工作,探索认罪轻微刑事案件程序改革,促进宽严相济刑事政策的落实。进一步加强涉检信访工作,更加重视探索对“法度之外、情理之中”问题的解决办法,把化解矛盾贯穿于执法办案的全过程。扎实做好检察环节的社会治安综合治理,促进社会治安大局的稳定。

(三)积极查办和预防职务犯罪,着力促进反腐倡廉建设。坚决贯彻中央、省委关于反腐败工作的总体部署,继续加大办案力度,深入开展集中查办城镇建设领域商业贿赂犯罪、查办涉农职务犯罪、查办危害能源资源和生态环境渎职犯罪等专项工作,集中力量查办事关国计民生和严重侵害人民群众切身利益的职务犯罪大案要案。更加注重把握法律政策界限,把握执法方式方法,把握办案时机,增强办案的社会政治效果。坚持立足检察职能,以贯彻落实《浙江省预防职务犯罪条例》为抓手,以加强“三个千亿”工程职务犯罪预防为重点,进一步提升预防工作的专业化、规范化水平。

(四)强化诉讼监督,着力维护司法公正和社会公平正义。围绕群众反映强烈的执法不严、司法不公的突出问题,创新和完善对诉讼活动的法律监督机制,全面加强对刑事诉讼、民事审判和行政诉讼、刑罚执行活动的监督,重点加强对有案不立、有罪不究、裁判不公、执法违法、侵犯人权等违法行为的监督,加大查处司法腐败案件力度,切实维护司法公正和社会公平正义。

(五)加强检察自身建设,着力推进检察工作的科学发展。组织开展“办案质量提升年”活动,完善办案绩效考评体系,健全案件质量监管机制,全面提升办案的质量、效率和效果。深入推进创新强检工作,认真落实中央新一轮司法改革意见和最高人民检察院实施意见,不断完善检察体制和工作机制。积极推进办案工作区建设、网上办案和流程监督、检务督察等工作,进一步加强执法规范化建设。以侦查一体化、行政执法与刑事司法相衔接、检察执法外部协查机制建设等为重点,全面加强检察业务基础工作。深入开展学习实践科学发展观活动,全面加强队伍思想政治建设、领导班子建设、专业化建设和基层检察院建设,提升队伍整体素质和业务水平,努力把检察队伍打造成为中国特色社会主义事业的坚定建设者、捍卫者和社会公平正义的守护者。

安徽省人民检察院工作报告(摘要)

——2009年1月16日在安徽省第十一届人民代表大会第二次会议上

安徽省人民检察院检察长　崔　伟

(2009年1月18日安徽省第十一届人民代表大会第二次会议通过)

过去一年的工作

2008年,在中共安徽省委和最高人民检察院的领导下,在省人大及其常委会的监督下,全省检察机关认真学习贯彻党的十七大精神,高举中国特色社会主义伟大旗帜,以邓小平理论和“三个代表”重要思想为指导,深入贯彻落实科学发展观,紧紧围绕全省经济社会发展大局,加大工作力度,强化法律监督,维护公平正义,促进社会和谐,各项检察工作取得了新的进展。

一、严厉打击刑事犯罪活动,维护社会和谐稳定

全年共受理提请审查逮捕刑事犯罪嫌疑人26749人,批准逮捕23901人;受理移送审查起诉35202人,提起公诉31515人。

严厉打击严重危害社会治安犯罪。重点打击严重暴力犯罪、毒品犯罪以及“两抢一盗”等多发性

侵财犯罪。共批准逮捕此类犯罪嫌疑人11290人，提起公诉13380人。严厉打击严重危害农村治安、破坏农业生产、侵犯农民利益的犯罪，共批准逮捕此类犯罪嫌疑人5004人，提起公诉6413人。

依法惩治破坏社会主义市场经济秩序和环境资源犯罪。加大对生产销售伪劣商品、金融诈骗、偷税骗税等犯罪的打击力度，批准逮捕此类犯罪嫌疑人865人，提起公诉1226人。加强对环境资源和知识产权的司法保护，批准逮捕破坏环境资源犯罪嫌疑人86人，提起公诉294人；批准逮捕侵犯知识产权犯罪嫌疑人100人，提起公诉163人。

认真贯彻宽严相济刑事司法政策。制定出台贯彻宽严相济刑事司法政策指导性意见。严格批捕、起诉条件，依法不批捕2570人，不起诉1403人。建立社会调查、亲情会见、回访帮教等制度，加大对未成年犯罪嫌疑人、被告人的教育挽救力度，彰显司法人文关怀，促进了社会和谐稳定。

积极参与社会治安综合治理和矛盾纠纷化解工作。围绕"平安奥运"，制定实施《安徽省检察机关维护社会稳定工作应急总体方案》，强化应急处置能力。深入落实社会治安综合治理措施，大力开展矛盾纠纷排查化解工作，狠抓涉检重信重访专项治理，有力维护了北京奥运会、残奥会期间我省社会大局稳定。

二、依法惩治预防职务犯罪，促进反腐倡廉建设

全年共立案侦查职务犯罪案件1238件1591人，其中贪污贿赂案件1018件1327人，渎职侵权案件220件264人，为国家挽回经济损失25822万元。

突出查办大案要案和重点部门人员职务犯罪。立案侦查贪污贿赂犯罪大案695件和渎职侵权重特大案件65件，县处级以上干部要案75人（其中厅级干部5人）；立案侦查国家工作人员利用人事权、司法权、行政执法权、行政审批权贪污受贿、失职渎职、徇私舞弊的职务犯罪545人。

坚决查处涉及民生等重点领域的职务犯罪。高度关注民生，立案侦查发生在文化教育、医疗购销、征地拆迁、社会保障等领域和民生工程实施中的职务犯罪594人。大力开展查办涉农职务犯罪专项工作，立案侦查涉农职务犯罪547人；深入开展治理商业贿赂专项工作，立案侦查商业贿赂犯罪499人；认真开展查办危害能源资源和生态环境渎职犯罪专项活动，立案侦查资源和环境管理等领域的渎职犯罪121人。积极介入重大责任事故调查，立案侦查重大责任事故背后的渎职犯罪15人。

深入开展职务犯罪预防工作。紧密结合全省重大工作部署，立足检察职能，开展预防调查，加强犯罪分析，提出预防对策。积极发挥行贿犯罪档案查询系统的源头预防作用，广泛开展惩治与预防职务犯罪展览、法制讲座等预防宣传和警示教育，增强了国家工作人员公正廉洁、依法履职的自觉性。

三、全面强化诉讼法律监督，维护社会公平正义

强化刑事诉讼法律监督。对应当立案而不立案、不应当立案而立案的，督促侦查机关立案1556件、撤案102件；对应当逮捕而未提请逮捕、应当起诉而未移送起诉的，决定追加逮捕383人、追加起诉482人；对认为确有错误的刑事判决、裁定，提出抗诉117件；对侦查和审判活动中的违法行为，提出纠正意见498件次。

强化刑罚执行和监管活动法律监督。建立刑罚变更执行同步监督机制，依法监督纠正违法减刑、假释、保外就医和监外执行罪犯脱管、漏管案件88件。加强对重点人员刑罚执行和监管活动的监督，坚决监督纠正监管活动中的违法行为。认真落实纠防超期羁押长效机制，继续保持各诉讼环节无超期羁押，保障了在押人员的合法权益。

强化民事审判和行政诉讼法律监督。对确有错误的民事、行政判决、裁定，提出抗诉921件，提出再审检察建议302件；对损害国家利益、侵害弱势群体合法权益的民事案件，依法监督支持起诉988件。积极探索对民事执行和调解活动的法律监督。对不予受理、立案和抗诉的案件逐案反馈意见，做好服判息诉工作，注重维护司法权威。

强化控告申诉检察工作。高度重视群众的控告申诉，认真解决群众的合理诉求。全年共受理控告2083件、举报10516件、申诉3717件，全部按照管辖分工，妥善予以分流处理。深入开展创建文明接待室活动，积极推行联合接访、带案下访、定期巡访等便民信访措施，缓解了群众告状难、申诉难问题。

四、切实规范执法办案行为，着力提升执法公信力

健全规范制度体系。开展"规范化建设推进年"活动，对已有规章制度进行全面清理完善，修订制度43项，创新制度47项，形成了涵盖各项检察业务操作规程、工作流程、质量标准、业务考评的制度体系，全省统一的执法岗位职责规范、业务工作运行规范、执法质量保障规范、执法责任追究规范进一步健全。

认真解决执法办案中的突出问题。坚持把解决实际问题作为规范执法的有力抓手,针对职务犯罪案件积存较多问题,开展清理积案专项工作;针对职务犯罪不起诉和撤案案件增多问题,开展集中复查活动;针对个别地方批准逮捕案件把关不严问题,开展逮捕案件质量复查工作,促进了执法水平和办案质量的提高。

加强监督制约和检务督察。深化人民监督员制度试点工作,严格执行职务犯罪案件撤案、不起诉报批和立案、逮捕报备制度,全面推行讯问职务犯罪嫌疑人同步录音录像工作,加强职务犯罪侦查工作内外部监督。大力开展检务督察,强化对执法办案重点环节和重点执法人员的监督制约。

五、深入开展学习实践活动,加强检察队伍建设和基层基础工作

着力加强思想政治建设。紧紧围绕党的十七大和胡锦涛总书记在全国政法工作会议代表和全国大法官、大检察官座谈会上的重要讲话精神,精心组织开展深入学习实践科学发展观活动和“大学习、大讨论”活动,强化思想理论武装,提升思想政治素质。广大检察干警的政治方向更加坚定,大局观念更加牢固,执法思想更加端正。

着力加强队伍专业化建设。认真贯彻《检察官法》,严格检察职业准入条件。实施人才强检战略,加大人才引进力度。广泛组织岗位练兵、业务竞赛和技能培训,积极开展省级检察业务专家评审,大力推进人才培养工作,检察队伍结构得到改善,专业化水平明显提高。

着力加强领导班子建设。加强领导素能培养,深入开展“讲党性、重品行、作表率”活动。制定出台市级检察院检察长到省检察院述职述廉和基层检察院检察长任免备案实施办法,加大干部协管力度。坚持和完善巡视制度,加强领导干部的监督和管理,各级检察院领导班子的思想、作风、素质、能力有了新的提高。

着力加强纪律作风和效能建设。大力推进以严格公正文明执法为重点的作风建设,健全执法档案,严格责任追究;开展专项检查,加强明察暗访;强化警示教育,严肃检风检纪。2008 年检察干警违法违纪案件同比大幅下降。加强效能建设,制定出台《安徽省人民检察院机关绩效量化考核办法》,效能建设长效机制进一步健全。

着力加强基层检察院建设。坚持上级检察院领导联系基层检察院制度,狠抓基层执法保障建设,加强基层基础设施、技术装备和信息化建设,促进落实基层检察院公用经费保障标准。

今年的工作任务

2009 年全省检察工作的总体要求是:高举中国特色社会主义伟大旗帜,以邓小平理论和“三个代表”重要思想为指导,以科学发展观为统领,坚持社会主义法治理念,坚持党的事业至上、人民利益至上、宪法法律至上,坚持“强化法律监督,维护公平正义”的检察工作主题,以维护人民权益为根本,以提高法律监督能力为核心,以深化检察体制和工作机制改革为动力,以加强队伍建设和基层基础工作为保证,紧紧围绕保持经济平稳较快发展的首要任务,认真履行检察职能,维护社会公平正义,促进社会和谐稳定,为推进科学发展、加速安徽崛起提供有力的司法保障。

一、坚持以科学发展观为统领,进一步统一执法思想

深入学习实践科学发展观,深刻领会胡锦涛总书记等中央领导同志重要指示精神,坚定检察工作正确的政治方向。坚持以思想解放带动执法观念转变,牢固树立推动科学发展、促进社会和谐的大局观,牢固树立以人为本、执法为民的执法观,牢固树立办案力度、质量、效率、效果相统一的政绩观,牢固树立监督者更要接受监督的权力观,推动检察工作在服务经济社会发展中实现自身科学发展。

二、紧紧围绕保持经济平稳较快发展的首要任务,全面加强和改进法律监督工作

更加注重保障经济平稳较快发展。积极参加整顿和规范市场秩序专项行动。突出查办重大工程建设和项目资金使用过程中的职务犯罪。依法妥善处理涉及企业特别是广大中小企业的案件。更加注重促进农村改革发展。认真落实《关于充分发挥检察职能为安徽农村改革发展服务的意见》,坚决打击农村黑恶势力犯罪、“两抢一盗”等多发性犯罪,严厉打击破坏农村金融秩序、扰乱农村市场秩序犯罪,严肃查办发生在土地承包经营权流转、农村基础设施建设、支农惠农政策落实等领域和环节中的犯罪。更加注重服务和保障民生。严肃查办民生工程实施中发生的职务犯罪;严厉打击制售有毒有害食品药品犯罪,坚决查办重大安全生产事故、重大食品安全事件背后的渎职犯罪;强化对涉及劳动争议、补贴救助等民事和行政诉讼法律监督，加强对困难群众的司法保护。更加注重维护社会和谐稳定。严厉打击危害国家安全和严重影响社会治安的犯罪，认真落实社会治安综合治理措施，积极化解社会矛盾纠纷，最大限度地促进社会和谐稳定。更加注重推进反腐倡廉建设。严肃查办官商勾结、权钱交易和严重侵害群众利益的案件，特别是大案要案；全面贯彻标本兼治、综合治理、惩防并举、注重预防的方针，努力从源头上减少腐败现象的发生。更加注重维护公平正义。加强对有案不立、有罪不究、裁判不公、执法违法、侵犯人权等违法行为的监督，促进司法公正，彰显社会正义。严肃查处司法人员犯罪，维护司法廉洁，纯洁司法队伍。

三、深化检察改革，推动检察体制和工作机制创新

认真贯彻中央关于深化司法体制改革的总体部署，紧密结合本地实际，切实抓好深化改革的组织实施工作。优化检察职权配置，改革和完善检察机关接受监督制约制度，改革和完善检察工作中贯彻落实宽严相济刑事司法政策的制度和措施，改革和完善检察机关组织体系和检察干部管理制度，改革和完善检察经费保障体制和机制，推动检察事业科学发展。

四、加强检察队伍建设，夯实基层基础，做到严格、公正、文明、廉洁执法

坚持以开展深入学习实践科学发展观活动为主线，加强检察队伍思想政治建设。弘扬检察职业道德，培养检察职业操守。加强领导班子建设，强化对领导干部的监督制约。广泛开展业务培训和岗位练兵，推进检察人才建设。严明检察纪律，加强自身反腐倡廉建设。加强基层检察院建设，提高基层基础工作总体水平。

福建省人民检察院工作报告（摘要）

——2009年1月13日在福建省第十一届人民代表大会第二次会议上

福建省人民检察院检察长　倪英达

（2009年1月15日福建省第十一届人民代表大会第二次会议通过）

2008年是我国改革开放三十周年，也是检察机关恢复重建三十周年。1978年3月，五届全国人大一次会议通过的宪法规定重新设置人民检察院，1979年1月1日，福建省人民检察院恢复重建。三十年来，全省检察机关在省委和最高人民检察院的领导下，紧紧围绕改革发展稳定大局，忠实履行宪法和法律赋予的职责，为维护我省社会和谐稳定，促进经济社会发展发挥了积极作用。三十年来的实践，进一步加深了我们对检察工作规律性的认识，积累了经验，主要是：必须高举中国特色社会主义伟大旗帜，坚持党对检察工作的统一领导，确保检察工作坚定正确的政治方向；必须坚持检察机关依法独立行使职权与自觉接受各级人大和人民群众的监督相结合，确保严格公正文明执法；必须坚持检察机关的宪法定位，确保强化法律监督、维护公平正义的职能得到充分发挥；必须坚持把人民满意作为检察工作的根本标准，确保人民群众对检察机关的新要求和新期待不断得到满足；必须坚持用社会主义法治理念武装检察人员的头脑，确保检察队伍建设这一根本始终得到加强。这些经验，我们要倍加珍惜、长期坚持，并在新的实践中不断加以发展。

一、2008年的检察工作

2008年，全省检察机关以恢复重建三十周年为新的起点，高举中国特色社会主义伟大旗帜，坚持以邓小平理论和“三个代表”重要思想为指导，深入贯彻落实科学发展观，认真学习贯彻党的十七大、十七届三中全会精神，按照省第八次党代会、省委八届三次全会、省十一届人大一次会议和最高人民检察院的部署要求，紧紧围绕服务和保障海峡西岸两个先行区建设，认真履行法律监督职责，推动各项检察工作取得了新的进展。

(一)深入学习实践科学发展观。去年3月起，根据中央政法委和最高人民检察院的统一部署，全省检察机关开展了党的十七大精神和胡锦涛总书记重要讲话“大学习、大讨论”活动。采取专题研讨、分期轮训等形式，推动学习讨论的深入。认真学习贯彻胡锦涛总书记对检察工作重要指示精神，始终坚持社会主义法治理念，坚持党的事业至上、人民利益至上、宪法法律至上，进一步坚定检察工作的政治方向。按照省委统一部署，省检察院机关开展了深入学习实践科学发展观活动，紧紧围绕“科学发展，四求先行”主题，以“强化法律监督，服务海西先行”为实践载体，开展专题调研，组织“四求先行”大讨论，着力解决影响和制约检察工作科学发展的突出问题。引导广大检察人员坚持解放思想，牢固树立推动科学发展、服务海西先行的大局观；坚持以人为本，牢固树立立检为公、执法为民的执法观；坚持好字当头，牢固树立办案数量、质量、效率与效果相统一的政绩观；坚持持续运作，牢固树立监督者更要接受监督的权力观，为在新的历史起点上开创检察工作新局面，更好地服务海峡西岸两个先行区建设奠定了坚实的思想基础。

(二)依法打击刑事犯罪。全年共批准逮捕各类刑事犯罪嫌疑人35820人，提起公诉43774人，比上年分别上升4.6%和8.1%。

突出打击重点。与有关部门密切配合，坚决打击严重暴力犯罪、黑恶势力犯罪以及“两抢一盗”等多发性侵财犯罪，批准逮捕重大刑事犯罪嫌疑人6969人，提起公诉8540人。批准逮捕黑社会性质组织犯罪嫌疑人466人，提起公诉409人。依法打击境内外敌对势力和“法轮功”等邪教组织犯罪活动，批准逮捕20人，提起公诉28人。批准逮捕金融诈骗、非法经营、生产销售伪劣产品等破坏市场经济秩序犯罪嫌疑人1262人，提起公诉1887人。批准逮捕盗伐滥伐林木、重大环境污染等严重破坏环境资源保护犯罪嫌疑人744人，提起公诉2005人。

认真贯彻宽严相济刑事政策。在依法严厉打击严重刑事犯罪的同时，对轻微刑事案件探索实行不捕直诉、刑事和解等做法，全年对涉嫌犯罪但无逮捕必要的，决定不批准逮捕898人；对犯罪情节轻微，依照刑法规定不需要判处刑罚或者免除刑罚的，决定不起诉53人。坚持把执法办案同化解矛盾纠纷结合起来，推行不批捕、不起诉案件答疑说理制度，依法妥善处理群众的合理诉求；开展排查化解涉检重信重访专项工作，探索试行指定约访机制，开展检察长接访和带案下访活动，集中解决涉检重信重访、疑难信访案件。共办结涉检重信重访案件245件，息诉219件，息诉率为89.4%。

认真落实检察环节各项社会治安综合治理措施。协同有关部门开展对治安混乱地区的集中整治和突出治安问题的专项治理，参与社会治安防控体系建设和平安创建活动。持续开展创建优秀“青少年维权岗”活动，目前全省有72个检察院被授予全国和省级优秀“青少年维权岗”。加强对未成年违法犯罪人员的教育、感化和挽救，积极配合有关部门对被管制、缓刑、假释、暂予监外执行人员开展社区矫正试点工作，防止和减少违法犯罪的发生。

(三)依法查办和预防职务犯罪。全年共立案侦查职务犯罪案件1138件1335人，其中贪污贿赂犯罪案件980件1156人，渎职侵权犯罪案件158件179人，通过办案为国家挽回直接经济损失2亿多元。

突出办案重点。共立案侦查贪污贿赂五万元以上和挪用公款十万元以上案件709件，内有百万元以上案件32件；查办涉嫌犯罪的县处级以上国家工作人员57人，内有厅级干部4人。开展查办城镇建设领域商业贿赂犯罪专项工作，立案侦查各类商业贿赂案件612件654人，其中城镇建设领域商业贿赂案件326件340人。开展深入查办危害能源资源和生态环境渎职犯罪专项工作，立案侦查国家机关工作人员渎职失职导致能源资源和生态资源遭受严重破坏的犯罪案件85件95人。坚持查办职务犯罪与加强诉讼监督相结合，立案侦查涉嫌贪赃枉法、徇私舞弊犯罪的司法和行政执法人员402人。

注重改进执法方式。严格执行执法办案“六条界限”、“五个不轻易”、“六个严禁”规定，努力实现法律效果、政治效果与社会效果的有机统一。坚持从有利于维护企业正常生产经营、有利于维护企业职工利益、有利于促进经济社会秩序稳定出发，依法妥善处理涉及企业案件。严格区分罪与非罪界限，慎重对待改革中出现的新情况和新问题，慎重使用查封、扣押、冻结、拘留、逮捕等措施，维护发案单位正常的生产、经营和工作秩序。对经查确属错告诬告的，及时澄清事实，还当事人以公正。

立足检察职能积极预防职务犯罪。深入开展行贿犯罪档案查询、预防宣传和警示教育。共提出检察建议391件，受理预防咨询328件，提出书面纠正违法252件。依法接受行贿犯罪档案查询申请1125批次，查询相关单位3378家，查询相关个人3382人。探索建立职务犯罪查办和预防一体化机制，受到最高人民检察院肯定并在全国检察机关推广。

(四)加强对诉讼活动的法律监督。着眼于严格执法、公正司法，开展对刑事诉讼、民事审判、行政诉讼和刑罚执行活动的法律监督。

依法开展侦查活动法律监督。对应当立案而不立案的，督促侦查机关立案415件；对不应当立案而立案的，督促侦查机关撤案165件。对应当逮捕而未提请逮捕、应当起诉而未移送起诉的，决定追加逮捕988人、纠正漏诉614人；对依法不应当追究刑事责任或证据不足的，决定不批准逮捕1562人、不起诉1352人；对侦查活动中滥用强制措施等违法情况提出纠正意见489件次。

依法开展审判工作法律监督。既重视对有罪判无罪、量刑畸轻案件提出抗诉，也重视对量刑畸重案件提出抗诉，共对认为确有错误的刑事判决、裁定提出抗诉112件，法院已改判、发回重审45件。对认为确有错误的民事行政判决、裁定提出抗诉164件，法院已再审改判、撤销原判发回重审、调解60件；提出再审检察建议50件，法院已采纳44件；对166件民事、行政申诉案件在检察环节促成当事人和解，对人民法院裁判正确的民事、行政申诉案件，认真做好服判息诉工作。

依法开展刑罚执行法律监督。规范派驻监管场所检察室管理，实行看守所检察室由同级检察机关派驻。共对刑罚执行和监管活动中的违法情况提出纠正意见和检察建议255份。探索建立纠正和防止超期羁押长效工作机制，检察环节无超期羁押。加强对刑罚变更执行裁决的监督，监督纠正违法减刑、假释、保外就医案件73件。与有关部门配合，在全省开展核查纠正监外执行罪犯脱管漏管专项行动，共纠正脱管罪犯2264人、漏管罪犯674人。

(五)加强检察队伍和基层检察院建设。认真落实严格公正文明廉洁执法要求，提高法律监督能力和基层检察工作水平。

加强领导班子建设，召开以“管好自己、抓好班子、带好队伍”为主题的设区市检察院检察长专题座谈会，要求各级检察长讲党性、重品行、做表率，履行好抓班子带队伍的职责。以新上任检察长和新提任领导干部为重点，培训领导干部141人次。各级检察院检察长带头办理重大疑难案件，带头出庭支持公诉，在履行法律监督职责中发挥了示范作用。加强上级检察院对下级检察院领导班子的协管和监督，省检察院对4个设区市检察院领导班子分别进行为期2个月的巡视，推动落实各级检察院领导“抓班子、带队伍、做表率”的要求。

认真执行检察官法，严格实行新进人员统一招考、初任检察官从通过司法考试人员中选任，去年选调49名应届优秀本科毕业生、研究生充实到基层检察院，全省选调生累计577人。推行上级检察院检察官从下级检察院检察官中择优遴选，2006年以来全省共公开遴选109名检察官到上级检察院工作。开展专项业务培训、公诉出庭行为评议等活动，举办了13期全省性业务培训班和司法考试考前辅导班，培训干警1324人次。2002年国家统一司法考试实行以来，全省有1150名检察人员通过国家司法考试，其中去年通过359人，通过率达40%，为历年最高。

加强纪律作风建设。认真落实党风廉政建设责任制，坚持每年逐级签订党风廉政建设和队伍建设两个责任状，并于年底检查和报告责任制落实情况。加强职业道德教育，增强检察人员廉洁从检意识。严肃办案纪律，规范执法行为，集中开展扣押冻结款物专项清理、依法规范安全办案专项检查等工作。坚决查处检察人员违法违纪案件，全省检察机关共处理违法违纪检察人员9人，其中移送司法机关处理1人。四川汶川特大地震发生后，全省检察机关积极参与抗震救灾工作，筹集援助资金572万元，广大检察人员踊跃捐款167万元，缴纳“特殊党费”216万元。检察队伍作风和执法形象有新的进步，全省有75个集体、30名个人受到省级以上表彰。

加强基层检察院建设。认真贯彻落实《中共中央关于进一步加强人民法院、人民检察院工作的决定》和省委实施意见，坚持把检察工作和队伍建设的重心放在基层。完善基层检察院建设分类指导、分类考核机制,继续推行上级检察院领导联系基层、基层检察院结对帮扶等制度。在各级党委、人大和政府的重视支持下,基层检察院执法保障不断改善,基础建设得到加强。全年中央政法补助专款和省级配套补助经费5662万元全部分配基层检察院,88%基层检察院落实了公用经费保障标准,90%以上基层检察院完成了基础设施建设任务。

(六)自觉接受监督制约,保证检察权依法正确行使。全省检察机关进一步增强监督者更要接受监督的意识,完善自身监督制约机制,努力做到自身正、自身硬、自身净。

健全完善接受监督机制。深入推进人民监督员制度试点工作,进一步规范监督程序。共监督检察机关查办职务犯罪拟作撤案、不起诉处理和犯罪嫌疑人不服逮捕决定"三类案件"186件,对立案不当、超期羁押、违法搜查扣押、不依法给予刑事赔偿和检察人员违法违纪办案等"五种情形"提出监督意见,有关检察院进行了认真核查纠正。深化检务公开,适时向社会通报检察工作部署和重大案件办理情况。健全特约检察员、专家咨询委员会制度,完善保障律师在刑事诉讼中依法执业的工作机制,增强执法透明度。

实行检务督察制度。继续探索建立检务督察职能与纪检监察职能相衔接,管案与管人相结合、同步实施监督的格局,推出案件统一受理、案件质量管理等配套措施。加强对重点执法岗位和环节的监督,继续推行职务犯罪案件撤案、不起诉报批和立案、逮捕报备制度,严格执行检察人员与案件当事人及其委托人接触的六条禁止性规定、依法规范扣押冻结款物五条规定等制度。推行讯问职务犯罪嫌疑人全程同步录音录像制度,规范侦查讯问工作。

接受人大及其常委会的监督和政协民主监督是中国特色社会主义检察制度的重要特征,也是做好检察工作的重要保证。全省检察机关不断增强接受监督意识,自觉把检察工作置于人大及其常委会的监督之下,认真贯彻监督法和我省实施办法,向人大及其常委会报告工作,执行人大及其常委会的决议和决定。加强与人大代表、政协委员的联系,邀请代表、委员视察和评议检察工作,开展专题调研和执法检查,听取意见、批评和建议。对省人大代表、政协委员提出的意见和建议,认真办理,及时落实反馈。省检察院积极配合省人大常委会开展监狱法、台湾同胞投资保护法的执法检查;就开展清理超期羁押工作,向省人大常委会作了专题报告,根据常委会审议意见,提出加强和改进工作的意见和措施。

同时,我们也清醒看到工作中存在的问题和不足,特别是对照科学发展观的要求,对照党和人民的期待,检察机关还有很多不相适应的地方,突出表现在:一是执法观念不适应。有的检察机关和检察人员服务大局的主动性、自觉性不强,不能正确处理打击与保护,监督与配合,办案数量与办案质量、效率、效果等关系。二是法律监督能力不适应。一些检察机关和检察人员执法水平不高,对法律政策掌握不准,还存在不敢监督,不善监督,监督不到位的现象。三是工作机制不适应。主要是队伍管理机制、经费保障机制、执法规范化体系和自身监督制约机制还不完善。四是队伍整体素质不适应。检察队伍结构不够合理,专业化水平不高,有的山区基层检察院检察官断档问题比较突出。极少数检察人员违法违规办案甚至贪赃枉法等问题仍有发生。这些问题,我们要在今后的工作中认真加以改进和解决。

二、围绕"强化法律监督,服务海西先行"扎实做好2009年检察工作

2009年是深入贯彻落实科学发展观,积极推进海峡西岸两个先行区建设的重要一年。全省检察机关要高举中国特色社会主义伟大旗帜,认真贯彻党的十七大、十七届三中全会和省委八届五次全会、省十一届人大二次会议精神,牢固树立社会主义法治理念,深入实践"强化法律监督,维护公平正义"检察工作主题,努力加强和改进检察工作,为深入推进海峡西岸两个先行区建设提供司法保障。

(一)扎实开展深入学习实践科学发展观活动。今年3月全省检察机关深入学习实践科学发展观活动将全面展开,我们要按照省委的部署要求,紧密联系我省检察工作实际,扎实推进学习实践活动。要把开展学习实践活动与深入学习贯彻胡锦涛总书记等中央领导同志对检察工作的重要指示结合起来,把握人民群众对检察工作的新期待新要求,把科学发展观贯彻落实到检察工作的各个方面,在服务海西建设大局中推动检察工作科学发展。

(二)全力服务经济持续较快发展。要准确把握当前我国和我省经济社会发展面临的形势，找准检察工作服务经济社会科学发展的着力点，为我省保增长、扩内需、调结构，保持经济持续较快发展提供法律服务。一要着力维护社会和谐稳定。依法打击危害国家安全犯罪和严重刑事犯罪，积极参与社会治安综合治理和"平安福建"建设。二要着力维护市场经济秩序。积极参加整顿和规范市场秩序专项行动，依法打击严重破坏市场经济秩序特别是金融、证券、房地产等领域的犯罪活动。三要着力保障政府投资安全。在经济发展遇到困难的情况下，腐败犯罪容易激化社会矛盾，损害党群干群关系，影响社会和谐稳定。要配合有关部门加强对基础设施、生态环境建设等重大工程建设和项目资金使用的法律监督，严肃查处贪污贿赂、失职渎职犯罪。四要着力保障和改善民生。越是困难时刻，越要高度关注民生。要严肃查办社会保障、劳动就业、征地拆迁、移民补偿、医疗卫生等领域的职务犯罪，坚决查办重大安全生产事故、重大食品安全事件背后的职务犯罪，落实保障和改善民生各项政策措施。五要着力维护司法公正和法制统一，加强对刑事诉讼、民事审判、行政诉讼以及刑罚执行和监管活动的法律监督。

（三）着力加强监督制约机制建设。认真学习贯彻中央《关于深化司法体制和工作机制改革若干问题的意见》，准确把握改革的指导思想、基本原则和主要任务。以满足人民群众司法需求，加强检察机关法律监督职能和对自身执法活动的监督制约为重点，认真抓好各项改革措施的组织实施。深化人民监督员制度试点工作，完善接受人大监督、民主监督、社会监督以及其他执法司法机关依法制约的机制，积极探索完善检务督察制度，不断健全接受内外部监督制约的制度体系。

（四）大力加强检察队伍建设。始终把检察队伍建设和基层基础工作作为关系检察工作全局的战略任务来抓。加强思想政治建设，确保广大检察人员始终做到党在心中、人民在心中、法在心中、正义在心中。着力于提高法律监督能力，突出抓好领导干部领导素能培训和执法办案一线人员专项业务培训。以领导干部和关键执法岗位人员为重点，加强以廉洁从检为目标的自身反腐倡廉建设、以公平正义为核心的职业道德建设、以规范执法为主要内容的纪律作风建设。加强基层基础工作，扎实推进基层检察院建设，不断提高基层检察工作和队伍建设水平。

在新的一年里，全省检察机关要高举中国特色社会主义伟大旗帜，以邓小平理论和"三个代表"重要思想为指导，深入学习实践科学发展观，求真务实，开拓进取，为促进经济持续较快发展、推进海峡西岸两个先行区建设提供司法保障，以优异成绩迎接新中国成立六十周年。

江西省人民检察院工作报告（摘要）

——2009年2月14日在江西省第十一届人民代表大会第二次会议上

江西省人民检察院检察长　曾页九

（2009年2月16日江西省第十一届人民代表大会第二次会议通过）

2008年，全省检察机关在中共江西省委和最高人民检察院的领导下，在省人大及其常委会的监督下，以邓小平理论和"三个代表"重要思想为指导，深入学习实践科学发展观，忠实履行宪法和法律赋予的职责，各项检察工作有了新的发展和进步。

一、依法履行法律监督职责，维护社会公平正义

全省检察机关认真践行"强化法律监督，维护公平正义"的工作主题，加强工作措施，加大落实力度，为全省经济社会又好又快发展提供了有效的司

法保障和法律服务。

全力维护社会稳定。认真履行批捕、起诉职责,严把事实关、证据关、程序关和法律适用关,确保稳准狠地打击犯罪。全年共批准逮捕各类刑事犯罪嫌疑人20719人,提起公诉23488人,同比分别上升4.3%和12.1%。一是依法严厉打击危害国家安全和严重危害社会治安的刑事犯罪,重点打击严重暴力犯罪和严重影响群众安全感的多发性侵财犯罪。深入开展打黑除恶专项斗争,严惩黑恶势力。以樊华为首的黑社会性质组织犯罪案,涉嫌故意杀人、故意伤害等12项罪名、40余起犯罪事实,造成多人伤亡,经检察机关提起公诉后,主犯被判处死刑,其他成员分别被判处二年至二十年不等的有期徒刑。二是认真贯彻宽严相济刑事政策。在严厉打击严重刑事犯罪的同时,对主观恶性较小、犯罪情节轻微的初犯、偶犯、过失犯,特别是对未成年人和在校学生,依法从宽处理,决定不批准逮捕1119人,不起诉874人。三是认真落实检察环节的社会治安综合治理措施,积极参与打击毒品、涉枪、赌博、传销等犯罪的专项整治;针对办案中发现的寄宿大学生校外租房、网吧容留未成年人上网等容易引发犯罪的突出问题,向有关单位提出加强管理的检察建议,得到有效落实,消除了一些影响社会治安的隐患,进一步促进了社会稳定。

严肃查办职务犯罪。坚决落实中央《建立健全惩治和预防腐败体系2008—2012年工作规划》和省委的《实施意见》,依法查办贪污贿赂、渎职侵权等职务犯罪,全年共立案侦查945件1135人,为国家挽回经济损失2.76亿元。一是集中力量查办大案要案。立案侦查贪污贿赂犯罪大案534件、重特大渎职侵权案件51件,查处县处级以上国家工作人员57人,同比分别上升7%、15.9%和3.6%。省检察院立案侦查了抚州市原副市长邱火明涉嫌受贿、巨额财产来源不明案和省文化厅原副厅长刘长泽涉嫌受贿案;组织查办了省交通系统职务犯罪窝案串案,立案侦查20人,其中处级干部10人。二是积极参与商业贿赂专项治理。深入工程建设、土地出让、医药购销等领域和行业,立案侦查国家工作人员商业贿赂犯罪案件310件328人。三是认真开展查办危害能源资源和破坏生态环境渎职犯罪专项工作。严肃查办土地、矿产、林业等管理部门工作人员玩忽职守、滥用职权,致使能源资源和生态环境遭受严重破坏的犯罪案件,立案侦查82件87人。

切实维护司法公正。全面履行对诉讼活动的法律监督职责,不断加大监督力度,增强了监督实效。一是加强刑事立案和侦查监督。对应当立案而不立案的,监督侦查机关立案265件;对不应当立案而立案的,向侦查机关提出纠正意见26件。对应当逮捕而未提请逮捕、应当起诉而未移送起诉的,决定追加逮捕759人、追加起诉673人;对不构成犯罪或证据不足的,决定不批准逮捕1207人、不起诉193人。二是加强审判监督。依法对有罪判无罪、量刑畸轻畸重的裁判,提出刑事抗诉84件;其中对3件罪行极其严重、应当判处死刑立即执行而一审判处死刑缓期二年执行的案件提出抗诉,均得到改判。认真受理和审查当事人不服法院生效裁判的民事、行政申诉案件,提出抗诉122件、再审检察建议108件。三是加强刑罚执行和监管活动监督。对减刑、假释、暂予监外执行、留所服刑不当的,监督纠正359人。健全防止和纠正超期羁押长效机制,继续保持了无超期羁押。四是严肃查办司法工作人员职务犯罪。注意在诉讼监督中发现司法不公背后的职务犯罪线索,立案侦查涉嫌滥用职权、徇私枉法、索贿受贿等犯罪的司法工作人员34人。

二、深入学习实践科学发展观,主动服务全省发展大局

去年4月至8月,根据省委的统一部署,省检察院开展了深入学习实践科学发展观活动试点工作,进一步加深了对科学发展观的认识和理解,强化了服务大局的观念,提出了“执法要想到稳定,办案要考虑发展,监督要促进和谐”的工作要求,出台了《关于落实科学发展观,服务江西崛起新跨越的意见》和《关于为重大项目带动战略服务的意见》。各市、县检察院立足检察职能,制定了服务当地经济社会发展的工作措施,积极主动地为第一要务服务。

注重服务经济发展。综合运用检察职能,正确处理好打击与保护、打击与服务的关系,着力营造良好的发展环境。一是积极参与整顿和规范市场经济秩序工作。批准逮捕制假售假、金融诈骗、侵犯知识产权、非法经营等破坏社会主义市场经济秩序犯罪嫌疑人656人,提起公诉627人。二是严肃查办影响国有企业改革发展的职务犯罪案件。立案侦查利用国有企业改制之机,贪污、挪用、私分国有资产或者收受贿赂、损害企业利益的国有企业人员254人。三是切实改进执法方式。在办理涉及企业的案件时，始终注意维护企业形象和声誉，保护企业正常发展。对企业负责人、技术骨干、关键岗位人员慎重采取羁押性强制措施，确需采取强制措施的，提前与有关部门和单位沟通，做好衔接工作；慎重采取查封、冻结、扣押等侦查措施，确需查封、冻结、扣押企业财产或提取财务资料的，严格控制范围，提高办案效率，最大限度地避免和减少可能造成的负面影响。

注重保障和改善民生。坚持把执法为民作为检察工作的出发点和落脚点，注意倾听人民群众的呼声，满足人民群众的需求，维护人民群众的切身利益。一是突出查办涉及民生的职务犯罪案件。立案侦查发生在社会保障、劳动就业、征地拆迁、医疗卫生、抢险救灾等领域的职务犯罪案件185件237人。二是认真开展查办涉农职务犯罪专项工作。立案侦查发生在涉农资金发放、农村基础设施建设、农村土地征用等领域和环节，侵害农民切身利益的案件210件268人。办案过程中，着力保障农民的合法权益，及时将追缴的征地补偿款、种粮补贴等涉农资金全部发还给受损农民，共发还2000余万元。三是探索对环境污染等侵害公共利益问题的法律监督。新余市检察机关针对仙女湖水源被污染问题，提起了我省首例环境污染公益诉讼。

注重化解社会矛盾。从促进社会和谐出发，把化解矛盾贯穿到执法办案的全过程。一是切实做好涉检信访工作。坚持检察长接待日制度，推行联合接访、带案下访、定期巡访，进一步畅通信访渠道，全年共受理群众来信来访10279件，依法妥善处理涉检信访8532件。深入开展排查化解涉检重信重访专项工作，落实领导包案制度，强化责任倒查制度，办结174件，息诉171件。2008年全国“两会”和奥运会期间，全省没有发生涉检进京访，没有发生重大群体性涉检上访。二是尝试开展刑事和解。对轻伤害、交通肇事等轻微刑事案件，积极促成当事人自愿和解，在犯罪嫌疑人真诚悔罪、积极赔偿损失，并取得受害人谅解后，依法予以从轻处理，既保护了被害人利益，又化解了矛盾纠纷，取得了良好的办案效果。三是注意做好释法说理工作。对于不批准逮捕、不起诉、不抗诉决定，向侦查机关和被害人书面说明理由；对于疑难复杂、长期申诉的案件，主动邀请社会各界人士公开听证；对于法院裁判公正的申诉案件，认真做好息诉工作，理顺当事人情绪，维护司法权威。

注重预防职务犯罪。坚持把预防职务犯罪摆在与查办职务犯罪同等重要的位置来抓。一是结合办案开展个案预防。向发案单位、主管部门或党委、政府提出预防检察建议432件，帮助建立完善制度和落实预防措施402项。二是推动行业和系统预防，省检察院与有关部门健全了预防职务犯罪工作协作机制。三是探索开展重大建设项目专项预防。在548个工程项目招投标中开展了行贿犯罪档案查询，推动建立行业廉洁准入制度。省检察院与有关部门在鹰瑞高速公路工程建设中联合开展创“工程优质、干部优秀”活动，市、县两级检察院在165个重大项目中尝试开展预防性监督。四是积极开展警示教育。建立职务犯罪警示教育基地98个，充分运用典型案例开展预防和警示教育。

三、全面加强检察机关自身建设，不断提高法律监督能力

全省检察机关坚持把队伍建设作为战略任务常抓不懈，以严格公正文明执法为目标，大力加强检察队伍的思想政治、纪律作风和执法能力建设，队伍的整体素质和执法水平有了新的提高。

大力加强思想政治教育。广泛开展“大学习、大讨论”活动，举办全省检察机关领导干部专题研讨班，深入学习领会党的十七大精神以及胡锦涛总书记在全国政法工作会议代表和全国大法官、大检察官座谈会上重要讲话精神，引导全省检察人员牢牢把握检察工作的政治方向，牢固树立社会主义法治理念，始终坚持党的事业至上、人民利益至上、宪法法律至上，坚定不移地做中国特色社会主义事业的建设者、捍卫者和公平正义的守护者。结合纪念检察机关恢复重建三十周年，深入开展中国检察制度和人民检察史教育，增强了发展中国特色社会主义检察制度的自觉性和坚定性。通过广泛深入的思想政治教育，广大检察人员忠实履行法律监督职责、服务党和国家工作大局的自觉性明显提高，在抗冰救灾、支援地震灾区、奥运安保等重大工作中展示了良好的精神风貌。

着力提高专业化素养。积极推进学习型检察院建设，组织检察业务专家、优秀公诉人、精品案件等评比活动，举办公诉人与律师诉辩对抗赛，营造精研法律、钻研业务的浓厚氛围，进一步提高了执法办案技能。加强正规化分类培训，举办各类业务培训班,培训检察人员1570人次。认真组织检察人员参加司法考试,全省检察人员司法考试通过率创新高,达到66.4%,比上年提高18个百分点,高出全国检察机关平均通过率32个百分点。

继续推进执法规范化建设。坚持把规范执法行为作为检察机关的长期任务和重点工作,认真执行《江西省检察机关执法规范》,组织开展经常性的督促检查。全面落实讯问职务犯罪嫌疑人全程同步录音录像制度,完成了录音录像设备的数字化改造,在大部分看守所建立了专用审讯室,去年办理的职务犯罪案件全部实行了全程同步录音录像。继续坚持职务犯罪案件"双报批、双报备"制度和案件质量督察员制度,保证了办案质量,确保了办案安全。去年,全省检察机关提起公诉的职务犯罪案件有罪判决率为99.76%。

强化纪律作风和党风廉政建设。各级检察院成立了检务督察机构,组织开展了遵守办案纪律、落实办案安全防范措施等情况的专项督察,坚决防止和纠正以权谋私、执法违法行为,维护检察队伍的良好形象。严格执行个人重大事项报告、述职述廉、诫勉谈话、民主评议、交流轮岗等制度,采取巡视与检务督察相结合的方式,进一步加大对下级检察院领导班子和检察人员的监督、管理力度。认真开展经常性党风廉政教育,不断增强检察人员廉洁自律的自觉性,全年受理检察人员违法违纪举报比上年下降52.5%。坚持从严治检,对4名违纪违法检察人员进行了严肃查处,并在全省通报。

切实解决制约基层检察工作发展的突出问题。坚持把基层检察工作作为检察事业发展的基础来抓,建立省检察院领导挂点联系基层检察院制度,加大指导和帮扶力度,努力解难题、办实事。为基层检察院招录法律专业人才153人,进一步改善了检察队伍的年龄、知识和专业结构。大力加强基础设施建设,已建和在建办案用房和专业技术用房的基层检察院达103个,占应建总数的96.3%。会同省委政法委、省财政厅开展专项检查,督促落实检察机关公用经费保障标准,有94个基层检察院公用经费纳入了地方财政预算,长期制约检察工作发展的经费困难问题得到逐步缓解。通过努力,全省基层检察院建设整体水平有了较大提升,涌现了一批先进典型,丰城市检察院被最高人民检察院评为第三届"全国十佳基层检察院"。

四、强化对自身执法活动的监督,保障检察权依法正确行使

全省检察机关牢固树立法律监督机关更要接受监督的意识,自觉把检察工作置于社会各界的监督之下。一是主动接受人大及其常委会的监督和政协的民主监督。全省各级检察院就检察工作的重大部署、重要事项,向各级人大常委会专题报告工作249次。去年9月,省检察院向省人大常委会专题报告了全省监所检察工作情况,根据省人大常委会的审议意见,认真研究和落实了整改措施。认真办理人大常委会转办的案件和人大代表、政协委员提出的议案、提案和建议,全年共办理109件,均在规定时间内办结并及时反馈了办理结果。二是自觉接受人民群众的监督。继续推行人民监督员制度试点,不断完善特约检察员制度,选聘了新一届人民监督员和特约检察员516人,拓宽了接受监督的渠道。进一步深化检务公开,落实诉讼参与人权利义务告知制度,充分保障当事人的知情权和监督权。三是切实加强与人大代表、政协委员的联系。通过召开座谈会、上门走访、发征求意见函、邀请视察检察工作等方式,广泛听取代表、委员的意见和建议。去年11月,省检察院邀请部分全国和省人大代表视察了抚州、吉安等地的检察工作,代表们对进一步加强和改进检察工作提出了许多好的意见和建议,有力地推动了检察工作的发展。

我们深刻体会到,一年来全省检察工作取得的这些进步和成绩,是省委和各级党委正确领导、人大及其常委会依法监督、政府大力支持、政协和社会各界以及广大人民群众关心帮助的结果。

我们看到成绩,更看到不足。与党和人民的要求相比,特别是与科学发展观的要求相比,还存在一些不相适应的地方,突出表现在:一是执法观念不适应,少数地方仍然存在执法不规范、不文明现象,执法规范化建设有待进一步加强;二是法律监督能力不适应,检察职能作用发挥还不够充分,特别是对诉讼活动的法律监督还有薄弱环节;三是检察队伍素质不适应,法律专业人员比例总体上还比较低,有些基层检察院检察官不足的问题比较突出;四是执法保障机制不适应,公用经费保障标准在少数基层检察院落实不到位,办案用房和专业技术用房建设欠债较多,检察工作的科技含量和信息化程度不高。对于这些发展中、前进中的困难和问题,我们将进一步采取有力措施,努力加以解决。

2009年,是应对国际国内环境重大挑战,推动全省经济社会实现新发展的关键一年。全省检察机关要全面贯彻党的十七大、十七届三中全会和省委十二届八次全会精神，认真学习落实胡锦涛总书记在江西考察工作时的重要讲话，深入贯彻落实科学发展观，坚持“强化法律监督，维护公平正义”的检察工作主题，紧紧围绕“保增长、保民生、保稳定”，大力加强检察队伍建设、基层检察院建设和信息化建设，忠实履行法律监督职能，为推动我省经济社会科学发展提供更加有力的司法保障和法律服务。我们将重点抓好以下三个方面的工作：

第一，充分发挥检察职能作用，着力保障和促进经济平稳较快发展。全力以赴保增长，保持经济平稳较快发展，是今年全省工作的首要任务，也是检察机关服务大局的首要任务和极为重要的一项重点工作。这既是检察机关应当承担的重大责任，也是对检察机关服务大局能力的检验。我们将按照省委提出的“变压力为动力、化危机为生机、变经济波动期为发展机遇期”的总体要求，进一步增强政治意识、大局意识和服务意识，找准加强和改进检察工作的着力点，充分发挥打击、预防、监督、保护职能，积极主动地做好服务经济发展的各项工作。积极参加整顿和规范市场经济秩序专项行动，依法打击严重破坏市场经济秩序特别是金融、证券、房地产等领域的犯罪活动，维护良好的市场经济秩序。认真落实关于为重大项目带动战略服务的意见，促进重大项目建设顺利进行，保障政府投资安全。加强对能源资源、生态环境的司法保护，促进能源资源节约和生态文明建设。切实改进办案方式和方法，坚持从有利于维护企业正常生产经营、有利于维护企业职工利益、有利于促进经济社会秩序稳定出发，依法妥善处理涉及企业特别是中小企业的案件。既要依法查处犯罪案件，又要促进企业健康发展，努力实现法律效果与社会效果、政治效果的有机统一。

第二，全面履行法律监督职责，维护社会和谐稳定和公平正义。加大力度保稳定，这是检察机关应尽的重大责任。要认真贯彻宽严相济刑事政策，既依法严惩黑恶势力犯罪、严重暴力犯罪、多发性侵财犯罪、涉众型经济犯罪和毒品犯罪，坚决遏制严重刑事犯罪的高发势头，又注意区别对待，当宽则宽，努力减少社会对抗，最大限度地促进社会和谐。积极参与惩治和预防腐败体系建设，严肃查办职务犯罪案件特别是大案要案和发生在群众身边、群众反映强烈的犯罪案件，继续抓好查办商业贿赂犯罪、涉农职务犯罪和危害能源资源、破坏生态环境渎职犯罪等专项工作，进一步加大预防职务犯罪力度，保障中央和省委应对国际金融危机各项决策部署贯彻落实。今年省人大常委会将听取全省检察机关诉讼监督工作情况的专题报告，我们一定以此为契机，紧紧围绕人民群众反映强烈的执法不严、司法不公问题，全面加强对立案、侦查、审判、刑罚执行和监管活动的法律监督，使人民群众真正感受到社会的公平正义。在履行职责过程中，要千方百计保民生，抓住关系民生的突出问题，加大法律监督力度，促进解决涉及群众利益的热点难点问题，把法律监督的成效更多地体现在保障和改善民生上。

第三，大力加强检察队伍建设，为检察工作科学发展提供坚强保障。把队伍建设作为关系检察工作全局的战略任务来抓，以社会主义法治理念教育为核心，加强思想政治建设，始终做到党在心中、人民在心中、法在心中、正义在心中；以开展深入学习实践科学发展观活动为主线，主动服务第一要务，不断提高检察工作服务科学发展和实现自身科学发展的能力和水平；以开展大规模教育培训为抓手，切实加强对检察人员的专业化培训，努力培养更多具有精深法律功底、丰富实践经验的专业人才；以确保严格、公正、文明、廉洁执法为目标，突出抓好自身监督制约机制建设；以领导机关、领导干部和关键执法岗位人员为重点，加强纪律作风和反腐倡廉建设，努力造就一支高素质、专业化、廉洁执法的检察队伍。把基层检察院建设作为工作重点，以执法规范化、队伍专业化、管理科学化和保障现代化为方向，努力夯实检察事业发展的基础。大力加强信息化建设，着力提高检察工作的科技含量，坚定不移地走科技强检之路。

新的一年，检察工作责任重大，任务艰巨。我们将在省委和最高人民检察院的领导下，在省人大及其常委会的监督下，根据本次会议确定的任务和要求，大力弘扬井冈山精神，坚定必胜信心，勇于迎接挑战，忠实履行宪法和法律赋予的职责，为促进全省经济平稳较快发展、保障社会公平正义、维护社会和谐稳定做出新的贡献，以优异成绩迎接新中国成立六十周年！

山东省人民检察院工作报告(摘要)

——2009 年 2 月 15 日在山东省第十一届人民代表大会第二次会议上

山东省人民检察院检察长　国家森

(2009 年 2 月 18 日山东省第十一届人民代表大会第二次会议通过)

2008 年,是我国发展进程中非比寻常的一年。全省检察机关在省委、最高人民检察院的正确领导下,在省人大监督和省政府、省政协及社会各界的支持下,深入贯彻落实科学发展观,认真贯彻省委、最高人民检察院的工作部署和省十一届人大一次会议决议,忠实履行法律监督职责,大力加强自身建设,开拓创新,锐意进取,各项检察工作取得新的进展。

一、牢固树立大局观念和责任意识,坚持检察工作与科学发展的要求相适应,努力为经济文化强省建设服务

面对大事多、难事多和非同寻常的社会稳定形势,全省检察机关坚持围绕中心、服务大局,不断加强和改进法律监督工作,努力在应对困难、完成重大任务中发挥积极作用,为经济文化强省建设营造良好的法治环境。

坚持执法办案与服务发展并行。始终把服务发展作为首要任务,集中开展了服务新农村建设、维护市场经济秩序、保护知识产权和深入查办破坏环境资源犯罪四个专项工作,努力促进经济社会又好又快发展。为应对国际金融危机的影响,紧紧围绕中央和省委保增长、保民生、保稳定的总要求,坚持主动服务、积极作为,及时制定了《服务和保障全省经济平稳较快发展的意见》,引导全省检察机关执法想大局,同心克时艰。坚持法律效果与政治效果、社会效果的统一,在查办涉及企业职务犯罪案件时,慎重选择办案时机,慎重使用扣押、拘留、逮捕等强制手段,不轻易查封企业账目,不轻易冻结银行账号,不影响企业生产经营,不损害企业市场声誉,既严格执法,又热情服务。严格区分执行政策偏差与违法犯罪、工作失误与渎职犯罪、经济往来与经济犯罪的界限,对 162 名犯罪情节轻微、处在关键岗位的经营人员和业务骨干依法作了宽缓处理,为 53 名被不实举报的企业领导干部澄清问题,依法支持他们应对困难,干事创业;结合办案,为国家挽回经济损失 11 亿元,配合有关方面挽救濒临破产倒闭的企业 23 个。

坚持打击犯罪与化解矛盾并举。围绕抗震救灾和北京奥运安保等重大任务,以打击犯罪、化解矛盾、促进和谐为主线,扎实做好维护稳定工作。与公安、法院等部门密切配合,深入开展打黑除恶专项斗争,严厉惩治各类刑事犯罪。全年共批捕各类刑事犯罪嫌疑人 46472 人、提起公诉 68032 人,严惩黑恶势力犯罪团伙 141 个,有效遏制了刑事犯罪高发态势;正确适用宽严相济刑事政策,该严则严,当宽则宽,努力化解仇恨、减少对抗,依法对 6156 名未成年人犯、初犯、偶犯等轻微犯罪人员,作出了不捕不诉决定;探索运用刑事和解手段,对 2161 起因亲友邻里纠纷引发的轻微刑事案件依法作了调解处理,实现案结事了、定分止争;全面推行了办案风险预警评估机制,预先研判和应对办案各环节可能引发的不稳定问题,把矛盾化解在办案过程中;深入开展大接访、检察长带案下访活动,共接待来访群众 12821 人次,带案下访 2158 起,解决了一大批群众关心的现实利益问题;深入排查化解矛盾纠纷,对排查出的 999 起案件,采取定领导、定办案人员、定化解措施、定结案时限等方法,逐案落实责任制,全部化解在检察环节;认真受理不服法院和公安机关正确裁判处理决定的申诉案件 5325 件,耐心做好服判息诉工作,维护司法权威。

坚持惩治腐败与预防犯罪并重。反腐倡廉关系发展稳定、人心向背的大局。全省检察机关坚决贯彻中央、省委的指示，始终把惩治腐败的矛头指向对改革发展破坏大、对群众利益损害大的大案要案。共立查各类职务犯罪嫌疑人2894人，提起公诉2598人，法院已判决2470人；其中大案要案2039件，县处级干部103人、厅级干部6人。首都机场集团公司原董事长李培英，济南市原副市长郭作贵、原政协副主席李兴春，青岛市原副市长罗永明、张锐等一批严重腐败犯罪分子被依法查处，充分显示了党和政府惩治腐败的决心，增强了人民群众反腐败的信心。为使事业少受损害、干部少犯错误、家庭少受伤害，把预防职务犯罪工作摆上更加突出的位置。积极推进廉政文化建设，各级检察院建立了预防职务犯罪警示教育展览室，向国家工作人员进行法制宣传教育5390次，受教育人数144万人次；协助发案单位落实预防措施16391项，配合金融、交通等26个重点部门开展系统预防，对重点岗位和关键环节建立预警防范机制；在投资12亿元的济南二环东路高架桥工程、250亿元的海阳核电工程等1462个重大建设项目中，与企业联手开展全程预防，全面推行行贿犯罪档案查询和廉政准入制度，提供预防咨询11961次，避免经济损失5亿元；深入研究职务犯罪的特点规律，积极向党委、政府提出预防建议820份，为推动源头治理腐败犯罪起到了积极作用。

二、用心体察群众的呼声需求，坚持履行职责与人民群众的期待相符合，努力维护人民群众的合法权益

全省检察机关坚持以人为本，把维护人民群众利益作为根本出发点和落脚点，通过“召开人大代表、政协委员座谈会听取意见，对群众上访较多的乡村、社区、企业进行明察暗访摸实情，对诉讼监督典型案件回访调查问实效，开展涉检上访大排查大息诉，进行大范围民意调查听民声”等“五项活动”，问需于民，求计于民，在执法办案中回应人民群众的要求和期盼。

全心全意维民权，依法解决群众最直接、最现实的利益问题。围绕保障人民群众生命健康安全，严肃查办国家机关工作人员玩忽职守，放纵制售有毒有害食品药品和假农资，以及造成严重危害能源资源、重大责任事故等渎职犯罪347件；围绕解决上学贵、看病贵和医疗保险等方面的问题，深入开展治理商业贿赂专项工作，严肃查办教育、医疗等民生领域的职务犯罪444件；着眼维护职工根本利益，严肃查办国家工作人员贪污、挪用、私分国有资产的职务犯罪734人；抓住农民群众关注的土地承包、财务管理、惠农资金补贴等问题，严肃查办涉农职务犯罪637人。立足保护弱势群体合法权益，严肃查办劳动就业、社会保障、征地拆迁等领域，严重侵犯下岗职工、农民工、低保人员等弱势群体利益的职务犯罪104人。

诚心诚意化民怨，认真解决群众反映强烈的告状难、申诉难。通过设立诉求工作站、便民服务大厅、流动控申室等，畅通便民诉求的“绿色通道”，坚持有诉必接、有怨必释，决不让求助的人失望，决不使心存委屈的群众结怨。集中开展群众申诉案件专项清理工作，对排查出的1550起案件逐一研究处理办法，凡是申诉合法的，坚决纠正，让当事人满意；合理不合法而确有实际困难的，解人之难、慰人之心；属无理要求的，释法说理，解其法结、消其心结，做到了事事有着落。其中，纠正原处理决定201件，支付当事人赔偿金和返还涉案款456万余元；为1349名受到不公正对待或含冤受屈的群众伸张正义，讨回公道。积极探索司法救助的方式方法，为177名打不起官司的困难群众免费提供专业技术鉴定服务，为135名刑事被害人实行紧急救助，努力彰显司法的人文关怀。

尽心尽力解民难，满腔热忱地为群众做好事、办实事。坚持开展“献爱心、送温暖”主题实践活动，组织检察人员深入乡村、社区、企业和重点工程建设一线，听民声、释民惑、解民难。共向群众提供法律咨询29612次，帮助群众解决实际困难2038件，联系困难家庭1376户，帮扶困难学生1064人；踊跃参加支援汶川抗震救灾捐款活动，仅省检察院机关党员一次缴纳党费164万元。总结白云热线的成功经验，在全省开通了民生检察服务热线，以有限的职责、无限的服务，满腔热情为群众排忧解难。热线开通半年来，通过电话和网络视频接访1.2万多件，有控告申诉、法律咨询，也有困难求助、民意反映，接访人员不分昼夜，有问必答，有难必帮，被群众誉为连心线、助民线。

三、准确把握检察机关的宪法定位，坚持法律监督与依法治国的进程相统一，努力守护社会公平正义

全省检察机关始终坚持党的事业至上、人民利益至上、宪法法律至上,自觉适应依法治国的新形势,认真履行法律监督职责,全力维护社会公平正义。

强化诉讼活动监督,维护司法公正。围绕执法不严、司法不公问题,加大对诉讼活动的监督力度。强化刑事立案和侦查监督,依法监督纠正滥用强制措施、违法取证等侵犯诉讼参与人合法权益的案件201件,监督撤销案件309件,决定不捕不诉10071人;监督刑事立案1321件,追捕追诉2801人,起诉后法院已判决1760人,其中被判处十年以上有期徒刑246人、无期徒刑19人、死刑8人。强化审判监督,依法提出刑事抗诉86件,法院已改判和发回重审41件;提出民事、行政抗诉和再审检察建议2268件,法院已改判、发回重审和调解结案1288件。强化刑罚执行监督,依法监督纠正违法减刑、假释、保外就医,体罚虐待被监管人等问题1545件;监督纠正监外服刑人员脱管漏管等问题1711人次,重新收监执行145人;完善羁押期限动态监督机制,全省继续保持了无超期羁押。注意从执法不严、司法不公现象的背后,深挖司法腐败犯罪。枣庄市薛城区公安分局经侦大队原副大队长贾武收受贿赂25万元,贪赃枉法,非法将一无辜人员刑事拘留;泰安市岱岳区范镇法庭原庭长杨圣军在国企改制过程中,与不法分子合谋制造假案151件,骗取核销大量国有资产。检察机关依法查办这类执法犯法、徇私舞弊的司法人员职务犯罪90人,清除了害群之马,维护了法律尊严和司法公正。

强化行政执法监督,促进依法行政。积极探索对行政执法活动的有效监督方式,建立完善行政执法与刑事司法相衔接的工作机制,用法律监督促进行政执法的公正。围绕强化对公民人身自由和民主权利的司法保障,深入开展打击侵犯人权犯罪专项活动,依法查办国家机关工作人员非法拘禁、刑讯逼供、破坏选举等犯罪案件133人。围绕促进基本公共服务均等化,依法查办国家工作人员在财政税收、社会保障、公益事业等领域乱作为、不作为,严重损害国家和公众利益的职务犯罪186人。围绕维护公平竞争的市场规则,严肃查处国家工作人员在土地出让、招投标、投融资等过程中官商勾结,贪污受贿、滥用职权等职务犯罪271人。

强化自身监督制约,确保检察权依法公正行使。检察机关作为国家法律监督机关,只有做到自身正、自身净、自身硬,法律监督才有公信力。全省检察机关高度重视加强对自身执法活动的监督制约,不断完善执法规范,健全管理机制,保证严格公正文明执法。全面推行了查办职务犯罪案件讯问全程同步录音录像和撤案、不诉报批,立案、逮捕报备,重大刑事案件挂牌督办、备案审查,以及“一案三卡”、纪检监察部门跟踪监督等制度,实现了对办案各环节的动态全程监督。严格执行党内请示报告、向人大报告工作制度,密切联系人大代表和政协委员,把检察权的行使置于党的绝对领导和人民群众的有效监督之下。深化检务公开,大力推行阳光检察,建立了检察开放日、刑事申诉案件公开审查和司法鉴定公开等制度,自觉接受新闻媒体和社会舆论监督,以公开促公正,以公正求公信。对胆敢徇私舞弊、滥用检察权的检察人员,决不姑息迁就,坚决依法从严查处。

四、深入学习实践科学发展观,坚持服务科学发展与自身科学发展相协调,提升队伍整体素质和法律监督能力

全省检察机关按照省委和最高人民检察院的部署,深入开展大学习、大讨论活动和省检察院机关的学习实践科学发展观活动,全面推进思想、作风、机制和能力建设,努力造就高素质检察队伍。

坚持把思想政治建设放在首位,深入查摆整改与科学发展观不符合、不适应的问题。深入学习领会党的十七大和胡锦涛总书记等中央领导同志提出的一系列重大理论观点、重大战略思想和对检察工作的重要指示,深刻理解科学发展观的科学内涵、精神实质和根本要求。围绕“坚持科学发展,强化法律监督,维护公平正义,服务富民强省”的实践载体,通过学习调研、分析检查和整改落实,认真查摆整改思想观念、工作思路、服务大局、关注民生和党性党风党纪等方面,与科学发展观不符合、不适应的问题。经过学习实践活动,进一步明确了检察工作服务经济社会发展和实现自身科学发展的思路,强化了对中国特色社会主义的政治认同、理论认同、感情认同,增强了做中国特色社会主义事业建设者、捍卫者的自觉性和坚定性,使服务科学发展、促进社会和谐的大局观,以人为本、执法为民的执法观,统筹兼顾、全面协调的发展观,监督者更要自觉接受监督的权力观,更加深入人心。

突出实践特色,积极推进检察制度机制创新。集中开展了对影响检察机关科学发展的制度机制梳理活动,共梳理规范性文件672个、制度机制99

项,废止文件13个,修订完善67项。在此基础上,按照科学发展观的要求,解放思想,积极进行制度机制创新。一是创新服务大局的举措,进一步明确服务科学发展的任务目标、方式方法和具体措施,形成规范的运行机制,努力为我省经济社会又好又快发展提供有力的司法保障。二是创新法律监督机制,制定了《关于全面加强法律监督工作的指导意见》,进一步明确诉讼监督工作的重点,完善监督程序,加大监督力度,推动法律监督由"软"变"硬",促进司法公正。三是创新完善检务保障机制,制定了《关于加强检务保障工作的意见》、《检察机关信息化发展五年规划纲要》,为加快科技强检步伐,促进检察工作科学发展提供良好的检务保障。四是改革完善落实科学发展观绩效考核机制。按照统筹兼顾、全面协调的要求,年初科学制定考核方案,面向全省检察机关和全体检察人员,实行"目标预期、过程推动、重点评估"的考核机制,年底在各地自行考核的基础上,采取随机抽签的办法,确定重点考核单位。领导干部带队,组织由业务骨干和被邀请的法官、律师、人民监督员组成的考核组,对其"听、访、查、考、测、评",并通过现场论辩、案情汇报、提问答辩、走访人大代表、政协委员、回访案件当事人等方式,认真检查整改存在的突出问题,有力地推动了全省检察工作的均衡健康发展。

抓班子、带队伍、强素质,努力为检察工作科学发展提供组织保障。认真落实领导班子、领导干部政治学习、业务培训等制度,广泛开展讲党性、重品行、作表率活动,加强对领导干部的教育、监督和管理。狠抓党风廉政建设,制定了《关于进一步落实党风廉政建设责任制责任分解、责任考核、责任追究的规定》和改进执法作风的措施,在全系统开展了层层签订党风廉政建设责任书、纪律条规学习年和以案析理活动,狠刹对群众耍特权、冷横硬的霸道作风,集中整治执法不公正、不规范、不廉洁问题,严肃查处了3名违法违纪的检察人员。加强巡视督察工作,省检察院对3个市级检察院进行了巡视,组织了10次明察暗访活动,对77个基层检察院班子政治业务学习和纪律作风情况,进行了认真督察。加大人才引进和培养力度,在组织人事部门的帮助下,连续八年选调招录了2478名大学本科以上毕业生充实基层检察机关;启动复合型、专门型人才工程,通过建立人才库、评选业务专家等,培养了807名专业检察人才;强化司法考试培训,有495名检察人员通过司法考试,通过率达52.1%。结合纪念检察机关恢复重建三十周年,积极探索突出检察特色、体现公平正义、反映和谐要求、融合齐鲁文化精髓的山东检察文化,增强了队伍的凝聚力和战斗力。去年,全省有160个(次)检察院、262名检察人员受到省级以上表彰,36个市县党委作出了向检察院或检察人员学习的决定。

一年来,各级党委、人大、政府、政协高度重视和关心支持检察工作。省委常委会专门听取检察工作的汇报,省委主要领导同志亲自到省检察院视察,省委领导经常听取检察机关重要工作、重大案件的汇报并提出明确要求,先后17次作出重要批示,对检察工作给予充分肯定和支持。省人大常委会不断加大监督支持的力度,听取了全省检察机关完善监督机制促进公正执法情况的报告,开展了对贯彻实施《检察官法》的执法检查,省人大多位副主任到省检察院视察,对制约检察工作的难点问题给予高度关注。省政府在人员编制、经费保障、科技强检、基础设施建设等方面,帮助解决了大量实际问题。省政协发挥联系广泛的优势,带动和影响社会各界对检察机关进行民主监督和关心支持。各级人大代表、政协委员在加强监督的同时,对检察工作给予了更多的理解和关心支持。

我们也清醒地看到,全省检察工作与科学发展观的要求还有不少差距:一是履行职责与经济社会发展的要求还不适应,有些地方服务大局的主动性、自觉性不强,服务的措施不够得力。二是法律监督的力度和效果与人民群众的期盼还有差距,不会监督和监督不到位的问题依然存在,有些群众反映强烈的民生问题监督解决得不够好,群众还有意见。三是改革创新的力度不够大,检察工作中一些体制性、机制性、保障性障碍还未根本消除。四是队伍整体素质还不适应,特权思想、霸道作风和执法不规范、不文明的问题时有表现,极个别人以案谋私,甚至违法犯罪,严重损害了检察机关的形象。五是有的基层检察院人员不足、检察官断档、经费困难等问题还没有解决好,阻碍检察事业的发展。对这些问题,我们将以更加求真务实的态度,认真加以解决。

今年是加快推进经济文化强省建设十分紧要的一年。全省检察机关要认真学习贯彻党的十七大、十七届三中全会精神和中央、省委、最高人民检察院的决策部署,深入贯彻落实科学发展观,紧紧围绕党和国家工作大局,强化法律监督,维护公平正义,促进社会和谐,努力为加快经济文化强省建设、实现富民强省新跨越提供有力的司法保障和服务。

一是更加注重服务经济平稳较快发展。紧紧围绕保障中央和省委扩大内需、促进经济增长的政策措施顺利实施,严厉打击破坏市场经济秩序犯罪活动,深化治理商业贿赂,严肃查处、积极预防工程建设、公共资金使用等领域的职务犯罪,加大对涉农犯罪的惩治力度,更加注重改进办案方式,积极提供法律支持和服务,为经济平稳较快发展创造良好的法治环境。

二是更加注重维护社会和谐稳定。坚决打击各种严重刑事犯罪活动,维护治安大局的持续稳定。坚持和谐执法,更加重视适用宽严相济刑事政策,更加重视化解矛盾纠纷,更加重视对违法犯罪问题的综合整治,做到既有力打击犯罪,又减少社会对抗,努力促进社会和谐稳定。

三是更加注重保护人民权益。抓住关系民生的突出问题,继续严厉打击制售有毒有害食品、药品犯罪活动,严肃查办社会保障、劳动就业、征地拆迁、医疗卫生和惠农资金落实等领域的犯罪案件,认真办好民生检察服务热线,加强对弱势群体的司法保护,依法保障人民群众共享发展成果。

四是更加注重强化法律监督、维护公平正义。认真贯彻中央《关于深化司法体制和工作机制改革若干问题的意见》和最高人民检察院的部署,深入推进检察改革,科学配置检察资源,健全法律监督机制,保证依法公正行使检察权;全面加强诉讼监督,坚决监督纠正执法不严、司法不公问题;探索对经济和民生领域法律监督的有效措施,严肃查处群众反映强烈的官商勾结、权钱交易、司法腐败等犯罪案件,维护司法公正。

五是更加注重加强检察队伍建设。以开展深入学习实践科学发展观活动为主线,深化社会主义法治理念和检察职业道德教育,开展大规模教育培训和岗位练兵,集中整治队伍中的违纪违法问题,提高队伍整体素质,始终做到党在心中、人民在心中、法在心中、正义在心中,努力建设一支严格公正文明廉洁执法的检察队伍,为检察工作科学发展提供有力的组织保障。

在新的一年里,我们决心在省委和最高人民检察院的坚强领导下,认真落实本次大会决议,牢记职责,不负重托,积极作为,科学务实,振奋精神,开拓进取,为建设经济文化强省作出新贡献,以优异成绩迎接新中国成立六十周年!

河南省人民检察院工作报告(摘要)

——2009年1月14日在河南省第十一届人民代表大会第二次会议上

河南省人民检察院检察长　蔡　宁

(2009年1月17日河南省第十一届人民代表大会第二次会议通过)

2008年,全省检察机关在省委和最高人民检察院的领导下,在各级人大的监督支持下,紧紧围绕保障奥运会成功举办和服务我省经济社会发展大局,全面履行宪法和法律赋予的职责,各项检察工作取得了新的进展。

一、认真履行法律监督职能,积极服务和谐中原建设

(一)依法打击刑事犯罪,维护社会和谐稳定。全省检察机关去年共受理公安、国家安全机关提请批准逮捕犯罪嫌疑人78094人,经审查依法批准逮捕70500人;受理移送审查起诉93521人,经审查依法提起公诉86082人。

依法打击严重刑事犯罪,维护社会治安秩序。坚持依法从重从快方针,突出打击严重危害社会治安的刑事犯罪,共批准逮捕故意杀人、爆炸、强奸、绑架犯罪嫌疑人3573人,提起公诉3757人。积极投入“打黑除恶”和打击“两抢一盗”犯罪专项斗争,对进入审查批捕和审查起诉环节的案件依法快捕快诉,对重大复杂案件实行专人督办、跟踪指导、限期办结,共批准逮捕黑恶势力犯罪嫌疑人432人,提起公诉860人;批准逮捕抢劫、抢夺、盗窃犯罪嫌疑人33138人,提起公诉40616人。加强重(死)刑案件办理工作,省检察院制定了《故意杀人、故意伤害犯罪(死刑)案件公诉证据审查规则》,与省高级法院、省公安厅会签了《关于规范死刑案件证据收集审查的意见》,推动提高了重(死)刑案件办案质量。

依法打击严重经济犯罪,维护市场经济秩序。积极参与整顿和规范市场经济秩序工作,批准逮捕金融诈骗、偷税骗税等破坏市场经济秩序犯罪嫌疑人1983人,提起公诉2166人。突出打击严重危害人民群众生命健康的犯罪,批准逮捕生产、销售有毒有害食品药品等犯罪嫌疑人199人,提起公诉202人;注重打击破坏环境资源的犯罪,批准逮捕造成重大环境污染事故、非法采矿等犯罪嫌疑人654人,提起公诉1189人;加强对知识产权的司法保护,批准逮捕侵犯商标权、著作权、商业秘密犯罪嫌疑人92人,提起公诉116人。

认真贯彻宽严相济刑事政策,减少社会对抗。省检察院修订了检察业务工作考核评价标准,完善了体现宽严相济刑事政策、有利于促进社会和谐稳定的考核评价体系。健全快速办理轻微刑事案件机制和办理未成年人刑事案件工作机制,探索建立了轻微刑事案件当事人达成和解办理机制和对初犯、偶犯、未成年人犯罪中一些罪行轻微的人员适当从宽处理的机制,与公安机关共同探索建立了轻微刑事案件逮捕必要性证明制度。全省检察机关共对虽然涉嫌犯罪但无逮捕必要的3268人作出不批准逮捕决定,对犯罪情节轻微、社会危害较小的878人作出不予起诉决定。

认真落实检察环节的社会治安综合治理措施,努力消除不稳定因素。积极参与社会治安防控体系建设,配合有关部门对一些治安乱点进行了集中整治。推进创建青少年维权岗活动,加强对失足青少年的教育挽救。重视对社会服刑人员的帮教工作,预防和减少重新犯罪。探索建立对生活确有困难的刑事案件被害人实行司法救助制度,全省检察机关积极协调财政、民政等方面对171名刑事被害人发放救济金379.6万元,彰显了司法人文关怀和公平正义。结合检察职能深入开展法制宣传,对增强公民崇尚法治、依法维权意识做出了积极努力。

(二)依法查办和预防国家工作人员职务犯罪,促进党风廉政建设和反腐败斗争深入开展。全年共立案侦查职务犯罪案件2979件3800人,其中贪污贿赂案件1994件2605人,渎职侵权案件985件1195人;侦查终结2921件3699人,已提起公诉2478件3219人。通过办案为国家挽回直接经济损失2.1亿元。

突出工作重点,着力查办大案要案。强化上级检察院对办案工作的组织指挥,对重大复杂案件,由省、市检察院直接查办、派员参办或异地交办,增强了查办大案要案的整体能力。共立案侦查涉嫌贪污、贿赂五万元以上和挪用公款十万元以上大案1144件,同比上升13.5%,内有百万元以上案件102件;立案侦查渎职侵权重特大案件683件,同比上升18.6%;查处涉嫌职务犯罪的县处级以上国家工作人员184人,同比上升47.2%,内有厅级干部14人。省检察院直接立案侦查大案要案17件20人。

紧紧围绕大局,着力增强查案的社会效果。坚持围绕改革发展稳定大局谋划办案工作,注重查办危害和谐中原建设的职务犯罪。积极参与治理商业贿赂专项工作,立案侦查工程建设、医疗购销、政府采购等领域发生的涉嫌商业贿赂犯罪的国家工作人员426人。围绕促进生态文明建设,开展查办危害能源资源和生态环境渎职犯罪专项活动,查办国家机关工作人员环境监管失职、非法批准征用占用土地等破坏环境资源的渎职犯罪439人。加强与有关部门的联系配合,坚持同步介入重大安全生产责任事故的调查,依法查处责任事故背后的渎职犯罪171人。针对国有企业改革中侵吞、挪用、私分国有资产犯罪时有发生的实际,立案侦查涉嫌职务犯罪的国有公司企业工作人员743人。围绕促进农村改革发展,开展查办涉农职务犯罪专项工作,依法查办农村基层组织工作人员职务犯罪455人。在办案中,坚持“一要坚决,二要慎重,务必搞准”的原则,严格区分罪与非罪界限,慎重对待改革中出现的新情况和新问题;坚持法律效果和社会效果的统一,严格执法、文明执法,慎用查封、扣押、冻结等措施,注意维护发案单位正常的生产、经营和工作秩序，努力使办案既能起到惩戒、教育、警示作用，又能促进改革、发展、稳定。

改进办案工作，着力提高案件质量。坚持依法全面客观收集、审查和运用证据，防止因证据收集不全、失实和审查不细、不严而造成错案；全面推行讯问职务犯罪嫌疑人全程同步录音录像制度，强化证据固定，防止违法办案；实行职务犯罪立案、逮捕向上一级检察院备案，撤案、不起诉报上一级检察院批准制度，加强对职务犯罪侦查工作的监督制约；实行诉讼终结案件倒查评价和精品案件评选等制度，健全了办案工作质量考评机制。一年来，在提起公诉的职务犯罪被告人中，已有3037人被作出有罪判决，占法院已审结数的99.8%；不起诉、撤销案件数同比分别下降29.7%和25%。

立足检察职能，着力加强预防职务犯罪工作。结合办案，加强对典型案件发案原因、特点和职务犯罪易发多发行业、领域犯罪态势的分析，及时建议有关部门健全制度、堵塞漏洞，共提出预防检察建议2283件。积极开展行贿犯罪档案查询工作，对预防贿赂犯罪、促进社会信用体系建设发挥了积极作用。加强以案说法，开展预防警示教育活动2425次。围绕抗震救灾款物的募集和管理、重大工程建设、药品集中招标采购等关系国计民生的重大事项和人民群众关心的热点问题开展同步预防，取得较好效果。

(三)加强诉讼监督，维护司法公正和法制统一。认真履行对刑事诉讼、民事审判和行政诉讼的法律监督职责，针对诉讼活动中群众反映强烈的执法不严、司法不公的突出问题，不断强化监督措施，努力做到有罪追究、无罪保护、严格依法、客观公正。

坚持纠正打击不力与保障人权相结合，加强刑事诉讼监督。在刑事立案监督中，对应当立案而未立案的，依法监督侦查机关立案1147件；对不应当立案而立案的，监督撤案210件。在侦查活动监督中，决定追加逮捕4157人、追加起诉2233人。在刑事审判监督中，对认为量刑畸轻畸重等确有错误的刑事判决、裁定提出抗诉287件，法院已审结242件，改判和发回重审207件；对刑事审判活动中的违法情况提出纠正意见423件次。在刑罚执行和监管活动监督中，对违法减刑、假释、保外就医，不按规定交付执行和违法会见等情况提出纠正意见1477件次。

坚持纠正司法不公与维护司法权威相结合，加强民事审判和行政诉讼监督。共受理不服人民法院生效民事、行政判决、裁定的申诉4069件，依法提出抗诉917件，其中省检察院提出抗诉94件；法院再审审结627件，改判、调解结案、发回重审498件。依法提出再审检察建议466件，法院采纳449件。对认为原审判决、裁定正确的，主动做好申诉人的服判息诉工作。

坚持诉讼监督与查办执法不严、司法不公背后的职务犯罪相结合，增强监督实效。对诉讼监督中发现的共性问题，及时与相关执法部门沟通，通过召开联席会议等渠道协商解决，力求取得良好的监督效果；对诉讼监督中发现的执法不严、司法不公背后的职务犯罪，坚持一查到底，以办案促监督，共立案侦查涉嫌徇私舞弊、索贿受贿等职务犯罪的司法人员82人。

(四)依法开展处理涉检信访工作，维护人民群众合法权益。从促进社会和谐出发，把化解社会矛盾放到更加突出的位置，共依法审查处理群众来信来访9890件(次)。

坚持执法为民。树立“有理推定”理念，在接访工作中坚持首先把群众来信来访作为有“理”信访、把申诉案件首先作为有“错”案件来审查，进一步端正接访态度；树立“有解推定”理念，把涉检信访案件首先作为都是能够解决的案件来处理，进一步转变工作作风，想方设法解决群众诉求；坚持“案结事了、息诉罢访、群众满意”的结案标准，努力维护人民群众合法权益。

坚持依法妥善处理涉检信访突出问题。深入开展排查化解涉检重信重访案件专项活动，强化排查、化解、稳控、办案和息诉责任，省、市两级检察院加强督察督办，各级检察院正副检察长实行领导包案制度，共排查重信重访案件385件，息诉300件，转出71件，息诉率为95.5%。中央政法委交办的28件进京非正常访案件全部结案息诉；13件责任倒查案件全部结案，对9名办案人员作了党政纪处理。2008年全省有88个基层检察院所办案件实现无越级赴省进京访，最高人民检察院接待我省涉检信访同比下降44%。

坚持不断创新处理涉检信访工作机制。坚持“关口前移、重心下移”，重视源头治理。建立涉检信访风险评估制度，在检察环节对案件作出处理决定前，评估可能引发信访的风险，有针对性地采取防范措施，从源头上预防和减少信访案件发生。推行诉讼理由说明和处理涉检信访事项书面答复制度，对作出处理决定所依据的法律、事实和理由进行说明，澄清当事人对检察机关职能和法律适用方面的模糊认识，以公开促公正、求公信。推行下访巡访制度，探索视频接访模式，方便群众就近就地反映情况。探索双向承诺制度，努力遏制和减少涉检越级上访。全省检察机关全年共接待群众来访1778人（次），同比下降5.9%。

二、加强检察队伍建设，不断提高公正文明执法水平

（一）深入开展主题教育活动。根据中央、省委统一部署，认真组织开展党的十七大精神和胡锦涛总书记重要讲话“大学习、大讨论”、“新解放、新跨越、新崛起”大讨论和深入学习实践科学发展观活动。结合实际，提出了“检察人员受教育、法律监督上水平、执法为民显成效”的目标要求。坚持强化理论武装，组织集中培训、专题讨论等，教育引导广大检察干警进一步强化了社会主义法治理念，进一步明确了检察工作服务科学发展和实现自身科学发展的思路和努力方向。围绕中央、省委关于推进农村改革发展的重大决策部署，制定了《关于认真履行法律监督职能服务农村改革发展的意见》，引导全省检察机关在履行职责中不断增强服务大局的意识。积极回应人民群众对检察工作的新要求新期待，向社会作出了为民办好十件实事的公开承诺。坚持把查摆整改问题与弘扬正气相结合，组织开展了检务督察、先进事迹巡回报告等活动；严肃查处违法违纪检察人员31人，对典型案例进行剖析，印发通报，使广大检察干警受到了警示教育。

（二）突出抓好领导班子建设。认真抓好领导素能培训，省检察院举办了领导干部专题研讨班，各市（分）检察院和116个开通三级视频网络会议系统的基层检察院中层以上干部同步参加远程培训。加大干部协管力度，省检察院协助地方党委调整充实市（分）检察院领导班子成员54人次。认真落实党风廉政建设责任制，严格落实民主集中制和领导干部个人有关事项报告制度、述职述廉制度、上级检察院派员列席下级检察院党组民主生活会制度，省检察院对两个市检察院的领导班子进行了巡视，对19个市（分）检察院的领导班子和领导干部履行职责及落实党风廉政建设责任制情况进行了考核。积极倡导学习的风气、调研的风气、求真务实的风气、勤俭节约的风气，领导干部作风进一步转变。

（三）加强检察队伍专业化建设。坚持上级检察院派员列席下级院检察委员会制度，促进提高检察业务决策水平。认真落实检察官法，严格检察官职业准入，坚持凡进必考，在有关方面的支持下，全省检察机关面向全国统一公开招录466名检察人员和18名检察职业学院师资人员，进一步改善了队伍结构。加强正规化分类培训，广泛开展岗位练兵和业务培训，全省检察机关共举办各类培训班242期，培训人员15000余人次。鼓励支持在职检察人员参加继续教育，有348名干警参加在职攻读硕士学位学习。认真做好司法考试备考工作，全省检察机关有636人通过司法考试，通过率为52.4%，高出全国检察机关司法考试平均通过率18个百分点。

（四）加强基层检察院建设。在帮助基层解决实际问题、激发基层活力、提高基层检察院履行职责的能力和水平上下功夫。积极协调解决基层检察院机构设置、干部职级待遇等方面存在的突出困难和问题，全省有54个基层检察院的内设机构和职级待遇得到较好解决。在财政部门大力支持下，初步建立了全省检察机关经费保障机制；省检察院为基层检察院协调争取中央办案、装备补助专款1.02亿元。重视解决基层检察院检察官断档、办案力量不足问题，根据省委政法委的安排和要求，省检察院和各市（分）检察院分别选派10%的本机关干警到基层检察院挂职和帮助工作。深入开展争先创优活动，激励引导基层检察院充分发挥主观能动性，不断提高工作水平，全省有2名干警分别被授予“全国模范检察官”、“全国五四青年标兵”称号，2个基层检察院被评为“全省十佳政法单位”，2名干警被评为“全省十佳政法个人”，36个基层检察院被评为“全省先进基层检察院”。

三、加强对自身执法活动的监督制约，切实保障检察权依法正确行使

（一）自觉接受人大和社会各界监督。坚持把接受人大监督作为促进正确履行职责的根本措施，省检察院完善了关于邀请人大代表视察、评议检察工作的规定，进一步统一全省检察机关的思想和行动。坚持主动向人大常委会报告检察工作中的重要情况和重大活动，省检察院分别就前8个月的检察工作和2007年以来控告申诉检察工作情况向省人大常委会作了专题汇报。坚持加强与人大代表的联系,省检察院为省人大代表订阅了《检察日报》、《公民与法(检察版)》,方便人大代表了解检察工作,加强对检察工作监督。各级检察院坚持通过邀请人大代表视察、评议和走访人大代表等多种形式,听取批评、意见和建议,不断改进工作,共邀请2485名人大代表、政协委员视察了检察工作。对人大代表提出的建议、人大常委会交办的案件和政协委员提出的提案认真办理,及时反馈。省检察院共办理人大常委会交办和人大代表转交的案件14件,已办结13件。深化检务公开,保障人民群众的知情权、监督权,2008年12月省检察院组织全省检察机关统一开展了"检察公开日"活动,邀请群众参观检察机关办案区、工作区,接受群众法律咨询,提供法律服务,产生了较好效果。

(二)深入推进人民监督员制度试点工作。在全省检察机关全面实行人民监督员制度试点工作,共选任人民监督员1610名。组织人民监督员参加诉讼监督活动、旁听检察人员出庭公诉,帮助提高监督能力。严格执行最高人民检察院有关规定,保障人民监督员依法行使监督权力。人民监督员共监督检察机关拟作撤案、不起诉和犯罪嫌疑人不服逮捕决定的职务犯罪案件234件,同时还开展了对查办职务犯罪工作中有无立案不当、超期羁押、违法搜查、扣押、冻结等情形的监督。

(三)深入推进执法规范化建设。省检察院制定了《讯问职务犯罪嫌疑人全程同步录音录像技术操作规范》、《案件信访风险评估办法》等制度,进一步建立健全了规范办案程序、严格监督制约、保证办案质量和办案安全的制度,强化了对职务犯罪侦查、涉案款物处理等重点岗位和环节的管理和监督。深入推进检察业务、队伍和信息化"三位一体"机制建设,利用计算机网络和电子检务软件对执法办案活动进行流程管理、过程控制和动态监督。发挥纪检监察部门对办案的监督制约作用,使制度规范真正落实到每一个基层单位、每一个执法环节和每一个具体案件。

当前检察工作中还存在不少问题和困难:一是执法观念与科学发展观的要求还不完全适应。有的检察院和检察人员服务大局的主动性不够强,存在孤立办案、就案办案现象,不能妥善处理打击与保护、办案力度与效果等关系。二是法律监督工作还存在薄弱环节。一些检察院查办职务犯罪大案要案的力度不够大,有的案件办案质量和效率不高;有的检察院诉讼监督工作不够有力,对诉讼环节上存在的一些共性问题解决得不够好,宽严相济刑事政策还未得到全面体现;有的检察院结合办案化解矛盾纠纷工作不到位,存在涉检信访边处理边发生的现象。三是检察队伍的整体素质与新形势新任务的需要有不小差距。检察队伍的文化、年龄结构不够合理,专业化水平不高;有的检察人员对法律和政策运用不够好,省检察院的业务指导工作还不够有力;少数干警群众观念和宗旨意识淡薄,工作方法简单,不善于做群众工作,司法不文明、不公正、不规范,个别干警甚至以案谋私、执法犯法,造成不良影响。四是基层基础工作还有不少困难。一些基层检察院经费保障不足,技术装备落后,一定程度上影响到检察工作正常开展。对这些问题,我们将在各级党委领导下,在各级人大监督和政府支持下,以改革的精神和务实的作风努力改进。

四、紧紧围绕我省经济社会发展大局,认真做好2009年的各项检察工作

2009年是新中国成立六十周年,也是我省实现经济平稳较快发展的关键一年,营造良好的社会环境和法治环境尤为重要。检察机关作为法律监督机关,在维护稳定、促进和谐、保障发展方面负有重要使命。根据中央、省委对政法工作的要求和最高人民检察院的工作部署,全省检察机关要坚持以邓小平理论和"三个代表"重要思想为指导,深入贯彻落实科学发展观,以提高法律监督能力为核心,以深化检察工作机制改革为动力,以加强基层基础工作为重点,以建设高素质检察队伍为保证,全面加强和改进法律监督工作,更好地履行审查批捕和审查起诉刑事犯罪、查处和预防职务犯罪、诉讼监督等检察职责,为建设和谐中原、加快中原崛起提供有力的司法保障。

(一)牢牢把握保持我省经济平稳较快发展这个首要任务,切实服务科学发展。更加注重维护良好的市场经济秩序,依法打击严重破坏市场经济秩序特别是金融、证券、房地产等领域的犯罪活动;更加注重保障政府投资安全,针对我省较大幅度增加公共支出、加大政府投资力度的情况,加强对民生工程、基础设施等重大工程建设和项目资金使用的法律监督,积极预防和严肃查处在公共投资领域发生的贪污贿赂和渎职等犯罪行为;更加注重对能源资源、生态环境的司法保护,依法打击造成重大环境污染、严重破坏生态环境的犯罪，促进能源资源节约和生态文明建设；更加注重对知识产权的司法保护，依法打击侵犯知识产权的犯罪，努力营造有利于自主创新的法治环境；更加注重改进办案方式和方法，坚持从有利于维护企业正常生产经营、有利于维护企业职工利益、有利于促进经济社会秩序稳定出发，规范执法，文明办案。

（二）牢牢把握服务和谐中原建设这个大局，努力维护社会和谐稳定。增强国家安全意识，严厉打击境内外敌对势力的渗透破坏活动；加大对严重暴力犯罪、黑恶势力犯罪、多发性侵财犯罪的打击力度，坚决遏制严重刑事犯罪高发的势头；依法妥善处理由经济纠纷引发的暴力讨债、绑架、哄抢等“民转刑”案件，增强人民群众安全感；认真贯彻宽严相济刑事政策，努力做到既有力打击犯罪，又减少社会对抗。坚持“强化法律监督，维护公平正义”的检察工作主题，强化涉农法律监督和司法保护，严厉打击制售伪劣农资等坑农害农的犯罪，认真办理土地承包经营权流转、农产品生产经营等纠纷的民事行政申诉案件；强化对涉及劳动争议、保险纠纷、补贴救助等民事审判和行政诉讼活动的法律监督，加强对困难群众的司法保护。

（三）牢牢把握检察队伍建设这个根本，加强基层基础工作，打牢检察工作科学发展的根基。以深入开展学习实践科学发展观活动为主线，加强思想政治建设；以开展大规模教育培训为抓手，加强法律监督能力建设；以确保严格、公正、文明、廉洁执法为目标，加强监督制约机制建设；以领导机关、领导干部和关键执法岗位为重点，加强纪律作风和反腐倡廉建设；以执法规范化、队伍专业化、管理科学化和保障现代化为方向，加强基层检察院建设。

（四）牢牢把握人民群众对检察工作的新要求新期待，不断推进检察体制改革和工作机制创新。认真落实中央政法委和最高人民检察院关于检察体制改革和工作机制创新的部署要求，从人民群众的司法需求出发，以强化检察机关法律监督职能和加强对自身执法活动的监督制约为重点，突出抓好健全宽严相济刑事政策落实保障机制、对职务犯罪侦查工作的监督制约机制和推进刑事被害人救助工作等，为检察工作科学发展提供强大动力和机制保障。

在新的一年里，全省检察机关将切实按照本次大会确定的任务，在省委和最高人民检察院的领导下，在省人大的监督和全省人民的支持下，解放思想，开拓创新，求真务实，与时俱进，努力开创我省检察工作新局面，以优异成绩迎接新中国成立六十周年！

湖北省人民检察院工作报告（摘要）

——2009年1月16日在湖北省第十一届人民代表大会第二次会议上

湖北省人民检察院检察长　敬大力

（2009年1月19日湖北省第十一届人民代表大会第二次会议通过）

2008年，省人民检察院在省委和最高人民检察院领导下，在省人大及其常委会监督下，领导全省检察机关，全面贯彻党的十七大精神，坚持以邓小平理论和“三个代表”重要思想为指导，深入学习实践科学发展观，认真执行省十一届人大一次会议决议，紧紧围绕党和国家工作大局，全面加强和改进各项检察工作，推动全省检察工作取得了新的成效。

一、认真履行法律监督职责，保障和促进经济社会健康发展

一年来，全省检察机关紧紧围绕中央、省委重大战略部署，忠实履行法律监督职责，努力为经济社会又好又快发展创造良好的法治环境。

(一)依法打击刑事犯罪,维护社会和谐稳定。全省检察机关坚持从保障国家安全和社会和谐稳定、维护人民群众权益出发,认真贯彻宽严相济的刑事政策,切实履行批捕、起诉职责,共受理侦查机关提请逮捕刑事犯罪嫌疑人32505人,批准逮捕29779人,受理移送起诉刑事犯罪嫌疑人36853人,提起公诉30659人。

严厉打击严重危害社会治安的刑事犯罪。批准逮捕黑恶势力犯罪和毒品犯罪嫌疑人1840人,提起公诉1992人;批准逮捕故意杀人、放火、爆炸、绑架等严重暴力犯罪嫌疑人5402人,提起公诉5541人;批准逮捕抢劫、抢夺、盗窃、诈骗等多发性侵财犯罪嫌疑人13988人,提起公诉14402人。

严厉打击严重破坏社会主义市场经济秩序和环境资源犯罪。批准逮捕制假售假、偷税骗税、非法经营、商业欺诈、侵犯知识产权等犯罪嫌疑人1172人,提起公诉1105人,着力维护良好的市场经济秩序;批准逮捕重大环境污染事故、非法采矿等犯罪嫌疑人211人,提起公诉337人,着力保护生态环境和自然资源。

在严厉打击严重刑事犯罪的同时,对涉嫌犯罪但无逮捕必要,或犯罪情节轻微、社会危害较小的,依法不批准逮捕2031人、不起诉1190人。对轻微刑事案件,全面推行快速处理工作机制,积极建议人民法院适用简易程序和简化审理程序,提高办案效率。对未成年人犯罪,贯彻"教育、感化、挽救"的方针,积极采取适合未成年人身心特点的办案方式,保证办案的良好社会效果。

认真落实社会治安综合治理措施。结合办案,及时分析社会治安形势,有针对性地提出对策建议,积极参与社会治安防控体系建设,推进平安建设。坚持打防结合,深入开展打黑除恶专项斗争,积极参与对突出治安问题的集中整治,广泛开展法制宣传教育,深入开展创建优秀"青少年维权岗"活动,32个单位被评为全国、全省优秀"青少年维权岗"。

(二)严肃查办和积极预防职务犯罪,促进反腐倡廉建设。深入贯彻党的十七大提出的"坚决惩治和有效预防腐败"的要求,毫不动摇地把查办和预防职务犯罪摆在突出位置。针对人民群众反映强烈的腐败问题,不断加大办案力度,正确处理执法办案的数量、质量、效率、效果和规范的关系,保持了执法办案工作平稳健康发展。共立案侦查职务犯罪1628件1808人,其中贪污贿赂犯罪1382件1520人,渎职侵权犯罪246件288人。

坚决查办大案要案。强化上级检察机关对查办职务犯罪工作的统一组织、指挥和协调,提高发现和突破大案要案能力。立案侦查贪污贿赂五万元以上、挪用公款十万元以上等大案901件,重特大渎职侵权案件114件;立案侦查县处级以上干部职务犯罪要案170人,其中厅级干部13人。依法查办了湖北清江水电投资公司原总经理汪定国受贿案、湖北移动通信有限责任公司原总经理孟大礼受贿案、中南财经政法大学原副校长李汉昌受贿案等一批有影响的职务犯罪要案。

突出查办社会关注的重点行业领域发生的职务犯罪案件。针对损害人民群众切身利益、社会反映强烈的问题,深入职务犯罪易发多发的重点行业领域开展办案工作。注重发挥检察职能保障和改善民生,组织开展查办民生领域职务犯罪专项工作,严肃查办发生在教育、就业、医疗卫生、社会保障、安全生产等民生领域的职务犯罪。积极服务社会主义新农村建设,组织开展查办涉农职务犯罪专项工作,严肃查办发生在农田水利、退耕还林、移民安置、扶贫开发等领域的职务犯罪。组织开展查办危害能源资源和生态环境渎职犯罪专项工作,严肃查办发生在土地管理、资源开发、环境保护等领域的职务犯罪。积极参与治理商业贿赂工作,组织开展查办城镇建设领域商业贿赂犯罪专项工作,严肃查办发生在工程建设、产权交易、政府采购等领域的商业贿赂犯罪。

立足检察职能积极预防职务犯罪。深入贯彻惩治和预防腐败体系建设要求,重视发挥办案在治本方面的建设性作用,注重通过强化法律监督促进执法司法权依法正确行使,积极开展预防职务犯罪工作,努力从源头上预防和遏制腐败现象的发生。结合办案,加强对职务犯罪发案原因、特点、态势的分析,向发案单位和主管部门提出检察建议454件,帮助建章立制、堵塞漏洞。进一步完善行贿犯罪档案查询系统,提供查询495次。加强预防宣传教育,举办法制讲座、警示教育等活动1220次,促进了廉政文化建设。省人民检察院主动走访20多个省直部门,加强信息沟通和工作联系,了解掌握政府重大投资流向、重大项目建设规划等情况,提高了预防工作的针对性、预见性和实效性。

（三）强化对诉讼活动的法律监督，维护司法公正。牢牢把握检察机关法律监督的根本职责，切实把功夫下在监督上，针对人民群众反映强烈的执法不严、司法不公问题，全面加强对诉讼活动的法律监督，维护人民权益，注重保护人权，努力做到敢于监督、善于监督、规范监督。

加强刑事立案和侦查活动监督。针对应当立案而不立案的问题，依法监督侦查机关立案889件1051人，督促行政执法机关向司法机关移送涉嫌刑事犯罪案件304件379人；针对不应当立案而立案的问题，依法监督侦查机关撤销案件193件213人；依法监督纠正应当逮捕、起诉而不提请逮捕、不移送起诉等问题，决定追加逮捕559人、追加起诉295人；对侦查活动中滥用强制措施等违法情况提出纠正意见279件次。

加强刑事审判监督。依法监督纠正有罪判无罪、无罪判有罪、量刑畸轻畸重等问题，对认为确有错误的刑事判决和裁定提出抗诉88件，对刑事审判活动中的违法情况提出纠正意见33件次；省人民检察院认真做好死刑第二审案件的审查、出庭和监督工作，确保死刑的依法正确适用。

加强刑罚执行和监管活动监督。依法监督纠正违法减刑、假释、暂予监外执行等问题83人次，切实防止犯罪人员逃避刑罚执行；依法监督纠正超期羁押、体罚虐待被监管人员等问题，截至2008年底全省无超期羁押，切实维护被监管人员合法权益。立案侦查监管场所职务犯罪案件19件26人。

加强民事审判和行政诉讼监督。认真贯彻修改后的《民事诉讼法》，依法监督纠正民事、行政司法不公问题，对认为确有错误的民事、行政裁判提出抗诉447件，提出再审检察建议129件；加强对抗诉案件的跟踪监督，着力提高案件质量，法院审结检察机关抗诉案件259件，改变原判决175件；对不服法院正确裁判的申诉，认真做好当事人的服判息诉工作，维护司法权威。

加强控告申诉检察工作。立足于维护社会公平正义与和谐稳定，依法及时审查处理群众举报、控告和申诉10446件；加大涉检信访处理力度，认真开展排查化解涉检重信重访专项活动，共清理88件案件，现已全部办结；加大刑事赔偿案件办理力度，受理刑事赔偿请求案41件，依法决定给予赔偿11件；完善控告申诉检察工作机制，建立健全并严格落实领导包案、责任倒查、首办责任、初信初访处理等工作机制，讲究工作方法和处置策略，确保依法妥善解决群众合理诉求。

在开展对诉讼活动的法律监督工作中，全省检察机关强化监督意识，加大监督力度，健全监督机制，完善监督方式。坚持把查办职务犯罪作为强化法律监督的重要内容和有力手段，继续深入开展查办执法不严、司法不公背后的职务犯罪专项工作，查办行政执法和司法人员职务犯罪360人。健全完善法律监督调查机制，省人民检察院制定实施《刑事诉讼法律监督调查办法》和《民事审判行政诉讼活动法律监督调查办法》，全省检察机关开展法律监督调查807件，纠正违法570件。检察机关与法院、公安等政法机关健全和完善联席会议、情况通报、疑难案件协调研究等工作制度和机制，加强协调配合和监督制约；省人民检察院与省高级人民法院共同研究制定了《关于在审判工作和检察工作中加强监督制约、协调配合的规定》，对经常性工作联系、办案协调与配合、监督与制约、文书送达与查阅借阅案卷、检察长列席审判委员会、申诉案件处理等问题作出规定，进一步健全了工作机制，共同促进司法公正。

二、积极推动检察改革，促进检察工作创新发展

以满足人民群众司法需求为根本出发点，以加强对权力的监督制约为重点，积极稳妥地推进检察改革，推动建设公正高效权威的社会主义检察制度。

认真落实最高人民检察院部署的各项改革措施。进一步加大各项改革措施的组织实施力度，增强改革实效。深化审查逮捕、公诉方式改革；深化人民监督员制度试点工作，强化对检察机关办理职务犯罪案件的监督，对拟作撤销案件、不起诉处理和犯罪嫌疑人不服逮捕决定的237件“三类案件”全部纳入了监督程序；进一步深化检务公开，以公开促进公正；全面推行讯问职务犯罪嫌疑人全程同步录音录像工作。

积极推进检察工作机制建设。针对“检令不畅通”、“力量不集中”等问题，按照检察工作整体性、统一性的要求，全面推进检察工作一体化机制。省人民检察院制定推动检察工作一体化机制全面落实的意见，提出44项工作措施，逐项抓好落实；加强制度建设，建立健全侦捕诉协作配合与相互制约制度、职务犯罪案件线索管理规定等配套制度；深化理论研究,为进一步健全完善检察工作一体化机制提供理论支撑。建立健全执法办案科学考评和绩效管理机制,修改完善反贪污贿赂、反渎职侵权、刑事抗诉工作考评办法,研究制定公诉工作考评办法,树立正确工作导向,科学考评工作绩效。建立健全职务犯罪初查工作机制,研究起草加强初查工作的制度规范,着力提高初查工作水平。

深入开展执法规范化建设。以改革举措推进执法规范化建设,提出并落实“坚持长期治理、健全长效机制、落实治本措施”的要求。对受利益驱动违法违规办案、不文明办案、办案安全隐患等执法不规范问题,做到发现一起,严肃查处一起,切实严格执法、严明法纪;对确有错误的案件,坚持实事求是,及时解决;对检风检纪方面存在的问题,认真组织开展“严肃法纪、严守规章、强化管理”专项教育整顿活动。健全完善执法办案的内外部监督制约机制,严格落实办案过错责任追究办法、严禁在办案区违法违规办案的六条禁令、办理职务犯罪案件安全防范工作备案监督暂行规定等制度,充分发挥机制的基础性、根本性和长远性作用;修改完善扣押、冻结款物及处理办法,坚持保护公民人身权利和财产权利并重。通过不断端正统一执法思想、建立健全科学考评体系、加强检务保障等多种途径,强化源头治理,努力消除执法不规范问题的深层诱因。

三、全面加强检察队伍建设,确保严格公正文明廉洁执法

紧紧围绕确保严格、公正、文明、廉洁执法,把加强检察队伍建设作为检察工作永恒主题常抓不懈,努力建设政治坚定、业务精通、作风优良、执法公正的检察队伍。

积极推进检察队伍建设“六项工程”。按照省人民检察院2007年制定的《关于加强检察队伍建设若干问题的决定》,积极推进思想政治建设、领导班子建设、作风纪律建设、素质能力建设、队伍管理机制建设和检察文化建设等检察队伍建设“六项工程”,提出42项具体工作措施,全面抓好落实。在抓队伍建设的各项工作中,坚持落实和体现科学发展观要求。加强思想政治建设、作风纪律建设和检察文化建设,认真开展深入学习实践科学发展观和“大学习、大讨论”活动,进一步坚定理想信念,树立科学发展理念,坚持用社会主义法治理念引领检察工作,进一步统一执法思想,不断改进执法作风和工作作风,大力培育积极向上的检察文化。加强领导班子建设,注重提高各级检察院领导班子领导科学发展的能力;进一步加强和规范干部协管工作,不断优化领导班子结构;加强对领导干部的教育、管理和监督,严格执行民主集中制,坚持诫勉谈话、述职述廉、个人重大事项报告等制度,认真开展巡视工作。加强素质能力建设,注重使检察队伍不断适应检察工作科学发展的要求;立足全员广泛开展正规化教育培训和岗位练兵,组织开展业务培训56期,培训检察干警3300余人次;组织未获得司法职业资格的检察人员集中培训,2008年有259人通过国家司法考试,通过率为37.54%;加强教育培训基地、教材体系、师资队伍建设,提高教育培训水平;组织开展公诉人和律师辩论比赛、民事行政岗位技能竞赛等活动,干警整体素质和法律监督能力进一步提升。

狠抓基层基础工作。高度重视基层人民检察院建设,加强分类指导,总结推广汉阳、枣阳等基层检察院先进经验,树立标杆、典型引路;制定《领导同志联系基层检察院制度暂行规定》,省人民检察院共确定26个基层检察院联系点,市级人民检察院共确定111个基层检察院联系点,加强调研指导,帮助解决实际问题;择优选拔、公开招录135名选调生、高校毕业生充实基层。加强检务保障工作,积极争取地方党委政府支持,进一步推动基层检察院公用经费保障标准的落实;组织开展2007年度全省检察经费保障情况调研,摸清底数,找准问题,及时汇报,省委、省政府对加强检察经费保障非常重视和支持,研究政策措施为检察机关有效解决了一批检务保障问题。推进科技强检工作,组织开展以“强办案、强监督、强管理”为主要内容的“科技强检”活动,制定实施《2008—2010年科技强检项目建设规划》,加大项目建设力度,加强检察技术人才培养和通用技能培训,建立健全检察科技管理机制,努力提升检察工作科技含量和应用水平。深入开展争先创优活动,31个集体和115名个人受到省级以上表彰;积极争创文明系统,全省95%的检察院被评为文明单位,其中省级文明单位61个。

一年来全省检察工作的成绩,是在各级党委正确领导和各级人大、政府、政协以及社会各界的有力监督、大力支持下取得的。全省检察机关牢固树立法律监督机关更要接受监督的观念,自觉接受人大监督和政协民主监督,坚持向人大及其常委会报告工作,认真执行人大及其常委会的决议和决定;进一步加强与人大代表、政协委员的联系,主动邀请代表、委员视察和评议工作,认真听取批评、意见和建议,不断加强和改进检察工作。去年9月,省人民检察院向省人大常委会作了《关于全省检察机关强化法律监督,促进严格执法和公正司法情况的报告》,并认真贯彻落实省人大常委会提出的五条审议意见;切实做好代表、委员意见建议办理工作,对15件人大、政协交办事项和代表、委员转办案件,已办结回复12件,3件正在办理之中;制定《湖北省人民检察院关于自觉接受湖北省人民代表大会及其常务委员会监督的办法》,健全完善制度规范,认真做好接受人大监督的各项工作。

当前,我省检察工作中还存在一些问题和困难:一是有的地方检察机关法律监督职能作用的发挥与人民群众期望还有差距,对诉讼活动的法律监督仍相对薄弱;二是检察队伍整体素质还不完全适应新形势新任务要求,有的地方队伍结构不合理,存在引进人才困难、检察官断档等问题,少数检察人员执法思想不端正、执法能力不够强、工作作风不扎实;三是执法不规范、不公正、不文明的问题仍然存在,极少数检察人员甚至违纪违法,严重损害检察机关形象和执法公信力;四是检察工作机制仍不够健全,有些工作机制落实力度不够,作用发挥不充分;五是检务保障和科技强检工作水平有待进一步提高,有的基层检察院经费保障不足,基础设施、信息化和装备建设水平不高,制约了检察工作发展。对这些问题,我们将采取有力措施,努力改进自身不足,积极争取各方支持,认真加以解决。

四、深入贯彻落实科学发展观,认真做好2009年检察工作

在新的一年里,全省检察机关将认真贯彻中央、省委和最高人民检察院有关会议精神,坚持以邓小平理论和"三个代表"重要思想为指导,深入贯彻落实科学发展观,牢牢把握"保障经济社会又好又快发展,维护社会主义法制统一、尊严、权威,维护社会和谐稳定,维护人民权益,维护社会公平正义"的检察工作根本目标,着力保障经济平稳较快发展、着力维护社会和谐稳定、着力强化法律监督职能、着力推动检察工作科学发展、着力深化检察体制机制改革、着力加强执法公信力建设,为促进我省经济社会发展提供有力的司法保障。

(一)坚持检察工作服务大局,着力保障经济平稳较快发展。紧紧围绕省委关于构建中部崛起重要战略支点、加快"四基地一枢纽"建设、推进长江经济带建设、武汉城市圈两型社会建设和鄂西生态文化旅游圈建设,以及应对当前国际金融危机对经济社会发展带来的冲击,保持经济平稳较快发展等一系列重大决策部署谋划和推进检察工作,把保障和促进经济平稳较快发展作为当前检察机关服务大局的首要任务。加大对严重破坏社会主义市场经济秩序犯罪的打击力度,严肃查办发生在金融、证券、房地产等领域的职务犯罪,严肃查办国家工作人员商业贿赂犯罪,促进"保增长、扩内需、调结构"重大政策措施的落实,维护规范有序的市场秩序。加强对民生工程、基础设施、生态环境建设等重大工程建设和项目资金使用的法律监督,严肃查处和积极预防职务犯罪,保障政府投资安全。依法打击涉农刑事犯罪,继续深入查办涉农职务犯罪,强化涉农法律监督和司法保护,促进农村改革发展。正确把握法律政策界限,认真研究、慎重对待、正确处理经济社会发展中出现的新情况、新问题。改进执法办案方式方法,特别是在办理涉及企业的案件时,坚持从有利于维护企业正常生产经营、有利于维护企业职工利益、有利于促进经济社会秩序稳定出发,严格办案程序,严明办案纪律,讲究执法策略和方法,慎重采取强制措施,既依法查办违法犯罪,又努力促进企业健康发展;在执法办案中加强与发案单位和主管部门的沟通,努力维护正常生产经营秩序;通过办案积极为国家、企业挽回经济损失,依照有关规定返还扣押款物用于生产经营。

(二)坚持认真贯彻宽严相济刑事政策,着力维护国家安全和社会和谐稳定。加强与有关部门的配合,严厉打击境内外敌对势力的渗透颠覆破坏活动。突出重点,加大对黑恶势力犯罪、严重暴力犯罪、多发性侵财犯罪、涉众型经济犯罪和毒品犯罪的打击力度,坚决遏制严重刑事犯罪高发的势头。认真贯彻宽严相济的刑事政策,既有力打击犯罪,又努力减少社会对抗,最大限度地促进社会和谐稳定。

(三)坚持检察机关宪法定位,着力强化法律监督职能。坚持检察机关的宪法定位,进一步强化监督意识、加大监督力度、突出监督重点、增强监督实效。坚持查办职务犯罪与强化法律监督紧密结合,坚决查办大案要案和群众反映强烈的案件,严肃查办执法不严、司法不公背后的职务犯罪案件,促进反腐倡廉建设。针对应当立案而不立案,不应当立案而立案,违法采取搜查、查封、扣押、冻结等强制性措施,刑讯逼供,暴力取证,违法减刑、假释、保外就医,判决裁判不公等问题,全面加强对刑事立案、侦查活动、刑事审判、刑罚执行及监管活动和民事行政诉讼的法律监督,促进严格执法、公正司法,发挥法律监督职能作用保障和促进政法队伍建设。

(四)坚持全面加强和改进检察工作,着力推动检察工作科学发展。深入学习贯彻科学发展观,切实增强发展意识,认真研究加强和改进检察工作的措施,努力推动检察事业发展,促进执法办案和法律监督工作发展,保持业务工作平稳健康发展。扎实开展好省人民检察院机关深入学习实践科学发展观活动,在深入分析检查的基础上,落实整改措施,有效解决与科学发展观不符合、不适应的突出问题。按照科学发展观要求进一步明确工作思路,努力使工作思路、工作决策做到“六个符合”,即符合法律、符合规律、符合大局、符合民意、符合理念、符合实际。进一步解放思想,破除司法陋习,克服思想僵化,以思想大解放推动检察事业大发展。牢固树立符合科学发展观要求的发展理念和社会主义法治理念,进一步统一端正执法思想。

(五)坚持强化监督职能、加强监督制约,着力深化检察体制和工作机制改革。紧紧围绕强化法律监督职能与加强对自身执法活动的监督制约两个方面的重点,深化检察体制和工作机制改革,进一步解决制约检察工作科学发展的体制性、机制性、保障性障碍。认真贯彻中央和最高人民检察院关于深化检察改革的部署,切实抓好组织实施工作。同时,着眼于用好现有法律手段,积极推进检察工作机制创新。创新检察业务工作机制,继续全面实行检察工作一体化,完善法律监督的范围、程序和措施,深入研究加强和规范初查工作的方式方法,增强法律监督能力。创新队伍管理机制,推进专业化管理,完善绩效考评奖惩制度,加强检察职业保障。创新检务保障机制,促进落实“明确责任、分类负担、收支脱钩、全额保障”的经费保障体制,积极争取支持,提高经费保障标准,加大转移支付力度,推动建立检察经费正常增长机制。

(六)坚持严格、公正、文明、廉洁执法,着力提升检察机关执法公信力。深刻认识执法公信力是检察机关的立身之本,执法公信力来源于严格、公正、文明、廉洁执法,来源于全心全意为人民服务的良好形象。坚持把执法公信力建设作为一项战略任务来抓,今年在全省检察机关组织开展加强执法公信力建设专项工作,认真抓好以下方面:坚持依法严格履行职责,确保自身严格执法;全面加强检察队伍建设,突出理想信念教育和以“忠诚、公正、清廉、严明”为核心的职业道德建设,加强党风廉政建设和自身反腐败工作,认真抓好大规模教育培训,健全和完善全员培训体系,提高队伍整体素质;推进执法规范化建设,坚持治理执法不规范、不公正、不文明等问题;牢固树立执法为民宗旨意识,尊重人民的主体地位,坚持检察工作的人民性,加强检察机关群众工作,切实解决好检察工作“为了人民群众”、“依靠人民群众”、“提高群众工作能力”、“接受人民群众监督”和“让人民群众得到法律监督的实惠”等问题;加强自身监督制约机制建设,健全完善对自身执法活动的监督制约体系。

在新的一年里,全省检察机关将在省委和最高人民检察院正确领导下,自觉接受各级人大、政协和社会各界监督,认真执行本次大会决议,锐意进取,扎实工作,努力为保障和促进湖北经济社会又好又快发展作出新的更大贡献。

湖南省人民检察院工作报告(摘要)

——2009 年 1 月 15 日在湖南省第十一届人民代表大会第二次会议上

湖南省人民检察院检察长 龚佳禾

(2009 年 1 月 17 日湖南省第十一届人民代表大会第二次会议通过)

2008 年,全省检察机关在中共湖南省委和最高人民检察院的领导下,在人大的监督和政府、政协的关心支持下,认真贯彻党的十七大精神和胡锦涛总书记对检察工作的重要指示,坚持社会主义法治理念,坚持“强化法律监督,维护公平正义”检察工作主题,坚持为“一化三基”富民强省大局服务,着力于关注民生、维护民权、保障民利,着力于抓素质、抓规范、抓基层,为完成抗灾救灾、奥运维稳等重大任务,保障和促进全省经济社会又好又快发展,维护社会和谐稳定履行了我们应尽的法定职责。

一、围绕人民群众的新期待新要求,切实加大法律监督力度

全省检察机关以中央对社会治安和反腐倡廉形势的准确判断为依据,结合湖南实际,以满足人民群众的新期待新要求为出发点和落脚点,坚定地履行法律监督职能。

(一)顺应人民群众祈盼社会和谐稳定的愿望,贯彻宽严相济的刑事政策,依法履行批捕、起诉职责

严惩严重刑事犯罪,切实维护社会稳定。在冰冻、地震自然灾害和奥运会、残奥会维稳等重大任务的考验面前,全省检察机关始终将维护社会大局稳定作为首要政治任务,履行审查批捕和审查起诉职责,稳、准、狠地打击刑事犯罪活动,全年共批准逮捕各类刑事犯罪嫌疑人 40753 人,提起公诉 44450 人。把危害国家安全犯罪、严重暴力犯罪、黑恶势力犯罪、多发性侵财犯罪以及严重破坏市场经济秩序的刑事犯罪作为打击重点。共批捕上述犯罪嫌疑人 25058 人,提起公诉 26360 人。加强与公安、法院的协调配合,深入开展打黑除恶专项斗争和“扫黄打非”、打击“两抢一盗”、打击赌博等专项行动。在“打黑除恶”专项行动中,省检察院对 29 起黑恶势力犯罪团伙案件挂牌督办。如对永州市以周祖刚为首的 44 人涉黑案、郴州市以王强军为首的 30 人涉黑案等及时批捕、起诉,有力地震慑了犯罪。

探索依法处理轻微刑事案件新机制,努力促进社会和谐。在依法严厉打击严重刑事犯罪的同时,对轻微刑事犯罪案件以及未成年人、老年人犯罪、初犯、偶犯、过失犯等,可捕可不捕的不捕,可诉可不诉的不诉。积极探索运用刑事和解手段处理轻微刑事案件,致力于在法律许可的范围内最大限度地减少社会对立面,化消极因素为积极因素。全省检察机关运用刑事和解办理轻微刑事案件 1389 件 1492 人,取得了良好的法律、社会和政治效果。长沙市岳麓区检察院与区司法局共同研究制定了《关于建立刑事和解与人民调解对接机制的实施办法(试行)》,由司法行政部门在该院设立人民调解室,对审查起诉中符合刑事和解条件的轻微刑事案件,先由人民调解员进行调解,化解双方矛盾,达成互谅,为减轻或免除犯罪嫌疑人的刑事责任创造条件。该院全年共调处轻微刑事案件 21 件 27 人,对和解成功的犯罪嫌疑人依法作出不起诉决定 20 件 26 人,成功率达 96%。

下大力气抓排查化解涉检重信重访专项工作,依法妥善处理群众的合理诉求。共办理涉检信访案件 1282 件,办结、息诉 1237 件;立案复查刑事申诉案件 135 件,办理刑事赔偿案件 67 件,决定赔偿 97 万多元。建立健全了处理涉检信访长效机制,省

检察院出台了《关于加强涉检信访工作的决定》,实行涉检信访问题与干警的执法档案、干警岗位责任及目标考核、干部任用提拔、执法质量考评、先进市州检察院和基层检察院评比“五个挂钩”,强化了责任意识,加大了追责力度。集中排查化解涉法涉诉进京非正常访工作受到中央政法委员会的表彰。同时,积极配合有关部门开展了社会治安形势定期调查分析、社会治安防控体系建设和平安湖南创建工作。

(二)顺应人民群众对国家机关和工作人员依法廉洁行政的愿望,依法查办和预防职务犯罪

针对职务犯罪的新特点、新变化,进一步改进侦查一体化办案机制,坚持“稳、准、狠”的方针,集中力量查办大案要案和人民群众反映强烈的案件。立案查办贪污贿赂、渎职侵权犯罪案件 1611 件 1999 人,其中贪污贿赂、挪用公款犯罪等大案 755 件,渎职侵权重特大犯罪案件 259 件。县处级以上领导干部职务犯罪要案 108 人(其中厅级干部 9 人)。比较典型的案件有:省移民局原局长熊金香(正厅级)受贿案,省信用联社原副主任宋晋湘(副厅级)受贿案,湘西自治州人大常委会原副主任游清高(副厅级)玩忽职守、受贿案,岳阳市政协原副主席瞿松柏(副厅级)受贿案,通道县委原书记李先胜受贿案等。

服务“两型”社会建设,深入重点行业领域开展专项工作。开展了查办重大安全责任事故、涉农涉林职务犯罪、危害能源资源和生态环境犯罪专项工作,共立案侦查此类职务犯罪嫌疑人 798 人。同时继续深入开展查办城镇建设领域商业贿赂犯罪工作,共立案侦查此类职务犯罪嫌疑人 367 人。

适应党风廉政建设新要求,加强预防职务犯罪工作。立足检察职能,积极探索查办职务犯罪与服务经济建设的结合点,完善行贿犯罪档案查询系统,开展预防调查和犯罪分析,完成个案预防 778 件、重点预防 376 个,发出检察建议 1023 份,促进了专门预防与社会预防的有机结合。益阳市赫山区检察院从近年来发生的 7 起村干部职务犯罪案件入手,深入调查研究,分析犯罪原因,提出了加强乡村两级下拨款管理和监督的检察建议,并帮助相关部门制定了《乡镇涉农资金使用管理流程图》和《乡镇涉农资金明细台账》,得到了区委、区政府的充分肯定。

(三)顺应人民群众对司法公正的愿望,切实加大诉讼监督力度

强化对侦查活动的监督。重点监督有案不立、有罪不究、以罚代刑以及违法动用刑事手段插手经济纠纷、违法立案等问题,依法监督侦查机关立案案件 658 件、撤案案件 462 件;对应当提请逮捕、移送起诉而未提请逮捕、移送起诉的,依法决定追加逮捕 1204 人,追加起诉 1108 人;对不构成犯罪或无逮捕必要的,决定不批准逮捕 5153 人,对不构成犯罪或证据不足、犯罪情节轻微不需要判处刑罚或免除刑罚的,决定不起诉 3478 人。

强化对刑事审判活动的监督。对审查后认为确有错误的刑事判决和裁定提出抗诉 144 件,在法院已审结案件中改判 42 件。对审判活动中的违法情况提出纠正意见 188 件次。认真做好死刑二审开庭的审查、出庭和法律监督工作。

强化对民事审判和行政诉讼的监督。根据修订后的民事诉讼法的新要求,加强了对民事审判和行政诉讼活动的监督,努力提高抗诉、再审检察建议的质量和水平。全年共受理民事行政申诉案件 1505 件,对认为符合再审条件的民事、行政判决、裁定提出抗诉 258 件,法院再审审结 242 件,改变原裁判 168 件;提出再审检察建议 77 件,法院采纳 45 件。对认为不符合再审条件的 1115 件做好当事人服判息诉工作。对 184 件侵害国家、集体和社会公共利益的民事行政案件支持起诉或提起刑事附带民事诉讼。

强化对刑罚执行和监管活动的监督。积极开展清理久押不决和超期羁押案件专项行动,依法监督纠正超期羁押 48 人次。对监管活动中的违法问题提出纠正意见 3459 人(次),已纠正 3216 人(次),其中纠正监外执行罪犯脱管漏管 1083 人(次)。纠正违法减刑、假释、保外就医案件 736 件(次)。在冰灾和汶川特大地震灾害发生后,加强对监管场所安全防范措施的督促检查,协助做好川籍在押人员的安抚工作,确保监管场所的稳定。

强化对执法和司法不公背后职务犯罪的监督。把监督纠正违法与查办职务犯罪相结合,注意在诉讼监督中发现执法、司法不公背后的职务犯罪线索,立案侦查涉嫌滥用职权、徇私枉法、索贿受贿等司法人员犯罪案件 89 件 107 人。

二、围绕加强和改进检察工作,进一步深化检察改革、完善工作机制

全省检察机关认真落实最高人民检察院部署

的各项检察改革措施，探索强化法律监督的工作机制，坚决地推进执法规范化建设。

（一）完善内部监督制约机制，加大检察改革措施的推进力度。深化人民监督员制度试点工作，增强监督的刚性。人民监督员共监督检察机关侦查的职务犯罪拟作撤案、不起诉和犯罪嫌疑人不服逮捕决定的“三类案件”327件。大力推行检务督察工作，以执法质量考评、重点督察、个案督察、调研督察等方式，加强内部监督。省检察院直接对31件涉检信访案件进行了督察，对发现的问题进行了及时纠正。推行讯问职务犯罪嫌疑人同步录音录像制度，全省有81个检察院建成“两录”办案工作区，对自行侦查的案件逐步实行全程同步录音录像，强化了对侦查取证活动的监督。严格执行最高人民检察院关于扣押、冻结款物的规定，制定了具体的实施细则，进一步规范涉案款物的追缴与管理。落实查办职务犯罪案件的备案审查和撤案报批制度。建立执法档案，把执法状况、办案质量和效果作为考核检察人员的重要依据。进一步深化检务公开，建立健全专家咨询、特约检察员制度，增强了检察工作的透明度。坚持从严治检，加大自身反腐败力度，严肃查处了蓝山县检察院原检察长徐小明等违法违纪检察人员9人。

（二）积极探索管理科学化。一是改进机关管理与考核评价机制。着眼于引导严谨文明的执法作风和树立正确的政绩观，遵从检察权运行规律设定考核科目。省检察院制定了《省检察院机关科学管理与考核办法（试行）》，发挥基础管理单元的规范功能，正确处理工作绩效与规范的关系，突出能力与水平的提高要求。二是推行办案管理网络化。加快信息化建设与应用，省检察院、14个市州检察院和大部分基层检察院建成了局域网，初步形成全系统互联互通的办公办案网络，利用网络平台实施办案流程监督，提高了工作效能。三是实行案件质量考评系统化。修订了《执法状况考评细则》，把原来单一的案件质量考核变为执法机制建设、实体程序检查、执法效果评估、执法过错追责、涉检信访查源等执法综合考评机制。开展明察暗访，加大督察力度，使执法质量考评更加符合全面、协调、可持续性的要求。

（三）加大规范检务保障的工作力度。为了从根本上解决执法中的利益驱动问题，在统一执法思想、转变执法观念的同时，狠抓了县级检察院公用经费保障标准的落实。省检察院先后两次召开市州检察院检察长座谈会，专题研究促进规范保障问题。年初，省检察院领导分头下基层对公用经费保障标准落实情况进行调研，并会同省财政厅领导和相关职能部门一起到工作薄弱的基层检察院督办落实。下半年省委又对落实情况进行了专项督察。在各级党委、人大、政府的重视和支持下，基层检察院公用经费保障情况有了较大改善。

三、围绕提升执法公信力，全面加强检察队伍建设

全省检察机关按照严格、公正、文明执法的要求，着力解决队伍中存在的突出问题，队伍的教育、管理和监督有新的加强。

（一）认真开展学习教育活动，着力提高思想政治素质。根据省委和最高人民检察院的统一部署，全省检察机关开展了“大学习、大讨论”活动、“坚持科学发展、加快富民强省”解放思想大讨论活动和深入学习实践科学发展观活动。各级人民检察院把学习教育活动作为加强和改进检察工作的重要载体，在抓好中心组及干警理论学习的同时，举办检察长专题研讨班，查找和解决观念上、机制上、能力上、作风上与科学发展观不相符合不相适应的突出问题。以郴州市检察院原副检察长陈瑶云、徐望实徇私枉法、索贿受贿案为反面教材，开展警示教育。通过举办纪念检察机关恢复重建三十周年“三湘检察官故事会”、评选“湖南十大检察事件”等多种形式的宣传教育活动，弘扬先进典型，加强正面引导。通过教育活动，进一步加深了对科学发展观和社会主义法治理念的理解和把握，在政法工作面临的一系列重大理论和实践问题上与党中央保持高度一致，增强了对中国特色社会主义理论体系的政治认同、理论认同、感情认同，强化了党的事业至上、人民利益至上、宪法和法律至上的意识，与非马克思主义的法治观、法律观划清界线，坚定了正确的政治方向，为加强和改进检察工作奠定了坚实的思想基础。

（二）大力加强领导班子建设，着力提高班子的凝聚力战斗力。针对换届之年班子成员变动较大的实际情况，按照“讲党性、重品行、作表率”的要求，加强了领导班子的培训、管理和监督。落实中央《建立健全惩治和预防腐败体系2008—2012年工作规划》，加强党风廉政建设责任制，完善领导干部个人重大事项报告、执法档案、廉政档案、异地任职、分工交流等制度。强化上级检察院对下级检察院领导班子的协管力度。省、市两级检察院派员参加下级检察院民主生活会126次，省检察院先后对3个市级检察院领导班子进行了巡视考察，与地方党委配合对8个市州检察院的班子成员进行了调整。省检察院领导分头下基层，宣讲十七大关于政法工作的战略部署，就加强和改进检察工作问题，与基层检察院班子成员逐个谈心沟通，营造共识。商请省委组织部和相关市州委同意，派遣高学历人才到市州检察院挂职和试行市州检察院常务副检察长交流，多渠道加强市州院领导班子建设。

（三）强化业务培训和岗位练兵，着力提高队伍的专业化水平。举办各类业务培训班71期，培训干警4416人(次)，重点对市州检察院和基层检察院的检察长，分管反贪、反渎工作的副检察长以及反贪局长、反渎局长进行了集中培训，对372名检察人员进行了高级检察官任职资格培训。加强对未取得检察官资格人员的司法考试培训工作，去年有319人通过了国家司法考试，通过率为40.3%，比全国平均通过率高19个百分点。公开招录和从下级检察院遴选各类专业人才240名。加强检察理论研究，学理论、钻业务的风气逐步形成，取得了一批优秀成果，《检察官客观义务研究》课题获全国检察基础理论研究一等奖。积极开展创建文明单位、评选“十佳百优检察干部”等争先创优活动，涌现出了“湖南省人民满意的公务员”陈泽友、“湖南五四青年奖章标兵”刘有仁等一批优秀检察干警。

（四）深入推进基层检察院建设，着力夯实发展基础。坚持不懈地把加强基层检察院建设作为战略任务来抓。进一步完善了基层检察院工作规范和考核评价体系。坚持“抓两头、促中间”的工作思路，树立长沙市雨花区检察院、醴陵市检察院等12个基层检察院为示范院，确定11个基层检察院为重点联系院，采取重点攻坚、示范引路、加大扶持、分类指导等措施。特别是对重点联系院，实行省院领导挂点、业务部门对口指导、先进院结对帮扶，增强了基层检察院建设的针对性。全省有8个检察院被评为全国先进基层检察院。

四、坚持党的领导、接受人大监督，确保检察权正确运行

坚持党的领导、人民当家作主和依法治国三者的有机统一，坚定地把检察工作置于党的领导之下，坚持重大事项党内请示报告制度，确保党的方针、政策和重大工作部署在检察机关的全面落实。进一步强化人大监督的意识，依法向同级人大及其常委会报告工作，去年9月，省检察院向省人大常委会就完善检察机关监督机制、促进公正执法的情况进行了专题报告。把接受人大监督和加强与人大代表的联系作为一项经常性的工作来抓，多渠道听取人大代表对检察工作的意见、批评和建议。认真办理人大交办的事项和人大代表的议案、批评和建议，省检察院去年共收到人大代表建议、批评和意见10件，已全部办结并及时给予了答复。强化接受民主监督意识，除向各民主党派聘请特约检察员外，建立了与民主党派、工商联负责人和无党派人士沟通机制。注重发挥各级检察院班子中配备的非中共党员领导人员的聪明才智。

过去的一年，我省检察工作虽然取得了一些进步，但也存在不容忽视的问题。用科学发展观的要求来衡量，无论是执法理念、执法机制还是执法能力和执法作风，都存在不符合和不适应的问题。特别是检察权运行的内外监督制约机制还不够完善，一些制约检察权正确有效行使的体制性、机制性、保障性障碍还没有根本清除，利益驱动、违法取证、特权思想等侵蚀检察执法公信力的问题仍然突出。对此，我们将锁定目标、综合治理，在深化检察改革中坚决地加以克服。

2009年将是我省经济社会发展面临严峻挑战和重大机遇的一年。全省检察机关将认真贯彻省委和最高人民检察院的部署，坚决地执行省人大及其常委会的决议决定，坚持深入学习实践科学发展观，秉持“强化法律监督、维护公平正义”的检察工作主题，突出保发展、保民生、保稳定，狠抓转变观念、完善机制、提高素质、打牢基础，切实加强和改进检察工作，忠实履行宪法和法律赋予的职责，为促进全省经济平稳较快发展提供强有力的司法保障。

一是深入学习实践科学发展观，把服务全省经济平稳较快发展作为检察工作的首要任务。坚持以科学发展观为统领，把保发展、保民生、保稳定作为检察机关贯彻落实科学发展观的重要实践，深入探索新形势、新情况下检察工作服务经济社会科学发展的思路和措施，进一步增强大局观念，更加自觉地围绕省委、省政府的一系列重大部署谋划和开展工作。

二是切实加强法律监督工作，把守护正义、维护社会和谐稳定作为第一责任。紧紧抓住人民群众反映强烈的问题，强化法律监督，提高监督实效。全面贯彻宽严相济的刑事政策，准确地履行批捕、起诉职责，依法打击黑恶势力犯罪、严重暴力犯罪、多发性侵财犯罪、涉众型经济犯罪和毒品犯罪等严重刑事犯罪活动，依法妥善处理流动人口犯罪以及由经济纠纷引发的“民转刑”案件，全力维护社会稳定。坚持“稳、准、狠”的方针，进一步加大查办和预防职务犯罪工作力度。以查办大要案和社会反响强烈的案件为重点，更加注重维护良好的市场经济秩序，更加注重保障政府投资安全，更加注重对能源资源、生态环境和知识产权的司法保护。更加注重尊重和保护社会经济主体的创新精神和创新能力。更加注重改进办案的方式方法。加强控告申诉检察工作，真诚地对待群众的合理诉求。加强刑事诉讼、民事审判和行政诉讼以及刑罚执行活动的监督，下大力气依法监督纠正执法不严、司法不公的问题。

三是进一步解放思想、勇于创新，把落实检察改革措施作为加强和改进检察工作的突破口。认真贯彻落实中央《关于深化司法体制和工作机制改革若干问题的意见》，从解决人民群众不满意的问题入手，以强化法律监督、完善检察权运行的内外监督制约为重点，切实落实各项改革措施。积极推进建立和完善检察工作机制、执法规范机制、检务保障机制和监督制约机制，大力加强执法规范化建设，促进严格公正文明执法。

四是加强队伍思想作风建设和司法技能训练，把提升检察公信力作为满足人民群众新期待的不懈追求。加强党风廉政建设，健全检察队伍惩治和预防腐败体系，坚决查处违法违纪行为，着力解决执法不严、执法不公和执法不文明的突出问题。以提高法律监督能力为目标，加强领导干部素能培训，强化执法办案一线人员专业技能培训，抓好新进、新任人员岗前、任前培训，提高队伍专业素质。大力加强基层基础建设，增强基层发展动力，激发基层活力，全面提升基层检察院工作水平。

五是增强党的观念和宪法意识，把坚持党的领导、接受人大监督作为检察权依法有效运行的根本保证。坚持检察工作政治性、人民性、法律监督属性的有机统一，不断增强坚持党的领导、自觉接受人大监督的意识，紧紧依靠党的领导和人大的监督支持解决检察工作发展的重大问题。认真落实监督法的有关规定，进一步完善接受人大及其常委会监督的机制。提高人大交办事项的办理水平。自觉接受政协的民主监督以及人民群众和社会各界的监督，虚心听取各方面的批评、建议和意见，确保检察权在有效的监督中正确运行，促进全省检察工作健康发展。

我们正处于一个新的历史起点上。在新的一年里，检察机关将认真落实本次会议精神，求真务实，锐意进取，以忠诚履职的业绩迎接新中国成立六十周年！

广东省人民检察院工作报告（摘要）

——2009年2月15日在广东省第十一届人民代表大会第二次会议上

广东省人民检察院检察长　郑　红

（2009年2月17日广东省第十一届人民代表大会第二次会议通过）

2008年，全省检察机关在中共广东省委和最高人民检察院领导下，在人大监督和政府、政协及社会各界支持下，坚持以邓小平理论和“三个代表”重要思想为指导，深入贯彻落实科学发展观，认真学习贯彻党的十七大、十七届三中全会精神和省委十届二次、三次全会、省十一届人大一次会议精神，继续解放思想，坚持改革创新，依法履行法律监督职能，各项工作取得新的进展。

一、坚持服务大局，强化法律监督，维护和谐稳定

全省检察机关紧紧围绕党和国家中心工作，围绕我省经济社会发展大局，在打击犯罪、强化监督、保障改革发展、维护社会稳定等方面积极发挥职能作用，努力为广东争当实践科学发展观排头兵营造和谐稳定的社会环境和良好的法治环境。

（一）立足检察职能，积极主动服务经济社会发展大局。全省检察机关更加主动把检察工作放到全省工作大局中来谋划，放到服务科学发展、促进社会和谐大局中来推进。在开展解放思想学习讨论活动和学习实践科学发展观活动中，深入查找和认真解决与科学发展观要求不适应、不符合以及群众反映强烈的突出问题。省检察院制定了《关于进一步解放思想，推进检察工作科学发展的意见》，进一步明确我省检察工作科学发展的总体思路和为我省争当实践科学发展观排头兵提供有力司法保障的目标任务、具体措施。针对国际金融危机给经济社会发展带来的影响，全省检察机关按照省委“三促进一保持”的部署和相关要求，把保障经济平稳较快发展作为检察工作服务大局的首要任务，省检察院制定了《关于帮助企业解困，促进企业发展，保障我省经济平稳较快增长的意见》，提出发挥检察职能服务企业发展的10条措施，明确在依法打击犯罪的同时，更加注重依法保护和促进企业发展，更加注重维护良好的市场经济秩序，更加注重保障政府投资安全，切实增强检察工作服务经济发展的针对性和实效性。

（二）依法打击刑事犯罪，全力维护社会稳定和市场经济秩序。依法履行批捕、起诉职能，全年共批捕各类刑事犯罪嫌疑人108826人，起诉105922人，分别比上年增加0.07%和下降0.87%。其中，依法批捕黑恶势力犯罪嫌疑人343人，起诉208人；批捕故意杀人、放火、强奸、绑架等严重暴力犯罪嫌疑人4205人，起诉4041人；批捕抢劫、抢夺、盗窃犯罪嫌疑人53707人，起诉53245人。依法打击破坏市场经济秩序的犯罪，共批捕生产销售伪劣商品、金融诈骗、走私等破坏市场经济秩序犯罪嫌疑人3790人，起诉3725人，分别比上年增加5.81%和1.33%。

认真贯彻宽严相济的刑事政策。坚持该严则严，当宽则宽，区别对待，注重效果。在依法严厉打击严重刑事犯罪的同时，对涉嫌犯罪的未成年人，贯彻“教育、感化、挽救”的方针，采取适合其身心特点的办案方式；对主观恶性不大、犯罪情节轻微的初犯、偶犯、过失犯以及因亲友邻里纠纷引发、当事人达成和解的轻微刑事案件，依法适度从宽，防止片面强调从严和片面强调从宽两种倾向，既有力打击犯罪，又减少社会对抗，最大限度地促进社会和谐稳定。

（三）依法查办和注重预防职务犯罪，促进反腐倡廉建设。坚决贯彻落实中央《建立健全惩治和预防腐败体系2008—2012年工作规划》和省委实施办法，依法履行查办职务犯罪职责，共立案侦查贪污贿赂、渎职侵权等职务犯罪案件1767件1873人，分别比上年增加1.9%和1.9%，为国家挽回经济损失10.6亿元。突出查办大案要案，立案侦查贪污贿赂十万元以上、挪用公款百万元以上案件717件767人，涉嫌犯罪的处级干部138人，厅级干部10人。深入查办涉及民生的职务犯罪，立案侦查商业贿赂案件666件676人，其中城镇建设领域贿赂案件268件273人；立案侦查危害能源资源和生态环境渎职犯罪案件141件141人；围绕农村基础设施建设、支农惠农资金管理等方面，积极查办涉农职务犯罪案件313件348人。坚决查办重大安全责任事故背后的渎职犯罪，立案侦查此类案件33件27人，促进职能部门认真履行职责，防止事故发生。加强追逃和案件协查工作，共抓获在逃职务犯罪嫌疑人68人，协助兄弟省、市检察机关查办案件1300件。

加强职务犯罪预防工作。认真贯彻标本兼治、综合治理、惩防并举、注重预防的方针，结合办案，加强对职务犯罪特点、规律和原因的分析，综合运用检察建议、警示教育、预防咨询等措施，协助发案单位、职务犯罪多发易发行业、领域和重点建设工程单位，抓好源头治理。共发出检察建议1290件，接受预防咨询2640次，开展预防宣传和警示教育2736场次，受理行贿犯罪档案查询11412次。突出抓好“四个预防”：即结合个案办理开展“个案预防”；继续在案件易发多发的重点行业和领域开展“系统预防”；配合有关单位积极开展重点建设项目“专项预防”；主动协助党委推进“社会化预防”。省检察院编印了《画说十种新型受贿》宣传册4万多册，解剖典型案例，图文并茂地反映当前受贿犯罪的新形式；与省建设厅共同编写《广东省重点建设项目预防职务犯罪工作指引》，指导和推动建设领域预防职务犯罪工作的深入开展；与海关、国资委等多个行政执法部门和行业主管单位召开预防职务犯罪工作联席会议，建立健全相关制度，增强预防工作的针对性，扩大预防的覆盖面和效果。

（四）强化诉讼监督，维护司法公正。加强刑事诉讼法律监督，对应当立案而不立案的，督促侦查机关立案120件；对应当逮捕而未提请逮捕的，决定追加逮捕169人；对应当起诉而未移送起诉的，决定追加起诉53人；对不符合逮捕条件或者依法应当从宽的，决定不批捕8381人；对依法不应当追究刑事责任、证据不足或者依法应当从宽的，决定不起诉2403人；对侦查活动中的违法行为提出纠正意见37件；对认为确有错误的刑事判决、裁定，依法提出抗诉223件。加强民事审判和行政诉讼监督，立案审查不服法院生效民事、行政裁判的申诉2825件，对认为确有错误的判决、裁定，依法提出抗诉568件，发出再审检察建议77件；对于正确的裁判，依法做好当事人息诉服判工作。加强刑罚执行和监管活动监督，共审查减刑、假释、保外就医案件37534件，对69件提请不当案件提出纠正意见。认真查办刑罚执行和监管活动中的职务犯罪案件，共立案17件18人。防止和纠正超期羁押工作取得明显成效，从2005年起连续四年实现了全省检察环节零超期羁押。把对诉讼活动的监督和查办司法不公背后的职务犯罪结合起来，立案侦查司法工作人员贪污贿赂、渎职侵权等案件102人，其中贪污贿赂案件48人，渎职侵权案件54人。

（五）加强控告申诉检察工作，积极化解矛盾纠纷。坚持用和谐执法的理念处理矛盾纠纷，体现司法人文关怀。依法处理群众来信来访18026件次。坚持检察长接访制度和领导包案、首办责任制、带案下访、定期巡访等制度，各级检察长共接待来访群众1540批3184人。加大矛盾纠纷排查化解工作力度，共排查涉检重信重访案件64件，办结63件，已息诉61件。其中，中央政法委和省委政法委交办的22件重信重访案件全部在规定时间内办结并息诉罢访。创新接访工作方式，开展网上预约点名接访和视频接访试点工作。审查刑事申诉案件336件，立案复查153件，办结145件。审结刑事赔偿案件32件，支付赔偿金117.12万元，维护当事人的合法权益。积极探索推行刑事申诉案件公开审查和刑事被害人经济救助试点工作，增强执法透明度，接受社会监督，体现司法护民，化解矛盾纠纷。

二、创新工作机制，推进检察工作科学发展

一年来，我们坚持以强化法律监督职能和加强监督制约为重点，进一步创新工作机制，推进全省检察工作科学发展。

（一）进一步健全接受人大、政协监督的经常性工作机制。省检察院制定了《关于进一步加强与人大代表联络，自觉接受监督的意见》，促进联络工作经常化、规范化、制度化。对检察工作的重要部署、重大事项，及时向人大常委会报告。去年9月，省检察院向省十一届人大常委会第五次会议作了《关于完善检察机关监督机制，促进公正执法情况报告》，得到省人大常委会的充分肯定。对省人大常委会提出的审议意见，我们认真研究，组织整改。省检察院定时编发《人大代表联络专刊》，及时向人大代表通报检察工作情况。认真办理并全部办结省人大代表提出的建议6件，代表的满意和基本满意率达100%。认真办理省人大转交的涉法涉诉信访件22件，已办结18件，4件正在办理中。邀请人大代表、政协委员、各民主党派代表视察和座谈，听取意见建议，改进检察工作。全省各级检察机关共召开人大代表、政协委员、各民主党派座谈会384场次，向人大专题报告工作242次，走访人大代表4871人次。

（二）建立和完善案件办理工作机制。继续完善刑事司法与行政执法衔接机制，依法扩大简易程序适用，推行快速办理轻微刑事案件机制，及时化解矛盾，节约司法资源，提高诉讼效率。继续完善查办职务犯罪案件“双报批、双报备”、讯问职务犯罪嫌疑人全程同步录音录像、规范扣押冻结款物等制度，积极推行办理职务犯罪案件“一案一评估、一案一建议、一案一教育”工作机制，加强案件管理，确保办案质量和办案效果。

（三）积极推进人民监督员制度试点工作，进一步提高办案质量和执法水平，促进公正执法。全省检察机关共聘请人民监督员903名，人民监督员对检察机关拟撤销案件、不起诉以及犯罪嫌疑人不服逮捕的职务犯罪案件共450件487人进行了监督，人民监督员同意检察机关拟定意见的437件，不同意检察机关拟定意见的13件，检察机关采纳的6件。

（四）加强与法院的协调配合，建立了联席会议工作机制。省检察院与省法院建立联席会议协商机制,联签了两院《关于加强工作协调若干问题的意见》、《关于进一步提高死刑二审案件质量的若干意见(试行)》、《关于检察长列席审判委员会会议的若干意见》、《关于刑事诉讼中适用和解的指导意见(试行)》等文件,加强协调配合,强化监督制约。

三、全面推行"阳光检务",提高检察工作透明度和公信力

在开展解放思想学习讨论活动中,省检察院制定了《关于进一步解放思想,全面推行阳光检务的决定》,要求将与检察职权相关的、依法可以公开的活动和事项,全面向社会和诉讼参与人公开,自觉接受人民群众和社会各界的监督,确保检察权在阳光下运行和正确行使。全省检察机关通过建立案件办理情况查询机制,建立检务公开大厅,推行申诉案件公开审查制度以及检察文书说理制度,建立和完善新闻发布会和新闻发言人制度,建立"检察开放日"制度,邀请人民监督员、特约检察员、专家咨询委员参与案件监督,邀请人大代表、政协委员、各民主党派、工商联和无党派人士代表、新闻媒体代表和企业界代表座谈,征求社会各界对加强和改进检察工作的意见建议等,全面推进阳光检务工作。目前,全省共有16个市、分院和71个基层检察院建立了检务公开大厅。共有84个检察院开通了案件办理情况查询电话,28个检察院开通了案件办理网上查询系统,51个检察院设置了触摸屏查询系统,方便当事人及时了解案件办理进展情况。省检察院、20个市分院和87个基层检察院先后举办了"检察开放日"活动,共有近3万名社会各界人士参加,增强了社会各界对检察工作的了解和监督。通过推进阳光检务,进一步规范执法行为,增强工作透明度,加强内外部监督制约,提高办案质量和效率,提高人民群众满意度。

四、加强队伍建设,为严格公正文明执法提供有力保障

一年来,我们坚持以提高整体素质为目标,以提高法律监督能力为核心,以加强领导班子建设为关键,以加强基层检察院建设为重点,全面加强检察队伍建设。

(一)全面加强思想政治建设。通过开展解放思想学习讨论活动、"大学习、大讨论"活动和学习实践科学发展观活动,全省检察人员更加坚定中国特色社会主义的政治方向,更加自觉履行中国特色社会主义事业建设者、捍卫者和社会公平正义守护者的职责,牢固树立社会主义法治理念,坚持党的事业至上、人民利益至上、宪法法律至上,在检察工作中实现政治性、人民性、法律性的有机统一。

(二)突出抓好领导班子建设。把领导班子建设作为检察队伍建设的重中之重,以提高领导水平和法律监督能力为核心,全面加强领导班子的思想、组织和作风建设。推行领导干部述职述廉、个人重大事项报告、任前廉政谈话、任期经济责任审计等制度,切实执行最高人民检察院"六个严禁"的要求,做到讲党性、重品行、做表率。加强上级检察院对下级检察院领导班子的管理和监督,落实上级检察院对下级检察院的巡视检查制度、上级检察院派员列席下级检察院党组民主生活会制度,省检察院派出巡视组,对15个市、分院的领导班子进行了巡视检查。

(三)着力抓好党风廉政建设。坚持严格教育、严格管理、严格监督,认真落实党风廉政建设责任制。建立检务督察机制,强化内部监督工作,狠抓执法过错责任追究制度的落实,促进执法作风改善,防范违纪违法案件发生。严肃查处违纪违法行为,共立案查处检察人员违纪违法案件3件3人。

(四)大力加强队伍专业化建设。深化干部人事制度改革,积极推行竞争上岗、双向选择、公开遴选、交流轮岗等制度。严格检察官职业准入,把好进人关。突出抓好专业培训,开展岗位练兵和评选优秀公诉人等业务竞赛活动。省检察院共举办培训班12期,培训人员2208人次,提高检察人员履行职责的能力。加强国家司法考试培训,去年全省检察系统有442人通过国家司法考试。全省检察机关具有检察员、助理检察员法律职称的共7746人,占检察人员总数65%;本科以上文化程度的检察人员比例从2003年的40.9%上升到目前的77.1%,队伍专业化水平有了新的提高。

(五)进一步加强基层基础建设。坚持把检察工作和队伍建设的重心放在基层,夯实基础。建立和落实上级检察院领导联系基层检察院、业务部门对口指导、基层检察院结对帮扶等制度。深入开展争创先进基层检察院活动,11个基层检察院被评为全国先进基层检察院。在各级党委、人大、政府和人大代表的关心支持下,基层检察院特别是欠发达地区检察院的经费保障和办公办案条件得到改善。目前,全省各级检察院已建成办案用房、专业技术用房并投入使用的单位共计132个，占88%。积极争取中央编委、最高人民检察院为我省市县两级检察院增加了1438名政法专项编制。继续推进基层检察院最低经费保障标准的落实，基层工作中的一些突出困难得到缓解，促进了基层队伍素质和执法水平的提高。

一年来，全省检察机关共有51个集体和25名个人受到省级以上的表彰，涌现出一批清廉为民、秉公执法的先进典型。广州市天河区检察院被最高人民检察院授予“全国十佳基层检察院”称号。在去年抗击雨雪冰冻灾害、援助汶川大地震救灾和灾后恢复重建，以及配合做好北京奥运安保工作中，全省检察机关和广大检察人员都付出了积极的努力，作出了应有的贡献。

我们也清醒地看到，我省的检察工作与落实科学发展观要求相比，与党和人民要求相比，与全面履行法律监督职责相比，还有不少不适应的地方：一是一些检察机关和检察干警还存在不完全适应科学发展观的执法观念。少数检察干警对打击与保护、惩治与预防、实体与程序、法律效果与社会效果等关系仍然处理得不够好。二是一些检察院法律监督职能发挥得还不够充分，存在不善监督、监督不到位的问题。三是检务保障水平有待提高。一些地方基层基础工作受到经费保障的制约，在一定程度上影响了检察工作的顺利开展。四是检察队伍整体素质还不能完全适应新形势新任务的要求，执法能力和水平有待进一步提高。经济发达地区检察院案多人少的矛盾仍然存在，经济欠发达地区检察院招不进人、留不住人的现象仍然突出，一些地方甚至出现检察官断层。队伍违纪违法现象仍有发生。以上问题，我们将继续高度重视，采取得力措施，努力解决好。

2009年，全省检察机关将继续深入学习贯彻党的十七大、十七届三中全会精神，认真学习贯彻省委十届四次全会和本次人大会议精神，深入学习实践科学发展观，牢固树立社会主义法治理念，坚持“强化法律监督，维护公平正义”的检察工作主题，以维护人民权益为根本、维护公平正义与社会和谐稳定为目标、深化检察体制和工作机制改革为动力、推进“阳光检务”为抓手、加强基层基础工作为重点、建设高素质的检察队伍为保障，全面加强和改进检察工作，为我省经济平稳较快发展和社会和谐稳定提供强有力的司法保障。为此，我们将重点做好以下几个方面的工作。

第一，坚持围绕大局、服务大局，着力保障我省经济平稳较快发展和珠江三角洲地区改革发展规划纲要的顺利实施。紧紧围绕保持经济平稳较快发展、保障珠江三角洲地区科学发展先行先试和推进我省农村改革发展，充分发挥打击、保护、监督、预防等职能作用，积极主动地做好服务省委部署的“三促进一保持”的各项工作。坚持从有利于维护企业正常生产经营、有利于维护企业职工利益、有利于促进经济社会秩序稳定出发，注意改进办案方式和方法，依法妥善处理涉及企业特别是广大中小企业的案件；正确把握法律政策界限，认真贯彻宽严相济的刑事政策，既要坚持法律面前人人平等，严格依法办案，又要正确处理打击与保护的关系，严格区分工作失误与渎职犯罪、经济纠纷与经济诈骗、正常合法收入与贪污受贿所得、资金合理流动与徇私舞弊造成国有资产流失、企业依法融资与非法吸收公众存款等罪与非罪的界限，依法惩治犯罪者，挽救失足者，教育失误者，保护无辜者，支持改革者。

第二，坚持强化法律监督，着力维护社会和谐稳定和公平正义。更加注重保障和改善民生，把人民群众的关注点，作为强化法律监督的着力点。一是全力维护社会和谐稳定。依法严厉打击严重刑事犯罪，重点打击黑恶势力犯罪、严重暴力犯罪和多发性侵财犯罪，依法打击侵害农民利益、危害农业生产、影响农村稳定的犯罪，积极参加平安建设，努力营造持续稳定的社会环境。加大排查化解涉检重信重访工作力度，妥善解决当事人的合理诉求，努力把矛盾纠纷解决在基层。二是积极促进惩治和预防腐败体系建设。抓住人民群众反映强烈的问题，加大法律监督力度，突出查办官商勾结、权钱交易、国家机关工作人员侵权渎职和涉及民生的犯罪案件。开展职务犯罪预防年活动，更加重视职务犯罪预防工作。三是全面加强对刑事诉讼、民事审判、行政诉讼和刑罚执行活动的法律监督，提高监督水平，增强监督实效，着力监督纠正执法不严、司法不公、放纵犯罪、侵犯人权等问题，切实维护人民合法权益，切实维护社会公平正义。

第三，坚持积极稳妥的原则，着力推进检察体制和工作机制改革。认真贯彻落实中央关于深化司法体制和工作机制改革的部署要求，明确深化检察体制和工作机制改革的指导思想、基本原则和主要任务，深入调研，精心组织，积极稳妥推进。继续创新和完善各项执法办案机制和监督制约机制,建立健全执法管理、绩效考核、选人用人、监督管理制度。

第四,坚持从严治检,着力提高队伍的整体素质和基层基础建设水平。以深入开展学习实践科学发展观活动为主线,进一步坚定政治方向,统一执法思想,进一步解决队伍与业务存在的突出问题,进一步加强法律监督能力建设,提高法律监督水平。牢固树立监督者更要接受监督的观念,继续加强检察队伍的教育、管理和监督,做到自身正、自身硬、自身净。突出加强执法作风和纪律作风建设,开展检察机关作风建设年活动,推动各项工作落实,树立检察队伍的良好形象。继续加强基层基础建设,围绕执法规范化、队伍专业化、管理科学化和保障现代化的目标,提高基本素质,落实基本保障,扎实推进基层检察院建设。

第五,坚持深化"阳光检务",着力提高检察工作透明度和公信力。牢固树立"阳光执法"的理念,促进阳光检务长效运行机制的建立和完善,通过建立案件管理中心,加强案件管理,推进执法规范化建设,进一步建立健全内部监督和外部监督机制;进一步向社会各界依法公开检务活动,增强检察工作透明度,提高检察工作的公信力和群众满意度,促进社会主义司法民主。

接受监督是检察工作健康发展的重要保证。在今后的工作中,我们将更加自觉地接受人大及其常委会的监督,更加自觉地接受政协民主监督、人民群众监督和新闻舆论监督,确保人民赋予的检察权始终用来为人民谋利益。

在新的一年里,全省检察机关将坚持科学发展,强化法律监督,维护公平正义,开拓创新,扎实工作,为保障我省经济平稳较快发展和维护社会和谐稳定作出新的贡献!

广西壮族自治区人民检察院工作报告(摘要)

——2009 年 1 月 12 日在广西壮族自治区第十一届人民代表大会第二次会议上

广西壮族自治区人民检察院副检察长　邓海华

(2009 年 1 月 14 日广西壮族自治区第十一届人民代表大会第二次会议通过)

2008 年工作主要情况

2008 年,全区检察机关在自治区党委和最高人民检察院的正确领导下,在自治区人大及其常委会的有力监督和自治区政府、自治区政协以及各有关部门的大力支持下,以邓小平理论和"三个代表"重要思想为指导,以科学发展观为统领,深入实践"强化法律监督,维护公平正义"的检察工作主题,认真履行法律监督职责,着力维护社会稳定,着力保障和改善民生,着力服务经济社会发展,在服务大局中推动了检察业务、检察队伍和检务保障在新的起点上实现了新的发展。

一、深入开展"大学习、大讨论"活动,着力打牢执法思想基础

自治区检察院把学习贯彻党的十七大精神和胡锦涛总书记在全国政法工作会议代表和全国大法官、大检察官座谈会上的重要讲话作为首要政治任务,组织全区检察机关开展"大学习、大讨论"活动,并与开展继续解放思想大讨论活动和深入学习实践科学发展观活动有机结合起来,先后举办学习研讨班 8 期、专题研讨会 2 次,邀请著名法学专家进行专题辅导讲座 8 场,有 3300 多人次现场接受了培训。在开展"大学习、大讨论"活动中,全区检察机关坚持把理论学习贯穿始终,把解决实际问题作为关键,把推动工作作为目标,开展形式多样的学习讨论活动,查找在执法思想、执法能力、执法行为、执法作风等方面存在的问题,深入剖析原因,认真进行整改,着力转变不适应、不符合科学发展观的思想观念,着力解决影响和制约检察工作科学发展的突出问题，着力完善深入贯彻落实科学发展观的思路和措施，增强做中国特色社会主义事业的建设者、捍卫者和公平正义守护者的自觉性、坚定性，进一步坚定了政治方向，统一了执法思想，为开创我区检察工作新局面奠定了坚实的思想理论基础。

二、依法打击刑事犯罪和调处矛盾纠纷，着力维护社会和谐稳定

为了确保北京奥运会和第五届中国—东盟博览会、自治区成立五十周年庆典等大事、喜事的顺利进行，全区检察机关面对非比寻常的社会稳定形势，切实增强忧患意识、责任意识，立足本职，全力维护社会和谐稳定。

积极开展严打整治专项行动，努力遏制严重刑事犯罪。继续深化打黑除恶专项斗争、排查整治治安混乱地区和突出治安问题、打击非法传销为重点的经济领域违法犯罪活动、缉枪治爆、打击毒品犯罪等一系列专项行动，提前介入引导侦查取证，快捕快诉严重刑事犯罪，促进各项严打整治专项行动的深入开展。全年共受理侦查机关提请批准逮捕刑事犯罪案件26855件43289人，批准逮捕24142件37701人，同比分别增加2.2%和3.4%；受理侦查机关移送审查起诉案件26561件42129人，提起公诉23447件36329人，同比分别增加0.5%和0.4%。

认真落实宽严相济的刑事政策，努力增加和谐因素。坚持从构建社会主义和谐社会的内在要求出发，既严厉打击严重刑事犯罪，又对轻微犯罪人员实行轻缓的刑事政策，积极试行批捕前、起诉前刑事和解措施，推行不批捕、不起诉答疑制度，依法扩大简易程序和简化审理程序的适用，改革完善未成年人犯罪案件的办案方式，建立快速处理轻微刑事案件的工作机制，把宽严相济刑事政策落实到具体的执法活动中。全年共不批准逮捕刑事犯罪嫌疑人5231人，不起诉1247人。结合办案积极参与社会治安防控体系建设和平安创建活动，开展社会治安综合治理，加强法制宣传教育，增强公民法律意识，促进经济社会长治久安。

扎实开展涉检重信重访大清理活动，努力减少不和谐因素。成立涉检重信重访大清理工作领导小组，制定专项工作实施方案，重点清理排查涉检进京、赴邕重信重访案件，切实做到责任不落实不放过、工作不到位不放过、隐患不排除不放过、问题不解决不放过，依法妥善解决群众上访反映的问题，力求息诉罢访、案结事了。积极开展信访信息预测工作，有针对性制定应急预案，提前做好突发事件和重要来访的防范和接待工作，积极参与处置群体性事件，最大限度减少不和谐因素。全年共排查、办结涉检重信重访案件107件，其中中央政法委交办的5件进京上访案全部结案息诉；共接待处理群众来信来访13278件次，同比下降了11.5%，大量社会矛盾纠纷得到了有效化解。

三、坚决查办和积极预防职务犯罪，着力推进反腐倡廉

坚决贯彻党中央和自治区党委关于反腐败斗争的总体部署，始终把查办和预防职务犯罪工作摆在突出位置，针对职务犯罪的新特点、新变化，强化工作措施，不断提高发现线索、侦破案件的能力，实现了办案工作平稳健康发展。

突出重点，集中力量查办大案要案。发挥检察机关体制优势，加强侦查一体化机制建设，整合全区检察机关侦查资源，扎实开展查办危害能源资源和生态环境渎职犯罪专项工作，加强对环境资源的司法保护；依法查办发生在国有企业改制、国家和地方重点工程建设等领域贪污、挪用、私分国有资产，以及收受贿赂、严重渎职造成国有资产流失的职务犯罪，保护国家经济利益和国有资产安全；继续深化治理商业贿赂专项工作，加大对贿赂犯罪的查处力度；依法严肃查办发生在农村基础设施建设、支农惠农政策落实、扶贫开发、退耕还林、农村综合改革等领域和环节中的职务犯罪，确保社会主义新农村建设顺利进行。全年共立查贪污贿赂犯罪案件1038件1376人、渎职侵权犯罪案件270件285人，其中县处级以上领导干部60人（含厅级干部3人），通过办案为国家挽回直接经济损失1.09亿元。

关注热点，着力保障和改善民生。围绕广西北部湾经济区建设，依法查办影响、损害我区经济社会又好又快发展的职务犯罪；围绕灾后恢复重建工作，坚决查办贪污、挪用、私分救灾救济款物的职务犯罪；围绕保障民生民利，依法查办侵害社会公共利益和弱势群体利益的职务犯罪；围绕促进宏观调控政策的落实，依法查办发生在金融、房地产等领域的职务犯罪；围绕重大安全责任事故，严肃查办事故背后的国家机关工作人员滥用职权、玩忽职守犯罪。共立查涉嫌贪污、挪用扶贫、救灾、土地征用补偿款的农村基层组织工作人员171人，涉嫌贪污、挪用、私分国有资产的国有企业管理人员274人,涉嫌利用职权侵犯公民人身权利、民主权利的国家机关工作人员11人,涉嫌玩忽职守、滥用职权致使公共财产、国家和人民利益遭受重大损失的国家机关工作人员250人,其中在全区民政系统立查贪污贿赂犯罪窝案串案60件72人,涉案金额达2000多万元。

注重实效,促进办案法律效果和社会效果的有机统一。把执行法律和执行政策有机结合起来,严格区分违纪与违法、罪与非罪的界限,该打击的坚决打击,该保护的依法保护,能挽救的尽力挽救。注意减少办案的负面影响,将严格公正文明执法贯穿于办案的全过程,切实维护发案单位正常的生产、工作秩序和声誉。全面贯彻标本兼治、综合治理、惩防并举、注重预防的方针,立足检察职能,对关系国计民生的重大事项、人民群众关心的热点问题,特别是对广西北部湾开发建设、雨雪冰冻灾害灾后重建工作、地方重点建设项目进行跟踪监督,完善行贿犯罪档案查询系统,促进防治腐败长效机制和社会诚信体系建设。共向发案单位和有关部门提出检察建议87份,接受行贿犯罪档案查询48次,为社会各界提供了583个单位和3375人的信息查询。

四、强化刑事和民事行政诉讼监督,着力维护司法公正

坚持有罪追究、无罪保护、严格依法、客观公正,完善监督机制,强化监督实效,切实加强对刑事诉讼、民事审判和行政诉讼以及刑罚执行活动的法律监督。

积极开展刑事诉讼监督,做到打击犯罪与保护人权并重。依法履行对刑事立案、侦查、审判和刑罚执行活动的法律监督,对漠视群众利益、应当立案而不立案的,及时监督立案1684件,同比增加了6.7%;对不应当立案的,及时监督撤案169件;对应当提请逮捕而未提请、应当移送审查起诉而未移送的,依法纠正漏捕1629人、纠正漏诉1613人;对有罪判无罪、量刑畸轻畸重等确有错误的刑事判决、裁定提出抗诉174件,同比增加25.2%,人民法院已审结119件,改判、发回重审和作其他处理78件,抗诉有效率为65.5%,同比提高5.1个百分点;强化对死刑案件审判监督,通过派员出席第二审法庭,维护死刑案件被告人和被害人的合法权益,促进死刑的依法慎重适用;对刑事侦查、审判和刑罚执行活动中严重违反法定程序、侵犯诉讼参与人和被监管人诉讼权利,以及违法减刑、假释、暂予监外执行等问题及时提出纠正意见,监督纠正38件次,发现并提出纠正首次超期羁押7人。自治区检察院向自治区人大常委会专题作了加强刑事审判法律监督工作、维护司法公正情况的报告,促进了刑事诉讼监督工作的开展。

积极开展民事审判和行政诉讼监督,做到维护审判权威与保护当事人合法权益并重。把办理民事行政申诉案件作为维护司法公正、体现执法为民的重要任务,认真履行监督职责,平等保护诉讼当事人的合法权益。共立案审查民事、行政申诉案件2916件,对认为确有错误的判决、裁定提出抗诉449件,人民法院已审结286件,改判114件、发回重审17件、作其他处理29件,抗诉有效率为55.9%;推行向同级人民法院提出再审检察建议、由同级人民法院自行启动再审程序的监督方式,提出再审检察建议117件,人民法院采纳75件,采纳率为64.1%;对认为有违法行为的审判活动提出检察建议295件,人民法院采纳233件,采纳率为79%;对作不抗诉、不提请抗诉、不立案和终止审查处理的案件,耐心细致地做好释法说理工作,使提出权益诉求的当事人服判息诉,较好地维护了人民法院的审判权威。

积极查办司法不公背后的职务犯罪,做到维护司法公正与维护司法廉洁并重。注意把查办司法人员贪赃枉法、徇私舞弊等司法腐败案件与维护司法公正有机结合起来,通过严肃查办群众反映的执法不严、司法不公案件背后隐藏的职务犯罪,把维护司法公正工作不断推向深入。共立案侦查涉嫌贪污、受贿、徇私舞弊、枉法裁判等职务犯罪的司法人员63人,既纯洁了司法队伍,又有效促进了司法工作的公正、廉洁、高效。

五、抓好办案机制和规范化建设,着力提高执法公信度

坚持把办案机制建设作为规范执法行为的基础工程,把规范执法行为作为提高执法公信度的根本途径,不断完善规范执法的长效机制,促进理性、文明、规范执法。

加强自身监督制约机制建设。强化监督者更要接受监督的观念,自觉接受社会各界的监督。一是坚持党的领导和自觉接受人大监督。积极主动向党委请示汇报检察工作中的重大事项和案件,自党服从、服务于党的工作大局。认真向人大及其常委会报告工作，加强与人大代表的联系，邀请人大代表视察工作，虚心听取批评、意见和建议，在接受监督中不断加强和改进检察工作。二是进一步深化检务公开。利用现代信息手段，积极宣传检务公开的内容，增强执法透明度。严格执行诉讼参与人权利义务告知制度，完善定期通报和新闻发言人制度，以公开促公正。三是强化内部监督制约。加大对案件线索受理、初查、立案、撤案、不批捕、不起诉、采取强制措施等关键环节的监督力度，实行讯问职务犯罪嫌疑人全程同步录音录像，确保自身严格公正文明执法。加强上级检察院对下级检察院的领导和监督，认真落实职务犯罪案件撤案、不起诉报批和立案、逮捕报备制度以及刑事赔偿案件对申请赔偿的违法侵权事项拟不予确认报批制度，确保检察权的正确行使。四是深化人民监督员制度试点工作。在对职务犯罪案件中拟作撤案、不起诉处理以及犯罪嫌疑人不服逮捕决定的“三类案件”实行全面监督的基础上，积极探索对查办职务犯罪工作中该立案不立案或立案不当、违法搜查、扣押等“五种情形”实施监督的方式方法，确保执法中的问题能及时发现、及时纠正。人民监督员共对全区检察机关办案中的211件256人“三类案件”进行了监督，并通过跟踪监督防止了办案中“五种情形”的发生。

加强执法规范长效机制建设。一是建立健全规范执法的制度体系。针对容易发生问题的执法岗位和环节，进一步完善执法岗位职责规范、业务工作运行规范、执法质量保障规范、检察业务考评规范、执法责任追究规范以及检察人员正规化培训和岗位练兵规范，把各项检察业务工作纳入规范、有序的轨道。二是狠抓制度的执行和落实。加大监督检查和考核力度，对各项检察业务工作实行流程管理、过程控制，特别是认真落实执法责任制和责任追究制，做到办案进行到哪里，监督制约就跟踪到哪里，发现问题就查究到哪里，切实把执法活动纳入制度规范的有效约束之下。三是大力提高执法规范化建设的科技水平。以信息网络技术为手段，以检察信息系统软件的应用为平台，逐步推广信息技术在批捕、起诉、职务犯罪侦查和诉讼监督等主要办案环节的应用，促进检察机关执法办案公正与效率的提高。

加强办案质量考评机制建设。坚持把提高案件质量工作重点放在基层，将办案质量作为市分院和基层检察院量化考核的主要内容，按照质量引导、统筹兼顾、一体考核、分类管理的原则，从最能体现办案质量的相关执法环节、执法结果入手，构建检察业务考评体系，以量化得分为标准评先选优，引导全区检察机关集中精力办大案、办好案。建立无罪判决案件问责、错案责任追究、办案责任倒查、办案安全事故检讨等制度，形成办案质量分析、考评、监督制约和责任追究体系，及时发现和纠正办案质量中存在的突出问题，促进办案质量和效果的提升。其中职务犯罪案件起诉率、有罪判决率分别达到86.5%和99.1%，同比分别提高5.2和0.2个百分点。全年无重大办案安全事故发生。

六、加强队伍和基层基础建设，着力提高法律监督能力

坚持严格教育、严格管理、严格监督检察队伍，进一步加强执法保障建设，促进队伍整体素质和法律监督能力的全面提高。

以领导班子为核心，全面加强思想政治素质建设。强化对各级检察院领导干部的管理和监督，加强巡视工作，结合开展深入学习实践科学发展观活动，先后对51名检察长进行轮训，领导班子的思想、组织和作风建设得到了加强。持续加强检察机关自身反腐倡廉教育和制度建设、检察职业道德建设以及检务督察制度建设，加强对党风廉政建设责任制和执法办案的日常督察和专项督察，大力整顿领导作风、工作作风、执法作风和纪律作风。坚持从严治检，严肃查处10名涉嫌违纪违法检察人员，防止执法不公正、执法不廉洁、执法不文明问题的发生，群众对检察机关和检察人员的控告、举报、投诉同比下降了27.9%。

以教育培训为抓手，全面加强业务能力建设。广泛开展以提高执法技能为核心的专项业务培训和岗位练兵活动，强化检察理论研讨机制，继续推进学历教育，积极组织检察人员参加司法考试工作。共举办各类业务培训班16期，培训检察人员1925人次，有325人通过了司法考试。做好招考录用补充进人工作，努力解决基层检察院进人难问题，共招录大学本科生、研究生170人。目前，全区检察机关共有研究生学历291人、本科学历4323人，占在职检察人员的71.14%，比上年提高了1.7个百分点；有检察官4275人，占在职检察人员的65.91%，比上年提高了5.5个百分点。

以信息化为重点,全面加强基层基础建设。以提高执法保障能力为目标,努力争取党委、政府的重视和支持,切实落实自治区检察院与财政厅联合制定的《基层人民检察院公用经费基本保障标准》,全区检察经费同比增长3.27%。继续贯彻落实《关于进一步加快检察机关办案用房和专业技术用房建设步伐的意见》,加快"两房"建设步伐,已有105个检察院完成"两房"建设任务,占全区检察院的82%。在全面完成专线网络建设的基础上,重点抓好信息技术在办案、办公、队伍管理等方面的应用,推进检察业务、队伍与信息化"三位一体"机制建设,同时加大交通通讯、侦查指挥、证据收集、检验鉴定等科技装备投入,完善检察机关执法办案的手段和设施体系,提高科技含量,切实将先进的科技装备转化为现实战斗力。

回顾一年来的工作,我们深切地体会到,只有始终坚持党的领导和人大监督,自觉将检察工作置于党和国家的工作大局去谋划、推动,自觉置于社会各界和人民群众的监督之下,才能保证检察工作的政治性;只有始终坚持立检为公、执法为民,把维护人民利益作为根本,努力满足人民的愿望和要求,才能保证检察工作的人民性;只有始终坚持社会主义法治理念,并用于武装头脑、指导实践、推动工作,做到以事实为依据、以法律为准绳,实体与程序并重、打击与保护并重,才能保证检察工作的法律性;只有始终坚持科学发展观,锐意改革,创新机制,处理好检察业务、检察队伍和检务保障三者之间的关系,才能保证检察工作的生机与活力。

同时,我们也清醒地认识到,我区检察工作与中国特色社会主义事业的发展要求,与人民群众日益增长的司法需求相比,还有一定的差距,主要表现在:执法观念还不尽适应社会主义法治要求,少数检察人员仍存在重打击犯罪轻保障人权、重实体轻程序等观念,服务大局意识不强,服务效果欠佳;职能作用发挥得还不够全面,对某些方面执法不严、司法不公的问题监督力度不够;人员素质还不适应法律监督工作形势发展需要,检察队伍专业化水平还不够高,一些基层检察院办案力量不足、检察官断档问题还比较突出,少数检察人员违纪违法现象还时有发生;执法保障还不适应履行职责的需要,经费困难、装备落后和基础设施差问题仍然比较普遍,检察工作平稳健康发展的基础还不够稳固。对于这些问题,我们将高度重视,积极争取支持,努力加以解决。

2009年工作总体意见

2009年将是我国进入新世纪以来经济发展面临困难最大、挑战最严峻的一年,也是社会风险因素增多、矛盾碰头叠加、政法工作面临形势严峻复杂、任务繁重艰巨的一年。在充满机遇和挑战的2009年,全区检察机关要全面贯彻落实党的十七大、十七届三中全会和中央经济工作会议、全国政法工作会议和全国检察长会议精神,以邓小平理论和"三个代表"重要思想为指导,继续解放思想,坚持科学发展,坚持社会主义法治理念,坚持党的事业至上、人民利益至上、宪法法律至上,坚持"强化法律监督,维护公平正义"的检察工作主题,以业务建设为中心,以队伍建设为根本,以改革创新为动力,以执法保障为基础,全面加强和改进检察工作,着力促进经济平稳较快发展,着力保障社会公平正义,着力维护社会和谐稳定。落实上述工作思路,必须扎扎实实做好以下五个方面的工作:

一、深入学习,扎实实践,把贯彻落实科学发展观的思路和要求落到实处

目前,自治区检察院正在扎实开展深入学习实践科学发展观活动,市、县两级检察院从3月份起开始作为第二批单位全面开展这项活动。全区检察机关要把贯彻落实科学发展观作为一条主线,与开展"大学习、大讨论"活动和深化社会主义法治理念教育紧密结合起来,与深入学习贯彻胡锦涛总书记等中央领导同志对检察工作的重要指示紧密结合起来,贯穿于检察工作的各个方面、各个环节,努力在服务经济社会科学发展和推动自身科学发展两个层面上下功夫,全面加强和改进检察工作,确保检察工作走上科学发展的轨道。

二、服务大局,应对挑战,把保持经济平稳较快发展的首要任务落到实处

立足检察职能,积极主动地做好服务经济建设的各项工作。依法惩治涉及企业生产经营的各种犯罪活动,积极预防和严肃查处在项目投资和工程建设中的贪污贿赂、挪用公款、滥用职权、玩忽职守等职务犯罪,以保障中央政策严格执行、财政资金安全运行、党员干部廉政勤政;积极参加整顿和规范市场经济秩序、保护知识产权等专项行动和食品药品安全专项整治,继续抓好集中查办城镇建设领域商业贿赂犯罪工作,继续抓好深入查办涉农职务犯罪以及危害能源资源和生态环境渎职犯罪工作,切实加强对涉及企业生产经营和职工利益以及涉农等民事审判和行政诉讼活动的法律监督，为维护良好市场秩序、促进经济平稳较快发展提供强有力的司法保障；认真研究国际金融危机给我国、我区经济发展的社会稳定带来的新情况、新矛盾、新问题，有针对性地做好预防、化解工作；处理好打击与保护的关系，既依法严厉打击经济犯罪活动，坚决维护市场秩序，又慎重使用强制措施，改进执法办案的方式方法，依法保护企业合法权益，努力促进企业健康发展，使办案取得最好的法律效果和社会效果。

三、关注民生，守护公正，把维护社会和谐稳定的第一责任落到实处

增强民生意识，抓住关系民生的突出问题加大法律监督力度，认真解决涉及群众利益的热点难点问题，保障民生民利。牢固树立忧患意识，依法打击各种危害国家安全、公共安全、社会治安和市场经济秩序的犯罪活动，继续深入开展打黑除恶专项斗争，加强涉检信访工作，积极参与矛盾纠纷排查化解工作，落实检察环节的社会治安综合治理措施，确保社会大局稳定。始终把强化法律监督、维护公平正义作为检察工作的根本任务来抓，切实在监督上下功夫，坚决纠正执法不严、司法不公，坚决查办执法司法不公背后的职务犯罪，使法律监督由“软”变“硬”，树立法律监督的权威。认真贯彻宽严相济的刑事政策，正确把握和处理好从宽与从严的关系，做到该严则严，当宽则宽，宽严适度，既有力打击犯罪，又减少社会对抗，最大限度地促进社会和谐稳定。

四、解放思想，勇于创新，把中央关于深化司法体制和工作机制改革的重大部署落到实处

认真贯彻《中央政法委员会关于深化司法体制和工作机制改革若干问题的意见》和最高人民检察院制定的实施意见，充分认识深化司法体制和工作机制改革的重大意义，准确把握检察体制和工作机制改革的指导思想、基本原则和主要任务，把思想和行动统一到中央的部署上来。抓好调研，做好准备，精心组织实施各项改革措施，重点完善法律监督的范围、程序和措施，完善检察机关接受监督制约制度，完善检察工作中贯彻落实宽严相济刑事政策的制度和措施，完善检察机关组织体系和检察干部管理制度，完善检察经费保障机制，为检察工作科学发展提供制度保障。

五、提高素质，强基固本，把加强检察队伍建设和基层基础建设两大工程落到实处

以开展大规模教育培训为抓手，加强法律监督能力建设，突出抓好以领导干部为重点的领导素能培训，以执法办案一线人员为重点的专项业务培训，以新进、新任人员为重点的岗位培训和任前培训；以确保严格、公正、文明、廉洁执法为目标，加强监督制约机制建设，全面整合、细化检察业务工作流程和执法规范，改进执法办案考评办法，深化检务公开和人民监督员制度改革，保障检察权的依法正确行使；以领导机关、领导干部和关键执法岗位人员为重点，加强纪律作风和反腐倡廉建设，做到严格要求、严格管理、严格监督、严格纪律；以检察信息化为主导，加强执法保障建设，推动建立检察业务、队伍、保障和信息化相结合的管理机制，提高保障水平；以执法规范化、队伍专业化、管理科学化和保障现代化为方向，加强基层检察院建设，不断提高基层检察工作和队伍建设水平。

今年的检察工作任务艰巨、责任重大。全区检察机关决心高举中国特色社会主义伟大旗帜，坚持科学发展，强化法律监督，维护公平正义，促进社会和谐，为我区经济平稳较快发展提供强有力的司法保障，以优异成绩迎接新中国成立六十周年！

海南省人民检察院工作报告(摘要)

——2009年1月14日在海南省第四届人民代表大会第二次会议上

海南省人民检察院检察长　马勇霞

(2009年1月16日海南省第四届人民代表大会第二次会议通过)

2008年,我省检察机关在省委和最高人民检察院的坚强领导下,在各级人大及其常委会的监督、各级政府的支持和各级政协的民主监督下,坚持以邓小平理论和"三个代表"重要思想为指导,全面贯彻落实科学发展观,认真贯彻党的十七大、十七届三中全会精神和省委、最高人民检察院的部署要求,落实省四届人大一次会议精神,认真履行宪法和法律赋予的职责,强化法律监督,维护公平正义,加强自身建设,检察工作在服务海南经济社会发展中取得了新的发展和进步。

一、用心把握大局,努力为经济社会又好又快发展服务

全省检察机关牢固树立大局观念和服务意识,不断增强为人民服务、为经济社会发展服务、为社会和谐稳定服务的坚定性和自觉性,把检察工作放在全省工作全局中谋划和推进,努力实现法律效果、社会效果和政治效果相统一。

积极投入平安海南建设,打防并举保稳定。始终把维护稳定作为首要任务,认真履行批捕、起诉职责,严厉打击严重刑事犯罪。共批准逮捕各类刑事犯罪嫌疑人6634人、提起公诉6500人。重点打击黑恶势力犯罪、严重暴力犯罪、"两抢一盗"等多发性侵财犯罪和毒品犯罪,共批准逮捕这四类犯罪嫌疑人5549人、提起公诉5249人。共批准逮捕金融诈骗、制假售假、侵犯知识产权等破坏市场经济秩序犯罪嫌疑人109人、提起公诉129人。共批准逮捕重大环境污染事故、盗伐滥伐林木等破坏环境资源犯罪嫌疑人191人、提起公诉223人。积极投入重大活动的维稳工作,认真落实社会治安综合治理措施,配合有关部门开展对治安混乱地区和突出问题的集中整治,开展青少年维权岗、法治宣传教育等活动,有力维护了我省社会治安和经济秩序的持续稳定。

坚持和谐执法,着力化解矛盾纠纷。把检察机关执法办案的过程变成化解矛盾、促进和谐的过程,对刑事申诉案件由封闭审查变为公开审查,既保证案件的公正处理,又用群众看得见、信得过的公开程序和听得懂的语言,详细阐明案件事实、处理过程及法律依据,在释法说理中宣传法律,弘扬正义,以阳光操作消解疑虑,定分止争。认真贯彻宽严相济刑事政策,该严则严,当宽则宽,建立了轻微刑事案件刑事和解等制度,对初犯、偶犯、过失犯罪以及邻里、亲友纠纷引发的轻伤害案件,慎用刑事手段,给改过自新机会,使亲情得以维系,社会得以和谐,决定不捕123人,不诉95人,建议依法从轻处理872人,使28名青少年重返校园。尽力解决群众的合理诉求,办理来信2252件,电话、网络举报70件,接待来访1253件2000多人。立案复查刑事申诉16件,决定给予赔偿9件,支付赔偿金29.87万元。积极做好不服人民法院和公安机关正确处理的33起申诉案件的当事人服判息诉工作,维护了司法权威和社会和谐。

加大查办职务犯罪的力度,深入推进反腐倡廉建设。坚决贯彻党中央和省委关于反腐败斗争的决策部署,以强烈的政治意识和对党的事业高度负责的精神,坚持办案力度、质量、效率和效果的统一,保持了惩治腐败的强劲势头。共立案查办各类职务犯罪嫌疑人280人,提起公诉236人。突出查办有震动、有影响的大案要案140件。其中涉案金额十万元以上65人,一百万元以上6人;处级干部27人,厅级2人;原文昌市委书记谢明中犯受贿、巨额财产来源不明罪被依法判处死刑、缓期两年执行。查办行政执法、司法人员69人。针对一些行业存在的权钱交易、索贿受贿等突出问题，查办规划、城建系统职务犯罪25件28人，地税系统16件16人，促进依法行政，优化投资发展环境，得到了企业和干部群众的拥护。查办国家机关工作人员滥用职权、玩忽职守给国家财产和人民生命安全造成重大损失的渎职案件31件33人，危害能源资源、生态环境渎职案件7件9人。

全省检察机关正确把握和处理维护社会和谐、促进经济发展与反腐败的关系，坚持"一要坚决，二要慎重，务必搞准"的原则，严格区分经济纠纷与经济犯罪、工作失误与渎职犯罪、不正之风与贪污贿赂犯罪的界限，切实做到有罪追究，无罪保护，客观公正。坚持文明执法，人性化办案，充分尊重犯罪嫌疑人及其亲属的合法权益，充分考虑发案单位正常的工作和生产经营秩序，最大限度地帮助挽回经济损失，最大限度地降低可能带来的负面影响。依据法律政策，对148名犯罪数额不大、认罪态度较好的干部和企业人员作了宽缓处理。定安县检察院在办理弘生糖业公司偷税案中，对涉嫌犯罪的2名直接责任人依法作出不起诉决定，保障了企业及3616户8万多蔗农、500多名职工的生产生活正常有序。

重视预防关口前移，努力防止和减少职务犯罪。认真落实省委《关于贯彻落实〈建立健全惩治和预防腐败体系2008—2012年工作规划〉的实施办法》，在坚决惩治腐败的同时，更加注重治本，更加注重拓展预防腐败的工作领域，努力使干部少犯错误，事业少受损失，社会更加和谐。对事关国计民生的重大建设项目开展专项预防，与东环铁路等28个重大项目建设单位联手开展预防工作。在重点行业领域开展系统预防，与农垦总局共同做好改革过程中的预防，与省林业局、民政厅、海南银监局等部门共同制定措施，确保重大改革和各项惠民政策落实到位。配合有关部门联合开展同步预防，与省教育厅等9个部门制定了行贿犯罪档案查询处理的规定，共建"不能犯"的监督机制。结合办案加强预防，针对发案单位存在的问题，提出检察建议82份，纠正违反法律法规的问题19个，协助落实预防措施61项。加强反腐倡廉警示教育，与19个省直行政机关联合开展预防警示教育。举办法制讲座83场(次)，受教育人数达2万余人次，制作播出《检察视窗》95集，增强了国家工作人员廉洁自律的自觉性。

关注保障民生，维护社会公平正义。坚持执法为民，努力使人民群众的合理诉求得到解决，合法权益得到保护，公平正义得到伸张。重点查办涉及社保资金、教育、征地补偿和农村基层组织人员涉嫌犯罪案件58件69人，确保省委、省政府的各项惠民政策落到实处。严肃查办人民群众反映强烈的执法违法、司法不公背后的职务犯罪22件23人，维护法律尊严和司法廉洁，增强人民群众对公正司法的信心。加强各类诉讼活动的法律监督，共监督侦查机关立案91件，监督纠正不应当立案而立案3件，依法决定追加逮捕108人、追加起诉22人。对违法取证、违法采取或变更强制措施等情形提出纠正意见131件次，对认为确有错误的刑事裁判提出抗诉37件。向办案单位提示羁押期限即将届满3110次，催办580人次，纠正超期羁押2人，纠正刑罚执行和监管活动中的违法情况113人次，纠正不当减刑、假释、暂予监外执行18人。受理不服人民法院已经发生法律效力的民事、行政裁判的申诉案件426件，对确有错误的民事、行政裁判提出抗诉36件，提出再审检察建议2件，抗诉案件经法院再审后原裁判的改变率为82.8%。监督纠正不当执行、调解41件。通过扶困济贫等具体行动，让老百姓感受到党和社会的温暖。全体检察干警支援四川抗震救灾捐款130多万元，捐物价值50多万元。为困难群众捐款72.8万元，对42名群众进行司法救助，深入农村、社区下访巡访1060人次，接受群众咨询、求助、反映问题5196人次，以有限的职责，无限的服务，满腔热情地为群众排忧解难。

二、积极推进检察工作创新发展，增强法律监督整体效能

全省检察机关坚持以科学发展观为统领，坚持中国特色社会主义检察制度，坚持宪法和法律对检察机关的职能定位，顺应海南改革开放的大势，与省委的重大改革开放决策和部署实施同步跟进，把敢为人先的特区精神贯彻到检察工作中，着力打造更具海南特色、更具活力的体制机制，努力在服务经济社会发展中实现自身的科学发展。

关注"三农"问题，探索法律监督向基层农村延伸。积极应对农村新一轮改革发展和社会主义新农村建设对法律监督的新要求、新期待，提出检力下沉、检察工作重心下移的工作思路，开展派驻乡镇检察室试点，得到最高人民检察院和省委的充分肯定。在新形势下,乡镇检察室具有贴近农民群众,畅通诉求渠道,监督基层各级组织及其工作人员依法履职的特点,担负着为农村新一轮改革发展提供司法保障的新任务,必将成为基层政权制度中一支不可或缺的重要力量。

保护国家、集体和社会公共利益,探索建立民事督促起诉制度。对有关监管部门或权益单位不履行或怠于履行职责,致使国家、集体或社会公共利益受到损害,可通过民事诉讼获得司法救济的,检察机关监督其及时向人民法院提起民事诉讼,有效遏制国有、集体、社会公共资产流失,从源头上预防和减少腐败现象发生。

加强法律监督能力建设,强力推进信息化工作。全面改进检察工作方式、指挥模式和队伍管理方式,以信息化建设为抓手,探索构建检察业务、队伍建设、检务保障和信息化建设"四位一体"的检察管理和工作运行机制。推行网上办案流程管理,建立完善职责明确、程序严密、标准具体、可操作性强的执法业务标准,规范执法程序和行为,向科技要素质、要执行力、要工作质量和效率,走科技强检之路。

深化执法规范化建设,建立岗位工作目标绩效考核机制。探索建立科学合理、管用有效的工作绩效量化考核标准和方法,对全省三级检察院和内设机构的各项工作进行全面考核,以准确地评价干警个人和执法单位的工作质量、效率和业绩,为正确识别使用干部提供科学依据,把广大干警的价值追求与检察事业的发展需求有机统一起来,营造风清气正、干事创业的良好氛围。

优化检察资源配置,增强整体工作效能。完成了检察机构布局调整工作,方便群众诉讼,节约司法成本,提高工作效能。完善以侦查指挥中心为平台、整合案件线索、侦查力量和装备等为基础的侦查一体化工作机制,提高整体作战和快速反应能力。探索建立民事行政检察一体化和联络员制度,6个试点单位受理的民事申诉案件同比上升3倍,增强了法律监督效力。

加强职业道德建设,探索倡导检察文化。检察文化包括核心价值取向、执法理念、职业道德、行为规范、检察管理、廉政建设、队伍形象等。全省检察机关坚持用社会主义核心价值体系塑造"忠诚、公正、清廉、严明"的检察职业道德规范,开展形式多样的主题实践活动和丰富多彩的文化活动,在塑造精神、指引方向、提高素质、凝聚人心、陶冶情操等方面发挥了重要作用,提升了检察机关的软实力。

三、坚持严格公正文明执法的基本要求,切实加强检察队伍建设

全省检察机关把队伍建设放在重要位置常抓不懈,坚持重教、严管和厚爱相统一,加强教育、管理和监督。深入开展大学习大讨论和以"强化服务大局意识,提升法律监督能力,促进海南科学发展"为主题的学习实践科学发展观活动,进一步提高了广大检察干警对新时期检察工作一系列重大理论和实践问题的认识,统一执法思想,坚定政治方向,以理论的清醒保证了实践的自觉。突出加强领导班子建设,开展领导素质能力培训,举办了检察机关服务海南经济社会发展大局领导干部研讨班。以一线办案人员为重点,加强专项业务培训、岗位技能培训和上岗培训、任职资格培训,培训干警51期1421人次,开展了评选"十佳公诉人"等岗位练兵和业务竞赛活动。检察干警参加司法考试通过率达到62.6%,高于全省平均水平37个百分点。有123个集体和216名个人获得省级以上表彰。认真落实党风廉政责任制,制定执行检察人员"八个严禁"和受理群众投诉检察人员办法,开展对执法办案、检容风纪、办案安全等专项检务督察,对13名检察干警作了免职、诫勉谈话、通报批评等处理。建立检察官遴选制度,从基层院遴选优秀检察官到省、分(市)检察院工作。建立省检察院领导联系基层和处室对口指导基层制度,加强督促检查和指导帮扶,16个基层检察院公用经费保障达标,22个检察院完成办公用房和专业技术用房建设任务,缓解了基层检察工作的一些突出困难,促进了基层检察队伍素质和执法水平的提高。

四、自觉接受监督,保障检察权依法正确行使

全省检察机关坚持向人大及其常委会报告工作,加强与人大代表、政协委员的联系,自觉接受人大依法监督和政协民主监督,共向各级人大及其常委会报告工作90次,邀请各级人大代表、政协委员视察检察工作279人次,办理各级人大代表和政协委员的建议、提案90件,办理各级人大常委会转办和人大代表、政协委员转交的案件42件,均在规定的时限内办结,做到了件件有答复。强化自身监督制约,坚持人民监督员制度,共对34件拟作撤案、不起诉处理和犯罪嫌疑人不服逮捕的职务犯罪案件进行监督。进一步深化检务公开,规范讯问职务犯罪嫌疑人全程同步录音录像制度和查办职务犯罪工作备案、审批制度，健全特约检察员、专家咨询委员和检风督察专员制度，完善诉讼参与人权利义务告知制度，保证了检察权依法正确行使。

在肯定成绩的同时，我们也清醒地看到存在的问题和不足：一是法律监督职能作用的发挥与经济社会发展和人民群众的司法需求还不适应，不敢监督、不善监督、监督不到位的问题仍然存在。二是检察队伍的整体素质与执法水平有待进一步提高，基层检察院办案力量不足问题依然突出。三是检察管理机制和执法保障机制与科学发展观的要求还不相符合，一些制约检察工作发展的体制机制性障碍没有从根本上解决。四是基层基础工作比较薄弱，经费困难、装备落后等问题依然是影响工作发展的制约因素。我们将继续重视解决这些问题，促进检察工作全面协调持续发展。

2009年，检察工作的总体思路是：全面贯彻落实党的十七大和十七届三中全会、全国政法工作会议、全国检察长会议、省委五届四次全会、全省经济工作会议以及本次会议精神，以邓小平理论和“三个代表”重要思想为指导，深入贯彻落实科学发展观，坚持社会主义法治理念，坚持党的事业至上、人民利益至上、宪法法律至上，坚持“强化法律监督，维护公平正义”的检察工作主题，以提高法律监督能力为核心，以深化检察改革为动力，以加强基层基础工作为重点，以建设高素质检察队伍为保证，全面加强和改进检察工作，维护社会公平正义，促进社会和谐稳定，为我省经济平稳较快发展提供强有力的司法保障。

（一）深入学习，扎实实践，切实落实科学发展观的思路和要求。努力把学习的成果转化为谋划检察工作的思路、促进工作的措施、解决实际问题的能力，做到敢于监督、善于监督、依法监督、规范监督。坚持打击、保护和服务职能的有机统一，监督、制约和配合的有机统一，力度、质量、效率和效果的有机统一，事前、事中和事后监督的有机统一，全局、局部和个体的有机统一，法律效果、社会效果和政治效果的有机统一。把保发展、保民生、保稳定作为检察机关贯彻落实科学发展观的重要实践，更加自觉地服务于我省的社会主义经济建设、政治建设、文化建设、社会建设以及生态文明建设。

（二）服务大局，应对挑战，切实落实保持我省经济平稳较快发展的首要任务。立足检察职能，及时有效地提供法律支持和司法服务，着力把握全省经济形势及其对检察工作提出的新期待新要求，促进中央和省委、省政府关于保增长、扩内需、调结构的重大措施落实。积极预防和严肃查处在项目投资和工程建设中的贪污受贿、挪用公款、滥用职权、玩忽职守等职务犯罪，以保障中央和省委、省政府的政策措施严格执行落实，财政资金安全运行，党员干部勤政廉政。积极参加整顿和规范市场秩序，开展食品药品安全专项整治，继续抓好集中查办商业贿赂犯罪工作。深入查办涉农职务犯罪以及危害能源资源和生态环境渎职犯罪工作，加强对涉及企业生产经营和职工利益以及涉农等民事审判和行政诉讼活动的法律监督。高度重视、依法妥善处理涉及企业的案件，坚持从有利于维护企业正常生产经营，有利于维护企业职工利益，有利于促进经济社会秩序稳定出发，严格正确把握法律政策界限，讲究执法方式方法，慎重适用强制措施，最大限度地保护企业合法权益，努力促进企业生存发展。

（三）关注民生，守护公正，切实落实维护社会稳定的第一责任。扎实做好检察环节关系民生问题、关系司法公正、关系和谐稳定的各项工作，认真解决涉及群众利益的热点难点问题，着力保障和改善民生，维护社会公平正义，维护社会和谐稳定。认真贯彻宽严相济刑事政策，依法打击危害国家安全、公共安全、社会治安和市场经济秩序的犯罪活动，继续深入开展打黑除恶专项斗争，加强涉检信访工作，积极参与矛盾纠纷排查化解工作，落实检察环节的社会治安综合治理措施，确保社会大局稳定。切实在法律监督上下功夫，突出监督重点，狠抓薄弱环节，着力解决群众反映强烈的执法不严、司法不公问题，充分发挥检察职能在保障改善民生、促进依法行政和公正司法方面的重要作用。

（四）开拓创新，勇于实践，切实落实检察工作改革的各项措施。认真执行高检院贯彻落实中央《关于深化司法体制和工作机制改革若干问题的意见》的实施意见。健全完善农村检察制度，推进派驻乡镇检察室试点工作，创新服务农村改革发展的途径和方式，强化涉农法律监督和司法保护，维护农民合法权益，保障农业生产发展，促进农村和谐稳定。继续探索民事督促起诉制度，保护国有、集体资产安全和社会公共利益不受侵害。创新和完善对各类诉讼活动的法律监督机制，切实维护司法公正。建立检察业务、队伍、保障、信息化“四位一体”工作运行机制,推动检察管理方式转型升级。健全完善岗位工作目标绩效考核机制,确保严格、公正、文明、廉洁执法。健全检察机关接受监督制约制度,推行“阳光检察”,把除法律、法规规定不能公开外的所有执法工作都置于人民群众监督之下,保证检察队伍自身正、自身硬、自身净。

(五)提高素质,夯实基础,切实落实造就一支严格、公正、文明、廉洁执法的检察队伍的目标要求。大力开展“建一流班子、带一流队伍、创一流业绩”的争先创优活动,全面履行法律监督职责。大力开展全员岗位大练兵活动,使每一名检察干警真正具备胜任岗位、履行职责、完成任务所必需的基本素质和技能,不断提高执法水平。大力开展检察文化建设,坚定理想信念,牢固树立职业道德规范和行为准则,始终保持检察队伍忠于党、忠于国家、忠于人民、忠于法律的政治本色。大力加强基层检察院建设,坚持近期建设与长远建设、全面建设与重点建设相结合,推进执法规范化、队伍专业化、管理科学化和保障现代化,筑牢检察机关执法为民的一线平台。

新的一年里,全省检察机关和全体检察干警决心在省委和最高人民检察院的坚强领导下,团结一心,开拓进取,扎实工作,不断开创特区检察事业新局面,为把海南建设成为绿色之岛、开放之岛、繁荣之岛、文明之岛、和谐之岛而不懈努力!

重庆市人民检察院工作报告(摘要)

——2009年1月10日在重庆市第三届人民代表大会第二次会议上

重庆市人民检察院检察长　余　敏

(2009年1月12日重庆市第三届人民代表大会第二次会议通过)

2008年主要工作

2008年,市检察院在市委和最高人民检察院的领导下,在市人大及其常委会的监督下,以邓小平理论和“三个代表”重要思想为指导,以科学发展观为统领,认真贯彻执行市三届人大一次会议的决议,带领全市检察机关,紧紧围绕“314”总体部署,切实履行批捕起诉、查办职务犯罪和诉讼监督职能,各项检察工作取得新进展,为维护社会和谐稳定、推进反腐倡廉建设、促进经济大开放大发展作出了积极贡献。

一、围绕全市工作大局,切实履行法律监督职责

全市检察机关牢固树立发展是第一要务的观念,进一步加大法律监督力度,充分发挥检察工作对经济社会发展的司法保障作用。

(一)全力维护社会稳定。全市检察机关致力于把重庆建成“平安区”、“放心区”,积极运用批捕起诉职能,依法打击刑事犯罪。全年共批捕各类刑事犯罪嫌疑人18615人、起诉26841人。

严厉惩治严重危害社会治安的刑事犯罪。积极投入保平安奥运和夏季社会治安综合整治、打黑除恶、缉枪治爆、扫黄打非等专项行动,与公安机关密切配合,坚持重大案件提前介入侦查,从快批捕起诉。市检察院挂牌督办,检察分院和区县检察院重拳出击,依法打掉了涉足黄赌毒和以强占干股、强收保护费、强放高利贷和强迫交易等方式,非法控制娱乐场所、水产蔬菜批发、面条生产销售的11个涉黑犯罪团伙。批捕杀人、强奸、绑架等严重暴力犯罪,抢劫、盗窃、抢夺等多发性侵财犯罪和毒品犯罪嫌疑人11618人、起诉14966人。对贾玉林等3人流窜库区绑架10人、杀害7人案,奥运前夕发生的3起编造虚假恐怖信息案等,组织精干力量从快办理,及时打击犯罪分子嚣张气焰,消除群众恐慌心理。

认真贯彻宽严相济刑事政策。在依法严惩严重刑事犯罪的同时，对初犯、偶犯、未成年人的轻微刑事犯罪案件区别对待，依法决定不批准逮捕1387人、不起诉935人，其中从宽处理247名在校学生，跟进帮教措施，有的还考上了大学。对167件因邻里、亲属纠纷引发，犯罪嫌疑人真诚悔罪、积极赔偿损失，并已取得受害人谅解的轻微刑事案件，促进双方自愿和解后，依法作出不起诉决定，对确有起诉必要的建议法院从轻处理，最大限度促进社会和谐。为正确适用刑事和解，市检察院出台了《适用刑事和解办理轻微刑事案件的规定》，并与市司法局制定了《轻微刑事案件委托人民调解的暂行办法》，推动刑事和解与人民调解相衔接，合力化解矛盾纠纷。

积极参加社会治安综合治理。坚持送法进校园、进社区，广泛运用典型案例开展法制宣传，加强青少年犯罪预防工作。积极开展监外执行和社区矫正检察工作，监督纠正脱漏管监外执行罪犯540人。各级检察院还注重分析新形势下刑事犯罪的新特点，提出对策建议，促进增强社会治安的预警和稳控能力。如市检察院对校园刑事犯罪、库区治安新动向、毒品犯罪等情况的分析，以及与市妇联开展的对农村留守女性遭受性侵犯情况的调查等，引起了市委市政府和相关部门的高度关注。

（二）强力推进反腐倡廉建设。全市检察机关坚持反腐败斗争大格局，始终把打击锋芒指向群众反映强烈的重点热点领域。共立案查办国家工作人员职务犯罪795人，其中贪污贿赂犯罪662人、渎职侵权犯罪133人；贪污贿赂十万元以上、挪用公款一百万元以上的案件210件；处级干部121人、厅级干部13人。加强与公安机关协作配合，抓获在逃职务犯罪嫌疑人35人。通过办案为国家挽回经济损失1.55亿元。

组织对城镇建设领域职务犯罪的专项查处。在土地出让、规划、建设等环节查办官商勾结、权钱交易贿赂案件150件。如重庆经济技术开发区原党工委书记、管委会主任唐文峰挪用公款、受贿案，江北嘴中央商务区开发投资公司原董事长梁晓琦受贿案，九龙坡区原区长黄云受贿案，市地产集团原董事长王斌受贿案，市规划局原局长蒋勇涉嫌巨额受贿案。市检察院加强对重大案件和跨区域案件的统一组织指挥，深挖窝串案，如以巫山县交通局原局长晏大彬受贿案为突破口，组织5个检察院挖出20件贪污贿赂犯罪案件。

组织对新农村建设领域职务犯罪的专项查处。在村镇道路交通和农田水利建设、广播电视“村村通”、电网改造、饮水工程等基础设施建设，以及粮农补贴、扶贫开发、退耕还林等支农惠农领域查办职务犯罪案件159件。如查办的沙坪坝区农村土地征用补偿领域17名村干部贪污案，大足县智凤镇经济发展办公室原主任周鑫等人贪污种粮直补资金案。

深化职务犯罪预防工作。坚持标本兼治、综合治理、惩防并举、注重预防，针对发案单位制度和管理上的漏洞，积极提出检察建议，帮助堵漏建制。第一分院认真分析“村官”职务犯罪特点，向辖区300多个乡镇发出了加强村级财务审计、强化村民自治工作监督的检察建议。渝中、合川、秀山检察院结合查办的案件，分别对城市危旧房改造、煤矿安全管理、锰矿税收征管提出加强监管、预防职务犯罪的建议，得到当地党委政府采纳。全市检察机关积极提供行贿犯罪档案查询，配合建设、交通、水利、医药卫生、政府采购等部门推行廉洁准入制。坚持以案说法，组织国家工作人员旁听庭审或到监狱接受警示教育3.9万人次。加强职务犯罪源头治理，严肃查办为谋取不正当利益拉拢腐蚀国家工作人员的行贿犯罪76人，努力铲除滋生腐败的土壤。

（三）加大规范市场经济秩序和生态环境保护力度。全市检察机关着眼于建设内陆开放高地和长江上游生态文明区，依法促进规范市场行为、保护生态环境。

坚决打击破坏市场经济秩序和环境资源的犯罪。批捕非法集资、金融诈骗、偷税骗税、侵犯知识产权等严重危害经济安全、破坏市场秩序的犯罪嫌疑人445人、起诉594人。如重庆德高房地产开发公司涉嫌非法吸收公众存款近亿元案，罗雨茂等人涉嫌假冒注册商标非法生产摩托车和助力车7000余台案。检察机关还加大了与行政执法部门工作衔接的力度，建议其向公安机关移送涉嫌犯罪人员308人。起诉盗伐滥伐林木、非法采矿等破坏环境资源的犯罪嫌疑人170人，查处在土地、矿产、森林等资源和生态环境保护领域的玩忽职守、滥用职权等渎职犯罪44件。

依法平等保护各类市场主体合法权益。认真贯彻“毫不动摇地巩固和发展公有制经济，毫不动摇地鼓励、支持、引导非公有制经济发展”的方针。一是切实保护国有资产安全。依法打击盗割通信电缆犯罪,批捕757人、起诉785人;查办国有企业改制和生产经营活动中的贪污、挪用、私分国有资产犯罪141人。依法对217件国家和集体财产遭受重大损失的犯罪案件,在公诉的同时附带提起民事诉讼,尽力挽回经济损失。二是努力营造安商助商的投资环境。认真审查侵害非公有制企业和外来投资者合法权益的民事行政申诉案件,提出抗诉或再审检察建议56件;依法打击侵害非公有制和外来投资企业及从业人员合法权益的刑事犯罪,起诉1434人。针对民营企业内部人员职务侵占犯罪频发的新情况,第五分院向500余位民营企业主提出检察建议,支招如何防范“家耗子”、守好“钱匣子”,受到普遍欢迎。

二、坚持以人为本,依法维护民利保障民生

全市检察机关始终把人民群众的关注点作为检察工作的着力点,抓住侵犯民生民利的突出问题,切实维护群众合法权益。

(一)坚决惩治危害民生的犯罪。密切关注发生在群众身边、损害群众切身利益的犯罪活动,依法打击侵害农民工生命财产安全和农村留守妇女儿童人身权利的犯罪1014件;批捕制售伪劣商品、有毒有害食品药品、非法行医等直接危害群众生命健康的犯罪嫌疑人56人、起诉66人;查办征地拆迁、社会保障、医疗卫生、教育、后期移民安置补偿等民生领域的职务犯罪184人。主动加强与相关执纪执法部门的沟通协调,同步介入重大责任事故调查,严肃查办事故背后的失职渎职等职务犯罪50人。南川区高桥煤矿发生致13人死亡的重大安全事故后,第三分院牵头组织、深挖查处背后的职务犯罪10人,促进煤炭企业安全生产管理。

(二)妥善解决群众合理诉求。深入开展矛盾纠纷排查化解工作,组织干警参加“大下访、大排查、大调处”活动1900余人次,认真调处化解矛盾纠纷,综合运用法律、经济、行政手段和亲情感化、公开听证等方式,息诉各类申诉1320件。对清理出的97件重点涉检信访案件,盯案督办,一律“四定四包”,现已全部办结,息诉94件。办理不服检察机关处理决定的刑事申诉91件,依法纠正54件。办理刑事赔偿案件16件,全部兑现。高度重视带倾向性、苗头性的群众诉求,积极向有关部门反映,推动源头治理。如市检察院认真分析115件涉及房屋拆迁安置的申诉案件,就规范补偿价格评估等提出建议,促进有关部门改进工作。

(三)多措并举便民利民。一是加大对农民工群体的法律服务力度。对涉及农民工的“欠薪”案件,依法支持提起民事诉讼并胜诉410件,追回被拖欠工资180万余元;各级检察长带队深入到农民工集中的工作场所和居住地,倾听呼声、开展法律咨询。二是拓宽保护弱势群体合法权益的渠道。市检察院与市司法局探索建立民事行政检察与法律援助协作机制,全市检察机关和各级法律援助中心共同为606名困难群众提供了法律帮助。一些区县检察院还积极探索建立刑事被害人救助制度。三是进一步深化检务公开。全面推行检察环节诉讼文书说理制度,解法释疑;逐步实行检察机关办案过程网上查询;坚持重大工作情况新闻发布制度,扩大人民群众知情权、参与权。四是探索便民举报方式。市检察院在“法律监督”互联网上开设举报专用窗口,一些检察院还推出了预约举报、开通短信平台等措施,加强对举报人和证人的保护。

三、强化诉讼监督,切实维护司法公正

全市检察机关坚持把解决群众反映强烈的执法不严、司法不公问题作为重点,全面加大监督力度,维护司法公平正义。

(一)加强对刑事立案和侦查活动的监督。坚持不枉不纵,既维护法律尊严又保障人权。监督公安机关立案140件,追捕追诉漏犯468人;对公安机关不应当立案而立案的,督促撤案52件;对依法不应当追究刑事责任的,不批准逮捕668人、不起诉113人。市检察院组织了对2007年以前批捕在逃刑事犯罪嫌疑人的专项清查,公安机关已抓获76人,对43名因法律变更等原因不再追究刑事责任的撤销了逮捕决定。

(二)加强对审判活动的监督。坚持从实体、程序两个方面入手,依法促进审判公正。加强对有罪判无罪、量刑畸轻畸重案件的监督,对认为确有错误的刑事判决、裁定提出抗诉62件,法院审结52件,其中改判21件,发回重审13件;对180件刑期折抵计算有误的刑事案件提出纠正意见,法院全部采纳。对民事、行政生效判决裁定提出抗诉184件,法院审结135件,其中改判60件,撤销原判发回重审4件,调解结案45件;提出再审检察建议185件,法院采纳138件。

(三)加强对刑罚执行活动的监督。针对因职责不明、程序不清、交付脱节造成脱漏管的问题，市检察院认真总结南岸、渝北等基层司法机关探索的监外执行罪犯刑罚执行“流程卡”制度，在市委政法委的推动下，该制度在全市推行。进一步改革对监管场所的检察监督体制，将原由区县检察院承担的对监狱、劳教场所的监督职责改由检察分院履行，以加大监督力度。对违法减刑、假释、暂予监外执行提出纠正意见109件，监督纠正监管活动中的违法违规行为为183件。

全市检察机关将监督纠正违法与严肃查处司法不公背后的职务犯罪相结合，立案查办涉嫌贪污受贿、徇私枉法、滥用职权、玩忽职守的司法工作人员34人。

四、狠抓检察队伍建设，全面提升法律监督能力

全市检察机关坚持以公正执法为核心、专业化为方向，努力打造政治坚定、业务精通、作风扎实、亲民爱民的检察队伍。

（一）努力提高队伍的思想政治素质。全市检察机关通过扎实开展“解放思想、扩大开放”大讨论和学习实践科学发展观活动，中国特色社会主义的政治方向更加坚定，社会主义法治理念更加牢固，党的事业至上、人民利益至上、宪法法律至上的观念更加深入。市检察院及各检察分院按照科学发展观的要求，深入查找和着力解决检察工作不适应不符合科学发展的突出问题，努力推动各项工作“加快实现西部领先、力争跨入全国一流”，更好地服务于重庆经济社会的科学发展。

（二）注重推进队伍专业化建设。突出分类培训，举办了基层检察院领导干部素能培训、晋升高级检察官资格培训、新进检察人员上岗培训、司法考试助学培训，共培训666人。持续开展优秀办案能手评选、析案学法、听庭观摩等多种形式的岗位练兵活动。加强与高等院校在理论研究、人才培养等方面的协作，引进18名专家学者到检察机关挂职，鼓励支持78名业务骨干攻读博士、硕士学位。与有关部门共同承办国际反贪局联合会第二届研讨会，促进反腐败国际合作。举办西部民行检察论坛，探索民事行政诉讼监督新方法、新途径。市检察院还聘请11名法律、经济领域知名学者担任专家咨询委员，帮助、支持检察工作。

（三）强化纪律作风和内部监督制约机制建设。一是按照严格公正文明执法的要求，深入推进执法规范化建设，完善内部监督制约措施，认真开展检务督察。坚持从案件入手，连续五年开展职务犯罪案件查封、扣押、冻结款物情况专项检查，对检察分院和区县检察院业务规范执行情况集中检查，对同步录音录像等制度落实情况进行抽查，实行检查结果通报制、整改责任制，追踪问效，增强规范执法的自觉性和制度执行力。二是按照自身正、自身硬、自身净的要求，认真落实党风廉政建设责任制，强化教育和监督，从严治检，制定“十条禁令”，严肃查处10名违纪违法干警，其中2名区县检察院领导干部受到党纪政纪处分并被调离或清除出检察机关，3名干警被依法追究刑事责任。

（四）进一步夯实基层基础工作。制定了基层检察院规范化建设标准，全面推进基层基础建设。以提高执法质量和水平为导向，完善年度目标考核制度。完善市检察院领导定点联系基层制度。选派24名业务骨干上挂下派锻炼，统一招录137名大学生充实基层，从基层遴选40名检察官充实上级检察院，增强了队伍活力。狠抓基层执法保障建设，制定检察装备、信息化建设五年规划，推动落实区县检察院公用经费保障标准。

一年来，全市检察队伍思想政治素质和法律监督能力进一步增强，执法水平有新的提高。公诉案件撤回起诉率和生效无罪判决率分别为0.3‰、0.08‰，同比分别下降0.42和0.4个千分点；刑事抗诉、民事行政抗诉改变率分别为65.38%、80.74%，同比分别上升5.38和18.88个百分点。不服检察机关决定的申诉连续两年下降。38个集体和46名个人受到市级以上表彰。

五、自觉接受监督，不断改进检察工作

全市检察机关切实增强宪法意识，自觉接受各级人大及其常委会监督。市检察院认真负责地向市人大常委会报告了出庭公诉工作整改情况、内部监督制约机制建立和落实情况；办理市人大代表建议4件，满意率100%；办结市人大有关部门交办的信访案件3件；依法提请任免检察官70人次。坚持向代表送阅检察工作资料、邀请参加重大活动、定期书面汇报情况；建立了三级检察院联系市人大代表团工作制度。自觉接受政协民主监督、人民群众和新闻舆论监督，办理市政协提案8件，满意率100%；聘请10名民主党派、工商联和无党派人士担任特约检察员，主动接受监督。市检察院被评为建议提案办理工作先进单位。为更好地坚持群众路线、促进司法民主,加强对查办职务犯罪的外部监督,经最高人民检察院批准,将人民监督员制度试点工作从29个单位向全市检察机关推开,并改同级聘任监督为市检察院统一选任,市检察院、检察分院"下管一级"的监督模式,面向社会公开选任278名人民监督员,建立了人民监督员库。

2008年是极不平凡的一年,面对重大自然灾害的严峻考验和维护奥运平安的重大挑战,全市检察机关以改革开放三十周年和检察机关恢复重建三十周年为新起点,锐意进取,奋力拼搏,为维护改革发展稳定大局做出了积极努力。

我们也清醒地认识到,工作中还存在一些问题和不足:一是部分检察干警执法观念不适应科学发展观的要求,服务大局的创新措施不够多,处理打击与保护、惩治与预防、监督与配合等关系的水平不高,做群众工作的能力不强;二是对新形势下腐败犯罪特点、规律研究不够,查办和预防职务犯罪的能力有待增强,诉讼监督的工作机制尚需完善;三是执法不规范不文明、就案办案、机械执法的情况仍然存在,个别干警执法犯法;四是基层基础工作和队伍专业化建设有待加强,一些基层检察院办案力量不足。这些问题需要切实加以解决。

2009年工作思路

当前,我国正处于改革发展关键时期,尤其在国际金融危机继续蔓延、全球经济衰退风险加大的影响下,经济发展遇到严峻挑战,各类社会矛盾碰头叠加,社会治安压力增大,保增长、保就业、保民生、保稳定的任务异常繁重。全市检察机关将坚持以中国特色社会主义理论为指导,深入贯彻落实科学发展观,坚持社会主义法治理念,坚持"强化法律监督、维护公平正义"工作主题,紧紧围绕"平安重庆"建设,认真履行稳定第一责任,主动服务发展第一要务,为重庆经济平稳较快发展提供强有力的司法保障。

第一,着力推进"平安重庆"建设。稳定是改革、发展和社会和谐的基本前提。一要充分发挥检察机关打击犯罪的职能作用。始终保持对严重刑事犯罪的高压态势,集中力量打击危害国家安全犯罪、黑恶势力犯罪、严重暴力犯罪、多发性侵财犯罪、毒品犯罪和传销、非法集资等涉众型经济犯罪,依法妥善处理由经济纠纷引发的暴力讨债、绑架、哄抢等"民转刑"案件,切实增强群众安全感。同时,认真贯彻宽严相济刑事政策,对初犯、偶犯、未成年犯、老年犯中一些罪行轻微的人员,在教育、感化、挽救的前提下,积极做好社会关系修复工作,可捕可不捕的不捕,可诉可不诉的不诉,减少社会对抗,促进社会和谐。认真落实检察环节社会治安综合治理措施,协同有关部门抓好对突出治安问题的集中整治,积极开展"法律六进"活动,加强法制宣传和法律咨询,强化青少年犯罪预防工作。二要积极推动以改善民生为重点的社会建设。积极参加食品药品安全专项整治,严厉打击制售有毒有害食品药品犯罪,坚决查办重大食品安全事件背后的失职渎职犯罪案件。严肃查办社会保障、劳动就业、征地拆迁、移民补偿、抢险救灾、医疗卫生、招生考试、安全生产等民生领域的职务犯罪。加大支持起诉力度,维护困难群众切身利益。深入开展重信重访专项治理,完善检察长接访、巡访、定期排查等制度,落实责任倒查。三要加强对诉讼活动全过程的监督。坚决监督纠正有案不立、有罪不究,违法减刑、假释、暂予监外执行,以及因贪赃枉法、徇私舞弊或严重违反法定程序导致错误裁判的案件,严肃查处司法人员腐败犯罪,维护社会主义法制的统一、尊严和权威。

第二,着力保障经济平稳较快发展。经济连着民生,是社会和谐稳定的基础。要紧紧围绕中央保增长、扩内需、调结构等重大政策措施的贯彻实施,立足重庆城乡统筹发展大局,积极主动地做好服务经济建设的各项工作。一要更加注重维护社会主义市场经济秩序。依法打击严重破坏市场经济秩序特别是金融、证券、房地产等领域的犯罪活动;继续开展治理商业贿赂专项工作;加强对能源资源、生态环境和知识产权的司法保护;平等保护各类市场主体合法权益。二要更加注重保障公共投资安全。严肃查处发生在重大基础设施、危旧房改造、保障性安居工程建设中的贪污贿赂、失职渎职犯罪;加强公共资金使用、公共资源配置、公共项目实施等重点领域的犯罪预防。三要更加注重服务农村改革发展。依法惩治侵害农民利益、危害农业生产、影响农村稳定、破坏农村政权建设的犯罪活动,特别是严厉打击"村霸"、"乡霸"等恶势力犯罪,侵害农村留守老弱妇幼人身权利的犯罪,以及制售假冒伪劣农资等坑农害农的犯罪活动;深入开展查办涉农职务犯罪工作,保障农村基础设施、民生工程的投入和农业补贴款项的规范使用,推动各项支农惠农政策的有效实施;加大对涉及土地承包经营权流转、农产品生产经营、农民工劳资纠纷的民事行政判决裁定的法律监督。四要更加注重改进办案的方式方法。坚持从有利于维护企业正常生产经营、有利于维护职工利益、有利于促进稳定出发，依法妥善处理涉及企业特别是中小企业的案件。正确把握法律政策界限，注意法律效果、社会效果相统一。

第三，着力深化检察工作机制改革。创新检察工作体制机制，是推进公正高效权威社会主义司法制度建设的必然要求。要全面贯彻落实中央关于深化司法改革的部署，进一步拓宽强化法律监督的方法和途径。完善监外执行和社区矫正检察监督机制、刑罚变更执行同步监督机制，加强对刑罚执行的监督；完善对举报人和证人的保护措施，充分调动人民群众与犯罪作斗争的积极性；建立刑事被害人救助制度，加强弱势群体合法权益保护；健全与相关职能部门、人民团体协作配合机制，依法保障归侨侨眷、妇女、老年人、未成年人和残疾人合法权益；健全符合司法规律、科学适用的检察业务工作考评机制，确立正确的执法观。

第四，着力建设高素质的检察队伍。队伍素质事关检察事业全面发展和进步。一要深入学习实践科学发展观，树立亲民爱民为民的职业良心和公平正义的价值追求，建设一支忠诚、公正、文明、廉洁，适应新形势要求，人民群众感到信任和亲切的检察队伍；二要深入开展专业培训和岗位练兵，深化检校协作，培养检察业务专家，建立各类检察人才库，促进队伍专业素质的提升；三要把自身反腐败作为事关检察事业兴衰成败的关键问题来抓，教育、制度、监督、查处相结合，切实落实党风廉政建设“一把手”责任制、“一岗双责”制、责任追究制，严格执行“十条禁令”，坚决清除害群之马；四要扎实开展“西部领先、全国一流”争创活动，继续推动区县检察院规范化建设和检察文化建设，建立结对共建机制，提高基层检察工作水平，筑牢执法为民一线平台。

第五，着力强化对检察权运行的内外监督。一要针对检察权运行的关键环节和重点部位，加大对职务犯罪案件侦查、刑事案件批捕起诉和诉讼监督工作的内部监督制约力度。二要充分发挥人民监督员的作用，加强对职务犯罪“三类案件”、“五种情形”的监督。三要深化检务公开，运用“法律监督”互联网接受举报、受理申诉，进一步开放“网上案件查询”，打造“阳光检务”。四要自觉接受人大及其常委会监督，主动报告工作，认真办理代表建议，邀请代表参与执法检查，积极探索检察分院接受市人大及其常委会监督的途径。认真接受政协民主监督、人民群众和新闻舆论监督。

做好2009年检察工作，任务艰巨、责任重大。全市检察机关将认真贯彻本次会议精神，以更加昂扬的精神状态、更加细致的工作措施、更加扎实的工作作风，全力维护稳定、关注民生、守护公正，为重庆经济社会的科学发展和人民群众的幸福安康而努力奋斗！

四川省人民检察院工作报告(摘要)

——2009年1月17日在四川省第十一届人民代表大会第二次会议上

四川省人民检察院检察长　邓　川

(2009年1月19日四川省第十一届人民代表大会第二次会议通过)

2008年全省检察机关在省委和最高人民检察院的坚强领导下,在人大及其常委会的监督、人民政府的支持和政协的民主监督下,以邓小平理论和“三个代表”重要思想为指导,深入实践科学发展观,各项检察工作全面健康发展,为保持我省经济较快发展、社会政治稳定、人民安居乐业的良好局面做出了积极贡献。

一、统筹依法履职与抗震救灾的关系,全力维护人民利益

沉着应对,全力以赴救助受灾群众。地震发生后,省检察院第一时间成立领导小组,下发《关于全省检察机关全力做好抗震救灾工作的紧急通知》。班子成员分别带领工作组,深入受灾最重的基层检察院,看望慰问干警,指导抗震救灾。灾区检察干警不顾个人和家庭安危,奋力救助被困群众,始终奋战在抗震救灾第一线。全省检察干警积极为灾区群众捐款捐物,支援抗震救灾工作。全省检察机关特别是灾区检察机关和广大检察干警在生与死的考验面前,向党和人民交了一份合格的答卷,涌现出一大批英雄集体和个人。

充分履职,着力维护灾区稳定。省检察院及时下发通知,加强业务指导。重灾区检察机关千方百计恢复办公办案秩序,认真履行检察职能,依法批捕危害抗震救灾及灾民利益的刑事犯罪223人、起诉315人。针对抗震救灾重点环节,积极开展预防职务犯罪工作。协同监管机关平安转移羁押人员2万余人。办理涉及灾民利益的信访案件527件,在灾民集中安置点建立群众诉求流动服务站,努力化解矛盾纠纷。

着眼发展,积极服务灾后重建。省检察院制定意见,对服务灾后重建作出具体部署。灾区检察院在自身受灾十分严重的情况下,千方百计帮助灾区群众恢复重建。全省45个灾区基层检察院承担了帮助受灾乡镇重建的任务,建立灾区联系点281个。

二、统筹打击犯罪与化解矛盾的关系,努力维护社会稳定

坚决打击藏区民族分裂活动。我省藏区“3·16”事件发生后,省检察院赓即成立藏区维稳工作领导班子,派出2个工作组,深入阿坝、甘孜两州,掌握情况,指导工作。组成6个专案组分赴重点地区指导和参与办案。藏区检察机关依法批捕起诉了一批危害国家安全、公共安全、社会管理秩序的犯罪案件,有力打击了犯罪分子的嚣张气焰。

积极做好奥运期间安全维稳工作。坚决打击境内外敌对势力针对奥运会的各种捣乱破坏活动,对2名散布虚假信息引起社会恐慌的犯罪嫌疑人依法快捕快诉。进一步畅通涉奥信访渠道,办结信访案件83件,全部息诉。

突出打击严重刑事犯罪。共批捕刑事犯罪36295人、起诉44932人,同比分别上升1.7%和8.5%。其中,批捕危害公共安全的犯罪2078人,起诉4423人;批捕黑恶势力犯罪365人,起诉567人;批捕侵犯公民人身权利的犯罪5952人,起诉7164人;批捕毒品、抢劫、抢夺、盗窃、诈骗等多发性犯罪22131人,起诉25446人。

依法适用宽严相济刑事政策。着眼于遏制、预防和减少犯罪,对没有逮捕必要的,依法不捕1673人;对犯罪情节轻微的,决定不诉902人。实行刑事和解981件。继续推行繁简分流和快速办理轻微刑事案件工作机制。

认真办理涉检信访。受理举报控告申诉16662件,依法审查处理率为99.8%。开展下访巡访、联合接访,继续深化基层检察院涉检案件"零上访"争创活动。对不服人民法院正确裁判的民事行政申诉,释法说理,积极做好当事人服判息诉工作。刑事申诉、刑事赔偿案件受理数同比分别下降31.5%和42%。

三、统筹服务发展与保障民生的关系,彰显法律监督实效

依法打击严重经济犯罪。共批捕破坏社会主义市场经济秩序犯罪889人;起诉1140人。严厉打击破坏金融证券管理、危害税收征管、侵犯知识产权等犯罪,批捕288人,起诉413人;严厉打击生产销售有毒有害食品、制假售假、强迫交易、合同诈骗等犯罪,批捕340人,起诉350人。

突出查办职务犯罪。共立案查办贪污贿赂犯罪1204件1581人、渎职侵权犯罪344件394人,其中大案931件,县(处)级以上领导干部要案133人。抓获在逃职务犯罪嫌疑人43人。为国家挽回经济损失2.3亿余元。其中查办危害民生的职务犯罪177人;查办涉农职务犯罪600人;查办危害能源资源和生态环境渎职犯罪104人;查办破坏公平竞争秩序的商业贿赂中的职务犯罪570人;查办徇私舞弊、贪赃枉法、刑讯逼供等司法不公背后的职务犯罪85人。

深化预防职务犯罪工作。全省检察机关开展预防咨询1091次、警示教育833次。深入新农村建设、城镇建设、能源资源和生态环境管理等领域,开展了专项预防。围绕省委省政府确定的全省重大建设项目,开展同步跟踪预防。强化经常性预防,向党委政府提出检察建议和预防对策建议700件,采纳581件;运用行贿档案查询系统向社会和单位提供查询384次。

不断强化司法保护。依法保障无罪的人不受追究,对不构成犯罪的不捕933人、不诉48人。通过初查,对举报失实的39名被举报人予以公开正名。进一步推行刑事被害人救助机制,救助122人。依法保护国家集体利益和社会公益,办理督促支持起诉313件,依职权提起刑事附带民事诉讼345件。着力保护农民工等社会特殊群体的合法权益。省检察院与省总工会会签了《关于建立农民工法律维权工作机制的意见》。对35件关系公民基本生活保障权、获取报酬权的民事行政案件提出抗诉或再审检察建议。

四、统筹强化监督与接受监督的关系,确保严格公正执法

不断强化诉讼监督。监督侦查机关立案956件,纠正不应当立案374件;追捕1033人、追诉530人;监督纠正侦查活动中的违法行为403件;提出刑事抗诉122件;对认为确有错误的民事行政裁判提出抗诉434件;提出再审检察建议426件;对民事执行案件监督154件;对刑罚执行和监管活动中的违法行为提出书面纠正意见875人(次)。

主动接受人大的工作监督、政协的民主监督。全省检察机关向同级人大及其常委会报告工作409次。邀请人大代表、政协委员视察工作315次。556件刑事、民事行政抗诉和426件民事行政再审检察建议报同级人大常委会备案。省检察院对人大代表、政协委员提出的210条意见和建议,认真整改。推行人大代表联络员制度,加强与在川全国人大代表和省人大代表的联络。省检察院率先在全国检察系统建立人大代表网络联络系统。

自觉接受社会监督。继续深化人民监督员制度试点工作,积极探索人民监督员制度体制外试点。继续深化检务公开,完善人民群众依法有序监督检察工作的机制。

注重加强内部监督制约。制发案件质量控制规程,强化对执法办案的监督。坚持职务犯罪案件立案、逮捕"双报备",撤案、不诉"双报批"制度,加强对职务犯罪案件的监督。推进干警执法档案建设和错案责任追究,强化对检察队伍的监督。结合机关效能建设,深入开展检务督察,着力纠正违纪问题。

五、统筹业务发展与队伍建设的关系,全面提高监督能力

加强思想政治建设,把握正确方向。开展深入学习实践科学发展观、"大学习、大讨论"、"素质大培训、技能大练兵、作风大转变"等活动,针对影响和制约检察工作科学发展的突出问题进行整改,推动了检察工作的全面健康发展。

强化班子建设,充分发挥带头作用。大力加强领导班子的思想、组织和作风建设。对177个下级检察院的领导班子进行了巡视督察"回头看"。继续开展领导干部政治轮训和素能培训。在各级检察院领导班子中选配了一批年轻干部、女干部、少数民族干部,推荐法学专家到市县检察院挂职担任领导职务。

加强专业化建设,不断提高干警综合素质。补充检察人员615人,培训干警53463人(次)。2008年检察系统首批司法考试通过率达55.9%,同比上升7.7个百分点。

推进基层检察院建设,着力夯实发展基础。深入推进检察业务、队伍、保障和信息化相结合的管理机制,积极探索从传统经验管理向现代科学管理的转变。深化上级检察院领导对口联系制度,强化对基层检察院的指导,帮助解决实际困难和问题。

2009年全省检察工作的总体思路是:深入学习贯彻党的十七大、十七届三中全会精神,以邓小平理论和“三个代表”重要思想为指导,深入贯彻落实科学发展观,坚持社会主义法治理念,坚持“强化法律监督,维护公平正义”的检察工作主题,以维护人民权益为根本,以维护社会公平正义和社会和谐稳定为目标,以深化检察体制和工作机制改革为动力,以加强基层基础工作为重点,以建设高素质检察队伍为保证,大力弘扬伟大的抗震救灾精神,全面加强和改进检察工作,为保持经济平稳较快发展、推进“两个加快”提供强有力的司法保障。第一,以科学发展观为统领,推动检察工作全面协调可持续发展;第二,自觉服务加快建设西部经济发展高地;第三,自觉服务加快建设灾后美好新家园;第四,自觉服务推进农村改革发展;第五,着力维护社会稳定和谐;第六,着力促进司法公正;第七,着力推进检察改革和提高法律监督能力。

贵州省人民检察院工作报告(摘要)

——2009年1月14日在贵州省第十一届人民代表大会第二次会议上

贵州省人民检察院检察长　陈俊平

(2009年1月16日贵州省第十一届人民代表大会第二次会议通过)

2008年,全省检察机关高举中国特色社会主义伟大旗帜,以邓小平理论和“三个代表”重要思想为指导,深入贯彻落实科学发展观,认真贯彻党的十七大、省第十次党代会和省十一届人大一次会议精神,根据最高人民检察院全面加强和改进检察工作的部署,坚持“强化法律监督,维护公平正义”的检察工作主题,服务贵州经济社会发展大局,切实履行宪法和法律赋予的职责,加强检察队伍和基层检察院建设,深入推进检察改革,各项检察工作取得了新进展。

一、依法履行批捕、起诉职责,维护社会和谐稳定

全省检察机关始终把维护社会和谐稳定作为首要任务,以维护奥运会期间的社会稳定为重点,认真履行批捕、起诉职责。坚决打击危害国家安全的犯罪活动,严厉打击严重暴力犯罪、严重影响群众安全感的多发性侵财犯罪、毒品犯罪和严重破坏社会主义市场经济秩序犯罪。共批准逮捕各类犯罪嫌疑人29936人,提起公诉30020人。其中,批准逮捕抢劫、抢夺、盗窃犯罪嫌疑人13470人,提起公诉13047人;批准逮捕毒品犯罪嫌疑人2692人,提起公诉2686人;批准逮捕生产销售伪劣商品、金融诈骗、侵犯知识产权、危害税收征管等犯罪嫌疑人571人,提起公诉480人。

深入开展“打黑除恶”专项斗争。积极发挥职能作用,与公安机关、审判机关密切配合,完善工作措施,提高办案效率,推动“打黑除恶”严打整治专项行动深入开展。共批准逮捕黑恶势力犯罪嫌疑人1174人,提起公诉351人。瓮安“6·28”事件发生后,省检察院加强工作领导,组织专案组指导州县两级检察院批准逮捕黑恶势力犯罪嫌疑人171人,确保案件质量,促进当地社会治安形势好转。

加强排查化解涉检信访工作。认真开展全省检察机关领导大接访活动和涉检重信重访专项工作，采取现场接访、带案下访、重点约访等方式，直接听取人民群众诉求，集中力量办理了一批疑难复杂重信重访案件。办结了中央交办的涉检重信重访案件6件和最高人民检察院交办的责任倒查案件2件，办结了全省检察机关自行排查的涉检重信重访案件36件，基本做到了息诉罢访。全年共办理群众来信来访10745件(次)，办理各类控告申诉案件3120件。

认真贯彻执行宽严相济刑事政策。正确把握和处理从宽与从严的关系，在严厉打击严重刑事犯罪的同时，对一些犯罪情节轻微的人员，用好宽的一手，依法做到该严则严、当宽则宽。对应当逮捕而未提请逮捕、应当起诉而未移送起诉的，决定追加逮捕797人、追加起诉326人；对采取取保候审、监视居住足以防止发生社会危险性，没有逮捕必要的，决定不批准逮捕1423人；对犯罪情节轻微不需要判处刑罚或者免予刑事处罚的，决定不起诉840人。坚持开展"青少年维权岗"活动，加强对犯罪情节轻微的未成年人的教育挽救工作，依法不批准逮捕677人，不起诉49人，定期回访461人(次)。

积极参与社会治安防控体系建设和平安创建活动，认真落实检察环节的社会治安综合治理措施。配合有关部门开展对被管制、缓刑、假释、暂予监外执行等人员的社区矫正试点工作。

二、依法履行查办和预防职务犯罪职责，促进廉政建设和反腐败工作

全省检察机关认真贯彻落实中央《建立健全惩治和预防腐败体系2008—2012年工作规划》及省委《实施意见》，依法履行查办职务犯罪职责。共立案侦查涉嫌职务犯罪1232人，其中涉嫌贪污贿赂犯罪984人，涉嫌渎职侵权犯罪248人。通过办案，挽回直接经济损失2.6亿元。

重点查办大案要案。上级检察院加强对下级检察院办案工作的指导和协调，依法查办了一批贪污贿赂犯罪大案要案和渎职侵权犯罪重大特大案件。立案侦查涉嫌职务犯罪的县处级以上国家工作人员79人，其中地厅级5人；贪污贿赂大案629件，其中百万元以上大案26件；渎职侵权重大特大案件61件。

严肃查办侵害人民群众利益的案件。开展深入查办涉农职务犯罪、保障社会主义新农村建设专项工作，共立案侦查此类案件366件479人；开展查办劳动就业和社会保障领域的贪污贿赂案件专项工作，共立案侦查此类案件148件209人；开展查办危害能源资源和生态环境渎职犯罪专项工作，共立案侦查此类案件111件127人。在晴隆县黄金矿山非法开采治理整顿工作中，检察机关立案侦查国家工作人员涉嫌受贿、滥用职权犯罪案件8件8人，批准逮捕非法采矿犯罪嫌疑人15人，坚决打击非法开采国家矿产资源行为，维护正常开发秩序。

积极参与治理商业贿赂工作。以查办工程建设、土地出让、产权交易、医药购销、政府采购等领域以及银行信贷、证券期货、商业保险等方面的商业贿赂犯罪案件为重点，认真排查线索，深挖窝案串案，共立案侦查涉及国家工作人员的商业贿赂犯罪案件390件418人。

切实开展预防职务犯罪工作。按照"坚持党的领导，整合社会资源，立足检察职能，服务发展大局"的要求，贯彻执行中央《建立健全教育、制度、监督并重的惩治和预防腐败体系实施纲要》及省委《实施意见》、《贵州省预防职务犯罪工作条例》，认真开展个案预防、行业预防、专项预防工作，开展了贵阳至广州高速公路等重点工程建设中的预防职务犯罪工作。全年共开展法制宣传、警示教育、预防咨询活动845次，提出建章立制的检察建议154件。

三、全面强化对诉讼活动的法律监督，维护司法公正

全省检察机关认真履行对诉讼活动的法律监督职责，突出监督重点，加大监督力度，维护司法公正。在刑事立案监督和侦查活动监督中，监督纠正有案不立、有罪不究、以罚代刑等问题，防止放纵犯罪；监督纠正违法立案、刑讯逼供、滥用强制措施和侵犯诉讼权利等问题，切实保障人权。对侦查机关应当立案而未立案的，监督立案621件，对不应当立案而立案的，监督撤案481件；对依法不应当追究刑事责任和证据不足的，决定不批准逮捕1185人、不起诉156人。在刑事审判监督中，运用抗诉手段加强对有罪不究、罚不当罪等问题的监督。对认为审判机关确有错误的刑事判决、裁定，提出抗诉108件。在刑罚执行和监管活动监督中，强化对罪犯减刑、假释、保外就医和刑事羁押期限的监督。对违法减刑、假释、暂予监外执行的，提出监督意见22人(次)。在民事审判和行政诉讼监督中，重点监督纠正裁判不公、侵害人民群众正当权益等问题。对认为确有错误的民事行政生效判决、裁定,提出抗诉101件,提出再审检察建议72件。对人民法院正确的判决、裁定,认真做好申诉人的服判息诉工作,维护司法权威。

全省检察机关把监督纠正违法与查办职务犯罪相结合,严肃查办执法不严、司法不公背后的职务犯罪,促进依法行政和公正司法。共立案侦查行政执法人员和司法人员涉嫌职务犯罪案件227件259人,其中行政执法人员154件176人,司法人员73件83人。

四、积极发挥检察职能作用,自觉服务全省工作大局

全省检察机关紧紧围绕构建"和谐贵州"、实现我省经济社会发展历史性跨越这一中心任务,切实增强大局意识、服务意识、责任意识,积极发挥职能作用,自觉服务工作大局。省检察院相继出台了《贵州省人民检察院关于为社会主义新农村建设服务的意见》、《贵州检察机关发挥职能作用构建和谐社会的意见》和《贵州省人民检察院关于发挥职能作用保障生态文明建设的意见》,指导全省检察机关正确处理好执行法律法规与落实政策措施的关系,提高执法办案水平,努力实现办案的法律效果与社会效果、政治效果的有机统一。立足检察职能,积极探索开展保护生态环境、国有资产等方面的公益诉讼工作,发挥法律监督在维护公共利益中的应有作用。全年共办理这类案件1035件,其中刑事附带民事诉讼174件,督促起诉457件,支持起诉404件。通过办案,挽回直接经济损失1200万元。

五、深入推进检察工作机制改革,强化法律监督职能和内部执法办案监督制约

全省检察机关按照中央和最高人民检察院关于司法体制和工作机制改革的部署,坚持以强化法律监督职能和加强自身执法办案监督制约为主线,积极稳妥地推进检察改革。

完善强化法律监督职能工作机制。继续推进检察工作一体化机制建设,整合检察资源,增强监督实效。深化查办职务犯罪、审查逮捕和公诉方式等机制改革。积极探索贯彻宽严相济刑事政策工作机制。加强检察委员会建设,省检察院制定了《贵州省检察机关检察委员会工作规则》,进一步完善检察委员会议事制度,实行职务犯罪案件提起公诉由检察委员会决定的工作制度。

健全内部监督制约机制。加强执法办案内部监督制约制度建设,完善执法办案内部监督实施办法,认真落实省检察院制定的《严格办案纪律,加强监督防范的四条措施》。推行检务督察制度,省检察院制定了《检务督察工作实施办法(试行)》。完善检察业务考评机制,量化考核标准,落实《贵州省基层人民检察院规范化建设考核实施意见(试行)》。加强执法规范化建设,完善错案认定和执法过错责任追究机制,推动检察机关依法办案、文明办案。

健全外部监督制约机制。深化检务公开,健全对人民群众举报、控告、申诉的办理、督察、查究、反馈机制,不断提高检察机关执法的透明度和公信力。深入推进人民监督员制度试点工作,改进和完善监督办法,人民监督员共监督案件122件138人。认真贯彻修订后的律师法,保障律师在检察环节依法执业。

六、坚持不懈地加强检察队伍和基层检察院建设,提高法律监督能力

全省检察机关以领导班子和基层检察院建设为重点,以提高干警素质和保障严格、公正、文明、廉洁执法为目标,加强检察队伍的教育、管理和监督,加强基层检察院建设。

一是加强队伍思想政治建设。全省检察机关认真开展党的十七大精神和胡锦涛总书记在全国政法工作会议代表和全国大法官、大检察官座谈会上的重要讲话"大学习、大讨论"活动,通过认真学习和讨论,加深对中国特色社会主义的政治认同、理论认同、感情认同,始终坚持党的事业至上、人民利益至上、宪法法律至上,增强了做中国特色社会主义事业建设者和捍卫者的自觉性和坚定性,确保检察工作正确政治方向。省检察院认真开展深入学习实践科学发展观活动,围绕检察工作自身科学发展和促进经济社会又好又快发展的问题,深入调查研究,认真分析检查,切实进行整改,完善工作机制和措施办法,着力转变不适应、不符合科学发展观要求的思想观念,为实现检察工作科学发展奠定了坚实的思想基础。

二是加强队伍专业化建设。按照系统化、规范化的要求,建立健全符合法律监督工作实际、具有检察机关特色的教育培训制度,针对各类检察业务特点,加大专业培训和岗位练兵力度,提高检察队伍执法办案的综合素质和专业技能。共举办各类业务培训班19期，培训检察人员1815人（次），组织853人参加全国统一司法考试，其中323人通过考试取得初任检察官任职资格。完成了全省检察机关公开招考144名检察人员和新录用人员的上岗培训工作。选调75名优秀大学毕业生到42个基层检察院工作。

三是加强党风廉政建设。坚持从严治检方针，狠抓纪律作风建设，落实党风廉政建设责任制，推行述职述廉、诫勉谈话、巡视等制度，开展了对遵义市检察院、安顺市检察院和毕节分院的巡视，加强对下级检察院领导班子和领导干部的监督，有效地促进了检察队伍党风廉政建设。开展创先争优活动，弘扬正气，表彰先进，有12个集体、26人受到省级以上领导机关表彰。严肃查处违纪违法检察人员6件6人，其中追究刑事责任3人。

四是加强基层检察院建设。围绕执法规范化、队伍专业化、管理科学化和保障现代化的目标，省检察院认真研究制定今后一个时期基层检察院建设的总体规划，制定了考评办法，积极引导基层检察院建立健全业务建设、队伍建设和信息化建设"三位一体"的管理机制。在各级党委、人大和政府的重视与支持下，全省有91个检察院建成办案用房和专业技术用房，81个基层检察院建成计算机局域网，85个基层检察院开通三级专线网；全省县级检察院公用经费最低保障标准全部纳入地方财政预算，基本形成了经费保障的长效机制。

去年是我国改革开放三十周年，也是检察机关恢复重建三十周年。我们以纪念检察机关恢复重建三十周年为契机，全面回顾三十年来的光辉历程，深刻总结法律监督工作经验，不断深化对检察工作特点和规律的认识。深刻认识到做好检察工作必须坚持党的统一领导，确保检察工作坚定正确的政治方向；必须坚持自觉接受各级人大和人民群众的监督，确保检察机关依法独立公正行使职权；必须坚持检察机关的宪法定位，确保国家法律监督机关的职能得到充分发挥；必须坚持把人民满意作为检察工作的根本标准，确保人民群众的新要求新期待不断得到满足；必须坚持把检察队伍和基层检察院建设作为战略任务常抓不懈，确保检察事业发展的基础始终得到加强。

一年来检察工作取得的成绩，是党委坚强领导、人大有力监督、政府大力支持、政协民主监督和人民群众支持的结果。在总结成绩的同时，我们清醒地看到，推动检察工作科学发展还存在一些问题和不足：一是法律监督职能发挥得还不够充分，与人民群众的新要求新期待还存在差距。二是检察人员的整体素质有待进一步提高，检察官断档问题仍然比较突出。三是检察人员违纪违法现象仍有发生，影响检察机关的公正执法形象。四是省检察院对下级检察机关的领导和指导工作还存在薄弱环节。针对这些问题，我们将采取有效措施，认真加以解决。

今年，全省检察机关将按照全国全省政法工作会议和全国检察长会议的工作部署，坚持科学发展、强化法律监督、维护公平正义、促进社会和谐，进一步加大工作力度，努力提高执法水平和办案质量，全面履行法律监督职责，重点抓好以下工作：

一是深入学习实践科学发展观，加强法律监督能力建设。坚持以科学发展观为统领，围绕保障和促进经济社会全面协调可持续发展这个大局，全面履行宪法和法律赋予的职责，推动检察工作科学发展，着力保障经济平稳较快发展，着力促进农村改革发展，着力保障和改善民生，着力维护国家安全和社会和谐稳定，着力维护司法公正。

二是深化检察改革，完善改革配套措施。全面贯彻中央和最高人民检察院关于深化司法体制和工作机制改革的意见和部署，巩固已有改革成果，完善改革配套措施，创新工作机制，增强监督效力，更好地发挥检察机关在维护法律统一正确实施、维护社会公平正义中的职能作用。

三是全面加强检察队伍和基层检察院建设，夯实检察事业发展基础。进一步解放思想，大力加强思想政治建设和法律监督能力建设，提高检察队伍整体素质。继续抓好检察队伍的教育、管理和监督，维护检察队伍的良好形象。大力培训检察人员，开展形式多样的岗位练兵活动。继续推进基层检察院建设，认真落实最高人民检察院制定的《2008—2012年基层人民检察院建设规划》，加强基层基础工作。

四是自觉接受各级人大、政协和社会各界监督，保证法律监督职责正确履行。切实增强接受人大监督的意识，积极主动向人大及其常委会报告工作，认真落实人大及其常委会的决议和要求。自觉接受政协民主监督、人民群众监督和新闻舆论监督，进一步拓宽接受监督的渠道，确保人民赋予的检察权真正用来为人民谋利益。

在新的一年里,全省检察机关将继续高举中国特色社会主义伟大旗帜,坚持以邓小平理论和“三个代表”重要思想为指导,深入贯彻落实科学发展观,全面贯彻落实党的十七大和十七届三中全会精神,以及省委十届四次全会和本次人大会议精神,统一思想,凝聚力量,求真务实,开拓创新,努力做好法律监督工作,为构建“和谐贵州”,实现我省经济社会发展的历史性跨越作出新贡献。

云南省人民检察院工作报告(摘要)

——2009年2月9日在云南省第十一届人民代表大会第二次会议上

云南省人民检察院检察长　王田海

(2009年2月11日云南省第十一届人民代表大会第二次会议通过)

2008年,全省检察机关深入学习实践科学发展观,全面贯彻党的十七大精神和胡锦涛总书记等中央领导同志对检察工作的一系列重要指示精神,认真落实省十一届人大一次会议决议,切实加大法律监督力度,不断提高队伍整体素质,检察工作在服务富裕民主文明开放和谐云南建设中取得了新的进展。

一、认真履行法律监督职能,为全省经济社会发展提供有力的司法保障

(一)依法打击刑事犯罪,积极化解矛盾纠纷,维护社会和谐稳定

充分发挥批准逮捕、提起公诉职能,依法严厉打击严重刑事犯罪活动。共批准逮捕各类刑事犯罪嫌疑人37305人,提起公诉41211人。其中,批准逮捕危害国家安全、公共安全的犯罪嫌疑人1778人,提起公诉3241人。批准逮捕盗窃、故意伤害、抢劫、故意杀人等犯罪嫌疑人18433人,提起公诉16138人。批准逮捕黑恶势力犯罪嫌疑人64人,提起公诉50人。批准逮捕毒品犯罪嫌疑人8415人,提起公诉12143人。批准逮捕非法经营、合同诈骗等破坏社会主义市场经济秩序犯罪嫌疑人1594人,提起公诉1634人;批准逮捕涉烟犯罪嫌疑人918人,提起公诉911人。批准逮捕外籍犯罪嫌疑人129人,提起公诉183人。

认真处理涉检信访,依法妥善解决群众反映的实际问题。共受理来信来访10189件,处置集体访、告急访24件次,立案复查刑事申诉案件199件,办理刑事赔偿案件37件,支付赔偿金43万余元。省检察院领导班子成员挂牌督办了省委政法委交办的21件重信重访疑难复杂案件,在市、县两级检察院的大力配合下,已息诉罢访18件。

积极参与社会治安综合治理工作,从源头上减少社会不稳定因素。向党委、政府提出治理突出治安问题的建议87份,依法参与处置了孟连“7·19”等社会热点事件,主动配合有关部门做好失足青少年的教育挽救和监外执行罪犯社区矫正工作,不断加大法制宣传教育力度,检察环节的社会治安综合治理措施得到较好落实。

(二)依法查办职务犯罪,加强预防工作,促进反腐倡廉建设深入开展

强化措施,切实加大办案力度。共立案侦查职务犯罪案件1289件1364人,其中查办贪污贿赂犯罪案件1053件1107人,渎职侵权犯罪案件236件257人。通过办案为国家挽回经济损失5.97亿余元。抓获在逃职务犯罪嫌疑人24名,劝返逃往境外的职务犯罪嫌疑人4名。

突出重点,集中力量查办大案要案。查办贪污贿赂大案673件,查办重特大渎职侵权案件76件,查办县处级以上领导干部88人(厅级5人)。省检察院依法查办了云南铜业集团原董事长邹韶禄、副

总经理余卫平等人贪污、挪用巨额公款，收受巨额贿赂系列案件，邹韶禄、余卫平一审分别被判处无期徒刑和死刑，彰显了党和政府惩治腐败的坚强决心。

关注民生，严肃查办群众反映强烈的职务犯罪案件。查办利用干部人事权、行政执法权、行政审批权进行权钱交易的职务犯罪案件 294 件，查办司法人员徇私枉法、失职渎职、索贿受贿犯罪案件 55 件，查办工程建设、土地出让、产权交易、医药购销等领域的商业贿赂职务犯罪案件 546 件，查办涉农职务犯罪案件 411 件，查办危害能源资源、生态环境渎职犯罪案件 134 件。

注重治本，增强预防职务犯罪工作的实效。针对典型案件开展立项预防调查，提出预防检察建议 73 件，全部被采纳。针对云南铜业集团系列案件暴露出来的问题，省检察院领导亲自到看守所提讯犯罪嫌疑人，了解国有企业发生腐败案件的深层次原因，并与部分国有大中型企业负责人座谈，共商预防国有企业人员职务犯罪的对策。受理行贿犯罪档案查询申请 518 次，部分单位和个人因有行贿犯罪记录被招标方取消参与投标的资格。大力加强预防警示教育，组织开展了 517 次警示教育活动，78000 余名国家工作人员受到教育。

(三)强化诉讼监督，提高监督实效，维护法律的统一正确实施

加强立案监督和侦查活动监督。监督侦查机关立案 507 件、撤案 101 件。对侦查活动中的违法行为提出书面纠正意见和检察建议 105 件。依法纠正漏捕漏诉 181 人。

加强刑事审判监督。对刑事审判活动中的违法行为提出纠正意见 340 件次。对死刑二审案件严格审查，提出改判意见 26 件。对认为确有错误的刑事判决、裁定依法提出抗诉 135 件，法院已改判或发回重审 88 件。

加强刑罚执行和监管活动监督。监督纠正违法减刑、假释、暂予监外执行案件 42 件，监督纠正脱管监外执行罪犯 23 人。对监管场所进行安全防范检察 1658 次，对存在的安全隐患提出检察建议并监督整改 224 件次。

加强民事审判和行政诉讼监督。提出抗诉或再审检察建议 338 件，办理非抗诉案件 1332 件。西双版纳州检察机关积极探索开展公益诉讼，对造成国家重大经济损失的破坏森林资源犯罪案件提起刑事附带民事诉讼 32 件。对正确的判决、裁定，积极做好申诉人的服判息诉工作，维护司法权威。

二、不断改进检察工作，确保法律监督职能的正确履行

(一)坚持在执法办案中服务经济发展。严格区分工作失误与渎职犯罪，合法收入与贪污受贿，资金合理流动与徇私舞弊造成国有资产流失的界限，为 452 名受到错告、诬告的领导干部和企业负责人澄清了问题。慎重办理发生在企业的职务犯罪案件，不轻易查封、扣押、冻结发案单位的财产、账号，不轻易对关键岗位人员采取强制措施，依法对 75 名犯罪数额不大、认罪态度好的企业人员作出宽缓处理。省检察院分别召开检察机关服务国有企业改革发展座谈会和为非公经济服务座谈会，听取企业代表对检察机关的意见和建议，研究制定服务措施。

(二)努力提高办案质量。普遍建立案件质量监控预警机制，全面推行讯问职务犯罪嫌疑人全程同步录音录像，审查逮捕每案必讯等制度，健全侦查、批捕、起诉协作制度，严格执行案件质量责任倒查制度，初步形成了较为完备的案件质量保障体系。严格依法掌握立案、批捕、起诉条件，全省检察机关办案质量在最高人民检察院的考评活动中全部达标。

(三)全面贯彻宽严相济刑事政策。在严厉打击严重刑事犯罪的同时，依法适用宽缓刑事政策，共对 2614 名未成年和无逮捕必要的犯罪嫌疑人作出不批捕决定，对 467 名情节轻微的犯罪嫌疑人作出不起诉决定；对确需移送审判的轻微刑事案件，建议法院适用简易程序或普通程序简化审 4789 件，并提出从轻处罚的量刑建议。

(四)自觉把检察工作置于社会的监督之下。深化检务公开，建立健全新闻发言人制度，扩大云南检察网的社会影响力。自觉接受人大监督和政协民主监督，主动报告和通报重要工作、重大事项，坚决执行人大及其常委会的决议和决定，积极配合开展执法检查活动，认真办理人大代表、政协委员的议案、提案和交办案件。坚持特约检察员制度和专家咨询委员会制度，全面推进人民监督员监督工作，全省人民监督员共监督“三类案件”、“五种情形”162 件。

三、大力加强队伍建设，全面提高检察人员的整体素质

(一)深入开展专题学习活动。在解放思想大讨论活动、大学习大讨论活动和深入学习实践科学发展观活动中,采取个人自学、专家授课、专题培训、撰写调研报告等多种形式,引导检察人员坚持“三个统一”,做到“三个至上”。深入开展“五查五看”活动,开门寻计问策,主动征求党政机关和人大代表、政协委员对检察工作的意见和建议,找准影响和制约检察工作科学发展的突出问题。坚持边学边改、边查边改,把整改的成效体现到具体工作中。

(二)切实加强领导班子建设。积极争取各级党委的领导和人大的支持,调整充实了省检察院领导班子,顺利完成7个州市院检察长的调整交流和129个基层检察院检察长的换届工作。坚持民主集中制原则,各级检察院领导班子科学决策的水平进一步提高,凝聚力、战斗力明显增强。

(三)大力加强队伍专业化建设。全省检察机关本科以上学历人员比例已达76.04%。有491人通过司法考试,自实行司法考试制度以来最后5个无人通过考试的基层检察院实现了“零”的突破。轮训检察人员3206人次,选拔出全省“十佳公诉人”、“十佳侦查监督办案能手”等业务尖子。

(四)狠抓纪律作风建设。层层签订党风廉政建设责任状,建立执法档案,落实“一案三卡”制度。全面推行检务督察制度,定期不定期开展明察暗访,发现和纠正检察人员中突出的纪律作风问题。立案查处违法违纪检察人员8人,同比下降27.3%。

(五)扎实开展基层检察院建设。省、市两级检察院领导深入基层检察院,帮助协调解决实际困难,指导制定长远发展规划。通过“下挂上派”和为基层院招录和选调高校毕业生,努力解决制约基层发展的人才“瓶颈”问题。基层检察院建设成效明显,69个基层单位、86名检察人员受到省级以上表彰。

全省检察工作存在的主要问题:一是一些检察人员特别是少数领导干部精神状态不够好、创新意识不够强,导致少数地方工作起色不大。二是一些检察人员执法观念陈旧,执法方式简单,极少数人仍然有特权思想、霸道作风,执法不文明、不公正、不规范的现象时有发生。三是检察队伍的专业、文化结构与检察官法的要求存在明显差距,整体素质还不能完全适应形势发展的需要,部分检察人员执法水平不够高,运用法律揭露犯罪、指控犯罪的能力不够强。四是执法保障机制不够健全,人员编制与工作任务之间的矛盾比较突出,边远贫困地区检察机关“难进人,难留人”的现象没有得到有效改变,公用经费保障标准落实不到位、“两房”建设负债过重、装备落后等问题在基层检察院仍然比较普遍。

四、深入学习实践科学发展观,切实做好2009年的检察工作

2009年,全省检察机关将高举中国特色社会主义伟大旗帜,以邓小平理论和“三个代表”重要思想为指导,深入学习实践科学发展观,认真贯彻党的十七大、十七届三中全会和省委八届六次全会精神,继续认真落实胡锦涛总书记等中央领导同志对检察工作的重要指示,牢固树立社会主义法治理念,充分履行法律监督职能,大力加强检察队伍建设和检务保障建设,积极稳妥地推进检察改革,努力实现全省检察工作的科学发展,为云南经济平稳较快发展提供有力的司法保障。

(一)深入学习实践科学发展观,确保全省检察工作健康发展。在提高思想认识的基础上,深入查找问题,制定、落实整改方案,努力把深入学习实践科学发展观的过程,变成解决检察工作和党性党风党纪等方面存在的突出问题的过程,变成进一步转变执法理念、提高执法能力、改进执法作风的过程,变成促进检察事业科学发展的过程,真正用科学发展观武装头脑、指导实践、推动工作,确保检察工作走上科学发展的轨道。

(二)充分发挥检察职能,积极服务全省经济平稳较快发展。一是要更加注重服务经济发展。依法惩治危害企业生产经营的各种犯罪活动,积极预防和严肃查办在项目投资和工程建设中的贪污受贿、挪用公款、滥用职权、玩忽职守等职务犯罪;积极参加整顿和规范市场秩序、保护知识产权等专项行动,继续集中查办城镇建设领域商业贿赂犯罪,深入查办涉农职务犯罪以及危害能源资源和生态环境渎职犯罪。处理好打击与保护的关系,既依法严厉打击经济犯罪活动,坚决维护市场经济秩序,又慎重使用强制措施,依法保护企业合法权益,努力促进企业健康发展。二是要更加注重保障民生。严肃查办社会保障、劳动就业、征地拆迁、移民补偿、抢险救灾、医疗卫生、招生考试等领域的职务犯罪案件,严肃查办国家机关工作人员利用职权实施的侵权犯罪案件；积极参加食品药品安全专项整治，严厉打击制售有毒有害食品药品等犯罪活动，坚决查办重大安全生产事故、重大食品安全事件背后的失职渎职等职务犯罪案件；探索实行对确有困难的被害人司法救助制度，积极协调有关部门帮助解决法度之外、情理之中的问题。三是要更加注重促进社会和谐稳定。认真贯彻宽严相济刑事政策，依法打击各种危害国家安全、公共安全、社会治安和市场经济秩序的犯罪活动，继续深入开展“打黑除恶”专项斗争，加强涉检信访工作，积极参与矛盾纠纷排查化解工作，落实检察环节的社会治安综合治理措施，确保社会大局稳定。四是要更加注重维护社会公平正义。加强对有案不立、有罪不究、以罚代刑、量刑畸轻畸重和违法立案、刑讯逼供等问题的监督；加强对民事审判、行政诉讼的监督，探索开展对民事执行活动的监督；加强对超期羁押和违法减刑、假释、暂予监外执行的监督。坚决查办执法不严、司法不公背后的职务犯罪，努力提高监督实效。

（三）深化检察改革，为检察工作发展注入新的生机与活力。认真贯彻中央《关于深化司法体制和工作机制改革若干问题的意见》，对涉及检察体制、法律修改的改革事项，做好调查研究工作；对涉及检察工作机制、不需要上下统一的改革事项，省检察院将有计划地组织开展试点工作。

（四）加强队伍建设，全面提高法律监督能力。坚持和完善民主集中制，扩大教育培训规模，继续推进执法规范化建设，严格执行党风廉政建设责任制，进一步加强和改进巡视工作，深化检务督察工作，坚决查处检察人员违法违纪案件。积极推进基层检察院执法规范化、队伍专业化、管理科学化和保障现代化建设。

西藏自治区人民检察院工作报告（摘要）

——2009 年 1 月 16 日在西藏自治区第九届人民代表大会第二次会议上

西藏自治区人民检察院检察长　张培中

（2009 年 1 月 19 日西藏自治区第九届人民代表大会第二次会议通过）

2008 年，全区检察机关在自治区党委和最高人民检察院的坚强领导下，在各级人大监督和政府的支持下，在政协民主监督和社会各界的关怀下，全面贯彻落实科学发展观，按照自治区九届人大一次会议要求，切实履行检察职能，坚持抓打防带全局、抓服务促发展、抓基层固基础、抓培训强素质，各项检察工作取得了新进展。

一、坚持以深入学习实践科学发展观活动为主线，进一步坚定了政治方向和统一了执法思想

一年来，自治区人民检察院根据中央的统一部署和区党委的具体安排，结合全国政法系统开展的“大学习、大讨论”活动和全区开展的“反对分裂、维护稳定、促进发展”主题教育活动，认真开展了深入学习实践科学发展观活动。

用科学发展观武装全体检察人员头脑，牢固树立社会主义法治理念。我们把深入学习实践科学发展观活动摆在突出位置，按照“党员干部受教育、科学发展上水平、社会稳定见成效、人民群众得实惠”的目标和区党委提出的“一贯彻、三坚持、两推进”的要求，在学习实践科学发展观活动中，坚持把理论学习贯穿始终，把解放思想贯穿始终，把查摆解决问题贯穿始终，把推动工作贯穿始终。通过深入开展学习实践科学发展观活动，在事关检察工作科学发展的一系列重大理论和实践问题上加深了认识，进一步坚定了政治方向、统一了执法思想，为在新的历史起点上开创我区检察工作新局面奠定了坚实的思想理论基础。

用科学发展观指导实践，牢固树立以人为本的思想。在学习实践中,我们把执法为民作为学习实践科学发展观的出发点和落脚点,积极探索落实执法为民要求的有效举措和载体。自治区检察院探索实行了“人民群众来访代办制”,对来访的人民群众,分别确定代办人、主办人、督办人,及时向上访人反馈情况,从而有效解决了以前经常出现的重复访、越级访问题。拉萨市城关区检察院在民事纠纷较多、“3·14”受损商户集中、存在稳定隐患的区域,创办“检察官法律服务站”,使群众在家门口就能得到法律援助,全年共接待群众来访及法律咨询428人次。日喀则市检察机关积极创建“群众满意之家”,对属于职能范围的群众来访认真办好;对属于职能范围以外的积极协调,使人民群众有冤情可申,有违法可告,有委屈可诉,有疑惑可询,有困难可提,到检察院有到家的亲切感。这些好的做法正在全区检察机关大力推广,有效地解决了群众涉法上访难的问题。全年共受理群众来信来访228件次。

用科学发展观谋长远,理清全区检察工作科学发展思路。在学习实践科学发展观活动中,我们围绕实现西藏检察工作科学发展,对如何统筹处理好履行职能与服务大局的关系和法律效果、政治效果与社会效果的关系等课题进行了重点调研,形成了18篇调研报告,更好地指导检察业务工作的科学开展。提出以提高法律监督能力为核心,以深化检察体制和工作机制改革为动力,以加强基层基础工作为重点,以建设高素质检察队伍为保证的发展思路。

二、坚持把确保国家安全和维护社会和谐稳定作为头等大事,全力促进社会和谐稳定

全区检察机关始终把维护国家安全和社会稳定摆在重要位置,认真落实社会治安综合治理责任制,与公安、法院、司法行政等部门密切配合,努力维护社会和谐稳定。

坚决依法打击达赖集团的分裂破坏活动。去年拉萨“3·14”打砸抢烧严重暴力犯罪事件发生后,全区检察机关坚决贯彻党中央的一系列指示,认真按照区党委和最高人民检察院的具体部署,旗帜鲜明地投入反分裂斗争。依法妥善处置了拉萨“3·14”打砸抢烧严重暴力犯罪事件,宽严相济办理了一批严重暴力犯罪案件。坚持最大限度地教育挽救大多数,从宽处理了“3·14”打砸抢烧严重暴力犯罪案件,取得了良好的政治效果、法律效果和社会效果。一年来,我们加强与有关部门的配合,严厉打击达赖集团的分裂破坏活动,把防范和打击达赖集团的分裂破坏活动放在首要位置,坚决维护社会稳定、维护社会主义法制、维护人民群众根本利益。

依法严厉打击严重刑事犯罪。一年来,共受理提请批准逮捕犯罪嫌疑人2597人,经审查,批准逮捕2405人;受理移送审查起诉犯罪嫌疑人2023人,经审查,提起公诉1653人。对重特大案件坚持提前介入侦查活动,依法快捕快诉。重点打击了爆炸、杀人等严重暴力犯罪及抢劫、抢夺、盗窃等多发性侵财犯罪,批准逮捕上述犯罪嫌疑人1871人,提起公诉1237人。加强与有关部门的协调配合,深入开展打黑除恶专项斗争,依法从重从快批捕了涉黑涉恶案件24件,犯罪分子174人,有力打击了犯罪分子的嚣张气焰。

积极参与构建社会“大稳定”的工作格局。全区检察机关按照区党委“防范第一、处置高效,以不出问题为核心”的要求,配合有关部门,对重点目标、重点区域、重点部位做到了点上有人抓,线上有人管,面上有人带。

与有关部门有针对性地抓“点”。针对一些乡村和寺庙法制宣传教育工作薄弱的状况,我们派出468名干警,组成87个工作组对270个乡村和259座寺庙开展了法制宣传教育工作。在法制宣传进乡村、进寺庙工作中,我们把以案释法、析法明理、促进自警,作为法制宣传教育的着眼点;把法的尺度交给群众和僧人,作为法制宣传教育的落脚点。在法制宣传教育工作中,我们注重针对性,增强实效性,共有154256名农牧民、5508名僧人受到了面对面的教育,为维护我区社会和谐稳定作出了积极贡献。

与公安等部门多警种巡逻管“线”。以青藏铁路西藏段为主,实行24小时不间断护路巡逻,特别是组织铁路沿线检察机关对桥梁、涵洞实行夜间守候、白天检查,发现可疑线索2条,抓获可疑人员19名。铁路沿线检察机关在200余天的护路工作中,共投入警力29000人次,出动车辆3000余次。在奥运会和敏感日期间,我们还与有关部门配合,对城区主要街道实行24小时不间断巡逻。

与群众联防带“面”。全区检察机关按照当地党委、政府划分的责任片区,由检察干警带领当地群众对辖区重点地段、偏僻街道、城郊结合部等案件多发部位进行反复巡逻、检查,保证“面”上防范工作不留死角。在300余天的面上工作中，共投入警力74726人次。同时，我们还投入警力128971人次与有关部门加强了对流动人口的管理。

三、坚持把反腐败斗争作为重要政治任务，不断加大查办和预防职务犯罪力度

全区检察机关深入贯彻党的十七大提出的"坚决惩治和有效预防腐败"的要求，按照区党委和最高人民检察院关于反腐败斗争的部署，年初抓早，年末防松，采取有力措施，加大办案力度，努力提高执法水平和办案质量，依法查办了一批职务犯罪案件，为反腐倡廉工作作出了积极贡献。

全区检察机关共立案查办贪污贿赂犯罪案件27件，其中大案23件，要案4人。查办贪污、贿赂五十万元、挪用公款一百万元以上特大案件10件，比上年增加150%。查办各类渎职侵权案件2件，其中大案1件，要案1人。贪污贿赂案件大案占立案总数的88.46%，渎职侵权案件大案占立案总数的50%。与往年查办职务犯罪案件的情况相比，一是查办大案有新进展，共查办贪污、贿赂五万元、挪用公款十万元以上大案23件，同比上升9.52%；二是办案质量有新提高。全年无一起撤案，所办案件移送起诉率、有罪判决率均达到100%，实现了办案零投诉、零违纪、零安全事故；三是办案效果有新发展。为国家挽回直接经济损失1467.6万元，同比上升603.38%。同时，在开展治理商业贿赂专项工作中，共立案侦查涉及国家工作人员的商业贿赂犯罪案件7件，为国家挽回经济损失239万元，有效遏制了商业贿赂犯罪的势头。

进一步加强和改进预防职务犯罪工作。全区检察机关全面贯彻标本兼治、综合治理、惩防并举、注重预防的方针，结合办案，立足职能，在发案单位开展个案预防，在重大工程建设中开展专项预防，在重点行业开展系统预防，配合有关单位开展警示教育，针对易发职务犯罪的环节提出防范对策，协助堵漏建制。区检察院与有关主管部门联合部署，加大对重点建设项目的法制监管力度。检察机关参与拉萨柳梧新区、阿里昆莎机场、那曲物流中心、林芝老虎嘴电站等在建大中型项目的预防犯罪工作，有效防止了"工程上马、干部落马"问题的发生。全区基本形成了党委统一领导、有关部门齐抓共管、检察机关发挥职能作用的预防职务犯罪工作机制，对教育、挽救和保护干部，防止和减少职务犯罪起到了积极作用。

四、坚持全面履行法律监督职能，大力推进各个诉讼环节的法律监督工作

一年来，全区检察机关进一步增强监督意识，积极探索监督的有效途径，注重实际效果，既防止打击不力，又注重保障人权。

加强对刑事立案和侦查活动的监督。全区检察机关共要求侦查机关说明不立案理由4件；通知侦查机关立案2件。监督立案案件提起公诉后，法院均作出有罪判决。对侦查活动中的违法情况提出纠正意见149件；对侦查机关提请批准逮捕、移送审查起诉案件，决定不批准逮捕191人，不起诉137人。加大对漏捕、漏诉的监督力度，对应当逮捕而未提请逮捕、应当起诉而未移送起诉的犯罪嫌疑人，决定追捕4人、追诉1人。

加强对刑事审判活动的监督。全区检察机关对人民法院作出的刑事判决、裁定逐一认真进行审查，对认为确有错误的刑事判决、裁定依法提出抗诉，对审判活动中的违法情况及时提出纠正意见。区检院全年直接审查刑事判决、裁定75件。

加强对民事审判和行政诉讼活动的监督。全区检察机关共审查民事行政申诉案件56件，对认为确有错误的民事和行政判决、裁定提出抗诉4件，法院审结3件。对不服法院正确裁判的36件申诉，主动做好当事人的服判息诉工作，维护了司法权威。

加强对刑罚执行和监管活动的监督。全区检察机关认真开展刑罚执行活动中违法减刑、假释、暂予监外执行案件和不按规定交付执行等情形的监督，共进行各项检察监督1615人次，发现并提出检察建议57次。继续清理纠正超期羁押、建立和完善防止超期羁押的长效机制，发现超期羁押4件4人，在有关部门的共同努力下，已全部纠正。保障了刑罚执行活动公平、公正、有序，维护了监管场所安全秩序和在押人员合法权益。

五、坚持围绕经济发展的首要任务，努力为全区经济又好又快发展提供司法保障

坚持履行职能着眼全局，司法办案服务发展。区检院去年初部署开展了为"第一要务"服务的专项活动。工作中，我们把落实区党委关于"一产上水平、二产抓重点、三产大发展"的经济发展战略作为重点，努力做到打击不忘保护，办案兼顾服务。

坚持以服务社会主义新农村建设为重点，把打击涉农犯罪案件作为服务新农村建设的重要举措。

针对农牧民安居工程建设点多面广、资金分散的特点,积极采取多种监督措施。2008 年,全区 5.78 万户新农村建设安居款 6.8 亿元未发现挪用、贪污等问题。深入开展了查办涉农职务犯罪、保障社会主义新农村建设专项工作以及查办危害能源资源和生态环境渎职犯罪专项工作,共受理案件线索 7 件 7 人,立案查处 6 件 6 人。

坚持打击与服务并重,维护市场经济秩序。我们把打防结合作为检察机关为企业服务的直接途径,开展了"进企业,送法律,排障碍"活动,共走访民营企业 67 家,提出检察建议 34 条。为部分企业清除了领导层中的"蛀虫",使企业"起死回生"。发挥检察职能,打击侵害企业利益的刑事犯罪,为企业生产经营创造良好的治安环境。积极配合开展了整顿市场经济秩序工作,共批准逮捕破坏市场经济秩序犯罪嫌疑人 29 人,提起公诉 58 人。

六、坚持以建立良好的工作机制为目标,积极推进检察改革创新

一年来,全区检察机关积极探索、大力推进各项检察工作的改革和创新。

人民监督员制度试点工作继续深化。我们完善工作制度,加强沟通联系,拓宽人民监督员的监督渠道;组织视察检察工作,提高人民监督员的监督能力;严格执行监督标准和监督程序,保障人民监督员依法行使监督权力。人民监督员对检察机关拟作撤案、不起诉处理以及犯罪嫌疑人不服逮捕决定的三类职务犯罪案件均实施了有效监督。

内部监督制约机制进一步健全。我们推进检察工作一体化机制建设,整合检察资源,增强监督的实效和合力;健全和完善防止、纠正超期羁押长效机制和解决群众信访问题的长效机制,增强司法为民的能力;继续推进制度建设和执法规范化建设,完善检察人员行为规范,强化检察人员违反行为规范的惩戒措施;完善了检察业务考评机制,增强考评机制的科学性、完整性和统一性;推行了检务督察制度,努力形成对检察机关自身执法活动全过程、全方位的有效监督。全年共复查不服不批捕、不起诉、撤案 6 件 19 人,依法改变原处理决定 2 件 8 人。

自觉接受人大及其常委会的监督。全区检察机关全面加强同各级人大及其常委会和广大人大代表的联系,完善了与人大代表联系及汇报工作制度,坚持重要情况、重大活动向人大报告,听取批评、意见和建议,严格执行人大及其常委会的决议和决定,及时办理人大代表提案和人大交办的案件。一年来,全区三级检察机关向人大代表寄送材料 2089 份,汇报工作 269 次,走访 527 人次,邀请人大代表视察检察工作 357 人次。全国人大代表和自治区人大代表转交、交办的代表建议及案件全部及时办结。同时,全区检察机关在加强同各级政协及其委员的联系,接受民主监督、舆论监督和社会监督等方面,也做了大量工作,比往年有了明显进步。

七、坚持以提高检察人员素质为根本,全面加强基层检察院建设和队伍建设

队伍建设是检察工作之本。我们坚持以保障严格、公正、文明和廉洁执法为目标,有针对性地加强教育、管理、培训和监督,着力解决队伍建设方面的突出问题。

加强领导班子建设。在各级党委、人大的大力支持下,检察机关班子建设得到了加强。为区检院配备了两名正厅级党组副书记、两名检察委员会专职委员,顺利完成了 7 个分市院检察长的调整交流和 73 个基层检察院检察长的换届工作,一批品行正、威信高、工作有实绩、德才兼备的优秀人才走上了领导岗位。在执行民主集中制方面,坚持原则,完善决策程序,各级检察院领导班子的决策水平和推动工作能力进一步提高。加强对下级检察院领导班子的管理和监督,自治区检察院派员对 3 个分市院的领导班子进行了巡视,对 73 个基层检察院的领导班子进行述职述廉考核,派员参加分市院的党组民主生活会。严格落实党风廉政建设责任制。坚持重大事项报告制度,严肃查处领导干部违法违纪案件,领导干部作风进一步转变。

加强队伍专业化建设。坚持搞好学历教育,全区检察机关大专以上学历人员已达 1739 人,占在职人员总数的 86.8%;认真解决检察官断档问题,去年共有 117 人通过考试,通过率为 37.7%;加大业务培训力度,对 1593 名检察人员进行了轮训;认真做好检察业务专家候选人、专门型、复合型人才的选拔培养工作。

加强基层检察院建设。确定了执法规范化、队伍专业化、管理科学化和保障现代化的基层检察院建设目标;明确了区检察院统筹协调、整体推进,分市院一线指挥、具体帮扶,基层检察院自身努力、全面建设等各级检察院的责任;实施了区别情况、分类指导，领导联系、定点帮扶，政策倾斜、智力支持，争先创优、机制激励等措施。自治区检察院以网络建设为龙头，建立业务、队伍、保障和信息化建设相结合的长效管理机制的做法，得到最高人民检察院的肯定。

一年来，检察援藏工作取得了新进展。一是智力援藏有新发展，国家检察官学院和18个对口援藏省市帮助我区检察机关岗位培训194人；二是工作援藏有新发展，最高人民检察院和9省市检察院先后派出两批业务骨干到我区检察机关指导办案工作，有22个检察院170人来藏进行工作交流；三是经费装备援藏有新发展，共落实援藏资金、救灾资金和物资1056.58万元。

四川汶川，西藏仲巴、当雄发生强烈地震后，全区检察机关坚决响应中央和区党委的号召，以实际行动支援灾区人民，向灾区捐款、捐物220余万元。

2008年全区检察工作取得了一定成绩。但是，我们也清醒地认识到仍存在不少问题和不足。一是在政治上站位不够高，重法律思维，轻政治思维；重法律责任，轻政治责任；二是少数干警对反分裂斗争的长期性、复杂性、尖锐性认识不足、警惕性不高；三是在工作上方法不够多，标准不够高，有想法少办法，有意识欠能力，有部署欠落实；四是在作风上不够扎实，思维方式与创新要求不相适应，精神状态与任务需要不相适应，执法状态与群众需要不相适应；五是在执法观念上不够新，用科学发展观审视检察工作，对检察人员树立正确的大局观、科学的政绩观、人本的法治观是否牢固了解不足，与站在新起点、把握新要求、顺应新期待的期望距离还很大；六是各项检察工作的开展还不平衡，存在迈步不大，措施不力，顾此失彼的问题；七是基层基础工作还存在很大困难和问题。对这些问题，我们将采取有力措施，积极争取支持，认真加以解决。

2009年全区检察工作的总体思路是：全面贯彻落实党的十七大、十七届三中全会和自治区第七次党代会、区党委七届四次全委会议、全国政法工作会议、全区经济工作会议、全国检察长会议和全区政法工作会议精神，以邓小平理论和“三个代表”重要思想为指导，深入贯彻落实科学发展观，坚持社会主义法治理念，坚持党的事业至上、人民利益至上、宪法法律至上，坚持“强化法律监督，维护公平正义”的检察工作主题，坚持把服务经济发展作为首要任务，坚持把维护稳定作为首要责任，以提高法律监督能力为核心，以深化检察体制和工作机制改革为动力，以加强基层基础工作为重点，以建设高素质检察队伍为保证，全面加强和改进检察工作，维护社会公平正义，努力为促进我区经济平稳较快发展和社会和谐稳定提供强有力的司法保障。为此，我们将在以下七个方面着力：

第一，在政治统领上着力。以科学发展观统领全区检察工作。把贯彻落实科学发展观贯穿于检察工作的各个方面、各个环节，努力在服务经济社会科学发展和推动自身科学发展两个层面上下功夫。深入开展学习实践科学发展观活动，着力解决全区检察系统不符合、不适应科学发展观的问题，切实把贯彻落实科学发展观的思路和要求落到实处，力争取得更大的进步。

第二，在维护稳定上着力。牢固树立国家安全和社会和谐稳定的意识，始终保持清醒的头脑，高度警惕达赖集团分裂破坏活动，按照区党委的统一部署，全区检察机关加强与有关部门密切配合，把防范和打击暴力恐怖活动作为第一位的任务，严密防范和严厉打击一切分裂破坏活动。坚决维护社会主义制度，坚决维护国家主权和领土完整，坚决维护国家安全，坚决维护社会和谐稳定。

第三，在服务发展上着力。按照全区经济工作会议的部署，认真落实区党委关于加快我区经济发展的要求，进一步研究党和国家工作大局对检察工作的需求，提高服务发展的能力和水平。转变思想观念、调整工作思路、改进工作方法，充分发挥打击、预防、监督、保护的职能作用，制定检察工作为保障经济平稳较快发展、促进农村改革发展、保障和改善民生等方面的新举措、新办法。继续坚持检察系统内外协调、上下联动的工作方式，通过强化法律服务，为走中国特色、西藏特点的发展路子作出积极贡献。

第四，在业务攻坚上着力。按照区党委“把我区检察工作推向一个新水平”的要求，我们将加强对刑事立案与侦查活动的法律监督，加强对刑事审判活动的法律监督，加强对刑罚执行和监管活动的法律监督，加强对民事审判和行政诉讼活动的法律监督，加强对诉讼违法行为进行调查、纠正机制建设，加强对司法执法活动的法律监督。

第五，在县检察院建设上着力。把解决基层实际困难和问题作为加强和改进基层检察院工作的重要任务。领导精力向基层倾斜，检务保障向基层倾斜,人才配备向基层倾斜,使先进院再攀高峰,扩大比重;中间院大步前进,进档升级;后进院奋发图强,改变面貌,每年都有新进步、新变化。

第六,在作风建设上着力。以“求实务实抓落实”的作风抓好各项检察工作。对区党委和最高人民检察院部署的、要求的工作事项,我们都要认真的、不折不扣的贯彻落实,做到不推诿、不扯皮、不应付,坚持一级抓一级,层层抓落实,每项工作决策都要做到有布置、有检查、有考核、有问责。下决心精简会议和文件,防止以会议落实会议,以文件贯彻文件,端正认识,改正作风,迈开双脚,深入基层、深入一线调查研究,指导工作,增强为基层服务、为群众服务的意识和本领。

第七,在队伍建设上着力。按照区党委关于建设一支政治坚定、业务精通、作风优良、执法公正的检察队伍的要求,大力弘扬“老西藏”精神,真正把“勤政廉政讲公正,求实务实抓落实”的要求落到实处,以提高队伍的政治素质为根本,以提高队伍的法律监督能力为核心,大力提高队伍的整体素质。进一步推进检察官专业化建设,完善职业培训制度,大力培养专家型、专门型人才;完善办案流程管理制度,以信息化建设带动业务、队伍、保障与信息化相结合的管理机制建设。

面对新形势新要求,做好2009年检察工作,任务艰巨,责任重大,党和人民对我们寄予厚望。我们要更加紧密地团结在以胡锦涛同志为总书记的党中央周围,高举中国特色社会主义伟大旗帜,以邓小平理论和“三个代表”重要思想为指导,深入贯彻落实科学发展观,按照本次会议提出的要求,振奋精神,迎难而上,开拓创新,锐意进取,扎实做好全年的各项检察工作,以优异的成绩迎接新中国成立六十周年和西藏实行民主改革五十周年!

陕西省人民检察院工作报告(摘要)

——2009年1月14日在陕西省第十一届人民代表大会第二次会议上

陕西省人民检察院检察长　胡太平

(2009年1月16日陕西省第十一届人民代表大会第二次会议通过)

一、2008年全省检察工作的主要情况

2008年是很不寻常、很不平凡的一年。面对接连不断的严峻挑战和考验,全省检察机关在省委和最高人民检察院的领导下,在省人大及其常委会的监督下,坚持以邓小平理论和“三个代表”重要思想为指导,深入贯彻落实科学发展观,坚持社会主义法治理念,突出“强化法律监督、维护公平正义”的主题,全面加强和改进检察工作,为维护我省社会大局稳定,保障经济平稳较快发展做出了积极贡献。

(一)全面履行法律监督职责,努力维护社会和谐稳定

全省检察机关坚持把履行好法律监督职责作为服务经济社会科学发展的基本途径,着力维护人民群众的根本利益,着力维护社会公平正义,着力促进社会和谐,努力提高服务大局的水平。

1. 依法打击各类刑事犯罪,全力维护社会和谐稳定。全省检察机关以维护社会稳定为首要任务,以保障抗震救灾、恢复重建工作顺利进行和成功举办奥运会为重点,扎实做好检察环节维护社会和谐稳定的各项工作。

依法履行批捕、起诉职责。坚持与侦查机关、审判机关分工负责、互相配合、互相制约,充分发挥检察机关的职能作用,严把案件事实关、证据关、程序关,共批捕各类刑事犯罪嫌疑人19477人,提起公诉19964人,同比分别上升9.8%和10.1%。认真贯彻宽严相济刑事司法政策,严厉打击严重刑事犯罪。一是围绕维护社会政治稳定和增强人民群

众安全感，突出打击危害国家安全犯罪、黑恶势力犯罪、严重暴力犯罪和“两抢一盗”等多发性侵财犯罪，共批捕上述犯罪嫌疑人 15394 人，起诉 15352 人。二是积极参加整顿和规范市场经济秩序工作，重点打击了扰乱市场秩序、破坏金融管理秩序、侵犯知识产权、制售假冒伪劣商品、有毒有害食品等犯罪，共批捕上述犯罪嫌疑人 471 人，起诉 435 人。三是突出打击危害灾区社会稳定的各种犯罪活动，灾区检察机关共批捕各类刑事犯罪嫌疑人 2710 人，起诉 3434 人，保障了抗震救灾和恢复重建工作的顺利进行。同时，坚持联席会议、典型案件挂牌督办和重特大案件提前介入等制度，全省各级检察院共参与有关部门案件讨论 6935 次，提前介入案件 9813 件，省、市两级检察院挂牌督办典型案件 95 件，确保了快捕快诉。

对轻微刑事犯罪和未成年人犯罪依法从宽处理。对可捕可不捕的依法不批捕 199 人，对可诉可不诉的依法不起诉 432 人，其中，对未成年人依法不批捕 72 人，不起诉 66 人。省检察院制定了《关于在公诉工作中办理当事人达成和解的轻微刑事案件的意见（试行）》，与省法院、省公安厅联合制定下发了《关于依法快速办理轻微刑事案件的规定（试行）》，进一步探索完善和健全办理轻微刑事案件的相关工作机制。

进一步加强涉检信访工作。扎实开展排查化解重信重访问题专项工作和迎奥运保稳定促和谐矛盾纠纷大排查大化解活动。通过签订责任状、落实首办责任制、强化责任追究、加强督促检查等措施，最大限度地减少了涉检信访，特别是进京访、赴省访。最高人民检察院和省委政法委交办的案件全部提前办结。进一步畅通信访渠道，坚持检察长接待日制度，各级检察院检察长接待群众 2537 人次。积极推行上下级检察院联合接访、带案下访、定期巡访，共处理群众来信来访 7499 件次，信访总量同比下降 11%。

全面落实检察环节的社会治安综合治理措施。积极参与社会治安防控体系建设，协同有关部门集中整治突出治安问题和治安混乱地区，扫除“黄赌毒”等社会丑恶现象。结合检察工作开展法制宣传教育，立足检察职能服务社会主义新农村建设。继续深化“青少年维权岗”创建活动，依法维护青少年的合法权益，促进社会和谐稳定。

2. 积极查办和预防职务犯罪，促进廉政建设。坚持把查办职务犯罪作为强化法律监督职能的重要方面，突出重点，加大力度，提高质量，增强效果，查办职务犯罪工作取得了新进展。共立案侦查贪污贿赂、渎职侵权等职务犯罪案件 1082 件 1383 人，同比分别上升 3.7% 和 7.7%，通过办案为国家挽回直接经济损失 1.1 亿余元，同比上升 29.2%。

坚决查办大案要案。集中力量查办有影响、有震动的职务犯罪大案要案，进一步强化上级检察院对办案工作的组织指挥，加强跨地域侦查的协作配合，提高发现和突破大案要案的能力。共立案侦查贪污贿赂大案和渎职侵权重特大案件 379 件，占立案总数的 34.9%。立案侦查涉嫌职务犯罪的县处级以上干部 67 人，占立案总人数的 4.8%。

突出查办危害民生的职务犯罪案件。坚持抓住关系民生的突出问题，加大查办案件力度，促进解决涉及群众利益的热点难点问题。严肃查办社会保障、征地拆迁、抢险救灾、移民补偿、医疗卫生、教育、就业等领域发生的职务犯罪案件 171 件 230 人，保障了改善民生各项政策措施的落实。依法查办国家机关工作人员利用职权实施的刑讯逼供、非法拘禁、破坏选举等侵犯公民人身权利、民主权利的犯罪案件 20 件 31 人，保障了宪法和法律赋予公民的各项权利。积极开展集中查办城镇建设领域商业贿赂犯罪、涉农职务犯罪、危害能源资源和生态环境渎职犯罪等专项工作，共查办商业贿赂犯罪案件 215 件 223 人，其中查办城镇建设领域商业贿赂犯罪案件 97 件 100 人；查办涉农职务犯罪案件 210 件 300 人；查办危害能源资源和生态环境渎职犯罪案件 64 件 72 人。

严肃查办司法人员职务犯罪案件。紧紧围绕人民群众反映强烈的突出问题，坚决查办执法不严、司法不公背后的司法人员涉嫌贪污贿赂、徇私枉法、玩忽职守、滥用职权等职务犯罪案件，共查处涉嫌犯罪的司法人员 110 人，惩治了司法腐败，促进了司法公正。

切实提高侦查水平和办案质量。充分运用侦查一体化机制，合理配置资源，努力提升侦查办案的整体效能。发挥办案工作区和讯问职务犯罪嫌疑人全程同步录音录像的作用，着力加强执法规范化建设，依法规范办案行为，促进了办案质量的提高。侦查终结、提起公诉、职务犯罪案件有罪判决数同比分别上升 13.5%、16.3% 和 12.1%，职务犯罪案件有罪判决率达到 99.9%。

不断深化预防职务犯罪工作。继续抓好《人民检察院预防职务犯罪工作规则(试行)》的贯彻实施,通过剖析案例向有关单位提出预防建议175件,取得了良好的社会效果。全省各级检察院特别是灾区检察机关积极协助有关部门做好救灾款物的管理工作,抓好同步预防。

3. 加强对诉讼活动的法律监督,维护和促进司法公正。全省检察机关进一步强化监督意识,突出监督重点,提高监督能力,着力解决人民群众反映强烈的问题,加强诉讼监督工作的薄弱环节,促进公正司法,维护社会公平正义。

全面加强对刑事诉讼各个环节的监督。按照不枉不纵的要求,既严厉打击刑事犯罪,又依法保障案件当事人的合法权益。立案监督,要求侦查机关说明不立案理由1571件,侦查机关已立案侦查1551件1771人,同比分别上升24.9%和23.2%。依法纠正侦查机关不应当立案而立案的案件66件81人。省检察院与省公安厅联合制定下发了《陕西省检察机关刑事立案监督工作规定》,进一步规范了刑事立案监督工作。侦查活动监督,对发现的漏罪漏犯追捕982人、追诉491人。刑事审判监督,对认为确有错误的判决、裁定依法抗诉39件。刑罚执行监督,认真贯彻落实人民检察院监狱、看守所、劳教、监外执行四个检察办法,纠正监管改造场所违法情况1688人次。继续开展脱管、漏管核查专项行动,发现违法情况383人,全部进行了纠正。对超期羁押问题随时发现随时监督纠正,共纠正超期羁押43人,保持了各个诉讼环节期末无超期羁押。

进一步加大民事审判和行政诉讼的监督力度。对认为确有错误的生效民事行政案件判决、裁定依法抗诉218件,法院改判、撤销原判发回重审、调解的案件占已审结案件的77.5%。向法院提出再审检察建议206件,法院已采纳156件。对认为正确的裁判,注重做好申诉人的服判息诉工作,积极化解社会矛盾。

继续深入推进人民监督员制度试点工作,加强对职务犯罪案件侦查工作的监督。对检察机关拟作撤案、不起诉处理和犯罪嫌疑人不服逮捕决定的84件职务犯罪案件,人民监督员依照程序进行了监督,对人民监督员的监督意见均依法予以采纳。

(二)坚持抓住队伍建设这个根本,着力提高检察队伍的整体素质和法律监督能力

全省检察机关按照严格、公正、文明执法的基本要求,以社会主义法治理念为核心,以提高法律监督能力为关键,全面加强检察队伍建设,继续推进基层检察院建设,为全省检察工作的发展提供了坚强有力的组织保障。

1. 加强思想政治建设,确保检察工作的正确方向。全省检察机关把深入学习贯彻党的十七大、十七届三中全会精神和胡锦涛总书记等中央领导同志对检察工作的重要指示作为首要政治任务,扎实开展了大学习大讨论活动。省检察院认真开展了深入学习实践科学发展观活动。把大学习大讨论活动、学习实践科学发展观活动与纪念改革开放和检察机关恢复重建三十周年,贯彻落实最高人民检察院、省委领导同志视察我省检察工作时的重要讲话精神相结合,教育引导各级院领导干部和全体检察人员坚持党的事业至上、人民利益至上、宪法法律至上,坚持中国特色社会主义检察制度,坚持用科学发展观统领各项检察工作。通过学习教育,各级检察院领导干部和广大检察人员政治方向更加坚定,执法思想更加统一,全面贯彻落实科学发展观、切实加强和改进检察工作的自觉性和坚定性明显增强。

2. 加强教育培训工作,提高检察队伍的整体素质和执法能力。针对执法办案能力的薄弱方面,组织专项业务和岗位技能培训。省检察院举办了9期正规化分类培训班,培训干警913人。为了提高对查办大要案件、疑难复杂案件的组织指挥和协调处理能力,选派59名省、市院分管领导干部和部门负责人参加了上级机关组织的有关培训。加强以高层次学历教育和紧缺业务人才为重点的人才培养工作,继续组织与西北政法大学联合举办的在职法律硕士研究生班。加大司法考试的组织培训力度,去年共有302人通过了司法考试,同比增长33.6%。

3. 加强纪律作风建设和反腐倡廉建设,落实从严治检的各项措施。认真贯彻落实中央《建立健全惩治和预防腐败体系2008—2012年工作规划》和省委的实施意见,省检察院制定了实施办法,健全检察机关纪律作风和自身反腐败工作制度。认真落实党风廉政建设责任制,重点加强对领导班子和领导干部的监督,建立和完善了上级检察院巡视下级检察院和参加下级检察院党组民主生活会等制度,省检察院对2个市院领导班子进行了巡视。全

面推行检务督察制度,在全省检察机关开展了制式警车专项检务督察等工作。开展了以“反对特权思想、加强检风建设”为主题的“改进作风、树立形象”专项教育整顿活动,重点解决队伍作风中存在的比较集中的问题。

4. 加强基层检察院建设,夯实检察工作发展的基础。以满足人民群众日益增长的司法需求为目标,省检察院部署开展了“基层检察院工作两下移、三贴近活动”,引导基层检察院牢固树立以人为本和执法为民的观念,将检察工作重心和工作力量下移,使检察工作更加贴近乡村、贴近社区、贴近群众,化解社会矛盾,促进社会和谐。针对基层检察院检察官断档问题,继续实施检察人才工程。去年配合有关部门,为基层招录大学生和招募大学生志愿者 102 人,实现了三年为基层检察院补充千名人才的既定目标,专业人才短缺的问题得到一定缓解。加强了对基层检察院的分类指导,明确了省市检察院领导联系基层责任制,确定了规范化建设的示范院和重点帮扶院,组织示范院与帮扶院结对帮扶,领导干部深入基层挂牌帮扶,切实加快帮扶院的建设。积极争取最高人民检察院和省级专项补助,改善基层办公办案条件。近年来,在各级党委、人大、政府及相关部门的重视和支持下,检察机关办案及专业技术用房建设取得了明显进展,经费保障、科技装备状况较以前有了较大改善。

经过坚持不懈地努力,全省检察队伍整体素质明显提高,执法形象进一步改善,涌现出一批先进集体和先进个人,其中 65 个集体和 115 名干警获得省级以上表彰。

自觉接受人大及其常委会的监督,是检察机关忠实执行宪法的重要体现。全省检察机关不断增强人大意识,认真向人大及其常委会报告工作,积极配合做好人大代表集中视察和执法检查。加强了与人大代表的经常性联系,向省人大代表通报检察工作重要情况 5 次,通过召开座谈会、上门听取意见等方式征求意见 160 余人次,发放征求意见函 1800 余件次。认真办理交办案件,省检察院承办的省人大常委会有关部门交办案件已全部按时办结,并及时报告了结果。人大及其常委会和人大代表的监督,有力地支持和促进了检察工作的开展。

同时,我们也清醒地看到检察工作中还存在一些不足和问题,主要是检察机关的法律监督能力与人民群众日益增长的司法需求还不完全适应。一是执法观念不完全适应,有的检察机关服务大局的意识不强,措施不力,服务领域还需进一步拓展。二是法律监督能力不完全适应,有的检察机关法律监督工作还存在薄弱环节,存在不敢监督、不善监督以及监督不到位的问题。三是检察队伍的整体素质不完全适应,队伍的知识结构不尽合理,个别干警还存在执法不严格、不公正、不文明等问题。一些基层检察院检察官短缺问题仍未完全缓解,检务保障的力度还需进一步加大。对于这些问题,我们将采取有力措施认真加以解决。

二、2009 年全省检察工作的主要任务

根据省委和最高人民检察院的部署,今年全省检察工作总的思路是:全面贯彻落实党的十七大、十七届三中全会和省委全委会、省十一届人大二次会议和政法工作会议精神,认真贯彻落实胡锦涛总书记等中央领导同志对检察工作的重要指示,以邓小平理论和“三个代表”重要思想为指导,深入贯彻落实科学发展观,坚持社会主义法治理念,坚持党的事业至上、人民利益至上、宪法法律至上,坚持“强化法律监督、维护公平正义”的检察工作主题,以提高法律监督能力为核心,以深化检察改革为动力,以加强基层基础工作为重点,以建设高素质检察队伍为保障,全面加强和改进检察工作,维护社会公平正义,促进社会和谐稳定,为我省经济平稳较快发展提供强有力的司法保障。我们将重点抓好以下工作。

1. 认真开展深入学习实践科学发展观活动,用科学理论统一思想和行动。要以贯彻落实科学发展观为主线,把科学发展观的要求贯穿于检察工作的各个方面、各个环节,努力在服务经济社会科学发展和推动自身科学发展上下功夫,全面加强和改进检察工作。要把保发展、保民生、保稳定作为检察机关贯彻落实科学发展观的重要实践,引导广大检察人员增强攻坚克难的信心,提高解决突出矛盾和问题的能力。要认真把握人民群众对检察工作的新要求新期待,认真研究加强检察工作、提高执法水平的思路和措施,充分发挥法律监督职能,努力实现执法办案的法律效果与政治效果、社会效果的有机统一。

2. 紧紧围绕党和国家的工作大局,全面加强和改进法律监督工作。

一要着力保障经济平稳较快发展。要紧紧围绕“保增长、扩内需、调结构”的重大部署,立足检察职能,积极主动地做好服务经济建设的各项工作。更加注重维护良好的市场经济秩序,依法打击严重破坏市场经济秩序特别是金融、证券、房地产等领域的犯罪活动。更加注重保障政府扩大内需的投资安全,严肃查处、积极预防民生工程、基础设施、生态环境和灾后重建等重大工程建设和项目资金使用中的职务犯罪行为。更加注重对能源资源、生态环境的司法保护,依法打击造成重大环境污染、严重破坏生态环境等犯罪。更加注重对知识产权的司法保护。更加注重改进办案方式和方法。依法妥善处理涉及企业特别是广大中小企业的案件,坚持从有利于维护企业正常生产经营、有利于维护企业职工利益、有利于维护经济社会秩序稳定出发,进一步规范执法,文明办案。

二要着力促进农村改革发展。依法打击侵害农民利益、危害农业生产、影响农村稳定的犯罪活动,坚决打击农村黑恶势力犯罪、严重影响农民群众安全感的犯罪、拐卖妇女儿童犯罪以及组织利用邪教组织破坏法律实施和利用宗教、宗族势力等破坏农村政权建设的犯罪。继续深入查办涉农职务犯罪工作,有针对性地加强涉农职务犯罪预防。强化涉农法律监督和司法保护,严厉打击制售假冒伪劣农资等坑农害农的犯罪。密切与农民群众的联系,积极探索加强涉农检察工作的有效措施。

三要着力保障和改善民生。严肃查办社会保障、劳动就业、征地拆迁、移民补偿、抢险救灾、医疗卫生、招生考试等领域的职务犯罪案件,以及国家机关工作人员利用职权实施的侵权犯罪案件。积极参加食品药品安全专项整治,严厉打击制售有毒有害食品药品等犯罪,坚决查办重大安全生产事故、重大食品安全事件背后的失职渎职等职务犯罪案件。强化对涉及劳动争议等民事审判和行政诉讼活动的法律监督。

四要着力维护国家安全和社会和谐稳定。要充分认识今年维护社会和谐稳定的严峻形势,全面把握社会稳定大局,积极应对影响社会和谐稳定的各种问题和挑战,扎实做好检察环节维护社会和谐稳定的工作。要坚决依法惩治危害国家安全的犯罪,依法严惩严重刑事犯罪,切实贯彻宽严相济的刑事司法政策。要进一步加强涉检信访工作,认真做好检察环节的社会治安综合治理工作,充分发挥检察机关打击、预防、监督、保护的职能作用,进一步促进社会和谐稳定。要加强与军队司法机关的联系,依法妥善处理涉军案件,维护国防利益和军人军属合法权益。

五要着力维护司法公正。要以对党、对人民、对宪法法律高度负责的态度,全面加强对诉讼活动的法律监督,真正做到敢于监督、善于监督、依法监督、规范监督,切实维护司法公正,维护社会公平正义。要突出监督重点,狠抓薄弱环节,着力解决人民群众反映强烈的执法不严、司法不公问题。加大查办执法不严、司法不公背后职务犯罪的力度。

3. 加强检察队伍建设和基层基础工作,打牢检察工作科学发展的根基。要以深入开展学习实践科学发展观活动为主线,加强思想政治建设。以开展大规模教育培训为抓手,加强法律监督能力建设。以确保严格、公正、文明、廉洁执法为目标,加强监督制约机制建设。以领导机关、领导干部和关键执法岗位人员为重点,加强纪律作风和反腐倡廉建设。以检察信息化为主导,加强执法保障建设。要认真开展"基层检察院工作两下移三贴近活动",努力化解社会矛盾、促进社会和谐。要进一步加强基层检察院建设,省检察院要加大对基层检察工作的调研和指导力度,切实帮助基层院解决人员编制、教育培训、检务保障等方面存在的困难和问题。同时,要按照省委和最高人民检察院的统一部署,以强化检察机关法律监督职能和加强对自身执法活动的监督制约为重点,深入推进检察改革,为检察工作科学发展提供制度保障。

我们决心在省委和最高人民检察院的正确领导下,在省人大及其常委会的有力监督下,认真贯彻这次会议的决议,全面履行宪法和法律赋予的职责,开拓进取,扎实工作,努力开创全省检察工作新局面,以优异成绩迎接新中国成立六十周年!

甘肃省人民检察院工作报告（摘要）

——2009 年 1 月 14 日在甘肃省第十一届人民代表大会第二次会议上

甘肃省人民检察院检察长 乔汉荣

（2009 年 1 月 16 日甘肃省第十一届人民代表大会第二次会议通过）

2008 年全省检察工作情况

2008 年，面对严重的自然灾害和维护社会稳定的严峻考验，全省检察机关在省委和最高人民检察院的领导下，在各级人大、政府、政协和人民群众的监督、支持下，深入贯彻落实科学发展观，依法全面履行法律监督职责，为维护国家安全、人民权益和社会大局稳定作出了积极贡献。

一、依法打击刑事犯罪，全力维护社会和谐稳定

全省检察机关充分发挥审查逮捕和起诉职能，及时有力地打击各种刑事犯罪。全年共批准逮捕各类刑事犯罪嫌疑人 11451 人，同比上升 0.2%；提起公诉 9280 件 14546 人，同比分别上升 7.1% 和 4.8%。

着力解决影响社会政治稳定的突出问题。“3 · 14”甘南不稳定事件发生后，省检察院和甘南等地检察机关坚决贯彻中央、省委和最高人民检察院的部署要求，迅速抽调检察干警在当地党委领导下参与恢复社会秩序工作，依法妥善处理了一批打砸抢烧严重暴力犯罪案件。

着力打击严重危害社会治安的刑事犯罪。深化打黑除恶专项斗争，始终保持对严重暴力犯罪、毒品犯罪和“两抢一盗”等多发性犯罪的高压态势，全年共审查批捕上述“四类”案件犯罪嫌疑人 8432 人，提起公诉 6679 件 10264 人。

着力惩治破坏市场经济秩序的犯罪。积极参与整顿和规范市场经济秩序工作。共批准逮捕金融诈骗、危害税收征管、侵犯知识产权、制售假冒伪劣食品药品和农资等经济犯罪嫌疑人 265 人，提起公诉 203 件 308 人。

着力保障社会和谐。突出解决重信重访问题，对排查出的案件，领导包案，因案施策，依法妥善处理。对不符合逮捕条件的 1011 人作出了不批捕决定，对不符合起诉条件的 436 人作出了不起诉决定。积极参加社会治安防控体系建设，与有关部门配合，加强对涉嫌犯罪青少年的教育挽救和对监外执行、刑释解教人员的帮教考察工作。

二、坚决惩治和积极预防职务犯罪，促进惩防腐败体系建设

全省检察机关加大力度查办和预防职务犯罪，努力提高办案质量。全年共立案侦查职务犯罪案件 574 件 720 人，同比分别上升 1.8% 和 2.7%。其中，贪污贿赂 489 件 623 人，渎职侵权 85 件 97 人；提起公诉 389 件 534 人；抓获潜逃的职务犯罪嫌疑人 40 人，通过办案为国家挽回直接经济损失 9100 余万元。通过案件初查等工作，为 259 名受到错告、诬告的同志澄清了事实。

强化办案措施。进一步加强举报宣传，完善举报线索的评估、交办、督察和反馈机制；落实侦查一体化机制，对重大案件采取督促办理、异地交办、提级办理、集中办理等措施；要求检察长亲自办案，加强对职务犯罪侦查的统一指挥和工作协调，增强了突破案件的整体能力。

突出办案重点。立案侦查贪污贿赂大案 208 件，查处涉嫌职务犯罪的县处级干部 62 人、厅级干部 3 人，大案和要案同比分别上升 11.2% 和 35.4%。查办影响民生的职务犯罪 227 件 307 人，城镇建设等领域商业贿赂犯罪 83 件 85 人，涉农职务犯罪 114 件 177 人。

严查渎职犯罪。立案侦查徇私舞弊、滥用职权等渎职侵权犯罪案件同比上升13.3%。其中，查处行政执法人员19人，司法人员54人，同比分别上升35.7%和17.4%。深入开展查办危害能源资源和生态环境渎职犯罪专项工作，查处此类案件18件18人。积极介入重大安全生产责任事故调查，查办重大安全事故背后的职务犯罪案件6件7人。

深化预防工作。结合查办案件，向发案单位和行业系统发出预防职务犯罪检察建议200件。与省建设厅、财政厅等七部门联合建立了市场廉洁准入制度。完善行贿犯罪档案查询系统，利用率逐步提高。积极探索源头预防的方法措施，预防工作的影响力和辐射力不断增强。

三、强化对诉讼活动的法律监督，切实维护司法公正

坚持把解决人民群众反映强烈的执法不严、司法不公问题作为诉讼监督的重点。全年共监督侦查机关立案151件，纠正不当立案41件。依法追加逮捕犯罪嫌疑人39人，追加起诉27人。对认为确有错误的刑事判决裁定抗诉95件；审查处理民事行政申诉案件898件，抗诉154件，提出再审检察建议61件。复查刑事申诉案件35件，纠正原错误决定4件。立案审理刑事赔偿案件10件，决定赔偿10件。

认真落实“把功夫下在监督上”的要求，强化诉讼监督措施。一是把审查逮捕、起诉、备案审查等日常检察业务与诉讼监督结合起来，发现问题及时依法纠正。二是把纠正执法不严、司法不公问题与查处其中隐藏的职务犯罪结合起来，共查处此类案件11件12人。三是把日常监督与专项监督结合起来，集中解决突出问题。四是把解决个案问题与解决工作中的倾向性问题结合起来，提议建立了省级公检法“三长”联席会议制度，共同研究解决影响公正执法的重点难点问题。

四、规范自身执法行为，不断提高执法水平和办案质量

全省检察机关更加重视强化内部监督制约。制定实施了《甘肃省检察机关绩效考评办法(试行)》、发挥各级检察院检察委员会对职务犯罪案件审查把关作用的规定等一系列制度规范，进一步健全检察工作运行、执法质量保障机制，引导各级检察院正确处理执法办案力度、质量、效率和效果的关系，促进提高办案质量。去年全省职务犯罪案件的撤案率、不起诉率同比分别降低了0.9和11.7个百分点，刑事案件不批捕率、不起诉率同比分别降低了3.5和2个百分点；公诉案件法院判无罪6人，同比减少2人。

五、加强自身建设，夯实检察工作的发展基础

加强思想政治建设。全面贯彻党的十七大精神和中央领导同志对检察工作的重要指示，深入开展胡锦涛总书记在全国政法工作会议代表和全国大法官、大检察官座谈会上的重要讲话大学习、大讨论活动，认真查找和整改不符合科学发展要求的思想观念和影响制约检察工作科学发展的重点问题，进一步坚定了政治方向，进一步理清了检察工作科学发展的思路。

加强领导班子建设。认真贯彻民主集中制原则，坚持“一把手”做表率，努力做到决策民主、用人民主和经济民主。省检察院对张掖、庆阳、兰铁等市级检察院领导班子、10个市级检察院对所辖基层检察院领导班子进行巡视，切实落实上级检察院负责人与下级检察院负责人谈话、派员参加下级检察院党组民主生活会、述职述廉等制度。加大干部协管力度，部分市县检察院调整充实了领导班子，配备了检察委员会专职委员，选拔补充了一批后备干部。

加强专业化建设。省检察院举办培训班13期，培训干警1274人次。投入24万元，对全省参加司法考试的检察人员集中进行考前辅导，有188人通过了考试，通过率达到36.4%，同比提高11个百分点。加快建立各类专门人才库，有284名各级检察院业务骨干分别录入全省侦查监督、公诉、职务犯罪侦查和理论研究等人才库。分三批组织基层检察干警到省检察院挂职锻炼，统一安排兰州、白银、临夏和甘南四地互派干部挂职学习，部分市级检察院也开展了与所辖基层检察院互派干部挂职工作。

加强基层基础建设。制定实施《全省基层检察院建设工作指导意见》，全力推进基层检察院规范化建设和业务、队伍、信息化“三位一体”机制建设。努力缓解基层人才短缺、检察官断档问题。加快信息化建设步伐。

2009年全省检察工作的主要任务

新的一年里，全省检察机关将认真贯彻落实党的十七大、十七届三中全会、省委十一届五次全委会和本次大会精神，高举中国特色社会主义伟大旗帜，坚持科学发展，强化法律监督，提高自身素质，服务甘肃建设，努力为我省全面建设小康社会创造良好的法治环境。

一、深入学习实践科学发展观，保持检察工作的正确方向

要按照中央和省委的部署要求，把学习实践科学发展观活动摆在突出位置，深入查找本单位、本部门存在的突出问题，积极加以整改，不断加深对中国特色社会主义理论体系的理解和把握，教育引导广大检察人员坚定不移地做中国特色社会主义事业的建设者、捍卫者和公平正义的守护者。

二、紧紧围绕大局，全面加强和改进法律监督工作

要紧紧围绕省委提出的“保增长、强基础、调结构、促和谐”的主线，更加充分地发挥检察职能。一是要把法律监督的着力点放在全力维护社会和谐稳定上。依法严厉打击“藏独”、“法轮功”等境内外敌对势力的渗透颠覆破坏活动，突出打击黑恶势力犯罪、严重暴力犯罪、多发性侵财犯罪、涉众型经济犯罪、毒品犯罪和制售有毒有害食品药品等犯罪活动。正确贯彻宽严相济刑事政策，做到既有力打击犯罪，又减少社会对抗。二是要把法律监督的着力点放在促进反腐败和党风廉政建设上。集中力量查办大案要案，突出查处官商勾结、权钱交易的犯罪，国家机关工作人员渎职侵权犯罪，社会保障、劳动就业、征地拆迁、抢险救灾、医疗卫生、招录考试以及农村改革发展等领域损害群众切身利益的犯罪，保障和改善民生。强化预防措施，注重预防实效，不断提高预防职务犯罪工作水平。三是要把法律监督的着力点放在维护司法公正上。坚决依法监督纠正有罪不究、滥用强制措施、刑讯逼供、罚不当罪、变相超期羁押以及违法减刑、假释、暂予监外执行等人民群众反映强烈的执法不严、司法不公问题，坚决依法监督纠正民事行政裁判、执行不公等侵害群众合法权益的问题。四是要把法律监督的着力点放在维护人民权益上。认真落实我省检察机关便民维权十二条措施，深入开展重信重访专项治理，拓宽群众诉求表达渠道，妥善处理涉检信访问题，真正做到定分止争、案结事了。

三、深化检察改革，为检察工作科学发展提供动力

以强化检察机关法律监督职能和加强对自身执法活动的监督制约为重点，着力健全程序严密、标准具体、责任明确、考评科学、统一实用的检察工作激励、约束和评价制度体系，严格实行办案流程管理、过程控制和动态监督，促进提高工作水平和办案质量。

四、继续大力加强自身建设，促进严格公正文明执法

要努力把各级检察院领导班子建设成为坚定贯彻党的路线方针政策、善于领导检察工作科学发展的坚强领导集体。突出抓好队伍专业化建设，努力培养一批专于不同工作、擅长办理不同类型案件、具有扎实法律功底和丰富实践经验的专业人才。大力推进基层检察院执法规范化、队伍专业化、管理科学化和保障现代化建设。争取各级党委政府支持，逐步改善检察机关执法保障条件；以信息化为主导，积极推进科技强检，重点加强办案办公信息系统和侦查指挥、证据收集、检验鉴定等科技装备建设；坚持勤俭办事，艰苦奋斗，厉行节约，用好有限的财力物力。

青海省人民检察院工作报告(摘要)

——2009 年 1 月 14 日在青海省第十一届人民代表大会第二次会议上

青海省人民检察院检察长　王晓勇

(2009 年 1 月 16 日青海省第十一届人民代表大会第二次会议通过)

2008 年全省检察工作情况

2008 年,全省检察机关在省委和最高人民检察院的领导下,在各级人大及其常委会的监督下,在政府和社会各界的大力支持下,以科学发展观为统领,坚持党的事业至上、人民利益至上、宪法法律至上,坚持"强化法律监督,维护公平正义"的检察工作主题,紧紧围绕全省工作大局,全面履行法律监督职责,推动全省检察工作平稳健康发展,各项工作取得了新的成效。

一、坚持把维护社会稳定作为检察工作的第一职责,严厉打击各类刑事犯罪

全省检察机关坚定不移地把维护社会和谐稳定作为检察工作的首要任务,认真履行批捕、起诉职能,严把事实关、证据关、程序关和适用法律关,及时、准确、有力地惩治犯罪。共受理各类提请批准逮捕犯罪嫌疑人 3514 人,经审查批准逮捕 3157 人。共受理移送起诉 4195 人,经审查提起公诉 3793 人。

(一)全力维护社会和谐稳定。"3 · 14"拉萨打砸抢烧严重暴力事件发生后,全省检察机关坚决贯彻执行省委、最高人民检察院的总体部署,旗帜鲜明地投入反分裂斗争,及时成立了由检察长任组长的维稳工作领导小组,对检察机关维稳工作作出了周密部署,从全省检察机关抽调 36 名业务骨干多次赴黄南、果洛、玉树等地参与和指导办案,依法妥善处理了一批严重暴力犯罪案件。共受理公安、国家安全机关提请批准逮捕此类案件 26 件 114 人。经审查,批准逮捕 21 件 81 人,不批准逮捕 5 件 33 人。目前,经报"两高"审查,向法院起诉的第一、第二批案件 5 件 8 人,均被判处有期徒刑,保证了检察环节维稳工作的及时准确有效,取得了良好的政治效果、法律效果和社会效果。

(二)依法严厉打击严重刑事犯罪。全省检察机关突出打击重点,严厉打击严重暴力犯罪,黑恶势力犯罪、涉枪涉毒犯罪以及抢劫、抢夺、盗窃等多发性侵财犯罪,坚持适时介入,依法快捕快诉,保持了对严重刑事犯罪的高压态势。共批准逮捕上述犯罪嫌疑人 2383 人,提起公诉 2701 人。健全完善行政执法与刑事司法相衔接的工作机制,加大打击破坏市场经济秩序犯罪的力度,批准逮捕此类犯罪嫌疑人 48 人,提起公诉 68 人;去年,出席一、二审法庭1861 次,各级法院对 3576 人作了有罪判决,有罪判决率为 99.72%。

(三)认真贯彻宽严相济刑事政策。坚持严格依法、区别对待、注重效果,对轻微犯罪、未成年人犯罪、初犯、偶犯和过失犯罪嫌疑人坚持可捕可不捕的不捕,可诉可不诉的不诉。对无逮捕必要的犯罪嫌疑人决定不批准逮捕 139 人,对情节轻微、社会危害小的 122 名犯罪嫌疑人决定不起诉。建立健全快速处理轻微刑事案件工作机制,完善未成年人犯罪案件办案方式,探索当事人达成和解的刑事案件办理机制,提升了执法效果,促进了社会和谐。

(四)积极落实社会治安综合治理措施。我们立足检察职能,主动参与社会治安防控体系建设。结合办案,通过普法宣传、专题报告、参与社区矫正、担任法制副校长工作等形式,落实社会治安综合治理工作措施。督促执行机关和社区矫正机构加强对未成年违法犯罪人员、吸毒人员、刑满释放解教人员的管教工作,努力预防和减少重新犯罪。

二、坚持把查办和预防职务犯罪作为履行法律

监督职能的着力点，促进反腐败斗争不断深入

全省检察机关按照省检察院党组提出的“进一步加大查办和预防职务犯罪力度，稳住办案规模，提高办案质量，保证办案安全，努力实现办案的法律效果、社会效果和政治效果有机统一”的要求，坚持一手抓办案，一手抓预防，办案工作取得了新的进展。去年，共立案侦查贪污贿赂等职务犯罪案件128件172人，同比分别上升4.1%和9.6%。

（一）坚决惩治职务犯罪。一是重点查办大案要案。全省检察机关将群众反映强烈的社会保障、医疗卫生、升学就业、高考移民等行业和部门作为查办职务犯罪的重点领域，集中力量侦破了一批有影响、有震动的案件。共立案侦查贪污贿赂大案56件，同比上升3.7%，县处级以上领导干部职务犯罪要案9人，其中厅级1人。二是着力查办涉及民生的职务犯罪案件。根据最高人民检察院统一部署，认真开展了深入查办涉农涉牧职务犯罪专项治理工作，加强与农业、水利、民政、扶贫等涉农部门的协调配合，查办涉农涉牧职务犯罪案件33件47人，同比上升50%和51.6%，涉案金额549万元。坚持“抓系统、系统抓”，查办在工程建设、城镇建设、医药购销等行业和领域的商业贿赂案件25件26人。三是认真查办渎职侵权职务犯罪案件。深入开展了查办危害能源资源和生态环境渎职犯罪专项工作，严肃查办司法领域渎职犯罪案件。共立案侦查国家机关工作人员滥用职权、徇私舞弊等渎职侵权犯罪案件17件22人，同比上升70%和29.4%。

（二）努力提高办案质量。我们将强化科技手段的运用和落实修订后的律师法作为提高办案质量的切入点，完成了讯问职务犯罪嫌疑人全程同步录音录像的建设和实施，研究制定了贯彻律师法的措施，取得了明显成效。去年查办的案件已侦查终结126件165人，移送审查起诉120件158人。经审查，提起公诉93件123人，法院已作出有罪判决105人，有罪判决率达到了97.2%。自侦案件的起诉比例和当年有罪判决率同比有了明显的上升。

（三）不断完善办案机制。为了提高发现线索和侦破案件的能力，进一步加强了与纪检监察、审计等有关部门的信息交流和工作协调机制，建立了鼓励群众实名举报制度，提高了举报奖励基数，拓宽了案件线索来源渠道。加强初查方法和策略的研究，提高了初查成案率。积极推进侦查一体化办案机制建设，强化对侦查工作的统一指挥和协调，充分运用科技手段侦破案件的能力，提高办案工作的效率和水平。

（四）积极预防职务犯罪。全省检察机关从省情特点出发，突出预防重点，围绕全省农村初中校舍改造工程、交通基础设施建设、生态环境保护建设等一批重点工程项目进行有针对性的专项预防。协助省纪委筹建了青海省反腐倡廉警示教育基地，选择50件职务犯罪案件作为警示教育案例，制作图片资料200余张。深入到海北、玉树等四个地区，省教育厅、水利厅等五个系统，进行预防宣传，用身边的事教育身边的人，收到了良好的效果。去年，为预防共建单位提供预防咨询58次，提出检察建议35件，帮助落实预防措施53项。增强了国家工作人员依法履职、公正廉洁的意识，对遏制和减少职务犯罪发挥了积极作用。

三、坚持把强化法律监督，维护公平正义作为检察工作的价值追求，着力加强诉讼监督

（一）不断加强立案监督、侦查监督和刑事审判监督。始终把依法监督纠正有案不立、有罪不究、以罚代刑作为重点，对应当立案而未立案的，要求公安机关说明不立案理由50件，同比上升8.9%，公安机关主动立案23件27人，同比上升4.5%和12.5%，通知公安机关立案8件9人，同比上升14.3%和12.5%。对认为确有错误的刑事判决、裁定提出抗诉20件，同比上升17.6%，法院采纳率同比上升15.4%。

（二）着力改进民事审判和行政诉讼监督。适应民事诉讼法的修改，依法监督纠正裁判不公、侵害当事人正当权益等问题。共受理不服民事行政诉讼申诉案件305件，立案审查88件，提请提出抗诉20件，向法院发出再审检察建议11件。向最高人民检察院提请抗诉案件2件，均向最高人民法院提出抗诉并已发回省高级法院重审，填补了青海检察民事行政监督多年向最高人民检察院无提请抗诉案件的空白。对198件不符合抗诉条件的民事行政申诉案件，做好当事人的服判息诉和疏导化解工作。西宁市检察院开通了“与民同行”网站、城西区检察院开展了民事行政检察工作进社区活动，为人民群众解惑释疑，化解社会矛盾，得到了高检院的充分肯定。

（三）重点强化对刑罚执行和监管活动的监督。进一步强化刑罚执行和监管活动监督，加大对变相超期羁押、罪犯违法留所服刑、侵犯在押人员权益等突出问题的监督力度。对全省看守所监管安全开展了专项检查,提出纠正意见100余次,发出检察建议24份,对检查发现的问题要求有关部门进行了整改。继续做好纠正和防范超期羁押工作,保持了全省检察机关无超期羁押的良好局面。

(四)切实做好控告申诉检察工作,有效化解矛盾纠纷。在全省组织开展了举报宣传周活动,坚持检察长接待日制度,认真落实首办责任制,畅通群众信访渠道。共受理各类来信来访1572件,已按规定全部分流。立案复查刑事申诉案10件。采取领导包案、联合接访、经济救助等多种措施,认真开展排查化解重信重访工作。共排查涉检重信重访案件13件,办结息诉9件,保证了北京奥运会等敏感时期检察机关稳控人员进京的零上访。

四、坚持把执法规范化建设作为提高执法公信力的重要途径,切实强化内外部的监督制约

一是加强对内部执法活动的监督,对各项执法办案工作严格实行流程管理、过程控制,把各项业务工作纳入制度管理的轨道。二是推行办案质量和效率预警机制,通过个案监督、全程监督、跟踪监督严密控制执法行为,有效解决办案不规范、执法随意性问题。三是不断完善案件督察模式,通过开展案件抽查、对口检查等形式,查找和纠正在公正执法、依法办案等方面存在的问题。四是建立健全检察人员执法档案,落实执法责任制、责任追究制和领导干部责任检讨制,把规范化管理落实到执法办案的每一个环节。五是积极拓宽外部监督渠道。不断深化人民监督员制度试点工作,全省16个试点院换届选任89名监督员,监督“三类案件”19件20人。进一步深化检务公开,不断提高检察机关执法的透明度和公信力。

五、坚持把严格公正文明执法作为队伍建设的基本要求,毫不放松地抓好队伍管理

(一)深入开展学习实践科学发展观活动和解放思想大讨论活动。根据省委、最高人民检察院的部署,组织开展了深入学习实践科学发展观活动和“大学习、大讨论”活动,紧紧围绕省委提出的闯出一条欠发达地区实践科学发展观成功之路的主题,认真学习讨论,分析查摆问题,广泛民主评议,制定整改措施,着力转变检察工作不适应、不符合科学发展观的思想观念,着力解决影响和制约检察工作科学发展的突出问题。使广大干警特别是领导干部增强了贯彻落实科学发展观的自觉性和坚定性,统一了执法思想,促进了科学发展观在检察工作中的贯彻落实。

(二)突出加强领导班子建设。一是坚持把思想政治建设放在领导班子建设的首位,结合检察工作实际,加强对党的最新理论成果和社会主义法治理念的学习,保证检察工作的正确政治方向。二是重点加强对领导干部的监督,把监督贯穿于领导干部行使权力的全过程,及时发现和解决领导班子建设中存在的问题。三是主动做好协管干部工作,积极主动与组织部门和地方党委沟通协调,推荐任用了一批检察业务干部,充实了后备干部队伍。四是建立和完善省检察院领导联系基层检察院制度,明确了联系内容和形式。五是认真执行党风廉政建设责任制,层层签订了党风廉政建设责任书,启动了检务督察工作,制定实施了检察机关贯彻落实省委建立健全惩治和预防腐败体系的《工作方案》。

(三)大力加强素能培训工作。以提高法律监督能力为目标,以领导干部、业务骨干和一线执法人员为重点,广泛开展岗位练兵和业务培训,提高检察人员的业务素质和执法技能。去年,共举办晋升高级检察官、公诉业务大练兵活动等培训班19期,培训人员1195人次,占干警总数的64.7%。高度重视司法考试培训工作,举办了为期80天共97人参加的封闭式司法考试培训班,通过52人,通过率为53.6%,比全国检察机关平均水平高19个百分点,实现了新的突破。

六、坚持把加强基层院建设和检务保障作为强基固本的重要抓手,进一步夯实基层基础工作

省检察院党组始终把加强基层检察院建设作为强基固本的战略性任务,坚持把业务建设和队伍建设的重点放在基层,把中央《决定》和省委《实施意见》的各项政策措施落实到基层,着力解决困扰基层检察院的难点问题。在地方党委、政府和财政部门的大力支持下,县级检察院经费保障标准得到全部落实。完成了《全省检察机关2007—2009年中央装备补助专项规划》,为基层检察院配发了68台办案车辆、43套监控和侦查设备、1560台电脑、460台复印机和打印机等设备。及时给各级检察院下达了中央办案和维稳补助专款1840万元。为我省检察工作平稳健康发展创造了良好的工作条件。

七、坚持党的绝对领导,自觉接受人大及其常委会的监督

各级检察机关把坚持党的领导，自觉接受监督与依法独立行使检察权有机统一起来，不断增强接受监督的意识，畅通接受监督渠道，丰富接受监督形式。紧紧依靠党的领导、人大监督和政府支持、政协关注解决检察工作发展的重大问题，优化执法环境，促进检察工作更好地适应构建和谐社会的要求。不定期召开人大代表、政协委员座谈会，征求对检察工作的意见建议。省十一届人大一次会议后，针对省人大代表的意见建议，省检察院专门制定了整改意见，下发全省各级检察机关逐一落实。省院机关还专门安排时间，举办了副处级以上干部学习《中华人民共和国各级人民代表大会常务委员会监督法》培训班，向全省检察机关提出了学习贯彻的工作要求，确保《监督法》的各项要求在检察工作中得到认真贯彻。

2008 年全省检察工作取得了新的进展。这些成绩的取得，是各级党委、人大、政府、政协和社会各界高度重视、全力支持的结果；在总结成绩的同时，我们也清醒地认识到，全省检察工作与党和人民群众的新要求、新期待相比，还存在不少差距。一是检察机关落实科学发展观，为促进和谐社会建设提供司法保障的能力和水平有待进一步提高。二是全省检察干警的整体素质和专业化水平不高。一些干警执法理念、法律监督能力还不完全适应新形势新任务要求，实现敢于监督、善于监督、监督到位的任务还比较艰巨。三是一些基层检察院办案力量不足、检察官断档问题仍然比较突出，在一定程度上影响检察业务工作的正常开展。四是检务保障水平较低，特别是信息化建设严重滞后，水平很低。对这些问题，我们将强化措施，争取各方支持，努力加以解决。

2009 年主要工作任务

根据省委和最高人民检察院的部署，今年全省检察机关要以坚持科学发展，强化法律监督，维护公平正义，促进社会和谐，为经济平稳较快发展提供强有力司法保障为着力点，切实抓好以下几个方面的工作。

（一）在政治建检上下功夫，求实效。坚持把科学发展观作为统领青海检察工作的长期重要指导方针，深入开展学习实践科学发展观活动。始终坚持检察工作的正确政治方向，坚持把检察工作放到全省工作的大局中去谋划和推进，进一步增强服务大局的责任感和使命感。找准检察工作融入建设富裕文明和谐新青海这个大局的结合点和切入点，全力保障青海经济平稳较快发展。

（二）在业务立检上下功夫，求实效。始终把维护社会稳定作为第一职责，坚持严打方针，继续依法严厉打击危害国家安全犯罪、严重暴力犯罪、黑恶势力犯罪、涉枪涉毒犯罪和抢劫、抢夺、盗窃等多发性侵财犯罪，加大打击严重经济犯罪的力度。始终把查办和预防职务犯罪工作抓紧不放，加大查办执法不严、司法不公背后职务犯罪的力度，努力做到办案的力度和规模不减，办案质量不断提高，办案安全绝对保证。加大预防职务犯罪工作力度，紧紧抓住全省经济建设的重大项目和重要领域有效预防职务犯罪，提高预防工作专业化、规范化水平。

（三）在监督硬检上下功夫，求实效。突出法律监督的重点，完善监督机制，强化监督手段，狠抓薄弱环节，着力解决人民群众反映强烈的执法不严、司法不公问题，使法律监督由“软”变“硬”，努力做到“坚决、慎重、准确、及时”。全面加强对立案监督、侦查监督、审判监督以及刑罚执行和监管活动的监督，特别是要大力加强刑事审判法律监督和对抗诉、建议再审等案件的跟踪监督。同时，重视和加强自身监督制约机制建设，防止权力失控，行为失范。抓紧抓实排查化解涉检信访工作，开展下访巡访，推行联合接访，切实解决群众的合法诉求，提高法律监督的公信力。

（四）在科教兴检上下功夫，求实效。一是进一步加大科技投入，按照统一规划、统一规范、统一设计、统一实施的原则，制定实施检察信息化发展规划，加强与有关部门的协调，研究制定各级人民检察院科技装备标准，争取电子检务工程建设尽快起步。二是进一步加大素能培训工作力度，从今年起，利用三到五年的时间，在全省检察机关集中开展大学习、大培训、大练兵活动。通过多层次、多渠道、多形式培训，内强素质，外树形象，不断提高我省检察队伍的政治、业务素质，不断增强我省检察队伍攻坚克难的能力、法律监督制约的能力、做群众工作的能力。

（五）在改革强检上下功夫，求实效。一是认真贯彻中央和最高人民检察院关于深化司法体制改革和工作机制改革若干问题的意见和要求，统一思想，抓好调研，做好准备，精心实施。二是要继续推进执法规范化建设，全面整合、细化检察业务工作流程，保证每一个执法环节都体现严格、公正、文明执法的要求。三是大力推行侦查一体化机制建设。进一步优化侦查资源配置,实行侦查活动统一组织指挥,充分发挥州市分院的主体能动作用,提高突破职务犯罪案件的能力。

(六)在队伍建设上下功夫,求实效。坚持高标准严要求,主动适应中国特色社会主义事业建设者、捍卫者的要求,进一步加强党的思想政治建设,切实抓好纪律作风建设和自身反腐败工作,以党的建设带动队伍建设。科学构建对州市分院检察业务工作的考评机制,依法规范上级检察院领导下级检察院工作的程序、方式和下级检察院接受上级检察院工作领导的责任。坚持以人为本,从政治上关心、精神上鼓励、工作上爱护、生活上体恤广大检察人员,想方设法落实从优待检各项措施。积极探索"文化育检"的有效途径,着力提高全省检察干警的文化素养和文明程度,不断增强有效履行监督职责的责任感和使命感。

在新的一年里,全省检察机关将在省委和最高人民检察院的领导下更加自觉接受人大及其常委会的监督,认真执行本次大会决议,坚定方向,明确目标,求真务实,开拓进取,充分履行法律监督职责,以优异成绩迎接新中国成立六十周年!

宁夏回族自治区人民检察院工作报告(摘要)

——2009年1月16日在宁夏回族自治区第十届人民代表大会第二次会议上

宁夏回族自治区人民检察院检察长　王雁飞

(2009年1月18日宁夏回族自治区第十届人民代表大会第二次会议通过)

一、2008年的检察工作

2008年,全区检察机关认真贯彻党的十七大精神和胡锦涛总书记等中央领导同志的重要批示精神,深入学习实践科学发展观,在自治区党委和最高人民检察院的正确领导下,在各级人大的监督和政府、政协的关心支持下,牢牢把握"强化法律监督,维护公平正义"的检察工作主题,不断加大工作力度,努力提高执法水平和办案质量,积极探索检察工作机制改革,采取多种措施"关注民生,走近群众",坚持从严治检,加强队伍建设,各项工作取得了新进展和新成效。

(一)以确保奥运会和自治区五十大庆安全为重点,全力维护社会稳定

依法严厉打击严重暴力犯罪、毒品犯罪、黑恶势力犯罪,以及严重危害群众人身财产安全的"两抢一盗"等多发性犯罪。2008年,全区检察机关共决定和批准逮捕4851人,提起公诉5836人。坚持对重大、疑难、复杂案件提前介入,与公安机关密切配合,先后批捕起诉了原潮等42人黑社会性质组织犯罪案、汤晓明贩卖毒品案、金鹰集团郑泽等7人合同诈骗案等,震慑了犯罪。贯彻宽严相济的刑事政策,对186名犯罪事实较轻、偶犯以及未成年人犯罪作出不批准逮捕的决定,并对538名犯罪后果较轻、社会危害不大的犯罪嫌疑人做出了相对不起诉决定。认真做好死刑二审案件的审查和出庭工作。

(二)以办理大案要案为重点,加大查办和预防职务犯罪工作力度

2008年,全区各级检察机关采取多种措施扩大线索来源,加大办案力度,重点查办大案要案,并适时组织专项行动。全年共立案侦查贪污贿赂等职务犯罪案件194件258人,立案上升幅度位居全国检察机关第三位。其中要案20人,大案68件,较上年分别上升122.2%和17.2%。通过办案,为国家和集体挽回经济损失2500余万元。查办渎职侵权犯罪案件41件56人。其中涉及副处级以上干部的要案11人,上升175%;重特大案件20件,上升一倍。组织了对能源资源和生态环境领域的职

务犯罪的集中排查整治，开展了查办涉农职务犯罪专项行动，突出查处发生在农村的退耕还林还草、扶贫救灾、征地拆迁等事关群众切身利益的职务犯罪，共立案查办42件67人。

在查办职务犯罪案件中，各级检察机关坚持规范执法，努力提高办案质量。自治区检察院在深入调研的基础上，形成了《全区检察机关查办渎职侵权案件质量分析报告》，指导全区各级院提高办案质量。2008年，全区职务犯罪案件起诉率和有罪判决率较上年分别上升17.1%和12.7%。积极发挥人民监督员作用，全年人民监督员共对105件不服检察机关逮捕决定、拟作不起诉、拟撤销的案件进行了监督评议，提高了办案质量。

认真落实《宁夏回族自治区预防职务犯罪工作条例》，通过制作公益广告、发放建议书、开展预防咨询、警示教育、行贿犯罪档案查询等方式，积极开展个案预防、系统预防、重点工程建设项目预防工作，增强预防效果。自治区检察院与宁东基地建立了职务犯罪预防协作关系，在"一号工程"中开展专项预防。部分检察院还将职务犯罪预防工作纳入地方党委党风廉政建设考核，形成了大预防格局。

（三）以维护司法公正为重点，强化法律监督

加强刑事立案监督。共要求公安机关说明不立案理由50件，通知公安机关立案10件。严格把握批捕、起诉条件，防止错捕、错诉和漏捕、漏诉，共追捕59人，追诉142人。集中开展了在逃人员专项检查，督促配合公安机关抓捕归案近年来批捕在逃人员439名。加强刑事审判监督工作，对认为确有错误的刑事判决裁定依法提出抗诉24件。积极履行民事行政检察职能，对人民法院已经发生法律效力的民事行政裁判提出抗诉25件，法院再审37件（含积案），改变原裁判18件。加强对减刑、假释、保外就医、暂予监外执行等监管活动的检察监督，共发出《检察建议》和《纠正违法通知书》10件，已全部纠正。

（四）以保障和服务民生为重点，深入开展"关注民生，走近群众"主题实践活动

为认真贯彻党的十七大精神，坚持检察机关的人民性，进一步密切与人民群众的联系，保障人民群众对检察工作的知情权、表达权、参与权、监督权，提高检察干警的群众工作能力，在全系统部署开展了"关注民生，走近群众"主题实践活动。各级检察机关采取在乡镇、街道建立检察工作联络站，举办"检察开放日"活动，设立举报奖励金，开通检察机关门户网站，检察长巡访、下访、预约接访，开展查办涉及民生案件专项行动等措施，积极关注民生，走近群众。主题实践活动开展以来，全区检察机关受理贪污贿赂、渎职侵权等职务犯罪举报线索较上年同期上升30.7%，立案侦查涉及民生的贪污贿赂案件上升15.5%，人数增加18.3%；查办渎职侵权案件立案数和人数分别上升32.3%和7.7%，刑事立案监督案件较上年同期增长96.4%。

（五）以解决人民群众法律诉求为重点，全力排查化解涉检重信重访

坚持检察长接待日制度，落实首办责任制，努力把矛盾纠纷化解在萌芽状态。对排查出的23件涉检重访案件全部实行检察长包案责任制，已息诉21件。全年各级院检察长接待采访人员513人（次），受理案件230件，批办案件201件。在全区开展了以"依靠群众、惩防并举"为主题的"举报宣传周"活动，向社会公布了三级检察机关反贪污贿赂局局长、反渎职侵权局局长和纪检组组长手机号码。办理最高人民检察院、各级党委、人大交办的涉检涉法上访案件90件，已办结息诉86件，息诉率为95%。实现了全年涉检进京"零上访"，办理的李某申诉案被最高人民检察院评定为全国"十佳精品"案件。

（六）以强化检察职能为重点，积极推进检察工作机制改革

一是建立和完善职务犯罪侦查一体化机制，强化了上级检察院对下级检察院办案工作的统一组织、指挥、协调，实现了纵向指挥有力，横向协作紧密的侦查办案格局。进一步加强案件线索管理，整合侦查资源，采取提办、参办、交办、督办与组织专案等形式突破案件。一年来，运用侦查一体化机制办理大要案68件，起诉后有罪判决率达到100%。二是与自治区高级法院联合制定了《对人民法院民商事案件审判、执行活动开展专项监督检查的意见》和《关于建立民事行政审判执行与民事行政检察工作衔接机制的试行意见》，探索建立了对涉及民生重大民事行政案件检察人员旁听庭审制度，在人民法院裁判文书后附民事诉讼法和行政诉讼法有关检察监督的条款，积极探索对执行活动开展检察监督，与人民法院共同维护司法公正和司法权威。三是建立了宁夏检察机关公诉资源优化整合机制，设立公诉人才库，对重大疑难案件，从人才库

中统一调配公诉人员出庭公诉,提高办案质量。尝试通过督促有关国家机关及其职能部门起诉,清缴长期拖欠的国有土地出让金、排污费等450余万元,有效地保护了国有资产。四是建立检察官下监所接访、在押人员约见检察官制度,维护被监管改造人员的合法权益。

(七)以提高整体素质为重点,加强检察队伍和基层基础建设

坚持政治建检,先后开展了"大学习、大讨论"活动和警示教育活动。加强领导班子建设,积极会同地方党委,配齐配强市县两级检察机关领导班子。成立巡视组,开展巡视督察,加强对基层检察机关领导班子建设的监督指导。进一步加大教育培训力度,共举办业务和信息化培训班70期,培训检察干警3400余人次。进一步提高检察队伍素质,在全区检察机关部署开展了"业务大学习、素质大培训、岗位大练兵"活动,坚持每月一小考,每季一大考,营造浓厚的学习氛围。

注意树立先进典型。自治区检察院授予同心县回族检察官马俊同志"全区模范检察官"称号,在全系统开展了向马俊同志学习的活动。最高人民检察院曹建明检察长和自治区党委、政府领导分别对马俊同志的先进事迹作出批示。在中央政法委主办的《法制日报》组织的评选活动中,马俊同志被评为"全国十大政法英杰"。坚持从严治检,对检察人员违法违纪问题不护短、不手软。2008年共依法查处违纪违法检察干警15人,其中10人受到纪律处分,5人被立案追究刑事责任。

切实加强基层基础建设。按照最高人民检察院执法规范化、队伍专业化、管理科学化、保障现代化的要求,开展基层规范化建设活动。积极争取中央预算资金,帮助基层检察院新建办案用房和业务技术用房,并利用中央专项经费改善基层装备,基层检察机关办公办案条件进一步改善。

大力推进检察信息化建设。全区大部分基层检察院建成了办案工作区,自治区检察院和两个市级检察院建成了大要案侦查指挥中心,初步实现了查办职务犯罪案件的远程指挥。充分利用已经建成的检察信息网,推行网上办公办案。讯问职务犯罪嫌疑人全程同步录音录像广泛应用,进一步规范了办案行为。积极开展多媒体出庭示证,提高公诉质量。

(八)以确保正确履行职责为重点,自觉坚持党的领导主动接受人大监督

牢固树立监督者更要接受监督的意识,坚持重大部署及时向党委报告,查办大要案件实行专报制度,争取党委的领导和支持。主动接受各级人大的监督,及时向人大及其常委会报告检察工作,认真听取意见、建议。去年5月,自治区十届人大常委会第三次会议听取了《全区检察机关反渎职侵权工作情况》报告,常委会组成人员对反渎职侵权工作给予了充分肯定,并对进一步改进和加强反渎职侵权工作提出了意见和建议,促进了此项工作的深入开展。在开展各项学习教育活动中,各级检察机关主动征求各级人大代表及其常委会的意见,部分检察机关制定了"人大代表联络员"制度,进一步加强了与各级人大代表的联系。

一年来,各级检察机关虽然做了一些工作,但是与党的要求和人民群众的期待还有不小的差距。主要是:服务大局的能力还不强,对检察工作如何为贯彻落实科学发展观服务、为地方经济社会发展服务措施还不多;法律监督能力、查办大案要案的能力及办案质量有待进一步提高;一些干警执法为民观念树立的还不牢固,队伍整体素质还不适应新形势新任务的要求;内部监督制约机制还不完善,违纪违法问题仍时有发生;检务保障还不能满足工作需要。对这些问题,我们将深入研究,下大气力解决。

二、充分发挥检察职能作用,努力为我区经济平稳较快发展提供强有力的司法保障

今年是新中国成立六十周年,也是我国经济社会发展面临问题和困难较多的一年。如何为保持我区经济平稳较快发展服务,是检察工作的首要任务。2009年全区检察工作的总体思路是:认真贯彻落实党的十七大、十七届三中全会精神和中央经济工作会议精神,以及自治区党委十届七次会议和全区经济工作会议精神,以科学发展观为统领,按照全国、全区政法工作会议和检察长会议的部署,以开展"民生检察"、"阳光检察"、"活力检察"、"素质检察"、"数字检察"为载体,进一步解放思想,夯实基础,提高素质,扎实工作,努力为我区经济平稳较快发展提供强有力的司法保障。重点做好以下工作:

找准检察工作服务大局的切入点,实现"民生检察"。继续深入开展"关注民生,走近群众"主题实践活动。牢固树立大局意识和服务意识,把保障和促进我区经济平稳较快发展作为检察机关的首要任务。制定《宁夏检察机关为全区经济平稳较快

发展提供司法保障的实施意见》。立足检察职能，积极参加整顿和规范市场秩序专项行动，深化治理商业贿赂工作。严肃查办社会保障、劳动就业、征地拆迁、医疗卫生、招生考试等涉及民生领域的职务犯罪案件，严肃查办国家机关工作人员利用职权实施的侵权犯罪案件，严肃查办发生在民生工程、基础设施、生态环境建设资金使用过程中的贪污贿赂、失职渎职等犯罪，特别是在查办大案要案上要有突破性进展。积极做好公共资金使用、公共资源配置、公共项目实施等重点领域和环节的预防职务犯罪工作。继续开展查办危害能源资源和生态环境渎职犯罪工作，依法打击造成重大环境污染、严重破坏生态环境等犯罪。妥善处理涉及企业特别是中小企业的案件，认真研究和正确把握法律政策界限，及时有效地提供法律支持和司法服务，促进企业生存发展。

切实把保障农村改革发展作为检察机关服务大局的重要任务。依法打击侵害农民利益、危害农业生产、影响农村稳定的犯罪活动，巩固农业农村发展的良好形势。坚决打击严重影响农民群众安全感的严重刑事犯罪，维护农村社会大局稳定。继续深入查办涉农职务犯罪，有针对性地加强涉农职务犯罪预防。强化涉农法律监督和司法保护，深入农村密切与农民群众的联系，及时主动地提供法律服务，积极探索加强农村检察工作的有效措施。

进一步加大打击犯罪力度，维护民族地区社会稳定。突出重点，依法严厉打击黑恶势力犯罪、严重暴力犯罪、毒品犯罪、多发性侵财犯罪和涉众型经济犯罪，坚决遏制严重刑事犯罪的发案势头。加强检察环节的社会治安综合治理工作，积极参与“平安宁夏”建设，促进社会治安大局稳定。深入开展重信重访专项治理，加强涉检信访排查化解工作。注重综合运用法律宣传、政策解释、思想疏导等多种手段化解矛盾，引导人民群众依法有序维权、合理表达诉求，防止重大群体性事件发生。

进一步强化诉讼监督，保障司法为民。在全面强化立案监督、侦查监督、审判监督和刑罚执行监督的同时，重点加强民事行政检察工作。特别是对侵害弱势群体利益的案件开展监督，对侵害国家和社会公共利益、造成国有资产严重流失的案件，开展督促起诉和公益诉讼。探索加强对行政执法行为的监督，完善行政执法与刑事司法衔接机制。对司法人员涉嫌贪赃枉法、失职渎职犯罪造成司法不公的，坚决依法严肃查处。

增强检察工作透明度，实现“阳光检察”。进一步深化检务公开，采取多种形式，及时快捷地向社会公众和诉讼参与人公开检察机关性质、职能和工作程序。充分发挥村镇、社区检察联络点、检察联络员的作用，搭建检察机关与人民群众相互交流、沟通的互动平台，确保人民群众对检察工作的知情权、参与权和监督权得到有效行使。认真执行权利告知制度、法律文书送达制度，继续完善案件公开审查制度，对社会影响大的不服逮捕、不捕、不诉决定和申诉的案件，坚持公开听证、公开审查。建立与人大代表、政协委员联系制度，定期报告和通报检察工作情况，及时听取意见和建议。完善人民监督员选任机制，自觉接受监督。积极开展“检察开放日”等活动，不断拓展接受监督的渠道。

深化检察工作机制改革，实现“活力检察”。认真贯彻落实中央《关于深化司法体制和工作机制改革若干问题的意见》和最高人民检察院的《实施意见》，进一步深化检察改革。继续完善侦查一体化工作机制，科学调度侦查力量，合理配置线索来源，提高突破大要案的能力。落实与自治区高级法院联合制定的《关于建立民事行政审判执行与民事行政检察工作衔接机制的试行意见》，研究具体措施，加强与各级人民法院的协作配合。大力推行公诉资源优化整合机制，充实公诉人才库，加强对优秀公诉人才的管理和培训，提高对重大疑难案件的公诉质量。准确把握宽严相济刑事司法政策，探索建立当事人达成和解刑事案件办理机制，以及对初犯、偶犯、罪行轻微的未成年人和老年人犯罪适当从宽处理的机制。继续加强和改进法律监督，建立和完善对立案、刑罚变更执行、抗诉、检察建议再审等案件的跟踪监督机制，落实重大刑事案件证人、鉴定人出庭作证制度。提请自治区人大制定《宁夏回族自治区法律监督工作条例》，强化检察机关法律监督职能。

着力提高检察人员工作能力和水平，实现“素质检察”。扎实开展好学习实践科学发展观活动，并与深化社会主义法治理念教育紧密结合起来，与深入学习贯彻胡锦涛总书记等中央领导同志对检察工作的重要指示紧密结合起来。大力开展学习型检察院建设。深化“业务大学习、素质大培训、岗位大练兵”活动，在以考促学的基础上，采取岗位比武、岗位练兵、组织开展公诉人与律师辩论赛、省区之间公诉人对抗赛等方式,提高检察干警的实际工作能力。实行上下交流的办法开展岗位轮训。进一步加大对司法考试工作的重视程度和投入力度,努力提高司法考试通过率。以领导机关、领导干部和关键执法岗位人员为重点,加强反腐倡廉教育和制度建设。建立领导干部廉政档案和检察人员执法档案,落实上级检察院负责人与下级检察院负责人谈话、领导干部述职述廉制度。进一步改进巡视工作,强化对领导班子特别是"一把手"的监督。坚持从严治检,对检察队伍内部的违纪违法行为,发现一起,查处一起,绝不姑息。落实从优待检,积极争取各级党委、政府和有关部门的支持,逐步完善保障机制,提高保障水平。

以信息化建设为龙头,实现"数字检察"。大力推进检察机关信息化建设,提高信息化工作水平。全面推行网上办公办案,充分运用信息化手段,不断增强突破案件的能力,促进法律监督工作整体水平的提高。充分发挥讯问职务犯罪嫌疑人全程同步录音录像、出庭公诉多媒体示证系统等设备的作用,不断增加检察工作科技含量。加强交通通讯、侦查指挥、检验鉴定等科技装备建设,逐步建立适应检察工作需要的现代化科技装备体系。

面对新形势新任务,全区检察机关和全体检察人员将高举中国特色社会主义伟大旗帜,以邓小平理论和"三个代表"重要思想为指导,深入学习实践科学发展观,按照本次会议的要求,扎实做好今年各项检察工作,努力为我区经济社会平稳发展提供司法保障,以良好成绩迎接新中国成六十周年!

新疆维吾尔自治区人民检察院工作报告(摘要)

——2009 年 1 月 9 日在新疆维吾尔自治区第十一届人民代表大会第二次会议上

新疆维吾尔自治区人民检察院检察长　哈斯木·马木提

(2009 年 1 月 11 日新疆维吾尔自治区第十一届人民代表大会第二次会议通过)

2008 年是人民检察事业发展进程中具有重要意义的一年,我们迎来了改革开放和检察机关恢复重建三十周年。全区检察机关在自治区党委和最高人民检察院的坚强领导下,在自治区人大及其常委会的监督下,在自治区政府、政协的关心支持下,按照自治区十一届人大一次会议关于检察工作的决议要求,围绕自治区工作大局,深入实践"强化法律监督,维护公平正义"的检察工作主题和"加大工作力度,提高执法水平和办案质量"的总体要求,切实履行法律监督职责,全面加强自身建设,各项工作都取得了新的进展。

一、认真开展深入学习实践科学发展观、"大学习、大讨论"和反分裂斗争再教育活动

开展深入学习实践科学发展观活动,以党的十七大精神、胡锦涛总书记在全国政法工作会议代表、全国大法官、大检察官座谈会上的重要讲话为主题的"大学习、大讨论"活动和反分裂斗争再教育活动,是中央和自治区党委作出的重大决策。自治区检察院精心组织,狠抓落实。紧紧围绕各项活动的要求,采取多种形式组织学习和培训,加深了对党的十七大、十七届三中全会、胡锦涛总书记重要讲话、自治区党委七届七次全委(扩大)会议和王乐泉书记、努尔·白克力主席重要讲话精神的理解和把握。深入基层调研,广泛征求意见,认真查找在贯彻落实科学发展观、社会主义法治理念和反分裂斗争中存在的突出问题。针对查找出来的问题,召开领导班子专题民主生活会,认真进行分析检查,组织群众评议,深入剖析形成问题的主客观原因特别是主观方面的原因。进一步明确了检察工作必须始终坚持科学发展,始终坚持中国特色社会主义的政治方向,始终坚持党的事业至上、人民利益至上、宪法法律至上,坚定不移地反对民族分裂,维护祖国统一，切实增强建设、捍卫中国特色社会主义事业的自觉性、坚定性，切实维护党的执政地位，切实维护国家安全，切实维护人民权益，确保社会大局稳定。

二、坚持“严打”方针，确保奥运安全和自治区社会政治稳定

全区检察机关始终把维护国家安全特别是政治安全作为检察机关的首要政治任务，依法严厉打击“三股势力”实施的危害国家安全犯罪，特别是涉恐、涉奥犯罪。进一步加大对严重刑事犯罪的打击力度，重点打击黑恶势力犯罪、严重暴力犯罪和“两抢一盗”等多发性犯罪，严惩严重危害经济安全、扰乱市场秩序、损害人民群众生命健康的犯罪。积极参加各项专项整治行动。1至11月，共依法批准逮捕各类刑事犯罪嫌疑人17062人，提起公诉21328人，同比分别上升3.2%和3.9%。

认真贯彻宽严相济的刑事政策。坚持该严则严、当宽则宽、区别对待、注重效果。对轻微刑事案件尽量缩短办案时间，建议人民法院适用简易程序；对涉嫌犯罪的未成年人，坚持教育为主、惩罚为辅的原则，采取适合其身心特点的办案方式；对主观恶性不大、犯罪情节轻微的刑事案件，可捕可不捕的不批捕，可诉可不诉的不起诉。

三、深入查办和预防职务犯罪，促进反腐倡廉建设

认真贯彻中央和自治区党委关于反腐败斗争的总体部署，切实履行查办职务犯罪职责。加强统一指挥和协调，对重大复杂案件由上级检察院直接查办、派员参办或异地交办，集中力量查办大案要案。1至11月，共立案侦查贪污贿赂、渎职侵权等职务犯罪案件610件653人。其中大案245件，县处级以上干部49人（其中厅局级干部2人）。通过办案为国家挽回经济损失7300余万元。深化治理商业贿赂、集中查办城镇建设领域商业贿赂案件专项工作，开展查办涉农职务犯罪、危害能源资源和生态环境渎职犯罪专项工作。结合办案加强职务犯罪预防，深入开展行贿犯罪档案查询、犯罪分析、警示教育、预防宣传和咨询、对策研究和建议等工作，对预防和减少职务犯罪起到了积极作用。

四、强化对诉讼活动的法律监督，维护司法公正

加强刑事诉讼法律监督。对应当立案而不立案的，督促侦查机关立案204件；对违法插手民事经济纠纷等不应当立案而立案的，督促侦查机关撤案16件。对应当逮捕而未提请逮捕、应当起诉而未移送起诉的，决定追加逮捕61人、追加起诉125人；不批准逮捕1939人、不起诉931人；对侦查活动中滥用强制措施等违法情况提出纠正意见110件次。对认为确有错误的刑事判决、裁定提出抗诉51件，对刑事审判中的违法情况提出纠正意见21件次。强化刑罚执行和监管活动法律监督。加强派驻监管场所检察室规范化建设，对减刑、假释、暂予监外执行不当和不按规定将罪犯交付执行等违法情况提出纠正意见86件次。积极开展民事审判和行政诉讼法律监督。对认为确有错误的民事、行政裁判提出抗诉158件、再审检察建议55件；对裁判正确的，开展服判息诉工作。强化控告申诉检察工作。加强举报中心建设，广泛开展文明接待活动。坚持检察长接待日制度，深入开展排查化解涉检重信重访专项工作。完善和落实首办责任制，对重大疑难案件实行挂牌督办，定领导、定专人、定方案、定时限，在解决实际问题上下功夫，力求案结事了、息诉罢访。共办理群众来信来访2946件次。

五、全面加强检察队伍建设，提高整体素质和执法水平

坚持把队伍建设作为战略任务常抓不懈，以公正执法为核心，以专业化为方向，努力建设政治坚定、业务精通、作风优良、执法公正的检察队伍。加强思想政治建设和纪律作风建设。坚持理想信念教育和职业道德教育，确保广大检察人员始终做到党在心中、人民在心中、法在心中、正义在心中。加强党风廉政建设，查处检察人员违纪违法案件4件5人。狠抓领导班子建设。把领导班子建设作为重中之重，开展政治和素能培训，对换届后新任检察长进行轮训。检察委员会规范化建设进一步加强，议事水平和效率显著提高。按照最高人民检察院“六个严禁”的要求，加强上级检察院对下级检察院领导班子的管理和监督，推行巡视和领导干部述职述廉、个人有关事项报告、任前廉政谈话等制度。加强队伍专业化建设。认真执行检察官法，严格实行新进人员统一招考，招录163名检察人员，检察官从通过司法考试的人员中选任。认真开展教育培训，举办少数民族检察干警“双语”培训班，派员到内地五省区挂职锻炼，开展评选优秀办案能手、优秀公诉人等岗位练兵和业务竞赛活动，培训检察人员2363人次。242人通过司法考试，通过人数同比上升33%。推进基层检察院建设。制定实施基层检察院建设指导意见和规范化建设考核办法,实行上级检察院领导联系基层检察院和基层检察院结对帮扶制度,深入开展争创先进检察院活动,有5个检察院被推荐为全国先进基层院,15个检察院被评为自治区先进基层检察院。"两房"(办案用房、专业技术用房)建设和信息化建设不断推进,已有80%的基层检察院完成了"两房"建设任务,40个检察院联入检察专线网。

检察信息、检察理论研究、检察宣传、检察资料编译、检察外事等各项工作进一步加强。

积极支援抗震救灾。全区检察机关共向四川灾区捐款230余万元,帮助灾区群众和检察机关渡过难关。

六、自觉接受人大监督,强化自身执法活动的监督制约

认真贯彻执行监督法,自觉接受人大及其常委会的监督。与自治区人大常委会召开联席会议,研究建立人大与检察院更加紧密的联系工作机制。积极主动地向人大及其常委会报告工作,自治区检察院向自治区人大常委会作了查办职务犯罪和自治区十一届人大一次会议代表建议办理情况的专题报告。坚决执行人大及其常委会的决议,虚心听取人大代表的批评、建议和意见。自治区十一届人大一次会议代表提出的2件建议,均已办结。

推进人民监督员制度试点。共有110件拟作撤案、不起诉处理和犯罪嫌疑人不服逮捕决定的职务犯罪案件进入监督程序。拓展人民监督员的监督范围,对违法搜查、扣押等"五种情形"(应当立案而不立案或者不应当立案而立案的;超期羁押的;违法搜查、扣押、冻结的;应当给予刑事赔偿而不依法予以确认或者不执行刑事赔偿决定的;检察人员在办案中有徇私舞弊、贪赃枉法、刑讯逼供、暴力取证等违法违纪情况的)实行监督。

推行讯问职务犯罪嫌疑人全程同步录音录像制度,建立健全查办职务犯罪案件报上一级检察院备案、批准制度。进一步深化检务公开,完善保障律师依法执业机制,推行不起诉案件公开审查和多次上访案件公开听证制度,建立检务督察制度,促进了严格公正文明执法。

2008年是我国改革开放三十周年,也是检察机关恢复重建三十周年。三十年来,全区检察机关在党的领导和人大的监督下,坚持以邓小平理论和"三个代表"重要思想为指导,以科学发展观统领检察工作全局,坚定不移地贯彻落实中央和自治区党委关于维护新疆稳定的一系列重要指示,紧紧围绕自治区工作大局,认真履行法律监督职能,为维护社会稳定和人民群众根本利益,促进廉政建设,维护司法公正,保障自治区的改革开放和现代化建设顺利进行做出了积极贡献。

三十年来,检察机关在实践中探索、积累了做好新时期检察工作的宝贵经验:必须坚持党对检察工作的绝对领导,确保检察工作坚定正确的政治方向;必须坚持把依法严厉打击"三股势力"作为检察工作的首要政治任务,确保自治区大局稳定;必须坚持自觉接受各级人大和人民群众的监督,确保检察机关依法独立公正行使职权;必须坚持检察机关的宪法定位,确保法律监督职能得到充分发挥;必须坚持把人民满意作为检察工作的根本标准,确保人民群众对检察机关的新要求和新期待不断得到满足;必须坚持解放思想、与时俱进,确保检察事业科学发展;必须坚持政治上的清醒和坚定,确保检察队伍建设这一根本始终得到加强。三十年的经验是极为宝贵的财富,我们要倍加珍惜并自觉运用这些宝贵经验。

2008年,在全区检察机关和广大检察人员的共同努力下,各项检察工作取得了新的成绩。但是也存在一些问题,主要是:不敢监督、不善监督、监督不规范、监督不到位的现象仍然存在;检察队伍整体素质还不能完全适应新形势新任务的要求,专业化水平还不高,法律监督能力还不强;对执法办案中的重大理论和实践问题研究还不够;一些地方"两房"建设任务仍很艰巨,不少基层检察院公用经费保障标准尚未得到落实,检察官断档问题仍较突出。对此,我们必须高度重视,积极争取各方面的支持,努力加以改进和解决。

2009年,检察机关要认真学习贯彻党的十七大、十七届三中全会、自治区党委七届七次全委(扩大)会议、全国政法工作会议、全国检察长会议和自治区政法工作会议精神,以科学发展观为统领,紧紧围绕自治区工作大局,深入实践检察工作主题,努力加强和改进检察工作,为全面建设小康社会创造良好的法治环境。

第一,紧紧围绕自治区稳定发展大局,全面加强和改进法律监督工作。

(一)坚持"严打"方针,着力维护自治区社会和谐稳定。牢固树立“稳定压倒一切”的思想，依法严厉打击危害国家安全犯罪、黑恶势力犯罪、严重暴力犯罪、多发性侵财犯罪、涉众型经济犯罪、毒品犯罪，依法妥善处理流动人口犯罪以及由经济纠纷引发的“民转刑”案件，增强人民群众安全感。进一步加强涉检信访工作。切实贯彻宽严相济的刑事政策。积极参与社会治安综合治理和平安建设，切实维护社会和谐稳定。

（二）着力保障经济平稳较快发展。更加注重维护良好的市场经济秩序，依法严厉打击破坏市场经济秩序的犯罪活动，深化治理商业贿赂工作，继续抓好集中查办城镇建设领域商业贿赂犯罪工作。更加注重保障政府投资安全，严肃查处贪污贿赂、失职渎职等犯罪行为，积极做好预防职务犯罪工作。更加注重对能源资源、生态环境和知识产权的司法保护。更加注重改进办案方式和方法。

（三）着力促进农村改革发展。依法打击侵害农民利益、危害农业生产、影响农村稳定的犯罪活动，巩固农业农村发展的良好形势。坚决打击严重影响农民群众安全感的“两抢一盗”（抢劫、抢夺、盗窃）等犯罪活动。深入开展查办涉农职务犯罪工作。强化涉农法律监督和司法保护，不断提高法律服务能力和水平。

（四）着力保障和改善民生。严肃查办社会保障、劳动就业、征地拆迁、移民补偿、抢险救灾、医疗卫生、招生考试等领域的职务犯罪案件，严肃查办国家机关工作人员利用职权实施的侵权犯罪案件。严厉打击制售有毒有害食品药品等犯罪活动，坚决查办重大安全生产事故、食品安全事件背后的失职渎职等职务犯罪案件。强化对涉及劳动争议、保险纠纷、补贴救助等民事审判和行政诉讼活动的法律监督。探索实行对生活确有困难的被害人司法救助制度。

（五）着力维护司法公正。全面加强对诉讼活动的法律监督，真正做到敢于监督、善于监督、依法监督、规范监督，切实维护司法公正。在刑事诉讼监督中，重点加强对有案不立、有罪不究、以罚代刑、量刑畸轻畸重和违法立案、刑讯逼供等问题的监督。加大办理民事行政申诉案件力度，突出抓好抗诉和再审检察建议工作，依法监督纠正裁判不公、侵害当事人合法权益等问题，重视做好息诉服判等工作。在刑罚执行和监管活动监督中，重点加强对违法减刑、假释、暂予监外执行的监督，加强纠正和防止超期羁押工作。加大查办执法不严、司法不公背后职务犯罪的力度。

第二，深化检察体制和工作机制改革。

按照中央《关于深化司法体制和工作机制改革若干问题的意见》和最高人民检察院的要求，以强化检察机关法律监督职能和加强对自身执法活动的监督制约为重点，着力抓好加强对诉讼活动的法律监督；改革和完善检察机关接受监督制约制度，规范执法行为；完善检察工作中贯彻宽严相济刑事政策的制度和措施，创新检察工作机制等项改革。

第三，推进队伍建设，做到严格、公正、文明执法。

以深入开展学习实践科学发展观、“大学习、大讨论”和反分裂斗争再教育活动为主线，深化社会主义法治理念教育，进一步端正执法思想。着力建设高素质领导班子，加强教育、管理和监督，促使各级院领导和检察人员增强政治意识、大局意识、责任意识、法律意识、廉洁意识。广泛开展教育培训和岗位练兵，抓好人才培养工作，提高检察人员业务素质和执法技能。大力加强基层基础工作，促进基层检察院建设健康发展。加强自身反腐倡廉建设，弘扬检察职业道德，严明执法纪律，对检察人员贪赃枉法、侵害群众利益的，坚决依法依纪查处。

第四，自觉接受监督，保证检察权的依法正确行使。

坚持把检察工作置于党的绝对领导和人大及其常委会的监督之下，深入贯彻监督法，完善和落实接受人大监督的措施，健全自治区人大与检察院更加紧密的联系工作机制。主动争取政府支持，自觉接受政协民主监督、人民群众监督和新闻舆论监督，认真听取人大代表的建议、批评和意见，加强和改进检察工作。

面对新的形势和任务，全区检察机关要更加紧密地团结在以胡锦涛同志为总书记的党中央周围，高举中国特色社会主义伟大旗帜，以邓小平理论和“三个代表”重要思想为指导，深入贯彻落实科学发展观，认真落实本次会议决议，再接再厉，扎实工作，以优异成绩迎接新中国成立六十周年。

第四部分

检察工作概况

全国检察工作

综述　2009年，全国检察机关认真贯彻落实党的十七大，十七届三中、四中全会和十一届全国人大二次会议精神，深入贯彻落实科学发展观，坚持“强化法律监督，维护公平正义”的检察工作主题，紧紧围绕保增长、保民生、保稳定的全党全国工作大局，忠实履行宪法和法律赋予的职责，不断强化法律监督、强化对自身执法活动的监督、强化检察队伍建设，各项检察工作取得新进展。

一、坚持围绕中心、服务大局，保障经济平稳较快发展。面对严峻复杂的国内外经济形势，最高人民检察院及时研究检察工作中遇到的新情况新问题，制定出台服务经济平稳较快发展的司法文件，指导各级检察机关为经济建设提供司法保障。

(一)着力维护市场经济秩序、保障政府投资安全。依法打击破坏市场经济秩序的犯罪，起诉走私、金融诈骗、非法经营等犯罪嫌疑人42473人。根据2009年各级政府较大幅度增加公共支出、加大投资力度的情况，配合有关部门加强对民生工程、地震灾区灾后恢复重建等重大建设项目资金使用的监督，积极预防和依法查办贪污贿赂、失职渎职犯罪。会同有关部门开展工程建设领域突出问题专项治理，严肃查办发生在土地出让、规划审批、招标投标等环节的职务犯罪案件6451件。深入推进治理商业贿赂工作，在资源开发和经销、产权交易、政府采购等领域，立案侦查涉及国家工作人员的商业贿赂犯罪案件10218件。对造成国有资产流失等涉及公共利益的民事案件，督促、支持有关部门和单位履行职责、提起诉讼。

(二)着力加强对能源资源、生态环境和知识产权的司法保护。围绕促进能源资源节约和生态文明建设，依法打击破坏环境资源犯罪，起诉非法采矿、盗伐滥伐林木、造成重大环境污染事故等犯罪嫌疑人15137人；深入开展查办危害能源资源和生态环境渎职犯罪专项工作，立案侦查非法批准征用土地、环境监管失职等渎职犯罪案件2966件。围绕鼓励和保护自主创新，加大知识产权司法保护力度，起诉假冒专利、注册商标等犯罪嫌疑人2695人。

(三)着力保障企业正常经营发展。从有利于维护企业正常生产经营、有利于维护企业职工利益、有利于维护经济社会秩序稳定出发，依法妥善处理涉及企业特别是中小企业的案件，平等保护各类市场主体和中外当事人的合法权益。正确适用法律，严格区分民事纠纷与经济犯罪、合法收入与犯罪所得、企业不规范融资与非法吸收公众存款的界限。在坚持严格依法办案的同时，注意改进办案方式方法，慎重使用强制措施，慎重扣押企业涉案款物，最大限度避免给企业正常生产经营带来影响，保障企业健康发展。

(四)着力服务农村改革发展。高度重视涉农检察工作，探索设立乡镇检察室、检察联系点和聘请检察联络员等机制，把检察工作深入到农村和农民中去。开展查办涉农职务犯罪专项工作，重点查办发生在征地补偿、粮食直补、退耕还林和农村基础设施建设等环节的职务犯罪案件，立案侦查涉嫌职务犯罪的农村基层组织人员7175人。依法严厉打击农村黑恶势力、“两抢一盗”犯罪，打击制售伪劣农药、化肥、种子等坑农害农的犯罪，维护农民权益，促进农业发展，保障新农村建设。

二、坚持执法为民，扎实做好保障民生、服务群众工作。坚持把执法为民作为检察工作的根本出发点和落脚点，着力解决司法实践中涉及群众利益的热点难点问题。

(一)坚决惩治损害民生的犯罪。重视打击和查办发生在社会保障、劳动就业、征地拆迁、移民补偿、抢险救灾、医疗卫生、招生考试等民生领域的犯罪。积极参与食品药品安全专项整治，起诉制售有毒有害食品、药品的犯罪嫌疑人507人。依法同步介入重大事故调查，立案侦查严重失职渎职造成国家和人民利益重大损失的国家机关工作人员1075人。加强对人权的司法保障，立案侦查涉嫌利用职权实施非法拘禁、报复陷害、破坏选举等犯罪的国家机关工作人员478人。会同有关部门及时研究完善相关司法解释，坚决依法打击人民群众反映强烈的利用手机网站传播淫秽电子信息、手机短信诈骗等犯罪。

(二)加强对特殊群体的司法保护。推行未成年人犯罪案件专人办理、品行调查、分案起诉等制度,加强教育、感化和挽救。坚决打击侵害农村留守老人、妇女、儿童的犯罪。严厉打击拐卖妇女儿童的犯罪,起诉拐卖、收买妇女儿童的犯罪嫌疑人4017人。会同有关部门制定关于残疾人法律援助工作的意见,加强残疾人控告、申诉等权利的保护。依法妥善处理涉军案件,切实维护国防和军队利益及军人军属合法权益。高度重视涉港澳、涉台、涉侨案件,依法维护港澳同胞、台湾同胞和归侨侨眷的合法权益。

(三)完善和落实司法为民措施。开通全国统一的12309举报电话,实行24小时接听,畅通群众举报渠道,提高处理举报效率。加快检察门户网站建设,推行网上受理信访、法律咨询、案件查询。开展检察官"进农村、进社区、进企业、进学校"活动,深化文明接待室创建活动,推行下访巡访、预约接访、民生热线等措施,认真听取、及时受理群众诉求,为群众排忧解难。

三、认真履行批捕、起诉等职责,全力维护社会和谐稳定。坚持把维护社会和谐稳定放在首位,正确把握宽严相济刑事政策,在依法打击犯罪的同时,更加注重化解社会矛盾。

(一)依法打击各类刑事犯罪。严厉打击境内外敌对势力的渗透颠覆破坏活动,依法办理乌鲁木齐打砸抢烧严重暴力犯罪案件,坚决维护社会稳定、人民利益、民族团结、国家安全。配合有关部门加强国庆安保工作,集中整治治安混乱地区和突出治安问题,严厉打击黑恶势力犯罪、严重暴力犯罪、多发性侵财犯罪和毒品犯罪,增强人民群众安全感。2009年共批准逮捕各类刑事犯罪嫌疑人941091人,提起公诉1134380人,分别比2008年减少1.2%和0.8%。

(二)对轻微犯罪落实依法从宽处理政策。坚持当严则严、该宽则宽,既有力打击犯罪,又减少社会对抗。对主观恶性较小、犯罪情节轻微的初犯、偶犯、过失犯和未成年人、老年人犯罪案件,以及因家庭邻里纠纷引发,犯罪嫌疑人真诚悔过、赔偿损失并取得被害人谅解的轻微犯罪案件,依法决定不批捕或不起诉,以体现司法人文关怀,实现法律效果与社会效果相统一。

(三)加大化解涉检信访积案力度。高度重视群众信访反映的问题,完善信访工作程序,推行信访督察专员等制度,办理群众信访421306件次,其中涉检信访15159件次。开展化解涉检信访积案专项活动,对排查出的1395件重点、疑难信访积案,逐案分析症结,综合采取释疑解惑、教育疏导、救助救济等措施,已化解息诉1269件。最高人民检察院还向部分省区派出巡回接访工作组,就地接待来访、督办案件,使一些疑难积案得到有效化解。

(四)重视建立社会矛盾化解机制。建立执法办案风险评估机制,对执法中可能引发的不稳定因素加强分析,及时把问题解决在萌芽状态。推行检察文书说理制度,对不批捕、不起诉、不抗诉案件加强释法说理,做好息诉工作。积极开展刑事被害人救助工作,共救助生活确有困难的刑事被害人及其近亲属285人。在办理民事申诉等案件时,配合支持人民法院、基层调解组织依法进行调解,努力促成当事人双方自愿和解。

四、深入查办和预防职务犯罪,积极促进反腐倡廉建设。坚决贯彻党中央关于推进新形势下反腐倡廉建设的决策部署,把查办和预防职务犯罪工作放在更加突出的位置来抓。

(一)依法严肃查办职务犯罪。全年共立案侦查各类职务犯罪案件32439件41531人,件数比2008年减少3.3%,人数增加0.9%。突出查办大案要案,立案侦查贪污贿赂大案18191件、重特大渎职侵权案件3175件;查办涉嫌犯罪的县处级以上国家工作人员2670人,其中厅局级204人、省部级8人。着力加强渎职侵权检察工作,立案侦查失职渎职、侵犯人权涉嫌犯罪的国家机关工作人员9355人。加大惩治行贿犯罪力度,对3194名行贿人依法追究刑事责任。加强境内外追逃追赃工作,会同有关部门抓获在逃职务犯罪嫌疑人1129人,追缴赃款赃物计71.2亿元。

(二)努力提高侦查水平和办案质量。修订举报工作规定,加强举报线索管理,强化举报人权益保护,完善鼓励群众实名举报的制度。健全与执法执纪部门的情况通报、案件移送等机制,完善检察机关侦查办案机制,不断增强发现犯罪、侦破案件的能力。上级检察院带头查办大案要案,最高人民检察院直接办理重特大职务犯罪案件26件。严格规范侦查活动,加强办案监督管理,完善落实讯问职务犯罪嫌疑人全程同步录音录像等制度,对立案与不立案、逮捕与不逮捕、起诉与不起诉严格把关。2009 年全国检察机关起诉的职务犯罪案件，有罪判决率为 99.8%。

（三）更加注重职务犯罪预防。按照惩防并举要求，全面部署检察机关预防职务犯罪工作，明确新形势下预防工作职能定位、基本要求和预防重点。加强与行政执法等部门的协作，建立健全信息共享、同步介入等预防工作机制。坚持预防关口前移，结合办案强化犯罪分析、预防建议和预防咨询工作，在重大建设项目中推广开展职务犯罪预防，向有关单位和部门提出预防建议 15149 件。通过以案说法等形式，对国家工作人员进行警示教育 418 万余人次。完善行贿犯罪档案查询系统，将查询范围从工程建设、政府采购等 5 个领域扩大到所有领域的行贿犯罪，向工程招标单位等提供查询 48238 次。

五、强化对诉讼活动的法律监督，努力维护社会公平正义。顺应人民群众对司法公正的新要求新期待，突出监督重点，完善监督机制，切实履行对诉讼活动的法律监督职责。

（一）加强立案监督和侦查监督。重点监督有案不立、有罪不究、以罚代刑，以及刑讯逼供、暴力取证、动用刑事手段插手民事经济纠纷等问题。对应当立案而不立案的，督促侦查机关立案 19466 件，比 2008 年减少 3.6%；对不应当立案而立案的，督促撤案 6742 件，比 2008 年减少 0.5%。对应当逮捕而未提请逮捕、应当起诉而未移送起诉的，决定追加逮捕 21232 人、追加起诉 18954 人，比 2008 年分别增加 2.6% 和 13.6%。对不符合逮捕、起诉条件的，决定不批准逮捕 123235 人、不起诉 33048 人，比 2008 年分别增加 14.3% 和 10.6%。对侦查活动中的违法情况提出纠正意见 25664 件次，比 2008 年增加 16.4%。

（二）加强审判监督。认真落实全国人大常委会对 2008 年最高人民检察院专项报告的审议意见，开展刑事审判法律监督专项检查，着力解决监督不到位等问题，提高监督水平。对认为确有错误的刑事裁判提出抗诉 3963 件，对刑事审判活动中的违法情况提出纠正意见 4035 件次，分别比 2008 年增加 22% 和 34.7%。在民事行政检察工作中，重点监督虚假诉讼、违法调解和其他显失公正，严重损害国家利益、公共利益和案外人合法权益的裁判，依法提出抗诉 11556 件、再审检察建议 6714 件，比 2008 年分别增加 0.9% 和 28.6%。

（三）加强刑罚执行和监管活动监督。针对在押人员非正常死亡事件暴露的问题，会同公安机关开展全国看守所监管执法专项检查，清理发现有“牢头狱霸”行为的在押人员 2207 人，对其中涉嫌犯罪的 123 人依法提起公诉；会同司法行政机关开展全国监狱清查事故隐患、促进安全监管专项活动，认真解决安全措施、监管工作不到位等问题。依法维护刑罚执行的严肃性，监督纠正减刑、假释、暂予监外执行不当 9883 人，比 2008 年增加 98.1%。注重保障被监管人合法权益，对超期羁押提出纠正意见 337 人次，比 2008 年增加 86.2%。对监管活动中的其他违法情况提出纠正意见 22268 件次，比 2008 年增加 91%。

（四）严肃查处司法工作人员职务犯罪。坚决惩治司法领域中的腐败行为，纯洁司法队伍，维护司法廉洁和公正。立案侦查涉嫌贪赃枉法、徇私舞弊等犯罪的司法工作人员 2761 人。

六、强化对自身执法活动的监督，确保检察权依法正确行使。突出强调把强化自身监督放在与强化法律监督同等重要的位置，自觉接受外部监督，进一步加强内部监督。

（一）自觉接受人大监督。十一届全国人大二次会议闭幕后，最高人民检察院立即召开全国检察机关电视电话会议，对贯彻落实全国“两会”精神作出全面部署；系统梳理研究全国人大代表的建议、批评和意见，要求各级检察机关逐项整改落实。主动向人大常委会报告工作，积极配合常委会开展专题调研和执法检查。最高人民检察院就加强渎职侵权检察工作情况向全国人大常委会作了专项报告，并根据常委会审议意见逐条研究落实整改措施。北京、四川、湖北、辽宁、上海、黑龙江、江西、山东、宁夏等省（自治区、直辖市）人大常委会先后作出关于加强检察机关法律监督工作的决议或决定，检察机关认真学习，全面贯彻落实。重视与人大代表的经常性联系，通过召开座谈会、邀请参加专项检查等形式认真听取意见。全国人大代表提出的 92 件议案、建议全部办结。

（二）自觉接受民主监督和社会监督。主动向政协通报检察工作情况。加强与各民主党派、工商联和无党派人士的联络，坚持和完善特约检察员、专家咨询委员制度，邀请他们视察检察工作、旁听出庭公诉，自觉接受监督。最高人民检察院经常听取政协委员、社会各界对检察工作的意见,并通报各级检察机关要求认真研究落实。全国政协委员提出的26件提案全部办结。推进人民监督员制度试点工作,强化人民监督员对查办职务犯罪的监督。大力推行"阳光检务",完善和落实不起诉、申诉案件公开审查等机制,探索设立检务公开大厅和服务窗口,开展检察开放日等活动,增强检察工作透明度,保障人民群众的知情权、参与权、表达权、监督权。完善检察环节保障律师执业权利的工作机制,注重听取律师意见,促进自身公正执法。重视接受舆论监督,把互联网等媒体作为听民声、察民意的重要渠道,建立涉检舆情收集、研判机制,主动回应社会关切。

(三)大力加强内部监督。深化检察改革,紧紧抓住容易发生问题的关键环节和重点岗位,切实加强对自身执法活动的监督制约。一是健全查办职务犯罪工作监督制约机制。对省级以下检察院办理职务犯罪案件,在继续实行撤案、不起诉报上一级检察院批准制度的基础上,又实行逮捕报上一级检察院审查决定制度,强化上级检察院对下级办案工作的监督。加强同级内部分工制约,规定负责抗诉工作的部门不承担职务犯罪侦查工作。二是深入推进执法规范化建设。制定检察建议工作规定、检察委员会议事和工作规则等规范性文件。完善办案规则等规范,进一步统一执法尺度,规范裁量权行使。加强规范的执行检查,强化对执法办案的流程管理、动态监督、质量考评。三是着力解决违纪违法办案的突出问题。认真开展直接立案侦查案件扣押、冻结款物专项检查,对2004年以来全国检察机关扣押、冻结款物情况进行全面清理,重点纠正违规扣押、冻结涉案款物问题,该上缴的坚决上缴,该清退的坚决清退。加大检务督察力度,最高人民检察院直接派员赴13个省份的123个检察院,对执法办案、出庭公诉、警车使用、接待群众来访等情况进行暗访,对发现的问题及时通报、限期整改。严格落实执法过错责任追究条例,对有执法过错的98名检察人员严肃追究责任。

七、强化检察队伍建设,努力提高整体素质和执法水平。坚持以领导干部和执法办案一线人员为重点,严格教育,严格管理,严格监督,努力造就高素质检察队伍。

(一)深入开展学习实践科学发展观活动。立足检察实际,突出实践特色,把开展学习实践活动与全面贯彻胡锦涛总书记等中央领导同志对检察工作的一系列重要指示紧密结合起来,与深化社会主义法治理念教育紧密结合起来,引导检察人员坚持中国特色社会主义检察制度,牢固树立严格、公正、文明、廉洁执法观念,集中解决了一批影响和制约检察工作科学发展以及群众反映强烈的突出问题。

(二)突出抓好领导班子建设。加强领导干部思想政治教育和素质能力培训,对省级检察院领导班子成员和基层检察长普遍轮训。积极配合地方党委考察调整检察机关领导班子,加大异地任职交流力度。强化领导班子民主集中制建设和监督管理,认真落实任前廉政谈话、任期经济责任审计、巡视等制度,推行下级检察院向上级检察院报告工作、下级检察院检察长向上级检察院述职述廉制度。最高人民检察院首次听取、评议省级检察长述职述廉报告,派员参加省级检察院领导班子民主生活会,对省级检察院领导班子全面深入巡视,对发现的问题及时督促整改。

(三)大规模推进教育培训。把教育培训作为加强队伍建设的重要抓手,全面部署大规模推进检察教育培训工作,积极推进分级分类全员培训和岗位练兵活动。开通中国检察官教育培训网,推行检察官教检察官、案例教学和在线学习等培训方式。以业务骨干和执法办案一线检察官为重点,培训检察人员10.8万余人次,最高人民检察院直接培训4541人。大力实施西部检察教育培训工程,加大政策倾斜、经费支持、对口支援和直接培训力度,指导开展民族地区"双语"检察人才培训。最高人民检察院为西藏、新疆等民族地区直接培训中青年检察业务骨干410人。

(四)更加重视自身反腐倡廉建设。制定实施检察官职业道德基本准则,弘扬忠诚、公正、清廉、文明的检察职业道德。检察队伍中涌现出喻中升、罗东宁、陈海宏、杨竹芳、张章宝等一批清正廉洁、执法为民的新典型。严格执行党风廉政建设责任制,最高人民检察院普遍签订党风廉政建设责任书,强化责任分解、责任考核、责任追究,努力做到自身正、自身硬、自身净;认真督促检查地方检察机关落实党风廉政建设责任制情况,重视运用检察人员违纪违法反面典型进行警示教育。坚持从严治检,认真核查群众举报、媒体反映的问题,严肃查处违纪违法的检察人员247人,其中追究刑事责任

25 人。

（五）全面加强基层检察院建设。坚持抓基层、打基础，制定实施 2009—2012 年基层检察院建设规划，深入推进基层检察院执法规范化、队伍专业化、管理科学化、保障现代化建设。新增政法专项编制全部充实到基层检察院和办案任务重的检察院。为中西部基层检察院定向招录近 2000 名检察人员，缓解人才短缺，确保招录质量。紧紧依靠中央和各级党委、政府支持，重点解决中西部和贫困地区基层检察院经费困难，基层执法保障状况得到明显改善。不断提高检察技术和信息化水平，加快实施科技强检战略。落实领导干部联系基层制度，最高人民检察院领导带头坚持深入基层调研，认真研究解决基层检察工作面临的突出问题。全国基层检察院共有 724 个集体和 1035 名个人受到省级以上表彰。

（最高人民检察院办公厅　俞启泳）

全国检察机关学习贯彻十一届全国人大二次会议精神电视电话会议　2009 年 3 月 26 日，最高人民检察院召开全国检察机关学习贯彻十一届全国人大二次会议精神电视电话会议，曹建明检察长出席会议并讲话。会议的主要任务是，深入学习贯彻十一届全国人大二次会议精神，进一步加强、改进和推动各项检察工作。最高人民检察院副检察长张耕、邱学强、孙谦、姜建初，检察委员会专职委员、反贪污贿赂总局局长王建明，最高人民检察院机关各内设机构和各直属事业单位主要负责人，军事检察院领导和内设机构负责人在最高人民检察院主会场出席会议。各省、自治区、直辖市人民检察院，新疆生产建设团人民检察院领导、内设机构负责人，省会市、自治区首府市人民检察院领导，直辖市人民检察院分院领导，各大军区检察院检察长，铁路运输检察分院检察长以及二、三级网已建成视频会议系统的市、县级人民检察院领导、内设机构负责人在各分会场参加会议。

会议认为，十一届全国人大二次会议和全国政协十一届二次会议，是在我国积极应对国际金融危机冲击，努力保持经济平稳较快发展的关键时刻召开的重要会议。学习好、贯彻好大会精神，对于全面贯彻党的十七大、十七届三中全会和中央经济工作会议精神，进一步激励和动员全国各族人民振奋精神、共克时艰，战胜国际国内环境带来的严峻挑战，保持经济平稳较快发展，维护改革发展稳定大局，具有十分重要的意义。

会议指出，十一届全国人大二次会议审议和批准了最高人民检察院工作报告，对最高人民检察院过去一年的工作表示满意，同意报告提出的 2009 年的工作安排，对做好今年的检察工作，推动检察工作科学发展指明了方向，提出了新的更高的要求。3 月 18 日，中央政法委召开全体会议，专门听取“两高”和中央政法各部门关于学习贯彻全国“两会”精神的工作汇报。周永康同志对政法机关学习贯彻全国“两会”精神提出了明确要求。各级检察机关要认真落实周永康同志的讲话要求，把深入学习贯彻全国“两会”精神作为当前的一项重要政治任务，加强领导，精心组织，切实抓紧抓好。特别是要组织全体检察人员认真学习胡锦涛总书记等中央领导同志在“两会”期间的重要讲话，认真学习政府工作报告、全国人大常委会工作报告、政协全国委员会常委会工作报告、最高人民检察院工作报告等重要文件，切实把思想统一到会议精神上来，把行动落实到会议提出的各项任务上来。要通过学习，进一步增强服务经济平稳较快发展的主动性；进一步增强坚持和完善人民代表大会制度，坚持和完善中国特色社会主义检察制度的自觉性和坚定性；进一步增强做好检察工作的责任感和紧迫感。要高度重视人大代表、政协委员的意见和建议，努力从人民的新要求新期待出发加强和改进检察工作。全国人大代表、全国政协委员在审议和讨论最高人民检察院工作报告时，既对各项检察工作取得的进步给予充分肯定，也对检察工作中存在的一些问题提出了批评，还对进一步做好检察工作提出了许多宝贵的意见和建议。各级检察机关和全体检察人员特别是领导干部，一定要始终保持清醒的头脑，既要看到过去一年检察工作有了新的发展和进步，坚定做好工作的信心；更要眼睛向内，看到检察工作与党和人民群众的要求相比还有不小的差距，绝不能有丝毫的自满和懈怠情绪。要坚持把人民群众的呼声作为第一信号，把人民群众的需求作为第一选择，以高度的责任感和紧迫感，认真研究落实代表和委员的意见、建议，进一步把握人民群众对检察工作的新要求、新期待，进一步明确加强和改进检察工作的努力方向，进一步解决好人民群众不满意的突出问题。

会议强调，贯彻落实全国“两会”精神，最根本的是要扎扎实实地做好今年的各项检察工作。要把贯彻全国“两会”精神与贯彻党的十七大和十七届三中全会精神结合起来,与贯彻胡锦涛总书记等中央领导同志对检察工作的一系列重要指示结合起来,与贯彻全国政法工作会议和全国检察长会议精神结合起来,紧紧围绕保增长、保民生、保稳定这一全国工作大局,进一步突出重点,强化措施,推动各项检察工作取得新的明显成效。

一要在维护国家安全和社会和谐稳定上下功夫、求实效。各级检察机关要全力维护国家安全和社会稳定,认真履行批捕、起诉等职责,依法严厉打击危害国家安全、公共安全、社会治安秩序和破坏市场经济秩序的严重刑事犯罪,保持对严重刑事犯罪的高压态势。坚持严格执法,正确贯彻宽严相济刑事政策,切实提高打击犯罪、维护稳定工作水平。高度重视返乡农民工因就业困难引发的犯罪和未成年人犯罪等社会关注的问题,在依法打击相关犯罪的同时,加强法制宣传和教育挽救,努力从源头上预防和减少犯罪,最大限度地促进社会和谐稳定。

二要在深入查办和预防职务犯罪上下功夫、求实效。进一步加大查办职务犯罪力度。突出办案重点,既集中力量查办大案要案,又坚决查办那些发生在群众身边、侵害群众切身利益的案件,以反腐倡廉的实际成效取信于民。继续深入开展查办商业贿赂犯罪、查办危害能源资源和生态环境渎职犯罪、查办涉农职务犯罪三个专项工作。认真贯彻最高人民检察院《关于充分发挥检察职能为经济平稳较快发展服务的意见》,牢固树立大局意识和服务意识,坚决克服就案办案、机械办案的倾向,坚持理性、平和、文明、规范执法。依法审慎处理涉及企业的案件,慎用扣押、冻结、限制人身自由等措施,切实做到法律效果与社会效果相统一、依法办案与服务发展相统一。切实规范侦查活动,严明办案纪律,坚决杜绝受利益驱动办案等问题,坚决防止发生重大办案安全事故,避免因执法不当引发新的矛盾。进一步加强职务犯罪预防工作。突出预防工作重点,紧紧围绕保障中央投资安全和各项决策部署的落实,立足职能加强职务犯罪预防工作,为经济平稳较快发展保驾护航。

三要在强化对诉讼活动的法律监督上下功夫、求实效。进一步采取有效措施,全面加强对诉讼活动的法律监督,特别是要加强对刑罚执行和监管活动的监督,加大对裁判不公的监督,加强和改进对民事审判和行政诉讼活动的监督,真正做到敢于监督、善于监督、依法监督、规范监督。各级检察机关要紧紧抓住人民群众反映强烈的问题,突出监督重点,狠抓薄弱环节,完善监督机制,强化监督措施,推动诉讼监督工作再上一个新台阶。

四要在深化检察体制和工作机制改革上下功夫、求实效。按照中央关于司法体制改革的统一部署,最高人民检察院先后制定了贯彻落实中央改革意见的实施意见和分工方案。各级检察机关一定要加强协调配合,齐心协力地抓好各项改革措施,重点推进中央确定由最高人民检察院牵头的七项改革任务,确保这些改革在今年全面启动。

五要在建设高素质检察队伍上下功夫、求实效。始终把队伍建设作为检察工作的根本,持之以恒,常抓不懈。要着力加强思想政治建设,着力加强法律监督能力建设,着力加强职业道德建设,着力加强自身反腐倡廉建设和纪律作风建设,着力加强基层检察院建设,促进检察队伍整体素质不断提高。

会议最后强调,要进一步增强接受监督的意识,更加自觉地接受人大、政协和社会各界的监督,特别是要加强与人大代表、政协委员的联系,积极主动地通报情况,真心实意地听取意见和建议,切实改进检察工作。要进一步加强和改进检察宣传工作,加强与新闻媒体的联系、沟通及合作,完善新闻发布制度,对社会关注的问题及时作出回应。要进一步树立和弘扬优良作风,坚持求真务实、真抓实干,各级检察机关特别是领导干部要把主要精力放在抓工作上,不自满、不懈怠,不搞形式主义、不做表面文章,真正把落实全国“两会”精神、落实今年各项检察工作抓得很紧,抓出成效。

(最高人民检察院办公厅　劳　娃)

全国检察长座谈会　2009 年 7 月 15 日至 17 日,最高人民检察院在吉林长春市召开了全国检察长座谈会。会议的主要任务是:以邓小平理论和“三个代表”重要思想为指导,深入贯彻落实科学发展观,全面贯彻党的十七大、十七届三中全会和十一届全国人大二次会议精神,认真落实胡锦涛总书记等中央领导同志对检察工作的一系列重要指示,回顾总结 2009 年上半年工作,研究部署下半年工作,推动 2009 年各项检察工作任务全面落实。最高人民检察院检察长曹建明出席会议并讲话。最高人民检察院副检察长张耕、邱学强、朱孝清、孙谦、姜建初、柯汉民、中央纪委驻最高人民检察院纪检组长莫文秀出席会议并分别就分管工作讲话，各省级人民检察院检察长，最高人民检察院各内设机构、各直属事业单位负责人参加了会议。

会议指出，2009年上半年，面对错综复杂的国内外形势，全国检察机关以科学发展观为指导，坚持党的事业至上、人民利益至上、宪法法律至上，紧紧围绕“保增长、保民生、保稳定”的工作大局，忠实履行法律监督职责，深化检察改革，狠抓队伍建设，各项检察工作取得新成绩，为保持经济平稳较快发展、维护社会公平正义、促进社会和谐稳定作出了积极贡献。一是认真贯彻中央的要求和部署，扎实开展深入学习实践科学发展观活动。二是充分发挥检察职能作用，保障经济平稳较快发展。认真贯彻落实最高人民检察院制定的《关于充分发挥检察职能为经济平稳较快发展服务的意见》，着力维护良好的市场经济秩序，着力保障政府投资安全，着力促进农村改革发展，着力改进办案方式方法。特别是在积极参与整顿和规范市场秩序等专项行动的同时，继续深化治理商业贿赂、查办涉农职务犯罪、查办危害能源资源和生态环境渎职犯罪专项工作，取得了新的成效。三是坚持执法为民，关注和保障民生。积极参与食品药品安全专项整治以及“质量和安全年”活动。依法介入重大责任事故调查，严肃查办了一批重大安全生产事故、重大食品安全事件背后涉嫌渎职犯罪的国家机关工作人员。推进对生活确有困难的刑事被害人救助工作。开通12309举报电话，产生良好社会反响。四是加强和改进批捕、起诉等工作，维护社会和谐稳定。全面贯彻宽严相济刑事政策，召开第三次侦查监督工作会议，进一步研究了强化审查逮捕和立案监督、侦查活动监督的措施。1至6月，共批准逮捕各类刑事犯罪嫌疑人448078人，提起公诉502153人，决定不批捕55339人、不起诉13769人。加强涉检信访工作，探索建立信访督察专员制度，组织开展化解信访积案专项活动。五是积极查办和预防职务犯罪，促进反腐倡廉建设。坚持集中力量查办大案要案，立案侦查各类职务犯罪案件19204件24514人，其中大案12888件、要案1527人。召开第三次预防职务犯罪工作会议，制定《关于加强和改进预防职务犯罪工作的意见》。加大惩治和预防司法不公背后渎职侵权犯罪工作力度。六是进一步强化对诉讼活动的法律监督，维护和促进司法公正。狠抓诉讼监督工作的薄弱环节，先后部署开展刑事审判法律监督工作专项检查、看守所监管执法专项检查活动，努力在提高监督水平、增强监督实效、解决司法不公问题上见成效。七是落实中央关于深化司法体制改革的部署，稳步推进检察体制和工作机制改革。按照《中央政法委关于深化司法体制和工作机制改革若干问题的意见》，制定了检察机关的实施意见和分工方案、工作方案、调研方案，重点抓好最高人民检察院牵头的7项司法体制改革任务。八是加强检察队伍建设，提高整体素质和法律监督能力。进一步深化社会主义法治理念教育和“大学习、大讨论”活动。广泛开展业务培训和岗位练兵，深入推进检察机关惩防腐败体系建设，加强职业道德建设，进一步强化内部监督的措施，加大检务督察力度，加强巡视工作，颁布“禁酒令”，组织开展直接立案侦查案件扣押冻结款物专项检查，促进严格、公正、文明、廉洁执法。九是深入推进基层检察院建设，进一步加强基层基础工作。制定基层人民检察院建设规划，召开全国基层检察院建设工作会议。深入开展争先创优活动，评选表彰了第三届全国先进基层检察院和十佳基层检察院。加大对中西部和贫困地区基层检察院的支持力度，促进了基层检察院建设总体水平的提高。

会议突出强调了以下几点：一要把维护社会稳定作为压倒一切的中心任务；二要坚持检察工作主题，抓好执法办案工作；三要高度重视、正确把握检察工作面临的新情况新问题，切实加强网络舆情的掌握和应对引导工作；四要正确认识和处理好强化法律监督与强化自身监督的关系；五要把精力集中到抓好各项工作部署的落实上来。

会议对2009年下半年检察工作作出具体部署：

一、紧紧围绕服务科学发展和实现检察工作自身科学发展这两大课题，在深入学习实践科学发展观上抓落实、见实效。一是扎实推进地县两级检察院学习实践活动。二是认真做好最高人民检察院和省级检察院整改落实“回头看”工作。

二、紧紧围绕保增长、保民生、保稳定的中心任务，在服务党和国家工作大局上抓落实、见实效。一是以确保新中国成立六十周年庆祝活动安全顺利进行为重点，扎实做好维护国家安全和社会稳定工作。要积极参与反分裂、反恐怖、反渗透斗争,高度警惕、严密防范、坚决打击“东突”、“藏独”势力策划实施的分裂破坏活动,特别是要认真做好乌鲁木齐“7·5”事件犯罪案件的批捕、起诉等工作。要全面贯彻宽严相济的刑事政策。要继续下大气力排查化解涉检不稳定因素和信访积案,进一步畅通信访渠道,夯实基层基础工作,健全信访工作长效机制,及时有效化解矛盾纠纷。二是进一步加大查办和预防职务犯罪力度,更好地服务发展、保障民生、促进反腐倡廉建设。上级检察院特别是省级检察院不仅要加强对办案工作的领导和指导,还要带头查办有影响的大案要案。要把职务犯罪预防工作放在重要位置来抓,认真贯彻落实全国检察机关第三次预防工作会议精神,准确把握预防工作职能定位和基本要求,突出预防重点,强化预防措施,增强预防效果。三是全面加强对诉讼活动的法律监督,切实维护司法公正和社会公平正义。在工作中,既要坚持力度、质量、效率、效果相统一,全面强化对立案、侦查、审判、刑罚执行和监管活动的法律监督;又要突出监督重点,狠抓薄弱环节,着力解决人民群众反映强烈的执法不严、司法不公问题,特别要突出抓好刑事审判法律监督和看守所监管执法两个专项检查。要高度重视民事行政检察工作,加大对民事审判和行政诉讼的法律监督力度。四是继续坚持以专项工作为抓手,带动和推进各项检察业务工作全面发展。继续深入推进治理商业贿赂、查办涉农职务犯罪、查办危害能源资源和生态环境渎职犯罪专项工作,认真开展刑事审判法律监督专项检查、检察机关直接立案侦查案件扣押冻结款物专项检查和看守所监管执法专项检查三项专项工作。

三、紧紧围绕强化法律监督和加强对自身执法的监督制约,在深化检察体制和工作机制改革上抓落实、见实效。一是进一步提高思想认识,增强推进检察改革的紧迫感和责任感。二是加大工作力度,确保及时出台有关改革项目的实施方案。按照中央政法委的要求,最高人民检察院牵头和协办的司法改革任务分别为7项和53项。最高人民检察院各牵头单位要认真听取基层和相关部门的意见、建议,充分尊重协办单位意见,加强沟通,求同存异,力争尽早达成共识,如期出台相关改革项目的实施方案。各地检察机关要积极支持和配合最高人民检察院开展调研论证工作,共同完成好各项改革任务。三是认真组织落实好已出台的改革实施方案。特别是要抓好职务犯罪案件审查逮捕程序改革方案的实施工作。

四、紧紧围绕建设高素质的检察队伍,在提高法律监督能力上抓落实、见实效。一是推进新一轮大规模检察教育培训,着力提高检察队伍的政治、业务和职业道德素质。要深入落实《关于2009—2012年大规模推进检察教育培训工作实施意见》,着眼于全面提高法律监督能力,统筹抓好各级各类检察人员的政治思想、业务素质和职业道德教育培训,充分发挥教育培训在提高队伍素质方面的先导性、基础性作用。二是加强纪律作风建设,强化对自身执法的监督制约。要认真学习落实全国检察机关内部监督工作座谈会议精神,切实把加强对自身的监督制约放在与强化法律监督同等重要的地位。要按照中央的要求,自觉加强党性修养,树立和弘扬优良作风。要切实抓好治理“小金库”专项工作,坚决纠正不正之风。要加大检务督察工作力度,继续抓好禁酒令的贯彻执行,防止和减少检察人员违纪违法现象的发生。三是加强职业道德建设,树立检察机关良好形象。要有计划、分步骤地抓好检察官职业道德基本准则的学习、宣传、培训、实施等工作。要把检察职业道德建设与执法规范化建设紧密结合起来,与检察文化建设紧密结合起来。要注意发现、培养和推出一批具有检察职业特点、体现时代精神的先进典型,努力在全系统营造以恪守职业道德为荣、以违背职业道德为耻的良好风尚。四是深入推进基层检察院建设,夯实检察事业发展根基。要认真抓好全国基层检察院建设工作会议精神的贯彻落实,以贯彻《2009—2012年基层人民检察院建设规划》为主线,坚持近期建设与长远建设、全面建设与重点建设相结合,积极推进基层检察院执法规范化、队伍专业化、管理科学化和保障现代化建设。

(最高人民检察院办公厅　俞启泳)

全国检察机关学习贯彻全国政法工作会议精神电视电话会议　2009年12月23日,最高人民检察院召开全国检察机关学习贯彻全国政法工作会议精神电视电话会议。会议的主要内容是,全面贯彻落实党的十七大、十七届四中全会和中央经济工作会议精神,认真学习贯彻全国政法工作电视电话会议精神,深入推进三项重点工作,统筹抓好2010年各项检察工作。最高人民检察院检察长曹建明在会上讲话。最高人民检察院副检察长张耕主持会议并作总结讲话。最高人民检察院副检察长邱学强、朱孝清、孙谦、姜建初、张常韧、柯汉民,中央纪委驻最高人民检察院纪检组组长莫文秀,最高人民检察院政治部主任李如林,最高人民检察院检察委员会专职委员童建明、杨振江出席会议。军事检察院领导同志,最高人民检察院各内设机构、直属事业单位负责人在北京主会场;各省、自治区、直辖市人民检察院领导同志、内设机构和直属事业单位负责人,各大军区检察院检察长,铁路运输检察分院检察长,已建成视频会议系统的各市、县级检察院领导、内设机构和直属事业单位负责人,部分检察院全体检察人员在各地分会场出席了会议。

会议指出,周永康同志在全国政法工作电视电话会议上的重要讲话,站在全局和战略的高度,深刻分析当前形势,对做好明年和今后一个时期政法工作,特别是深入推进社会矛盾化解、社会管理创新、公正廉洁执法三项重点工作作了重要部署。讲话高屋建瓴,论述深刻,充分体现了对新形势下维护国家安全、社会稳定的战略思维和对政法工作规律的准确把握,对检察工作具有十分重要的指导意义。各级检察机关一定要认真学习领会会议精神,特别是要重点学习好周永康同志的重要讲话,统一思想认识,明确任务要求,精心谋划 2010 年工作,切实以推进三项重点工作为载体,推动检察工作全面发展进步。

会议指出,2009 年,面对严峻复杂的国内外形势,全国检察机关深入贯彻落实科学发展观,紧紧围绕保增长、保民生、保稳定,全面加强和改进检察工作,取得了新进展、新成效。一年来,检察机关扎实开展深入学习实践科学发展观活动,认真开展各阶段各环节的工作,集中解决了一批影响和制约检察工作科学发展以及群众反映强烈的突出问题,提高了贯彻落实科学发展观的能力和水平;坚持围绕中心、服务大局,及时出台服务经济平稳较快发展的意见,深入开展治理商业贿赂、查办涉农职务犯罪、查办危害能源资源和生态环境渎职犯罪等专项工作,为保持经济平稳较快发展发挥了积极作用;坚持以人为本、执法为民,开通 12309 举报电话,推行下访巡访、民生服务热线等便民利民措施,推进刑事被害人救助工作,服务和保障民生工作取得新成绩;切实履行批捕、起诉等职责,有力维护了国家安全和社会和谐稳定;坚持在保证质量的前提下加大办案力度,查办和预防职务犯罪工作平稳健康发展;着力解决群众反映强烈的执法不严、司法不公问题,全面加强对诉讼活动的法律监督;完善监督制约机制,强化对自身执法活动的监督;认真落实中央关于深化司法体制和工作机制改革的部署,全面启动新一轮检察改革;加强检察队伍建设,努力提高队伍整体素质;坚持抓基层、打基础,基层检察院建设等工作进一步加强。1 月至 11 月,共批准逮捕刑事犯罪嫌疑人 863406 人,提起公诉 1015279 人,决定不批捕 111557 人、不起诉 29237 人;立案侦查职务犯罪案件 31091 件 39813 人,其中大案 20422 件、要案 2547 人。

会议强调,各级检察机关要认真学习领会周永康同志的重要讲话精神,切实把思想认识统一到中央对形势的分析判断上来,既要充分看到检察工作面临的任务仍然繁重而艰巨,切实增强忧患意识和责任意识,更要充分看到检察工作发展具备的有利条件和良好基础,进一步增强信心。2010 年,全国检察机关要全面贯彻党的十七大、十七届四中全会和中央经济工作会议、全国政法工作电视电话会议精神,认真贯彻胡锦涛总书记等中央领导同志对检察工作的一系列重要指示,以邓小平理论和"三个代表"重要思想为指导,深入贯彻落实科学发展观,以深入推进社会矛盾化解、社会管理创新、公正廉洁执法为载体,不断强化法律监督,强化自身监督,强化高素质检察队伍建设,努力把检察工作提高到新水平,为经济社会又好又快发展提供更加有力的司法保障。落实上述工作思路,必须坚持把保障经济平稳较快发展作为服务经济社会科学发展的首要任务;坚持把深入推进三项重点工作作为全面推进检察工作的重要载体;坚持把强化法律监督、强化自身监督、强化高素质检察队伍建设作为加强和改进检察工作的着力点;坚持把抓好执法办案作为服务经济社会科学发展的根本途径;坚持把深化检察改革作为推动检察工作科学发展的强大动力。特别是要深刻认识深入推进三项重点工作对检察机关提出的新要求,高度重视检察环节维护社会和谐稳定的源头性、根本性、基础性问题,切实把三项重点工作摆在突出位置来抓,推动检察工作全面发展进步。

会议指出,2010 年是实施"十一五"规划的最后一年,是夺取应对国际金融危机冲击全面胜利的关键之年。各级检察机关要按照全国政法工作会议要求,深入推进三项重点工作,统筹抓好各项检察工作,全面提升检察工作水平,为经济社会又好又快发展提供更加有力的司法保障。一要深入推进社会矛盾化解,积极参与社会管理创新,全面做好检察环节维护社会和谐稳定工作。要牢固树立国家安全意识,坚决打击境内外敌对势力的渗透颠覆破坏活动。全面贯彻宽严相济刑事政策,依法打击各类刑事犯罪。深入推进社会矛盾化解,创新完善维稳工作机制,特别是要把化解矛盾贯穿于执法办案始终,在坚持公正执法、规范执法行为、提高办案质量的同时,加强源头治理,完善工作机制,努力从源头上化解矛盾,防止和减少涉检信访发生。积极参与社会管理创新,促进提高社会管理水平,特别是要配合有关部门加强特殊人群帮教管理,帮助刑释解教人员妥善安置、融入社会,做好预防未成年人犯罪工作;积极参与对重点地区的综合治理,加强社会治安动态及对策研究,推动社会治安防控体系建设;依法打击利用网络实施的犯罪,促进网络虚拟社会建设和管理。二要加强查办和预防职务犯罪工作,促进反腐倡廉建设。要进一步加大执法办案工作力度,保持惩治腐败高压态势;全面加强和改进渎职侵权检察工作;立足检察职能加强预防职务犯罪工作。三要全面加强对诉讼活动的法律监督,促进公正廉洁执法。突出重点,进一步加强刑事诉讼监督、民事审判和行政诉讼监督以及刑罚执行和监管活动监督。主动争取有关方面支持,积极营造良好监督环境。

会议强调,要在改进执法办案工作中大力加强执法公信力建设。要适应民主法治建设的新要求,努力在解决影响检察机关执法公信力的关键环节上取得新成效,促进公正廉洁执法。坚持执法为民宗旨,始终把维护人民权益作为根本出发点和落脚点,扎实做好保障民生、服务群众工作;树立正确执法理念,适应执法环境的新变化,在严格公正廉洁执法的同时,坚持理性、平和、文明、规范执法;努力提高执法能力,坚持把检察人员执法能力的培养和提高作为执法公信力建设的关键环节来抓;强化执法监督管理,坚持把强化自身监督放在与强化法律监督同等重要的位置,进一步完善和落实内外部监督制约机制;改进执法考评工作,建立健全符合科学发展观和正确政绩观要求的考评机制。

会议强调,要按照周永康同志重要讲话关于加大改革组织实施力度的要求,扎实做好深化检察体制和工作机制改革工作,增强检察工作发展动力和活力。切实抓好各项改革任务的研究论证和制度设计,把中央确定由高检院牵头的改革任务作为重中之重,着力抓好强化法律监督的各项改革、强化自身监督制约的各项改革和检察机关组织体系和管理制度等方面的改革,确保各项改革任务如期完成。切实抓好完善职务犯罪案件审查逮捕程序、完善抗诉工作与职务犯罪侦查工作内部监督制约机制,规范检察建议、完善检察委员会议事和工作规则等既定改革措施的贯彻落实。加强立法研究、理论研究和司法解释工作。

会议强调,要深入贯彻落实十七届四中全会关于加强和改进新形势下党的建设的重大部署,坚持以党建带队建,切实强化高素质检察队伍建设,切实提高公正廉洁执法水平。坚持把思想政治建设放在首位,完善和落实政治轮训制度,深入开展中国特色社会主义理论体系、社会主义法治理念教育;突出加强领导班子和领导干部队伍建设,认真落实2009—2013年全国党政领导班子建设规划纲要,坚持把领导班子建设作为重中之重的任务来抓;扎实推进大规模检察教育培训,加强正规化岗位培训,加大基层检察教育培训力度,高度重视检察人才培养工作,切实抓好各级各类检察人员的全员培训;大力加强检察职业道德建设,广泛开展"恪守检察职业道德,促进公正廉洁执法"主题实践活动;狠抓纪律作风和自身反腐倡廉建设,对检察队伍特别是领导干部从严要求,严格教育、严格管理、严格监督。

会议强调,要始终突出基层基础工作的战略地位,坚持抓基层、打基础,大力加强基层基础工作,夯实检察工作发展根基。深入推进基层检察院建设,大力加强基层检察院执法规范化、队伍专业化、管理科学化、保障现代化建设,特别是加大对中西部和贫困地区检察机关的支持力度,推动基层检察院建设全面协调发展;加快实施科技强检战略,加快建设全国统一的检察信息交换与资源共享平台,落实司法鉴定实验室建设发展规划,不断提高检察工作科技含量;进一步加强检务保障工作,完善基层检察院公用经费保障标准,提高经费管理水平和资金使用效益,促进检察工作水平全面提高。

(最高人民检察院办公厅　余双彪)

全国检察机关办公室工作会议 2009年7月29日至30日，最高人民检察院在辽宁省大连市召开了全国检察机关办公室工作会议。主要任务是，认真学习贯彻胡锦涛总书记等中央领导同志对检察工作的一系列重要指示，根据全国检察长会议、全国检察长座谈会精神，回顾总结2005年以来检察机关办公室工作，交流工作情况和经验，研究部署今后一个时期加强和改进办公室工作的措施，努力把检察机关办公室工作提高到一个新水平。最高人民检察院副检察长张耕出席会议并作讲话。最高人民检察院办公厅主任童建明作了题为《坚持科学发展服务检察大局努力把检察机关办公室工作提高到新水平》的工作报告。辽宁、江苏、福建、山东、浙江、四川、北京、陕西、江西、重庆、广东等11个省级检察院代表作大会发言。各省、自治区、直辖市人民检察院，军事检察院，新疆生产建设兵团人民检察院分管副检察长和办公室主任，最高人民检察院办公厅负责同志、各处处长出席了会议。

会前，最高人民检察院党组书记、检察长曹建明对办公室工作作出重要指示，充分肯定了各级检察机关办公室多年来为检察事业发展作出的积极贡献，要求在新的起点上，更好地把握党和国家工作大局，坚持把为检察中心工作服务作为办公室工作的基本要求，充分发挥办公室的参谋助手、综合协调、督促检查、政务保障等职能作用，努力推进办公信息化建设、规范化建设和自身队伍建设，强化管理，提高效能，改进作风，搞好服务，全面加强和改进办公室工作，不断提高办公室工作水平，促进检察工作科学发展。

张耕副检察长在讲话中指出，各级检察院办公室是检察机关综合业务部门，承担着为领导服务、为检察业务服务、为机关和基层服务的重要责任，是检察机关的参谋部、协调部、服务部。做好办公室工作，是强化法律监督职能，服务经济社会科学发展的必然要求，是提高领导决策水平，推动检察工作科学发展的必然要求，是加强机关自身建设，树立检察机关良好形象的必然要求，要充分认识办公室的重要地位和作用，增强做好新形势下办公室工作的责任感和紧迫感。要求以科学发展观为指导，全面加强和改进办公室工作，在参与政务上下功夫，充分发挥参谋助手作用；在办好事务上下功夫，充分发挥统筹协调作用；在搞好服务上下功夫，充分发挥政务保障作用；在统筹兼顾上下功夫，推动办公室工作科学发展。强调各级检察院领导要会用、用好办公室，重视、关心和支持办公室工作，大力加强办公室队伍建设，扎实改进办公室工作作风，进一步提高办公室工作水平。

会议认为，2005年以来，全国检察机关办公室工作取得了显著成绩。一是坚持把参与检察政务作为办公室工作的首要任务，积极发挥参谋助手、协调枢纽和督促检查作用，以文辅政作用得到充分发挥，政务协调能力进一步增强，督促检查力度不断加大。二是坚持立足服务、强化管理，着力提高服务保障能力，机要保障和保密管理更加严密规范，统计职能作用进一步发挥，档案现代化管理水平明显提高。三是工作领域进一步拓展，人民监督员制度试点工作和检务公开的组织协调工作取得了明显成效。四是基础建设进一步改善，规范化建设逐步深化，信息化建设深入推进，机构设置不断完善。五是队伍建设进一步加强，办公室队伍的思想政治素质不断提高，队伍知识和年龄结构不断改善，队伍的纪律作风建设不断加强。

会议总结了近年来检察机关办公室工作的五条经验：一是坚持把科学发展观作为办公室工作的重要指导思想；二是坚持把为检察中心工作服务作为办公室工作的基本要求；三是坚持把为领导服务、为检察业务服务、为机关和基层服务贯穿办公室工作的始终；四是坚持把加强队伍建设作为做好办公室工作的组织保障；五是坚持把改革创新作为做好办公室工作的不懈动力。

会议分析指出，当前，党中央和各级党委、人大对检察工作高度重视，社会各界和人民群众加强法律监督的呼声日益强烈，检察机关强化法律监督、维护公平正义的责任更加重大，“保增长、保民生、保稳定”的工作更加繁重，完善中国特色社会主义检察制度的任务更加艰巨。新一届最高人民检察院党组在政治方向、指导思想、执法理念、工作目标、自身建设及基层检察院建设等方面提出了许多新思想、新论断，对办公室工作提出了新的更高要求。同时，随着检察工作的深入发展，办公室的工作领域不断扩展，任务日趋繁重，要求越来越高；在信息技术迅猛发展的新形势下，办公室各项工作都面临思路创新、手段创新的压力。各级检察机关办公室要紧紧围绕如何适应检察工作面临的新形势，深化和落实最高人民检察院党组的新思路，在服务经济社会科学发展和实现检察工作自身科学发展中充分发挥职能作用;如何加强办公室自身建设,大力提升工作质量和效率,更好地实现办公室工作的科学发展这两大课题,切实增强大局意识、责任意识和忧患意识,以更加开阔的视野,更加扎实的工作,更加有效的措施,推动办公室工作健康深入发展。

会议指出,当前和今后一个时期办公室工作要全面贯彻党的十七大、十七届三中全会和全国检察长会议、全国检察长座谈会精神,深入贯彻落实科学发展观,认真学习贯彻胡锦涛总书记等中央领导同志对检察工作的一系列重要指示,更好地把握党和国家工作大局,坚持把为检察中心工作服务作为办公室工作的基本要求,充分发挥参谋助手、综合协调、督促检查、政务保障等职能作用,努力推进办公信息化建设、规范化建设和自身队伍建设,进一步增强为领导服务、为检察业务服务、为机关和基层服务的能力,不断提高办公室工作水平,促进检察工作科学发展。

会议对当前办公室承担的五项主要职责任务提出了具体要求。一是要加强综合信息工作,当好决策参谋。进一步提高文稿起草水平,站在全局的高度,准确把握领导意图,加强调查研究,增强指导性,改进文风,力戒文弊。进一步提高检察信息工作水平,准确把握检察信息工作的基本要求,在“宽、新、深、实、快”上下工夫,为领导决策和业务指导提供优质的信息服务。进一步提高文稿审核水平,树立文稿“精品”意识,严格文稿审核的程序和要求,重点把好行文关、法律关、政策关和文字关。二是要加强综合协调工作,当好桥梁枢纽。突出重点,抓好检察政令和党组决策的贯彻执行,举办重要会议和重大活动,公文管理、秘书、值班等日常事务处理“三项任务”。统筹兼顾,搞好上下级检察院的联系、与外单位的联络、机关内部的牵头协调“三方面协调”。改进方式,做到从大处着眼和从小事着手相统一,坚持原则与灵活处理相统一,不越位与不失职相统一。三是要加强督促检查工作,推动工作落实。加强和改进决策督察,重点加强对党中央和各级党委有关重大决策事项,检察长会议等作出的重大部署,上级院和本院党组决定的重要事项的督促检查,加大督察力度,改进督察方式,增强督察实效。加强和改进专项督察,严格执行最高人民检察院有关专项督察的规定,确保质量,增强时效,落实责任。四是要加强政务保障工作,提高服务水平。加强机要保密密码工作,加快开展保密密码基础设施建设,完善信息化密码保障和密码通信保障,深入推进机要保密应用建设,加强密码管理,严格落实保密管理措施。争取2010年完成检察系统密钥管理中心和管理站建设,实现与国家密码管理中心互联互通;检察机关专线网络2011年前要全部经过测评,达到国家涉密网络标准,取得运行证,三年内完成加密体系和网络信任体系建设。加强检察统计工作,认真贯彻统计法,坚持不懈地抓好数据质量,继续推进统计数据审核检查活动的规范化、常规化,不断完善数据纠错方法体系;深化统计服务,加强数据综合和深度分析,健全科学的统计分析指标体系,充分开发利用统计数据资源;积极发挥统计监督功能,实现对执法办案活动的监测和预警;不断完善统计管理,研究制定各项检察业务统计填报细则,进一步完善检察统计的功能和作用。加强检察档案工作,按照统筹规划、分步实施、保障安全、务求实效的原则,力争实现永久保存的历史档案纸质与电子两套化,逐步实现纸质档案向电子档案转变;从单纯的档案管理转向档案管理与信息资源开发利用并举,在保密、安全的前提下,逐步实现档案信息资源共享;重视档案基础设施建设,实现纸质档案库房、音像档案库房、阅览室、办公用房四分开,开展经常性的档案安全工作检查;深入研究音像、电子档案的保管特点和规律,加强音像、电子档案的管理和指导工作。五是加强协调外部监督工作,推进司法民主。按照中央深化司法体制和工作机制改革的部署,积极推进人民监督员制度的改革和完善,促进人民监督员制度规范化、法制化建设。继续严格执行有关规定,做好省级以下直接立案侦查的案件由上一级检察院审查决定逮捕程序与人民监督员监督程序的衔接,继续加强对试点工作的组织领导,为全面推行这一制度做好相关准备工作。不断深化检务公开,充实检务公开的内容,扩大公开的事项,充分利用现代化信息手段,深化电子检务公开的力度,拓宽公开的渠道和形式;进一步健全诉讼权利义务告知、检察文书说理、新闻发言人等工作制度,形成较为完善的检务公开配套管理体系。加强和改进联络工作,把与代表、委员的联络工作作为一项经常性的工作来抓;坚持领导负责,与全国人大代表、政协委员的联络主要由省级检察院领导班子和市级检察院检察长负责;不断拓宽联系渠道,创新联络形式,开通联络网站,邀请代表、委员观摩公诉人出庭、业务能手竞赛等活动;把解决代表、委员关注的问题作为联络工作的重点,把代表、委员对检察工作提出的批评、意见和建议作为改进和加强检察工作的切入点,提高办理代表、委员建议、提案及来信的质量和效率;加强与特约检察员的联系,强化与各民主党派、工商联和无党派人士的联络。

会议强调,要加强办公室自身建设,切实提高服务能力和保障水平。一是大力推进办公信息化建设。推进电子检务工程建设,加强办公室系统信息化载体建设,加快二三级机要通道建设,着手完善检察统计工具系统,建立与办公自动化相配套的检察档案管理系统,加快档案数字化建设,加强对办公室人员信息应用的培训。二是大力推进规范化建设。围绕办公室工作的重点环节和部位,制定完善各项工作规范,建立覆盖整个办公室工作的制度体系,切实加大制度的执行力度,增强执行规范的自觉性、主动性,强化制度执行的检查监督,充分发挥办公室在机关规范化建设中的示范带头作用。三是大力推进办公室队伍建设。以提高工作能力为核心,以加强专业化建设为方向,着力加强办公室队伍的思想建设、组织建设、能力建设和作风建设。深入开展各项教育活动,使办公室人员始终保持政治上的清醒和坚定,不断增强政治意识、大局意识、责任意识、服务意识和奉献意识。选好配强办公室领导班子,优化办公室人员的知识、年龄结构,确保各项工作都有相应的专业技术人员,努力把办公室建设成为人才培养的基地。采用集中培训、岗位练兵、业务竞赛、脱产进修、考察交流等形式,努力练就"开口能讲、提笔能写、遇事能办"的本领,培养一批办公室工作的行家里手。大力弘扬勤奋敬业、极端负责,团结协作、热情服务,求真务实、真抓实干,雷厉风行、严谨细致,严格自律、清正廉洁的作风。

会后,根据这次会议的成果,最高人民检察院制定下发了《关于加强检察机关办公室工作的决定》。

(最高人民检察院办公厅　邱景辉)

人民监督员制度试点工作　2009 年,各试点检察机关按照最高人民检察院的具体部署,采取切实有效措施,积极稳妥地推动了人民监督员制度试点工作继续深入开展。人民监督员共监督结案"三类案件"4038 件,其中不同意检察机关拟处理决定 59 件,检察机关采纳人民监督员不同意意见 23 件;共监督"五种情形"141 件。此外,人民监督员在执法检查中提出意见、建议 58 件,检察机关将整改或查证情况向人民监督员进行了说明。

(最高人民检察院办公厅　卢培伟)

检察队伍建设　2009 年,全国检察政工部门坚持以科学发展观为统领,紧紧围绕全国检察机关第五次政治工作会议和基层检察院建设工作会议、检察教育培训工作会议的部署,全面加强和改进检察政治工作,检察队伍建设取得了新成效。

一、狠抓思想政治建设,检察队伍的思想理论素质有了新的提高。扎实开展深入学习实践科学发展观活动,深入解决检察工作与队伍建设相关联的突出问题。把开展深入学习实践活动与深化社会主义法治理念教育等紧密结合,制定下发深化社会主义法治理念教育长效机制意见。落实领导干部政治轮训制度,结合全国检察长座谈会对省级检察院检察长和最高人民检察院内设机构主要负责人进行政治轮训。认真组织学习贯彻党的十七届四中全会精神,大力加强和改进检察机关党的建设,深入研究以党的建设带动和促进队伍建设的思路措施。大力加强检察官职业道德建设,制定下发《检察官职业道德基本准则(试行)》。

二、加强领导班子建设和队伍管理,检察队伍专业化建设有了新的发展。加强领导班子思想政治建设,制定下发《关于加强检察机关领导班子思想政治建设的实施意见》。加强和改进干部协管方式,建立下级检察院向上级检察院报告工作、下级检察院检察长向上级检察院述职述廉等制度,首次组织 3 个省级检察院检察长向最高人民检察院报告工作和述职述廉。积极配合地方党委做好下级检察院领导班子调整补充工作。认真抓好后备干部集中调整工作,全国检察机关共推荐产生省部级后备干部人选 27 名。积极落实司法体制和工作机制改革任务,做好中央企业所属检察院体制改革组织协调工作,林业、铁路等检察院体制改革顺利推进。继续组织检察人才援藏、援疆工作,深化西部基层检察院志愿服务行动。积极参与政法干警招录培养体制改革试点,完成 2000 名招录计划的分配工作。加强司法警察工作规范化管理,司法警察警务保障能力不断提高。

三、推进正规化培训和人才培养工作,检察队伍法律监督能力有了新的提升。召开全国检察教育培训工作会议,制定下发《2009—2012 年大规模推进检察教育培训工作的实施意见》。以领导干部和办案一线检察官为重点,开展以领导素能培训、任职资格培训、专项业务培训等为主要内容的正规化培训,全国共培训检察人员 10.8 万人次,其中最高人民检察院直接培训 4541 人。广泛开展岗位练兵和业务竞赛活动。全面推进高层次检察人才培养选拔工作,最高人民检察院启动第二批全国检察业务专家评审工作。各地普遍开展检察业务专家、业务尖子和办案能手的培养和选拔工作,共评出省级检察业务专家 282 名、检察业务尖子 2263 名、办案能手 4964 名。大力实施西部培训工程,组建检察教育讲师团赴西部巡讲。加强教育培训基础建设,开通中国检察官教育培训网。举办首届全国检察教育名师评审,评选检察教育名师 10 名。

四、做好检察宣传文化工作,检察事业发展环境有了新的改善。召开检察机关宣传思想工作会议暨检察日报社记者工作会议,研究部署加强和改进检察宣传工作的思路措施。注意发挥先进典型的引领示范作用,规范达标表彰活动,隆重表彰和广泛宣传第三届全国十佳基层检察院和喻中升等一批具有时代精神和检察特色的先进集体和模范人物。建立和落实检察新闻发布会制度,加强涉检舆情的收集、分析和研判工作,最高人民检察院举办第二期检察机关网络评论员培训班。大力加强检察文化建设,以庆祝新中国成立六十周年和人民检察院成立六十周年为主题,组织全国检察机关“祖国颂、检察情”文艺汇演和“辉煌历程”摄影、书法、绘画作品比赛,集中展示和交流检察文化建设的成果。

五、深化基层检察院建设,基层基础工作有了新的进步。召开全国基层检察院建设工作会议,制定下发《2009—2012 年基层人民检察院建设规划》,全面部署新形势下基层检察院建设任务,掀起基层院建设新一轮的热潮。坚持完善落实领导干部联系基层检察院制度,确定新任院领导同志基层检察院建设联系点。深入推进基层检察院业务、队伍、保障和信息化相结合的机制建设,启动检察机关规范化管理机制建设第二批试点工作。研究制定基层检察院建设考核评价模式和指标体系。积极做好最高人民检察院援建西部贫困基层检察院图书室工作。

六、注重政工部门自身建设,检察政工部门能力建设和先进性建设有了新的增强。在全国检察机关政工部门深入开展了“讲党性、重品行、作表率”教育活动,加强政工队伍的党性党风党纪教育和优良传统教育,确保全体人员的政治坚定、思想纯洁。坚持从严治部,加强内部约束,建立完善自身建设各项制度,提出了不断增强“十个意识”的要求,制定并落实《最高人民检察院政治部关于进一步加强和改进自身建设的意见》,明确提出了政治部干部从事公务活动的八不准、日常管理九条要求和部风建设十项准则。

(最高人民检察院政治部　夏健翔　周玉庆)

全国基层检察院建设工作会议　2009 年 2 月 11 日至 12 日,最高人民检察院在北京召开第三次全国基层检察院建设工作会议。中共中央政治局常委、中央政法委书记周永康出席会议并作重要讲话,亲切接见全国十佳基层检察院、全国先进基层检察院、基层检察院建设组织奖获奖代表。最高人民检察院检察长曹建明出席会议并作工作报告,最高人民检察院副检察长张耕主持会议并作总结讲话,最高人民检察院政治部主任张常韧宣读表彰决定,最高人民检察院副检察长邱学强、胡克惠、王振川、朱孝清、孙谦,中央纪委驻最高人民检察院纪检组组长莫文秀,最高人民检察院检察委员会专职委员、反贪污贿赂总局局长王建明出席会议。各省、自治区、直辖市人民检察院检察长和政治部主任,军事检察院检察长和负责政治工作的厅长,新疆生产建设兵团人民检察院检察长和政治部主任;最高人民检察院机关各内设机构、直属事业单位主要负责同志;第三届全国十佳基层检察院检察长;部分先进基层检察院、基层检察院建设组织奖获奖代表参加了会议。会议表彰了 10 个第三届“全国十佳基层检察院”、21 个第三届“全国十佳基层检察院提名奖”、200 个第三届“全国先进基层检察院”、49 个“全国检察机关基层检察院建设组织奖”。

会议认为,2004 年全国基层检察院建设工作会议以来,各级检察机关始终把基层检察院建设作为检察事业发展的基础性、战略性、全局性任务来抓,紧紧围绕党和国家的中心工作,坚持业务建设、队伍建设、保障建设并举,队伍素质明显提高,执法形象日益改善,法律监督能力不断增强,各项职能发挥更加充分，为推进依法治国、保障改革开放和现代化建设顺利进行作出了积极贡献，基层检察院各项工作取得了新的成绩。

会议指出，在基层检察院建设中，要始终以履行法律监督职责为中心，围绕服务科学发展大局、围绕服务人民群众、围绕维护公平正义主线、围绕促进社会和谐稳定进行法律监督，做到精力向业务工作集中，政策向业务工作倾斜，整体力量向业务工作凝聚，并以法律监督成效作为衡量和检验基层检察院建设成效的主要标准。一要发挥好服务大局的基础前沿作用，增强大局意识，自觉把检察工作放在党和国家工作大局中谋划和推进，努力提高服务科学发展大局的能力和水平。二要发挥好执法为民的一线平台作用，紧贴人民群众的司法需求，始终把各项工作的着力点放在促进解决人民群众最关心、最直接、最现实的利益问题上，努力保障和改善民生。三要发挥好维护稳定的第一防线作用，增强维护社会稳定的责任感和忧患意识，高度关注、及时掌握基层热点敏感问题，不断提高化解矛盾的能力。

会议提出，要大力推进基层检察院执法规范化、队伍专业化、管理科学化、保障现代化建设，努力破除制约基层检察工作的体制性、机制性障碍，集中解决影响基层检察工作的突出困难和问题，实现基层检察工作的科学发展。形成科学完备的执法规范体系，进一步提高执法规范化水平。实行基层检察院录用新进人员由省级检察院统一组织，逐步推行按职位分类招录、公开定向招录。积极组织岗位练兵，广泛开展业务竞赛。积极争取政策支持，进一步缓解西部和贫困地区基层检察院检察官短缺问题。科学设置基层检察院内设机构，推进检察人员分类管理改革，形成符合检察工作规律和检察人员特点的管理体制。以经费保障、科技装备建设、“两房”建设和信息化建设为重点，全面加强检务保障机制建设，逐步建立与经济社会发展、财力增长水平和检察工作实际需要相适应的基层检察院公用经费正常增长机制和适应基层检察工作需要的现代科技装备体系，在2010年底全面完成“两房”建设任务。

会议要求，要坚持不懈地加强基层检察队伍建设，确保严格公正文明廉洁执法。一要始终把思想政治建设作为加强基层检察队伍建设的中心环节和根本举措。坚持用党的最新理论成果武装头脑，切实抓好基层检察院学习实践科学发展观活动，深化“大学习、大讨论”活动，深入开展社会主义法治理念教育。二要始终把领导班子建设作为重中之重来抓。严格执行民主集中制，完善党组会、检察委员会议事制度，不断提高基层检察院领导班子依法、科学、民主决策的水平，积极稳妥推进党内民主建设，切实增强领导检察工作科学发展的能力。三要突出抓好检察职业道德建设，努力提高检察人员职业道德水准，不断提升检察队伍的职业素养和职业形象。四要持之以恒地抓好纪律作风建设，坚持从严治检，切实维护检察队伍的荣誉和尊严，进一步提高检察机关的公信力。

会议强调，要切实加强基层检察院建设的领导，最高人民检察院和省级检察院要围绕基层建设总体目标，制定和落实相关政策措施，协调解决基层建设中的重点难点问题。市级检察院要充分发挥承上启下、具体指导和协调落实作用。各级领导要切实增强服务意识，转变工作作风，牢固树立心系基层、服务基层的思想。全体检察人员要以更加饱满的热情，更加昂扬的斗志，更加扎实的作风，不断开创基层检察院建设新局面。

（最高人民检察院政治部　王云河）

全国检察机关政治部主任会议　2009年2月11日，最高人民检察院在全国基层检察院建设工作会议期间，套开全国检察机关政治部主任会议。会议的主要任务是：总结2008年的检察政治工作，部署2009年的工作任务。参加会议的有各省、自治区、直辖市人民检察院政治部主任，军事检察院负责政治工作的同志，新疆生产建设兵团人民检察院政治部主任。最高人民检察院政治部主任张常韧作了工作报告。

会议认为，2008年，检察政治工作和队伍建设在新的起点上迈出了新步伐、取得了新成效。深入学习贯彻党的十七大精神和中央关于加强检察工作的指示，检察队伍的思想政治素质有了新的提高。大力加强领导班子建设和队伍管理，检察队伍专业化建设深入推进。全面加强正规化培训和人才培养工作，检察队伍法律监督能力进一步提升。积极做好检察宣传文化工作，为检察事业发展创造了良好的舆论环境。大力加强基层检察院建设，检察基层基础工作不断夯实。

会议要求，要认真开展深入学习实践科学发展观活动,大力加强检察队伍的思想政治建设。最高人民检察院和省级检察院要认真做好建章立制、整改和总结等工作,发挥好对下级检察院的示范和指导作用,进一步巩固深化学习实践活动成果。市县两级检察院要深入学习我们党关于科学发展的重要思想,深入学习胡锦涛总书记等中央领导同志关于检察工作的重要指示,着重解决好在执法思想、执法作风、执法实践等方面存在的突出问题。大力宣传中国特色社会主义检察制度的优越性和科学性、检察机关服务大局的新成果、推进改革的新成效和涌现出来的先进典型,推出一至二名全国重大先进典型。

会议提出,要紧紧抓住新一轮司法体制和工作机制改革的有利契机,积极推进检察队伍管理体制和工作机制改革。一是积极研究和推进检察机关机构改革,以优化检察职能配置为目标,研究提出检察机关特别是基层检察院机构设置的指导性意见;积极探索派驻街道、乡镇、社区检察机构建设;研究将铁路、农垦等部门、企业管理的检察院纳入国家司法管理体系的改革办法,推动尽快实施林业检察体制改革。二是着力研究完善检察人员分类管理改革的相关措施。加强对检察队伍建设中人员录用、司法考试、行为规范等问题的专题调研;完善检察官职业保障,推动健全保护检察人员合法权益的法律制度;深化以检察官管理为主要内容的干部人事制度改革,推行和完善公开选拔、竞争上岗、逐级遴选检察官等制度,探索建立从优秀律师中招录检察官的制度;研究建立政法院校为基层检察院定向输送专业人才机制。三是加强对检察专项编制的科学管理,建立健全编制核定机制、编制调整机制、编制监督和调剂使用机制。

会议要求,要着眼提高法律监督能力,进一步加强和改进教育培训工作。一是大规模开展正规化岗位培训,制定《2009—2013 年大规模推进检察教育培训工作的实施意见》,以领导干部和执法办案一线骨干为重点开展正规化培训,分步做好全国基层检察院检察长和分州市级检察院、基层检察院领导班子成员及业务部门负责人轮训,完成省级检察院领导班子成员轮训。二是深入推进高层次检察人才培养工作,启动第二批全国检察业务专家评审工作,组织好分州市级检察院和基层检察院业务尖子、办案能手的评审工作。三是继续推进西部地区教育培训工作,加强对西藏、新疆等西部少数民族地区检察人员的培训,加强对西部地区检察人员的司法考试培训辅导,落实相关倾斜政策。四是加强培训基础保障和师资队伍建设,研究制定培训基地建设、使用管理和检察师资队伍建设指导意见。五是深化检察教育培训工作改革,完善初任检察官、晋升高级检察官人员先培训后任职和新进人员先培训后上岗制度,探索培训与检察官考核、晋级挂钩,培训与考核、任用相统一的机制,建立省、市级检察院教育培训工作联席会议制度。

会议强调,要全面推进基层检察院建设,进一步夯实检察工作科学发展的根基。一是认真贯彻落实《2009—2013 年基层人民检察院建设规划》,制定落实《规划》的具体实施办法。二是深入推进基层检察院规范化建设,进一步完善检察业务、队伍、保障和信息化相结合的管理机制,健全完善体现科学发展观和正确政绩观要求的基层检察院建设考核评价体系。三是广泛开展基层争先创优活动,调动基层加强自身建设的积极性、主动性和创造性。四是进一步加强对基层检察院建设的领导和工作指导,健全和落实基层检察院建设的领导和工作指导机制,落实和完善上级检察院领导干部联系基层检察院制度。

会议强调,面对新的形势和任务,检察政工部门必须持之以恒地加强自身建设,努力使政工部门成为自身正、自身硬、自身净的表率部门,切实做到政治上过硬,素质上过硬,作风上过硬,工作上过硬,真正让党组满意、让广大检察人员满意。

(最高人民检察院政治部　夏健翔　周玉庆)

第一期全国基层检察院检察长轮训班　为大力推进基层检察院的执法规范化、队伍专业化、管理科学化、保障现代化建设,进一步提高基层检察院检察长领导与推动基层检察工作科学发展的能力和水平,2009 年初,最高人民检察院决定用两年时间对全国 3000 余名基层检察院检察长全部轮训一遍。2009 年 2 月 26 日,最高人民检察院举办了第一期全国基层检察院检察长轮训班,最高人民检察院检察长曹建明出席开学典礼并发表重要讲话。最高人民检察院副检察长孙谦出席开学典礼并就如何坚持好、发展好、完善好中国特色社会主义检察制度为学员讲授了第一课。最高人民检察院政治部主任张常韧主持了开学典礼。

曹建明指出,基层检察院的工作是整个检察工作的基础，关系到检察工作全局，关系到党和国家工作大局。基层检察院检察长责任重大，使命光荣。开展这次轮训活动，是深入学习实践科学发展观，推动基层检察工作科学发展的重要举措；是扎实推进基层检察院建设，积极适应党和人民对检察工作新要求新期待的重要举措；是加强高素质检察队伍建设，大力提高法律监督能力的重要举措。

曹建明要求，基层检察院检察长一定要清醒认识新形势新任务对检察工作提出的新要求、新挑战，牢牢把握基层检察院检察长的重大政治责任，切实提高领导检察工作科学发展的能力和水平。第一，要着力提高强化法律监督、维护公平正义的能力和水平。第二，要着力提高执法为民、服务群众的能力和水平。第三，要着力提高抓班子、带队伍的能力和水平。第四，要着力提高抓基层、强基础的能力和水平。第五，要着力提高规范执法行为、推进改革创新的能力和水平。第六，要着力提高化解矛盾纠纷、驾驭复杂局面的能力和水平。

轮训活动从 2009 年 2 月 26 日开始，计划至 2010 年底前结束。2009 年计划安排 15 期培训，每期参训人数约 150 人。参训学员在 10 天的培训中，集中围绕科学发展观、社会主义法治理念与中国特色检察制度、司法改革与检察改革、刑法与刑事诉讼法等相关法律前沿理论与立法动态、领导管理科学、如何做好基层检察院检察长等专题开展研讨交流和现场教学。截至 2009 年底，共举办 15 期轮训班，培训基层检察院检察长近 1800 人。

（最高人民检察院政治部　宋安明）

全国检察教育培训工作会议　2009 年 7 月 16 日至 17 日，最高人民检察院在吉林省长春市召开全国检察长座谈会期间，套开全国检察教育培训工作会议。会议任务是：全面贯彻落实胡锦涛总书记等中央领导同志对检察工作的一系列重要指示和全国干部教育培训工作会议精神，研究部署当前和今后一个时期大规模推进检察教育培训工作。最高人民检察院检察长曹建明出席会议并发表重要讲话。最高人民检察院副检察长张耕主持会议并作会议总结讲话。最高人民检察院副检察长邱学强、孙谦、姜建初、张常韧、柯汉民，中央纪委驻最高人民检察院纪检组组长莫文秀出席会议。各省、自治区、直辖市检察院和军事检察院、新疆生产建设兵团检察院检察长、政治部主任、教育处处长和培训机构负责人，最高人民检察院各内设机构及直属事业单位负责人出席会议。中央和国家有关部门的负责同志应邀出席会议。

会议指出，检察教育培训是检察机关加强法律监督能力建设的重要基础和主要途径，是建设高素质检察队伍的先导性、基础性、战略性工程。在新的形势下加强检察教育培训工作，是贯彻落实党中央加强干部教育培训的战略部署，把中国特色社会主义事业不断推向前进的迫切需要；是深入贯彻落实科学发展观，努力开创中国特色社会主义检察事业新局面的迫切需要；是深入推进检察队伍建设，全面提高检察人员素质的迫切需要。各级检察机关特别是领导干部要充分认识加强检察教育培训工作的重要性、长期性和紧迫性，切实增强工作责任感，把这项工作摆在更加突出的位置，作为"一把手"工程，坚持不懈地抓下去，抓出实实在在的成效。

会议要求，要深入贯彻落实《最高人民检察院关于 2009—2012 年大规模推进检察教育培训工作的实施意见》，全面加强和改进检察教育培训工作，努力把检察教育培训工作提高到一个新水平。重点做好以下工作：一是要理清思路、明确任务，推进大规模教育培训工作深入健康开展。二是要完善教育培训内容，全面提高检察队伍思想政治素质、业务素质和职业道德素质。三是要突出重点、覆盖全员，统筹抓好各级各类检察人员的教育培训。四是要积极推进改革创新，注重提高教育培训的质量。

会议期间，对与会人员进行了政治轮训。中央政法委秘书长周本顺和四川大学博士生导师、法学研究所所长龙宗智分别作了题为"深化社会主义法治理念教育必须在联系实际上下功夫"和"中国特色社会主义检察制度的发展与完善"的专题讲座。

（最高人民检察院政治部　宋安明）

第十一期全国基层检察院检察长轮训班　2009 年 10 月 10 日，第十一期全国基层检察院检察长轮训班举行开学典礼。最高人民检察院政治部主任李如林出席开学典礼并讲话。他强调，要深入学习领会和贯彻党的十七届四中全会精神，研究推动把中央关于党的建设工作部署落到实处、落到基层。

李如林首先向大家传达了十七届四中全会精神，强调了加强和改进新形势下检察机关党的建设要更加注重思想理论建设、民主集中制建设、领导班子和领导队伍建设、基层党组织建设、作风建设和反腐倡廉建设,加强和改进基层检察院党的建设对于促进检察机关党的建设具有十分重要的作用。李如林对学员提出三点要求,一是要把学习贯彻党的十七届四中全会精神作为这次培训学习的中心任务,为落实中央关于新形势下党的建设工作部署,加强和改进基层检察机关党的建设打下坚实基础;二是要把提高素质能力作为培训学习的基本目标,为领导推动基层检察工作科学发展奠定基础,通过培训进一步提高理论修养,改善专业素养和作风修养,提高领导能力;三是要把严格要求作为完成学习任务的重要保障,集中精力,专心致志地学习;深入思考,力求学深学透;联系实际,学以致用;加强交流,共同提高。

(最高人民检察院政治部　宋安明)

全国检察机关加强党的建设服务检察工作科学发展理论研讨会　2009年9月3日至4日,"全国检察机关加强党的建设服务检察工作科学发展理论研讨会"在广西壮族自治区北海市召开。最高人民检察院副检察长张耕参加会议并讲话,广西壮族自治区人民检察院检察长张少康到会致辞,来自各省、自治区、直辖市人民检察院,军事检察院,新疆生产建设兵团检察院政治部、机关党委的负责同志,最高人民检察院机关部分党支部代表,以及优秀论文作者代表参加了会议。会议认真学习贯彻党的十七大精神和全国机关党的建设工作会议精神,深入交流了在新形势下以改革创新精神加强检察机关党的建设,服务检察工作科学发展的理论与实践成果。

张耕副检察长在讲话中深刻分析了检察机关党建面临的新形势和检察机关党的建设的现状,提出了当前和今后一个时期加强和改进检察机关党的建设的总体要求,即:高举中国特色社会主义伟大旗帜,以邓小平理论和"三个代表"重要思想为指导,深入学习贯彻落实科学发展观,以加强法律监督能力和先进性建设为主线,以建设"为民、务实、清廉"的检察机关为目标,以加强检察机关党员干部党性锻炼和改进检察机关作风为重点,以开展"讲党性、重品行、作表率"活动为载体,坚持改革创新,全面推进检察机关党的思想、组织、作风建设和反腐倡廉建设,更好地为检察工作大局服务,推动检察工作科学发展。他就新形势下做好检察机关党的建设工作重点提出了"五个切实加强"的具体要求:一要切实加强检察机关党的理论建设,为保证检察工作的正确政治方向和科学发展打牢坚实的理论基础;二要切实加强检察机关党的思想建设,为检察工作的创新发展提供有力的思想保障;三要切实加强检察机关党的组织建设,为模范履行检察机关职责提供坚强的组织保证;四要切实加强检察机关党的作风建设和反腐倡廉建设,确保检察干部队伍的廉洁性;五要切实加强领导,认真落实检察机关党建工作责任制。

会上,来自最高人民检察院公诉厅党支部、吉林省人民检察院机关党委、河北省秦皇岛市人民检察院政治部等16个单位的代表作了大会发言。代表们围绕学习贯彻落实党的十七大精神,加强检察机关党的建设的经验分组进行了讨论交流,从不同角度和层面,对于新形势下如何研究和把握检察机关党的建设工作的规律和特点,在指导思想、工作思路、工作机制和工作方法等方面不断改革创新检察机关党的建设工作,提高检察机关党的建设工作水平,为中国特色社会主义检察事业科学发展提供强有力的政治、组织保障和精神动力积极建言献策。与会代表表示,通过理论研讨,进一步增强了做好检察机关党的建设工作的责任感和紧迫感,加深了对检察机关党的建设工作基本规律的理解和把握,明确了以改革创新精神加强检察机关党的建设工作的目标、任务和重点,交流了经验,开阔了思路,对于做好当前和今后一个时期检察机关党的建设工作具有十分重要的意义。

(最高人民检察院机关党委　李　京)

侦查监督工作　2009年,全国检察机关侦查监督部门以邓小平理论和"三个代表"重要思想为指导,深入学习实践科学发展观,贯彻落实党的十七大、十七届四中全会精神,全面贯彻宽严相济刑事政策,依法履行侦查监督三项职责,认真落实司法改革任务,加强队伍建设,各项工作取得新的进展。

一、依法履行职责,全力维护社会和谐稳定,服务党和国家工作大局

2009年6月,最高人民检察院在云南省昆明市召开全国检察机关第三次侦查监督工作会议,提出了新形势下侦查监督工作为党和国家大局服务的工作思路和措施。按照会议的部署,全国检察机关

侦查监督部门牢固树立大局意识，始终以党和国家工作大局为中心，按照“保增长、保民生、保稳定”的要求，依法履行侦查监督职责，深入贯彻宽严相济刑事政策，积极开展打黑除恶专项斗争，参与社会治安综合治理，在有效应对金融危机、实现平安国庆、依法处理乌鲁木齐“7·5”严重暴力犯罪事件中充分发挥了职能作用。

2009年，全国检察机关共受理审查逮捕案件709884件1090125人，同比分别上升1.4%、0.2%。经审查，批准逮捕刑事犯罪617847件941091人，同比件数上升0.2%，人数下降1.2%；决定逮捕职务犯罪15271件17273人，同比分别下降2.6%、1.8%。认真执行最高人民检察院《关于充分发挥检察职能为经济平稳较快发展服务的意见》，依法打击金融、证券、房地产等领域发生的犯罪以及挪用资金、侵犯商业秘密、破坏生产经营等损害企业利益的犯罪活动，为经济平稳较快发展提供强有力的司法保障。共批捕涉嫌破坏市场经济秩序犯罪35890人，同比上升19%。其中，批捕涉嫌破坏金融管理秩序犯罪5227人，同比上升69.1%。

在依法打击犯罪的同时，结合侦查监督职能，做好疏导化解矛盾纠纷和预防犯罪工作。对轻微犯罪、过失犯罪、未成年人犯罪以及当事人双方达成和解的案件，严格把握逮捕必要性条件，可捕可不捕的坚持不捕。2009年，共不批捕刑事犯罪嫌疑人123235人，不批捕率11.6%，同比增加1.4个百分点。其中，因无逮捕必要不批捕53193人，同比上升20%，占不批捕总数的43.2%。认真办理涉检上访积案，在办案中强化释法说理工作，积极化解矛盾，减少不稳定因素。稳妥处理群体性事件，慎用逮捕措施。积极参与社会治安综合治理，参加平安创建活动，结合办案及时发现社会隐患问题，督促有关单位堵漏建制，共发出检察建议书16041件，同比增加18.9%。

二、认真落实改革任务，推动侦查监督工作科学发展

按照中央关于司法改革的要求和最高人民检察院的统一部署，认真抓好侦查监督改革工作。一是对于职务犯罪案件审查逮捕上提一级、完善立案监督机制、完善侦查活动监督机制、建立强制性侦查措施监督机制、建立健全审查逮捕讯问犯罪嫌疑人制度等牵头改革任务，会同公安部、国家安全部等部门开展调研，在深入研究论证、广泛征求意见和反复沟通协调的基础上，起草了规范性文件。二是认真做好职务犯罪案件审查逮捕上提一级改革的准备工作。最高人民检察院侦查监督厅对实施改革需要增加的人员、办案装备等进行了测算，与反贪污贿赂总局、渎职侵权检察厅联合举办了培训班，筹备召开全国检察机关电视电话会议，对上提一级改革实施工作进行了全面部署。三是抓好职务犯罪案件审查逮捕上提一级改革的实施工作。目前，全国大部分地区已经实施这项改革并取得初步成效。侦查监督厅及时对改革实施中新情况、新问题进行研究，强化工作指导，协调解决遇到的困难和问题。四是对“加强对派出所的监督”等协办改革任务，积极配合牵头单位开展调研，参与起草文件。

三、完善工作机制，提高审查逮捕办案质量和效果

全国检察机关侦查监督部门以推进司法改革为契机，不断完善工作制度，提高审查逮捕办案质量和效果。一是加大对“逮捕必要性”的审查把关，研究建立逮捕必要性证据审查制度，慎用逮捕措施。上海、江苏、安徽等省级检察院与公安机关共同研究制定了有关逮捕必要性标准和移送证据材料的规范性文件。浙江省宁波市等地探索建立了轻罪案件不捕风险评估机制，取得良好成效。二是全面推行不捕说理制度，提高不捕案件释法说理的质量和水平，减少了复议复核和涉检上访。三是加强逮捕案件质量分析，研究修改审查逮捕质量标准，进一步提高了办案质量。2009年，全国捕后不起诉、判无罪人数同比分别下降4%、20.3%，经复议复核改变原不捕决定数同比下降18.9%。四是积极开展未成年人检察工作，完善未成年人犯罪案件审查逮捕工作机制。2009年6月，最高人民检察院侦查监督厅会同中央综治委预防青少年违法犯罪工作领导小组办公室和上海市人民检察院共同举办了“少年司法改革与宽严相济——未成年人轻罪记录消灭制度理论与实践研讨会”。2009年，全国共批准逮捕未成年犯罪嫌疑人76331人，同比下降13.9%，占批捕总数的8.1%，同比减少1.2个百分点。

四、大力加强立案监督和侦查活动监督，深入推进行政执法与刑事司法相衔接工作

全国检察机关侦查监督部门坚持力度、质量、效率和效果相统一的原则，大力加强立案监督和侦

查活动监督,突出监督重点,强化监督措施,立案监督案件质量明显提高,侦查活动监督实效进一步增强。2009 年,全国检察机关共监督侦查机关立案 24621 人,其中已作有罪判决 12147 人,同比上升 20.5%;在有罪判决中,判处十年以上有期徒刑、无期徒刑和死刑 696 人,同比上升 34.1%,案件有罪判决率、重刑率上升。对违法侦查行为提出书面纠正意见 14308 件次,同比上升 16.4%;其中,已纠正 14005 件次,同比上升 17.3%,纠正率 97.9%。积极推动行政执法与刑事司法相衔接工作,深化“网上衔接、信息共享”机制。2009 年 4 月,最高人民检察院侦查监督厅在江苏省常州市举办“知识产权培训班暨行政执法与刑事司法衔接工作现场经验交流会”,进一步推进检察机关知识产权刑事司法保护工作和“两法”衔接工作的深入开展。上海、云南全省(市)范围内,江苏、广东、浙江、湖北、山东、河南、四川、吉林等省的部分地区已建立了“网上衔接、信息共享”机制。

五、加强思想作风和业务建设,提高队伍整体素质

深入开展学习实践科学发展观活动和学习党的十七届四中全会精神,进一步统一执法思想,端正执法理念,落实党风廉政建设责任制,认真分析队伍现状与工作要求之间的差距,加强思想政治建设和职业道德建设,加强岗位练兵和业务培训,采取有效措施,不断增强侦查监督能力,促进了队伍整体素质的提高。

(最高人民检察院侦查监督厅　黄　琳)

全国检察机关第三次侦查监督工作会议　2009 年 6 月 23 日至 25 日,最高人民检察院在云南省昆明市召开全国检察机关第三次侦查监督工作会议。会议全面总结了“二侦会”以来侦查监督工作的成绩和经验,深刻分析了面临的新形势、新情况和新问题,提出了当前和今后一个时期加强侦查监督工作的总体思路和主要措施。最高人民检察院副检察长朱孝清出席会议并讲话。

会议指出,2005 年 5 月第二次侦查监督工作会议以来,各级检察机关紧紧围绕党和国家工作大局,深入践行“强化法律监督,维护公平正义”的检察工作主题,全面落实宽严相济刑事政策,依法履行审查逮捕、立案监督和侦查活动监督三项职责,积极创新工作机制,拓展监督领域,加强队伍执法能力和思想作风建设,各方面工作都取得了新的进展。2005 年至 2008 年,全国检察机关共受理审查逮捕各类刑事案件 2660118 件 4133349 人,经审查,批准或决定逮捕 2408585 件 3690820 人,不批准逮捕犯罪嫌疑人 389617 人,决定追加逮捕 64494 人,对公安机关应当立案而不立案的刑事案件,督促立案 72221 件,对不应当立案而立案的督促撤案 20155 件,对侦查活动中的违法行为提出纠正意见 30428 件次。

会议分析了侦查监督工作面临的新形势、新问题:一是受国际国内各种因素的影响,侦查监督工作在为“保增长、保民生、保稳定”的大局服务,在执行法律、把握政策、化解社会矛盾等方面有新的难度;二是随着全社会民主意识、法治意识、权利意识的增强,以及社会开放度、透明度的提高和网络媒体的发展,人民群众对侦查监督工作的期望值和关注度越来越高,要求加强法律监督的呼声日益高涨;三是中央部署的司法体制和工作机制改革,赋予了侦查监督部门许多新的任务;四是侦查监督队伍在思想观念、执法理念、知识储备、能力水平以及力量配置等方面与新形势新任务的要求还存在不适应之处。

会议确定当前和今后一个时期侦查监督工作的总体思路是:以邓小平理论和“三个代表”重要思想为指导,深入贯彻落实科学发展观,全面贯彻宽严相济刑事政策,围绕“强化法律监督、维护公平正义”的工作主题,依法履行侦查监督三项职责,着力提高审查逮捕的质量和效果,增强立案监督、侦查活动监督的力度和实效,认真落实司法改革任务,进一步加强队伍思想作风和监督能力建设,努力开创侦查监督工作新局面,保障侦查程序合法公正,维护社会和谐稳定,促进经济社会发展。为落实好总体思路,必须抓住“四个着力点”:一是着力树立正确的执法思想。二是着力强化监督,提高逮捕的质量和效果,增强立案监督、侦查活动监督的力度和实效。三是着力把握法律政策。正确判断案件性质,准确理解适用法律;认真执行刑事政策,把握好逮捕条件。四是着力落实司法改革措施,统一思想,认真准备,全面落实。

会议部署了今后一个时期侦查监督工作的主要任务:

一是深入贯彻宽严相济刑事政策,维护社会和谐稳定。对重大案件坚持适时介入。对人民内部

矛盾引发的犯罪、轻微犯罪、过失犯罪以及当事人双方达成和解的犯罪，慎用逮捕措施。稳妥办理群体性事件引发的犯罪案件。要正确办理涉众型经济犯罪案件，慎重处理热点敏感案件。

二是完善审查逮捕工作机制，提高办案质量、效率和效果。要加大对逮捕必要性证据的审查力度。坚持和完善附条件逮捕制度。加强讯问犯罪嫌疑人和听取委托律师的意见工作。健全适合未成年人特点的审查逮捕工作机制。继续推行轻微刑事案件快速办理机制和不捕说理制度。进一步加强逮捕案件质量分析工作，建立科学的质量评价体系。

三是坚持力度、质量、效率和效果相统一，加强立案监督和侦查活动监督。一要畅通案件线索发现渠道。二要筛选线索，突出监督重点。三要跟踪监督，务求实效。四要敢于监督、善于监督。

四是认真落实司法改革任务。一要统一思想。二要加强领导。三要加强与有关部门的沟通、协调。四要积极组织培训。五要对改革过程中遇到的新情况、新问题加强调查研究。六要结合工作实际，积极开展工作机制的探索创新，推进改革不断深化。

五是加强队伍建设，提高队伍的专业化水平和侦查监督能力。加强岗位练兵和培训，加强勤政廉政建设。

（最高人民检察院侦查监督厅　黄　琳）

全国检察机关部署实施职务犯罪案件审查逮捕程序改革电视电话会议　2009年9月4日，最高人民检察院召开全国检察机关部署实施职务犯罪案件审查逮捕程序改革电视电话会议，对全国检察机关实施职务犯罪案件审查逮捕程序改革进行动员部署。会上，最高人民检察院副检察长张耕作了讲话，副检察长邱学强出席会议，副检察长朱孝清主持会议。

会议指出，完善职务犯罪案件审查逮捕程序，是中央确定的一项重大司法改革，改革的内容是职务犯罪案件审查逮捕决定权上提一级，即省级以下（不含省级）检察院立案侦查的案件，需要逮捕犯罪嫌疑人的，应当报请上一级检察院审查决定。按照中央要求，这项改革要在2009年内取得成效。考虑到目前普遍实施还面临一些实际困难，最高人民检察院报经中央政法委同意，决定分步骤实施：从2009年9月起实施这项改革；西藏、青海、新疆、甘肃、内蒙古等地域辽阔、交通不便、经济欠发达地区，先在省会（自治区首府）市和具备条件的地方实施；其他省（自治区、直辖市）信息化建设比较滞后、交通不便、难以一步实施到位的地方，经省级检察院审核并报最高人民检察院批准，可以适当推迟实施时间。

会议强调，改革职务犯罪案件审查逮捕程序涉及检察职权配置的重要调整，牵涉面广，是加强对检察权的监督制约，保证检察工作科学发展的需要，也是增强检察机关执法公正性和公信力，进一步规范执法、提高办案质量的需要。

会议要求，各级检察机关要严格执行改革后的职务犯罪案件审查逮捕程序，加强配合衔接，确保查办职务犯罪工作平稳健康开展。一要严格执行规定的程序，不折不扣地落实改革措施。各级检察机关要按照《关于省级以下人民检察院立案侦查的案件由上一级人民检察院审查决定逮捕的规定（试行）》的具体要求，严格执行相关办案程序。二要加强对案件的提前介入工作。侦查监督部门要尽快熟悉案情和证据，加强与侦查部门的沟通协调，共同做好提前介入侦查工作。三要正确处理监督与配合的关系。上一级检察院侦查监督部门在审查案件过程中，既要按照法定逮捕条件认真审查把关，又要加强与侦查部门的联系配合，依法及时作出决定，做到不错不漏、不枉不纵，真正形成打击犯罪的合力。发现侦查工作有违法行为的，要认真履行职责，依法监督纠正。四要正确处理实施改革与强化办案的关系。上级检察院要注意掌握本地区办案工作动态，及时了解改革带来的影响，研究解决遇到的困难，有针对性地加强业务指导，确保查办职务犯罪工作平稳健康发展，保证办案力度不减、执法更加规范、案件质量有新的提高。五要以实施这项改革为契机，进一步提高职务犯罪侦查水平。各级检察机关职务犯罪侦查部门要积极适应改革提出的新要求，进一步强化证据意识、程序意识，努力提高侦查能力和水平，严格按照逮捕条件报请逮捕。

会议强调，职务犯罪案件审查逮捕程序改革已进入实施阶段，要切实加强组织领导，落实各项保障。一是各级检察院党组要高度重视，切实加强对改革实施工作的组织领导。要把落实这项改革摆上重要议事日程，切实抓紧抓好。检察长要亲自抓,分管副检察长要切实负起责任。二是要加强办案力量和装备配置。各地检察机关要尽快调配精干办案人员,充实侦查监督队伍。为适应网上传输案卷材料、讯问犯罪嫌疑人以及远距离办案的需要,各级检察院要配置必要的办案车辆和高清晰度文件扫描仪、笔记本电脑等办案装备。三是要加大检察网络建设力度。要积极创造条件,通过检察专线网报送案卷材料和送达法律文书,通过视频系统讯问犯罪嫌疑人。要加强检察专线网的保密建设,所有用于办案的检察专线网和视频会议系统均应采取符合保密规定的技术措施。四是要加强学习和培训。对于新制度、新规定,要分批组织学习和培训,使办案人员尽快掌握。同时要加强对侦查监督部门新调配人员的培训,使其尽快熟悉侦查监督业务。五是要加强调查研究和实践探索。各地检察机关要结合工作实际,发挥主观能动性,在现有法律框架和改革方案之下,积极开展工作机制的探索创新,使改革不断深化。要加强对实践经验的总结和理论概括,形成一批有价值的调研成果。

(最高人民检察院侦查监督厅　黄　琳)

公诉工作　2009年,全国检察机关公诉部门在服务大局中不断加强,在改革创新中不断发展,在破解难题中不断前进,取得了新的成绩。

一、紧紧围绕党和国家工作大局,着力维护社会和谐稳定

2009年,各级检察机关公诉部门积极投身国庆六十周年庆典、玉树抗震救灾等重大任务,全力办好西藏“3·14”相关案件、乌鲁木齐“7·5”打砸抢烧严重暴力犯罪案件及文强等包庇纵容黑社会性质组织案件等一批危害国家安全和社会稳定的严重刑事犯罪案件,妥善处理了贵州习水嫖宿幼女案、湖北邓玉娇案、杭州飙车案、深圳清洁工“拣拾”黄金案等网络媒体热炒、社会广泛关注的案件,成功办理了北京“亿霖木业”案、辽宁“蚁力神”案、“万里大造林”案等重大涉众型经济犯罪案件,以及黄光裕等人内幕交易、非法经营、单位行贿案,澳大利亚力拓公司侵犯商业秘密、商业贿赂案等重大经济犯罪案件,依法妥善办理了中石化原总经理陈同海、最高人民法院原副院长黄松有、广东省政协原主席陈绍基等重大贪污贿赂案件,为社会和谐稳定和经济平稳较快发展提供了强有力的司法保障。在注重严厉打击严重犯罪的同时,认真落实宽严相济刑事政策,坚持对轻微刑事案件依法从宽处理,积极探索刑事和解、轻微刑事案件快速办理、不起诉、不抗诉答疑说理等制度,完善未成年人犯罪案件公诉办案机制,全力化解社会矛盾,最大限度地消除不和谐因素。2009年,全国检察机关公诉部门共受理各类侦查机关(部门)移送案件863196件1376876人,同比上升0.95%和0.65%。其中受理公安、国家安全等侦查机关移送起诉案件829188件1332768人,受理检察机关侦查部门移送案件34008件44108人。审结案件774571件1205142人,提起公诉749838件1168909人。其中审结公安、国家安全等侦查机关移送起诉案件745443件1167428人,提起公诉723324件1134380人;审结检察机关侦查案件29128件37714人,提起公诉26514件34529人。

二、着力强化对刑事诉讼活动的法律监督,维护司法公正

2009年,各级检察机关公诉部门全面贯彻中央关于加强法律监督、维护司法公正的要求,认真落实最高人民检察院公诉厅下发的《关于在公诉工作中全面加强诉讼监督的意见》,立足公诉职能,围绕人民群众反映强烈的执法不严、司法不公问题,突出监督重点,狠抓薄弱环节,全面强化对刑事诉讼活动的法律监督,取得了明显成效。为贯彻落实全国人大常委会对2008年专项报告的审议意见,最高人民检察院在全国开展了为期8个月的刑事审判法律监督专项检查活动,成立专项检查活动办公室,领导全国检察机关深入开展自查互查、抽查督察、开门检查等专项检查活动,围绕“查找一批突出问题,纠正一批错误案件,建立一批机制制度”的目标任务,共检查各类刑事案件562295件,发现存在问题案件3968件,已监督3830件;检查法院裁定减刑、假释、暂予监外执行499270人,发现裁定存在问题1838人并予以纠正;专项清理各级检察机关刑事审判法律监督工作机制、制度2548个,查办司法不公背后的职务犯罪48人。2009年,全国检察机关公诉部门共纠正漏起诉8711件19240人,同比上升14.63%和13.39%;书面纠正侦查活动违法11666件17891人,同比上升15.19%和15.43%,侦查机关(部门)采纳意见已纠正10224件15454人,采纳意见率为87.64%(件),同比上升1.41个百分点。向人民法院提出刑事抗诉3963件,同比上升22.01%,人民法院同期审结2391件,采纳抗诉意

见 1691 件，采纳意见率为 70.72%；书面提出纠正审判活动违法意见 4035 件次，同比上升 34.72%，审判机关采纳意见纠正 3425 件次，采纳意见率为 84.88%，同比增加 5.82 个百分点，实现了刑事审判法律监督专项检查活动和刑事诉讼法律监督的“两促进、两提高”。

三、继续加强执法规范化建设，不断提高办案质量

各级检察机关公诉部门在工作中高度重视执法规范化建设，健全机制、完善制度，努力为保障案件质量、增强执法效果提供良好的机制和制度保障。最高人民检察院公诉厅加大对下指导力度，制定下发了《公诉工作操作规程（试行）》，促进了公诉工作的规范化、制度化、系统化。为提高对执法办案工作指导的针对性和有效性，公诉厅还及时下发了落实中央政法委《关于在打击处理危害国家安全犯罪工作中加强沟通协作的规定》的意见，配合有关部门完成了《关于办理黑社会性质组织犯罪案件若干问题的规定》等规范性文件。为确保公诉考核的科学性、合理性，公诉厅积极协助修改和完善了公诉案件质量考评指标体系。四川、浙江、云南等省级检察院公诉部门结合本地实际情况，先后制定出台了一批保障和提高案件质量的规范性文件，并对无罪案件和其他影响案件质量的突出问题进行了专项检查调研，及时采取了针对性措施，有效保证了公诉部门的办案质量。2009 年，全国检察机关公诉部门共撤回起诉 1437 件 2396 人，同比下降 5.58% 和 7.24%，撤回起诉率为 0.20%（人），同比减少 0.02 个百分点；全国法院审结公诉案件 680535 件 1050034 人，发生无罪判决 241 人，同比下降 13%，无罪判决率为 0.23‰，同比减少 0.03 个千分点，案件质量得到进一步提升。

四、深化公诉体制机制改革，推动公诉工作全面健康发展

2009 年，各级检察机关公诉部门在继续深化介入侦查引导取证、主诉检察官办案责任制、普通程序审理被告人认罪案件、与侦监部门信息资源共享等工作机制和制度的基础上，还着眼于公诉实践需要，以循序渐进、积极稳妥的精神，着重加强了对以下几项公诉改革与创新措施的探索与规范：一是着力推进量刑建议工作，积极配合法院将量刑纳入法庭审理程序。为推动这项改革进一步深入，最高人民检察院公诉厅组织召开了量刑建议庭审观摩暨公诉改革研讨会，下发了《人民检察院量刑建议程序指导意见（试行）》，进一步规范各地开展量刑建议工作。北京、广东等省级检察院结合实际情况，单独或者与本省高级法院联合出台了规范量刑工作的指导意见，对量刑建议的范围、提出方式、量刑标准等内容作出明确规定，有效促进了这项改革的深入开展。二是健全完善简易程序审理案件的法律监督机制。最高人民检察院公诉厅对适用简易程序审理公诉案件有关情况进行了调研，及时分析汇总了 2003 年—2008 年有关简易程序审理情况，在此基础上下发了加强公诉案件适用简易程序活动法律监督的意见。三是探索建立附条件不起诉制度。各地公诉部门在法律允许框架内积极探索建立附条件不起诉制度，及时总结经验，分析存在的突出问题，推进改革的不断深化。四是加强对刑事和解试点工作的探索与规范。及时纠正和规范一些地方片面理解政策精神、擅自突破法律规定的做法，确保这项改革试点积极稳妥开展，取得较好的法律和社会效果。五是探索建立庭前证据交换制度。

五、全面加强公诉队伍建设，进一步提高公诉队伍法律监督能力

一是加强党建工作。2009 年，各级检察机关公诉部门深入贯彻落实科学发展观，认真贯彻落实党的路线方针政策，紧紧围绕检察中心工作，全面推进公诉部门党的建设，切实加强思想理论、组织保障、党员管理、作风建设和反腐倡廉建设，党的建设水平不断提高，基层党组织战斗堡垒作用和党员队伍先锋模范作用充分发挥，有效保证了党中央重大决策部署在公诉工作中的贯彻落实，促进了各项公诉工作的深入开展和公诉队伍建设的全面加强。

二是加强思想政治建设。各级公诉部门认真学习领会党的十七大、十七届三中、四中全会精神和胡锦涛总书记、周永康同志等中央领导同志的一系列重要讲话精神，深入认真开展学习实践科学发展观活动，并与公诉实际工作紧密结合、相互促进，深入查找影响公诉队伍思想作风建设和公诉工作科学发展的突出问题，及时采取针对性措施认真加以改进，切实用科学发展观武装思想、指导实践、推动工作，公诉队伍的理想信念、宗旨意识、思想作风得到进一步增强，思想政治素质和职业道德素质有了明显提高。

三是加强业务能力建设。各级检察机关公诉

部门围绕业务建设中的突出问题,积极开展注重实际、有针对性的岗位练兵活动,努力提高公诉队伍法律监督能力与水平。最高人民检察院公诉厅认真指导全国公诉系统深入开展岗位练兵活动,制定下发了优秀诉讼监督案件和优秀综合化审查报告评选工作情况的通报、各省级检察院公诉部门岗位练兵计划落实情况的通报等,举办或联合举办了全国检察机关第一期优秀公诉人高级研修班、检察机关证券期货犯罪案件审查起诉培训班以及全国检察机关死刑二审专题培训班,组织了"完善证据制度,预防刑事错案"研讨会,有力促进了公诉队伍业务能力的不断提升。

四是加强公诉理论建设。为加强公诉理论研究,提高公诉人员公诉理论研究能力,完善中国特色社会主义公诉制度,全国公诉系统开展了"公诉理论研究年"活动。各级检察机关公诉部门认真组织实施,形成了一批质量较高的理论研究成果,有力推动了公诉理论研究活动的深入开展,为公诉工作的科学发展提供强大的理论支持。

五是加强公诉队伍的纪律作风建设。各级公诉部门在狠抓业务建设的同时,认真坚持落实"一岗双责"机制,切实把公诉队伍管理和纪律作风摆在工作重要位置,严格落实建立健全惩治和预防腐败体系工作规划在公诉部门中的各项任务,着力为公诉工作实现新的发展提供良好的纪律作风保障。最高人民检察院公诉厅在郑州召开了公诉队伍纪律作风建设座谈会,加强对全国公诉队伍的管理。

(最高人民检察院公诉厅　贺湘君　周　颖)

反贪污贿赂工作　2009年,全国检察机关反贪污贿赂部门依法积极履行贪污贿赂犯罪侦查工作职责,为深入推进反腐倡廉建设、维护社会和谐稳定和促进经济平稳较快发展作出了积极贡献。全国检察机关反贪污贿赂部门共立案侦查贪污贿赂案件25408件32176人,侦查终结25376件,移送起诉24009件,为国家挽回经济损失63.6亿元,办案工作取得了新的成效。

一、积极加大查办案件工作力度,全国反贪污贿赂办案工作深入健康发展

各级检察机关反贪污贿赂部门坚持以办案工作为中心,针对贪污贿赂犯罪的规律、特点和发案趋势,采取各种有效措施,努力加大办案力度,提高办案质量和效率,保障办案安全,注重办案效果,实现了办案力度、质量、效率、效果的有机统一和协调发展。一是突出办案重点,加大办案力度。各级检察机关反贪污贿赂部门紧紧围绕党和国家工作大局开展办案工作,进一步强化办案措施,突出办案重点。与2008年同期相比,立案侦查贪污贿赂犯罪大案18423件,占立案总数的72.5%,数量上升3.2%,比例上升4.6个百分点;各级检察机关共查办县处级以上干部贪污贿赂犯罪要案2364人(其中厅级以上干部206人),占立案人数的7.3%,要案比例同比持平。二是注重办案质量和效果,进一步规范执法行为。各地认真贯彻落实最高人民检察院《关于充分发挥检察职能为经济平稳较快发展服务的意见》,进一步改进办案方式方法,努力维护社会和谐稳定。最高人民检察院反贪污贿赂总局会同有关部门对《人民检察院讯问职务犯罪嫌疑人实行全程同步录音录像的规定(试行)》及其技术操作流程进行修改完善,出台了《人民检察院办案工作区设置和使用管理规定》,下发了《最高人民检察院关于办理直接立案侦查案件安全防范工作及责任追究暂行规定》。各地检察机关反贪污贿赂部门将办案安全防范工作放在突出位置,完善办案区建设,加强与警务部门配合,认真落实办案安全预案审批、看审分离等制度,办案安全防范工作进一步加强。三是强化跨地域侦查协作配合,进一步加大境内外追逃追赃工作力度。最高人民检察院进一步加强与公安部、司法部、外交部等部门的协作配合,共办理边控、全国通缉、国际通缉124件139人,审查涉港澳及其他国家境外取证14件,协调异地羁押案件5起。反贪污贿赂总局制定下发了《关于检察机关境外通缉有关事宜的通知》,进一步规范办理国际通缉报请材料的方式、范围和程序。全国检察机关积极开展境内外追逃追赃工作,全年共抓获潜逃境内外职务犯罪嫌疑人1129人,追回赃款1.2亿余元。四是强化宏观指导,促进办案工作健康发展。针对二季度部分地区办案数量持续下滑的情况,召开了加强执法办案工作座谈会,深入分析办案工作下滑的主客观原因,传达学习曹建明检察长在宁夏、甘肃、黑龙江等地调研中关于强化执法办案的重要指示精神,研究提出了加强执法办案工作的具体措施。全国检察长座谈会后,最高人民检察院反贪污贿赂总局组织4个督导组,分赴辽宁、山东等9省调研、督导办案工作,推动全国检察长座谈会议精神的贯彻落实。2009年10月,召开

全国检察机关贯彻党的十七届四中全会精神加大查办职务犯罪工作力度电视电话会议，要求各级检察机关认真贯彻四中全会关于“加大查办违纪违法案件工作力度”的部署要求，坚持以执法办案为中心，采取有力措施，在保证案件质量前提下加大力度，确保查办职务犯罪工作取得更大成效。各地检察机关按照最高人民检察院的部署要求，迅速统一执法思想，强化措施，加强对办案工作的组织督导，从2009年7月起办案数量逐步回升。

二、突出办案工作重点，专项工作取得明显成效

全国检察机关反贪污贿赂部门扎实深入开展工程建设领域突出问题专项治理、查办涉农职务犯罪和治理商业贿赂专项工作，将其作为服务党和国家工作大局、推动反贪工作发展的重要抓手，取得了明显成效。一是查办涉农职务犯罪专项工作继续深入。最高人民检察院于2009年4月召开电视电话会议，对深入推进查办涉农职务犯罪专项工作进行再动员、再部署。各级检察机关认真贯彻落实最高人民检察院部署，加强组织领导，强化工作措施，加大办案力度，全年共立案侦查涉农贪污贿赂犯罪案件8032件10935人，涉案金额13.4亿余元。二是治理商业贿赂专项工作取得新的成效。各级检察机关紧紧围绕扩大内需和“三保”措施的实施，突出查办工程建设、征地拆迁、房地产开发、医药购销等重点领域的商业贿赂犯罪案件。全年共立案查办商业贿赂犯罪案件10218件11191人，其中大案7810件，要案1349人，涉案总金额22.8亿余元。三是工程建设领域突出问题专项治理工作初显成效。中央作出开展工程建设领域突出问题专项治理的决策部署后，最高人民检察院高度重视，及时成立领导小组，结合检察工作实际制定了《全国检察机关开展工程建设领域突出问题专项治理工作实施方案》，并召开电视电话会议作出全面动员和部署。各级检察机关迅速行动，采取有力措施，加大查办工程建设领域职务犯罪案件力度，迅速突破了一批大案要案。全年共立案侦查工程建设领域贪污贿赂犯罪案件5779件6696人，其中大案4726件，要案837人，涉案金额25.2亿余元。

三、认真落实司法改革和检察改革部署，稳步推进反贪侦查改革

一是侦查一体化机制建设稳步推进。各地反贪污贿赂部门充分发挥侦查一体化机制的实战功能，加强对侦查工作的组织指挥，突破了一大批贪污贿赂犯罪大案要案。二是反贪污贿赂侦查信息建设取得新进展。与全国组织机构代码管理中心协商，建立了全国组织机构代码共享平台查询使用机制。继续加强与反洗钱中心的协作配合，做好定期会商线索、协助办案单位查询涉案人员资金交易情况等工作，全年反洗钱中心共移送可疑交易线索43件，办理涉案人员资金交易查询11件。加强对侦查信息试点工作的指导，总结推广了8个反贪污贿赂侦查信息工作试点单位的工作经验。加强反贪侦查数据库建设，侦查谋略数据库、厅局级干部案例数据库、无罪判决案例数据库等编纂工作取得新进展。三是认真落实职务犯罪案件审查逮捕上提一级改革。最高人民检察院反贪污贿赂总局会同侦查监督厅举办了全国检察机关职务犯罪案件审查逮捕权上提一级培训班，指导各地认真学习贯彻《关于省级以下人民检察院立案侦查的案件由上一级人民检察院审查决定逮捕的规定（试行）》，积极做好相关准备工作。各级反贪污贿赂部门进一步转变办案方式，加强与侦查监督部门的协调配合，认真研究解决改革中遇到的困难和问题，保障了改革的顺利实施。四是认真落实中央司法体制改革和最高人民检察院检察改革任务。就“完善查办职务犯罪的程序和措施”、“完善上下级人民检察院之间案件管辖制度”、“完善贪污贿赂犯罪定罪量刑标准”、“制定涉案信息快速查询和公共服务行业协作执法规定”、“检察机关纳入情报工作体制机制”等问题深入组织调研，完成了阶段性任务。积极开展刑诉法修改专题调研，对技术侦查和秘密侦查措施、强制措施、刑事诉讼证据制度等，提出了具体修改意见和建议。

四、强化队伍建设，反贪队伍整体素质不断提高

各级反贪污贿赂部门紧紧围绕“坚持科学发展，强化法律监督，维护公平正义，促进社会和谐”的实践载体，把开展学习实践活动与做好反贪工作紧密结合，整改纠正了在工作指导思想、执法理念、机制创新等方面的突出问题，更加牢固地树立了理性、平和、文明、规范执法的理念。为认真落实《最高人民检察院关于2009年—2012年大规模推进检察教育培训工作的实施意见》，最高人民检察院在辽宁省沈阳市举办了全国检察机关贿赂犯罪侦查培训班，对省、地两级检察院反贪污贿赂局负责人

及侦查骨干共107名干警进行了培训。各级反贪污贿赂部门高度重视队伍纪律作风建设,以改进执法作风和加强廉洁自律为重点,加强干警职业道德教育和廉洁从检教育,提高干警品行操守,队伍的纪律作风建设进一步加强。

(最高人民检察院反贪污贿赂总局 李增福 张国强)

部分省级检察院分管检察长座谈会 2009年7月10日,最高人民检察院反贪污贿赂总局、渎职侵权检察厅联合召开部分省级检察院分管检察长座谈会。最高人民检察院副检察长邱学强出席会议。北京、河北、山西、黑龙江、江苏、福建、山东、河南、湖北、广东、广西、四川等12个办案大省分管副检察长,最高人民检察院反贪污贿赂总局、渎职侵权检察厅和职务犯罪预防厅负责同志共22人参加了会议。会议的主要任务是:认真学习胡锦涛等中央领导同志关于检察工作的一系列重要指示精神,分析检察机关职务犯罪侦查工作面临的形势,研究贯彻落实曹建明检察长关于以执法办案为中心的重要讲话精神,切实采取有力措施,进一步加强职务犯罪侦查工作。

邱学强副检察长在座谈会上全面传达了曹建明检察长在宁夏、甘肃、黑龙江调研时的重要讲话,并就深入学习领会、认真贯彻落实曹建明检察长重要讲话精神提出了具体的意见和要求:一是准确把握办案工作在法律监督中的定位;二是努力实现办案数量、质量、效率、效果的有机统一,走办案力度大、质量高、效果好的良性发展路子;三是自觉加强对办案工作的监督制约。

会议听取了12个省级检察院分管副检察长关于上半年反贪污贿赂、反渎职侵权工作情况的汇报,认真分析研究了影响办案工作的主客观因素,深入查找存在的困难和问题,并提出了下一步加强执法办案工作的具体措施。

(最高人民检察院反贪污贿赂总局 李增福 张国强)

全国检察机关开展工程建设领域突出问题专项治理工作电视电话会议 2009年9月14日,最高人民检察院召开全国检察机关开展工程建设领域突出问题专项治理工作电视电话会议。最高人民检察院副检察长张耕出席会议并讲话。会议的主要任务是,认真贯彻落实中共中央《关于开展工程建设领域突出问题专项治理工作的意见》和全国工程建设领域突出问题专项治理工作电视电话会议,对检察机关开展工程建设领域突出问题专项治理工作进行部署,动员各级检察机关切实发挥职能作用,严肃查办工程建设领域贪污贿赂、渎职侵权职务犯罪,切实加强职务犯罪预防工作,为专项治理工作取得明显成效作出积极贡献,为经济社会又好又快发展提供有力法治保障。最高人民检察院有关领导,侦查监督厅、公诉厅、控告检察厅、法律政策研究室、纪检组(监察局)负责同志,反贪污贿赂总局、渎职侵权检察厅、职务犯罪预防厅全体人员;军事检察院职务犯罪检察厅负责人,各省级检察院分管反贪污贿赂、反渎职侵权、职务犯罪预防、纪检监察的院领导,侦查监督、公诉、控告申诉、法律政策研究、纪检监察部门负责人,反贪污贿赂局、反渎职侵权局、职务犯罪预防处全体人员;检察系统二、三级专线网已建成视频会议系统的地市级和县区级检察院相关领导和人员参加了会议。

张耕副检察长就贯彻落实中央的要求和部署,扎实深入开展工程建设领域突出问题专项治理工作强调指出,一要深刻认识开展工程建设领域突出问题专项治理工作的重要性,切实履行好检察机关在专项治理工作中的重要职责;二要明确职责、突出重点、强化措施,坚决惩治和积极预防工程建设领域职务犯罪;三要加强组织领导,确保专项治理工作取得明显成效。

(最高人民检察院反贪污贿赂总局 李增福 张国强)

全国检察机关贯彻党的十七届四中全会精神加大查办职务犯罪工作力度电视电话会议 2009年10月26日,最高人民检察院召开全国检察机关贯彻党的十七届四中全会精神加大查办职务犯罪工作力度电视电话会议。会议由最高人民检察院副检察长张耕主持,副检察长邱学强讲话。最高人民检察院领导,军事检察院领导,最高人民检察院各内设机构负责人,反贪污贿赂总局、渎职侵权检察厅、职务犯罪预防厅全体人员;各省级检察院检察长、主管副检察长和各内设机构负责人,反贪污贿赂、反渎职侵权、预防部门的全体人员参加了会议。会议的主要任务是,贯彻落实党的十七届四中全会精神,动员部署全国各级检察机关切实加大查办职务犯罪工作力度，始终保持惩治腐败高压态势，坚决遏制职务犯罪易发高发势头。

邱学强副检察长就深入贯彻落实党的十七届四中全会精神，加大查办职务犯罪工作力度进行了全面部署。张耕副检察长就贯彻落实会议精神提出了具体的要求：一要认真学习深刻领会党的十七届四中全会精神，把加大查办职务犯罪工作力度的要求真正落到实处；二要保障查办职务犯罪工作科学发展；三要加强对查办职务犯罪工作的领导。会议还就抓好2009年后两个月和2010年开年的办案工作进行了安排部署。

（最高人民检察院反贪污贿赂总局
李增福　张国强）

反渎职侵权工作　2009年，全国检察机关反渎职侵权部门深入开展查办危害能源资源和生态环境渎职犯罪专项工作、查办涉农职务犯罪专项工作和工程建设领域突出问题专项治理，严肃查办重大责任事故所涉渎职犯罪和执法不严、司法不公渎职侵权犯罪案件，不断拓宽办案领域，加大办案力度，提高办案质量，增强办案效果，进一步加强思想政治建设、业务能力建设和作风纪律建设，反渎职侵权工作都取得了新的明显成效。

办案数量规模与质量效果呈现同步提升的良好态势。全年共受理各类渎职侵权犯罪案件12589件，同比下降2.3%；立案侦查7031件9355人，同比件数下降2.9%、人数上升4.7%。其中，重大案件2126件，特大案件1049件，重特大案件占立查总数的45.2%，同比增加0.8个百分点；立案侦查县处级以上犯罪要案306人（其中厅级干部6人），占立查总数的3.3%，同比下降0.1个百分点；全国33个省级单位中有19个单位立查人数同比上升，其中上升幅度较大的有北京、重庆、宁夏、甘肃、海南、湖南、内蒙古、辽宁、河北、湖北、天津、安徽、江西、浙江、吉林、河南等；共起诉渎职侵权犯罪被告人7279人，占立案总数的77.8%，同比增加3.7个百分点。不起诉910人，占立案总数的9.7%，同比下降3.8个百分点；共作出有罪判决6466人，占立案总数的69.1%，同比增加4.1个百分点。

深入查办危害能源资源和生态环境渎职犯罪专项工作取得显著成效。2008年5月至2009年11月，为期一年半的深入查办危害能源资源和生态环境渎职犯罪专项工作圆满结束。各地检察机关突出查办了一大批危害能源资源和生态环境渎职犯罪案件。其间，共受理专项工作六类重点案件线索6394件，立案侦查5603件6513人，占同期立案查办渎职侵权犯罪案件总数的39.9%和36.2%，通过办案共为国家挽回损失43318万元。其中，2009年1月至11月，立案侦查2966件3453人，占同期立案侦查渎职侵权案件总数的43.5%和38.1%，挽回损失10074万元。比较典型的案件有：湖南省安全生产监督管理局局长谢光祥（正厅级）滥用职权案；广东省江门市常务副市长林崇中、开平市副市长李学明等人滥用职权案；河北省沙河市副市长殷解放充当黑社会性质组织犯罪保护伞，指使他人以少批多占手段非法圈地占地，致大面积林地、耕地严重破坏案；安徽省安庆市江兆伦伙同他人虚构大桥连接线建设项目，骗取大面积国有土地开发房地产，造成国家经济损失1000多万元案；湖北省孝感市郑家河水库管理局局长余建伟采取虚报工程费用、签订虚假合同、重复列支等手段套取项目资金236万余元，给国家水利建设资金造成重大损失案等。

查办涉农渎职侵权犯罪案件服务社会主义新农村建设取得新的进展。各级检察机关严肃查办一些基层国家机关工作人员利用职权实施的危害农村改革发展、侵害农民合法权益的渎职侵权犯罪，为维护农村社会稳定，服务社会主义新农村建设作出了积极贡献。全年立案侦查涉农渎职侵权犯罪案件2097件2692人，占同期立案侦查渎职侵权犯罪总人数的28.8%。其中，重特大案件人数为1156人，占涉农案件立案人数的42.9%；立案侦查人数较多的省份有河南、河北、山东、湖北、四川，五省立案人数合计1258人，占立案侦查总人数的46.7%。比较典型的案件有：河南省襄城县丁营乡土砖窑非法占用农用地事件所涉渎职犯罪系列案件；江西省浮梁县种子管理局局长江有祥玩忽职守案；辽宁省凤城市弟兄山镇人大副主席戴玉新等人破坏选举案；安徽省蚌埠市固镇县工商局公平交易局局长张宇等人放纵制售伪劣化肥案；湖南省武冈市铅中毒事件所涉环保工作人员玩忽职守案；江西省鹰潭市农机安全监理所涉农渎职犯罪窝案；广东省清远市清城区龙塘镇环境管理办公室主任黄伟筹环境监管失职案等。

同步介入重大责任事故调查惩治事故所涉职务犯罪取得新的突破。各级检察机关把查办重大责任事故背后所涉国家机关工作人员渎职犯罪作为重点,立案侦查重大责任事故所涉渎职犯罪案件大幅上升。全年介入调查事故 2348 件,投入干警力量 9807 人次;立案侦查事故所涉渎职犯罪案件 831 件 1075 人,同比分别上升 4.7% 和 17.1%。其中,最高人民检察院直接派员介入特别重大责任事故案件调查 5 件,指导立案侦查渎职犯罪 14 人。

依法严肃查办执法不严、司法不公渎职侵权犯罪案件力度加大。全年立案侦查涉嫌渎职侵权犯罪的行政机关工作人员 5745 人,占立案侦查总数的 61.4%,其中行政执法人员 3566 人,司法机关人员 1859 人,其他人员 1751 人。比较典型的案件有:最高人民检察院协调督办、交办的涉及 7 省 49 名法官与律师、企业人员相互勾结,非法认定驰名商标,涉嫌民事枉法裁判、受贿、伪造证据等系列犯罪案件;吉林省通化市公安局副局长王禹帆等人黑社会性质组织犯罪案件;内蒙古自治区公安厅安康医院副院长张建平等人在司法鉴定中涉嫌徇私枉法、受贿、帮助犯罪分子逃避处罚等犯罪系列案件;陕西省丹凤县公安局刑警队指导员赵朔等人刑讯逼供案;安徽省阜阳市颍泉区委书记、区人大常委会主任张治安等人报复陷害举报人及其近亲属案等。

工程建设领域突出问题专项治理工作取得初步成效。全年立案侦查专项治理所涉渎职侵权案件 672 件 765 人,其中重大案件 147 件、特大案件 143 件,为国家挽回经济损失 1.5 亿余元。比较典型的案件有:福建省温福铁路晋安段征地拆迁补偿中滥用职权、玩忽职守、贪污受贿窝案;广东省高要市国土资源局局长伍福元、副局长陈飞等人滥用职权案;江苏省靖江市经济贸易委员会主任科员沈振学滥用职权案;黑龙江省抚远县畜牧局局长高俊峰非法批准征用、占用土地案等。

一、以党的十七届四中全会精神为指导,进一步加大反渎职侵权工作力度。按照全国检察机关贯彻党的十七届四中全会精神,加大查办职务犯罪工作力度电视电话会议部署,最高人民检察院渎职侵权检察厅派出 8 个工作组,分赴 14 个省,对办案工作进行督导。全年协查、督办、参办案件 120 件,其中派员参办、督办 40 件,并挂牌督办了一批上级批办、重大复杂和干扰阻力大的案件,有力地推动了办案工作的开展。

二、以向全国人大常委会报告工作为契机,下大力加强和改进新时期反渎职侵权工作。2009 年 10 月,十一届全国人大常委会第十一次会议审议了最高人民检察院《关于加强渎职侵权检察工作、促进依法行政和公正司法情况的报告》,河南、安徽、福建、广西、甘肃等省及部分市、县人大常委会,也先后对反渎职侵权工作进行了专题审议。通过审议,全国人大常委会、省市级人大常委会对反渎职侵权工作更加重视和广泛关注,对于进一步加强反渎职侵权法制建设、改善反渎职侵权执法环境,推进新时期反渎职侵权工作创新发展,具有极其深远而重大的影响。

三、以深入查办危害能源资源和生态环境渎职犯罪专项工作为抓手,以重点工作的突破带动整体工作的开展。2008 年 4 月 22 日,最高人民检察院召开电视电话会议进行部署,2009 年 2 月 27 日,最高人民检察院再次召开电视电话会议,推广河南、贵州、湖南、安徽、山东和云南等省的经验做法,对进一步加强和改进专项工作进行全面部署。渎职侵权检察厅派出 20 多个工作小组,对各地开展专项工作情况进行督导;对人民群众反映强烈、损失严重、社会影响恶劣的 23 件大要案件进行了挂牌督办,并对各地查办的重特大案件直接派员督办、参办和指导;针对各地反映的一些情况和问题,研究制定下发了《关于进一步做好查办危害土地资源渎职犯罪工作的指导意见》。各地结合实际,突出重点,周密部署,狠抓落实,先后查办了一大批党委政府重视、人民群众关注和社会影响广泛的大要案件,增强了检察机关服务保障大局的能力和水平。

四、以机制、制度、管理创新为动力,促进反渎职侵权工作的规范化和法制化。通过重点调研和专题调研,促进了新时期反渎职侵权体制、机制、制度和工作手段、方式、方法的改革创新,推动了反渎职侵权理论和实务研究以及工作的规范化、制度化建设。

五、以侦防一体化机制为平台,确保查办案件法律效果、社会效果和政治效果的统一。最高人民检察院渎职侵权检察厅与公安部有关部门配合,开展惩治和预防刑讯逼供、暴力取证等侵犯公民人身权利犯罪工作;与最高法院有关部门协作配合,开展治理利用民事诉讼程序非法认定驰名商标犯罪活动等。各地以侦防一体化机制为平台,结合查办案件主动开展预防工作,不断提升反渎职侵权工作综合效果。

六、以全员岗位素能培训为牵引,不断提升反渎职侵权能力建设的层次与水平。2009 年 4 月 22

日至29日,依托检察视频专线网络,聘请全国知名法学专家进行12场专题辅导,省、市、县三级检察机关有2795个检察院18527名干警通过视频系统参加了听课。从各地选聘9名反渎职侵权实务专家,对当前侦查工作中亟待解决的一些问题进行讲解,制作DVD教学光盘500余套计11500张,免费发全国389个分州市检察院;举办"反渎职侵权工作创新与发展"理论与应用研究活动。

七、以党建带队建,不断加大思想政治建设和作风纪律建设的力度。在全国反渎职侵权系统开展向喻中升同志学习的活动,以身边的先进典型教育和引导广大干警,立足岗位建功立业。各级反渎职侵权局高度重视机关自身建设,切实把思想政治建设、作风纪律建设和业务能力建设结合起来,充分发挥党组织的战斗堡垒作用和党员干部的模范带头作用,以过硬的干警队伍,保证反渎职侵权工作的不断创新发展,先后涌现出一批先进单位和个人。

（最高人民检察院渎职侵权检察厅　黄　璞）

全国检察机关进一步做好深入查办危害能源资源和生态环境渎职犯罪专项工作电视电话会议暨新闻发布会　2009年2月27日,最高人民检察院召开全国检察机关进一步做好深入查办危害能源资源和生态环境渎职犯罪专项工作电视电话会议暨新闻发布会。最高人民检察院副检察长张耕、王振川出席会议并讲话。最高人民检察院主要内设业务机构负责人和渎职侵权检察厅全体人员,各省、自治区、直辖市人民检察院,军事检察院,新疆生产建设兵团人民检察院检察长、主管反渎职侵权工作的副检察长和内设机构负责人及全体反渎职侵权部门干警参加了会议。会议邀请新华社、人民日报、法制日报、检察日报等新闻媒体的记者参加。

王振川副检察长说,2008年4月25日,最高人民检察院部署在全国范围内开展深入查办危害能源资源和生态环境渎职犯罪专项工作以来,各地高度重视,及时将最高人民检察院的部署向地方党委、人大和政府汇报,积极争取有关部门的理解、重视和支持。不断强化办案措施,依法查办了一大批危害能源资源和生态环境渎职犯罪,使专项工作取得了阶段性成果,赢得了社会各界的广泛赞誉。王振川副检察长就如何进一步做好专项工作,全面推进反渎职侵权工作讲了三点意见。一是要认清形势,提高认识,切实增强搞好深入查办危害能源资源和生态环境渎职犯罪专项工作的责任感和使命感。二是强化措施,狠抓落实,切实把深入查办危害能源资源和生态环境渎职犯罪专项工作抓紧抓实抓出成效。他强调各级检察院党组特别是检察长要更加重视,把继续深入开展专项工作作为2009年检察机关一项重要工作来抓。要坚持以办案为中心,把查办案件作为专项工作深入开展的重中之重,强化督办、参办、提办和交办力度,切实发挥侦查办案一体化机制在查办案件中的特殊作用。要注重办案质量,准确适用法律,确保专项工作法律效果、政治效果和社会效果的有机统一。三是统筹兼顾,以点带面,推动反渎职侵权工作全面健康协调发展。在抓好专项工作的同时还要在抓好以下工作上见成效:一要紧紧抓住促进中央经济工作会议各项重大政策措施全面贯彻落实这一首要任务,积极查办破坏经济秩序和政府投资安全的滥用职权、玩忽职守等渎职犯罪案件,着力在保障经济平稳较快发展上下功夫见成效;二要全面贯彻落实党的十七届三中全会精神,深入开展查办涉农渎职侵权犯罪工作,着力在服务农村改革发展上下功夫见成效;三要严肃查处重大安全生产事故、重大食品药品安全事故等侵害民生的失职渎职犯罪案件,着力在改善和保障民生上下功夫见成效;四要突出查办司法、执法人员滥用职权、徇私枉法、枉法裁判和侵犯公民人身权利、民主权利犯罪案件,特别是充当黑恶势力保护伞的犯罪案件,着力在维护司法公正、实现公平正义上下功夫见成效。

张耕副检察长说,反渎职侵权工作在检察机关法律监督体系中占有重要地位,是实现法律监督由"软"变"硬"的重要切入点。强化法律监督的一个重要方面就是要强化反渎职侵权工作。各级检察机关要进一步提高对加强和改进反渎职侵权工作重要性和紧迫性的认识,采取有效措施,努力开创反渎职侵权工作新局面。开展深入查办危害能源资源和生态环境渎职犯罪专项工作,是提升反渎职侵权能力,开创反渎职侵权工作新局面,强化检察机关法律监督的重要举措。要在深入推进专项工作上想办法,下功夫,扎扎实实地抓好落实,务必取得实效。张耕副检察长要求各地要切实做好全国人大常委会听取和审议检察机关反渎职侵权工作的各项准备工作,要抓住人大审议的重要契机和良好机遇,采取切实有效的措施把工作抓紧抓好,抓出实效,要把反渎职侵权工作面临的形势分析好,把存在的困难和希望全国人大常委会解决的问题反映好,使这次审议成为推动检察机关反渎职侵权工作又好又快发展,更好地发挥其职能作用的强大动力。

张耕副检察长要求各级检察长,一是要真正把反渎职侵权工作当成新时期推动检察工作,提升法律监督能力的一个重要渠道来抓,集中精力抓紧抓好,切实扭转目前这项工作仍比较薄弱的状况。二是抓住重点。突出抓好影响科学发展、损害民生民利、危害公平正义、破坏和谐稳定的案件的查处。三是要带头办案。对那些损失大、危害大、影响大和阻力大的案件,检察长要亲自协调、亲自指挥,加强办案工作的力度。四是要抓好队伍。要切实抓好政治思想建设、职业道德建设、纪律作风建设和基层基础建设,特别要抓好反渎职侵权局的领导班子建设。五是要着力解决反渎职侵权部门面临的实际困难。

渎职侵权检察厅厅长陈连福通报了专项工作的开展情况,河南、云南、广东、新疆等省、自治区检察院反渎职侵权局和山东省枣庄市人民检察院反渎职侵权局等五个单位作了大会经验发言。

(最高人民检察院渎职侵权检察厅　刘旭红)

全国检察机关反渎职侵权岗位素能全员培训电视电话会议　2009年4月9日,最高人民检察院召开全国检察机关反渎职侵权岗位素能全员培训电视电话会议。最高人民检察院副检察长王振川出席会议并作动员讲话,政治部主任张常韧主持会议。

王振川副检察长指出,开展岗位素能培训,是贯彻落实党中央、最高人民检察院有关指示精神的重大举措,是服务国家建设发展和维护社会和谐稳定大局的客观需要,是进一步加强反渎职侵权能力建设的必然要求,也是适应司法实践新形势新要求的实际需要,是检察干部培训模式探索创新的内在要求。

王振川要求,一是要切实把岗位素能培训与学习实践科学发展观活动紧密结合起来,首先在提高思想政治素质上下功夫。二是要切实把岗位素能培训与开展工作的客观要求紧密结合起来,着力在探索反渎职侵权工作特点规律上下功夫。三是要切实把岗位素能培训与自身建设的实际需要紧密结合起来,突出在提高反渎职侵权能力上下功夫。以基本技能、手段和方法为基础,以反渎职侵权侦查能力为核心,着力提升九个能力:发现、捕捉、分析案件线索的能力,收集、固定、运用证据的能力,科学运用侦查策略、强制措施、侦查手段的能力,侦查决策、协调、指挥的能力,正确把握和执行法律政策的能力,分析掌握犯罪特点和规律的能力,依法办案和服务大局的能力,秉公执法、公正办案的能力,总结提高、开拓创新的能力。四是要切实把岗位素能培训与自我学习提高紧密结合起来,注重在树立终身学习的理念上下功夫。

张常韧主任强调,全员培训既是新形势下最高人民检察院大规模培训的一项重要活动,也是新形势下检察干部培训途径、方法的一次创新实践和有益尝试,对于进一步加强和改进培训工作具有十分积极的意义,各级检察机关一定要认真领会这次培训的重大意义,加强领导、组织和管理,扎扎实实抓好落实。

根据《全国检察机关反渎职侵权部门岗位素能全员培训实施方案》,培训从2009年4月起至2010年1月止。主要目标是使全国检察机关18000多名参训人员,系统掌握反渎职侵权侦查业务基础知识,熟练运用侦查技能;明确渎职侵权犯罪案件证据参考标准与取证要求;解决渎职侵权犯罪案件法律适用中的若干疑难问题;实现规范办案行为与提高办案质量的有机统一。培训的内容和特点,一是远程集中培训授课,内容为查办渎职侵权犯罪案件法律适用中的疑难问题和侦查工作前沿问题;二是岗位培训(电化教学),内容为查办渎职侵权犯罪侦查实务问题;三是岗位自学,培训内容为最高人民检察院政治部、渎职侵权检察厅组织编写的《渎职侵权犯罪侦查实务》、《渎职侵权犯罪案件证据参考标准》等培训用书;四是技能培训,参照《第一届全国检察机关反渎职侵权部门岗位素能比武竞赛评选规则》,有针对性地设置技能培训课程内容。

培训由最高人民检察院政治部、渎职侵权检察厅统一规划,各省、自治区、直辖市人民检察院政治部、反渎职侵权局具体组织实施。培训对象为各级检察院分管反渎职侵权工作的副检察长及反渎职侵权部门全体在岗人员。培训的方式主要有四种,一是由最高人民检察院组织,依托全国检察机关一至三级视频专线网络,聘请法学专家面授教学,设置两个专题12个讲座。二是由各省级检察院组织,学习观看DVD多媒体电化教学光盘,设置侦查应用研究11个专题讲座。三是由各市（分、州）检察院组织，由参训人员自学《渎职侵权犯罪侦查实务》、《渎职侵权犯罪案件证据参考标准》、《反渎职侵权典型案例选编》等培训教材。四是由各市（分、州）检察院组织，参照第一届全国检察机关反渎职侵权部门岗位素能比武竞赛评选规则，进行模拟办案技能演练。

培训采取两种方式进行考评，对省级检察院反渎职侵权局正局长、市（分、州）院分管副检察长的考试考核，采取以撰写学习心得、反渎职侵权工作调研文章的方式进行；对反渎职侵权部门在岗人员的考试考核，由最高人民检察院政治部、渎职侵权检察厅统一命题，省级检察院政治部、反渎职侵权局具体组织实施，采取开、闭卷笔试的两种方式进行。经培训考试考核合格的，颁发由最高人民检察院政治部、渎职侵权检察厅统一制作的反渎职侵权岗位素能全员培训合格证书；考试考核不合格的，离岗集中培训一个月，之后予以补考，补考仍不合格的，调离反渎职侵权工作岗位。

（最高人民检察院渎职侵权检察厅　黄　璞）

全国检察机关深入推进查办涉农职务犯罪专项工作电视电话会议　2009年4月16日，最高人民检察院召开全国检察机关深入推进查办涉农职务犯罪专项工作电视电话会议。最高人民检察院副检察长张耕主持会议。他强调，要把查办涉农职务犯罪工作作为检察机关贯彻落实科学发展观、服务经济平稳较快发展、保障社会主义新农村建设的重要任务，始终把这项工作放到党和国家工作大局中去谋划，突出抓好损害民生民利、危害公平正义、破坏和谐稳定犯罪案件的查处。

最高人民检察院副检察长王振川指出，要进一步突出办案重点，找准办案的主攻方向。要紧紧抓住涉农资金投入规模大、涉农职务犯罪易发多发的领域，重点查办发生在土地征用转让、矿产资源开发、乡村道路交通建设、病险水库加固和灌区改造工程、农村电网改造、生态环境保护等领域的职务犯罪案件；重点查办发生在家电下乡、农机补贴、农村社会保障、国有林区垦区的棚户区改造以及农村中小学校、卫生院、文化站等公益设施和民生工程建设中的职务犯罪；重点查办发生在新型农村合作医疗、农业政策性保险、集体林权制度改革等实施过程中的职务犯罪。在积极查办涉农贪污贿赂犯罪案件的同时，要更加重视查办渎职侵权犯罪案件，特别是发生在国土资源管理、生态环境保护以及种子化肥等农资管理、农产品质量安全监管等方面的渎职犯罪案件，保障食品安全，维护广大农民的切身利益。采取有力措施加强重点案件查办工作，对于涉案人员级别高、涉案金额大、涉案人员多的重大案件，要集中办案力量，确保案件顺利侦破；对于下级检察院办案干扰阻力大、突破有困难的案件，上级检察院要采取督办、参办、提办或者指定异地管辖等方式，帮助排除干扰阻力，保证案件顺利查处。要加强涉农职务犯罪规律特点、侦查经验的总结和信息交流，推动办案工作开展。

最高人民检察院检察委员会专职委员、反贪污贿赂总局局长王建明通报了2008年全国检察机关开展查办涉农职务犯罪专项工作情况。河南省、浙江省、江苏省人民检察院作经验发言。

最高人民检察院有关内设机构负责人，反贪污贿赂总局、渎职侵权检察厅全体人员参加主会场会议。在各地分会场参加会议的有各省级检察院分管职务犯罪侦查工作的院领导、相关部门负责人、职务犯罪侦查部门全体人员。已联通检察专线网的分州市级检察院和基层检察院相关部门干警参加会议。

（最高人民检察院渎职侵权检察厅　黄　璞）

全国检察机关查办司法不公渎职侵权犯罪案件座谈会　2009年6月22日至25日，最高人民检察院渎职侵权检察厅在新疆维吾尔自治区乌鲁木齐市召开“全国检察机关查办司法不公渎职侵权犯罪案件座谈会”。最高人民检察院渎职侵权检察厅正、副厅长及各处、室负责同志，各省、自治区、直辖市人民检察院以及新疆生产建设兵团人民检察院反渎职侵权局局长参加了座谈会，新疆维吾尔自治区党委政法委书记朱海伦、自治区政法委秘书长郭永辉、自治区检察院党组书记杨肇季、自治区检察院检察长哈斯木·马木提、自治区检察院副检察长李荣出席了座谈会开幕式。

座谈会上印发了最高人民检察院副检察长王振川的书面讲话。他要求全国各级检察机关要坚持以办案为中心，不断加大惩治和预防司法不公渎职侵权犯罪案件的力度，突出重点，集中力量查处人民群众反映强烈的司法不公渎职侵权犯罪案件。王振川要求全国各级检察机关要准确把握案件特点规律,不断提高查办司法不公渎职侵权犯罪案件的能力。王振川指出,对案情暴露,后果发生,群众反映强烈的案件要及时予以初查,抓紧收集证据;针对诉讼环节多,作案参与人多的特点,要注意深挖窝案串案;对影响经济社会发展和社会和谐稳定的案件,对群众强烈反映的案件,要主动出击,及时查办,提高办案效率。

最高人民检察院渎职侵权检察厅厅长陈连福通报和分析了2005年以来全国检察机关查办司法不公渎职侵权犯罪案件情况。河北、吉林、河南、湖北、新疆等省、自治区人民检察院反渎职侵权局局长介绍了工作经验。与会代表围绕2005年至2009年3月各地查办司法不公渎职侵权犯罪案件的基本情况和特点、存在的问题、建议向全国人大常委会报告工作时提出的意见、建议等问题进行了座谈。

(最高人民检察院渎职侵权检察厅　郑立新)

监所检察工作　2009年是监所检察工作很不平凡的一年,以"躲猫猫"事件(云南省晋宁县看守所在押人员李荞明非正常死亡事件)为标志,社会各界和人民群众对监管场所的执法状况和人权保障状况的关注程度显著提高,要求检察机关加强监督的呼声非常强烈。检察机关积极顺应人民群众对司法工作的新要求,新期待,采取有力措施,大力强化对刑罚执行和监管活动的法律监督,有力地推动了监所检察各项工作的新发展。

一、针对监管场所中存在的突出问题,积极部署开展专项法律监督活动。针对看守所存在的牢头狱霸和在押人员非正常死亡事件不断发生的情况,2009年4月,最高人民检察院会同公安部部署开展了为期五个月的全国看守所监管执法专项检查活动。专项检查活动中,对全部看守所在押人员进行了体表检查,对有伤情的,认真调查致伤原因,依法作出相应处理,同时建立健全了在押人员入所检查登记制度;严查和清理有"牢头狱霸"行为的在押人员;检查和纠正看守所违规组织在押人员劳动问题;清理看守所存在的乱收费、高价加餐、销售违禁物品等问题。各级检察、公安机关针对查找出的突出问题,及时制定完善规章制度。最高人民检察院、公安部联合下发了《关于做好派驻检察室与看守所监控联网建设工作的通知》。公安部先后下发了《防范和打击"牢头狱霸"十条规定》等一系列确保监管安全、保障在押人员合法权益的文件。通过专项活动,较好的解决了看守所监管执法活动中存在的突出问题,依法惩治了一批牢头狱霸,建立健全了一批规章制度,促进监管活动更加文明和规范。

2009年10月,最高人民检察院会同司法部在全国监狱开展了为期四个月的清查事故隐患,促进安全监管专项活动,着力解决监管工作不到位、安全措施不到位、法律监督不到位、责任追究不到位和在押人员死亡事故调查处理机制不完善等问题,在专项活动中,各地检察机关和司法行政机关针对罪犯非正常死亡情况、戒具使用情况、安全生产措施落实情况、罪犯伙食卫生情况和"牢头狱霸"等五个方面的问题进行了重点检查。针对检查出的问题,各部门正在积极整改,专项活动初见成效。

二、强化对刑罚执行监督和监管活动的监督,发现和纠正违法情况增幅明显。2009年,全国共检察发现刑罚执行和监管活动各类违法情况36624人次。其中检察发现监管改造场所违法情况22437人次,检察发现监外执行违法情况14187人次。检察发现减刑不当8908人次,假释不当1395人次,暂予监外执行不当642人次。对以上违法情况提出纠正意见10338人次,已纠正9883人次,纠正率95.6%。

三、坚持"抓办案,促监督"的思路,查办刑罚执行和监管活动中职务犯罪案件工作平稳发展。通过积极努力,全国监所检察查办职务犯罪案件工作继续保持了平稳发展的良好势头。截至2009年底,共立案侦查刑罚执行和监管活动中职务犯罪案件553件655人。其中查办贪污贿赂案件306件347人,查办渎职侵权案件247件308人。浙江省监狱管理局原局长田丰、湖南省监狱管理局原局长刘万青因涉嫌受贿等犯罪被立案侦查。

四、进一步加大防止和纠正超期羁押工作力度。2009年,全国检察机关监所检察部门共检察发现超期羁押337人。对以上超期羁押案件,检察机关均提出了纠正意见,已纠正333人。其中,变更强制措施51人,释放16人。2009年下半年,最高人民检察院部署了对久押不决案件集中清理工作。全国检察机关共清理出2006年6月30日前羁押案件626件1349人,其中有的属于超期羁押或变相超期羁押,有的属于久押不决。检察机关正在针对具体案件情况逐案解决。

五、加强监外执行检察工作，建立健全监外执行及法律监督工作机制。2009年6月，最高人民检察院起草并会同有关部门联合印发了《关于加强和规范监外执行工作的意见》，与中央综治办联合制定了《监外执行考核办法》，由各级检察机关和综治部门共同考核，进一步巩固核查纠正监外执行罪犯脱管漏管专项行动成果。2009年，检察发现监外执行违法情况14187人次，其中脱管6122人，漏管2692人，未按规定收监468人，其他违法情况4905人，检察机关对以上违法情况提出纠正意见13948人，已纠正13300人，纠正率95.4%。2009年11月，最高人民检察院同有关部门联合下发了《关于在全国试行社区矫正的意见》，在全国全面启动了社区矫正试点工作，各级检察机关开展了社区矫正法律监督工作的新探索。

（最高人民检察院监所检察厅　张金凤）

全国看守所监管执法专项检查活动　最高人民检察院商公安部，决定从2009年4月20日至9月30日，联合部署开展全国看守所监管执法专项检查活动。2009年4月10日，最高人民检察院、公安部联合印发《全国看守所监管执法专项检查活动方案》，4月17日，最高人民检察院召开电视电话会议进行动员部署，最高人民检察院副检察长张耕、孙谦作了讲话。

专项活动分为部署启动、查摆剖析、整改建制三个阶段进行，主要开展了以下工作：一是对在押人员全面进行体表伤情检查，摸清在押人员体表伤情和致伤原因，建立和完善在押人员入所体表检查登记制度和病犯档案制度，及时掌握在押人员的身体状况，及时进行检察监督。二是清理有“牢头狱霸”行为的在押人员2207人，检察机关对其中情节严重构成犯罪的123人提起公诉。三是对看守所为追求经济利益而下达劳动指标或生产任务，让在押人员超时间超体力劳动等违规组织在押人员劳动问题进行了检查和纠正。四是对看守所普遍存在的对在押人员加餐、购买日用品价格偏高的问题，特别是存在乱收费、高价加餐、高价销售日用品问题比较突出的看守所进行清理。五是对看守所存在的无监控设施、虽有监控设施但无法正常使用、看守所医务人员不足，在押人员看病难、违反规定使用械具等问题进行整顿。六是各级检察、公安机关针对存在的突出问题，及时制定完善规章制度。最高人民检察院、公安部联合下发《关于做好派驻检察室与看守所监控联网建设工作的通知》，公安部下发了一系列确保监管安全、保障在押人员合法权益的文件。七是各级公安机关积极拓宽监督渠道，完善警务公开，广泛接受社会监督。

在各级检察、公安机关的共同努力下，看守所监管执法专项检查活动取得了较大成效。

一是各级检察、公安机关从领导到基层干警对维护监管秩序、维护在押人员合法权益重要性的认识有了明显提高。普遍认识到，做好防范和处置监管场所发生的各类事件，事关社会稳定的大局，事关政法机关的执法公信力，监管场所无小事，监管工作责任重大。进一步端正了执法思想，增强了严格执法观念和人权保障意识，增强了工作的责任心和使命感。

二是看守所监管执法活动中的一些突出问题得到了解决。通过专项活动，监管执法中存在的一些突出问题，如违规组织劳动、乱收费、高价加餐、高价销售日用品、违禁物品等在很大程度上得到清理和纠正，特别是看守所中存在的“牢头狱霸”行为得到了有效打击。各地看守所普遍建立和完善了新收押人员过渡管理制度、在押人员受虐报警制度、在押人员体表定期检查制度等一系列规章制度，切实保护在押人员生命健康权不受侵犯。有条件的看守所引入了社会医院救治体系，改善了在押人员的医疗卫生条件，在押人员的生活给养费用大幅度提高。

三是在押人员体表检查日常化，死亡事件调查处理程序进一步规范。最高人民检察院进一步完善事故报告和调查机制。看守所发生在押人员死亡事故的，当地检察机关都要立即向上一级检察机关报告，由上一级检察机关负责调查。死者家属仍对死亡原因有疑义的，省级检察院监所检察部门应参与调查。公安部要求凡发生在押人员死亡事件的，省级公安机关须在24小时内报告至公安部监管局，省级公安监管部门均应前往调查，公安部监管局视情前往调查。各地公安机关普遍对在押人员实行了日常体检制度。对身体有伤的，及时发现和登记造成损伤的时间、地点、原因、过程及伤势程度。对有严重疾病的，能够变更强制措施的及时变更强制措施，不能够变更的及时送医院治疗，积极预防和减少在押人员死亡事件的发生。

四是监管基础建设得到明显加强。一些长期

存在的监管警力不足、在押人员经费保障不到位、监管设施落后等问题,有些地方已经得到初步解决,有些地方已经拿出了解决方案,正在逐步落实。全国看守所共增加警力6211名,919个看守所安装或者升级了监控设施,249个看守所新配备了囚车。

五是检察监督职责进一步明确。各级检察机关特别是派驻检察人员进一步提高了对法律监督工作重要性的认识,进一步理顺了法律监督与公安监管、强化法律监督与强化自身监督、法律监督与社会监督的关系;监督中注意尊重在押人员人格,克服简单粗暴的工作作风;认真贯彻落实看守所检察办法,全面加强派驻检察工作规范化建设。有些地方还实行了基层院分管检察长每月驻所一天制度,有些地方调整了驻所检察室主任,增加了派驻力量,改善了办公条件。

(最高人民检察院监所检察厅　曹　锋)

“躲猫猫”事件　2009年2月12日,云南省昆明市晋宁县看守所在押人员李荞明非正常死亡。事件发生后,晋宁县公安局向李荞明家属说明李死亡原因是因为在看守所监室内与同室人员玩“躲猫猫”游戏时,头部不慎撞墙后死亡。此消息经媒体发布后引起很大反响,网络上对李荞明的死亡原因普遍提出质疑,李荞明非正常死亡事件被社会上称为“躲猫猫”事件。最高人民检察院及时派出工作组赴昆明配合云南省委进行指导和督办,协同云南省公安机关,查明李荞明自2009年1月29日被刑事拘留后,多次被同监室在押人员张厚华、张涛等人以各种借口进行殴打,致使其头部、胸部多处受伤。2009年2月8日下午,张涛、普华永等人又以玩游戏为名,用布条将李荞明眼睛蒙上进行殴打,致其头部撞墙后倒地昏迷,经送医院抢救无效于2009年2月12日死亡。案发后,张厚华、张涛、普华永等人为逃避罪责,共谋编造了李荞明系在玩游戏过程中,不慎头部撞墙致死的虚假事实。

依照有关规定,公安机关对负有监管失职责任的晋宁县公安局局长达琪明等5人予以行政处理。检察机关对负有监督不到位责任的晋宁县人民检察院驻所检察室主任赵泽云予以免职。经法院审理,张厚华等3人犯故意伤害罪分别被判处无期徒刑和有期徒刑。该看守所民警李东明犯玩忽职守罪被判处有期徒刑一年六个月,缓刑二年;苏绍录犯虐待被监管人罪被判处有期徒刑一年。

(最高人民检察院监所检察厅　曹　锋)

民事行政检察工作　2009年,各级民事行政检察部门不断加大办案力度,深化司法体制和工作机制改革,加强业务和队伍建设,为维护司法公正和司法权威、促进经济社会科学发展和社会和谐稳定做出了积极贡献。

一、切实加强了对民事行政检察工作的重视和领导。

一是各级检察院党组加强了对民事行政检察工作的研究和部署。最高人民检察院检察委员会将“民事检察监督及立法完善”作为业务学习活动的第一课,最高人民检察院检察长曹建明亲自主持。一些省级检察院党组专题听取民事行政检察工作汇报,有的召开了民事行政检察工作会议,研究部署了加强工作的举措。北京、江苏、宁夏等省级检察院主要领导亲自听取工作汇报,亲自带队调研。二是积极向党委、人大汇报民事行政检察工作,取得支持。黑龙江、山东、江西、四川、上海、辽宁、内蒙古等省级检察院向省(市)人大汇报工作,各地人大组织了集中的专题调研,出台决议或意见,要求检察机关强化法律监督,为工作的深入发展创造了良好的法制环境。三是加强了民事行政检察机构和队伍建设,增强了民事行政检察力量。根据工作职责和不断增加的工作量,各地开始研究设立更加科学合理的机构,增配人员。吉林省人民检察院民事行政检察部门调整为四个处室,该省吉林、长春等市检察院也已分设民事检察处和行政检察处。山东省人民检察院增设了民事行政检察二处。海南省两个检察分院分设了民事检察处和行政检察处。辽宁省人民检察院增设民事、行政检察机构的报告也已得到省编委批准。甘肃、湖北等近20个省级检察院开展了业务培训。四川省人民检察院加大内部监督制约力度,确保民事行政检察干警执法公正、廉洁从检。经过各级民事行政检察部门的努力,各地涌现了一大批先进集体和先进个人,在全国检察机关第七次“双先”表彰活动中,民事行政检察部门有3人被授予“模范检察官”荣誉称号,1个集体和4名个人分别荣立集体和个人一等功。

二、不断加大办案力度,抗诉和建议工作稳步发展。2009年,民事行政检察工作突出强调了办案工作，自2005年以来，首次实现了全面增长。全国共受理民事、行政申诉66020件，同比上升14.6%；立案审查41558件，同比上升15.3%；抗诉11556件，同比上升0.9%；发再审检察建议6714件，同比上升28.6%。各级法院共再审审结检察机关民事行政抗诉案件7787件，改判3026件，调解1877件，撤销原判发回重审703件，维持1710件，其他处理471件，原判改变率76.6%。法院采纳再审检察建议4691件，采纳率69.9%。山东省继续占据抗诉数量和再审检察建议数量两项办案工作第一名。广东省人民检察院带头办案，省检察院抗诉数和人均结案数均位居全国省级检察院第一。最高人民检察院民事行政检察厅受案297件，审查结案250件，其中抗诉93件，发再审检察建议1件，不抗诉41件，终止审查7件。

在抗诉和再审检察建议工作中，各级检察院一是注意维护大局，保护和关注民生。特别是通过办理一批群体性申诉案件，强化了对弱势群体的司法保护，为“保增长、保稳定、保民生”提供了有效的司法保障。如浙江湖州98名退休职工养老保险合同纠纷抗诉案，经过浙江省、湖州市两级检察机关的协调沟通，再审时双方和解，取得了较好的社会效果。二是注意将抗诉和查办相结合，积极发现隐藏在裁判不公和错误执行背后的违法犯罪线索。一些检察院建立了案件线索管理、移送机制，发现并移送了一批隐藏在虚假诉讼、虚假调解、民事执行等案件领域中的审判、执行人员违法犯罪线索及涉及伪证、合同诈骗、抽逃企业注册资金等其他刑事犯罪线索，较好地发挥了民事行政检察监督的作用。三是特别注重化解矛盾，维护社会和谐稳定。把化解矛盾纠纷贯穿办理民事、行政申诉案件的全过程，努力实现定分止争、案结事了。仅最高人民检察院民事行政检察厅2009年就先后三次派员与最高人民法院同志一道赴基层参与再审调解工作，对两起涉案金额超过1000万元的案件进行了和解，有效解决了当事人的争议。广东省人民检察院办理的某国有企业申诉的仓储合同纠纷案，法院终审判决国有企业赔偿对方2000万元，这一判决一旦执行，企业面临破产，几百名工人面临下岗。民事行政检察处办案人员多次组织双方沟通，最终对方同意减免800万元，促成和解，挽救了国有企业。

三、勇于实践，多角度、全方位加强民事行政检察监督。一是加强对调解、立案、诉讼保全措施以及执行活动的监督，取得了明显效果。四川省阿坝藏族羌族自治州人民检察院办理了全国首例针对调解的抗诉案件，法院已裁定再审。黑龙江省前移监督关口，全省检察机关出席人民法院一、二审法庭对庭审活动进行监督1550次。福建省莆田市人民检察院民事行政检察部门通过办理一起民事执行申诉案件，发现包括涉嫌受贿、滥用职权、妨碍司法、妨碍证人作证、伪造证据、抽逃资金等八起刑事犯罪案件线索，现已分别由民事行政检察部门立案或移送有关部门立案侦查。二是加强对虚假诉讼、恶意诉讼的监督。最高人民检察院民事行政检察厅承办的秦龙房地产开发公司申诉案，申诉人因参与一起调解案件的执行拍卖介入到案件中，但在执行阶段发现所谓的调解和拍卖均存在严重问题。经调查发现，该案涉及的原民事调解系一起虚假调解，执行程序也存在重大问题，因这起民事申诉案件，目前已查证贪污贿赂案件17人，渎职案件1人，其中法院涉案人员11人，涉嫌妨害作证、伪造公司印章罪9人。三是加强了行政检察监督。山东、安徽、河南、浙江等地组织探索行政执法监督工作。海南省人民检察院向省人大常委会专题汇报行政诉讼法律监督工作，全省行政检察案件的受理数和审结数同比上升了42.6%和102.9%。四是探索督促起诉、支持起诉等其他有效的监督方式。河北省怀来县人民检察院从服务“三农”、保障民生出发，创新检察工作模式，支持该县杏林堡村35户农民提起索赔诉讼，并最终获得15万元赔偿款。

四、稳步推进与民事行政检察相关的司法体制和工作机制改革。一是会同中央政法委、全国人大、最高法院等有关单位共同开展调研，初步形成了有关民事诉讼法、行政诉讼法等法律修改的意见。二是对于司法改革方案确定的列席审判委员会、违法行为调查和更换办案人等内容，积极实践落实。

五、加强机制建设，保障民事行政检察工作健康发展。最高人民检察院在西安、济南、北京先后组织召开了部分省级检察院座谈会，研究进一步加强民事行政检察工作的措施。各地认真研究业务，深化制度建设，不断提高民事行政检察工作的规范化程度。浙江省人民检察院先后制定了《关于规范民事行政抗诉裁量权的意见》和《关于民事、行政申诉案件调处工作的若干意见》。江苏省对法律文书说理工作和一体化办案模式不断进行探索，多次召开专题会议,研究推进工作的措施。

(最高人民检察院民事行政检察厅　肖正磊)

控告检察工作　2009年,各级检察机关以科学发展观为指导,把控告检察工作作为服务大局、保障民生、维护稳定、促进和谐的重要工作来抓,坚决贯彻落实中央和高检院党组的工作部署,以集中处理涉检信访积案,全力维护社会和谐稳定,确保六十周年大庆顺利进行等工作为重点,不断加大工作力度,创新工作机制,切实提高服务群众能力和排查化解社会矛盾纠纷能力,各项工作在原有基础上取得了新进展。据统计,2009年全国检察机关共办理群众来信来访421306件次。

一、认真组织开展涉检信访积案化解专项活动。一是精心部署。2009年5月18日,最高人民检察院召开电视电话会议,对专项活动进行再动员、再部署、再推动。各级检察机关认真贯彻中央部署和最高人民检察院要求,精心制定专项活动实施方案,明确专项活动的指导思想、工作原则、目标任务、阶段重点和措施方法。二是认真清理排查和复查。各级检察机关把排查清理作为专项活动的一项基础工作来抓,采取条块结合、上下结合、控告申诉部门与业务部门结合、全面与重点结合、集中排查与动态排查结合的方法,对信访积案进行拉网式排查清理。对清理排查出来的涉检信访积案,从细节和疑点入手彻底全面公正复查,从案件形成的最初原因及演变过程综合分析不息诉的症结,采取领导包案、领导接访、带案下访、联合接访、公开听证、心理咨询、司法救助等多种有效措施和办法,统筹解决法律问题、情理问题和民生问题,以艰苦细致的工作促使信访人息诉罢访。三是加强督办。最高人民检察院控告检察厅组织15个工作组30余人到案件较多的省督察指导,审查案件材料,组织联合接访,释法说理,既坚持依法公正解决群众诉求,又帮助上访群众解决生活困难问题,促进社会和谐。并要求有关检察院进京逐案汇报案件办理情况,督促各地进一步加大力度,提高息诉率。同时,控告检察厅注意掌握工作情况,每月编发一期通报,督促各地加快进度。截至年底,全国检察机关清理排查积案1395件,化解息诉1269件。四是协调办理中央有关部门交办的信访老户案件。对中央政法委交办的2批40件老户案件和中央联席会议交办的27件进京访老户案件,及时报院领导批转有关业务部门办理,加强沟通和联系,截至年底,分别办结12件和22件。目前,涉检进京访占整个涉法涉诉进京访比例,已从原来的近30%下降到了7%左右。

二、顺利完成重大、敏感时期接访维稳任务。各级检察机关认真贯彻落实中央涉法涉诉信访工作会议精神,把维护社会和谐稳定放在更加突出的位置,认真分析研判当前来访形势,制定"两会"、国庆等重大、敏感时期加强接待来访工作的具体方案,实行定岗定位定责,切实加强领导和督促检查。延长接待时间,坚持24小时值班和领导带班制度。进一步改进工作作风,深入开展文明接待活动,坚决杜绝"冷、硬、横、推"的工作态度。加强对信访隐患的排查清理,对发现的苗头性、倾向性问题和相关隐患及时分析报告,妥善处置,做到"早发现、早稳控、早报告、早处理"。

三、积极拓展服务民生的渠道与平台。一是开展驻省巡回接访。根据中央部署和最高人民检察院领导的要求,最高人民检察院控告检察厅2009年向河北、山西、内蒙古、辽宁、河南五省区派出接访工作组,履行最高人民检察院来访接待室职责,就地接待上访群众,督办信访积案。2009年9月9日至12月底,先后3批派出12名同志带队驻点接访,从有关地方检察机关抽调31人次,紧紧围绕就地接访、督办案件两项重任,认真履行职责。共接待群众来访686件807人,经督办已息诉27件。二是开通12309举报电话。2009年6月22日最高人民检察院和18个省级检察院正式开通12309举报电话,更新最高人民检察院举报网域名,使网络资源得到整合,为今后实现网上信访、方便群众反映诉求、提高信访处理效率打下重要基础。截至2009年底,最高人民检察院12309电话和网站共收到各类举报、申诉和法律咨询等147648件,比2008年全年增加了一倍多。为化解矛盾、取信于民,各级检察机关组织精干警力,认真审查群众从中反映的问题,尽快分流,及时处理。通过即时交流和处置,一些告急信访得到妥善解决,消除了不稳定因素。

四、转变作风妥善处理来信来访。一是加大交办案件处理力度。最高人民检察院控告检察厅对2006年以来的交办未结案件下发了通报,并以发函或派人督办形式,加强重要来信交办工作。全年报结289件,其中查实或部分属实的198件,占68.5%。与监察局联合督办,反映违法扣押冻结款物的案件报结 76 件,纠正 42 件,决定返还款物 700 余万元。各级检察机关积极配合开展刑事审判法律监督工作专项检查和直接立案侦查案件扣押冻结款物专项检查活动,对涉及此类问题的来信来访全部交办,并跟踪督办,确保案件取得实际效果。二是强化答复来信人的工作。自 2007 年起,最高人民检察院控告检察厅探索改进办信方式,有重点的开展对重复来信人的回复工作。2009 年,对不属于检察机关管辖的重复来信及时答复反馈 3100 件,取得了良好效果。三是规范来访接待工作。最高人民检察院控告检察厅对群众来访创新模式,将接待处置流程分为引访、安检、登记、候谈、接待、疏导劝返、特殊情况处置等环节,每个环节都安排专人负责,环环相扣,群众接待工作既高效有序,又安全顺畅。特别是进一步强化人性化接待理念,窗口形象大大提升,检群关系更加和谐。

五、以加强规范化建设促进工作长效发展。一是加强和改进举报工作。2009 年,最高人民检察院控告检察厅针对举报工作中存在的突出问题,对 1996 年的举报工作规定进行了大幅度修订,重点突出了依靠群众、方便群众,规范执法、加强监督制约,严格保护举报人合法权益等内容。印发《关于进一步加强和改进举报线索管理工作的意见》,改进举报线索分流方式,强化举报线索查处的配合与制约,严格规范举报中心的初核工作,规定交办案件的范围,进一步明确举报工作纪律。此外,在上海召开座谈会,推广上海市检察机关举报线索不立案审查的经验,推动对不立案举报线索进行事后审查工作。组织全国检察机关开展一年一度的举报宣传周活动,在宣传部门的支持下,依靠中央电视台、检察日报等各大媒体加大了宣传力度,收到了很好的社会反响和效果。二是研究制定贯彻《中央办公厅、国务院办公厅转发〈中央政法委员会关于进一步加强和改进涉法涉诉信访工作的意见〉的通知》精神的实施意见。最高人民检察院控告检察厅要求各地控告检察部门按照全国检察长会关于实现“信访工作常态化、制度化、规范化”的指示精神,通过自查、交叉检查,提出改进工作的意见和建议。同时,经调查研究、总结经验并广泛征求意见,正式印发了《检察机关贯彻〈中央政法委员会关于进一步加强和改进涉法涉诉信访工作的意见〉的实施意见》。三是研究修改文明接待室评比标准。组织 16 个省级检察院控告部门负责人分别在苏州、西安座谈,征求意见,对评比标准进行了完善。

(最高人民检察院控告检察厅)

刑事申诉检察工作　2009 年,各级刑事申诉检察部门按照全国检察长会议的部署,深入开展学习实践科学发展观活动,坚持“三个至上”和“强化法律监督,维护公平正义”的检察工作主题,不断加大办案工作力度,突出监督重点,积极探索办案机制和工作体制的改革创新,认真开展申诉、赔偿案件的源头治理,大力推进刑事被害人救助工作,促进刑事申诉检察工作不断取得新进展。

一、加大办案力度,切实维护公民合法权益

2009 年,各级刑事申诉检察部门认真贯彻落实中央会议精神和最高人民检察院工作部署,深入开展涉检信访积案化解专项活动,不断加大办案工作力度,及时受理,认真办理,实事求是地纠正错误和给予赔偿,全力维护申诉人和赔偿请求人的合法权益,促进社会稳定和谐。

从办理刑事申诉案件情况看,2009 年,全国各级检察机关受理本院管辖刑事申诉案件 5823 件,同比上升了 22.4%。其中,不服检察机关处理决定的 2727 件,占 46.8%;不服法院生效刑事判决、裁定的 3096 件,占 53.2%。从办理情况看,全国检察机关共办理各类刑事申诉案件 5661 件,办理率达 97.2%,同比上升 1.5 个百分点。其中,立案复查不服检察机关处理决定的申诉案件 1980 件,立案率为 73.3%,立案复查不服法院生效刑事判决、裁定的申诉案件 1590 件,立案率为 53.8%。复查终结刑事申诉案件 3465 件,办结率达 69.6%,同比上升 1.8 个百分点。其中,不服检察机关处理决定申诉案件复查终结后,改变原决定的 378 件,纠正率为 19.8%;不服法院生效刑事裁判申诉案件复查终结后,提出抗诉意见 233 件,提抗率为 15%。与去年同期相比,刑事申诉案件受理数上升幅度较大,案件办理数量和力度(办理率、立案复查率、办结率、提抗率等)均有所提高和加大。

从办理刑事赔偿案件情况看,2009 年,全国检察机关共受理刑事赔偿申请 936 件,同比下降 2.8%;立案办理 702 件,同比持平;给予赔偿 683 件,同比上升 0.7%。支付赔偿金 1426.74 万元,同比下降 2.9%;返还财产 809.28 万元,同比上升 21.9%。确认率为 76.4%,同比下降 0.4 个百分点;立案率为 75%,同比上升 2.1 个百分点;赔偿率为73%,同比上升2.6个百分点。2009年,全国检察机关办理不予确认审批案件111件,其中同意84件,不同意27件,审批纠正率24.3%,同比上升2.2个百分点,不予确认报批规定执行继续保持良好态势。总体看来,全年赔偿申请受理数同比有一定下降,立案数、给予赔偿数呈上升趋势,立案率、赔偿率仍然不断上升,保持良好的发展态势。

二、调整工作重心,突出监督重点

2009年,针对不服法院生效刑事裁判申诉案件所占比例不断增大的形势,各地及时调整工作重心,加大办案力量投入,对于原审裁判确有错误的案件,提出监督意见。2009年,不服法院生效刑事裁判申诉案件的办理数和立案复查数同比上升了12.4%和15.2%;经复查对于原审裁判存在错误的案件提出抗诉意见的案件数同比上升了54.2%;提抗率上升了4.6%,达15%。在加大办案力度的同时,各地还突出了对申诉案件背后的司法腐败问题的查处。最高人民检察院刑事申诉检察厅派员指导,四川省人民检察院和内江市人民检察院共同监督的公安干警陈文、罗康国徇私舞弊案,两被告均被判处有期徒刑,取得了良好的法律效果和社会效果。云南省人民检察院办理的宋庆芳申诉案,通过检察建议启动法院再审,将申诉人从死缓改判为无罪,受到最高人民检察院的通报表扬。

三、探索完善办案程序,创新工作机制

2009年,最高人民检察院将探索完善不服法院生效刑事裁判申诉案件办理程序问题列为司法改革项目,刑事申诉检察厅会同有关业务部门进行了调研论证,并发出通知,在江西、湖南、四川、云南等省开展办案程序调整探索试点工作,提出了新的工作要求,为理顺和完善办案程序提供实践经验。2009年8月中旬,最高人民检察院刑事申诉检察厅在山东省召开十六个省市参加的"生效刑事裁判申诉办理工作座谈会",就理顺和完善案件办理程序问题进行研讨,征求意见。从工作开展情况看,试点工作进展顺利,其中云南、四川等省的部分分州市检察院已成功办理多起由刑事申诉检察部门提起抗诉并出席再审法庭的申诉案件。

四、充分发挥职能作用,积极参加专项活动

2009年,各地检察机关刑事申诉检察部门按照最高人民检察院统一部署,注意发挥对内对外监督制约职能作用,积极参加最高人民检察院组织的刑事审判监督专项检查活动和扣押冻结款物专项清理活动。各级检察院刑事申诉检察部门对2008年立案复查的不服生效刑事裁判申诉案件全部进行了自查、互查,对发现可能存在问题的案件提出了纠正意见或进行深入检查。最高人民检察院刑事申诉检察厅先后派出专门人员参加督导组或检查组,对各地"专项活动"开展情况进行抽查、督导和检查。各地刑事申诉检察部门选派专人参加清理扣押冻结款物专项活动,为促进专项活动的深入开展发挥了应有的职能作用。

最高人民检察院刑事申诉检察厅积极承办了中央政法委交最高人民检察院办理的涉检申诉案件11件。领导包案办理,做到亲自接待信访人、亲自阅卷核实证据、亲自协调督办、亲自审查结案报告、亲自参与息诉罢访协调工作,确保在规定的时间内,达到"案结事了,息诉罢访"的包案目标。

五、开展源头治理,建立申诉、赔偿预防工作长效机制

2009年,各地控告申诉检察部门注重发挥主观能动性,不断拓展自身职能,将工作关口前移,加强与内部相关业务部门的配合,以检察机关的整体力量,从源头上预防和减少涉检信访案件的发生。广东省人民检察院探索刑事申诉检察部门与侦查监督部门、公诉部门以及检察机关自侦部门联席会议制度,江苏省检察机关推出的"零申诉"措施及四川省检察机关试行的不捕案件答疑说理机制等。山东省人民检察院组织召开了本省检察机关涉检信访评估预警工作经验交流会,总结交流了开展此项工作的成功经验,并研究制定了会议纪要下发全省,供本省各级检察院贯彻执行。这些探索和实践在有效预防和减少涉检信访案件方面均取得了显著效果,为制定全国统一的工作规定打下了坚实的基础。

六、积极参与国家赔偿法修改,不断完善刑事赔偿制度

2009年是国家赔偿法修改的重要一年,各地刑事申诉检察部门结合工作实际,提出了许多有益的意见和建议。最高人民检察院刑事申诉检察厅在总结各地修改建议和听取本院各内设机构意见的基础上,在全国人大常委会法制工作委员会组织召开的五次修改座谈会上,全面表达了检察机关对国家赔偿法的修改意见,并两次提交了对国家赔偿法修正案草案进行修改完善的书面意见。同时,刑事申诉检察厅还着手贯彻实施国家赔偿法修正案的

准备工作，积极开展了修改人民检察院刑事赔偿工作规定的调研工作。在参与国家赔偿法修改工作中，各省级检察院控申检察部门积极行动，认真组织开展修改调研工作，及时全面反映存在的问题和修改意见，提出的修改意见切实可行，为国家赔偿法的修改发挥了积极作用。一些省级检察院按照最高人民检察院刑事申诉检察厅要求，先行部署开展《人民检察院刑事赔偿工作规定》修改调研工作，为下一步的修改调研工作打下了良好基础。

七、开拓进取，大力推进刑事被害人救助工作

2009 年 3 月，中央政法委会同最高人民法院、最高人民检察院等八个部门联合制定下发了《关于开展刑事被害人救助工作的若干意见》（以下简称《若干意见》）。为贯彻落实《若干意见》精神，2009 年 4 月，最高人民检察院下发了《关于检察机关贯彻实施〈关于开展刑事被害人救助工作的若干意见〉有关问题的通知》（以下简称《通知》），要求各地检察机关全面开展刑事被害人救助工作。《通知》下发以来，各地检察机关普遍给予重视，认真部署开展刑事被害人救助工作，实际救助了一批刑事被害人。据统计，2009 年，全国检察机关共救助刑事被害人及其近亲属 285 人，救助金额 666.877 万元。检察机关开展的刑事被害人救助工作，对于帮助刑事被害人及其近亲属克服生活困难，恢复正常生活，保障公正执法，消除化解社会矛盾，减少涉法涉诉上访，推进社会主义和谐社会建设，发挥了积极作用，也得到了社会各界的支持和认可，收到了良好的法律效果和社会效果。

（最高人民检察院刑事申诉检察厅　肖亚军）

铁路运输检察工作　2009 年，全国铁路运输检察机关以“保增长、保民生、保稳定”为主线，围绕铁路运输安全、稳定和发展，深入践行“强化法律监督、维护公平正义”的检察工作主题，强化专门检察工作职能，突出重点，整体推进，铁路运输检察各项工作取得了较好成绩，为铁路和谐、稳定和发展作出了积极贡献。

一、以科学发展观为指导，服务大局，认真履行法律监督职责，为促进铁路经济平稳较快发展创造良好法治环境

（一）根据铁路治安形势的动向和铁路重点工作的需要，积极组织开展铁路运输检察专项工作。一是开展集中打击倒买倒卖车票犯罪的专项行动。2009 年春运期间，最高人民检察院铁路运输检察厅下发《关于开展依法集中打击涉票犯罪专项行动，保障春运秩序的通知》，要求严打涉票犯罪，保障春运安全、稳定。各级铁路运输检察机关集中打击那些犯罪数额大、危害严重的涉票犯罪和内外勾结、有组织的涉票犯罪，共批捕涉票犯罪嫌疑人 275 人，同比上升 23.87%。在打击同时，铁路运输检察机关积极参加涉票犯罪综合治理工作，向铁路有关部门发出检察建议，敦促铁路部门加强内部票务管理工作。二是适应铁路大建设形势需求，在铁路重点工程项目中大力推进预防职务犯罪工作。各级铁路运输检察机关立足职能，强化预防措施，对各自管内铁路重点工程项目开展了预防职务犯罪工作。对涉及跨省区和铁路局的铁路工程，最高人民检察院铁路运输检察厅牵头组织有关铁路运输检察分院开展联合预防工作。继武广、桂广、哈大等新建铁路开展专项预防工作之后，对兰州、太原、西安铁路运输检察分院联合在太中银铁路开展预防职务犯罪工作经验进行了总结和推广。铁路运输检察机关还积极扩展法律监督服务范围，组织开展了涉铁重大安全事故专题调研，通过调研加强了工程生产安全方面的预防工作。

（二）坚持宽严相济，强化监督，严厉打击各类刑事犯罪活动。各级铁路运输检察机关成立了维护铁路运输秩序安全稳定应急小组，分别制定强化维护安全稳定工作的具体措施，全面加强铁路运输检察机关维护铁路安全稳定工作。各级铁路运输检察机关与公安、法院等部门密切配合，重点对危害运输安全、危害运营秩序、倒卖车票、贩卖毒品、盗窃铁路物资和侵害旅客生命财产等犯罪进行了严厉打击。2009 年，全国铁路运输检察机关批准逮捕各类犯罪嫌疑人 6160 人，提起公诉 6869 人。各级铁路运输检察机关注意运用宽严相济的刑事司法政策，减少社会对抗，提高执法的社会效果。依法不批捕 553 人，依法不起诉 260 人。积极推进落实职务犯罪案件审查逮捕程序改革工作。

（三）深入查办职务犯罪，全力推进铁路反腐败斗争深入开展。各级铁路运输检察机关重点查办发生在铁路工程建设、物资采购、铁路车皮、车票等重点领域中职务犯罪案件。立案侦查贪污贿赂案件 273 件 316 人。其中大案 174 件，要案 28 件。立案侦查渎职侵权案件 13 件 15 人。通过办案，为国家挽回直接经济损失 6205 万元。办案中，各级铁

路运输检察机关注重办案政治效果、法律效果和社会效果的统一。办案中严格执行法律和上级检察机关各项规定,认真落实办案安全规定,有效杜绝了办案安全事故的发生。

(四)以开展专项法律监督活动为契机,诉讼监督工作的薄弱状况有所改善。监督公安机关立案48件,监督纠正不应当立案而立案14件,监督纠正检察机关内部立案侦查职务犯罪案件9件。退回补充侦查犯罪嫌疑人2074人,追捕17人,追诉54人。强化审判监督工作,全年提出刑事二审和再审抗诉案件25件。认真开展刑事审判法律监督专项检查活动。强化刑罚执行和监管活动监督。针对铁路看守所刑事、行政拘留混管混押,发生在押人员非正常死亡事故等问题,最高人民检察院铁路运输检察厅与铁道部公安局联合开展了铁路看守所安全专项检查,督促纠正解决了一些苗头问题。共向看守所提出纠正违法情况72人次,监督监外执行罪犯584人次。为加强对铁路看守所检察监督,继续推行铁路运输检察机关24小时驻所检察机制。认真做好控告申诉和信访接待工作。共接待来信来访1149件次,受理举报、控告1082件,受理当事人不服检察机关处理决定申诉20件。接待人民群众的申诉上访,积极主动化解矛盾,接待处理群众申诉164件。

二、铁路运输检察机关队伍建设和基层检察院建设工作得到进一步加强

一是认真学习十七大、十七届四中全会精神,深入学习实践科学发展观和"大学习、大讨论"活动。铁路运输检察干警受到普遍教育,以人为本、执法为民的执法观和理性、平和、文明、规范的执法理念得到牢固树立。二是进一步加强领导班子建设。坚持领导干部重大事项报告、述职述廉、任职前双重谈话、诫勉谈话、上级检察院派员参加下级检察院民主生活会等制度。建立了领导干部廉政档案,加强对领导干部执行"六个严禁"规定的监督检查,优化了部分基层检察院领导班子结构。最高人民检察院铁路运输检察厅组织3个检察分院检察长向最高人民检察院、铁道部等部门进行了述职述廉。三是广泛开展了以提高执法技能为核心的业务培训和岗位练兵。各级铁路运输检察院始终坚持学习型检察院建设思路,深入贯彻最高人民检察院《2009—2013年大规模推进检察教育培训工作的实施意见》,制定培训计划,积极组织开展全员培训。一些铁路运输检察院加强与地方大专院校的联系,建立了检学共建关系。一些干警还被列为省级检察业务专家型人才。最高人民检察院铁路运输检察厅结合工作实际,先后举办了铁路运输检察系统侦查监督、监所检察业务和侦查、预防工作培训班。四是信息化建设和检务保障建设有了新的进展。在铁路部门的支持下,铁路运输检察机关的经费保障、基础设施建设、科技强检等方面有了进一步改善。最高人民检察院铁路运输检察厅组织的铁路运输检察机关代表队在全国检察机关信息化应用竞赛中,夺得检察技术组第一名和检察业务人员组竞赛第八名的好成绩。

(最高人民检察院铁路运输检察厅　束纯剑)

预防职务犯罪工作　2009年,全国检察机关各级预防部门以党的十七大、十七届四中全会精神为指导,深入贯彻落实科学发展观,按照全国检察机关第三次预防职务犯罪工作会议精神和最高人民检察院《关于加强和改进预防职务犯罪工作的意见》,切实增强责任感、使命感,努力从更高起点、更高层次、更高水平上加强和改进预防职务犯罪工作,为促进惩治和预防腐败体系建设发挥了积极作用。

一、召开全国检察机关第三次预防职务犯罪工作会议,预防工作步入新的阶段

2009年5月,最高人民检察院召开了全国检察机关第三次预防职务犯罪工作会议,明确了预防工作的职能定位、基本要求和工作重点,廓清了长期困扰预防工作发展的主要问题。最高人民检察院还制定下发了《关于加强和改进预防职务犯罪工作的意见》,为预防工作指明了发展方向。

各级检察机关把学习贯彻全国检察机关第三次预防职务犯罪工作会议精神作为一项重要工作来抓,有22个省级检察院召开预防工作会议对会议精神作了集中传达贯彻,还有一些省份及时把会议精神向当地党委负责同志作了专门汇报,得到党委领导的充分肯定。通过学习贯彻会议精神,调动了各方积极性,为预防工作营造了良好的氛围,一些制约预防工作发展的机构、人员、装备等问题得到一定的重视解决。

二、围绕大局,切实服务中心工作

各级预防部门牢固树立大局观念,立足检察职能,积极服务中心工作、紧密配合执法办案,取得新的进展。

一是积极服务"保民生、保增长、保稳定"的工作大局。最高人民检察院职务犯罪预防厅于2009年发出通知，要求各地预防部门主动与当地发改委、财政等部门取得联系，了解扩大内需确定的项目和投资的总体状况、本地区的具体项目名称、投资数额、主管单位和管理方式、建设进程，对可能发生犯罪隐患的环节、部位加强预防。

二是在工程建设领域突出问题专项治理工作中发挥积极作用。最高人民检察院职务犯罪预防厅下发了《关于积极参加工程建设领域突出问题专项治理工作的通知》和《关于推进工程建设领域项目信息公开和诚信体系建设工作有关事项的通知》，对预防部门参与专项治理作出具体部署。一年来，各级检察机关协助有关方面，开展工程建设项目预防10457项，数额达70835亿元。北京市石景山区人民检察院在首钢搬迁、上海和浙江检察机关在洋山深水港建设、青岛市人民检察院在奥帆工程、江苏省泰州市人民检察院在泰州电厂等工程中，都因对策措施选择准确到位，获得较好效果。吉林省长春市人民检察院针对工程项目招投标中的腐败问题，探索确立了"无标底合理低价中标法"，具有较好的推广应用价值。最高人民检察院职务犯罪预防厅由于配合协助国务院三峡建委监察局做好三峡工程移民资金监管的预防工作，使资金安全有效使用，2009年被评为三峡工程建设资金监管工作先进集体。

三是积极配合最高人民检察院的部署，在深入查办危害能源资源和生态环境渎职失职犯罪专项工作和深入查办涉农职务犯罪工作中，有针对性地开展预防工作，增强专项工作效果。江苏省人民检察院结合查办的环保部门渎职犯罪案件，向省环保厅提出预防建议，被采纳后成效明显，并得到省领导的高度重视。最高人民检察院针对渎职犯罪预防薄弱的情况，加强引导，及时总结推广江苏省人民检察院的做法，促进打防结合，推动专项工作取得法律效果、政治效果和社会效果的有机统一。

三、认真履行职责，各项业务工作扎实推进

各级预防部门认真执行《人民检察院预防职务犯罪工作规则(试行)》，进一步规范工作程序，提升工作质量，使预防工作的专业化程度显著提高。

一是及时发现和移送职务犯罪线索，以防助打。全年共发现和处置职务犯罪线索3945件，其中发现贪污贿赂犯罪线索3305件，发现渎职侵权犯罪线索640件。办案部门从中立案2343件，立案率达59%。其中贪污贿赂类立案1979件，渎职侵权类立案364件。有力地增强了检察机关自主发现、查办案件的能力，拓宽了法律监督的渠道。

二是全面开展犯罪分析，对犯罪特点规律的把握更加深入。通过查阅案件卷宗，走访发案单位，讯问犯罪嫌疑人等，主动查找犯罪的主客观原因，进行典型职务犯罪案例剖析11601次。江西省人民检察院组成国土资源系统职务犯罪调研组，对今年查处的13起国土资源系统职务犯罪案件，经过两个多月的深入调研，形成了《江西省国土资源系统职务犯罪特点、具体表现形式、原因和预防对策》报告，具有较强的参考价值。广东省人民检察院职务犯罪预防处对质量技术监督系统职务犯罪状况进行了调查分析，并从中归纳提出质量技术监督系统易发腐败风险的主要环节和表现形式。

充分运用犯罪分析的结果，开展有针对性的警示宣传教育26535次，有418万余名公职人员受到教育。江西都昌县人民检察院一堂警示课促使11名供电职工退回15万元电费。

三是努力消除犯罪隐患，适时提出预防建议。结合办案共提出预防建议15149件，被有关部门采纳13007件，采纳率86%；提出预防咨询24558次，被采纳22024件。其中，针对多发、易发行业、部门、单位的建议和咨询均受到有关方面的重视肯定。职务犯罪预防厅针对河北矿难中发生的35个新闻单位、51名记者收取"封口费"问题，开展犯罪分析。江苏省南通市人民检察院结合查办的首例大学生村官挪用公款案，认真剖析原因，并向南通市委组织部提出预防建议。

四是配合相关部门强化内控机制建设富有成效。采取多种措施和形式，共协助、促进有关单位建立健全内控制度51851项，纠正违法7693件。

四、完善功能，行贿犯罪档案查询工作取得新突破

2009年，最高人民检察院对《最高人民检察院关于行贿犯罪档案查询工作暂行规定》作了修改，下发了《最高人民检察院关于行贿犯罪档案查询工作规定》，将查询范围从过去五个系统和领域扩展到所有行贿犯罪。职务犯罪预防厅认真贯彻这一规定，对行贿犯罪档案查询系统软件进行研发升级，分为行贿犯罪档案录入和查询、受贿犯罪档案录入和查询、行贿行为信息录入和查询、综合统计

分析四个模块,使有对应关系的行贿和受贿案件档案实现关联存储,实现了对行贿犯罪、受贿犯罪、行贿行为的多角度统计量化分析,进而从行业、部位、区域等角度强化动态、趋势分析和预测,把握职务犯罪权钱交易的核心形态和趋势,以技术手段为加强查处提供指引,为提出预防对策提供依据,促进预防工作的深化和职能发挥。全年共受理行贿犯罪档案查询48238次,涉及被查询单位217626家,被查询个人170703人。其中,对有行贿犯罪记录的502家单位,591名个人,均由有关行业主管(监管)部门和业主单位作了相应处置。

五、整合资源,不断健全预防工作机制

各级预防部门,紧贴职能,积极推动建立健全预防职务犯罪内外协调机制,搭建工作平台,努力促进预防工作合力的形成。

一是加强与国家预防腐败局及中央有关部门的联系协作,把预防工作纳入反腐败总体格局和惩治预防腐败体系。

二是积极做好最高人民检察院预防职务犯罪联席会议相关工作。预防职务犯罪联席会议机制基本做到了组织机构落实,运作较为规范,内容具体明确,为预防工作的深化发展奠定了必要的组织基础。同时,各省和分市检察院也普遍建立了预防职务犯罪联席会议制度,积极把预防工作纳入党委领导下的反腐败总体格局,初步形成了网络化的预防格局。目前,全国已有12个省、321个地(市)、2181个县(区)建立了预防职务犯罪工作领导小组(指导委员会),加强了与地方纪检、监察等部门的配合联系。

三是积极推进侦防一体化机制建设。职务犯罪预防厅积极指导各地对侦防一体化工作机制开展研究,及时转发山东省荷泽市牡丹区人民检察院惩防结合和广州市人民检察院公诉部门运用检察建议为企业服务的做法,并要求各地结合最高人民检察院部署的专项工作进行探索和实践。目前,许多省已出台了关于侦防一体化机制建设的规范化文件,实行以打促防、以防助打,打防结合,惩防联动局面在部分地方已经初步形成。

六、夯实基础,队伍专业化建设进一步加强

各级预防部门适应工作发展需要,针对工作中存在的问题和薄弱环节,采取各种措施,不断强化工作基础,提高规范化水平。一是强化思想政治建设。以学习贯彻全国检察机关第三次预防工作会议精神为契机,深入学习党的十七届四会精神,强化政治感、责任感和使命感,增强忧患意识,进一步坚定了理想信念,振奋了精神。同时,认真学习和执行最高人民检察院制订的《检察官职业道德规范》,做到令行禁止。二是强化业务培训。举办了全国检察机关第五期预防业务培训班,有针对性地对省级检察院预防处长进行了专门培训。各地结合学习贯彻全国检察机关第三次预防工作会议精神,普遍加大了业务培训力度,进一步提高预防干警的专业素质和技能。三是加强自身检查监督。普遍对落实《人民检察院预防职务犯罪工作规则(试行)》情况进行了专项检查,有力促进和规范了工作。针对工程建设预防中的突出问题,职务犯罪预防厅制订下发了《关于加强和规范涉及工程建设项目的预防职务犯罪工作的意见》,并在全国检察机关第三次预防工作会议上作出专门安排,从启动条件、工作程序、内容和纪律上加强对预防部门的自身监督制约。

(最高人民检察院职务犯罪预防厅)

全国检察机关第三次预防职务犯罪工作会议

2009年5月25日至26日,最高人民检察院在北京召开了全国检察机关第三次预防职务犯罪工作会议。会议的主要任务是:全面贯彻党的十七大和十七届三中全会精神,深入贯彻落实科学发展观,认真落实胡锦涛总书记等中央领导同志关于完善惩治和预防腐败体系以及对检察工作的一系列重要指示,总结2005年以来的预防职务犯罪工作,研究部署当前和今后一个时期的主要任务,努力开创检察机关预防职务犯罪工作新局面。最高人民检察院检察长曹建明出席会议并讲话。最高人民检察院副检察长张耕、邱学强、孙谦,最高人民检察院政治部主任张常韧,中央纪委驻最高人民检察院纪检组组长莫文秀,最高人民检察院检察委员会专职委员王建明出席会议。最高人民检察院副检察长王振川主持会议并作了题为《以科学发展观为指导,全面加强和改进预防职务犯罪工作》的工作报告。北京、上海、黑龙江、江苏、福建等5个省(市)检察院检察长和军事检察院检察长作了大会发言。各省级检察院分管预防职务犯罪工作的副检察长及预防处处长,最高人民检察院厅级单位主要负责同志参加了会议。中央纪委、中央政法委、全国人大内司委、最高人民法院、公安部、司法部、国家预防腐败局和中国犯罪学学会等有关方面负责同志应邀出席了会议。

会议认为,2005年第二次预防职务犯罪工作会议以来,全国检察机关认真贯彻党中央关于党风廉政建设和反腐败斗争的总体部署,立足检察职能,在依法惩治职务犯罪的同时,结合执法办案工作,深入分析犯罪原因,积极提出预防建议,广泛开展预防咨询、宣传和警示教育,推行行贿犯罪档案查询,着力完善预防工作机制,创新预防工作方法,推动预防职务犯罪工作取得新的明显成效。各级检察机关预防职务犯罪部门和广大从事预防工作的检察人员,在相关职能部门的配合支持下,认真履行职责,开拓进取,扎实工作,为加强职务犯罪预防、促进反腐倡廉建设付出了艰苦努力,作出了积极贡献。

会议指出,当前,我国正处于改革发展的关键阶段,党风廉政建设和反腐败斗争面临许多新情况新问题,惩治和预防腐败的任务重要而紧迫。检察机关预防职务犯罪工作,是反腐败斗争的重要组成部分。必须从深入贯彻落实科学发展观、服务党和国家工作大局的高度,充分认识新形势下加强和改进检察机关预防职务犯罪工作的重要性和紧迫性。

会议指出,检察机关预防职务犯罪工作,是党和国家反腐倡廉建设总体格局的重要方面,是惩治和预防腐败体系的重要组成部分,是检察机关惩治职务犯罪工作的必然延伸,是法律监督职能的重要内容。其基本职责是:立足检察职能,结合执法办案,分析职务犯罪原因及其规律,提出预防职务犯罪的对策和措施,促进从源头上遏制和减少职务犯罪。工作的主要方式方法是,结合执法办案,分析研究管理和制度等方面的漏洞,向发案单位提出预防建议并协助堵漏建制;在深入调研的基础上,向党委、人大、政府以及相关主管部门提出职务犯罪状况调查报告和对策建议;开展预防咨询、宣传和警示教育;建立职务犯罪信息库,开发和管理行贿犯罪档案查询系统并受理社会查询等。各级检察机关必须准确把握和始终坚持预防工作的职能定位,认真总结实践经验,深入探索工作规律,努力从更高起点、更高层次、更高水平上推动检察机关预防职务犯罪工作健康深入发展。为此,要在实践中牢牢把握以下几点:一是必须坚持党委统一领导,在推进惩治和预防腐败体系建设中发挥检察机关惩治和预防职务犯罪的职能作用。二是必须围绕中心、服务大局,始终把检察机关预防职务犯罪工作置于党和国家工作大局中开展。三是必须坚持立足检察职能,紧密结合执法办案开展预防职务犯罪工作。四是必须统筹兼顾、协调配合,增强预防职务犯罪工作的合力和整体效果。

会议要求,党中央颁布的《建立健全惩治和预防腐败体系2008—2012年工作规划》,对扎实推进惩治和预防腐败体系建设作出了总体部署。各级检察机关要结合实际,全面贯彻落实《工作规划》,按照最高人民检察院制定的《关于加强和改进预防职务犯罪工作的意见》的要求,扎实做好今后一个时期的预防职务犯罪工作。一是围绕中央推动科学发展重大决策部署的贯彻落实加强职务犯罪预防工作。二是围绕人民群众反映强烈的突出问题加强职务犯罪预防工作。三是围绕职务犯罪易发多发的领域加强预防工作。四是围绕惩治和预防腐败体系建设加强职务犯罪预防工作。

会议强调,要以科学发展观为指导,推动预防职务犯罪工作健康深入发展。一要切实加强对预防职务犯罪工作的组织领导。二要高度重视对预防职务犯罪工作的监督制约。三要建立健全预防职务犯罪工作机制。四要大力加强职务犯罪预防队伍建设。五要不断夯实预防职务犯罪工作基础。

（最高人民检察院职务犯罪预防厅）

司法解释工作 2009年,最高人民检察院单独或者联合其他单位制发了一批司法解释和司法解释性文件。这些司法解释和司法解释性文件紧紧围绕党和国家工作大局,以维护社会稳定、促进经济发展、保障民生、推动反腐倡廉建设作为重点内容,着力研究解决司法实践中亟须解决、广大人民群众关注的法律适用问题,对于加强对全国检察机关适用法律的宏观指导,统一执法标准,规范执法行为发挥了重要作用,取得了良好的政治效果、法律效果和社会效果。

一、司法解释

（一）《最高人民法院、最高人民检察院关于办理生产、销售假药、劣药刑事案件具体应用法律若干问题的解释》(法释〔2009〕9号)

经2009年1月5日最高人民法院审判委员会第1461次会议、2009年2月24日最高人民检察院第十一届检察委员会第十次会议通过,最高人民法院、最高人民检察院制发了《关于办理生产、销售假

药、劣药刑事案件具体应用法律若干问题的解释》,自2009年5月27日起施行。该解释主要明确了以下刑法适用问题:

1.《解释》第一条明确了生产、销售假药,具有下列情形之一的,应认定为刑法第一百四十一条规定的"足以严重危害人体健康":(1)依照国家药品标准不应含有有毒有害物质而含有,或者含有的有毒有害物质超过国家药品标准规定的;(2)属于麻醉药品、精神药品、医疗用毒性药品、放射性药品、避孕药品、血液制品或者疫苗的;(3)以孕产妇、婴幼儿、儿童或者危重病人为主要使用对象的;(4)属于注射剂药品、急救药品的;(5)没有或者伪造药品生产许可证或者批准文号,且属于处方药的;(6)其他足以严重危害人体健康的情形。

同时,《解释》第二条和第三条还明确了刑法第一百四十一条规定的生产、销售假药罪"对人体健康造成严重危害"和"对人体健康造成特别严重危害"和刑法第一百四十二条规定的生产、销售劣药罪"对人体健康造成严重危害"、"后果特别严重"的具体情形。

2.《解释》第四条明确了医疗机构知道或者应当知道是假药、劣药而使用或者销售,符合该解释第一条、第二条或者第三条规定标准的,以销售假药罪或者销售劣药罪追究刑事责任。

3.《解释》第五条明确了生产、销售假药罪或者生产、销售劣药罪共犯的具体情形,即:知道或者应当知道他人生产、销售假药、劣药,而有下列情形之一的,以生产、销售假药罪或者生产、销售劣药罪等犯罪的共犯论处:(1)提供资金、贷款、账号、发票、证明、许可证件的;(2)提供生产、经营场所、设备或者运输、仓储、保管、邮寄等便利条件的;(3)提供生产技术,或者提供原料、辅料、包装材料的;(4)提供广告等宣传的。

4.《解释》第六条、第七条还分别明确规定了实施生产、销售假药、劣药犯罪同时构成生产、销售伪劣产品,侵犯知识产权,非法经营,非法行医,非法采供血等犯罪的,依照处罚较重的规定定罪处罚;在自然灾害、事故灾难、公共卫生事件、社会安全事件等突发事件发生时期,生产、销售用于应对突发事件药品的假药、劣药的,依法从重处罚。

(二)《最高人民法院、最高人民检察院关于办理妨害信用卡管理刑事案件具体应用法律若干问题的解释》(法释〔2009〕19号)

经2009年10月12日最高人民法院审判委员会第1475次会议、2009年11月12日最高人民检察院第十一届检察委员会第二十二次会议通过,最高人民法院、最高人民检察院制发了《关于办理妨害信用卡管理刑事案件具体应用法律若干问题的解释》,自2009年12月16日起施行。该解释主要明确了以下刑法适用问题:

1.《解释》第一条明确了刑法第一百七十七条第一款第(四)项规定的"伪造信用卡"包括"复制他人信用卡、将他人信用卡信息资料写入磁条介质、芯片或者以其他方法伪造信用卡一张以上"和"伪造空白信用卡十张以上"的情形。同时明确规定了伪造信用卡"情节严重"和"情节特别严重"的具体数量标准。

2.《解释》第二条明确了刑法第一百七十七条之一第一款妨害信用卡管理罪第(一)项所规定的"明知是伪造的空白信用卡而持有、运输""数量较大"和第(二)项所规定的"非法持有他人信用卡""数量较大"的具体标准,分别是:"明知是伪造的信用卡而持有、运输十张以上不满一百张"和"非法持有他人信用卡五张以上不满五十张"的情形。

《解释》第二条还明确了刑法第一百七十七条之一第一款妨害信用卡管理罪所规定的"数量巨大"的标准,具体是:(1)明知是伪造的信用卡而持有、运输十张以上的;(2)明知是伪造的空白信用卡而持有、运输一百张以上的;(3)非法持有他人信用卡五十张以上的;(4)使用虚假的身份证明骗领信用卡十张以上的;(5)出售、购买、为他人提供伪造的信用卡或者以虚假的身份证明骗领的信用卡十张以上的。

3.《解释》第三条明确了刑法第一百七十七条之一第二款窃取、收买、非法提供信用卡信息罪的具体适用标准,即窃取、收买、非法提供他人信用卡信息资料,足以伪造可进行交易的信用卡,或者足以使他人以信用卡持卡人名义进行交易,涉及信用卡一张以上不满五张的,以窃取、收买、非法提供信用卡信息罪定罪处罚;涉及信用卡五张以上的,认定为刑法第一百七十七条之一第一款规定的"数量巨大"。

4.《解释》第五条、第六条分别明确了刑法第一百九十六条信用卡诈骗罪所规定的"使用伪造的信用卡、使用以虚假的身份证明骗领的信用卡、使用作废的信用卡或者冒用他人信用卡"型信用卡诈骗行为以及“恶意透支”型信用卡诈骗行为成立信用卡诈骗罪的“数额较大”、“数额巨大”、“数额特别巨大”的具体标准。

《解释》第五条、第六条还明确了刑法第一百九十六条信用卡诈骗罪所规定的“冒用他人信用卡”、“恶意透支”和“以非法占有为目的”的具体情形。

《解释》第六条第五款还明确，恶意透支应当追究刑事责任，但在公安机关立案后人民法院判决宣告前已偿还全部透支款息的，可以从轻处罚，情节轻微的，可以免除处罚。恶意透支数额较大，在公安机关立案前已偿还全部透支款息，情节显著轻微的，可以依法不追究刑事责任。

5.《解释》第七条明确了违反国家规定，使用销售点终端机具（POS 机）等方法，以虚构交易、虚开价格、现金退货等方式向信用卡持卡人直接支付现金情节严重的行为，适用刑法第二百二十五条以非法经营罪定性追究，并规定了具体的定罪量刑标准。

6.《解释》第八条还规定，单位实施该解释第一条、第七条规定的伪造金融票证罪、非法经营罪，与自然人实施伪造金融票证罪、非法经营罪执行同一定罪量刑标准。

（三）《最高人民法院、最高人民检察院关于执行〈中华人民共和国刑法〉确定罪名的补充规定（四）》（法释〔2009〕13 号）

经 2009 年 9 月 21 日最高人民法院审判委员会第 1474 次会议、2009 年 9 月 28 日最高人民检察院第十一届检察委员会第二十次会议通过，最高人民法院、最高人民检察院发布了《关于执行〈中华人民共和国刑法〉确定罪名的补充规定（四）》（以下简称《罪名补充规定（四）》），自 2009 年 10 月 16 日起施行。

这一补充规定是针对 2009 年 2 月 28 日颁布施行的《中华人民共和国刑法修正案（七）》（以下简称《刑法修正案（七）》）的罪名适用而作出的。《罪名补充规定（四）》根据《刑法修正案（七）》对刑法原条文的修正情况，增加了 9 个新罪名，修改了 4 个原有罪名。

1. 新增加的 9 个罪名：（1）“利用未公开信息交易罪”（《刑法修正案（七）》第二条第二款，刑法第一百八十条第四款）；（2）“组织、领导传销活动罪”（《刑法修正案（七）》第四条，刑法第二百二十四条之一）；（3）“出售、非法提供公民个人信息罪”（《刑法修正案（七）》第七条第一款，刑法第二百五十三条之一）；（4）“非法获取公民个人信息罪”（《刑法修正案（七）》第七条第二款，刑法第二百五十三条之一）；（5）“组织未成年人进行违反治安管理活动罪”（《刑法修正案（七）》第八条，刑法第二百六十二条之二）；（6）“非法获取计算机信息系统数据、非法控制计算机信息系统罪”（《刑法修正案（七）》第九条第一款，刑法第二百八十五条第二款）；（7）“提供侵入、非法控制计算机信息系统程序、工具罪”（《刑法修正案（七）》第九条第二款，刑法第二百八十五条第三款）；（8）“伪造、盗窃、买卖、非法提供、非法使用武装部队专用标志罪”（《刑法修正案（七）》第十二条第二款，刑法第三百七十五条第三款）；（9）“利用影响力受贿罪”（《刑法修正案（七）》第十三条，刑法第三百八十八条之一）。

2. 修改的 4 个罪名：（1）“走私国家禁止进出口的货物、物品罪”（《刑法修正案（七）》第一条，刑法第一百五十一条第三款），相应取消原罪名“走私珍稀植物、珍稀植物制品罪”；（2）“逃税罪”（《刑法修正案（七）》第三条，刑法第二百零一条），相应取消原罪名“偷税罪”；（3）“妨害动植物防疫、检疫罪”（《刑法修正案（七）》第十一条，刑法第三百三十七条第一款），相应取消原罪名“逃避动植物检疫罪”；（4）“非法生产、买卖武装部队制式服装罪”（《刑法修正案（七）》第十二条，刑法第三百七十五条第二款），相应取消原罪名“非法生产、买卖军用标志罪”。

（四）《最高人民检察院关于公证员出具公证书有重大失实行为如何适用法律问题的批复》（高检发释字〔2009〕1 号）

该批复于 2009 年 1 月 6 日由最高人民检察院第十一届检察委员会第七次会议通过，自 2009 年 1 月 7 日起施行。这一司法解释是针对甘肃省人民检察院的请示而作出的，明确了《中华人民共和国公证法》施行以后，公证员在履行公证职责过程中，严重不负责任，出具的公证书有重大失实，造成严重后果的，依照刑法第二百二十九条第三款的规定，以出具证明文件重大失实罪追究刑事责任。

二、司法解释性文件

（一）《最高人民法院、最高人民检察院关于办理职务犯罪案件认定自首、立功等量刑情节若干问题的意见》，于 2009 年 3 月 12 日印发。

该《意见》根据刑法和相关司法解释的规定，结

合办案工作实际,针对贪污贿赂、渎职等职务犯罪有关自首、立功等量刑情节的具体适用作出明确、细化的规定。主要内容如下:

1. 关于自首的认定和处理。《意见》依据刑法第六十七条第一款的规定强调,成立自首需同时具备自动投案和如实供述自己的罪行两个要件。犯罪事实或者犯罪分子尚未被办案机关掌握,或者虽被掌握,但犯罪分子尚未受到调查谈话、讯问,或者未被宣布采取调查措施或者强制措施时,向办案机关投案的,是自动投案。在此期间如实交代自己的主要犯罪事实的,应当认定自首。犯罪分子向所在单位等办案机关以外的单位、组织或者有关负责人员投案的,应当视为自动投案。没有自动投案,在办案机关调查谈话、讯问、采取调查措施或者强制措施期间,犯罪分子如实交代办案机关掌握的线索所针对的事实的,不能认定为自首。

《意见》还明确了"以自首论"的两种情形以及单位犯罪案件自首的认定等问题。

2. 关于立功的认定和处理。《意见》主要明确了以下问题:立功必须是犯罪分子本人实施的行为。据以立功的他人罪行材料应当指明具体犯罪事实;据以立功的线索或者协助行为对于侦破案件或者抓捕犯罪嫌疑人要有实际作用。犯罪分子揭发他人犯罪行为,提供侦破其他案件重要线索的,必须经查证属实,才能认定为立功。同时明确了"不能认定为立功"以及"重大立功"等情形。

3.《意见》还明确了"如实交代犯罪事实"的认定和处理问题以及赃款赃物追缴等情形的处理事项。

(二)《最高人民法院、最高人民检察院、公安部关于办理制毒物品犯罪案件适用法律若干问题的意见》,于2009年6月23日印发。

该《意见》根据刑法的有关规定,结合司法实践,针对办理制毒物品犯罪案件适用法律的若干问题明确了以下问题:

1. 关于制毒物品犯罪的认定。《意见》首先明确了"制毒物品"的范围,并对如何认定"非法买卖制毒物品行为"作出了列举式规定。

《意见》同时规定,易制毒化学品生产、经营、使用单位或者个人,未办理许可证明或者备案证明,购买、销售易制毒化学品,如果有证据证明确实用于合法生产、生活需要,依法能够办理只是未及时办理许可证明或者备案证明,且未造成严重社会危害的,可不以非法买卖制毒物品罪论处。

《意见》还明确了"以制造毒品、走私制毒物品、非法买卖制毒物品的预备行为论处"等情形。

2. 关于制毒物品犯罪嫌疑人、被告人主观明知的认定

《意见》第二条采用列举式重点解决制毒物品犯罪嫌疑人、被告人主观明知的认定问题,强调办案人员对案件证据进行综合审查判断,即在办理走私或者非法买卖制毒物品犯罪案件过程中,有《意见》列举的情形之一,查获了易制毒化学品,结合犯罪嫌疑人、被告人本人的供述和其他证据,进行综合审查判断,从而认定行为人"明知"是制毒物品而走私或者非法买卖。同时,《意见》还增加了限制条件,即"有证据证明确属被蒙骗的除外"。

3. 关于制毒物品犯罪定罪量刑的数量标准

《意见》第三条两款对走私、非法买卖制毒物品犯罪如何适用刑法第三百五十条规定的两个量刑档次分别明确了具体数量标准。

(三)《最高人民法院、最高人民检察院、公安部关于办理黑社会性质组织刑事案件座谈会纪要》,于2009年12月9日印发。

该《纪要》总结了各级公检法机关办理黑社会性质组织犯罪案件的经验,分析了当前依法严惩黑社会性质组织犯罪面临的严峻形势,就正确适用法律,严厉打击黑社会性质组织犯罪形成了具体意见。《纪要》强调各级公检法机关要切实提高对打击黑社会性质组织犯罪重要性的认识,严格坚持法定标准,切实贯彻落实宽严相济的刑事政策,充分发挥各自的职能作用,密切配合,相互支持,有效形成打击合力,严惩"保护伞",采取多种措施深入推进打黑除恶工作。

《纪要》重点明确了打击黑社会性质组织犯罪中遇到的以下法律适用问题:

1. 关于黑社会性质组织的认定。《纪要》强调认定黑社会性质组织,必须具备全国人大常委会《关于〈中华人民共和国刑法〉第二百九十四条第一款的解释》规定的"组织特征"、"经济特征"、"行为特征"和"危害性特征",并就如何认定这四个特征作了进一步明确规定。《纪要》同时强调,由于实践中许多黑社会性质组织并非这"四个特征"都很明显,因此,在具体认定时,应根据立法本意,认真审查、分析黑社会性质组织"四个特征"相互间的内在联系,准确评价涉案犯罪组织所造成的社会危害,

确保不枉不纵。

2. 关于办理黑社会性质组织犯罪案件的其他问题。《纪要》对“包庇黑社会性质组织犯罪主观要件的认定”、“黑社会性质组织成员的刑事责任”、“涉黑犯罪财物及其收益的认定和处置”、“认定黑社会性质组织犯罪的证据要求”、“黑社会性质组织成员的立功问题”、“对‘恶势力’团伙的认定和处理”、“视听资料的收集、使用”等问题作出了明确规定。

（最高人民检察院法律政策研究室
韩耀元　张玉梅）

检察委员会工作　2009 年，最高人民检察院进一步加强和改进检察委员会工作，高度重视、切实发挥检察委员会的职能作用，加强对重大案件、重大业务问题的讨论和决定，注重检察委员会的专业化建设，改进检察委员会的工作机制和制度建设，不断提高议事质量和工作效率。

一、最高人民检察院检察委员会工作

2009 年，最高人民检察院检察委员会共召开会议 20 次，讨论议题 43 件次。

全年审议案件 14 件次（其中民事案件 1 件），占议题总数的 25.9%。在审议的案件中，包括中国石油化工集团公司原总经理、中国石油化工股份有限公司原董事长陈同海受贿案，广西壮族自治区人民政府原副主席孙瑜贪污、受贿案，铁道部原党组成员、政治部主任何洪达受贿、巨额财产来源不明、欺诈发行股票案，中共福建省委原常委、秘书长陈少勇受贿案，最高人民法院原副院长黄松有受贿、贪污案，河南省政协原副主席孙善武受贿案，四川省人民检察院提请核准追诉的邬定国故意杀人案，浙江省人民检察院报请核准追诉的魏吉生故意杀人案等。

全年审议司法解释和规范性文件 26 件次，占 60.5%。审议的司法解释和规范性文件主要有：《最高人民法院、最高人民检察院关于办理生产、销售假药、劣药刑事案件具体应用法律若干问题的解释》、《最高人民法院、最高人民检察院关于执行〈中华人民共和国刑法〉确定罪名的补充规定（四）》、《最高人民法院、最高人民检察院关于办理妨害信用卡管理刑事案件具体应用法律若干问题的解释（审议稿）》、《最高人民法院、最高人民检察院关于人民检察院检察长列席人民法院审判委员会会议的意见（试行）》、《最高人民检察院关于公证员出具公证书有重大失实行为如何适用法律问题的批复》、《最高人民法院、最高人民检察院、公安部关于办理制毒物品犯罪案件适用法律若干问题的意见》、《最高人民检察院关于进一步加强诉讼监督、促进司法公正的意见》、《关于省级以下人民检察院立案侦查的案件由上一级人民检察院审查决定逮捕的规定（试行）》、《最高人民检察院关于抗诉工作与职务犯罪侦查工作由不同业务部门负责承办的规定》、《最高人民检察院关于进一步加强和改进举报线索管理工作的意见》、《中央社会治安综合治理委员会办公室、最高人民法院、最高人民检察院、公安部、司法部关于加强和规范监外执行工作的意见》、《中华人民共和国检察官职业道德基本准则》、《人民检察院检察委员会议事和工作规则》、《人民检察院检察建议工作规定》、《最高人民检察院考核评价各省、自治区、直辖市检察业务工作实施意见（试行）》等。

其他议题。检察委员会还审议了曹建明检察长拟向第十一届全国人民代表大会第二次会议作的《最高人民检察院工作报告》、《关于〈最高人民检察院 2008 年度司法解释计划〉完成情况的报告》、《最高人民检察院 2009 年度司法解释工作计划》等其他议题。

二、检察委员会办事机构工作

做好检察委员会服务工作。2009 年，认真做好议题的审核把关、会务、会议记录、纪要起草及会后督办等工作。2009 年办理检察委员会议题审核 90 余件次，起草会议纪要 43 件，督办检察委员会决定执行情况 2 次。

开展法律核稿工作。2009 年完成的业务规范性文件法律核稿主要有：《人民检察院举报工作规定》、《最高人民检察院关于进一步加强和改进举报线索管理工作的意见》、《中央社会治安综合治理委员会办公室、最高人民法院、最高人民检察院、公安部、司法部关于加强和规范监外执行工作的意见》、《关于省级以下人民检察院立案侦查的案件由上一级人民检察院审查决定逮捕的规定（试行）》、《中华人民共和国检察官职业道德基本准则》、《人民检察院办案工作区设置和使用管理规定》等法律核稿件 9 件。

组织落实检察委员会集体学习活动。根据《关于改进和加强最高人民检察院检察委员会工作的意见》的要求,自2009年起,最高人民检察院检察委员会实行集体学习制度,作为检察委员会专业化建设的重要方面。2009年最高人民检察院检察委员会先后邀请陈桂明教授、韩大元教授、杨克勤专家和陈光中教授,分别作了“民事检察监督及立法完善”、“我国宪政体制与检察制度”、“以加强监督制约为重点,深入推进司法体制和工作机制改革”、“刑事诉讼法修改与检察机关相关职能的完善”等专题讲座。

进一步加强检察委员会制度建设。2009年,起草的《人民检察院检察委员会议事和工作规则》,经最高人民检察院检察委员会审议通过,印发全国各级检察机关执行。《规则》统一了各级检察院检察委员会议事和工作规则,从整体上提升了检察委员会工作的规范化、专业化水平。

加强对地方检察委员会办事机构工作的指导。转发了江西省人民检察院检察委员会工作经验和北京市人民检察院检察委员会学习的经验。2009年10月,举办了全国检察机关检察委员会办事机构工作培训班。对各省级人民检察院以及部分基层检察院检察委员会办事机构的90余名同志进行培训,重点对检察委员会议事和工作规则的理解适用进行了专题培训。

(最高人民检察院法律政策研究室　谢晓歌)

纪检监察工作　2009年,全国各级检察机关坚决贯彻党中央关于反腐倡廉的重大决策和部署,以开展深入学习实践科学发展观为契机,全面推进反腐倡廉建设,检察机关党风廉政建设和自身反腐败工作方向更加明确、思路更加清晰、措施更加有力,取得了新的明显成效,为全面正确履行法律监督职能提供了政治、纪律、作风保证。

一、认真学习领会党的十七届四中全会及中央纪委三次、四次全会精神,深入贯彻落实中央关于反腐倡廉的重大决策部署。十七届中央纪委三次全会召开后,最高人民检察院党组首先进行了传达学习,研究了贯彻落实的具体意见和措施。向全国检察机关下发学习贯彻胡锦涛总书记重要讲话和十七届中央纪委三次全会精神的通知。召开了全国检察机关纪检监察工作会议,曹建明检察长就贯彻落实胡锦涛总书记在十七届中央纪委三次全会上的重要讲话精神,进一步加强检察机关反腐倡廉建设和领导干部作风建设作了重要讲话。党的十七届四中全会和十七届中央纪委四次全会召开后,最高人民检察院党组认真组织传达学习,并就贯彻落实会议精神及时作出部署,召开了全国检察机关党的建设工作电视电话会议,对加强和改进检察机关党的建设,特别是大力推进反腐倡廉建设提出了新的更高的要求。各级检察机关结合实际,采取多种形式学习领会中央精神,制定有效措施落实最高人民检察院的部署和要求,有力地推进了检察机关自身反腐倡廉建设。

二、全面落实《建立健全惩治和预防腐败体系2008—2012年工作规划》(以下简称《工作规划》)及实施办法,惩治和预防腐败体系建设取得新进展。把贯彻落实《工作规划》及实施办法同部署年度工作任务结合起来,制定了《2009年贯彻落实〈工作规划〉的分工方案》,对各职能部门落实《工作规划》及实施办法的牵头和协办任务进行分解,加大对各部门工作任务落实情况的监督检查。分别召开了最高人民检察院牵头任务协办单位协调会和最高人民检察院机关落实《工作规划》情况汇报会,促进了各项工作顺利开展。最高人民检察院先后出台12项改革文件,23项工作已完成了阶段性任务。按照中央纪委的要求,组织开展年度自查、重点抽查和问卷调查,认真查找差距和不足,制定改进措施。深入开展党性党风党纪和廉洁从检教育,把党风廉政教育列入检察机关干部教育培训规划,逐步建立廉洁从检教育常态机制,促进了检察机关惩治和预防腐败体系建设。

三、严格执行党风廉政建设责任制,各级检察机关领导干部抓反腐倡廉建设的责任意识和廉洁自律的自觉性进一步增强。各级检察机关紧紧围绕强化责任分解、责任考核、责任追究三个关键环节,狠抓党风廉政建设责任制落实。最高人民检察院机关召开落实党风廉政建设责任制大会,曹建明检察长与分管院领导、院领导与分管部门负责人签订了《党风廉政建设责任书》。地方各级检察机关采取层层签订党风廉政建设责任书、责任状的形式,明确了任务和责任。对落实不力的进行责任追究,全年共追究了95名领导干部的责任,另有41名下级检察院领导同志到上级检察院检讨责任。对落实党风廉政建设责任制情况进行专项检查,最高人民检察院对5个省级检察院进行了重点抽查。大力加强领导干部党性修养和作风建设,严格执行廉政准则、廉洁从检十项纪律、“十个严禁”规定以及民主生活会、述职述廉、诫勉谈话等制度，增强了检察人员特别是领导干部的廉洁自律意识。全国地市级以上检察机关共派员参加下级检察院党组民主生活会2406次，进行任前廉政谈话8855人次，诫勉谈话1272人次，领导干部述职述廉28476人次，报告个人有关事项14773人次，接受质询817人次。对224名领导干部进行了任期经济责任审计，其中正副检察长88人。有69名领导干部主动纠正配偶和子女经商办企业问题，有440名领导干部主动上缴收受的礼金、有价证券、支付凭证。认真开展治理公款出国(境)旅游工作，进一步规范检察机关出访考察工作，压缩出国(境)团组10个。

四、加大监督工作力度，促进公正廉洁执法。召开全国检察机关内部监督工作座谈会，曹建明检察长到会作重要讲话，深刻阐明了内部监督工作的意义、本质、重点、要求、方式方法以及法律监督同内部监督的关系，为强化检察机关内部监督工作指明了方向。《检察日报》开辟“检察长谈内部监督”专栏，32个省级检察院检察长带头撰写署名文章。加强内部监督与强化法律监督并重，已逐步成为各级检察机关领导干部和检察人员的共识和自觉行动。加强对领导干部的监督力度，促进领导干部廉洁自律。最高人民检察院巡视组对黑龙江、福建、内蒙古、北京、天津、西藏等6个省级检察院开展了巡视，对发现的问题，有针对性地提出整改建议，并督促被巡视单位认真进行了整改。30个省级检察院派出163个巡视组，对260个市县(区)检察院领导班子进行巡视，较好地促进了领导班子建设。加强对执法办案活动的监督，认真落实“一案三卡”、网上监督、流程监督、重点案件跟踪回访等行之有效的制度。2009年，发生在执法办案环节的违纪违法案件数量同比下降了10个百分点。进一步加强了对干部选拔任用工作、重大经费开支使用和重大工程建设项目招投标，以及落实规章制度情况的监督。认真执行《检察人员执法过错责任追究条例》，对98名有执法过错行为的检察人员进行了责任追究。

五、积极开展专项治理，着力纠正损害群众利益的不正之风。组织全国检察机关对2004年至2008年直接立案侦查案件扣押、冻结、处理涉案款物情况开展专项检查，对已办结的17.5万余件案件全面排查，对其中涉及扣押冻结款物的13.7万余件案件逐案清理，共清理出待处理扣押冻结款26.5亿余元，及时处理11.4亿元，其中上缴财政9亿余元，返还涉案人员及发案单位1.4亿余元，移送9846万余元。办理涉及扣押冻结款物申诉案件1123件，已办结973件，办结率为86.6%。对涉及扣押冻结款物违纪违法检察人员给予党纪检纪处分3人，组织处理3人，移送追究刑事责任3人。针对专项检查中发现的问题，健全和完善了规范扣押冻结涉案款物的长效机制。最高人民检察院制定实施《关于办理直接立案侦查案件安全防范工作及责任追究暂行规定》，并对135个检察院的办案工作区进行了检查，进一步规范了办案工作区设置和使用管理。颁布《最高人民检察院禁酒令》，对酒后驾车、开霸道车等违规行为开展集中治理整顿，对违规驾车导致重大事故的案件及时进行通报。认真开展检务督察，召开全国检察机关检务督察工作电视电话会议，通报督察情况，明确工作要求。最高人民检察院直接组织3次集中督察，分别对陕西、吉林、上海等13个省123个检察院进行明察暗访，对发现的问题督促有关单位及时整改，并对整改情况进行回访，巩固了督察成果。各省级检察院普遍开展督察活动，推进了检察队伍纪律作风建设。按照中央纪委的部署，纪检监察部门配合计财装备部门组织开展治理“小金库”专项工作，会同政工部门组织开展清理规范评比达标表彰活动，取得了明显成效。

六、严肃查办检察人员违纪违法案件，纯洁了检察队伍。全国检察机关纪检监察部门共受理检察人员违纪违法线索2896件，初核2245件，立案查处检察人员违纪违法案件202件251人，结案193件247人(含上年积存案件)，给予党纪处分63人，检纪处分209人，双重处分45人，移送司法机关25人。加大对重大违纪案件的交办督办力度，向省级检察院交办案件102件，已办结86件。对久拖不决的上访案件，会同控告等部门进行重点督办，并先后到9省市检察机关实地督办。各级检察机关纪检监察部门坚持实事求是，秉公执纪，在查处违纪违法案件的同时，理直气壮地保护因公正执法受到诬陷的干部，使他们的提拔使用不受影响。结合查办案件开展廉洁从检教育，组织筹备全国检察机关自身反腐倡廉教育展览，将在最高人民检察院机关展出。

七、加强检察机关纪检监察队伍自身建设，提高履行监督职责的能力和水平。深入开展学习实践科学发展观和“做党的忠诚卫士、当群众的贴心人”主题实践活动,促进了纪检监察干部队伍整体素质和工作水平的提高。进一步加强基层组织建设和干部队伍建设,全国检察机关新增纪检监察机构106个,新增纪检监察干部252人。组织各省市区检察机关96名纪检监察干部参加中央纪委业务培训。举办两期302名地市检察院纪检组长参加的培训班。加强对下指导,组织对3201个基层检察院党风廉政建设情况开展调研,总结恢复重建以来零违纪的610个检察院的经验做法,推动了基层检察院党风廉政建设和自身反腐败工作。

(最高人民检察院监察局　张晓玉)

全国检察机关纪检监察工作会议　2009年2月13日至14日,最高人民检察院在北京召开了全国检察机关纪检监察工作会议。会议的主要任务是:全面贯彻胡锦涛总书记在十七届中央纪委三次全会上的重要讲话、中央纪委三次全会和全国检察长会议精神,以邓小平理论和“三个代表”重要思想为指导,深入贯彻落实科学发展观,回顾检察机关恢复重建三十年来党风廉政建设和自身反腐败工作取得的成绩和经验,总结2008年检察机关自身反腐倡廉工作,研究部署2009年的任务。最高人民检察院检察长曹建明就贯彻落实胡锦涛总书记在十七届中央纪委三次全会上的重要讲话精神,进一步加强检察机关反腐倡廉建设和领导干部作风建设作了重要讲话。中央纪委驻最高人民检察院纪检组组长莫文秀作了题为《认真贯彻中央纪委三次全会精神,扎实推进检察机关党风廉政建设和反腐倡廉工作》的工作报告。内蒙古、四川、甘肃、山西、上海、湖北6个省级检察院检察长围绕贯彻曹建明检察长重要讲话精神、进一步加强检察机关领导干部作风建设作了大会发言,北京、河北、黑龙江等11个检察院交流了开展纪检监察工作的经验做法。最高人民检察院副检察长张耕、邱学强、胡克惠、王振川、朱孝清、孙谦,政治部主任张常韧等出席会议。各省级检察院检察长、纪检组长、监察处长,军事检察院有关负责同志,各省会城市和计划单列市检察院纪检组长,最高人民检察院有关部门负责同志参加了会议,中央纪委、中央政法委等有关部门的同志应邀出席了会议。

会议认为,1978年检察机关恢复重建以来,伴随着检察事业的进步和发展,检察机关纪检监察部门从无到有,从小到大,从弱到强,在推进中国特色社会主义检察事业中发挥了不可替代的作用。

会议指出,2008年,检察机关反腐倡廉工作在最高人民检察院新一届党组的正确领导下,各项工作取得了新成绩:学习贯彻中央精神有新举措;履行监督职责有新增强;查办违法违纪案件有新进展;解决群众反映突出问题有新成效;健全监督工作机制有新思路;纪检监察队伍素质有新提高。全年共追究领导责任28人,有38名下级检察院领导到上级检察院检讨责任。对437名领导干部进行了任期经济责任审计。选择10起检察人员违纪违法典型案例印发各地开展警示教育。着力纠正越权办案、插手经济纠纷、违法查封、非法拘禁、滥用强制措施等问题。在干部选拔任用、重大经费开支使用、重大项目招投标以及政府采购等工作监督方面,探索出一些行之有效的监督办法。

会议强调,要把加强检察机关领导干部党性修养,树立和弘扬优良作风作为一项重大政治任务抓紧抓好。各级检察机关领导干部要切实按照胡锦涛总书记的要求,坚持不懈地加强党性修养、树立和弘扬优良作风。一要着力增强宗旨观念,始终做到立检为公、执法为民。二要着力提高实践能力,切实用党的科学理论指导检察工作发展。三要着力强化责任意识,忠实履行法律监督职责。四要着力树立正确政绩观,切实增强法律监督能力和实效。五要着力树立正确利益观,始终坚持党的事业至上、人民利益至上、宪法法律至上。六要着力增强纪律观念,自觉接受各方面的监督。

会议对2009年检察机关党风廉政建设和自身反腐败工作进行了部署。一是切实抓好党的纪律特别是政治纪律执行情况的监督检查,确保中央权威。二是加强党风廉政教育和党性修养,切实抓好领导干部作风建设。三是严肃执纪执法,切实抓好查办违纪违法案件工作。要突出办案重点、提高办案能力。四是坚持以人为本,切实纠正损害群众利益的不正之风。五是健全工作机制,切实加强内部监督。六是加强组织协调和监督检查,切实抓好党风廉政建设责任制和《工作规划》的落实。纪检监察部门要主动承担起组织协调和监督检查的职责,加大工作力度,确保这两项工作落到实处。

会议要求,要切实把党风廉政建设和反腐倡廉工作放到更加突出的位置来抓。党组书记、检察长要履行第一责任人的政治职责,对班子内部和管辖范围内的反腐倡廉建设负总责,做到重要工作亲自部署，重大问题亲自过问，重点环节亲自协调，重要案件亲自督办。要切实发挥好纪检监察部门的职能作用。党组要经常研究纪检监察工作，帮助解决遇到的实际困难和问题，排除各种阻力和干扰，旗帜鲜明地支持纪检监察部门依纪依法开展工作。要切实加强纪检监察队伍建设，关心、爱护纪检监察干部，高度重视并切实加强纪检监察干部培养使用。纪检监察干部要以更高的标准、更严的要求抓好自身建设，进一步加强修养、提高素质、改进作风、增强本领。

（最高人民检察院监察局　张晓玉）

全国检察机关内部监督工作座谈会　2009 年 7 月 3 日至 4 日，最高人民检察院在黑龙江省哈尔滨市召开了全国检察机关内部监督工作座谈会。会议的主要任务是：全面贯彻党的十七大精神和胡锦涛总书记等中央领导同志对检察工作的重要指示，深入贯彻落实科学发展观，总结交流近年来检察机关内部监督工作的经验，研究部署新形势下强化内部监督工作的措施，确保严格、公正、文明、廉洁执法。最高人民检察院检察长曹建明出席会议并作重要讲话。中共黑龙江省委书记、省人大常委会主任吉炳轩出席会议并致词。中央纪委驻最高人民检察院纪检组组长莫文秀主持会议并作总结讲话。10 个单位介绍了加强内部监督工作的经验，54 个单位书面交流了工作中的做法和体会。黑龙江省人民检察院检察长姜伟，中央纪委、中央政法委有关部门负责人，各省、自治区、直辖市人民检察院、军事检察院和新疆生产建设兵团人民检察院的纪检组长、监察处处长，副省级市人民检察院、省会城市人民检察院的纪检组长，最高人民检察院有关部门的负责同志出席了会议。

会议指出，强化内部监督，是坚持和完善中国特色社会主义检察制度的必然要求，是推进检察机关惩治和预防腐败体系建设的必然要求，是推进高素质检察队伍建设的必然要求。检察机关正确行使人民赋予的检察权，正确履行宪法和法律赋予的法律监督职能，必须高度重视对自身的监督，不仅要自觉接受外部监督，而且要切实强化内部监督，防止权力的滥用和腐败。把强化内部监督制约放在重要突出的位置，并不是忽视强化法律监督，而是为了更好地坚持和落实“强化法律监督，维护公平正义”的工作主题。检察机关必须强化监督意识，监督意识是包括监督他人和接受监督两个方面。如果不重视对自身的监督，就不可能解决好检察工作中的突出问题，法律监督就不会有公信力，最终将会损害检察事业的发展，甚至动摇检察制度的根基。加强自身反腐倡廉建设涉及各方面工作，监督是关键。强化内部监督是反腐倡廉工作的重中之重，是从源头上治理腐败，最大限度地减少检察人员违法违纪现象的重要举措，对于全面推进检察机关反腐倡廉建设具有十分重要的意义。强化内部监督的本质是关爱、是保护、是保证。强化内部监督，不是对干部的不信任，而是对干部政治上的关心、爱护；不是对干部主观能动性和工作积极性的挫伤，而是对干部的保护；不是对检察工作的束缚，而是促进检察工作健康科学发展的重要保证。各级检察机关特别是领导干部，要始终保持清醒的头脑，正视自身存在的问题，始终以更加积极主动的姿态，切实把强化自身内部监督制约放到与强化法律监督同等重要的位置来抓，用比监督别人更严的要求来监督自己，真正做到自身正、自身硬、自身净。

会议强调，检察机关的内部监督是多方位、全过程的监督。要把各项检察工作包括业务工作、队伍建设等，都置于内部监督之下，做到权力行使到哪里、监督就延伸到哪里，切实把监督制约的措施落实到权力运行的各个环节，既全面加强监督，防止监督缺位；又突出工作重点，增强监督实效，确保权力不被滥用。强化检察机关内部监督的关键是真正实现内部的有效监督。要加强制度建设，建立健全内部监督长效机制。监督靠制度作保障，制度靠监督去落实。强化检察机关内部监督，制度建设至关重要。要把制度建设作为强化内部监督的基础性工作来抓，不断健全发现问题的机制、纠正错误的机制、追究责任的机制。

会议要求，各级检察机关一定要高度重视，加强领导，完善机制，明确责任，狠抓落实，确保内部监督工作扎实开展并见到实效。要重点强化对检察机关领导干部的监督。始终把对领导干部包括检察长的监督作为重中之重，进一步加大监督力度，切实防止权力失控、决策失误、行为失范。要重点强化对检察机关自身执法活动的监督制约。特别是要紧紧抓住执法办案的重点岗位和关键环节，紧紧抓住社会关注度高、群众反映强烈的突出问题，紧紧抓住容易发生问题的自侦案件，加大执法监督的力度。领导干部特别是检察长要增强监督意识,自觉接受监督,带头开展监督,在接受监督方面做好表率。各级检察机关要充分发挥纪检监察部门的职能作用,进一步健全和落实内部监督工作责任制。要把不断强化内部监督和自觉接受外部监督结合起来,形成监督的整体合力。

(最高人民检察院监察局　张晓玉)

检察机关直接立案侦查案件扣押冻结款物专项检查工作　2009年,针对群众反映强烈的受利益驱动、违法违规扣押冻结款物问题,最高人民检察院组织全国检察机关对2004年至2008年直接立案侦查案件扣押、冻结、处理涉案款物情况开展专项检查,先后召开了全国检察机关电视电话会议和专项检查工作座谈会,对专项检查工作进行安排部署。各级检察机关高度重视,强化组织领导,精心部署安排,深入进行检查,认真整改验收。最高人民检察院组织15个工作组,对全国32个省级检察机关进行了全面检查验收。这次专项检查历时6个月,对已办结的17.5万余件案件全面排查,对其中涉及扣押冻结款物的13.7万余件案件逐案清理,共清理出待处理扣押冻结款26.5亿余元,及时处理11.4亿元,其中上缴财政9亿余元,返还涉案人员及发案单位1.4亿余元,移送9846万余元;处理房屋1.9万余平方米,汽车170辆,金银珠宝899件,其他各类物品7607件。办理涉及扣押冻结款物申诉案件1123件,已办结973件,办结率为86.6%。对涉及扣押冻结款物违纪违法检察人员给予党纪检纪处分3人,组织处理3人,移送追究刑事责任3人。针对专项检查中发现的问题,进一步健全和完善了规范扣押冻结涉案款物的长效机制。这次专项检查活动,对进一步规范检察机关执法行为,端正执法作风,提升检察队伍的执法形象发挥了积极的作用。

(最高人民检察院监察局　张晓玉)

全国检察机关检务督察工作电视电话会议　2009年6月12日,最高人民检察院召开全国检察机关检务督察工作电视电话会议。最高人民检察院副检察长张耕出席会议并作重要讲话。中央纪委驻最高人民检察院纪检组长、最高人民检察院检务督察委员会督察长莫文秀通报了最高人民检察院开展的三次集中检务督察活动的情况。最高人民检察院副检察长邱学强主持会议。

会议指出,2008年以来,最高人民检察院先后组织了3次集中督察活动,采取明察暗访与突击督察相结合的方式,对北京、天津、河北、山西等12个省(自治区、直辖市)的140个检察院进行了督察。最高人民检察院党组对每次督察都作了研究部署,并认真听取督察情况汇报。各督察组及时将发现的问题向有关省市检察院反馈,并提出了整改建议。被督察的检察院高度重视,扎实开展整改工作,督察中发现的一些问题得到了较好解决。从督察情况看,所发现的问题在全国检察机关带有一定普遍性,有些问题还比较严重。各级检察机关要针对督察通报中的问题认真进行对照检查,扎实开展集中整治。要注重检务督察成果的运用,健全和完善管理措施和规章制度,建立健全纪律作风建设的长效机制,形成用制度管权、按制度办事、照制度管人的管理机制和工作机制。

会议强调,推行检务督察制度是健全检察机关内部监督制约机制、强化自身监督的重要举措;是加强上级检察机关对下级检察机关的领导,确保检令畅通、令行禁止的重要举措;是加强检察队伍纪律作风建设,解决人民群众反映强烈的突出问题,提高检察机关执法公信力的重要举措。各级检察机关特别是省级检察院,要进一步认识推行检务督察制度的重要性,加强调查研究,不断总结经验,完善督察内容,改进督察方式,强化督察实效;要加大督察通报和宣传力度,充分发挥督察成果的效用;要进一步加强检务督察队伍建设、督察经费和装备保障,为检务督察工作开展创造良好的工作条件;要继续完善检务督察领导体制和工作机制,使之逐步走上制度化、规范化的科学发展轨道,充分发挥检务督察制度的作用,切实加强检察机关的自我监督制约。

会议要求,当前和今后一个时期要重点抓好六个方面的工作:一是对执行最高人民检察院重大工作部署、决议、决定和各项规章制度情况的督察,坚决纠正有令不行、有禁不止的问题,确保令行禁止、检令畅通。二是对落实办案安全防范措施包括全程同步录音录像情况的督察,坚决防止刑讯逼供和涉案人员自杀、脱逃等重大安全事故的发生。三是对接待群众来信来访情况的督察,坚决纠正对来访群众冷硬横推的问题。四是对公诉人员出庭情况的督察,坚决纠正着装不规范、行为不端庄的问题。五是对警用装备使用管理情况的督察,坚决纠正和防止滥用枪支械具，开特权车、霸道车，特别是酒后驾车的问题。六是对遵守检察风纪情况特别是禁酒令执行情况的督察，坚决纠正和防止在公共场所损害检察机关和队伍形象的问题，维护检察机关良好声誉。

（最高人民检察院监察局　张晓玉）

检察机关直接立案侦查案件扣押冻结款物专项检查工作座谈会　2009年9月11日，全国检察机关直接立案侦查案件扣押冻结款物专项检查工作座谈会在北京召开。最高人民检察院副检察长、专项检查工作领导小组组长张耕出席会议并作重要讲话。最高人民检察院副检察长、专项检查工作领导小组副组长邱学强主持会议。中央纪委驻最高人民检察院纪检组组长、专项检查工作领导小组副组长兼办公室主任莫文秀出席会议。各省、自治区、直辖市人民检察院，军事检察院和新疆生产建设兵团人民检察院专项检查工作领导小组办公室主任出席会议。

会议指出，全国检察机关直接立案侦查案件扣押冻结款物专项检查工作自2009年6月开展以来，各地检察机关按照最高人民检察院的统一部署，迅速行动，精心组织，强化措施，扎实工作，专项检查工作取得了比较明显的阶段性成果。但是，专项检查工作目前还存在各地进展不够平衡、个别地方认识不到位、工作不够积极主动、行动比较迟缓等问题。各级检察机关和全体检察人员特别是各级检察院的领导同志，一定要深刻认识违法违规扣押、冻结和处理涉案款物的危害性，从事关检察事业科学发展的高度，从强化检察机关内部监督、规范检察权运行、提高执法公信力的高度，从保障人民群众合法权益、加强检察机关作风建设的高度，充分认识开展这次专项检查工作的重要意义，把思想认识的高度体现到具体行动中。

会议强调，扣押冻结款物专项检查工作是最高人民检察院为进一步加强检察机关自身监督，规范自侦案件执法办案活动，决定开展的一项全局性工作。专项检查工作事关检察工作全局，不单单是哪一个部门的事，相关部门、相关人员要各尽其职、协调配合，齐抓共管。各级检察院检察长，一定要进一步加强组织领导，切实负起责任，把专项检查工作作为下半年一项重要任务来抓。各级检察院的专项检查领导小组要发挥好对专项检查工作全局的领导组织作用，建立例会制度，定期听取专项检查工作进展汇报，研究部署推动工作的有力措施。各级检察院的纪检监察部门要担负起专项检查工作的组织协调职责，其他相关部门要在本院专项检查工作领导小组的领导下，既各司其职，又切实加强沟通，相互配合。

会议要求，要继续把调查摸底的基础工作做细、做扎实。要坚持实事求是，认真填报《扣押冻结款物专项检查统计表》，明确填表人、复核人、审核人以及检察长的填报责任。对调查摸底不实的单位要责令其重新进行，不按规定如实上报的，要严肃追究相关人员直至检察长的责任。要贯彻边查边改，有错必纠的原则，对已经发现的问题，要尽快予以纠正和整改。要紧密结合实际做好建章立制工作，对发现的突出问题认真梳理分析，在落实整改措施的同时，研究修订《人民检察院扣押冻结款物工作规定》，建立有效的规范扣押冻结和处理涉案款物长效机制。各级检察院要积极主动地向党委、人大汇报扣押冻结款物专项检查工作的进展情况和工作成效，听取指示和意见，争取党委、人大的支持和关心。

（最高人民检察院监察局　张晓玉）

计划财务装备工作　2009年，全国检察机关计划财务装备部门在最高人民检察院党组的领导下，认真学习领会党的十七大、十七届四中全会和全国政法工作会议精神，全面贯彻落实科学发展观，紧紧围绕检察工作主题，牢固树立“为检察业务服务、为基层服务、为检察干警服务”的思想，积极配合和推进司法保障体制改革，狠抓经费保障、科技装备、信息化和“两房”建设，大力推进计财装备队伍建设，各项工作都取得积极进展。

一、突出工作重点，抓好政法经费保障体制改革工作。一是研究提出了加强政法经费保障政策文件的意见和建议。二是加强了检察经费保障体制改革的基础工作。统计汇总了全国检察机关2008年度财务报表统计数据，充实了全国检察机关经费保障数据库。三是召开会议研究落实意见。2009年10月和11月，最高人民检察院分别在甘肃省兰州市和安徽省合肥市召开了十一省、市主管检察长和计划财务处长座谈会，就检察机关的经费保障体制改革进行认真研究，明确了落实改革的总体要求。四是加强了对地方检察院落实改革工作的调研督促。根据中央政法委的部署，组织开展了检察系统政法经费保障体制改革效果的评估工作，中央政法部门组成联合调研组，赴内蒙古、黑龙江、江苏进行实地调研评估。

二、认真贯彻落实规划纲要，进一步推进科技装备建设。2008年，最高人民检察院下发了《2008—2010年检察机关科技装备发展规划纲要》。一年来，最高人民检察院坚持以科技强检战略为指导，以科技装备现代化为目标，督促各省级检察院根据最高人民检察院规划纲要，制定了本地区的实施规划和计划。一些省市还积极争取财政部门的支持，将实施科技装备规划与中央财政补助装备专款的使用紧密结合，加大了资金投入。在全系统的共同努力下，检察机关的科技装备建设力度明显加大。

三、加快电子检务工程需求分析的编制工作，推进信息化建设步伐。2009年，最高人民检察院根据国家发改委《国家电子政务工程建设项目管理暂行办法》的政策要求，在2006年报送的《电子检务工程项目建议书》基础上，组织专门力量，会同具备国家发改委认定资质的专门机构，抓紧组织编制电子检务工程需求分析报告。

四、积极争取支持，落实了2009年度中央政法转移支付资金。经积极争取，财政部下达检察系统2009年中央政法转移支付资金34.54亿元，比上年增长130.27%。最高人民检察院专门下发文件，对做好中央政法转移支付资金使用管理工作，提出工作要求。

五、加大工作力度，落实了2009年度中央预算内补助投资。组织和指导各地完成了2009年申请中央预算内补助"两房"建设投资计划的申报工作。根据"两房"建设规划和各地实际需要，积极协调国家发改委，将一批困难多、难度大的"两房"建设项目列入了中央预算内补助投资计划。经努力争取，国家发改委在2009年中央预算内补助投资6.7亿元，安排了检察系统384个"两房"建设项目。

六、争取国家发展改革委支持，启动了检察机关两个基本建设标准编制（修订）工作。经积极协调，国家发改委批准最高人民检察院编制《国家检察官学院地方分院建设标准》，修订《人民检察院办案用房和专业技术用房建设标准》。目前，已经组织专门班子开展工作，完成调研和收集意见建议工作。

七、加强基础工作，完成了全国检察机关业务基础设施专题调研工作。向国家发改委报送了《全国检察机关基础设施建设情况专题调研报告》和《关于申请解决全国检察机关基建债务问题的报告》。

八、落实了全系统因公牺牲检察官和司法警察"两金"。向财政部申领了2009年度全国检察机关因公牺牲检察官和司法警察特别补助金和特别慰问金，并通过省级检察院发放给家属。同时，根据财政部要求，对以前年度各地漏报"两金"的情况进行了认真清理核实，解决了历史遗留问题。

九、加强工作指导，推进地方检察院"两房"建设工作。一年来，依据"两房"建设标准，最高人民检察院先后对吉林、湖北、云南、甘肃、西藏等5个省级检察院，长春、白山、成都、淄博、郑州、义乌、拉萨、日喀则等8个市级检察院，以及沈阳市和平区等9个基层检察院"两房"建设中的有关问题及时作出批复，指导争取立项。

十、精心组织，开展检察服换装工作。按照财政部批准的换装年限规定，2009年全国检察系统进行全品种的服装换发工作。为组织好换装工作，最高人民检察院广泛听取各地意见，聘请专家，委托服装设计单位，对检察大衣、春秋（冬）服款式进行了重新设计和修改，并报检察长办公会批准通过。为规范服装生产工艺，确保加工质量，修订编写了检察服全品种的技术规范标准。此外，组织了对"2009—2013年生产检察服产品入围企业"的考察评审工作。

十一、加强督促检查，继续抓好枪支和警用车辆管理工作。一年来，各级检察机关进一步加强了枪支管理工作，严格落实安全制度，进一步规范管理枪支。2009年，更新业务车辆3300余辆，强化制度建设，进一步加强了警用车辆管理工作。

十二、加强计财装备队伍建设，提高队伍的整体素质。以开展学习实践活动和社会主义法治理念等专项教育活动为载体，进一步加强思想政治建设。以经费保障体制改革新要求、科技装备新知识为重点，进一步加强专业培训。以认真落实党风廉政建设责任制为重点，进一步加强作风建设。

（最高人民检察院计划财务装备局　吕　斌）

检察改革工作　2009年是中央关于深化司法体制和工作机制改革方案实施的第一年，也是落实检察改革2009—2012年工作规划的第一年。最高人民检察院根据中央的统一部署，按照党的十七大提出的“深化司法体制改革，优化司法职权配置，规范司法行为，建设公正、高效、权威的社会主义司法制度”的要求，通过深入调研论证，制定了《最高人民检察院关于贯彻落实〈中央政法委员会关于深化司法体制和工作机制改革若干问题的意见〉的实施意见——关于深化检察改革2009—2012年工作规划》及配套的工作方案，以强化检察机关法律监督职能和加强对检察权的监督制约为重点，对今后一个时期的检察改革进行了总体部署。改革规划下发后，各省级检察院党组高度重视，按照中央和最高人民检察院的统一部署，研究提出了本地区贯彻落实的具体方案，成立或者充实了检察改革领导小组及其办事机构。在最高人民检察院党组和司法体制改革领导小组的领导下，2009年的检察改革工作开局良好、总体进展顺利。

根据中央关于深化司法体制改革的分工方案，最高人民检察院共承担七项牵头改革任务，计划2009年完成四项。一是完善检察机关对刑事立案、侦查活动的监督机制，建立诉讼当事人对侦查机关采取搜查、扣押、冻结等措施不服，提请检察机关或上一级检察机关进行监督的制度。明确检察机关内部的职权划分，抗诉职权与职务犯罪侦查职权应分别由不同的业务部门行使。二是改革和完善审查逮捕制度。完善检察机关的职务犯罪案件审查逮捕程序。三是依法明确、规范检察机关调阅审判卷宗材料、调查违法、建议更换办案人、提出检察建议等程序，完善法律监督措施。四是总结人民监督员制度试点经验，研究并推进人民监督员制度法制化，明确人民监督员的选任管理、监督范围和程序。

最高人民检察院党组和司法体制改革领导小组对检察改革工作高度重视，多次召开会议研究部署改革工作。经过各承办部门的共同努力，计划2009年完成的各项改革任务的调研工作有序展开。在深入调研，积极与协办单位沟通协商，认真听取各方面意见的基础上，最高人民检察院出台了一系列改革措施。

一、优化职务犯罪审查逮捕权配置，积极推进职务犯罪审查逮捕程序改革。改革和完善职务犯罪案件审查逮捕程序，是中央确定的一项重大司法改革，是优化检察职权配置、强化自身监督制约的重要举措。为了解决同一检察机关同时行使职务犯罪侦查、逮捕、起诉权而造成的权力集中、监督弱化问题，2009年9月，最高人民检察院制定下发了《关于省级以下人民检察院立案侦查的案件由上一级人民检察院审查决定逮捕的规定（试行）》，在全国绝大多数省份分步骤实施职务犯罪案件审查逮捕程序改革。各地检察机关按照中央和最高人民检察院的统一部署，稳步推行。

二、改革内部制约机制，强化自身监督制约。2009年9月，最高人民检察院制定下发了《关于完善抗诉工作与职务犯罪侦查工作内部监督制约机制的规定》，建立检察机关抗诉职权与职务犯罪侦查职权分别由不同的业务部门行使的工作机制，加强了检察机关的内部监督制约。

三、完善检察委员会制度，提高检察委员会工作制度化、规范化水平。2009年10月，最高人民检察院制定下发了《人民检察院检察委员会议事和工作规则》，以切实提高检察委员会的议事能力和决策水平。

四、依法明确、规范检察机关提出检察建议的程序。2009年11月，最高人民检察院制定下发了《人民检察院检察建议工作规定（试行）》，进一步规范了检察建议的适用范围、制发主体、内容要求、发送对象及审批程序。

在抓紧落实牵头改革任务的同时，最高人民检察院还就承担的协办任务，加强与全国人大常委会法制工作委员会、最高人民法院、公安部等牵头单位的工作联系和沟通协调，积极参与调研，先后向有关单位提出了关于“加强司法职业保障制度”、“改革劳动教养制度和违法行为教育矫治立法”、“健全打击严重犯罪的法律程序”、“完善律师制度”等协办改革任务的研究意见，配合其他牵头单位推动各项改革的进程。

（最高人民检察院司法体制改革领导小组办公室）

死刑复核检察工作　2009年，死刑复核检察工作坚持以改革为动力，以完善工作程序和机制为重点，努力开拓死刑复核法律监督工作的新局面，为全面开展死刑复核法律监督工作进行了积极准备。

一、积极落实司法改革方案，推进完善死刑复核法律程序取得新进展

根据中央关于司法体制改革的要求，最高人民检察院积极参与完善死刑复核法律程序改革的工作，深入开展建立健全死刑复核法律监督程序和机

制的调研论证,提出了有关死刑复核法律监督职责、程序和工作机制等方面的框架和建议,取得了阶段性成果。

一是为提出改革建议方案组织调研论证。基于提出改革建议方案的需要,在办理死刑案件较多的省级检察院开展了广泛的调研;同时派员参加最高人民法院牵头的为完善死刑复核法律程序而组织的专题调研。通过调研向最高人民法院反馈了当前死刑复核及法律监督工作中存在的突出问题及改革思路的书面意见,为提出完善死刑复核法律程序的改革意见提供了客观依据。

二是研究起草《最高人民检察院关于完善死刑复核法律监督程序的研究意见》稿。为了明确死刑复核法律监督的职责、程序和手段,研究起草了完善死刑复核法律监督程序的研究意见。研究意见为提出改革方案奠定了良好的基础。

三是主动与最高人民法院沟通会商。与最高人民法院有关业务部门就落实中央司法改革方案进行沟通,重点就检察机关履行法律监督职责的具体内容、方法和程序等主要问题初步达成共识。

二、努力提高办案质量和效率,死刑复核检察业务工作取得新成效

一是继续加强备案审查工作。严格按照《最高人民检察院死刑复核检察工作暂行办法》,对备案理由成立、需要反映检察机关意见的案件,均及时函转最高人民法院。

二是及时研究办理省级检察院反映的重要情况和事项。如浙江省检察院报告的肖平停止执行死刑案。被告人肖平在执行死刑前临场喊冤,称杀人行为系其亲属所为。后经公安机关调查,将该案其他两名同案犯抓获归案。最高人民检察院及时将有关查证情况和应当撤销原裁定、发回重审的意见函告最高人民法院。最高人民法院采纳了最高人民检察院的意见。

三是认真审查和办理死刑申诉案件。为切实履行监督职责,防止错杀,对于已经进入死刑复核程序的案件,在第一时间要求省级检察院报送相关案件材料,连同当事人的申诉理由一并审查,做到客观公正。经审查,对其中申诉理由存在合理性的申诉材料函转最高人民法院审查处理。

四是加强与本院相关职能部门的沟通,形成工作合力。最高人民检察院死刑复核检察工作办公室加强与监所检察厅沟通,通过监所网络监测系统,及时发现最高人民法院长期不能核准死刑的案件,拓宽监督渠道。

三、着眼解决突出问题,对死刑政策和死刑适用标准的应用研究取得新成果

一是继续开展死刑复核裁判文书实证研究工作。完成了对部分最高人民法院死刑复核文书的实证分析,针对实践中反映较多的民间矛盾激化、民事赔偿等酌定情节对适用死刑的影响等突出问题,重点剖析了影响死刑裁量的因素及裁判规律,提出了研究解决问题的建议。

二是对办案中发现的热点问题进行综合分析。结合办案筛选出一批有代表性的案件进行重点研究,以提高对死刑政策的把握能力。如通过福建省人民检察院报备的朱彩云、陈秀丽抢劫案,研究总结出当前共同犯罪案件中认定被告人地位、作用及适用死刑的规律,及时通报福建省人民检察院,为办理同类案件提供了指导。

三是加强对死刑案件证据标准的研究。最高人民法院不予核准死刑的案件中,属于事实证据存在问题,在死刑复核阶段需要补查、补证的案件占相当比例。为此,紧密结合办案实际,进一步加强了对死刑案件审查判断证据标准、非法证据排除规则的研究。

四是配合有关部门研究提出修改完善死刑立法的建议。

(最高人民检察院死刑复核检察工作办公室)

地方、军事检察工作

北京市检察工作 2009年，北京市检察机关深入贯彻落实科学发展观，紧紧围绕“保增长、保民生、保稳定”和“平安国庆”两项重点任务，全面履行各项检察职能，出色完成各项重大任务，保持了健康发展的良好势头，为首都经济平稳较快发展和社会安全稳定贡献了力量。

一、服务“三保”和“平安北京”建设取得明显成效

市检察院及时制定维护稳定、服务“三保”两个工作意见，各检察分院、区县检察院采取有力措施，确保各项工作部署落到实处。充分发挥打击、预防、监督、保护的职能作用，严厉打击危害社会稳定和经济秩序的犯罪，全年批准逮捕各类犯罪22272人、提起公诉27383人，审查起诉了陈同海、王益、何洪达等一批大案和涉众型经济犯罪案件；全力排查化解矛盾纠纷，妥善化解重点涉检信访案件36件；积极开展“听呼声、走百家、送服务”为民实践活动，不断深化送法进学校、进社区、进农村工作，积极探索检察官担任法制村长、驻乡镇检察室、社区检务工作站等工作机制，努力为全市经济社会发展创造良好环境。

二、职务犯罪侦查和预防工作实现新突破

进一步加大查办职务犯罪的力度，立案侦查贪污贿赂犯罪369人，比2008年上升10.8%，为国家挽回经济损失6.2亿多元；立案侦查渎职侵权犯罪54人，同比上升74.2%。突出查办重点领域、危害民生的职务犯罪，扎实开展治理工程建设领域突出犯罪、查办城镇建设领域商业贿赂、涉农职务犯罪、危害能源资源渎职侵权犯罪等专项工作，先后在城建、税务、人防工程、拆迁补偿、社会保障、司法等领域取得突破，侦破了一些有影响、有震动的大案要案、窝案串案，彰显了检察机关惩治腐败的作用和声势。同时，办案质量和效果也进一步提升，自侦案件起诉率等有所提高。职务犯罪预防工作不断深化，积极探索侦防一体化机制，加强重点工程职务犯罪预防工作，在教育等系统开展大型警示教育图片展，积极服务党风廉政建设。

三、诉讼监督工作稳步推进

制定《关于加强对诉讼活动的法律监督工作的意见》，并向市人大常委会作了贯彻落实决议的专题报告，各区县检察院积极向同级党委、人大汇报落实决议的情况，加强与政府、公安、法院等相关部门的联系，营造了推动诉讼监督开展的良好氛围。诉讼监督机制不断完善，制定立案监督、侦查监督、刑事审判监督、刑罚执行和监管活动监督、民事审判和行政诉讼活动监督五项实施细则，建立健全内部联动、延伸监督等机制，为强化诉讼监督提供有力保障。诉讼监督力度不断加大，提起刑事抗诉76件、民事抗诉54件。着力监督纠正人民群众反映强烈的有案不立、违法侦查、裁判不公等问题；扎实开展刑事审判监督专项检查工作、看守所监管执法专项检查等活动，进一步加强抗诉、监管场所监督工作；严肃查办执法不严、司法不公背后的职务犯罪，共立案侦查司法人员职务犯罪30人，同比上升30.4%，努力维护执法司法公正。

四、队伍素质能力和纪律作风进一步改进

按照“政治过硬、管理科学、素质一流”的目标，进一步加强思想政治建设，制定加强和改进检察机关党的建设的意见，认真开展学习实践科学发展观活动，深化社会主义法治理念教育成果；切实加强领导班子建设，开展领导干部作风建设年活动，进一步提升领导检察工作科学发展的能力；大力抓好业务培训和人才培养，评选出第二届“北京市检察业务专家”20名，不断加大公开选拔、挂职锻炼、上下交流力度，加快高层次人才和年轻干部培养步伐，积极构建首都检察人才新高地；建立领导干部、检察人员绩效管理机制；加强检察文化建设，努力营造积极向上的工作氛围；不断强化自身监督制约，推进检察机关惩防体系建设，全面推开廉政风险防范工作，建立检察官执法档案，集中开展自侦案件扣押冻结款物专项检查、检务督察工作，严肃查办违纪人员3人，努力做到自身正、自身硬、自身

净。在市政法委组织的每两年一度的政法机关人民群众满意度社会测评中,检察机关的群众满意度大幅提升,达到86.1%,比上次测评提高了18个百分点,在全市政法各单位中名列前茅。

五、着力推进基层检察院建设,基层基础工作切实加强

深入贯彻落实周永康同志在全国基层检察院建设工作会议上的重要讲话精神以及最高人民检察院部署,集中开展了基层检察院建设调研,专题向市委常委会作了汇报,解决了基层检察院业务部门正职按副处实职配备、派驻检察室按相应规格设置等问题;加强对基层检察院的指导和服务,形成《关于进一步加强北京市基层检察院建设的意见》,完善市检察院班子成员联系基层检察院等七项机制,对8个基层检察院开展巡视,健全基层考评机制,不断提升基层检察工作水平。全面启动检察改革,制定2009年至2012年检察改革实施意见,推进自侦案件审查逮捕决定权上提一级等改革。执法规范化建设不断深化,修订办案质量规范和考核办法,完善案件流程管理、动态监督、质量考核机制,推进司法警察工作规范化建设。检察技术、信息化、检务保障进一步加强,完善各项业务平台,开发基层检察院考核等新系统,健全基层检察院经费保障机制,出台加强司法鉴定工作的意见,加大侦查指挥、检验鉴定等科技装备建设,为首都检察工作创新发展提供了有力保障。

(北京市人民检察院法律政策研究室)

天津市检察工作 2009年,天津市检察机关在市委和最高人民检察院的正确领导下,坚持以邓小平理论和“三个代表”重要思想为指导,贯彻落实科学发展观,践行“强化法律监督,维护公平正义”的检察工作主题,依法履行各项法律监督职责,全面开展争创全国先进检察院活动,狠抓领导班子和高素质检察队伍建设,推动全市检察工作取得新成效。

一、主动服务第一要务,为保障和促进天津“三个发展”作出积极贡献。全市检察机关坚持把保发展保增长作为重要责任,各级检察长带队深入滨海新区等改革发展的重点领域开展调查研究,更好地为经济发展服务。针对滨海新区深化管理体制新要求,开展调查研究,筹备建立了滨海新区人民检察院,使检察机关的机构设置和职责分工更好地适应服务经济发展的需要。针对“保增长、渡难关、上水平”的新形势,组织开展了走访“百家企业和百个村镇”司法调研服务活动,共走访大型企业212家、重点村镇173个,解决典型问题135件,制定出台了《为“保增长、渡难关、上水平”服务的意见》,统一公布了24小时服务电话,支持和保障企业集中精力发展经济。两个检察分院和各区、县检察院也都结合辖区实际制定了服务经济发展的具体措施。

二、认真履行第一责任,在维护社会和谐稳定中发挥了重要作用。全市检察机关针对刑事犯罪的新情况和社会矛盾的新特点,依法履行批准逮捕、提起公诉等职能,与有关司法机关密切配合,依法打击各类刑事犯罪活动。全年共批准逮捕各类刑事犯罪嫌疑人10268人,提起公诉14423人,认真贯彻宽严相济的刑事政策,积极推进量刑建议、刑事和解等工作,有力促进了社会和谐稳定。积极参与社会治安防控体系建设和平安天津创建活动,努力预防和减少刑事犯罪的发生。认真做好涉检信访工作,积极化解社会矛盾纠纷,采取依法处理、教育疏导、救助救济等有效措施,抓源头、清积案、建机制,全年共办理群众来信来访5678件。

三、依法查办和预防职务犯罪,有力促进了党风廉政建设和反腐败工作。全市检察机关坚持把查办职务犯罪放在突出位置来抓,深入查办商业贿赂犯罪、涉农职务犯罪和积极参与工程建设领域突出问题专项治理,实现了办案工作平稳健康发展。全年共初查贪污贿赂、渎职侵权等职务犯罪案件线索659件,立案358件425人,为国家挽回经济损失5110万元。在依法办案的同时,主动加强与行政管理、执法执纪和其他司法机关的沟通协作,定期与市纪检委等26家预防职务犯罪成员单位召开联席会议,努力构建共同惩治和预防职务犯罪的工作格局。在全市检察系统成立了预防职务犯罪百人宣讲团,各级检察长带头开展法制宣传教育,举办法制讲座等416场次,受教育干部人数达5万余人,进一步扩大了预防职务犯罪效果。全面推行行贿犯罪档案查询工作,提供查询服务818次,较好发挥了治本抓源头的作用。

四、全面强化诉讼监督,有效维护了司法公正和社会公平正义。全市检察机关坚持把诉讼监督作为重点工作来抓,开展了刑事审判法律监督等专项检查活动,狠抓薄弱环节,增强监督实效。要求公安机关说明不立案理由257件,公安机关立案151件,对侦查活动中的违法情况提出纠正意见

166 件，决定不捕 838 人、不诉 349 人，追捕 132 人、追诉 118 人。对认为确有错误的刑事判决、裁定提出抗诉 90 件，经法院审理依法改判 5 件，二审出庭监督审理死刑案件 232 件。加强民事审判和行政诉讼活动法律监督，重点解决裁判不公等问题。共受理民事行政申诉案件 7696 件，立案 1026 件，提出抗诉 197 件，提出再审检察建议 27 件，法院已改变原判决和裁定 132 件。对裁判正确的，重视做好申诉人的服判息诉工作。加强刑罚执行和监管活动法律监督，配合有关部门开展了看守所监管执法专项检查等专项活动，重点监督纠正违法减刑、假释、保外就医等问题，对监管改造执法活动违法情况提出书面纠正意见 95 件次，对监外执行犯监管活动提出书面纠正 22 件次。通过监督发现和查处司法工作人员贪赃枉法等案件 49 件 53 人。

五、坚持抓好队伍建设，为做好新时期检察工作提供了强有力的组织保障。全市检察机关深入开展学习实践科学发展观、大学习大讨论和社会主义法治理念教育活动，引导干警坚持正确的政治方向，树立社会主义法治理念，恪守检察职业道德，牢记“三个至上”、坚持“三个统一”、注重“三个效果”。深入开展创建学习型检察院活动，全面推进教育培训工作，举办各类培训班 52 期，培训干警 6129 人次。大力加强检察文化建设，通过举办天津检察论坛、天津检察讲坛、全系统首届综合体育运动会、足球赛等一系列活动，营造了追求进步、崇尚学习的文化氛围。深化干部人事制度改革，公开选拔了 3 名副局级领导干部，全面启动了检察委员会专职委员配备工作。加大了对内设部门中层领导干部的轮岗交流和公开竞争选拔工作力度，确立了正确的选人用人导向，进一步提高干警工作热情和积极性。突出抓好领导班子建设，严格执行民主集中制、民主生活会、党风廉政建设责任制等规定，发挥了领导班子的核心作用和领导干部的示范带头作用。坚持从严治检，加大检务督察力度，严格落实“禁酒令”、“四个严禁”和“三个绝不允许”，依法依纪处理干警 4 人，促进了严格、公正、文明、廉洁执法。

（天津市人民检察院法律政策研究室）

河北省检察工作　2009 年，全省检察机关在省委和最高人民检察院的正确领导下，深入贯彻落实科学发展观，坚持“强化法律监督、维护公平正义”的工作主题，紧紧围绕“保增长、保民生、保稳定”，全面履行法律监督职责，依法严厉打击影响经济发展、损害民生民利、破坏和谐稳定、危害公平正义的犯罪活动，强化各项诉讼监督工作。

一、充分发挥法律监督职能，为全省经济平稳较快发展提供坚强有力的司法保障

充分发挥打击、预防、监督、保护的职能作用，积极主动地做好服务中心、服务大局的各项工作。对有利于落实中央和省委、省政府决策部署，有利于维护企业正常生产经营和职工利益，有利于促进经济社会秩序稳定的，坚决依法保护；对构成犯罪的，坚决依法打击；对不构成犯罪但属于违法的，依法监督纠正。共批准逮捕破坏社会主义市场经济秩序犯罪案件 1297 人，起诉 1293 人。深化治理商业贿赂工作，查办商业贿赂犯罪案件 463 人。开展“查办危害能源资源和生态环境渎职犯罪”专项工作，查办危害土地、林业、矿产资源和破坏生态环境的滥用职权、玩忽职守犯罪案件 200 人。在工作中，依法保护各类市场主体和企业家、创业者、投资者的合法权益，促进各类市场主体公平竞争、竞相发展。注重转变执法作风，改进办案方式方法，慎重选择办案时机和方式，慎重使用强制措施，慎重扣押冻结相关账目和银行账户，既依法办案，又最大限度地避免给项目建设、企业发展带来负面影响。

二、依法惩治严重刑事犯罪，维护国家安全和社会和谐稳定

全年批捕各类刑事犯罪嫌疑人 42334 人，起诉 47125 人。其中批捕黑恶势力犯罪案件 583 人，现已起诉 283 人。立案侦查各类职务犯罪案件 1938 人，其中贪污贿赂案件 1302 人，渎职侵权案件 636 人；大案 697 件，要案 47 人；为国家和集体挽回直接经济损失 2.81 亿元。全面贯彻宽严相济刑事政策。健全快速办理轻微刑事案件和办理未成年人犯罪案件工作机制，积极探索当事人达成和解的轻微刑事案件办理机制，与共青团、学校、未成年人保护组织密切配合，强化“青少年维权岗”建设。全省检察机关抽调数千名干警参加国庆安全保卫工作，参加省委部署的“干部下访接访”活动。依法妥善处理了一批涉检信访案件，排查信访积案 46 件，化解息诉 41 件。

三、全面加强对诉讼活动的法律监督，维护司法公正

围绕保障民生和促进司法公正加强诉讼监督工作,共监督侦查机关刑事立案2313件,监督撤案389件;向侦查机关、审判机关提出纠正违法意见3098件次;对认为确有错误的判决和裁定,提出刑事抗诉226件,提出民事行政抗诉778件、再审检察建议780件;对减刑、假释、暂予监外执行不当的提出纠正意见698人次,监督纠正监外执行罪犯脱管、漏管问题381件次;依法纠正漏捕漏诉2144人,不捕不诉3234人。开展刑事审判法律监督专项检查活动,对2003年以来执行刑事审判监督制度情况、2008年办理的刑事审判监督案件进行检查,进一步完善了刑事审判法律监督工作制度;开展看守所监管执法专项检查活动,对全省152个看守所的在押人员逐所、逐人进行检查,对2006年以来发生的在押人员非正常死亡情况进行专项调查,对7个存在严重问题的看守所进行监督整治,对19名涉嫌玩忽职守的监管干警立案侦查,监督司法机关对28名"牢头狱霸"严加惩戒。依法开展死刑二审出庭公诉工作,既注意保障被害人合法权益,又注意保障被告人合法权益,维护司法公正。

四、认真做好涉农检察工作,服务农村改革发展

依法打击侵害农民利益、危害农业生产、影响农村稳定的犯罪活动,依法维护农村基本经营制度、农村土地管理制度、农业支持保护制度和农村民主管理制度,巩固农业农村发展的良好形势;坚决打击农村黑恶势力犯罪、严重影响农民群众安全感的"两抢一盗"、拐卖妇女儿童犯罪以及组织利用邪教组织破坏法律实施和利用宗教、宗族势力等破坏农村政权建设的犯罪活动;积极参与农村社会治安综合治理和平安创建活动,维护农村社会大局稳定。继续开展深入查办涉农职务犯罪工作,加强涉农职务犯罪预防,保障农村基础设施、民生工程的投入和农业补贴款项的规范使用,保障中央和省各项支农强农惠农政策的有效实施。强化涉农法律监督和司法保护,严厉打击制售假冒伪劣农资等坑农害农的犯罪,认真办理土地承包经营权流转、农产品生产经营、农村金融领域和涉及农民工劳资纠纷的民事行政申诉案件,切实保障农民权益。实施涉农检察工作新机制,成立涉农检察工作办公室,辖区有农村的基层检察院由院领导、业务骨干组成农村检察工作队,全省基层检察院抽调2190名检察官,组建了537支农村检察工作队,深入乡镇5755次、重点村16876次,宣传法制13502次,接待来访6694人次,受理举报1158件,查办涉农职务犯罪案件663人,办案追缴的赃款1857.9万元全部返还给农民。

五、强化高素质检察队伍建设,提高公正廉洁执法水平

以学习实践科学发展观活动和干部作风建设年活动为载体,全面推进检察队伍建设。加强思想政治和职业道德建设;开展了以社会主义核心价值体系为主要内容的文化育检活动和以"忠诚、公正、清廉、文明"为基本内容的检察职业道德建设。加强法律监督能力建设,开展大规模教育培训,举办了171期5700余人次参加的检察业务培训班;推进高层次检察人才建设,从全省业务尖子中评选出15位检察业务专家;面向社会公开招录工作人员208名,充实基层执法力量。加强纪律作风建设,在全国检察系统率先开展扣押、冻结、处理涉案款物专项清理工作,共清理涉及扣押款物案件8436件,对涉案款物该返还的返还、该移交的移交,同时进一步完善了规范扣押、冻结、处理涉案款物的长效机制;开展检务督察工作,省检察院组织检务督察31次,各市、县区检察院组织检务督察248次,发现和纠正检容风纪、执法办案和来访接待、警车使用等方面的问题360件。积极开展争先创优活动,全省检察机关有90个集体、140名个人受到省级以上表彰。承德市人民检察院副检察长李永志被授予"全国模范检察官"和"河北省优秀共产党员"称号,石家庄市裕华区人民检察院被授予第五届河北省"人民满意的公务员集体"称号,3名检察官被省委、省政府授予"人民满意的公务员"称号。

(河北省人民检察院法律政策研究室)

山西省检察工作 2009年,全省检察机关深入贯彻落实科学发展观,坚持"强化法律监督,维护公平正义"检察工作主题,认真履行法律监督职责,各项检察工作取得了新的进展。

一、充分发挥检察职能,主动服务全省工作大局

出台服务"三个发展"的意见。省检察院制定了《山西省人民检察院关于充分发挥检察职能,为全省转型发展、安全发展、和谐发展服务的意见》,从明确服务方向、加大服务力度、拓展服务领域、拓宽服务渠道、提高服务水平、提升服务质量、落实服

务措施等七个方面提出三十条意见和要求。

广泛开展“三深入”活动。全省检察机关开展了为期两个多月的“深入农村、深入企业、深入社区”实践活动，共有453名检察长、副检察长，3100多名检察人员参加了调研，走访干部群众11000多人次，邀请各级人大代表、政协委员、企业负责人和基层群众参加座谈800余次，发现并及时查办了一批危害“三个发展”的案件。

坚决查办危害“三个发展”的犯罪。突出查办煤焦领域职务犯罪，共立案侦查140件149人。批准逮捕破坏社会主义市场经济秩序犯罪484件768人，提起公诉539件894人。严肃查办重大工程建设、重大项目投资等领域发生的职务犯罪案件，立案侦查62件73人。开展查办危害能源资源和生态环境渎职犯罪专项工作，立案侦查180件185人。

进一步改进办案方式方法。坚持打击与保护并重，在执法办案中严格区分罪与非罪的“六个界限”，依法惩治犯罪，保护改革创新。在办理涉及企业的案件时，严格做到“六个不轻易”和“六个严禁”，尽可能减少办案给企业带来的不利影响，促进企业健康发展。

二、依法打击各类刑事犯罪，全力维护社会和谐稳定

全年共批准逮捕各类刑事犯罪14136件23572人，提起公诉18626件29696人。

严厉打击严重刑事犯罪。重点打击影响群众安全感的严重暴力犯罪、“两抢一盗”等多发性侵财犯罪和涉枪涉爆犯罪，共批准逮捕此类案件9040件15095人，提起公诉11030件17526人。继续深化“打黑除恶”专项斗争，共批捕黑恶势力犯罪6件70人，提起公诉5件55人。

依法适用宽严相济的刑事司法政策。在贯彻“严打”方针的同时，坚持“全面把握、区别对待、严格依法、注重效果”原则，健全完善轻微刑事案件和解及快速办理机制，积极推行未成年人犯罪案件专人办理制度，探索建立附条件逮捕、附条件不起诉和量刑建议制度，努力减少社会对立，促进社会和谐。全年共对3096人作出不批准逮捕决定，对1290人作出不起诉决定。

依法妥善处理涉检信访问题。全年共受理涉检信访案件2530件，办结2329件，办结率为92%。深入开展“信访积案化解年”活动，对2004年以来未息诉罢访的涉检信访案件进行了全面排查，共排查出54件，已办结45件。重点做好国庆期间涉检信访工作。

三、依法查办和预防职务犯罪，扎实推进反腐倡廉建设

保持查办案件的力度。共查办各类职务犯罪1226件1414人，其中，贪污贿赂犯罪806件930人，渎职侵权犯罪420件484人。通过办案为国家挽回经济损失2.4亿元。突出查办职务犯罪大案要案，共查办大案789件，县处级以上干部要案68人，其中，厅级干部2人。

努力提高办案质量。按照“一要坚决、二要慎重、务必搞准”的原则，严把案件证据关、事实关、适用法律关，实行职务犯罪案件立案报上一级检察院备案，撤案、不起诉报上一级检察院批准，加强侦查、逮捕、公诉内部监督制约，努力提高案件质量。根据最高人民检察院的规定，从2009年9月开始，省级以下人民检察院立案侦查的职务犯罪案件由上一级人民检察院审查决定逮捕，省市两级检察院共受理此类案件82件93人，依法决定逮捕73件82人，不捕9件11人，确保了逮捕质量。进一步规范和加强人民监督员制度试点工作，人民监督员共监督“三类案件”222件237人。法院已审结的职务犯罪案件，有罪判决率达到99.82%。

坚决查办危害民生的职务犯罪。坚决查办因失职渎职导致重大安全生产责任事故的职务犯罪，立案侦查153件156人。严肃查办发生在社会保障、劳动就业、征地拆迁、医疗卫生、招生考试等民生领域的职务犯罪，立案侦查155件165人。依法打击侵害农民利益、危害农业生产、影响农村稳定的职务犯罪，立案侦查227件272人。

积极开展职务犯罪预防工作。认真贯彻落实《山西省预防职务犯罪工作条例》，切实加强职务犯罪预防工作。省检察院同省人大内务司法委员会召开了贯彻实施条例座谈会，启动预防职务犯罪“五个一”宣传活动，推动了职务犯罪预防工作的深入开展。召开全省检察机关第一次预防职务犯罪工作会议，明确了职务犯罪预防的重点、目标和措施。开展法制教育、警示教育103次，结合办案向发案单位和相关部门提出检察建议151件，受理行贿犯罪档案查询662件。

四、加大诉讼监督力度，努力维护和促进司法公正

加强刑事立案和侦查活动监督。监督纠正侦查机关应当立案而不立案的案件940件,不应当立案而立案的案件269件;对侦查活动中的违法行为提出书面纠正意见和检察建议2874件;对应当逮捕而未提请逮捕的,依法追捕716人;对应当起诉而未移送起诉的,依法追诉742人。

加强刑事审判监督。对213件认为确有错误的刑事判决、裁定提出了抗诉。对2008年以来审结的刑事案件及审判监督工作开展情况进行了全面检查,发现在认定事实、适用法律或量刑等方面存在问题的案件41件,并实事求是地予以纠正。

加强民事审判和行政诉讼监督。对认为确有错误的民事行政判决、裁定提出抗诉233件,提出再审检察建议121件。通过督促起诉、支持起诉等方式,加强对侵害国家利益、社会公共利益和弱势群体利益案件的监督,共办理此类案件1209件。在加大监督力度的同时,注重做好息诉服判工作,有效地维护了司法权威。

加强对刑罚执行和监管活动的监督。对刑罚执行和监管活动中各类违法行为提出纠正意见1160人次,已纠正1144人次。依法查办监管干警职务犯罪案件19件19人。会同公安和司法行政部门开展了看守所监管执法、全省监狱“清查事故隐患、促进安全监管”和监外执行专项检查工作,对社会关注的“牢头狱霸”,监外执行罪犯脱管、漏管等问题进行了重点检查,有力地维护了正常的监管秩序。

五、全面加强检察队伍建设,不断提高法律监督能力

加强思想政治建设。开展深入学习实践科学发展观活动,进一步加强检察机关党的建设工作。省检察院出台了《山西省检察机关加强思想政治建设的意见》,明确了全省检察机关思想政治建设的指导思想、基本要求和具体措施。

加强纪律作风建设。开展了“加强领导干部党性修养,树立和弘扬良好作风”活动,认真落实并大力践行《检察官职业道德基本准则》。鼓励争先创优,全省检察机关共有15个先进集体、7名先进个人受到最高人民检察院和国家有关部门的表彰。省检察院连续五年荣获省直机关文明和谐单位标兵称号。对2004年以来全省检察机关立案侦查案件扣押、冻结、处理涉案款物情况逐案进行检查,发现并纠正未依照规定处理扣押、冻结款物案件172件,并及时完善了涉案款物管理等制度。加大检务督察力度,省检察院开展大规模督察3次。坚持从严治检,对检察人员违法违纪案件立案7件11人,给予党政纪处分10人,其中追究刑事责任2人。

加强领导班子建设。认真落实巡视制度和上级检察院派员列席下级检察院民主生活会制度,省检察院对市级检察院开展巡视2次,上级检察院列席下级检察院领导班子民主生活会138次。认真落实领导干部廉政档案制度、重大事项报告制度、诫勉谈话和函询制度,进一步加强了对领导班子和领导干部的监督。

加强队伍专业化建设。深入落实《2009—2012年大规模推进检察教育培训工作实施意见》,坚持把教育培训与执法实践结合起来,广泛开展岗位练兵、专业技能比武等活动,着力培养检察人员的实战技能。组织职务犯罪侦查技能、晋升高级检察官资格、司法考试等各类培训班534期,共有1万余人次参加了培训,233人通过了国家司法考试。严把进人关,积极配合省委组织部做好检察机关公务员招考工作。

加强基层基础建设。省检察院出台了《山西检察工作科学发展五年规划(2010—2014年)》,从服务大局、执法办案、队伍建设等10个方面提出了77条具体任务和措施。为进一步加强基层检察院建设,省检察院下发了《2009—2012年基层院建设实施意见》,确立了22个基层检察院为执法规范化、队伍专业化、管理科学化、保障现代化建设试点单位,加强考核评价机制建设。加大经费保障工作力度,80.5%的基层检察院年终决算落实了公用经费保障标准。基础设施和科技装备建设进一步加强,省检察院为基层检察院发放了一批同步录音录像设备、无线通讯指挥设备和办案业务用车。

全省检察机关不断增强接受人大监督的意识,自觉地把检察工作置于人大及其常委会的监督之下,主动报告重要工作,认真执行各级人大及其常委会的决议和决定。一年来,全省检察机关共向各级人大常委会报告工作460次,召开人大代表座谈会360次,邀请人大代表视察工作260次,对各级人大及其常委会转办交办的340件案件全部办结。

(山西省人民检察院法律政策研究室)

内蒙古自治区检察工作　2009年,全区检察机关全面履行法律监督职责,为自治区经济发展、社会和

谐稳定作出了贡献。

一、围绕“保增长、保稳定、保民生”，全面履行法律监督职责

一是深入学习实践科学发展观，着力保障经济平稳较快发展。全区检察机关以自治区检察院制定的《为全区经济平稳较快发展服务的十四项措施》为指导，充分发挥打击、保护、监督、预防等职能作用，努力维护市场经济秩序，保障政府投资安全，维护企业合法权益，促进农村牧区改革发展，为保障我区经济平稳较快发展发挥了积极的作用。

二是以做好新中国成立六十周年安全保卫工作为重点履行检察职责，着力维护国家安全、社会和谐稳定。全年批准逮捕刑事犯罪嫌疑人15963人，提起公诉20012人，同比上升3.8%和2.0%；对涉嫌犯罪但无逮捕必要的、依法决定不批捕886人，对犯罪情节轻微、依照刑法规定不需要判处刑罚或者免除刑罚的，依法决定不起诉715人。深入开展打黑除恶专项斗争，依法起诉黑社会性质组织犯罪5件65人。其中乌兰察布市人民检察院起诉的和林县云鹏清等26人涉黑案被评为2009年度“百姓关注的内蒙古十大法治事件”。加强控告申诉检察工作，努力化解矛盾纠纷。进一步畅通信访渠道，及时解决群众合法合理诉求。积极参加社会治安综合治理，推进平安建设。

三是坚持以人为本、执法为民，着力服务和保障民生。严肃查办社会保障、劳动就业、征地拆迁、移民补偿、抢险救灾、医疗卫生、招生考试等涉及民生领域的职务犯罪案件89件114人。批准逮捕制售伪劣产品、假药和有毒有害、不符合卫生标准的食品等危害人民群众生命财产安全的犯罪嫌疑人97人，起诉96人。严厉打击涉案金额巨大、人数众多的非法吸收公众存款、非法经营等涉众型经济犯罪，批准逮捕91人，起诉81人。依法介入重大责任事故调查，严肃查办严重失职渎职造成国家和人民利益重大损失的国家机关工作人员33人。加强对困难群众和弱势群体的司法保护，立案审查拖欠农民工工资、劳动争议、保险纠纷等方面的民事申诉案件92件，及时执行已作出复查处理决定的刑事申诉案件65件，办理刑事赔偿案件9件。加强对人权的司法保障，严肃查办利用职权实施非法拘禁、刑讯逼供等侵权犯罪案件。开通12309举报电话，完善检察长接待日制度，推行便民利民措施，积极采取下访巡访、预约接待，探索设立检察联络员、开通民生服务热线等方式，努力为群众排忧解难。推进对生活确有困难的刑事被害人救助工作，协调有关方面解决被害人、上访人生活救济、社会保险、补偿返还等资金248万余元。

四是积极查办和预防职务犯罪，促进反腐倡廉建设。自治区检察院加强对办案工作的领导和指挥，带头查办大要案件，依法查办了赤峰市原市长徐国元受贿、巨额财产来源不明案。全年共立案侦查贪污贿赂、渎职侵权等职务犯罪案件673件916人，同比分别上升6.7%和15.1%。其中，贪污贿赂大案250件，渎职侵权重特大案件77件，涉嫌犯罪的县处级干部47人，厅级干部3人；大要案比例达到56.0%，同比上升10.0个百分点。通过办案为国家挽回经济损失1.17亿元，同比上升19.4%。

开展了反渎职侵权检察专题宣传工作、查办危害能源资源和生态环境渎职犯罪专项工作，立案查办106件120人；开展了查办涉农涉牧职务犯罪、保障社会主义新农村新牧区建设专项工作，立案查办220件306人，其中，查办贪污挪用退耕还林还草及征地补偿款的乡村干部119人；开展了查办工程建设领域职务犯罪专项工作，立案查办51件66人；开展了查办商业贿赂犯罪专项工作，立案查办108件124人。与有关部门联合开展了“高考移民”专项整治工作，立案查办职务犯罪案件22件31人。继续开展清理职务犯罪积案、追捕在逃职务犯罪嫌疑人专项工作，清理积案47件、抓捕16人。

围绕大局，结合办案，积极开展职务犯罪预防工作。与有关部门联合出台了《关于加强重大项目建设中职务犯罪预防工作保障政府投资安全的意见》、《进一步推进阳光招生共同开展预防职务犯罪工作的实施办法》，在自治区预防工作联席会议80多个成员单位中开展了无职务犯罪单位创建活动，呼和浩特市等7个盟市地区也相继开展了这项活动，取得了良好的社会效果。抓住中央和自治区扩大内需的机遇，全区三级检察机关对205项重大建设项目实施了专项预防，提出预防建议690件次，帮助落实预防措施2600多条。盟市和基层检察院全年新建预防职务犯罪警示教育基地58个，全区开展预防法制宣传和警示教育1千余次，受教育人数达18万余人次。

五是强化对诉讼活动的法律监督，维护司法公正。加强立案监督和侦查活动监督。对应当立案而不立案的监督立案515件，对不应当立案而立案

的监督撤案224件。对应当逮捕而未提请逮捕、应当起诉而未移送起诉的,决定追捕356人、追诉413人。对侦查活动中的违法情况提出书面纠正意见835件次。加强刑事审判监督。对认为确有错误的刑事判决裁定提出抗诉71件,法院已审结39件,改判13件、发回重审13件。对刑事审判中的违法情况提出书面纠正意见63件次,已纠正41件。全区开展了刑事审判法律监督专项检查活动。

六是加强刑罚执行和监管活动监督和严肃查办执法和司法不公背后的职务犯罪。依法监督纠正违法减刑、假释、保外就医446人。会同公安、司法行政机关开展了看守所监管执法专项检查和监狱清查事故隐患、促进安全监管等专项活动,继续着力监督纠正超期羁押问题。与高级法院、公安厅、司法厅联合制定了《关于办理减刑案件的规定》、《关于办理假释案件的规定》,规范了减刑、假释工作,推进了对刑罚变更执行的同步监督。

七是加强民事行政检察监督。对认为确有错误的民事、行政案件判决裁定提出抗诉203件,法院已审结155件,改判70件、发回重审11件、调解38件。对经审查认为法院裁判正确的大量民事行政申诉案件,坚持对申诉人依法进行说服教育,促进服判息诉,维护司法权威。

八是加强执法监督管理,提高执法水平和办案质量。自治区检察院制定并实施了《对分市院检察业务管理与实绩考核考评方案》,对重点办案指标运行情况实施监控和预警,坚持案件复查制度,继续开展查办职务犯罪"优质案件"和"优胜单位"评选活动,加大对下指导力度。全年起诉的刑事案件有罪判决率达99.98%、职务犯罪案件有罪判决率达99.86%,同比分别上升0.03个和0.18个百分点;全年所办职务犯罪案件侦结率为87.7%、起诉率为93.6%,同比分别上升8.7个和15.5个百分点。强化规范执法教育,加强办案工作区建设,全年未发生办案安全事故。

二、深化检察改革,强化检务保障,促进检察工作科学发展

一是从实际出发,建立健全促进检察工作科学发展的工作机制。加强自治区检察院的侦查指挥中心实体化建设。在呼和浩特市人民检察院和所属9个基层检察院实行了职务犯罪案件审查逮捕决定权上提一级的改革,在包头、呼伦贝尔、鄂尔多斯、乌海、呼铁5个市(分)院和所属的18个基层检察院试行了这项改革。加强了检察委员会规范化建设。进一步规范量刑建议工作。全面实行讯问职务犯罪嫌疑人全程同步录音录像制度。积极探索对人民法院民事执行活动进行法律监督的机制。对铁路运输检察机关纳入国家司法管理体系改革进行了调研论证。围绕深化检察改革的重点、难点和工作中的新情况、新问题,加强检察理论研究。

二是继续推进检察信息化建设,全区三级检察院局域网实现互联互通并同步建成视频会议系统。加强了交通通讯、侦查指挥、证据收集、检验鉴定等科技装备建设,开展电子证据检验鉴定技术引进及专业人员培训工作。继续推进办案用房和专业技术用房建设。

三、加强队伍建设和基层检察院建设,提高法律监督能力

一是加强思想政治建设,提高队伍政治素质。与自治区党委组织部、宣传部、政法委共同组织开展了全国模范检察官张章宝同志先进事迹巡回报告活动。

二是加强业务建设,提高队伍专业化水平。继续强化学历教育,全区检察官本科以上学历达到74.4%、研究生学历达到4%。全年共举办各类培训班61期,培训9539人次,其中,网络培训6637人次。积极开展形式多样的岗位练兵活动。全区三级检察院共同举办了以基层赛、全员赛、网络赛为特点,105个基层检察院的8个业务部门全员参与的第四届全区检察业务技能竞赛。实施查办职务犯罪人才专项建设,开展高层次人才评定和培养工作。选派41名领导和业务骨干在系统内上下互相挂职和到北京市检察机关、自治区内旗县挂职,联系高等院校4名法学教师到检察机关挂职。举办司法考试培训班,考试通过199人,通过率达39.9%,同比上升3个百分点。

三是强化自身监督制约,确保严格公正文明廉洁执法。落实上级检察院负责人与下级检察院负责人谈话、派员参加下级检察院党组民主生活会等制度,对呼和浩特市人民检察院和兴安盟检察分院的领导班子进行了巡视。组织盟市分院检察长和自治区检察院机关人员到自治区警示教育基地接受了廉政警示教育。在自治区检察院部分业务部门和部分分市检察院着手试行检察人员执法档案。全面推进检务督察工作,采取明察暗访与突击检查相结合的方式,对14个盟市分院、24个基层检察院

的接待群众来访、办案安全防范、公诉人出庭、警车警械枪支管理以及遵守“禁酒令”等情况进行了督察。开展了直接立案侦查案件扣押、冻结款物专项检查，开展了专项清理领导干部违反规定收送礼金工作、清理规范评比达标表彰活动和治理“小金库”专项工作。坚持从严治检，严肃查处了违纪检察人员4人。自治区检察院对涉嫌滥用职权、贪污等犯罪的乌兰察布市集宁区人民检察院原检察长付有强立案侦查。

四是推进基层检察院建设，筑牢执法为民的一线平台。深入开展了“基层检察院建设年活动”。坚持以业务工作为中心，全面推进基层检察院执法规范化、队伍专业化、管理科学化、保障现代化建设。继续下力解决基层检察院人才短缺、经费不足、装备条件差等实际困难。坚持人、财、物向基层倾斜，中央下拨的装备和办案补助经费主要支持基层检察院。全区101个旗县中有68个按标准下达了预算，到年底实际支出已全部达标。配合政法院校为基层检察院招录定向培养的法律人才115名。组织全区十佳检察官和十佳基层检察院的代表通过视频会议系统向全区检察人员进行宣讲，充分调动基层检察院争先创优的积极性。部分基层检察院积极探索法律监督职能向乡镇苏木延伸、做好农村牧区法律监督工作的机制，提高为基层服务的实效。

（内蒙古自治区人民检察院法律政策研究室）

辽宁省检察工作　2009年，辽宁检察工作平稳、务实、和谐发展。深入践行“强化法律监督，维护公平正义”的工作主题，忠实履行宪法和法律赋予的职责，各项检察工作取得了新的进展。

一、全面履行法律监督职责，服务全省“保增长、保民生、保稳定”工作大局

（一）依法审查逮捕、审查起诉，维护社会和谐稳定。全年共批准逮捕各类刑事犯罪嫌疑人31935人，提起公诉46001人。坚持依法打击严重刑事犯罪。与有关部门密切配合，突出打击黑恶势力犯罪、严重暴力犯罪、多发性侵财犯罪和毒品犯罪，共批准逮捕此类犯罪嫌疑人15553人，提起公诉17822人。坚持严肃查处破坏市场经济秩序犯罪。严惩严重危害经济安全、扰乱市场秩序、损害人民群众生命健康的犯罪，批准逮捕走私、金融诈骗、偷税骗税、非法吸收公众存款等犯罪嫌疑人1395人，提起公诉1808人。坚持贯彻宽严相济的刑事政策。对涉嫌犯罪但无逮捕必要的，依法决定不批准逮捕3245人；对犯罪情节轻微，依照刑法规定不需要判处刑罚或者免除刑罚的，依法决定不起诉1826人；对轻微刑事案件快速办理；对因家庭或邻里纠纷引发、当事人达成和解的轻微刑事案件和未成年人犯罪案件，依法予以从宽处理。

（二）深入查办和积极预防职务犯罪，促进反腐倡廉建设。共立案侦查涉嫌贪污贿赂、渎职侵权职务犯罪的国家工作人员1936人，提起公诉1714人，通过办案为国家挽回直接经济损失1.33亿元。一是着力查办职务犯罪大案要案。立案侦查职务犯罪大案650件，查处涉嫌职务犯罪的县处级以上国家工作人员221人，其中厅局级以上8人。二是着力保障和优化经济发展环境。紧紧抓住商业贿赂犯罪易发多发部位和人民群众反映强烈的问题，查办商业贿赂犯罪嫌疑人303人，查办工程建设领域职务犯罪嫌疑人198人；深入开展查办涉农职务犯罪专项工作，立案侦查发生在农村基础设施建设、支农惠农资金管理等领域和环节的职务犯罪嫌疑人563人；深入开展查办危害能源资源和生态环境渎职犯罪专项工作，立案侦查非法批准征用土地、违法发放林木采伐许可证、环境监管失职等国家机关工作人员渎职犯罪嫌疑人156人；深入开展依法同步介入安全生产责任事故专项调查工作，介入重大责任事故74件，立案侦查事故背后国家机关工作人员渎职犯罪案件14件。三是着力加强预防职务犯罪工作。围绕全省在工业固定资产、基础设施和农业、房地产等领域的重点项目投资，在资金使用、工程建设等可能发生犯罪隐患的环节和部位扎实有效开展专项预防，确保资金使用安全和工程建设优质高效。坚持依法介入沿海经济带开发建设、哈大和盘营铁路客运专线建设、高速公路建设等重大工程建设项目，深入开展工程建设领域突出问题专项治理。共开展重大工程专项预防390项，涉及工程资金2763亿元；完善和推行行贿犯罪档案查询，受理查询1091次；发出预防检察建议671件，采纳率达100%；帮助有关单位落实预防措施1352项，书面提出纠正违法218件。

（三）强化对诉讼活动的法律监督，维护司法公正。紧紧抓住群众反映强烈的执法不严、司法不公问题，切实加大监督力度，增强监督实效。一是加强刑事诉讼法律监督。对侦查机关应当立案而不

立案的刑事案件,督促立案1161件。对应当逮捕而未提请逮捕、应当起诉而未移送起诉的,决定追加逮捕1189人、追加起诉950人。对不符合法定逮捕、起诉条件的,决定不批准逮捕3266人、不起诉395人。对侦查活动中滥用强制措施等违法情况提出纠正意见81件次。对认为确有错误的刑事判决、裁定提出抗诉172件。加强死刑第二审案件审查和出庭工作,确保对死刑案件质量的监督。二是积极开展民事审判和行政诉讼法律监督。对认为确有错误的民事、行政判决和裁定提出抗诉514件,提出再审检察建议721件。对认为裁判正确的,重视做好申诉人的服判息诉工作。三是强化刑罚执行和监管活动法律监督。依法监督纠正不当减刑、假释、暂予监外执行520人,监督纠正不按照规定将罪犯交付执行等违法问题518件次。会同公安机关联合开展了看守所监管执法专项检查活动,对全省20个市级看守所、53个县级看守所监管执法情况进行联合检查,严肃打击"牢头狱霸",切实维护在押人员合法权益。四是严肃查处司法工作人员职务犯罪。注意在诉讼监督中发现执法不严、司法不公背后的职务犯罪线索,依法查处涉嫌贪赃枉法、徇私舞弊等犯罪的司法工作人员171人。

(四)加强控告申诉检察工作,努力化解矛盾纠纷。坚持把妥善化解矛盾贯穿于执法办案的始终,千方百计解决群众的合法合理诉求,努力实现案结事了、息诉罢访。共妥善办理群众来信来访13472件次。一是不断完善控告申诉工作机制。制定《控告、申诉首办责任制实施细则》、《领导干部接访包案工作暂行办法》和《执法行为信访风险评估预警办法》等项制度,明确工作程序、方法和责任。二是深入开展排查化解涉检信访工作。开展"积案化解年"专项活动,共排查出133件涉检信访积案和存在赴省进京上访可能的重点涉检信访案件。省检察院对其中88件重大疑难信访案件进行督办,就地联合接访、组织复查。三是进一步畅通控告申诉渠道。在全省16个市(分)院全面开通"12309"受理职务犯罪举报电话,实现了受理举报方式上的转变和对原有举报电话系统性能的进一步提升。共受理群众举报贪污贿赂、渎职侵权信访7043件,控告信访2035件次。

二、大力加强检察机关自身建设,提高队伍整体素质和法律监督能力

以提高队伍整体素质和法律监督能力为重点,着力强化对检察人员的教育、管理和监督。一是狠抓思想政治建设。深入开展学习实践科学发展观活动,增强检察人员的党性观念、法治观念、宗旨意识、法律监督意识;深入开展中国特色社会主义理论体系、社会主义法治理念等教育,确保检察人员始终坚持"三个至上",切实做到"四个在心中"。一年来,全省检察机关共有63个集体和220名个人受到省级以上表彰。二是强化业务能力建设。以领导干部、业务骨干和一线执法人员为重点,开展经常性的正规化分类业务培训。培训检察人员1640人。三是加强执法规范化建设。认真做好省级以下检察院直接受理侦查案件由上一级检察院审查逮捕改革的相关工作,开展直接立案侦查案件扣押冻结款物专项检查工作,加强对重点执法岗位和环节的监督,严明办案纪律。四是推进基层检察院建设。召开全省加强基层检察院建设工作电视电话会议和基层检察院建设工作现场会,制定并落实《关于进一步加强基层检察院建设的实施意见(五年规划)》。加大组织协调力度,积极争取有关部门支持,补充政法专项编制,将为全省检察系统增加的684个政法专项编制全部分配给基层检察院;为基层检察院选调优秀大学毕业生46名,并选派业务骨干到基层锻炼,缓解基层检察院办案力量不足、人才短缺等困难。加大对贫困地区检察院经费保障、装备建设的支持力度,帮助协调基层检察院偿还"两房"建设债务。

三、自觉接受监督,不断加强和改进检察工作

一是认真办理人大代表建议、批评和意见。全年共办理省人大代表建议、批评和意见17件,在规定期限内全部办复,与代表见面率和代表满意率均达100%。二是加强与人大代表联系工作。坚持定期向人大代表送阅《检察工作汇报》专刊,及时主动汇报工作情况。坚持人大代表联络制度,定期走访代表征求意见。三是认真贯彻省人大常委会《关于加强人民检察院对诉讼活动的法律监督工作的决议》,制定全面贯彻落实《决议》的实施意见。四是自觉接受政协的民主监督和社会监督。推进人民监督员制度改革,共提请人民监督员监督"三类案件"和"五种情形"案件195件。

(辽宁省人民检察院法律政策研究室)

吉林省检察工作 2009年,吉林省检察机关深入学

习实践科学发展观，紧紧围绕吉林振兴发展大局，以“保增长、保民生、保稳定、保公正、保公信”为目标，认真履行法律监督职责，服务经济平稳较快发展，确保庆祝新中国成立六十周年社会稳定，推动反腐倡廉建设，维护社会公平正义，各项工作取得了新的明显进步。

一、学习实践活动成效显著。立足检察实际，突出实践特色，检察人员思想进一步解放，观念进一步转变，大局意识、忧患意识和责任意识明显增强，有效解决了执法理念、服务大局、法律监督、检察管理、队伍建设等方面存在的影响和制约检察工作科学发展的突出问题。

二、服务发展更加有力。主动服务第一要务，根据省委应对金融危机冲击、实施投资拉动战略，省检察院制定服务经济平稳较快发展“十条意见”和服务农村改革发展“二十条意见”。着力服务大项目建设，三级检察院共联系服务重大项目555个，积极在“外创环境、内抓预防”上下功夫，促进项目建设顺利进行；着力加强涉农检察工作，严厉惩治村匪屯霸，严肃查办涉农职务犯罪，依法保障惠农政策落实；着力服务依法科学决策，向省委报送《关于基层涉农职务犯罪引发不稳定因素需要高度重视》等多篇报告，为党委宏观决策提供参考。

三、维护稳定效果明显。全面贯彻宽严相济刑事政策，共批准逮捕犯罪嫌疑人17763人，提起公诉24260人；全年无逮捕必要不批捕1788人、相对不起诉1369人，同比分别上升24.1%和33.7%。深入开展“大调研、大排查、大调解、大整治”维稳专项行动和“涉检信访积案化解提速年”活动，办结积案70件，结案率超过90%。

四、惩防职务犯罪深入开展。共立案查处贪污贿赂、渎职侵权犯罪1456人，同比上升4.4%，其中大案669件、要案77人。案件侦结率、移送起诉率大幅攀升，起诉率、有罪判决率均超过90%。坚持惩防并举，积极开展预防职务犯罪工作，全省共建立预防警示教育基地93个，建议各级党委将预防教育逐步纳入党校常规课程，继续深化行贿犯罪档案查询工作，及时向有关单位提出检察建议，协助健全机制、加强管理。省检察院反渎局荣获全国“五一劳动奖状”。

五、诉讼监督不断强化。严肃纠正执法不严和侦查违法，共监督公安机关立案550件、纠正立案不当393件，依法追捕160人、追诉493人，防止错捕164人、错诉183人。坚决纠正审判不公和程序违法，对刑事判决裁定提出抗诉136件、抗诉意见采纳率75.9%，对民事行政判决裁定提出抗诉369件、抗诉意见采纳率83.8%。深入开展刑事审判法律监督专项检查，切实解决监督质量不高等问题；开展看守所和监狱监管执法专项检查，严防“躲猫猫”类似事件发生；向省委报送《关于依法办理老病残等罪犯假释工作的建议》，进一步规范了有关工作。保持查处司法腐败力度，依法查办司法人员职务犯罪113人。省市两级检察院率先在全国对民事行政检察、侦查监督等部门实行分设，推行派驻检察室“县改市”派体制改革，建立量刑建议、刑罚变更执行同步监督、民事行政再审检察建议等长效监督机制。

六、队伍建设着实加强。持续开展“五职”教育和“四走进”活动。开展逐级遴选、上挂下派、交流锻炼、岗位练兵等工作，实施选拔50名专家、200名尖子、300名能手的“523”人才培养工程，举办各类培训班28期，培训4500人次。司法考试培训班参考人员通过率超过50%。为西藏检察机关培训参加司法考试人员50人。全国检察教育培训工作会议在我省召开，推广了我们的经验做法。突出抓好自身监督，在全国率先制定《关于加强检察机关内部监督工作的意见》和《检察领导干部问责制》，深入开展扣押、冻结款物专项检查，坚持经常进行巡视、检务督察工作。严肃查处违法违纪检察人员8人，同比下降68%。

七、基层基础建设扎实推进。全面部署新一轮基层检察院建设，建立省检察院主导、市检察院主责、基层主体的工作机制，形成省检察院引导统揽、市检察院指导主抓、基层主力推进的格局，做到人往基层走、劲往基层使、钱往基层花。实行上级检察院帮扶基层机制，省市检察院领导建立基层联系点67个；在前四年累计补员897人的基础上，又选调招录305人充实基层。扎实开展建设标准化基层检察院试点工作，以标准化试点推动“四个体系”建设。省检察院拨款1600余万元，给基层检察院配备办案用车；争取中央和省级补助办案经费、业务装备经费2.3亿元；为13个检察院争取到位“两房”建设资金2200万元；协调省有关部门帮助基层检察院解决信息化和“两房”建设遗留债务。

2009年，全省检察机关执法思想不断解放，发展理念深刻转变，方法措施务实创新，工作成效更加明显,提出了许多符合检察工作规律的理念、思路和措施,概括起来就是“五个坚持”。

一是坚持正确政治方向。牢固树立“没有经济社会科学发展,就没有检察事业科学发展”的观念,注重运用政治思维、法律思维和辩证思维来思考、处理工作中的重大问题,根据形势政策变化适时调整工作思路,切实担当起检察机关肩负的政治责任、法律责任和社会责任。高点站位,准确定位,把执法促进发展作为检察第一要务,把办案确保稳定作为检察第一责任,紧紧围绕振兴发展大局谋划和开展检察工作,既做建设者,又做捍卫者。

二是坚持把服务发展、保障民生、强化监督、化解矛盾贯穿工作始终。始终将服务发展作为首要政治任务,只要不违背法律,只要有利于振兴,就坚持服务不动摇。始终紧紧围绕促进人民群众最关心、最直接、最现实利益问题的解决,突出查办涉及民生的职务犯罪,正确运用严查、慎查、缓查等手段,保持查办案件力度、质量、效率、效果的统一。始终以强化法律监督为立检之本,实现维护司法公正与维护司法权威相统一,纠正诉讼违法与查办司法腐败案件相统一,努力维护公平正义和执法公信力。始终以化解矛盾为重要责任,本着“严到位、宽适度、重效果”,充分运用刑事政策和法律、教育等手段,努力促进社会和谐。

三是坚持创新载体推动检察工作。科学谋划全省检察事业的发展蓝图,创造性地提出以标准化试点为突破口,深入推进“四个体系”建设。注重学习教育与实践锻炼相结合,把持续深入开展“五职”教育和“四走进”活动,作为服务全省大局、促进吉林振兴的重要抓手,作为提高队伍素质、推动工作发展的有效载体,作为坚定职业信仰、坚持为民执法的生动实践。

四是坚持抓党建带队建促业务。全面加强检察机关党的建设,以党建带队建,以党务促业务。抓思想保方向,切实用社会主义法治理念武装头脑、指导实践、推动工作。抓班子带队伍,不断提高各级领导班子的决策力、推动力和执行力。抓培训提素能,着力提升法律监督能力。抓党风强作风,树立“大严是大爱”的治检理念,做到严管与厚爱相结合,寓作风建设于党风建设之中,密切联系群众,广泛接受监督,不断加强和改进检察工作。

五是坚持推进检察一体化。牢固树立全省检察工作一盘棋思想,不断强化上级检察院对下级检察院的领导,执法力量统一调度,执法资源共用共享,执法办案联动协作。采取“省检察院先行、全省跟进”等带动整体工作的有效方法,大力推进全省业务工作、管理考评、经费保障、队伍建设一体化。省市检察院加大领导、指导和督导力度,积极帮助下级检察院统筹解决突出问题和实际困难,保持全省检察工作全面协调可持续发展。

(吉林省人民检察院法律政策研究室)

黑龙江省检察工作 2009年全省检察机关坚持党的事业至上、人民利益至上、宪法法律至上,不断强化法律监督,不断强化自身监督,不断强化高素质检察队伍建设,统筹兼顾各项检察工作,切实落实检察体制和工作机制改革措施,全面提升班子的凝聚力、制度的执行力、执法的公信力,为黑龙江经济社会更好更快发展提供法治保障和法律服务。

一、全力服务工作大局,保障经济社会发展。认真落实《黑龙江省人民检察院关于充分发挥检察职能为经济更好更快发展服务的意见》,服务改革发展稳定大局。通过专项执法活动,确保维护市场经济秩序、保障政府投资安全、服务新农村建设和振兴老工业基地各项措施的落实,共查办破坏经济秩序和政府投资安全的滥用职权、玩忽职守等渎职犯罪53件61人,查办危害能源资源和生态环境渎职犯罪217件250人,查办涉农渎职侵权犯罪56件63人,查办商业贿赂犯罪122件136人,查办工程建设领域职务犯罪51件56人。

二、贯彻宽严相济政策,维护社会和谐稳定。全年依法严厉打击严重刑事犯罪,共批捕各类犯罪15274件20641人,提起公诉18669件26610人。其中批捕杀人、爆炸、放火、抢劫、强奸、绑架等严重刑事犯罪2548件3502人,提起公诉2630件3729人;批捕盗窃、抢夺、诈骗等侵财犯罪4443件6031人,提起公诉4880件7131人;批捕破坏社会主义市场经济秩序犯罪429件600人,提起公诉424件681人。不批准逮捕3178人,不起诉433人。开展化解涉检信访积案专项活动,59起疑难涉检信访积案全部结案,息诉率91.5%。

三、惩治预防职务犯罪,提升反腐倡廉力度。全年查办职务犯罪1296件1744人,其中大案819件,处级84人,厅级4人,为国家挽回经济损失14328万元。查办贪污贿赂案件953件1317人,其中大案648件,占立案数的68%,提起公诉率

99.8%;查办渎职侵权案件343件427人,提起公诉率99.2%。追捕在逃职务犯罪嫌疑人168人。加强预防职务犯罪工作专业化和规范化建设,全面完成了农村基层组织工作人员为期三年的法制培训任务,共培训45311人。开展了以公路建设为代表的239个重点项目的专项预防,分析了246件典型职务犯罪案件的犯罪成因和特点,并提出检察建议396份。建立行贿犯罪档案查询系统140个,受理查询318次,涉及1348家单位、566人。开展预防宣传教育496次,受教育人员达4.7万余人,接受法律、预防咨询1120余人次。

四、强化诉讼程序监督,维护社会公平正义。在立案监督方面,办理案件474件541人,其中应当立案而未立案303件356人,不应当立案而立案171件185人。在侦查活动监督方面,纠正漏捕917人,追诉漏犯704人。在刑事审判监督方面,提出抗诉133件,法院审结74件,其中改判33件,发回重审32件,采纳率为87.8%,同比上升5.6个百分点。在刑事审判法律监督专项检查活动中,共检查2008年以来的各类公诉案件10443件,发现问题337件,现已整改和纠正303件,其中,提出再审检察建议11件,提出抗诉14件,提请上级检察院抗诉6件。在民事审判和行政诉讼监督方面,提出抗诉606件,法院再审审结339件,改判139件,撤销原判发回重审37件,调解100件,改变率为81.4%,同比上升15.4%。制发再审检察建议427件,法院采纳356件,采纳率为83.4%。息诉613件。在刑罚执行和监管活动监督方面,查办职务犯罪案件48件51人。开展看守所监管执法专项检查,针对违法留所服刑、违禁品清查不到位等问题提出纠正意见432件次,已纠正398件次。对2008年以来减刑、假释和暂予监外执行的22810人逐案逐人阅卷检查。开展清除安全隐患、监外执行和安全防范专项检查,清查12953人,纠正137人的脱管、漏管问题。

五、健全监督制约机制,规范执法权力运行。全年为加强执法规范化建设,省检察院编发《黑龙江省检察机关规范权力运行若干制度汇编》,有效规范案件初查、立案侦查、审查批捕、提起公诉、监所检察、接待申诉、诉讼监督等办案环节。各级检察院开展了对2004年至2008年办结的直接立案侦查案件扣押冻结款物的专项检查活动,省检察院对16个分市检察院和48个基层检察院进行了抽查,共查阅卷宗1976册、查阅财务凭证1869本,发现问题50多个,现已基本纠正。通过检查,促进了各级检察院规范扣押、冻结、保管、处理款物的长效机制建设。2009年9月起,根据中央司法体制改革的要求,职务犯罪案件审查决定逮捕权上收一级后,省检察院和分市检察院已决定逮捕61件67人。自觉接受外部监督,人民监督员共监督"三类案件"13件13人,旁听职务犯罪案件庭审并评议公诉人396次,参与处理涉检信访案件15件,对人民监督员提出的57条意见和建议进行了整改。各级检察院向人大报告工作492次。2009年10月,省检察院在省十一届人大常委会第十三次会议上作了《关于全省检察机关民事行政检察工作的报告》,会议审议通过了《黑龙江省人民代表大会常务委员会关于加强检察机关法律监督工作的决定》,有效地推动了全省检察机关法律监督工作的开展。

六、发挥检察职能作用,强化队伍素能建设。全年以党的组织建设带动检察伍建设,狠抓队伍的教育、监督和管理。一是深入开展学习实践科学发展观活动,集中解决了一批影响和制约检察工作科学发展以及人民群众反映强烈的突出问题。二是切实加强领导班子建设。2009年4月,最高人民检察院巡视组对省检察院领导班子建设情况进行巡视。根据反馈意见,省检察院党组认真整改,调整充实省检察院领导班子,改进班子素能结构,加大查办职务犯罪力度,切实转变了工作作风。三是落实党风廉政建设责任制。开展以"讲党性、树新风、优环境、促发展"为主题的作风建设、集中治理司法领域突出问题活动。积极开展巡视工作,省检察院对绥化、牡丹江、大兴安岭和鸡西4个分市检察院领导班子进行了巡视,提出25条整改意见和建议。不断强化检务督察工作,通过经常督察、重点督察、明察暗访,解决执法不规范的问题。推进干警执法档案和检察人员廉政档案建设,坚持"一案三卡"制度。查处违法违纪干警5件7人。四是全力推进教育培训工作。共举办各类岗位培训班110期,培训各级检察人员7000余人次。举办基层巡讲、业务竞赛、知识考试、岗位练兵70余次。继续实施引进人才工程,京、津、沪检察机关的15名干部到基层检察院挂职。积极推进司法考试助学活动,2009年全省检察机关司法考试通过率达56.2%。全省本科以上学历人员占87.3%,干警的综合素质有了新的提高。

(黑龙江省人民检察院法律政策研究室　矫季仁)

上海市检察工作　2009年,上海检察机关按照"更加自觉服务大局,更加重视保障民生,加强法律监督,加强自身建设"的工作思路,突出服务大局、保障民生,加强法律监督,以及全员培训和岗位练兵三项重点工作,全面推进各项检察工作的科学发展,努力为经济社会又好又快发展提供有力的检察保障。

一是围绕保持经济平稳较快发展的首要任务,切实把"四个确保"的要求落实到各项检察工作。针对新形势对检察工作提出的新要求,制订《关于上海检察机关充分履行检察职能积极贯彻"四个确保"的通知》,对加强检察职能,维护社会稳定,打击严重危害经济秩序的犯罪提出明确要求。严厉打击严重危害社会稳定的刑事犯罪,共批准逮捕公安机关提请逮捕的犯罪嫌疑人23852人,审查起诉19431件29571人;组织全市性集中公诉5次,向法院集中公诉暴力、多发性侵财犯罪等案件938件1469人;贯彻落实宽严相济的刑事司法政策,制定《关于贯彻"两扩大、两减少"精神的意见》,对罪行较轻的初犯、偶犯、未成年犯、老年犯等慎捕慎罚,提出适用非监禁刑的建议。着眼于案结事了,开展"信访积案化解年"活动,深化下访巡访工作,加强涉检信访的排查,坚持检察长接待和包案制度,加大疑难复杂和重信重访化解力度,对困难群众予以司法救助,共受理控告、申诉等来信来访14515件,各级检察院检察长接待群众来访946件次,化解涉检信访案件44件;积极开展民行申诉案件说明不予立案理由的工作,对1263件申诉案件当事人进行了息诉疏导,妥善处理了一批矛盾突出、容易激化的案件。通过检察情况反映、职务犯罪大要案摘报的平台,将办案中发现的社会管理和执法活动中的突出问题,及时向市委、市政府及有关职能部门反映,共编发《检察情况反映》41期、《职务犯罪大要案摘报》26期,对劳动就业管理领域职务犯罪严重侵害劳动者权益、民营养老院虚报床位骗取政府补贴、虚报补偿款诈骗世博园区动拆迁款、收受供应商贿赂造成假冒建材流入世博会建设工程等问题进行综合分析,提出意见和建议,引起领导及相关部门的重视,取得了良好的社会效果。开展服务大局、保障民生"十佳"案(事)例评选。

二是围绕服务保障世博会,积极营造平安世博、廉洁办博的良好氛围。为确保世博会各项检察保障工作扎实推进,制订《上海检察机关服务保障世博会若干意见》,明确服务保障世博会的各项工作和要求。建立相应的办案机制,市检察院成立疑难案件指导小组,加强对重大、疑难、敏感案件的研究、指导和协调,依法妥善处理;把涉及世博的案件归口到浦东新区人民检察院,指派业务骨干办理,保证办案质量;在世博园区设立派出检察室,开展犯罪预防、信访接待等检察保障工作;开展疑难案件的清理,防止在世博期间成为媒体炒作的热点。针对世博会期间网络舆情增多、敏感性增强的情况,制订涉检舆情处置办法,举办舆情处置培训,建立重大敏感案件和涉检舆情报告制度,加强快速反应和处置工作,确保在检察环节不发生影响社会稳定的事件。配合世博局开展世博工程创"双优"工作,与世博局等20家参建单位签订了创"双优"协议,协助建立和完善监督管理制度,举办了12场800多人次的廉政教育专题讲座,选派5名检察干部到世博局协助开展重大投资廉政监督等工作,服务廉洁世博。

三是积极探索检察机关服务"四个中心"建设的新途径、新机制。把服务"四个中心"建设作为检察工作服务大局的重要内容,制订《上海检察机关为加快国际金融中心和国际航运中心建设服务的意见》。建立健全符合服务"四个中心"建设要求的工作机制,在浦东新区人民检察院设立金融、知识产权犯罪公诉处,探索对金融、知识产权犯罪案件的集中管辖;在金融机构集聚、金融案件集中的黄浦、静安区人民检察院设立金融案件检察科,在虹口区人民检察院设立航运案件检察科,实现办案的专门化。加强金融、航运犯罪案件办案工作,成立市检察院检委会领导下的金融犯罪、知识产权犯罪、职务犯罪等七个专业研究小组,加强专门领域犯罪和新类型案件的研究,指导办案工作;针对金融犯罪案件中反映出的政策漏洞、监管缺陷等问题,发布涉罪提示性报告,提出检察建议,帮助有关单位堵漏建制。加大法律人才的培养力度,举办金融、航运知识等专题培训班,加强与院校的合作,委托培养金融、知识产权等专业的研究生,并通过外派深造、挂职锻炼等途径,加快培养一批既懂法律,又懂金融、航运、知识产权知识和国际规则的专门人才。加强与金融监管部门、航运主管部门以及公安、法院的协作配合，建立经常性的联系制度，及时掌握“四个中心”建设中的突出问题，在查办案件、预防犯罪、推动行业立法立规方面发挥积极的作用。

四是加大查办和预防职务犯罪力度，促进反腐倡廉建设。认真贯彻中央《建立健全惩治和预防腐败体系2008—2012年工作规划》，坚决惩治和积极预防职务犯罪，立案侦查贪污贿赂案件315件357人，其中大案293件，占立案数的93%，要案53人，占16.5%，总案值2.67亿元，挽回经济损失1.6亿元；立案侦查国家工作人员渎职侵权犯罪案件26件30人，其中重特大案件16件。加大重点领域职务犯罪的查处力度，立案侦查城镇建设领域贿赂犯罪案件77件，社会保障、征地拆迁、食品监管、环境保护等涉及民生领域的案件59件，涉农案件43件。在坚决查处职务犯罪的同时，更加注重预防，制订《上海市检察机关关于进一步加强职务犯罪预防工作的意见》，加强对职务犯罪预防工作的组织领导；与市纪委建立协作配合机制，增强反腐败的合力；注重保障政府重大投资安全，对于大型客机、虹桥交通枢纽等关系国计民生的重大项目，建立廉洁保障机制，开展廉政教育宣传，确保工程优质、干部优秀，全市各级检察院在市、区两级重点工程中开展创“双优”专项预防104个；探索建立职务犯罪风险预警机制，提高对职务犯罪动态跟踪、趋势预判和快速反应的能力；积极保护人才资源，制定《为科教文卫系统及其有特殊贡献的专家学者提供法律服务的工作措施》，为专家学者开展法律咨询、法制宣传等法律服务活动；启用华东六省一市检察机关行贿犯罪档案查询系统数据交换平台和全市各级检察院行贿档案查询系统，增强打击行贿犯罪的力度。

五是坚持强化法律监督、维护公平正义的根本任务，全面加强对诉讼活动的法律监督。2009年，共对公安机关应当立案而不立案的，要求说明不立案理由225件，公安机关立案154件224人；建议行政执法机关向公安机关移送涉嫌犯罪案件55件71人，公安机关均作了立案；决定追捕449人，追诉296人；依法提出刑事抗诉43件，法院改判12件，发回重审6件；提出民事行政抗诉85件，法院改判21件，以发回重审、调解方式改变原裁判的47件，提出检察建议29件，法院采纳36件；纠正不当刑罚变更执行147件，监管场所均予以采纳。进一步完善法律监督机制，与市公安局、市法院、市司法局分别签订关于在法律监督工作中进一步加强监督配合的机制，形成维护司法公正的共识和合力。深入开展刑事审判监督活动专项检查，规范强奸、抢劫等七类严重刑事犯罪的量刑建议标准和程序；开展看守所监管执法专项检查活动，对看守所超期羁押、超量关押、劳教滞留、医诊不力等问题，提出纠正违法259件、整改建议16件，有关部门接受整改266件；为了有效监督经济犯罪案件撤案、久侦不结等问题，与公安机关建立经济犯罪案件立案信息共享机制。进一步加强对类案的监督，对刑事审判中暴力犯罪和职务犯罪案件量刑偏轻、不同地区量刑不平衡，以及民事审判中劳动争议、房地产纠纷审理中执法不统一等问题，建议法院统一执法标准，扩大了法律监督的成效。针对金融危机背景下劳动争议增多的情况，加强劳动争议申诉案件的审查，依法保护劳动者和企业的合法权益，对8件劳动争议提出了抗诉。进一步拓展法律监督领域，积极探索对公安派出所执法活动监督的途径和方式，开展民事执行、调解和特别程序的监督，运用检察建议，监督民事调解案件7件，监督民事执行案件6件，监督财产保全不当行为1件；对造成国有资产流失的案件，探索督促民事起诉制度，督促起诉3件，挽回国有资产损失200多万元。加强对检察机关自身的监督制约，建立规范检察人员与律师交往行为的制度，维护司法公正和检察公信力；积极推进职务犯罪决定逮捕权上提一级的改革，加强对职务犯罪侦查活动的内部制约；开展直接立案侦查案件扣押冻结款物、办案安全等专项检查，规范执法行为。

六是按照严格、公正、文明、廉洁执法的要求，深入推进检察队伍建设。市检察院扎实开展深入学习实践科学发展观的整改落实“回头看”工作，各区县院在第二批学习实践活动中，制定和完善促进科学发展的措施，切实让人民群众感受到检察机关开展学习实践活动带来的新变化。积极开展“四进四服务”主题实践活动，推进社会主义法治理念教育。围绕提高检察队伍实务能力和整体素质的目标，开展全员培训，结合职能特点实行“套餐式”课程，全年参训人数达到3514人次。举办心理学、社会学等专项培训，组织406名干警参加培训，加快培养一批研究金融犯罪、知识产权犯罪、民商法等方面的领军人物和法律专门人才。着力提高队伍的实务能力,全面推进岗位练兵活动,增强岗位练兵的实战性、有效性。深化听庭评议活动,全年组织暗访听庭125个,公开听庭评议308个;组织民事行政检察干部到法院锻炼,提高民事行政检察监督能力。加大年轻干部的培养力度,选派61名优秀年轻干部到本市各级检察院及江苏、浙江、黑龙江等省基层检察院挂职,进一步加强跨系统、跨地区、多部门、多岗位的锻炼培养。

七是加强检务保障,为检察工作发展提供有力的支撑。开发应用办案辅助管理软件、检察业务统计分析软件等系统,在信息互联共享上取得新突破。积极推进队伍管理和业务管理系统的衔接,启用队伍建设管理软件,建立检察干警执法档案信息平台,为干部管理提供科学的依据。开通统一的职务犯罪举报电话,实现控申受理系统从最高人民检察院到区县检察院的四级联通,畅通举报渠道,提高线索的信息共享率。加强检察技术工作,推进电子证据检验鉴定和心理测试,增强解决疑难复杂案件的能力。加强网络宣传阵地建设,开设《检察官在线》网络栏目和《检察风云》电视专栏,举办人民网、东方网直播,展示上海检察工作的成就,展示上海检察官的精神风貌。

(上海市人民检察院法律政策研究室)

江苏省检察工作　2009年,江苏省检察机关按照省十一届人大二次会议的要求,紧紧围绕"保增长、保民生、保稳定"的大局,全面履行检察职能,大力加强自身建设,努力为全省经济平稳较快发展提供司法保障。

一、积极采取应对措施,全力服务经济增长。制定了保障和促进经济平稳较快发展的十四条意见,普遍建立起社会风险排查研判机制,及时向党委、政府和有关部门报送风险排查研判报告300多份,有120多份得到各级党政领导批示。全年共批准逮捕各类破坏社会主义市场经济秩序犯罪嫌疑人2052人,同比上升35.7%;提起公诉3799人,同比上升8.5%;其中批捕、起诉集资诈骗犯罪、非法吸收公众存款犯罪嫌疑人同比分别上升87.2%和118.6%。主动为企业尤其是中小企业提供法律服务,帮助企业提高防范和应对经济风险、诉讼风险的能力。

二、认真履行职能,着力维护社会稳定。依法、准确、有力地打击严重刑事犯罪,共批准逮捕各类犯罪嫌疑人54113人,提起公诉81551人,同比分别下降1.8%和4.2%。其中批准逮捕黑恶势力犯罪、故意杀人、抢劫等严重暴力犯罪嫌疑人9933人,提起公诉13159人,同比分别下降9.9%和8.3%;批准逮捕抢夺、盗窃等多发性侵财犯罪18252人,提起公诉25606人,同比分别下降15.8%和14.5%。正确实施宽严相济的刑事司法政策,不批准逮捕12249人,其中以无逮捕必要为由不批准逮捕6385人,同比上升59.2%;决定不起诉1969人,同比上升50.3%。对犯罪嫌疑人认罪的轻微刑事案件,推行快速办理机制。对237名没有逮捕必要但又不具备取保候审条件的外来犯罪嫌疑人实行了管护教育。积极有效地化解社会矛盾,出台了《关于建立完善"检调对接"工作机制的意见》,对轻微刑事案件和一些涉检信访案件、民事申诉案件,努力促成当事人以平和的方式解决纷争。共化解各类涉检信访案件573件,对1194件轻微刑事案件促成加害人与被害方达成和解协议,对受理的728件民事申诉案件通过调解实现息诉。

三、坚持执法为民,切实保障民生。加大对侵害群众切身利益案件的查办力度,共查办发生在教育系统、卫生系统、土地管理、城市建设管理、环保部门等与民生相关领域的职务犯罪259人;立案查处国家工作人员与社会不法分子勾结、侵吞骗取补偿款等职务犯罪案件123件146人。通过延伸检察工作触角,更好地维护群众利益,制定了《关于积极稳妥地向农村延伸检察触角的意见》,各级检察院在农村乡镇共设立派驻检察室、检察工作联络站、服务点900多个,贴近群众了解社情民意,接待处理群众申诉来访4238件,发现案件线索739件,化解农村社会矛盾纠纷1880件。积极探索开展对特困刑事被害人的救助工作,共向47件刑事案件的被害人发放救助金30余万元。

四、依法惩治腐败,坚决查处职务犯罪。受理群众举报13582件,同比上升3.6%。共立案侦查贪污贿赂犯罪案件1437人,其中大案1385人,大案率96.4%;涉案金额50万元以上的大案144件;立案查处县处级以上干部要案76人,其中包括5名厅级干部。立案侦查渎职侵权犯罪案件311人,其中重特大案件85件;移送起诉率达到98.3%,比上年提高3.6个百分点。为国家挽回直接经济损失4.33亿元。立案侦查行贿犯罪案件140人。全省移送起诉的职务犯罪案件有罪判决率为100%。

五、加强源头预防，努力遏制和减少职务犯罪。省检察院向省人大常委会专题报告了检察机关预防职务犯罪工作情况。结合办案发出预防检察建议774份，配合案发单位建立和完善管理制度3008项。部署开展了重大建设工程专项预防，先后对4595个在建或已立项的工程项目开展预防调查，选择其中693个重点工程项目开展了以"工程优质、干部优秀"为主题的双优创建活动，努力保障政府投资安全。建立或协助有关单位建立各类预防示范和警示教育基地724个，开展法制宣传和警示教育1276场次，受教育人数达17万余人次。

六、强化诉讼监督，促进公正司法。加强对立案、侦查活动的监督。依法监督公安机关应当立案而未立案的案件808件1091人，对不应当立案而立案的，监督撤销立案802件1106人。对侦查工作中的违法取证、违法执行等提出书面纠正意见2083次。依法追捕1414人，追诉964人。加强对刑事审判活动的监督，提出刑事抗诉149件。加强对民事审判和行政诉讼活动的监督，审查各类民行申诉案件2625件，对提出抗诉434件，提出再审检察建议323件，办理支持起诉、督促起诉案件1445件，帮助挽回国有资产损失12.1亿元，开展执行监督281件。加强对刑罚执行和监管活动的监督，对刑罚执行、劳动教养执行和监管活动中存在的问题和违法违规情况提出检察建议1149份，提出书面纠正意见150人次。

七、强化队伍建设，努力做到自身过硬。突出抓好思想政治建设，省院切实加强对市县检察院开展深入学习实践科学发展观活动的指导，认真贯彻《检察官职业道德基本准则》，加强职业道德教育，开展检察人员宣誓活动，增强检察人员宗旨意识。突出抓好各级检察院领导班子建设，开展对部分市级检察院和基层检察院领导班子建设专项巡视活动，试行省辖市检察长到省检察院述职报告工作制度。突出抓好检察能力建设，共举办各类业务培训班432次，举办全省性业务竞赛活动383次，司法考试通过率达56.92%。突出抓好基层基础建设，制定了《2009—2012年基层人民检察院建设规划》，加大上下级检察机关干部交流挂职锻炼力度，扎实开展对基层检察工作的综合绩效考评。突出抓好自身监督制约建设，对2004年以来全省检察机关办结的11997件涉及扣押冻结款物案件逐一排查，对发现的问题及时整改落实。

八、依法接受监督，不断提高执法公信力。各级检察院共向同级人大常委会专项报告检察工作170余次，邀请人大代表、政协委员视察检察工作380余次，召开座谈会390余次，办理意见和建议596件，办理转交的案件210件，推进"阳光"检务，开展检察开放日等活动，召开新闻发布会、检察工作情况通报会369次，组织各界群众参观走访检察机关的执法办案场所。省检察院专门下发严格执行律师法的通知，保障律师执业权利，主动听取意见，自觉接受律师对执法办案的监督。

（江苏省人民检察院法律政策研究室）

浙江省检察工作　2009年，浙江省检察机关深入贯彻落实科学发展观，紧紧围绕省委"创业富民、创新强省"总战略，认真履行宪法和法律赋予的职责，各项工作取得新进展。

一、围绕大局，积极服务经济平稳较快发展

促进企业健康发展。全年共批捕各类破坏市场经济秩序犯罪嫌疑人2305人，起诉3641人，立案查处涉企职务犯罪261人，监督立案涉企案件69件，监督撤案27件。

提升办案综合效果。坚持从有利于维护企业正常生产经营、有利于维护企业职工利益、有利于促进社会和谐稳定出发，把握好办案重点、办案时机，慎重采取强制措施，正确处理依法独立办案与加强沟通协调的关系，在严格依法办案的同时提升办案综合效果。

加强法律服务工作。省检察院班子成员走访了26个市县党政机关、经济管理部门和企业，理出4大类21个问题，有针对性地采取措施予以解决。更加注重对民生诉求的司法保障和司法救济。湖州市人民检察院办理的该市企业退休职工顾某某等98人养老保险合同纠纷申诉案，经省、市检察院多方沟通，达成了和解意见。

二、认真履行批捕、起诉等职责，维护社会和谐稳定

依法打击刑事犯罪。全年共批捕各类刑事犯罪嫌疑人75009人，起诉94869人，其中，批捕黑恶势力犯罪嫌疑人6613人，起诉8055人；批捕杀人、强奸、绑架等严重暴力犯罪嫌疑人17061人，起诉20445人，批捕抢夺、盗窃等多发性侵财犯罪嫌疑人33296人，起诉37892人。

深入化解矛盾纠纷。开展对轻伤害等四类案

件的刑事和解试点;探索建立外来犯罪嫌疑人适用非羁押措施风险评估和帮教机制;省检察院制定实施《关于办理未成年人轻微盗窃案件适用宽缓政策的意见》,进一步完善贯彻宽严相济刑事政策的工作机制。全年共对2068人作出无逮捕必要不捕决定,其中未成年人281人,外来人员715人,对1829人作出相对不起诉决定。在全国检察机关率先部署开展民事行政申诉案件调处工作,受到省委、最高人民检察院的肯定。深入开展重信重访专项治理和涉检信访集中攻坚活动,推行实名举报经初查不立案和不批捕、不起诉、不抗诉等案件的释法说理制度。全年共办结各类群众信访23539件次,其中信访积案174件,息诉131件,息诉率达75.3%。

妥善处置涉检网络舆情。建立健全重大事项报告、敏感案件审慎办理等机制,强化对涉检舆情的监测研判、应急处置和引导工作。杭州"5·7"交通肇事案发生后,省、市、区三级检察机关在党委统一领导下,坚持依法办案,密切关注舆情,积极疏导群众情绪,取得了良好效果。

三、深入查办和预防职务犯罪,促进反腐倡廉建设

突出查办大案要案。全年共立案侦查贪污贿赂犯罪案件1095件1304人,其中,贪污贿赂大案981件,占89.6%,大案数和大案比例同比分别上升4%和11.4个百分点;立案查处渎职侵权犯罪案件242件293人,同比上升3.2%和6.5%,其中渎职侵权重特大案件94人,占38.8%。在查处的贪污贿赂、渎职侵权犯罪案件中,处级以上领导干部犯罪案件180人,同比上升20.8%,其中厅级15人。

加强对影响发展和关系民生案件的查处。立案侦查涉及国家工作人员的商业贿赂犯罪案件615件,涉案金额2.7亿余元,发生在农村基础设施建设、支农惠农资金管理等领域的职务犯罪案件265件,非法批准征用土地、环境监管失职等渎职犯罪案件112件。围绕群众反映强烈的突出问题,在教育医疗、环境保护、安全生产、征地拆迁等领域立案侦查职务犯罪案件202件。

扎实推进职务犯罪预防工作。省检察院会同省发改委、省监察厅、省审计厅对"三个千亿"工程的职务违法犯罪预防工作作出部署。认真落实一案一剖析制度,共召开职务犯罪案例剖析会191次,提出检察建议212件,推动相关单位落实预防措施408项。将行贿犯罪档案查询范围由建设、金融等5个领域扩大到所有领域,向社会提供查询3025次。省检察院在省委的领导和重视下,积极推动建立党委领导,检察、监察、审计监督指导,相关职能部门密切配合的职务犯罪预防工作机制。

四、强化对诉讼活动的法律监督,维护司法公正

强化对侦查活动的监督。完善和落实行政执法与刑事司法相衔接的机制,督促行政执法机关向司法机关移送涉嫌犯罪案件323件,比上年增加30.8%。对侦查机关应当立案而不立案的刑事案件监督立案839件,对侦查机关不应当立案而立案的监督撤案234件。对应当逮捕而未提请逮捕、应当起诉而未移送起诉的,决定追加逮捕607人、追加起诉1243人。对不符合法定逮捕、起诉条件的,决定不批捕2578人、不起诉268人。对侦查中滥用强制措施等违法情况提出纠正意见286件次。

强化对审判活动的监督。以职务犯罪判缓刑、免予刑事处罚案件、判决改变定性案件和抗诉后维持原判案件为重点,深入开展刑事审判法律监督专项检查,对认为确有错误的205件刑事判决、裁定提出抗诉,法院已审结167件,改判和发回重审96件;对刑事审判活动中的程序违法情况提出纠正意见361件次。制定下发民事行政抗诉裁量标准,对认为确有错误的1227件民事、行政判决和裁定提出抗诉,法院已审结589件,其中改判175件、调解结案309件,发回重审14件;提出再审检察建议253件。依法加强对损害公共利益、案外人利益的虚假诉讼的法律监督。对造成国有资产严重流失的民事案件,依法督促起诉410件,追回国有资产损失8亿余元。

强化对刑罚执行和监管活动的监督。积极推进县级检察院派驻监狱、劳教所检察室改由市级检察院派驻改革,全面推广使用监所检察信息管理系统,监督纠正减刑、假释、暂予监外执行不当1086人。加强对监外执行和社区矫正活动的监督,监督纠正脱管漏管罪犯344人。组织开展看守所监管执法专项检查和监狱"清查事故隐患、促进安全监管"专项活动,对"牢头狱霸"、安全隐患等突出问题提出纠正意见991件次。

五、加强检察自身建设,提高法律监督能力和执法公信力

加强队伍建设。按照省委统一部署,各市、县

检察院作为第二批单位开展了深入学习实践科学发展观活动，省检察院开展了学习实践活动整改落实“回头看”工作，队伍执法思想进一步统一。制定实施《加强领导干部监督管理工作若干意见》。培训干警2000多人次，评选出10名同志为第二批全省检察业务专家。狠抓自身反腐倡廉建设，查处违纪的检察人员3人。

强化自身监督。组织开展职务犯罪案件讯问全程同步录音录像、职务犯罪案件扣押、冻结、处理涉案款物以及办案工作区建设和办案安全防范等专项检查。积极推进干警执法档案建设，落实执法过错责任追究制度。全面推行检务督察制度，省检察院对11个市42个检察院进行了集中督察。

推进改革创新。全面实施职务犯罪案件审查逮捕程序改革，从2009年9月20日起，市、县两级检察院立案侦查的职务犯罪案件报请逮捕的，一律报上一级检察院审查决定。制定实施《加强和规范基层检察室建设的意见》，强化对基层执法司法活动的监督。着眼提升办案质量，探索构建法律效果、政治效果、社会效果有机统一的办案质量评价体系。深入开展认罪轻案办理程序改革，开展量刑建议改革试点，探索建立社区矫正信息联动管理机制。

加强基层检察院建设。完善和落实上级检察院领导联系基层等制度。积极争取有关部门支持，加大对贫困地区检察院经费保障、装备建设的支持力度，将新增的政法专项编制充实基层。完善基层检察院规范化建设分类考评办法。全省检察系统涌现出“全国十佳基层检察院”义乌市人民检察院、全国模范检察官金启和、全国“人民满意的公务员”沈亚平等先进典型，有129个集体和55名个人获得省级以上表彰。

全省检察机关主动向人大及其常委会报告工作，积极配合人大常委会组织的专题调研和执法检查，认真办理人大代表、政协委员提出的议案、提案和建议。省检察院就侦查监督工作情况向省人大常委会作了专项工作报告，并根据常委会审议意见认真落实整改措施。自觉接受政协民主监督，深化人民监督员制度改革，完善特约检察员制度，在检察决策和执法办案过程中充分听取意见，接受监督。

（浙江省人民检察院法律政策研究室）

安徽省检察工作　2009年，安徽省检察机关以邓小平理论和“三个代表”重要思想为指导，深入贯彻落实科学发展观，紧紧围绕“保增长、保民生、保稳定”的工作大局，全面履行宪法和法律赋予的职责，各项检察工作健康发展。

一、深入学习实践科学发展观活动扎实开展。结合安徽实际，突出检察特色，紧扣服务科学发展和实现检察工作自身科学发展两大课题，加强学习调研，虚心征求意见，深入查摆问题，积极落实整改，努力端正执法思想，提高执法能力，创新工作机制，改进执法作风。坚持学习实践活动与检察业务工作统筹结合、相互促进，切实把学习成果转化为谋划发展的正确思路、促进发展的政策措施、领导发展的实际能力。针对国际金融危机持续蔓延、全省经济运行困难加剧的严峻形势，省检察院在深入调研的基础上，先后出台了《关于贯彻科学发展观服务安徽崛起的意见》、《关于查办涉及企业案件工作的指导意见》，引导全省检察机关着眼大局、立足本职、搞好服务，取得了良好的社会效果。

二、维护社会稳定工作富有成效。面对复杂严峻的维稳形势，牢固树立政治意识和责任意识，认真履行批捕起诉等职责，深入开展打黑除恶专项斗争，积极参加整顿和规范市场秩序专项行动、食品药品安全专项整治工作。全年批准逮捕刑事犯罪嫌疑人24833人，提起公诉33842人，同比分别上升3.9%和7.4%。认真贯彻宽严相济刑事政策，按照“两扩大、两减少”的要求，规范刑事和解工作，健全快速办理轻微刑事案件工作机制，积极开展对涉嫌犯罪的未成年人的教育、感化、挽救工作，彰显司法人文关怀。注重在执法办案过程中化解矛盾纠纷，依法审慎处理敏感案件，认真做好疏导息诉工作，努力实现案结事了、定分止争，减少社会对抗，促进社会和谐。深入开展“涉检信访积案化解年”活动，畅通群众利益诉求表达渠道，加强对重点信访案件的督察督办，加大排查化解力度。探索建立涉检信访风险评估机制，坚持信访形势定期分析研判制度，健全检察环节维稳应急机制，妥善应对引导涉检网络舆情。全省检察机关信访总量下降，尤其是集体访和告急访同比分别减少9.5%和9.6%，一批信访疑难案件和历史遗留问题得到了妥善解决。

三、查办和预防职务犯罪工作深入发展。以集中开展治理商业贿赂、查办涉农职务犯罪、查办危害能源资源和生态环境渎职犯罪以及工程建设领域突出问题专项治理工作为抓手,加强组织领导,强化工作部署,狠抓督促指导,查办和预防职务犯罪工作取得明显成效。特别是针对一个时期、一些地区办案工作波动较大状况,积极应对、果断决策、科学掌控,扭转了被动局面,全年立案侦查贪污贿赂犯罪1046件1358人,其中大案740件,要案91人;立案侦查渎职侵权犯罪216件288人,其中重特大案件72件。自侦工作整体实现“三个双增长,一个双下降”,即反贪污贿赂、反渎职侵权立案数双增长,同比分别上升2.3%和9.1%;大案、要案数双增长,同比分别上升6.5%和37.9%,其中大案比例达到70.7%,是历年来最高的比率;查办行政执法、司法人员案件双增长,同比分别上升7%和35.1%;不诉率、撤案率双下降,同比分别下降0.6和5个百分点。进一步明确预防职务犯罪工作职能定位,出台《安徽省检察机关各业务部门预防职务犯罪工作规则(试行)》,推动执法办案和预防工作有机结合、形成合力;制定《关于在全省工程建设领域加强预防职务犯罪工作的意见》,重大建设工程项目专项预防进一步规范和加强;开展预防宣传和警示教育,全省预防涉农职务犯罪宣教活动成效显著,促进了职务犯罪源头治理。

四、诉讼监督工作力度不断加大。紧紧抓住诉讼监督的薄弱环节和群众反映强烈的突出问题,组织开展强制性侦查措施适用情况专项监督、刑事审判法律监督工作专项检查、看守所监管执法专项检查和监狱“清查事故隐患、促进安全监管”专项活动,加大对执法不严、司法不公问题的监督纠正力度。全年共办理刑事立案监督案件1576件,依法纠正漏捕1018人、纠正漏诉853人,提出刑事抗诉141件,提出民事和行政抗诉901件,纠正刑罚执行和监管活动违法1271件,立案复查刑事申诉案件588件,办理刑事赔偿案件49件。

五、内外部监督制约机制逐步完善。主动向人大及其常委会报告工作,认真贯彻落实人大及其常委会的决议。省检察院就反渎职侵权工作向省人大常委会作了专题报告,并对落实常委会审议意见提出具体措施。加强与人大代表、政协委员的联系,虚心听取意见和建议。狠抓执法规范化建设,完善全省统一的检察业务工作流程和考评标准,加强对执法办案的科学指导和动态监督。全面推行职务犯罪案件审查逮捕程序改革,继续深化人民监督员试点工作,查办职务犯罪工作内外部监督制约机制进一步完善。积极开展直接立案侦查案件扣押冻结款物专项检查,深入开展检务督察,组织开展办案工作区安全隐患检查及整改回访活动,促进了严格、公正、文明、廉洁执法。

六、检察队伍整体素质明显提高。坚持把思想政治建设放在首位,制定实施《关于进一步加强和改进全省检察机关思想政治工作的意见》,举办了市、县级检察院领导班子成员政治轮训班。认真履行干部协管职责,加大巡视工作力度,推行市检察院检察长到省检察院述职述廉制度,认真开展县级检察院检察长任职备案工作,加强对领导班子和领导干部的监督管理。积极推进大规模检察教育培训工作,组织检察业务讲师团赴各地开展巡回培训,大力开展技能竞赛、岗位练兵活动。加大高层次人才培养力度,组织评审安徽省首批检察业务专家,选派优秀年轻干警到信访接待等一线执法岗位接受锻炼,不断提升检察干警的综合素质和执法能力。坚持从严治检,加强党风廉政建设和自身反腐败工作。严肃查处违法违纪行为,进一步纯洁检察队伍。全省共有7名检察干警因违法违纪受到惩处。

七、基层基础工作进一步加强。省检察院成立基层检察院建设领导小组及常设工作机构,加强对基层检察院建设的组织领导。注重解决基层人才短缺问题,合理分配基层政法专项编制,积极参与基层政法干警定向招录工作,加大公务员招考和优秀大学生选调力度,共为基层检察院引进各类专业人才314人。加快检察信息化建设步伐,积极推行网上办公、办案,初步实现对部分办案活动的网络化管理和流程化控制。紧紧抓住中央政法经费保障体制改革的有利契机,主动争取党委、政府和有关部门支持,督促落实县级检察院公用经费保障标准,加大中央政法转移支付资金争取力度。全年共争取政法转移支付资金3.14亿元,比2008年增加2.44亿元,基层检察院公用经费基本得到有效保障。

(安徽省人民检察院法律政策研究室)

福建省检察工作 2009年,全省检察机关认真履行法律监督职责,全面加强和改进检察工作,推动各项检察工作取得了新的进展。

一、深入学习实践科学发展观。全省检察机关扎实开展深入学习实践科学发展观活动,进一步明确思路，强化措施，在服务经济社会科学发展中，努力实现检察工作科学发展。省检察院重新修订下发《关于充分发挥检察职能为加快建设海峡西岸经济区服务的意见》，设立涉台湾地区案件办公室，协调办理涉台案件个案协查，加强涉台法律研究和两岸检察官交流。

二、依法打击刑事犯罪。全年共批准逮捕各类刑事犯罪嫌疑人34845人，提起公诉46093人。一是依法打击严重危害社会治安犯罪。批准逮捕严重暴力犯罪嫌疑人6154人，提起公诉7022人；批准逮捕多发性侵财犯罪嫌疑人13493人，提起公诉15916人；批准逮捕黑社会性质组织犯罪案件28件306人，提起公诉26件350人；批准逮捕拐卖妇女儿童犯罪、淫秽色情网站犯罪、破坏森林资源犯罪嫌疑人766人，提起公诉1841人。二是依法打击破坏市场经济秩序犯罪。批准逮捕非法集资、金融诈骗、非法传销等涉众型经济犯罪嫌疑人184人，提起公诉260人；批准逮捕生产销售伪劣产品、有毒有害食品等犯罪嫌疑人151人，提起公诉226人；批准逮捕侵犯商标权、著作权、商业秘密犯罪嫌疑人31人，提起公诉87人。三是认真贯彻宽严相济刑事政策。对3000名犯罪嫌疑人作出不批准逮捕决定，对1420名犯罪嫌疑人作出不起诉决定。四是妥善化解社会矛盾纠纷。共办理各类控告申诉案件11953件。开展信访积案化解专项活动。在检察办案环节开展刑事和解工作。配合有关部门开展社区矫正试点工作。

三、依法查办和预防职务犯罪。共立案侦查职务犯罪案件1007件1262人，其中贪污贿赂等犯罪案件864件1089人，渎职侵权犯罪案件143件173人。一是集中力量查办大案要案。查办贪污贿赂五万元以上和挪用公款十万元以上案件646件，其中百万元以上案件34件。查办涉嫌职务犯罪的县处级以上国家工作人员51人，其中厅级干部2人。抓获和敦促61名在逃职务犯罪嫌疑人归案。介入重大责任事故调查229起，查办重大责任事故背后的渎职犯罪案件29件31人。二是紧紧围绕保障和改善民生，开展查办职务犯罪专项工作。立案侦查涉及土地出让、招标投标等领域职务犯罪案件452件562人，涉及国家工作人员商业贿赂案件523件558人，涉及农村基础设施建设、支农惠农资金管理等领域和环节的职务犯罪案件494件636人，涉及非法批准征用土地、环境监管失职等渎职犯罪案件102件108人。三是加强预防职务犯罪工作。开展预防调查302件、典型案例剖析585件、预防咨询330件，提出预防建议584件，职务犯罪预防网点击数达200多万人次，提供行贿犯罪档案查询6282人次。

四、加强诉讼活动法律监督。一是突出监督重点。监督侦查机关立案423件、撤案262件；追加逮捕1094人、追加起诉870人；对侦查活动中违法情况提出纠正意见738件次；对认为确有错误的刑事判决、裁定提出抗诉111件；对刑事审判活动中违法情况提出纠正意见67件次。受理不服人民法院生效判决、裁定的民事行政申诉案件1313件，经审查提出抗诉172件，法院再审后已改判、调解、撤销原判发回重审117件；提出再审检察建议46件，法院已采纳26件。监督纠正减刑、假释、暂予监外执行不当86人，对刑罚执行和监管活动中各类违法情况提出纠正意见372人次。二是完善监督机制。落实行政执法与刑事司法相衔接机制，督促行政执法机关向司法机关移送涉嫌犯罪案件196件。试行检察长列席审判委员会、量刑建议改革，各级检察长依法列席法院审判委员会436次；向法院提出量刑建议7675件，法院在审结案件中已采纳6449件，采纳意见率为84%。开展刑事案件技术性证据文证审查，共审查法医学鉴定8215件，发现和纠正存在各类问题的鉴定582件。三是认真查办执法不严、司法不公背后职务犯罪。依法查办涉嫌贪赃枉法、徇私舞弊等犯罪的行政执法人员236人、司法人员94人。监督纠正虚假诉讼案件18件，查办虚假诉讼背后的职务犯罪案件4件4人。联合有关部门开展看守所监管执法专项检查和监狱“清查事故隐患、促进安全监管”专项活动，发现并处理“牢头狱霸”116人。

五、建立健全内部执法活动监督机制。一是加强对查办职务犯罪工作监督制约。2009年9月1日起，省、市两级检察院受理上提一级审查逮捕职务犯罪案件130件152人，经审查，决定逮捕125件147人，决定不逮捕5件5人。深化人民监督员制度改革试点，监督职务犯罪“三类案件”159件。落实抗诉工作与职务犯罪侦查工作由不同内设机构承办。规范办案工作区设置和使用管理，推行讯问职务犯罪嫌疑人全程同步录音录像制度。二是进一步探索和完善检察机关接受监督制约机制。深化以纠正违法办案、保证案件质量为中心的检务督察机制,加强案件管理,开展检风检纪专项督察。实行刑事申诉案件、不起诉案件公开审查和重大信访案件公开听证制度,对不服检察机关处理决定的42件申诉案件依法复查,决定纠正5件。加强检察门户网站建设,深化检务公开。认真执行修改后的律师法,保障律师依法执法。三是着力解决突出问题,落实规范执法要求。组织开展"规范执法、安全办案"专项检务督察,对全省检察机关扣押冻结款物情况进行专项检查和清理。组织开展刑事审判法律监督专项检查。

六、加强检察队伍和基层检察院建设。一是加强领导班子建设。选派三级检察院56名检察长参加最高人民检察院政治轮训和素能培训。加强和改进检察委员会工作。加强上级检察院对下级检察院领导班子的管理和监督,省检察院接受最高人民检察院为期一个月的巡视,完成对全省9个设区市检察院的首轮巡视工作。二是加强检察教育培训。举办16期全省性业务培训班和司法考试考前辅导班、晋升高级检察官资格培训班,培训干警1971人次。组织全省检察机关公诉人出庭行为评议、反渎职侵权部门岗位素能全员培训、优秀诉讼监督案件评比、案例研讨、业务技能竞赛等活动。三是加强党风廉政建设。严格执行党风廉政建设责任制,推进检察机关惩治和预防腐败体系建设。学习践行《检察官职业道德基本准则》活动,推进以"忠诚、公正、清廉、文明"为核心的检察职业道德建设。坚持从严治检,查处违纪违法的检察人员9人。四是加强基层检察院建设。2009年中央新增559名政法编制和中央、省财政安排9447万元专项资金,全部分配落实到基层检察院。选调68名应届优秀法律本科生、研究生充实到基层检察院。福州市鼓楼区人民检察院等6个基层检察院被最高人民检察院评为全国先进基层检察院。全省共有37个集体和60名个人受到省级以上表彰,省检察院和石狮市人民检察院被评为全国精神文明建设工作先进单位。

(福建省人民检察院)

江西省检察工作 2009年,江西检察机关认真贯彻党的十七大和十七届三中、四中全会精神,深入学习实践科学发展观,紧紧围绕保增长、保民生、保稳定,依法履行法律监督职责,大力加强检察队伍建设,各项工作有了新的发展和进步。

一是主动服务全省经济平稳较快发展。全省检察机关紧紧围绕省委、省政府应对国际金融危机的决策部署,立足法律监督职能,制定和实施了一系列保增长的工作措施,为经济平稳较快发展提供了司法保障和法律服务。坚持惩治与预防并举,严肃查办发生在政府投资和重大项目建设领域的职务犯罪案件184件。积极参与江铜集团、新钢公司等大型国有企业周边治安环境整治,通过办案为企业挽回直接经济损失2000余万元,保障国有企业改革顺利进行。依法批准逮捕生产销售伪劣商品、破坏金融管理秩序、危害税收征管等犯罪嫌疑人863人,提起公诉761人。立案侦查国家工作人员商业贿赂犯罪案件301件325人、工程建设领域职务犯罪案件196件218人,维护了公平竞争、规范有序的市场环境。立案侦查土地、林业等管理部门工作人员玩忽职守、滥用职权犯罪案件85件90人。积极探索通过检察建议、公益诉讼等方式,对环境污染问题进行法律监督,促进了生态环境建设。

二是全力维护社会和谐稳定。全省检察机关始终把维护社会稳定作为第一责任,贯彻落实宽严相济刑事政策,依法履行批捕、起诉职责,认真排查调处矛盾纠纷,积极参与国庆六十周年安保工作,营造了安全、稳定、和谐的社会环境。全年共批准逮捕各类刑事犯罪嫌疑人20293人,提起公诉22708人,同比分别下降2.1%和3.3%。从宽处理轻微犯罪,着眼于促进社会和谐,对涉嫌犯罪但无逮捕必要的,依法决定不批准逮捕1155人。对犯罪情节轻微,依照刑法规定不需要判处刑罚或者免除刑罚的,决定不起诉959人。妥善化解社会矛盾,进一步畅通控告申诉渠道,开通12309举报电话和网上举报系统,坚持和完善检察长接访、带案下访、定期巡访等工作机制,依法妥善处理群众来信来访8666件次。

三是坚决查办和预防职务犯罪。全省检察机关认真贯彻中央和省委关于党风廉政建设和反腐败工作的部署,始终把查办和预防职务犯罪摆在突出位置来抓,全年共立案侦查贪污贿赂、渎职侵权等职务犯罪案件966件1190人。其中,立案侦查贪污贿赂大案521件、重特大渎职侵权案件55件,查办县处级干部53人、厅级干部5人,大要案占立案总数的65.6%;立案侦查发生在社会保障、劳动就业、征地拆迁、抢险救灾、医疗卫生等领域的职务犯罪案件202件;立案侦查发生在农村基础设施建设、支农惠农资金管理等领域和环节的职务犯罪案件 304 件,为农民挽回损失 1900 余万元;立案侦查涉嫌贪赃枉法、徇私舞弊、索贿受贿等职务犯罪的司法工作人员 69 人。结合办案,向有关单位和主管部门提出检察建议 400 多件,开展预防宣传和警示教育 700 多场次,增强了国家工作人员廉洁从政意识。

四是强化对诉讼活动的法律监督。监督侦查机关立案 281 件,同比上升 9.8%;决定追加逮捕 608 人,同比下降 19.9%;决定追加起诉 1001 人,同比上升 48.7%;依法提出刑事抗诉 102 件、民事行政抗诉 144 件,同比分别上升 21.4%、18%;针对刑事诉讼中的违法行为,依法提出纠正意见 252 件次,同比上升 23.5%;监督纠正减刑、假释、暂予监外执行不当 633 人次,同比上升 76.3%。探索对国有资产流失问题的法律监督,通过督促起诉方式,监督有关部门清缴土地出让金、企业排污费等 2 亿余元。与有关部门联合开展看守所监管执法专项检查和监狱"清理事故隐患,促进安全监管"专项活动,清理"牢头狱霸"42 人,监督纠正违法留所服刑 81 人次,清除监狱安全隐患 59 处,对看守所和监狱执法中的突出问题提出整改建议 137 件。

五是大力加强检察队伍建设。全省检察机关以公正廉洁执法为目标,以提升法律监督能力为核心,以基层基础建设为重点,坚持教育、管理、监督并重,队伍素质得到提高,执法形象明显改善,涌现出一批公正廉洁、执法为民的先进典型。全省检察机关有 35 个集体受到省级以上表彰,5 人受到最高人民检察院表彰。省检察院制定了《关于加强全省检察队伍专业化建设的意见》,对检察官职业准入、检察官遴选、检察人员交流挂职锻炼等提出了明确目标和要求。以执法办案一线检察官为重点,开展业务培训 2200 人次。加大司法考试培训力度,全省检察人员司法考试通过率为 62.1%。制定下发指导意见和考核办法,组织开展结对帮扶和向先进基层检察院学习活动,落实上级检察院领导和部门挂点联系基层制度。突出抓好基层检察院建设工作,着力解决实际问题,为基层检察院招录法律专业人才 360 人,争取办案和专业技术用房国债资金 2200 万元,加强检察技术和信息化建设,提升了全省基层检察院建设的整体水平。丰城市人民检察院被评为"全国十佳基层检察院"。全面推行检务督察制度,重点督察落实办案安全制度、警车警具和枪支管理等方面的问题。开展扣押冻结款物专项检查,对近五年办理的职务犯罪案件逐案清理,向当事人返还扣押款 330 余万元。从 2009 年 9 月起,实施职务犯罪案件审查逮捕权上提一级改革,省、市两级检察院受理下级检察院报请审查逮捕职务犯罪案件 84 件 95 人,其中决定逮捕 86 人、不予逮捕 8 人、建议撤案 1 人。

六是自觉接受人大及其常委会的监督。全省检察机关牢固树立监督者更要接受监督的观念,不断拓宽外部监督渠道,保障检察权依法正确行使。全省各级检察院向同级人大常委会专题报告工作 238 次。2009 年 11 月,省检察院专题报告了诉讼监督工作情况,省人大常委会作出了《关于加强检察机关对诉讼活动的法律监督工作的决议》,为更好地履行诉讼监督职能提供了制度保障。认真办理人大代表、政协委员的议案、提案和转办的案件 125 件。人民监督员共监督拟作撤案、不起诉处理和犯罪嫌疑人不服逮捕决定的职务犯罪案件 65 件。深化检务公开,全省有 97 个检察院建立了互联网门户网站,及时向社会公布重要信息,保障人民群众的知情权、参与权和监督权。

(江西省人民检察院法律政策研究室)

山东省检察工作 一、着力服务经济平稳较快发展

着力保障公共资金安全。2009 年,山东省人民检察院制定了《服务和保障经济平稳较快发展的意见》。各级检察机关积极参与整顿规范市场经济秩序专项行动,深入开展治理商业贿赂、工程建设领域突出问题专项治理、查办危害能源资源和生态环境渎职犯罪专项工作。对 580 个投资 1 亿元以上的重点建设工程开展了职务犯罪同步预防,开展法律咨询 5726 次,与项目建设单位共同制定防范措施 7274 项。

加大查办和预防职务犯罪力度。2009 年立查职务犯罪嫌疑人 2648 人,提起公诉 2417 人,法院已判决 2291 人,其中县处级干部 92 人、厅级干部 4 人。全省普遍建立预防职务犯罪展览室,进一步健全了行贿犯罪档案查询制度,14 个单位或个人的市场准入资格被取消;与海关、税务、交通等 15 个主管部门会签了预防工作意见,与省直属 28 个部门建立预防协作机制。

依法妥善处置涉及企业案件。广泛开展"帮千企走千村访万户,服务'三保'任务"主题实践活动,

对2825家企业进行了走访调查,与2670家企业建立了经常性联系机制,帮助解决问题2084个。为128名被不实举报的企业领导干部澄清了问题,依法对148名犯罪情节轻微的企业人员作了宽缓处理。

二、努力保障和改善民生

严肃查处危害民生的职务犯罪。认真查办教育、医疗卫生、房地产开发等领域的职务犯罪460件,查办国家工作人员放纵制售假农资和有毒有害食品药品以及造成严重环境污染、重大责任事故等渎职犯罪242件。严肃查办国家工作人员非法拘禁、报复陷害、破坏选举等侵权犯罪121人;查办劳动就业、社会保障、征地拆迁等领域职务犯罪129人;查办贪污、挪用惠农资金和征地补偿款的职务犯罪503人。

强化对执法司法活动的法律监督。深入开展刑事审判法律监督、看守所监管执法、监狱清理事故隐患等专项检查活动。依法监督纠正违法取证、滥用强制措施等案件536件,监督撤销案件657件,决定不捕不诉10934人;对监管活动中的违法行为提出纠正意见2955件,监督纠正违法减刑、假释、暂予监外执行等案件1469件;提出刑事抗诉135件,法院已改判和发回重审42件;提出民事、行政抗诉和再审检察建议2103件,法院已改判、发回重审、调解结案和采纳检察建议1296件。严肃查处行政执法人员、司法人员职务犯罪383人。

构建服务民生新平台。广泛开展了向群众问计、问需、问效"三问"活动、服务农村"六个一"活动等,认真办好民生检察服务热线。一年来,共解决群众各类诉求5.4万多件,提供维权救助4936件,化解矛盾纠纷上千起。各级党委、人大领导95次作出批示予以肯定和表扬,群众送来感谢信、锦旗牌匾等2051件。

三、有效维护社会和谐稳定

深化严打整治工作。全年共批捕各类刑事犯罪嫌疑人44753人、起诉65163人,严惩黑恶势力犯罪团伙140个。依法监督立案966件,追捕追诉2884人,起诉后法院已判决2793人。高度重视全运安保工作,积极参与社会治安防控体系建设,建立综合治理联系点611个。广泛开展法律服务进乡村、进社区、进学校和创建"青少年维权岗"等活动,加强未成年人犯罪预防,积极参与监外执行罪犯社区矫正工作。

用心处理涉检上访。深入开展"信访积案化解年"活动,对排查出的79起缠访缠诉案件,已全部办结息诉。集中开展群众申诉案件专项治理和自侦案件扣押款物专项检查工作,清理核查不服检察机关处理决定的申诉案件194起,其中纠正原处理决定16件,支付当事人赔偿金和返还涉案款247万元。广泛开展"信访到我这里停止"等活动,全年基层处理信访11384件,解决群众涉法问题3502个。

改革创新执法方式。探索建立执法办案风险评估预警机制,共评估预警各类案件4590件,化解矛盾纠纷810起。完善贯彻宽严相济刑事政策的工作机制,全面推行了刑事和解、检调对接等制度。全面实行不捕、不诉法律文书说理和刑事申诉案件公开听证等制度,对不服法院和公安机关正确裁判处理决定的5037起申诉案件,耐心做好服判息诉工作。

四、强化检察队伍建设

强化政治业务素质建设。深入开展学习实践科学发展观活动,进一步确立了"强化六项建设,推进六个创新"的工作思路和"遵法、重效、理性、平和、文明、规范"的执法理念。全面推进"素质工程"建设和检察文化建设,组织业务培训班768期、培训5万人次,举办全省性专家讲座24期,开展岗位练兵506次。选调招录优秀大学毕业生539名。

狠抓党风廉政建设。认真执行各项廉洁从检的规定和制定,开展了规范执法、整顿财务管理、落实禁酒令等六个专项检查活动;省检察院对3个市级检察院进行了巡视,组织了8次明察暗访活动,对70个基层检察院进行了督察,严肃查处违法违纪检察人员7人。

创新监督制约机制。全面落实职务犯罪逮捕制度等内部监督制约制度改革,创建了案件管理指挥中心。坚持向人大常委会报告工作和重大活动必请人大代表的"三必请"制度,省人大常委会出台了加强法律监督工作的决议,各地邀请人大代表、政协委员视察工作671次。人民监督员共监督"三类案件"和"五种情形"352件。认真执行阳光检务等八项制度。

完善检察业务绩效考评机制。制定三级检察院考核指标体系,认真抓好日常网上考核、年度集中考核和重点考评,并随机抽签对淄博市张店区人民检察院进行了集中考评。全省有78个检察院、

413 名检察人员受到省级以上表彰;有 74 个市县党委作出向检察院或检察人员学习的决定。

(山东省人民检察院法律政策研究室 朱会民)

河南省检察工作 2009 年,全省检察机关紧紧围绕“保增长、保民生、保稳定”大局,认真履行宪法和法律赋予的职责,各项工作取得了新的成绩。

一、服务第一要务,促进经济平稳较快发展。一是认真做好服务企业发展工作。积极参与整顿和规范市场经济秩序,立案侦查国家工作人员涉嫌商业贿赂职务犯罪案件 468 件 513 人;严肃查办在项目审批、贷款发放、土地征用、税收征管等环节利用职务便利向企业索贿受贿的犯罪;加大对国有企业中发生的贪污、贿赂、挪用公款、私分国有资产等职务犯罪的查处和预防力度;依法打击侵占挪用企业资金、危害企业生产经营的犯罪活动;加强对企业债务纠纷等民事案件审理和执行活动的法律监督;积极做好对造成国有资产流失、国有企业重大利益损失的民商事案件的支持起诉、督促起诉工作;结合办案抓好预防,帮助企业堵漏建制,消除犯罪隐患。二是着力保障政府投资安全、生态环境建设和农村改革发展。立案查处利用工程审批、招投标、资金拨付权贪污受贿犯罪嫌疑人 131 人,立案侦查国家机关工作人员环境监管失职、非法批准征用占用土地等破坏环境资源的渎职犯罪案件 430 件 528 人,依法查办涉农职务犯罪案件 477 件 691 人,为推进农村改革保驾护航。三是不断改进涉企案件执法方式方法。凡是有利于企业依法经营的案件坚决查办,凡是在查办案件后对企业有明显不利影响的慎办、缓办;严格区分罪与非罪界限,慎重对待改革中出现的新情况和新问题;慎用查封、扣押、冻结等措施,努力做到执法办案既符合法律要求,又促进企业发展。

二、牢记第一责任,扎实做好维护社会和谐稳定工作。全省检察机关充分发挥批捕、起诉职能作用,共批准逮捕各类刑事犯罪嫌疑人 54653 人,提起公诉 76701 人。一是依法严厉打击严重刑事犯罪和多发性犯罪。突出打击黑恶势力犯罪,故意杀人、抢劫等严重暴力犯罪,盗窃、抢夺等多发性犯罪,共批准逮捕上述刑事案件犯罪嫌疑人 31794 人,提起公诉 43113 人。二是认真贯彻宽严相济刑事政策。全年共对 5808 名涉嫌犯罪但无逮捕必要的犯罪嫌疑人作出不予批准逮捕决定,对 1529 名涉嫌犯罪但情节轻微、社会危害性较小的犯罪嫌疑人作出不起诉决定。三是主动配合有关部门推进社会管理。认真落实检察环节社会治安综合治理措施,依法打击利用网络实施的犯罪活动,积极做好预防未成年人犯罪和失足青少年帮教工作,加强对社区矫正、暂予监外执行罪犯管理等各执法环节的法律监督,促进提升服务管理水平。

三、推进反腐倡廉建设,加大查办和预防职务犯罪工作力度。全省检察机关共立案侦查职务犯罪案件 2837 件 3830 人,其中,贪污贿赂案件 1984 件 2581 人,渎职侵权案件 853 件 1249 人。通过办案为国家挽回直接经济损失 3.7 亿元。一是集中精力查办大案要案。共立案侦查涉嫌贪污贿赂五万元以上和挪用公款十万元以上大案 1452 件,占贪污贿赂案件总数的 73.2%;立案侦查渎职侵权重特大案件 592 件,占渎职侵权案件总数的 69.4%。立案侦查涉嫌职务犯罪的县处级以上国家工作人员 207 人,其中厅级干部 19 人。二是着力提高办案质量。严格执行刑事诉讼法,组织开展办案质量逐案考评和精品案件评选活动,促进办案质量进一步提高。在立案侦查案件中,已提起公诉 3384 人,法院已作出有罪判决 3163 人,分别占立案人数的 88.4% 和 82.6%。三是积极开展预防工作。结合办理的重大典型案件,提出检察建议 1714 件,帮助落实预防措施 6382 项。开展预防警示教育和法制宣传,建立警示教育基地 171 个,38 万人次受到教育。

四、维护公平正义,强化对诉讼活动的法律监督和自身执法办案监督。一是加强刑事诉讼监督。在刑事立案和侦查活动监督中,对侦查机关应当立案而未立案的,依法监督立案 606 件;对不应当立案而立案的,监督撤案 389 件;对应当逮捕而未提请逮捕、应当起诉而未移送起诉的,依法追加逮捕 2044 人、追加起诉 1932 人。在刑事审判监督中,对认为量刑畸轻畸重等确有错误的刑事判决、裁定依法提出抗诉 322 件,法院改判、发回重审 201 件。在刑罚执行和监管活动监督中,依法监督纠正违法减刑、假释、暂予监外执行、体罚虐待被监管人、超期羁押等问题 1215 人次。二是加强民事审判和行政诉讼监督。对认为确有错误的民事行政判决、裁定提出抗诉 864 件,法院改判、发回重审和调解结案 547 件;依法提出再审检察建议 599 件,法院采纳 576 件。三是加强对人民群众反映强烈问题的专项监督。组织开展了刑事审判法律监督、看守所监管执法、监狱清理事故隐患促进安全监管等专项活动,发现并纠正了一批错误裁判、超时限审理、违法违规监管等问题,从中立案查处涉嫌徇私舞弊、贪赃枉法等职务犯罪的司法人员29人。四是加强对自身执法办案活动的监督制约。在接受外部监督方面,坚持重要工作部署、重大工作情况向党委、人大及其常委会请示报告,依法办理人大代表建议、政协委员提案及人大常委会转交案件31件;全年有8500余人次人大代表、政协委员视察检察工作;检察机关拟作撤案、不起诉处理以及犯罪嫌疑人不服逮捕决定的职务犯罪案件全部交由人民监督员监督,人民监督员共监督上述三类案件219件。在加强内部监督方面,建立办案流程监督管理机制,落实职务犯罪案件审查逮捕上提一级制度,落实讯问职务犯罪嫌疑人全程同步录音录像制度,落实对职务犯罪案件立案报上一级检察院备案,撤案、不起诉报上一级检察院批准等制度,加强对下级检察院办案工作的监督;建立检察人员执法档案制度、自侦案件跟踪回访制度和执法办案责任制、错案、安全事故、涉检信访案件责任倒查追究制度;全省三级检察院集中七个月时间对2004年以来办结的9525件涉款涉物自侦案件逐案检查,对存在的一些违规扣押款物等问题进行了纠正。

五、坚持执法为民,全面打造"民生检察"。一是畅通民意表达渠道。在全省检察机关统一开通12309举报电话,推行网络举报、密码举报、预约上门接受举报等方式,方便群众反映问题。全年共受理群众举报13131件,已处理13070件。二是严肃查办各种侵害民生民权的案件。对不服检察机关处理决定的申诉经审查改变29件,立案办理刑事赔偿案件82件,决定给予赔偿76件,支付赔偿金151.8万元。三是千方百计解决群众的合理诉求。共排查涉检信访积案294件,已办结293件。推行对生活确有困难的刑事不起诉案件被害人个案救助制度,共救助160人,发放救助金130余万元。四是不断拓宽检察便民服务渠道。设立便民服务大厅,统一受理、转办群众的控告、申诉、举报。在重点乡镇建立检察工作站(检察室)79个,把检察工作向基层延伸,就近服务人民群众。

六、着眼公正廉洁执法,狠抓检察队伍建设。一是加强思想政治建设。认真组织开展深入学习实践科学发展观等活动,引导检察人员不断增强政治意识、大局意识、责任意识,自觉做到公正执法。二是加强领导班子建设。省检察院配合省委组织部完成10个市级检察院检察长换届工作;通过组织巡视、派员列席民主生活会、诫勉谈话、进行述职述廉考核等方式,加强了对市级检察院领导班子的监督。三是加强职业道德和纪律作风建设。省检察院先后组成9个督察组,对全省19个市分检察院、41个基层检察院执行办案纪律、加强办案安全等工作进行了督察;共收到实名举报、投诉检察干警违法、违纪案件170件,已答复举报、投诉人153件,35名检察干警受到党政纪处分。四是加强专业化建设。省检察院通过考试考核从下级检察院公开遴选12名检察官,为贫困地区基层检察院定向招录培养62名法学第二学位人员。省检察院机关通过笔试、面试、演讲、考核程序,36名学历较高、年纪较轻、业务能力较强的同志走上正副处长岗位。省市两级检察院共举办各类培训班166期,培训检察人员10052人次。加强司法考试组织工作,有623人通过2009年度司法考试。五是加强基层检察院建设。省检察院出台帮扶基层检察院六项措施,积极争取党委政府支持,全省基层检察院办案用房和技术用房建设、信息化建设、经费保障等问题得到较好解决。深入开展争先创优活动,灵宝市人民检察院和11个基层检察院分别被评为"全国十佳基层检察院"和"全国先进基层检察院",郸城县人民检察院反贪局原局长陈海宏被河南省委和最高人民检察院分别追授为"优秀共产党员"、"全国模范检察官",南阳市宛城区人民检察院杜东翔被授予全国"人民满意的公务员"称号。

(河南省人民检察院　周登敏　聂增福)

湖北省检察工作　2009年,湖北省检察机关深入学习实践科学发展观,紧紧围绕"保增长、保民生、保稳定",按照"六个坚持、六个着力"的总体部署,落实20项重点工作,全面加强和改进各项检察工作,取得了新的成效。

一、紧紧围绕大局开展工作,努力保障经济平稳较快发展。坚持把保障经济平稳较快发展作为服务大局首要任务,找准切入点和结合点,增强了服务大局的针对性与实效性。全省共立案侦查职务犯罪1868人,同比上升3.3%,其中大案1050件,要案153人。高度重视保障政府投资安全,查办重大基础设施建设等领域环节职务犯罪617人;

积极服务社会主义新农村建设，查办涉农职务犯罪567人；注重保障和改善民生，查办民生领域职务犯罪967人；积极促进生态文明建设，查办危害能源资源和生态环境渎职犯罪169人。坚持"三个有利于"和"五条办案原则"，进一步提升了执法办案的法律效果、政治效果和社会效果。

二、认真贯彻宽严相济刑事政策，全力维护社会和谐稳定。牢固树立"大稳定观"和"一线观念"，全力以赴做好检察环节维护稳定的各项工作。全省共批捕犯罪嫌疑人30812人，起诉33081人，同比分别上升3.5%和7.9%，保持了对严重刑事犯罪的高压态势。依法从宽处理轻微刑事犯罪，健全快速办理轻微刑事案件等工作机制，从机制上保障宽严相济刑事政策的贯彻落实。制定实施《关于进一步加强涉检信访工作的意见》，加强社会矛盾化解工作，认真开展信访积案化解专项活动，进一步畅通信访渠道，在全省统一设立综合性受理接待中心，按照"六合一"、"四整合"的要求，将"12309"电话开通到基层。依法参与处置邓玉娇案件、"石首事件"等社会高度关注案件，收到了较好效果。

三、切实把功夫下在监督上，各项法律监督工作平稳健康发展。积极推进省人大常委会制定出台《关于加强检察机关法律监督工作的决定》，强化工作措施，狠抓《决定》落实，全面加强了法律监督工作。全面加强对执法司法各个环节的法律监督，共监督立案951件，监督撤案216件，同比分别上升7%和11.9%；追捕578人，追诉520人，同比分别上升3.4%和76.3%；提出刑事抗诉118件，提出民事行政抗诉和再审检察建议621件，同比分别上升34.1%和7.8%；依法监督纠正减刑、假释、暂予监外执行不当60人次。组织开展刑事审判法律监督专项检查、监管执法专项检查等专项监督工作，认真查办执法不严、司法不公背后的职务犯罪，立案侦查363人，增强了监督的针对性和实效性。

四、深入学习实践科学发展观，努力推动检察工作科学发展。全省检察机关扎实开展深入学习实践科学发展观活动，切实提高思想认识，增强了贯彻落实科学发展观的自觉性和坚定性；不断明确工作思路，使工作思路和决策符合法律、符合规律、符合大局、符合民意、符合理念、符合实际；注重突出实践特色，认真查找整改影响和制约检察工作科学发展的突出问题，建立健全长效机制，有效推动了全省检察工作全面、协调、可持续发展。

五、积极稳妥推进检察改革，检察工作机制建设继续深化。认真贯彻中央、最高人民检察院深化检察改革的各项部署，稳步推进职务犯罪批捕权上提一级等改革任务的落实。加强业务工作机制建设，深化检察工作一体化、法律监督调查等机制建设，规范职务犯罪案件线索管理等工作。加强队伍管理机制建设，加强检察人员进出口管理，健全职业保障机制，为全省检察干警办理了人身意外伤害保险。加强检务保障机制建设，进一步落实基层检察院公用经费保障标准，加快了科技强检项目建设及其应用进程。

六、全面加强自身建设，执法公信力建设深入开展。组织开展执法公信力建设专项工作，深入推进检察队伍建设"六项工程"，突出抓好领导班子建设。统筹全员培训，省、市两级检察院共举办各类培训班58期，培训检察人员5063人次。加强检察职业道德建设，组织开展"恪守检察职业道德、维护社会公平正义"主题实践活动。省委转发了省检察院制定的《关于加强检察机关群众工作的指导意见》，全省检察机关坚持检察工作人民性，进一步加强了群众工作。修改完善《湖北省检察机关扣押、冻结款物及其处理办法》，认真开展扣押冻结款物专项检查，进一步提高了执法规范化水平。大力加强基层检察院建设，召开全省基层检察院"四化"建设现场观摩和经验交流会，结合实际部署基层检察院建设20件事项，夯实了基层基础工作。组织召开检察发展论坛第二次会议，集中研讨执法公信力建设的理论与实践问题，为推进这一工作提供了理论根据与智力支撑。

2009年全省检察工作在服务大局中加强，在破解难题中前进，在锐意改革中发展，进一步加深了对检察工作规律性的认识，在工作的抓法上突出了四个方面：(1)突出围绕"保增长、保民生、保稳定"工作大局来思考、谋划和推进检察工作，注重组织开展专项工作，把握法律政策界限，保障和促进经济平稳较快发展。(2)突出检察工作的原则性、系统性、预见性和创造性，始终注意抓好关系检察工作长远发展的重大工作，做到"六个坚持"，即坚持加强执法公信力建设、坚持服务党和国家工作大局、坚持推动执法办案工作平稳健康发展、坚持加强检察机关群众工作、坚持推进改革创新、坚持全面加强基层检察院建设，推动了检察工作科学发展。(3)突出强调抓落实，多次要求全省检察机关狠抓工作落实、提高执行力,派出工作组加强督促检查,重点纠正不落实的突出问题,健全抓落实的工作机制,各地结合实际自觉落实上级部署,确保各项工作在克难奋进、狠抓落实中创新发展。(4)突出保证检令畅通,落实检察工作一体化机制,开展规范性文件清理,完善案件交办、督办制度,加大对违法违规扣押冻结款物等行为的查处纠正力度,确保令行禁止,保证上级各项决策部署能够得到一体遵行。

(湖北省人民检察院法律政策研究室　徐泽坤)

湖南省检察工作　2009年,湖南省检察机关围绕"保增长、扩内需、调结构、促就业、强基础"的工作大局,坚持"强化法律监督,维护公平正义"的工作主题,忠实履行宪法和法律赋予的职责,为全省科学跨越、富民强省大业而不断加强和改进检察执法,各项检察工作均取得新的进步。

一、着眼社会和谐,全力做好检察环节的维稳工作。一是与公安、法院密切配合,依法维护社会治安秩序。积极参与打黑除恶专项斗争和突出治安问题专项治理,严厉打击黑恶势力犯罪、严重暴力犯罪、多发性侵财犯罪、涉众型经济犯罪、毒品犯罪等严重刑事犯罪。全年共批准逮捕各类刑事犯罪嫌疑人42931人,提起公诉45878人,批捕、起诉人数分别上升5.4%、3.4%。二是贯彻宽严相济刑事政策,努力化解社会消极因素。依法对涉嫌犯罪但无逮捕必要的3283人决定不起诉。继续完善试用刑事和解办理轻微刑事案件工作机制,将人民调解引入刑事和解机制,全省通过调解达成刑事和解的案件1605人。三是加强信访工作,解决群众涉检诉求。共受理涉检信访1145件,办结息诉1087件;复查刑事申诉案件121件,立案办理刑事赔偿案件47件。

二、紧扣大局要求,依法查办和预防职务犯罪。一是切实改进执法方式方法。要求全省检察机关坚持"一要坚决,二要慎重,务必搞准"的方针,对涉及企业的职务犯罪案件,从有利于维护企业生产经营、维护企业职工利益、维护社会稳定出发。二是突出查办大案要案。全年共立案侦查贪污贿赂、渎职侵权犯罪案件1566件1990人,其中贪污贿赂大案790件,渎职侵权重特大案249件,县处级以上干部要案122人(厅级干部11人),大要案占立案总数的74.1%。三是开展以保障民生为重点的专项工作。严肃查办发生在安全生产、医疗卫生、社会保障、企业改制、征地拆迁、移民补偿、山林改革等民生领域的职务犯罪案件,促进各项保障和改善民生政策措施的落实。四是深化职务犯罪预防工作,共开展个案预防791件、预防调查185件、系统预防和重点项目预防138件,提出检察建议和预防对策929件。

三、围绕公正司法,强化对诉讼活动的法律监督。一是加强对诉讼活动的日常性监督。监督立案875件,监督撤案680件,追捕1143人、追诉1168人,提出侦查违法纠正意见1475件次,对刑事判决、裁定提出抗诉223件,法院已审结143件,改判和发回重审93件。对民事行政判决、裁定提出抗诉和再审建议420件,改判、发回重审和调解结案173件,采纳再审检察建议81件,办理公益诉讼案件165件。依法纠正超期羁押87人次。二是加强对突出问题的专项监督。开展了看守所监管执法专项检查和全省监狱清查事故隐患、促进安全监管专项活动;开展了刑事审判法律监督专项检查,复查重点案件2071件,依法监督纠正案件105件,提起抗诉、提出再审检察建议31件。三是加大对司法腐败案件的查处力度。把监督诉讼活动中的违法问题与查办司法人员职务犯罪结合起来,依法查办司法工作人员职务犯罪73人。

四、重视监督制约,规范检察权的运行。一是自觉接受人大监督。向省人大常委会专题报告工作情况,邀请人大代表视察检察工作,认真办理人大转交的案件和代表建议。二是主动接受民主监督和社会监督。向各民主党派、工商联和无党派人士代表通报检察工作情况,完善和落实特约检察员、专家咨询委员制度,深化人民监督员制度试点工作,深化检务公开,增强检察工作透明度。三是切实加强内部制约。完善执法规范化体系,加强办案流程管理;加强对案件质量的动态监督,建立健全质量考评、科学化管理考核制度;加大检务督察力度,及时纠正执法不规范的突出问题。

五、狠抓队伍建设,不断提高执法能力和水平。一是树立正确的执法理念。坚持党的事业至上、人民利益至上、宪法法律至上,培养理性、平和、文明、规范执法理念,队伍的政治素质进一步提高。二是加大教育培训力度。以领导素能培训、业务技能培训、司法考试培训、岗前任职培训为重点,省检察院共举办培训班19期,培训各类人员2718人次;重视检察理论研究，建立了检察理论研究基地；广泛开展岗位练兵和业务竞赛活动，启动了全省首届检察业务专家评审，注重培养高素质专业人才。三是加强作风纪律建设。省检察院党组切实改进领导作风，接受群众监督，落实党风廉政建设责任制，严肃查处违纪违法的检察人员10人。四是加强基层基础工作。动员和组织全省检察机关开展"文明单位"创建活动，对基层检察院实行分类考核，统一招录314名检察人员充实基层，为基层检察院定向招录大学生52名，选派业务骨干到基层挂职，重视检察文化建设，改善基层检察院的"两房"建设和检务保障。

（湖南省人民检察院法律政策研究室　欧春燕）

广东省检察工作　2009年，广东省检察机关坚持以邓小平理论和"三个代表"重要思想为指导，深入贯彻落实科学发展观，坚持"强化法律监督，维护公平正义"的工作主题，忠实履行宪法和法律赋予的职责，各项检察工作取得新的进展。

一、坚持服务大局，积极保障经济平稳较快发展

（一）积极保障和促进企业发展。为应对国际金融危机的冲击，广东省人民检察院制定《关于帮助企业解困，促进企业发展，保障我省经济平稳较快增长的意见》，进一步增强服务经济发展的针对性和实效性。加大对破坏市场经济秩序犯罪的打击力度。全年共批捕妨害公司企业管理秩序、金融诈骗、生产销售伪劣商品、走私、侵犯知识产权等犯罪嫌疑人5254人，起诉4692人。积极探索为企业提供法律保障和服务的新措施。建立检察环节快速办理侵犯企业合法权益案件机制；与其他司法机关联合防范与处置恶意"欠薪、欠债、欠贷"案件；发布涉企案件预警，提供法律咨询，提高企业自身防范能力。讲究办案方式方法。依法妥善处理涉及企业特别是中小企业的案件，把握法律政策界限，慎重使用强制措施。

（二）积极保障和促进农村改革发展。围绕省委加快推进农村改革发展的决策部署，广东省人民检察院出台《关于充分发挥检察职能，为推动农村改革发展提供司法保障和服务的意见》，依法打击和预防涉农犯罪，批捕非法占用农用地、非法采矿、盗伐滥伐林木等犯罪嫌疑人421人，起诉537人。立案侦查发生在农村基础设施建设、支农惠农资金管理等领域和环节的职务犯罪案件494件582人。

积极保障和服务珠江三角洲地区改革发展规划纲要顺利实施。广东省人民检察院召开珠三角地区九市检察长座谈会，制定了《广东省人民检察院关于服务和保障〈珠江三角洲地区改革发展规划纲要〉实施的指导意见》。

二、依法打击刑事犯罪，全力维护社会稳定

（一）坚持依法打击刑事犯罪。广东省检察机关全年共批捕各类刑事犯罪嫌疑人115931人，起诉113641人，批捕黑恶势力犯罪嫌疑人237人，起诉631人；批捕故意杀人、放火、强奸、绑架等严重暴力犯罪嫌疑人4689人，起诉4534人；批捕抢劫、抢夺、盗窃犯罪嫌疑人50576人，起诉52691人。依法办理韶关市旭日玩具厂"6·26"聚众斗殴、故意伤害案和阳江市"3·26"黑恶势力犯罪案，有力地震慑了犯罪。认真落实宽严相济刑事政策，在依法严厉打击严重刑事犯罪的同时，加强与有关部门的沟通协调，推进轻微刑事案件和解、轻微刑事案件快速办理工作；坚持教育为主、惩罚为辅的原则，建立未成年人案件专人办理等制度，最大限度地减少社会对抗，促进社会和谐稳定。

（二）坚持妥善化解社会矛盾。完善信访工作机制，坚持首办责任制、检察长接访和带案下访、定期巡访等制度，全年办理群众来信来访17617件次。广东省人民检察院制定《关于广东省检察机关领导干部接访工作的意见》，深入开展"全省检察机关领导干部下访周"和"信访积案化解年"活动，接待信访群众4656人，督办信访案件646件，解决信访积案504件。审查刑事申诉案件365件，立案复查176件，办结158件。审结刑事赔偿案件57件，支付赔偿金199.6万元。进一步畅通信访渠道，设立了12309举报电话，探索网上举报、预约点名接访、视频接访和邀请专家学者共同接访、释法说理等工作方式。积极参与全省镇街综治信访维稳中心建设，探索检察工作向基层延伸的措施，在中心镇派驻检察室，在社区设立检察联络站，发挥检察职能作用，促进平安建设。

三、深入查办和积极预防职务犯罪，促进反腐倡廉建设

（一）突出查办职务犯罪大案要案。广东省检察机关全年立案侦查贪污贿赂、渎职侵权等职务犯罪案件1720件1952人，为国家挽回经济损失4.8亿元。其中立案侦查贪污贿赂十万元以上、挪用公

款百万元以上案件763件836人,涉嫌犯罪的县处级干部105人,厅级干部14人。抓获在逃职务犯罪嫌疑人128人,协助兄弟省、市检察机关查办案件2901件。

(二)依法查办群众反映强烈、社会普遍关注的案件。立案侦查商业贿赂犯罪案件647件671人。立案侦查工程建设领域职务犯罪案件335件358人。立案侦查非法批准征用土地、违法发放林木采伐许可证、环境监管失职等渎职犯罪案件89件94人。坚决查办重大安全责任事故背后的渎职犯罪,立案侦查此类案件31件29人。抓住群众反映强烈的执法不严、司法不公和司法腐败问题,立案侦查司法工作人员贪污贿赂、渎职侵权等案件139件152人。

(三)深入开展职务犯罪预防工作。积极开展"职务犯罪预防年"活动,重点加强对政府投资安全的司法保护。广东省人民检察院与省发改委等部门联合制定《关于加强重点建设项目预防职务犯罪工作,保障政府投资安全的意见》和《广东省重点建设项目预防职务犯罪工作指引》,协助有关方面加强对重大工程建设项目资金使用的监督,对工程建设领域职务犯罪易发多发的岗位和环节提出预警。全年对政府投资的326个重大工程建设项目开展专项预防。提出预防检察建议500件,开展警示教育598场次,接受预防咨询5600余次,印发预防宣传手册10万余册,发布廉政短信900万余条,提供行贿犯罪档案查询3031次。

四、强化对诉讼活动的法律监督,维护司法公正

(一)加强刑事诉讼法律监督。全省检察机关对侦查机关应当立案而不立案的刑事案件,督促侦查机关立案202件。对应当逮捕、起诉而未提请逮捕和移送起诉的,决定追加逮捕150人、追加起诉69人。对不符合法定逮捕、起诉条件的,决定不批准逮捕10116人、不起诉2686人。开展刑事审判法律监督专项检查,对认为确有错误的刑事判决、裁定提出抗诉198件。积极保障和服务珠江三角洲地区改革发展规划纲要顺利实施。围绕规划纲要提出的战略定位、发展目标和任务要求,召开珠三角地区九市检察长座谈会,制定了《广东省人民检察院关于服务和保障〈珠江三角洲地区改革发展规划纲要〉实施的指导意见》。

(二)加强民事审判和行政诉讼监督。对认为确有错误的民事、行政判决和裁定提出抗诉652件,提出再审检察建议124件。对裁判正确的,做好申诉人的服判息诉工作。对造成国有资产严重流失等涉及公共利益的民事案件,通过检察建议督促有关单位及时提起诉讼。依法加强对损害国家利益、公共利益、案外人利益的虚假诉讼的法律监督。

(三)加强刑罚执行和监管活动监督。探索刑罚变更执行同步监督,共审查减刑、假释、保外就医案件60317件,对79件提请不当案件提出纠正意见。与公安机关联合开展看守所监管执法专项检查,发现并纠正看守所执法活动中出现的违法问题487件次,完善看守所事故报告制度和事故调查机制,促进监管执法及监督工作规范化。

五、完善监督制约机制,确保检察权依法正确行使

(一)自觉接受人大、政协和社会监督。认真落实《广东省人民检察院关于加强与人大代表联络自觉接受监督的意见》和《广东省人民检察院与省各民主党派、省工商联和无党派人士联络工作办法》。全省检察机关及时向各级人大常委会专题报告检察工作重要部署以及履行检察职权中依法需要报告的重大事项,全年专题报告349次。定时编发《人大代表联络专刊》,及时通报检察工作情况。认真办理并全部办结省人大代表提出的建议5件。走访各级人大代表6467人次,邀请人大代表1660人次观摩160个公诉出庭活动,邀请人大代表、政协委员、各民主党派人士视察和参加座谈会643场次,听取意见建议,改进检察工作。坚持和完善特约检察员、专家咨询委员制度,邀请特约检察员参与专项执法检查、参加案件听证会、列席检委会会议,增强监督实效。积极推进人民监督员制度试点工作,人民监督员监督职务犯罪案件中拟作撤案、不起诉处理和犯罪嫌疑人不服逮捕决定的"三类案件"共424件462人,不同意检察机关拟定意见的9件,检察机关采纳的3件。

(二)加强执法办案内部监督制约。根据省人大常委会对省检察院《关于完善检察机关监督机制,促进公正执法情况报告》的审议意见,认真落实整改措施。建立案件管理中心,构建案件统一管理网络平台,加强了对办案的流程管理和动态监督。深入开展直接立案侦查案件扣押、冻结款物专项检查工作,对2004年以来全省检察机关6388件涉及

扣押冻结款物案件进行检查，纠正存在问题，进一步规范执法办案行为。从2009年9月起，全省全面落实职务犯罪案件审查逮捕上提一级的改革措施，加强对下级检察院职务犯罪案件的侦查监督。严格执行职务犯罪案件立案报上一级检察院备案和撤案、不起诉报上一级检察院批准制度，有效防范和减少了立案、撤案、不起诉不规范的问题。完善讯问职务犯罪嫌疑人全程同步录音录像制度，推行查办职务犯罪案件"一案三卡"制度（办案人员填写"廉洁自律卡"，当事人签字确认"办案告知卡"，纪检监察部门填写"回访监督卡"）、"三书一制度"（告知犯罪嫌疑人权利义务书、告知犯罪嫌疑人羁押情况书、对犯罪嫌疑人实施同步录音录像知会书和协助律师会见犯罪嫌疑人制度）和"一案一评估、一案一建议、一案一教育"机制，强化执法内部监督，确保严格公正执法。

（三）深入推进阳光检务。认真落实《广东省人民检察院关于进一步解放思想积极推行阳光检务的决定》，积极推行依法告知权利制度、案件办理进程查询答复制度、检察文书说理制度、依法通报制度和"检察开放日"制度，进一步深化阳光检务的内容和形式。省检察院制定《关于在公诉工作中全面推行阳光检务的若干意见》、《关于刑事案件不抗诉说理、不起诉说理工作的规定》、《关于民事行政检察息诉工作的指导意见》以及《关于监狱检察、看守所检察、劳教检察阳光检务的实施办法》，将检务依法公开和释法说理落实到诉讼监督的每个环节，进一步提高执法透明度和公信力。

六、大力加强队伍建设，提高队伍整体素质和法律监督能力

（一）突出抓好领导班子建设。强化上级检察院对下级检察院领导班子的管理和监督，省检察院派出巡视组对全省22个市、分院领导班子进行了巡视检查，部分基层检察院检察长到上级检察院进行年度述职述廉，落实新任检察长任前廉政谈话制度。加强领导干部思想教育和素质能力培训，省检察院对地市级检察院领导班子成员和新任基层检察院检察长普遍进行了轮训。加大干部协管力度，与地方党委沟通协商，调整了24名市、分院班子成员，一批德才兼备的干部被充实到检察机关的领导岗位。

（二）认真抓好纪律作风建设。坚持从严治检，落实党风廉政建设责任制，加强检察人员纪律教育，查处检察人员违纪违法案件9件9人。开展检察机关作风建设年活动，全面推行检务督察制度，省市两级检察院全年共组织检务督察56批次，提出督察建议183条，促进了检察干警执法作风的转变；认真开展检察官下基层、进社区走访活动，全省检察机关有5599名检察官共30600人次走访了机关、企业、学校、社区、农村，广泛征求社会各界和广大群众对检察机关的意见建议，进一步改进检察工作。

（二）积极推进队伍专业化建设。广东省人民检察院制定《2009—2012年大规模推进检察教育培训工作实施意见》，着力开展以业务一线检察官为重点的培训。全年举办各类培训班26期，培训人员3003人次，提高了检察人员的法律监督能力和水平。全省具有检察员、助理检察员法律职称的共8022人，占检察人员总数66.8%；本科以上文化程度的检察人员比例从2003年的40.9%上升到目前的77.8%，队伍专业化水平有了新的提高。

（三）进一步加强基层基础建设。实行全省统一招考、调配录用检察人员，全年公开招考检察干警601名，其中经济欠发达地区254名，案多人少和检察官断层问题有所缓解。建立和落实上级检察院领导联系基层检察院、业务部门对口指导、基层检察院结对帮扶等制度，继续推进基层检察院最低经费保障标准的落实。积极开展争先创优活动，全省检察机关有69个集体和52名个人受到省级以上表彰。

（广东省人民检察院）

广西壮族自治区检察工作　2009年，广西壮族自治区检察机关认真落实科学发展观，按照自治区十一届人大二次会议关于自治区人民检察院工作报告决议的要求，忠实履行职责，为保增长、保民生、保稳定、保持广西发展良好势头提供了有力司法保障。

一、坚持围绕中心、服务大局，着力服务经济平稳较快发展。自治区人民检察院及时出台《关于充分发挥检察职能为我区经济平稳较快发展服务的意见》、《关于建立促进民营企业健康发展工作机制的意见》，组织全区检察机关开展"服务企业年"和"项目建设年"活动，并把4月份定为"全区检察长服务企业集中行动月"。全区各级检察院400多位正副检察长统一行动服务企业，开通服务企业"热

线电话”,建立联系企业“绿色通道”,及时帮助解决企业在建项目发展中的涉检涉法问题。坚持一手抓治理工程建设领域突出问题,一手抓建立健全职务犯罪风险预警机制,运用预防咨询、检察建议等帮助堵塞制度和监管漏洞,确保“工程优质、干部廉洁、资金安全”。坚持执法想到稳定、办案考虑发展、监督促进和谐,改进执法办案方式方法,最大限度地化解矛盾。

二、坚持以人为本、执法为民,着力服务和保障民生。畅通基层群众反映涉检诉求渠道,建立听取和受理基层群众涉检诉求机制,深入到1100多家企业调查研究,带案下访,征集社情民意,释法说理。开设网上举报、申诉和信息查询系统,开通12309举报专线电话,受理群众控告申诉8889件、举报4391件。依法严厉打击危害人民群众生命财产安全的犯罪活动,严肃查办严重侵害群众利益的案件。深入查办涉农职务犯罪,保障中央、自治区各项支农、强农、惠民政策资金能惠及农民群众。积极探索未成年人犯罪检察工作机制,对生活确有困难的被害人探索实行个案救助,加强对人权的司法保障。

三、坚持依法打击刑事犯罪、积极化解矛盾纠纷,着力维护国家安全和社会和谐稳定。依法严厉打击黑恶势力犯罪、严重暴力犯罪、多发性侵财犯罪、涉众型经济犯罪。共批捕各类刑事犯罪嫌疑人41767人,起诉37859人。其中批捕涉黑涉恶犯罪案件35件226人,起诉34件327人(含上年结转);批捕个案犯罪嫌疑人10人以上的涉众型犯罪案件72件994人,起诉99件1355人(含上年结转)。坚持把化解社会矛盾贯穿于执法办案始终,对轻微犯罪落实依法从宽政策,在检察环节和解轻微刑事案件392件,分别不批捕、不起诉虽然涉嫌犯罪但无逮捕必要或者不需要判处刑罚的犯罪嫌疑人6535人和1382人;对民事申诉等案件坚持调解优先原则,认真做好2143件立案后不提请抗诉、不抗诉和终止审查的案件当事人服判息诉工作;扎实开展“信访积案化解年”活动,下大力气排查信访积案。针对检察诉讼环节可能引发的不稳定因素加强风险评估,防止因执法不当引发涉检信访特别是群体性事件和突发性事件。

四、坚持反腐倡廉不松懈,着力推动查办和预防职务犯罪工作平稳健康发展。依法开展治理商业贿赂、查办涉农职务犯罪、查办危害能源资源和生态环境渎职犯罪三项专项活动,集中力量查办影响经济社会发展和侵害群众切身利益、群众反映强烈的案件。共立案查办贪污贿赂犯罪案件951件1276人、渎职侵权犯罪案件217件224人,其中贪污贿赂十万元以上、挪用公款百万元以上的案件272件,重特大渎职侵权案件86件,县处级以上国家工作人员47人。立案查办涉嫌贪赃枉法、失职渎职等职务犯罪的司法工作人员48人。进一步加强执法办案内部监督制约,认真落实和完善职务犯罪案件审查逮捕上提一级制度,严格规范执法行为和落实办案安全制度,执法办案水平和办案质量有新的提高。抓好职务犯罪预防工作,向党委、政府及相关职能部门提出预防职务犯罪的检察建议222件,帮助建立完善制度和落实预防措施566项,不少检察建议被转化为地方党委、政府管理经济社会的决策。

五、坚持经常性监督与专项监督相结合,着力维护司法公正和法制统一。开展刑事审判法律监督专项检查,共排查案件23517件35823人,重点检查了不服人民法院生效判决的申诉案件295件和超期羁押、减刑、假释、暂予监外执行的13131人,发现并整改问题案件120件;开展看守所监管执法专项检查活动和监狱“清查事故隐患、促进安全监管”专项活动,对全区103个看守所在押的28856人进行了体检,对19个监狱的监管情况进行了检查。对认为有错误的民事、行政判决和裁定提出抗诉337件、再审检察建议93件。督促和支持国有资产监管部门依法清收被拖欠的国有资产,共办理支持起诉案件148件、督促起诉案件156件,起诉标的4796万余元,挽回经济损失4086万余元。依法监督侦查机关立案1528件、撤案162件,纠正漏捕1629人、纠正漏诉1374人;对侦查活动和刑事审判活动中的违法情况提出纠正意见570件次,对认为有错误的刑事判决裁定提出抗诉159件,对刑罚执行中的不合法、不规范的行为提出建议纠正632件。

六、坚持从严治检、规范建检,着力加强检察机关自身建设。以开展大规模教育培训为抓手,通过政治轮训、业务培训、专案专题研讨等形式,加强思想政治建设、能力和作风建设、执法公信力建设,使广大检察人员树立正确的政治观、大局观、执法观和政绩观,进一步提高为大局服务能力、为民执法能力、运用刑事政策指导执法统筹办案能力和做群众工作、化解矛盾能力。对3个市检察院领导班子建设情况开展巡视,对15个分市检察院领导班子建设情况进行调研。强化内部监督制约和执法监督管理,加强廉政建设。认真贯彻落实人大及其常委会的决议和要求,主动接受人大、政协民主、人民群众及社会各界的监督,共向各级人大常委会报告工作247次,召开人大代表座谈会209次,邀请人大代表视察、评议检察工作178次,办理各级人大代表的建议、批评和意见146件,办理各级人大常委会转办的案件143件。制定了《关于把全区检察工作和检察队伍建设成为民族地区模范、进入全国先进行列的意见》,明确争创工作目标任务和具体工作措施,扎实推进社会和谐稳定模范区建设活动。

(广西壮族自治区人民检察院)

海南省检察工作　2009年,海南省检察机关树立大局观念和责任意识,坚持把服务发展作为首要任务。省检察院制定了为海南经济社会大局服务和查办与预防涉农职务犯罪两个指导意见、发挥职能作用服务企业经营发展20条措施和服务农村"强核心工程"16条措施。制定了《关于进一步加强和改进检察委员会工作的意见》,把检察工作和队伍建设的重心放在基层,以派驻乡镇检察室为总抓手,采取上级检察院领导联系基层检察院、业务部门对口指导、基层检察院结对帮扶等措施,开展争创先进基层检察院活动。

一、刑事检察工作

2009年,批准逮捕各类刑事犯罪嫌疑人8016人,提起公诉7687人。正确适用宽严相济刑事政策,依法对260名未成年人、初犯、偶犯等轻微犯罪人员作不捕不诉决定,对40起因亲友邻里纠纷引发的轻微刑事案件调解处理。开展刑事审判专项监督,共审查公诉案件5153件7312人,对确有错误的刑事判决、裁定提出抗诉33件,对刑事审判活动中的程序违法情况提出纠正意见23件。加大侦查活动监督力度,监督公安机关立案157件,纠正不应当立案而立案2件2人,依法决定追加逮捕169人,追加起诉46人,纠正违法取证、违法适用强制措施等207件次。对19件19人职务犯罪案件上提一级审查决定逮捕。开展量刑建议试点工作,共向法院提出量刑建议299件342人,已判决的231人中,218人量刑建议被采纳,采纳率达94.3%。

二、查办、预防职务犯罪工作

2009年全省检察机关立案查办贪污贿赂、挪用公款等职务犯罪案件147件214人;查办徇私枉法、玩忽职守、滥用职权等渎职犯罪28件47人。查办有影响、有震动的大案要案100件。其中,100万元至1000万元案件12件15人,1000万元以上案件2件3人;副厅级干部4人,县处级干部23人;行政执法、司法人员职务犯罪案件51件71人,农村基层组织人员职务犯罪案件65件113人。抓获在逃犯罪嫌疑人12人,共挽回经济损失5640.62万元。

向发案单位发出检察建议108份,开展警示宣传教育111场次79000余人次,制作播出《检察视窗》28集。以派驻乡镇检察室为平台开展农村基层组织人员职务犯罪预防教育147次,受教育的乡镇、村及农场干部8000余人次。

健全与省级行政执法单位的联席会议制度,完善行政执法与刑事司法相衔接的工作机制。依法查办群体性事件和重大责任事故背后的滥用职权、徇私枉法、玩忽职守等犯罪案件10件15人,查办侵害公民人身民主权利的非法拘禁、刑讯逼供犯罪案件2件3人。依法查办群众反映强烈的官商勾结,严重损害国家和公众利益,破坏市场公平竞争秩序的贪污贿赂犯罪33件46人,结合查办地税人员案件发出了5条检察建议。

开展检察机关直接立案侦查案件扣押冻结款物专项检查,对1300余万元涉案款和129件涉案物品依法进行了处理,办结相关申诉案件25件。

三、涉农检察工作

各基层检察院共设置36个派驻乡镇检察室,覆盖153个乡镇、55个农场、14300多个自然村,为500多万农村群众提供及时便捷的法律服务。2009年,在加强基层政权建设,畅通群众诉求渠道,化解各种矛盾纠纷,维护群众合法权益,促进农村和谐稳定,推动农村民主法治建设等方面发挥了积极作用。

围绕群众反映强烈的教育、医疗、住房保障等问题,查办教育、城建、医疗等领域职务犯罪案件16件20人。抓住农民群众关注的土地承包、财务管理、支农惠农资金补贴等问题,查办涉农职务犯罪案件100件167人,追缴被侵吞的支农惠农资金160.82万元,发还给受侵害的468名农民群众。组织检察人员深入133个乡镇、588个村委会、46个农场和138家企业,向群众提供法律咨询15000多人次,为贫困村、困难学校协调资金26.3万元,帮助失学儿童和困难学生9名,联系困难家庭209户,为群众解决实际困难150余件。各检察室加强对公安派出所、人民法庭和各基层组织及工作人员的监督,发出检察建议书51份,要求公安机关说明不立案理由39件,监督公安机关立案28件,纠正侦查活动违法18件,向公安机关移送涉嫌犯罪线索21件;开展监外执行活动监督8人次;监督人民法庭的审判、执行和调解活动24次。截至年底,全省已经有36个乡镇检察室挂牌办公。

四、监所检察工作

开展监狱清查事故隐患促进安全监管专项活动和看守所监管执法、突击清仓、通风报信违法情况等专项检查,向监管单位发出检察建议41份,发出纠正违法通知书90份,预警提示超期羁押1296人次,纠正不当减刑、假释、暂予监外执行22人,纠正3起刑期计算错误案件。受理不服人民法院生效民事行政裁判的申诉案件642件,抗诉、提请抗诉44件,提出再审检察建议5件,抗诉案件再审改变率71%。

五、民事行政检察工作

积极探索依法监督保护国有、集体、公共利益不受侵害的新途径,共受理民事督促起诉案件109件,立案96件,涉案金额13306.8万元,向被督促单位发出民事督促起诉书81份,发出检察建议10份。被督促单位积极自行解决33件,向法院提起民事诉讼16件,法院审结10件,其中作出一审生效判决2件,调解结案8件。共为政府、国企、集体挽回直接经济损失5510.4万元。实行民事行政申诉案件公开听证审查。

六、控告申诉检察工作

受理来信5342件次,接待来访群众3157人次,妥善化解各类重大矛盾纠纷152件,平息上访550件2197人次。受理不服法院和公安机关正确裁判与处理决定的申诉案件347件,耐心做好服判息诉工作。化解平息已发生和可能发生的集体上访和群体性事件121件。受理群众申诉案件2222件,逐件审查处理,纠正原处理决定54件;转办不属检察机关管辖事项352件;为10名困难群众申请涉法涉诉救助金共53.71万元;为420名受到不公正对待的群众讨回公道。

七、检察技术和信息化工作

为适应乡镇检察室信息化建设和监狱、看守所网上办案的应用需求,组织实施了全省58个乡镇检察室和驻所检察室的增建工作。截至11月底,除3个检察室因海南东环铁路施工和看守所搬迁未完成建设之外,其他点都完成了建设任务,实现了与省检察院的互联互通。

八、检察理论研究工作

各级检察院领导带头深入调研,基本实现“四个到位”,任务计划到位、管理责任到位、协调配合到位、物质保障到位。省检察院领导调研文章被国家级期刊选用20多篇。全省检察干警公开发表文章1011篇,其中在国家级刊物知名期刊上发表文章30多篇。出版检察理论专著4部。

九、检务保障工作

2009年全省21个县级检察院已全部达到公用经费保障标准(不含中央政法补助专款)。为加快“两房”(检察办公、技术用房)建设步伐,为四个基层检察院(屯昌、定安、乐东、昌江)申请到国债资金。有两个院(定安、屯昌)的综合办公楼竣工并投入使用,有两个院(乐东、秀英)的综合办公楼现已封顶。截至年底,除洋浦检察院外,其他市、县检察院均完成了“两房”建设任务。

十、检察队伍建设

2009年,全省检察机关深入开展“大学习、大讨论”和学习实践科学发展观活动,以及“忠诚、感情、责任”主题教育活动。

建立健全检察管理制度体系。建成案件管理和政务管理两大系统。健全检察岗位工作目标绩效考核机制,制定检察人员职位说明书,形成分工明确、责任清晰的目标任务和考核标准。

加强各级检察院领导班子的思想作风建设。强化全员岗位练兵和培训,组织各类业务培训班24期,参训干警1406人次,检察干警参加司法考试通过率达到53.2%。选调招录人员143名,选派25名年轻干警到乡镇检察室实践锻炼。认真落实检务督察和受理群众投诉检察人员制度,严肃查处6名违法违纪干警。开展检察文化建设,增强了队伍的向心力、凝聚力和战斗力。全省检察机关共有117个集体和191名个人受到省级以上表彰。

(海南省人民检察院　高　峰)

重庆市检察工作　2009年,全市检察机关紧紧围绕“保增长、保民生、保稳定”和“五个重庆”建设的大局,深入学习实践科学发展观,全面履行法律监督职责，狠抓队伍建设，各项工作取得新成效，为推动重庆经济平稳较快发展提供了有力司法保障。

一、以“打黑除恶”为重点，推进“平安重庆”建设。依法履行批准逮捕、提起公诉等职责，全力维护社会稳定。共批准逮捕各类刑事犯罪嫌疑人21723人，提起公诉28839人。将依法打击黑恶势力犯罪作为维护社会稳定、推动平安建设的重要抓手，重庆市人民检察院及时出台“1+3”工作措施，相关分院牵头主办，200余名侦监、公诉骨干提前介入侦查。专项斗争以来，全市共批准逮捕涉黑涉恶犯罪嫌疑人1176人，起诉782人，打掉了杨天庆、陈知益、王天伦、陈明亮等30个涉黑团伙，强力推进了社会治安综合治理，提升了人民群众安全感。坚持打黑反腐同步推进，深挖彻查黑恶势力背后的职务犯罪，严肃查办了文强、彭长健等专项斗争揭露出来的职务犯罪87人。坚持宽严相济、不枉不纵，决定不批准逮捕163人、不起诉20人。

二、扎实化解矛盾纠纷，维护社会和谐稳定。深入开展“信访积案化解年”和“干部大走访”活动，主动排查化解矛盾纠纷，清理出的120件重点涉检信访案件全部办结，息诉118件。对原裁判、决定没有错误的涉法申诉，注意做好服判息诉工作，维护司法权威，全年息诉各类涉法申诉1699件。为推动矛盾纠纷化解，建立检察环节涉法涉诉当事人司法救助制度，已救助35人、发放救助金17万余元。

三、突出重点，查办职务犯罪工作取得新突破。以查办商业贿赂、涉农、危害能源资源和生态环境职务犯罪以及查处司法领域职务犯罪专项工作为抓手，不断加大办案力度。查办贪污贿赂犯罪828人、渎职侵权犯罪199人；厅级干部20人、处级干部178人。落实法警上案履职，杜绝了安全事故发生。把预防工作作为办案的有效延伸，预防和查办职务犯罪联席会议、预防职务犯罪宣讲团、行贿犯罪档案查询等促进治本的作用得到较好发挥。

四、强化诉讼监督，在解决立案、侦查、审判、刑罚执行等环节群众反映强烈的问题上取得新进展。监督公安机关立案261件，追捕追诉856人；对2008年纠正不应当立案而立案情况进行专项清理，督促撤案129件；对2007年以来存疑不捕案件进行专项清理，督促公安机关重新提请逮捕289人。扎实开展刑事审判监督专项检查，抗诉力度明显加大，共提出刑事抗诉90件，法院审结62件，改判、发回重审47件。提出民事行政抗诉221件，法院审结172件，改变原裁判144件；发出民事行政再审检察建议187件，采纳138件；依法支持提起民事诉讼并胜诉463件。监督纠正刑罚执行和监管活动中违法行为1018人次，纠正刑期折抵错误135件；积极投入看守所执法专项检查、监狱“清查事故隐患、促进安全监管”专项活动，督促处理牢头狱霸192人，消除安全隐患146起。

五、推进检察改革和机制建设，积极探索强化法律监督的新方法、新措施。在全国率先全面开展职侦案件审查逮捕上提一级改革试点。量刑建议改革初见成效，与市高级人民法院、市司法局会签了将量刑纳入法庭审理程序的意见，全市31个检察院共对3229件案件提出量刑建议。职务犯罪案件刑事处罚与纪律处分相衔接机制初步建立，向各级纪检监察部门移送33人。人民监督员制度深化试点初显成效，提交监督“三类案件”59件，对多数人民监督员不同意的3件案件均予采纳；建立以法律监督网为支撑的三级检察院门户网站，搭建便民利民“阳光检务”平台，方便群众网上举报申诉、法律咨询和案件查询。

六、大力推进检察队伍建设取得新成效。思想政治教育深入生动，树立了罗东宁这一全国政法系统的重大先进典型。检察文化建设生动活泼，举办了首届检察文化艺术节，组织了红歌文艺汇演、“精彩检察”故事会、“重检精神”论坛，提炼出“忠诚廉明、守护正义”的重庆检察精神，与检察业务工作相互促进。年轻干部培养教育深入推进，制定了《加强和改进年轻干部教育培养工作的意见》，在全市率先组建了全系统的青年联合会。业务能力建设成效明显，举办各类培训14期，评选出4名市级“检察业务专家”；扎实开展多种形式的岗位练兵，进一步磨砺了检察队伍的履职能力。纪律作风和自身反腐败建设强力推进，制定了《对执法办案重点环节进一步加强内部监督的规定》；深入开展“廉政文化示范院”创建活动，在职侦部门开展“严格执法、规范办案”专项活动；建立扣押冻结处理款物年度报告制度，连续第六年进行专项检查，群众关注的违规扣押冻结处理款物问题得到有效遏制。渝北、沙坪坝和巫山等检察院被评为全国先进基层检察院，17个集体和26名个人受到市委、最高人民检察院和中央有关部门表彰。

（重庆市人民检察院法律政策研究室）

四川省检察工作

一、围绕服务发展第一要务,依法履职保增长

依法打击经济犯罪,为发展营造规范有序的市场环境。2009年,四川省检察机关共批捕破坏社会主义市场经济秩序犯罪1240人,起诉1317人。深入推进行政执法与刑事司法相衔接的工作机制,对破坏社会主义市场经济秩序的犯罪监督立案128件,纠正不当立案29件。

严肃查办和预防职务犯罪,为发展营造廉洁高效的政务环境。2009年,四川省检察机关共查办1504件2024人,查办人数上升2.5%,其中,贪污贿赂犯罪1188件1616人,渎职侵权犯罪316件408人。查办大案926件、县(处)级以上要案104人。为国家挽回直接经济损失2.14亿元。开展预防咨询1696次、警示教育1122次,提出预防建议737件,被党委、政府及有关单位采纳579件。

强化民事行政检察职能,依法保护各类市场主体的合法权益。依法提出民事行政抗诉341件,法院审结268件,改变219件;提出再审检察建议525件,法院采纳393件。

二、围绕落实维稳第一责任,充分履职保稳定

依法打击各类刑事犯罪。2009年,四川省检察机关共批捕各类刑事犯罪嫌疑人40006人,同比上升8%;起诉46716人,同比上升0.9%。

全面落实宽严相济刑事政策。依法不捕1808人,不诉894人。对涉嫌轻微犯罪的未成年人,依法不捕693人,不诉134人。对轻微刑事案件,引导刑事和解816件。

依法妥善处理涉灾案件。四川地震灾区六市州检察机关加大对侵害灾区群众利益、影响灾区稳定刑事犯罪的打击力度,2009年,共批捕刑事犯罪嫌疑人17257人,起诉20741人。开辟灾区群众涉法涉检信访"绿色通道",共办理各类信访5296件。

三、围绕践行执法为民宗旨,履职尽责保民生

着力惩治侵害民生的犯罪。积极参加食品药品安全专项整治,批捕制售有毒有害食品、药品的犯罪嫌疑人153人,起诉126人。依法打击非法吸收公众存款、集资诈骗、传销等涉众型经济犯罪,批捕犯罪嫌疑人102人,起诉98人。依法打击拐卖妇女儿童犯罪,批捕犯罪嫌疑人257人,起诉259人。突出查办社会保障、劳动就业、征地拆迁、移民补偿、扶贫优抚、医疗卫生、招生考试等领域的职务犯罪429人。依法介入重大责任事故调查,查办背后的失职渎职犯罪76人。

着力解决司法不公问题。监督侦查机关立案899件,监督撤案345件;追捕1104人,追诉569人;纠正刑事诉讼中的违法行为576件(次);提出刑事抗诉145件;纠正刑罚执行和监管活动中的违法行为1947人(次)。继续保持了刑事诉讼各办案环节羁押人犯"零超期"。

着力排查化解社会矛盾。在部分乡镇(街道)建立涉检事务联系点,开通举报网站和12309举报电话。办理各类举报控告申诉16167件。完善农民工法律维权机制,办理支持农民工讨薪、工伤赔偿等起诉案件54件,涉案标的240余万元。

着力保护公民司法权益。对不构成犯罪的939人依法不批准逮捕,对不应当追究刑事责任的51人不起诉,对举报失实的43名被举报人予以公开正名。落实刑事案件被害人救助机制,救助27人。

四、围绕深化检察工作改革,强化监督保活力

完善强化法律监督机制。建立健全引导"命案"侦查、逮捕双向说理和监督捕后变更强制措施、刑事案件另案处理等制度。探索完善刑事审判监督方式,规范检察长列席法院审判委员会相关程序,制定非抗诉刑事审判监督工作办法和量刑意见实施办法,开展量刑纳入庭审试点和简易程序监督试点工作。完善监管场所被监管人非正常死亡事故处理等制度。与相关部门建立减刑、假释、暂予监外执行同步监督制度。

完善接受外部监督机制。制定《关于进一步加强和规范全省检察机关人民监督工作的意见》。完善人大代表网络联络系统和人大代表联络员制度。邀请人大代表、政协委员、人民监督员、特约检察员等参与检务督察、专项检查、案件听证、公诉观摩等活动3511人(次)。检察机关提出的刑事、民事、行政抗诉和民事、行政再审检察建议全部报同级人大常委会备案。省检察院对省人大、省政协转办的案件和省人大代表、政协委员的议案、提案、建议,逐件督办,办结19件。

完善内部监督制约机制。全面实施省级以下检察院立案侦查的案件由上一级检察院审查决定逮捕的程序改革,规范讯问职务犯罪嫌疑人全程同步录音录像,加强对职务犯罪侦查工作的监督。

五、围绕加强班子队伍建设,提升能力保公正

坚持政治建检,确保检察工作的政治方向。深化学习实践科学发展观活动、社会主义法治理念教

育、“大学习、大讨论”和“素质大培训、技能大练兵、作风大转变”活动。扎实推进以忠诚、公正、清廉、文明为核心的检察职业道德建设。

坚持班子带检，引领检察工作科学发展。省检察院对14个市级检察院的21名拟任班子成员进行了协管考察，推荐3名法学家到市县检察院挂职担任领导职务。开展领导干部任前廉政谈话483人（次）、诫勉谈话147人（次）、述职述廉1862人（次）。

坚持素质兴检，不断提高队伍专业化水平。补充检察人员1033人。组织了省市两级检察院县处级干部研修班等各类培训班476期，培训干警14000余人（次）。

坚持从严治检，确保检察权依法正确行使。省检察院对12个市级检察院和23个基层检察院领导干部任期经济责任情况进行了抽查。开展直接立案侦查案件扣押冻结款物、办案安全专项检查。深入开展检务督察工作，共督察753次。

坚持基础固检，夯实检察工作发展根基。落实上级检察院领导联系基层等制度，研究解决基层面临的突出困难和问题。40个检察院开展了推进业务、队伍、保障和信息化相结合的规范化管理试点工作，其中7个检察院为全国检察系统试点院。什邡市人民检察院被评为全国十佳基层检察院，12个检察院被评为全国先进基层检察院。加强检察信息化建设，全省所有市级检察院、176个基层检察院建成局域网、专线网。

（四川省人民检察院法律政策研究室　赵秉恒）

贵州省检察工作　2009年，全省检察机关紧紧围绕保增长、保民生、保稳定，坚持“强化法律监督，维护公平正义”的检察工作主题，忠实履行法律监督职责，深化检察改革，狠抓检察队伍建设，各项检察工作都取得了新进展。

一、认真履行检察职责，服务经济社会发展

省检察院制定了《关于充分发挥检察职能促进经济平稳较快发展的意见》和《关于保障和促进非公有制经济又好又快发展的意见》，指导全省检察机关正确把握法律与政策的界限，妥善处理打击与保护的关系，切实改进办案方式方法，着力维护市场经济秩序，着力保障政府投资安全，着力促进农村改革发展，着力促进非公有制经济发展，着力保障和改善民生，努力为我省经济社会发展营造公正的法治环境。

（一）加强和改进批捕起诉工作，维护社会和谐稳定

全年共批准逮捕各类刑事犯罪嫌疑人32974人，提起公诉34521人。其中，批准逮捕抢劫、抢夺、盗窃犯罪嫌疑人15030人，提起公诉14868人；批准逮捕毒品犯罪嫌疑人2834人，提起公诉2868人；批准逮捕拐卖妇女、儿童犯罪嫌疑人263人，提起公诉200人。深化“打黑除恶”专项斗争，批准逮捕黑恶势力犯罪嫌疑人540人，提起公诉1330人。积极参加整顿和规范市场经济秩序工作，批准逮捕制售伪劣商品、金融诈骗、逃税骗税、侵犯知识产权等犯罪嫌疑人719人，提起公诉645人。

积极参与平安创建活动，妥善处理群体性上访33件；继续开展创建“青少年维权岗”活动，加强对社区矫正工作的法律监督，定期组织回访565人（次）。

加强涉检信访工作。全省检察机关共办理群众来信来访11024件，排查信访积案38件，已化解息诉31件。开通12309举报电话，畅通控告申诉举报渠道，努力从源头上减少涉检信访问题的发生，最大限度促进社会和谐稳定。

（二）加大查办和预防职务犯罪工作力度，促进反腐倡廉建设

全年共立案侦查职务犯罪案件1002件1248人，侦查终结提起公诉1198人，法院已作有罪判决858人。在立案侦查的职务犯罪案件中，贪污贿赂犯罪案件785件995人，其中大案686件；渎职侵权犯罪案件217件253人，其中重大特大案件93件。查办涉嫌犯罪的县处级以上国家工作人员76人，其中地厅级6人。加大追赃工作力度，通过办案为国家挽回直接经济损失7.3亿元。

积极开展查办职务犯罪专项工作。一是开展工程建设领域突出问题专项治理工作，立案查办发生在工程建设领域中的职务犯罪案件157件181人。二是深入推进查办涉农职务犯罪专项工作，立案查办发生在农村危房改造、农民工就业培训等过程中的职务犯罪案件175件235人；立案查办发生在农村“四改一气”（以沼气池建设为纽带，配合改厕、改圈、改厨和进户路改造）工程中的职务犯罪案件48件69人。三是深化治理商业贿赂专项工作，立案查办涉及国家工作人员的商业贿赂犯罪案件356件393人。四是深入推进查办危害能源资源和

生态环境渎职犯罪专项工作,立案查办此类案件94件109人。五是开展查办司法不公渎职侵权犯罪专项工作,立案查办此类案件57件65人。六是依法打击利用经济调节、市场监管、社会管理等行政职权,危害非公有制经济正常发展的职务犯罪,立案查办此类案件127件145人。在办案中依法保障国家工作人员的合法权益,对经查确属错告诬告的3名被举报人,及时予以正名。

结合办案广泛开展预防职务犯罪宣传和咨询,加强职务犯罪典型案例剖析,对国家工作人员进行警示教育。及时建议有关单位和部门健全制度、堵塞漏洞,共提出检察建议197件。完善和推行行贿犯罪档案查询制度,共向工程招标单位、建设主管部门等提供查询1418次。

(三)强化对诉讼活动的法律监督,维护司法公正

一是在刑事立案和侦查监督中,对应当立案而不立案的,依法监督侦查机关立案835件;对不应当立案而立案的,提出纠正意见469件;对应当提请逮捕而未提请逮捕的,追加逮捕988人;对不符合法定逮捕条件的,决定不批捕4716人,其中不构成犯罪的1100人,没有逮捕必要的1695人,退回补充侦查的1921人;对应当起诉而未移送起诉的,追加起诉426人;对不符合法定起诉条件的,决定不起诉1147人,其中绝对不诉68人,相对不诉806人,存疑不诉273人。二是在刑事审判监督中,对认为确有错误的刑事判决、裁定提出抗诉140件;对刑事审判中的违法情况提出监督纠正意见355件(次)。三是在民事审判和行政诉讼监督中,对认为确有错误的生效民事行政判决、裁定提出抗诉87件;对一些案件建议法院自行启动再审程序,共提出再审检察建议95件。对法院正确的裁判,注意做好申诉人的服判息诉工作,共息诉803件。四是在刑罚执行监督和刑事羁押期限监督中,对超期羁押和违法减刑、假释、保外就医、不按规定交付执行以及监管活动中的违法情况提出纠正意见225件(次)。

认真开展专项监督。一是积极开展看守所监管执法专项检查活动。二是积极开展刑事审判法律监督专项检查活动。发现在刑事审判环节中存在问题的案件66件,已监督整改54件,进一步提高了刑事审判法律监督能力。三是积极开展保护生态环境、国有资产等方面的公益诉讼工作。共办理此类案件1355件,其中刑事附带民事诉讼230件,督促起诉767件,支持起诉358件,注重维护公共利益和弱势群体的合法权益。

坚持以办案促监督。严肃查办司法人员职务犯罪案件,促进公正司法,共立案侦查司法人员涉嫌职务犯罪108人;严肃查办行政执法人员职务犯罪案件,促进依法行政,共立案侦查行政执法人员涉嫌职务犯罪212人。

二、深化检察改革,完善检察体制和工作机制

一是推行职务犯罪案件审查逮捕程序改革。省检察院在贵阳、黔西南两个市、州检察院和部分县级检察院开展了试点,并在认真总结试点经验的基础上在全省检察机关按期全面推行。二是完善刑事立案、侦查监督和刑事审判法律监督机制。建立健全对适用搜查、扣押、冻结等侦查措施以及刑事立案、刑罚变更执行的法律监督机制;会同有关部门建立健全证人、鉴定人出庭制度;完善检察长列席同级人民法院审判委员会会议制度等。三是健全内外监督制约机制。深入推进人民监督员制度改革,人民监督员监督职务犯罪案件中拟作撤案、不起诉处理和犯罪嫌疑人不服逮捕决定的“三类案件”73件83人。坚持和完善特约检察员、专家咨询委员制度,自觉接受监督。深化检务公开,保障人民群众的知情权、参与权和监督权。建立健全执法办案内部监督制约制度,切实开展检务督察。四是完善检务保障机制。完成了检察公用经费正常增长机制基础数据的调研工作,推动落实检察公用经费保障标准,执法条件进一步得到改善。

三、加强检察队伍和基层检察院建设,提高法律监督能力

一是坚持把思想建设放在首位。牢固树立推动科学发展、促进社会和谐的大局观,以人为本、执法为民的执法观,办案力度、质量、效率、效果相统一的政绩观,监督者更要接受监督的权力观。

二是突出抓好领导班子建设。组织市州分检察院和基层检察院检察长参加了最高人民检察院的轮训,省检察院对基层检察院副检察长及其他班子成员进行了培训。继续加强巡视工作,省检察院对贵阳市人民检察院、六盘水市人民检察院和黔西南布依族苗族自治州人民检察院进行巡视。

三是推进队伍专业化建设。规范初任检察官选拔工作,规范上级检察机关从下级检察机关遴选检察官的工作。全省检察机关共招录检察人员140

人,遴选检察官34人。省检察院制定了《关于2009—2012年大规模推进检察教育培训工作的实施意见》,举办各类培训班12期,培训检察人员2197人(次)。组织758人参加国家司法考试,其中340人通过考试,取得初任检察官任职资格。

四是开展创先争优活动。有45个集体、18名个人受到省级以上机关表彰。

五是加强纪律作风建设和自身反腐倡廉建设。严格执行党风廉政建设责任制。加强职业道德、党纪检纪和反腐倡廉教育。开展了规范安全文明执法专项检查工作、检察机关直接立案侦查案件扣押冻结款物专项检查工作,切实维护检察机关执法公信力。坚持从严治检,有8名检察人员受到党政纪处分。

六是加强基层检察院建设。完善和落实上级检察院领导联系基层等制度。积极争取有关部门支持,补充政法专项编制278人,重点充实基层,为基层检察院定向委托培养135名优秀应届高校毕业生,安排32名西部志愿者到基层检察院服务。基层检察院的侦查、技术用房和信息化建设取得阶段性成果,85个基层检察院已建成“两房”并投入使用,86个基层检察院建成计算机局域网,86个基层检察院开通三级专线网。省检察院召开了全省基层检察院建设工作会议,制定了《2009—2012年基层人民检察院建设规划》。

自觉接受人大及其常委会的监督。针对人大代表提出的检察机关要进一步加大法律监督力度、加强执法规范化建设等意见和建议,认真制定整改措施,并以文件形式下发全省检察机关,对照检查,切实整改,及时反馈,接受监督。省检察院向在贵州的全国人大代表书面汇报了开展直接立案侦查案件扣押冻结款物专项检查工作情况。认真办理人大及其常委会交办的案件和事项,已办结31件,及时报送了办理情况和结果。

(贵州省人民检察院 马 涛)

云南省检察工作 2009年,全省检察机关按照“保增长、保民生、保稳定”的总体要求,在履行法律监督职责中推进社会矛盾化解,积极参与社会管理创新,深化检察改革,推进公正廉洁执法,各项检察工作取得了新的成绩,为云南经济平稳较快发展提供坚强有力的司法保障。

一、加强法律监督工作 维护社会和谐稳定

依法公正行使批准逮捕、起诉权。以开展“打黑除恶”、打击严重暴力犯罪和“两抢一盗”犯罪等专项斗争为重点,依法严厉打击严重刑事犯罪,共批准逮捕各类刑事犯罪嫌疑人35200人、起诉40309人。其中:批准逮捕侵犯财产案14182人,起诉15434人;批准逮捕妨害社会管理秩序案11227人,起诉12243人;批准逮捕侵犯公民人身权利民主权利案7079人,起诉8103人。

针对云南省毒品犯罪形势的发展变化,深入开展禁毒人民战争,批捕毒品犯罪嫌疑人7918人、起诉7758人。针对国际金融危机冲击下经济领域出现的新情况,积极参与整顿和规范市场经济秩序工作,批捕非法集资、制假售假、走私等破坏社会主义市场经济秩序犯罪嫌疑人1424人、起诉1572人。

认真贯彻宽严相济刑事政策,共对1872名无逮捕必要的犯罪嫌疑人决定不批捕,对215名不需要判处刑罚的犯罪嫌疑人决定不起诉,建议法院对6301件被告人认罪案件适用简易程序或简化审理程序。

全面推进查办和预防职务犯罪工作。突出办案重点,严肃查办破坏改革发展、侵犯群众利益的职务犯罪大案要案。共立案侦查职务犯罪案件1341件1406人,其中:贪污贿赂案件1097件1149人,渎职侵权案件244件257人,查办大案886件,查办县处级以上领导干部95人(含厅级5人)。开展协查2332件,抓获和劝返在逃职务犯罪嫌疑人93名。通过办案为国家挽回经济损失2.83亿余元。

以开展专项工作为抓手,不断加强办案工作,查办商业贿赂职务犯罪案件597件,查办涉农职务犯罪案件445件,查办工程建设领域职务犯罪案件396件,查办危害能源资源、生态环境渎职犯罪案件162件,查办重大安全责任事故背后的职务犯罪案件32件。

强化职能,提高预防职务犯罪水平。对362件典型案件立项开展预防调查和犯罪分析,发出检察建议220件,有52件引起当地党委、政府领导重视并作出批示,促成行业系统整改。深入162个在建国家级、省级重大工程建设项目开展预防工作,确保政府投资安全。受理行贿犯罪档案查询894次。开展预防宣传和警示教育606次,9万余名国家工作人员受到教育。

加强诉讼监督工作。努力提高刑事立案的准确性。完善刑事司法与行政执法相衔接机制,进一步拓宽案源渠道。共监督侦查机关立案572件、撤案122件,监督立案后法院作出有罪判决169件。

保证侦查活动的合法性。共对违法侦查行为提出书面纠正意见和检察建议429件,纠正漏捕82人、漏诉197人。

维护审判的公正性。提出刑事抗诉213件,法院审结98件,改判或发回重审78件;提出民事行政抗诉464件,法院审结178件,改变原决定88件;对516名申诉人做好服判息诉工作,切实维护正确判决、裁定。

保持刑罚执行和监管活动的严肃性。监督纠正超期羁押、监外执行罪犯脱管漏管以及违法减刑、假释、暂予监外执行1352人。

严查司法腐败。坚持把查办司法不公背后的职务犯罪作为加强诉讼监督、增强监督实效的重要措施。查办涉嫌徇私枉法、失职渎职、索贿受贿犯罪的司法人员37人。

二、充分发挥职能作用 着力化解社会矛盾

畅通信访渠道。受理并依法妥善处理群众来信来访和控告举报11605件,全部办结省委政法委交办的44件重信重访积案。通过推行涉检信访风险评估预警机制,在执法办案的各个环节排查、研判和处置涉检信访隐患,从源头上防止和减少涉检信访。

加强对综治维稳工作的领导。将综治维稳工作作为各级检察院及主要领导绩效考核的重要内容;开展综治维稳宣传月、举报宣传周、送法进校等活动,提高《聚焦公诉》电视节目的社会影响力。在党委的统一领导下,配合有关部门处置群体性事件,排查整治治安混乱地区及突出治安问题,提出检察建议105件。

三、以符合科学发展的要求 推动检察工作机制改革创新

开展审查逮捕程序改革。全面推行市、县两级检察院职务犯罪案件审查逮捕权上提一级制度,通过上提一级决定逮捕的98名犯罪嫌疑人,全部被追究了刑事责任。检察官派驻侦查机关制度、"逮捕必要性"证明制度试点工作正在部分基层检察院有序开展。

稳步推进公诉工作改革。各级检察长列席审判委员会211件次;19个量刑纳入法庭审理程序的试点检察院,共对1157件案件提出量刑意见,量刑意见采纳率达到81.8%。

优化检察职权配置。在监管场所较为集中的昆明、曲靖设立城郊地区检察院,专司监所检察工作;原来由县级检察院派驻的20个监狱、劳教所检察室改为州市检察院派驻;继昆明、玉溪之后,怒江州两级检察机关设立了环境资源检察机构。

四、大力加强队伍建设,全面提升队伍整体素质

加强领导班子建设。省检察院组织17个分、州、市检察院检察长进行了视频述职述廉,对3个州、市检察院领导班子进行了巡视和回访。省、市两级检察院派员列席下级检察院党组民主生活会160次。

完善检察机关进人机制。大力推行检察人员招录、遴选制度,共招录、遴选检察人员825人,其中少数民族403人,占48.9%。招录82名不限专业的少数民族大学生和81名熟悉本民族语言的高中毕业生到指定高校定向培养,从下级检察院遴选检察人员169名。

争先创优活动硕果累累。67个基层单位、72名检察人员受到省级以上表彰。1个检察院被评为全国模范检察院,8个检察院被评为全国先进基层检察院,5个检察院被最高人民检察院记一等功,昆明市西山区人民检察院杨竹芳同志被最高人民检察院、全国妇联、云南省委分别授予"全国模范检察官"、"全国三八红旗手"、"云南省优秀共产党员"荣誉称号。

(云南省人民检察院法律政策研究室　聂荣发)

西藏自治区检察工作　2009年,全区检察机关认真贯彻自治区九届人大二次会议的决议,忠实履行宪法和法律赋予的职责。

一、着力强化法律监督,维护社会公平正义

(一)依法打击各类刑事犯罪活动,全力维护国家安全和社会和谐稳定。严厉打击各种危害国家安全犯罪活动,严密防范达赖集团的分裂破坏活动,依法妥善处置涉及2008年拉萨"3·14"事件的案件。全年共批准逮捕各类刑事犯罪嫌疑人1691人,提起公诉1440人,按照自治区党委的决策部署,积极协助民宗统战等部门深入到200座寺庙开展法制宣传教育工作;对40个边境通道实施严密防控、对240公里的铁路线进行安全守护;圆满完

成2008年"3·10"、"3·14"和新中国成立六十周年、西藏民主改革五十周年等敏感节点和重大活动的维稳任务。

(二)依法查办职务犯罪案件,全力维护党的良好形象和国家的经济利益。全年共立案侦查职务犯罪案件40件43人,其中大案28件,要案8人。侦查终结30件31人,移送起诉25件25人,为国家挽回直接经济损失1131万元。

(三)依法监督诉讼活动,全力维护司法公正和社会公平正义。一是着力强化立案监督。办理立案监督案件15件。二是着力强化侦查活动监督。对侦查机关提请逮捕的案件,不符合逮捕条件的不捕,共97件205人;对侦查机关移送审查起诉案件,不符合起诉条件的不起诉,共61件110人;提前介入侦查94件次,参与重大案件讨论34件次,参与现场勘验10件次;向侦查机关提出纠正意见150件次。三是着力强化刑事审判监督。对确有错误的刑事判决、裁定提出抗诉5件,对刑事审判活动中的违法情况提出纠正意见17件次。四是着力强化民事行政审判监督。认真审查办理群众申诉的民事行政案件44件,对确有错误的民事行政判决、裁定提出抗诉8件。五是着力强化对刑罚执行和监管活动的监督。审查减刑1777人、假释9人、保外就医54人。认真落实羁押期限届满提示、超期羁押责任追究等制度,通过对5个地市看守所和21个重点县看守所的检查,依法纠正超期羁押22人。

二、着力关注民生,维护群众合法权益

(一)全心全意践行"执法为民"宗旨,努力维护人民群众的合法权益。一是集中开展群众申诉案件专项清理工作。对排查出来的9件案件逐一进行研究、提出处理办法。二是深入推行信访接待首办责任制。变上访为下访,变等访为巡访,共巡访、下访、回访531次,向群众提供法律咨询4560次,向国家工作人员进行法制宣传教育145次,受教育干部群众达22582人。三是认真落实检察长接待、预约接访制度。全区各级检察长共接待群众164次,纠正处理社会影响大、关系人民群众切身利益的案件5件。四是积极完善便民利民措施。在全区检察机关开通了12309职务犯罪举报电话和网上查询服务,通过电话和网络共接访163件182人次。

(二)千方百计关注民生,努力维护人民群众最关心、最直接、最现实的利益问题。认真制定并实施了服务"保增长、保民生、保稳定"的指导意见,依法办理制假售假案件4件7人;查办涉农职务犯罪案件10件11人;立案侦查职务犯罪案件3件4人;严肃查办国有企业工作人员贪污、挪用、私分国有资产的职务犯罪9人;查办渎职案件2件3人;直接介入5起重特大安全事故调查,并对存在的突出问题依法提出检察建议。此外,还协助发案单位落实预防职务犯罪措施7项;配合金融、交通、水电等重要部门建立了预防职务犯罪的工作机制;与企业联手对7个重大项目的建设进行了全程监督。

(三)真心实意接受监督,努力改进检察工作。大力推行阳光检务,积极深化人民监督员制度改革,选任人民监督员291名,建立健全了检务公开和刑事申诉案件公开审查制度,加强信息发布。在自觉接受人大监督方面,全区三级检察机关向人大代表寄送材料2800份,汇报工作270次,走访680人次,邀请人大代表视察检察工作390人次,有效保障了人大代表的监督权。

三、着力强化队伍建设,提高法律监督能力

(一)切实巩固和扩大学习实践活动成果。集中开展了对影响检察工作科学发展的制度机制梳理活动,共梳理规范性文件150个、制度机制124项,废止文件6个、修订完善27项。制定出台了创新服务大局、创新法律监督、创新完善检务保障等规章制度。

(二)切实加强领导班子建设。认真落实领导班子、领导干部政治学习、业务学习等制度。狠抓党风廉政建设,在全区检察系统开展了层层签订党风廉政建设责任书、纪律条规学习和以案析理活动。加强了后备干部队伍建设,经民主推荐共产生120名正副处级后备干部,提请人大常委会任命31名检察委员会委员,有72个基层检察院建立了党组,全区81个检察院成立了检察委员会。自治区检察院领导班子得到进一步充实和加强,班子成员由原来的7名增加到10名。

(三)切实加强自身监督机制建设。推行了讯问职务犯罪嫌疑人全程同步录音录像和查办职务犯罪案件立案、撤案、逮捕、不起诉报上一级检察院备案批准等制度,建立重大案件挂牌督办、"一案三卡"、纪检监察部门跟踪监督等制度,实现了对办案各个环节的动态监督,规范了自身执法行为。

(四)切实加强检察作风建设。在各级检察机关深入开展了“领导干部作风建设年”活动,组织开展了“创建学习型检察院、培养学习型检察官”活动。深入开展了直接立案侦查案件扣押冻结款物专项检查活动,共检查案件186起,涉案金额达4300万元。自治区检察院党组成员以身作则,率先垂范,按照分片负责的原则,深入基层、深入实际、深入群众开展调查研究,为基层和群众协调解决了一系列的实际困难和问题。

(五)切实加强能力素质建设。出台了《西藏自治区人民检察院关于2009—2012年大规模推进检察教育培训工作的实施意见》,努力培养复合型、专门型人才,培训检察人员2300人次。2009年有114人通过了司法考试。出台了《关于开展学习藏汉双语活动的方案》,在西藏大学开设了每期一年的2期检察系统藏语培训班。与北京师范大学签订了以业务培训、人才培养、专家咨询为主要内容的长期全面合作协议。

(六)切实加强基层基础建设。针对基层检察院基础建设滞后的问题,在各级政府的支持下,2009年共投入资金5698.42万元。其中,投入资金1594.42万元,解决了21个县检察院、6个分市检察院交通工具,实施了全区检察干警“人手一机”工程;投入资金1071.8万元,解决了警械装备和检察服装;下拨办公、办案及维稳经费3032.2万元;争取援藏资金645万元,进一步缓解了基层检察院在办公、办案和经费装备等方面的严重不足。与此同时,国家检察官学院西藏分院筹建工作和樟木、亚东、吉隆、双湖4个派出检察室建设进展顺利。

(西藏自治区人民检察院　廖红荣)

陕西省检察工作　2009年,全省检察机关紧紧围绕保增长保民生保稳定的工作部署,自觉地把检察工作放在全省的工作大局中谋划和推进,更加主动地担负起服务和促进经济平稳较快发展的责任,以全面履行法律监督职责为根本途径,着力维护市场经济秩序,着力保障和改善民生,着力维护社会和谐稳定,各项检察工作取得了新成绩。

一、全力维护社会和谐稳定

1. 依法打击各类刑事犯罪,共批准逮捕各类刑事犯罪嫌疑人19996人,提起公诉20541人,同比分别上升2.7%和2.9%。其中,批准逮捕危害国家安全犯罪、黑恶势力犯罪、严重暴力犯罪、多发性侵财犯罪和毒品犯罪嫌疑人15593人,起诉15845人;批准逮捕扰乱市场秩序、破坏金融管理秩序、侵犯知识产权、制售假冒伪劣商品等经济犯罪特别是涉众型犯罪嫌疑人532人,起诉508人。

2. 贯彻宽严相济的刑事司法政策,对严重刑事犯罪坚决打击,依法快捕快诉。对主观恶性较小、犯罪情节轻微的未成年人、初犯、偶犯和过失犯,贯彻“教育、感化、挽救”的方针,慎重逮捕和起诉。对187名涉嫌犯罪但无逮捕必要、可以采取取保候审等其他强制措施的,依法不批准逮捕;对405名涉嫌犯罪情节轻微、社会危害较小的,依法不起诉,提出检察意见移送有关机关处理,推进未成年人与成年人共同犯罪案件分案起诉、轻微刑事案件简化程序快速处理及当事人达成和解的轻微刑事案件办理机制,减少社会不和谐因素。

3. 推进涉检信访风险评估预警和化解工作机制,对536件案件进行了评估,对65件有群体访或越级访苗头的案件,及时采取了预警、化解和稳控措施。坚持检察长接待日制度,各级检察院检察长共接待群众1442人次,推行上下级检察院联合接访、带案下访、定期巡访,共处理群众来信来访4309件。

4. 坚持打防结合,落实综治措施,在全省基层检察院开展了以“工作重心下移,工作力量下移,贴近乡村、贴近社区、贴近群众”为主要内容的“两下移三贴近”活动,在乡镇、社区设立工作站或联络室564个,参与社会治安防控体系建设,协同有关部门集中整治突出治安问题和治安混乱地区,提出预防犯罪、防范风险的对策建议,结合办案开展法制宣传教育。

二、积极查办和预防职务犯罪

全省检察机关共查办贪污贿赂、渎职侵权等职务犯罪嫌疑人1404人,同比上升1.5%,其中,查处基础设施、生态环境建设和灾后重建等领域的公共资金使用、公共资源配置、公共项目实施此类案件133件212人;查处工程建设领域发生的贪污贿赂、渎职侵权等职务犯罪此类案件110件132人。共查处商业贿赂犯罪案件247件290人。其中,城镇建设领域商业贿赂犯罪案件79件104人;查处涉农职务犯罪此类案件304件469人;查处危害能源资源和生态环境渎职犯罪造成重大环境污染、严重破坏生态环境的犯罪此类案件51件62人;查处金融行业从业人员职务犯罪此类案件26件31人。各级检察机关积极参与食品药品安全专项整治及“质量和安全年”活动，查办重大食品药品安全事件和重大安全事故背后的贪污贿赂、失职渎职等职务犯罪案件及社会保障、劳动就业、征地拆迁、移民补偿、医疗卫生、招生考试等领域的职务犯罪案件162件234人；查办国家机关人员利用职权实施的侵权犯罪案件12件25人。

不断深化预防职务犯罪工作。各级检察院结合办案，对各级政府投资的155项重点工程项目进行了专项预防，帮助有关单位堵漏建制，开展犯罪调查182项，提出检察建议211件。加强行贿犯罪档案查询工作，全省已有27个检察院建成行贿犯罪档案查询系统，接受各类查询506件次。协助省委召开了全省预防职务犯罪工作联席会议，进一步明确了预防工作的职能定位、基本要求和预防重点。

三、切实加强对诉讼活动的法律监督

立案监督方面，要求侦查机关说明不立案理由1291件，已立案侦查1273件，对侦查机关不应当立案而立案的案件提出纠正意见161件，已纠正160件。侦查活动监督方面，对发现的漏罪漏犯，追捕957人、追诉514人；对不应当追究刑事责任或证据不足的，依法决定不批准逮捕355人、不起诉40人。刑事审判监督方面，对认为确有错误的判决、裁定抗诉75件，法院改判、撤销原判发回重审的案件占已审结案件的80.5%。刑罚执行监督方面，共对刑罚执行和监管活动的违法情况提出纠正意见1326人次。对超期羁押问题随时发现随时监督纠正，共纠正64人，保持了各个诉讼环节期末无超期羁押。民事审判和行政诉讼监督方面，对认为确有错误的生效民事行政判决、裁定依法抗诉232件，法院改判、撤销原判发回重审、调解的案件占已审结案件的73.5%。向法院提出再审检察建议173件，法院已采纳150件。对不服法院生效的正确裁判，注重做好当事人的服判息诉工作，维护法律权威。坚决查办执法不严、司法不公背后的职务犯罪案件。共查处司法人员贪污贿赂、徇私枉法、玩忽职守、滥用职权等职务犯罪嫌疑人90人，促进了司法公正。

四、努力加强检察队伍建设

1. 加强思想政治建设。认真开展了深入学习实践科学发展观活动和大学习大讨论活动，广大检察干警贯彻落实科学发展观的自觉性和坚定性进一步增加，有利推动了各项检察工作的深入健康发展。

2. 加强领导班子和队伍执法能力建设。协助党委充实调整了部分市级检察院领导班子，建立了领导干部廉政档案，举办了市、县级检察院领导干部素能培训班，坚持上级检察院负责人与下级检察院负责人谈话、上级检察院派员参加下级检察院民主生活会、领导干部述职述廉等制度，省检察院对2个市级检察院进行了巡视。坚持以推进大规模教育培训工作为重点，省检察院制定实施了《关于2009—2010年大规模推进检察教育培训工作的实施意见》，先后举办了全省侦查监督、公诉、职务犯罪侦查等检察业务骨干培训班11期，培训干警1000余人；利用检察局域网开办了《陕西检察讲堂》，协助西北政法大学在全省检察系统开办法律硕士研究生班，有190名检察干警经过考试参加了学习。通过司法考试的检察干警人数达到315名，通过率超过全省平均数27个百分点。

3. 加强内外部监督制约机制和纪律作风建设。实行了省级以下人民检察院立案侦查的职务犯罪案件由上一级人民检察院审查决定逮捕的规定，开展了检察机关直接立案侦查案件扣押冻结款物专项检查活动，对存在的问题及时进行了督促整改。深化人民监督员制度试点工作，人民监督员共对40件职务犯罪案件进行了监督。

加强纪律作风建设，认真贯彻落实全省检察机关《建立健全惩治和预防腐败体系2008—2012年工作规划》的实施意见，省检察院制定了《职务犯罪侦查人员十条禁令》，对检风检纪、警车管理使用、执行禁酒令等情况进行了督察，共查处违法违纪干警9人。

4. 加强基层检察院建设。省检察院制定了《2009—2010年陕西省基层人民检察院建设实施意见》，帮助基层检察院解决实际问题，为89个基层检察院招录检察人员160名，积极申请基层检察院专项经费补助7950万元，为基层检察院配发交通通讯、侦查指挥、检验鉴定等装备2685台(套)。加快推进信息化建设，完成了三级侦查指挥系统建设、网络安全系统建设，逐步推广网上办公办案。继续推进“两房”建设，有15个检察院完成建设任务，占总数的76.7%。深化开展争先创优活动，全省40个集体、96名个人受到省级以上表彰奖励。

五、自觉接受人大监督

全省检察机关坚持把自觉接受人大及其常委

会和人大代表的监督作为坚持宪法原则的具体体现,不断改进主动接受人大监督的方式方法,努力加强和改进各项检察工作。一是认真向人大及其常委会报告工作。对检察工作的全局安排、重大问题和重要事项,及时向人大及其常委会报告;认真执行人大及其常委会的决议决定。2009 年 8 月,接受了省人大内司委对全省反渎职侵权工作的评议检查。二是不断加强与人大代表的经常性联系。省检察院向人大代表通报检察工作重要情况和检察机关重大活动 4 次,送阅检察刊物和工作资料,认真接待人大代表来信来访,主动走访各级人大代表近 1000 人次,对征得的批评、意见和建议都认真进行了研究,并在工作中努力改进。三是认真办理交办案件和事项。省检察院承办人大交办的案件 7 件,到期办结率为 100%。

(陕西省人民检察院法律政策研究室)

甘肃省检察工作 2009 年,全省检察机关在省委和最高人民检察院领导下,在各级人大、政府、政协和人民群众的监督、支持下,各项工作有了新的发展。

一、强化法律监督,为经济社会发展提供司法保障。

一是依法打击刑事犯罪,全力维护社会和谐稳定。共批准逮捕各类刑事犯罪嫌疑人 11288 人,提起公诉 9475 件 14766 人。其中批准逮捕危害国家安全的犯罪、黑恶势力犯罪、严重暴力犯罪、毒品犯罪以及"两抢一盗"等多发性犯罪嫌疑人 6813 人,提起公诉 7843 人。批准逮捕破坏市场经济秩序犯罪嫌疑人 274 人,提起公诉 301 人。批准逮捕制售伪劣食品、药品、农资及侵犯商标权、著作权和商业秘密的犯罪嫌疑人 40 人,提起公诉 43 人。批准逮捕造成重大环境污染事故、非法采矿等破坏环境资源的犯罪嫌疑人 39 人,提起公诉 81 人。依法妥善处理涉检信访案件,共处理群众来信来访 1352 件次,接待群众 846 人次,立案复查刑事申诉案件 39 件。

二是积极查办和预防职务犯罪,促进党风廉政建设。共立案侦查职务犯罪案件 576 件 839 人,同比案件数基本持平,人数上升 16.5%。其中,大案 274 件,查处县处级以上干部 68 人,同比分别增长 28.9% 和 4.6%。所立案侦查案件中,贪污贿赂案 488 件 716 人,渎职侵权案 88 件 123 人。共立案侦查职务犯罪查办商业贿赂犯罪案件 83 件 97 人,查办涉农职务犯罪案件 216 件 359 人,查办危害能源资源和生态环境的渎职犯罪案件 30 件 39 人。抓获潜逃的职务犯罪嫌疑人 35 人。通过办案,为国家挽回直接经济损失 1.29 亿元。制定实施《甘肃省检察机关实施侦防一体化工作机制的意见》,向有关单位和领导赠阅《甘肃预防职务犯罪专刊》4.2 万余册,6 万余名各级国家工作人员接受了警示教育。省院牵头制定《甘肃省市场廉洁准入规定》,向社会提供行贿犯罪档案查询 4100 余次。

三是加强诉讼监督,促进依法行政和公正司法。共监督侦查机关立案 232 件,纠正不当立案 106 件,同比分别上升 45% 和 152%。追加逮捕犯罪嫌疑人 257 人,追加起诉被告人 75 人。对认为确有错误的刑事判决裁定抗诉 117 件;法院已审结 73 件,采纳抗诉意见 43 件。开展刑事审判法律监督专项检查,对刑事审判中存在问题的 179 起案件作了监督纠正。纠正违法留所服刑、混管混押等问题 148 人次;监督纠正违法减刑、假释、暂予监外执行等问题 107 人次。审查办理民事行政申诉案件 1197 件,提出抗诉 171 件,同比分别上升 32.6% 和 11%,法院已审结 117 件,改变原裁判 81 件;提出再审检察建议 107 件,法院采纳 40 件。省检察院会同省高级法院联合制发《关于加强民事行政执行工作检察监督的意见》,在全国率先为开展这项探索性工作提供了政策依据。依法查处涉嫌滥用职权、贪赃枉法等犯罪的行政执法和司法人员 42 人。

二、大力加强内部监督制约,确保检察权依法正确行使

一是进一步完善和落实检察工作领导机制。制定了加强市级检察院检察长管理、上级检察院检察长与下级检察院检察长谈话和领导干部问责等制度。继续推行上级检察院领导干部联系基层、定期督导调研、市级检察院检察长向省检察院述职等制度。

二是进一步完善和落实执法监督制约机制。组织扣押冻结款物专项检查,推行涉案款物处理由检察委员会集体决定并向上级检察院备案制度。严格落实职务犯罪案件线索由上级检察院统一管理、拟不起诉报省检察院批准等规定。

三是进一步完善和落实队伍管理监督机制。省检察院出台了严格队伍管理规范执法行为的九条规定、与干警谈心谈话制度、检察人员异常行为管理办法等制度规范。加大检务督察力度,促进检

风好转。

三、加强检察队伍和基层基础建设，不断提升法律监督能力

一是着力加强思想政治建设。紧密联系检察工作实际，开展深入学习实践科学发展观活动。发动干警出“金点子”、提合理化建议，及时研究整改。

二是着力加强专业化建设。在全省检察机关开展“提高素质年”活动，省、市两级检察院共举办各类业务培训班168期，培训干警5484人次。有333名业务骨干录入各项检察工作人才库。建立了全省检察业务专家评审制度。137人通过考试，通过率达到40.2%。省、市两级检察院从下级检察院遴选了51名优秀检察官，分别组织33名和48名干部进行了挂职锻炼。

三是着力加强基层基础建设。制定实施了《2009—2012年全省基层检察院建设规划》。有4个基层检察院分别被推选为全国模范检察院和先进集体。为基层检察院招录、选调大学生308人。大部分县级检察院落实了公用经费保障标准。

四是着力加强检察宣传工作。建立了新闻发言人制度和全省检察新闻稿件通报、奖励制度。组成了297人的兼职通讯员队伍。共有3300多篇宣传稿件在市级以上新闻媒体刊发。

（甘肃省人民检察院法律政策研究室）

青海省检察工作　2009年，青海省检察机关紧紧围绕全省工作大局，忠实履行法律监督职责，狠抓执法办案，深化检察改革，加强队伍建设，各项检察工作取得新进展、新成效，为保持经济平稳较快发展、维护社会公平正义、促进社会和谐稳定作出了应有的努力。

一、着力服务大局。全省检察机关充分发挥打击、预防、监督、保护的职能作用，努力做好服务改革发展稳定大局的各项工作。

1. 主动服务经济平稳较快发展。省检察院制定了《青海省人民检察院关于充分发挥检察职能，为全省经济平稳较快发展服务的意见》，对全省检察机关服务经济平稳较快发展提出了二十二条具体措施。各级检察院进一步增强服务意识，正确处理依法查办与妥善处理的关系，维护企业的正常生产经营，保障企业职工利益不受损失。紧紧围绕人民群众反映强烈的腐败问题，集中查办城镇建设领域商业贿赂犯罪。立案查处国有企业人员职务犯罪案件32件39人、商业贿赂犯罪案件31件31人。

2. 积极促进社会主义新农村建设。深入查办涉农涉牧职务犯罪，查处涉农职务犯罪案件32件48人。将预防工作的关口前移，湟源县人民检察院实行检察官挂职村委会法制副主任制度，海东地区检察机关推行了乡镇检察工作联络员制度，更好地服务社会主义新农村建设。探索实行对生活确有困难的被害人司法救助制度，体现司法的人文关怀。

3. 认真贯彻落实省委常委会议精神。2009年8月7日，中共青海省委第七十次常委会议，听取了省检察院检察长王晓勇关于全省检察机关工作情况的汇报，从始终坚持党的领导、始终坚持公正司法、始终坚持司法为民、始终抓好队伍建设四个方面对进一步加强和改进检察工作提出了新的更高的要求。省检察院党组贯彻落实会议精神，制定了《关于认真学习贯彻省委常委会议精神的实施意见》，就全省检察机关贯彻落实会议精神作出了具体的安排部署。

二、着力维护社会稳定。全省检察机关认真履行批捕、起诉职能，严把事实关、证据关、程序关和适用法律关，及时、准确、有力地惩治犯罪。

1. 全力维护藏区和谐稳定。省检察院研究下发了《关于进一步加强维稳工作的通知》，并召开专门会议对全省检察机关维护稳定工作进行了具体安排，确保了检察环节维护稳定工作的及时到位。

2. 严厉打击严重刑事犯罪活动。一年来，受理各类提请批准逮捕犯罪嫌疑人3857人，经审查批准逮捕3440人。受理移送起诉4438人，经审查提起公诉3994人。出席一、二审法庭1939次，各级法院对3471人作了有罪判决，有罪判决率为99.77%，案件质量明显提高。

3. 认真贯彻宽严相济刑事政策。对未成年人犯罪、初犯、偶犯和轻微犯罪嫌疑人坚持可捕可不捕的不捕，可诉可不诉的不诉，对无逮捕必要的犯罪嫌疑人决定不批准逮捕188人，同比上升41.4%；对情节轻微、社会危害小的179名犯罪嫌疑人决定不起诉，不诉率为4.1%。推动建立和完善刑事司法与行政执法执纪有效衔接机制，依法扩大简易程序适用，健全快速办理轻微刑事案件机制和办理未成年人刑事案件工作机制，探索建立当事人达成和解刑事案件办理机制。

4. 积极参加社会治安防控体系建设。认真做

好矛盾纠纷排查调处工作，结合办案，通过普法宣传、专题报告、参与社区矫正、担任法制副校长工作等形式，落实检察环节的各项综合治理措施。督促执行机关和社区矫正机构加强对未成年违法犯罪人员、吸毒人员、刑满释放解教人员的管教工作，努力预防和减少重新犯罪。

三、着力推进执法办案。全省检察机关落实省检察院党组提出的“进一步加大查办和预防职务犯罪力度，稳住办案规模，提高办案质量，保证办案安全，努力实现办案的法律效果、社会效果和政治效果有机统一”的工作要求，坚持一手抓办案，一手抓预防，执法办案工作取得了新的进展。

1. 集中力量查办大要案件。立案侦查贪污贿赂等职务犯罪案件138件176人。其中，立案侦查贪污贿赂大案71件，同比上升24.6%，县处级以上领导干部职务犯罪要案17人(厅级2人)，同比上升88.9%。

2. 切实加强反渎职侵权工作。立案侦查国家机关工作人员滥用职权、徇私舞弊等渎职侵权犯罪案件22件25人，同比上升22.2%和8.7%。特别是查处了全国首例在审理知识产权领域商标侵权案件中的法官渎职犯罪案件。原海东中级人民法院民三庭庭长许正福受贿、民事枉法裁判及律师行贿、帮助伪造证据案，提起公诉后，法院依法判处许正福有期徒刑十二年。维护了正常的经济秩序，取得了良好的社会反响。

3. 注重提高办案质量。2009年9月，省检察院在全省组织开展了自侦案件“质量月”专项检查活动。对2008年12月至2009年8月全省检察机关立案侦查的职务犯罪案件的质量逐案进行检查分析。一年来，查办的职务犯罪案件大案要案比例、侦结率、起诉率和有罪判决率均比去年提高，办案质量和工作效率有了新的提升。

4. 不断加大预防职务犯罪力度。一是在“共和－茶卡”高速公路项目、农村初中校舍改造项目、“三江源”生态保护和小城镇建设项目中深入开展职务犯罪预防工作。二与省国资委联合召开了西钢集团公司、西部矿业集团公司、盐湖集团等省属十六家国有重点企业主要领导参加的职务犯罪警示教育会。三是把预防工作的触角向农村牧区延伸。省检察院在西宁、海东地区分别召开了由当地纪委、监察、司法、民政、乡镇、农村干部共600多人参加的预防乡村干部职务犯罪警示教育工作会议，各州检察院也分别组织召开不同形式的预防乡村干部职务犯罪警示教育工作会议。查处涉农职务犯罪案件31件47人。四是省检察院制作了预防职务犯罪警示教育光盘。为预防共建单位提出检察建议25件，开展警示教育67次，提供行贿犯罪档案查询62次，推动预防工作健康深入发展。

四、着力维护司法公正。突出监督重点，增强监督实效，在敢于监督、善于监督、规范监督上下功夫、求实效。

1. 深入开展刑事审判法律监督工作。2009年5月，省检察院向省十一届人大常委会九次会议专题报告了全省检察机关关于加强刑事审判法律监督工作维护司法公正情况，组织全省检察机关深入开展刑事审判法律监督专项检查活动，查找存在的问题，落实整改措施。与省高级法院协调，制定了《关于人民检察院检察长列席同级人民法院审判委员会会议的若干规定》。

2. 全面加强对诉讼活动的法律监督。对应当立案而未立案的，要求公安机关说明不立案理由50件，同比上升2%，公安机关主动立案17件27人，通知公安机关立案10件14人。对认为确有错误的刑事判决、裁定提出抗诉21件，同比上升23.5%，法院采纳率为66.7%。共受理不服民事行政诉讼申诉案件326件，立案审查101件，提请提出抗诉11件，发出再审建议4件。对198件不符合抗诉条件的民事行政申诉案件，做好当事人的服判息诉和疏导化解工作。不断加大对刑罚执行和监管活动的监督力度，与公安、司法部门联合开展了看守所监管执法专项检查和监狱清查事故隐患、促进安全监管专项活动，对看守所、监狱执法和管理中的问题以及驻所检察室监督工作中的问题进行全面检查，监督和纠正了存在的突出问题。

3. 切实做好控告申诉检察工作，有效化解矛盾纠纷。组织开展了举报宣传周活动，开通了12309统一举报电话。通过坚持检察长接待日制度、认真落实首办责任制、推行上级检察院与下级检察院、控申部门与其他业务部门联合接访，畅通群众信访渠道。认真落实国庆安保信访责任制，深入开展涉检信访积案化解专项活动，办结省委政法委交办的13件重信重访责任倒查案件。

五、着力推进检察体制和工作机制改革。

1. 有效推进检察改革。认真贯彻落实最高人民检察院《关于贯彻落实〈中央政法委员会关于深化司法体制和工作机制改革若干问题的意见〉的实施意见》,在深入调研的基础上,制定实施了我省检察机关贯彻《实施意见》的任务和责任分工。

2. 大力推进侦查一体化机制建设。建立符合区域特点的“西宁模式”、“青南模式”两种侦查模式,从纵向、横向和内部三个层面全面推进侦查一体化建设的发展思路,制定了《青海省检察机关职务犯罪侦查一体化工作规定》。初步形成了由省检察院统一领导、以州市分院为主体、基层检察院为基础的侦查一体化工作格局和纵向指挥有力、横向协作紧密的侦查工作机制,检察机关突破职务犯罪案件能力得到明显提高。

3. 重点推进检察信息化网络建设。省检察院进一步加大科技投入,从2009年起用中央装备补助专款中的三分之二,分三年投入建设全省检察机关二、三级网络和对外门户网站,并且按照统一规划、统一标准、统一设计、统一实施的原则,由省检察院制定了《青海省检察机关二、三级专网及应用建设总体技术方案》。全省第一期信息化网络建设工程共投资4700万元,全面完成了检察机关二、三级网络数据、内部IP专线电话等基础设施建设,开通了青海省检察机关对外门户网站和30个检察院的高清视频会议系统。完成了省检察院机关加密系统建设和10个基层检察院同步录音录像系统的建设。

进一步深化检务公开,增强检察工作透明度。省检察院在办公楼大厅设置了检察机关性质、职能和机构、人员等情况触摸屏查询系统,建立和完善新闻发布会和新闻发言人制度,扩大了检察机关的影响。

六、着力加强检察队伍建设。召开了全省检察机关第五次政治工作暨基层检察院建设会议,研究采取了一些新的举措,取得了明显成效。

1. 扎实开展学习实践科学发展观活动。省检察院认真进行整改落实“回头看”工作,巩固和拓展学习实践活动成果。地县两级检察机关突出实践特色,坚持用学习实践活动的成果推动各项检察工作,用检察工作的实际检验学习实践活动的成效,达到“检察人员受教育、法律监督上水平、执法为民显成效”的总体要求。

2. 加强领导班子建设和作风建设。一是坚持把思想政治建设放在领导班子建设的首位。制定了《青海省人民检察院关于进一步加强检察队伍建设若干问题的意见》,建立了领导干部廉政档案和检察人员执法档案制度。二是深化检务督察工作。各级检察院采取制作警示卡片、签订承诺书、手机短信提醒、明察暗访等有效措施,加大检务督察工作力度,推进了禁酒令的贯彻执行,防止了检察人员违纪违法现象的发生。三是认真落实党风廉政建设责任制和惩防体系建设。各级检察机关采取层层签订党风廉政建设责任书、责任状的形式,明确了任务和责任。成立了惩防体系建设领导小组及其办事机构,把贯彻落实《建立健全惩治和预防腐败体系2008—2012年工作规划》同部署年度工作任务结合起来,制定了《2009年贯彻落实〈工作规划〉的分工方案》。

3. 狠抓检察干警的素能培训。省检察院决定从2009年起,利用三至五年的时间,在全省检察机关开展“大学习、大培训、大练兵”活动,制定下发了《青海省人民检察院关于开展“大学习、大培训、大练兵”活动的实施意见》。举办晋升高级检察官、反渎职侵权全员培训等各类培训班61期,培训人员1583人(次),占全省检察干警的85.6%。选派30名干警到北京、上海、浙江、广东等地检察机关挂职锻炼,安排青南地区27名业务骨干到海东、西宁检察机关以案代训。组织参加了甘、青、宁三省区公诉业务论辩赛。开展了全省检察机关首批检察业务专家初评、复审工作。编印了《检察机关刑事案件办案手册》。举办了105人参加的封闭式司法考试培训班,43人通过司法考试,通过率为40.9%。

4. 进一步加强基层检察院建设。制定了《青海省2009—2012年基层检察院建设实施意见》。完善检察业务考评机制,制定了《青海省检察机关州市分院业务工作和队伍建设目标管理考评办法》。修改完善了检察委员会工作规则。在省委、省政府的支持下,增加了检察队伍专项编制,启动了检察干警全省统一招录工作。开展了检察干警双向交流工作,选派优秀干警到基层检察院任职,遴选基层检察官到省检察院机关工作。积极推进检察文化建设,举办了全省检察机关首届体育运动会和庆祝新中国成立六十周年文艺汇演。

(青海省人民检察院法律政策研究室)

宁夏回族自治区检察工作 2009年,全区检察机关深入贯彻落实科学发展观,紧紧围绕“保增长、保民生、保稳定”的工作大局,努力践行“强化法律监督,维护公平正义”的检察工作主题,以打造“民生检察、阳光检察、活力检察、素质检察、数字检察”为目标,以“关注民生,走近群众”主题实践活动为载体,认真履行检察职能,为维护我区社会和谐稳定、保持经济平稳较快发展发挥了应有作用。

一、充分发挥检察职能,推进“民生检察”

认真贯彻落实自治区党委批转的《关于充分发挥检察职能为经济平稳较快发展服务的意见》,全力保障和改善民生,服务经济社会发展大局。

依法履行批捕、起诉职能。严厉打击破坏社会稳定和侵犯人民群众生命财产安全的各类严重刑事犯罪。贯彻宽严相济的刑事政策,结合执法办案积极化解社会矛盾。

深入推进查办和预防职务犯罪工作。全年查办贪污贿赂犯罪案件的立案数、大案数增加,连续两年保持了办案的强劲势头。查办渎职侵权犯罪案件的立案数、起诉数、有罪判决人数上升。通过办案挽回直接经济损失3258万元,同比上升22.5%。扎实开展查办涉农职务犯罪专项工作,立案查办人数比上年同期上升69.6%。2009年,中央纪委、最高人民检察院首次从我区检察机关分三批抽调了18名侦查骨干参与查办全国性大案要案,锻炼了队伍。各级检察院紧紧围绕国家和自治区重点投资领域、重点项目,加大对扩大内需专项资金使用的监督力度,认真开展职务犯罪预防工作。加强职务犯罪调查分析,积极向地方党委、政府提出预防检察建议48件。

进一步强化诉讼监督。刑事立案监督、刑事审判监督与2008年同期相比都有所增长。同时,加大民事行政案件的检察监督力度,做好法院民事执行工作的监督,并督促有关单位就相关案件依法向法院提起诉讼,共追回国有土地出让金等国有资产3800万元。积极核实审判人员及其他国家工作人员职务犯罪线索,依法履行监督职责。加强刑罚执行监督,会同有关部门深入开展看守所监管执法专项检查和全区监狱清查事故隐患、促进安全监管专项活动,加强对“减、假、保”案件的监管,发现问题67件,及时向有关单位发出检察建议66份,依法纠正66件。

二、扩大深化检务公开,推进“阳光检察”

加强涉检信访和举报工作。开通了全区检察机关“12309检察服务热线”,进一步畅通了人民群众表达诉求和举报职务犯罪的渠道。完善检察长接访制度、巡回接访制度和领导包案责任制,化解了一批信访积案。设立了全区统一的举报奖励金,目前已奖励举报有功人员26名。去年以来,全区检察机关共受理控告申诉举报案件线索超过2000件,其中署名举报占信访总量的52%,反映出人民群众对检察机关的了解度和信任度有所增加。

加大检务公开力度。坚持对社会影响大的不服逮捕、作出不捕、不起诉决定和申诉的案件实行公开听证、公开审查。完善人民监督员制度试点工作,有118件职务犯罪案件交人民监督员监督。全区检察机关普遍开展了“检察开放日”活动,邀请各级人大代表、政协委员及社会各界人士到检察机关实地考察检察工作,增进了人民群众对检察机关和检察工作的了解。继续深入开展“关注民生,走近群众”主题实践活动,采取在乡镇、街道建立检察工作联络站、聘请检察联络员、开展巡回检察、设立“阳光检察服务中心”等措施,延伸法律监督触角,保持与人民群众的密切联系,促进了检察工作发展。

三、积极探索检察改革,推进“活力检察”

在自治区人大的大力支持下,自治区第十届人大常委会第十五次会议通过了《关于加强检察机关法律监督工作的决定》,这对进一步规范法律监督工作,改善法律监督环境,强化法律监督职能,必将起到有力地推动作用。进一步完善职务犯罪侦查一体化机制,实行统一指挥,交叉办案,异地调警,整体作战。2009年查办的职务犯罪大案要案全部运用了侦查一体化机制,有力推动了办案工作。积极开展职务犯罪案件审查逮捕决定权上提一级程序改革,此项措施实行后大大提高了批捕质量。积极推行“刑事和解”和不批捕、不起诉案件答疑说理制度,通过对80余起“刑事和解”案件犯罪嫌疑人不批捕、不起诉,有效化解了社会矛盾。探索开展量刑建议,目前正在试点的基础上逐步规范。

四、加强检察队伍建设,推进“素质检察”

扎实开展学习实践科学发展观活动。认真学习贯彻党的十七届四中全会精神,大力加强检察机关党的建设。深化“业务大学习、素质大培训、岗位大练兵”活动,全年共举办各类培训班38期,培训人员1848人次。举办了首届宁夏检察官与律师电视论辩赛和首届宁夏、甘肃、青海三省区公诉人论辩赛,以赛促练,锻炼了队伍。采取上下交流的方式开展岗位培训,并形成了工作机制。面向社会公开招录了139名检察业务人员，检察官短缺问题得到进一步缓解。积极推进检察文化建设，成功举办了全区检察系统第二届体育运动会。树立先进典型，开展了向马俊同志学习活动，发挥引领示范效应。加强巡视和检务督察工作，加大对违法违纪人员的查处力度，全年有9人受到党、政纪处理，1人涉嫌犯罪已被移送审查起诉。

五、建设与应用相结合，推进“数字检察”

按照“推进建设、突出应用、加强管理”的工作思路，全年共投入资金1500余万元用于检察机关信息化建设。强力推进信息化应用，全面推行网上办公办案，以信息化手段促进执法规范化、科学化。积极争取中央和地方财政支持，加强基层基础工作，全年共投入资金3326.8万元，用于加强交通通讯、侦查指挥、检验鉴定、网络安全保密等科技装备建设，努力建设适应检察工作需要的现代化科技装备体系。自主研发了监所检察管理系统软件，并开始试运行。

2009年，全区各级检察机关始终把坚持党的领导、自觉接受人大及其常委会的依法监督以及政协的民主监督，作为改进和加强检察工作的有效途径和重要保障，坚定不移地一以贯之。检察工作的重大部署、重大问题和重要事项及时向党委、人大常委会报告，争取领导和支持。自治区人大常委会专门听取了自治区检察院关于全区检察机关查办和预防贪污贿赂犯罪工作情况的报告，首次进行满意度测评，满意度为97.5%。下半年，自治区检察院还向自治区政协常委会通报了检察工作情况。对人大代表、政协委员提出的意见、建议和转交的案件高度重视，认真办理，及时反馈办理情况，进一步密切了与人大代表、政协委员的联系，同时有力地促进了检察工作。

（宁夏回族自治区人民检察院法律政策研究室　韩　冰）

新疆维吾尔自治区检察工作　2009年，新疆各级检察机关坚持党的事业至上、人民利益至上、宪法法律至上，全面履行法律监督职责，着力加强和改进检察工作，取得新的成效。

一、坚持把维护稳定作为压倒一切的中心任务，严厉打击境内外“三股势力”的渗透颠覆破坏活动，坚决维护国家安全、社会稳定和民族团结。“7·5”事件发生后，自治区检察院迅速建立指挥协调机制，成立领导小组和办事机构，先后从全区抽调200余名政治素质高、业务能力强的检察人员投入案件的甄别、审讯、审查批捕、起诉、翻译和安抚无辜受伤人员及死难者家属等工作，下拨近200万元专项经费，为办案提供有力保障。相继召开全疆检察工作座谈会、全疆检察机关办理“7·5”案件座谈会，依法做好“7·5”案件批捕起诉工作，对检察环节维稳工作作出部署安排。依法快捕快诉了一批打砸抢烧严重暴力恐怖犯罪分子。坚持依法严厉打击严重刑事犯罪，全面贯彻宽严相济刑事政策，全年共批准逮捕各类刑事犯罪嫌疑人18528人，不批准逮捕1828人。受理移送审查起诉案件14896件27289人，提起公诉14896人，不起诉772件1183人，法院审结17075件，其中有罪判决17066人。

二、全年立案侦查贪污贿赂、渎职侵权等职务犯罪案件558件621人，其中大案236件，县处级以上干部35人（其中厅局级干部2人）。提起公诉397人，法院作出有罪判决267人。抓获在逃职务犯罪嫌疑人17人。通过办案为国家挽回经济损失8588万余元。向党政机关、国有企业、事业单位提出预防检察建议335件，被采纳318件；开展预防咨询292件，被采纳221件；开展预防警示教育611次，受教育人数99444人；开展职务犯罪案例剖析75件，帮助落实预防措施105项；书面提出纠正违法35件，防止经济损失71.4万余元。受理行贿犯罪档案查询792次，被查询对象单位6602个，被查询对象人数5472人。立案侦查商业贿赂犯罪案件177件188人，工程建设领域犯罪案件44件44人，涉农职务犯罪案件118件143人，危害能源资源和生态环境渎职犯罪案件34件35人。受理举报贪污贿赂、渎职侵权案件线索1936件，其中举报县处级以上干部78人，接待集体上访45件。受理各类控告申诉案件2941件；受理刑事申诉案件170件，已办理145件，其中立案86件，复查有结果的96件，维持原决定7件，提出抗诉意见1件；共受理刑事赔偿申请15件，立案13件，决定给予赔偿6件，支付赔偿金3.18万余元，返还财产折合人民币18万余元。开通12309维、汉两种语言举报电话，共受理举报或提供咨询470余件（次）。

三、监督促使侦查机关对应当立案而未立案的依法立案207件，不应当立案而立案的撤案45件。对侦查活动中的违法情况提出纠正意见171件次。

纠正漏捕88人、漏诉125人。对不符合法定逮捕、起诉条件的,决定不批准逮捕1828人、不起诉1183人。对认为确有错误的刑事判决、裁定提出抗诉76件。对刑事审判活动中的违法情况提出纠正意见22件次。对不服法院裁判的民事、行政判决和裁定案件提出抗诉202件,发出再审检察建议50件。对超期羁押、减刑、假释、暂予监外执行不当等问题提出纠正意见65件次。

检察技术鉴定共受理各类检验和审查案件31件,其中检验鉴定28件,法医3件,司法鉴定2件。

全面开展检务督察,坚持从严治检,严肃查处违纪违法检察人员6人。推进人民监督员制度改革,共有69件"三类"案件进入监督程序。自觉接受人大、政协监督,主动向人大代表、政协委员报告工作、征求意见。制定实施2009—2012年新疆检察机关教育培训工作实施意见,选派217名领导干部到中央院校参加领导素能培训,50名业务骨干到内地五省区挂职锻炼,举办各类培训班14期,轮训检察人员1021人次。与新疆大学联合举办2期"双语"及检察业务培训班,培训少数民族检察骨干98名。继续加大司法考试培训力度,在全疆14个分州市检察院进行司法考试试点。制定2009—2012年新疆基层检察院建设规划实施意见和分州市检察院推进基层检察院建设工作意见,为基层增编437名、公开招录323名检察人员;协调落实全疆各级检察院公用经费保障标准;继续推进"两房"建设和信息化建设,基层基础建设取得新的进展。

(新疆维吾尔自治区人民检察院研究室　张　艺)

军事检察工作　2009年,全军和武警部队检察机关在中央军委、总政治部和最高人民检察院以及部队党委的领导下,以党的十七大和十七届四中全会精神为指导,深入学习实践科学发展观,认真践行检察工作主题,着眼维护部队安全稳定、促进反腐倡廉建设,紧紧围绕部队中心任务,忠实履行检察职能,各项工作扎实推进,取得了明显成效。

一、深入学习实践科学发展观活动取得新成果。把学习实践活动作为重大政治任务,按照"党员干部受教育、科学发展上水平、履行使命见成效"的要求,高起点筹划、高标准推进、高质量落实。各级领导模范带头,广大干部全程参与,理论学习系统,分析检查深刻,整改落实认真。主动向案件管辖单位和机关有关部门征求意见,找准影响和制约军事检察工作科学发展的突出问题,研究制定整改落实措施。认真抓好整改落实"回头看"和总结讲评,进一步巩固深化学习实践活动成果,有力促进了检察工作科学发展。

二、维护部队安全稳定工作积极有效。充分运用批捕起诉职能,适时介入重大刑事案件侦查,坚持快捕快诉,严格证据审查和法律适用,依法严厉打击严重刑事犯罪。根据最高人民检察院开展刑事审判监督专项检查的统一部署,逐一审查2008年办理的公诉、减刑、保外就医案件146起,针对存在的问题提出意见建议,进一步促进了刑事审判和刑罚执行活动的法律监督工作。加强对办案和监管场所的安全防范工作,防止发生涉案人员非正常死亡、犯罪嫌疑人脱逃等问题。高度重视刑事申诉工作,积极抓好涉检重信重访排查化解,"两会"和国庆期间未发生涉检进京上访问题。探索开展民事检察工作,注重化解矛盾纠纷,搞好法律服务和宣传。按照总政治部部署要求,抽调力量参加全军集中清理涉军执行积案活动。结合进行换届选任,进一步活跃军人监督员工作。

三、查办和预防职务犯罪工作扎实开展。加大立案侦查职务犯罪案件力度,确保部队集中统一和纯洁巩固。以《关于进一步加强新形势下军队预防职务犯罪工作的意见》为抓手,积极开展预防职务犯罪工作,指导46个师旅团单位进行贯彻《意见》试点,总结宣传试点经验,搞好示范引导,沈阳军区联勤部财务部在资金运行环节实行"六控六防"的经验做法,被总政治部、总后勤部联合转发。依托西安政院成立军队预防职务犯罪研究中心,组织编写预防职务犯罪和军人违反职责罪两本教材。以《军法铸军威》光盘为教材,对全军和武警部队180个新训单位15.3万余名新战士进行预防军人违反职责罪教育。坚持送法进机关、下基层、到边防,全年共宣讲法制课1080余场,组织巡回展览60余次,编发学习宣传材料10万余份,受教育官兵达55万余人。

四、军事斗争准备和重大任务中军事检察工作富有成效。研究制定了军事斗争检察工作准备以及非战争军事行动检察工作方案。新疆"7·5"事件发生后,兰州军区和武警部队的两级检察院立即启动应急预案,派出工作组和法律服务队,到百余个执勤点为3万余名官兵宣讲法律知识,指导开展预防职务犯罪和安全防范工作。武警乌鲁木齐军事检察院协助地方司法机关及时收集、固定证据，即时移送随军记者和执勤官兵拍摄的犯罪分子打砸抢烧音像资料，为依法打击犯罪提供了支持。在部队执行西藏和其他藏区维稳、国庆安保、亚丁湾、索马里海域护航等重大任务中，主动提供法律服务和保障，受到官兵好评。

五、检察队伍和基层检察院建设进一步加强。扎实开展社会主义法治理念教育、当代革命军人核心价值观教育和检察机关职责使命教育，引导检察干部端正执法理念，打牢忠实履行法律监督职责的思想基础。以提高检察干部业务能力为核心，大力开展教育培训和岗位练兵，组织参加最高人民检察院业务部门和检察官学院培训，举办全军检察机关侦查业务培训班和第四届优秀公诉人评比竞赛活动。全年共有270名业务骨干接受了各类培训，有3人被评为“优秀公诉人标兵”，12人被评为“优秀公诉人”。以召开全军基层军事检察院建设工作会议为契机，下大力推进基层军事检察院建设。在深入调研、摸清基层军事检察院建设现状基础上，总结交流基层军事检察院建设工作经验，制定实施基层军事检察院建设规划。16个先进基层军事检察院和2个大单位军事检察院受到解放军军事检察院表彰，广州军区直属军事检察院、南京军区安徽军事检察院被最高人民检察院评为“全国先进基层检察院”，海军军事检察院荣获“全国检察机关基层检察院建设组织奖”。注重运用先进典型指导推动工作，对荣获最高人民检察院表彰的先进院进行了宣传报道，组织协调有关新闻单位重点宣传武警成都军事检察院的先进事迹，在军内外引起积极反响，展示了军事检察机关的良好形象。各检察院主动争取所在部队支持，想方设法加强基础设施建设，进一步改善办公办案条件。

（解放军军事检察院　王晓国）

新疆生产建设兵团检察工作　2009年，新疆生产建设兵团检察机关在最高人民检察院和兵团党委的正确领导下，坚持以科学发展观为指导，认真贯彻落实全国检察长会议、兵团政法工作会议部署，紧紧围绕兵团工作大局，积极正确履行法律监督职能，各项检察工作扎实开展，稳步推进，为兵团经济平稳较快发展发挥了应有的作用。

一、紧紧围绕“保增长、保民生、保稳定”工作大局，充分发挥检察职能作用

积极查办和预防职务犯罪，深入推进反腐败斗争。全年共立案侦查贪污贿赂案件74件83人，其中大案35件，要案8人，为国家挽回经济损失905.26万元。把涉及民生、稳定和发展的案件作为查办重点，查处涉农职务犯罪案件17件19人，同比上升13.3%。积极组织开展预防职务犯罪法治宣讲，对重大工程项目建设开展专项预防，全年开展预防警示教育51次，受教育人数6089人。

认真履行批捕、起诉职能，全年共受理审查逮捕案件797件1059人，批准（决定）逮捕761件1004人。受理移送起诉1004件1403人，提起公诉932件1321人，法院判决1143件1652人，有罪判决率99.8%。

进一步强化诉讼监督，全年受理刑事立案监督案件6件，要求说明不立案理由6件，通知公安机关立案2件2人，发出《纠正违法通知书》9份，不批准逮捕32件47人，不起诉24件35人；提起刑事抗诉7件，提出民事抗诉6件；加强刑罚执行法律监督，办理狱内犯人重新犯罪9件9人。受理群众举报、控告、申诉线索642件，组织开展“举报宣传周”活动，开通全国统一举报电话“12309”。

围绕兵团经济社会发展大局，制定《兵团检察院关于充分发挥检察职能，为兵团经济平稳较快发展服务的意见》，提出16条具体措施，为检察机关在兵团“保增长、扩内需、调结构”工作中充分发挥职能作用提供了法律支持。

二、以专项活动为抓手，带动和推进各项检察工作健康发展

一是对2004年至2008年直接立案侦查案件扣押、冻结款物情况进行了逐案清理，对专项检查中发现的问题提出了整改措施。二是组织开展刑事审判法律监督专项检查工作，共检查2008年刑事抗诉案件13件14人，职务犯罪、经济犯罪判处缓刑案件27件30人，对2008年以来的减刑、假释、保外就医人员进行全面审查，建议撤销不符合减刑条件11人，不符合假释条件5人，并提出了具体整改意见。三是开展了监管场所专项检查工作，对1114名在押人员进行了体表检查，对2006年以来发生的在押人员死亡情况进行了重点审查。四是开展涉法涉诉排查化解社会矛盾专项工作，对排查出的涉检信访案件，突出强调要把息诉罢访、案结事了作为工作重点，逐案落实责任人和工作措施。

三、牢固树立稳定压倒一切的思想,全力维护新疆和兵团社会大局稳定

针对国庆六十周年各项活动,兵团检察机关确定了“保安全、促稳定”工作重点。乌鲁木齐市发生“7·5”打砸抢烧严重暴力犯罪事件后,兵团各级检察机关保持高度的政治敏锐性、政治鉴别力和政治责任感,把思想、行动统一到中央、自治区和兵团维护新疆稳定的一系列方针政策上来,教育广大干警认清“7·5”事件的性质、背景,不听信、不传播谣言,把维护社会稳定作为压倒一切的首要政治任务。加强备勤值班,实行维稳信息日报告制度;组建应急防暴分队,购置处突基本装备;制定维稳应急行动方案,组织强化训练和拉动演练。抽调7名业务骨干支援地方检察机关,参与“7·5”系列案件的甄别、审讯、审查批捕和起诉工作,并提前认真做好办理兵团辖区内涉及“7·5”案件的各项审查准备工作。各级监所检察部门在监狱、看守所开展了“大清理、大排查、大教育”活动,认真排查不稳定因素,确保监管场所安全。

四、多措并举,全面提高检察队伍整体素质

一是根据中央和兵团党委的统一部署,兵团检察机关先后参加了第一、二批学习实践科学发展观活动。在活动中,各级检察院立足工作实际,突出实践特色,集中解决了一批影响和制约检察工作科学发展以及群众反映强烈的突出问题。二是制定下发《兵团检察机关检察人员教育培训计划》,对教育培训工作做了整体部署。全年共举办各类业务培训班16期,培训学员573人,依托视频网络进行远程培训,累计培训1000余人次。三是通过抓规范、抓评查、抓考核,强化对自身执法活动的监督。进一步规范自侦案件办理,全面推行讯问职务犯罪嫌疑人全程同步录音录像制度;公诉、侦查监督、自侦等部门认真开展案件质量评查活动;各业务部门加大对下业务考核力度,及时通报考评情况。四是突出抓好领导班子建设,制定下发《兵团人民检察院关于加强各级领导班子思想政治建设的实施意见》;加大对下级检察院领导班子的协管和建设力度,对两个师检察分院领导班子进行了巡视,对4个师检察分院和13个垦区检察院领导班子成员进行了调整。五是坚持从严治检,队伍执法作风建设不断深入,涌现出了一大批人民满意的先进集体和个人。六是组织开展第十一个党风廉政教育月活动,对落实党风廉政建设责任制情况进行专项检查考核,扎实推进惩治和预防腐败体系建设。

五、通过完善机制和加强检务保障,进一步加强基层基础建设

制定兵团检察机关贯彻《2009—2012年基层人民检察院建设规划》实施意见。全面加强兵团检察专线网建设,三级网建设已全部实现互联互通。投入150余万元,为11个垦区院配备了办案用车。“两房”建设有了新的发展,基础设施建设持续得到加强。

(新疆生产建设兵团人民检察院　贺胤应)

第 五 部 分

最高人民检察院重要文件选载

最高人民检察院关于印发《最高人民检察院关于充分发挥检察职能为经济平稳较快发展服务的意见》的通知

2009年1月23日　高检发〔2009〕3号

各省、自治区、直辖市人民检察院，军事检察院，新疆生产建设兵团人民检察院：

现将《最高人民检察院关于充分发挥检察职能为经济平稳较快发展服务的意见》印发给你们，请结合实际，认真贯彻落实。

最高人民检察院关于充分发挥检察职能为经济平稳较快发展服务的意见

为深入学习实践科学发展观，全面贯彻落实党的十七大、十七届三中全会和中央经济工作会议、全国政法工作会议精神，充分发挥检察职能作用，积极主动地为经济平稳较快发展服务，现提出如下意见：

一、深刻认识当前经济形势，切实增强为经济平稳较快发展服务的责任感、使命感

1. 牢固树立为经济平稳较快发展服务的意识。当前我国形势总的是好的，但是受国际金融危机持续蔓延和世界经济增长明显减速的影响，我国经济运行困难急剧增加。保持经济平稳较快发展是2009年全党全国经济工作的首要任务，也是检察机关服务大局的首要任务。要清醒地认识当前经济形势，进一步增强政治意识、大局意识、责任意识、忧患意识，紧紧围绕中央"保增长、扩内需、调结构"等重大政策措施和决策部署，更加自觉地把检察工作放在党和国家工作大局中谋划和推进，更加主动地担负起保障和促进经济平稳较快发展的重大责任，更加充分地做好应对各种困难和风险的准备，更加扎实地做好服务经济建设的各项工作。

2. 牢牢把握为经济平稳较快发展服务的目标要求。要深入贯彻落实科学发展观，以"保障经济社会又好又快发展，维护社会和谐稳定，维护社会公平正义，维护人民权益，维护社会主义法制统一、尊严、权威"为根本目标，以全面履行法律监督职责为根本途径，综合运用打击、保护、监督、预防等职能作用，找准服务的切入点，增强服务的针对性，着力维护市场经济秩序，着力促进农村改革发展，着力保障和改善民生，着力维护社会和谐稳定，不断拓宽服务领域、提高服务水平、增强服务实效，为经济平稳较快发展提供强有力的司法保障和法律服务。

二、立足检察职能，强化为经济平稳较快发展服务的措施

3. 加强对政府投资安全的司法保护，促进中央积极财政政策落实。把保障政府投资安全作为检察机关服务中央扩大内需一系列政策措施顺利实施的重中之重。主动配合审计、财政、纪检监察等部门，重点围绕民生工程、基础设施、生态环境建设和灾后重建等领域的公共资金使用、公共资源配置、公共项目实施，有针对性地建立健全职务犯罪风险预警机制，充分运用预防咨询、检察建议帮助堵塞制度和监管漏洞,严肃查处和积极预防贪污贿赂、失职渎职犯罪,依法打击政府采购中的串通招投标等犯罪。

4. 加强涉农检察工作,促进农村改革发展。把促进农村改革发展作为检察机关服务经济平稳较快发展的基础工程。深入贯彻落实《最高人民检察院关于检察机关为社会主义新农村建设服务的意见》(高检发〔2006〕13 号),依法打击制售伪劣农药、化肥、种子、饲料等生产资料和合同诈骗、强迫交易等破坏农业生产的犯罪,依法打击邪教组织和乡霸、村霸等实施的扰乱农村秩序的犯罪,以及坑骗、残害农民工和强迫劳动等侵犯农民利益的犯罪;继续开展深入查办涉农职务犯罪工作,严肃查办、积极预防农村土地、林木、水利、交通等综合开发、补贴补偿、防灾减灾和教育、医疗、金融改革等领域的职务犯罪以及农村基层干部失职渎职、侵犯人权的犯罪,保障中央各项强农惠农政策的有效实施;加强对涉及土地承包经营权流转、农产品生产经营、农村信贷、投资等领域和农民专业合作社等农村新型市场主体的民事审判、行政诉讼的法律监督;探索对侵害农民工群体劳动报酬、工伤、医疗、养老保险等利益的行为支持民事起诉,切实维护农民合法权益,促进农业发展和农村和谐稳定。

5. 依法保障金融、证券、房地产市场安全健康稳定发展。加强对非法集资等金融犯罪和利用金融产品、融资工具、支付方式创新实施的新型金融犯罪的打击,积极参加反假币、反洗钱等专项活动,维护金融安全;加强对涉及收购、管理、处置国有金融债权的民事案件审判活动的法律监督,防止国有资产流失;加强与银行、证券、保险等行业监管部门的协作配合,惩治和预防从业人员职务犯罪,防范金融风险。加大对操纵股价、内幕交易、披露虚假信息等证券犯罪的打击力度。依法严厉打击操纵建材、建筑和劳动力市场的黑恶势力犯罪,继续抓好集中查办城镇建设领域商业贿赂犯罪工作。密切关注因房价、产权争议,虚假按揭贷款,恶意拖欠工程款、劳务工资等引发的民事经济纠纷,及时监督纠正裁判不公问题,对认为不符合提起抗诉条件的案件,做好申诉人的服判息诉工作,防止引发群体性事件。

6. 依法维护正常的市场秩序。积极参加整顿和规范市场经济秩序专项行动,依法打击各种破坏市场经济秩序的犯罪活动,加大对非法传销等涉众型经济犯罪的打击力度,加强对行政执法和经济犯罪立案侦查活动的法律监督,防止有罪不究、以罚代刑。深化治理商业贿赂工作,加大查处热点领域和重点行业商业贿赂犯罪力度,加强行贿犯罪档案查询等工作,推动社会诚信体系建设。加强民事行政检察工作,及时监督纠正因地方和部门保护主义、司法人员徇私枉法等导致的错误裁判,以及虚假诉讼、虚假调解等以司法形式掩盖违法经济活动的行为,促进依法调节经济关系,保障各类市场主体公平竞争和市场秩序正常运行。

7. 加强对能源资源、生态环境的司法保护。继续抓好深入查办危害能源资源和生态环境渎职犯罪专项工作,认真贯彻执行最高人民检察院《关于加强查办危害土地资源渎职犯罪工作的指导意见》(高检发渎检字〔2008〕12 号),推动办案工作健康有序开展。依法打击造成重大环境污染、严重破坏生态环境的犯罪。加强对涉及节能减排、节水、节地、节材和资源综合利用的刑事、民事、行政案件的法律监督,促进能源资源节约和生态文明建设。

8. 加强对知识产权的司法保护。积极参加保护知识产权的专项行动,提高检察环节办理知识产权犯罪案件的专业化水平,依法打击侵犯知识产权的各类犯罪活动,突出加强对产业转型升级重大关键技术的知识产权保护。加大对知识产权行政执法和司法活动的法律监督力度,充分发挥司法保护知识产权的主导作用,促进创新型国家建设。

9. 依法打击危害食品药品安全的犯罪活动。积极参与食品药品安全专项整治活动,促进刑事司法与食品药品行政执法的衔接,加大对生产、销售有毒有害食品和假药、劣药犯罪活动的打击力度,坚决查办重大食品药品安全事件背后的贪污贿赂、失职渎职等职务犯罪,切实保障人民群众生命健康安全。

10. 依法打击危害安全生产的犯罪活动。积极参与"质量和安全年"活动,加大对非法采矿、非法用工等存在重大安全生产隐患的犯罪的打击力度,依法打击在采矿、运输、施工、消防、校舍建设等领域和环节的重大责任事故犯罪。完善检察机关同步介入重大责任事故调查工作机制,坚决查办事故背后的贪污贿赂、失职渎职等职务犯罪。推动完善刑事处罚、民事赔偿、行政问责相结合的责任追究机制,努力遏制重大责任事故的发生,促进安全发展。

11. 加强对民生诉求的司法保障和司法救济。严肃查办灾后重建、社会保障、劳动就业、征地拆迁、移民补偿、抢险救灾、医疗卫生、招生考试等领域的职务犯罪案件，严肃查办执法不严、司法不公背后的贪赃枉法、失职渎职犯罪，严肃查办国家机关工作人员利用职权实施的侵权犯罪案件，促进解决涉及群众切身利益的难点热点问题。认真办理涉及民生问题的民事行政申诉案件，切实维护司法公正。建立对因犯罪侵害而陷入生活困境的刑事被害人实行救助的制度，加大执行刑事申诉复查纠正决定和刑事赔偿决定的力度，落实检察工作便民利民措施，不断满足人民群众的民生诉求。

12. 切实保障企业的合法权益。依法打击侵害企业合法权益、危害企业生产经营的犯罪活动。加大对损害商业信誉、商品信誉犯罪的打击力度。严肃查办在项目审批、贷款发放、土地征用、工商管理、税收征管等环节利用职务便利向企业索贿受贿和滥用职权、玩忽职守、徇私舞弊造成企业重大损失、破产倒闭的职务犯罪。监督纠正执法司法机关非法插手企业经济纠纷、违法查封、扣押、冻结和划拨企业财产、滥收保证金、滥用强制措施等行为，切实为企业发展营造廉洁高效的政务环境。加强对企业债务纠纷、公司清算、破产等民事案件审理和执行活动的法律监督，平等保护各方利益主体。对造成国有资产流失、国有企业重大利益损失的督促起诉。加强刑事附带民事诉讼和追逃、追赃工作，最大限度挽回企业因犯罪遭受的经济损失。

13. 为经济发展创造和谐稳定的社会环境。依法履行批捕、起诉等职能，坚决打击危害国家安全的犯罪活动，依法严惩黑恶势力犯罪、严重暴力犯罪、多发性侵财犯罪和毒品犯罪，坚决遏制严重刑事犯罪高发势头。依法妥善处理流动人口犯罪以及由经济纠纷引发的暴力讨债、绑架、哄抢等“民转刑”案件。加强涉检信访工作，继续深入开展涉检重信重访专项治理，进一步落实检察长接待群众来访制度，切实开展好检察机关下访、巡访工作，加大督察和责任倒查力度，探索建立涉检重大敏感案件风险评估预警机制，着力抓好源头治理。认真落实检察环节的社会治安综合治理责任，积极参与多元化纠纷解决机制建设，健全办理当事人达成和解的刑事案件的工作机制，结合执法办案加强普法宣传，创新以案释法形式，增强警示教育实效，积极营造学法、懂法、守法、用法的法治氛围，为经济平稳较快发展营造稳定和谐的社会环境。

三、改进执法办案方式方法，增强为经济平稳较快发展服务的能力和实效

14. 严格规范执法行为。牢固树立以人为本、执法为民的执法观和监督者更要接受监督的权力观，坚持严格公正文明廉洁执法。严禁越权办案，严禁到发案单位吃拿卡要，严禁接受赞助，严禁干预发案单位的正常工作秩序和生产经营活动，严禁干预市场主体合法自主的经济行为。

15. 讲求执法策略和方法。依法妥善处理因经济运行困难引发的各类案件，竭力寻找各方利益的平衡点，最大限度地化解矛盾纠纷。查办涉及企业的贪污贿赂犯罪案件，要坚持“一要坚决，二要慎重，务必搞准”，准确把握办案时机，讲求办案策略，及时澄清举报失实和诬告问题，加强与主管部门沟通情况，进一步提高办案效率。办理涉及企业特别是中小企业的案件，不仅要看是否查处了犯罪行为，而且要看是否促进了企业健康发展。

16. 正确把握法律政策界限。认真贯彻宽严相济的刑事政策，既要坚持法律面前人人平等，严格依法办案，又要正确处理打击与保护的关系，严格区分工作失误与渎职犯罪，经济纠纷与经济诈骗，正常合法收入与贪污受贿所得，资金合理流动与徇私舞弊造成国有资产流失，企业依法融资与非法吸收公众存款等罪与非罪的界限，依法惩治犯罪者，挽救失足者，教育失误者，保护无辜者，支持改革者。

17. 慎重使用强制性侦查措施和拘留逮捕措施。要从有利于促进企业生存发展、有利于保障员工生计、有利于维护社会和谐稳定的高度，慎重使用查封、扣押、冻结等强制性侦查措施和拘留、逮捕措施，既要防止涉案企业及其人员转移赃款、逃避制裁，又要防止造成企业资金周转困难，必须采取强制措施的，要快侦快结，决不能因执法不当，给企业生产经营活动造成影响，努力实现法律效果与社会效果、政治效果有机统一。

18. 认真研究和及时应对执法办案中遇到的新情况新问题。深入调研本地经济形势及其对检察工作提出的新期待新要求，广泛听取社会各界尤其是企业界的意见和基层群众的呼声，积极探索服务经济发展的新方法新举措。及时了解当地党委政府推进经济平稳较快发展的部署和措施，结合办案及时发现经济发展、社会稳定方面存在的隐患和问题，积极提出预防犯罪、化解矛盾、防范风险的对策建议。加强与相关执法司法机关的沟通联络，积极推动建立行政执法与刑事司法“网上衔接，信息共享”机制，统筹协调案件的处理。加强司法解释工作，及时提出立法建议，为打击新型经济犯罪提供有力的法律武器。

19. 提高为经济平稳较快发展服务的水平。组织各级检察机关领导干部和一线业务人员学习金融、证券、财政、投资、知识产权等方面的经济知识和法律知识，加强教育培训和岗位练兵，提高办理新型案件、处理专业问题的水平。切实增强在复杂形势下规范执法的能力和做群众工作的能力，用服务经济平稳较快发展的实效衡量和检验业务建设和队伍建设水平。

20. 加强为经济平稳较快发展服务的组织领导。各级检察机关要把为经济平稳较快发展服务作为一项全局性工作摆在重要位置，加强领导，狠抓落实，确保取得实效。上级检察院要加强对下指导，统一执法尺度，排除办案干扰，及时总结经验。要建立健全涉法涉检网络舆情分析、研判和快速响应机制，完善检察机关新闻发布制度，及时回应社会各界对检察机关执法办案工作的关切。加强信息报送工作，在服务经济平稳较快发展中遇到的重大情况和法律适用争议问题，要及时向上级检察院报告，确保形成服务经济平稳较快发展的合力。

最高人民检察院关于印发《2009—2012年基层人民检察院建设规划》的通知

2009年2月27日　高检发〔2009〕9号

各省、自治区、直辖市人民检察院，军事检察院，新疆生产建设兵团人民检察院：

现将《2009—2012年基层人民检察院建设规划》（以下简称《规划》）印发给你们，请结合实际，认真贯彻执行。

制定实施《规划》，是全面贯彻落实党的十七大精神和胡锦涛总书记等中央领导同志对检察工作重要指示，深入学习实践科学发展观，不断开创检察工作新局面的重要举措，对于夯实检察机关基层基础工作，提高基层检察院建设整体水平，推进中国特色社会主义检察事业发展，具有十分重要的意义。各级检察机关要从检察事业长远发展的战略高度，把落实《规划》列入重要议事日程，深入学习宣传，认真组织实施，明确目标要求，狠抓任务落实，务求取得实效。在贯彻落实中要加强调查研究，积极探索基层检察院建设内在规律，建立健全工作机制，推进基层检察院建设不断深入发展。

各地在执行中遇到的问题，请及时报告最高人民检察院。

2009—2012年基层人民检察院建设规划

基层检察院是全部检察工作的基础，是检察机关联系人民群众的桥梁与纽带，是维护社会和谐稳定和公平正义的第一线平台。经过检察机关恢复重建三十年来的不懈努力，基层检察院建设取得了显著成绩。在全面实施依法治国方略，加快建设社会主义法治国家新的历史进程中，基层检察院的作用更加重要，加强基层检察院建设的要求更加紧迫。为进一步巩固和发展基层检察院建设成果，提高基层检察院建设水平，根据基层检察院建设面临的新形势，制定本规划。

一、基层检察院建设的总体思路、基本原则和目标

1. 基层检察院建设的总体思路是：高举中国特色社会主义伟大旗帜，坚持以邓小平理论和"三个代表"重要思想为指导，深入贯彻落实科学发展观，全面落实《中共中央关于进一步加强人民法院、人民检察院工作的决定》，坚持"强化法律监督，维护公平正义"的检察工作主题，以执法规范化、队伍专业化、管理科学化、保障现代化为方向，以业务建设为中心，以队伍建设为根本，以深化改革为动力，努力建设思想政治坚定、执法能力过硬、领导班子坚强、队伍素质精良、管理机制健全、检务保障有力、社会形象良好的基层检察院，打牢检察工作坚实基础，努力开创中国特色社会主义检察事业新局面。

2. 基层检察院建设的基本原则是：

——坚持改革创新、与时俱进。着眼时代发展，以改革为动力，以机制创新为重点，不断激发基层检察院的生机与活力，增强基层检察院的发展后劲。

——坚持统筹兼顾、全面发展。统筹东部和中西部地区基层检察院情况，统筹基层检察院的业务、队伍和保障建设，统筹各级检察院及其内设机构在基层检察院建设中的职能作用，推动基层检察院建设全面协调可持续发展。

——坚持实事求是、分类指导。根据基层检察院建设发展不平衡的客观实际，制定切实可行的发展思路、目标任务和工作措施。加强分类指导，增强指导基层检察院建设的针对性和实效性。

——坚持以人为本、和谐发展。坚持从严治检与从优待检并重，关心爱护基层检察人员，促进检察人员全面发展，促进检察机关内部工作环境和外部执法环境和谐。

3. 基层检察院建设的基本目标是：

——推进执法规范化建设。强化规范执法意识，严格依法履行检察职能。细化和落实执法行为规范，建立完善的执法行为规范体系。加强执法行为规范培训，使检察人员熟练掌握执法行为规范。落实工作责任，健全监督机制，提高执法行为规范的执行力。

——推进队伍专业化建设。严格检察职业准入，疏通队伍出口，完善基层选人用人机制。推进正规化分类培训，广泛开展岗位练兵、业务竞赛活动，加强法律监督能力建设。建立完善具有检察职业特点的基层检察队伍管理制度和机制，提升检察队伍专业化水平。

——推进管理科学化建设。运用符合司法规律和检察工作特点的管理模式科学管理各项检察工作。推进检察业务、队伍、保障和信息化相结合的管理机制建设。优化机构和职能配置，实行检察人员分类管理。科学考评基层检察工作。

——推进保障现代化建设。建立与经济社会发展、财力增长水平和检察工作实际需要相适应的基层检务保障体系。加大经费投入，完善经费保障机制。加强科技装备保障建设，改善办公、办案条件。完善和落实基层检察队伍职业保障。

二、基层检察院建设的主要任务

（一）加强思想政治建设，坚定正确的政治方向

4. 强化理论武装。用马克思主义中国化的最新理论成果武装头脑、指导实践、推动工作，增强走中国特色社会主义法治道路的自觉性和坚定性。按照科学发展观要求加强和改进检察工作，牢固树立并贯彻落实社会主义法治理念。深入学习贯彻胡锦涛总书记等中央领导同志对检察工作的重要指示，始终忠于党、忠于国家、忠于人民、忠于法律。牢牢把握检察机关的宪法定位，坚持中国特色社会主义检察制度，坚持政治属性、人民属性、法律监督属性的有机统一。

5. 加强经常性思想政治教育。坚持国情教育、忠诚教育、革命传统教育、检史检情教育，引导检察人员树立正确的世界观、人生观、价值观和大局观、执法观、政绩观、权力观。建立机关、家庭、社会互动网络，将思想政治教育拓展到八小时以外，延伸到检察人员的生活圈、社交圈和娱乐圈。根据外部环境和队伍结构的新变化，分析掌握检察人员思想状况，把解决思想问题与解决实际问题结合起来，增强思想政治工作的针对性和实效性。

6. 突出执法为民教育。结合基层检察工作与人民群众联系密切的特点，引导检察人员弄清"为谁执法、靠谁执法"的根本问题，牢固树立以人为本、执法为民的执法观和司法民主观念，把维护好人民权益作为衡量检察工作的根本标准，切实尊重人民群众的主体地位，把工作着力点放在解决人民群众最关心、最直接、最现实的利益问题上，真正站在人民群众的立场上考虑问题、谋划工作，增进基

层检察队伍与人民群众的血肉联系。

7. 加强党的先进性建设。加强和改进基层检察院党组织建设,不断完善以保持共产党员先进性为核心的党建长效机制。紧贴检察业务开展党建工作,探索符合检察工作特点的思想政治工作保障机制。按照"一岗双责"要求,落实党建工作责任制。坚持党内民主生活制度,注重党员的教育管理,充分发挥基层党组织的战斗堡垒作用和党员干部的先锋模范作用,以党的建设带动和推进检察队伍建设。

8. 加强检察宣传和文化建设。不断加大检察宣传力度,丰富宣传形式,拓展宣传阵地,增强宣传效果。大力发现、培养和宣传基层涌现出来的先进典型,树立检察机关的良好形象。大力弘扬社会主义核心价值体系,建设检察职业文化,培育检察职业精神,提高检察职业道德水准,坚守检察职业信仰。开展创建学习型检察院活动,建立完善检察文化设施和场所,开展形式多样的群众性文化活动,营造文化建设的良好氛围。

9. 加强纪律作风和廉政建设。认真落实"八个坚持、八个反对"要求,讲党性,重品行,作表率。认真贯彻落实《建立健全惩治和预防腐败体系2008—2012年工作规划》,深入推进基层检察院惩治和预防腐败体系建设。严格执行党风廉政建设责任制,将责任分解、责任考核和责任追究落到实处。针对发生在基层的司法腐败和损害群众利益的不正之风,强化检务督察工作,严肃查处违纪违法问题。

(二)加强检察业务建设,维护社会和谐稳定和公平正义

10. 坚持以检察业务工作为中心。以是否有利于促进检察业务工作发展作为检验其他检察工作的重要标准,把法律监督工作真正落实到基层。政策向检察业务工作倾斜,力量向检察业务工作集中,配强业务工作领导和骨干,优化业务工作机制。落实检察长和业务部门负责人带头办案制度,加大检察业务工作力度,提高执法水平和办案质量。

11. 全面正确履行检察职能。依法严厉打击各种危害国家安全和社会稳定的刑事犯罪,积极查办和预防职务犯罪,强化对诉讼活动的法律监督,切实担负起维护党的执政地位、维护国家安全、维护人民权益、确保社会大局稳定的首要政治任务。正确处理监督与配合、打击与保护、惩治与预防、刑事与民事、实体与程序、办案数量与办案质量、效率与效果的关系,认真执行宽严相济的刑事政策,推动检察业务工作全面协调可持续发展。

12. 因地制宜突出工作重点。把认真贯彻执行高检院的部署要求与立足本地实际创造性开展工作有机结合起来,紧紧围绕服务科学发展大局、围绕服务人民群众、围绕维护公平正义主线、围绕促进社会和谐稳定,确定法律监督工作的重点。组织各种专项法律监督活动,落实检察环节的社会治安综合治理措施,充分发挥检察机关的职能作用,营造和谐稳定的社会环境。

13. 坚持工作重心下沉。强化民生意识,拓宽工作渠道,把检察工作服务科学发展的阵地前移,深入街道、乡镇、社区,面对面倾听和解决人民群众的诉求,筑牢化解矛盾纠纷、维护稳定的第一道防线,切实做到工作联系在基层、调处案件在基层、化解矛盾在基层。积极探索派驻街道、乡镇、社区检察机构建设。重视和加强涉检信访工作,深入开展重信重访治理,落实信访督察专员制度、首办责任制度、检察长接访制度和下访、巡访制度,切实增强涉检信访工作的实效。

14. 完善执法办案制度机制。加强过程控制和质量管理,强化对执法办案易发问题及重点岗位、环节的控制和监督。完善案件质量评价指标体系,建立办案质量和效率预警机制。健全检察人员执法档案,完善检务督察工作机制、检察业务考评机制和内部纠错机制。加强对执法活动的监督检查,确保各项执法行为规范落到实处。

15. 加强检察委员会建设。认真执行《人民检察院检察委员会组织条例》,充分发挥检察委员会在检察业务建设中的领导作用,确保重大案件和有关业务工作的重大问题必须经过检察委员会讨论决定。严格执行民主集中制原则,健全检察委员会工作机制,规范议事程序,改善组成人员的专业知识结构,选好配强检察委员会专职委员,加强检察委员会决定、决议贯彻落实情况的监督检查。

16. 深入推进检务公开。落实司法民主要求,依法规范检务公开内容,拓宽检务公开方式,及时满足人民群众对检察工作的知情权、监督权。对社会和人民群众关注的岗位和环节,依法公开执法依据、过程、进度、结果、文书,自觉接受监督。规范人民监督员的选任和管理,建立对人民群众举报、控告、申诉的办理、督察、查究和反馈机制,不断提高

执法透明度和公信力。

（三）加强领导班子建设，提高领导检察工作科学发展的能力和水平

17. 坚持以领导班子建设为龙头。以提高领导能力和执法能力为核心内容，以贯彻执行民主集中制、树立正确用人导向、改进领导作风为重点，努力把基层检察院领导班子建设成为坚定贯彻党的理论和路线方针政策、忠实履行宪法和法律赋予的职责、善于领导科学发展的坚强集体，充分发挥基层检察院领导班子的模范带头作用。

18. 加强组织建设。充分履行干部协管职责，选好配强基层检察院领导班子特别是检察长，形成合理的年龄结构、完善的知识结构和互补的能力结构。建立基层检察长和上级检察院领导干部互动机制，对市级检察院空缺的副职岗位和部门领导职位，优先选拔优秀基层检察长；上级检察院年轻优秀的中层干部，可放到基层任职。实行基层检察长任免报省级检察院备案制度。推进基层检察长异地交流制度。加强后备干部队伍建设和优秀年轻干部培养锻炼工作。2012 年基层检察院换届时，领导班子成员中应有 35 岁左右的年轻干部。

19. 加强能力建设。抓好对领导班子成员的政治轮训和领导素能培训，提高宏观决策能力、创新发展能力、组织管理能力和业务工作能力。2009—2010 年，最高人民检察院对全国基层检察长进行轮训。基层检察院领导干部要深入农村、街道、社区挂点联系，提高新形势下做好群众工作的能力。继续采取基层检察院领导干部挂职、轮岗等措施，改善素质结构，提升能力层次，切实增强领导检察工作科学发展的水平。

20. 加强制度建设。健全以党的民主集中制为核心的集体领导和个人分工负责相结合的决策制度，科学决策、民主决策、依法决策。加强党组制度建设，建立切实可行的操作性规范，充分发挥党组会的作用。坚持党组民主生活会，提高党组民主生活会的质量，健全落实班子内部谈心、提醒谈话等制度。

21. 加强监督制约。试行基层检察长向市级检察院报告工作制度。建立健全市级检察院、省级检察院对基层检察院领导班子全面考核制度和巡视制度，强化对基层检察院领导班子特别是检察长的监督。认真落实领导干部诫勉谈话、述职述廉和个人重大事项报告制度。对软弱涣散的领导班子和不胜任现职的领导干部，商地方党委及时调整。

（四）加强检察队伍建设，提高整体素质和专业化水平

22. 坚持以检察队伍建设为根本。充分认识检察队伍建设对全部检察工作的保证作用，始终把检察队伍建设作为永恒主题抓紧抓好。以提高检察人员的思想政治素质、业务素质、科学文化素质和身体心理素质为重点，以提高法律监督能力为核心，加强教育、管理和监督，建设高素质、专业化的基层检察队伍。

23. 充实基层检察力量。加大人才招录补充力度，新增检察编制分配重点向基层倾斜，特别是优先补充案多人少的基层检察院。动员组织上级检察机关干部到工作任务重的基层检察院去工作。认真落实中央关于政法院校为基层检察院定向招录、培养、输送专业人才的部署，从根本上解决西部和贫困地区基层检察院检察官短缺问题。到 2012 年底，基本解决西部地区部分基层检察院没有全日制大学法律本科毕业生的问题，基本解决基层检察院业务岗位人员短缺的问题。

24. 严格职业准入。依照编制规模和法定资格条件招录选任初任检察官和新进人员，严禁超编违规进人。改革完善基层检察院进人机制，逐步推行按职位分类招录，公开定向招录高素质人才。完善考试录用基层检察人员办法，由省级检察院统一组织招考和调剂录用。

25. 加强职业培训。认真实施《检察官培训条例》和《最高人民检察院关于 2009 年—2012 年大规模推进检察教育培训工作的实施意见》，确保培训目标在基层得到落实。中层以上领导干部每年脱产培训时间不少于 110 学时，其他检察人员不少于 100 学时。加强初任检察官和晋升资格培训，大力开展岗位练兵和业务竞赛等活动，支持在职检察人员继续学习。到 2012 年，每个基层检察院大学本科以上学历比例较 2008 年底提高 10%。加大业务尖子和高层次人才培养力度，加强司法考试培训辅导工作。推进教育培训改革，提高培训的针对性和实效性。

26. 完善职业保障。认真执行检察人员职级待遇、工资、福利、津贴、休假和医疗保障政策。落实因公牺牲检察官特别补助金和特别慰问金制度。依法保障检察人员的人身财产安全，提供履行职责应当具备的基本条件。严格执行法定退休年龄制

度,非依法定条件并经法定程序不得要求检察人员提前离岗或退休。对国家规定的职业保障政策,基层检察院要积极争取落实,上级检察院要加强督促、协调落实。

27. 深化队伍管理改革。科学设置基层检察院内设机构,规范基层检察院各业务部门之间职能划分,优化检察职能配置,整合检察资源,使基层检察院的法律监督能力得到进一步增强。积极稳妥地推行检察人员分类管理改革,建立符合司法规律和检察职业特点的干部管理体系,为基层检察官等级晋升预留空间。深化干部人事制度改革,建立完善民主、公开、竞争、择优的选人用人机制。完善基层检察队伍监督和激励机制,维护队伍纯洁,激发工作活力。

(五)加强检务保障建设,夯实检察工作发展的物质基础

28. 以检务保障建设为支撑。坚持把检务保障作为检察工作科学发展的基础环节来抓,不断提高检务保障能力和现代化水平。以保障检察工作的物质需要和良性运转为目标,以经费保障、科技装备建设、"两房"建设和信息化建设为重点,抓保障,保中心,促发展,全面加强检务保障建设。

29. 加强基层检察院经费保障。积极争取地方党委和政府支持,落实县级检察院公用经费保障标准。认真落实中央关于加强政法经费保障的总体部署,逐步建立基层检察院公用经费正常增长机制,规范和落实基础设施建设的经费保障,改革和完善基层检察院经费管理制度。建立检察教育培训经费保障标准体系,把培训经费纳入同级财政业务经费项目预算。

30. 加强科技装备保障建设。认真执行《人民检察院2008—2010年科技装备发展规划纲要》,完成基层检察院科技装备发展目标和基本任务,落实和完善各类业务装备配备标准,加强科技装备建设,逐步建立适应基层检察工作需要的现代化科技装备体系。

31. 全面完成"两房"建设任务。加强与有关部门协商,进一步加大投入,重点支持尚未完成"两房"建设的基层检察院加快建设进度,力争在2010年底全部完成"两房"建设任务。争取有关部门的支持,妥善解决"两房"建设债务。

32. 加强基础网络和网络安全建设。到2010年底,92%以上的基层检察院完成局域网建设,88%以上的基层检察院联入专线网,到2011年底全部完成局域网和专线网建设。适应本地区检察工作发展需求,做好专线网的升级、扩容工作。认真落实网络安全建设要求,逐步完善网络安全体系。

33. 推进信息化应用。围绕检察工作需要开展办案应用,实行办案过程网络化管理、流程化控制,加强与相关执法部门的信息共享平台建设。全面推进办理职务犯罪案件讯问犯罪嫌疑人全程同步录音录像工作。广泛开展办公应用和队伍建设应用,实现网上公文流转和信息交换,实现队伍信息动态更新,探索建立网上绩效考评系统、在线学习系统、网上教育培训系统等,不断拓展应用领域,提高科技应用水平。

三、基层检察院建设的考核、表彰和奖励

34. 开展争创先进基层检察院活动。在全国基层检察院深入开展以思想政治坚定、执法能力过硬、领导班子坚强、队伍素质精良、管理机制健全、检务保障有力、社会形象良好为主要内容的争创先进基层检察院活动。在省、市级检察院开展争创基层检察院建设组织奖活动,推动基层检察院建设高点定位、创新发展,不断掀起争先创优热潮。

35. 先进基层检察院的基本标准是:

——思想政治坚定。高举中国特色社会主义伟大旗帜,坚持中国特色社会主义道路,坚持中国特色社会主义理论体系,牢固树立并践行社会主义法治理念,始终与党中央保持高度一致,坚决贯彻执行最高人民检察院的工作部署和要求。

——执法能力过硬。敢于监督,善于监督,全面履行法律监督职能,检察工作全面发展。执法活动严格、公正、文明、廉洁,执法行为规范,执法程序严密,执法监督有力,执法质量好、效率高。无违法办案现象和办案安全事故。

——领导班子坚强。坚决贯彻执行党的路线方针政策和上级组织的决定,坚持民主集中制,决策科学民主。检察长讲党性、懂法律、善管理、会协调、重品行、作表率。班子结构合理,求真务实,开拓创新,勤政廉政,团结协调,率先垂范,凝聚力、战斗力和创造力强。

——队伍素质精良。政治坚定,业务精通,作风优良,执法公正。年龄、知识和专业结构合理,法律监督能力强。文化氛围浓厚,内部关系和谐,队伍凝聚力强,精神风貌好。

——管理机制健全。检察业务、队伍、保障和

信息化等各个方面制度健全，管理规范，执行有力，落实到位，检察工作机制完整系统、相互配套、高效运转、富有特色。

——检务保障有力。检察经费保障、科技装备建设、信息化建设和基础设施建设满足检察工作需要，与当地经济社会发展水平相适应。检察人员职业保障良好，工作条件和生活环境良好。

——社会形象良好。人民群众对检察机关反映好、认同度高。检察工作得到党委、人大、政府、政协及有关部门的充分肯定和支持，执法环境良好。检察宣传形式新颖、效果显著。

36. 基层检察院的考核。坚持客观公正、公开透明、注重绩效、社会公认的原则，内容科学合理，形式简便易行，对基层检察院进行全面考核。考核工作由省级检察院统一领导，市级检察院组织实施。市级检察院每年都应当对所属基层检察院进行一次全面考核。

省级检察院可以根据本地区经济社会和基层检察院发展的差异性和不平衡性等实际情况，制定分类标准，实行分类考核。

省级检察院应当将基层检察院的考核结果与对市级检察院的考核挂钩，把基层检察院建设工作的情况作为考核评价市级检察院工作的一项重要内容。

37. 基层检察院建设工作的表彰和奖励。在考核基础上，市级检察院每年评选表彰一批市级先进基层检察院，表彰比例不超过所属基层检察院总数的30%；省级检察院每两年从市级先进基层检察院中评选表彰一批省级先进基层检察院，表彰比例不超过所属基层检察院总数的20%；最高人民检察院每两年从省级先进基层检察院中评选表彰200个全国先进基层检察院，并对组织开展基层检察院建设成绩突出的省、市级检察院，授予全国检察机关基层检察院建设组织奖。

全国十佳基层检察院从荣获全国模范检察院称号并被省级检察院推荐为本届全国先进基层检察院候选单位的基层检察院中产生。

四、基层检察院建设的组织领导和检查指导

38. 各级检察院要牢固树立检察工作一体化思想，把基层检察院建设作为事关检察事业长远发展的战略任务来抓，统一思想，整合资源，凝聚力量，共同努力，研究新情况，解决新问题，提出新措施，切实履行好基层检察院建设职责。

最高人民检察院主要负责制定全国基层检察院建设的总体规划，确定阶段性工作目标和要求，协调解决在全国带有普遍性的问题，督促检查各省级检察院贯彻落实有关基层检察院建设的部署和要求，加强宏观指导。

省级检察院主要负责制定本地区基层检察院建设总体方案和工作措施，制定年度基层检察院建设实施意见，协调解决在本地区带有普遍性的问题，加强分类指导、重点指导。

市级检察院是基层检察院建设的一线指挥部。主要负责制定本地区基层检察院建设实施细则，组织考核评比，选好配强基层检察院领导班子特别是检察长，协调解决基层检察院建设中的实际困难和问题，加强具体指导。

基层检察院主要负责基层检察院建设的具体实施工作。要按照上级检察院和当地党委部署，紧密结合实际，不等不靠、开拓进取，精心组织、认真实施，创造性开展工作，全力以赴搞好建设，把上级检察院的各项要求全面准确地落到实处。

39. 不断完善基层检察院建设工作机制。着力构建检察长负总责、班子成员分工负责、政工部门组织协调、职能部门齐抓共管的工作格局。省级检察院应有指导基层检察院建设的机构，市级检察院应指定内设机构或专人负责基层检察院建设的日常工作。市级以上检察院党组每年至少两次专题研究基层检察院建设工作。坚持和完善上级检察院领导干部联系基层检察院制度和内设部门对口指导制度。加强示范院建设，建立动态示范机制，充分发挥示范院的引领辐射作用。健全基层检察院互帮互学、结对帮扶机制。

40. 自觉接受党委领导和人大监督。把基层检察院建设置于党的领导之下，坚持党内请示报告制度，自觉接受人大及其常委会的监督，主动向政府、政协通报工作，与人大代表和政协委员保持经常性联系，加强与其他政法机关和行政执法部门的联系与协作，形成各方重视、支持和监督基层检察院建设的良好局面。

41. 认真抓好本规划的落实。各级检察院要结合实际，积极采取措施，认真落实本规划。最高人民检察院将分别于2010年和2012年对省级检察院落实情况进行检查。省级检察院要根据本规划制定实施意见，对本地区落实情况进行督促检查。

基层军事检察院的建设，参照本规划执行。

最高人民检察院关于印发《最高人民检察院关于2009年—2012年大规模推进检察教育培训工作的实施意见》的通知

2009年3月26日　高检发政字〔2009〕17号

各省、自治区、直辖市人民检察院，军事检察院，新疆生产建设兵团人民检察院：

现将《最高人民检察院关于2009年—2012年大规模推进检察教育培训工作的实施意见》印发给你们，请结合实际，认真贯彻执行。

最高人民检察院关于2009年—2012年大规模推进检察教育培训工作的实施意见

为深入贯彻党的十七大精神，进一步加强检察教育培训工作，加快建设高素质检察队伍，推动检察事业科学发展，现就大规模推进检察教育培训工作提出以下意见。

一、从全局和战略的高度，深刻认识大规模推进检察教育培训工作的重大意义

当代中国，正处在经济转轨、社会转型的重要历史时期。检察机关经过恢复重建三十年来的发展，检察事业和检察队伍建设取得了显著成效，面临难得机遇和新的挑战。面对新形势新要求，进一步加强队伍建设，全面落实中央关于继续大规模培训干部、大幅度提高干部素质的战略部署，大规模推进检察教育培训工作，充分发挥检察教育培训的先导性、基础性和战略性作用，意义十分重大。

（一）大规模推进检察教育培训工作，是检察机关高举中国特色社会主义伟大旗帜、始终坚持正确政治方向的必然要求。党的十七大指出，高举中国特色社会主义伟大旗帜，最根本的就是要坚持中国特色社会主义道路和中国特色社会主义理论体系。加强思想理论建设，是我们党永葆先进性的根本保证，也是检察工作沿着正确方向不断前进的根本保证。检察教育培训是关系检察事业全面发展和进步的重要基础性工作。只有大规模推进教育培训工作，大力加强中国特色社会主义理论体系培训学习，继续深化社会主义法治理念教育，才能不断增强全体检察人员对中国特色社会主义的政治认同、理论认同、感情认同，更加自觉、更加坚定地做中国特色社会主义事业的建设者、捍卫者和社会公平正义的守护者。

（二）大规模推进检察教育培训工作，是全面加强和改进检察工作、努力开创中国特色社会主义检察事业新局面的客观需要。党的十七大对加快建设社会主义法治国家、建设公正高效权威的社会主义司法制度作出了战略部署。胡锦涛总书记等中央领导同志有关政法工作和检察工作的一系列重要讲话和指示，为全面加强和改进检察工作、开创检察事业新局面进一步指明了方向。检察工作要在新的历史起点上实现自身的科学发展、有效服务和有力保障经济社会科学发展，必须把教育培训纳入检察事业整体布局、提到优先发展的战略地位，把中国特色社会主义检察理论和实践作为教育培训的主要内容，组织和引导全体检察人员认真学习、深刻领会、准确把握党中央关于检察工作一系列重大理论和实践问题的重要论述，紧紧围绕检察业务中的重点、热点和难点问题进行学习和研究，进一步提高贯彻党的理论和路线方针政策的能力和水平，提高法律监督和公正执法的能力和水平，提高推动科学发展、促进社会和谐的能力和水平。

（三）大规模推进检察教育培训工作，是按照严格公正文明执法的要求建设高素质检察队伍的紧迫任务。经过长期不懈的努力，检察队伍人员结构、知识层次有了较大改善，但整体素质和专业化水平不高的问题尚未根本改变，总体状况与严格公正文明执法的要求还有不小差距，一些地方专业人才缺乏、检察官断档等问题还比较突出。教育培训作为检察队伍建设的基础性、先导性、战略性工程，是提高队伍素质和能力的有效途径和重要手段。解决检察队伍建设存在的突出问题，必须按照专业化建设要求，大力加强法律监督能力建设，大规模推进教育培训工作，大幅度提高检察队伍政治业务素质，努力培养一支能够适应新时期法律监督工作需要、党和人民满意的高素质检察队伍。

二、坚持以科学发展观为统领，进一步明确大规模推进检察教育培训工作的总体要求

（一）大规模推进检察教育培训工作的总体思路是：高举中国特色社会主义伟大旗帜，以邓小平理论和“三个代表”重要思想为指导，深入贯彻落实科学发展观，按照党的十七大精神和胡锦涛总书记等中央领导同志关于建设高素质检察队伍的重要指示精神，以增强法律监督能力为核心，以促进专业化建设为方向，以领导骨干和业务一线检察官为重点，以改革创新为动力，全面推进检察教育培训工作，大规模组织正规化培训，广泛开展岗位练兵，大力强化高层次人才培养，着力加强西部和基层教育培训工作，为检察事业科学发展提供坚强的思想政治保证、人才保证和智力支持。

（二）大规模推进检察教育培训工作的基本目标是：检察教育培训规模进一步扩大，正规化培训覆盖全员。教育培训的针对性、适应性、实效性进一步提高，质量全面提升，效果整体优化。基础建设明显加强，培训投入逐年加大，保障能力不断提高，教育培训持续发展的后劲切实增强。检察教育培训的体系、制度日渐完善，检察人员素质能力养成机制进一步建立健全。经过四年努力，全面实现从学历教育向能力教育的转变，从应急性、临时性培训向系统化、规范化培训的转变，从一般法律课程、讲座向多形式、多层次的岗位培训的转变。

（三）大规模推进检察教育培训工作应当遵循下列原则：

——坚持把提高思想政治素质摆在首位。把政治理论教育学习贯穿于各级各类检察教育培训始终，努力使检察教育培训成为宣讲中国特色社会主义理论体系的重要阵地。

——坚持把增强法律监督能力作为核心。紧紧围绕法律监督能力建设组织开展各类培训。重点加强检察领导能力及检察业务领域必需、急需的各种法律监督技能的训练培养。

——坚持以人为本，理论联系实际。紧密联系检察业务和队伍建设实际，围绕各类检察人员岗位工作实际开展培训，切实做到以人为本、按需施教、因人施教、学用一致。坚持质量为先、规模与效益并重，不断增强培训的针对性、实效性和吸引力。

——坚持全员培训，分级实施。规范培训职能分工，突出重点，保证培训的全员覆盖。最高人民检察院重点培训省级检察院领导班子成员、分州市院和基层检察院检察长、省级检察院业务部门主要负责人及部分拟任检察官和晋升高级检察官人员、最高人民检察院干部；省级检察院重点培训本地区其他检察领导干部、业务骨干及拟任检察官和晋升高级检察官人员；分州市院按省级检察院部署培训基层检察院检察人员；基层检察院抓好在岗学习，发挥岗位实践锻炼培养人才和业务骨干在带动业务发展、人才成长中的作用。

——坚持改革创新，科学发展。深化制度机制创新。重点改革完善教育培训的体系模式、内容方式、管理制度。加快建立检察人员培训、考核、任用三位一体的有效机制。面向一线、倾斜基层、加强西部，逐步实现检察教育培训全面协调可持续发展。

三、不断加大政治理论教育培训力度，坚定做中国特色社会主义事业建设者、捍卫者和社会公平正义守护者

（一）持之以恒加强中国特色社会主义理论体系教育培训。把学习中国特色社会主义理论体系作为检察教育培训的中心内容和首要任务，切实做到“进教材、进课堂、进头脑”，教育引导队伍坚持“三个至上”、“四个在心中”，提高运用科学理论分析解决实际问题的能力，增强建设、捍卫中国特色社会主义事业的坚定性、自觉性。

(二)继续深化社会主义法治理念教育培训。把社会主义法治理念作为必修内容融入各类培训,健全集中教育与自我教育、理论学习与岗位践行相结合的长效机制,教育引导队伍端正执法观念、改进执法作风、规范执法行为、改善执法形象,切实提高执法公信力、维护社会公平正义。加强中国特色社会主义检察制度和检察理论的教育培训,帮助广大检察人员掌握中国特色社会主义检察理论、坚定坚持和发展完善中国特色社会主义检察制度的信心和决心。

(三)不断加强检察职业道德、职业纪律教育培训。把反腐倡廉教育作为各级各类检察教育培训的必修课程专门安排,逐步建立起具有检察特色的廉政教育常态机制。坚持廉政教育与职业道德职业纪律教育相融通、日常教育与集中教育相结合,重点强化对党员领导干部、新进人员及拟任检察官人员的廉政教育、职业道德和职业纪律教育,强化廉洁从检意识,增强职业自律能力。

(四)突出加强领导干部政治轮训。分主题对领导干部进行政治轮训,促进政治轮训制度化、规范化和实效化。重点抓好地方三级检察院班子成员的政治轮训,着力强化党性观念、全局观念、政治纪律观念和责任意识,提高政策理论修养,提高廉洁自律、抵御风险、拒腐防变能力。从2009年开始,最高人民检察院每年结合年中全国检察长座谈会对省级检察院检察长和最高人民检察院各部门、单位主要负责人进行一次政治轮训。

四、全面推进正规化岗位培训,切实强化法律监督能力建设

(一)深化正规化培训体系建设,实现岗位培训的全员覆盖。完善和巩固以领导素能培训、任职资格培训、专项业务培训和岗位技能培训为基本类型的岗位培训体系,坚持系统内自主培训与选派参加系统外培训相结合,建立健全检察人员每年定期培训制度;配合检察人员分类管理改革,进一步规范和细化分级分类实施的正规化培训体系。

(二)着力强化领导素能培训。加强领导科学、管理科学等内容的培训学习,提高领导干部领导推动和服务科学发展、“带队伍、促业务”、做群众工作和应对突发公共事件的能力。最高人民检察院在2008年完成分州市院检察长轮训的基础上,2009年轮训完省级检察院领导班子成员,2010年底前轮训完基层检察院检察长,2012年底前轮训完省级检察院业务部门负责人。省级检察院2011年底前轮训完分州市院、基层检察院的班子成员,2012年底前轮训完分州市院、基层检察院业务部门负责人。有条件的分州市院可按省级检察院部署轮训基层检察院业务部门负责人。开展后备干部培训。

(三)大力加强任职资格培训。严格实行凡进必训,规范晋级培训,做到非经培训不能上岗任职、不能晋级。重点加强和完善初任检察官、晋升高级检察官资格培训及新进大学生、军转干部等新进人员岗前培训。强化新任领导干部适应性任职培训,新任领导干部任前未接受培训的,应在任职后一年内组织补训或参加相关培训。针对拟任岗位特点和履职需要,探索转岗培训和其他任职培训。

(四)全面加强专项业务培训。以执法业务骨干为重点,大规模开展专项业务培训,着力加强从事各项检察工作必需、急需的专门技能培训,注重培养做群众工作和处置突发公共事件的能力。加强上级检察院业务部门对下级院业务工作与业务培训的指导,推动业务工作与业务培训相互促进、全面发展。从2009年开始,最高人民检察院每年举办15—20期全国性专项业务培训,培训地方和最高人民检察院业务骨干2000人左右;各省(自治区、直辖市)每年培训人数应不少于辖区检察人员总数的四分之一。

(五)认真组织岗位通用技能和综合知识培训。适应网上办公办案需要,开展电子检务培训。广泛组织司法语言、公文写作与文书处理和外语等岗位通用技能培训。积极开展综合知识培训,引导检察人员努力学习哲学、社会学、经济学、历史学及其他社会科学理论和自然科学知识,不断改善知识结构。

(六)深入推进岗位练兵活动。研究检察机关全员岗位练兵与业务竞赛指导性意见,加强对下指导,推动岗位练兵、业务竞赛制度化和长效化。推广岗位练兵成熟经验和可行模式,尊重和发挥地方各级检察院首创精神,摸索岗位练兵新模式。坚持“传、帮、带”和“练、学、赛、用”相结合,推行主题式岗位练兵,开展案例研讨评析、审讯庭审观摩点评、技能演练交流等活动,突出实战、实务技能训练。着力加强基层检察院岗位练兵,保证全员参与。分级组织业务竞赛。

(七)广泛开展创建学习型检察院活动。以提高自主学习、创新学习能力为重点,因地制宜开展创建活动。引导树立终身学习观念,大兴学习钻研之风,坚持岗位学习、自主学习,倡导多形式团队学习,营造崇尚学习、精研法律、精研业务和自我充实、自我提高的良好氛围,不断学习新知识、增长新本领。

五、继续强化高层次检察人才培养,加快构建检察人才战略高地

(一)进一步规范检察人才选拔评审工作。根据各类检察业务工作特点,针对具体检察业务实践需要,研究和细化、完善检察人才选拔评审办法。探索按业务类别和工作内容、工作特点分类培养评审检察人才。在继续考察检察人才必要的理论素养、研究能力同时,更加注重考察业务能力、业务水平和业务实绩。

(二)造就一批检察业务专家。今后四年,最高人民检察院组织评审两批共150名左右全国检察业务专家,使全国检察业务专家达到200名左右。各省级检察院培养选拔的省级检察业务专家达到30至50名。

(三)培养一批检察业务尖子和办案能手。今后四年,结合业务工作实践、业务竞赛、业绩考核、人才评审等,各市(地区、自治州、盟)分别培养选拔30名以上的检察业务尖子,各基层检察院培养选拔一批办案能手。

(四)积极培养检察事业科学发展急需的其他人才。抓紧培养一批拔尖检察理论研究人才,推动检察理论研究的繁荣与发展。努力培养检察技术人才、检察管理人才和检察工作所需的其他人才,改善检察人才队伍结构。

六、着力加强西部和基层教育培训,进一步解决检察教育培训发展不平衡问题

(一)深入推进西部、基层培训工程。最高人民检察院每年在国家检察官学院培训西藏、新疆和其他西部少数民族地区中青年检察业务骨干300人以上,同时保证全国性培训班次西部地区骨干参训比例不低于三分之一;国家检察官学院分院定向培训西部地区业务骨干;东中部地区加大代培代训西部地区业务骨干等对口支援力度;试行西部地区教育培训重点项目支持。支持、帮助培养藏汉、维汉、蒙汉等“双语”人才300人。力争到2012年,西部、基层检察队伍本科以上学历人员比例提高10个百分点。各省、自治区、直辖市每年培训辖区四分之一的基层检察人员。

(二)加强西部和基层巡回培训。最高人民检察院组建全国检察业务讲师团,选派优秀教师、检察业务专家、骨干赴西部地区开展现场教学,每年巡回培训二次以上。省级检察院每年组织不少于三次的基层巡回培训。

(三)不断增强西部、基层教育培训自主发展能力。引导西部地区检察院用好外援、内挖潜力、加强培训基地和培训质量建设,增强自主培训能力。西部、基层检察院组织外出参训人员就所学内容交流传学,实现一人参训、普遍受益;充分发挥岗位练兵提高业务能力的作用。

七、深入推进检察教育培训改革,进一步提高检察教育培训质量

(一)创新完善培训内容、课程与教材资料体系。开发形成由政治教育、专业理论、业务能力和综合素养等构成的检察教育培训内容模块。根据培训需求设置各类培训和具体班次教学内容。加强和规范培训课程、教材资料建设,力争在2012年底前初步形成检察业务专题讲授课程体系和检察业务培训教材体系,努力实现主要培训类型中同类培训在教学目标、内容、课程、教材与考试考核上的规范统一。

(二)改革完善培训教学方式。实现由一般性轮训为主向专题培训为主转变。坚持教学相长、学学相长,强化实践性教学环节。培训机构应加强教学法研究、切实提高教学水平和质量。灵活采用讲授式、研究式、案例式、体验式等教学方法,大力推行案例教学法,国家检察官学院及其分院、省级检察官培训机构建立检察业务教学案例库。

(三)大力实施网络培训工程。开发优质网络培训课程、课件,建立远程教学资源库。开设检察专网教育培训专栏、开辟网络学堂、开展网络直播授课。国家检察官学院组建中国检察官培训网,重点为西部、基层检察人员提供网络学习机会。最高人民检察院将利用视频会议系统就新政策新法律、新司法解释等组织高层次专题讲授。

(四)改进和加强师资建设。出台加强和规范检察师资队伍建设指导意见,研究推动检察教官制度建设。强化专职教师培训培养,从优待教,有计划安排教师挂职锻炼、参加业务会议、参与案件咨询等活动。坚持专兼结合,选聘领导干部、检察业务专家、业务骨干及优秀法官、优秀警官、资深律师和专家学者兼教;大力挖掘内部资源,推行检察官教检察官制度,省级以上检察业务专家应积极参与培训教学活动,轮流在培训机构从事一定时限专题授课,保证培训效果。2009年起,在国家检察官学院安排一批检察业务骨干脱产半年担任检察教官。建立兼职教师的考核、管理和激励机制。国家检察官学院每年培训一批专职教师和系统内兼职教师。评选检察教育名师。建立全国和省级检察教育师资库。

(五)规范和强化培训基地建设。省级检察院均应建立培训基地,有条件的省级检察院可建立国家检察官学院分院,不断健全培训基地体系,扩大培训能力。充分发挥本系统培训基地的培训功能,系统内的各类培训原则上应在国家检察官学院及其分院和地方检察官培训基地举办。出台加强和规范培训基地建设与使用管理指导意见,加强对培训基地建设、使用和管理等的检查考核评估,确保基地为培训所建、为培训所用。2012年底前,最高人民检察院将结合培训机构教学检查,组织进行一次培训基地综合考核评估。加强国家检察官学院建设,发挥其在教育培训中的“龙头”示范辐射作用;规划和发挥国家检察官学院分院承办全国性培训的功能。探索检察业务实训基地建设。

(六)健全强化培训经费保障机制。各级检察院应把教育培训经费列入检察经费总体预算,并按合理比例单独列支,确保满足培训需要。积极争取中央财政和地方财政的支持,逐步建立计划内的培训由财政分级解决培训经费的保障机制。积极争取重要培训项目专项经费。严格经费使用管理,做到专款专用、勤俭办学、厉行节约、杜绝浪费。

(七)健全落实管理机制制度。推行教育培训项目管理制度。探索干部自主选学与组织培训相结合的培训机制。研究检察教育培训工作质量评估办法。推行培训学习学分和档案管理制度,县处级以上领导干部和业务骨干每年参加各类脱产、集中培训学习不应少于110学时,其他干部每年参加各类脱产、集中培训学习不应少于100学时。把干部教育培训情况作为干部选拔任用的重要依据。

八、大力加强教育培训组织领导,进一步提高教育培训组织保障水平

(一)强化领导责任。各级检察院党组要担负起对检察教育培训工作的领导责任,切实把教育培训摆上重要议事日程,审定培训规划,帮助解决困难和问题,为教育培训工作提供坚实的人力、物力和组织保障;教育培训部门干部人数应与本地区检察队伍人数保持合理比例、满足大规模培训工作需要。检察长要把教育培训作为必抓的“一把手工程”,对本地区、本单位检察教育培训工作负总责、带头重视、亲自过问。分管院领导要直接负责、抓督促检查、带头上讲台。政工部门要具体负责、抓组织落实。建立健全领导干部到培训机构讲课、作报告、同学员座谈的制度。教育培训的工作情况要列入地方各级检察院年度工作情况和领导班子工作情况考核指标。

(二)完善工作格局。增强最高人民检察院、省级检察院宏观规划指导、协调管理功能,省级检察院要确定专门机构主管教育培训工作。省、市级检察院建立教育培训工作联席会议制度,形成职责分工明确、沟通合作有力的工作机制和各司其职、各负其责、齐抓共管的教育培训工作格局。进一步理顺教育培训主管部门与培训机构的职能关系,发挥主管部门管方向、管政策、管指导和培训机构具体组织实施教学的作用。

(三)科学规划统筹。省级检察院应根据本《意见》,结合实际,制定工作计划或实施方案,确定本地区大规模推进检察教育培训工作的目标任务,落实工作措施。加强分类指导和督促检查。要把检察教育培训工作与其他检察工作,把贯彻落实本《意见》与执行《检察官培训条例》、《“十一五”期间全国检察干部教育培训规划》紧密结合起来,确保工作协调发展、任务全面完成。

(四)加强学风建设。把学风建设作为一项根本措施常抓不懈。坚持理论联系实际、学以致用,着力在教学活动中引导、帮助解决学员思想和工作中的实际问题,避免照本宣科、无的放矢。把联系实际组织教学的能力和情况作为考核评估教学质量的重要内容。严肃培训纪律,坚持从严治校、从严治教、从严治学,完善规章制度,提高服务管理水平。加强对学员培训学习情况的考核和管理,使学员真正做到严格自律、勤奋好学、严谨求学、刻苦钻研、学有所获。

最高人民检察院关于印发《人民检察院举报工作规定》的通知

2009 年 4 月 23 日　高检发〔2009〕12 号

各省、自治区、直辖市人民检察院，军事检察院，新疆生产建设兵团人民检察院：

修订的《人民检察院举报工作规定》已经 2009 年 4 月 8 日最高人民检察院第十一届检察委员会第十一次会议通过，现印发你们，请认真贯彻执行。本规定同时向社会公布。

人民检察院举报工作规定

（1996 年 7 月 18 日最高人民检察院检察委员会第五十八次会议通过
2009 年 4 月 8 日最高人民检察院第十一届检察委员会第十一次会议修订）

目　　录

第一章　总　　则

第一条　为规范人民检察院举报工作，保障举报工作顺利开展，根据《中华人民共和国刑事诉讼法》、《中华人民共和国人民检察院组织法》等有关法律的规定，制定本规定。

第二条　举报工作是检察机关直接依靠群众同贪污、贿赂、渎职、侵权等职务犯罪作斗争的一项业务工作，是实行专门工作与群众路线相结合的有效形式。

第三条　人民检察院举报工作的主要任务，是通过开展举报宣传和受理、审查、分流、交办举报线索，以及督办、答复等工作，保障职务犯罪侦查依法顺利进行，维护社会公平正义，维护社会和谐稳定。

第四条　人民检察院依法受理国家工作人员贪污贿赂犯罪，国家机关工作人员渎职犯罪以及利用职权实施的非法拘禁、刑讯逼供、报复陷害、非法搜查等侵犯公民人身权利和民主权利犯罪的举报。

第五条　各级人民检察院应当设立举报中心负责举报工作。

举报中心与控告检察部门合署办公，控告检察部门负责人兼任举报中心主任，地市级以上人民检察院配备一名专职副主任。

第六条　举报工作应当遵循下列原则：

（一）依靠群众，方便群众；

（二）依法、及时、高效；

（三）统一管理，归口办理，分级负责；

（四）严格保密，保护公民合法权益；

（五）加强内部配合与制约，接受社会监督。

第七条　人民检察院应当采取多种形式开展宣传，鼓励群众依法举报。

第八条　任何个人或者单位依法向人民检察

院举报职务犯罪行为,其合法权益应当受到法律的保护。

第九条 人民检察院应当加强信息化建设,建立和完善举报信息系统,逐步实现上下级人民检察院之间、部门之间举报信息的互联互通,提高举报工作效率和管理水平。

第十条 人民检察院应当加强与监察机关、行政执法机关的联系与配合,建立和完善举报材料移送制度。

第二章　举报线索的受理

第十一条 各级人民检察院应当设立专门的举报接待场所,向社会公布通信地址、邮政编码、举报电话号码、举报网址、接待时间和地点、举报线索的处理程序、查询举报线索处理情况及结果的方式等相关事项。

第十二条 对采用走访形式举报的,人民检察院应当指派二名以上工作人员在专门场所接待,也可以到举报人认为合适的地方接待。接待举报时应当制作笔录,载明举报人的姓名、单位、住址和举报的具体内容,经宣读或者交举报人阅读无误后,由举报人和负责接待的工作人员签名或者盖章。需要录音录像的,事先应当征得举报人同意。

对多人采用走访形式举报同一职务犯罪行为的,应当要求举报人推选代表,代表人数一般不超过五人。

接待举报的工作人员应当告知举报人要如实举报和捏造、歪曲事实应当承担的法律责任。

第十三条 对采用书信形式举报的,负责处理来信的工作人员应当及时拆阅。启封时,应当保持邮票、邮戳、邮编、地址和信封内材料的完整。

第十四条 对采用网上举报以及电话、传真等形式举报的,参照本规定的相关规定办理。

第十五条 实名举报人提供的举报材料内容不清的,举报中心应当在接到举报材料后七日内与举报人联系,要求举报人补充有关材料。

第十六条 反映被举报人有下列情形之一,必须采取紧急措施的,应当在接受举报后立即提出处理意见报检察长审批:

(一)正在预备犯罪、实行犯罪或者在犯罪后即时被发觉的;

(二)企图自杀、逃跑或者在逃的;

(三)有毁灭、伪造证据或者串供可能的;

(四)其他需要采取紧急措施的。

第十七条 上级人民检察院可以直接受理由下级人民检察院管辖的举报线索,也可以经检察长批准,将本院管辖的举报线索交由下级人民检察院办理。

第十八条 举报线索涉及多个地区的,由最初受理的人民检察院管辖;对管辖权有争议的,由其共同的上一级人民检察院指定管辖。

第十九条 各级人民检察院实行检察长和有关侦查部门负责人接待举报制度。接待时间和地点应当向社会公布。

地市级和县级人民检察院检察长应当定期接待举报。

省级以上人民检察院检察长应当根据具体情况安排接待举报的时间和方式。

必要时,举报中心可以通知有关侦查部门负责人共同接待举报人。

第二十条 对以举报为名无理取闹的,应当进行批评教育。对严重妨碍检察机关工作人员履行公务,扰乱检察机关正常工作秩序的,应当依照法律的有关规定处理。

第三章　举报线索的管理

第二十一条 人民检察院受理的举报线索由举报中心统一管理。本院检察长和其他部门及其工作人员收到的举报线索,应当及时批交或者移送举报中心处理。有特殊情况暂时不宜移送的,报检察长或者部门负责人批准。

第二十二条 侦查部门在侦查中发现的需另案处理的线索,一般应当在两个月内向本院举报中心通报;对暂时不具备查办价值的举报线索,应当每月向举报中心集中通报一次;经初查不予立案的举报线索,应当在一个月内移送举报中心。

第二十三条 人民检察院实行举报线索分级管理制度。涉及县处级以上国家工作人员涉嫌职务犯罪的要案线索,应当在受理举报线索后十日内填写《检察机关要案材料移送、备案报表》,向上级人民检察院移送或者备案。情况紧急的应当及时办理。

第二十四条 上级人民检察院对下级人民检察院报送的备案材料应当及时审查,如有不同意见,应当在十日内将审查意见书面通知报送备案的下级人民检察院。下级人民检察院应当执行。

第二十五条　举报中心应当建立举报线索数据库，指定专人将举报人和被举报人的基本情况、举报线索的主要内容以及办理情况等逐项录入计算机。

第二十六条　各级人民检察院之间应当利用检察专线网传输举报线索，提高举报线索的传输效率。

第二十七条　举报中心应当定期清理举报线索，对线索的查办和反馈情况进行分析，查找存在问题，及时改进工作，完善管理制度。

第二十八条　举报中心应当每季度对举报线索情况进行分类统计，综合分析群众反映强烈的突出问题以及群众举报的特点和规律，提出工作意见和建议，向上级人民检察院举报中心和本院检察长报告。

第四章　举报线索的审查

第二十九条　举报中心对接收的举报线索，应当确定专人及时审查，根据举报线索的不同情况和管辖规定，自收到举报线索之日起七日内分别作出处理：

（一）属于人民检察院管辖的举报线索依法受理；

（二）不属于人民检察院管辖的举报线索移送有管辖权的机关处理，但必须采取紧急措施的，应当先采取紧急措施，然后移送主管机关；

（三）内容不具体的匿名举报线索，或者不具备查处条件的举报线索，经检察长审批后存档备查。

第三十条　举报中心对性质不明难以归口、群众多次举报未查处的举报线索应当及时进行初核，查明举报的犯罪事实是否存在，是否属于本院管辖，是否需要立案侦查。

第三十一条　举报线索的初核应当报经检察长审批，按照《人民检察院控告申诉首办责任制实施办法（试行）》的有关规定，确定责任人及时办理。

初核前，举报中心应当向有关侦查部门通报。

第三十二条　初核可以采取询问、调取证据材料等措施，一般不得接触被举报人，不得采取强制措施，不得查封、扣押、冻结财产。

第三十三条　初核应当采取措施保障办案安全，防止发生安全事故。

第三十四条　初核后应当制作初核报告，提出处理意见，报检察长决定。

第三十五条　侦查部门收到举报中心移送的举报线索，应当在一个月内向举报中心回复处理情况，三个月内回复查办结果；情况复杂，逾期不能办结的，报经检察长批准，可适当延长办理期限，延长期限不得超过三个月。延期办理的情况应当及时向举报中心通报。法律另有规定的，从其规定。

第三十六条　侦查部门应当书面回复查办结果。回复文书应当具有说理性，主要包括下列内容：

（一）举报人反映的主要问题；

（二）查办的过程；

（三）作出结论的事实依据和法律依据。

举报中心收到回复文书后应当及时审查，认为处理不当的，提出处理意见报检察长审批。

第三十七条　举报中心对逾期未回复处理情况或者查办结果的，应当进行催办；超过规定期限一个月仍未回复的，应当向有关部门负责人通报；拒不回复或者无故拖延造成严重后果的，应当报告检察长。

第三十八条　上级人民检察院举报中心可以代表本院向下级人民检察院交办举报线索。交办重要举报线索，应当报检察长审批。交办前应当向有关侦查部门通报，交办函及有关材料复印件应当转送本院有关侦查部门。

第三十九条　举报中心负责管理上级人民检察院举报中心交办的举报线索。接到上级人民检察院交办的举报线索后，应当在三日内提出处理意见，报检察长审批。

第四十条　对上级人民检察院交办的举报线索，一般应当在三个月内办结。情况复杂，确需延长办理期限的，经检察长批准，可以延长三个月。延期办理的，由举报中心向上级人民检察院举报中心报告进展情况，并说明延期理由。法律另有规定的，从其规定。

第四十一条　交办案件办结后，负责侦查的部门应当将查办情况和结果报检察长审批，并制作《交办案件查处情况报告》，连同有关材料移送本院举报中心，以本院名义报上一级人民检察院举报中心审查。

第四十二条　《交办案件查处情况报告》应当包括下列内容：

（一）案件来源；

（二）举报人反映的主要问题；

(三)查办过程;

(四)认定的事实和证据;

(五)处理情况和法律依据;

(六)实名举报的答复情况。

第四十三条 上级人民检察院举报中心收到下级人民检察院《交办案件查处情况报告》后,应当认真审查。对事实清楚、处理适当的,予以结案;对事实不清,证据不足,定性不准,处理不当的,提出意见,退回下级人民检察院重新办理。必要时可以派员或者发函督办。

第五章 实名举报的答复

第四十四条 使用真实姓名或者单位名称举报的,属于实名举报。实名举报除通讯地址不详的以外,应当将处理情况和办理结果及时答复举报人。

第四十五条 对采用走访形式举报的,应当场答复是否受理;不能当场答复的,应当自接待举报人之日起十五日内答复。

第四十六条 各级人民检察院举报中心负责实名举报答复工作。必要时可以与本院有关侦查部门共同答复。

第四十七条 答复可以采取口头、书面或者其他适当的方式进行。口头答复的,应当制作答复笔录,载明答复的时间、地点、参加人及答复内容、举报人对答复的意见等。书面答复的,应当制作答复函。邮寄答复函时不得使用有人民检察院字样的信封。

第四十八条 答复应当包括下列内容:

(一)办理的过程;

(二)认定的事实和证据;

(三)处理结果和法律依据。

第四十九条 举报人不服不立案决定提出的复议请求和不服下级人民检察院复议决定提出的申诉,由侦查监督部门办理。

第六章 举报保护

第五十条 各级人民检察院应当依法维护举报人及其近亲属的合法权益。

第五十一条 各级人民检察院应当采取下列保密措施:

(一)举报线索由专人录入专用计算机,加密码严格管理,未经授权或者批准,其他工作人员不得查看。

(二)举报材料不得随意摆放,无关人员不得随意进入举报线索处理场所。

(三)向检察长报送举报线索时,应当用机要袋密封,并填写机要编号,由检察长亲自拆封。

(四)严禁泄露举报内容以及举报人姓名、住址、电话等个人信息,严禁将举报材料转给被举报人或者被举报单位。

(五)调查核实情况时,严禁出示举报线索原件或者复印件;对匿名举报线索除侦查工作需要外,严禁进行笔迹鉴定。

(六)其他应当采取的保密措施。

第五十二条 举报中心应当指定专人负责受理网上举报,严格管理举报网站服务器的用户名和密码,并适时更换。

利用检察专线网处理举报线索的计算机应当与互联网实行物理隔离。

通过网络联系、答复举报人时,应当核对密码,答复时不得涉及举报具体内容。

第五十三条 对打击报复或者指使他人打击报复举报人及其近亲属的,经调查核实,应当视情节轻重分别作出处理:

(一)尚未构成犯罪的,提出检察建议,移送主管机关或者部门处理;

(二)构成犯罪的,依法追究刑事责任。

第五十四条 对举报人因受打击报复,造成人身伤害或者名誉损害、财产损失的,应当支持其依法提出赔偿请求。

第五十五条 举报人利用举报捏造事实、伪造证据,诬告陷害他人构成犯罪的,应当依法追究其刑事责任。

第五十六条 对举报失实并造成一定影响的,应当采用适当方式澄清事实,为被举报人消除影响。

第七章 举报奖励

第五十七条 举报线索经查证属实,被举报人构成犯罪的,应当给予举报人一定的精神及物质奖励。

第五十八条 人民检察院根据举报追回赃款的,应当在举报所涉事实追缴赃款的百分之十以内发给奖金。每案奖金数额一般不超过十万元。举报人有重大贡献的,经省级人民检察院批准,可以在十万元以上给予奖励,数额不超过二十万元。有特别重大贡献的,经最高人民检察院批准,不受上述数额的限制。

经查证属实构成犯罪但没有追回赃款的案件,可以酌情给予举报人五千元以下的奖励。

对举报渎职侵权案件有功的举报人员,参照上述规定给予奖励。

第五十九条　奖励举报有功人员,应当在判决或者裁定生效后进行。奖励情况适时向社会公布。涉及举报有功人员的姓名、单位等个人信息的,应当征得本人同意。

第六十条　举报奖励工作由举报中心具体承办。

第六十一条　奖励经费在业务经费中列支。

第八章　责任追究

第六十二条　举报中心在举报线索管理工作中,发现检察人员有违法违纪行为的,应当提出建议,连同有关材料移送政治工作部门或者纪检监察部门处理。

第六十三条　具有下列情形之一,对直接负责的主管人员和其他直接责任人员,依照检察人员纪律处分条例等有关规定给予纪律处分;构成犯罪的,依法追究刑事责任:

(一)滥用职权,擅自处理举报线索的;

(二)私存、扣压或者遗失举报线索的;

(三)故意泄露举报人姓名、地址、电话或者举报内容,或者将举报材料转给被举报人、被举报单位的;

(四)徇私舞弊、玩忽职守,造成重大损失的;

(五)压制、迫害、打击报复举报人的;

(六)查处举报线索无故超出规定期限,造成举报人越级上访或者其他严重后果的;

(七)隐瞒、谎报、缓报重大举报信息,造成严重后果的。

第九章　附　　则

第六十四条　本规定自公布之日起施行。最高人民检察院此前发布的有关举报工作的规定与本规定不一致的,适用本规定。

第六十五条　本规定由最高人民检察院负责解释。

中央社会治安综合治理委员会办公室
最高人民法院　最高人民检察院　公安部　司法部
关于印发《中央社会治安综合治理委员会办公室、最高人民法院、最高人民检察院、公安部、司法部关于加强和规范监外执行工作的意见》的通知

2009年6月25日　高检会〔2009〕3号

各省、自治区、直辖市社会治安综合治理委员会办公室、高级人民法院、人民检察院、公安厅(局)、司法厅(局),新疆生产建设兵团社会治安综合治理委员会办公室、新疆维吾尔自治区高级人民法院生产建设兵团分院、新疆生产建设兵团人民检察院、公安局、司法局、监狱管理局:

为加强和规范监外执行工作,中央社会治安综合治理委员会办公室、最高人民法院、最高人民检察院、公安部、司法部制定了《关于加强和规范监外执行工作的意见》,现印发给你们,请遵照执行。

中央社会治安综合治理委员会办公室 最高人民法院 最高人民检察院 公安部 司法部 关于加强和规范监外执行工作的意见

为加强和规范被判处管制、剥夺政治权利、宣告缓刑、假释、暂予监外执行罪犯的交付执行、监督管理及其检察监督等工作,保证刑罚的正确执行,根据《中华人民共和国刑法》、《中华人民共和国刑事诉讼法》、《中华人民共和国监狱法》、《中华人民共和国治安管理处罚法》等有关规定,结合工作实际,提出如下意见:

一、加强和规范监外执行的交付执行

1. 人民法院对罪犯判处管制、单处剥夺政治权利、宣告缓刑的,应当在判决、裁定生效后五个工作日内,核实罪犯居住地后将判决书、裁定书、执行通知书送达罪犯居住地县级公安机关主管部门,并抄送罪犯居住地县级人民检察院监所检察部门。

2. 监狱管理机关、公安机关决定罪犯暂予监外执行的,交付执行的监狱、看守所应当将罪犯押送至居住地,与罪犯居住地县级公安机关办理移交手续,并将暂予监外执行决定书等法律文书抄送罪犯居住地县级公安机关主管部门、县级人民检察院监所检察部门。

3. 罪犯服刑地与居住地不在同一省、自治区、直辖市,需要回居住地暂予监外执行的,服刑地的省级监狱管理机关、公安机关监所管理部门应当书面通知罪犯居住地的同级监狱管理机关、公安机关监所管理部门,由其指定一所监狱、看守所接收罪犯档案,负责办理该罪犯暂予监外执行情形消失后的收监、刑满释放等手续,并通知罪犯居住地县级公安机关主管部门、县级人民检察院监所检察部门。

4. 人民法院决定暂予监外执行的罪犯,判决、裁定生效前已被羁押的,由公安机关依照有关规定办理移交。判决、裁定生效前未被羁押的,由人民法院通知罪犯居住地的县级公安机关执行。人民法院应当在作出暂予监外执行决定后五个工作日内,将暂予监外执行决定书和判决书、裁定书、执行通知书送达罪犯居住地县级公安机关主管部门,并抄送罪犯居住地县级人民检察院监所检察部门。

5. 对于裁定假释的,人民法院应当将假释裁定书送达提请假释的执行机关和承担监所检察任务的人民检察院。监狱、看守所应当核实罪犯居住地,并在释放罪犯后五个工作日内将假释证明书副本、判决书、裁定书等法律文书送达罪犯居住地县级公安机关主管部门,抄送罪犯居住地县级人民检察院监所检察部门。对主刑执行完毕后附加执行剥夺政治权利的罪犯,监狱、看守所应当核实罪犯居住地,并在释放罪犯前一个月将刑满释放通知书、执行剥夺政治权利附加刑所依据的判决书、裁定书等法律文书送达罪犯居住地县级公安机关主管部门,抄送罪犯居住地县级人民检察院监所检察部门。

6. 被判处管制、剥夺政治权利、缓刑罪犯的判决、裁定作出后,以及被假释罪犯、主刑执行完毕后附加执行剥夺政治权利罪犯出监时,人民法院、监狱、看守所应当书面告知其必须按时到居住地公安派出所报到,以及不按时报到应承担的法律责任,并由罪犯本人在告知书上签字。自人民法院判决、裁定生效之日起或者监狱、看守所释放罪犯之日起,在本省、自治区、直辖市裁判或者服刑、羁押的应当在十日内报到,在外省、自治区、直辖市裁判或者服刑、羁押的应当在二十日内报到。告知书一式三份,一份交监外执行罪犯本人,一份送达执行地县级公安机关,一份由告知机关存档。

7. 执行地公安机关收到人民法院、监狱、看守所送达的法律文书后,应当在五个工作日内送达回执。

二、加强和规范监外执行罪犯的监督管理

8. 监外执行罪犯未在规定时间内报到的,公安派出所应当上报县级公安机关主管部门,由县级公安机关通报作出判决、裁定或者决定的机关。

9. 执行地公安机关认为罪犯暂予监外执行条件消失的，应当及时书面建议批准、决定暂予监外执行的机关或者接收该罪犯档案的监狱的上级主管机关收监执行。批准、决定机关或者接收该罪犯档案的监狱的上级主管机关审查后认为需要收监执行的，应当制作收监执行决定书，分别送达执行地公安机关和负责收监执行的监狱。执行地公安机关收到收监执行决定书后，应当立即将罪犯收押，并通知监狱到羁押地将罪犯收监执行。

对于公安机关批准的暂予监外执行罪犯，暂予监外执行条件消失的，执行地公安机关应当及时制作收监执行通知书，通知负责收监执行的看守所立即将罪犯收监执行。

10. 公安机关对暂予监外执行罪犯未经批准擅自离开所居住的市、县，经警告拒不改正，或者拒不报告行踪、下落不明的，可以按照有关程序上网追逃。

11. 人民法院决定暂予监外执行罪犯收监执行的，由罪犯居住地公安机关根据人民法院的决定，剩余刑期在一年以上的送交暂予监外执行地就近监狱执行，剩余刑期在一年以下的送交暂予监外执行地看守所代为执行。

12. 暂予监外执行罪犯未经批准擅自离开所居住的市、县，经警告拒不改正的，或者拒不报告行踪、下落不明的，或者采取自伤、自残、欺骗、贿赂等手段骗取、拖延暂予监外执行的，或者两次以上无正当理由不按时提交医疗、诊断病历材料的，批准、决定机关应当根据执行地公安机关建议，及时作出对其收监执行的决定。

对公安机关批准的暂予监外执行罪犯发生上述情形的，执行地公安机关应当及时作出对其收监执行的决定。

13. 公安机关应当建立对监外执行罪犯的考核奖惩制度，根据考核结果，对表现良好的应当给予表扬奖励；对符合法定减刑条件的，应当依法提出减刑建议，人民法院应当依法裁定。执行机关减刑建议书副本和人民法院减刑裁定书副本应当抄送同级人民检察院监所检察部门。

14. 监外执行罪犯在执行期、考验期内，违反法律、行政法规或者国务院公安部门有关监督管理规定的，由公安机关依照《中华人民共和国治安管理处罚法》第六十条的规定给予治安管理处罚。

15. 被宣告缓刑、假释的罪犯在缓刑、假释考验期间有下列情形之一的，由与原裁判人民法院同级的执行地公安机关提出撤销缓刑、假释的建议：

（1）人民法院、监狱、看守所已书面告知罪犯应当按时到执行地公安机关报到，罪犯未在规定的时间内报到，脱离监管三个月以上的；

（2）未经执行地公安机关批准擅自离开所居住的市、县或者迁居，脱离监管三个月以上的；

（3）未按照执行地公安机关的规定报告自己的活动情况或者不遵守执行机关关于会客等规定，经过三次教育仍然拒不改正的；

（4）有其他违反法律、行政法规或者国务院公安部门有关缓刑、假释的监督管理规定行为，情节严重的。

16. 人民法院裁定撤销缓刑、假释后，执行地公安机关应当及时将罪犯送交监狱或者看守所收监执行。被撤销缓刑、假释并决定收监执行的罪犯下落不明的，公安机关可以按照有关程序上网追逃。

公安机关撤销缓刑、假释的建议书副本和人民法院撤销缓刑、假释的裁定书副本应当抄送罪犯居住地人民检察院监所检察部门。

17. 监外执行罪犯在缓刑、假释、暂予监外执行、管制或者剥夺政治权利期间死亡的，公安机关应当核实情况后通报原作出判决、裁定的人民法院和原关押监狱、看守所，或者接收该罪犯档案的监狱、看守所，以及执行地县级人民检察院监所检察部门。

18. 被判处管制、剥夺政治权利的罪犯执行期满的，公安机关应当通知其本人，并向其所在单位或者居住地群众公开宣布解除管制或者恢复政治权利；被宣告缓刑的罪犯缓刑考验期满，原判刑罚不再执行的，公安机关应当向其本人和所在单位或者居住地群众宣布，并通报原判决的人民法院；被裁定假释的罪犯假释考验期满，原判刑罚执行完毕的，公安机关应当向其本人和所在单位或者居住地群众宣布，并通报原裁定的人民法院和原执行的监狱、看守所。

19. 暂予监外执行的罪犯刑期届满的，执行地公安机关应当及时通报原关押监狱、看守所或者接收该罪犯档案的监狱、看守所，按期办理释放手续。人民法院决定暂予监外执行的罪犯刑期届满的，由执行地公安机关向原判决人民法院和执行地县级人民检察院通报，并按期办理释放手续。

三、加强和规范监外执行的检察监督

20. 人民检察院对人民法院、公安机关、监狱、看守所交付监外执行活动和监督管理监外执行罪犯活动实行法律监督,发现违法违规行为的,应当及时提出纠正意见。

21. 县级人民检察院对人民法院、监狱、看守所交付本县(市、区、旗)辖区执行监外执行的罪犯应当逐一登记,建立罪犯监外执行情况检察台账。

22. 人民检察院在监外执行检察中,应当依照有关规定认真受理监外执行罪犯的申诉、控告,妥善处理他们反映的问题,依法维护其合法权益。

23. 人民检察院应当采取定期和不定期相结合的方法进行监外执行检察,并针对存在的问题,区别不同情况,发出纠正违法通知书、检察建议书或者提出口头纠正意见。交付执行机关和执行机关对人民检察院提出的纠正意见、检察建议无异议的,应当在十五日内纠正并告知纠正结果;对纠正意见、检察建议有异议的,应当在接到人民检察院纠正意见、检察建议后七日内向人民检察院提出,人民检察院应当复议,并在七日内作出复议决定;对复议结论仍然提出异议的,应当提请上一级人民检察院复核,上一级人民检察院应当在七日内作出复核决定。

24. 人民检察院发现有下列情形的,应当提出纠正意见:

(1)人民法院、监狱、看守所没有依法送达监外执行法律文书,没有依法将罪犯交付执行,没有依法告知罪犯权利义务的;

(2)人民法院收到有关机关对监外执行罪犯的撤销缓刑、假释、暂予监外执行的建议后,没有依法进行审查、裁定、决定的;

(3)公安机关没有及时接收监外执行罪犯,对监外执行罪犯没有落实监管责任、监管措施的;

(4)公安机关对违法的监外执行罪犯依法应当给予处罚而没有依法作出处罚或者建议处罚的;

(5)公安机关、监狱管理机关应当作出对罪犯收监执行决定而没有作出决定的;

(6)监狱、看守所应当将罪犯收监执行而没有收监执行的;

(7)对依法应当减刑的监外执行罪犯,公安机关没有提请减刑或者提请减刑不当的;

(8)对依法应当减刑的监外执行罪犯,人民法院没有裁定减刑或者减刑裁定不当的;

(9)监外执行罪犯刑期或者考验期满,公安机关、监狱、看守所未及时办理相关手续和履行相关程序的;

(10)人民法院、公安机关、监狱、看守所在监外执行罪犯交付执行、监督管理过程中侵犯罪犯合法权益的;

(11)监外执行罪犯出现脱管、漏管情况的;

(12)其他依法应当提出纠正意见的情形。

25. 监外执行罪犯在监外执行期间涉嫌犯罪,公安机关依法应当立案而不立案的,人民检察院应当按照《中华人民共和国刑事诉讼法》第八十七条的规定办理。

四、加强监外执行的综合治理

26. 各级社会治安综合治理部门、人民法院、人民检察院、公安机关、司法行政机关应当充分认识加强和规范监外执行工作对于防止和纠正监外执行罪犯脱管、漏管问题,预防和减少重新犯罪,促进社会和谐稳定的重要意义,加强对这一工作的领导和检查;在监外执行的交付执行、监督管理、检察监督、综治考评等各个环节中,根据分工做好职责范围内的工作,形成各司其职、各负其责、协作配合、齐抓共管的工作格局。各级社会治安综合治理部门应当和人民检察院共同做好对监外执行的考评工作,并作为实绩评定的重要内容,强化责任追究,确保本意见落到实处。

27. 各级社会治安综合治理部门、人民法院、人民检察院、公安机关、司法行政机关应当每年定期召开联席会议,通报有关情况,研究解决监外执行工作中的问题。交付执行机关和县级公安机关应当每半年将监外执行罪犯的交付执行、监督管理情况书面通报同级社会治安综合治理部门和人民检察院监所检察部门。

28. 各省、自治区、直辖市应当按照中央有关部门的统一部署,认真开展并深入推进社区矫正试点工作,加强和规范对社区服刑人员的监督管理、教育矫正工作,努力发挥社区矫正在教育改造罪犯、预防重新违法犯罪方面的重要作用。社区矫正试点地区的社区服刑人员的交付执行、监督管理工作,参照本意见和依照社区矫正有关规定执行。

最高人民检察院关于印发《2009—2013年全国检察信息化发展规划纲要》的通知

2009年8月4日 高检发技字〔2009〕1号

各省、自治区、直辖市人民检察院，新疆生产建设兵团人民检察院：

为加快推进检察信息化建设，促进检察工作科学发展，最高人民检察院在充分调查研究、反复征求意见的基础上，制定了《2009—2013年全国检察信息化发展规划纲要》，现印发给你们，请结合实际，认真贯彻执行。

2009—2013年全国检察信息化发展规划纲要

大力推进检察信息化，是促进检察机关执法规范化、队伍专业化、管理科学化和保障现代化建设的战略举措，是贯彻落实科学发展观、提高法律监督能力、保证检察工作科学发展的现实要求和必然选择。为加快推进检察信息化，依据《2006—2020年国家信息化发展战略》、《国家信息化领导小组关于推进国家电子政务网络建设的意见》、《国家信息化领导小组关于加强信息安全保障工作的意见》、《关于推进政法部门网络设施共建和信息资源共享的意见》和《电子检务工程项目建议书》，以及全国检察长会议精神，制定本纲要。

一、检察信息化发展的基本形势

（一）发展现状

自2000年最高人民检察院召开全国检察机关科技强检工作会议以来，各级检察机关按照高检院的统一部署，紧紧围绕检察工作主题，立足实际，强化措施，有计划、有步骤、有重点地推进检察信息化。检察信息化建设从无到有，从单一到全面，实现了跨越式发展，为检察机关正确履行法律监督职能提供了坚实的科技支撑。主要表现在：第一，信息化基础网络建设成效明显。各级检察机关不断推进信息化网络平台和基础设施建设，专线网、局域网、互联网“三网”建设发展迅速。已基本建成覆盖所有检察院集数据、视频、语音功能为一体的全国性专用网络平台，为各项检察信息化应用的开展打下了良好的基础。第二，信息化应用工作全面推进。各级检察机关依托本地资源，创新思维，积极探索，按照目标管理、节点考核、动态监督、过程控制的方法，积极推行信息化在检察业务、检察办公、队伍管理和检务保障中的具体应用，初步实现了办公、办案的网络化管理。这些应用成果在提高工作效率、规范执法行为、保证办案质量、强化内部监督等方面发挥了重要作用，切实增强了检察工作的科技含量。第三，信息化安全保密建设稳步发展。各级检察机关坚决贯彻落实党和国家关于安全保密工作的部署，积极构建主动防御、综合防范的安全保密防护体系，检察信息化安全保密建设呈现了良好的发展态势。第四，信息化人才队伍建设进一步加强。各级检察机关采取多种措施，强化检察人员科技素质培训，提高了检察人员信息化应用能力。信息化专业人才的引进力度逐年加大，专家型、复合型人才培养步伐加快，为推进检察信息化提供了有力的人才保障。

（二）需要重视的问题

当前，检察信息化发展依然存在一些问题，与科学发展观要求还不相适应，主要有：一是思想认识不适应信息化发展,检察信息化理论和实践还不够成熟;二是信息化管理体制和工作机制不健全,权威、统一、有效的检察信息化推进机制尚未形成;三是信息化基础网络设施不完善,网络带宽、安全保密建设等还不能完全满足日益增长的检察信息化发展需求;四是专业技术人员短缺,系统运行维护力量薄弱;五是信息化规模效益没有完全凸显,信息资源开发利用不足,共享程度低;六是检察信息化发展明显存在区域发展不平衡的现象。

二、检察信息化建设的指导思想与基本原则

(一)指导思想

以邓小平理论和"三个代表"重要思想为指导,深入贯彻落实科学发展观,紧紧围绕"强化法律监督,维护公平正义"的检察工作主题,结合国家信息化发展总体规划,坚持从检察工作实际出发,推动检察业务、队伍、保障和信息化相结合的管理机制建设,以提高法律监督能力为核心,以科技创新和机制创新为动力,不断提高检察信息化水平,切实增强检察工作的科技含量,促进检察工作科学发展。

(二)基本原则

1. 统一规划,分类指导。按照信息化建设的总体要求,明确目标,统筹规划,统一部署。根据东中西部地区经济水平,信息化发展类型和发展程度的不同,分类明确省、市、县三级检察院的信息化工作任务、阶段性目标与工作重点,充分调动各地积极性,促进区域协调发展。

2. 统一规范,资源整合。加强信息化规范和标准化建设,做到技术规范、管理制度、业务流程制定并重,注重三者结合,做到三者并举,建立健全统一的检察业务流程体系、检察信息化标准规范体系和管理体系。依托各类标准规范,充分挖掘已建成网络和信息系统的作用,加快已有系统整合力度,提高资源共享程度,使有限的信息资源发挥最大的效益。

3. 统一设计,需求主导。信息系统和应用软件开发要以检察业务、队伍管理和检务保障的需求为导向,从执法办案和领导决策的实际需要出发,按照统一的标准与规范进行设计,以用促建,建用并举,使信息技术与检察业务、队伍管理和检务保障有机结合,充分发挥信息技术在各项检察工作中的重要作用。

4. 统一实施,保障安全。制定统一的工程方案和项目管理方案,明确工程任务、工程进度、责任分工、绩效考核等要求,并严格按照实施方案执行。各部门和全体检察人员都要积极参与,保证按时完成工程各阶段目标,充分发挥规模效应。在信息化工程实施中同步建设安全保密系统,兼顾安全与效率、稳定和发展的关系,落实安全保密责任制,确保信息网络的安全可靠。

三、检察信息化发展的总体目标与主要任务

(一)总体目标

大力加强检察信息化建设,全面推进信息化应用,到2013年建成以网络为基础、以需求为主导、以业务为主线、以应用为核心、以安全为保障、以信息资源为中心的检察信息化综合体系,实现以信息化推动检察业务网络化和规范化,提高办案效率和质量,强化内部监督制约,保障公正执法;以信息化促进检察队伍专业化,提高法律监督能力和社会公信力;以信息化带动管理科学化,创新管理方式,提高工作效能;以信息化推进保障现代化,提高检务保障能力和水平,全面提升检察机关正确履行法律监督职责的能力。

(二)主要任务

1. 进一步加强和完善检察信息化基础网络平台建设,提高网络系统支撑能力。加快完善检察专线网和局域网建设,实现各级检察院网络的互联互通和全面覆盖,优化网络性能,提高网络质量。

2. 加快网络安全保密建设,提高抵御安全风险的水平。全面实施涉密信息系统分级保护和非涉密信息系统等级保护工程,重点建设符合国家安全保密要求、满足检察信息化需要的安全保密平台。

3. 全力推进检察信息化应用,加强标准规范建设,注重应用系统整合,提高网络应用整体水平。转变信息化应用推进策略,坚持以最高人民检察院和省级检察院为主导,统一组织建设检察业务信息系统、办公信息系统、队伍管理信息系统、检务保障信息系统和互联网应用平台,实现以省、市级检察院为单位的网络、安全、系统等基础设施的共建、共用、共享,将基层检察院的建设、运行维护任务上移,基层检察院的信息化工作重心转移到推进应用上来。健全完善较为完整的检察信息化标准规范体系,以应用带标准,以标准促应用。

4. 统一检察信息资源规划,加大信息资源开发力度,提高信息共享程度。最高人民检察院负责检察信息资源的规划设计,重点建设检察业务类、队伍管理类和检务资源类等基础数据库，逐步建成由最高人民检察院、省级检察院和部分地市级检察院组成的国家检察数据中心，形成“一次采集、多次使用，一方采集、多方使用”的检察信息资源交换共享机制，为检察信息的存储、处理、传输、交换、共享与支撑业务系统运行提供保障。按照中央的统一部署，积极推进检察机关与其他部门的信息交换和共享。

四、检察信息化建设内容

（一）检察业务信息化

1. 职务犯罪侦查与预防信息化建设

（1）建设配置合理、安全实用、互联互通的侦查指挥中心、办案工作区和看守所检察讯问室信息系统，完善同步录音录像系统，逐步实现讯问、监控和指挥一体化，形成最高人民检察院、省级检察院、地市级检察院、县区级检察院互联互通的职务犯罪侦查指挥网络。

（2）跟踪并适当运用新一代通信技术实现移动实时侦查指挥功能。

（3）最高人民检察院和省级检察院会同有关部门推动建立职务犯罪情报信息综合查询平台，实现人口、户籍、车辆、出入境、工商、税务、房产、证券、保险等涉案信息的共享和查询。

（4）建立职务犯罪信息数据库，应用职务犯罪案件信息管理系统和办案专用软件，逐步实现网上线索管理和案件审批。

（5）完善职务犯罪预防信息系统，有效分析犯罪动态趋势，充分发挥行贿犯罪档案查询系统作用。

（6）逐步建立个案协查与司法协助信息系统。

2. 侦查监督信息化建设

（1）建立侦查监督信息数据库，推进与公安机关的信息共享，建立刑事案件发案、报案、立案、采取强制措施信息与案件批捕信息交换、共享机制，实现网上办理审查逮捕案件。

（2）建立检察机关监督行政执法机关移送涉嫌犯罪案件信息库，推行与行政执法机关的信息交换与共享，推进行政执法与刑事司法信息共享平台建设，实现“网上衔接，信息共享”。

（3）逐步建立职务犯罪案件审查逮捕远程提讯系统。

3. 公诉信息化建设

（1）建立公诉和刑事审判监督信息数据库（含死刑案件信息、死刑复核法律监督信息），通过审查起诉信息系统实现网上办理审查起诉和复核案件。

（2）继续推行多媒体出庭示证系统的应用，探索建设出庭公诉远程指挥系统。

（3）推进与公安、法院等其他司法部门的诉讼信息交换与共享平台建设。

4. 监所检察信息化建设

（1）建设刑罚执行和监管活动监督数据库，通过看守所、监狱、劳教所、监外执行检察信息系统，实现网上办理监所检察案件、网上查询刑罚执行和监管活动监督信息。

（2）建设派驻检察室与监管场所信息系统和监控系统联网的驻所检察监督平台，实现对监管场所的动态监督。

5. 控告申诉检察信息化建设

（1）建立控告举报申诉数据库，通过控告举报信息系统、刑事申诉信息系统和刑事赔偿信息系统，实现网上办理控告举报、刑事申诉和刑事赔偿案件。

（2）建立完善网上举报、电话举报、传真举报、来信来访的统一受理平台，完成全国统一的12309电话举报系统建设，实现上下级检察院控告举报信息网上分流。

（3）建立与党委、人大、政府和其他政法部门的信访信息交换系统。

（4）探索利用信息化手段实现远程接访。

6. 民事行政检察信息化建设

（1）建立民事审判和行政诉讼监督数据库，通过民事行政检察信息系统，实现网上办理民事行政检察案件。

（2）建设与法院等其他司法部门的诉讼信息交换与共享平台。

7. 检委会工作信息化建设

进一步推进检察委员会议事信息系统的应用。

8. 检察技术信息化建设

（1）建立检验鉴定信息数据库，利用检验鉴定信息系统，实现网上办理技术检案。

（2）利用信息化手段开展远程会检、异地文证审查等工作。

（二）检察办公信息化

9. 综合办公信息化建设

（1）利用网上办公系统，推行网上公文处理应用，实现公文网上流转、网上签批、网上归档，继续推广普及电子邮件、综合信息发布等基本应用。

(2)完成检察机关机要文件安全传输通道系统的建设,推广机要文件管理系统(包括计算机定密系统和二维条码系统)应用,全面实现纸质机要文件的全过程管理,提高文件登记和领导批示等信息的登记、管理和查询效率。

(3)加强综合信息服务系统建设。以最高人民检察院和省级检察院为主建设公共信息资料查询系统,建立业务规范性文件数据库、网上多媒体资料库、电子图书馆、法律法规库、司法解释和典型案例库等,为全体检察人员提供便捷的信息查询服务。

(4)进一步推进检察统计、检察档案信息化建设。进一步加大现有各类案件统计数据资源的开发利用力度,实现按需生成案件信息统计数据。

10. 人民监督员工作信息化建设

利用人民监督员案件信息系统,实现人民监督员监督案件的网上办理。

(三)检察队伍信息化

11. 队伍管理信息化建设

(1)利用检察队伍管理信息系统(含党建党务管理系统、离退休人员管理系统),建立检察队伍信息数据库,为干部考核、任免提供决策支持。

(2)利用网上绩效考核系统,围绕提高办案及业务工作质量的要求,科学记录检察人员实绩,形成工作和执法档案,逐步实现对检察人员的绩效考核和科学评价。

(3)利用检察机构管理系统、检察官等级管理系统、纪检监察信息系统、检务督察信息系统,推进内部执法监督工作的信息化应用。

(4)依托检察专线网,建设最高人民检察院、省级检察院两级远程教育平台,积极推行远程在线教育、考试、考核等应用。

(四)检务保障信息化

12. 检务保障工作信息化建设

利用检察机关财务管理、装备管理、国有资产管理、政府采购管理和综合事务管理等信息系统,实现检务保障工作网络化管理,提高检务保障现代化水平。

(五)信息化基础建设

13. 基础网络和信息化应用系统平台建设

(1)实施检察机关一级专线网升速扩容后期工程,加快二、三级专线网和局域网建设步伐,到2013年二、三级专线网和局域网全部建成,派驻检察室等分支网络覆盖率达到80%,与网络系统配套的机房设施不断完善。

(2)建成检察专线网的检察院要同步建设高质量、高清晰的视频会议系统和专业化电视电话会议室。

(3)加快互联网门户网站建设。到2010年省级检察院全部完成互联网门户网站建设,同步完成统一平台建设,建立检务信息公开、控告举报、申诉案件信息查询等系统,为本地区各级检察院开展互联网应用提供服务。到2013年所有地市级检察院和东中部地区80%的县区级检察院建成互联网站(页)。

(4)加快数据中心建设。最高人民检察院、省级检察院和地市级检察院建设数据中心,为各项应用系统提供数据交换和共享平台,承担信息集中存放、数据交换共享的任务,实现信息资源整合和开发利用。

(5)建设由最高人民检察院和省级检察院组成的检察专网管理中心,实现检察专网的远程监控、调度与管理。

(6)适时建设满足检察工作需要的一级专线网和东中部地区二、三级专线网备用传输通道。

14. 信息安全保密建设

(1)建立健全安全保密管理和技术体系。完善安全保密基础设施,配置加密机(卡)、防火墙、入侵检测、安全审计、漏洞扫描、网络防病毒、保密管理和检查等系统和设备,制定并完善安全保密制度和策略,健全安全保密管理机制,形成统一有效的安全保障体系。

(2)建立数据存储备份系统,逐步建设灾难恢复系统,实现异地远程备份。

(3)建设以密码技术为基础的网络信任体系,开展身份认证、授权管理、责任认定等工作。

(4)加快建立全国检察机关密钥管理中心和分中心,实现对各类密码设备的证书签发、认证和管理。完成与国家密钥管理中心对接工作。

(5)完成检察机关涉密信息系统分级保护测评工作和非涉密信息系统等级保护备案登记工作。

15. 信息化标准与规范建设

贯彻执行国家和行业标准,围绕检察信息化发展、信息技术应用、信息资源开发共享等要求,注重与相关社会机构合作,组织制订相关配套标准。最高人民检察院牵头组织检察业务和信息化专家按照统一规划、统一规范的要求，制定和修改完善检察业务、队伍、保障和信息化等方面的标准与规范，并建立标准与规范的动态更新机制，为统一设计信息化应用系统奠定基础。

五、检察信息化的推进措施和要求

各级检察机关要严格按照"四个统一"要求，在最高人民检察院的规划和部署下，抓紧做好本地区的规划和贯彻落实意见，强调规划的综合性、权威性和计划性，统一建设标准与规范，明确分阶段建设的重点，精心组织，认真实施，有序推进，抓好落实，不断提高检察信息化建设与应用水平，为发展中国特色社会主义检察事业提供有力的科技支撑。

(一)组织领导到位

切实加强组织领导，把检察信息化建设作为各级检察院"一把手"工程。最高人民检察院和省级检察院检察长要亲自担任信息化领导小组组长，指定一名院领导担任信息化办公室主任，充分发挥领导小组及其办公室在规划建设、推进应用、协调关系、督促落实等方面的作用。要在信息化领导小组及其办公室的统一部署下，调动各方面的积极性，加快检察信息化建设步伐，促进各部门之间的沟通和协作，共同推进检察信息化发展。

(二)机构人员到位

进一步充实、引进专门人才，壮大检察信息化人才队伍，建立健全信息化工作机构。确定相应的机构专门负责信息化工作，落实信息化领导小组的部署，确定相应的技术人员落实信息化工作岗位任务。积极推行技术人员分类管理，切实采取有效办法，解决技术人员的职级待遇，用优厚的政策吸引人才、留住人才。有意识地选调、培养一批既懂信息技术、又懂检察业务的复合型人才，建立完善全国和省级检察机关信息化人才库，充分发挥全国检察机关信息技术讲师队伍的作用。

(三)经费保障到位

建立检察信息化经费保障体系，积极争取党委和政府的支持，将检察信息化建设和应用项目列入各地国民经济和社会发展规划和财政预算，切实保证检察信息化建设、应用、管理、培训、安全和运行维护的资金投入。最高人民检察院要下大力气抓紧"电子检务工程"的立项批复工作，扭转检察机关信息化建设与应用经费保障渠道不畅的被动局面，并以此为契机使检察信息化建设经费和日常运行维护费纳入国家和地方各级财政预算。在"电子检务工程"立项批复前，各级检察院要在年度财政预算中安排一定数量的资金用于信息化建设，保证检察系统重大、急需信息化工程项目的资金需要。严格管理信息化建设经费，确保专款专用，用出规模效益，取得实际效果。

(四)技能培训到位

检察信息化的目的是深化应用和信息共享，而信息化应用的主体是广大检察人员。各级检察机关要高度重视全员信息化应用培训工作，按照"用什么学什么"的原则，把信息化应用技能培训纳入干部岗位素能培训范围，采取有效措施和方式努力提高检察人员的信息化技能水平，进一步夯实信息化应用的基础。

(五)监督制约到位

各级检察机关在信息化工程建设中要坚持做到"公平、公正、公开"，认真贯彻落实党风廉政建设的各项要求，实行信息化工程招标和采购全程监督机制，重大事项必须实行集体研究、集体决策制度，坚决杜绝各类违纪、违法问题的发生。

最高人民检察院关于印发《关于省级以下人民检察院立案侦查的案件由上一级人民检察院审查决定逮捕的规定(试行)》的通知

2009 年 9 月 2 日　高检发〔2009〕17 号

各省、自治区、直辖市人民检察院,军事检察院,新疆生产建设兵团人民检察院:

《关于省级以下人民检察院立案侦查的案件由上一级人民检察院审查决定逮捕的规定(试行)》已于2009 年6 月8 日经最高人民检察院第十一届检察委员会第十三次会议审议通过,并报经中央司法体制改革领导小组批准,现予印发试行。试行中遇到的问题,请逐级呈报最高人民检察院。

关于省级以下人民检察院立案侦查的案件由上一级人民检察院审查决定逮捕的规定(试行)

为了加强上级人民检察院对下级人民检察院直接受理案件侦查工作的监督制约,确保逮捕案件质量,促进严格执法,根据《中华人民共和国刑事诉讼法》的有关规定,结合工作实际,制定本规定。

第一条　省级以下(不含省级)人民检察院立案侦查的案件,需要逮捕犯罪嫌疑人的,应当报请上一级人民检察院审查决定。

第二条　下级人民检察院报请审查逮捕的案件,应当由侦查部门制作报请逮捕书,经本院侦查监督部门提出审查意见,报检察长或者检察委员会审批后,连同案卷材料、讯问犯罪嫌疑人录音录像资料以及本院侦查监督部门审查意见一并报上一级人民检察院审查,并确保报请审查逮捕的材料齐备、规范。

报请逮捕书除叙述犯罪事实和证据外,应当说明逮捕的必要性。

犯罪嫌疑人已被拘留的,应当在拘留后三日以内报上一级人民检察院审查。特殊情况下,报请审查的时间可以延长一日至四日。

第三条　上一级人民检察院经审查案卷材料、录音录像资料,有下列情形之一的,应当讯问犯罪嫌疑人:

(一)犯罪嫌疑人是否有犯罪事实有疑点的;

(二)犯罪嫌疑人是否需要逮捕有疑点的;

(三)侦查活动可能存在刑讯逼供、暴力取证等违法犯罪行为的;

(四)其他应当讯问犯罪嫌疑人的情形。

对未被采取强制措施的犯罪嫌疑人,讯问前应当征求下级人民检察院侦查部门的意见。

讯问犯罪嫌疑人,可以当面讯问,也可以通过检察专网进行视频讯问。视频讯问的,上一级人民检察院应当做好讯问笔录。下级人民检察院应当协助做好提押、讯问笔录核对、签字等工作,并及时将讯问笔录报送上一级人民检察院。

因交通不便、网络建设滞后等原因,不能当面讯问或者视频讯问的,上一级人民检察院应当拟定讯问提纲,委托下级人民检察院侦查监督部门进行讯问。下级人民检察院应当及时将讯问笔录报送上一级人民检察院。

对已被拘留的犯罪嫌疑人,上一级人民检察院拟不讯问的,应当向犯罪嫌疑人送达听取犯罪嫌疑人意见书。因交通不便等原因不能及时送达的,可以委托下级人民检察院侦查监督部门代为送达。下级人民检察院应当及时回收意见书,并报上一级人民检察院。

犯罪嫌疑人收到意见书后要求讯问的,上一级人民检察院应当讯问,也可以委托下级人民检察院侦查监督部门讯问。

第四条　犯罪嫌疑人委托的律师提出不应当逮捕、无逮捕必要、不适合羁押等意见以及相关证据材料的,上一级人民检察院应当审查,并在审查逮捕意见书上说明是否采纳的情况和理由。必要时,可以听取受委托律师的意见,并制作笔录。

第五条　对重大、疑难、复杂的案件,下级人民检察院侦查部门可以提请上一级人民检察院侦查监督部门派员适时介入。上一级人民检察院侦查监督部门认为必要时,可以主动派员介入,审查证据、引导取证、监督侦查活动是否合法。

第六条　犯罪嫌疑人已被拘留的,上一级人民检察院应当在收到报请逮捕书后七日以内作出是否逮捕的决定;犯罪嫌疑人未被拘留的,应当在收到报请逮捕书后十五日以内作出是否逮捕决定,重大、复杂的案件,不得超过二十日。

第七条　上一级人民检察院决定逮捕的,应当将逮捕决定书连同案卷材料一并交下级人民检察院,由下级人民检察院通知同级公安机关执行。必要时,下级人民检察院可以协助执行。

下级人民检察院应当在公安机关执行逮捕三日以内,将执行回执报上一级人民检察院。

第八条　上一级人民检察院决定不予逮捕的,应当将不予逮捕决定书连同案卷材料一并交下级人民检察院,同时书面说明不予逮捕的理由。犯罪嫌疑人已被拘留的,下级人民检察院应当通知公安机关立即释放,并报上一级人民检察院;案件需要继续侦查,并且犯罪嫌疑人符合取保候审、监视居住条件的,由下级人民检察院依法取保候审或者监视居住。

上一级人民检察院作出不予逮捕决定,认为需要补充侦查的,应当制作补充侦查提纲。

第九条　对应当逮捕而下级人民检察院未报请逮捕的犯罪嫌疑人,上一级人民检察院应当通知下级人民检察院提出报请逮捕犯罪嫌疑人的意见。下级人民检察院不同意报请逮捕犯罪嫌疑人的,应当说明理由。经审查理由不成立的,上一级人民检察院可以依法作出逮捕决定。

第十条　逮捕犯罪嫌疑人后,下级人民检察院侦查部门应当把逮捕的原因和羁押的处所,在二十四小时以内通知被逮捕人的家属或者所在单位。

因有碍侦查,不能在二十四小时以内通知的,应当经检察长批准,并将原因写明附卷;无法通知的,应当报告检察长,并将原因写明附卷。

第十一条　对被逮捕的犯罪嫌疑人,下级人民检察院侦查部门应当在逮捕后的二十四小时以内进行讯问。

下级人民检察院认为需要撤销或者变更上一级人民检察院决定的逮捕措施时,应当报请上一级人民检察院同意。

对已被释放或者变更为其他强制措施的犯罪嫌疑人,发现需要逮捕的,应当重新办理报请逮捕手续。

第十二条　对被逮捕的犯罪嫌疑人,作出逮捕决定的人民检察院发现不应当逮捕的,应当撤销逮捕决定,并通知下级人民检察院送达同级公安机关执行,同时向下级人民检察院说明撤销逮捕的理由。

第十三条　下级人民检察院认为上一级人民检察院作出的不予逮捕决定有错误的,应当在收到不予逮捕决定书后五日以内报请上一级人民检察院重新审查,但是必须将已被拘留的犯罪嫌疑人立即释放或者采取其他强制措施。

上一级人民检察院在收到报请重新审查逮捕意见书和案卷材料后,应当另行指派承办人审查,在七日以内作出是否变更的决定。

第十四条　需要逮捕担任各级人民代表大会代表的犯罪嫌疑人的,下级人民检察院应当按照《人民检察院刑事诉讼规则》第九十三条的规定向该代表所属的人民代表大会主席团或者常务委员会报请许可,获得许可后,向上一级人民检察院报请逮捕。

需要逮捕担任两级以上人民代表大会代表的犯罪嫌疑人的,按照前款规定分别向该代表所属的人民代表大会主席团或者常务委员会报请许可。

需要逮捕担任政协委员的犯罪嫌疑人的,人民检察院应当按规定向该委员所属的政协组织通报情况。

第十五条　犯罪嫌疑人不服逮捕决定的,由作出逮捕决定的人民检察院启动人民监督员监督程序。

第十六条 下级人民检察院侦查监督部门应当履行对本院侦查部门的立案监督和侦查活动监督职责。

上级人民检察院发现下级人民检察院在侦查活动中有违法情形的，应当通知其纠正。下级人民检察院应当及时纠正，并将纠正情况报告上级人民检察院。

第十七条 对期限届满不能侦查终结的案件，符合《中华人民共和国刑事诉讼法》第一百二十四条规定的，负责侦查的人民检察院侦查部门应当通过本院侦查监督部门，向上一级人民检察院报请延长侦查羁押期限。

第十八条 报请逮捕书、逮捕决定书、不予逮捕决定书及相关案卷材料、录音录像资料等，可以直接报送或者通过机要交通传送，也可以通过检察专用机要通道传送。

通过检察专用机要通道传送文书及相关案卷材料，视频讯问犯罪嫌疑人的，应当确保安全、保密。

第十九条 最高人民检察院此前有关审查逮捕的规定与本规定不一致的，适用本规定。

第二十条 本规定自发布之日起试行。

最高人民检察院关于印发《最高人民检察院关于完善抗诉工作与职务犯罪侦查工作内部监督制约机制的规定》的通知

2009年9月11日 高检发〔2009〕19号

各省、自治区、直辖市人民检察院，军事检察院，新疆生产建设兵团人民检察院：

《最高人民检察院关于完善抗诉工作与职务犯罪侦查工作内部监督制约机制的规定》已经2009年7月7日最高人民检察院第十一届检察委员会第十五次会议通过，并报经中央司法体制改革领导小组批准，现印发你们，请认真贯彻执行。

最高人民检察院关于完善抗诉工作与职务犯罪侦查工作内部监督制约机制的规定

为了充分发挥人民检察院法律监督职能，规范抗诉工作与职务犯罪侦查工作的内部职责分工和协作配合，完善内部监督制约机制，现对人民检察院抗诉工作与职务犯罪侦查工作由不同业务部门负责承办作如下规定：

一、人民检察院负责抗诉工作的部门不承办职务犯罪侦查工作。职务犯罪侦查工作由反贪污贿赂部门、反渎职侵权部门、监所检察部门根据有关规定负责承办。

二、人民检察院负责抗诉工作的部门在办案过程中发现职务犯罪线索的，应当对案件线索逐件登记、审查，经检察长批准，及时移送职务犯罪侦查部门办理，并向举报中心通报。职务犯罪侦查部门应当对有关部门移送的案件线索及时审查并依照规定立案侦查。

三、人民检察院负责抗诉工作的部门与职务犯罪侦查部门应当各司其职，严格执行内部制约规定，确保依法公正地行使职权。职务犯罪侦查部门应当在收到案件线索后一个月内将审查结果书面反馈移送线索的部门。移送线索的部门认为职务犯罪侦查部门应当立案侦查而未立案侦查的，应当报经分管检察长同意，建议职务犯罪侦查部门报请立案侦查，必要时，提请检察长决定。

四、人民检察院负责抗诉工作的部门与职务犯罪侦查部门应当加强相互配合与协助。职务犯罪侦查部门对负责抗诉工作的部门移送的案件线索决定立案侦查或者不予立案的，应当在立案决定、不立案决定、侦查终结处理决定作出后十日内书面反馈移送线索的部门。职务犯罪侦查部门在办案工作中发现司法工作人员有贪污受贿、徇私舞弊、枉法裁判等违法行为，可能导致原判决、裁定错误的，应当经检察长批准，及时通报负责抗诉工作的部门。负责抗诉工作的部门应当在抗诉、提请抗诉、不抗诉决定作出后十日内书面反馈职务犯罪侦查部门。

本规定自发布之日起施行，本规定发布前最高人民检察院的其他司法解释和有关规定与本规定不一致的，以本规定为准。

最高人民法院　最高人民检察院　公安部
关于严厉打击假币犯罪活动的通知

2009年9月15日　公通字〔2009〕45号

各省、自治区、直辖市高级人民法院，人民检察院，公安厅、局，新疆维吾尔自治区高级人民法院生产建设兵团分院，新疆生产建设兵团人民检察院、公安局：

近年来，全国公安司法机关始终把严厉打击假币犯罪作为一项重要任务，依法查处了一大批假币犯罪案件，打击了一大批假币犯罪分子，为维护人民币信誉和国家金融管理秩序，保护广大群众切身利益作出了重要贡献。但是，由于各方面因素的影响，当前假币犯罪形势仍然十分严峻，发案量居高不下，犯罪手段越来越隐蔽，查处难度越来越大。为了依法严厉打击假币犯罪，有效遏制假币犯罪活动的蔓延，现就有关工作要求通知如下：

一、统一思想，提高认识。假币犯罪严重影响国家金融秩序和经济安全，侵害群众利益，破坏社会稳定，影响国家形象。世界各国无不对假币犯罪特别重视，严厉打击。特别是在国际金融危机影响不断加深加剧，人民币国际化已经迈出实质性步伐的背景下，严厉打击假币犯罪，意义特别重大。各地公安司法机关要进一步统一思想，提高认识，深刻认识到假币犯罪的严重危害性，把反假币工作作为一项十分重要的任务，始终摆在突出位置抓紧抓好。

二、密切配合，强化合力。在办理假币犯罪案件中，各地公安机关、人民检察院、人民法院要加强协调配合，及时沟通情况，形成打击合力，提高工作成效。公安机关要主动加强与检察机关的沟通，重大案件请检察机关提前介入；需要补充侦查的，要根据检察机关的要求尽快补充侦查。检察机关对公安机关立案侦查的假币犯罪案件，要及时介入，参加对重大案件的讨论，对案件的法律适用和证据的收集、固定等提出意见和建议。人民法院对于重大假币犯罪案件，要加强审理力量，依法快审快结。

根据刑事诉讼法的有关规定，假币犯罪案件的地域管辖应当遵循以犯罪地管辖为主，犯罪嫌疑人居住地管辖为辅的原则。假币犯罪案件中的犯罪地，既包括犯罪预谋地、行为发生地，也包括运输假币的途经地。假币犯罪案件中的犯罪嫌疑人居住地，不仅包括犯罪嫌疑人经常居住地和户籍所在地，也包括其临时居住地。几个公安机关都有权管辖的假币犯罪案件，由最初立案地或者主要犯罪地公安机关管辖；对管辖有争议或者情况特殊的，由共同的上级公安机关指定管辖。如需人民检察院、人民法院指定管辖的，公安机关要及时提出相关建议。经审查需要指定的,人民检察院、人民法院要依法指定管辖。

三、严格依法,从严惩处。各地公安司法机关办理假币犯罪案件要始终坚持依法严惩的原则,坚决杜绝以罚代刑、以拘代刑、重罪轻判、降格处理,充分发挥刑罚的震慑力。公安机关对于涉嫌假币犯罪的,必须依法立案,认真查证;对有证据证明有犯罪事实,可能判处徒刑以上刑罚的犯罪嫌疑人,要尽快提请批准逮捕并抓紧侦办,及时移送审查起诉。检察机关对于公安机关提请批准逮捕、移送审查起诉的假币犯罪案件,符合批捕、起诉条件的,要依法尽快予以批捕、起诉。共同犯罪案件中虽然有同案犯在逃,但对于有证据证明有犯罪事实的已抓获的犯罪嫌疑人,要依法批捕、起诉;对于确实需要补充侦查的案件,要制作具体、详细的补充侦查提纲。人民法院对于假币犯罪要依法从严惩处,对于假币犯罪累犯、惯犯、涉案假币数额巨大或者全部流入社会的犯罪分子,要坚决重判;对于伪造货币集团的首要分子、骨干分子,伪造货币数额特别巨大或有其他特别严重情节,罪行极其严重的犯罪分子,应当判处死刑的,要坚决依法判处死刑。上级法院要加强对下级法院审判工作的指导,保障依法及时正确审判假币犯罪案件。

四、强化宣传,营造声势。各地公安司法机关要选择典型案例,充分利用各种新闻媒体,采取多种形式,大力开展宣传教育工作,让广大群众充分认识假币犯罪的社会危害性和严重法律后果,自觉抵制并积极检举揭发假币违法犯罪活动,形成严厉打击假币犯罪的强大舆论声势。

各地接此通知后,请迅速传达至各基层人民法院、人民检察院、公安机关,并认真贯彻执行、执行中遇到的问题,请及时报最高人民法院、最高人民检察院、公安部。

最高人民法院　最高人民检察院　公安部　司法部
关于在全国试行社区矫正工作的意见

2009年9月21日　司发通〔2009〕169号

各省、自治区、直辖市高级人民法院、人民检察院、公安厅(局)、司法厅(局),新疆维吾尔自治区高级人民法院生产建设兵团分院、新疆生产建设兵团人民检察院、公安局、司法局、监狱局:

经中央批准,2003年以来,先后分两批在全国18个省(区、市)开展了社区矫正试点工作,另有9个省(区)在党委、政府领导下先后进行了试点。社区矫正试点工作取得了明显成效,达到了预期目标。为推动社区矫正工作深入发展,经中央政法委批准,最高人民法院、最高人民检察院、公安部、司法部决定,从2009年起在全国试行社区矫正工作。现就全面试行社区矫正工作提出以下意见:

一、充分认识全面试行社区矫正工作的重要性和必要性

社区矫正是非监禁刑罚执行方式,是指将符合法定条件的罪犯置于社区内,由专门的国家机关在相关社会团体、民间组织和社会志愿者的协助下,在判决、裁定或决定确定的期限内,矫正其犯罪心理和行为恶习,促进其顺利回归社会的非监禁刑罚执行活动。开展社区矫正工作是我国司法体制和工作机制改革的重要内容。2003年7月,最高人民法院、最高人民检察院、公安部、司法部(以下简称"两院两部")联合下发《关于开展社区矫正试点工作的通知》,在北京等6个省(市)开展社区矫正试点工作。六年来,在党中央的正确领导和各级党委、政府的重视支持下,在各有关部门的协调配合和社会各界的积极参与下,社区矫正试点工作进展顺利,成效显著,在维护社会和谐稳定、降低刑罚执行成本等方面发挥了重要作用,在完善我国非监禁刑罚执行制度方面做出了有益探索,积累了丰富经验。六年的试点实践充分证明,中央关于开展社区矫正工作的决策是完全正确的。社区矫正符合现阶段我国经济社会发展要求,符合人民群众对社会和谐稳定的现实需要,是一项符合我国国情的非监禁刑罚执行制度。

党中央、国务院对社区矫正工作高度重视。2008年12月,《中央政法委员会关于深化司法体制和工作机制改革若干问题的意见》对推进社区矫正工作提出了明确要求。当前,我国正处于改革发展的关键时期,维护社会和谐稳定的任务十分繁重。在全国试行社区矫正工作,把那些不需要、不适宜监禁或者继续监禁的罪犯放到社区里,充分利用社会力量有针对性地对其实施矫正,促进其顺利回归和融入社会,对于贯彻落实宽严相济的刑事政策,探索完善中国特色刑罚执行制度,降低刑罚执行成本、提高刑罚执行效率,最大限度地增加和谐因素,最大限度地减少不和谐因素,维护社会和谐稳定,具有重要意义。各地要从维护社会和谐稳定、深化司法体制和工作机制改革、探索完善中国特色刑罚执行制度的高度,充分认识全面试行社区矫正工作的重要性和必要性,采取有力措施,积极推动社区矫正工作的全面试行。

二、全面试行社区矫正工作的指导思想、基本原则和适用范围

全面试行社区矫正工作的指导思想是:坚持以邓小平理论和"三个代表"重要思想为指导,深入贯彻落实科学发展观,贯彻落实宽严相济的刑事政策,按照"首要标准"的要求,进一步加强对社区服刑人员的教育矫正、监督管理和帮困扶助,努力减少重新违法犯罪;进一步加强社区矫正工作机构和队伍建设,不断完善社区矫正管理体制和工作机制;进一步加强社区矫正工作的制度化、规范化建设,积极推进社区矫正立法进程,探索建立中国特色非监禁刑罚执行制度,为维护社会和谐稳定做出积极贡献。

全面试行社区矫正工作的基本原则是:坚持党对社区矫正工作的领导,认真贯彻中央关于司法体制和工作机制改革的决策部署,确保社区矫正工作的正确方向;坚持从我国国情出发,坚持社区矫正工作的非监禁刑罚执行性质,不断完善中国特色刑罚执行制度;坚持各有关部门分工负责、相互支持、协调配合,确保社区矫正工作有序开展;坚持专群结合,充分调动社会资源和有关方面的积极性,不断增强社区矫正工作的社会效果;坚持从实际出发,分类指导,确保社区矫正工作各项措施符合实际、取得实效;坚持与时俱进、改革创新,努力探索社区矫正工作方法,不断提高社区矫正工作水平。

社区矫正的适用范围是:社区矫正是非监禁刑罚执行活动,适用范围主要包括被判处管制、被宣告缓刑、被暂予监外执行、被裁定假释,以及被剥夺政治权利并在社会上服刑的五种罪犯。在全面试行社区矫正工作中,要准确把握社区矫正的刑罚执行性质,不得随意扩大或缩小社区矫正的适用范围。在符合法定条件的情况下,对于罪行轻微、主观恶性不大的未成年犯、老病残犯,以及罪行较轻的初犯、过失犯等,应当作为重点对象,适用非监禁措施,实施社区矫正。

三、全面试行社区矫正工作的主要任务

试点省(区、市)要积极探索社区矫正工作规律,总结完善社区矫正试点经验,研究解决试点工作中的困难和问题,尚未在全辖区试行社区矫正工作的,要在全辖区试行社区矫正工作。非试点省(区、市)要借鉴试点地区的有益经验,认真研究制定开展社区矫正工作的具体意见和方案,视情况可以先行试点再全面试行,条件具备的也可以直接在全辖区试行。全面试行社区矫正工作的主要任务和要求是:

(一)进一步加强对社区服刑人员的教育矫正。完善教育矫正措施和方法,加强对社区服刑人员的思想教育、法制教育、社会公德教育,组织有劳动能力的社区服刑人员参加公益劳动,增强其认罪悔罪意识,提高社会责任感。加强心理矫正工作,采取多种形式对社区服刑人员进行心理健康教育,提供心理咨询和心理矫正,促使其顺利回归和融入社会。探索建立社区矫正评估体系,增强教育矫正的针对性和实效性。

(二)进一步加强对社区服刑人员的监督管理。根据社区服刑人员的不同犯罪类型和风险等级,探索分类矫正方法,依法执行社区服刑人员报到、会客、请销假、迁居、政治权利行使限制等管控措施,避免发生脱管、漏管,防止重新违法犯罪。健全完善社区服刑人员考核奖惩制度,探索建立日常考核与司法奖惩的衔接机制。探索运用信息通讯等技术手段,创新对社区服刑人员的监督管理方法,提高矫正工作的科技含量。

(三)进一步加强对社区服刑人员的帮困扶助。积极协调民政、人力资源和社会保障等有关部门,将符合最低生活保障条件的社区服刑人员纳入最低生活保障范围,为符合条件的农村籍社区服刑人员落实责任田。整合社会资源和力量,为社区服刑人员提供免费技能培训和就业指导,提高就业谋生能力,帮助其解决基本生活保障等方面的困难和问题。

(四)切实加强社区矫正经费保障。建立社区矫正经费的全额保障制度,将社区矫正工作人员经费、行政运行经费、办案业务经费、业务装备经费等纳入财政年度预算,并根据工作发展的需要,建立社区矫正经费动态增长机制。

(五)进一步加强社区矫正工作制度化、规范化、法制化建设。加强建章立制工作,根据有关法律法规,结合社区矫正工作实际,建立社区服刑人员接收、管理、考核、奖惩、解除矫正等各个环节的工作制度,统一社区矫正工作的文书格式,加强档案管理,确保国家刑罚依法规范执行。按照《中央政法委员会关于深化司法体制和工作机制改革若干问题的意见》要求,积极推进社区矫正工作立法进程,建立和完善社区矫正法律制度。

(六)切实加强社区矫正工作机构和队伍建设。在各级司法行政机关建立专门的社区矫正工作机构,加强对社区矫正工作的指导管理。建立专群结合的社区矫正工作队伍,充实司法所工作力量,确保有专职人员从事社区矫正工作。广泛动员社会力量参与社区矫正工作,建立健全社会工作者和社会志愿者的聘用、管理、考核、激励机制。切实加强社区矫正工作队伍的培训,提高队伍综合素质,提高做好社区矫正工作的能力和水平。

(七)进一步健全社区矫正工作领导体制和工作机制。坚持党委、政府统一领导,司法行政部门牵头组织,相关部门协调配合,司法所具体实施,社会力量广泛参与的社区矫正工作领导体制和工作机制。各有关部门要进一步明确职责,加强协作,建立社区矫正工作衔接配合的长效机制。司法行政机关要切实履行指导管理社区矫正工作的职责,牵头组织有关单位和社区基层组织开展社区矫正工作。人民法院要依法充分适用非监禁刑罚和非监禁刑罚执行措施,对依法可能适用非监禁刑罚的被告人,在审理中可以委托司法行政机关进行审前社会调查,并将有关法律文书及时抄送司法行政机关。人民检察院要加强对社区矫正各执法环节的法律监督,发现有违法情况时应及时提出纠正意见或者检察建议,保障刑罚的正确执行。公安机关要加强对社区服刑人员的监督,对脱管、漏管等违反社区矫正管理规定的社区服刑人员依法采取惩戒措施,对重新违法犯罪的社区服刑人员及时依法处理。社会各有关方面要理解、支持和参与社区矫正工作,为开展社区矫正工作创造良好的社会环境。

四、加强对全面试行社区矫正工作的组织领导

社区矫正工作是司法体制和工作机制改革的重要组成部分,涉及面广,政策性强,任务艰巨。各地要高度重视,周密安排,精心组织,加强领导,保障社区矫正工作顺利开展。

积极争取党委、政府的重视支持。紧紧依靠党委、政府的领导,努力把社区矫正工作纳入当地经济社会发展总体规划,列入重要日程,确保社区矫正工作顺利开展。建立社区矫正工作领导小组或联席会议制度,研究解决重大问题,切实加强组织领导。

研究制定社区矫正工作实施方案。要按照全面试行社区矫正工作的统一部署,结合本地实际,研究制定具体实施方案,明确责任,分解任务,落实措施,精心组织实施,确保社区矫正工作扎实有序推进。

加强对社区矫正工作的调查研究。深入调查研究,加强对社区矫正工作的指导,及时研究解决全面试行社区矫正工作中遇到的困难和问题。认真组织开展对社区矫正工作的督促检查,确保各项任务和政策措施落到实处、见到实效。

大力加强社区矫正工作宣传。广泛宣传中央关于社区矫正工作的决策部署,宣传社区矫正工作在维护社会和谐稳定、完善刑罚执行制度等方面的积极作用,宣传表彰开展社区矫正工作的好做法、好经验、好典型,为全面试行社区矫正工作营造良好的社会氛围。

最高人民检察院关于认真学习贯彻党的十七届四中全会精神的通知

2009年9月23日 高检发〔2009〕20号

各省、自治区、直辖市人民检察院,军事检察院,新疆生产建设兵团人民检察院:

刚刚闭幕的党的十七届四中全会,是在国际形势继续发生深刻变化,我国处在进一步发展的重要战略机遇期召开的一次重要会议。全会听取和讨论了胡锦涛总书记受中央政治局委托作的工作报告,审议通过了《中共中央关于加强和改进新形势下党的建设若干重大问题的决定》(以下简称《决定》)。全会的召开,对于全面贯彻党的十七大精神,以邓小平理论和“三个代表”重要思想为指导,深入贯彻落实科学发展观,有效应对国际金融危机冲击、保持经济平稳较快发展,夺取全面建设小康社会新胜利、开创中国特色社会主义事业新局面,具有重大而深远的意义。全会通过的《决定》,认真总结新中国成立60年来特别是改革开放30年来我们党加强自身建设的宝贵经验,深入分析党的建设面临的新情况新问题,进一步研究部署了以改革创新精神推进党的建设新的伟大工程,符合党和人民事业发展要求,符合新形势下党的建设的需要,体现了党的建设理论创新、实践创新、制度创新、工作创新的丰富成果,体现了全党加强自身建设的共同意志,是指导当前和今后一个时期党的建设的纲领性文件。

深入贯彻落实十七届四中全会精神,加强和改进新形势下党的建设,是全党的重大政治责任。各级检察机关要把传达好、学习好、贯彻好全会精神作为当前的一项重大政治任务,高度重视,精心安排,切实抓紧抓好。要组织全体检察人员认认真真、原原本本地学习胡锦涛总书记的重要讲话和《决定》,紧密结合检察机关实际,在领会精神实质上下功夫,不断深化对加强和改进新形势下党的建设重要性和紧迫性的认识,不断深化对党执政以来加强自身建设基本经验的认识,不断深化对党的建设面临的形势和任务的认识,不断深化对加强和改进党的建设总体要求和重大部署的认识,切实把思想和行动统一到全会精神上来。特别要充分认识到,检察机关是党领导下的国家法律监督机关,检察队伍是以党员为主体的队伍,必须坚持党要管党、从严治党,按照立党为公、执法为民、求真务实、改革创新、艰苦奋斗、清正廉洁、富有活力、团结和谐的要求,努力提高党的建设科学化水平,真正把全面加强和改进检察机关党的建设同全面推进中国特色社会主义检察事业紧密结合起来,同建设和捍卫中国特色社会主义事业紧密结合起来,确保党的建设各项部署落到基层、落到实处,以党的建设带动和推进检察队伍建设,带动和推进各项检察工作。

一、要更加注重思想理论建设,坚持用发展着的马克思主义指导检察工作。全会突出强调,要建设马克思主义学习型政党,以此为抓手带动党的思想理论建设。各级检察机关要按照中央的要求,努力建设学习型党组织、学习型领导班子和学习型检察院,自觉地把学习作为提高素质、增长本领、做好检察工作的根本途径,勤于学习、不断学习、善于学习,努力走在时代前列,不断提高检察工作水平。要坚持把马克思主义作为检察工作的根本指导思想,用中国特色社会主义理论体系武装党员干部的头脑,着力提高党员领导干部的理论素养和解决实际问题能力,准确运用马克思主义的立场、观点、方法,准确把握世情、国情、党情,准确把握中国改革开放实际和检察工作实际,增强检察工作的原则性、系统性、预见性和创造性。要深入开展社会主义核心价值体系学习教育,把理想信念教育作为重中之重,不断增强贯彻党的基本理论、基本路线、基本纲领、基本经验的自觉性和坚定性,增强走中国特色社会主义道路、为党和人民事业不断奋斗的自党性和坚定性,增强党的意识、宗旨意识、执政意识、大局意识和责任意识,增强政治敏锐性和政治鉴别力。要在各级检察机关营造热爱学习的浓厚氛围,大力倡导重视学习、坚持学习、终身学习的观念,鼓励广大检察人员积极向书本学习、向实践学习、向群众学习,带着问题学习,围绕工作钻研,使工作过程成为努力学习、增长才干的过程,切实提高学习能力和实践能力,更好地担负起建设和捍卫中国特色社会主义事业的重任。

二、要更加注重民主集中制建设,努力形成充满活力、团结和谐的生动局面,坚决维护党的集中统一。全会强调,党内民主是党的生命,集中统一是党的力量保证;必须坚持民主基础上的集中和集中指导下的民主,以保障党员民主权利为根本,以加强党内基层民主建设为基础,切实推进党内民主。各级检察机关要按照中央的要求,自觉增强党的观念,始终坚持党的领导,坚决贯彻党的路线方针政策,充分发挥党组的领导核心作用,始终把检察工作置于党的绝对领导之下。要保障党员的主体地位和民主权利,推进党务公开,鼓励和保护党员讲真话、讲心里话,营造党内民主讨论、民主监督环境。要加强民主集中制教育,提高党员民主素质,引导党员正确行使权利、认真履行义务。要切实加强各级检察院党组和检察委员会民主集中制建设,健全党内民主决策机制,完善党组和检察委员会议事规则和决策程序。要完善集体领导与个人分工负责相结合的制度,加强党组对检察工作重大问题的研究和部署,注意听取各方面意见,努力提高科学决策、民主决策、依法决策水平。要坚决维护党的集中统一,始终同党中央在思想上、政治上、行动上保持高度一致,严守党的纪律特别是政治纪律,确保中央政令畅通。

三、要更加注重领导班子和领导干部队伍建设,努力建设善于领导检察工作科学发展的高素质干部队伍。全会强调,坚持民主、公开、竞争、择优,提高选人用人公信度,形成充满活力的选人用人机制,促进优秀人才脱颖而出,是培养造就高素质干部队伍的关键。各级检察机关要按照中央的要求,坚持党管干部原则,坚持正确的用人导向,坚持德才兼备、以德为先的用人标准,全面贯彻干部队伍革命化、年轻化、知识化、专业化方针。要进一步完善干部选拔任用机制,扩大选人用人民主,匡正选人用人风气,增强民主推荐、民主测评的科学性,坚持五湖四海、拓宽视野选拔干部。要重视领导班子和领导干部推动科学发展、促进社会和谐能力的培养和提高,优化领导班子配备,增强领导班子的整体功能和合力。特别要注意选好配强正职领导干部,广辟途径培养干部,注意多岗位锻炼干部。要建立健全领导班子、领导干部考核评价机制,引导各级检察院领导干部树立正确政绩观。要高度重视选拔培养优秀年轻干部,加强年轻干部的党性修养和实践锻炼。要坚持严格要求与关心爱护相结合,完善干部交流制度,加大干部交流力度,深化检察人员分类管理改革,不断健全干部管理机制。

四、要更加注重检察机关基层党组织建设,充分发挥基层党组织推动发展、服务群众、凝聚人心、促进和谐的作用。全会强调,党的基层组织是党全部工作和战斗力的基础,是落实党的路线方针政策和各项工作任务的战斗堡垒。各级检察机关要按照中央的要求,从有利于加强对党员的教育管理、有利于发挥基层党组织战斗堡垒作用、有利于巩固党的执政地位出发,推进检察机关基层党组织思想观念、工作方法、活动方式的改进和创新。要合理设置和调整业务部门基层党组织,充分发挥其对执法办案等业务工作的领导、监督和保障作用,把围绕大局、服务中心、建设队伍贯穿检察机关基层党组织活动的始终。要以提高素质为重点,抓紧抓好党员队伍建设这一基础工程,建立健全教育、管理、服务党员长效机制,激发党员增强光荣感和责任感、保持先进性的内在动力。

五、要更加注重作风建设,以优良党风促进和带动检风建设。全会强调,执政党的党风关系党的形象,关系党和人民事业成败。各级检察机关要按照中央的要求,大力弘扬理论联系实际、密切联系群众、批评和自我批评的优良作风,始终谦虚谨慎、艰苦奋斗,以思想教育、完善制度、集中整顿、严肃纪律为抓手,继续下大气力解决检察机关党员干部党性党风党纪方面和检察队伍执法行为作风方面的突出问题,以优良党风促检风建设。要坚持密切联系群众,积极构建检察机关联系群众的工作平台,不断改进服务群众的工作,努力提高群众工作的能力。要坚持求真务实,坚决克服形式主义,注重改变文风会风,不做表面文章,讲真话、做实事,恪尽职守、重在落实,努力创造经得起实践、人民、历史检验的业绩。要坚持艰苦奋斗,带头厉行节约,严格执行财经制度和经济工作纪律,坚决反对铺张浪费,奢侈享乐。要坚持批评和自我批评,增强党内生活的原则性和实效性,反对和克服好人主义。要把加强党性修养作为检察机关广大党员干部优良作风养成的重要基础和动力,建立党性定期分析制度,加大对检察机关作风方面突出问题的监督、整顿力度,进一步推进检察机关作风建设、职业道德建设和执法规范化建设。

六、要更加注重反腐倡廉建设,坚持从严治检,廉洁从检。全会强调,坚决反对腐败是党必须始终抓好的重大政治任务。各级检察机关要按照中央的要求,充分认识反腐败斗争的长期性、复杂性、艰巨性,把反腐倡廉建设放在更加突出的位置,旗帜鲜明,立场坚定,警钟长鸣,常抓不懈。要在充分发挥检察机关在建立健全惩治和预防腐败体系中应有的职能作用、加大查办和预防职务犯罪力度、推动反腐倡廉制度创新的同时,牢固树立监督者更要接受监督的观念,毫不放松地抓好自身反腐倡廉建设。要按照为民、务实、清廉的要求,深入开展党性、党风、党纪教育,加强廉洁从检教育和领导干部廉洁自律。各级检察机关领导干部特别是高级领导干部一定要在反腐倡廉中作表率,严格落实党风廉政建设责任制,始终做到廉洁自律。要加大查办检察机关自身违法违纪案件特别是以权谋私、执法犯法、贪赃枉法案件的工作力度,坚持严格教育,严格管理,严格监督。要健全和完善检察权运行特别是对领导干部和自身执法办案活动实施监督制约的有效机制,确保检察权不被滥用,确保清正廉洁、公正执法。

各级检察机关和广大检察人员要紧密团结在以胡锦涛同志为总书记的党中央周围,高举中国特色社会主义伟大旗帜,全面贯彻党的十七大和十七届一中、二中、三中、四中全会精神,坚定信心,团结奋斗,求真务实,开拓进取,努力开创中国特色社会主义检察事业新局面,为全面建设小康社会、加快推进社会主义现代化作出新的更大的贡献!

最高人民检察院关于印发《中华人民共和国检察官职业道德基本准则(试行)》的通知

2009 年 9 月 29 日　高检发〔2009〕21 号

各省、自治区、直辖市人民检察院,军事检察院,新疆生产建设兵团人民检察院:

《中华人民共和国检察官职业道德基本准则(试行)》已经最高人民检察院第十一届检察委员会第十八次会议通过,现印发给你们,请认真贯彻执行。执行中遇到的重要问题请及时报告最高人民检察院政治部。

中华人民共和国检察官职业道德基本准则(试行)

(2009 年 9 月 3 日最高人民检察院第十一届检察委员会第十八次会议通过)

第一章　总　　则

第一条　为加强检察官职业道德建设,正确履行宪法法律赋予的职责,根据《中华人民共和国检察官法》制定本准则。

第二条　检察官职业道德的基本要求是忠诚、

公正、清廉、文明。

第三条 检察官应当高举中国特色社会主义伟大旗帜,深入贯彻落实科学发展观,坚持党的事业至上、人民利益至上、宪法法律至上,在履行职责、行使检察权的各个方面和职务外活动中恪守职业道德要求。

第四条 对模范践行检察官职业道德,品德高尚,业绩突出的,予以表彰奖励;对违反职业道德的行为,予以批评谴责,构成违法违纪的,依照法律和检察人员纪律规定予以惩戒。

第二章 忠 诚

第五条 忠于党、忠于国家、忠于人民、忠于宪法和法律,牢固树立依法治国、执法为民、公平正义、服务大局、党的领导的社会主义法治理念,做中国特色社会主义事业的建设者、捍卫者和社会公平正义的守护者。

第六条 尊崇宪法和法律,严格执行宪法和法律的规定,自觉维护宪法和法律的统一、尊严和权威。

第七条 坚持立检为公、执法为民的宗旨,维护最广大人民的根本利益,保障民生,服务群众,亲民、为民、利民、便民。

第八条 热爱人民检察事业,珍惜检察官荣誉,忠实履行法律监督职责,自觉接受监督制约,维护检察机关的形象和检察权的公信力。

第九条 坚持"强化法律监督,维护公平正义"的检察工作主题,坚持检察工作政治性、人民性、法律性的统一,努力实现执法办案法律效果、社会效果和政治效果的有机统一。

第十条 维护国家安全、荣誉和利益,维护国家统一和民族团结,严守国家秘密和检察工作秘密。

第十一条 保持高度的政治警觉,严守政治纪律,不参加危害国家安全、带有封建迷信、邪教性质等非法组织及其活动。

第十二条 初任检察官、检察官晋升,应当进行宣誓,牢记誓词,弘扬职业精神,践行从业誓言。

第十三条 勤勉敬业,尽心竭力,不因个人事务及其他非公事由而影响职责的正常履行。

第三章 公 正

第十四条 树立忠于职守、秉公办案的观念,坚守惩恶扬善、伸张正义的良知,保持客观公正、维护人权的立场,养成正直善良、谦抑平和的品格,培育刚正不阿、严谨细致的作风。

第十五条 依法履行检察职责,不受行政机关、社会团体和个人的干涉,敢于监督,善于监督,不为金钱所诱惑,不为人情所动摇,不为权势所屈服。

第十六条 自觉遵守法定回避制度,对法定回避事由以外可能引起公众对办案公正产生合理怀疑的,应当主动请求回避。

第十七条 以事实为根据,以法律为准绳,不偏不倚,不滥用职权和漠视法律,正确行使检察裁量权。

第十八条 树立证据意识,依法客观全面地收集、审查证据,不伪造、隐瞒、毁损证据,不先入为主、主观臆断,严格把好事实关、证据关。

第十九条 树立程序意识,坚持程序公正与实体公正并重,严格遵循法定程序,维护程序正义。

第二十条 树立人权保护意识,尊重诉讼当事人、参与人及其他有关人员的人格,保障和维护其合法权益。

第二十一条 尊重律师的职业尊严,支持律师履行法定职责,依法保障和维护律师参与诉讼活动的权利。

第二十二条 出席法庭审理活动,应当尊重庭审法官,遵守法庭规则,维护法庭审判的严肃性和权威性。

第二十三条 严格遵守检察纪律,不违反规定过问、干预其他检察官、其他人民检察院或者其他司法机关正在办理的案件,不私自探询其他检察官、其他人民检察院或者其他司法机关正在办理的案件情况和有关信息,不泄露案件的办理情况及案件承办人的有关信息,不违反规定会见案件当事人、诉讼代理人、辩护人及其他与案件有利害关系的人员。

第二十四条 努力提高案件质量和办案水平,严守法定办案时限,提高办案效率,节约司法资源。

第二十五条 严格执行检察人员执法过错责任追究制度,对于执法过错行为,要实事求是,敢于及时纠正,勇于承担责任。

第四章 清 廉

第二十六条 以社会主义核心价值观为根本

的职业价值取向，遵纪守法，严格自律，并教育近亲属或者其他关系密切的人员模范执行有关廉政规定，秉持清正廉洁的情操。

第二十七条 不以权谋私，以案谋利，借办案插手经济纠纷。

第二十八条 不利用职务便利或者检察官的身份、声誉及影响，为自己、家人或者他人谋取不正当利益；不从事、参与经商办企业、违法违规营利活动，以及其他可能有损检察官廉洁形象的商业、经营活动；不参加营利性或者可能借检察官影响力营利的社团组织。

第二十九条 不收受案件当事人及其亲友、案件利害关系人或者单位及其所委托的人以任何名义馈赠的礼品礼金、有价证券、购物凭证以及干股等；不参加其安排的宴请、娱乐休闲、旅游度假等可能影响公正办案的活动；不接受其提供的各种费用报销，出借的钱款、交通通讯工具、贵重物品及其他利益。

第三十条 不兼任律师、法律顾问等职务，不私下为所办案件的当事人介绍辩护人或者诉讼代理人。

第三十一条 在职务外活动中，不披露或者使用未公开的检察工作信息，以及在履职过程中获得的商业秘密、个人隐私等非公开的信息。

第三十二条 妥善处理个人事务，按照有关规定报告个人有关事项，如实申报收入；保持与合法收入、财产相当的生活水平和健康的生活情趣。

第三十三条 退休检察官应当继续保持良好操守，不再沿用原检察官身份、职务，不利用原地位、身份形成的影响和便利条件，过问、干预执法办案活动，为承揽律师业务或者其他请托事宜打招呼、行便利，避免因不当言行给检察机关带来不良影响。

第五章 文　　明

第三十四条 注重学习，精研法律，精通检察业务，培养良好的政治素质、业务素质和文化素养，增强法律监督能力和做群众工作的本领。

第三十五条 坚持打击与保护并重、惩罚与教育并重、惩治与预防并重，宽严相济，以人为本。

第三十六条 弘扬人文精神，体现人文关怀。做到执法理念文明，执法行为文明，执法作风文明，执法语言文明。

第三十七条 遵守各项检察礼仪规范，注重职业礼仪约束，仪表庄重、举止大方、态度公允、用语文明，保持良好的职业操守和风范，维护检察官的良好形象。

第三十八条 执行公务、参加政务活动时，按照检察人员着装规定穿着检察制服，佩戴检察标识徽章，严格守时，遵守活动纪律。

第三十九条 在公共场合及新闻媒体上，不发表有损法律严肃性、权威性，有损检察机关形象的言论。未经批准，不对正在办理的案件发表个人意见或者进行评论。

第四十条 热爱集体，团结协作，相互支持、相互配合、相互监督，力戒独断专行，共同营造健康、有序、和谐的工作环境。

第四十一条 明礼诚信，在社会交往中尊重、理解、关心他人，讲诚实、守信用、践承诺，树立良好社会形象。

第四十二条 牢固树立社会主义荣辱观，恪守社会公德、家庭美德，慎独慎微，行为检点，培养高尚的道德操守。

第四十三条 不穿着检察正装、佩戴检察标识到营业性娱乐场所进行娱乐、休闲活动或者在公共场所饮酒，不参与赌博、色情、封建迷信活动。

第四十四条 不要特权、逞威风、蛮横无理。本人或者亲属与他人发生矛盾、冲突，应当通过正当合法的途径解决，不应以检察官身份寻求特殊照顾，不要恶化事态酿成事端。

第四十五条 在职务外活动中应当约束言行，避免公众对检察官公正执法和清正廉洁产生合理怀疑，避免对履行职责产生负面作用，避免对检察机关的公信力产生不良影响。

第六章 附　　则

第四十六条 人民检察院的其他工作人员参照执行本准则。

第四十七条 本准则由最高人民检察院负责解释。

第四十八条 本准则自发布之日起施行。

最高人民检察院关于印发《人民检察院检察委员会议事和工作规则》的通知

2009 年 10 月 13 日　高检发〔2009〕23 号

各省、自治区、直辖市人民检察院，军事检察院，新疆生产建设兵团人民检察院：

《人民检察院检察委员会议事和工作规则》已经最高人民检察院第十一届检察委员会第十七次会议审议通过，现印发你们，请认真贯彻执行。

人民检察院检察委员会议事和工作规则

（2009 年 8 月 11 日最高人民检察院第十一届检察委员会第十七次会议通过）

第一章　总　　则

第一条　根据《中华人民共和国人民检察院组织法》、《中华人民共和国检察官法》等有关法律规定，结合检察工作实际，制定本规则。

第二条　检察委员会审议议题、作出决定，实行民主集中制原则。

第三条　检察委员会审议议题的范围包括：

（一）审议在检察工作中贯彻执行国家法律、政策的重大问题；

（二）审议贯彻执行本级人民代表大会及其常务委员会决议，拟提交本级人民代表大会及其常务委员会的工作报告、专项工作报告和议案；

（三）最高人民检察院检察委员会审议检察工作中具体应用法律问题的解释以及有关检察工作的条例、规定、规则、办法等，省级以下人民检察院检察委员会审议本地区检察业务、管理等规范性文件；

（四）审议贯彻执行上级人民检察院工作部署、决定的重大问题，总结检察工作经验，研究检察工作中的新情况、新问题；

（五）审议重大专项工作和重大业务工作部署；

（六）经检察长决定，审议有重大社会影响或者重大意见分歧的案件，以及根据法律及其他规定应当提请检察委员会决定的案件；

（七）经检察长决定，审议按照有关规定向上一级人民检察院请示的重大事项、提请抗诉的刑事案件和民事、行政案件，以及应当提请上一级人民检察院复议的事项或者案件；

（八）经检察长决定，审议下一级人民检察院提请复议的事项或者案件；

（九）决定本级人民检察院检察长、公安机关负责人的回避；

（十）审议检察长认为需要提请检察委员会审议的其他议题。

第四条　检察委员会会议一般每半个月举行一次；必要时可以临时召开会议。

第五条　检察委员会会议由检察长主持。检察长因特殊事由可以委托副检察长主持会议。

第六条　检察委员会会议必须有检察委员会全体委员的过半数出席，方能举行。

第七条　检察委员会举行会议，检察委员会委员应当出席。检察委员会委员因特殊原因不能出席的，应当向检察长或者受委托主持会议的副检察长请假，并通知检察委员会办事机构。

第八条　检察委员会举行会议，经检察长决定，未担任检察委员会委员的院领导和内设机构负责人可以列席会议；必要时，可以通知本院或者下一级人民检察院的相关人员列席会议。

第二章　议题的提请

第九条　承办部门提请检察委员会审议事项或者案件，应当符合本规则第三条规定的范围。

检察委员会委员提出议题的，经检察长同意后可以提请检察委员会审议。

第十条　承办部门提请检察委员会审议事项或者案件，由承办检察官提出办理意见，承办部门讨论，部门主要负责人签署明确意见，经分管检察长审核后报检察长决定。

提请检察委员会审议的重大事项，承办部门应当深入调查研究，充分听取有关下级人民检察院和本院内设机构的意见，必要时可以征求有关部门的意见。

第十一条　提出议题采用书面形式，详细说明或者报告有关问题，附有关法律文书和法律、法规、司法解释等文件，并符合下列内容和格式要求：

（一）提请检察委员会审议报告、司法解释、规范性文件或者其他事项，应当有文件草案及起草情况说明。起草情况说明的主要内容包括：事项缘由及背景，文件起草过程，征求意见情况，对有关问题的研究意见及理由。必要时，对文件的主要条文应当逐条说明。

（二）提请检察委员会审议案件，应当有书面报告，报告的主要内容包括：提请讨论决定的问题；案件来源，当事人、其他诉讼参与人的基本情况，诉讼过程，案件事实和证据，分歧意见或者诉争要点，承办部门工作情况、审查意见及法律依据，其他有关部门或者专家意见。

对主要问题存在分歧意见的，承办部门应当予以说明。

第十二条　检察长决定将议题提请检察委员会审议的，检察委员会办事机构应当对议题进行审查，认为承办部门的议题和提请审议的程序不符合有关规定、书面报告或者说明的内容和形式不符合规定或者欠缺有关材料的，应当提出意见后由承办部门修改、补充。必要时，对议题的有关法律问题可以提出研究意见。

第十三条　检察委员会办事机构提出检察委员会会议议程建议，报请检察长决定。

第十四条　检察委员会会议议程确定后，检察委员会办事机构一般应当在会议举行三日以前，将拟审议的议题、举行会议的时间和地点通知检察委员会委员、列席会议的人员和有关承办部门，并分送会议相关材料。

第三章　议题的审议

第十五条　出席检察委员会会议的人员在接到会议通知和会议相关材料后，应当认真研究，准时出席会议。

第十六条　检察委员会审议议题，按照以下程序进行：

（一）承办部门、承办人员汇报；

（二）检察委员会委员提问、讨论；

（三）会议主持人发表个人意见、总结讨论情况；

（四）表决并作出决定。

第十七条　检察委员会审议议题，应当全面听取承办部门、承办人员的汇报。

承办部门汇报后，检察委员会委员可以就相关问题提问，承办部门应当进行说明。

第十八条　承办部门汇报后，在主持人的组织下，检察委员会委员应当对议题发表意见。发表意见一般按照以下顺序进行：

（一）检察委员会专职委员发表意见；

（二）未担任院领导职务的委员发表意见；

（三）担任院领导职务的委员发表意见。

必要时，会议主持人可以在委员讨论后、总结前请有关列席人员发表意见。

第十九条　发言应当围绕会议审议的议题进行，重点就审议的主要问题和内容发表明确的意见，并提出理由和依据。

第二十条　经委员提议或者会议主持人决定，对于审议中的议题，如果认为不需要检察委员会作出决定的，可以责成承办部门处理；认为需要进一步研究的，可以责成承办部门补充进行相关工作后，再提请检察委员会审议。

第二十一条　会议主持人在委员发言结束后可以发表个人意见，并对审议的情况进行总结。委员意见分歧较大的，会议主持人可以决定暂不作出决定，另行审议。

第二十二条　检察委员会表决议题,可以采用口头方式或者举手方式,按照少数服从多数的原则,由检察委员会全体委员的过半数通过。少数委员的意见可以保留并记录在卷。必要时,在会议结束后可以就审议的事项和案件征求未出席会议的委员的意见。

表决结果由会议主持人当场宣布。

第二十三条　受委托主持会议的副检察长应当在会后将会议审议的情况和决定意见及时报告检察长。检察长同意的,决定方可执行。

第二十四条　检察长不同意多数检察委员会委员意见的,对案件可以报请上一级人民检察院决定;对事项可以报请上一级人民检察院或者本级人民代表大会常务委员会决定。报请本级人民代表大会常务委员会决定的,应当同时抄报上一级人民检察院。

第二十五条　检察委员会审议、决定的情况和检察委员会委员在检察委员会会议上的发言,由检察委员会办事机构工作人员记录存档。

第二十六条　检察委员会审议议题,应当制作会议纪要和检察委员会决定事项通知书。纪要和检察委员会决定事项通知书由检察委员会办事机构起草,报检察长或者受委托主持会议的副检察长审批。纪要印发各位委员并同时报上一级人民检察院检察委员会办事机构备案;检察委员会决定事项通知书以本院名义印发本院有关的内设机构和有关的人民检察院执行。

检察委员会办事机构应当将会议纪要和检察委员会决定事项通知书存档备查。

第四章　决定的执行和督办

第二十七条　对于检察委员会的决定,承办部门和有关的下级人民检察院应当及时执行。

检察委员会原则通过的议题,承办部门应当根据审议意见进行补充、修改,必要时应当与有关方面进行沟通、协调,并向检察委员会办事机构书面说明采纳意见情况和补充修改情况。不采纳重要意见的,应当提出书面报告,经分管检察长审核后向检察长报告。

第二十八条　承办部门因特殊原因不能及时执行检察委员会决定的,应当提出书面报告,说明有关情况和理由,经分管检察长审核后报检察长决定。

下级人民检察院因特殊原因不能及时执行上级人民检察院检察委员会决定的,应当向上级人民检察院相关部门提出书面报告,说明有关情况和理由,由上级人民检察院相关部门审查后形成书面意见,经分管检察长审核后报检察长决定。

第二十九条　有关下级人民检察院对上一级人民检察院检察委员会的决定如有不同意见,可以请求复议。上级人民检察院相关部门对复议请求进行审查并提出意见,由分管检察长审核后报检察长决定。

检察长决定提请检察委员会复议的,应当在接到复议申请后的一个月内召开检察委员会复议并作出决定。经复议认为原决定确有错误的,应当及时予以纠正。对检察委员会复议作出的决定,承办部门和下级人民检察院应当执行。

第三十条　承办部门应当向检察委员会办事机构通报检察委员会决定的执行情况,并在决定执行完毕后五日内填写《检察委员会决定事项执行情况反馈表》,由部门负责人签字后,连同反映执行情况的相关材料,交检察委员会办事机构存档备查。

第三十一条　检察委员会办事机构应当及时了解承办部门或者有关的下级人民检察院执行检察委员会决定的情况,必要时应当进行督办,并定期将执行情况向检察长和检察委员会报告。

第三十二条　对于检察委员会审议通过的司法解释和规范性文件,承办部门应当定期检查执行情况,对执行中存在的问题进行调查研究,并适时提出修改、完善的意见。

第三十三条　对擅自改变检察委员会决定或者故意拖延、拒不执行检察委员会决定的,应当按照有关规定追究主要责任人员的法律、纪律责任。

附　则

第三十四条　出席、列席检察委员会会议的人员,对检察委员会会议讨论的情况和内容应当保密。

第三十五条　检察委员会的会议记录,未经检察长批准不得查阅、抄录、复制。

第三十六条　本规则自发布之日起施行。

最高人民检察院关于印发《人民检察院检察建议工作规定（试行）》的通知

2009年11月13日　高检发〔2009〕24号

各省、自治区、直辖市人民检察院，军事检察院，新疆生产建设兵团人民检察院：

《人民检察院检察建议工作规定（试行）》已经2009年9月14日最高人民检察院第十一届检察委员会第十九次会议通过，并报经中央司法体制改革领导小组批准，现印发你们，请认真贯彻执行。

人民检察院检察建议工作规定（试行）

为进一步规范检察建议的适用，充分发挥检察建议的作用，更好地履行人民检察院的法律监督职能，结合检察工作实际，制定本规定。

第一条　检察建议是人民检察院为促进法律正确实施、促进社会和谐稳定，在履行法律监督职能过程中，结合执法办案，建议有关单位完善制度，加强内部制约、监督，正确实施法律法规，完善社会管理、服务，预防和减少违法犯罪的一种重要方式。

第二条　提出检察建议，应当立足检察职能、结合执法办案工作，坚持严格依法、准确及时、注重实效的原则。

第三条　人民检察院结合执法办案工作，可以向涉案单位、有关主管机关或者其他有关单位提出检察建议。

第四条　提出检察建议应当有事实依据，并且符合法律、法规及其他有关规定，建议的内容应当具体明确，切实可行。检察建议一般包括以下内容：

（一）问题的来源或提出建议的起因；

（二）应当消除的隐患及违法现象；

（三）治理防范的具体意见；

（四）提出建议所依据的事实和法律、法规及有关规定；

（五）被建议单位书面回复落实情况的期限等其他建议事项。

第五条　人民检察院在检察工作中发现有下列情形之一的，可以提出检察建议：

（一）预防违法犯罪等方面管理不完善、制度不健全、不落实，存在犯罪隐患的；

（二）行业主管部门或者主管机关需要加强或改进本行业或者部门的管理监督工作的；

（三）民间纠纷问题突出，矛盾可能激化导致恶性案件或者群体性事件，需要加强调解疏导工作的；

（四）在办理案件过程中发现应对有关人员或行为予以表彰或者给予处分、行政处罚的；

（五）人民法院、公安机关、刑罚执行机关和劳动教养机关在执法过程中存在苗头性、倾向性的不规范问题，需要改进的；

（六）其他需要提出检察建议的。

第六条　人民检察院可以直接向本院所办理案件的发案单位提出检察建议。

需要向发案单位的上级单位或者有关主管机关提出检察建议的，办理案件的人民检察院应当层报被建议单位的同级人民检察院决定并提出检察建议。

第七条　提出检察建议，应当按照统一的格式和内容制作检察建议书，报请检察长审批或者提请检察委员会讨论决定后,以人民检察院的名义送达有关单位。

检察建议书应当报上一级人民检察院备案,同时抄送被建议单位的上级主管机关。

第八条 人民检察院应当及时了解和掌握被建议单位对检察建议的采纳落实情况,必要时可以回访。被建议单位对检察建议没有正当理由不予采纳的,人民检察院可以向其上级主管机关反映有关情况。

检察长对本院提出的检察建议,上级人民检察院对下级人民检察院提出的检察建议,认为确有不当的,应当撤销,同时及时通知有关单位并作出说明。

第九条 各级人民检察院办公室统一负责检察建议书的文稿审核、编号工作,各承办部门负责检察建议的跟踪了解、督促落实等工作。

第十条 各级人民检察院应当加强检察建议的分类统计,定期对发送检察建议的情况进行综合分析和评估。

第十一条 本规定自发布之日起施行。

最高人民检察院关于印发《最高人民检察院关于进一步加强对诉讼活动法律监督工作的意见》的通知

2009年12月29日 高检发〔2009〕30号

各省、自治区、直辖市人民检察院,军事检察院,新疆生产建设兵团人民检察院:

《最高人民检察院关于进一步加强对诉讼活动法律监督工作的意见》已经2009年2月18日最高人民检察院第十一届检察委员会第九次会议通过,现印发你们,请认真贯彻落实。

对于应当修改法律或者会同有关部门制定相关文件的改革和监督措施,各地应当加强研究和探索,在法律修改或者在最高人民检察院与有关部门联合发布有关文件、建立相关机制后贯彻实施。

最高人民检察院关于进一步加强对诉讼活动法律监督工作的意见

对诉讼活动实行法律监督,是宪法和法律赋予人民检察院的重要职责,是我国社会主义司法制度、检察制度的重要特色,是人民检察院法律监督性质和职能的重要体现。全面加强人民检察院对诉讼活动的法律监督,促进司法公正,是党中央的明确要求和人民群众的迫切愿望,对于维护社会主义法制的统一、尊严和权威,维护社会公平正义、促进社会和谐稳定具有重要意义。现就进一步加强人民检察院对诉讼活动的法律监督工作提出以下意见。

一、加强对诉讼活动法律监督工作的指导思想和基本要求

1. 诉讼监督工作的指导思想。人民检察院开展诉讼监督工作,要高举中国特色社会主义伟大旗帜,以邓小平理论、"三个代表"重要思想为指导,深入贯彻落实科学发展观,坚持社会主义法治理念,坚持党的事业至上、人民利益至上、宪法法律至上,贯彻"强化法律监督,维护公平正义"的检察工作主题,严格依法履行人民检察院的法律监督职能,进一步加大工作力度,狠抓薄弱环节,突出监督重点,完善监督机制,强化监督措施,提高监督能力,增强监督实效,促进司法公正。

2. 诉讼监督工作的基本要求。

(1)敢于监督,善于监督。要牢牢把握宪法和法律关于人民检察院是国家法律监督机关的职能定位,始终把强化法律监督、维护公平正义作为检察工作的根本任务,不断增强监督意识,做到既敢于监督,刚正不阿,又善于监督,慎重行事,讲究方式方法,不断提高监督水平。

(2)依法监督,规范监督。要严格依据法律赋予的职权,按照法律规定的程序,规范诉讼监督机制和手段,运用查处职务犯罪、抗诉、纠正违法通知、检察建议、建议更换办案人等方式开展监督工作,及时纠正诉讼中的严重违法行为和错误裁判,严肃查处司法不公背后的职务犯罪,全力维护司法公正。

(3)突出重点,注重实效。要紧紧抓住人民群众反映强烈的执法不严、司法不公、司法腐败问题,着力加强对立案、侦查、审查逮捕、审查起诉、审判、执行等重点环节和关键岗位的监督,增强监督工作的针对性和时效性。要坚决贯彻中央的要求,重点加大对诉讼中实体、程序方面的严重违法和司法不公背后的职务犯罪的监督和查处力度,切实提高攻坚克难能力和法律监督水平,把工作着力点放在增强实效上,使诉讼中的违法行为得到纠正,错误判决、裁定得到改正,职务犯罪得到查处。

(4)提高效率、保证质量。要正确处理诉讼监督中的一系列关系,坚持监督的力度、质量、效率和效果的有机统一,加大监督力度,提高监督效率,保证监督质量,追求最佳的监督效果,使诉讼监督实现打击犯罪与保障人权、实体公正与程序公正、监督制约与协调配合、法律效果与政治效果、社会效果的有机统一。

(5)处理好监督与支持的关系。人民检察院与人民法院、公安机关、刑罚执行机关虽然在诉讼活动中分工不同,但根本目标一致,都在各自职权范围内严格执行法律,为建设中国特色社会主义服务。人民检察院加强诉讼监督,目的是督促和支持有关机关严格依法行使职权,确保法律得到正确实施,维护社会主义法制的统一、尊严和权威。要树立监督就是支持、监督与支持相统一的理念,在监督中支持,在支持中监督,推动社会主义法治建设的顺利进行。

二、突出重点,加强对诉讼活动的法律监督

(一)刑事立案监督

3. 加强对应当立案而不立案的监督。探索建立与侦查机关的信息资源共享机制,及时掌握刑事发案和侦查机关立案情况,建立和完善方便群众举报、申诉、听取律师意见以及从新闻媒介中发现案件线索的制度。加强对以罚代刑、漏罪漏犯、另案处理等案件的监督。健全对立案后侦查工作的跟踪监督机制,防止和纠正立而不侦、侦而不结、立案后违法撤案等现象。

4. 探索完善对不应当立案而立案的监督机制。依法监督纠正用刑事手段插手经济纠纷以及出于地方保护、部门保护而违法立案等行为。发现侦查机关违反法律规定不应当立案而立案或者违反管辖规定立案的,应当通知纠正。

5. 建立和完善行政执法与刑事司法有效衔接的工作机制。会同有关部门推进"网上衔接,信息共享"机制建设,及时掌握行政执法机关对涉嫌犯罪案件的移送以及侦查机关受理移送后的处理情况。加强对行政执法人员滥用职权、徇私舞弊和行政执法机关不移交涉嫌犯罪案件的监督查处力度,构成犯罪的,依法追究刑事责任;对有违法行为但不够刑事追究的,通报有关部门,建议予以党纪、政纪处分。

(二)侦查活动监督

6. 加大对侦查活动中刑讯逼供、暴力取证等违法行为的查处力度。健全对刑讯逼供、暴力取证等侦查违法行为开展调查、纠正违法的程序和方式,发现有刑讯逼供、暴力取证等违法行为的,及时提出纠正意见;涉嫌犯罪的,及时立案侦查。会同有关部门建立建议更换办案人制度。探索建立对公安派出所的监督机制。

7. 健全排除非法证据制度。在审查逮捕、审查起诉工作中发现侦查机关以刑讯逼供或者威胁、引诱、欺骗等非法方法收集的犯罪嫌疑人供述、被害人陈述以及证人证言,依法予以排除,不能作为指控犯罪的根据。

8. 探索对侦查机关采取的强制性侦查措施及强制措施的监督机制。探索建立诉讼当事人对侦查机关采取搜查、查封、扣押、冻结等措施不服,提请检察机关进行监督的制度。加强对侦查机关变更逮捕措施、另案处理以及退回补充侦查后自行处理案件的监督。

9. 防止错误逮捕、起诉以及遗漏犯罪嫌疑人或罪行。在审查逮捕、审查起诉中加强审查工作,发现提请逮捕、移送起诉有错误的,及时作出处理;发现遗漏犯罪嫌疑人或罪行的,追加逮捕或起诉;对于已批捕的犯罪嫌疑人在逃的,督促公安机关及时抓捕。

(三)刑事审判监督

10. 加强对审判程序违法的监督。在法庭审理中发现人民法院审判活动违反法律规定的程序或者剥夺、限制诉讼参与人诉讼权利的,应当记录在案,并在庭审后依法提出监督意见。

11. 加大对审判监督薄弱环节的监督力度。加大对死刑立即执行改判缓期二年执行案件、二审不开庭审理后改变一审判决案件、人民法院自行提起再审案件、变更强制措施不当案件的监督,发现违法情形的,及时提出纠正意见或者提出抗诉。

12. 突出抗诉重点,加大抗诉力度。加强对不服人民法院生效裁判申诉案件的办理力度,完善检察机关办理刑事申诉案件的程序和机制。加强对有罪判无罪、无罪判有罪、量刑畸轻畸重和职务犯罪案件、经济犯罪案件量刑失衡的监督,经审查认为判决、裁定在事实认定、证据采信、法律适用方面确有错误、量刑明显不当或者审判活动严重违反法定程序、审判人员有贪污受贿、徇私舞弊、枉法裁判情形的,应当及时提出抗诉。上级人民检察院要加强对刑事抗诉案件的审查,对下级人民检察院办理的重大、复杂、疑难或者有阻力的抗诉案件,要及时进行督办。协同有关部门研究检察机关按照审判监督程序提出抗诉的案件,除涉及新的事实、证据外,由受理抗诉的人民法院直接审理的程序,明确“新的事实和证据”的范围。

13. 完善对死刑案件审判活动的监督机制。积极做好死刑第一、二审案件的审查和出庭工作,认真审查死刑上诉和抗诉案件,探索有效开展死刑复核监督的措施,建立对死刑复核案件申诉的受理、备案、审查和办理制度。建立最高人民检察院对最高人民法院不予核准或者长期不能核准的死刑案件发表监督意见的制度。省级人民检察院要依法加强对判处死刑缓期二年执行案件复核的监督。

(四)刑罚执行和监管活动监督

14. 建立健全预防和纠正超期羁押的长效工作机制。会同有关部门完善刑事诉讼各环节的工作衔接机制,健全羁押期限告知、羁押情况通报、期限届满提示等制度。改革完善换押制度,建立和完善适应第二审程序需要的换押机制,预防超期羁押和违法提讯、提解。完善延长逮捕后的侦查羁押期限审批制度,建立当事人不服批准延长侦查羁押期限决定向检察机关申诉和检察机关进行复查的制度,加强对违法延长羁押期限的监督。

15. 完善对刑罚执行活动的监督制度,建立刑罚执行同步监督机制。探索建立检察机关对重大刑事罪犯刑罚变更执行的同步监督制度,发现有关机关减刑、假释、暂予监外执行的提请、呈报、决定、裁定存在不当的,应当及时提出纠正意见。完善对监外执行和社区矫正进行法律监督的方式和措施。

16. 健全检察机关对违法监管活动的发现和纠正机制。健全检察机关与监狱、看守所信息交换机制、定期联席会议制度,探索实行与监管场所信息网络互联互通,实行动态监督。完善检察机关受理在押人员投诉和对监管工作人员涉嫌违法犯罪行为进行调查和纠正的机制。完善监管场所发生的重要案件、重大事故及时报告上级人民检察院的机制。

17. 加强对执行死刑活动的监督工作。加强执行死刑临场监督,发现不应当执行死刑的,立即建议停止执行。对违反法定执行程序,侵犯被执行人合法权益的,及时监督纠正。

(五)民事、行政诉讼监督

18. 完善民事、行政抗诉案件的申诉审查机制。依法保障当事人的申诉权利,进一步规范民事、行政申诉案件的受理和立案工作,严格遵守申诉案件的审查期限,及时将审查结果通知申诉人、被申诉人及其他当事人。认真听取申诉人、被申诉人及其委托律师的意见,实现审查程序的公开、公平、公正。发现受理的申诉案件的生效判决、裁定可能有错误,或者当事人虽未申诉但发现人民法院的生效判决、裁定可能有错误或损害国家、社会公共利益的,依法立案审查。对检察机关作出不立案、不提请抗诉、不抗诉决定的,做好释法说理和息诉工作。

19. 突出重点,加大抗诉工作力度。重点做好对涉农维权、弱势群体保护、劳动争议、保险纠纷、补贴救助等涉及民生的确有错误案件的审查抗诉工作;对损害国家和社会公共利益、有重大影响的确有错误案件,严重违反法定程序或者审判人员有贪污受贿、徇私舞弊、枉法裁判等情形的案件,加大审查抗诉力度。

20. 完善抗诉工作机制,提高抗诉工作水平。准确理解和适用民事诉讼法关于抗诉事由的规定,正确把握抗诉的条件和标准，强化抗诉书的说理性。充分发挥分、州、市人民检察院和基层人民检察院的基础作用，整合、协调上下级人民检察院的办案力量，改进提请抗诉办案机制，完善办案流程管理，缩短办案周期，提高办案效率。人民法院作出的生效判决、裁定有民事诉讼法第一百七十九条规定情形之一的，同级人民检察院应当提请上一级人民检察院抗诉。

21. 加强对行政诉讼的监督。对行政诉讼中生效判决、裁定违反法律、法规的，依法采用抗诉等方式予以监督。积极探索对该受理不受理、该立案不立案、违反审理期限等侵害当事人诉讼权利的违法行为进行法律监督的途径和措施。

22. 加强对人民法院再审活动的监督。人民法院违反再审的审级、审理期限以及裁定再审的期限规定的，应当督促其纠正。人民法院再审的庭审活动违反法律规定的，在庭审后及时提出纠正意见。发现人民法院再审的判决、裁定有民事诉讼法第一百七十九条规定情形之一的，上级人民检察院应当依法提出抗诉。

23. 研究检察机关对民事执行工作实施法律监督的范围和程序。会同有关部门，研究人民检察院对民事执行裁定、执行决定和执行行为进行法律监督的范围、途径和措施。执行人员有贪污受贿行为或者因严重不负责任、滥用职权致使当事人或者他人利益遭受重大损失的，应当依照人民检察院关于直接受理案件侦查分工的有关规定立案侦查。

24. 探索检察机关对适用特别程序等审判活动进行监督的范围、途径和措施。对适用特别程序、督促程序、公示催告程序和企业法人破产程序的审判活动，探索采用抗诉等方式进行监督。

三、对检察机关自身办案活动的监督

25. 完善自侦案件线索管理制度。严格实行举报中心统一管理线索制度，实行案件线索计算机管理，推行上下级检察院线索管理网络互联互通，完善重要案件线索报上一级备案制度。规范线索处理程序，建立线索查办反馈制度，进一步规范职务犯罪线索的初查工作，防止压线索不查、利用线索谋私等问题。

26. 加强对检察机关自侦案件立案活动的监督。探索建立由上级检察机关的举报中心和侦查监督部门对下级人民检察院自侦部门应当立案而不立案以及不应当立案而立案进行监督的制度。上级人民检察院通过备案审查或者其他途径发现下级人民检察院应当立案而不立案的，应当责令下级人民检察院说明理由，认为理由不能成立的，可以指令下级人民检察院立案或者直接立案侦查，或者交由其他下级人民检察院立案侦查。认为下级人民检察院不应当立案而立案的，应当指令撤销案件。

27. 进一步规范自侦案件办案程序。继续推进执法规范化建设，全面整合、优化办案工作流程和办案规范。依法对自侦案件的受案、初查、立案、侦查、结案处理等各个环节作出严格的程序性规定，形成对办案活动和办案人员的全过程、全方位监督。完善贪污贿赂等职务犯罪案件收集证据参考标准。规范证据的收集、固定、审查程序。全面推行讯问职务犯罪嫌疑人全程同步录音录像制度。加大对侦查活动中刑讯逼供、暴力取证等违法行为的查处力度，健全完善排除非法证据制度。建立完善对违法侦查行为的救济程序，当事人不服检察机关采取的搜查、查封、扣押、冻结等强制性侦查措施的，可以向上一级人民检察院提出申诉，经调查认为侦查行为违法的，上级人民检察院应当予以纠正。

28. 完善省级以下人民检察院办理职务犯罪案件的备案、批准制度。省级以下（不含省级）人民检察院办理职务犯罪案件决定立案的，报上一级人民检察院备案，拟决定撤销案件、不起诉的，报上一级人民检察院批准，进一步规范备案、批准的程序。

29. 改革完善检察机关办理职务犯罪案件的审查逮捕程序。省级以下（不含省级）人民检察院办理职务犯罪案件需要逮捕犯罪嫌疑人的，由上一级人民检察院审查批准。

30. 自觉接受侦查、审判等机关的制约。对侦查机关申请复议、复核以及人民法院驳回抗诉等案件定期复查，促进法律监督工作水平不断提高。

31. 自觉接受人民监督员的监督。办理职务犯罪案件，按照规定的程序和范围接受人民监督员的监督。进一步完善和规范人民监督员的产生方式、职责权限、组织形式和监督程序，推动人民监督员制度的规范化、法律化。

32. 继续完善检务公开制度。进一步明确向公众和当事人公开的诉讼监督工作事项，增强诉讼监督工作的透明度，保障人民群众对诉讼监督工作的知情权、参与权和监督权，提高执法的公信力。切实落实当事人权利义务告知制度,认真听取当事人及其委托的律师的意见。积极推行检察文书说理制度,建立对不起诉、不抗诉案件的答疑说理制度和对重信、重访案件的公开听证制度,推行刑事申诉案件公开审查制度,自觉接受当事人的监督。

33. 完善检察人员违纪违法行为惩处和预防机制。强化上级人民检察院对下级人民检察院查办职务犯罪工作的监督,完善内部制约机制,健全和切实落实检察人员执法过错责任追究制度,严明办案纪律,加强执法监察、检务督察和巡视工作,严格追究执法过错责任,严防办案安全事故。

四、完善监督机制,强化监督措施

34. 拓宽诉讼监督案件的来源和渠道。重视人民群众举报、当事人申诉、控告和人大代表、政协委员、新闻媒体的反映,推进与纪检监察、行政执法、审计、侦查、审判、刑罚执行等机关之间的信息沟通、联席会议、案件移送等制度建设,加强与律师、律师行业组织的联系。

35. 完善检察机关内部衔接配合机制。加强检察机关职务犯罪侦查、侦查监督、公诉、监所检察、民事行政检察、控告申诉检察等部门之间的衔接配合,建立内部情况通报、信息共享、线索移送、侦结反馈制度,形成监督合力。侦查部门以外的各部门在办案过程中发现执法不严、司法不公背后的职务犯罪线索的,应当依照规定及时移送,并加强与侦查部门的协作配合。各部门在办案中发现立案、侦查、批捕、起诉、审判、执行等环节存在违法行为,但不属于本部门职责范围的,应当及时通报相关部门依法进行监督。

36. 发挥诉讼监督的整体效能。完善诉讼监督职权在上下级检察机关之间、检察机关各内设机构之间的优化配置,进一步健全上下一体、分工合理、权责明确、相互配合、相互制约、高效运行的诉讼监督体制。进一步完善信息共享和线索通报移送制度,加快实现检察机关对案件线索统一管理、对办案活动统一指挥、对办案力量和设备统一调配的机制。进一步规范交叉办案、异地办案、授权办案、联合办案等办案模式,优化办案资源,确保诉讼监督工作顺利进行。

37. 完善与侦查、审判、刑罚执行机关的沟通协调机制。建立健全与侦查、审判、刑罚执行机关的联席会议、信息共享等制度。对监督中发现的有关问题,及时向侦查、审判、刑罚执行机关通报和反馈。加强与侦查、审判、刑罚执行机关的沟通协商,解决实践中的突出问题。

38. 研究建立有关机关对人民检察院监督意见的反馈机制。与有关部门协商,研究建立人民检察院向有关机关提出纠正违法通知、检察建议等监督意见的,有关机关应当在一定期限内依法作出处理的工作机制。侦查机关、刑罚执行机关认为监督意见不当的,可以要求检察机关复议。没有提出复议或者复议理由不成立而又不予纠正的,由上级人民检察院向其上级机关提出意见,督促其及时纠正。

39. 完善检察长列席人民法院审判委员会会议制度。商有关部门,落实检察长和受检察长委托的副检察长列席人民法院审判委员会会议制度,规范列席会议的职责、范围和程序。

40. 明确、规范检察机关调阅审判卷宗材料、调查违法行为的程序。加强与有关部门的沟通协调,明确检察机关调阅审判卷宗的程序。建立健全对有关机关办理案件程序是否违法以及司法人员是否存在贪污受贿、徇私舞弊、枉法裁判等违法行为进行调查的程序、措施等。

41. 综合运用多种监督手段。根据诉讼活动的实际需要,采取多种方法开展诉讼监督,多方面、多层次、多渠道地做好诉讼监督工作。将事中、事后监督与事前预防相结合,将监督关口前移。将个案监督与综合监督相结合,在纠正具体违法行为的同时,对侦查、审判、刑罚执行机关在执法中存在的有关问题提出监督意见。

42. 积极开展专项监督活动。针对立案、侦查、审判、执行等环节中人民群众反映强烈的执法不严、司法不公问题,适时开展专项监督活动,争取每年解决几个重点问题。将专项监督与日常监督相结合,对在监督活动中发现的突出问题,建议相关部门建章立制。最高人民检察院和省级人民检察院要挂牌督办一批有影响、有示范性的典型案件,不断推动诉讼监督工作。

43. 加大依法查办执法不严、司法不公、违法办案背后的职务犯罪的力度。认真审查举报、控告和申诉,健全查办司法人员职务犯罪的内部分工和协作机制,依法查处在立案、侦查、批捕、起诉、审判、执行等环节的贪污受贿、徇私舞弊、枉法裁判等犯罪行为。坚持把大案要案作为查办职务犯罪工作的重点,强化上级人民检察院对办案工作的指挥和协调,加强跨地域侦查的协作配合,提高发现和突破大案要案的能力。发现其他违法违纪线索的，应当及时移交有关部门查处。加强对司法人员职务犯罪特点和规律的研究，积极向有关部门提出规范司法人员行为的建议。

44. 完善诉讼监督考评机制和激励机制。建立适应诉讼监督工作特点的科学考评机制，提高诉讼监督在综合业务考评中的权重，加大考核力度，对诉讼监督工作的法律效果、政治效果、社会效果进行综合评价，提高检察人员开展诉讼监督的积极性和诉讼监督的质量。对诉讼监督工作取得突出成绩的单位、部门和人员，及时予以表彰。

45. 加强诉讼监督能力建设。大力加强诉讼监督能力建设，不断提高检察人员发现问题的能力、收集证据、证实违法犯罪的能力、运用法律政策的能力、排除阻力干扰的能力、与有关部门沟通协调的能力。加强诉讼监督业务的学习培训，通过总结办案经验、举办诉讼监督技能竞赛和业务评比等活动，努力培养具有丰富实践经验和扎实理论基础的诉讼监督人才。深入实际，调查研究诉讼监督工作存在的问题，认真总结诉讼监督工作的特点和规律，全面提高检察队伍的监督能力。坚持把科技强检作为提高诉讼监督能力的重要途径，加大科技装备建设投入，不断提高诉讼监督工作的科技含量，以科技创新促进机制创新和工作创新。

46. 加强对诉讼监督工作的领导。各级人民检察院要把诉讼监督列入重要议事日程，切实加强领导。要及时提出部署要求，不断研究诉讼监督的新思路，探求诉讼监督的新举措，开拓诉讼监督的新渠道，努力开创诉讼监督工作的新局面。上级人民检察院要切实加大对下级人民检察院诉讼监督工作的领导力度，积极协调侦查、审判、刑罚执行机关督促其下级机关纠正诉讼中的违法行为。下级人民检察院对诉讼监督工作中存在的突出问题要及时向上级人民检察院报告，对上级人民检察院的决定，必须坚决执行。进一步规范交叉办案、异地办案、授权办案中的诉讼监督机制，确保诉讼监督工作顺利进行。推行领导亲自办案制度，地方各级人民检察院的检察长、副检察长要带头办案，对于当地有重大影响、疑难复杂、新类型或者对履行诉讼监督职能有重大创新意义的监督案件，要及时加强指挥和协调，并注意总结指导。

五、坚持党的领导，依靠人大监督和人民群众支持，保障诉讼监督顺利进行

47. 坚持党的领导。党的领导是做好诉讼监督工作的根本保证。各级人民检察院在诉讼监督工作中要积极争取和紧紧依靠党的领导，严格执行重要工作、重要部署、重大情况、重要案件报告制度，主动向党委、政法委汇报诉讼监督工作取得的成绩和存在的问题，争取党委、政法委对诉讼监督工作的支持，帮助解决遇到的困难和问题。对于诉讼监督工作中发现的司法人员严重违法违纪行为，在纠正违法行为的同时，要及时将有关材料移送纪检机关；发现倾向性的违法违纪问题，要及时向纪检机关通报。

48. 自觉接受人大监督。增强接受人大及其常委会监督的自觉性、主动性，健全接受人大及其常委会监督的工作机制。积极争取人大常委会采取执法检查、听取诉讼监督专项报告、作出决议、对有关部门工作开展监督等形式，加强对诉讼监督工作的监督和支持。加强立法研究工作，积极向人大及其常委会提出立法建议，在刑事、民事、行政诉讼法中进一步明确诉讼监督的程序和方式，为诉讼监督工作提供明确、具体的法律依据。

49. 紧紧依靠人民群众。坚持专门工作与群众路线相结合，依靠人民群众做好诉讼监督工作。加大对诉讼监督工作的宣传力度，形成良好的舆论氛围。

第六部分

最高人民检察院司法解释选载

最高人民检察院关于公证员出具公证书有重大失实行为如何适用法律问题的批复

（2009年1月6日最高人民检察院第十一届检察委员会第七次会议通过
2009年1月7日最高人民检察院公告公布　自2009年1月15日起施行）

高检发释字〔2009〕1号

甘肃省人民检察院：

你院《关于公证员出具证明文件重大失实是否构成犯罪的请示》（甘检发研〔2008〕17号）收悉。经研究，批复如下：

《中华人民共和国公证法》施行以后，公证员在履行公证职责过程中，严重不负责任，出具的公证书有重大失实，造成严重后果的，依照刑法第二百二十九条第三款的规定，以出具证明文件重大失实罪追究刑事责任。

此复。

最高人民法院　最高人民检察院关于办理生产、销售假药、劣药刑事案件具体应用法律若干问题的解释

（2009年1月5日最高人民法院审判委员会第1461次会议、2009年2月24日最高人民检察院第十一届检察委员会第十次会议通过　2009年5月13日最高人民法院、最高人民检察院公告公布　自2009年5月27日起施行）

法释〔2009〕9号

为依法惩治生产、销售假药、劣药犯罪，保障人民群众生命健康安全，维护药品市场秩序，根据刑法有关规定，现就办理此类刑事案件具体应用法律的若干问题解释如下：

第一条　生产、销售的假药具有下列情形之一的，应当认定为刑法第一百四十一条规定的“足以严重危害人体健康”：

（一）依照国家药品标准不应含有有毒有害物质而含有，或者含有的有毒有害物质超过国家药品标准规定的；

（二）属于麻醉药品、精神药品、医疗用毒性药品、放射性药品、避孕药品、血液制品或者疫苗的；

（三）以孕产妇、婴幼儿、儿童或者危重病人为主要使用对象的；

（四）属于注射剂药品、急救药品的；

（五）没有或者伪造药品生产许可证或者批准文号，且属于处方药的；

（六）其他足以严重危害人体健康的情形。

对前款第(一)项、第(六)项规定的情形难以确定的,可以委托省级以上药品监督管理部门设置或者确定的药品检验机构检验。司法机关根据检验结论,结合假药标明的适应病症、对人体健康可能造成的危害程度等情况认定。

第二条 生产、销售的假药被使用后,造成轻伤以上伤害,或者轻度残疾、中度残疾,或者器官组织损伤导致一般功能障碍或者严重功能障碍,或者有其他严重危害人体健康情形的,应当认定为刑法第一百四十一条规定的“对人体健康造成严重危害”。

生产、销售的假药被使用后,造成重度残疾、三人以上重伤、三人以上中度残疾或者器官组织损伤导致严重功能障碍、十人以上轻伤、五人以上轻度残疾或者器官组织损伤导致一般功能障碍,或者有其他特别严重危害人体健康情形的,应当认定为刑法第一百四十一条规定的“对人体健康造成特别严重危害”。

第三条 生产、销售的劣药被使用后,造成轻伤以上伤害,或者轻度残疾、中度残疾,或者器官组织损伤导致一般功能障碍或者严重功能障碍,或者有其他严重危害人体健康情形的,应当认定为刑法第一百四十二条规定的“对人体健康造成严重危害”。

生产、销售的劣药被使用后,致人死亡、重度残疾、三人以上重伤、三人以上中度残疾或者器官组织损伤导致严重功能障碍、十人以上轻伤、五人以上轻度残疾或者器官组织损伤导致一般功能障碍,或者有其他特别严重危害人体健康情形的,应当认定为刑法第一百四十二条规定的“后果特别严重”。

第四条 医疗机构知道或者应当知道是假药而使用或者销售,符合本解释第一条或者第二条规定标准的,以销售假药罪追究刑事责任。

医疗机构知道或者应当知道是劣药而使用或者销售,符合本解释第三条规定标准的,以销售劣药罪追究刑事责任。

第五条 知道或者应当知道他人生产、销售假药、劣药,而有下列情形之一的,以生产、销售假药罪或者生产、销售劣药罪等犯罪的共犯论处:

(一)提供资金、贷款、账号、发票、证明、许可证件的;

(二)提供生产、经营场所、设备或者运输、仓储、保管、邮寄等便利条件的;

(三)提供生产技术,或者提供原料、辅料、包装材料的;

(四)提供广告等宣传的。

第六条 实施生产、销售假药、劣药犯罪,同时构成生产、销售伪劣产品、侵犯知识产权、非法经营、非法行医、非法采供血等犯罪的,依照处罚较重的规定定罪处罚。

第七条 在自然灾害、事故灾难、公共卫生事件、社会安全事件等突发事件发生时期,生产、销售用于应对突发事件药品的假药、劣药的,依法从重处罚。

第八条 最高人民法院、最高人民检察院以前发布的司法解释、规范性文件与本解释不一致的,以本解释为准。

最高人民法院　最高人民检察院
关于执行《中华人民共和国刑法》确定罪名的补充规定(四)

(2009 年 9 月 21 日最高人民法院审判委员会第 1474 次会议、2009 年 9 月 28 日最高人民检察院第十一届检察委员会第 20 次会议通过　2009 年 10 月 14 日最高人民法院、最高人民检察院公告公布　自 2009 年 10 月 16 日施行)

法释〔2009〕13 号

根据《中华人民共和国刑法修正案(七)》(以下简称《刑法修正案(七)》)的规定,现对最高人民法院《关于执行〈中华人民共和国刑法〉确定罪名的规定》、最高人民检察院《关于适用刑法分则规定的犯罪的罪名的意见》作如下补充、修改：

刑法条文	罪　名
第一百五十一条第三款 (《刑法修正案(七)》第一条)	走私国家禁止进出口的货物、物品罪 (取消走私珍稀植物、珍稀植物制品罪罪名)
第一百八十条第四款 (《刑法修正案(七)》第二条第二款)	利用未公开信息交易罪
第二百零一条 (《刑法修正案(七)》第三条)	逃税罪 (取消偷税罪罪名)
第二百二十四条之一 (《刑法修正案(七)》第四条)	组织、领导传销活动罪
第二百五十三条之一第一款 (《刑法修正案(七)》第七条第一款)	出售、非法提供公民个人信息罪
第二百五十三条之一第二款 (《刑法修正案(七)》第七条第二款)	非法获取公民个人信息罪
第二百六十二条之二 (《刑法修正案(七)》第八条)	组织未成年人进行违反治安管理活动罪
第二百八十五条第二款 (《刑法修正案(七)》第九条第一款)	非法获取计算机信息系统数据、 非法控制计算机信息系统罪
第二百八十五条第三款 (《刑法修正案(七)》第九条第二款)	提供侵入、非法控制计算机信息系统程序、工具罪
第三百三十七条第一款 (《刑法修正案(七)》第十一条)	妨害动植物防疫、检疫罪 (取消逃避动植物检疫罪罪名)
第三百七十五条第二款 (《刑法修正案(七)》第十二条第一款)	非法生产、买卖武装部队制式服装罪 (取消非法生产、买卖军用标志罪罪名)
第三百七十五条第三款 (《刑法修正案(七)》第十二条第二款)	伪造、盗窃、买卖、非法提供、 非法使用武装部队专用标志罪
第三百八十八条之一 (《刑法修正案(七)》第十三条)	利用影响力受贿罪

最高人民法院　最高人民检察院
关于办理妨害信用卡管理刑事案件具体应用法律若干问题的解释

(2009年10月12日最高人民法院审判委员会第1475次会议、2009年11月12日最高人民检察院第十一届检察委员会第二十二次会议通过　2009年12月3日最高人民法院、最高人民检察院公告公布　自2009年12月16日起施行)

法释〔2009〕19号

为依法惩治妨害信用卡管理犯罪活动,维护信用卡管理秩序和持卡人合法权益,根据《中华人民共和国刑法》规定,现就办理这类刑事案件具体应用法律的若干问题解释如下:

第一条　复制他人信用卡、将他人信用卡信息资料写入磁条介质、芯片或者以其他方法伪造信用卡一张以上的,应当认定为刑法第一百七十七条第一款第四项规定的"伪造信用卡",以伪造金融票证罪定罪处罚。

伪造空白信用卡十张以上的,应当认定为刑法第一百七十七条第一款第四项规定的"伪造信用卡",以伪造金融票证罪定罪处罚。

伪造信用卡,有下列情形之一的,应当认定为刑法第一百七十七条规定的"情节严重":

(一)伪造信用卡五张以上不满二十五张的;

(二)伪造的信用卡内存款余额、透支额度单独或者合计数额在二十万元以上不满一百万元的;

(三)伪造空白信用卡五十张以上不满二百五十张的;

(四)其他情节严重的情形。

伪造信用卡,有下列情形之一的,应当认定为刑法第一百七十七条规定的"情节特别严重":

(一)伪造信用卡二十五张以上的;

(二)伪造的信用卡内存款余额、透支额度单独或者合计数额在一百万元以上的;

(三)伪造空白信用卡二百五十张以上的;

(四)其他情节特别严重的情形。

本条所称"信用卡内存款余额、透支额度",以信用卡被伪造后发卡行记录的最高存款余额、可透支额度计算。

第二条　明知是伪造的空白信用卡而持有、运输十张以上不满一百张的,应当认定为刑法第一百七十七条之一第一款第一项规定的"数量较大";非法持有他人信用卡五张以上不满五十张的,应当认定为刑法第一百七十七条之一第一款第二项规定的"数量较大"。

有下列情形之一的,应当认定为刑法第一百七十七条之一第一款规定的"数量巨大":

(一)明知是伪造的信用卡而持有、运输十张以上的;

(二)明知是伪造的空白信用卡而持有、运输一百张以上的;

(三)非法持有他人信用卡五十张以上的;

(四)使用虚假的身份证明骗领信用卡十张以上的;

(五)出售、购买、为他人提供伪造的信用卡或者以虚假的身份证明骗领的信用卡十张以上的。

违背他人意愿,使用其居民身份证、军官证、士兵证、港澳居民往来内地通行证、台湾居民来往大陆通行证、护照等身份证明申领信用卡的,或者使用伪造、变造的身份证明申领信用卡的,应当认定为刑法第一百七十七条之一第一款第三项规定的"使用虚假的身份证明骗领信用卡"。

第三条　窃取、收买、非法提供他人信用卡信息资料，足以伪造可进行交易的信用卡，或者足以使他人以信用卡持卡人名义进行交易，涉及信用卡一张以上不满五张的，依照刑法第一百七十七条之一第二款的规定，以窃取、收买、非法提供信用卡信息罪定罪处罚；涉及信用卡五张以上的，应当认定为刑法第一百七十七条之一第一款规定的“数量巨大”。

第四条　为信用卡申请人制作、提供虚假的财产状况、收入、职务等资信证明材料，涉及伪造、变造、买卖国家机关公文、证件、印章，或者涉及伪造公司、企业、事业单位、人民团体印章，应当追究刑事责任的，依照刑法第二百八十条的规定，分别以伪造、变造、买卖国家机关公文、证件、印章罪和伪造公司、企业、事业单位、人民团体印章罪定罪处罚。

承担资产评估、验资、验证、会计、审计、法律服务等职责的中介组织或其人员，为信用卡申请人提供虚假的财产状况、收入、职务等资信证明材料，应当追究刑事责任的，依照刑法第二百二十九条的规定，分别以提供虚假证明文件罪和出具证明文件重大失实罪定罪处罚。

第五条　使用伪造的信用卡、以虚假的身份证明骗领的信用卡、作废的信用卡或者冒用他人信用卡，进行信用卡诈骗活动，数额在五千元以上不满五万元的，应当认定为刑法第一百九十六条规定的“数额较大”；数额在五万元以上不满五十万元的，应当认定为刑法第一百九十六条规定的“数额巨大”；数额在五十万元以上的，应当认定为刑法第一百九十六条规定的“数额特别巨大”。

刑法第一百九十六条第一款第三项所称“冒用他人信用卡”，包括以下情形：

（一）拾得他人信用卡并使用的；

（二）骗取他人信用卡并使用的；

（三）窃取、收买、骗取或者以其他非法方式获取他人信用卡信息资料，并通过互联网、通讯终端等使用的；

（四）其他冒用他人信用卡的情形。

第六条　持卡人以非法占有为目的，超过规定限额或者规定期限透支，并且经发卡银行两次催收后超过三个月仍不归还的，应当认定为刑法第一百九十六条规定的“恶意透支”。

有以下情形之一的，应当认定为刑法第一百九十六条第二款规定的“以非法占有为目的”：

（一）明知没有还款能力而大量透支，无法归还的；

（二）肆意挥霍透支的资金，无法归还的；

（三）透支后逃匿、改变联系方式，逃避银行催收的；

（四）抽逃、转移资金，隐匿财产，逃避还款的；

（五）使用透支的资金进行违法犯罪活动的；

（六）其他非法占有资金，拒不归还的行为。

恶意透支，数额在一万元以上不满十万元的，应当认定为刑法第一百九十六条规定的“数额较大”；数额在十万元以上不满一百万元的，应当认定为刑法第一百九十六条规定的“数额巨大”；数额在一百万元以上的，应当认定为刑法第一百九十六条规定的“数额特别巨大”。

恶意透支的数额，是指在第一款规定的条件下持卡人拒不归还的数额或者尚未归还的数额。不包括复利、滞纳金、手续费等发卡银行收取的费用。

恶意透支应当追究刑事责任，但在公安机关立案后人民法院判决宣告前已偿还全部透支款息的，可以从轻处罚，情节轻微的，可以免除处罚。恶意透支数额较大，在公安机关立案前已偿还全部透支款息，情节显著轻微的，可以依法不追究刑事责任。

第七条　违反国家规定，使用销售点终端机具（POS机）等方法，以虚构交易、虚开价格、现金退货等方式向信用卡持卡人直接支付现金，情节严重的，应当依据刑法第二百二十五条的规定，以非法经营罪定罪处罚。

实施前款行为，数额在一百万元以上的，或者造成金融机构资金二十万元以上逾期未还的，或者造成金融机构经济损失十万元以上的，应当认定为刑法第二百二十五条规定的“情节严重”；数额在五百万元以上的，或者造成金融机构资金一百万元以上逾期未还的，或者造成金融机构经济损失五十万元以上的，应当认定为刑法第二百二十五条规定的“情节特别严重”。

持卡人以非法占有为目的，采用上述方式恶意透支，应当追究刑事责任的，依照刑法第一百九十六条的规定，以信用卡诈骗罪定罪处罚。

第八条　单位犯本解释第一条、第七条规定的犯罪的，定罪量刑标准依照各该条的规定执行。

最高人民法院　最高人民检察院 印发《关于办理职务犯罪案件认定自首、立功等量刑情节若干问题的意见》的通知

2009年3月12日　法发〔2009〕13号

各省、自治区、直辖市高级人民法院、人民检察院，解放军军事法院、军事检察院，新疆维吾尔自治区高级人民法院生产建设兵团分院、新疆生产建设兵团人民检察院：

现将《最高人民法院、最高人民检察院关于办理职务犯罪案件认定自首、立功等量刑情节若干问题的意见》印发给你们，请认真贯彻执行。

最高人民法院　最高人民检察院 关于办理职务犯罪案件认定自首、立功等量刑情节若干问题的意见

为依法惩处贪污贿赂、渎职等职务犯罪，根据刑法和相关司法解释的规定，结合办案工作实际，现就办理职务犯罪案件有关自首、立功等量刑情节的认定和处理问题，提出如下意见：

一、关于自首的认定和处理

根据刑法第六十七条第一款的规定，成立自首需同时具备自动投案和如实供述自己的罪行两个要件。犯罪事实或者犯罪分子未被办案机关掌握，或者虽被掌握，但犯罪分子尚未受到调查谈话、讯问，或者未被宣布采取调查措施或者强制措施时，向办案机关投案的，是自动投案。在此期间如实交代自己的主要犯罪事实的，应当认定为自首。

犯罪分子向所在单位等办案机关以外的单位、组织或者有关负责人员投案的，应当视为自动投案。

没有自动投案，在办案机关调查谈话、讯问、采取调查措施或者强制措施期间，犯罪分子如实交代办案机关掌握的线索所针对的事实的，不能认定为自首。

没有自动投案，但具有以下情形之一的，以自首论：(1)犯罪分子如实交代办案机关未掌握的罪行，与办案机关已掌握的罪行属不同种罪行的；(2)办案机关所掌握线索针对的犯罪事实不成立，在此范围外犯罪分子交代同种罪行的。

单位犯罪案件中，单位集体决定或者单位负责人决定而自动投案，如实交代单位犯罪事实的，或者单位直接负责的主管人员自动投案，如实交代单位犯罪事实的，应当认定为单位自首。单位自首的，直接负责的主管人员和直接责任人员未自动投案，但如实交代自己知道的犯罪事实的，可以视为自首；拒不交代自己知道的犯罪事实或者逃避法律追究的，不应当认定为自首。单位没有自首，直接责任人员自动投案并如实交代自己知道的犯罪事实的，对该直接责任人员应当认定为自首。

对于具有自首情节的犯罪分子，办案机关移送案件时应当予以说明并移交相关证据材料。

对于具有自首情节的犯罪分子，应当根据犯罪的事实、性质、情节和对于社会的危害程度，结合自

动投案的动机、阶段、客观环境，交代犯罪事实的完整性、稳定性以及悔罪表现等具体情节，依法决定是否从轻、减轻或者免除处罚以及从轻、减轻处罚的幅度。

二、关于立功的认定和处理

立功必须是犯罪分子本人实施的行为。为使犯罪分子得到从轻处理，犯罪分子的亲友直接向有关机关揭发他人犯罪行为，提供侦破其他案件的重要线索，或者协助司法机关抓捕其他犯罪嫌疑人的，不应当认定为犯罪分子的立功表现。

据以立功的他人罪行材料应当指明具体犯罪事实；据以立功的线索或者协助行为对于侦破案件或者抓捕犯罪嫌疑人要有实际作用。犯罪分子揭发他人犯罪行为时没有指明具体犯罪事实的；揭发的犯罪事实与查实的犯罪事实不具有关联性的；提供的线索或者协助行为对于其他案件的侦破或者其他犯罪嫌疑人的抓捕不具有实际作用的，不能认定为立功表现。

犯罪分子揭发他人犯罪行为，提供侦破其他案件重要线索的，必须经查证属实，才能认定为立功。审查是否构成立功，不仅要审查办案机关的说明材料，还要审查有关事实和证据以及与案件定性处罚相关的法律文书，如立案决定书、逮捕决定书、侦查终结报告、起诉意见书、起诉书或者判决书等。

据以立功的线索、材料来源有下列情形之一的，不能认定为立功：(1)本人通过非法手段或者非法途径获取的；(2)本人因原担任的查禁犯罪等职务获取的；(3)他人违反监管规定向犯罪分子提供的；(4)负有查禁犯罪活动职责的国家机关工作人员或者其他国家工作人员利用职务便利提供的。

犯罪分子检举、揭发的他人犯罪，提供侦破其他案件的重要线索，阻止他人的犯罪活动，或者协助司法机关抓捕的其他犯罪嫌疑人，犯罪嫌疑人、被告人依法可能被判处无期徒刑以上刑罚的，应当认定为有重大立功表现。其中，可能被判处无期徒刑以上刑罚，是指根据犯罪行为的事实、情节可能判处无期徒刑以上刑罚。案件已经判决的，以实际判处的刑罚为准。但是，根据犯罪行为的事实、情节应当判处无期徒刑以上刑罚，因被判刑人有法定情节经依法从轻、减轻处罚后判处有期徒刑的，应当认定为重大立功。

对于具有立功情节的犯罪分子，应当根据犯罪的事实、性质、情节和对于社会的危害程度，结合立功表现所起作用的大小、所破获案件的罪行轻重、所抓获犯罪嫌疑人可能判处的法定刑以及立功的时机等具体情节，依法决定是否从轻、减轻或者免除处罚以及从轻、减轻处罚的幅度。

三、关于如实交代犯罪事实的认定和处理

犯罪分子依法不成立自首，但如实交代犯罪事实，有下列情形之一的，可以酌情从轻处罚：(1)办案机关掌握部分犯罪事实，犯罪分子交代了同种其他犯罪事实的；(2)办案机关掌握的证据不充分，犯罪分子如实交代有助于收集定案证据的。

犯罪分子如实交代犯罪事实，有下列情形之一的，一般应当从轻处罚：(1)办案机关仅掌握小部分犯罪事实，犯罪分子交代了大部分未被掌握的同种犯罪事实的；(2)如实交代对于定案证据的收集有重要作用的。

四、关于赃款赃物追缴等情形的处理

贪污案件中赃款赃物全部或者大部分追缴的，一般应当考虑从轻处罚。

受贿案件中赃款赃物全部或者大部分追缴的，视具体情况可以酌定从轻处罚。

犯罪分子及其亲友主动退赃或者在办案机关追缴赃款赃物过程中积极配合的，在量刑时应当与办案机关查办案件过程中依职权追缴赃款赃物的有所区别。

职务犯罪案件立案后，犯罪分子及其亲友自行挽回的经济损失，司法机关或者犯罪分子所在单位及其上级主管部门挽回的经济损失，或者因客观原因减少的经济损失，不予扣减，但可以作为酌情从轻处罚的情节。

最高人民法院　最高人民检察院　公安部 国家安全部　司法部　解放军总政治部 关于印发《办理军队和地方互涉刑事案件规定》的通知

2009年5月11日　政保〔2009〕11号

各省、自治区、直辖市高级人民法院、人民检察院、公安厅(局)、国家安全厅(局)、司法厅(局),新疆维吾尔自治区高级人民法院生产建设兵团分院、新疆生产建设兵团人民检察院、公安局、司法局,各军区、各军兵种、各总部、军事科学院、国防大学、国防科学技术大学、武警部队政治部:

为进一步规范办理军队和地方互涉刑事案件工作,依法及时有效打击犯罪,保护国家军事利益,维护军队和社会稳定,现将《办理军队和地方互涉刑事案件规定》印发你们,请遵照执行。

本规定自2009年8月1日起施行。以往相关规定与本规定不一致的,以本规定为准。

办理军队和地方互涉刑事案件规定

第一条　为了规范办理军队和地方互涉刑事案件(以下简称军地互涉案件)工作,依法及时有效打击犯罪,保护国家军事利益,维护军队和社会稳定,根据刑法、刑事诉讼法和其他有关规定,制定本规定。

第二条　本规定适用于下列案件:

(一)军人与地方人员共同犯罪的;

(二)军人在营区外犯罪的;

(三)军人在营区侵害非军事利益犯罪的;

(四)地方人员在营区犯罪的;

(五)地方人员在营区外侵害军事利益犯罪的;

(六)其他需要军队和地方协作办理的案件。

第三条　办理军地互涉案件,应当坚持分工负责、相互配合、及时规范、依法处理的原则。

第四条　对军人的侦查、起诉、审判,由军队保卫部门、军事检察院、军事法院管辖。军队文职人员、非现役公勤人员、在编职工、由军队管理的离退休人员,以及执行军事任务的预备役人员和其他人员,按照军人确定管辖。

对地方人员的侦查、起诉、审判,由地方公安机关、国家安全机关、人民检察院、人民法院管辖。列入中国人民武装警察部队序列的公安边防、消防、警卫部队人员,按照地方人员确定管辖。

第五条　发生在营区的案件,由军队保卫部门或者军事检察院立案侦查;其中犯罪嫌疑人不明确且侵害非军事利益的,由军队保卫部门或者军事检察院与地方公安机关或者国家安全机关、人民检察院,按照管辖分工共同组织侦查,查明犯罪嫌疑人属于本规定第四条第二款规定管辖的,移交地方公安机关或者国家安全机关、人民检察院处理。

发生在营区外的案件,由地方公安机关或者国家安全机关、人民检察院立案侦查;查明犯罪嫌疑人属于本规定第四条第一款规定管辖的,移交军队保卫部门或者军事检察院处理。

第六条　军队和地方共同使用的营房、营院、机场、码头等区域发生的案件,发生在军队管理区域的,按照本规定第五条第一款的规定办理;发生在地方管理区域的,按照本规定第五条第二款的规定办理。管理区域划分不明确的,由军队和地方主管机关协商办理。

军队在地方国家机关和单位设立的办公场所、对外提供服务的场所、实行物业化管理的住宅小区，以及在地方执行警戒勤务任务的部位、住处发生的案件，按照本规定第五条第二款的规定办理。

第七条　军人入伍前涉嫌犯罪需要依法追究刑事责任的，由地方公安机关、国家安全机关、人民检察院提供证据材料，送交军队军级以上单位保卫部门、军事检察院审查后，移交地方公安机关、国家安全机关、人民检察院处理。

军人退出现役后，发现其在服役期内涉嫌犯罪的，由地方公安机关、国家安全机关、人民检察院处理；但涉嫌军人违反职责罪的，由军队保卫部门、军事检察院处理。

第八条　军地互涉案件管辖不明确的，由军队军区级以上单位保卫部门、军事检察院、军事法院与地方省级公安机关、国家安全机关、人民检察院、人民法院协商确定管辖；管辖有争议或者情况特殊的案件，由总政治部保卫部与公安部、国家安全部协商确定，或者由解放军军事检察院、解放军军事法院报请最高人民检察院、最高人民法院指定管辖。

第九条　军队保卫部门、军事检察院、军事法院和地方公安机关、国家安全机关、人民检察院、人民法院对于军地互涉案件的报案、控告、举报或者犯罪嫌疑人自首的，都应当接受。对于不属于自己管辖的，应当移送主管机关处理，并通知报案人、控告人、举报人；对于不属于自己管辖而又必须采取紧急措施的，应当先采取紧急措施，然后移送主管机关处理。

第十条　军人在营区外作案被当场抓获或者有重大犯罪嫌疑的，地方公安机关、国家安全机关、人民检察院可以对其采取紧急措施，二十四小时内通知军队有关部门，及时移交军队保卫部门、军事检察院处理；地方人员在营区作案被当场抓获或者有重大犯罪嫌疑的，军队保卫部门、军事检察院可以对其采取紧急措施，二十四小时内移交地方公安机关、国家安全机关、人民检察院处理。

第十一条　地方人员涉嫌非法生产、买卖军队制式服装，伪造、盗窃、买卖或者非法提供、使用军队车辆号牌等专用标志，伪造、变造、买卖或者盗窃、抢夺军队公文、证件、印章，非法持有属于军队绝密、机密的文件、资料或者其他物品，冒充军队单位和人员犯罪等被军队当场查获的，军队保卫部门可以对其采取紧急措施，核实身份后二十四小时内移交地方公安机关处理。

第十二条　军队保卫部门、军事检察院办理案件，需要在营区外采取侦查措施的，应当通报地方公安机关、国家安全机关、人民检察院，地方公安机关、国家安全机关、人民检察院应当协助实施。

地方公安机关、国家安全机关、人民检察院办理案件，需要在营区采取侦查措施的，应当通报军队保卫部门、军事检察院，军队保卫部门、军事检察院应当协助实施。

第十三条　军队保卫部门、军事检察院、军事法院和地方公安机关、国家安全机关、人民检察院、人民法院相互移交案件时，应当将有关证据材料和赃款赃物等随案移交。

军队保卫部门、军事检察院、军事法院和地方公安机关、国家安全机关、人民检察院、人民法院依法获取的证据材料、制作的法律文书等，具有同等法律效力。

第十四条　军队保卫部门、军事检察院、军事法院和地方公安机关、国家安全机关、人民检察院、人民法院办理案件，经军队军区级以上单位保卫部门、军事检察院、军事法院与地方省级以上公安机关、国家安全机关、人民检察院、人民法院协商同意后，可以凭相关法律手续相互代为羁押犯罪嫌疑人、被告人。

第十五条　军队保卫部门、军事检察院、军事法院和地方公安机关、国家安全机关、人民检察院、人民法院对共同犯罪的军人和地方人员分别侦查、起诉、审判的，应当及时协调，依法处理。

第十六条　军人因犯罪被判处刑罚并开除军籍的，除按照有关规定在军队执行刑罚的以外，移送地方执行刑罚。

地方人员被军事法院判处刑罚的，除掌握重要军事秘密的以外，移送地方执行刑罚。

军队和地方需要相互代为对罪犯执行刑罚、调整罪犯关押场所的，由总政治部保卫部与司法部监狱管理部门或者公安部、国家安全部监所管理部门协商同意后，凭相关法律手续办理。

第十七条　战时发生的侵害军事利益或者危害军事行动安全的军地互涉案件，军队保卫部门、军事检察院可先行对涉嫌犯罪的地方人员进行必要的调查和采取相应的强制措施。查清主要犯罪事实后，移交地方公安机关、国家安全机关、人民检察院处理。

第十八条 军队保卫部门、军事检察院、军事法院和地方公安机关、国家安全机关、人民检察院、人民法院应当建立健全办案协作机制,加强信息通报、技术支持和协作配合。

第十九条 本规定所称军人,是指中国人民解放军的现役军官、文职干部、士兵及具有军籍的学员和中国人民武装警察部队的现役警官、文职干部、士兵及具有军籍的学员;军人身份自批准入伍之日获取,批准退出现役之日终止。

第二十条 本规定所称营区,是指由军队管理使用的区域,包括军事禁区、军事管理区,以及军队设立的临时驻地等。

第二十一条 中国人民武装警察部队(除公安边防、消防、警卫部队外)保卫部门、军事检察院、军事法院办理武警部队与地方互涉刑事案件,适用本规定。

第二十二条 本规定自2009年8月1日起施行。1982年11月25日最高人民法院、最高人民检察院、公安部、总政治部《关于军队和地方互涉案件几个问题的规定》和1987年12月21日最高人民检察院、公安部、总政治部《关于军队和地方互涉案件侦查工作的补充规定》同时废止。

最高人民法院　最高人民检察院　公安部
关于办理制毒物品犯罪案件适用法律若干问题的意见

2009年6月23日　公通字〔2009〕33号

各省、自治区、直辖市高级人民法院、人民检察院、公安厅、局,新疆维吾尔自治区高级人民法院生产建设兵团分院、新疆生产建设兵团人民检察院、公安局:

为依法惩治走私制毒物品、非法买卖制毒物品犯罪活动,根据刑法有关规定,结合司法实践,现就办理制毒物品犯罪案件适用法律的若干问题制定如下意见:

一、关于制毒物品犯罪的认定

(一)本意见中的"制毒物品",是指刑法第三百五十条第一款规定的醋酸酐、乙醚、三氯甲烷或者其他用于制造毒品的原料或者配剂,具体品种范围按照国家关于易制毒化学品管理的规定确定。

(二)违反国家规定,实施下列行为之一的,认定为刑法第三百五十条规定的非法买卖制毒物品行为:

1. 未经许可或者备案,擅自购买、销售易制毒化学品的;

2. 超出许可证明或者备案证明的品种、数量范围购买、销售易制毒化学品的;

3. 使用他人的或者伪造、变造、失效的许可证明或者备案证明购买、销售易制毒化学品的;

4. 经营单位违反规定,向无购买许可证明、备案证明的单位、个人销售易制毒化学品的,或者明知购买者使用他人的或者伪造、变造、失效的购买许可证明、备案证明,向其销售易制毒化学品的;

5. 以其他方式非法买卖易制毒化学品的。

(三)易制毒化学品生产、经营、使用单位或者个人未办理许可证明或者备案证明,购买、销售易制毒化学品,如果有证据证明确实用于合法生产、生活需要,依法能够办理只是未及时办理许可证明或者备案证明,且未造成严重社会危害的,可不以非法买卖制毒物品罪论处。

(四)为了制造毒品或者走私、非法买卖制毒物品犯罪而采用生产、加工、提炼等方法非法制造易制毒化学品的,根据刑法第二十二条的规定,按照其制造易制毒化学品的不同目的,分别以制造毒品、走私制毒物品、非法买卖制毒物品的预备行为论处。

(五)明知他人实施走私或者非法买卖制毒物品犯罪,而为其运输、储存、代理进出口或者以其他方式提供便利的,以走私或者非法买卖制毒物品罪的共犯论处。

(六)走私、非法买卖制毒物品行为同时构成其他犯罪的，依照处罚较重的规定定罪处罚。

二、关于制毒物品犯罪嫌疑人、被告人主观明知的认定

对于走私或者非法买卖制毒物品行为，有下列情形之一，且查获了易制毒化学品，结合犯罪嫌疑人、被告人的供述和其他证据，经综合审查判断，可以认定其“明知”是制毒物品而走私或者非法买卖，但有证据证明确属被蒙骗的除外：

1. 改变产品形状、包装或者使用虚假标签、商标等产品标志的；

2. 以藏匿、夹带或者其他隐蔽方式运输、携带易制毒化学品逃避检查的；

3. 抗拒检查或者在检查时丢弃货物逃跑的；

4. 以伪报、藏匿、伪装等蒙蔽手段逃避海关、边防等检查的；

5. 选择不设海关或者边防检查站的路段绕行出入境的；

6. 以虚假身份、地址办理托运、邮寄手续的；

7. 以其他方法隐瞒真相，逃避对易制毒化学品依法监管的。

三、关于制毒物品犯罪定罪量刑的数量标准

（一）违反国家规定，非法运输、携带制毒物品进出境或者在境内非法买卖制毒物品达到下列数量标准的，依照刑法第三百五十条第一款的规定，处三年以下有期徒刑、拘役或者管制，并处罚金：

1. 1－苯基－2－丙酮五千克以上不满五十千克；

2. 3，4－亚甲基二氧苯基－2－丙酮、去甲麻黄素（去甲麻黄碱）、甲基麻黄素（甲基麻黄碱）、羟亚胺及其盐类十千克以上不满一百千克；

3. 胡椒醛、黄樟素、黄樟油、异黄樟素、麦角酸、麦角胺、麦角新碱、苯乙酸二十千克以上不满二百千克；

4. N－乙酰邻氨基苯酸、邻氨基苯甲酸、哌啶一百五十千克以上不满一千五百千克；

5. 甲苯、丙酮、甲基乙基酮、高锰酸钾、硫酸、盐酸四百千克以上不满四千千克；

6. 其他用于制造毒品的原料或者配剂相当数量的。

（二）违反国家规定，非法买卖或者走私制毒物品，达到或者超过前款所列最高数量标准的，认定为刑法第三百五十条第一款规定的“数量大的”，处三年以上十年以下有期徒刑，并处罚金。

最高人民法院　最高人民检察院　公安部关于公安部证券犯罪侦查局直属分局办理经济犯罪案件适用刑事诉讼程序若干问题的通知

2009年11月4日　公通字〔2009〕51号

各省、自治区、直辖市高级人民法院，人民检察院，公安厅、局，新疆维吾尔自治区高级人民法院生产建设兵团分院、新疆生产建设兵团人民检察院、公安局：

根据《国务院办公厅关于印发公安部主要职责内设机构和人员编制规定的通知》（国办发〔2008〕59号）要求，公安部证券犯罪侦查局设立第一、第二、第三分局，分别派驻北京、上海、深圳，按管辖区域承办需要公安部侦查的有关经济犯罪案件。为了规范公安部证券犯罪侦查局第一、第二、第三分局（以下简称“直属分局”）的办案工作，进一步加大打击经济犯罪的力度，现就直属分局办理经济犯罪案件适用刑事诉讼程序的若干问题通知如下：

一、直属分局行使《中华人民共和国刑事诉讼法》赋予公安机关的刑事侦查权，按管辖区域立案侦查公安部交办的证券领域以及其他领域重大经济犯罪案件。

二、直属分局管辖区域分别是：

第一分局:北京、天津、河北、山西、内蒙古、辽宁、吉林、黑龙江、陕西、甘肃、青海、宁夏、新疆(含生产建设兵团);

第二分局:上海、江苏、浙江、安徽、福建、江西、山东、河南、湖北、湖南;

第三分局:广东、广西、海南、重庆、四川、贵州、云南、西藏。

经公安部指定,直属分局可以跨区域管辖案件。

三、直属分局依法对本通知第一条规定的案件立案、侦查、预审。对犯罪嫌疑人分别依法决定传唤、拘传、取保候审、监视居住、拘留;认为需要逮捕的,提请人民检察院审查批准;对依法不追究刑事责任的不予立案,已经立案的予以撤销案件;对侦查终结应当起诉的案件,移送人民检察院审查决定。

四、直属分局依照《中华人民共和国刑事诉讼法》和《公安机关办理刑事案件程序规定》等有关规定出具和使用刑事法律文书,冠以"公安部证券犯罪侦查局第×分局"字样,加盖"公安部证券犯罪侦查局第×分局"印章,需要加盖直属分局局长印章的,加盖直属分局局长印章。

五、直属分局在侦查办案过程中,需要逮捕犯罪嫌疑人的,应当按照《中华人民共和国刑事诉讼法》及《公安机关办理刑事案件程序规定》的有关规定,制作相应的法律文书,连同有关案卷材料、证据,一并移送犯罪地的人民检察院审查批准。如果由犯罪嫌疑人居住地的人民检察院办理更为适宜的,可以移送犯罪嫌疑人居住地的人民检察院审查批准。

六、直属分局对于侦查终结的案件,犯罪事实清楚,证据确实、充分的,应当按照《中华人民共和国刑事诉讼法》的有关规定,制作《起诉意见书》,连同案卷材料、证据,一并移送犯罪地的人民检察院审查决定。如果由犯罪嫌疑人居住地的人民检察院办理更为适宜的,可以移送犯罪嫌疑人居住地的人民检察院审查决定。

七、人民检察院认为直属分局移送的案件,犯罪事实已经查清,证据确实、充分,依法应当追究刑事责任的,应当依照《中华人民共和国刑事诉讼法》有关管辖的规定向人民法院提起公诉。人民法院应当依法作出判决。

八、案情重大、复杂或者确有特殊情况需要改变管辖的,人民法院可以依照《中华人民共和国刑事诉讼法》第二十三条、第二十六条的规定决定。

九、对经侦查不构成犯罪和人民检察院依法决定不起诉或者人民法院依法宣告无罪、免予刑事处罚的刑事案件,需要追究行政责任的,依照有关行政法规的规定,移送有关部门处理。

十、本通知自2010年1月1日起施行。2005年2月28日下发的《关于公安部证券犯罪侦查局直属分局办理证券期货领域刑事案件适用刑事诉讼程序若干问题的通知》(公通字〔2005〕11号)同时废止。

第七部分

案　例　选　载

李培英贪污、受贿案

被告人李培英,男,1950年10月8日出生,原系首都机场集团公司董事长、法定代表人,曾任北京首都国际机场副总经理、北京首都国际机场集团公司总裁,曾兼任北京首都国际机场股份有限公司董事长、北京首都机场建设投资有限公司董事长。2008年2月4日,因涉嫌受贿罪被逮捕。

被告人李培英贪污、受贿案,由山东省人民检察院于2008年1月30日立案侦查,2008年7月15日侦查终结。其间,经最高人民检察院批准,三次延长侦查羁押期限。2008年7月16日,山东省人民检察院依法告知了李培英有权委托辩护人等诉讼权利。2008年8月15日,由最高人民检察院指定,山东省人民检察院将该案移送山东省济南市人民检察院审查起诉。济南市人民检察院受理后,分别于2008年9月15日、11月30日两次各延长办案期限半个月,并分别于2008年9月30日和12月15日两次退回侦查部门补充侦查,2008年12月22日,案件再次移送济南市人民检察院审查起诉。2008年12月24日,济南市人民检察院依法向济南市中级人民法院提起公诉。被告人李培英犯罪事实如下:

一、贪污罪

2000年至2003年,被告人李培英利用担任北京首都国际机场集团公司总裁、北京首都国际机场股份有限公司董事长职务上的便利,借北京首都机场集团公司和北京首都国际机场股份有限公司委托中国民族国际信托投资公司和北京北广联经济开发有限公司理财之机,先后三次私自转走理财款累计人民币8250万元,并采取降低理财利率、固定收益,多列亏空等手段做平账处理,使该款项完全脱离北京首都机场集团公司和北京首都国际机场股份有限公司的控制,而由其个人使用或者实际控制。

1. 2000年9月,被告人李培英利用职务上的便利,未经北京首都机场集团公司、北京首都国际机场股份有限公司领导班子集体研究,要求中国民族国际信托投资公司副总裁王祯琦从北京首都机场集团公司和北京首都国际机场股份有限公司委托给中国民族国际信托投资公司的理财资金中转出人民币4000万元,私自决定投资成立北京海问创业技术投资管理有限公司,并由自己担任董事长、法定代表人。2002年末至2003年初,李培英对该人民币4000万元做了平账处理。该款在北京首都机场集团公司账证上没有记载,北京首都机场集团公司也无人知道,由李培英实际控制。

2. 1998年7月至2001年6月,被告人李培英在深圳一辉实业有限公司董事长麦炳辉(另案处理)陪同下,先后14次到澳门赌场赌博,共输掉3300万港元,其中麦炳辉为其垫付赌债2950万港元。2000年8月,李培英擅自指使北京首都机场集团公司财务部总经理褚瑞增、北京首都机场建设投资有限公司总经理崔民权将公款人民币1500万元转至深圳市一辉实业有限公司,用于偿还李培英赌博所欠赌债。2001年4月麦炳辉向李培英催要赌债,李培英利用职务上的便利,通过王祯琦从北京首都机场集团公司和北京首都国际机场股份有限公司委托给中国民族国际信托投资公司的理财资金中,私自转走人民币3500万元到深圳市一辉实业有限公司,用于偿还上述1500万元公款及麦炳辉为其垫付的其他赌债。2002年末至2003年初,李培英将该人民币3500万元做了平账处理。

3. 1998年上半年,李培英与其弟弟李济杉(曾用名李培科)、北京民航保安器材公司总经理姚建闽、兰州黄河企业股份公司(该公司系兰州黄河企业集团公司控股子公司)总经理王雁元商定,借用北京首都机场商贸公司的名义,由李济杉、姚建闽、王雁元共同出资人民币750万元购买兰州黄河企业股份公司股权。后因与兰州黄河企业集团公司发生股权纠纷,该款面临无法收回的风险,为避免李济杉、姚建闽、王雁元遭受损失,2000年8月李培英利用职务便利,通过王祯琦从北京首都机场集团公司和北京首都国际机场股份有限公司委托给中国民族国际信托投资公司的理财资金中转出人民币750万元给予三人。2002年末至2003年初,李培英将该人民币750万元做了平账处理。

二、受贿罪

被告人李培英在担任北京首都国际机场副总经理,北京首都国际机场集团公司副总经理、总裁、总经理,北京首都国际机场股份有限公司董事长、北京首都机场建设投资有限公司董事长期间,于1995年1月至2003年11月,利用职务上的便利,为他人谋取利益,索取、非法收受陈小平、麦炳辉、北京北广联经济开发有限公司等六人和单位财物共计折合人民币 2661.44 万元。

1. 被告人李培英在担任北京首都国际机场副总经理期间,于 1994 年 7 月,利用职务上的便利,接受深圳市经济协作发展公司总经理陈小平的请托,安排首都机场财务处为其公司办理委托贷款人民币 2000 万元。为此,李培英于 1995 年 1 月收受陈小平所送的人民币 30 万元。

2. 被告人李培英在担任北京首都机场集团公司副总经理、总裁期间,于 1999 年 3 月至 2000 年 7 月,利用职务上的便利,接受深圳市一辉实业有限公司总经理麦炳辉的请托,为其公司提供人民币 3.4 亿元贷款担保、拆借资金人民币 7500 万元。为此,李培英于 1999 年 3、4 月份和 2000 年 7 月,索取、非法收受麦炳辉财物共计折合人民币 113.86 万元。

3. 被告人李培英担任北京首都国际机场集团公司总裁和北京首都国际机场股份有限公司董事长期间,于 2000 年 8、9 月份,利用职务上的便利,接受北京嘉利恒德房地产开发有限公司董事长胡和建的请托,为其从北京首都国际机场股份有限公司拆借资金人民币 6000 万元用于房地产开发提供了帮助。为此,李培英于 2003 年 3 月,收受胡和建通过香港汇丰银行个人账户汇到其子李庆美国银行账户的 10 万美元。

4. 被告人李培英在担任北京首都机场建设投资有限公司董事长期间,于 2002 年 4 月至 2003 年 11 月,利用职务上的便利,接受卓京投资控股有限公司董事长覃辉的请托,安排首都机场建设投资有限公司为其公司拆借了资金人民币 6.3 亿元。为此,李培英于 2002 年上半年至 2003 年 11 月,索取、非法收受覃辉财物共计折合人民币 1867.68 万元。

5. 被告人李培英在担任北京首都国际机场集团公司总裁、北京首都国际机场股份有限公司董事长期间,于 2002 年春节至 2003 年 6 月,利用职务上的便利,接受香港繁荣集团董事长蔡汉德的请托,为其提供资金人民币 9.5 亿元用于房地产开发、归还欠款、收购北京信通大厦等。为此,李培英于 2002 年春节期间至 2003 年 6 月份,索取、非法收受蔡汉德财物共计折合人民币 534.24 万元。

6. 被告人李培英在担任北京首都国际机场集团公司总裁和北京首都国际机场股份有限公司董事长期间,利用职务上的便利,接受北京北广联经济开发有限公司总经理王政的请托,安排北京首都机场集团公司和北京首都国际机场股份有限公司委托该公司理财,共计人民币 15 亿元。为此,李培英于 2002 年 11 月收受该公司所送中国银行长城卡一张,李培英用此卡个人实际消费人民币 32.88 万元。

2009 年 1 月 21 日,济南市中级人民法院依法组成合议庭,公开审理了此案。法庭审理认为:

被告人李培英身为国家工作人员,利用职务便利,贪污公款 8250 万元,数额特别巨大,其行为已构成贪污罪;李培英利用职务便利,为他人谋取利益,收受、索取他人财物折合人民币 2661.44 万元,其行为已构成受贿罪。公诉机关指控被告人李培英犯贪污罪、受贿罪事实清楚,证据确实、充分,指控罪名成立。李培英贪污数额特别巨大,情况特别严重,依法应当判处死刑,鉴于其贪污赃款已经全部退缴,对其判处死刑,可不立即执行;李培英受贿数额特别巨大,具有索贿情节,给国家造成特别重大经济损失,犯罪情节特别严重,虽然有近亲属代为退缴受贿赃款的情节,但不足以从轻处罚,应依法严惩。

2009 年 2 月 6 日,山东省济南市中级人民法院依照《中华人民共和国刑法》第三百八十二条第一款、第三百八十五条第一款、第三百八十六条、第三百八十三条第一款第一项、第六十九条、第五十七条第一款、第四十八条、第五十九条、第六十一条、第六十四条之规定,作出如下判决:

一、被告人李培英犯贪污罪,判处死刑,缓期二年执行,剥夺政治权利终身,没收个人全部财产;犯受贿罪,判处死刑,剥夺政治权利终身,没收个人全部财产;决定执行死刑,剥夺政治权利终身,没收个人全部财产。

二、追缴在案的被告人李培英犯罪所得人民币 10894.7 万元中的 8250 万元发还首都机场集团公司,余款 2644.7 万元依法上缴国库。

2009 年 2 月 19 日,李培英以量刑过重为由提出上诉。

2009 年 3 月 17 日,山东省高级人民法院公开审理此案,山东省人民检察院派员出席二审法庭,发表了维持原判的检察意见。山东省高级人民法院审理本案期间,依法延长审理期限一个月。鉴于上诉人李培英二审期间提供了揭发多人犯罪的线索,2009 年 5 月 5 日,山东省人民检察院建议山东省高级人民法院延期审理本案。2009年6月3日，山东省人民检察院建议恢复审理此案。

二审法庭审理认为，原审判决认定事实清楚，证据确实、充分，定罪准确，量刑适当，审判程序合法，关于上诉人李培英及其辩护人所提"李培英有自首、立功表现，且已退赔全部涉案赃款，认罪态度好，可从轻处罚"的上诉理由和辩护意见不能成立，李培英在二审期间揭发他人犯罪的线索，经查不能构成立功。

2009年7月6日，山东省高级人民法院依照《中华人民共和国刑事诉讼法》第一百八十九条第一项、第一百九十九条之规定，作出如下裁定：驳回上诉，维持原判，依法报请最高人民法院核准死刑。

2009年7月31日，最高人民法院裁定核准山东省高级人民法院维持第一审对被告人李培英以贪污罪判处死刑，缓期二年执行，剥夺政治权利终身，没收个人全部财产；以受贿罪判处死刑，剥夺政治权利终身，没收个人全部财产，决定执行死刑，剥夺政治权利终身，没收个人全部财产的刑事裁定。

2009年8月7日，被告人李培英被执行死刑。

（最高人民检察院公诉厅　卢宇蓉）

孙瑜贪污、受贿案

被告人孙瑜，男，1957年4月15日出生，壮族，研究生学历，原系广西壮族自治区人民政府副主席。2008年10月8日，因涉嫌贪污罪、受贿罪被逮捕。

被告人孙瑜贪污、受贿案，由最高人民检察院于2008年10月6日立案侦查，2009年1月19日侦查终结。2009年1月19日，最高人民检察院将案件经广西壮族自治区人民检察院交广西壮族自治区南宁市人民检察院审查起诉。南宁市人民检察院受理案件后，在法定期限内依法告知了被告人有权委托辩护人等诉讼权利，讯问了孙瑜，听取了孙瑜的辩护人的意见，审查了全部案件材料。在审查起诉期间，依法两次退回补充侦查，并两次各延长审查起诉期限十五日。2009年7月20日，南宁市人民检察院向南宁市中级人民法院提起公诉。起诉书认定孙瑜犯罪事实如下：

一、贪污罪

被告人孙瑜于1998年1月至2007年11月担任广西壮族自治区人民政府副主席。2004年，孙瑜经时任桂林市建设与规划委员会副主任薛建国介绍，与桂林市综合设计院院长贺强（另案处理）相识，后关系密切。通过与贺强交往，孙瑜得知贺强是桂林瑞成生态发展有限公司实际控制人，该公司正在建一个瑞成生态园。孙瑜即与贺强共谋利用瑞成生态园项目骗取国家资金用于孙瑜的住宅装修及个人消费。2004年下半年至2006年11月，孙瑜利用其担任广西壮族自治区人民政府副主席主管自治区农业、林业的职务便利，指使贺强虚构项目，共同骗取国家专项资金共计人民币400万元，其中80万元未遂。

1. 2004年11月，被告人孙瑜指使贺强利用实际不存在的桂林市农业发展研究中心项目，通过桂林市人民政府向广西壮族自治区人民政府申报该项目资金扶持。经孙瑜在该报告上批示同意后，广西壮族自治区农业厅据此下拨农业专项补助经费共60万元。该资金分两笔各30万元，分别于2006年2月28日和6月9日下拨到桂林瑞成生态发展有限公司账户。

2. 2004年12月，被告人孙瑜指使贺强虚构桂林市名特优水果新品种引进、研究与开发项目，并通过桂林市人民政府向广西壮族自治区人民政府申报该项目资金扶持。经孙瑜在报告上批示同意后，广西壮族自治区财政厅据此在自治区主席预备费分户中下拨专项资金90万元，用于桂林市建立名特优水果新品种引进、研究与开发基地建设。桂林市农业局分别于2005年3月24日、4月28日和12月5日分三次，共拨付90万元到桂林瑞成生态发展有限公司账户。

3. 2005年12月，被告人孙瑜指使贺强虚构桂林市名特优水果新品种引进、研究与开发基地项目，并通过桂林市人民政府向广西壮族自治区人民政府申报该项目资金扶持。经孙瑜在报告上批示同意后，广西壮族自治区财政厅据此下拨专项扶持资金80万元。该资金于2006年1月15日进入桂林瑞成生态发展有限公司账户。

4. 2006年6月，被告人孙瑜指使贺强虚构桂林市桂北柑橘品种改良试验示范基地项目，并通过桂林市人民政府向广西壮族自治区人民政府申报该项目资金扶持。经孙瑜在报告上批示同意后，广西壮族自治区财政厅据此下拨专项扶持资金70万元。该资金于2007年1月4日进入桂林瑞成生态发展有限公司账户。

5. 2006 年下半年,被告人孙瑜指使贺强虚构桂林市漓江流域石山地区石漠化治理研究及示范项目,通过桂林市雁山区人民政府向广西壮族自治区人民政府申报该项目资金扶持。经孙瑜在报告上批示同意,广西壮族自治区财政厅据此在自治区主席预备费分户资金中下拨 100 万元。该资金中的 20 万元于 2007 年 2 月 13 日进入桂林瑞成生态发展有限公司账户,其余 80 万元未及转入,至案发时仍存于桂林市雁山区林业局账户中。

二、受贿罪

2003 年底至 2007 年 8 月,被告人孙瑜利用担任广西壮族自治区人民政府副主席职务上的便利,为他人在原料供应、木材采伐指标等事项上谋取利益,先后 4 次索取或非法收受张凤廷、林德等 5 人给予的财物共计折合人民币 3284256 元,其中索贿人民币 1584256 元。

1. 2003 年底至 2004 年底,被告人孙瑜接受广西柳江县恒兴板业有限公司负责人张凤廷的请托,为该公司与广西壮族自治区农垦局下属单位签订土地租赁协议、供应生产原料等事项提供了帮助。为此,2006 年 5 月,孙瑜以该公司聘请其女儿孙小立担任法律顾问的名义,向张凤廷索要人民币 50 万元。张凤廷按要求将人民币 50 万元汇入孙小立的账户,孙瑜之妻刘红收到该款后告诉了孙瑜。2007 年 5 月,孙瑜得知中央纪委正在调查其问题后,让刘红退还了此款。

2. 2005 年 6 月,被告人孙瑜接受广西贵港市甘化集团有限公司董事长林德的请托,为其公司解决商品木材采伐指标等事项提供了帮助。为此,2006 年 5 月,孙瑜以该公司聘请其女孙小立担任法律顾问的名义,向林德索要人民币 50 万元。林德按要求将人民币 50 万元汇入孙小立的账户,孙瑜之妻刘红收到该款后告诉了孙瑜。2007 年 5 月,孙瑜得知中央纪委正在调查其问题后,让刘红退还了此款。

3. 2003 年下半年至 2005 年,被告人孙瑜接受河南商人马新生的请托,为其粮食购销等经营活动提供了帮助。为此,2006 年上半年,孙瑜向马新生索要家具一套,马新生为此支付人民币 394256 元。

4. 被告人孙瑜在担任广西壮族自治区人民政府副主席期间,承诺为广西壮族自治区防汛抗旱指挥部办公室主任朱新永职务晋升提供帮助。为此,2006 年 9 月,孙瑜与朱新永在乌鲁木齐市出差期间,向其索要玉观音雕像一尊,朱新永为此支付人民币 19 万元。

5. 2004 年 11 月至 2006 年上半年,被告人孙瑜接受广西北海高升农业科技开发有限公司董事长雷光旭(另案处理)的请托,为该公司获得有关项目补助经费 540 万元等事项提供了帮助。2006 年 10 月,孙瑜听说中央纪委在调查其有关问题,为阻止调查,经雷光旭介绍,找到无业人员陈松柏和黄锦彬(均因涉嫌诈骗犯罪被立案侦查),陈松柏提出需要二三百万元的活动经费。孙瑜和雷光旭商议后,由雷光旭出资人民币 170 万元分别交给了陈松柏和黄锦彬等人。

案发后,司法机关追缴贪污赃款人民币 1943595 元、受贿赃款人民币 178.76 万元,扣押赃物家具一套、玉观音雕像一尊、用赃款购买的丰田牌和大地牌轿车各一辆。

2009 年 8 月 11 日,广西壮族自治区南宁市中级人民法院依法组成合议庭,公开审理了此案。法庭审理认为:

被告人孙瑜身为国家工作人员,利用职务便利,伙同他人共同贪污人民币 400 万元,其行为已构成贪污罪,贪污数额特别巨大;利用职务便利,为他人谋取利益,索取或非法收受他人财物共计折合人民币 328 万余元,其行为已构成受贿罪,受贿数额亦特别巨大。公诉机关指控被告人孙瑜犯贪污罪、受贿罪的事实清楚,证据确实、充分,指控的罪名成立。鉴于孙瑜贪污犯罪存在部分未遂及部分赃款已追缴的情节;其在审查期间,主动坦白有关部门尚未掌握的大部分受贿犯罪事实,大部分受贿赃款赃物已追缴,认罪悔罪,可酌情从轻处罚。

2009 年 8 月 30 日,广西壮族自治区南宁市中级人民法院依据《中华人民共和国刑法》第三百八十二条第一款,第三百八十三条第一款第一项、第二款,第三百八十五条第一款,第三百八十六条,第六十四条,第六十九条,最高人民法院《关于处理自首和立功具体应用法律若干问题的解释》第四条的规定,作出如下判决:

一、被告人孙瑜犯贪污罪,判处有期徒刑十五年,并处没收个人财产人民币 60 万元;犯受贿罪,判处有期徒刑十四年,并处没收个人财产人民币 40 万元,决定执行有期徒刑十八年,并处没收个人财产人民币 100 万元。

二、在案扣押的贪污款项、物品依法发还广西壮族自治区财政厅；在案扣押的受贿款项、物品依法上缴国库。

三、继续追缴尚未退赔的贪污、受贿赃款。

一审判决后，被告人孙瑜在法定期限内未上诉，检察机关也没有提出抗诉，一审判决发生法律效力。

（最高人民检察院公诉厅　马相哲）

何洪达受贿、巨额财产来源不明案

被告人何洪达，男，1954 年 2 月 16 日出生，汉族，大学文化，原系铁道部党组成员、政治部主任，曾任哈尔滨铁路局副局长、党委书记、局长兼党委副书记。2008 年 12 月 8 日，因涉嫌受贿罪被逮捕。

被告人何洪达受贿、巨额财产来源不明案，由最高人民检察院于 2008 年 12 月 3 日立案侦查，2009 年 3 月 4 日侦查终结。2009 年 3 月 9 日，最高人民检察院将该案经北京市人民检察院移交北京市人民检察院第一分院审查起诉。北京市人民检察院第一分院受理案件后，在法定期限内告知了何洪达有权委托辩护人等诉讼权利，讯问了何洪达，审查了全部案件材料。在审查起诉期间，依法两次退回补充侦查，并三次延长审查起诉期限。2009 年 9 月 28 日，北京市人民检察院第一分院依法向北京市第一中级人民法院提起公诉。被告人何洪达犯罪事实如下：

一、受贿罪

1997 年 9 月至 2007 年间，被告人何洪达利用担任哈尔滨铁路局副局长、党委书记、局长兼党委副书记和铁道部党组成员、政治部主任的职务便利，先后为北亚实业（集团）股份有限公司等单位和宫建秋等个人在违规发行股票，职务晋升、调整等方面谋取利益，直接或通过其妻姚光、其弟何洪儒收受上述单位或个人给予的人民币 38.5 万元、美元 13.4 万元、住房一套和欧米茄牌女士手表一块，以上财物折合人民币共计 1906233.9 元。

（一）2000 年 6 月至 2002 年 11 月，被告人何洪达利用担任哈尔滨铁路局局长兼党委副书记的职务便利，接受北亚实业（集团）股份有限公司原总经理刘贵亭（另案处理）的请托，多次指示哈尔滨铁路局及该局下属多元经营资产管理中心等单位为北亚实业（集团）股份有限公司进行虚假资金转账，并采用出具虚假证明等手段为该公司违规增发股票及规避监管提供帮助。为此，何洪达收受北亚实业（集团）股份有限公司通过刘贵亭给予的人民币 5 万元、美元 7000 元。2003 年 1 月，何洪儒收受北亚实业（集团）股份有限公司给予的房屋一套，并告知何洪达。上述款物折合人民币共计 454216.7 元。

（二）被告人何洪达利用担任哈尔滨铁路局局长兼党委副书记的职务便利，为哈尔滨铁路局自备车管理办公室原副主任兼黑龙江虹通运输服务有限责任公司原副总经理宫建秋，担任哈尔滨铁路局运输处总调度室主任、黑龙江虹通运输服务有限责任公司总经理兼哈尔滨铁路局自备车管理办公室主任提供帮助，并于 2004 年初，接受宫建秋的请托，利用担任铁道部党组成员、政治部主任的职务便利，承诺为其工作调整提供帮助。为此，2001 年初至 2006 年，何洪达收受宫建秋给予的人民币 12 万元、美元 3 万元。2001 年 5 月，姚光收受宫建秋通过其妻李秋娥给予的人民币 1 万元，并告知何洪达。上述钱款折合人民币共计 376092 元。

（三）被告人何洪达利用担任哈尔滨铁路局局长兼党委副书记的职务便利，为哈尔滨铁路局牡丹江分局绥芬河车站原站长刘殿文担任哈尔滨铁路局对外合作处副处长和分配住房方面提供帮助。为此，2001 年 9 月至 2002 年 8 月，何洪达收受刘殿文给予的人民币 1 万元、美元 2 万元。2004 年初至 2007 年初，姚光收受刘殿文给予的美元 1 万元，并告知何洪达。何洪儒将刘殿文以庆贺何洪达之女结婚名义给予的欧米茄牌女士手表一块转交给何洪达。上述款物折合人民币共计 326398 元。

（四）被告人何洪达利用担任哈尔滨铁路局局长兼党委副书记，铁道部党组成员、政治部主任的职务便利，为哈尔滨铁路局哈尔滨分局原副分局长郝雪斌（另案处理）担任哈尔滨铁路局运输处处长兼自备车管理办公室主任、黑龙江虹通运输服务有限责任公司总经理、哈尔滨铁路局总调度长兼运输处处长、哈尔滨铁路局副局长提供帮助。为此，1997 年 9 月至 2004 年底，何洪达收受郝雪斌给予的人民币 3 万元、美元 2.2 万元。2001 年 5 月至 2003 年上半年，姚光收受郝雪斌给予的人民币 9 万元，并告知何洪达。上述钱款折合人民币共计 302083.2 元。

（五）被告人何洪达利用担任哈尔滨铁路局局

长兼党委副书记的职务便利,为哈尔滨铁路局牡丹江分局原副分局长王长东担任哈尔滨铁路局对外合作处处长兼局对外经济技术合作公司副总经理以及分配住房方面提供帮助。为此,2000 年夏至 2003 年下半年,何洪达收受王长东给予的美元 3 万元,折合人民币 248296.5 元。

(六)被告人何洪达利用担任哈尔滨铁路局局长兼党委副书记的职务便利,为哈尔滨铁路局货运营销处原副处长周长胜担任货运营销处处长提供帮助。为此,1999 年至 2001 年 5 月姚光收受周长胜之妻陈云给予的人民币 1.5 万元,并告知何洪达,2002 年 5 月、8 月间,何洪达收受陈云、周长胜给予的人民币 1 万元、美元 1 万元,上述钱款折合人民币共计 107765 元。

(七)何洪达利用担任哈尔滨铁路局局长兼党委副书记的职务便利,接受刘思臣的请托,为哈尔滨铁路局海拉尔分局满洲里换装所改变隶属关系,并按较大型单位配备干部提供帮助。为此,2002 年,何洪达收受该换装所通过原所长刘思臣给予的人民币 2 万元、美元 5000 元,上述钱款折合人民币 61382.5 元。

(八)被告人何洪达利用担任哈尔滨铁路局局长兼党委副书记的职务便利,为牡丹江铁路运输检察院原副检察长费聿滨担任黑龙江省人民检察院哈尔滨铁路运输分院教育处处长提供帮助。为此,2000 年 2 月,何洪达收受费聿滨给予的人民币 2 万元。

(九)被告人何洪达利用担任哈尔滨铁路局局长兼党委副书记的职务便利,为哈尔滨铁路局社会保险事业管理中心原副主任常永胜担任该中心主任提供帮助。为此,2002 年 7 月至 8 月,何洪达收受常永胜给予的人民币 1 万元。

二、巨额财产来源不明罪

被告人何洪达家庭财产、支出折合人民币共计 1135 万余元,除违法犯罪所得及合法收入,另有折合人民币共计 397 万余元的财产不能说明来源。

案发后,被告人何洪达及家属将全部赃款、赃物退缴。

2009 年 10 月 27 日,北京市第一中级人民法院依法组成合议庭,公开审理了此案。法庭审理认为:

被告人何洪达身为国家工作人员,利用职务上的便利,为他人谋取利益,非法收受他人财物,其行为已构成受贿罪;其财产、支出明显超过合法收入,差额特别巨大,且本人不能说明来源,其行为已构成巨额财产来源不明罪。北京市人民检察院第一分院指控被告人何洪达犯受贿罪、巨额财产来源不明罪的事实清楚,证据确实、充分,指控罪名成立。何洪达所犯受贿罪行,侵害了国家工作人员职务行为的廉洁性,败坏了国家工作人员的声誉,依法应予惩处;其所犯巨额财产来源不明罪,差额特别巨大,依法亦应惩处,与所犯受贿罪实行数罪并罚。

2009 年 11 月 24 日,北京市第一中级人民法院依照《中华人民共和国刑法》第三百八十五条第一款,第三百八十六条,第三百八十三条第一款第一项、第二款,第三百九十五条第一款,第六十九条,第六十一条,第六十四条的规定,作出如下判决:

一、被告人何洪达犯受贿罪,判处有期徒刑十三年,并处没收个人财产人民币三十万元;犯巨额财产来源不明罪,判处有期徒刑五年,决定执行有期徒刑十四年,并处没收个人财产人民币三十万元。

二、在案扣押的款、物予以没收。

一审宣判后,被告人何洪达在法定期限内没有提出上诉,检察机关也没有提起抗诉,一审判决发生法律效力。

(最高人民检察院公诉厅　王进科)

施忠荣受贿案

被告人施忠荣,男,1970 年 8 月 23 日出生,原系云南省怒江傈僳族自治州泸水县国土资源局矿管股股长。2006 年 4 月 27 日,因涉嫌受贿罪被刑事拘留,2006 年 5 月 7 日被逮捕。

被告人施忠荣受贿案,由云南省怒江傈僳族自治州泸水县人民检察院于 2006 年 4 月 27 日立案侦查,2006 年 7 月 6 日,案件侦查终结并移送审查起诉。泸水县人民检察院在法定期间内告知了施忠荣有权委托辩护人等诉讼权利,讯问了施忠荣,听取了辩护人的辩护意见,审查了全部案件材料。2006 年 8 月 11 日,案件被退回补充侦查,2006 年 8 月 31 日,该案再次移送审查起诉。2006 年 10 月 13 日,泸水县人民检察院依法向泸水县人民法院提起公诉。被告人施忠荣犯罪事实如下:

一、2004 年 9 月底的一天,被告人施忠荣帮助蔡哲民、边勇承包到泸水县自把矿山的采矿权后，收受了蔡哲民、边勇二人所送的人民币2万元。

二、2004年11月1日和3日，被告人施忠荣以帮助蔡哲民将泸水县隔界河矿山探矿权从傅怡斌处转让过来为由，二次收受蔡哲民汇到其建设银行卡上的人民币共计8万元。施忠荣在为蔡哲民办理矿山探矿权转让过程中，支付了一些费用，后由于傅怡斌不同意转让探矿权，转让事宜未能办成。2005年9月24日，蔡哲民要求施忠荣归还8万元和借支的1.5万元共计9.5万元中的5.5万元，施忠荣答应于2006年1月20日前将5.5万元归还蔡哲民。后施忠荣并没有按照约定归还蔡哲民5.5万元。

在侦查期间，被告人的亲属为其退赃5万元人民币，在一审过程中，被告人的亲属为其退赃2.5万元人民币。

2006年11月9日，泸水县人民法院依法组成合议庭，公开审理了此案。法庭审理认为：

被告人施忠荣无视国家法律，利用职务上的便利，非法收受他人财物共计7.5万元人民币的行为已构成受贿罪，泸水县人民检察院指控施忠荣涉嫌受贿罪的第一项2万元和第二项中的5.5万元罪名成立。鉴于施忠荣归案后能如实供述自己的罪行，认罪态度较好，并能积极退出赃款，有明显的悔罪表现，对施忠荣酌情减轻处罚。

2006年11月27日，泸水县人民法院依照《中华人民共和国刑法》第三百八十五条、第三百八十三条、第七十二条、第六十四条的规定，作出如下判决：

一、被告人施忠荣犯受贿罪，判处有期徒刑三年，缓刑五年，缓刑考验期从判决确定之日起计算。

二、退回的赃款7.5万元人民币，依法予以没收，上缴国库。

三、随案移交的建设银行存折一本、卡一张依法予以没收，手机一部依法退回被告人施忠荣。

被告人施忠荣不服一审判决，向云南省怒江傈僳族自治州中级人民法院提出上诉。泸水县人民检察院以原审判决认定事实错误，适用减轻处罚不当为由，于2006年12月5日向怒江傈僳族自治州中级人民法院提出抗诉。怒江傈僳族自治州人民检察院经审查，于2007年1月11日决定支持抗诉。

怒江傈僳族自治州中级人民法院依法组成合议庭，公开审理了该案。法庭审理认为：

上诉人施忠荣身为国家机关工作人员，无视国家法律，利用职务之便，非法收受他人财物共计2万元的行为已构成受贿罪。公诉机关指控罪名成立。抗诉机关提出一审法院将未指控的15000元借款认定为受贿不当的抗诉意见予以采纳。抗诉机关关于施忠荣收受蔡哲民8万元贿赂应认定为受贿的指控意见，经审查，施忠荣虽收取了蔡哲民8万元人民币，系为其办理探矿权转让过程中实际产生的一些费用，因转让没有实现，双方口头协商了还款事宜，故因未还款而认定其行为构成受贿罪显属不当，抗诉机关这一指控法院不予确认。一审法院审判程序合法，但部分事实认定有误，应依法予以改判。

2007年4月3日，怒江傈僳族自治州中级人民法院依照《中华人民共和国刑事诉讼法》第一百八十九条第三项和《中华人民共和国刑法》第三百八十五条、第三百八十六条、第三百八十三条、第七十二条、第六十四条之规定，作出如下判决：

一、维持泸水县人民法院刑事判决第三项（即随案移交的建设银行存折一本、卡一张依法予以没收，手机一部依法退回被告人施忠荣）。

二、撤销泸水县人民法院刑事判决第一、二项（即原判施忠荣的定罪量刑部分和赃款追缴部分）。

三、上诉人（原审被告人）施忠荣犯受贿罪，判处有期徒刑一年，缓刑二年，缓刑考验期从判决确定之日起计算。

四、退回的赃款2万元及涉案违法资金5.5万元予以没收，上缴国库。

怒江傈僳族自治州人民检察院认为，二审判决对施忠荣向蔡哲民索取8万元人民币的犯罪行为不予认定，既不符合本案事实，也有悖于受贿罪构成要件的规定。2007年4月17日，怒江傈僳族自治州人民检察院提请云南省人民检察院按照审判监督程序抗诉。

云南省人民检察院审查后认为，二审判决认定事实错误，适用法律错误，量刑畸轻。2007年6月29日，云南省人民检察院向云南省高级人民法院提出抗诉。云南省高级人民法院经审查后，于2007年8月14日将案件发回怒江傈僳族自治州中级人民法院，指令该院对案件另行组成合议庭，进行再审。

怒江傈僳族自治州中级人民法院依法另行组成合议庭，公开审理了此案。法庭经审理认为：

被告人施忠荣虽收取了蔡哲民8万元人民币,系为其办理探矿权转让过程中实际产生的一些费用,因探矿权未转让成,双方也口头协商了结算还款事宜,因此这8万元属蔡哲民请托被告人施忠荣办理相关探矿权转让费用的预支款,此款的所有权属并非转移给被告人施忠荣所有,探矿权转让未能办成后,双方还口头协商了还款事宜,由于被告人未按约定退还蔡哲民剩余款而发生争议,所以,根据受贿罪的构成要件,本案中被告人施忠荣受贿8万元的证据不足,抗诉机关的抗诉理由不能成立,不予支持。被告人施忠荣身为泸水县国土资源矿管股股长,却接受矿老板蔡哲民的请托为其办理探矿权转让事宜,虽然为请托人谋取的并非是不正当利益,其行为具有一定的违法违纪性质。原二审认定事实清楚,证据确实、充分,审判程序合法,适用法律正确,量刑适当,应予维持。

2007年11月29日,怒江傈僳族自治州中级人民法院依照《中华人民共和国刑事诉讼法》第二百零六条、第一百八十九条第一项和《中华人民共和国刑法》第三百八十五条、第三百八十六条、第三百八十三条第三项、第六十四条、第七十二条之规定,再审裁定维持二审判决。

云南省人民检察院审查后认为,二审判决、再审裁定认定事实错误,原审被告人施忠荣收受蔡哲民8万元人民币的行为已经侵犯国家工作人员的职务廉洁性,不属于民事法律调整的范畴,原审被告人施忠荣的行为符合受贿罪的构成要件,应以受贿罪定罪处刑。二审判决、再审裁定仅认定原审被告人施忠荣受贿2万元,判处有期徒刑一年,缓刑二年,显属适用法律错误,量刑畸轻。

2008年3月28日,云南省人民检察院依照《中华人民共和国刑事诉讼法》第三百零五条第三款的规定,再次向云南省高级人民法院提出抗诉。

2008年5月16日,云南省高级人民法院作出再审决定书,决定提审本案。

云南省高级人民法院依法组成合议庭,公开审理了该案。云南省人民检察院指派检察员出庭履行职务。云南省高级人民法院审理后认为:

原判认定施忠荣受贿2万元人民币的事实存在,证据充分,应予认定。此案争议的焦点在于原审上诉人施忠荣收取8万元人民币的行为是否构成受贿罪。经再审审查,施忠荣身为国家机关工作人员,利用职务之便,非法收受他人财物的行为构成受贿罪,但本案中施忠荣在办理探矿权转让过程中产生过一定的费用,后双方约定归还人民币5.5万元,故应认定原审上诉人施忠荣非法收受他人财物共计人民币7.5万元,抗诉机关的抗诉理由部分成立。根据此案原审上诉人的犯罪性质及积极退赃等情节,对原审上诉人施忠荣可酌情从轻处罚。

2009年3月11日,云南省高级人民法院依照《中华人民共和国刑事诉讼法》第二百零六条,《最高人民法院关于执行〈中华人民共和国刑事诉讼法〉若干问题的解释》第三百一十二条第四项,《中华人民共和国刑法》第三百八十五条、第三百八十六条、第三百八十三条第二项、第六十四条的规定,判决如下:

一、撤销云南省怒江傈僳族自治州中级人民法院(2007)怒刑再审终字第01号刑事裁定和(2007)怒刑抗字第01号刑事判决、云南省泸水县人民法院(2006)泸刑初字第80号刑事判决。

二、被告人施忠荣犯受贿罪,判处有期徒刑五年。

三、退回的赃款7.5万元人民币,依法予以没收,上缴国库。

四、随案移交的建设银行存折一本、卡一张予以没收,手机一部依法退回被告人施忠荣。

(云南省人民检察院研究室)

河北省石家庄三鹿集团股份有限公司及相关责任人员生产、销售伪劣产品案

被告单位河北省石家庄三鹿集团股份有限公司,中外合资经营企业,原法定代表人田文华。

被告人田文华,女,1942年10月1日出生,原系河北省石家庄三鹿集团股份有限公司董事长、总经理。2008年9月17日,因涉嫌生产、销售有害食品罪被刑事拘留,2008年9月26日被逮捕。

被告人王玉良,男,1953年12月1日出生,原系河北省石家庄三鹿集团股份有限公司副总经理。2008年9月22日,因涉嫌生产、销售有害食品罪被刑事拘留,2008年9月26日被逮捕。

被告人杭志奇,男,1956年7月17日出生,原系河北省石家庄三鹿集团股份有限公司副总经理。2008年9月17日,因涉嫌生产、销售有害食品罪被

监视居住，2008 年 9 月 24 日被刑事拘留，2008 年 9 月 26 日被逮捕。

被告人吴聚生，男，1962 年 8 月 7 日出生，原系河北省石家庄三鹿集团股份有限公司原奶事业部总经理。2008 年 9 月 17 日，因涉嫌生产、销售有害食品罪被监视居住，2008 年 9 月 24 日被刑事拘留，2008 年 9 月 26 日被逮捕。

被告单位河北省石家庄三鹿集团股份有限公司及被告人田文华、王玉良、杭志奇、吴聚生生产、销售有害食品案，由河北省石家庄市公安局新华分局于 2008 年 9 月 17 日立案侦查，2008 年 12 月 8 日侦查终结。2008 年 12 月 8 日，河北省石家庄市公安局新华分局以被告单位河北省石家庄三鹿集团股份有限公司及被告人田文华、王玉良、杭志奇、吴聚生涉嫌生产、销售伪劣产品罪向河北省石家庄市新华区人民检察院移送审查起诉。石家庄新华区人民检察院受理案件后，于 2008 年 12 月 8 日告知了田文华、王玉良、杭志奇、吴聚生有权委托辩护人等诉讼权利。2008 年 12 月 9 日，案件移送河北省石家庄市人民检察院审查起诉。石家庄市人民检察院受理案件后，依法讯问了田文华、王玉良、杭志奇、吴聚生，审查了全部案件材料。2008 年 12 月 15 日，石家庄市人民检察院依法向石家庄市中级人民法院提起公诉。起诉书认定被告单位河北省石家庄三鹿集团股份有限公司及被告人田文华、王玉良、杭志奇、吴聚生犯罪事实如下：

2007 年 12 月以来，被告单位河北省石家庄三鹿集团股份有限公司（以下简称“三鹿集团”）陆续收到消费者投诉，反映有部分婴幼儿食用该集团生产的婴幼儿系列奶粉后尿液中出现红色沉淀物等症状。2008 年 5 月 17 日，三鹿集团客户服务部书面向被告人田文华、王玉良等集团领导班子成员通报此类投诉的有关情况。为查明原因，三鹿集团于 2008 年 5 月 20 日成立了由王玉良负责的技术攻关小组。通过技术小组排查，确认该集团所生产的婴幼儿系列奶粉中的“非乳蛋白态氮”含量是国内外同类产品的 1.5—6 倍，怀疑其奶粉中含有三聚氰胺。2008 年 7 月 24 日，三鹿集团将其生产的 16 批次婴幼儿系列奶粉，送河北省出入境检验检疫局检验检疫技术中心检测是否含有三聚氰胺。2008 年 8 月 1 日，河北省出入境检验检疫局检验检疫技术中心出具检测报告：送检的 16 个批次奶粉样品中 15 个批次检出三聚氰胺。至 2008 年 8 月 1 日，全国已有众多婴幼儿因食用三鹿婴幼儿奶粉出现泌尿系统结石等严重疾患，部分患儿住院手术治疗，多人死亡。

2008 年 8 月 1 日下午 5 时许，被告人王玉良将河北省出入境检验检疫局检验检疫技术中心的检测结果向被告人田文华进行了汇报。田文华随即召开集团经营班子扩大会进行商议，王玉良就婴幼儿奶粉中检测出三聚氰胺及三聚氰胺系化工原料、非食品添加剂，不允许在奶粉中添加的情况做了说明。会议决定：暂时封存仓库产品，暂时停止产品出库；王玉良负责对库存产品、留存样品及原奶、原辅料进行三聚氰胺含量的检测；被告人杭志奇加强日常生产工作的管理，特别是对原奶收购环节的管理；以返货形式换回市场上含有三聚氰胺的三鹿牌婴幼儿奶粉。三鹿集团在明知其婴幼儿系列奶粉中含有三聚氰胺的情况下，并没有停止奶粉的生产、销售。在对该集团成品库库存产品、样品库留样产品三聚氰胺含量进行检测后，2008 年 8 月 13 日，田文华、王玉良召开集团经营班子扩大会。会议决定：1. 库存产品三聚氰胺含量 10mg/kg 以下的可以出厂销售，三聚氰胺含量 10mg/kg 以上的暂时封存，由王玉良具体负责实施；2. 调集三聚氰胺含量 20mg/kg 左右的产品换回三聚氰胺含量更大的产品，并逐步将含三聚氰胺的产品通过调换撤出市场。会后，王玉良召集有关人员开会，宣布对经检测三聚氰胺含量在 10mg/kg 以下的产品准予检测部门出具放行通知单，即准许销售出厂。2008 年 9 月 12 日，三鹿集团被政府勒令停止生产和销售。经检测和审计，2008 年 8 月 2 日至 9 月 12 日，被告单位三鹿集团共生产含有三聚氰胺婴幼儿奶粉 72 个批次，总量 904.2432 吨；销售含有三聚氰胺婴幼儿奶粉 69 个批次，总量 813.737 吨，销售金额 47560800 元。

2008 年 8 月 3 日，被告人杭志奇经被告人田文华同意，根据 2008 年 8 月 1 日集团经营班子扩大会议决议，找到被告人吴聚生，通报了该集团奶粉中含“非乳蛋白态氮”的情况，要求吴聚生加强奶源管理，并指示对于加工三厂拒收的含“非乳蛋白态氮”超标的原奶，转送到其他加工厂以保证奶源。2008 年 8 月 4 日，在原奶经营部晨会上，吴聚生根据杭志奇的指示，向原奶经营部有关管理人员提出，各奶户送往加工三厂用于奶粉生产的原奶如被拒收，可以将这些原奶调剂到行唐配送中心、新乐闵镇配送中心,再由这两个配送中心向三鹿集团下属的其他企业配送。会后,因"非乳蛋白态氮"检测不合格而被加工三厂拒收的原奶共7车29.806吨,先后被转往行唐配送中心、新乐闵镇配送中心。行唐配送中心、新乐闵镇配送中心先后向保定三鹿、加工二厂、三鹿乐时奶制品公司配送原奶共计180.89吨。这些原奶与其他原奶混合后进入了加工程序,分别生产了原味酸奶、益生菌酸奶、草莓酸酸乳等含有三聚氰胺的液态奶。经对其中12个批次液态奶检测,均含有三聚氰胺(含量最高为199mg/kg,最低为24 mg/kg),共269.44062吨,并已经全部销售,销售金额合计1814022.98元。

被告单位三鹿集团生产的含有三聚氰胺的婴幼儿奶粉等奶制品流入全国市场后,对广大消费者特别是婴幼儿的身体健康、生命安全造成了严重损害。国家投入巨额资金用于患病婴幼儿的检查和医疗救治,众多奶制品企业和奶农的正常生产、经营受到重大影响,经济损失巨大。

2008年12月31日,石家庄市中级人民法院依法组成合议庭,公开审理了此案。法庭审理认为:

被告单位河北省石家庄三鹿集团股份有限公司,被告人田文华、王玉良明知其生产的三鹿牌婴幼儿奶粉中含有三聚氰胺,且明知三聚氰胺是对人体有害的非食品原料,仍不停止含有三聚氰胺的婴幼儿奶粉的生产、销售,被告单位河北省石家庄三鹿集团股份有限公司,被告人田文华、杭志奇、吴聚生明知其收购的原奶中含有三聚氰胺,且明知三聚氰胺是对人体有毒、有害的非食品原料,仍将原奶调配到本集团下属企业,生产、销售含三聚氰胺的液态奶。被告单位及各被告人的行为均已构成生产、销售有毒食品罪。同时,其行为又符合生产、销售伪劣产品罪的构成要件,依法应当依照处罚较重的规定定罪处罚。因现有证据不足以证实被告单位及各被告人在2008年8月1日得知其产品中含有三聚氰胺以后,继续生产、销售的奶制品流入市场造成了危害结果,故应以生产、销售伪劣产品罪对被告单位及各被告人定罪处罚。公诉机关指控的事实清楚,证据确实、充分,指控的罪名成立。

被告人田文华作为三鹿集团董事长、法定代表人,在三鹿集团单位犯罪活动中起组织、指挥作用,系直接负责的主管人员,应按照其组织、指挥的全部犯罪处罚。被告人王玉良作为三鹿集团的副总经理,安排将含有三聚氰胺的婴幼儿奶粉出厂销售,系直接负责的主管人员,应按照其参与的犯罪处罚。被告人杭志奇作为三鹿集团副总经理,安排其他人员将含三聚氰胺的原奶调配到其他企业生产、销售液态奶,系直接负责的主管人员,应按照其参与的犯罪处罚。被告人吴聚生接受杭志奇的指令,积极协调将含三聚氰胺的原奶调配到三鹿集团下属企业生产液态奶,系直接责任人员。吴聚生在犯罪中起次要作用,系从犯,应减轻处罚。

2009年1月21日,石家庄市中级人民法院依照《中华人民共和国刑法》第一百四十四条,第一百四十九条第二款,第一百四十条,第一百五十条,第三十条,第三十一条,第二十五条第一款,第二十六条第一款、第四款,第二十七条,第五十二条,第五十七条之规定,作出如下判决:

一、被告单位河北省石家庄三鹿集团股份有限公司犯生产、销售伪劣产品罪,判处罚金人民币49374822元。

二、被告人田文华犯生产、销售伪劣产品罪,判处无期徒刑,剥夺政治权利终身,并处罚金人民币24687411元。

三、被告人王玉良犯生产、销售伪劣产品罪,判处有期徒刑十五年,并处罚金人民币23780400元。

四、被告人杭志奇犯生产、销售伪劣产品罪,判处有期徒刑八年,并处罚金人民币907011元。

五、被告人吴聚生犯生产、销售伪劣产品罪,判处有期徒刑五年,并处罚金人民币604674元。

被告人田文华、王玉良、杭志奇、吴聚生均不服一审判决,向河北省高级人民法院提出上诉。

河北省高级人民法院依法组成合议庭审理了此案。法庭审理认为:

原审被告单位河北省石家庄三鹿集团股份有限公司、上诉人田文华、王玉良明知其生产的三鹿牌婴幼儿奶粉中含有三聚氰胺,且明知三聚氰胺是对人体有害的非食品原料,仍继续生产、销售含有三聚氰胺的婴幼儿奶粉;原审被告单位河北省石家庄三鹿集团股份有限公司、上诉人田文华、杭志奇、吴聚生明知其收购的原奶中含有三聚氰胺,且明知三聚氰胺是对人体有毒、有害的非食品原料,仍将原奶调配到本集团下属企业,生产、销售含三聚氰胺的液态奶。其生产、销售的含有三聚氰胺的食品,既是有毒食品,又是伪劣产品。原审被告单位及各上诉人的行为均已构成生产、销售有毒食品罪。同时,其行为又符合生产、销售伪劣产品罪的构成要件,依法应当依照处罚较重的规定定罪处罚。因现有证据不足以证实被告单位及各被告人在2008年8月1日得知其产品中含有三聚氰胺以后,继续生产、销售的奶制品流入市场造成了危害结果,故应以生产、销售伪劣产品罪对原审被告单位及各上诉人定罪处罚。

上诉人田文华作为三鹿集团董事长、法定代表人,在三鹿集团单位犯罪活动中起组织、指挥作用,系直接负责的主管人员,应按照其组织、指挥的全部犯罪处罚。上诉人王玉良作为三鹿集团副总经理,安排将含有三聚氰胺的婴幼儿奶粉出厂销售,系直接负责的主管人员,应按照其参与的犯罪处罚。上诉人杭志奇作为三鹿集团副总经理,安排其他人员将含三聚氰胺的原奶调配到其他企业生产、销售液态奶,系直接负责的主管人员,应按照其参与的犯罪处罚。上诉人吴聚生接受杭志奇的指令,协调将含三聚氰胺的原奶调配到三鹿集团下属企业生产液态奶,系直接责任人员。吴聚生在犯罪中起次要作用,系从犯,应减轻处罚。原判决认定事实清楚,证据确实、充分,适用法律正确,量刑适当,审判程序合法。

2009年3月15日,河北省高级人民法院依照《中华人民共和国刑事诉讼法》第一百八十九条第一项、第一百九十七条之规定,作出如下裁定:

一、驳回上诉人田文华、王玉良、杭志奇、吴聚生的上诉。

二、全案维持原判。

(最高人民检察院公诉厅　李　莹)

成都共软网络科技有限公司、孙显忠、张天平、洪磊、梁焯勇侵犯著作权案

被告单位成都共软网络科技有限公司,法定代表人孙质强。

被告人孙显忠,又名孙雨,男,1980年12月19日生,原系成都共软网络科技有限公司总经理。2008年12月22日,因涉嫌侵犯著作权罪被刑事拘留,2009年1月22日被逮捕。

被告人张天平,男,1982年2月28日生,原系成都共软网络科技有限公司市场总监、成都红果科技有限公司经理。2008年8月22日,因涉嫌侵犯著作权罪被刑事拘留,2008年9月18日被逮捕。

被告人洪磊,男,1979年11月15日生,原系"番茄花园工作室"负责人。2008年8月15日,因涉嫌侵犯著作权罪被刑事拘留,2008年9月18日被逮捕。

被告人梁焯勇,男,1980年2月9日生,原系"番茄花园工作室"雇员。2008年8月17日,因涉嫌侵犯著作权罪被刑事拘留,2008年9月18日被逮捕。

被告单位成都共软网络科技有限公司,被告人洪磊、张天平、梁焯勇、孙显忠侵犯著作权案,因主要犯罪地和用于犯罪的主要计算机设备在江苏省苏州市虎丘区,故由江苏省苏州市公安局虎丘分局于2008年8月15日决定立案侦查,2008年11月17日对洪磊、张天平、梁焯勇侦查终结,2009年3月16日对孙显忠侦查终结。2008年11月18日和3月17日,苏州市公安局虎丘分局分别将案件移送苏州市虎丘区人民检察院审查起诉。苏州市虎丘区人民检察院受理该案后,在法定期限内告知了成都共软网络科技有限公司和孙显忠、洪磊、张天平、梁焯勇有权委托辩护人等诉讼权利,告知了被害单位微软公司有权委托诉讼代理人,讯问了孙显忠、洪磊、张天平、梁焯勇,审查了全部案卷材料。2009年5月27日,苏州市虎丘区人民检察院向苏州市虎丘区人民法院提起公诉。被告单位成都共软网络科技有限公司,被告人孙显忠、洪磊、张天平、梁焯勇犯罪事实如下:

2006年12月至2008年8月期间,四川网联互动广告有限公司(另案处理)和被告单位成都共软网络科技有限公司以营利为目的,由被告人孙显忠指使被告人张天平和被告人洪磊、梁焯勇合作,未经微软公司的许可,复制微软Windows XP计算机软件后制作多款"番茄花园"版软件,并以修改浏览器主页、默认搜索页面、捆绑他公司软件等形式,在"番茄花园"版软件中分别加载百度时代网络技术(北京)有限公司、北京阿里巴巴信息技术有限公司、北京搜狗科技发展有限公司、网际快车信息技术有限公司等多家单位的商业插件,通过互联网在"番茄花园"网站、"热度"网站发布供公众下载,累计下载量达10多万次。百度时代网络技术(北京)有限公司、北京阿里巴巴信息技术有限公司、北京搜狗科技发展有限公司、网际快车信息技术有限公司支付四川网联互动广告有限公司和成都共软

网络科技有限公司广告费共计人民币2977630.39元。

苏州市虎丘区人民检察院认为,被告单位成都共软网络科技有限公司,被告人孙显忠、张天平伙同被告人洪磊、梁焯勇共同以营利为目的,未经著作权人许可,复制发行其计算机软件,违法所得数额巨大、情节特别严重,其行为均已构成侵犯著作权罪。被告人张天平于2008年8月22日在律师陪同下,向成都市公安局高新技术产业开发区分局投案,并如实供述自己的罪行,系自首,可减轻处罚。

2009年6月23日,苏州市虎丘区人民法院依法组成合议庭,公开审理本案。法院审理认为:

被告单位成都共软网络科技有限公司,被告人孙显忠、张天平伙同被告人洪磊、梁焯勇共同以营利为目的,未经著作权人许可,复制发行其计算机软件,违法所得数额巨大、情节特别严重,其行为均已构成侵犯著作权罪。对被告单位应当判处罚金,对各被告人应当判处三年以上七年以下有期徒刑,并处罚金。孙显忠作为被告单位直接负责的主管人员、张天平作为被告单位直接责任人员,应当承担刑事责任。在共同犯罪中,成都共软网络科技有限公司,被告人孙显忠、张天平、洪磊均起主要作用,均系主犯,应按照其参与的全部犯罪处罚。梁焯勇受洪磊指使复制、发行他人计算机软件,系从犯,应减轻处罚。被告人张天平犯罪以后主动投案,如实供述自己罪行,系自首,可减轻处罚。公诉机关指控的事实清楚,证据确实充分,罪名及提请对张天平减刑处罚的理由成立。

2009年8月20日,苏州市虎丘区人民法院依照《中华人民共和国刑法》第二百一十七条第一款第一项,第二百二十条,第二十五条第一款,第二十六条第一款、第四款,第六十四条及最高人民法院、最高人民检察院《关于办理侵犯知识产权刑事案件具体应用法律若干问题的解释》第五条第二款,最高人民法院、最高人民检察院《关于办理侵犯知识产权刑事案件具体应用法律若干问题的解释(二)》第一条之规定,作出如下判决:

一、被告单位成都共软网络科技有限公司犯侵犯著作权罪,判处罚金人民币8772861.27元,上缴国库。

二、被告人孙显忠犯侵犯著作权罪,判处有期徒刑三年六个月,并处罚金人民币100万元,上缴国库。

三、被告人张天平犯侵犯著作权罪,判处有期徒刑二年,并处罚金人民币10万元,上缴国库。

四、被告人洪磊犯侵犯著作权罪,判处有期徒刑三年六个月,并处罚金人民币100万元,上缴国库。

五、被告人梁焯勇犯侵犯著作权罪,判处有期徒刑二年,并处罚金人民币10万元,上缴国库。

六、被告单位成都共软网络科技有限公司的违法所得计2924287.09元,予以没收,上缴国库。

一审宣判后,被告人孙显忠、洪磊、张天平、梁焯勇和被告单位成都共软网络科技有限公司在法定期限内未上诉,检察机关没有提出抗诉,一审判决发生法律效力。

(江苏省苏州市虎丘区人民检察院)

孙伟铭以危险方法危害公共安全案

被告人孙伟铭,男,1979年5月9日出生,汉族,原系四川省成都市奔腾电子信息技术有限公司职员。2008年12月15日,因涉嫌交通肇事罪被刑事拘留,2008年12月25日,以涉嫌以危险方法危害公共安全罪被逮捕。

被告人孙伟铭以危险方法危害公共安全案,由四川省成都市公安局于2008年12月15日立案侦查,2009年2月25日侦查终结。2009年2月26日,四川省成都市公安局将该案移送成都市人民检察院审查起诉。成都市人民检察院受理案件后,于2009年2月28日告知了孙伟铭有权委托辩护人等诉讼权利,告知了被害人以及被害人近亲属有权委托诉讼代理人等诉讼权利,讯问了孙伟铭,审查了全部案件材料。经成都市人民检察院检察长批准依法延长审查期限15日。2009年4月1日,成都市人民检察院向成都市中级人民法院提起公诉。起诉书认定孙伟铭犯罪事实如下:

2008年5月28日,被告人孙伟铭购买了车牌号为川A43K66的别克轿车一辆,之后在未取得合法驾驶资格的情况下,长期无驾驶证驾驶该车,并有多次交通违法的记录。2008年12月14日中午,孙伟铭与其父母在位于成都市市区东侧的成华区万年场"四方阁"酒楼为亲属祝寿,其间大量饮酒。酒后孙伟铭又驾驶川A43K66别克轿车送其父母前往位于成都市市区北侧的火车北站搭乘火车,尔后驾车折返至位于成都市市区东侧的成龙路，沿成龙路往成都市龙泉驿区方向行驶。当日 17 时许，孙伟铭行至成龙路“蓝谷地”路口时，从后面冲撞与其同向行驶的川 A9T332 比亚迪轿车尾部。事故发生以后，孙伟铭为逃避处罚不顾公共安全，立即高速驾车往龙泉驿方向逃逸，当行至限速 60km/h 的成龙路“卓锦城”路段时，以超过 130km/h 的速度，越过道路中心黄色双实线，先后撞向对面正常行驶的川 AUZ872 长安奔奔轿车、川 AK1769 长安奥拓轿车、川 AVD241 福特蒙迪欧轿车、川 AMC 337 奇瑞 QQ 轿车，直至孙伟铭驾驶的川 A43K66 别克轿车不能动弹。造成川 AUZ872 长安奔奔轿车内驾驶员张景全，乘客尹国辉、金亚民、张成秀死亡，代玉秀重伤，公私财产损失 5 万余元。

2009 年 7 月 22 日，四川省成都市中级人民法院依法组成合议庭，公开审理了此案。法庭审理认为：

被告人孙伟铭作为受过一定教育、具有完全刑事责任能力的人，明知必须经过相关培训并经考试合格，取得驾驶执照后才能驾驶机动车辆，但其无视国家交通安全法规和公共安全，在未领取驾驶执照的情况下，长期无证驾驶机动车辆并多次违反交通法规。且在醉酒后，驾车行驶于车辆、人群密集之处，对公共安全构成直接威胁，在发生追尾交通事故后，仍置不特定多数人的生命财产安全于不顾，继续驾车超速行驶，跨越禁止超越的道路中心黄色双实线，与对方正常行驶的多辆车辆相撞，造成四人死亡一人重伤、公私财产损失达数万元的严重后果，其行为已构成以危险方法危害公共安全罪，且其情节特别恶劣，后果特别严重，应依法予以严惩。公诉机关指控孙伟铭的犯罪事实和罪名成立，法院予以支持。

2009 年 7 月 23 日，四川省成都市中级人民法院依照《中华人民共和国刑法》第一百一十五条第一款、第五十七条第一款之规定，作出如下判决：

被告人孙伟铭犯以危险方法危害公共安全罪，判处死刑，剥夺政治权利终身。

一审宣判后，被告人孙伟铭当庭提出不服判决，向四川省高级人民法院提出上诉。

2009 年 9 月 4 日，四川省高级人民法院依法组成合议庭公开审理了此案，四川省人民检察院派员出席二审法庭履行职务。法庭审理认为：

本案事实清楚，证据确实、充分。上诉人（原审被告人）孙伟铭应以以危险方法危害公共安全罪定罪处罚。孙伟铭所提不是故意犯罪的辩解及其辩护人所提孙伟铭的行为应构成交通肇事罪的辩护意见，与查明的事实及相关法律规定不符，不予采纳。辩护人提出的原判存在重大事实遗漏的辩护意见，因证据不足且所提情节与本案事实及定性没有关联，不予采纳。孙伟铭及其辩护人所提的有真诚悔罪表现、原判量刑过重的意见成立，予以采纳。原判认定事实和定罪正确，审判程序合法，但量刑不当。

2009 年 9 月 8 日，四川省高级人民法院依照《中华人民共和国刑事诉讼法》第一百八十九条第二项和《中华人民共和国刑法》第一百一十五条第一款、第五十七条第一款之规定，作出如下判决：

一、维持四川省成都市中级人民法院（2009）成刑初字第 158 号刑事判决中对被告人孙伟铭的定罪部分；

二、撤销四川省成都市中级人民法院（2009）成刑初字第 158 号刑事判决中对被告人孙伟铭的量刑部分；

三、上诉人（原审被告人）孙伟铭犯以危险方法危害公共安全罪，判处无期徒刑，剥夺政治权利终身。

（最高人民检察院公诉厅　卢宇蓉）

忻元龙绑架案

被告人忻元龙，男，1959 年 2 月 1 日出生，汉族，高中文化，无业。2005 年 9 月 15 日，因涉嫌绑架罪被刑事拘留，2005 年 9 月 27 日被逮捕。

被告人忻元龙绑架案，由浙江省慈溪市公安局于 2005 年 8 月 21 日立案侦查，2005 年 11 月 21 日侦查终结，并于同日将该案移送慈溪市人民检察院审查起诉。慈溪市人民检察院于 2005 年 11 月 22 日告知了忻元龙有权委托辩护人等诉讼权利，也告知了被害人的近亲属有权委托诉讼代理人等诉讼权利。按照案件管辖的规定，2005 年 11 月 28 日，慈溪市人民检察院将案件报送宁波市人民检察院审查起诉。宁波市人民检察院受理该案后，依法讯问了被告人忻元龙，审查了全部案件材料。2006 年 1 月 4 日，宁波市人民检察院依法向宁波市中级人民法院提起公诉。被告人忻元龙犯罪事实如下：

被告人忻元龙因经济拮据而产生绑架儿童并勒索家长财物的意图，并多次到浙江省慈溪市进行踩点和物色被绑架人。2005年8月18日上午，忻元龙驾驶自己的浙B3C751通宝牌面包车从宁波市至慈溪市浒山街道团圈支路老年大学附近伺机作案。当日下午1时许，忻元龙见一女孩(杨明睿，1996年6月1日生，浙江省宁波市慈溪市浒山东门小学三年级学生)经过，即将其骗上车，驶至宁波市东钱湖镇"钱湖人家"后山。当晚10时许，忻元龙从杨明睿处骗得杨明睿父亲的手机号码和家中的电话号码后，又开车将杨明睿带至宁波市北仑区新碶镇算山村防空洞附近，采用捂口、鼻的方式将杨明睿杀害，埋入事先挖好的洞中。次日下午，忻元龙至安徽省广德县购买了一部波导1220型手机，于20日凌晨0时许拨打杨明睿家电话，称自己已经绑架杨明睿并要求杨明睿的父亲于当月25日前准备60万元赎金，送至浙江省湖州市长兴县交换其女儿。后又在安徽省芜湖市多次给杨家打勒索电话，因故未成。2005年9月15日，公安人员在宁波市江东区将忻元龙抓获归案。之后，公安机关从被告人忻元龙处扣押浙B3C751通宝牌面包车一辆、波导1220型手机一部、"戈一平"身份证一张等物。

2006年1月17日，浙江省宁波市中级人民法院依法组成合议庭，公开审理了此案，法庭审理认为：

被告人忻元龙以勒索财物为目的，绑架并杀害他人，其行为已构成绑架罪，且手段残忍、后果严重，依法应予严惩。公诉机关指控的罪名成立。忻元龙称其没有实施绑架，是"戈一平"用凶器顶住其背部，威胁其开车的辩解，以及其辩护人提出本案可能存在漏犯的辩护意见，经查，与事实和法律不符，不予采纳。由于忻元龙的犯罪行为致被害人杨明睿死亡，给附带民事诉讼原告人杨宝风、张玉彬造成了经济损失，依法应由忻元龙承担民事赔偿责任。

2006年2月13日，宁波市中级人民法院作出(2006)甬刑初字第16号一审刑事附带民事判决：一、被告人忻元龙犯绑架罪，判处死刑，剥夺政治权利终身，并处没收个人全部财产。二、被告人忻元龙赔偿附带民事诉讼原告人杨宝风、张玉彬应得的被害人死亡赔偿金317640元、丧葬费11380元，合计人民币329020元。三、被告人忻元龙犯罪使用的浙B3C751通宝牌面包车一辆及波导1220型手机一部，予以没收。

忻元龙对一审刑事部分的判决不服，向浙江省高级人民法院提出上诉。一审附带民事部分的判决已发生法律效力。

2006年10月12日，浙江省高级人民法院依法组成合议庭，公开审理了此案。法庭审理认为：

被告人忻元龙以勒索财物为目的，绑架并杀害他人，其行为已构成绑架罪。犯罪情节特别严重，社会危害极大，依法应予严惩。但鉴于本案的具体情况，对忻元龙判处死刑，可不予立即执行。原判定罪和适用法律正确，审判程序合法，惟量刑不当，予以改判。

2007年5月23日，浙江省高级人民法院作出(2006)浙刑一终字第146号刑事判决：一、撤销浙江省宁波市中级人民法院(2006)甬刑初字第16号刑事附带民事判决中对忻元龙的量刑部分，维持判决的其余部分；二、被告人忻元龙犯绑架罪，判处死刑，缓期二年执行，剥夺政治权利终身。

判决发生法律效力后交付执行。被害人杨明睿的父亲杨宝风不服，于2007年6月25日向浙江省人民检察院提出申诉，请求提出抗诉。

浙江省人民检察院经审查认为，浙江省高级人民法院二审判决改判忻元龙死刑缓期二年执行确有错误，遂于2007年8月10日以(2007)浙检刑提抗字第1号提请抗诉报告书提请最高人民检察院按照审判监督程序抗诉。

最高人民检察院审查认为，原审被告人忻元龙绑架犯罪事实清楚，证据确实、充分，依法应当判处死刑立即执行，浙江省高级人民法院以"鉴于本案具体情况"为由改判忻元龙死刑缓期二年执行确有错误，应予纠正。理由如下：

一、忻元龙绑架犯罪事实清楚，证据确实、充分。本案系公安机关通过技术侦查手段破获，并根据忻元龙供述找到的被害人杨明睿尸骨，定案的物证、书证、证人证言、被告人供述、鉴定结论、现场勘查笔录等证据能够形成完整的证据体系。忻元龙供述的诸多隐蔽细节，如埋尸地点、尸体在土中的姿势、尸体未穿鞋袜、埋尸坑中没有书包、打错勒索电话的原因、打勒索电话的通话次数、通话内容、接电话人的口音等，得到了其他证据的印证。

二、浙江省高级人民法院二审判决确有错误。经了解，二审判决书中"鉴于本案具体情况"是认为本案证据存在两个疑点：一是卖给忻元龙波导S1220型手机的证人傅世红在证言中讲该手机串号为342523751127671，而公安人员扣押在案手机的串号是350974114389275，手机的同一性存有疑问；二是宋丽娟和艾力买买提尼牙子证实，在案发当天看见一中年妇女将一个与被害人特征相近的小女孩带走，不能排除有他人参与作案的可能。经审查，这两个疑问均能够排除。一是关于手机串号问题。经审查，公安人员在询问傅世红时，将波导S1220型手机原机主洪义军的身份证号码342523751127671误记为手机的串号。宁波市人民检察院移送给宁波市中级人民法院的《随案移送物品文件清单》中写明波导S1220型手机的串号是350974114389275，且手机就在宁波市中级人民法院，对该疑问调取手机核查后就可以查清。据此，手机串号疑问已经排除。二是关于是否存在中年妇女参与作案的问题。案卷原有证据能够证实宋丽娟、艾力买买提尼牙子证言证明的"中年妇女带走小女孩"与本案无关。宋丽娟、艾力买买提尼牙子证言证明的中年妇女带走小女孩的地点在绑架现场东侧200米左右，与忻元龙绑架杨明睿并非同一地点。艾力买买提尼牙子证言证明的是迪欧咖啡厅南边的电脑培训学校门口，不是忻元龙实施绑架的地点；宋丽娟证言证明的中年妇女带走小女孩的地点是迪欧咖啡厅南边的十字路口，而不是老年大学北围墙外的绑架现场，因为宋丽娟所在位置被建筑物阻挡，看不到老年大学北围墙外的绑架现场。经实地查看绑架案发现场，此疑问也已经排除。二审庭审中，出庭检察员已经明确指出宋丽娟、艾力买买提尼牙子证言证明的地点与忻元龙绑架杨明睿的地点不同，两个证人见到的情形与忻元龙绑架案件无关。此外，二人提到的小女孩的外貌特征等细节也与杨明睿不符。

三、忻元龙所犯罪行极其严重，对其应当判处死刑立即执行。一是忻元龙精心预谋犯罪、主观恶性极深。忻元龙为实施绑架犯罪进行了精心预谋，多次到慈溪市"踩点"，并选择了相对僻静无人的地方作为行车路线。忻元龙以"陈老师找你"为由将杨明睿骗上车实施绑架，与慈溪市老年大学剑桥英语培训班负责人陈老师的姓氏相符。忻元龙居住在宁波市鄞州区，选择在宁波市慈溪市实施绑架，选择在宁波市北仑区杀害被害人，之后又精心实施勒索赎金行为，赴安徽省广德县购买波导S1220型手机，使用异地购买的手机卡，赴安徽省宣城市、芜湖市打勒索电话并要求被害人父亲到浙江省长兴县交付赎金。二是忻元龙犯罪后果极其严重、社会危害性极大。忻元龙实施绑架犯罪后，为使自己的罪行不被发现，在得到被害人家庭信息后，当天就将年仅9岁的杨明睿杀害，并烧掉了杨明睿的书包，扔掉了杨明睿挣扎时脱落的鞋子，实施了毁灭罪证的行为。忻元龙归案后，开始不供述犯罪，并隐瞒作案所用手机的来源，后来虽供述犯罪，但编造他人参与共同作案。忻元龙的犯罪行为不仅剥夺了被害人的生命、给被害人家属造成了无法弥补的巨大痛苦，也严重影响了当地群众的安全感。三是二审改判忻元龙死刑缓期二年执行不被被害人家属和当地群众接受。被害人家属强烈要求判处忻元龙死刑立即执行，当地群众对二审改判忻元龙死刑缓期二年执行亦难以接受，要求司法机关严惩忻元龙。

2008年10月22日，最高人民检察院依照《中华人民共和国刑事诉讼法》第二百零五条第三款的规定，以高检刑抗字〔2008〕2号刑事抗诉书向最高人民法院提出抗诉。

2009年3月18日，最高人民法院作出(2008)刑抗字第2号决定，指令浙江省高级人民法院另行组成合议庭，对忻元龙案件进行再审。

2009年5月14日，浙江省高级人民法院另行组成合议庭公开开庭审理本案。法庭审理认为：

被告人忻元龙以勒索财物为目的，绑架并杀害他人，其行为已构成绑架罪，且犯罪手段残忍、情节恶劣，社会危害极大，无法定从轻处罚情节，归案后还编造了一个虚假的同案犯"戈一平"，意图逃避应有的惩罚，无任何悔罪表现，依法应予严惩。二审判决鉴于原二审阶段的证据状况，为慎重起见改判忻元龙死缓，妥当。现检察机关经事后核查补证，本案二审阶段证据方面存在的主要问题已基本消除，证据确实、充分，检察机关要求纠正二审判决的意见能够成立。忻元龙以及辩护人要求维持二审判决的意见，理由不足，不予采纳。

2009年6月26日，浙江省高级人民法院依照《中华人民共和国刑事诉讼法》第二百零五条第二款、第二百零六条、第一百八十九条第二项，《中华人民共和国刑法》第二百三十九条第一款、第五十七条第一款、第六十四条之规定，作出(2009)浙刑再字第3号刑事判决：一、撤销浙江省高级人民法院(2006)浙刑一终字第146号刑事判决中对原审被告人忻元龙的量刑部分,维持该判决的其余部分和宁波市中级人民法院(2006)甬刑初字第16号刑事附带民事判决;二、原审被告人忻元龙犯绑架罪,判处死刑,剥夺政治权利终身,并处没收个人全部财产,并依法报请最高人民法院核准。

最高人民法院复核认为:被告人忻元龙以勒索财物为目的,绑架并杀害他人的行为已构成绑架罪。其犯罪手段残忍,情节恶劣,后果严重,无法定从轻处罚情节。浙江省高级人民法院再审判决认定的事实清楚,证据确实、充分,定罪准确,量刑适当,审判程序合法。

2009年11月13日,最高人民法院依照《中华人民共和国刑事诉讼法》第一百九十九条和《最高人民法院关于复核死刑案件若干问题的规定》第二条第一款的规定,作出(2009)刑监复05126077号裁定:核准浙江省高级人民法院(2009)浙刑再字第3号以原审被告人忻元龙犯绑架罪,判处死刑,剥夺政治权利终身,并处没收个人全部财产的刑事判决。

2009年12月11日,被告人忻元龙被依法执行死刑。

(最高人民检察院公诉厅　尚洪涛)

王言峰诉山东栖霞市电业局等人身损害赔偿纠纷抗诉案

1999年5月2日下午15时30分左右,山东省栖霞市臧家庄村小学生王言峰(1989年6月21日出生)在位于栖霞市塑料厂西的路上打羽毛球。因羽毛球被打到路边的变压器平台上,王言峰便踩着变压器房旁边的沙堆、变压器房的突蹬和旁边民房的腰线,爬上变压器平台。在捡拾羽毛球时,手臂接触到高压线遭到电击。触电后,王言峰被送至中国人民解放军第一〇七医院进行手术治疗,双上臂被截肢。至1999年6月22日出院,支出医疗费10809.13元,交通费500元。王言峰住院由其母亲李美杰护理,李美杰系农民,无正式工作。1998年烟台市农村人均生活费支出为1875元。

1999年10月9日,王言峰向山东省烟台市中级人民法院提起诉讼,请求判令栖霞市电业局(以下简称电业局)、山东省栖霞市塑料厂(以下简称塑料厂)、栖霞市臧家庄供销总公司、栖霞市供销合作联合社臧家庄总公司日用工业品分公司(以下简称日用品公司)、栖霞市粮食局果制品厂、栖霞市药材公司臧家庄支公司、栖霞市臧家庄镇臧家庄中学、栾志琪等赔偿其医疗费、假肢费、伤残补助费、精神损失费等合计1669917.29元。

王言峰被电伤的变压器产权归塑料厂所有。自1995年起,电业局向塑料厂、果品厂等单位收取农电管理费。除电业局外,其余被告都是变压器的使用人。

烟台市中级人民法院法医技术处对王言峰的伤情进行了鉴定,认定王言峰属一级伤残。王言峰因双臂伤残需要安装假肢,经青岛假肢厂保德假肢装配中心站诊断,适合安装国产普及型上臂肌电型假肢,每具假肢4.5万元,每副9万元,每具假肢使用期限为5年。至王言峰70岁,需安装假肢12副,计款108万元。

2001年2月23日,烟台市中级人民法院作出(1999)烟民初字第139号民事判决:王言峰是在变压器上触电受伤致残,事实清楚,该变压器的产权属于塑料厂。由于输变电装置通电运行,属于对周围环境有高度危险的作业,塑料厂在建筑安装变压器时,虽然高度符合有关规定,但变压器房上留有突蹬,给事故的发生留下隐患,加上管理不善,未及时清理变压器周围的堆放物,使原告能顺利爬上变压器平台,这是造成事故的重要原因。根据《供电营业规则》第五十一条规定,在供电设施上发生事故引起的法律责任,按供电设施产权归属确定,产权归属于谁,谁就承担其拥有的供电设施上发生事故引起的法律责任。塑料厂作为变压器的产权人,应承担主要赔偿责任,虽然塑料厂称该变压器是与其他被告共同出资购买的,但提供不出相应证据,不予认定,其他被告不是该变压器的产权人,不应承担赔偿责任。王言峰系无民事行为能力人,其父母作为监护人,负有监督、教育子女的责任,由于平时疏于安全教育,应承担相应的监护不周的责任。王言峰主张被告应赔偿的各种费用合计1669917.29元,其中部分主张不合理,无法律依据,不予支持。依据最高人民法院《关于审理触电人身损害赔偿案件若干问题的解释》第四条规定,因触电引起的人身赔偿范围包括医疗费;住院伙食补助费,按本地国家机关一般工作人员的出差伙食补助标准给王言峰一人赔偿;护理费(王言峰住院期间应由其母亲一人护理,原告母亲无固定收入,应按1998年烟台市农村人均生活费支出1875元计算);残疾人生活补助费(王言峰属一级伤残,按1998年烟台市农村人均生活费支出1875元,计算20年);残疾用具费(王言峰双上臂截肢,需配制假肢,每5年一副,到70岁需11副);交通费;住宿费,因王言峰提供不出有关证据,不予认定。另外王言峰请求赔偿精神损失10万元,因无法律依据不予支持。依照《中华人民共和国民法通则》第十八条、第一百一十九条、第一百二十三条、第一百三十一条和《中华人民共和国民事诉讼法》第一百零八条第三项、第一百三十条之规定,判决:一、塑料厂赔偿王言峰医疗费、住院伙食补助费、住院护理费、残疾人生活补助费、交通费等合计49364.13元的80%,即39491.30元,于判决生效后十日内履行;二、王言峰安装假肢费用,以国产普及型为准,11次为限,第一次9万元,由塑料厂承担7.2万元,于判决生效后十日内支付,其余10次由王言峰安装假肢后按实际价格由塑料厂承担80%;三、驳回王言峰对其他被告的诉讼请求;四、驳回王言峰的其他诉讼请求。

王言峰不服一审判决,向山东省高级人民法院提出上诉。2001年6月19日,山东省高级人民法院作出(2001)鲁民终字第142号民事判决:根据最高人民法院《关于审理触电人身损害赔偿案件若干问题的解释》第二条第一款的规定,因高压电造成人身损害的案件,由电力设施产权人承担民事责任。本案中,变压器设施是塑料厂所建,栖霞市审计师事务所的资产评估报告也载明该变压器是塑料厂的资产,塑料厂是该变压器设施的产权人,塑料厂应对该损害案件承担民事责任。根据国务院《电力供应与使用条例》第十七条第三款的规定,用户专用的供电设施建成投产后,由用户维护管理或者委托供电企业维护管理,签订代管协议的,供电企业应承担民事责任。电业局作为供电企业,未与塑料厂签订代管协议,没有法定或约定的代管义务,不应承担民事赔偿责任。供销公司、日用品公司、果品厂、臧家庄药材公司、臧家庄中学、栾志琪虽然共同使用变压器的电,但却不是该变压器设施的共有人,也不应承担民事责任。本案中,击伤王言峰的是连接变压器的平台上的高压线,对该事实二审庭审时各方均无异议。电业局在一审时也提交了塑料厂出资建设线路的有关证据。在实践中通常认为,35kV及以上高压用户,是以用户厂界外或用户变电所外第一基电杆为产权分界点,该高压线与变压器的产权是统一的,所以该高压线的产权人是塑料厂。在本损害事故中,王言峰的监护人疏于对王言峰进行安全教育,原审法院判决王言峰自负20%的责任是妥当的。王言峰被电击伤时不满十周岁,每5年配制一副假肢,至70岁时应是12副而不是11副,原审法院按11副计算有误。根据最高人民法院《关于审理触电人身损害赔偿案件若干问题的解释》第五条的规定,采用定期金赔偿的,应当确定每期的具体赔偿额并要求责任人提供担保,原审法院在塑料厂未提供担保的情况下采用定期金方式赔偿不妥。王言峰双肢被截,给其精神上带来严重创伤,塑料厂应给予精神赔偿。综上,原审法院认定事实清楚,但适用法律部分不当,应予纠正。上诉人上诉理由部分成立,应予支持。判决:一、维持山东省烟台市中级人民法院(1999)烟民初字第139号民事判决第一、三项;二、变更山东省烟台市中级人民法院(1999)烟民初字第139号民事判决第二项为:王言峰安装假肢费用,以国产普及型为准,12次为限,每次9万元,共计108万元,由塑料厂承担80%即86.4万元,于收到本判决书十日内支付;三、撤销山东省烟台市人民法院(1999)烟民初字第139号民事判决第四项;四、塑料厂于收到本判决之日起十日内支付王言峰精神损害赔偿金4万元。

王言峰不服山东省高级人民法院(2001)鲁民终字第142号民事判决,向山东省人民检察院申诉,该院审查后提请最高人民检察院抗诉。

最高人民检察院经审查认为,山东省高级人民法院(2001)鲁民终字第142号民事判决认定电业局作为供电企业,未与塑料厂签订代管协议,没有法定或约定的代管义务,不应承担民事赔偿责任的主要证据不足,判决确有错误。

本案是多因一果的法律关系,致害各方应当按照各自的原因力承担相应的法律责任。塑料厂承担主要责任,电业局承担次要责任。最高人民法院《关于审理触电人身损害赔偿案件若干问题的解释》第二条规定:“因高压电造成人身损害的案件,由电力设施产权人依照《中华人民共和国民法通则》第一百二十三条的规定承担民事责任。但对因高压电引起的人身损害是由多个原因造成的,按照致害人的行为与损害结果之间的原因力确定各自的责任。致害人的行为是损害后果发生的主要原因,应当承担主要责任;致害人的行为是损害后果发生的非主要原因,则承担相应的责任。”塑料厂是电力变压器的产权所有人,对消除安全隐患负有主要责任,所以,应当承担主要法律责任。《供电营业规则》第四十三条第二款规定:“供电企业接到用户的受电装置竣工报告及检验申请后,应及时组织检验。对检验不合格的,供电企业应以书面形式一次性通知用户改正,改正后方予以再次检验,直至合格。”变压器房在建设时就有安全隐患,电业局组织检验和通知整改没有落实到位就给予供电,而且在供电期间,变压器房旁边堆积沙堆更易攀爬,对新出现的不安全隐患,电业局负有监督整改之责,因其未尽职责也是造成本案王言峰触电烧伤致残的原因之一,故其应当承担次要责任。

2007 年 7 月 23 日,最高人民检察院依照《中华人民共和国民事诉讼法》第一百八十五条第一款第一项之规定,以高检民抗(2007)47 号民事抗诉书向最高人民法院提出抗诉。最高人民法院受理抗诉后,于 2008 年 5 月 26 日作出(2008)民抗字第 7 号民事裁定,依法组成合议庭提审本案。

最高人民法院再审查明:1999 年 5 月 30 日,电业局向塑料厂等单位发出整改通知书,要求于 6 月 2 日前将变压器台西侧与建筑物之间用砖块垒上,高度为 2.7 米以上。塑料厂等单位按电业局要求整改完毕,电业局收取相关费用。另外,电业局自 1995 年至 1998 年 12 月向塑料厂等单位收取农电管理费、线路管理维护费、配电室改造材料款等费用。塑料厂于 2002 年 7 月 25 日被工商行政管理机关吊销营业执照。

最高人民法院再审认为:《中华人民共和国民法通则》第一百二十三条规定,“从事高空、高压、易燃、易爆、剧毒、放射性、高速运输工具等对周围环境有高度危险的作业造成他人损害的,应当承担民事责任;如果能够证明损害是由受害人故意造成的,不承担民事责任”。王言峰发生触电事故时未满十周岁,导致王言峰人身损害的变压器属于高压电力设施,对周围环境具有高度危险,根据民法通则上述规定,在该设施上作业的人应当对王言峰所受到的损害承担民事责任。最高人民法院《关于审理触电人身损害赔偿案件若干问题的解释》第二条规定:“因高压造成人身损害的案件,由电力设施产权人依照《中华人民共和国民法通则》第一百二十三条的规定承担民事责任。但对因高压电引起的人身损害是由多个原因造成的,按照致害人的行为与损害后果之间的原因力确定各自的责任。致害人的行为是损害后果发生的主要原因,应当承担主要责任;致害人的行为是损害后果发生的非主要原因,则承担相应的责任。”本案中,王言峰的人身损害系由多个原因所致。塑料厂作为涉案变压器产权人,应对王言峰的人身损害承担赔偿责任;电业局从事高压电作业,对电力设施的选址、安装等负有检验和监督管理的义务,该局对涉案变压器房所存在的安全隐患未尽监督整改之责,对王言峰所遭受的损害亦应承担相应的赔偿责任。原审认定电业局没有与塑料厂签订代管协议,没有法定或约定的代管义务,不应承担民事赔偿责任,适用法律有误,应予纠正。王言峰的监护人没有尽到监护责任,原审判决其承担 20% 的责任适当,法院予以维持。

2009 年 8 月 6 日,最高人民法院依照《中华人民共和国民事诉讼法》第一百八十六条第一款、第一百五十三条第一款第二项规定,作出(2008)民抗字第 7 号民事判决:一、撤销山东省高级人民法院(2001)鲁民终字第 142 号民事判决和山东省烟台市中级人民法院(1999)烟民初字第 139 号民事判决;二、塑料厂赔偿王言峰医疗费、住院伙食补助费、住院护理费、残疾人生活补助费、交通费及安装假肢费等共计 1129364.13 元的 40%,即 451745.65 元,于本判决生效后十日内支付;三、电业局赔偿王言峰医疗费、住院伙食补助费、住院护理费、残疾人生活补助费、交通费及安装假肢费等共计 1129364.13 元的 40%,即 451745.65 元;四、塑料厂和电业局各支付王言峰精神损害赔偿金 2 万元。五、驳回王言峰对其他被告的诉讼请求。

(最高人民检察院民事行政检察厅　王　莉)

桂林市基本建设领导小组旧城改造办公室诉中国工商银行桂林分行借款合同纠纷抗诉案

1995 年 2 月 24 日,中国工商银行桂林分行国际业务部(以下简称桂林工行)与桂林市汉欣物资公司(以下简称物资公司)、桂林市城市基本建设领导小组旧城改造办公室(以下简称旧城改造办)签订了一份借款合同,约定:由桂林工行贷给物资公司人民币 600 万元,用于购买出口原材料和设备,借款月利率为10.98‰;借款期限为贷款发放之日起至1995年11月28日止,如物资公司到期不能偿还,由担保人旧城改造办无条件代为偿还。物资公司亦可向桂林工行提供经桂林工行认可的实物做抵押,如到期不能偿还债务,抵押物无条件归桂林工行所有。

1995年2月24日,旧城改造办在前述借款合同担保方栏内签字盖章后,又与桂林工行签订一份抵押合同,约定:旧城改造办愿意以其财产桂林市象山区地下商业街A段(桂房证字第03020429号),桂林市秀峰区解放东路正阳门商场(桂房证字第03020432号)为物资公司贷款600万元作抵押担保,并将两本房屋所有权证交给桂林工行。1995年2月25日,三方当事人将所签订的借款合同、抵押合同拿到桂林市公证处作了公证。2月28日,桂林工行将600万元人民币转入物资公司账户。借款期限届满后,物资公司未依约还款。

1996年4月18日,桂林工行向物资公司送达催贷收息通知书,物资公司未能按该通知要求偿还借款本息,而由桂林汉欣发展有限公司(以下简称发展公司)分别于1996年5月15日、1996年5月24日向桂林工行递交了申请延续贷款的报告和还款计划。同年8月29日,物资公司、发展公司及旧城改造办三方签订协议书,确认1996年物资公司向桂林工行借款600万元,因实际借款单位发展公司当时未取得合法的法人资格,故请物资公司为其办理借款手续,现发展公司已取得法人资格,借款单位应改为发展公司;600万元借款的使用权和偿还责任是发展公司,旧城改造办承担抵押担保责任,物资公司不承担任何责任。

1997年8月28日,桂林工行诉至法院,请求判令发展公司归还借款本金600万元及利息3058405.8元(计算至1997年8月31日,以后另计),旧城改造办承担连带还款责任。

1998年4月29日,桂林市中级人民法院作出(1997)桂市经初字第71号民事判决认为:借款合同、抵押合同的内容是经三方当事人自愿协商一致所达成的,除借款合同第十条中约定的"如甲方到期不能偿还债务,抵押物无条件归乙方所有"这一条款违反法律无效外,其余条款合法有效。桂林工行依约全面履行了合同义务,而物资公司、旧城改造办未依约履行合同,依法应承担违反合同的责任。物资公司将其应承担的责任转给发展公司,得到了债权人桂林工行的认可,因此,桂林工行要求发展公司偿还借款本息、旧城改造办承担担保责任的请求理由充分,予以支持。旧城改造办提出抵押合同无效的主张缺乏证据。根据《借款合同条例》第十六条,《中华人民共和国民法通则》第八十九条第一、二款,第一百零八条和《中华人民共和国民事诉讼法》第一百三十条的规定,作出如下判决:1. 发展公司偿还原告桂林工行借款本金600万元和利息3457572.57元(此利息计算至1998年3月20日止,以后依法另计)。2. 旧城改造办在发展有限公司不能偿还上述债务时,则应以其提供的抵押物(桂林市象山区地下商业街A段、桂林市秀峰区解放东路正阳门商场)折价或者变卖所得价款,由桂林工行优先受偿。

旧城改造办不服一审判决,提出上诉。广西壮族自治区高级人民法院对一审判决认定的事实予以确认,另补充查明:旧城改造办用于抵押的地下商业街A段房产,所有权人系旧城改造办,房屋用途为铺面。1998年2月23日,桂林市人民防空办公室出具证明证实,其曾于1993年5月和1996年11月两次在旧城改造办的报告中批复同意将地下商业街列为人防工程,目的是使旧城改造办能享受用水用电的优惠。1998年7月31日广西壮族自治区人民防空办公室出具桂房办字(1998)50号文件证明"旧城改造办修建桂林市中山南路地下一条街,建设时未按人防工程建设程序报我办审批立案,我办从未确认该地下街为人防工程"。

桂林市工行国际业务部成立于1989年4月22日,具有营业执照和经营许可证。1997年6月4日,该部并入桂林工行营业部。旧城改造办为自收自支的事业单位法人。

1998年9月18日,广西壮族自治区高级人民法院作出(1998)桂经终字第222号民事判决,认为:本案借款合同除第十条"如甲方到期不能偿还债务,抵押物无条件归乙方所有"的约定,违反法律规定无效外,其余条款均合法有效。旧城改造办是自收自支的事业单位法人,具有代偿能力,作为担保主体合格,除其在借款合同担保栏内签字盖章,愿意无条件代为偿还借款外,还以其享有处分权的房产与桂林工行签订抵押合同,该抵押合同虽经公证部门公证,但未依法到房管部门办理抵押登记手续,该抵押合同未生效。旧城改造办、物资公司、发展公司三方签订协议,确认本案实际借款人为发展公司,由发展公司承担还款责任。旧城改造办承担抵押担保责任,桂林工行虽未参与签订该协议,其知情后对债务转让予以认可,但未放弃旧城改造办在借款合同中约定的保证责任。经二审核实质证,旧城改造办亦承认债务转移时其仍按借款合同约定承担一般保证责任。一审判决认定抵押合同有效错误,部分实体处理不当,本院依法予以纠正。依照《中华人民共和国民事诉讼法》第一百五十三条第一款第一、二项的规定,判决如下:1. 维持桂林市中级人民法院(1997)桂市经初字第71号民事判决主文第一项及诉讼费负担;2. 撤销桂林市中级人民法院(1997)桂市经初字第71号民事判决主文第二项;3. 发展公司不能清偿本案债务,且强制执行其财产仍不足以清偿本案债务时,由旧城改造办承担赔偿责任。

旧城改造办不服二审判决,向广西壮族自治区高级人民法院申请再审。广西壮族自治区高级人民法院于2006年6月16日作出(2006)桂民申字第371号不予立案再审通知书,决定不予立案再审。

旧城改造办仍然不服,向广西壮族自治区人民检察院提出申诉,该院审查后提请最高人民检察院抗诉。

最高人民检察院经审查认为,广西壮族自治区高级人民法院(1998)桂经终字第222号民事判决认定的事实缺乏证据证明,适用法律错误。

一、终审判决认定的事实缺乏证据证明。

终审判决认定:"经二审核实质证,旧城改造办亦承认债务转移时其仍按借款合同约定承担一般保证责任。"这一认定缺乏证据证明。在本案1998年7月21日的二审开庭及9月2日的质证询问中,对"本案自身应承担什么保证责任"这一问题,旧城改造办的上诉请求、开庭质证意见、辩论意见及最后陈述均表示"不应承担任何担保责任"。而在9月2日的质证询问中,旧城改造办的法定代表人仅表示"在借款合同中及原担保时是承担一般担保责任",并未认可"对1996年8月29日三方债务转移协议仍承担一般担保责任"这一事实。

二、按照1995年借款合同判决旧城改造办承担保证责任,超过了保证期间,适用法律错误。

我国担保法第二十五条规定:"一般保证的保证人与债权人未约定保证期间的,保证期间为主债务履行期届满之日起六个月。""在合同约定的保证期间和前款规定的保证期间,债权人未对债务人提起诉讼或者申请仲裁的,保证人免除保证责任;债权人已提起诉讼或者申请仲裁的,保证期间适用诉讼时效中断的规定。"原审判决已认定1995年借款合同约定的是一般保证责任,该合同未约定保证期间,因此本保证合同的保证期间为六个月。二审判决认定:"1996年4月18日,桂林市工行国际业务部向物资公司送达催贷收息通知书,要求物资公司接到通知十日内将600万元本息划到该部账户。物资公司未能按该通知要求偿还借款本息,而由发展公司分别于1996年5月15日、1996年5月24日向桂林市工行国际业务部递交了延续借款的报告和还款计划。对前述报告和计划,该部均未盖章签字同意。"这说明不存在借款延期的约定,从而也不存在保证期间延长的问题。借款合同约定的借款期限至1995年11月28日,自该日起至桂林工行1997年11月起诉时,已经超过了六个月的保证期间,依法应免除保证人的保证责任。

三、终审判决将1995年借款合同和1996年三方协议糅合起来,判决旧城改造办依1996年三方协议承担保证责任,适用法律确有错误。

终审判决认为桂林工行可以主张其认可1996年三方协议,但并非放弃旧城改造办在借款合同中约定的保证责任。但是,1996年三方协议中约定旧城改造办承担"抵押担保"的责任,并非保证责任,三方协议关于变更债务人与旧城改造办承担抵押担保责任的约定是一个整体,不可分割,桂林工行要么全部认可,要么全部拒绝,不能有选择地部分认可,即:不能只认可该协议中由发展公司承担责任和旧城改造办为发展公司担保的内容,但不认可该协议中旧城改造办承担"抵押担保"责任的内容。

由于合同的相对性,1995年借款协议与1996年三方协议虽有联系但相互独立,除另有明确约定外,不能把两个合同的责任糅合起来,让当事人承担,否则就会既违反1995年借款协议,又违反1996年三方协议。1996年三方协议中旧城改造办承担"抵押担保"责任,却判决旧城改造办承担保证责任;1995年借款协议旧城改造办为物资公司担保,却判决为发展公司担保。

2008年5月27日,最高人民检察院依照《中华人民共和国民事诉讼法》第一百八十七条第一款,第一百七十九条第一款第二项、第六项之规定,以高检民抗(2008)39号民事抗诉书向最高法院提出抗诉。

最高人民法院受理抗诉后，裁定提审该案。最高人民法院再审确认一、二审法院查明的事实，另补充查明：1994 年 4 月 24 日，桂林工行向发展公司发出贷款利息催收通知书，发展公司签收时注明“97.5.4 收到”，并盖章确认。1997 年 5 月 14 日，桂林工行向发展公司发出催收贷款通知书，要求发展公司和担保单位旧城改造办履行义务，发展公司和旧城改造办分别在该通知书上的借款单位和担保单位处盖章。

发展公司成立于 1995 年 4 月 14 日，为中外合资企业。董事长苏守信，副董事长张敦严，副总经理高光华、王日庆当时分别担任旧城改造办的主任、副主任、科长。

最高人民法院再审认为：本案借款合同除第十条“如甲方到期不能偿还债务，抵押物无条件归乙方所有”的约定因违反法律规定无效外，其余条款均合法有效。旧城改造办在借款合同担保人处盖章，愿意无条件代为偿还借款。尽管旧城改造办在借款合同中依约承担保证责任，但其在三方协议中约定承担抵押担保责任，其法定代表人在二审中也未明确认可其在签订三方协议后仍承担一般担保责任且对此表示异议，原二审法院以旧城改造办在二审中关于“旧城改造办按借款合同承担一般保证责任”的表述，推定其自认在签订三方协议后仍按借款合同承担一般保证责任，缺乏依据，最高人民检察院的相关抗诉理由成立。

旧城改造办的担保行为发生在 1995 年 2 月 24 日即我国担保法发布之前，该担保行为应适用此前的法律规定。借款合同中，债权人和保证人均未明确约定保证责任期间，根据最高人民法院 1994 年《关于审理经济合同纠纷案件有关保证的若干问题的规定》第十一条规定，保证人承担保证责任的最长期限应为被保证人承担还款责任的期限。而据我国民法通则第一百三十五条的规定，债权人请求保护民事权利的诉讼时效为两年。本案借款合同约定的借款期限至 1995 年 11 月 28 日，三方协议并未更改该期限，桂林工行 1997 年 8 月 28 日起诉之日仍在保证期间之内。旧城改造办关于超过保证期限的申诉理由不能成立。

物资公司等虽未经债权人同意签订三方协议，将借款单位改为发展公司。桂林工行知情后连续向发展公司发出催收贷款通知的行为，表明其事后追认了三方协议。在三方协议中，借款人和担保人仅明确表示旧城改造办对发展公司的借款提供抵押担保，而未对一般保证作出承诺，故桂林工行关于旧城改造办仍应承担一般保证责任的主张证据不足，不予支持。桂林工行与旧城改造办签订抵押合同后虽然作了公证，但未办理抵押登记。三方协议签订及桂林工行追认时，担保法已经实施，根据担保法第四十一条和第四十二条的规定，双方办理房地产抵押时，应当向县级以上地方人民政府规定的部门办理抵押登记，抵押合同自登记时生效。因未办理抵押登记，桂林工行与旧城改造办的抵押合同无效，且双方对此均有过错，故双方应对该抵押无效造成的损失各自承担 50% 的责任。

2009 年 8 月 19 日，依照《中华人民共和国民事诉讼法》第一百八十六条、第一百五十三条第一款第三项之规定，最高人民法院作出(2008)民抗字第 29 号民事判决：一、维持广西壮族自治区高级人民法院原判决第一项和第二项，即发展公司偿还桂林工行借款本息。二、撤销原审判决第三项。三、发展公司不能清偿本案债务且强制执行其财产仍不足以清偿本案债务时，由旧城改造办承担 50% 的赔偿责任。四、驳回桂林工行的其他诉讼请求。

(最高人民检察院民事行政检察厅　王　莉)

山东省昌邑市华星矿业有限责任公司诉姜光先股东资格确认和公司赢余分配权纠纷抗诉案

2001 年 11 月，山东省昌邑市铁矿改制为昌邑市华星矿业有限责任公司(以下简称华星公司)。华星公司的公司章程载明，公司由姜光先等 49 名股东共同出资成立，注册资金为 50 万元，其中姜光先出资 14 万元，占注册资本的 28%。后因姜光先挪用昌邑市铁矿的财产 33.1 万元，被昌邑市人民检察院依法提起公诉。2003 年 6 月 2 日，昌邑市人民法院判决：1. 被告人姜光先犯挪用资金罪，判处有期徒刑三年缓刑三年；2. 赃款由昌邑市人民检察院发还给华星公司。姜光先挪用昌邑铁矿的 33.1 万，其中 14 万元作为自己向华星公司的出资。

2003 年 9 月，昌邑市体改委和经贸局组织有关部门召开会议决定，因姜光先已构成犯罪，不能再担任董事长，取消其股东资格，由其他人购其 14 万元出资。2003年10月4日，华星公司召开第二次股东大会，39名股东(无姜光先)出席会议，以举手表决方式一致通过了股东大会决议，其中决议第二条内容为“根据公司法和有关规定，以及(2003)昌刑重字第1号判决书的判决，姜光先因挪用企业资金，犯了挪用企业资金罪，不得担任公司的董事、经理、董事长，并因其14万元属于挪用的企业资金，所以不享有股权，取消其股东资格”。同日，该公司的董事会推选赵安会为新的董事长。2003年11月18日，山东新华有限责任会计师事务所根据华星公司的申请验证：“根据公司章程及股东会议决议的规定，华星公司拥有的原姜光先投入资本14万元全部由其他7位投资人认购。其中赵安会占11万元，邱建平占1万元，……上述股东已于2003年11月18日向贵公司缴足股权转让款”。2003年11月26日，华星公司制定了新的公司章程，在新的股东名录中无姜光先之名。2003年11月26日，华星公司向昌邑市工商行政管理局申请变更公司董事长、经理、并重新认购部分股权的登记，但该局只对董事长的变更进行了登记，对其他材料进行了备案。

根据华星公司提供的三个股东的出资证明书记载，华星公司已经进行了三次公司赢余分配，每千元出资的分红分别是：2004年3月452.69元，2004年7月476.73元，2005年5月2800元。但以上分红无股东会议决议佐证。另外，自华星公司成立以来，还按每百元每月2元支付股东股权利息。

为请求华星公司支付分红和股权利息，姜光先向潍坊市中级人民法院提起诉讼，并在一审第二次庭审中增加确认其股东资格的诉讼请求。

潍坊市中级人民法院于2006年10月20日作出(2005)潍民二初字第241号民事判决。认为，双方当事人争议的主要问题是：1. 姜光先是否还具有华星公司的股东资格？2. 姜光先主张的分红和股权利息应否支持？针对姜光先是否还具有华星公司的股东资格问题，虽然华星公司没有置备股东名册，但因华星公司设立时的公司章程中载明姜光先是股东之一，因此，应认定姜光先具有股东资格。在没有经过姜光先同意的前提下，华星公司通过股东会决议剥夺其股东资格的做法是不符合法律规定的。姜光先要求确认其为华星公司股东的诉讼请求合法，依法予以支持。关于姜光先主张的分红和股权利息应否支持问题，因姜光先投入到华星公司的14万元注册资金是挪用的公司资金，已构成刑事犯罪，因此，姜光先应承担公法责任，即姜光先的这种货币投资非法，不能合法地构成公司法人财产权。基于此，应认定姜光先的投资没有到位。根据修订前《中华人民共和国公司法》第三十三条“股东按照出资比例分取红利”的规定，姜光先没有向华星公司实际出资，也就无权分红。姜光先要求华星公司支付红利和股息的诉讼请求，于法无据，应予驳回。依照1994年7月1日生效的《中华人民共和国公司法》第二十五条、第二十三条，参照2006年1月1日生效的《中华人民共和国公司法》第三十三条、第三十五条之规定，判决：一、原告姜光先是被告华星公司的股东；二、驳回原告姜光先的其他诉讼请求。

姜光先不服一审判决，提出上诉。

山东省高级人民法院于2007年3月23日作出(2007)鲁民二终字第63号民事判决。认为：从本案查明的事实来看，在华星公司成立时，姜光先已经按照章程规定缴纳了所认缴的14万元出资。虽然该14万元资金系姜光先挪用企业资金，但姜光先为此仅应承担相应的刑事责任或民事侵权责任，并不能由此否认姜光先出资的真实性。原审法院认定姜光先出资没有到位不当，应予纠正。华星公司在庭审答辩理由中主张姜光先不是华星公司的股东，但原审法院已经确认姜光先具有股东资格，而华星公司并未提出上诉，因此对于该问题不予审理。本案的焦点问题是：姜光先能否要求华星公司支付分红及股权利息。1994年7月1日施行的《中华人民共和国公司法》第46条规定：“董事会对股东会负责，行使下列职权：(五)制订公司的利润分配方案和弥补亏损方案；”第37条规定：“股东会行使下列职权：(七)审议批准公司的利润分配方案和弥补亏损方案；”第177条第4款同时规定：“公司弥补亏损和提取公积金、法定公益金后所余利润，有限责任公司按照股东的出资比例分配，股份有限公司按照股东持有的股份比例分配。”通过上述规定可以看出，股东要求公司支付利润的，应符合两个条件，一是公司应当有可供分配的利润；二是必须有股东会的分配利润决议。本案中，姜光先并未提供华星公司有可分配利润以及华星公司股东会决议向其分配利润的证据。至于华星公司提供的三份出资证明书记载的盈余分配是否合法因不是本案审理的范围，不作处理，但姜光先不能以此作为对华星公司享有合法分红的依据。因此，姜光先要求华星公司支付分红，不符合法律规定，不予支持。同时，虽然华星公司自成立以来，一直按每百元每月2元支付股东股权利息，但该行为并不符合有限责任公司的利润分配条件，属于变相抽回出资行为，违反了《公司法》第34条“股东在公司登记后，不得抽回出资”的规定，姜光先据此要求华星公司支付股权利息，不予支持。综上所述，姜光先关于出资已经到位的上诉理由成立，但其要求华星公司支付分红及股权利息的上诉请求，不予支持。原审法院认定姜光先出资不到位有误，但实体判决结果并无不当，予以维持。驳回上诉，维持原判。

华星公司不服二审判决，向检察机关申诉，山东省人民检察院提请最高人民检察院抗诉。最高人民检察院于2008年7月23日作出高检民抗字(2008)62号民事抗诉书，认为山东省高级人民法院(2007)鲁民二终字第63号民事判决认定姜光先出资到位、具有股东资格，认定事实错误，理由如下。

1. 终审判决认为姜光先投资到位是错误的。

本案华星公司系由昌邑市铁矿改制而来。山东省昌邑市人民法院刑事判决书(2003)昌刑重字第1号认定：经审理查明，2001年10月至2001年12月，被告人姜光先作为公司的发起人为完成企业的改制工作，在昌邑市国有资产管理局已确认评估资产后，将应属于改制后的昌邑市华星矿业有限公司的预收土地承包费241000元和矿粉款90000元擅自挪用给本人及其他股东作为个人入股股金用以进行新成立企业的注册。姜所挪用的33.1万元，其中191000元借给了部分职工入股(该191000元已由昌邑市人民检察院向各借款人追还)，另14万元以其自己的名义入股。姜光先出借给职工的19.1万元，借款关系是合法的，职工以个人借款作为投资，是允许的。但姜光先投入的14万元并非姜个人财产，以其个人财产的名义投入，作为华星公司的注册资金，只是将改制前铁矿的自有资产又作为改制后华星公司的注册资金，终审判决认为姜光先投资到位是错误的。

2. 终审判决认为姜光先具有股东资格是错误的。

终审判决认为姜光先在设立公司章程上作为股东签字，就应认定姜光先的股东资格是错误的，这一行为因姜光先的欺诈故意，且该虚假出资侵害了国家利益而无效。

姜光先于2001年11月20日在《昌邑市华星矿业有限责任公司章程》上作为股东签字。又据山东省昌邑市人民法院刑事判决书(2003)昌刑重字第1号：“被告人姜光先供述，2001年10月至同年12月在昌邑市铁矿改制过程中，我把昌邑铁矿对外承包砖厂的241000元承包费以及向潍坊恒鑫铸造厂卖矿粉收回的90000元货款，共计331000元，不让财务上入账，把其中191000元借给部分职工入了改制后新企业的股，140000元作为我自己的股金入了股。”对这两笔现金，姜均不让会计入账，其中191000元于2001年11月19日以姜个人的名义出借给部分职工，并于2001年12月1日将包括331000元的共50万元人民币存入昌邑市太保村农村信用合作社设立的账户，作为华星公司的注册资金。依山东省昌邑市人民法院刑事判决书(2003)昌刑重字第1号认定，姜挪用公款的犯罪时间从2001年10月到12月，这期间姜在主观上明知自己是挪用国有企业的财产作为个人的出资，并没有实际出资，而虚构以自己个人资产出资的事实，构成欺诈的故意。同时该虚假出资行为损害的是国家利益，以下事实可证明：根据《昌邑市铁矿企业改制方案》第九条第一款：新公司成立后，评估净资产-6076138.48元，政策性扣除35336909元，共计-9809747.48元，按零资产买断原企业全部产权，资产亏空额(-9609747.48元)，并根据昌发(99)31号文件第三部分第三条规定，给予新公司应交所得税返还弥补。也即昌邑铁矿改制时，其债务以新公司成立后向国家应缴纳的所得税返还来偿还。又据华星公司的注册资本为50万元。也即华星公司成立时实际资产应是-9309747.48(-9809747.48+500000)元。但因姜光先虚假出资14万元，华星公司成立时其真实的注册资本只有36万元，华星公司成立时真实资产是-9449747.48(-9809747.48+360000)元。由此，国家就要多返还14万元的所得税，姜光先的虚假出资行为最终损害的是国家利益，而不仅是该公司的利益。当某欺诈行为损害的是国家利益时，该民事行为是无效的。因此，系列表明姜光先具有股东资格的文件因姜光先的恶意欺诈行为，且该行为损害国家利益而无效，姜光先不具有华星公司的股东资格。任何人都不得因自己的犯罪行为而获利，如果承认姜以针对该公司犯罪行为获取的非法所得而形成的该公司的股东资格合法有效，损害了国家利益,对华星公司而言也是不公平的。

最高人民法院接受抗诉后,交山东省高级人民法院再审。2009年11月17日,山东省高级人民法院作出(2009)鲁民再字第4号再审判决认为:华星公司系由政府主导下进行的国有企业改制而来,鉴于姜光先在华星公司的14万元出资系挪用改制前的国有企业资金的犯罪行为且已被判处刑罚,其14万元出资款已全部被没收追缴,昌邑市体改委和经贸局组织有关部门研究决定取消了姜光先的股东资格,由其他人认购该14万元出资份额,华星公司也就此召开股东会并形成决议,取消姜光先股东资格,由赵安会等人认购该部分出资并已完成出资验证。鉴于上述情况以及参照2006年施行的《中华人民共和国公司法》第二十七条关于非法财产不得作为出资的规定精神,应认定姜光先股东资格无效。根据修订前《中华人民共和国公司法》第三十三条"股东按实缴的出资比例分取红利",参照修订后《中华人民共和国公司法》第三十五条"股东按实缴的出资比例分取红利"的规定,因姜光先在华星公司的14万元出资系挪用改制前的国有企业资金的犯罪行为,故姜光先请求按照出资比例分取红利的诉讼请求,本院不予支持。原审判决认为姜光先在设立公司章程上作为股东签字,应认定其具有股东资格不妥,应予撤销。经本院审判委员会讨论决定,依照《中华人民共和国民事诉讼法》第一百八十六条第一款、第一百五十三条第一款第(二)项的规定,判决如下:一、撤销潍坊市中级人民法院(2005)潍民二初字第241号民事判决和本院(2007)鲁民二终字第63号民事判决。二、驳回姜光先的诉讼请求。

(最高人民检察院民事行政检察厅　罗　箭)

第八部分

对外交流与合作

“澳门检察十年与法制建设”研讨会　应澳门特别行政区检察院检察长何超明的邀请,以最高人民检察院国际合作局局长郭兴旺为团长的最高人民检察院代表团于 2009 年 12 月 28 日至 30 日赴澳门,出席由澳门特区检察院主办的“澳门检察十年与法制建设”研讨会,并拜访澳门特区检察院和澳门特区廉政公署。

2009 年 12 月 29 日上午,“澳门检察十年与法制建设”研讨会在澳门举行。受最高人民检察院检察长曹建明委托,最高人民检察院国际合作局局长郭兴旺在会议开幕式上发言,对崔世安博士就任澳门特区第三任行政长官、何超明博士连任澳门特区检察院检察长表示诚挚和热烈的祝贺。郭兴旺表示,回归十年来,澳门特区检察院为澳门特区的繁荣与稳定作出了积极的贡献。祖国内地与澳门特区检察机关的交流与合作不断拓展和深入。最高人民检察院将一如既往地为澳门特区检察院提供最大程度的支持,愿与澳门特区检察院共同推动内地与澳门特区关于刑事司法协助的安排,将双方的交流合作提升到新的水平。

澳门特区行政长官崔世安出席开幕式并致辞。澳门特区检察院检察长何超明也发表了致辞。

(最高人民检察院国际合作局)

中国检察代表团赴俄罗斯出席第七次上海合作组织成员国总检察长会议并访问也门　以最高人民检察院检察长曹建明为团长的中国检察代表团于 2009 年 4 月 10 日至 19 日赴俄罗斯莫斯科出席第七次上海合作组织成员国总检察长会议并对也门进行了正式友好访问。代表团成员包括:黑龙江省人民检察院检察长姜伟、上海市人民检察院检察长陈旭、新疆维吾尔自治区人民检察院党组书记杨肇季等。

第七次上海合作组织成员国总检察长会议的主要任务是根据第六次上海合作组织成员国总检察长会议纪要,围绕简化刑事司法协助程序等问题,深入研究探讨进一步发挥上海合作组织成员国检察机关在打击“三股势力”斗争中的职能作用。曹建明检察长在会上围绕进一步加强各成员国检察机关依法联手打击以“三股势力”为重点的跨国有组织犯罪的合作作了发言,强调要深化国际检察合作机制,共同维护区域安全与稳定。俄罗斯联邦总检察长柴卡、哈萨克斯坦共和国总检察长图苏普别科夫、吉尔吉斯坦共和国总检察长萨特巴尔基耶夫、塔吉克斯坦共和国总检察长博博洪诺夫、乌兹别克斯坦共和国总检察长卡德罗夫出席会议并先后发言。

会议期间,曹建明检察长分别与上海合作组织其他各成员国的总检察长举行了双边会晤,就如何在提高上海合作组织多边框架内成员国检察机关间合作水平的同时,进一步加强中国检察机关与各成员国检察机关之间的双边合作进行了交流。曹建明检察长表示,这是他首次参加上海合作组织总检察长会议,也是与各位总检察长的第一次会晤,希望在今后的工作中建立与各位总检察长的经常性工作联系,继承和发扬中国最高人民检察院与其他各成员国总检察院之间相互尊重、相互信任、相互支持的传统友谊,努力开创与各成员国总检察院之间司法合作的新局面。与会各成员国总检察长还共同签署了会议纪要。

曹建明检察长率团访问也门,是中也建交以来中国检察代表团对也门的首次访问,也是今年以来中国代表团对也门的最高级别访问,受到了也门中央司法机构的高度重视和热情接待。访问期间,曹建明检察长一行先后访问了也门总检察院、最高司法委员会、司法部、国家反腐败委员会,分别与总检察长欧勒菲、最高司法委员会主席兼最高法院院长桑马威、司法部长阿格巴里、反腐败委员会副主席艾斯布阿进行了会谈,双方各自介绍了本国的司法制度、检察制度以及在反腐败方面的有关制度和具体做法,着重就如何进一步加强司法领域尤其是中国最高人民检察院与也门总检察院和国家反腐败委员会之间的交流与合作深入交换了意见。两国检察机关签署了合作谅解备忘录,同意在互相尊重国家主权和平等互利的原则下,进一步发展和促进两国检察机关的友好合作关系。

中国检察代表团访问菲律宾、印度尼西亚和马来西亚　以最高人民检察院副检察长王振川为团长的中国检察代表团于 2009 年 6 月 20 日至 7 月 1 日对菲律宾、印度尼西亚和马来西亚三国进行了友好访问。代表团成员包括:海南省人民检察院检察长马勇霞、北京市人民检察院副检察长马剑光、河北省人民检察院副检察长陈晓颖、湖北省人民检察院副检察长徐汉民等。

代表团访问菲律宾期间,与菲律宾司法部长进行会谈。会谈过程中,代表团与我驻菲律宾使馆工作人员一起就我被菲律宾扣押渔民一事进行沟通与协商,菲律宾司法部长当即表示释放我被扣押渔民。菲律宾总检察院代理检察长加尼亚先生会见并全程陪同代表团。

代表团访问印度尼西亚期间,印度尼西亚总检察长苏潘吉在总检察院会见并宴请了代表团一行。双方就两国检察机关间的未来合作进行了沟通。

代表团访问马来西亚期间,分别与马来西亚总检察院、反腐败委员会、皇家警察署有关官员进行了工作会谈。代表团重点了解了马来西亚如何打击腐败以及有关预防措施。

中国检察代表团访问德国、西班牙和葡萄牙 以最高人民检察院副检察长张耕为团长的中国检察代表团于2009年6月24日至7月5日对德国、西班牙和葡萄牙三国进行了友好访问。代表团成员包括:江苏省人民检察院检察长徐安、陕西省人民检察院检察长胡太平、四川省人民检察院检察长邓川等。

应德意志联邦共和国司法部的邀请,代表团于2009年6月24日至28日对德国进行了访问。访问期间,代表团参观了德国司法部,并与司法部官员进行了会谈。在德国的“法律首都”卡尔斯鲁厄,代表团与联邦总检察长莫妮卡·哈尔姆斯教授、联邦最高法院副院长穆勒博士等德国司法部门的主要领导进行了工作会谈,并与联邦总检察院和最高法院的相关业务部门的检察官、法官们进行了深入的专业会谈。此外,代表团还考察了卡尔斯鲁厄所在地巴登-符腾堡州的司法部、总检察院、刑警局以及卡尔斯鲁厄地方检察院等部门,对德国联邦、联邦州以及地方的司法检察制度有了较为详细的了解。

应葡萄牙共和国总检察长蒙特罗先生的邀请,代表团于2009年6月28日至7月1日对葡萄牙进行了访问。访问期间,代表团先后与葡萄牙总检察长蒙特罗先生、葡萄牙最高法院院长纳西门托先生和葡萄牙司法部部长助理兼司法国务秘书罗德里格斯先生举行了工作会谈,详细了解了葡萄牙司法检察制度。此外,还考察了葡萄牙中央刑事侦查局,与该局官员进行了座谈,听取他们相关工作情况的介绍,参加了葡萄牙总检察院举行的新任检察官接见仪式。中国驻葡萄牙大使高克祥等使馆官员参加了上述活动。

应西班牙王国总检察长甘迪多·托龙先生的邀请,代表团于2009年7月1日至4日对西班牙进行了访问。访问期间,代表团分别会见了西班牙总检察长甘迪多·托龙先生和西班牙司法部副大臣胡安·卡洛斯·坎坡先生及秘书长伊格纳西奥·桑切斯先生,并与西班牙总检察院技术秘书处、协助司、督察局和反腐败及有组织犯罪检察院的检察官以及司法部司法管理关系局局长卡里达·埃尔南德斯女士等官员进行了深入的工作会谈,详细了解了西班牙司法检察制度。根据安排,张耕副检察长代表中华人民共和国最高人民检察院与西班牙王国国家总检察院检察长甘迪多·托龙先生签订了《中华人民共和国最高人民检察院和西班牙王国国家总检察院合作谅解备忘录》,双方就打击有组织犯罪、恐怖主义、腐败、走私武器、毒品等犯罪以及经济犯罪、高科技犯罪和其他对社会造成严重威胁的犯罪,加强双方检察院工作人员的培训和发展双方互利的科学研究等方面开展合作达成了一致意见。中国驻西班牙大使馆参赞赵本堂参加了有关活动。

中国检察代表团访问加拿大、古巴和委内瑞拉 以最高人民检察院副检察长孙谦为团长的中国检察代表团于2009年8月17日至28日对加拿大、古巴和委内瑞拉三国进行了友好访问。代表团成员包括:吉林省人民检察院检察长张金锁、重庆市人民检察院检察长余敏等。

在加拿大期间,代表团访问了设于温哥华的加拿大刑法改革与刑事政策国际中心,并与中心执行主任凯瑟琳·麦克当娜女士等就两国的司法改革、检察官的教育培训等问题进行了会谈与交流。该中心与我国的检察系统一直有着良好的合作,是两国政府项目——中加检察合作项目的加方执行单位。参加交流的加方人员还有:加拿大联邦不列颠哥伦比亚省检察长罗勃特先生、不列颠哥伦比亚省上诉法院法官露丝女士、皇家骑警不列颠哥伦比亚省助理总监皮特先生和不列颠哥伦比亚省负责检察官培训的高级检察官伊丽莎白女士。

在古巴期间,代表团先后访问了古巴总检察院和古巴监察院。古巴总检察长胡安·雷格拉会见了代表团,并进行了友好会谈,古巴总检察院两位副总检察长和哈瓦那市检察长及古巴总检察院外事司长参加了会谈。中国驻古巴大使赵荣宪也参加了会谈。胡安总检察长介绍了古巴检察机关的情况，包括古巴检察机关的设置、上下级关系、基本职能、检察官的任用和培训等，同时介绍了 2009 年 8 月新成立的监察院对古巴反腐败格局带来的影响。孙谦代表中国检察代表团对古巴在卡斯特罗同志领导下坚持走社会主义道路，坚持独立自主，不屈不挠地进行反封锁的斗争，在社会主义建设方面所取得的成就表示钦佩，并就落实两国检察院在 1992 年时签署的合作协议，进一步加强两国检察机关交流与合作提出了意见。代表团还走访了古巴监察院。监察院院长格拉兹·贝娅拉诺·波特拉女士会见了代表团，监察院的两位副院长和有关职能部门负责人参加会谈。波特拉院长介绍了监察院的基本情况。代表团较为细致地了解了监察院成立的背景、过程、基本职能、与总检察院等其他有关部门在反腐败方面的职能分工与配合情况等。

在委内瑞拉期间，代表团访问了委内瑞拉总检察院。副总检察长阿芳索女士与代表团进行了会谈，参加会谈的还有委内瑞拉总检察院诉讼司司长、司法协助司司长、民事案件司司长和反毒品司司长。中国驻委内瑞拉大使张拓参加了会谈。孙谦介绍了中国特色社会主义检察制度的基本情况，包括检察机关在国家政治生活中的地位与作用，检察机关的基本职能，检察制度的主要特点，中国司法和检察改革的原则和立场，以及检察官教育培训的情况，同时也邀请委内瑞拉检察官到中国研修。希望两国检察机关在增进了解的基础上，进一步加强交流与合作。阿芳索副总检察长表示十分赞同中国立足于国情建设中国的司法制度的立场。双方就检察机关的职能、犯罪预防、人民对司法的参与以及打击毒品犯罪等问题进行了交流和讨论。

中国检察代表团赴乌克兰出席第十四届国际检察官联合会并访问白俄罗斯、爱沙尼亚　以最高人民检察院副检察长柯汉民为团长的中国检察代表团于 2009 年 9 月 6 日至 18 日赴乌克兰出席国际检察官联合会第十四届年会暨会员代表大会并访问白俄罗斯、爱沙尼亚。代表团成员包括：海南省人民检察院检察长马勇霞、北京市人民检察院副检察长马剑光、河北省人民检察院副检察长陈晓颖、湖北省人民检察院副检察长徐汉明等。

国际检察官联合会第十四届年会暨会员代表大会于 2009 年 9 月 6 日至 10 日在乌克兰基辅举行。会议期间，代表团参加了会议安排的工作交流、学术研讨和其他相关公务活动，同 77 个国家、7 个国际组织的约 350 名参会代表围绕“成功起诉”的大会主题及其他共同感兴趣的工作议题进行了深入探讨。代表团还针对会议中出现的有关涉台问题采取了积极有效的应对措施，使台湾检察官协会加入国际检察官联合会一事得到妥善解决。

应乌克兰总检察院的邀请，代表团于 2009 年 9 月 9 日至 10 日对乌克兰进行了访问。与乌克兰总检察院副总检察长进行了工作会谈，参观考察了乌克兰国家检察官学院并与学员会谈交流。考察并同乌克兰大区检察院的检察官座谈。

应白俄罗斯总检察院的邀请，代表团于 2009 年 9 月 11 日至 14 日对白俄罗斯进行了访问。与总检察长瓦西里耶维奇进行了工作会晤，同明斯克市、明斯克州检察院检察长进行了座谈。代表团考察了白俄罗斯最高法院、宪法法院以及内务部，听取了相关工作介绍，深入了解了白俄罗斯的检察制度、法院制度和警察制度。会谈中，代表团介绍了我国的法治发展进程、检察制度和检察工作的基本情况。

应爱沙尼亚总检察院的邀请，代表团于 2009 年 9 月 14 日至 15 日对爱沙尼亚进行了访问。与总检察长诺曼·艾斯进行了会谈，爱方就爱检察机关性质定位、职能任务、机构设置、队伍管理、检察工作情况及司法改革等方面的情况向代表团做了详细的介绍，双方还就检察工作中共同感兴趣的话题进行了深入交流。中国驻爱沙尼亚大使黄忠坡参加了上述活动。

中国检察代表团赴越南出席第六届中国与东盟成员国总检察长会议并访问老挝、泰国　以最高人民检察院检察长曹建明为团长的中国检察代表团于 2009 年 11 月 23 日至 12 月 3 日赴越南河内出席了第六届中国与东盟成员国总检察长会议并对老挝、泰国进行了访问。代表团成员包括：福建省人民检察院检察长倪英达、广西壮族自治区人民检察院检察长张少康、西藏自治区人民检察院检察长张培中等。

第六届中国与东盟成员国总检察长会议于 2009 年 11 月 24 日在越南河内举行。越南国家主席阮明哲出席开幕式并致词。最高人民检察院检察长曹建明和东盟十国总检察长出席，中国驻越南大使孙国祥，中国香港特别行政区律政司、廉政公署和澳门特别行政区检察院、廉政公署的代表作为中国检察代表团成员出席了会议。与会各方围绕本次会议主题“加强刑事司法协助合作,有效打击跨国有组织犯罪”进行了探讨。各国总检察长就加强在打击恐怖主义、贩卖人口、贩运毒品、走私、腐败、洗钱、计算机犯罪等领域的刑事司法合作,以应对国际金融危机仍未消退的严峻挑战深入交换了意见。曹建明表示,中国检察机关愿意积极与东盟各国检察机关进一步拓展合作领域,充实合作内涵,提升合作层次,共同致力于打击上述各类跨国、跨地区犯罪,维护本地区繁荣稳定、促进各国人民和谐富足。与会各国总检察长在会议闭幕时发表了联合声明。会议期间,曹建明与东盟各国总检察长进行了广泛接触和交流,就进一步加强中国检察机关与东盟各成员国检察机关之间的合作交换了意见。越南国家主席阮明哲会见了代表团,越南最高人民检察院检察长陈国旺与代表团进行了工作会谈。在访问胡志明市期间,曹建明检察长会见了越共中央政治局委员、胡志明市市委书记黎清海,访问了胡志明市人民检察院,与胡志明市人民检察院检察长武氏金红和检察官进行座谈,还考察了越南最成功工业区之一的中越合资经营开发项目铃中加工出口区。

2009年11月28日至30日,代表团访问了老挝。曹建明检察长分别会见老挝人民革命党中央政治局委员、常务副总理宋萨瓦·伦萨瓦和老挝人民革命党中央政治局委员、中央纪委主任、政府副总理阿桑·劳里,与老挝最高人民检察院检察长宋潘·蓬坎米举行工作会谈并签署合作谅解备忘录。

曹建明检察长率团于2009年12月1日访问泰国最高检察院,与泰国总检察长朱拉欣进行了友好会谈,就建立与完善中泰两国检察机关直接司法协助合作机制进行了深入探讨。朱拉欣热烈欢迎中国检察代表团访问泰国最高检察院,表示保持和促进两国检察机关的友好关系也是泰国检察机关的愿望,并对中国最高人民检察院协助泰国最高检察院遣返外逃犯罪嫌疑人表示衷心感谢,希望进一步丰富合作内容和方式,使双方合作更具实质性,促进泰中两国检察机关的交流与合作。在泰国访问期间,代表团访问了泰国第一区检察院和大城府检察院,与第一区总检察长和大城府总检察长以及检察官进行座谈。代表团还与泰国第八区总检察长和普吉市检察长进行了工作交流。

(最高人民检察院国际合作局　龙　梅　汪　伟)

司法协助、个案协查及国际合作情况　2009年,最高人民检察院办理国际司法协助案件61件,办理涉港澳个案协查案件47件。国际司法协助案件61件中,办结11件,共派出2个办案小组7人次分别赴新加坡、蒙古国调查取证。涉港澳个案协查案件47件中,已办结28件。我方共派出12个办案小组46人次赴香港、澳门调查取证,在香港澳门廉政公署的支持下取回各类书证5000余页。香港廉政公署进入内地会见证人20余人,我方安排5名证人赴香港作证。

2009年4月,最高人民检察院检察长曹建明率中国检察代表团应邀对也门进行访问,并于2009年4月18日在也门首都萨那与也门共和国国家总检察院总检察长阿卜杜拉·欧勒菲签订了合作谅解备忘录。

2009年11月,最高人民检察院检察长曹建明率中国检察代表团应邀对老挝进行访问,并于2009年11月30日在老挝首都万象与老挝民主共和国最高检察院检察长宋潘·平坎米签订了合作谅解备忘录。

2009年7月,最高人民检察院副检察长张耕率中国检察代表团应邀对西班牙进行访问,并于2009年7月2日在西班牙首都马德里与西班牙王国国家总检察院总检察长甘迪多·托龙签订了合作谅解备忘录。

(最高人民检察院国际合作局　龙　梅)

中华人民共和国最高人民检察院和老挝人民民主共和国最高人民检察院合作谅解备忘录

根据2000年10月13日在中华人民共和国首都北京签署的《中华人民共和国最高人民检察院和老挝人民民主共和国最高人民检察院合作协议》，应老挝人民民主共和国最高人民检察院检察长宋潘·平坎米的邀请，中华人民共和国最高人民检察院检察长曹建明率中国检察代表团于2009年11月28日至30日对老挝人民民主共和国进行了正式访问。

其间，以中华人民共和国最高人民检察院检察长曹建明为团长的中国检察代表团与老挝人民民主共和国最高人民检察院检察长宋潘·平坎米进行了正式工作会谈。双方简要介绍了两国社会主义政治、经济的发展情况和检察制度，就双方感兴趣的话题交换了意见和看法，并愿在相互尊重国家主权、独立和平等互利的原则下，进一步发展和促进两院及所属检察机关之间的友好合作关系，达成合作谅解备忘录。

此次访问期间，中国检察代表团会见了老挝人民民主共和国国会主席通邢·塔马冯，并且参观了首都万象的经济基础建设和历史文化古迹。

会谈中，双方肯定了中老两国检察机关日益加强的友好合作关系，特别对中华人民共和国云南省人民检察院与老挝人民民主共和国北部三省（南塔省、乌多姆塞省、丰沙里省）检察院定期举行司法会晤机制表示赞赏。老挝人民民主共和国最高人民检察院对中华人民共和国最高人民检察院在培训、提供设备方面的支持表示由衷的感谢。

双方就未来的合作达成协议如下：

第一条　双方愿意继续履行2000年10月13日在中华人民共和国首都北京签署的《中华人民共和国最高人民检察院和老挝人民民主共和国最高人民检察院合作协议》。

第二条　双方同意中华人民共和国云南省人民检察院与老挝人民民主共和国北部五省（南塔省、乌多姆塞省、丰沙里省、波乔省、琅勃拉邦省）检察院定期举行的司法会晤机制。同时，对双方的合作提供便利。

第三条　中方同意对老挝最高人民检察院检察官发展和培训中心提供必要的设备。

第四条　中方同意对老方提出的对检察人员的培训和专业技术人员能力提高方面提供协助。

第五条　本协议解释与执行中出现的问题，由双方代表本着互相谅解和互相尊重的精神予以协商解决。

本协议于2009年11月30日在万象签订。本协议一式两份，每份用中文、老挝文和英文写成。

中华人民共和国 最高人民检察院检察长 曹建明	老挝人民民主共和国 最高人民检察院检察长 宋潘·平坎米

中华人民共和国最高人民检察院和也门共和国总检察院合作谅解备忘录

中华人民共和国最高人民检察院和也门共和国总检察院（以下简称“双方”），根据两国司法检察工作的实际需要，愿在相互尊重国家主权和平等互利的原则下，进一步发展和促进双方及所属机关之间的友好合作关系，达成备忘录如下：

第一条

双方及所属机关在各自职权范围内及两国现

行法律范围内,加强和扩大彼此之间的互助合作。

第二条

双方司法协助的请求和提供,按照两国的条约规定或者通过外交途径进行。

第三条

双方通过互派人员开展检察领域的研究与培训工作。这种计划的具体内容通过双方协商确定。

第四条

必要时,双方互派代表团访问,讨论双方工作中共同感兴趣的问题。

第五条

双方互相交流法律文件和司法检察工作的信息,并应对方要求,交换法学出版物。

第六条

双方在以上述形式进行合作时,可在司法领域就商定的合作签订双边协议。

第七条

本备忘录解释与执行中出现的问题,由双方代表本着互相谅解和互相尊重的精神予以友好解决。

第八条

应一方要求,双方可通过谈判对本备忘录的内容进行修改和补充。备忘录的修改应由双方以书面形式提出。任何修改经双方代表签字后生效。

第九条

本备忘录自签字之日起生效。本协议有效期五年。若在期满前六个月,一方未以书面形式通知另一方终止,则本备忘录将自动延长五年,并依此法顺延。

本备忘录于2009年4月18日在萨那签订。本备忘录一式两份,每份均用中文和阿拉伯语写成,两种文本同等作准。

代表	代表
中华人民共和国 最高人民检察院	也门共和国 总检察院
中华人民共和国 最高人民检察院检察长 曹建明	也门共和国 总检察院总检察长 阿卜杜拉·阿卜杜拉·欧勒菲

中华人民共和国最高人民检察院和西班牙王国国家总检察院合作谅解备忘录

以下简称西班牙王国国家检察院和中华人民共和最高人民检察院为“签字双方。”

在平等和尊重主权的原则下,对保护人权和基本自由的努力予以特别的关注,

认识到继续强化和发展双方检察院在打击犯罪方面的合作的重要性,

从有效促进双方在相互利益方面的合作的愿望出发

签字双方达成以下协议:

Ⅰ

遵照本备忘录的有关规定和各自的权力,双方将保持合作关系,并遵守各自国家的法律和国际协定。

Ⅱ

签字双方一致认为主要将在以下领域开展合作:

——打击包括有组织犯罪,恐怖主义,腐败,非法武器走私,毒品、鸦片和兴奋剂走私的斗争;以及

打击经济犯罪、高科技犯罪和其他对社会造成严重威胁的犯罪的斗争

——对双方检察院工作人员的培训

——双方相互利益的科学研究的发展

Ⅲ

为执行该备忘录的第Ⅰ条和第Ⅱ条，签字双方同意通过以下方式开展合作：

——交换犯罪地址和犯罪趋势、以及人权和基本自由的保护的信息

——交换两国法律法规、立法活动和在各自检察院权力范围内执法强化，以及在必要情况下各自国际经验的信息

——就有关法律援助和引渡的申请书的编制和审议阶段的一般法律事务进行协商

——开展有关双方相互利益的学术研究，举行研讨会，举办和双方检察院活动相关的议题的专家会议和工作会议

——进行专家互访，以增进双方检察院的了解和经验的交流

Ⅳ

根据本备忘录第Ⅰ条的有关规定，该备忘录并不阻止签字双方签订并执行其他双方都能够接受的合作协议。

Ⅴ

1. 签字双方将直接沟通以确保本备忘录的执行效果

2. 在本备忘录框架下的合作将由签字双方的以下单位进行协调：

西方：国家总检察院技术秘书处，国际合作部
福图街 4 号
28071 – 马德里
电话：+34 91 3352179，+34 91 3352135
传真：+34 91 3352295
电子邮件：Secretariatecnica. internacional. fge@ fiscal. es

中方：最高人民检察院，国际合作局
北河沿大街 147 号
100726 – 北京
电话：+86 10 65209358
传真：+86 10 65209398
电子邮件：longmei@ spp. gov. cn

3. 如果上述单位有变化，签字双方应立即通知对方。

Ⅵ

在本备忘录的执行方面，随本备忘录附上了签字方的官方语言的译本。在不发生矛盾的前提下，申请可以依据译本生效。

Ⅶ

1. 签字每方都应采取必要措施以保证上述文件和另一方传递的信息的保密性。

2. 签字每方应根据该国法律的规定，确保另一方要求的机密等级。

3. 申请生效所依据的签字方的文件和收到的信息不能够用做申请中所列目的以外的其他目的，除非签字方提前授权。

Ⅷ

1. 签字双方合作的开展应该与双方预算和组织的范围相一致。

2. 在具体操作中，只要不和该备忘录相矛盾，签字双方各自承担在本备忘录实施过程中产生的相关费用。

Ⅸ

在本备忘录的翻译和执行中产生的所有分歧，都必须由签字双方共同协商解决。

Ⅹ

经过双方同意，签字双方可以通过附件的形式在本备忘录中加入条款的变化。

Ⅺ

本谅解备忘录的签署既不会对中华人民共和国，也不会对西班牙王国产生国际法律义务，也不会影响双方已签署的国际条约所产生的权利和义务。

Ⅻ

1. 本备忘录长期有效，并从签字之日起生效。

2. 签字双方中的任何一方可以通过书面申明的形式通知对方其废止本备忘录的意图，提交申明

60天后,本备忘录自动失效。

3. 在不产生矛盾的情况下,本备忘录效力的终止不影响签字双方继续履行文件有效期内所确定的义务。

本协议于2009年7月2日在马德里签署。本协议一式两份,每份用中文和西班牙文写成,两种文本同等作准。

中华人民共和国	西班牙王国
最高人民检察院	国家总检察院
代表	代表
张　耕	甘迪多·托龙

第九部分

检察理论研究 报刊出版
学院协会 技术信息

第十届全国检察理论研究年会 2009年4月23日第十届全国检察理论研究年会在重庆召开。年会的主题是"检察工作的科学发展"。围绕这一主题，全国检察系统及部分院校学者提交了660篇论文，经评选，共有60篇优秀论文入选，入选作者受邀参加会议。重庆市委政法委书记刘光磊、重庆市检察院检察长余敏、最高人民检察院检察理论研究领导小组成员、各省级检察院分管理论研究工作的院领导和研究室主任、承担最高人民检察院2008年度重大课题和重点课题的课题组负责人以及重庆市各级检察机关的代表参加了会议。

年会上，北京、上海、浙江、黑龙江、重庆等5个省级检察院的主管副检察长，介绍了本省在开展检察理论研究工作方面的先进经验；湖南省人民检察院研究室主任吴建雄等10位优秀论文作者代表，就提交会议的论文作了大会主旨发言；国家检察官学院教授郭立新等15位最高人民检察院2008年度重点课题承担者，就课题的研究思路和主要观点向大会作了汇报；最高人民检察院法律政策研究室主任陈国庆和司法体制改革领导小组办公室副主任万春，分别就"司法解释若干问题"和"司法改革若干问题"作了专题讲座。

最高人民检察院副检察长朱孝清在会上作了重要讲话，对2008年度全国检察理论研究工作进行了全面总结，并对2009年度检察理论研究工作作出部署。关于2009年检察理论研究工作的任务，他要求重点深入研究如何运用检察职能为经济平稳较快发展提供法律保障，重点深入研究司法体制和工作机制改革中的重大问题，重点深入研究检察基础理论的一些重大疑难问题，重点深入研究检察机关的重大决策和重点工作等四方面问题。为完成上述任务，朱孝清提出，需要进一步采取以下措施：一要进一步提高认识，统一思想，特别是纠正理论研究与工作关系不大的思想、畏难的思想、松口气的思想和片面追求数量的思想。二要进一步完善五项具体工作机制和措施，包括建立理论研究领导体制和工作机制，建立一个以上的工作平台，建立有效的激励机制，建立专群结合、内外结合的研究队伍，建立与法学界交流合作的机制。其中前四个机制和措施各级检察院在年内都要落实，省级检察院和有条件的基层检察院则五个方面都要落实。三要进一步联系实际，发挥理论对实践的指导作用。四要进一步融入法学研究。为此要努力提高检察理论研究的水平和研究成果的质量，要充分发挥专家学者的作用，要不断加大检察理论人才的培养力度。五要进一步加强领导，抓两头，带中间，促进检察理论研究整体协调发展。

会议代表围绕年会主题，分别就检察工作科学发展的内涵、检察工作科学发展与检察机关的价值定位、检察工作科学发展与检察改革及检察工作科学发展与检察管理等几个问题进行了交流和研讨。

关于检察工作科学发展的内涵，大家一致认为，科学发展观的核心是"以人为本"，贯彻落实科学发展观必须全面、深刻地理解"以人为本"。比较有代表性的观点认为，检察工作科学发展的基本内涵可以从宏观和微观两个层面来理解。宏观层面的检察工作科学发展，就是将检察工作放到整个经济社会的大系统中来定位和考察检察工作的发展，从这个意义上讲，检察工作科学发展就是指检察机关要充分发挥检察职能服务大局，准确地把握检察工作与经济、政治、文化、社会建设的最佳结合点，努力为经济社会的发展提供高质量、高效能的司法保障；微观层面的检察工作科学发展，就是把检察工作本身作为一个系统来衡量检察工作本身的状况，在这个意义上来界定检察工作科学发展就是指，检察工作要"以人为本"，努力实现"立检为公、执法为民"的本质要求，坚持"统筹兼顾"贯穿检察工作始终，努力实现检察工作自身的全面、协调、可持续发展。

关于检察工作科学发展与检察机关的价值定位的讨论中，有同志反映，实践中一些地方的检察人员缺乏监督意识和监督信心，履行职责中不敢监督、不善监督、监督不规范、监督不到位；有的检察机关对部分重大案件的办理重配合轻监督，造成上述现象的根本原因在于检察机关的价值定位不清晰，检察人员对检察机关的职能定位缺乏深刻认识。有同志强调，以科学发展观为指导，检察机关的价值定位应包括两方面：一是为经济社会发展提供秩序保障，二是以人为本，保护公民权利。在大多数情况下两者是统一的，但是在有些情况下，两者会发生一定的冲突。发生冲突时，检察机关应当选择是否符合以人为本的价值判断标准，这是因为人的全面发展作为法的最高价值，对于其他价值都具有绝对超越的意义。还有文章提出，检察权的法律价值包括秩序价值、公正价值、保障价值和人的全面发展价值，而法的最终价值应当就是人的全面发展。由于一切价值目标都应当而且可以归之于最高价值的某一方面或者某一部分,前三个基础价值本身也成为促进人的全面发展的最高价值的一部分。当然,检察机关在促进人的全面发展的同时,其本身的行使,也应当坚持以人为本,切实维护好最广大人民的根本利益。也有同志认为,检察机关的价值定位是实现公平和正义,为实现这个价值追求,检察机关的角色定位就显得尤其重要。我国检察机关的角色定位应当是法律的守护者。检察职权的配置与行使、相关制度的设计也必须以"法律守护人"的定位为标准,以追求公平正义为目标。

关于检察工作科学发展与检察改革,与会人员普遍认为,科学发展观是发展中国特色社会主义必须坚持和贯彻的重大战略思想,也是推进检察工作特别是解决事关检察事业长远发展一系列重大问题的重要指导方针,检察改革也必须在坚持科学发展的前提下进行。有文章提出,检察工作中影响和制约科学发展的突出问题主要包括法律监督的程序和手段规定不够完备,影响监督效力;检察权行政化倾向突出,检察机关不能真正依法独立行使法律监督职能;检察队伍整体素质不高,执法作风仍需转变等。有同志就在科学发展观引领下进行公诉改革的问题提出,应完善公诉变更制度,规范起诉效力与审判范围的关系。首先,应当明确法院审判的对象必须与检察院起诉指控的对象保持同一,法院只能在检察院起诉指控的对象范围内进行审判。其次,需要进一步拓展公诉变更的适用范围,将其他与本案相牵连的案件纳入到追加起诉的范围,并以诉讼客体的同一性为界限,调整变更公诉的范围。第三,规范公诉变更的时限,检察机关应当在判决作出前提出变更要求。第四,由于人民法院在审判中所具有的中立地位及指挥审判的职能,告知义务应当由法院承担。第五,从保障被告人辩护权行使的角度出发,应当赋予被告人申请延期审理的权利,法院也有义务及时告知被告人享有这一权利。有同志提出,要在法律框架内建立法律监督调查机制,对侦查机关、审判机关及其工作人员在诉讼活动中违反法律情况进行调查核实,并采取检察建议、纠正违法通知书、建议更换办案人员、抗诉等方式进行督促纠正,同时与初查工作相衔接,对构成犯罪的行为依法提请追诉。有同志则提出实行检察督促令制度,认为这是更能体现法律监督权威、更有助于国家法律监督机关权能发挥的监督形式,应当取代检察建议和纠正违法通知书而成为检察机关广泛使用的司法指令和文书,对于所发现的国家机关、企事业单位、社会组织或个人实施或可能实施的违法、侵权、犯罪、职务懈怠、管理疏漏等,要求其依法纠正或防范而发布的监督命令。

关于检察工作与检察管理,与会者一致认为,检察工作科学发展必然依赖科学化的检察管理,检察管理科学化也必定促进检察工作的科学发展,关键是如何将二者有机结合起来。有同志提出,可以借鉴运筹学中黄金分割最优化方法,将黄金分割律的比例运用到检察管理实践中,从而科学准确地统筹兼顾检察队伍、检察业务、检务保障及检察工作当前发展与长远计划之间的关系,努力实现检察工作的全面协调可持续发展。有文章则认为,我国检察管理正处于改革与发展的重要历史时期,需要以创新的策略与技术方法来有效推进,但实践中应当高度重视以下要领:第一,检察管理创新策略要适度。既要适应检察管理的科学发展需求状况,又要适应创新主体所具备的创新能力和条件。第二,检察管理创新方法要适宜。既要量力而行,又要适宜于创新领域及具体项目的客观需要,在综合考证的基础上优选最适宜的创新方法。第三,检察管理创新风险要适可。

(最高人民检察院检察理论研究所
张雪妲　李　勇)

2009年检察基础理论研究成果　2009年,检察基础理论包括检察原理、检察管理和检察改革三个方面的研究都取得了新进展、新成果。

一、检察原理:重点突破与全面综合

有关检察原理的文章被下载或者引用30次以上的,有40多篇,包括朱孝清的《检察官客观公正义务及其在中国的发展完善》(《中国法学》第2期)、张智辉的《中国特色检察制度的理论探索——检察基础理论研究30年述评》(《中国法学》第3期)、谢佑平和陈勇的《权力制约机理与我国检察监督的优越性》(《河北法学》第10期)等论文,《中国检察》第18卷刊登的11篇最高人民检察院课题研究报告等研究成果。在学术专著方面,有孙谦主编的《中国特色社会主义检察制度》(中国检察出版社)、陈国庆的《检察制度原理》(法律出版社)和樊崇义主编的《检察制度原理》(法律出版社)。

关于检察官客观公正义务的研究是近几年的

一个理论热点,以此为主题召开的研讨会、发表的文章和论文都不少。朱孝清在如下三个方面进行了概括、阐述:一是检察官客观公正义务的基本内涵是,坚持客观立场、忠实于事实真相、实现司法公正。其中,坚持客观立场是基石,忠实于事实真相是核心,实现司法公正是目的。二是各国法律和国际准则之所以普遍赋予检察官以客观公正义务,是为了防止检察官对控诉职能的片面理解,基于检察官作为"国家与公共利益代表"和"准司法官"的角色定位,缘于平衡控辩双方实力、用好起诉裁量权的需要。三是检察官客观公正义务在中国有重大发展,但尚需从以下五个方面进一步完善:统一认识,树立正确的司法理念;坚持程序改革的正确方向,防止将检察官当事人化;切实保障并完善律师在诉讼中的权利;完善立法,强化对侦查活动的法律监督;改革完善检察体制、机制。关于权力制约机理与法律监督的内在联系,谢佑平、陈勇认为,国家权力制约机制有两种类型即外生型与内生型,内生型权力制约机制必需一系列专门性监督设置。这一类型化分析突破了我们以往直接从人民代表大会制度来论证法律监督制度必要性的局限,建构了一种理论模型。在此基础上,论者以公共权力运行的公正性、民主性和效率性为出发点,论证了检察机关独立行使职权的合理性;从检察机关法律监督的专门性、诉讼性和程序性等特殊性论证了我国检察制度设计的科学性。

孙谦主编的《中国特色社会主义检察制度》是在2004年人民出版社出版的《中国检察制度论纲》的基础上修订完成的,既是对近几年检察理论发展的新成果的综合和提炼,也是对原作的修订、补充和完善,特别是对中国特色社会主义检察制度的理论基础、政治基础、文化基础和实践基础以及我国检察机关的法律监督性质进行了新的概括和阐述。陈国庆的《检察制度原理》立足于权力制衡,分析了检察制度的产生和发展在政治上的动因;它着眼于诉讼模式即由纠问式向现代控诉模式演进,分析了检察制度在司法领域的嬗变过程;它把检察学、检察制度、检察工作和检察改革几个方面的内容有机地结合起来,形成了一个务实而有特色的理论解释体系。樊崇义教授主编的《检察制度原理》把研究的重心放在检察制度的价值基础(权力制衡、公平正义、公共利益、法制统一、人权保障、正当程序)之上,深刻阐述了这些价值与检察制度、检察工作之间的内在联系,对于理解和改革检察制度都具有理论指导作用。张智辉的《中国特色检察制度的理论探索——检察基础理论研究三十年述评》以三十年的历史发展为经,以检察原理的不同层面、侧面的主题为纬,描绘出了改革开放以来检察理论发展的路线图,并对其未来的发展进行了前瞻性的研究。

《共和国检察六十周年丛书》从检察人物、检察事件、大案要案、检察制度变迁等不同的视角,回望六十年人民检察事业的光辉历程,探寻新中国检察制度的源流,记录人民检察制度历史的印迹,让人清晰地触摸到人民检察的发展脉络。曹建明检察长在该丛书的序言中说:"检察历史,对于我们检察人来说是财富,是人民检察制度跌宕起伏、波澜壮阔的发展历程,是检察事业的耕耘者们励精图治、甘于奉献的伟大气节,让我们更加深刻地懂得现在、懂得坚持,让我们能站得更高、看得更远!"2009年出版了张鸿巍的《美国检察制度研究》。该书运用了大量的文献资料,系统地阐述了美国检察制度的起源和发展过程,按照我们中国人习惯的思维方式搭建的框架结构,既便于阅读,也便于查找有关资料。李培锋的《英国检察制度的创设模式及其当代特点》、李广辉和翁崇武的《域外检察改革趋势研究》、肖军和张琴的《中外检察权内容之比较与启示》和赵宏的《中外检察制度在侦查权设置上的比较——兼论检察引导侦查制度在中国的尝试》等比较研究的论文,以世界的眼光反观我国检察制度和检察改革,对于我们了解外国检察制度和更超然地看待本国的检察制度都具有积极的意义。

二、检察管理:把握规律与科学发展

2009年发表的有关检察管理的论文下载频率较高的有40多篇,关于检察理念、检察工作科学发展、法律监督能力建设、宽严相济刑事政策、检察业务绩效考核等五个方面的研究成果引人注目。

慕平的《中国特色社会主义检察理念研究》(《法学杂志》第4期)把社会主义法治理念与检察工作规律有机地结合起来,创造性地规划了检察理念的内容和结构。它提出中国特色社会主义检察理念主要有:法律监督(检察制度的本质属性)、法制统一与公平正义(检察机关的神圣职责)、检察一体与检察官独立(检察权运行的基本规律)、主动接受监督制约(正确行使检察权的根本保证)。从检察制度的本质、目标到检察权的运行机制和保障机制这四个层面概括了我国检察制度和检察工作中最为重要的、关键性的原理和原则。

检察工作的科学发展是第十届全国检察理论研究年会的主题,征文多达600余篇,在各种报刊上公开发表的也有数十篇。代表作主要有张智辉的《试论检察事业的科学发展——学习科学发展观随想》、徐汉明的《关于继续解放思想与检察工作科学发展的思考》和《努力推动检察工作科学发展》、陈辐宽的《科学发展语境中检察职能的新审视》、向泽选的《检察工作的科学发展》、杨晓的《检察工作科学发展的基本内涵和衡量标准》等。这些论文从检察权的配置和运行两个层面,从国家立法和检察管理特别是检察政策两个角度探索了检察机关贯彻落实科学发展观的措施。张智辉提出,在传承中谋发展,继承和发扬现行检察制度中一切合理的成分和检察实践中积累起来的宝贵经验;在创新中谋发展,用新的理论、新的思路、新的方法解决发展中遇到的困难和问题;在协调中谋发展,加强和改进检察工作,克服薄弱环节,实现全面、协调、可持续发展。徐汉明提出,要把握检察工作所处的历史方位,增强贯彻落实科学发展观的自觉性,把人民满意作为硬标准,使检察工作符合民意、反映民情、集中民智、保障民生,这是促进检察机关提高执法公信力,贯彻科学发展观的根基;同时,要抓住检察工作中存在的问题,增强贯彻落实科学发展观的针对性,统一执法思想,创新工作机制,克服薄弱环节,这是保持办案工作的全面、协调、可持续发展的保障。

执法公信力是执法能力的集中体现。2009年检察系统兴起了研究检察公信力的高潮,湖北省人民检察院举办了关于检察公信力的高层次的学术研讨会,高铭暄、马克昌、樊崇义、李龙教授等专家和几十名检察长和检察官参加了会议,报纸和期刊上发表的笔谈、会议发言稿和论文也不少。从有关论文所提出的公信力建设的对策和措施来看,大致有三个方面:一是队伍建设,主要是思想政治建设、职业道德建设和专业素质建设;二是制度建设,通过改革,完善司法的体制、机制和程序,保证严格、公正、文明执法;三是经费保障,调动中央和地方两个方面的积极性,充分保障司法机关的经费供给。最高人民检察院提出的执法规范化、队伍专业化、管理科学化和保障现代化的"四化建设"就是非常重要而关键的公信力建设措施。

检察政策是检察管理的工具,也是检察管理的灵魂。宽严相济刑事政策是我们党在新的历史条件下提出的基本刑事政策,检察机关作为法律监督机关,不仅担负着公诉和部分侦查职责,而且对刑事诉讼的各个环节和阶段都负有监督的职责。廖荣辉的《在新形势下检察机关贯彻宽严相济刑事政策的路径选择》(《法学杂志》第5期)从如何用好检察权的角度提出,用好逮捕权,要树立无罪推定、打击犯罪与保障人权并重的理念;正确把握取保候审与监视居住的适用条件,加强对可替代强制措施的适用;充分认识刑事抗诉工作的重要性,用好抗诉权;针对不同主体的身份、不同罪名的具体情况,用好量刑建议权;扩大相对不起诉的适用范围,保障犯罪嫌疑人的合法权益。王彬等论者注意到,当前检察工作中有一种把宽严相济片面地理解和执行为轻缓刑事政策的倾向,存在宽多严少、兼顾不够,措施单一、力度不足等问题,要解决这种政策执行不到位问题,一个重要的措施就是加强宽严相济刑事政策的理论解释和实证研究。

检察工作能否科学发展要靠科学管理,管理是否科学则取决于对检察工作规律的认识和把握程度。2009年只是把检察工作规律作为一个问题提出来了,并引起了广泛的注意和初步的探索,尚未见到比较成形的研究成果。

三、检察改革:强化法律监督与加强自身监督

2009年最高人民检察院制订了关于深化检察改革的2009—2012年工作规划。这标志着过去五年检察改革的结束和新一轮检察改革的正式启动,也意味着未来五年检察改革的目标、方向、任务和主要措施已经确定。

有论者提出,过去检察改革的成功有三条经验值得今后借鉴和坚持:一是在政体框架内,按照中央的统一部署,在党中央的统一领导下,积极与有关部门协商,循序推进。二是最高人民检察院的统一部署与地方各级检察机关的改革探索相结合,调动两个方面的积极性,发挥两个方面的作用,在多样性的探索中寻求统一,在统一部署下鼓励创新。三是围绕党和国家的工作大局,针对司法工作的突出问题和制约检察工作的体制性、制度性和机制性障碍,以专项治理为契机,以专项改革为抓手,推进检察改革的深化。在当前和今后一个时期,我国政治体制改革和司法改革都将是以解决突出问题为切入点的,必须在整体协调中局部推进,分步实施,逐步积累成果,而不可能按照理想模式或者目标,

一步到位。这是由我国社会主义初级阶段的历史条件决定的,我们必须适应这样的环境和条件,敏锐地抓住契机,适时地推进检察改革。

检察改革的重点是加强对权力的监督和制约。有论者提出,检察机关以法律监督为专职专责,既要加强对法律实施各个环节的监督特别是对公权力运行的监督,也要加强对检察机关自身执法活动的监督和制约。强化人民检察院的法律监督职能,不是为检察机关谋取更大、更多的权力,而是落实党和人民群众对检察工作的新要求新期待;强化对检察机关自身执法活动的监督制约,不是为了限制和削弱法律监督职能,而是保证检察权的正确行使。这两个方面是相辅相成、并行不悖的,不仅要同时加强,而且要把加强对内对外的监督制约作为未来五年检察改革的重点。只有抓住了对权力的监督制约这个重点,检察改革才能深入发展,才能取得突破性进展。

张耕的《切实强化自身监督,努力推动检察事业科学发展》(《检察日报》2009 年 9 月 23 日第 3 版)全面、深刻地阐述了强化自身监督与强化法律监督的辩证关系、强化自身监督的极端重要性和紧迫性以及强化自身监督的主要措施。他指出,检察机关作为国家的法律监督机关和反腐败的重要职能部门,强化自身监督更具有特殊重要的意义。首先,强化自身监督是确保检察权依法正确行使、防止检察权滥用和腐败的有效措施。其次,强化自身监督是有效回应对法律监督权的质疑,坚持和完善中国特色社会主义检察制度的必然要求。第三,强化自身监督是促进严格公正文明廉洁执法,加强检察队伍建设的迫切需要。关于强化自身监督的措施,他指出,要着力抓好以下七个方面的工作:一是要牢固树立监督者必须接受监督的意识。二是要进一步深化检务公开。三是要深入推进人民监督员制度。四是要切实加强对执法办案的内部监督。五是要强化检务督察工作。六是要加强巡视等党内监督工作。七是要坚持党的领导,自觉接受人大监督。

优化检察权配置是强化法律监督的关键。2009 年有关检察权配置的论文有近百篇,其中,探索民事行政检察监督程序改革的论文比较多。一是要建立健全对民事、行政审判活动中的违法行为的调查程序和纠正违法行为程序,完善调阅审判卷宗的程序和工作机制,建议更换办案人的工作机制和建议再审的程序。二是要探索和建立对民事执行的法律监督程序。三是要探索检察机关提起民事公诉和行政公诉的程序,促进有关立法的完善。关于加强对行政执法活动的监督,也有一些探讨,主要观点是,继续推进行政执法与刑事司法的衔接机制改革,并随着劳动教养制度改革的推进,探索和建立对违法行为教育矫治的法律监督程序,以加强人权保障。刑事检察改革是检察改革的重心,也是涉及面最广泛、涉及问题最多的领域。在立案和侦查环节,一是关于加强立案合法性的法律监督,包括应当立案而不立案和不应当立案而立案两种情形的监督程序的健全和完善,还包括行政执法与刑事司法衔接机制的完善;二是关于建设对公安派出所刑事执法活动的法律监督机制;三是关于完善适用强制性措施包括强制性侦查措施和强制措施的法律监督程序,加强对侦查活动合法性的法律监督,包括介入侦查、引导取证、调查违法侦查行为、建议更换侦查人员、通知纠正违法侦查行为、查办刑讯逼供等侦查中职务犯罪行为等。在审查批捕和审查起诉环节,一要建立健全审查批捕、审查起诉中的非法证据排除规则。二要建立侦查人员出庭作证的程序。在刑事审判环节,一要建立量刑建议制度,并促进量刑程序纳入审判程序。二要完善对简易程序审判的法律监督程序。三要加强审判活动的法律监督,完善和建立检察机关调阅审判卷宗、调查和纠正审判活动中的违法行为、建议更换办案人、建议再审等监督措施的适用程序;建立和完善对死刑复核的法律监督程序和工作机制;健全检察长和受委托的副检察长列席审判委员会的程序和工作机制。在未决犯羁押和刑罚执行两个环节,要改革换押制度,完善超期羁押责任追究制度,建立受理和调查在押人员投诉的制度,探索和建立刑罚变更执行的同步监督制度,建立和完善非监禁刑罚执行的法律监督程序和工作机制。

(最高人民检察院检察理论研究所 谢鹏程)

2009 年度检察理论研究课题 截至 2009 年底,2008 年立项的 24 个、2007 年立项的 12 个共 36 个承担最高人民检察院检察理论研究课题的课题组提交了研究报告申请结题。34 个课题报告通过评审、结题,其中,14 个课题已有成果发表。对达到结题标准的课题成果,选取 8 篇编入《中国检察》。

一、《认罪案件办理机制研究》。认罪案件办理机制是2008年的重点课题，分别由西南政法大学孙长永教授和北京市东城区人民检察院娄云生、四川大学法学院马静华承担。

孙长永课题组在《认罪案件办理机制研究》中提出，认罪是犯罪嫌疑人、被告人的一项权利，是他们对所指控之罪的承认，认罪可发生在刑事诉讼的任何阶段，从程序法意义上看，认罪是一种法律行为，可引起某种特定刑事诉讼程序的发生、改变或终结；从实体法意义上看，认罪可导致犯罪嫌疑人、被告人刑罚的减轻或免除。认罪案件的成立，应当具备犯罪嫌疑人认罪和事实基础两个条件。认罪案件办理机制应当遵循快速原则、公平原则和主体地位原则，并应符合我国相关刑事政策的基本精神。根据我国目前关于认罪案件办理机制的立法状况和实践探索，完善该机制应具体在侦查阶段构建认罪确认机制和快速移送机制，在起诉阶段构建认罪协商机制、认罪案件分流起诉机制和快速起诉程序，在审判阶段设立提审程序、书面审理程序和快速审判程序，并进一步完善简易程序和普通程序简化审。

娄云生、马静华等主持完成的《认罪案件办理机制研究》则更关注如何完善机制提高司法效率的问题。报告针对实践中认罪案件办理不够迅速的各种表现，提出建立中国特色式的全程性速审程序。认为，在现行诉讼构造和证据制度基本不变的情况下，可以考虑通过改革一些具体的程序环节来加快认罪案件(主要是认罪轻案)的刑事程序，尤其是审前程序的流转。(1)办案期限配置方面，认罪案件侦查、起诉阶段的办案周期均应提速，重罪案件的审判也应加速审理。(2)办案环节方面，可以从改革工作机制和诉讼程序两方面进行简化。可实行认罪轻案的承办人责任制，取消侦查终结、审查起诉阶段的“审核把关”环节；简化认罪轻案审查起诉的办案方式，包括简化阅卷笔录和案件审查报告的制作；简化认罪重案的庭前和庭审程序。(3)案件分流方面，可强化侦查机关、检察机关的案件处置权，强化审前程序的分流功能。如侦查终结时，对于认罪轻案，侦查机关有权作出不予移送起诉的决定；审查起诉阶段，可适当提高相对不起诉的适用率。

二、《特困刑事被害人救助制度研究》。最高人民检察院刑事申诉厅厅长王晋在《特困刑事被害人救助制度研究》中就这一问题的立法及实践情况进行了全面梳理，认为现阶段可以先制定一部专门针对刑事被害人救助工作的规范性文件或者指导意见，对各地开展刑事被害人救助工作进行组织动员和引导规范。救助的重点是因受犯罪行为侵害而导致死亡或重伤残疾，丧失全部或部分劳动能力，家庭生活陷入严重困难，且无法从加害方获得有效赔偿的人。救助范围主要是医疗费、丧葬费、生活补助费以及死亡被害人亲属的扶养费。救助方式原则上应为一次性发放金钱方式。救助标准建议由国家或省一级对救助对象情况进行分类，根据维持当地基本生活水平所必需的最低支出，确定相应的救助幅度。救助职能管辖按照“谁终结、谁救助”的原则确定，即公安机关对无法移送检察机关审查起诉案件中的被害人提出救助意见，检察机关对不起诉案件中被害人提出救助意见，法院对无罪判决以及附带民事赔偿判决无法执行案件中的被害人提出救助意见。

三、《检察机关职务犯罪侦查优先权问题研究》。浙江省宁波市人民检察院副检察长张利兆主持完成的《检察机关职务犯罪侦查优先权问题研究》中提出，所谓检察机关职务犯罪侦查优先权，应当是指检察机关作为国家法律监督机关和法定的职务犯罪专门侦查机关，基于其维护公共利益、促进公务行为廉洁性、正当性的特殊职责和在“职务犯罪治理法治化”中不可替代的特殊角色，所享有的一旦对职务犯罪决定实施侦查，其他主体的权力便不得在法律上超越、替代或者损害于检察权行使效果的必要优势地位，以及对与职务犯罪有特定牵连的非职务犯罪或因履行职务犯罪侦查职能需要而不可避免地进入检察侦查程序的其他非职务犯罪，享有的依法进行查处并能够产生排他性效果的管辖与处理权力，同时还包括在特定情况下，检察机关因办理侦查事务的需要而临时性地要求私权利主体予以谅让，从而顺利确保侦查效果的权力。在检察机关行使职务犯罪侦查优先权的过程中，一旦检察机关决定实施侦查，其他权力主体要么立即丧失侦查管辖权，要么虽然实质上并不丧失对被查处事件的继续处理权，但法律层面上的侦查行为必须由检察机关直接实施；而对于有关民事主体而言，一旦检察机关决定采取优先措施以取得必要的便利，则必须予以谅让和合作。

四、《电子证据收集和运用问题研究》。中国人民大学法学院副教授刘品新主持完成的《电子证据收集和运用问题研究》课题结合我国传统证据法理论与史学证明知识,创造性地提出了以虚拟空间证据体系为核心内容的电子证据体系学说。电子证据的证据体系与传统证据的证据体系相比有其自身特点,可以分为物理空间的证据体系与虚拟空间的证据体系两种,二者的证明任务不同,前者由若干份电子证据与传统证据相印证,构成一个虚拟空间与物理空间中证据相结合的锁链;后者由若干份电子证据相印证,构成一个虚拟空间中的证据锁链。依靠电子证据定案,就是要考察全案证据是否构成完整的证据体系。来源独立的电子证据能够相互印证,构成一个虚拟空间的证据体系,司法人员就可以定案;来源于虚拟空间的电子证据同来源于物理空间的传统证据如果能够相互印证,亦可定案。

五、《死刑案件的检察监督》。湖南师范大学副教授朱立恒主持完成的《死刑案件的检察监督》课题报告认为,为考察死刑案件检察监督法律制度的效果以便于继续强化,应当建立适当的评价机制。死刑案件检察监督的评价机制是指有关对死刑案件检察监督进行评价的规范的总和,其功能主要有:发现并督促检察监督实践中问题的解决;推动死刑案件检察监督法律制度的完善;促进死刑案件检察监督人员素质的提高;带动整个检察监督制度的发展。死刑案件检察监督的评价机制包括评价主体、评价对象、评价内容、评价结果以及成果转化等有机组成部分。评价主体是在死刑案件检察监督评价过程中承担评价职责的单位或个人。如可以考虑建立由全国人大法工委牵头组织专门的评价委员会,对于死刑案件的检察监督进行评价。评价的对象包括人和事两方面。前者是指办理死刑案件检察监督的检察人员,主要是办案过程中所体现出的道德素质、业务素质;后者是指该死刑案件的监督工作。评价的内容包括案件处理后的法律效果与社会效果,其中,前者是指本案是否得到了依法处理;后者是指诉讼参与人与社会公众对本案的处理过程以及结果的满意程度。评价结果是指评价主体经评价后作出合格与不合格两种评价结果。对于评价不合格的,应当同时提出理由,以及对案件处理的弥补或改进建议、对办案人员的处罚建议等内容。评价结果与对检察机关的考核以及办案人员的内部考评挂钩。成果转化是指评价机关将评价意见定期汇总,并及时总结有关死刑案件检察监督的基本经验,形成报告,作为立法完善的参考。

六、《检察人员二审出庭问题研究》。中国政法大学教授顾永忠在《检察人员二审出庭问题研究》的课题研究报告指出,二审出庭检察人员法律地位及诉讼职能应界定为依法维护法律正确实施的法律守护者。研究报告建议,在检察系统内部应当建立抗诉案件预审查制度,即对一些特殊类型的案件,一审裁判宣告后,上下级检察机关在抗诉期限届满前及时进行汇报沟通,其对象主要是一审法院改变指控定性的案件、宣告无罪的案件、在法定量刑幅度以外判刑的案件等。对这些案件经过预先审查,一旦认为确有错误,就正式提出抗诉。这样既可提高抗诉质量,又能防止应抗不抗或漏抗的问题。还建议,应当明确禁止下级检察机关一审公诉人以上级检察机关"代理检察员"的身份出席二审法庭。这种做法虽有一定优点,但与我国"一府两院"的体制不合,也对当事人依法充分行使上诉权不利,还对上级检察机关通过派员出席二审法庭依法维护法律的正确实施不利。研究报告提出,由于二审案件是由上级检察机关派员出庭,对案情往往不熟悉,而二审案件又多是重大、疑难、复杂的案件,现行法律规定的法院决定开庭十日以前通知人民检察院查阅案卷的时间大多数都不够,在司法实践中基本上都被突破,造成的后果则是对原审被告人形成变相的超期羁押。因此,应当根据二审案件的特殊情况,分别几种类型,规定长短不同、既能保证充分阅卷做好开庭准备又不会侵犯当事人合法权利的合理阅卷时间。研究报告还提出,目前二审上诉案件是否开庭审理的随意性很大,使二审出庭检察人员难以提前有所准备,也不符合刑诉法关于上诉案件原则上应当开庭审理的精神,不利于司法公正的实现,因此应当通过总结实践经验,对哪些上诉案件应当开庭审理提出一些条件或标准。

七、《涉检上访原因实证分析及源头治理》。贵州省人民检察院课题组完成的《涉检上访原因实证分析及源头治理》课题研究报告,分析得出了产生涉检上访的几大主要原因:社会变革与传统秩序的冲突;检察机关自身的原因;检察机关以外的其他办案单位的原因;上访人及其亲属的原因以及法制不健全与办理涉检上访案件工作机制等方面。研究报告认为为做好涉检上访的源头治理工作。一是要深化检察体制和工作机制改革。二是要完善执法监督机制，增加检察机关执法透明度。三是要建立健全科学的办理涉检上访案件工作机制，规范执法办案行为。四是要加强涉检上访工作理论研究，为涉检上访案件办理提供理论支撑。五是要正确处理办理涉检上访案件的各种关系。六是要加快对信访工作的立法步伐，建立完善司法救助补偿机制。七是要全面加强检察队伍建设，为做好涉检上访源头治理工作提供有力组织保障。

2009年结题的课题中有两项2007年度的重大课题按时结题，是最高人民检察院副检察长孙谦主持完成的《人民检察制度的变迁》和华东政法大学教授何勤华主持完成的《检察制度史》，作为“共和国检察六十周年”丛书中的两部学术著作已经出版。

（最高人民检察院检察理论研究所 张雪妲 陈 坚 李 勇）

检察日报社工作 2009年，检察日报社始终坚持正确舆论导向，持续推进“一体两翼”发展战略，全面运用报纸、刊物、网络、影视等资源优势，扎实开展检察新闻宣传，充分发挥了检察宣传主阵地、主渠道、主力军的作用。

一、牢牢把握正确的舆论导向，围绕党和国家工作大局与检察工作主题，做好宣传工作。

及时传递重要声音。先后对十七届四中全会、中央经济工作会议、全国政法工作电视电话会议等重要会议，对党和国家领导人的重要活动进行了及时充分宣传。对全国检察长座谈会、全国检察机关学习贯彻全国政法工作会议精神电视电话会议等检察机关一系列重要会议进行了深入报道。

突出做好服务文章。对各地检察机关深入学习实践科学发展观、保障经济平稳较快发展、维护社会和谐稳定、关注保障民生、狠抓执法办案、强化诉讼监督、深化检察体制和工作机制改革、加强高素质检察队伍建设、大规模推进检察教育培训、举报宣传周、四个专项活动、职务犯罪案件审查逮捕决定权上提一级工作的情况进行了全方位报道。

重点打响两大战役。报社精心策划，先后完成了2009年“两会”、纪念新中国成立六十周年和人民检察院成立六十周年这两大宣传报道任务。在两会报道中，报社推出了“高端声音”、“迎两会·年度检察工作印象”、探访代表团、代表委员建言录等一系列重要专栏，连续推出9期“两会特别报道”，刊发各类新闻稿件1500余篇。在六十年“双庆”报道中，报社先后推出了30个“共和国法制建设与公民法律意识共成长记录”系列专版，19篇“法治强音”系列报道，推出了两期国庆特别报道和一期庆祝共和国检察机关成立60周年特别报道。

深入挖掘先进典型。先后宣传了第三届全国十佳基层检察院，对河北省承德市人民检察院副检察长李永志，全国模范检察官、优秀共产党员、最高人民检察院反渎职侵权局副厅级检察员喻中升，重庆市巫山县人民检察院检察官罗东宁，全国五一劳动奖章获得者内蒙古自治区土默特右旗人民检察院控申科科长张章宝等检察英模人物的先进事迹进行了深入报道，并逐一配发评论员文章，其中对喻中升等英模的报道持续时间长，宣传力度大，报道形式新，在系统内外产生了广泛影响。

二、采取多种经营手段，提高报社“一体两翼”全方位发展的实力。

报刊发行实现新增长。《人民检察》扩版，页码从64页增加到80页，发行量稳定。《方圆》杂志发行量超过4万份。

网络发展有了新起点。报社投资数百万元成立了正义网络传媒公司。网络舆情的监测和研判已经成为正义网的一个品牌，在继续加强《涉检网络舆情》和《政法网络舆情》两个内刊建设的同时，新创办了《反腐倡廉网络舆情》，使检察机关的网络舆情阵地得到进一步巩固。

影视发展开拓新空间。20集电视连续剧《跪母》已向国家广电总局申请备案公示，正在拍摄之中；高清数字电影《只因我爱你》，已在央视电影频道播出；根据“十杰”检察官陈思民事迹改编的电影剧本《零口供追踪》，已完成拍摄工作。《法治中国》、《青春防线》、《检察官在行动》等电视栏目持续播出，多角度地宣传了检察文化。

通过组织各种社会活动，展现亲和力，增强凝聚力，扩大软实力。报社主办了“第七届全国检察长论坛”和一系列研讨活动；连续第五年编制出版《中国法治蓝皮书》；报社发起，众多主流网站和媒体参加，联合开展了2009年度中国正义人物评选活动，在天津卫视播出。

三、加强政治思想工作，提高人员业务素质，坚持在业务机制建设和内部管理制度方面不断创新。

在业务机制方面，报社成立了检察理论宣传研究小组、检察新闻宣传策划小组、新闻评论策划写作小组、检察文化宣传策划小组等,研究策划选题,培养锻炼骨干;完善每周A稿评选、每月星稿星版评选、年度“双十佳”评选;改革编辑流程和记者站工作绩效考评机制,进一步规范采编工作;定期邀请新闻名家到报社讲课,促进了报社整体业务水平的提高。

在管理制度方面,通过组织工会午餐会,实现内部纵向和横向间的及时有效沟通。坚持完善党内情况和党委议事通报制度,实行党务、社务、编务“三公开”。通过生活会、意见箱、网上交流等多种方式实现领导干部、党员、群众之间的沟通无障碍。

2009年,报社副总编辑王松苗被授予我国新闻人才最高奖——第十届长江韬奋奖;《声音周刊》编辑部被全国妇联授予“巾帼文明岗”称号;新闻中心主任肖玮被评为“全国三八红旗手”。全年有一件作品获得中国新闻奖,27件作品获得全国人大好新闻奖、全国法治好新闻奖、中央社会治安综合治理好新闻奖、全国宣传党风廉政建设好新闻奖等。

(检察日报社 刘 梅)

全国检察机关宣传工作会议暨检察日报社记者工作会议 全国检察机关宣传工作会议暨检察日报社记者工作会议于2009年4月27日至29日在北京召开。4月27日,最高人民检察院检察长曹建明接见会议代表并讲话。最高人民检察院政治部主任张常韧到会并讲话。

曹建明检察长在讲话中强调,2008年以来,全国检察宣传部门和检察日报社坚持正确的舆论导向,紧紧围绕党和国家工作大局,围绕检察工作主题和最高人民检察院的重大部署开展工作,充分发挥了检察新闻宣传的主力军、主阵地和主渠道作用。检察宣传是检察工作的重要组成部分,检察日报是检察机关重要的舆论阵地。希望同志们在已经取得的成绩的基础上,振奋精神,再接再厉,把检察新闻宣传工作做得更好,为检察事业的发展营造良好的思想舆论环境。曹建明检察长要求,一要充分认识做好检察新闻宣传工作的重要性。要从检察事业科学发展的战略高度,充分认识做好检察新闻宣传工作的极端重要性,切实把这项工作放在重要位置来抓,用时代的要求来审视新闻宣传工作,用发展的眼光来研究新闻宣传工作,用改革的精神来推动新闻宣传工作,不断把检察新闻宣传工作提高到新的水平。二要始终保持政治上的清醒和坚定。舆论导向正确,利党利国利民;舆论导向错误,误党误国误民。要把坚持正确导向放在检察新闻宣传工作的首位,牢固树立政治意识、大局意识、责任意识、阵地意识,始终保持高度的政治责任感、政治鉴别力和政治敏锐性,在任何时候、任何情况下,都要同党中央保持一致,都要做到高举旗帜、围绕大局、服务人民、改革创新,理直气壮地把主旋律唱响唱好。三要切实提升检察新闻宣传工作的能力和水平。检察新闻宣传重在实效。要坚持“三贴近”方针,努力增强检察新闻宣传的亲和力、吸引力和感染力。要进一步深入研究信息化条件下新闻传播的规律,把体现党的意志与反映群众意愿统一起来,把坚持正确舆论导向与讲究宣传艺术统一起来,使检察新闻宣传工作更好地体现时代性、把握规律性、富于创造性。四要高度重视网络舆论阵地建设。要把网络舆论阵地建设作为当前检察新闻宣传工作的一项重要任务抓紧抓好,逐步建立一个以最高人民检察院网、正义网为龙头的网络宣传体系,建立一支可靠的检察网络宣传特别是网络评论员队伍,建立一套网络舆情预警和应急反应机制,使网络舆情成为反映社情民意的窗口和各级检察院领导决策的参考。五要不断加强检察宣传队伍建设。要关心爱护检察新闻宣传人员,努力营造优秀人才脱颖而出的良好环境,让检察新闻宣传的创造活力得到充分发挥,创新成果得到充分尊重。从事检察新闻宣传工作的同志,一定要加强学习,提高素质,努力改进作风,加强自身修养,维护检察新闻宣传的权威性、公正性和公信力。

最高人民检察院政治部主任张常韧在讲话中指出,自2007年2月召开全国检察机关宣传处长和检察日报社记者站站长会议以来,全国检察机关宣传思想工作以党的十七大精神为指导,紧紧围绕全党全国工作大局,围绕检察中心工作,不断加大检察宣传思想工作力度,充分发挥职能作用,为推动检察工作科学发展提供了强有力的精神动力、思想保证、舆论氛围和智力支持。他提出了当前和今后一个时期检察宣传思想工作的总体思路和做好检察宣传工作的具体要求,希望各级检察宣传部门一定要认清形势,把握大局,明确方向,坚定信心,全面落实科学发展观,以高度的政治责任感、良好的精神状态和扎实的工作作风,努力做好各项工作,把检察宣传工作提高到一个新水平,以优异的成绩迎接新中国成立六十周年。

最高人民检察院政治部和检察日报社负责同志,各省级检察院宣传处处长和检察日报驻各地记者站站长130多人参加了会议。

(检察日报社　刘　梅)

“法律监督向农村延伸的理论价值与实践探索”研讨会　由海南省人民检察院、检察日报社、人民检察杂志社联合主办的“法律监督向农村延伸的理论价值与实践探索”研讨会于2009年7月5日至6日在海南省海口市召开。最高人民检察院副检察长张常韧参加会议并讲话。

张常韧副检察长在讲话中强调,党的十七届三中全会通过了《关于推进农村改革发展若干重大问题的决定》,对社会主义新农村建设作出了战略部署。周永康同志在全国基层检察院建设工作座谈会议上明确要求,检察机关要“着力抓好涉农检察工作,把法律监督的触角延伸到广大农村,全力服务农村改革发展”。各级检察机关要高度重视对“三农”问题的了解和研究,真正做到解放思想,实事求是,与时俱进,积极探索加强涉农检察工作的有效举措。在新的形势下,进一步强化涉农检察工作,更好地为社会主义新农村建设服务,有许多新情况、新问题需要我们高度关注和深入研究。

他指出,目前,海南等省对此进行了实践探索,如派驻农村检察室、设置农村检务工作站、派出农村检察工作联络员等,具体做法虽然不同,但都是积极、有益的探索和尝试。根据形势的发展需要和加大工作力度的紧迫要求,这种探索还需要不断深化、不断创新、不断完善。要进一步抓好调研论证,深化实践探索。

会上,海南省人民检察院检察长马勇霞对海南省检察院设置派驻农村检察室建设试点工作作了介绍。她说,设置派驻农村检察室,将法律监督的触角延伸到广大农村,这是一次对新时期新阶段检察工作理念、检察资源配置、检察执法方式的大调整,是适应新一轮农村改革发展需要的新举措。从理论上讲,这完全符合宪法法律赋予检察机关的法律监督职能定位和要求;从实践上看,这是检察机关贯彻落实科学发展观的具体体现,是法律监督触角向农村延伸的必由之路,是服务“三农”、满足农民群众新期待的必然要求。派驻农村检察室不仅拓展了法律监督的理念与思路,也丰富了法律监督的形式和方法,使检察工作为农村改革发展的服务更加及时、有效、到位。

在会议讨论中,有代表提出,要因地制宜、规范管理、切实做好涉农检察工作。派驻农村检察室要紧紧围绕强化法律监督职能开展工作。派驻农村检察室必须履行法律监督的职能,如果仅仅履行综合治理、预防犯罪的一些派生职能,那么在农村乡镇设立专门派出机构,缺乏说服力。

来自中国社会科学院、国家行政学院、北京师范大学等单位的专家学者及部分省、市人民检察院的代表100余人围绕“法律监督向农村延伸的探索”、“派驻乡镇检察室的理论”、“派驻乡镇检察室的实践”等三个专题,就如何改进涉农检察工作方式,探索加强涉农检察工作有效举措,服务农村改革发展进行了深入探讨。

(检察日报社　刘　梅)

第七届全国检察长论坛·延边会议　由检察日报社主办、吉林省人民检察院协办、延边朝鲜族自治州人民检察院承办的第七届全国检察长论坛·延边会议于2009年8月16日至18日在吉林省延吉市召开。会议主题是:“网络舆情的研判与应对”。

延边会议上,最高人民检察院副检察长张耕到会并讲话。吉林省人民检察院、延边朝鲜族自治州州委的有关领导出席会议并致辞。海南大学法学院副教授王琳就网络舆情作专题讲座。

张耕副检察长指出,当前和今后一个时期,检察宣传工作总的要求是:高举中国特色社会主义伟大旗帜,全面贯彻落实科学发展观,紧紧围绕党和国家工作大局和检察中心工作,着力推进社会主义核心价值体系建设,着力加强舆论引导和应对能力建设,着力提高舆论宣传队伍素质,进一步增强检察宣传工作的实效性、感染力和权威性,为促进检察工作科学发展提供强大的宣传舆论支持。他强调,各级检察机关要充分认识互联网的重要作用,切实做好网络舆情的掌握、研判和应对工作,为检察事业科学发展营造良好氛围。各级检察机关一定要从建设和谐社会、促进改革开放、维护社会稳定、促进检察工作科学发展的高度,充分认识网络文化建设和管理的极端重要性,进一步增强做好涉检网络舆情掌握、研判和应对工作的历史使命感,以更加有效的措施、更大的工作力度,加强网络管理和应对工作。

张耕强调要坚持正确的舆论导向。始终坚持把正确的舆论导向放在检察宣传的首位，牢固树立政治意识、大局意识，唱响主旋律，打好主动仗，努力形成有检察特色、体现时代精神的主流舆论导向；要大力加强网络阵地建设，把网络阵地建设作为增强检察宣传工作"软实力"的重要方面，不断提高认识，加大工作力度，在资金、人才、技术等方面给予支持和保障；要切实加强网络人才队伍建设，把人才队伍建设作为网络文化建设的基础性、战略性工作来抓。

张耕还就进一步加强当前检察宣传工作提出明确要求：坚持服务检察工作主题，积极做好检察新闻宣传和典型宣传工作；大力宣传中国特色检察制度建立和发展的历史必然性、进步性和优越性；进一步加大对重大内容宣传报道的力度，精心组织好新中国成立六十周年和人民检察机关成立六十周年的系列宣传；齐心协力建设好检察机关宣传舆论工作的主阵地。他强调，要采取得力措施，进一步扩大检察报刊的社会影响力和覆盖面。要充分发挥《检察日报》的"宣传鼓动作用、凝聚力量作用、联络各方作用、引导舆论作用"。各级检察机关要一如既往地关心、爱护、支持《检察日报》的建设，齐心协力把检察系统这块共同的宣传阵地建设好、巩固好、使用好，把《检察日报》办成在新闻界独树一帜、在法律界享有盛誉、在社会上广为认可的中国最具影响力的法治大报。

本届检察长论坛上，浙江省余姚市人民检察院等6个检察院的代表作主题发言，100余名代表围绕会议主题展开热烈的讨论。

(检察日报社 刘 梅)

第七届全国检察长论坛·义乌会议 由检察日报社主办、浙江省人民检察院协办、义乌市人民检察院承办的第七届全国检察长论坛·义乌会议于2009年9月7日至9日在浙江省义乌市召开。会议主题是："强化法律监督与强化自身监督"。

义乌会议上，最高人民检察院副检察长张耕到会并讲话。中央纪委驻最高人民检察院纪检组副组长张振海就会议主题作演讲。

张耕指出，必须从推动检察工作科学发展的高度，从服务于、服从于党和国家工作大局的高度，深刻认识和正确把握强化自身监督与强化法律监督的辩证关系。强化自身监督与强化法律监督都是贯彻落实科学发展观，实现检察工作科学发展不可或缺的重要方面，二者都是检察工作科学发展的重要内容，是检察事业立身和发展的根基。强化自身监督是履行法律监督职能的重要保障，强化法律监督必须首先从强化自身监督抓起。强化自身监督与强化法律监督必须统筹兼顾、不可偏废。要实现检察事业全面、协调、可持续发展，必须统筹抓好强化法律监督与强化自身监督，做到两手抓，两手都要硬。

张耕强调，必须充分认识强化自身监督的极端重要性和紧迫性。他要求各级检察机关采取有力措施，强化自身监督，确保检察权依法正确行使。一是要牢固树立监督者必须接受监督的意识。既要勇于监督别人，更要勇于接受监督，严格做好自身监督。二是要进一步深化检务公开。最大限度地增强检察工作透明度。三是要深入推进人民监督员制度。促进人民监督员制度规范化、法制化建设。四是要切实加强对执法办案的内部监督。特别是从2009年9月起实施的职务犯罪案件审查逮捕程序改革，各级检察机关要统一思想，提高认识，抓好这项改革措施的实施工作。五是要强化检务督察工作。经常抓，反复抓，确保检务督察工作落到实处。六是要加强巡视等党内监督工作。通过巡视强化自身监督，促进领导干部廉洁自律。

浙江省人民检察院检察长陈云龙出席论坛会议。来自北京、新疆、吉林等地100余名代表就"强化法律监督与强化自身监督"主题进行了热烈讨论。

(检察日报社 刘 梅)

中国检察出版社工作 2009年，中国检察出版社紧紧围绕服务检察工作大局，坚持科学发展，增强"两个效益"，以编辑出版《共和国检察六十周年丛书》等最高人民检察院重点图书为工作重心，以提高选题策划能力和市场运作能力为突破口，克服了金融危机对图书市场的影响，圆满地完成了各项工作任务。

2009年共发排新书256种，比上年减少8.6%；字数99247千字，比上年减少8.45%；印制完成新书280种，比去年增长8.53%；出书总印数122.48万册，比去年增长4.42%；出书总码洋3768万元，比去年增长13.05%；全年完成发行图书102万册，发货码洋2976万元，发货实洋2045万元，实现回款

1821 万元。其中印制完成新书、出书总册数、总码洋、发行册数、发货码洋均为建社以来最多。全社经营平稳,财务状况良好。在新闻出版总署组织的对出版社评估分类中,被评为二级出版社。

一、把握定位,发挥检察出版职能,突出检察特色,服务检察大局

一是坚持高标准高质量编辑出版《共和国检察六十周年丛书》。《共和国检察六十周年丛书》是最高人民检察院决定编辑出版的,是作为检察机关纪念共和国六十周年华诞的一项重要内容。丛书以文字、图片的形式记录了共和国检察六十年的历程,集中展现了检察事业的伟大成就。

为了保证图书的质量,出版社从年初开始就积极筹划,遴选作者队伍,确定种类、名称、体例和风格及印制工艺、厂家等,经过九个多月的辛勤努力,丛书于 2009 年 9 月正式出版。丛书的出版填补了共和国检察历史出版的空白。

2009 年 10 月 17 日在人民大会堂举行了《共和国检察六十周年丛书》座谈会,最高人民检察院检察长曹建明出席会议并讲话。2009 年 11 月,丛书被国家版本图书馆列为重点珍藏书目,并列入国家出版基金年度资助项目。

二是服务检察机关的意识进一步增强。一年来,及时配合最高人民检察院各内设机构出版各类业务用书,共同开发选题,收到了显著效果。先后与政治部、反贪污贿赂总局、渎职侵权检察厅、监所检察厅、民事行政检察厅、监察局等部门合作,共同组织策划了《反贪工作指导》、《反渎职侵权工作指导与参考》、《监所检察业务丛书》(4 种)等二十多种业务指导类图书,有力配合了各项检察业务工作的开展。

三是发挥检察出版的主渠道作用,提供优质的出版服务。进一步丰富巩固去年创立的《检察业务新探索文丛》取得的成果,先后与北京、黑龙江、江苏、浙江、湖北、广西等地近 30 个地市级检察院联系合作,及时汇集各地在实践中的好经验、好方法,帮助各地检察机关分享司法经验,受到了各检察机关及广大检察干警的好评。

二、转变作风,加大服务力度,努力为基层检察干警办实事

出版社与最高人民检察院相关部门、中国检察教育基金会合作,努力做好贫困地区基层检察院图书资料室的援建工作。截至年底,最高人民检察院援建的 100 家贫困基层检察院的图书全部到位。全年援建贫困基层检察院图书资料室 167 个,援助图书 11 万册,码洋 481.6 万元。

在为各地检察机关培训服务方面,由专人采取经常性联系的方式,针对不同地区、各级检察院、不同业务部门的日常性的、常规性的培训项目,认真筛选了适合作为教材用的业务类图书,推荐寄发到各省级检察院教育处和检察分院,增强了服务的针对性和有效性,起到了较好的效果。全年为检察系统提供培训用书 4.25 万册,占系统图书发行的 11.2%。

2009 年,出版社单独为云南、甘肃、宁夏等七个省(自治区)、13 个县级检察院捐赠图书 5800 余册,图书价值共计 23.6 万多元。

三、科学论证,提高选题策划能力,优化选题结构,多出书,出好书

全年共召开选题会 11 次,讨论并通过选题 300 余个。在选题结构上,突出检察特色,以繁荣检察理论,宣传检察制度,指导检察实践为指导,增加了适合检察工作需要的图书品种,逐步形成门类齐全,覆盖各项检察业务工作的理论、实务的图书品种结构,满足各级检察机关提高执法水平和规范执法的需要。

在检察实务类方面,策划、编辑出版了《职务犯罪侦查实务丛书》、《检察业务专家指导丛书》、《审判监督案件精选精释丛书》等图书,受到广大基层检察干警的欢迎。

在检察理论类方面,进一步丰富了"检察理论文库",编辑出版了《中国检察》(第 18 卷)、《检察监督》、《检察理论研究综述》、《检察工作科学发展机理研究》等图书,为繁荣检察理论作出积极努力。

在面向市场方面,进一步开发、深化了《刑事法学博士文库》,已初具规模;2006 年至 2009 年连续四年推出了《国家司法考试法律法规深度汇编》。编辑出版了《中国犯罪学研究三十年综述丛书》共 6 本,这套书是对中国犯罪学恢复重建的一种学术总结,成为犯罪学相关学科研究的工具书。

积极开发大众普法类图书,编辑出版了《常见法律纠纷实务指导丛书》、《维权要点与技巧丛书》,此类图书在内容整合和体例设计上,更加关注与百姓密切相关的热点、难点,更加注重突出新意,用通俗易懂的语言,将抽象、枯燥的法律知识化为简单明了的法律咨询问题和具体鲜活的案例。让读者

能够在自己合法权益受到侵害时,找到切实可行的、最经济、最便捷的救济途径。

在图书编辑过程中,坚持政治标准第一,把社会效益放在首位。在图书印制方面,提高装帧设计水平,改进工艺流程,加强质量监管,高质量按时完成了全年280种图书的印制任务。根据市场变化,及时掌握纸张市场信息,规避风险,有效地降低了图书印制成本。

四、服务法治建设,认真做好农家书屋(送书下乡)配书工程,为百姓提供精神食粮

积极响应中央有关部门推行的"农家书屋"工程,组织全体编辑对普法图书"法律帮助一点通"作了全面修订,力求更加贴近百姓生活,满足他们的法律需求,用最新的法律、最通俗的语言,最低廉的书价重新推出,全年共有13个省、自治区、直辖市"农家书屋"项目通过招标方式选中这套丛书,出版社配书24万多册,码洋331万元。出版社有近10种图书入选国家"送书下乡"工程。

五、积极稳妥做好出版社转企改制的前期准备工作

中央关于出版单位转企改制工作部署后,出版社高度重视,多次组织部门负责人以上人员认真学习中央有关文件精神,根据最高人民检察院党组确定的基本原则,认真做好转制的前期准备工作。一是统一全体同志思想,坚决落实中央关于转制的决策部署;二是要求党员、部门主任发挥带头作用,维持思想稳定,确保体制改革工作任务的平稳进行;三是准确把握不同年龄、不同类别人员的思想状况,真正关心员工的切身利益;四是严格管理,工作要求不放松。第三、第四季度,编辑出版图书156种,占全年总量的55.7%,高标准、高质量完成了以《共和国检察六十周年丛书》为重点的图书生产任务。

(中国检察出版社)

《共和国检察六十周年丛书》出版座谈会 《共和国检察六十周年丛书》是最高人民检察院决定编辑出版的作为检察机关纪念共和国六十周年华诞的一项重要出版工程。《共和国检察六十周年丛书》一套六本,分别是《共和国检察人物》、《人民检察制度的历史变迁》、《检察制度史》、《检察官的回忆》、《共和国检察历史片段》、《检察老照片》。丛书以文字、图片的形式,记录了共和国检察60年的历程,展示了检察事业的历史成就。

2009年10月15日,最高人民检察院在人民大会堂举行了《共和国检察六十周年丛书》座谈会。最高人民检察院检察长曹建明出席座谈会并讲话。他要求全国检察机关更加深刻领会中国特色社会主义检察制度的科学性、优越性和历史必然性,继承和发扬老一辈检察人的优秀品质,继承和发扬检察工作的优良传统,不断推进人民检察事业,不断发展中国特色社会主义检察制度。

曹建明说,《共和国检察六十周年丛书》回顾了共和国检察事业跌宕起伏的发展历程,讲述了老一辈检察人为检察事业作出的卓越贡献,展示了新时期检察官的时代风采,宣传了中国特色社会主义检察制度,是融史料性、学术性于一体的优秀书籍,是广大检察人员宝贵的精神食粮,是共和国检察事业伟大成就的集中展现,也是我们向新中国成立六十周年呈献的一份厚礼。

曹建明指出,六十年来,在党中央的坚强领导下,全国各级检察机关紧紧围绕改革发展稳定大局,认真贯彻落实党的路线方针政策,忠实履行宪法和法律赋予的职责,依法打击刑事犯罪活动,积极查办和预防职务犯罪,不断强化对诉讼活动的法律监督,稳步推进检察体制和工作机制改革,为推进依法治国进程、保障经济社会发展作出了重要贡献。

曹建明强调,新中国检察六十年的实践,进一步加深了我们对检察工作规律性的认识,探索和积累了许多宝贵经验。主要是:必须坚持党对检察工作的领导,确保党的路线方针政策在检察工作中得到贯彻执行,牢牢把握检察工作的正确政治方向;必须坚持自觉接受各级人大和人民群众的监督,高度重视并不断强化自身监督,确保检察机关依法独立公正行使职权;必须坚持把人民满意作为检察工作的根本标准,始终坚持立检为公、执法为民,不断满足人民群众的新要求和新期待;必须坚持检察机关的宪法定位,始终把强化法律监督、维护社会公平正义作为检察工作的根本任务,确保国家法律监督机关的职能作用得到充分发挥;必须坚持把加强队伍建设放在战略位置,用社会主义法治理念武装检察人员的头脑,不断提高队伍的整体素质和法律监督能力;必须坚持以改革创新的时代精神发展检察事业,积极推进检察理论创新、实践创新、制度创新,推动中国特色社会主义检察制度不断完善和发

展等等。这些成功经验,我们必须牢牢记取、长期坚持、自觉运用,并在新的实践中加以发展。

曹建明要求全国检察机关和广大检察干警要牢记党和人民赋予的使命,以与时俱进的精神和求真务实的作风,认真履行法律监督职责,在国家发展和民族振兴的事业中发挥更大的作用。要始终高举中国特色社会主义伟大旗帜,牢记"三个至上",坚持"三者统一",注重"三个效果",坚定不移地做中国特色社会主义事业的建设者、捍卫者和社会公平正义的守护者;要始终把科学发展观作为检察工作必须长期坚持的重要指导思想,牢固树立推动科学发展、促进社会和谐的大局观,以人为本、执法为民的执法观,办案力度、质量、效率、效果相统一的政绩观,监督者更要接受监督的权力观;要始终围绕全面正确履行宪法和法律赋予的职能,不断强化法律监督,强化自身监督,强化高素质检察队伍建设,深入推进检察体制和工作机制改革,努力加强和改进检察工作,切实维护社会和谐稳定,维护社会公平正义,维护人民权益,维护社会主义法制统一、尊严、权威,保障经济社会又好又快发展;要始终注重加强检察机关党的建设工作,提高党的建设科学化水平,以党的建设带动和推进检察队伍建设,带动和推进各项检察工作,努力开创中国特色社会主义检察事业的新局面。

最高人民检察院副检察长张耕主持座谈会,副检察长孙谦介绍丛书编写出版情况,检察委员会专职委员童建明、杨振江出席会议。最高人民检察院原副检察长江文、中国人民大学法学院教授何家弘、北京市西城区人民检察院反贪污贿赂局局长张京文分别在座谈会上发言。

(中国检察出版社)

国家检察官学院工作　2009年,国家检察官学院开拓进取,实现了跨越式发展,为学院的科学发展奠定了坚实的基础。

一、狠抓党建工作和党风廉政建设。认真学习和贯彻落实党的十七届四中全会精神,抓好党委中心组和处以上干部和副高以上教师的学习,努力推进学院的党风廉政建设。

二、创建和谐学院,加强院风建设。学院努力营造讲团结、树正气、求发展的氛围,提倡奉献精神,重视发挥基层党支部的战斗堡垒作用和共产党员的先锋模范作用,不断增强教职工的责任意识。学院团委被共青团中央评为"五四红旗团委创建单位"和"共青团中央青年就业见习基地"。

三、调整办学方向,扩大培训规模。准确定位学院功能,明确培训重点,精心设计课程,认真执行教学质量和综合管理问卷调查制度,努力提高培训质量。全年共举办45期培训班,培训人数达到4995人,是2008年培训人数的4.2倍。指导30个省级检察院开办了39期晋升高级检察官培训班,培训学员6407人;5个省共计5期初任检察官资格培训班,培训学员400人。

举办了"中国检察官教育培训网"建设工作会议暨2010年晋升高级检察官网络培训招生工作会议,决定自2010年1月开始,晋升高级检察官资格培训一律采取网络教育方式,并逐步扩大网络培训功能。

四、抓好学历教育,提升办学层次。录取学历教育新生583人,学历教育在校学生将达到千人以上,其中绝大多数都是本科生。2009年录取法律硕士40多人,在校法律硕士研究生达到150人。

五、重视科研外事,扩大学院影响。2009年,学院教师公开发表论文107篇,其中发表在权威刊物和核心期刊23篇,出版著作15部,总字数已达到558万字,是2008年科研成果总字数的一倍以上。主办了第五届国家高级检察官论坛、"打击有组织犯罪国际研讨会"和"比较法年会"等学术会议。《国家检察官学院学报》共刊载文章140篇,被人大复印资料全文或部分转载共11篇。《检察论丛》完成改版,出版了第十四卷。《中国检察官》杂志,改为半月刊。2009年度,学院组织或应邀出国(境)访问、讲学、培训研修及参加国际会议等共计12人次;接待国(境)外代表团来访、国(境)外司法官研修、讲学及参加国际会议65人次。继续开展瑞典罗尔·瓦伦堡人权与人道法研究所人权合作项目和中法"百名司法官"项目。

六、创新管理模式,提高管理水平。对沙河校区的后勤服务和管理工作进行了改革。

(国家检察官学院　吕家毅)

中国检察官教育培训网建设工作暨2010年晋升高级检察官网络培训招生工作会议　2009年12月21日至22日,中国检察官教育培训网建设工作暨

2010年晋升高级检察官网络培训招生工作会议在国家检察官学院沙河校区举行。最高人民检察院副检察长孙谦出席开幕式,点击开通中国检察官教育培训网并发表讲话。

孙谦副检察长指出,中国检察官教育培训网的正式开通标志着检察教育培训事业迈上一个新的台阶。他强调,创办中国检察官教育培训网,是落实中央和全国检察教育培训工作会议精神的具体举措,是顺应现代干部教育培训发展趋势的必然选择,也是大规模推进检察教育培训工作、加强检察机关法律监督能力建设的现实需要。教育培训网功能定位主要是立足检察人员学习培训的实际需要,通过开发优质网络培训课程、课件,不断满足检察人员个性化、差别化的学习需求,成为全体检察人员在线学习培训的平台。因此,各级检察机关要高度重视、加强领导,从全局和战略的高度认识开展网络培训的重要作用和重要意义,切实把开展网络培训作为建设高素质专业化检察队伍的大事来抓。要对网络培训予以必要的经费、设备、技术和人力支持,利用现有师资与基地,加快互联网、局域网、视频会议系统等建设,加大计算机、投影仪等网络教学设备的投入,不断优化在线学习的网络环境,确保网络培训工作的顺利进行。同时,最高人民检察院教育培训主管部门和国家检察官学院要加强统筹规划,制订中国检察官教育培训网的发展规划,并密切与北大"英华"公司的合作,完善教学课件支持系统和管理系统,加强对网络培训的监督和管理。

由国家检察官学院创建的中国检察官教育培训网主要功能定位于专门培训项目实施,首先将试办晋升高级检察官资格培训网络教育。从2010年起,除国家检察官学院两学期各举办一期晋升高级检察官脱产培训班外,其他"晋高"培训班均通过网络举办,各省级检察院不再举办晋升高级检察官资格培训。地方各级检察院近两年拟由一级检察官晋升四级高级检察官的检察人员,均为"晋高"资格网络培训班招生对象。"晋高"网络培训的组织规划、年度计划招生编制、资格审查及结业审验等工作由最高人民检察院政治部实施;国家检察官学院负责教学计划制定、教师选定、课件制作、学籍管理、教学辅导、考试组织等;招生组织、资格初审、基层学员管理等工作由省级检察院教育培训主管部门和检察官培训机构分工负责。

最高人民检察院政治部副主任胡尹庐在闭幕式上讲话。会上,国家检察官学院布置了2010年晋升高级检察官网络培训招生工作,与会代表对《晋高网络培训教学计划》、《网络教学管理规则》等文件进行了讨论。来自全国31个省、自治区、直辖市人民检察院的教育处长、省级检察官教育培训机构负责人共80余人参加会议。

(国家检察官学院　吕家毅)

中国检察官协会工作　2009年,中国检察官协会围绕党和国家的中心工作和新时期检察工作主题,秉承协会宗旨,在团结全国检察官、联系学术界、开展检察理论研究、组织会员参与国内外学术交流,弘扬检察官职业道德,加强协会自身建设,创新工作方法和活动内容等方面,较好地发挥了行业性社团组织的职能作用。

一、认真落实第四届会员代表大会对协会工作的要求

2009年,中国检察官协会认真贯彻第四届会员代表大会精神,做了四个方面的工作:一是把促进广大检察官坚定中国特色社会主义信念,增强对中国特色社会主义的政治认同、理论认同和感情认同,积极组织动员协会会员自觉投身于中国特色社会主义建设事业的伟大实践,作为协会工作的重大政治任务,常抓不懈。二是把研究和宣传中国特色社会主义检察制度作为协会的重要工作任务,采取多种形式,引导广大检察人员深刻认识我国检察制度的特色及其优越性,增强检察人员坚持和完善中国特色社会主义检察制度的信心和决心。动员和组织检察人员紧紧围绕党和国家的中心工作,围绕法治建设,围绕检察工作主题,深入开展检察理论研究,为检察工作的科学发展,为新一轮司法体制改革,建言献策。以提高法律监督能力为重点,努力营造学习理论、研究问题、总结实践的风气。三是坚持以科学发展观指导协会工作,加强对协会工作的监督与管理,依法开展协会工作,充分发挥行业社团组织的职能作用。四是加强对协会单位会员的业务指导工作。2009年,全系统各理事单位检察官协会换届和举办检察理论研讨会以及组织大型活动等,中国检察官协会派人参加,广泛听取大家对协会的意见和建议,宣传协会章程和工作宗旨,传播全系统开展协会工作信息,为推进协会工作创新发展发挥了积极作用。

二、不断拓宽中国检察官参与国际学术交流的渠道

一是举办刑事强制措施的适用与立法完善研修班。2009年6月19日至21日,中国检察官协会与丹麦人权中心在江苏省江阴市举办了“刑事强制措施的适用与立法完善研修班”。研修班系统地介绍丹麦及欧盟国家的刑事强制措施;刑事强制措施适用中的问题与思考以及刑事强制措施的实务问题;刑事强制措施的理论问题;讨论拟定的关于刑事强制措施的立法建议稿,为完善我国的刑事强制措施提供参考。在研修班中,国内外专家学者和实务工作者围绕我国如何完善强制措施制度,对改革我国强制措施制度中存在的种种问题进行了有益探索,提出了许多宝贵的意见和建议。

二是举办认罪轻案程序改革研讨会。2009年7月28日至30日,中国检察官协会与美国福特基金会在河北省承德市举办了“认罪轻案程序改革研讨会”。最高人民检察院相关部门的负责同志以及部分全国检察业务专家和全国检察理论研究人才、优秀论文作者代表共计88人出席了会议。会议代表提交了数十篇会议论文,会议介绍了国外辩诉交易的理论与实践、探讨了中国借鉴国外辩诉交易制度的可行性及其途径。对我国办理认罪案件程序改革进行了回顾与展望,并对我国认罪案件办理程序改革实施方案四个议题进行了严肃而热烈的讨论。对推进我国司法改革,完善我国的刑事诉讼程序,进行了有益的探索。

三、发挥协会自身优势,组织会员开展理论研究

(一)组织动员协会会员积极参加全国检察理论研究年会。2009年,协会根据第十届全国检察理论研究年会的主题,积极动员各地协会会员进行理论研究,各级检察官协会为全国检察理论研究年会选送了一批高质量的检察理论文章。协会根据最高人民检察院检察理论研究领导小组2009年度确立的检察理论研究课题,围绕检察实践和检察改革中的疑点、难点问题,协助并指导有条件的检察官协会组织会员开展检察理论研究,组织开展不同形式的专题研讨,推出了一批质量较高的理论研究成果,为促进检察理论研究工作再上台阶发挥了积极作用。

(二)加强中国人民法制网建设,为检察工作科学发展和检察官开展理论研究服务。2009年,该网站经过创新开发、设计和测试,网站的技术建设已全面完成,新版网站推出了检察频道等栏目,并增加了专题功能、论坛功能、多媒体音视频功能、图片库功能、用户登录功能等,为网站的发展奠定了技术基础,也为全国基层检察官进行检察理论研究、广泛宣传具有中国特色的检察制度提供了新的平台。

四、加强协会自身建设,做好新会员的发展工作

协会针对全检察系统有一部分地(市)级人民检察院尚未成立检察官协会的情况,为了广泛开展协会工作,开创检察官协会工作新局面,协会要求各省级单位会员进一步督促和指导各地(市)检察院积极创造条件尽快成立检察官协会组织,并督促已经成立检察官协会但还没有加入中国检察官协会单位会员的,积极申请加入中国检察官协会单位会员,以便为各地检察官参加中国检察官协会组织的各项活动提供更多机会,促进全国各地检察官之间的联系、沟通和交流,体现全国检察一体化的职业特点和行业精神。通过各地检察官协会和各单位会员的不懈努力和广大检察官的大力支持,目前,中国检察官协会单位会员已发展了200个(含理事单位),个人会员23887名。

五、组织检察官参与全国普法万里行书画作品巡回展的活动

2009年8月,中国检察官协会起草了向全系统征集书画作品,参与全国普法万里行书画作品巡回展活动的通知,要求各省级单位会员组织本系统有书画特长与爱好的检察官参与此项活动。27个省、自治区、直辖市检察官协会(学会)选送了227名检察官创作的书法、国画和篆刻等作品305幅,经主办单位筛选,全检察系统有234幅作品入展。在政法系统,检察官的作品质量高、数量种类最多。协会通过组织全系统检察官参与全国普法万里行书画作品巡回展的活动,丰富了协会工作内容,拓宽了协会工作视野,提升了检察官协会在各级检察官心目中的地位,并为今后检察官协会组织开展系统内的社会公益性活动积累了有益的经验。

中国检察官协会在全国优秀社团评选活动中被民政部评为全国优秀社团(新社会组织)。

(最高人民检察院检察理论研究所　田新潮)

中国女检察官协会工作　2009年,中国女检察官协

会的主要工作：

一、坚持学习为先，加强理论引导

（一）引领全国各级检察机关的女检察官谋大事、思大局，在各个检察工作岗位上，自觉贯彻党的路线方针政策，准确理解检察工作的主题和中心任务，明确在维护妇女儿童权益中应当发挥的作用。

（二）组织中国女检察官协会的理事带头学习，用自己的学习行为、学习成果影响周围的女检察官。在2009年10月召开的三届四次理事会上，把会议的主要内容安排为两个专题讲座。

（三）为女检察官锻炼和施展才华搭建平台。在母亲节期间，与正义网联合举办了“祝福·母亲”有奖征文活动。共收到来自25个省的452份作品。经过检察日报、正义网文学专业人士的评选，评选出一等奖2人，二等奖5人，三等奖10人，优秀奖83人。江苏、上海、新疆女检察官协会获得组织奖。

二、首次组织了女检察官代表团赴台湾进行学术交流，加强两岸女检察官的友好往来

为促进海峡两岸法律文化的交流，加强与台湾女检察官的友好往来，应台湾“韩忠谟教授法学基金会”邀请，女检察官协会代表团一行16人，于2009年3月23日至4月1日赴台湾参加了“两岸检察官培训暨合作机制”学术研讨会并进行了考察。代表团先后与台湾司法官训练所、台湾检察官协会、法务部检察司等机构进行了四场学术交流活动，就检察官培训、妇幼案件办理、特侦组运作、犯罪侦查、刑事案件起诉等，进行了较为深入的研讨交流。

三、以新中国成立六十年为契机，组织开展大规模的“歌唱祖国”歌咏比赛活动

（一）为激发女检察官热爱祖国、热爱检察事业的热情，展示女检察官的风采，中国女检察官协会于2009年2月印发了《关于开展歌咏比赛活动的通知》，部署了在全国女检察官中组织“歌唱祖国”歌咏比赛活动。32个团体会员全部参赛。

（二）号召各省级女检察官协会结合本地特点，发挥自身优势，组织各项有益的活动。各省级女检察官协会积极响应，如吉林省女检察官协会与检察官协会合作，在国庆节前，创办了刊物《吉林检察官》；河北省女检察官协会与检察官协会共同举办了以“人民检察官与伟大祖国同行”为主题的书法、绘画、摄影、诗歌、散文作品展；山西省女检察官协会编辑出版了大型画册《三晋女检察官》；云南省女检察官协会召开机关女领导干部联谊座谈会，祝福祖国母亲。

四、加强协会建设，进一步增强了凝聚力

（一）增选了副会长和常务理事，增强了协会的力量。

（二）指导和帮助各省级女检察官协会完成了换届任务，落实了组织机构和工作人员，明确了职责和工作任务。江苏、天津、河北、广东、吉林、北京、内蒙古、海南等省级女检察官协会在年内完成了换届任务，配齐了领导班子，增强了力量。

（三）在中国女检察官协会成立十五周年之际，召开老理事座谈会。

五、组织召开了中国女检察官协会三届四次理事会。

（中国女检察官协会　王凤琴）

中国女检察官协会三届四次理事会　2009年10月15日至16日，中国女检察官协会三届四次理事会在上海市召开。参加会议的有中国女检察官协会第三届理事会全体理事、名誉理事，以及拟增补的常务理事。

上海市委常委、政法委书记吴志明，上海市人民检察院检察长陈旭，上海市妇联副主席史秋琴应邀出席会议并分别向大会发表了致词。陈旭检察长在致词中对女检察官在检察事业中、在履行法律监督职能中发挥的作用给予了高度的评价和充分的肯定。

依据女检察官协会章程，报经最高人民检察院党组同意并经中央组织部批准，会议增选了最高人民检察院党组成员、纪检组长莫文秀为中国女检察官协会副会长；增选了北京市人民检察院副检察长、政治部主任、市女检察官协会会长卢希为中国女检察官协会三届理事会常务理事。

会上举办了专题讲座，分别由新疆维吾尔自治区人民检察院副检察长、中国女检察官协会常务理事李荣作《深刻认识新疆反分裂形势的严峻性，充分发挥检察职能，全力维护新疆社会稳定》的专题讲座和由最高人民检察院职务犯罪预防厅厅长、中国女检察官协会副会长郝银飞作的关于预防职务犯罪问题的专题讲座。大会总结了“歌唱祖国”歌咏比赛等活动的情况，公布了歌咏比赛的成绩，颁发了歌咏比赛的各类奖项和“祝福·母亲”有奖征

文活动的特别组织奖。大会还组织了交流研讨活动。

中国女检察官协会会长胡克惠在会上作了讲话。她总结了协会三届三次理事会以来的工作,对今后的工作提出了意见和设想。今后一个时期,协会的主要工作任务是:认真学习贯彻落实十七届四中全会精神,创造机会,搭建平台,为女检察官的成长发展继续努力,让越来越多的女检察官成长为检察事业的栋梁,进一步加强协会自身建设,努力打造女检察官之家。

(中国女检察官协会　王凤琴)

检察技术信息工作　2009 年,检察技术信息部门充分发挥检察技术和信息化的服务保障职能,努力为检察工作科学发展创造良好的条件,各项工作取得了新的进步。

一、召开全国检察机关技术信息工作会议

2009 年 11 月 1 日,最高人民检察院在江苏省苏州市召开了全国检察机关技术信息工作会议。曹建明检察长出席会议并讲话,柯汉民副检察长作工作报告。会议回顾总结几年来的工作,研究部署今后一个时期的任务,印发了《2009 年—2013 年人民检察院司法鉴定实验室建设发展规划》,对做好未来五年检察技术和信息化工作做出了宏观规划。会议期间组织进行了首届全国检察机关信息化应用竞赛和应用成果展示。

二、检察技术工作情况

(一)加强司法鉴定实验室建设。根据《2009 年—2013 年人民检察院司法鉴定实验室建设发展规划》,大力组织开展司法鉴定实验室建设工作。最高人民检察院检察长曹建明等领导于 2009 年 10 月中旬到最高人民检察院司法鉴定中心视察工作,召开了检察长现场办公会,就司法鉴定中心工作中亟须解决的问题和如何推进检察机关司法鉴定工作的长远发展进行了专题研究。会议强调司法鉴定中心要坚持“办案、培训、科研”三位一体的定位,要突出为办案服务,并着眼于提高解决重大疑难案件的能力,进一步提高科技含量和办案能力,树立自己的权威和品牌项目。对“中心”发展面临的人员紧张问题,开通了引进特殊人才的“绿色通道”;为解决“中心”经费保障问题,制定了内部结算机制;为保障实验室用房,调整了 300 多平方米的实验室用房,对“中心”司法鉴定实验室建设给予了大力支持。司法鉴定中心(实验室)在原有基础上,新建了电子证据、理化检验两个专业 11 个项目。司法鉴定中心已经有 6 个专业 23 个项目通过了国家认可。按照《国家级司法鉴定机构遴选工作办法》和《国家级司法鉴定机构评审标准》等有关要求,组织进行了国家级司法鉴定机构遴选申报工作,迎接了专家考察和遴选委员会审议。2009 年 12 月,最高人民检察院司法鉴定中心被批准成为国家级司法鉴定机构。“中心”采取多种形式,对首批省级实验室认可试点单位加强直接指导,推动辽宁省人民检察院于 2009 年 8 月第一个通过了实验室国家认可。2009 年 9 月,在辽宁省人民检察院组织召开了“检察机关部分省、区、市实验室认可工作现场会”,对于推动试点单位认可工作发挥了积极作用。江苏省、浙江省人民检察院司法鉴定中心加紧认可工作准备,具备了专家现场评审的条件。

(二)充分发挥检察机关司法鉴定工作“办案、培训、科研”三项主要功能,为检察办案提供服务保障。全年全系统技术办案受理 121288 件,办结 121706 件(按服务类别分:现场勘验 1031 件,检验鉴定 10867 件,文证审查 56553 件,提供技术协助 53255 件;按技术类别分:法医 53199 件,理化 25 件,文检 8104 件,痕迹 1084 件,司法会计 3028 件,视听 44343 件,其他 11923 件)。利用实验室的平台,有计划地安排省级检察院技术人员到“中心”实习,参与案件办理、大型仪器设备学习和使用,每期两个月、每次二至三人,为 9 个省的检察技术部门培养了 10 名专业技术骨干。针对文件检验中书写时间鉴定、司法会计准则体系等课题组织开展科研攻关,确定了“体内常见毒物筛查方法”、“电子证据技术体系研究”等 8 个科研课题,逐步展开研究工作。

(三)紧紧围绕检察工作主题,建立和完善与各业务部门协调配合的工作机制。最高人民检察院检察技术部门会同职务犯罪侦查、公诉、监所等部门研究了有关业务协作的意见,探索建立与业务部门的协作办案机制,为检察技术介入法律监督理顺了关系,拓宽了渠道,提供了制度保障。与最高人民检察院驻司法部燕城监狱检察室联合下发了《关于开展罪犯保外就医法律监督工作的意见(试行)》;与最高人民检察院监所检察厅联合印发了《最高人民检察院监所检察厅、检察技术信息研究中心关于在罪犯保外就医和在押人员死亡、伤残案件中加强技术协作的意见(试行)》;集中法医骨干,与燕城监狱检察室人员组成核查组,联合开展了保外就医罪犯专项检查,全面核查保外就医6名罪犯的审批及执行情况,确保刑罚执行公正公平;与最高人民检察院政治部、监所检察厅联合举办了“被监管人死亡检察业务专题培训”,培训依托全国检察机关一、二、三级视频专线网络举办,全国检察机关2636个单位4577名技术人员和上万名监所检察人员通过视频专线网络参加了培训;与最高人民检察院公诉等部门形成了死刑案件涉及专门技术问题证据材料审查以及加强职务犯罪侦查技术协作的有关意见。

(四)完善制度规范,加强对下指导。完成了检察机关309个鉴定机构和4149名鉴定人的备案登记工作;组织编写了理化检验方法(9种)、电子证据检验方法(8种),为检察机关司法鉴定机构提供了科学方法;制定下发了法医、文检、司法会计、电子证据、理化检验、司法语音声学和心理测试等七个专业工作程序规则,对规范司法鉴定活动提供了规范依据;组织编写了《检察机关司法鉴定系列丛书》,促进司法鉴定人员培训工作的开展和技术能力的提高;针对社会上法医鉴定问题频繁引发网络炒作的新情况,最高人民检察院召开电视电话会议,制定《人民检察院承办非正常死亡案件法医鉴定的若干意见》,对法医鉴定工作提出了明确要求,规范了法医鉴定工作;注重加强系统同步录音录像工作的检查指导,结合办案区建设和改造,推动同步录音录像工作规范开展,大力开展讯(询)问职务犯罪嫌疑人全程同步录音录像工作;在全国检察机关组织开展了案件质量检察活动,指导各级检察院严格办案程序,规范文书格式,提高办案能力;最高人民检察院抽查了湖北、江苏和浙江三省案件质量情况,促进了全国检察技术部门办案质量的提高。

三、检察信息化工作情况

(一)组织加强局域网和信息系统建设。到2009年底,全国检察机关局域网建成率达95.8%,专线网覆盖率达95.3%,实现了曹建明检察长提出的年内“两网”覆盖率要达到95%的目标。组织省级检察院视频会议室整改,提高了视频会议质量。启动并组织实施一级专线网帧中继网的升速扩容工作。

(二)大力组织开展信息化应用工作。会同最高人民检察院控告检察厅完成全国12309举报电话系统建设。组织举办了全国检察机关信息化应用竞赛,30个省、市、自治区,新疆生产建设兵团和铁路运输检察系统共32个代表队参赛,促进了检察信息化应用工作的开展。加快最高人民检察院机关开展信息化应用的步伐,编制完成全国检察机关数据中心建设、数据标准工程和综合信息管理系统建设方案报告。在全国检察机关内部网开展pro新域名的部署工作,督促各省级检察院调整修改DNS设置,提高全国检察机关新域名系统运行的稳定性。

(三)切实加强信息化管理工作。起草了《最高人民检察院机关信息化工作规则》。针对各地集中反映的检察业务软件统一的问题,最高人民检察院领导带领工作组赴广东、云南、上海、河北、北京等5省(市)调研,听取了15个省级检察院的意见,确定了检察业务应用软件开发的原则和方式;制定了《2009—2013年全国检察信息化发展规划纲要》,对年度任务进行了分解,明确了任务和责任,提出了相关要求;继续组织开展全国检察机关信息技术工作年度考核;继续实行检察信息化建设和应用情况网上登记;进一步改进检察信息化人员网上注册工作;参与实施全国检察机关涉密信息系统分级保护工作,建设全国检察机关微软补丁分发系统,组织开展检察信息化保密工作。

(四)积极开展信息化服务保障工作。仅最高人民检察院机关全年保障会议直播18次、点播26次,保障电视电话会议36次,最多开达2845个检察院,保障远程培训1次40个课时,全国3000余名技术人员全时段保障,参加远程同步培训的人员达1.8万人。

四、队伍建设情况

(一)加强班子队伍的思想政治建设。围绕以司法鉴定实验室建设和信息化建设应用为重点的各项任务,加强教育管理,开展深入细致的思想工作,加强了队伍的作风纪律建设;总结转发了安徽省淮北市人民检察院陈方方同志的先进事迹材料,在全国检察机关开展了向陈方方同志学习的活动。

(二)加强队伍的业务建设。举办了“全国检察机关司法鉴定实验室认可”、“第三期西部地区信息技术人员培训班”等6个培训班,共培训专业技术人员近600人。与国家认可委员会(CNAS)共同组织,对全国检察机关一百多个司法鉴定实验室进行了能力验证。采取定向培养的办法,选送人员到公安部物证鉴定中心、中国刑警学院、国家认可委员会等地进行培训,共培训专业技术人员10余人次。
(最高人民检察院检察技术信息研究中心　李　鹏)

全国检察机关技术信息工作会议　全国检察机关技术信息工作会议于2009年11月1日至3日在江苏省苏州市召开。最高人民检察院检察长曹建明出席会议并讲话,最高人民检察院副检察长柯汉民作工作报告。

会议回顾总结几年来的工作,研究部署今后一个时期的任务,印发了《2009年—2013年人民检察院司法鉴定实验室建设发展规划》,对做好未来五年检察技术和信息化工作作出了宏观规划。会议期间,组织进行了首届全国检察机关信息化应用竞赛和应用成果展示。经过公平竞赛,北京市人民检察院等10个代表队被授予"全国检察机关信息化应用竞赛优胜单位",天津市红桥区人民检察院张媛等10名同志被授予"全国检察机关信息化应用能手",辽宁省大连市人民检察院刘静等10名同志被授予"全国检察机关信息化技术能手"。
(最高人民检察院检察技术信息研究中心　李　鹏)

2009年部分检察理论检察工作文章目录

一、检察制度与司法改革

认真对待我国的检察制度　石少侠　《检察日报》2009年1月5日

科学发展林区检察工作必须政企分开　李志双　《检察日报》2009年1月19日

检务督察应成为检察机关内部执法监督的平台　张志杰　《检察日报》2009年2月4日

树立科学法律监督观推进检察工作科学发展　张金锁　《检察日报》2009年3月23日

以科学发展观为指导探索检察信息化发展新模式　马剑光　《检察日报》2009年3月27日

加强检察职权行为过程监督　邓云　《检察日报》2009年4月7日

检察改革:在科学发展观引导下借鉴国外经验　甄贞　《检察日报》2009年4月13日

关于检察官客观义务的几点看法　陈光中　《检察日报》2009年5月15日

检察资源的概念与配置原则　朱静　王魁　《检察日报》2009年5月19日

检察机关如何构建警务保障联动机制　易建华　《检察日报》2009年7月8日

司法公正的四个保障机制漫谈　汤维建　《检察日报》2009年9月21日

检察官客观义务需要理论与实践支撑　王伟　易延友　《检察日报》2009年9月22日

切实强化自身监督努力推动检察事业科学发展　张耕　《检察日报》2009年9月23日

新中国检察理论60年发展历史回眸　刘金林　《检察日报》2009年9月28日

如何理解我国检察监督的"专门性"　王戬　《检察日报》2009年10月12日

民主集中制是检委会的核心原则　穆红玉　《检察日报》2009年10月21日

深刻认识中国检察制度的特色　孙谦　《检察日报》2009年12月2日

论检察学的科学结构　向泽选　陈坚　《人民检察》2009年第1期

我国检察官职业伦理的构建　单民　上官春光　《人民检察》2009年第2期

一元分立权力结构模式下的中国检察权　樊崇义　《人民检察》2009年第3期

论法律监督方法与途径创新的必要性　谢佑平　张海祥　《人民检察》2009年第3期

略论我国检察学理论体系的科学构建　周理松　阮志勇　《人民检察》2009年第3期

建设公正高效权威的社会主义司法制度之我见　陈光中　《人民检察》2009年第4期

试论检察事业的科学发展　张智辉　《人民检察》2009年第4期

法律监督的价值及其实现　陈云生　《人民检察》2009年第7期

检察官客观公正义务及其在中国的发展与完善(上)　朱孝清　《人民检察》2009年第9期

检察官客观公正义务及其在中国的发展与完善(下)　朱孝清　《人民检察》2009年第10期

论检务督察　谢鹏程　《人民检察》2009年第16期

坚持和完善检务督察制度　王炳江　《人民检察》

2009年第16期

回首检察理论研究六十年 张智辉 《人民检察》2009年第20期

论中国特色社会主义检察制度的独特性 穆红玉 《人民检察》2009年第23期

中国特色检察制度的优越性、合理性与科学性 慕平 《人民检察》2009年第24期

检察机关司法审查职能研究 叶林华 周建中 《中国刑事法杂志》2009年第1期

检察学基本范畴及其理论体系的构建 贾志鸿 《中国刑事法杂志》2009年第2期

检察工作科学发展的基本内涵和衡量标准 杨晓 《中国刑事法杂志》2009年第3期

中国近代检察权的检讨与启示 刘清生 《中国刑事法杂志》2009年第4期

检察改革应当遵循的基本规律 种松志 《中国刑事法杂志》2009年第6期

科学发展中的检察执法理念 吴健雄 《中国刑事法杂志》2009年第7期

新民主主义革命时期的人民检察制度研究 刘清生 《中国刑事法杂志》2009年第10期

诉讼监督制度的若干思路 陈瑞华 《国家检察官学院学报》2009年第3期

检察工作的科学发展 向泽选 《国家检察官学院学报》2009年第3期

检察官客观公正义务及其在中国的发展完善 朱孝清 《中国法学》2009年第2期

中国特色检察制度的理论探索 张智辉 《中国法学》2009年第3期

论检察职权内部配置的基础与路径 张朝霞 温军 贾晓文 《政法论坛》2009年第1期

《最高人民检察院工作报告》的话语变迁 郭云忠 《政法论坛》2009年第3期

检察制度人民性溯源 蒋炳仁 《法学杂志》2009年第1期

中国古代法律监督制度与当代检察制度辨析 李勇 《法学杂志》2009年第1期

中国特色社会主义检察理念研究 慕平 《法学杂志》2009年第4期

中外检察机关职权运行关系比较 邓洪涛 《法学杂志》2009年第9期

检察权运行机制研究 吴健雄 《法学评论》2009年第2期

中美检察官客观义务内涵述评 蒋剑伟 《法学评论》2009年第2期

检察改革五年的回顾与展望 谢鹏程 《法学》2009年第4期

国家刑罚权与检察职能的关系 向泽选 罗树中 《当代法学》2009年第2期

走近英国皇家检察署 李荣冰 《检察日报》2009年1月22日

英国检察机关的信息化改革 李荣冰 《检察日报》2009年2月19日

丹麦检察机关的组织体系与职权 魏武 《人民检察》2009年第3期

法国检察体制变革研究 俞亮 张驰 《中国刑事法杂志》2009年第3期

二、宽严相济刑事政策

犯罪观的演变与宽严相济刑事政策 朱立恒 《检察日报》2009年2月2日

在控告检察工作中正确贯彻宽严相济刑事政策 李效安 《检察日报》2009年4月8日

宽严相济与法律监督 谢鹏程 《检察日报》2009年4月23日

适用宽严相济岂能非此即彼 方工 《检察日报》2009年4月29日

刑事和解中应注重法律监督 王红 《检察日报》2009年8月4日

宽严相济刑事政策立法化研究 张朝霞 刘涛 《人民检察》2009年第1期

审查批捕工作贯彻宽严相济刑事政策思考 元明 《人民检察》2009年第2期

宽严相济视野下的审查逮捕质量 崔伟 《人民检察》2009年第4期

宽严相济刑事政策下的公诉制度改革若干问题 卞建林 李晶 《人民检察》2009年第11期

宽严相济刑事政策及其贯彻的基本问题 赵秉志 《人民检察》2009年第17期

将宽严相济刑事政策贯穿反贪工作始终 徐彦丽 李文峰 《中国检察官》2009年第6期

刑事和解制度的两面性 种松志 《中国检察官》2009年第10期

宽严相济刑事政策实施的外部保障 王东阳 《法学杂志》2009年第3期

在新形势下检察机关贯彻宽严相济刑事政策的路

径选择 廖荣辉 《法学杂志》2009年第5期

检察机关适用刑事和解调研报告 宋英辉等 《当代法学》2009年第3期

三、职务犯罪检察

职务犯罪侦查与法律监督制度探讨 庄建南 黄曙 曹呈宏 叶建丰 《检察日报》2009年1月6日

维护公平正义是职务犯罪侦查的核心价值取向 关福金 《检察日报》2009年2月6日

运用科技侦查职务犯罪应把握五项原则 赵东平 凌耀波 《检察日报》2009年3月8日

监督过失理论在渎职行为认定中的适用 关福金 《检察日报》2009年3月9日

渎职犯罪中的罪数问题研究 陈兴良 《检察日报》2009年5月4日

专业化是提升职务犯罪侦查效率的基本路径 何家弘 《检察日报》2009年5月11日

徇私枉法罪若干问题分析 黎宏 《检察日报》2009年5月20日

职务犯罪初查权要加强监督 叶彬 《检察日报》2009年6月2日

村组织人员职务犯罪认定六大难点 邓楚开 《检察日报》2009年7月26日

职务犯罪侦查应走精品化办案之路 徐安 《检察日报》2009年8月5日

职务犯罪初查:概念、法律依据与原则 卢乐云 《检察日报》2009年10月23日

构建职务犯罪侦防一体化机制的三途径 李卫国 荫春涛 李晓蕾 《检察日报》2009年11月24日

职务犯罪特殊侦查手段的特征与模式选择 陈连福 关福金 程华荣 《人民检察》2009年第5期

《关于办理职务犯罪案件认定自首、立功量刑情节若干问题的意见》理解与适用 陈国庆 韩耀元 王文利 《人民检察》2009年第7期

论渎职罪牵连的原案管辖 李忠诚 《人民检察》2009年第11期

初查所获证据的采信原则 龙宗智 《人民检察》2009年第13期

试论职务犯罪侦查假说的思维方法 柴学友 朱武 《中国刑事法杂志》2009年第2期

检察机关职务犯罪查办工作的困境和出路 陈晓东 《中国刑事法杂志》2009年第8期

国企改制中职务犯罪的认定 程乐 蒋朝政 《国家检察官学院学报》2009年第1期

职务犯罪侦查措施体系的构建 孙立 王戈 《国家检察官学院学报》2009年第3期

职务犯罪要案多发领域的分析途径研究 罗丽 《法学杂志》2009年第1期

在反渎职侵权工作中强化法律监督的路径研究 青岛市人民检察院课题组 《法学杂志》2009年第3期

四、刑事诉讼法律监督

如何加强对诉讼活动的法律监督 詹复亮 《检察日报》2009年1月2日

关于完善诉讼违法调查权的几个问题 万春 《检察日报》2009年1月16日

检察机关技术性证据审查应相对独立 李杰 《检察日报》2009年2月8日

加强对量刑活动的法律监督的思考 曹坚 《检察日报》2009年2月16日

强化看守所检察监督的几点建议 刘妍 《检察日报》2009年3月30日

刑事立案监督范围的扩展与触角的延伸 刘根菊 杜曦明 《检察日报》2009年4月27日

检察机关在未成年人司法保护中的作用 刘雅清 《检察日报》2009年5月29日

检察技术工作助推法律监督能力提升 洪常森 《检察日报》2009年6月7日

完善刑事立案监督工作机制的构想 元明 胡耀先 陶建旺 《检察日报》2009年6月12日

“减假保”全程同步监督之正当性 刘根菊 《检察日报》2009年8月19日

核准追诉制度若干问题研究 韩晓峰 王海 《人民检察》2009年第4期

加强诉讼监督工作的思考 詹复亮 《人民检察》2009年第4期

立案监督工作科学发展的几点思考 元明 陈普生 李桂华 《人民检察》2009年第12期

监所检察权的优化配置和立法完善 白泉民 刘继国 《人民检察》2009年第13期

刑事强制措施体系的选择与完善 李忠诚 《人民检察》2009年第21期

遵循刑诉规律 优化职权配置 孙谦 童建明 《人民检察》2009年第22期

检察官自由裁量权探微 谢雁湖 《中国刑事法杂志》2009年第2期

检察机关应用视听资料与电子证据研究 高秀运 《中国刑事法杂志》2009年第3期

侦查监督工作中运用刑事和解的思考 陈学志 《中国刑事法杂志》2009年第5期

侦查监督机制的构建与完善 刘妍 《中国刑事法杂志》2009年第5期

检察机关配置技术侦查权研究 秦卫东 任海新 《中国刑事法杂志》2009年第6期

监狱改革背景下中国监狱检察制度的改革与完善 最高人民检察院监所检察厅课题组 《中国刑事法杂志》2009年第8期

派驻监管场所检察监督工作机制改革研究 罗亚华 郑福建 《中国刑事法杂志》2009年第10期

检察建议研究 王斌 《中国刑事法杂志》2009年第11期

论侦查裁量权之检察监督 舒海 《中国刑事法杂志》2009年第11期

刑事抗诉运用机制实证分析 余德峰 王建荣 《中国刑事法杂志》2009年第11期

检察机关开展电子证据鉴定探索 王金辉 劳伟刚 《中国刑事法杂志》2009年第12期

加强人民检察院对诉讼活动法律监督之新探索 北京市人大常委会内务司法办公室 《国家检察官学院学报》2009年第3期

检察机关诉讼监督制度的完善 陈国庆 石献智 《国家检察官学院学报》2009年第3期

关于量刑建议的若干问题 王军 吕卫华 《国家检察官学院学报》2009年第5期

完善立案监督检察权配置再探讨 孙宝民 吴春波 《中国检察官》2009年第9期

我国检警关系的反思与重构 陈岚 《中国法学》2009年第6期

论我国侦查监督体制的合理构建 李莉 《法学杂志》2009年第3期

关于强化监所检察监督若干问题的思考 甄贞 陈静 《法学杂志》2009年第5期

论检察机关在诉讼活动中对人权的保护 刘克兰 陈晓婷 《法学杂志》2009年第5期

改革中的我国死刑案件程序 朱立恒 《法学评论》2009年第2期

检察官参加量刑程序的若干问题 陈国庆 《法学》2009年第10期

五、逮捕制度研究

有条件逮捕的法理基础及制度建设 邓思清 盛宏文 《人民检察》2009年第2期

逮捕必要性双向说明理由制度探析 顾鹏 《人民检察》2009年第6期

建立听证式逮捕必要性审查机制 夏阳 钱学敏 《人民检察》2009年第22期

不批准逮捕若干问题研究 董雄健 彭杭燕 《中国刑事法杂志》2009年第5期

职务犯罪案件审查逮捕方式的重构 王宗艺 《中国刑事法杂志》2009年第7期

职务犯罪案件审查逮捕方式的改革与完善 卓俊涛 《中国刑事法杂志》2009年第9期

构建现代逮捕制度 龙久顺 《中国刑事法杂志》2009年第12期

检察机关批捕权问题管见 孙长永 《国家检察官学院学报》2009年第2期

我国“逮捕”批准或决定机关之中性分析 刘海蓉 《中国检察官》2009年第8期

检察实践视角下附条件逮捕制度分析与展望 宋蕾 王媛媛 《中国检察官》2009年第9期

职务犯罪决定逮捕权上移的现实应对 上海宝山区人民检察院课题组 《法学》2009年第7期

六、公诉制度研究

检察监督与公诉职能关系辨析 樊崇义 徐军 《检察日报》2009年4月28日

合理行使公诉权需要统一控诉与监督职能 游小琴 《检察日报》2009年7月21日

公诉阶段如何规范适用刑事和解 徐志涛 张惠保 《检察日报》2009年7月31日

关于出庭公诉工作的四点主张 柏利民 《检察日报》2009年8月7日

检察官起诉裁量权的完善 段明学 《检察日报》2009年8月14日

庭前证据开示制度应包括哪些内容 杨安 杨欣 《检察日报》2009年8月21日

附条件不起诉之我见 傅延成 李明生 曲若玲

《检察日报》2009年9月11日

刑事上诉案件监督不能缺位 董兆玲 《检察日报》2009年11月6日

刑事公诉:法律监督的重要组成部分 苏琳伟 《检察日报》2009年12月15日

论我国的公诉制度 莫洪宪 高锋志 《人民检察》2009年第9期

审查起诉阶段刑事和解实践问题研究 孙春雨 《人民检察》2009年第15期

审查起诉阶段证据标准达成模式的反思与完善 张朝霞 谢财能 《人民检察》2009年第22期

公诉权制约与规范之辨 熊霞 《中国刑事法杂志》2009年第4期

我国防止起诉权滥用的内在结构 刘莉芬 《中国刑事法杂志》2009年第8期

存疑不起诉若干问题辨析 何柏松 《中国检察官》2009年第3期

公诉工作科学发展实现之路 卢乐云 《中国检察官》2009年第4期

当前制作《公诉案件审查报告》存在的主要问题 张寒玉 《中国检察官》2009年第5期

附条件不起诉制度的法理基础 常艳 赵智慧 《中国检察官》2009年第10期

设立附条件不起诉制度完善检察机关相对不起诉权 潜艇 杨丽莲 《中国检察官》2009年第12期

暂缓起诉制度研究 肖平 《法学杂志》2009年第3期

刑事不起诉制度探析 侯智 黄鲁宾 《法学杂志》2009年第10期

七、民事行政诉讼法律监督

从民事诉讼的视角看检察官客观义务 汤维建 《检察日报》2009年1月12日

民事抗诉案件新证据的认定 万建成 刘京蒙 《检察日报》2009年2月15日

民行监督中检察官调查权的规制 宋蕾 叶琦 《检察日报》2009年7月10日

民行检察工作需处理好五个关系 张兴中 《检察日报》2009年8月23日

民行抗诉:基层检察院如何发力 马新 郝利凡 《检察日报》2009年11月3日

民事检察调查取证权探究 王洪礼 《人民检察》2009年第7期

构建我国有限民事公益诉讼制度探讨 夏黎阳 《人民检察》2009年第14期

民事行政检察理念研究 白贵民 《人民检察》2009年第15期

民事执行权的构造与检察监督 王振峰 刘京蒙 《人民检察》2009年第23期

论民事诉讼中检察官的客观义务(上) 汤维建 《国家检察官学院学报》2009年第1期

论民事诉讼中检察官的客观义务(下) 汤维建 《国家检察官学院学报》2009年第2期

民事调解的检察监督 蔡涛 《国家检察官学院学报》2009年第2期

民事检察息诉和解工作探析 罗昌平 《中国检察官》2009年第1期

民事检察实务中证明责任理论的应用 刘辉 《中国检察官》2009年第5期

民事检察监督亟待解决的几个问题 石晶 《中国检察官》2009年第12期

对现行民事执行监督制度的反思及改进 曹普卿 《中国检察官》2009年第12期

执行检察监督问题与执行救济制度构建 王亚新 《中外法学》2009年第1期

论诉中监督的菱形结构 汤维建 《政治与法律》2009年第6期

论民事案件诉中监督的方式 吴小英 《政治与法律》2009年第6期

论诉权、审判权、检察权在民事诉讼中的制衡关系 赵旭东 《政治与法律》2009年第6期

诉讼模式下的检察机关参与民事诉讼 陈巍 《政治与法律》2009年第6期

八、检察机关刑事申诉与刑事赔偿

从刑事赔偿案件样本看应对措施 关建华 《检察日报》2009年7月1日

规范国家赔偿工作中检察监督的几点建议 李定达 《检察日报》2009年8月24日

在司法赔偿中确立检察机关法律监督地位的思考 王晋 刘志远 《人民检察》2009年第8期

检察机关实施刑事被害人国家补偿的正当性 严然 彭军 《中国刑事法杂志》2009年第3期

九、检察队伍建设

检察官职业道德建设是专业化建设的新境界 谢鹏程 《检察日报》2009年11月20日

检察教育培训必须树立三个意识 石少侠 《国家检察官学院学报》2009年第2期

检察官培训方法的创新及运用 马立东 《国家检察官学院学报》2009年第2期

检察队伍的职业化建设 阎世斌 《国家检察官学院学报》2009年第5期

检察官的职业道德建设 王艳敏 《国家检察官学院学报》2009年第5期

论我国检察官队伍专业化建设的路径选择 谢雁湖 《法学杂志》2009年第11期

（最高人民检察院法律政策研究室 吴晓冬整理）

2009年中国检察出版社出版的主要图书目录

黄岛检察志 王大海主编 2009年1月

2008中国法治蓝皮书 检察日报社编 2009年1月

2008年青岛市检察机关执法报告 刘命信主编 2009年1月

政法网络舆情2008年度记忆 赵志刚 傅达林主编 2009年1月

刑事被害人国家补偿制度研究 卢希起著 2009年1月

高位 高明夫著 2009年1月

检察院检察权检察官研究 贾志鸿等著 2009年1月

人民检察院民事行政抗诉案例选 最高人民检察院民事行政检察厅编 2009年1月

法律文书价值研究 马宏俊主编 2009年2月

中外警察法比较研究 许涛等著 2009年2月

公安机关治安部门管辖刑事个案立案标准 陈菊娟编著 2009年2月

证券信息披露法理论研究 谭立著 2009年2月

从“新债”的分类到民法典的结构 廖新仲著 2009年2月

论海盗犯罪 胡成军著 2009年2月

民事行政检察指导与研究 最高人民检察院民事行政检察厅编 2009年2月

暂缓起诉制度研究 孙力主编 2009年2月

请您监督举报——画解职务犯罪 河北省人民检察院法律政策研究室编 2009年2月

请您监督举报——画说检务公开 河北省人民检察院法律政策研究室编 2009年2月

法治新闻传播（共六集） 赵信主编 2009年2月

反贪工作指导 最高人民检察院反贪污贿赂总局编 2009年2月

反渎职侵权工作指导与参考 最高人民检察院渎职侵权检察厅编著 2009年2月

追寻在路上 李明耀著 2009年2月

量刑建议的理论与实务 任高潮 杜发全主编 2009年2月

终极指控 反腐倡廉法制教育丛书编写组编 2009年3月

检察业务热点问题研究 《检察业务热点问题研究》编写组编 2009年3月

检察人员岗前培训教程 周其华主编 2009年3月

中央苏区反腐肃贪实录 彭诗光主编 2009年3月

公诉疑案研究 张智辉主编 2009年3月

落马高官 杨晓升主编 2009年3月

行政公诉论 田凯著 2009年3月

反渎职侵权实务问题研究 王振川著 2009年3月

常用刑事司法解释新编 最高人民检察院《法律手册》编委会编 2009年3月

刑事证明责任与推定 龙宗智主编 2009年3月

宽严相济刑事政策与司法实务 余捷主编 2009年4月

检察手册2006 最高人民检察院法律政策研究室编 2009年4月

法律帮助一点通——房屋买卖与装修（修订版） 袁其国总主编 2009年4月

法律帮助一点通——租赁纠纷（修订版） 袁其国总主编 2009年4月

法律帮助一点通——消费者权益纠纷（修订版） 袁其国总主编 2009年4月

法律帮助一点通——家庭财产纠纷（修订版） 袁

其国总主编　2009年4月
法律帮助一点通——公民人身权纠纷(修订版)　袁其国总主编　2009年4月
法律帮助一点通——治安管理(修订版)　袁其国总主编　2009年4月
法律帮助一点通——财产继承(修订版)　袁其国总主编　2009年4月
法律帮助一点通——物业管理(修订版)　袁其国总主编　2009年4月
法律帮助一点通——维权诉讼官司怎么打(修订版)　袁其国总主编　2009年4月
法律帮助一点通——种子、农药与化肥(修订版)　袁其国总主编　2009年4月
法律帮助一点通——合伙纠纷(修订版)　袁其国总主编　2009年4月
检察实务中的刑事程序问题解析　谢佑平主编　2009年4月
中国现代司法(检察)保障体制改革研究　徐汉明　何大春编著　2009年4月
城市房屋拆迁法律规制研究　沈开举主编　2009年4月
中国警察制度研究　安政　王彬著　2009年4月
潜流　虞国平著　2009年4月
职务犯罪疑难问题解析　周永年主编　2009年4月
检察视域下的证据问题研究　吕涛　胡常龙主编　2009年4月
不得强迫自证其罪原则研究　彭伶著　2009年4月
刑罚变更执行法律监督制度研究　白泉民主编　2009年4月
中华人民共和国刑法适用手册　杨新京主编　2009年5月
检察理论与实践(4本)　广西壮族自治区人民检察院编　2009年5月
白天没有夜的黑　李明耀著　2009年5月
正义的脚步　李明耀著　2009年5月
永远的守望者　李明耀著　2009年5月
金融证券犯罪疑难问题解析　陈辐宽主编　2009年5月
检察理论研究综述(1999－2009)　孙谦主编　2009年5月
经济发展与法律制度变迁研究　李玉虎著　2009年5月
检察工作科学发展机理研究　吴建雄著　2009年5月
民营企业刑法风险及其防范　刘涛著　2009年5月
检察前沿报告　石少侠主编　2009年5月
WTO贸易政策评审机制法律问题研究　陈咏梅著　2009年5月
检察监督　(俄罗斯)维诺库罗夫著　2009年5月
股东权的契约解释　侯东德著　2009年5月
明法集　华东政法学院研究生院编　2009年5月
检察官寄语　王大海主编　2009年6月
监所检察实务与理论研究　白泉民主编　2009年6月
契约治理视域的治安承包　邹东升著　2009年6月
民事行政检察实例研究　蒙永山　农中校主编　2009年6月
公共物品供给法律制度研究　杨仕兵著　2009年6月
刑事程序价值论　刘晓兵著　2009年6月
为了弱者的正义　颜九红著　2009年6月
反贪侦查实战要领　陈波著　2009年6月
刑法学博士论文精萃　韩玉胜主编　2009年6月
当代中国法律概况　陈泽宪主编　2009年6月
审讯语言学　吴克利著　2009年6月
廉政法治论坛　《反腐倡廉法制教育丛书》编写组编　2009年6月
亲告罪原论　罗欣著　2009年7月
市长夫人　贾国勇著　2009年7月
刑事审判监督案件精选精释　孙力主编　2009年7月
全世界人都在读的心理学故事　紫合编著　2009年7月
加拿大反补贴立法与实践研究　欧福永　黄文旭著　2009年7月
婚姻继承纠纷　周院生　张自合主编　2009年7月
社会保险纠纷　周院生　张自合主编　2009年7月
劳动合同纠纷　周院生　张自合主编　2009年7月
检察笔录的制作技巧　薛伟宏主编　2009年7月

反渎职侵权办案一本通　缪树权　上官春光著　2009年7月

反贪侦查流程与规范　湖南省人民检察院反贪局编著　2009年7月

反贪查账实务与技巧　于朝　庞建兵著　2009年7月

职务犯罪侦查文书填制要领　薛伟宏著　2009年7月

反渎职侵权实务问题研究　陈连福主编　2009年8月

检察研究(共8卷)　王冠军主编　2009年8月

反贪办案一本通　上官春光著　2009年8月

职务犯罪定罪证据认定实务　郑广宇著　2009年8月

职务犯罪侦查模式论　余捷著　2009年8月

犯罪学论丛　王牧主编　2009年8月

中国犯罪学研究三十年综述丛书　姚建龙主编　2009年8月

侦查学总论　杨宗辉主编　2009年8月

医疗纠纷维权要点与技巧　余斌编著　2009年8月

行政执法监督原理与规程研究　杨曙光著　2009年8月

国际商事仲裁程序法的适用　谢新胜主编　2009年8月

字里乾坤　张洪兴　蔡咏梅主编　2009年8月

检察机关司法鉴定系列丛书　幸生主编　2009年8月

物权相对论　黄俊辉著　2009年8月

草根风起　法云江主编　2009年8月

反贪局长的谋略　张学军著　2009年8月

初任检察官培训专题讲义　石少侠主编　2009年8月

重大、疑难、典型涉林案例评析　孙明主编　2009年8月

人民检察制度的历史变迁　孙谦主编　2009年8月

基层检察院建设探索与实践　蒙永山主编　2009年8月

社会发展变迁中的行政法治　王振清著　2009年8月

经济犯罪案件查账方法与技巧　李明强著　2009年9月

共和国检察人物　王松苗主编　2009年9月

医疗纠纷　周院生　张自合主编　2009年9月

交通事故纠纷　周院生　张自合主编　2009年9月

检察制度史　何勤华主编　2009年9月

检察理论与实践三十年　张本才　陈国庆主编　2009年9月

民商法视域下非公有制经济法律规制与保护问题研究　梁小惠著　2009年9月

人身损害赔偿纠纷维权要点与技巧　余斌主编　2009年9月

婚姻家庭纠纷维权要点与技巧　余斌主编　2009年9月

消费纠纷维权要点与技巧　余斌主编　2009年9月

道路交通事故纠纷维权要点与技巧　余斌主编　2009年9月

诉讼法学研究　卞建林主编　2009年9月

共和国检察历史片断　闵钐　薛伟宏编著　2009年9月

检察老照片　高洪海主编　2009年9月

法律逻辑学教程　刘秋香主编　2009年9月

美国银行保密法、反洗钱检查手册　美国联邦金融机构检查委员会制定　2009年9月

刑事诉讼法再修改专题研究　杨松才　肖世杰主编　2009年9月

新编商法原理　官欣荣主编　2009年9月

我国法律发展状况研究　张昭庆　张陆庆　闫博著　2009年9月

检察官的回忆　李广森主编　2009年9月

刑事诉讼的观念变革与制度创新　韩旭著　2009年9月

隐私权刑法保护　王立志著　2009年9月

纳税人权利保护理论与实务　刘庆国著　2009年9月

反贪重案组　《反贪重案组》编委会编　2009年9月

受贿罪新型暨疑难问题研究　郭竹梅著　2009年9月

调查与研究　张常韧主编　2009年9月

边缘化刑事程序研究　《反腐倡廉法制教育丛书》编委会编　2009年9月

我的孩子怎么了　唐强勇著　2009年10月

中国检察年鉴(2009) 最高人民检察院《中国检察年鉴》编辑部编 2009年10月
检察官自由裁量权比较研究 蔡巍著 2009年10月
精选案例评析 慈溪市人民法院编 2009年10月
民事海事行政疑难案例精释精解 田圣斌 贾小刚主编 2009年10月
慎刑论 包雯著 2009年10月
刑事判决是如何形成的 肖仕卫著 2009年10月
金剑文丛 张铁军主编 2009年10月
法律监督运行机制研究 盛美军等编 2009年10月
合同之附随义务研究 李亮著 2009年10月
商标侵权认定 李亮著 2009年10月
检察机关查办涉企案件实务问题研究 周如郁 丁寰翔 徐敏著 2009年10月
反渎职侵权实务研究 郑广宇著 2009年10月
派驻检察官执法监督纪实 白泉民主编 2009年10月
监所检察一本通 白泉民主编 2009年10月
律师全能思维方略 秦甫编著 2009年10月
学生权益纠纷 周院生 张自合主编 2009年11月
检察政治工作政策法规汇编 最高人民检察院政治部编 2009年11月
掠夺者 程德慎著 2009年11月
中国检察(第18卷) 张智辉主编 2009年11月
检察工作创新与机制研究 罗昌平著 2009年11月
多元与融合 林燕萍 杨忠孝主编 2009年11月
黑白市长 殷智元著 2009年11月
检察实务问题研究 最高人民检察院政治部编 2009年11月
和谐检察之旅 郭静波主编 2009年11月
穿越时空的公平与正义 徐军主编 2009年11月
法律监督向农村延伸的理论价值与实践探索 马勇霞主编 2009年11月
基层法律监督者的理性思考 张幸民主编 2009年11月
检察工作科学发展的探索与实践 孙力 王振峰主编 2009年11月
三江检察研究 李启凡主编 2009年11月
深化检务公开的理论思辨与制度建构 吴立明等著 2009年11月
行政执法领域职务犯罪预防与控制 黄文艾主编 2009年11月
检察工作创新与实践 程德慎著 2009年11月
ISO9000族标准与人民检察院规范化管理 郭静波主编 2009年11月
浙江检察论丛 张雪樵主编 2009年11月
购房 租房 物业纠纷 周院生 张自合主编 2009年11月
生死逃亡路 谭学礼著 2009年11月
检察文化论 白建国主编 2009年11月
合同纠纷 周院生 张自合主编 2009年11月
法律监督权研究新视野 王学成主编 2009年11月
检察手册(2007) 最高人民检察院法律政策研究室编 2009年11月
检察实务与探索 张庆建主编 2009年11月
2010年国家司法考试法律法规深度汇编 刘东根主编 2009年11月
民事诉讼立法体例及法典编纂比较研究 廖中洪主编 2009年11月
办理刑事案件流程及罪名适用 冯汝义编著 2009年11月
检察委员会委员常用工作手册 最高人民检察院《法律手册》编委会编 2009年12月
起诉书写作技巧及范例精讲 冯承远著 2009年12月
特别代理 袁裕来著 2009年12月
恭请牢记 杨晓升主编 2009年12月
反贪预审官 顾亦著 2009年12月
正义的位移 栗峥著 2009年12月
职务犯罪预防研究 梁经顺 张异主编 2009年12月
不起诉实务研究 孙力 王振峰主编 2009年12月
劳动纠纷维权要点与技巧 余斌主编 2009年12月
未成年人刑事司法程序研究 雷小政 翁跃强主编 2009年12月
没有家园的灵魂 夏山著 2009年12月
司法机关录音录像工作实用手册 张立东 张向晖主编 2009年12月
大测谎师 贾国勇著 2009年12月

广东检察热点问题研究 王学成 曾伊山主编 2009年12月

中国检察监督的政治性与司法性研究 张立东 张向晖主编 2009年12月

检察机关民事行政公诉论 崔伟 李强著 2009年12月

人民检察院民事行政抗诉案例选 最高人民检察院民事行政检察厅编 2009年12月

刑法分则适用典型疑难问题新释新解 郭立新 黄明儒主编 2009年12月

检察官与人权保障教程 《检察官与人权保障教程》编写组著 2009年12月

中国纳税人权利研究 黎江虹著 2009年12月

画说权利 王建华主编 2009年12月

保险合同法定解除制度研究 姜南著 2009年12月

保安勤务规范与专业技能400问 李斌杰 谷福生著 2009年12月

（中国检察出版社提供）

第十部分

大　事　记

2009年检察机关大事记

一月

6日　最高人民检察院作出《关于追授金启和同志"全国模范检察官"荣誉称号的决定》。

22日　最高人民检察院印发《关于认真学习贯彻周永康同志在〈最高人民检察院党组贯彻落实科学发展观情况分析检查报告〉上的重要批示的通知》。

23日　最高人民检察院印发《关于充分发挥检察职能为经济平稳较快发展服务的意见》。

二月

3日　最高人民检察院作出《关于表彰第三届"全国十佳基层检察院"和"全国先进基层检察院"等先进集体的决定》。

11日至12日　最高人民检察院在北京召开全国基层检察院建设工作会议，中共中央政治局常委、中央政法委员会书记周永康在会上作重要讲话，最高人民检察院检察长曹建明、副检察长张耕分别在会上讲话和作总结。

13日至14日　最高人民检察院在北京召开全国检察机关纪检监察工作会议，最高人民检察院检察长曹建明在会上讲话，中央纪委驻最高人民检察院纪检组组长莫文秀作工作报告。

16日　最高人民检察院召开部分全国人大代表、政协委员、专家咨询委员、特约检察员座谈会，听取对检察工作的意见和建议，最高人民检察院检察长曹建明主持会议。

19日　最高人民检察院作出《关于授予喻中升同志"全国模范检察官"荣誉称号的决定》。

19日　最高人民检察院印发《关于贯彻落实〈中央政法委员会关于深化司法体制和工作机制改革若干问题的意见〉的实施意见》。

20日　最高人民检察院和中央国家机关工委联合召开授予喻中升同志"全国模范检察官"、"中央国家机关优秀共产党员"荣誉称号表彰会暨先进事迹报告会。最高人民检察院检察长曹建明，中央政法委员会秘书长周本顺，中央国家机关工委常务副书记杨衍银等在会前接见喻中升。曹建明、杨衍银同志分别为喻中升颁发"全国模范检察官"荣誉勋章、"优秀共产党员"荣誉证书，最高人民检察院政治部主任张常韧宣读《最高人民检察院关于授予喻中升同志"全国模范检察官"荣誉称号的决定》。会上还宣读了《中央国家机关工委关于授予喻中升同志中央国家机关"优秀共产党员"荣誉称号的决定》和《中央政法委员会关于向喻中升同志学习的通知》。

26日　最高人民检察院机关召开深入学习实践科学发展观活动总结大会，最高人民检察院检察长曹建明主持，副检察长张耕代表党组对开展学习实践活动的情况进行总结，中央深入学习实践科学发展观活动第13指导检查组组长项宗西在会上讲话。

27日　最高人民检察院召开全国检察机关进一步做好深入查办危害能源资源和生态环境渎职犯罪专项工作电视电话会议暨新闻发布会，最高人民检察院副检察长张耕主持会议，副检察长王振川在会上讲话。

三月

2日　最高人民检察院作出《关于授予李永志同志"全国模范检察官"荣誉称号的决定》。

最高人民检察院作出《关于授予张京文同志"全国模范检察官"荣誉称号的决定》。

4日　最高人民检察院印发《2009—2012年基层人民检察院建设规划》。

10日　最高人民检察院检察长曹建明在第十一届全国人民代表大会二次会议第三次全体会议上作最高人民检察院工作报告。

13日　第十一届全国人民代表大会第二次会议通过了《第十一届全国人民代表大会第二次会议关于最高人民检察院工作报告的决议》。

20日　最高人民检察院、中共河北省委在河北省石家庄市联合召开授予李永志同志"全国模范检察官"、"河北省优秀共产党员"荣誉称号命名表彰大会，最高人民检察院检察长曹建明，河北省委书记、省人大常委会主任张云川在会上讲话并分别为李永志同志颁发"全国模范检察官"荣誉勋章、"河北省优秀共产党员"荣誉证书，河北省委副书记、省长胡春华主持大会。

23日至4月3日　最高人民检察院副检察长

胡克惠率女检察官代表团访问台湾。

26日 最高人民检察院召开全国检察机关学习贯彻十一届全国人大二次会议精神电视电话会议,最高人民检察院检察长曹建明讲话,副检察长张耕主持会议。

四月

10日至19日 最高人民检察院检察长曹建明率中国检察代表团赴莫斯科出席第七次上海合作组织成员国总检察长会议并访问也门。

16日 最高人民检察院召开全国检察机关深入推进查办涉农职务犯罪专项工作电视电话会议,最高人民检察院副检察长张耕主持会议,副检察长王振川,检察委员会专职委员、反贪污贿赂总局局长王建明在会上讲话。

17日 最高人民检察院召开全国检察机关看守所监管执法专项检查活动电视电话会议,最高人民检察院副检察长张耕主持会议,副检察长孙谦在会上讲话。

22日至24日 最高人民检察院在重庆召开第十届全国检察理论研究年会,最高人民检察院副检察长朱孝清在会上讲话。

23日 最高人民检察院印发《人民检察院举报工作规定》。

27日至29日 最高人民检察院召开全国检察机关宣传工作会议暨检察日报社记者工作会议,最高人民检察院检察长曹建明在会前接见会议代表时讲话,政治部主任张常韧出席会议并讲话。

五月

6日 最高人民检察院与中共浙江省委在浙江省杭州市联合召开追授金启和同志“全国模范检察官”荣誉称号命名表彰大会,最高人民检察院检察长曹建明,浙江省委书记、省人大常委会主任赵洪祝在会上讲话,并分别向金启和同志的妻子颁发“全国模范检察官”荣誉证书、奖章,浙江省委副书记夏宝龙主持会议,最高人民检察院政治部主任张常韧宣读《最高人民检察院关于追授金启和同志“全国模范检察官”荣誉称号的决定》,浙江省委常委、政法委书记王辉忠宣读《浙江省委关于开展向金启和同志学习活动的决定》。

19日 最高人民检察院作出《关于追授陈海宏同志“全国模范检察官”荣誉称号的决定》。

20日 最高人民检察院召开全国检察机关刑事审判法律监督专项检查活动电视电话会议,最高人民检察院副检察长张耕主持会议,副检察长邱学强在会上讲话。

25日至26日 最高人民检察院在北京召开全国检察机关第三次预防职务犯罪工作会议,最高人民检察院检察长曹建明、副检察长王振川分别在会上讲话。

26日 最高人民检察院在北京召开第三次预防工作联席会议,最高人民检察院检察长曹建明会见与会人员,副检察长王振川在会上讲话。

六月

3日 最高人民检察院召开全国检察机关直接立案侦查案件扣押、冻结款物专项检查工作电视电话会议,最高人民检察院副检察长张耕在会上讲话,副检察长胡克惠主持会议。

10日 最高人民检察院印发《关于行贿犯罪档案查询工作规定》。

18日 最高人民检察院印发《关于加强和改进预防职务犯罪工作的意见》。

6月20日至7月1日 最高人民检察院副检察长王振川率中国检察代表团访问菲律宾、印度尼西亚和马来西亚。

23日至25日 最高人民检察院在云南省昆明市召开全国检察机关第三次侦查监督工作会议,最高人民检察院副检察长朱孝清出席会议并讲话。

6月24日至7月5日 最高人民检察院副检察长张耕率中国检察代表团访问德国、西班牙和葡萄牙。

七月

1日 最高人民检察院机关召开先进基层党组织、优秀党务工作者表彰暨深入开展“讲党性、重品行、作表率”活动动员大会,最高人民检察院检察长曹建明,副检察长邱学强等为受到表彰的集体和个人颁奖,邱学强同志作动员讲话。

3日至4日 最高人民检察院在黑龙江省哈尔滨市召开全国检察机关内部监督工作座谈会,最高人民检察院检察长曹建明、中央纪委驻最高人民检察院纪检组组长莫文秀在会上讲话,黑龙江省委书记、省人大常委会主任吉炳轩到会并致词。

15日至17日 最高人民检察院在吉林省长春

市召开全国检察长座谈会暨全国检察教育培训工作会，最高人民检察院检察长曹建明、副检察长张耕分别在会上讲话和作总结，吉林省委书记王珉到会并致辞。中央政法委员会秘书长周本顺，四川大学博士生导师、法学研究所所长龙宗智分别为会议代表作了讲座。

27日　最高人民检察院、中共河南省委在河南省郑州市联合召开表彰大会，追授陈海宏同志“全国模范检察官”、“优秀共产党员”荣誉称号。最高人民检察院检察长曹建明在会上讲话，并与河南省委书记、省人大常委会主任徐光春一起向陈海宏同志的家属颁发了“全国模范检察官”荣誉证书、奖章，“优秀共产党员”证书。中央政法委副秘书长王其江宣读了《中央政法委员会关于开展向陈海宏同志学习活动的通知》。

八月

17日至28日　最高人民检察院副检察长孙谦率中国检察代表团访问加拿大、古巴、委内瑞拉。

九月

1日　最高人民检察院召开深入推进刑事审判法律监督专项检查活动电视电话会议，最高人民检察院副检察长张耕在会上讲话，副检察长朱孝清主持会议。

4日　最高人民检察院印发《关于省级以下人民检察院立案侦查的案件由上一级人民检察院审查决定逮捕的规定(试行)》。

最高人民检察院召开全国检察机关部署实施职务犯罪案件审查逮捕程序改革电视电话会议，最高人民检察院副检察长张耕在会上讲话，副检察长朱孝清主持会议。

6日至18日　最高人民检察院副检察长柯汉民率中国检察代表团赴乌克兰出席国际检察官联合会第十四届年会并访问白俄罗斯、爱沙尼亚。

7日　最高人民检察院作出《关于追授罗东宁同志“全国模范检察官”荣誉称号的决定》。

11日　最高人民检察院在北京召开全国检察机关直接立案侦查案件扣押冻结款物专项检查工作座谈会，最高人民检察院副检察长张耕在会上讲话，中央纪委驻最高人民检察院纪检组组长莫文秀作工作报告。

14日　最高人民检察院召开全国检察机关开展工程建设领域突出问题专项治理工作电视电话会议，最高人民检察院副检察长张耕在会上讲话，副检察长邱学强主持。

最高人民检察院印发《关于完善抗诉工作与职务犯罪侦查工作内部监督制约机制的规定》。

24日　最高人民检察院印发《关于认真学习贯彻党的十七届四中全会精神的通知》。

十月

10日　最高人民检察院印发《中华人民共和国检察官职业道德基本准则(试行)》。

12日　最高人民检察院作出《关于加强检察机关办公室工作的决定》。

14日　最高人民检察院印发《人民检察委员会议事和工作规则》。

23日　最高人民检察院、司法部联合召开“全国监狱清查事故隐患、促进安全监管”专项活动电视电话会议，最高人民检察院副检察长张耕主持会议，副检察长孙谦、司法部副部长陈训秋在会上讲话。

26日　最高人民检察院召开全国检察机关贯彻党的十七届四中全会精神，加大查办职务犯罪案件工作力度电视电话会议，最高人民检察院副检察长张耕主持会议，副检察长邱学强在会上讲话。

28日　最高人民检察院检察长曹建明向十一届全国人大常委会第十一次会议第二次全体会议作《关于加强渎职侵权检察工作促进依法行政和公正司法情况的报告》。

十一月

2日至3日　最高人民检察院在江苏省苏州市召开全国检察机关技术信息工作会议，最高人民检察院检察长曹建明在会上讲话，江苏省委常委、政法委书记林祥国到会并致辞。

5日　最高人民检察院、中共重庆市委在重庆市召开罗东宁同志命名表彰大会，中共中央政治局委员、重庆市委书记薄熙来，最高人民检察院检察长曹建明在会上讲话，重庆市委副书记、市长王鸿举主持会议，最高人民检察院政治部主任李如林宣读《最高人民检察院关于追授罗东宁同志“全国模范检察官”荣誉称号的决定》，重庆市委副书记张轩宣读《重庆市委关于追授罗东宁同志“重庆市优秀共产党员”称号的决定》。

6日 最高人民检察院召开全国检察机关刑事审判法律监督专项检查活动整改验收阶段动员部署电视电话会议,最高人民检察院副检察长张耕主持会议,副检察长朱孝清在会上讲话。

13日 最高人民检察院印发《人民检察院检察建议工作规定(试行)》。

23日至12月3日 最高人民检察院检察长曹建明率中国检察代表团赴越南出席第六次中国与东盟成员国总检察长会议,并访问老挝和泰国。

十二月

11日 最高人民检察院印发《关于认真学习贯彻中央经济工作会议精神的通知》。

16日 中国检察官教育基金会第三次理事会换届大会在北京举行,最高人民检察院检察长曹建明在会见会议代表时讲话,副检察长孙谦在会上讲话。

最高人民检察院作出《关于授予杨竹芳同志"全国模范检察官"荣誉称号的决定》。

最高人民检察院作出《关于授予张章宝同志"全国模范检察官"荣誉称号的决定》。

23日 最高人民检察院召开学习贯彻全国政法工作会议精神电视电话会议,最高人民检察院检察长曹建明在会上讲话,副检察长张耕主持会议。

25日 最高人民检察院印发《全国检察机关学习贯彻全国政法工作会议精神电视电话会议文件的通知》。

27日 最高人民检察院、全国妇联、中共云南省委在云南省昆明市联合召开杨竹芳同志命名表彰大会。最高人民检察院检察长曹建明,云南省委书记、省人大常委会主任白恩培在会上讲话,全国妇联副主席、书记处书记甄砚宣读全国妇联《关于授予杨竹芳同志"全国三八红旗手"的决定》,并分别向杨竹芳颁发"全国模范检察官"、"云南省优秀共产党员"、"全国三八红旗手"荣誉证书。云南省委副书记、省长秦光荣主持会议,最高人民检察院政治部主任李如林宣读《最高人民检察院关于授予杨竹芳同志"全国模范检察官"荣誉称号的决定》;云南省委常委、省委组织部部长辛桂梓宣读《云南省委关于授予杨竹芳同志"云南省优秀共产党员"称号的决定》。

30日 最高人民检察院印发《进一步加强对诉讼活动法律监督工作的意见》。

(最高人民检察院办公厅 李景文)

第十一部分

统 计 资 料

全国检察机构统计表

截至 2009 年 12 月底　　　　单位:个

院　别		机构数
合　计		3658
最高人民检察院		1
省级人民检察院		33
分、州、市级人民检察院	小　计	403
	分、州、盟、市检察院	374
	军事检察院分院	12
	铁路运输检察院分院	17
县级人民检察院	小　计	3005
	县(市、旗、区)检察院	2893
	军事检察院	53
	铁路运输检察院	59
派出检察院	小　计	216
	工矿区检察院	6
	农垦区检察院	8
	林区检察院	54
	监狱劳教场所检察院	67
	油田检察院	1
	开发区检察院	51
	其他检察院	29

注:33 个省级检察院中包括解放军军事检察院 1 个和新疆生产建设兵团检察院 1 个。

全国检察机关人员统计表

截至 2009 年 12 月底　　　　单位:人

职　务		人　数
合　计		231705
检察人员	小　计	218254
	检察长	3535
	副检察长	11246
	检察委员会委员	16177
	检察员	92053
	助理检察员	23528
	书记员	25151
	司法警察	15331
	其他干部	31233
工勤人员		13451

(以上表格由最高人民检察院政治部提供)

2009年人民检察院直接立案侦查案件情况统计表

案件类别	受　案	立　案				结　案	
		合　计		其　中		合　计	
				大案	要案		
	件	件	人	件	人	件	人
合　计	51868	32439	41531	21366	2670	32560	41505
贪污贿赂案件小计	39279	25408	32176	18191	2364	25376	32025
贪污	17019	8865	13294	5730	397	9089	13430
贿赂	17794	12897	14253	9875	1755	12398	13707
挪用公款	3910	3412	4152	2586	136	3608	4340
集体私分	375	212	446		71	257	510
巨额财产来源不明	157	21	23		4	13	15
其他	24	1	8		1	11	23
渎职侵权案件小计	12589	7031	9355	3175	306	7184	9480
滥用职权	4148	2262	2853	1168	164	2319	2901
玩忽职守	4996	3216	4020	1457	82	3293	4075
徇私舞弊	1926	809	1098	283	40	831	1101
其他	1519	744	1384	267	20	741	1403

指标解释：

1. 人民检察院直接立案侦查案件：是指按照管辖的规定，由人民检察院直接立案侦查的贪污贿赂犯罪、渎职犯罪、国家机关工作人员利用职权实施的侵犯公民人身权利和民主权利的犯罪以及经省级人民检察院决定立案侦查的国家机关工作人员利用职权实施的其他重大犯罪案件。

2. 受案：指本年新受理的案件。

3. 立案：指人民检察院对受理的案件进行初步调查后，认为存在职务犯罪事实，应追究刑事责任，并决定作为刑事案件进行侦查的诉讼活动，是追究犯罪的开始。该指标主要反映人民检察院依法将职务犯罪线索作为刑事案件进行侦查的诉讼活动。

4. 结案：指侦查程序的结束。

5. 大案：指贪污贿赂案件数额在五万元以上，挪用公款数额在十万元以上，以及按照《人民检察院直接受理立案侦查的渎职侵权重特大案件标准(试行)》认定的案件。该指标主要反映人民检察院立案查办的职务犯罪案件中经济损失大、社会危害严重的案件。

6. 要案：指县、处级以上的干部犯罪案件。该指标主要反映职务犯罪案件中县、处级以上干部被人民检察院依法立案侦查的情况。

2009年人民检察院审查批准逮捕、决定逮捕犯罪嫌疑人和提起公诉被告人情况统计表

案件类别	批捕、决定逮捕		提起公诉	
	件	人	件	人
合计	633118	958364	749838	1168909
公安、安全、监狱管理机关侦查小计	617847	941091	723324	1134380
危害国家安全案	484	1208	371	1095
危害公共安全案	50556	56115	86713	94329
破坏社会主义市场经济秩序案	23155	35890	25698	42473
侵犯公民人身、民主权利案	139807	191551	163369	227740
侵犯财产案	277346	438246	309033	502606
妨害社会管理秩序案	126304	217823	137928	265835
危害国防利益案	192	255	210	300
军人违反职责案	3	3	2	2
检察机关立案侦查小计	15271	17273	26514	34529
贪污贿赂案	13700	15388	21435	27593
渎职侵权案	1571	1885	5079	6936

指标解释：

1. 批准逮捕：指人民检察院对公安、国家安全机关、监狱管理机关提请逮捕的犯罪嫌疑人进行审查，根据事实，依法作出逮捕的决定。该指标主要反映人民检察院对提请逮捕的犯罪嫌疑人进行审查后依法作出批准逮捕决定的情况。

2. 决定逮捕：指人民检察院对直接立案侦查的案件，认为需要逮捕犯罪嫌疑人时，依据法律作出的逮捕决定。该指标主要反映人民检察院对直接受理的案件行使决定逮捕权的情况。

3. 提起公诉：指人民检察院对公安、国家安全机关、监狱管理机关和检察机关侦查部门移送起诉的案件进行审查，根据事实，作出提起公诉的案件。该指标主要反映人民检察院对各类刑事案件向人民法院提起公诉情况。

2009年人民检察院出庭公诉情况统计表

单位:件

案件分类	适用简易程序	出庭公诉					
		合计	一审	二审			再审
				小计	上诉案	抗诉案	
合计	282909	446506	435149	10956	9192	1764	401
贪污贿赂	1873	19898	18946	880	612	268	72
渎职侵权	777	3916	3790	110	72	38	16
刑事案件	280259	422689	412410	9966	8508	1458	313
军人违反职责	0	3	3	0	0	0	0

指标解释:

1. 刑事案件:指按照管辖的规定由公安机关、国家安全机关、监狱管理机关侦查的案件。

2. 适用简易程序:指人民法院对依法可能判处三年以下有期徒刑、拘役、管制、单处罚金的公诉案件,事实清楚,证据充分,人民检察院建议或者同意适用简易程序的;告诉才处理的案件;被害人起诉的有证据证明的轻微刑事案件。

3. 一审:指公诉案件的第一审程序。

4. 二审:指上级人民法院根据当事人及其法定代理人的上诉或人民检察院的抗诉,对下一级人民法院未生效的判决、裁定进行重新审判的程序。

5. 再审:指人民检察院按照审判监督程序重新审判的案件。

2009年人民检察院办理刑事抗诉案件情况统计表

案件分类	提出抗诉	撤回抗诉	审判结果合计	改判		维持原判	指令再审
				小计			
	件	件	件	件	人	件	件
合计	3963	457	2391	1004	1501	700	687
二审小计	3332	435	2046	892	1355	653	501
贪污贿赂案件	536	78	318	118	163	106	94
渎职侵权案件	81	1	48	12	16	19	17
刑事案件	2715	356	1680	762	1176	528	390
再审小计	631	22	345	112	146	47	186
贪污贿赂案件	106	6	40	14	17	3	23
渎职侵权案件	26	2	8	2	2	3	3
刑事案件	499	14	297	96	127	41	160

指标解释:

1. 提出抗诉:指人民检察院对人民法院的判决、裁定认为确有错误,向人民法院提出对案件重新进行审理的诉讼活动。包括按照第二审程序提出的抗诉和按照审判监督程序(再审程序)提出的抗诉。

2. 撤回抗诉:指上级人民检察院对下级人民检察院按照第二审程序提出的抗诉,经审查,认为抗诉不当时向同级人民法院撤回抗诉,同时通知提出抗诉的下级人民检察院。

2009 年人民检察院办理民事、行政抗诉案件情况统计表

单位：件

案件分类	立案	提请抗诉	抗诉	撤回抗诉	抗诉案件再审情况					
					合计	改判	发回重审	调解	维持原判	其他
合计	41558	14039	11556	57	7787	3026	703	1877	1710	471
民事案件	39490	13580	11226	56	7469	2940	687	1864	1610	368
行政案件	2068	459	330	1	318	86	16	13	100	103

指标解释：

1. 立案：指决定立案审查的案件。

2. 提请抗诉：指本级人民检察院将本院有提请抗诉权的案件交下级人民检察院办理，下级人民检察院审查认为应当提请抗诉，建议上级人民检察院提请抗诉的案件。

3. 抗诉：指本级人民检察院提出抗诉的案件。

4. 撤回抗诉：指作出抗诉决定的人民检察院发现抗诉不当的，或接到上级人民检察院撤销抗诉决定后，向人民法院撤回抗诉的案件。

2009 年人民检察院纠正违法情况统计表

项目	书面提出纠正		已纠正	
	件次	人次	件次	人次
合计	58023		53862	
立案监督小计	28014	——	26208	——
监督立案	21191	——	19466	——
监督撤案	6823	——	6742	——
侦查监督小计	25974	——	24229	——
审查批捕环节	14308	——	14005	——
审查起诉环节	11666	——	10224	——
刑事审判监督	4035	——	3425	——
刑罚执行监督小计	——	32762	——	31717
监管活动	——	22268	——	21675
超期羁押	——	337	——	333
“减假保”	——	10157	——	9709

指标解释：

1. 立案监督：指人民检察院对侦查机关刑事立案活动的监督。包括对应当立案而不立案的监督和不应立案而立案的监督。

2. 监督立案：包括侦查机关接到要求说明不立案理由后主动立案和执行通知立案两个内容。

3. 监督撤案：指人民检察院对侦查机关不应当立案而立案的监督。

4. 监管活动：指人民检察院对监狱等监管改造场所的管理活动进行的监督。

5. “减假保”：指人民检察院针对罪犯减刑、假释和保外就医中出现的违法情况进行的监督。

2009 年人民检察院办理刑事申诉案件情况统计表

单位:件

案件类别	受理	立案复查	结案	
			小计	其中改变原决定
合计	6423	3570	3465	410
不服不批捕	569	371	362	30
不服不起诉	1426	1071	1014	103
不服撤案	51	26	29	7
不服原免予起诉	75	57	43	9
不服刑事判决	3390	1590	1555	32
其他	912	455	462	229

指标解释:

1. 受理:指人民检察院接受申诉的情况。包括来信和来访。
2. 立案复查:指人民检察院接受申诉后,经审查决定立案进行复查。
3. 结案:指立案复查有结果的案件。

2009 年人民检察院受理举报、控告、申诉案件情况统计表

单位:件

类别	受理	处理	其中	
			分送检察机关	转其他机关
合计	346504	344378	218180	67246
首次举报	159822	159213	123065	11118
首次控告	76484	76209	29140	33048
首次申诉	110198	108956	65975	23080

指标解释:

1. 首次举报:指单位或个人以来信、来访形式检举国家工作人员涉嫌贪污、贿赂犯罪,国家机关工作人员涉嫌渎职、侵权犯罪。不包括重复举报数。
2. 首次控告:指单位或个人以来信、来访形式检举国家工作人员违法或涉嫌刑事犯罪。不包括重复控告数。
3. 首次申诉:不服人民检察院处理决定的或不服人民法院判决或裁定的以来信、来访形式的申诉。不包括重复申诉。
4. 分送检察机关:指人民检察院对受理的举报、控告、申诉案件,经审查,分不同情况,转本院有关业务部门、或转其他人民检察院。

(以上表格由最高人民检察院办公厅提供)

第十二部分

名　　录

最高人民检察院检察长、副检察长名单

检 察 长 曹建明

副检察长 张 耕 邱学强 朱孝清 孙 谦 姜建初 张常韧 柯汉民

2009年最高人民检察院新任副检察长简历

张常韧 男,汉族,1953年12月出生,黑龙江宾县人,1975年9月加入中国共产党,1969年9月参加工作,中央党校研究生学历。

现任最高人民检察院党组成员、副检察长、检察委员会委员,二级大检察官。

1969年9月—1977年8月 黑龙江省宾县光恩公社广播站播音员、宾县广播站播音员兼编辑

1977年8月—1981年2月 黑龙江省宾县县委办公室秘书

1981年2月—1981年10月 黑龙江省宾县县委宣传部副部长

1981年10月—1983年9月 黑龙江省松花江地委组织部干部一科副科级干部

1983年9月—1984年11月 黑龙江省委组织部副科级巡视员

(其间:1981年4月—1984年3月哈尔滨师范大学政治理论专业函授大专学习)

1984年11月—1987年2月 黑龙江省委组织部青年干部处副处级巡视员

1987年2月—1987年6月 黑龙江省委组织部青年干部处副处长

1987年6月—1988年7月 中组部地方干部局一处干部

1988年7月—1991年4月 中组部地方干部局一处、三处副处长

1991年4月—1994年6月 中组部地方干部局四处处长

1994年6月—1999年3月 中组部地方干部局副局长

(其间:1996年9月—1998年7月中国社会科学院企业管理专业研究生课程进修班在职学习)

1999年3月—2000年6月 中组部党政外事干部局局长

(其间:1998年9月—1999年7月中央党校一年制中青年干部培训班学习)

2000年6月—2002年12月 中组部干部三局局长

2002年12月—2009年6月 最高人民检察院党组成员、政治部主任

(其间:2000年3月—2003年1月中央党校研究生院在职研究生班法学理论专业学习,2003年12月中国检察官协会副会长,2005年9月—2009年11月兼任最高人民检察院机关党委书记,2006年6月—2006年9月国务院发展研究中心、哈佛大学、清华大学第五期公共管理高级培训班结业)

2009年6月—2009年9月 最高人民检察院党组成员、副检察长、检察委员会委员、政治部主任

(其间:2009年7月二级大检察官)

2009年9月— 最高人民检察院党组成员、副检察长、检察委员会委员

柯汉民 男,汉族,1955年10月生,湖北大冶人,1982年8月参加工作,1974年12月加入中国共产党,大学学历,法学学士学位。

现任最高人民检察院党组成员、副检察长、检察委员会委员,二级大检察官。

1978年10月—1982年8月 西南政法学院政法系法律专业学生

1982年8月—1984年11月 最高人民检察院法律政策研究室干部

1984年11月—1988年11月 最高人民检察院法律政策研究室法律政策研究处副处长

1988年11月—1990年11月 最高人民检察院民事行政检察厅业务处处长

(其间:1985 年 4 月最高人民检察院助理检察员,1990 年 6 月最高人民检察院检察员)
1990 年 11 月—1994 年 3 月　最高人民检察院民事行政检察厅副厅长
(其间:1992 年 4 月—1993 年 11 月挂职任福建省泉州市副市长)
1994 年 3 月—1996 年 9 月　最高人民检察院法纪检察厅副厅长
1996 年 9 月—1998 年 7 月　安徽省人民检察院党组成员、副检察长
1998 年 7 月—2003 年 2 月　安徽省人民检察院党组副书记、副检察长
2003 年 2 月—2007 年 12 月　安徽省人民检察院党组书记、检察长
(其间:2003 年 3 月二级大检察官)
2007 年 12 月—2008 年 2 月　山西省人民检察院副检察长、代理检察长、党组书记
2008 年 2 月—2009 年 6 月　山西省人民检察院党组书记、检察长
2009 年 6 月—　最高人民检察院党组成员、副检察长、检察委员会委员

中央纪委驻最高人民检察院纪检组组长名单

莫文秀(女)

最高人民检察院政治部主任名单

李如林

最高人民检察院检察委员会专职委员名单

童建明　杨振江

最高人民检察院检察委员会委员名单

曹建明　张　耕　邱学强　朱孝清　孙　谦　姜建初　张常韧　柯汉民　李如林
张仲芳　王鸿翼　杨振江　童建明　叶　峰　陈连福　白泉民　王　晋　阎敏才
陈国庆

最高人民检察院咨询委员名单

王安新　秦信联　侯　磊　靳　军　张文宣　姚世根　唐云怀　赵　虹　陈大豪

吴光裕　索维东　周振华　王尚宇　何素斌(女)郭永运　师梦雄　高来夫　胡克惠(女)
王振川　林有海　董智明

最高人民检察院各部门负责人名单

办公厅
主　任　白泉民
副主任　郑岚萍(女,正厅级)　许山松　钱　舫　徐向春

政治部
副主任　王少峰　胡尹庐(女)　夏道虎
干部部部长　张建军(正厅级)
宣传部部长　(空缺)
干部教育培训部部长　胡卫列
办公室主任　张　巍

侦查监督厅
厅　长　万　春
副厅长　黄海龙　元　明　黄卫平

公诉厅
厅　长　彭　东
副厅长　王　军　聂建华　黄　河

反贪污贿赂总局
局　长　陈连福
副局长　徐进辉(正厅级)　马海滨　孙忠诚　王利民

渎职侵权检察厅
厅　长　李文生
副厅长　宋寒松(正厅级)　李忠诚(正厅级)

监所检察厅
厅　长　袁其国
副厅长　王光辉　周　伟
最高人民检察院驻司法部燕城监狱检察室
主任　(空缺)

民事行政检察厅
厅　长　王鸿翼
副厅长　文先保(正厅级)　贾小刚

控告检察厅
厅　长　王晓新
副厅长　王高生　孙立泉

刑事申诉检察厅
厅　长　王　晋
副厅长　尹伊君　鲜铁可

铁路运输检察厅
厅　长　阎敏才
副厅长　石小申(正厅级)

职务犯罪预防厅
厅　长　郝银飞(女)
副厅长　陈正云

法律政策研究室
主　任　陈国庆
副主任　王守安

监察局　(与中央纪委驻最高人民检察院纪检组合署办公)
局长　(中央纪委驻最高人民检察院纪检组副组长)　张振海
中央纪委驻最高人民检察院纪检组副组长　张志杰
监察局副局长　(空缺)
案件检查审理室主任　赵建平(正厅级)
执法监察室主任　段湘晖(女)

国际合作局
局　长　郭兴旺
副局长　张新泽　高云涛

计划财务装备局
局　长　吴松寿
副局长　傅志安(兼)　李　晓(正厅级)　于洪滨　赵　扬(女,正厅级)

机关党委
书　记　李如林(兼)
副书记　穆红玉(女,正厅级)
副书记兼纪委书记　林建华(女,正厅级)

离退休干部局
局　长　(空缺)
副局长　林建华(女,正厅级,兼)　刘伟东(女)

机关服务中心
主　任　傅志安
副主任　时振祥(正厅级)　武金钟　张守文

国家检察官学院

名誉院长 张思卿

党委书记 刘佑生

院长、党委副书记 石少侠

党委副书记、副院长 陈德毅

副院长 朱建华 单 民 杨迎泽

纪委书记 王 鑫

检察日报社

党委书记兼社长 张本才

总编辑 李雪慧

副社长 (空缺)

党委副书记兼纪委书记 刘金胜(正厅级)

副总编辑 王守泉 王松苗 赵 信

中国检察出版社

社长兼总编辑 (空缺)

副社长 王庆新(正厅级) 阮丹生

副总编辑 安 斌

检察理论研究所

所 长 张智辉

副所长 向泽选 谢鹏程

检察技术信息研究中心

主 任 吴松寿(兼)

副主任 王雪梅(女) 江一山 幸 生

最高人民检察院检察员名单

(按任命时间排列)

杨振江　王鸿翼　阎敏才　王晓新　赵建平　吴建平　石小申　傅志安　杨 军
马丽莉(女)　刘佑生　郝银飞(女)　叶 峰　王庆新　夏道虎　童建明　彭 伟　王 京(女)
宋寒松　刘永胜　俞元华(女)　路 飞　于国庆(女)　郭素芬(女)　卢平权(女)　邱学强　张建军
彭 东　张仲芳　王 晋　曹 康　于 萍(女)　刘小青(女)　张志杰　宋志伟　石秀琴(女)
王洪祥　陈国庆　王少峰　刘伟东(女)　时振祥　林建华(女)　李向京(女)　聂建华　徐进辉
王高生　周苏民(女)　张汝杰　郭瑞华(女)　黄海龙　王 军　刘宝瑞　王伦轩　尹伊君
李忠诚　骆满昌　文先保　李建华(女)　戴中瑾(女)　崔霞章　王冰毅　刘雅清(女)　刘旭红(女)
金其荣　于 千(女)　穆红玉(女)　李 健　陈玉栋　王云河　刘吉恩　文盛堂　杨书文
孙 超(女)　王向东　冯 慧　李景晗　谢 鸣　孙立泉　朱建华　段湘晖(女)　缐 杰(女)
黄 河　关福金　刘慧玲(女)　董同会　鲁晓刚　陈正云　傅 侃(女)　张雪昆　王卫东
韩耀元　赖红军(女)　元 明　郑岚萍(女)　黄卫平　陈 波　徐公义　马海滨　冯 进
陈连福　白泉民　李文生　张相军　王守安　霍亚鹏(女)　张振海　孙忠诚　王景琦(女)
赵 扬(女)　鲜铁可　吕洪涛　王光辉　曾洪强　肖亚军　王利民　周常志　李庆发
高景峰　史卫忠　钱 舫　杨兴国　贾小刚　张 巍　罗庆东　张凤艳(女)　许山松
曹 锋　陈雪芬(女)　田 力　孙加瑞　任长义　张玉梅(女)　万 春　顾义友　贺湘君(女)
马相哲　张志远　韩 英(女)　曲 璟(女)　王国平　杨 静　刘太宗　杜亚起　陈 东
向泽选　王建平　刘 枫(女)　杨虎德　张红霞(女)　韩晓峰　张鹏宇　许道敏　杜爱平
张晓津　赵武安　刘 岳　张晓玉　王德光　肖正磊　白会民　李 峰　邱利军
李 晓　周 伟　钱立华　侯亚辉　詹复亮　吴孟栓　邹绯箭　王蜀青
王 莉(女,民事行政检察厅)　肖中扬　刘 颖(女)　高 虎　李效安(女)　韩凤英(女)　王保权
张安平(女)　孙 明　邓 云　刘志远　钟得志　张寒玉(女)　李林虎　阿儒汗　任宜新
杨 钊(女)　黄 耕　欧阳春　王天颖(女)　马 滔　郭明聪　黄 岩(女)　张步洪　林礼兴
王光月　王 莉(女,法律政策研究室)　陈成霞(女)　李 辉　牛正良　王庆豹　何全印
代 锋　刘福谦　徐向春　李连成　王 健　顾 华(女)　王 洪　齐占洲　白凤云(女)

张红生 梁贵斌 田书彩(女)孙 勤 孙林平(女)王亚卿 荣晓红 黄 璞 胡卫列
李金声 周惠永 袁其国

最高人民检察院第五届特约检察员名单

党 派	姓 名	性 别	所在单位及职务
中国国民党革命委员会	林志远	女	北京市政协委员、民革中央委员、国家发展改革委员会经济研究所研究员
	温崇真	女	国家外汇管理局原总经济师、民革中央经济委员会委员、北京西城民革金融银行主委
中国民主同盟	张克俭	男	第十届全国政协委员、北京证券有限责任公司高级经济师、民盟中央委员
	黄景钧	男	第十届全国政协委员,民盟中央委员、法律委员会主任
	徐一帆	男	第十届全国政协委员、国家统计局副局长、高级统计师
	谢经荣	男	第十届全国政协委员、国家测绘局副局长、教授、北京市政协委员、民盟中央委员、民盟北京市委副主任
中国民主建国会	曾广宇	男	北京市政协副秘书长、民建北京市委副主委、原中央财经大学金融证券研究所研究员
	高文杰	男	民建北京市委原常委、中国水利电力对外公司原副总经济师
	刘宪秋	男	北京市人大代表、中国蓝星(集团)总公司原副经理、工程师、中国膜工业协会秘书长
	张 皎	男	第十届全国政协委员、民建中央秘书长、中国拉丁美洲友好协会理事、首都经济研究会理事、中国林业经济学会常务理事
中国民主促进会	张 珩	男	北京市人大代表、中国科学院力学所研究员、博士生导师、民进中央委员、民进中央科技医卫委员会副主任
	蔡继明	男	第十届全国政协委员、民进中央常委、民进北京市委副主委、清华大学人文科学学院教授、博士生导师
	吴文彦	女	北京市民政局副局长、北京市仲裁委员会仲裁员、北京市政协委员、民进中央委员、民进中央社会和法制委员会主任、民进北京市委常委
中国农工民主党	刘德洪	男	第十届全国政协委员、农工党北京市交通支部委员、原交通部海事局副局长
	欧阳华	男	第十届全国政协委员、中国科学院地理科学与资源研究所副所长、北京市政协常委、农工党中央委员、农工党北京市委副主委
中国致公党	于长隆	男	第十届全国政协委员、北京大学运动医学研究所副所长
	郑胜利	男	北京大学知识产权学院秘书长、法制研究中心主任、教授、北京市政协常委

九三学社	谢俊奇	男	第十届全国政协委员、国土资源部中国土地勘测规划院副院长、研究员、中国农业资源与区划学会副理事长、中国国土经济学研究会常务理事
台湾民主自治同盟	蔡国斌	男	第十届全国政协委员、北京市人大代表、台盟中央委员、中国医学科学院整形外科医院主任医师、教授
中华全国工商联合会	王　瑗	女	全国工商联法律部部长
无党派人士	李庆云	男	第十届全国人大代表、北京大学经济学院教授、博士生导师

（最高人民检察院政治部提供）

地方各级(专门)人民检察院检察长名单

北　京　市

北京市人民检察院检察长　**慕　平**
北京市人民检察院副检察长　**马剑光**
高保京
方　工
伦朝平
甄　贞(女)
李新生
王一俊
北京市人民检察院第一分院检察长　**项　明**
北京市人民检察院第二分院检察长　**卢　希(女)**
东城区人民检察院检察长　娄云生
西城区人民检察院检察长　顾　军
崇文区人民检察院检察长　李　立
宣武区人民检察院检察长　曹新民
朝阳区人民检察院检察长　王　立
丰台区人民检察院检察长　蔡柏林
石景山区人民检察院检察长　苗生明(代)
海淀区人民检察院检察长　王振峰(代)
门头沟区人民检察院检察长　许晓闽
房山区人民检察院检察长　张笑英(女)
通州区人民检察院检察长　东晓钟
顺义区人民检察院检察长　张守良(代)
昌平区人民检察院检察长　韩索华(代)
大兴区人民检察院检察长　赵　成
怀柔区人民检察院检察长　蓝向东(代)
平谷区人民检察院检察长　刘旭东(代)
密云县人民检察院检察长　陈　平(代)
延庆县人民检察院检察长　张铁军(代)
清河人民检察院检察长　孙存德
团河地区人民检察院检察长　张　博
北京市人民检察院北京铁路运输分院检察长　朱　晔
北京铁路运输检察院检察长　孙晓刚
天津铁路运输检察院检察长　(空缺)
石家庄铁路运输检察院检察长　张小坠

天　津　市

天津市人民检察院检察长　**于世平**
天津市人民检察院副检察长　**杨学工**
李　杰
张铁英
王　东
天津市人民检察院第一分院检察长　**刘宝霞(女)**
天津市人民检察院第二分院检察长　**张平发**
和平区人民检察院检察长　田建国
河东区人民检察院检察长　赵祥麟
河西区人民检察院检察长　王炳祥
南开区人民检察院检察长　高振江
河北区人民检察院检察长　王玉良
红桥区人民检察院检察长　赵云生
塘沽区人民检察院检察长　冯云翔
汉沽区人民检察院检察长　齐冠军

大港区人民检察院检察长 王 煜
东丽区人民检察院检察长 侯 智
西青区人民检察院检察长 张福来
津南区人民检察院检察长 张俊奇(代)
北辰区人民检察院检察长 王援东
武清区人民检察院检察长 孙学文
宝坻区人民检察院检察长 周建廷
蓟县人民检察院检察长 薛久如
宁河县人民检察院检察长 李 强
静海县人民检察院检察长 杨克兴
天津经济技术开发区人民检察院检察长 张卫国

河 北 省

河北省人民检察院检察长 张德利
河北省人民检察院副检察长 陈晓颖
史建明
孟繁浩
申占群
王立山
石家庄市人民检察院检察长 蔡春和
长安区人民检察院检察长 李 维
桥东区人民检察院检察长 梁瑞琴(女)
桥西区人民检察院检察长 李彦彪
新华区人民检察院检察长 王建中
裕华区人民检察院检察长 臧玉平
井陉矿区人民检察院检察长 吴正育
辛集市人民检察院检察长 李延生(代)
藁城市人民检察院检察长 肖瑞海
晋州市人民检察院检察长 李芳栋
新乐市人民检察院检察长 李景龙
鹿泉市人民检察院检察长 王慧霞(女)
井陉县人民检察院检察长 王国政
正定县人民检察院检察长 张青山
栾城县人民检察院检察长 张 森(代)
行唐县人民检察院检察长 兰志伟(女)
灵寿县人民检察院检察长 宋庆绵(女)
高邑县人民检察院检察长 郝增录
深泽县人民检察院检察长 张伟新
赞皇县人民检察院检察长 任志晓
无极县人民检察院检察长 张合乡
平山县人民检察院检察长 李新成
元氏县人民检察院检察长 赵 力
赵县人民检察院检察长 李建敏
石家庄市高新技术产业开发区人民检察院检察长 王世青
张家口市人民检察院检察长 程元臣
桥西区人民检察院检察长 许正芳
桥东区人民检察院检察长 刘伟洪
宣化区人民检察院检察长 蒋燕鹏
下花园区人民检察院检察长 裴玉生
宣化县人民检察院检察长 谢利军(女)
张北县人民检察院检察长 王 哲
康保县人民检察院检察长 赵 刚
沽源县人民检察院检察长 张建军
尚义县人民检察院检察长 徐光桥
蔚县人民检察院检察长 赵云峰
阳原县人民检察院检察长 葛阿刚
怀安县人民检察院检察长 张晓英(女)
万全县人民检察院检察长 封志江
怀来县人民检察院检察长 李践锋
涿鹿县人民检察院检察长 孙少平
赤城县人民检察院检察长 郭文先
崇礼县人民检察院检察长 孟庆荣
涿鹿县赵家蓬区人民检察院检察长 陈世军
承德市人民检察院检察长 庞祥海
双桥区人民检察院检察长 谭爱民
双滦区人民检察院检察长 陈焕新
鹰手营子矿区人民检察院检察长 董延杰
承德县人民检察院检察长 陈若娟(女)
兴隆县人民检察院检察长 郭玉峰(女)
平泉县人民检察院检察长 闫维奇
滦平县人民检察院检察长 许庆阳
隆化县人民检察院检察长 蔡金成
丰宁满族自治县人民检察院检察长 白洪昌
宽城满族自治县人民检察院检察长 张宏民
围场满族蒙古族自治县人民检察院检察长 吕 山
安定里地区人民检察院检察长 郑 川
秦皇岛市人民检察院检察长 高树勇
海港区人民检察院检察长 薛向东
山海关区人民检察院检察长 刘延祥
北戴河区人民检察院检察长 赵振辉
昌黎县人民检察院检察长 陈 巍
抚宁县人民检察院检察长 郝一众
卢龙县人民检察院检察长 陈志平

青龙满族自治县人民检察院检察长　熊　伟
秦皇岛市经济技术开发区人民检察院检察长　赵全海
唐山市人民检察院检察长　梁文平
路北区人民检察院检察长　方保坤
路南区人民检察院检察长　张炳泽
古冶区人民检察院检察长　伦慧津
开平区人民检察院检察长　冯博元
丰润区人民检察院检察长　韩俊华
丰南区人民检察院检察长　周春林
遵化市人民检察院检察长　孙玉军
迁安市人民检察院检察长　李　瑛
滦县人民检察院检察长　王玉成
滦南县人民检察院检察长　魏宝成
乐亭县人民检察院检察长　周金刚
迁西县人民检察院检察长　张国华
玉田县人民检察院检察长　包　频(女)
唐海县人民检察院检察长　张庆来
汉沽管理区人民检察院检察长　董晓宇
芦台经济技术开发区人民检察院检察长　李云飞
海港经济开发区人民检察院检察长　陈长存
廊坊市人民检察院检察长　乔静辉
广阳区人民检察院检察长　杨　华(女)
安次区人民检察院检察长　孙志义
霸州市人民检察院检察长　刘　发
三河市人民检察院检察长　张　平
固安县人民检察院检察长　(空缺)
永清县人民检察院检察长　邱福星
香河县人民检察院检察长　仇海全
大城县人民检察院检察长　许增军
文安县人民检察院检察长　李向海
大厂回族自治县人民检察院检察长　张瑞山
廊坊市经济技术开发区人民检察院检察长　张国征(女)
保定市人民检察院检察长　周庆平
新市区人民检察院检察长　赵炳山
北市区人民检察院检察长　卢彦芬(女)
南市区人民检察院检察长　戴军峰
定州市人民检察院检察长　曹建国
涿州市人民检察院检察长　谷文力
安国市人民检察院检察长　宋进朝
高碑店市人民检察院检察长　聂卫新
满城县人民检察院检察长　赵福顺
清苑县人民检察院检察长　赵文征
易县人民检察院检察长　刘志刚
徐水县人民检察院检察长　贾志宏
涞源县人民检察院检察长　韩建强
定兴县人民检察院检察长　刘宝山
顺平县人民检察院检察长　杨文萍(女)
唐县人民检察院检察长　何俊乔(女)
望都县人民检察院检察长　何建刚
涞水县人民检察院检察长　李玉龙
高阳县人民检察院检察长　张　炜(女)
安新县人民检察院检察长　王　宇
雄县人民检察院检察长　杨福增
容城县人民检察院检察长　腾秋安
曲阳县人民检察院检察长　杨宗豪
阜平县人民检察院检察长　孟良辉
博野县人民检察院检察长　李春青
蠡县人民检察院检察长　安军旗
沧州市人民检察院检察长　李　勤
运河区人民检察院检察长　庞维华
新华区人民检察院检察长　马树彬
泊头市人民检察院检察长　张云卿
任丘市人民检察院检察长　郭新生
黄骅市人民检察院检察长　贾　全
河间市人民检察院检察长　王亚非
沧县人民检察院检察长　张义昌
青县人民检察院检察长　郝建波
东光县人民检察院检察长　樊树森
海兴县人民检察院检察长　赵广杰
盐山县人民检察院检察长　刘金铎
肃宁县人民检察院检察长　崔志华
南皮县人民检察院检察长　姜天力
吴桥县人民检察院检察长　康　人(女)
献县人民检察院检察长　王志杰
孟村回族自治县人民检察院检察长　赵俊杰
渤海新区人民检察院检察长　(空缺)
衡水市人民检察院检察长　贾振之
桃城区人民检察院检察长　谷小兵
冀州市人民检察院检察长　杨金才
深州市人民检察院检察长　孙秋明
枣强县人民检察院检察长　王淑娟(女)
武邑县人民检察院检察长　郭　华
武强县人民检察院检察长　吕新华
饶阳县人民检察院检察长　李兰生

安平县人民检察院检察长　郑瑞华
故城县人民检察院检察长　王占生
景县人民检察院检察长　常彦杰
阜城县人民检察院检察长　田　林
邢台市人民检察院检察长　张卷良
桥东区人民检察院检察长　胡永奎
桥西区人民检察院检察长　杲守强
南宫市人民检察院检察长　董广生
沙河市人民检察院检察长　姚献军
邢台县人民检察院检察长　钱志民
临城县人民检察院检察长　董文清
内丘县人民检察院检察长　张掀坤
柏乡县人民检察院检察长　陈志刚
隆尧县人民检察院检察长　李少军
任县人民检察院检察长　路恒福
南和县人民检察院检察长　苗永革(女)
宁晋县人民检察院检察长　许世峰
巨鹿县人民检察院检察长　王德志
新河县人民检察院检察长　要晓伟
广宗县人民检察院检察长　张雪彦
平乡县人民检察院检察长　赵丽杰(女)
威县人民检察院检察长　焦朝坤
清河县人民检察院检察长　吕登文
临西县人民检察院检察长　李晓波(女)
邯郸市人民检察院检察长　王金国
丛台区人民检察院检察长　白新柱
邯山区人民检察院检察长　王忠民
复兴区人民检察院检察长　李秀连
峰峰矿区人民检察院检察长　韩文周(代)
武安市人民检察院检察长　曹子星
邯郸县人民检察院检察长　余长江
临漳县人民检察院检察长　韩世国
成安县人民检察院检察长　李清林
大名县人民检察院检察长　韩欣悦
涉县人民检察院检察长　郭宪中
磁县人民检察院检察长　蔡　玺
肥乡县人民检察院检察长　黄亚军
永年县人民检察院检察长　李建军
邱县人民检察院检察长　杨建生
鸡泽县人民检察院检察长　赵海彬
广平县人民检察院检察长　毕骞晋
馆陶县人民检察院检察长　任建民(代)
魏县人民检察院检察长　杨万庆(代)
曲周县人民检察院检察长　申玉良

山　西　省

王建明　男,汉族,1962年12月生,福建漳州人,研究生学历,法学博士,中共党员,1984年8月参加工作。

1980年9月至1984年8月厦门大学法学专业学生,1984年8月至1986年12月最高人民检察院干部,1986年12月至1992年11月最高人民检察院监所检察厅科员、副科级、正科级干部,1992年11月至1995年8月任最高人民检察院监所检察厅劳改检察处副处长(其间:1993年1月任助理检察员,1994年8月任检察员),1995年8月至1995年12月任最高人民检察院监所检察厅监狱(劳改)检察处处长,1995年12月至1997年5月任最高人民检察院监所检察厅厅长助理、监狱(劳改)检察处处长,1997年5月至1997年9月任最高人民检察院监所检察厅厅长助理,1997年9月至1999年4月任最高人民检察院监所检察厅副厅长,1999年4月至2000年9月任最高人民检察院审查批捕厅副厅长,2000年9月至2001年4月任最高人民检察院侦查监督厅副厅长,2001年4月至2004年2月任最高人民检察院反贪污贿赂总局副局长(正厅级),2004年2月至2007年11月任最高人民检察院反贪污贿赂总局局长(其间:2005年4月任最高人民检察院检察委员会委员;2004年9月至2007年7月中国政法大学诉讼法学专业博士研究生),2007年11月至2009年6月任最高人民检察院检察委员会副部级专职委员、反贪污贿赂总局局长,2009年6月任山西省人民检察院党组书记,2009年7月任山西省人民检察院副检察长、代理检察长、党组书记。

山西省人民检察院检察长　王建明(代)
山西省人民检察院副检察长　王满春
文晓平
荣　彰
李　勃
曹改莲(女)
严奴国
太原市人民检察院检察长　赵安灵
杏花岭区人民检察院检察长　路效国

小店区人民检察院检察长　王小燕(女)
迎泽区人民检察院检察长　何书生
尖草坪区人民检察院检察长　李根元
万柏林区人民检察院检察长　杨俊杰
晋源区人民检察院检察长　常向东
古交市人民检察院检察长　田树平
清徐县人民检察院检察长　王京江
阳曲县人民检察院检察长　刘忠勇
娄烦县人民检察院检察长　孙向荣
西峪地区人民检察院检察长　(空缺)
大同市人民检察院检察长　霍永宁
城区人民检察院检察长　韩　斌
矿区人民检察院检察长　张丽珍(女)
南郊区人民检察院检察长　冯志勇
新荣区人民检察院检察长　李易恩
阳高县人民检察院检察长　韩贵福
天镇县人民检察院检察长　王永明
广灵县人民检察院检察长　郭明哲
灵丘县人民检察院检察长　柳根宽
浑源县人民检察院检察长　靳玉祯
左云县人民检察院检察长　苑曙光
大同县人民检察院检察长　杜玺元
朔州市人民检察院检察长　孙赞东
朔城区人民检察院检察长　王吉贤
平鲁区人民检察院检察长　管　福
山阴县人民检察院检察长　王　划
应县人民检察院检察长　乔振文
右玉县人民检察院检察长　吴占胜
怀仁县人民检察院检察长　梁海萍(女)
阳泉市人民检察院检察长　胡克勤
城区人民检察院检察长　张　启
矿区人民检察院检察长　王永强
郊区人民检察院检察长　贾建胜
平定县人民检察院检察长　范海生
盂县人民检察院检察长　李锦宪
荫营地区人民检察院检察长　叶晓利
长治市人民检察院检察长　王建中
城区人民检察院检察长　史书义
郊区人民检察院检察长　张长兴
潞城市人民检察院检察长　张晓林
长治县人民检察院检察长　郜晋峰
襄垣县人民检察院检察长　郭建斌
屯留县人民检察院检察长　魏国敏
平顺县人民检察院检察长　赵九大
黎城县人民检察院检察长　李皎明
壶关县人民检察院检察长　王慧琴(女)
长子县人民检察院检察长　李　耀
武乡县人民检察院检察长　史高峰
沁县人民检察院检察长　李国善
沁源县人民检察院检察长　王东旭
晋城市人民检察院检察长　张润才
城区人民检察院检察长　赵贵炉
高平市人民检察院检察长　赵仰政
泽州县人民检察院检察长　连雪堂
沁水县人民检察院检察长　苏文革
阳城县人民检察院检察长　王红玲(女)
陵川县人民检察院检察长　许关生
晋普山地区人民检察院检察长　许凤荣
忻州市人民检察院检察长　王国宏
忻府区人民检察院检察长　牛　文
原平市人民检察院检察长　李秉玺
定襄县人民检察院检察长　李书文
五台县人民检察院检察长　邢晋忻
代县人民检察院检察长　田喜荣
繁峙县人民检察院检察长　吕来喜
宁武县人民检察院检察长　栗俊岫
静乐县人民检察院检察长　桑凡林
神池县人民检察院检察长　樊亚夫
五寨县人民检察院检察长　郭耀庭
岢岚县人民检察院检察长　(空缺)
河曲县人民检察院检察长　郝贵清
保德县人民检察院检察长　史秀云
偏关县人民检察院检察长　徐晓兰(女)
晋中市人民检察院检察长　赵相成
榆次区人民检察院检察长　张明武
介休市人民检察院检察长　千晋左
榆社县人民检察院检察长　张群星
左权县人民检察院检察长　陈延廷
和顺县人民检察院检察长　冯耀环
昔阳县人民检察院检察长　刘东升
寿阳县人民检察院检察长　孟　勇
太谷县人民检察院检察长　高　屹
祁县人民检察院检察长　张如善
平遥县人民检察院检察长　魏智勇
灵石县人民检察院检察长　梁守义

临汾市人民检察院检察长　闫喜春
尧都区人民检察院检察长　董新平
侯马市人民检察院检察长　王　华
霍州市人民检察院检察长　张　俊
曲沃县人民检察院检察长　贾凤岐
翼城县人民检察院检察长　张旭生
襄汾县人民检察院检察长　王福勇
洪洞县人民检察院检察长　刘俊明
古县人民检察院检察长　李清秀
安泽县人民检察院检察长　杜振峰
浮山县人民检察院检察长　马兴元
吉县人民检察院检察长　赵忠庆
乡宁县人民检察院检察长　张宁红
蒲县人民检察院检察长　王登龙
大宁县人民检察院检察长　张临生
永和县人民检察院检察长　翟　海
隰县人民检察院检察长　陈忠和
汾西县人民检察院检察长　刘俊茂
运城市人民检察院检察长　郝跃伟
盐湖区人民检察院检察长　董兆庆
永济市人民检察院检察长　杨富管
河津市人民检察院检察长　朱文峰
芮城县人民检察院检察长　程建启
临猗县人民检察院检察长　吕茂川
万荣县人民检察院检察长　刘少华
新绛县人民检察院检察长　毛毓登
稷山县人民检察院检察长　鲁双良
闻喜县人民检察院检察长　张志坚
夏县人民检察院检察长　段　浩
绛县人民检察院检察长　王文荣
平陆县人民检察院检察长　王战康
垣曲县人民检察院检察长　廉新纪
董村地区人民检察院检察长　姚江华
吕梁市人民检察院检察长　张仲马
离石区人民检察院检察长　史晋斌
孝义市人民检察院检察长　穆生富
汾阳市人民检察院检察长　王太明
文水县人民检察院检察长　段中梁
中阳县人民检察院检察长　薛晓云
兴县人民检察院检察长　林　毅
临县人民检察院检察长　高羊生
方山县人民检察院检察长　王贵勇
柳林县人民检察院检察长　赵晓东
岚县人民检察院检察长　刘新平
交口县人民检察院检察长　郝雪峰
交城县人民检察院检察长　白文兴
石楼县人民检察院检察长　张小玲(女)
山西省人民检察院太原铁路运输分院检察长　张双喜
大同铁路运输检察院检察长　岳子平
太原铁路运输检察院检察长　路勇志
临汾铁路运输检察院检察长　黄建华

内蒙古自治区

内蒙古自治区人民检察院检察长　邢宝玉
内蒙古自治区人民检察院副检察长　杨怀武
周忠清
张　敏(女)
李茂林
郑锦春
呼和浩特市人民检察院检察长　云布俊
新城区人民检察院检察长　胡　兰(女)
回民区人民检察院检察长　闫政伟
玉泉区人民检察院检察长　徐建斌(代)
赛罕区人民检察院检察长　云瑞鹏
托克托县人民检察院检察长　包吉林
武川县人民检察院检察长　赵仟钧
和林格尔县人民检察院检察长　查　干
清水河县人民检察院检察长　郭建华
土默特左旗人民检察院检察长　修仕军
包头市人民检察院检察长　乔青山
昆都仑区人民检察院检察长　李世云(女)
东河区人民检察院检察长　张少文
青山区人民检察院检察长　李锡保
石拐区人民检察院检察长　沈海秋
白云鄂博矿区人民检察院检察长　伏俊华
九原区人民检察院检察长　石玉玺
固阳县人民检察院检察长　韩向成
土默特右旗人民检察院检察长　张忠明
达尔罕茂明安联合旗人民检察院检察长　苏　德
包头稀土高新技术产业开发区人民检察院检察长　钱亚洲
乌海市人民检察院检察长　宝孟和
海勃湾区人民检察院检察长　段继荣
海南区人民检察院检察长　魏玉柱

乌达区人民检察院检察长 慕晓鹏
赤峰市人民检察院检察长 张秀峰
红山区人民检察院检察长 李金成
元宝山区人民检察院检察长 王占军
松山区人民检察院检察长 潘喜龙
宁城县人民检察院检察长 赵晓明
林西县人民检察院检察长 张 栋
阿鲁科尔沁旗人民检察院检察长 江世和
巴林左旗人民检察院检察长 曲国峰
巴林右旗人民检察院检察长 吕鹏举
克什克腾旗人民检察院检察长 徐国锋
翁牛特旗人民检察院检察长 王晓文
喀喇沁旗人民检察院检察长 尹玉臣
敖汉旗人民检察院检察长 赵国义
通辽市人民检察院检察长 何 奇
科尔沁区人民检察院检察长 孙树军
霍林郭勒市人民检察院检察长 刘文忠
开鲁县人民检察院检察长 陈景忠
库伦旗人民检察院检察长 潘 俊
奈曼旗人民检察院检察长 庄路轲(女)
扎鲁特旗人民检察院检察长 付 强
科尔沁左翼中旗人民检察院检察长 何庆江
科尔沁左翼后旗人民检察院检察长 张子军
呼伦贝尔市人民检察院检察长 王汉武
海拉尔区人民检察院检察长 毛云恒
满洲里市人民检察院检察长 王希元
扎兰屯市人民检察院检察长 赵国章
牙克石市人民检察院检察长 孟昌光
根河市人民检察院检察长 苗树成
额尔古纳市人民检察院检察长 赵振锐
阿荣旗人民检察院检察长 刘丽洁(女)
新巴尔虎右旗人民检察院检察长 白音巴拉
新巴尔虎左旗人民检察院检察长 白海清
陈巴尔虎旗人民检察院检察长 冯伟卓
鄂伦春族自治旗人民检察院检察长 邢占江
鄂温克族自治旗人民检察院检察长 王殿元
莫力达瓦达斡尔族自治旗人民检察院
检察长 李保华
满洲里市扎赉诺尔矿区人民检察院
检察长 杨振良
陈巴尔虎旗宝日希勒矿区人民检察院
检察长 (空缺)
鄂温克族自治旗大雁矿区人民检察院
检察长 王永生
鄂伦春族自治旗大杨树地区人民检察院
检察长 赵忠义
鄂伦春族自治旗甘河地区人民检察院
检察长 崔 杨
鄂尔多斯市人民检察院检察长 武国瑞
东胜区人民检察院检察长 乔占飞
达拉特旗人民检察院检察长 张万刚
准格尔旗人民检察院检察长 贾昌兵
鄂托克前旗人民检察院检察长 菅志国
鄂托克旗人民检察院检察长 赵智明
杭锦旗人民检察院检察长 弓斯迪
乌审旗人民检察院检察长 马韵波
伊金霍洛旗人民检察院检察长 李唯东
乌兰察布市人民检察院检察长 孙建民
集宁区人民检察院检察长 张亚平
丰镇市人民检察院检察长 李春济
卓资县人民检察院检察长 李生华
化德县人民检察院检察长 周景国
商都县人民检察院检察长 (空缺)
兴和县人民检察院检察长 齐春雷
凉城县人民检察院检察长 边 荣
察哈尔右翼前旗人民检察院检察长 耿东风
察哈尔右翼中旗人民检察院检察长 吕建明
察哈尔右翼后旗人民检察院检察长 郑瑞明
四子王旗人民检察院检察长 张战英
巴彦淖尔市人民检察院检察长 杜江涛
临河区人民检察院检察长 奇平祥
五原县人民检察院检察长 王力军
磴口县人民检察院检察长 何斯琴(女)
乌拉特前旗人民检察院检察长 杨利春
乌拉特中旗人民检察院检察长 乌日图
乌拉特后旗人民检察院检察长 苏远程
杭锦后旗人民检察院检察长 黄晨阳
内蒙古自治区人民检察院兴安盟分院
检察长 王秀春
乌兰浩特市人民检察院检察长 赵劲松
阿尔山市人民检察院检察长 张国庆
突泉县人民检察院检察长 鲍国祥
科尔沁右翼前旗人民检察院检察长 郭玉发
科尔沁右翼中旗人民检察院检察长 韩哈斯
扎赉特旗人民检察院检察长 李巴图

内蒙古自治区人民检察院锡林郭勒盟分院检察长　杨树林
锡林浩特市人民检察院检察长　韩平强
二连浩特市人民检察院检察长　梁志坚
多伦县人民检察院检察长　张艳军
阿巴嘎旗人民检察院检察长　米福利
苏尼特左旗人民检察院检察长　伊拉图
苏尼特右旗人民检察院检察长　塔　娜(女)
东乌珠穆沁旗人民检察院检察长　达日汉夫
西乌珠穆沁旗人民检察院检察长　乌云毕力格
太仆寺旗人民检察院检察长　董建军
镶黄旗人民检察院检察长　孙守臣
正镶白旗人民检察院检察长　李胜革
正蓝旗人民检察院检察长　金建国
内蒙古自治区人民检察院阿拉善盟分院检察长　董　贵
阿拉善左旗人民检察院检察长　苏日图
阿拉善右旗人民检察院检察长　陶金玉
额济纳旗人民检察院检察长　张尚明
内蒙古自治区人民检察院呼和浩特铁路运输分院检察长　张富才
呼和浩特铁路运输检察院检察长　徐树山
包头铁路运输检察院检察长　霍建军
集宁铁路运输检察院检察长　马炳和
小黑河地区人民检察院检察长　王　进
保安沼地区人民检察院检察长　曲云清

辽　宁　省

辽宁省人民检察院检察长　肖　声
辽宁省人民检察院副检察长　周凤鸣
闫建成
宋兴伟
胡　玉(女)
孙　黎
沈阳市人民检察院检察长　李　丰
沈河区人民检察院检察长　王宇航
和平区人民检察院检察长　周　伟
大东区人民检察院检察长　郑允岐
皇姑区人民检察院检察长　黄　伟
铁西区人民检察院检察长　史启林
苏家屯区人民检察院检察长　徐宏捷
东陵区人民检察院检察长　张晓力
沈北新区人民检察院检察长　胡成山
于洪区人民检察院检察长　张万军
新民市人民检察院检察长　张丰才
辽中县人民检察院检察长　白敬实
康平县人民检察院检察长　石兴华
法库县人民检察院检察长　张遂志
沈阳经济技术开发区人民检察院检察长　孙永利
沈阳高新技术产业开发区人民检察院检察长　朱　海
城郊地区人民检察院检察长　李亚光
朝阳市人民检察院检察长　田家军
双塔区人民检察院检察长　盖永武
龙城区人民检察院检察长　王　莹(女)
北票市人民检察院检察长　姜增杰
凌源市人民检察院检察长　崔　平
朝阳县人民检察院检察长　李国明(代)
建平县人民检察院检察长　蔡文兴(代)
喀喇沁左翼蒙古族自治县人民检察院检察长　穆德权
城郊地区人民检察院检察长　戴亚江
阜新市人民检察院检察长　柳忠清
细河区人民检察院检察长　杨　利
海州区人民检察院检察长　王志金(代)
新邱区人民检察院检察长　徐晓波
太平区人民检察院检察长　张　剑
清河门区人民检察院检察长　刘凤斌
彰武县人民检察院检察长　付海庭(代)
阜新蒙古族自治县人民检察院检察长　张建新
铁岭市人民检察院检察长　张顺元
银州区人民检察院检察长　王洪彬(代)
清河区人民检察院检察长　王忆祥
调兵山市人民检察院检察长　李广荣
开原市人民检察院检察长　高海军
铁岭县人民检察院检察长　薛桂芳(女,代)
西丰县人民检察院检察长　刘铁军
昌图县人民检察院检察长　付振和(代)
抚顺市人民检察院检察长　徐志飞
顺城区人民检察院检察长　时为侠
新抚区人民检察院检察长　王　旭
东洲区人民检察院检察长　谢连志
望花区人民检察院检察长　李　颜
抚顺县人民检察院检察长　任学庆
新宾满族自治县人民检察院检察长　刘　莹(女)

清原满族自治县人民检察院检察长 孙绍杰
抚顺经济技术开发区人民检察院检察长 梁乃峰
抚顺市矿区人民检察院检察长 曲 懿(女)
城郊地区人民检察院检察长 朱桂莲(女)
本溪市人民检察院检察长 姜 科
平山区人民检察院检察长 卢 晶(女)
溪湖区人民检察院检察长 秦晓杰(女)
明山区人民检察院检察长 王建廷
南芬区人民检察院检察长 赵 莉(女)
本溪满族自治县人民检察院检察长 苏仲毅
桓仁满族自治县人民检察院检察长 李浩月
辽阳市人民检察院检察长 郑 辉
白塔区人民检察院检察长 许广龙
文圣区人民检察院检察长 曾宪琦
宏伟区人民检察院检察长 侯飞跃(女)
弓长岭区人民检察院检察长 韩志刚
太子河区人民检察院检察长 刘永波(代)
灯塔市人民检察院检察长 曲夫安
辽阳县人民检察院检察长 房德礼
城郊地区人民检察院检察长 兰艳平(女)
鞍山市人民检察院检察长 李开升
铁东区人民检察院检察长 李 勇
铁西区人民检察院检察长 王殿军
立山区人民检察院检察长 孙巨博
千山区人民检察院检察长 徐忠刚
海城市人民检察院检察长 王红日
台安县人民检察院检察长 王晋鲁(代)
岫岩满族自治县人民检察院检察长 刘富民
丹东市人民检察院检察长 刘振兴
振兴区人民检察院检察长 王学平
元宝区人民检察院检察长 常云龙
振安区人民检察院检察长 邢永明
凤城市人民检察院检察长 范亚敏
东港市人民检察院检察长 王颖兰(女)
宽甸满族自治县人民检察院检察长 孙继权
大连市人民检察院检察长 赵建伟(代)
西岗区人民检察院检察长 赵守才
中山区人民检察院检察长 王岩坡
沙河口区人民检察院检察长 路林勋
甘井子区人民检察院检察长 肖 鹏
旅顺口区人民检察院检察长 郑家为
金州区人民检察院检察长 王 伟
瓦房店市人民检察院检察长 林 徽
普兰店市人民检察院检察长 陈万德
庄河市人民检察院检察长 林乐大
长海县人民检察院检察长 姜洪星
大连经济技术开发区人民检察院检察长 张连文
城郊地区人民检察院检察长 李兴昌
营口市人民检察院检察长 梅树清
站前区人民检察院检察长 王长余
西市区人民检察院检察长 高 兵
鲅鱼圈区人民检察院检察长 张继华
老边区人民检察院检察长 姜广勇
大石桥市人民检察院检察长 王雨林
盖州市人民检察院检察长 刘 琪(女)
城郊地区人民检察院检察长 王 鹏
盘锦市人民检察院检察长 刘铁鹰
兴隆台区人民检察院检察长 王忠瑞
双台子区人民检察院检察长 张永会
大洼县人民检察院检察长 翟德理
盘山县人民检察院检察长 肖 俊
城郊地区人民检察院检察长 (空缺)
锦州市人民检察院检察长 于守江(代)
太和区人民检察院检察长 钟 波
古塔区人民检察院检察长 王世元
凌河区人民检察院检察长 刘 洋
凌海市人民检察院检察长 薛伟巍
北镇市人民检察院检察长 刘忠权
黑山县人民检察院检察长 李春巍
义县人民检察院检察长 于 萍(女)
天桥地区人民检察院检察长 赵万忱
城郊地区人民检察院检察长 赵洪恩
葫芦岛市人民检察院检察长 慕 宁(代)
龙港区人民检察院检察长 白银燕(女)
连山区人民检察院检察长 姜公臣
南票区人民检察院检察长 罗继双
兴城市人民检察院检察长 张学军
绥中县人民检察院检察长 宋书海
建昌县人民检察院检察长 杨忠伟(代)
辽宁省人民检察院沈阳铁路运输分院检察长 倪吉盛
沈阳铁路运输检察院检察长 张兆玉
大连铁路运输检察院检察长 李圣良
丹东铁路运输检察院检察长 李 伟
锦州铁路运输检察院检察长 唐铁军
长春铁路运输检察院检察长 张 锋

吉林铁路运输检察院检察长　赵　军
通辽铁路运输检察院检察长　曾庆新
通化铁路运输检察院检察长　孙中兴
图们铁路运输检察院检察长　（空缺）
白城铁路运输检察院检察长　（空缺）
辽宁省人民检察院辽河油田分院检察长　王爱军
辽河油田人民检察院检察长　张　悦

吉　林　省

吉林省人民检察院检察长　张金锁
吉林省人民检察院副检察长　祝国治
吕英儒
陈凤超
张海胜
李振华
吴玉琦（女）
长春市人民检察院检察长　徐　明
南关区人民检察院检察长　平玉玺
朝阳区人民检察院检察长　徐安怀
宽城区人民检察院检察长　赵　军
二道区人民检察院检察长　初连文
绿园区人民检察院检察长　张宏山
双阳区人民检察院检察长　杨玉兰（女）
德惠市人民检察院检察长　李崇峰
九台市人民检察院检察长　林晓光
榆树市人民检察院检察长　张颖彧
农安县人民检察院检察长　刘志民
长春市汽车产业开发区人民检察院检察长　李岫春
长春市经济技术开发区人民检察院检察长　王茂义
城郊地区人民检察院检察长　卢　刚
白城市人民检察院检察长　张喜林
洮北区人民检察院检察长　赵鹏飞
大安市人民检察院检察长　冯万林
洮南市人民检察院检察长　张国强
镇赉县人民检察院检察长　张　华
通榆县人民检察院检察长　张绍福
四方坨子人民检察院检察长　刘吉山
松原市人民检察院检察长　谢茂田
宁江区人民检察院检察长　关国军
扶余县人民检察院检察长　谭继刚
长岭县人民检察院检察长　王首周
乾安县人民检察院检察长　许柏峰
前郭尔罗斯蒙古族自治县人民检察院检察长　李文学
吉林市人民检察院检察长　汪兆奎
船营区人民检察院检察长　王爱民
龙潭区人民检察院检察长　贾圣光
昌邑区人民检察院检察长　付　强
丰满区人民检察院检察长　赫　赤
磐石市人民检察院检察长　齐利民
蛟河市人民检察院检察长　王　杨
桦甸市人民检察院检察长　李　野
舒兰市人民检察院检察长　原　满
永吉县人民检察院检察长　杨　光
吉林市高新技术开发区人民检察院检察长　朱红月
城西地区人民检察院检察长　王跃臻
四平市人民检察院检察长　纪　锋
铁西区人民检察院检察长　张志君
铁东区人民检察院检察长　戢守廉
双辽市人民检察院检察长　王静彪
公主岭市人民检察院检察长　霍金祥
梨树县人民检察院检察长　张国平
伊通满族自治县人民检察院检察长　赵晓明
平东地区人民检察院检察长　尚文富
辽源市人民检察院检察长　刘志兵
龙山区人民检察院检察长　周振利
西安区人民检察院检察长　赵俊峰
东丰县人民检察院检察长　华永利
东辽县人民检察院检察长　郭静波
通化市人民检察院检察长　薛国君
东昌区人民检察院检察长　刁仁利
二道江区人民检察院检察长　张君清
梅河口市人民检察院检察长　宋瑞铮
集安市人民检察院检察长　崔胜实（女）
通化县人民检察院检察长　许胜利
辉南县人民检察院检察长　李志刚
柳河县人民检察院检察长　柴国立
白山市人民检察院检察长　张书华
八道江区人民检察院检察长　来立群
江源区人民检察院检察长　兰　波
临江市人民检察院检察长　王孝光
抚松县人民检察院检察长　赵玉珠

靖宇县人民检察院检察长　林　勇
长白朝鲜族自治县人民检察院检察长　孙振杰
延边朝鲜族自治州人民检察院检察长　金光镇
延吉市人民检察院检察长　朱一林
图们市人民检察院检察长　李柱善
敦化市人民检察院检察长　赵佰忠
珲春市人民检察院检察长　金京日
龙井市人民检察院检察长　林永智
和龙市人民检察院检察长　金南浩
汪清县人民检察院检察长　许龙范
安图县人民检察院检察长　韩应福
吉林省人民检察院延边林区分院检察长　张立华
敦化林区人民检察院检察长　姜承军
大石头林区人民检察院检察长　杨会山
黄泥河林区人民检察院检察长　李树立
汪清林区人民检察院检察长　金　一
天桥岭林区人民检察院检察长　邢茂林
大兴沟林区人民检察院检察长　邹建新
白河林区人民检察院检察长　杨　志
和龙林区人民检察院检察长　王春令
八家子林区人民检察院检察长　曹广林
珲春林区人民检察院检察长　袁相宏
吉林省人民检察院白山林区分院检察长　张书华(兼)
泉阳林区人民检察院检察长　韩庆藻
松江河林区人民检察院检察长　刘朝越
露水河林区人民检察院检察长　田德彬
三岔子林区人民检察院检察长　李　伟
临江林区人民检察院检察长　赵启民
湾沟林区人民检察院检察长　李树庆
吉林省人民检察院吉林林区分院检察长　何彦通
白石山林区人民检察院检察长　臧　琦
红石林区人民检察院检察长　马熙金

黑龙江省

黑龙江省人民检察院检察长　姜　伟
黑龙江省人民检察院副检察长　车承军
王国栋
王　军
杨春雷
张中华
哈尔滨市人民检察院检察长　孙克非
松北区人民检察院检察长　贺锡峰
道里区人民检察院检察长　姚恒经
南岗区人民检察院检察长　刘达生
道外区人民检察院检察长　陈国湛
香坊区人民检察院检察长　刘世波
平房区人民检察院检察长　刘宜俭
呼兰区人民检察院检察长　孙长国
阿城区人民检察院检察长　卢亨喆
双城市人民检察院检察长　韩凤华
尚志市人民检察院检察长　杨孝清
五常市人民检察院检察长　吕　清
依兰县人民检察院检察长　李卓勋
方正县人民检察院检察长　张玉明
宾县人民检察院检察长　庄汝坤
巴彦县人民检察院检察长　王志福
木兰县人民检察院检察长　黄景泉
通河县人民检察院检察长　徐晓辉
延寿县人民检察院检察长　李　哲
滨江地区人民检察院检察长　王庆昆
齐齐哈尔市人民检察院检察长　纪少全
建华区人民检察院检察长　李秀非
龙沙区人民检察院检察长　李宇光
铁峰区人民检察院检察长　艾　勇
昂昂溪区人民检察院检察长　杨世鹏
富拉尔基区人民检察院检察长　王　晶
碾子山区人民检察院检察长　赵福忠
梅里斯达斡尔族区人民检察院检察长　郝双春(女)
讷河市人民检察院检察长　吴廷显
龙江县人民检察院检察长　李柏忠
依安县人民检察院检察长　刘德强
泰来县人民检察院检察长　王孝明
甘南县人民检察院检察长　李雪峰
富裕县人民检察院检察长　刘　杨
克山县人民检察院检察长　黄大力
克东县人民检察院检察长　李　国
拜泉县人民检察院检察长　王　艺
齐嫩地区人民检察院检察长　顾志祥
黑河市人民检察院检察长　赵英华
爱辉区人民检察院检察长　谷继军
北安市人民检察院检察长　于树仁
五大连池市人民检察院检察长　杨云来
嫩江县人民检察院检察长　曲钧杰
逊克县人民检察院检察长　李江宏

孙吴县人民检察院检察长　王洪君
黑北地区人民检察院检察长　曹　军
大庆市人民检察院检察长　陈德鹏
萨尔图区人民检察院检察长　李宝山
龙凤区人民检察院检察长　刘力学
让胡路区人民检察院检察长　张洪利
大同区人民检察院检察长　张　斌
红岗区人民检察院检察长　（空缺）
肇州县人民检察院检察长　迟庆军（代）
肇源县人民检察院检察长　刘振魁
林甸县人民检察院检察长　杨　威
杜尔伯特蒙古族自治县人民检察院检察长　钟国庆
大庆高新技术产业开发区人民检察院检察长　李儒彬
伊春市人民检察院检察长　王汝轩
伊春区人民检察院检察长　汪吉胜
南岔区人民检察院检察长　任凤忠
友好区人民检察院检察长　温立君
西林区人民检察院检察长　王慧一
翠峦区人民检察院检察长　李忠海
新青区人民检察院检察长　孟庆东
美溪区人民检察院检察长　车志双
金山屯区人民检察院检察长　赵志刚
五营区人民检察院检察长　何　利
乌马河区人民检察院检察长　于　伟
汤旺河区人民检察院检察长　张季林
带岭区人民检察院检察长　华方君
乌伊岭区人民检察院检察长　张铁峰
红星区人民检察院检察长　田金荣
上甘岭区人民检察院检察长　滕有才
铁力市人民检察院检察长　李富平
嘉荫县人民检察院检察长　陈玉春
双丰林区人民检察院检察长　郝　波
铁力林区人民检察院检察长　彭文权
桃山林区人民检察院检察长　杨雪哲
朗乡林区人民检察院检察长　周文峰
鹤岗市人民检察院检察长　姜　廉
向阳区人民检察院检察长　臧晓明
兴山区人民检察院检察长　张文军
工农区人民检察院检察长　肖红军
南山区人民检察院检察长　王桂艳（女）
兴安区人民检察院检察长　于晓琳
东山区人民检察院检察长　张建飞
萝北县人民检察院检察长　张凤翔
绥滨县人民检察院检察长　姜铁成
佳木斯市人民检察院检察长　李启凡
前进区人民检察院检察长　吕伟东
向阳区人民检察院检察长　朱闻喜
东风区人民检察院检察长　邹海峰
郊区人民检察院检察长　周建国
同江市人民检察院检察长　张树伟
富锦市人民检察院检察长　陈　强
桦南县人民检察院检察长　周绍忠
桦川县人民检察院检察长　刘涤非
汤原县人民检察院检察长　张大赛
抚远县人民检察院检察长　佟　冶
合江地区人民检察院检察长　唐加振
双鸭山市人民检察院检察长　王　林
尖山区人民检察院检察长　钟瑞华（女）
岭东区人民检察院检察长　王安忆
四方台区人民检察院检察长　邢凯波
宝山区人民检察院检察长　陈庆财
集贤县人民检察院检察长　王振华
友谊县人民检察院检察长　王伟哲
宝清县人民检察院检察长　王春福
饶河县人民检察院检察长　卢俊伟
七台河市人民检察院检察长　高伟力
桃山区人民检察院检察长　白福录（代）
新兴区人民检察院检察长　张进学
茄子河区人民检察院检察长　李德喜
勃利县人民检察院检察长　周廷伟
鸡西市人民检察院检察长　徐　军
鸡冠区人民检察院检察长　刘　立
恒山区人民检察院检察长　朱晓明
滴道区人民检察院检察长　张晓君
梨树区人民检察院检察长　王铁玉
城子河区人民检察院检察长　李秀琴（女）
麻山区人民检察院检察长　曲卫东
虎林市人民检察院检察长　江吉成
密山市人民检察院检察长　高秀运
鸡东县人民检察院检察长　陈忠元
鸡台地区人民检察院检察长　汪海君
牡丹江市人民检察院检察长　阎世斌
东安区人民检察院检察长　吴德毅
爱民区人民检察院检察长　崔　珣（女）

阳明区人民检察院检察长 周景国
西安区人民检察院检察长 张雪彤
穆棱市人民检察院检察长 马进群
绥芬河市人民检察院检察长 刘德胜
海林市人民检察院检察长 刘 伟
宁安市人民检察院检察长 陈科军
东宁县人民检察院检察长 郭书亮
林口县人民检察院检察长 邢艳安
牡南地区人民检察院检察长 宋 江
绥化市人民检察院检察长 郭世明
北林区人民检察院检察长 高乃谦
安达市人民检察院检察长 刘仁杰
肇东市人民检察院检察长 经贵超
海伦市人民检察院检察长 王双印
望奎县人民检察院检察长 杨富生
兰西县人民检察院检察长 赵沂河
青冈县人民检察院检察长 于建国
庆安县人民检察院检察长 刘喜江
明水县人民检察院检察长 宋英德
绥棱县人民检察院检察长 吕振元
黑龙江省人民检察院大兴安岭分院检察长 邹 鹏
呼玛县人民检察院检察长 魏永章(代)
塔河县人民检察院检察长 (空缺)
漠河县人民检察院检察长 洪延伟
加格达奇区人民检察院检察长 赵德惠
松岭区人民检察院检察长 王庆国(代)
新林区人民检察院检察长 李朝阳
呼中区人民检察院检察长 王维国
图强林区人民检察院检察长 吴书德
阿木尔林区人民检察院检察长 刘新生
十八站林区人民检察院检察长 孙希谦
黑龙江省人民检察院林区分院检察长 胡传义
亚布力林区人民检察院检察长 陈克方
沾河林区人民检察院检察长 李贵文
兴隆林区人民检察院检察长 卓 君
鹤北林区人民检察院检察长 李 凯
东京城林区人民检察院检察长 胡相金
东方红林区人民检察院检察长 隋晓东
大海林林区人民检察院检察长 李世铭
柴河林区人民检察院检察长 刘先根
绥阳林区人民检察院检察长 叶永福
方正林区人民检察院检察长 徐遮民
苇河林区人民检察院检察长 董秀婕(女)
山河屯林区人民检察院检察长 韩 非
绥棱林区人民检察院检察长 史铁柱
桦南林区人民检察院检察长 赵 凡
穆棱林区人民检察院检察长 姜雪龙
海林林区人民检察院检察长 高燕军
通北林区人民检察院检察长 王静波
清河林区人民检察院检察长 孙润雨
鹤立林区人民检察院检察长 王禹基
双鸭山林区人民检察院检察长 刘维增
林口林区人民检察院检察长 周立博
迎春林区人民检察院检察长 孙立新
八面通林区人民检察院检察长 马大力
黑龙江省人民检察院农垦区分院检察长 赵天勇
红兴隆农垦区人民检察院检察长 韩殿臣
宝泉岭农垦区人民检察院检察长 赵云中
建三江农垦区人民检察院检察长 施 卉
牡丹江农垦区人民检察院检察长 白义波
北安农垦区人民检察院检察长 乔宏辰
九三农垦区人民检察院检察长 李桂祥
齐齐哈尔农垦区人民检察院检察长 钱玉珉
绥化农垦区人民检察院检察长 杨建华
黑龙江省人民检察院哈尔滨铁路运输分院检察长 马 林
哈尔滨铁路运输检察院检察长 于俊和
齐齐哈尔铁路运输检察院检察长 刘林阁
牡丹江铁路运输检察院检察长 孙成毅
佳木斯铁路运输检察院检察长 张 喆
海拉尔铁路运输检察院检察长 刘博才

上 海 市

上海市人民检察院检察长 陈 旭
上海市人民检察院副检察长 李培龙
余啸波
郑鲁宁
许佩琴(女)
柳小秋(女)
上海市人民检察院第一分院检察长 叶 青
上海市人民检察院第二分院检察长 陈辐宽
黄浦区人民检察院检察长 华关根
卢湾区人民检察院检察长 王润生
徐汇区人民检察院检察长 储国樑

长宁区人民检察院检察长　戴国建
静安区人民检察院检察长　罗昌平
普陀区人民检察院检察长　周骏如
闸北区人民检察院检察长　曾　勉
虹口区人民检察院检察长　周福明
杨浦区人民检察院检察长　岳　杨
闵行区人民检察院检察长　潘祖全(代)
宝山区人民检察院检察长　张志平
嘉定区人民检察院检察长　陆建强
浦东新区人民检察院检察长　陈宝富
金山区人民检察院检察长　严明华
松江区人民检察院检察长　徐金贵(代)
青浦区人民检察院检察长　裴钟彧
奉贤区人民检察院检察长　孙　静(女,代)
崇明县人民检察院检察长　陈　明
浦东新区张江地区人民检察院检察长　许岳平
军天湖农场区人民检察院检察长　张光明(代)
白茅岭农场区人民检察院检察长　(空缺)
四岔河农场区人民检察院检察长　肖裕国
川东农场区人民检察院检察长　(空缺)
青东农场区人民检察院检察长　何方荣
上海市人民检察院上海铁路运输分院检察长　苏华平
南京铁路运输检察院检察长　黄永铭
上海铁路运输检察院检察长　谈信友
杭州铁路运输检察院检察长　石建国
蚌埠铁路运输检察院检察长　杨益群(女)
徐州铁路运输检察院检察长　程锐锋

江　苏　省

江苏省人民检察院检察长　徐　安
江苏省人民检察院副检察长　葛晓燕(女)
方晓林
陈剑虹
邵建东
南京市人民检察院检察长　刘志伟
玄武区人民检察院检察长　王少华
白下区人民检察院检察长　薛　薇(女,代)
秦淮区人民检察院检察长　郑　侃
建邺区人民检察院检察长　葛　冰(代)
鼓楼区人民检察院检察长　田跃初
下关区人民检察院检察长　陆晓敏
浦口区人民检察院检察长　杨建萍(女)
六合区人民检察院检察长　王珍祥(代)
栖霞区人民检察院检察长　黄晓非
雨花台区人民检察院检察长　张宁生
江宁区人民检察院检察长　王　俊
溧水县人民检察院检察长　倪一斌
高淳县人民检察院检察长　朱　赫(代)
徐州市人民检察院检察长　徐华成
云龙区人民检察院检察长　韩卫东
鼓楼区人民检察院检察长　蒋新生
九里区人民检察院检察长　张金辉
贾汪区人民检察院检察长　曲　旭
泉山区人民检察院检察长　张成刚
邳州市人民检察院检察长　朱新南
新沂市人民检察院检察长　孙　晋
铜山县人民检察院检察长　张成学
睢宁县人民检察院检察长　吴为民
沛县人民检察院检察长　佟光喜
丰县人民检察院检察长　姚　辉
连云港市人民检察院检察长　朱　斌
新浦区人民检察院检察长　袁惠堂
连云区人民检察院检察长　孙志才
海州区人民检察院检察长　李仲仪
赣榆县人民检察院检察长　刘兵方
灌云县人民检察院检察长　郑云龙
东海县人民检察院检察长　陆建国
灌南县人民检察院检察长　张克晓
宿迁市人民检察院检察长　王　鹏
宿城区人民检察院检察长　谢兆宝
宿豫区人民检察院检察长　王昌翔
沭阳县人民检察院检察长　周道航
泗阳县人民检察院检察长　刘俊祥
泗洪县人民检察院检察长　徐卫东
洪泽湖地区人民检察院检察长　仲淮滨
淮安市人民检察院检察长　林伟明
清河区人民检察院检察长　杨小平
清浦区人民检察院检察长　刘　淮
楚州区人民检察院检察长　刘月进
淮阴区人民检察院检察长　黄学东
金湖县人民检察院检察长　毛文博
盱眙县人民检察院检察长　张建龙
洪泽县人民检察院检察长　范秋云(女)
涟水县人民检察院检察长　王　刚

盐城市人民检察院检察长 **唐元高**
亭湖区人民检察院检察长 吕志平(代)
盐都区人民检察院检察长 张永娣(女,代)
东台市人民检察院检察长 杨海滨
大丰市人民检察院检察长 李　勤(女)
射阳县人民检察院检察长 姚　图
阜宁县人民检察院检察长 徐　定
滨海县人民检察院检察长 张春山(代)
响水县人民检察院检察长 童加舟
建湖县人民检察院检察长 胡立东(代)
大中地区人民检察院检察长 许正胜(代)
扬州市人民检察院检察长 **王方林**
维扬区人民检察院检察长 钱晓宝
广陵区人民检察院检察长 陈　俊
邗江区人民检察院检察长 王亚民
仪征市人民检察院检察长 张井宏
江都市人民检察院检察长 王晓尧
高邮市人民检察院检察长 鞠　进
宝应县人民检察院检察长 李春青
泰州市人民检察院检察长 **陈　勤**
海陵区人民检察院检察长 沙建国
高港区人民检察院检察长 张　蓉(女)
靖江市人民检察院检察长 何建明
泰兴市人民检察院检察长 蔡红卫
姜堰市人民检察院检察长 童连芳(代)
兴化市人民检察院检察长 陆红梅(女,代)
南通市人民检察院检察长 **王向红**
崇川区人民检察院检察长 李　希(女)
港闸区人民检察院检察长 毛　喆
通州区人民检察院检察长 李建国
海门市人民检察院检察长 严尚军
启东市人民检察院检察长 瞿　忠
如皋市人民检察院检察长 唐旭东
如东县人民检察院检察长 顾祖林
海安县人民检察院检察长 崔　勇
南通市经济技术开发区人民检察院检察长 陈志泉
镇江市人民检察院检察长 **蒋伟亮**
京口区人民检察院检察长 柳建华
润州区人民检察院检察长 叶志发
丹徒区人民检察院检察长 高春荣
扬中市人民检察院检察长 倪艳平(女)
丹阳市人民检察院检察长 景双彬
句容市人民检察院检察长 毛康林
镇江市经济技术开发区人民检察院检察长 朱国忠
湾山地区人民检察院检察长 张　斌
常州市人民检察院检察长 **邵长生**
新北区人民检察院检察长 韩筱筠(女)
钟楼区人民检察院检察长 徐逸峰
天宁区人民检察院检察长 范荣生
戚墅堰区人民检察院检察长 蒋国强
武进区人民检察院检察长 金万新
金坛市人民检察院检察长 王亚明
溧阳市人民检察院检察长 许岳华
社渚竹箦地区人民检察院检察长 蔡和方
无锡市人民检察院检察长 **袁金彪**
崇安区人民检察院检察长 李　赢
南长区人民检察院检察长 胡洪平(代)
北塘区人民检察院检察长 张　媛(女)
滨湖区人民检察院检察长 谢石飞
惠山区人民检察院检察长 徐盛希
锡山区人民检察院检察长 黄懿斌
江阴市人民检察院检察长 丁正红
宜兴市人民检察院检察长 王玉珏(代)
无锡市开发区人民检察院检察长 陆剑凌
苏州市人民检察院检察长 **王君悦**
金阊区人民检察院副检察长 戴树森
沧浪区人民检察院检察长 俞军民
平江区人民检察院检察长 皇甫觉新
虎丘区人民检察院检察长 郭振荣
吴中区人民检察院检察长 王建华
相城区人民检察院检察长 钱云华
吴江市人民检察院检察长 朱文瑞
昆山市人民检察院检察长 薛国骏
太仓市人民检察院检察长 徐　翔
常熟市人民检察院检察长 林步东
张家港市人民检察院检察长 钱根源
苏州工业园区人民检察院检察长 薛盘霖

浙江省

浙江省人民检察院检察长 **陈云龙**
浙江省人民检察院副检察长 **何永星**
庄建南
刘建国

刘晓刚
顾雪飞
张雪樵

杭州市人民检察院检察长 吴春莲(女)
拱墅区人民检察院检察长 邱关林
上城区人民检察院检察长 李森红(女)
下城区人民检察院检察长 潘松萍
江干区人民检察院检察长 余国利
西湖区人民检察院检察长 张 鸣
滨江区人民检察院检察长 陆 珉
余杭区人民检察院检察长 程曙明
萧山区人民检察院检察长 方新建
临安市人民检察院检察长 罗有顺
富阳市人民检察院检察长 吕金芳
建德市人民检察院检察长 方顺才
桐庐县人民检察院检察长 郑建军
淳安县人民检察院检察长 张哲峰
余杭临平地区人民检察院检察长 程曙明(兼)
湖州市人民检察院检察长 黄生林
吴兴区人民检察院检察长 刘突飞
南浔区人民检察院检察长 戴立新
长兴县人民检察院检察长 吴志兴
德清县人民检察院检察长 潘如新
安吉县人民检察院检察长 王武良
嘉兴市人民检察院检察长 孙厚祥
南湖区人民检察院检察长 杜克强
秀洲区人民检察院检察长 黄 敏(女)
平湖市人民检察院检察长 郭军毅
海宁市人民检察院检察长 陈建钢
桐乡市人民检察院检察长 宋 跃
嘉善县人民检察院检察长 赵陆鸣
海盐县人民检察院检察长 李 越
舟山市人民检察院检察长 周招社
定海区人民检察院检察长 虞英波
普陀区人民检察院检察长 王良军
岱山县人民检察院检察长 王 彬
嵊泗县人民检察院检察长 任建兴
宁波市人民检察院检察长 陈长华
海曙区人民检察院检察长 陈 奋(女)
江东区人民检察院检察长 周如郁(女)
江北区人民检察院检察长 高 杰
北仑区人民检察院检察长 李 钟
镇海区人民检察院检察长 吴巧森
鄞州区人民检察院检察长 华志苗
慈溪市人民检察院检察长 陈贺评
余姚市人民检察院检察长 吴武忠
奉化市人民检察院检察长 毛纪华
宁海县人民检察院检察长 沈海东
象山县人民检察院检察长 吕海庆
宁波市大榭开发区人民检察院检察长 于国利
绍兴市人民检察院检察长 杨献国
越城区人民检察院检察长 钱昌夫
诸暨市人民检察院检察长 苗 勇
上虞市人民检察院检察长 周慧娟(女,代)
嵊州市人民检察院检察长 丁 飞
绍兴县人民检察院检察长 王荣彪
新昌县人民检察院检察长 周 兴(代)
衢州市人民检察院检察长 金连山
柯城区人民检察院检察长 吴明田
衢江区人民检察院检察长 夏海涛
江山市人民检察院检察长 陈国珠(女)
常山县人民检察院检察长 郑慧胜
开化县人民检察院检察长 董耀奎
龙游县人民检察院检察长 吴 江
金华市人民检察院检察长 任 国
婺城区人民检察院检察长 吴兰芳(女)
金东区人民检察院检察长 章宏军
兰溪市人民检察院检察长 徐洪彬
永康市人民检察院检察长 傅新民
义乌市人民检察院检察长 翁跃强
东阳市人民检察院检察长 徐仲军
武义县人民检察院检察长 孙伟庆
浦江县人民检察院检察长 方旭东
磐安县人民检察院检察长 汤向明
台州市人民检察院检察长 黄秋生
椒江区人民检察院检察长 孙文彬
黄岩区人民检察院检察长 戴 平
路桥区人民检察院检察长 郑舟生
临海市人民检察院检察长 黄钢亮
温岭市人民检察院检察长 虞 彪
三门县人民检察院检察长 周尧正(代)
天台县人民检察院检察长 张影雯(女)
仙居县人民检察院检察长 潘万贵
玉环县人民检察院检察长 陈 青
温州市人民检察院检察长 李泽明
鹿城区人民检察院检察长 程兰生

龙湾区人民检察院检察长 陈士民
瓯海区人民检察院检察长 陈寿国
瑞安市人民检察院检察长 黄清钰
乐清市人民检察院检察长 梅山群
永嘉县人民检察院检察长 张纯亮
文成县人民检察院检察长 王美鹏
平阳县人民检察院检察长 赵卫华
泰顺县人民检察院检察长 宣章良
洞头县人民检察院检察长 金 依(女,代)
苍南县人民检察院检察长 张胜海
丽水市人民检察院检察长 陈海鹰
莲都区人民检察院检察长 叶锦伟
龙泉市人民检察院检察长 阙建平
缙云县人民检察院检察长 王小刚
青田县人民检察院检察长 姚建峰
云和县人民检察院检察长 应建民
遂昌县人民检察院检察长 陈洪敏
松阳县人民检察院检察长 朱小刚
庆元县人民检察院检察长 谢云生
景宁畲族自治县人民检察院检察长 吴林雄

安徽省

安徽省人民检察院检察长 崔 伟
安徽省人民检察院副检察长 陈怀安
刘铁流
鲍国友
合肥市人民检察院检察长 满铭安
蜀山区人民检察院检察长 葛夙勤(女)
庐阳区人民检察院检察长 魏竹梅(女)
瑶海区人民检察院检察长 崔 萍(女)
包河区人民检察院检察长 沈朝晖
长丰县人民检察院检察长 左学和(代)
肥东县人民检察院检察长 李昌文
肥西县人民检察院检察长 杨 兴
城郊地区人民检察院检察长 苏仕球
合肥市高新技术产业开发区人民检察院检察长 (空缺)
宿州市人民检察院检察长 张晓光
埇桥区人民检察院检察长 沈 雪(女)
砀山县人民检察院检察长 胡崇实
萧县人民检察院检察长 祝 冰
灵璧县人民检察院检察长 李存福
泗县人民检察院检察长 杜艾洲
淮北市人民检察院检察长 徐从锋
相山区人民检察院检察长 韦群庆
杜集区人民检察院检察长 崔兰军
烈山区人民检察院检察长 张 忠
濉溪县人民检察院检察长 施洪波(代)
阜阳市人民检察院检察长 朱新武
颍州区人民检察院检察长 石 磊
颍东区人民检察院检察长 丁 雷
颍泉区人民检察院检察长 王家章
界首市人民检察院检察长 田海林
临泉县人民检察院检察长 袁维彬
太和县人民检察院检察长 赵亚东
阜南县人民检察院检察长 朱兰清
颍上县人民检察院检察长 义 民
亳州市人民检察院检察长 陶芳德
谯城区人民检察院检察长 胡献春
涡阳县人民检察院检察长 白 岩
蒙城县人民检察院检察长 梁德友(代)
利辛县人民检察院检察长 王效林
蚌埠市人民检察院检察长 王永法
蚌山区人民检察院检察长 樊志刚
龙子湖区人民检察院检察长 张景胜
禹会区人民检察院检察长 王俊峰(代)
淮上区人民检察院检察长 王 伟
怀远县人民检察院检察长 杨敬扣
五河县人民检察院检察长 张 野
固镇县人民检察院检察长 汪邦玉
淮南市人民检察院检察长 许治安
田家庵区人民检察院检察长 孙黎明
大通区人民检察院检察长 李文敏
谢家集区人民检察院检察长 余正清
八公山区人民检察院检察长 芮红军
潘集区人民检察院检察长 张 鸣
凤台县人民检察院检察长 朱 强
滁州市人民检察院检察长 郑 光
琅琊区人民检察院检察长 陈少辉
南谯区人民检察院检察长 卫晓霞(女)
明光市人民检察院检察长 周寿忠
天长市人民检察院检察长 张 斌
来安县人民检察院检察长 吴 杰
全椒县人民检察院检察长 喻尊晏(女)
定远县人民检察院检察长 吴 伟

凤阳县人民检察院检察长 韩文厚
马鞍山市人民检察院检察长 魏邦贵
花山区人民检察院检察长 冷玉梅(女)
花雨山区人民检察院检察长 干警非
金家庄区人民检察院检察长 陈先银
当涂县人民检察院检察长 龙家胜
芜湖市人民检察院检察长 谢效珉
镜湖区人民检察院检察长 吴 敏
弋江区人民检察院检察长 张先明
三山区人民检察院检察长 毕道群
鸠江区人民检察院检察长 陈胜天
芜湖县人民检察院检察长 李晓玲(女)
繁昌县人民检察院检察长 马 卫
南陵县人民检察院检察长 梁英斌
铜陵市人民检察院检察长 张建军
铜官山区人民检察院检察长 俞 斌
狮子山区人民检察院检察长 管 杰(代)
郊区人民检察院检察长 夏乐安
铜陵县人民检察院检察长 储 杨
安庆市人民检察院检察长 杨积满
大观区人民检察院检察长 柴 慎
迎江区人民检察院检察长 张伍梅
宜秀区人民检察院检察长 张造林
桐城市人民检察院检察长 陶 元
怀宁县人民检察院检察长 杜象平
枞阳县人民检察院检察长 杨 靖(女)
潜山县人民检察院检察长 孙庆健
太湖县人民检察院检察长 何宏志
宿松县人民检察院检察长 金落实
望江县人民检察院检察长 徐光华(代)
岳西县人民检察院检察长 吴才广
黄山市人民检察院检察长 朱 俊
屯溪区人民检察院检察长 张辉春
黄山区人民检察院检察长 占斗星
徽州区人民检察院检察长 胡 敏(女,代)
歙县人民检察院检察长 王绩城(代)
休宁县人民检察院检察长 姚 勤
黟县人民检察院检察长 毛建国
祁门县人民检察院检察长 臧世凯
六安市人民检察院检察长 张宗华
金安区人民检察院检察长 石耀辉
裕安区人民检察院检察长 邵 蔚
寿县人民检察院检察长 张文波
霍邱县人民检察院检察长 甄长建
舒城县人民检察院检察长 程宗林
金寨县人民检察院检察长 葛宜林
霍山县人民检察院检察长 王维法
巢湖市人民检察院检察长 张 棉
居巢区人民检察院检察长 胡 斌
庐江县人民检察院检察长 刘仁华
无为县人民检察院检察长 夏必桃(女)
含山县人民检察院检察长 陈善华
和县人民检察院检察长 潘乔山
池州市人民检察院检察长 丁芙蓉(女)
贵池区人民检察院检察长 唐志恩
东至县人民检察院检察长 盛叶春
石台县人民检察院检察长 赵 恺
青阳县人民检察院检察长 余文庆
宣城市人民检察院检察长 胡胜友
宣州区人民检察院检察长 卞东胜
宁国市人民检察院检察长 吴小明(代)
郎溪县人民检察院检察长 冯兴吾
广德县人民检察院检察长 徐大鹏
泾县人民检察院检察长 张迎春
旌德县人民检察院检察长 余三维
绩溪县人民检察院检察长 汪祥林
安徽省白湖人民检察院检察长 祝胜应
安徽省南湖人民检察院检察长 曹建德
安徽省九成坂人民检察院检察长 洪卫东

福 建 省

福建省人民检察院检察长 倪英达
福建省人民检察院副检察长 何小敏
顾卫兵
郑京水
林贻影
李明蓉(女)
黄德安
王乃坚
福州市人民检察院检察长 陈承平
鼓楼区人民检察院检察长 叶爱国
台江区人民检察院检察长 林 航
仓山区人民检察院检察长 陈秀云
马尾区人民检察院检察长 林 荣
晋安区人民检察院检察长 柯华强

福清市人民检察院检察长　陈秋官
长乐市人民检察院检察长　严孟灿
闽侯县人民检察院检察长　卢志坚
连江县人民检察院检察长　郑龙清
罗源县人民检察院检察长　吴仰晗(女)
闽清县人民检察院检察长　兰跃林
永泰县人民检察院检察长　郭有旭
平潭县人民检察院检察长　施建清
鼓山地区人民检察院检察长　王文武
南平市人民检察院检察长　娄彩敏
延平区人民检察院检察长　李少峰
邵武市人民检察院检察长　陈　旭
武夷山人民检察院检察长　危庆辉
建瓯市人民检察院检察长　赵朝晖
建阳市人民检察院检察长　徐　斌
顺昌县人民检察院检察长　黄剑标
浦城县人民检察院检察长　陈　斌
光泽县人民检察院检察长　洪运华
松溪县人民检察院检察长　蔡振银(女,代)
政和县人民检察院检察长　林忠怀
三明市人民检察院检察长　林丽玲(女)
梅列区人民检察院检察长　罗建平
三元区人民检察院检察长　罗鸣春
永安市人民检察院检察长　李剑平(代)
明溪县人民检察院检察长　黄小斌
清流县人民检察院检察长　乐绍勇
宁化县人民检察院检察长　黄金丹(女)
大田县人民检察院检察长　杨良文
尤溪县人民检察院检察长　余海波
沙县人民检察院检察长　邱良植
将乐县人民检察院检察长　谢复兴
泰宁县人民检察院检察长　陈国梁
建宁县人民检察院检察长　李新华
莆田市人民检察院检察长　吴超英
城厢区人民检察院检察长　陈　宁(代)
涵江区人民检察院检察长　刘天星
荔城区人民检察院检察长　蒋福华(代)
秀屿区人民检察院检察长　朱伟平
仙游县人民检察院检察长　蔡剑风(代)
泉州市人民检察院检察长　李　建
丰泽区人民检察院检察长　黄文铃
鲤城区人民检察院检察长　程和平
洛江区人民检察院检察长　张维劲
泉港区人民检察院检察长　朱永峰
石狮市人民检察院检察长　张温龙
晋江市人民检察院检察长　陈建安
南安市人民检察院检察长　陈世炎
惠安县人民检察院检察长　陈建强
安溪县人民检察院检察长　许金约
永春县人民检察院检察长　苏子凡
德化县人民检察院检察长　谢玉仁
厦门市人民检察院检察长　林永星
思明区人民检察院检察长　戴修俊
海沧区人民检察院检察长　张国丰
湖里区人民检察院检察长　林育清
集美区人民检察院检察长　吴华峰
同安区人民检察院检察长　洪智勇
翔安区人民检察院检察长　张尚消
漳州市人民检察院检察长　王鲁军
芗城区人民检察院检察长　苏李津
龙文区人民检察院检察长　吴文松
龙海市人民检察院检察长　钟跃峰
云霄县人民检察院检察长　张亚明
漳浦县人民检察院检察长　胡亚金
诏安县人民检察院检察长　刘锦太
长泰县人民检察院检察长　柯立伟
东山县人民检察院检察长　曾有才
南靖县人民检察院检察长　林文井
平和县人民检察院检察长　刘英俊
华安县人民检察院检察长　马　宁
龙岩市人民检察院检察长　欧秀珠(女)
新罗区人民检察院检察长　李加冰
漳平市人民检察院检察长　陈日金
长汀县人民检察院检察长　陈生发
永定县人民检察院检察长　邓亮元
上杭县人民检察院检察长　张剑亮
武平县人民检察院检察长　江　涛
连城县人民检察院检察长　王开勇
青草盂地区人民检察院检察长　胡毅杰
宁德市人民检察院检察长　邬勇雷
蕉城区人民检察院检察长　杨明松
福安市人民检察院检察长　叫建飞
福鼎市人民检察院检察长　毋寿明
寿宁县人民检察院检察长　张文杰
霞浦县人民检察院检察长　黄振朝
柘荣县人民检察院检察长　李启新

屏南县人民检察院检察长　林梓芳
古田县人民检察院检察长　张聿雄
周宁县人民检察院检察长　林　琦

江　西　省

江西省人民检察院检察长　曾页九
江西省人民检察院副检察长　方晓春
李　智
张国轩
罗晓泉
南昌市人民检察院检察长　沙闻麟
东湖区人民检察院检察长　郭云水
西湖区人民检察院检察长　涂平贵
青云谱区人民检察院检察长　余声汉
湾里区人民检察院检察长　詹太健
青山湖区人民检察院检察长　易志华
南昌县人民检察院检察长　张振川
新建县人民检察院检察长　刘献榜
安义县人民检察院检察长　刘立娜(女)
进贤县人民检察院检察长　罗祥发
南昌高新技术产业开发区人民检察院检察长　徐仁杰
南昌经济技术开发区人民检察院检察长　王林才
长堎地区人民检察院检察长　刘　敏
九江市人民检察院检察长　韩德胜
浔阳区人民检察院检察长　吴义祥
庐山区人民检察院检察长　李修江
瑞昌市人民检察院检察长　彭　中
九江县人民检察院检察长　王建民(代)
武宁县人民检察院检察长　向正荣
修水县人民检察院检察长　陈新河(代)
永修县人民检察院检察长　王纪良
德安县人民检察院检察长　肖　军
星子县人民检察院检察长　蔡官华
都昌县人民检察院检察长　彭文忠
湖口县人民检察院检察长　姜金河
彭泽县人民检察院检察长　曹　繁
九江市共青地区人民检察院检察长　伍建平(代)
庐山人民检察院检察长　高学华
景德镇市人民检察院检察长　徐胜平
昌江区人民检察院检察长　(空缺)
珠山区人民检察院检察长　计新明
乐平市人民检察院检察长　王其建
浮梁县人民检察院检察长　朱璀琳(女)
浮南地区人民检察院检察长　郑志刚
鹰潭市人民检察院检察长　熊金文
月湖区人民检察院检察长　杨高生
贵溪市人民检察院检察长　方　成
余江县人民检察院检察长　王　湖
新余市人民检察院检察长　蔡　田
渝水区人民检察院检察长　欧阳峰(代)
分宜县人民检察院检察长　肖显副
望城工矿区人民检察院检察长　林小华
萍乡市人民检察院检察长　何　刚(代)
安源区人民检察院检察长　杨青林(代)
湘东区人民检察院检察长　程　杰
莲花县人民检察院检察长　周克纯
上栗县人民检察院检察长　周连春
芦溪县人民检察院检察长　金景明
赣州市人民检察院检察长　薛晓卫
章贡区人民检察院检察长　吕端胜
瑞金市人民检察院检察长　邓荣平
南康市人民检察院检察长　雷贻辉
赣县人民检察院检察长　肖征琦
信丰县人民检察院检察长　赖黎明
大余县人民检察院检察长　郭复彬(代)
上犹县人民检察院检察长　熊　程
崇义县人民检察院检察长　蔡晓荣
安远县人民检察院检察长　方立春
龙南县人民检察院检察长　马维新
定南县人民检察院检察长　江　炜
全南县人民检察院检察长　王小荣
宁都县人民检察院检察长　陈京东
于都县人民检察院检察长　谭年荣
兴国县人民检察院检察长　练继祥
会昌县人民检察院检察长　杜世助
寻乌县人民检察院检察长　陈新生
石城县人民检察院检察长　林豪煜
上饶市人民检察院检察长　黄严宏(代)
信州区人民检察院检察长　杨今才
德兴市人民检察院检察长　王照林
上饶县人民检察院检察长　于靖南
广丰县人民检察院检察长　吴伯翔
玉山县人民检察院检察长　汪建明
铅山县人民检察院检察长　江健生

横峰县人民检察院检察长 郑章根
弋阳县人民检察院检察长 刘志勇
余干县人民检察院检察长 章春明
鄱阳县人民检察院检察长 王长风
万年县人民检察院检察长 吴　磊
婺源县人民检察院检察长 郑良军
珠湖地区人民检察院检察长 韩成善
抚州市人民检察院检察长 刘　炽
临川区人民检察院检察长 李仲学
南城县人民检察院检察长 邹时来
黎川县人民检察院检察长 熊惠光
南丰县人民检察院检察长 蔡伟明
崇仁县人民检察院检察长 周华阶
乐安县人民检察院检察长 何新华
宜黄县人民检察院检察长 陶英华(女)
金溪县人民检察院检察长 雷　鸣
资溪县人民检察院检察长 傅壮伟
东乡县人民检察院检察长 衷建军
广昌县人民检察院检察长 丁旴平
宜春市人民检察院检察长 熊少健
袁州区人民检察院检察长 汤　萍(女)
丰城市人民检察院检察长 袁剑波
樟树市人民检察院检察长 王小平
高安市人民检察院检察长 刘小平
奉新县人民检察院检察长 姜　彬
万载县人民检察院检察长 王小龙
上高县人民检察院检察长 钱　骞
宜丰县人民检察院检察长 卢小林
靖安县人民检察院检察长 郑法才
铜鼓县人民检察院检察长 杨　文
新华地区人民检察院检察长 任共华
吉安市人民检察院检察长 谢　健(代)
吉州区人民检察院检察长 肖　键
青原区人民检察院检察长 王志军
井冈山市人民检察院检察长 王　斌
吉安县人民检察院检察长 肖耀明
吉水县人民检察院检察长 李康康
峡江县人民检察院检察长 郭勉飞
新干县人民检察院检察长 蔡新茂
永丰县人民检察院检察长 温阳照
泰和县人民检察院检察长 刘林如
遂川县人民检察院检察长 宋智敏
万安县人民检察院检察长 李干民
安福县人民检察院检察长 张银发
永新县人民检察院检察长 刘崇幼
江西省人民检察院南昌铁路运输分院检察长 丁高保
南昌铁路运输检察院检察长 董　波
福州铁路运输检察院检察长 冯路平

山　东　省

山东省人民检察院检察长 国家森
山东省人民检察院副检察长 马永胜
李少华(女)
王　建
周立军
吕　涛
李占国
济南市人民检察院检察长 郭鲁生
市中区人民检察院检察长 于联军
历下区人民检察院检察长 宋新龙
槐荫区人民检察院检察长 王保新
天桥区人民检察院检察长 韩　清
历城区人民检察院检察长 亓　浩
长清区人民检察院检察长 张　生
章丘市人民检察院检察长 辛全龙
平阴县人民检察院检察长 耿宝金
济阳县人民检察院检察长 吴　强
商河县人民检察院检察长 刘　春
济南市高新技术产业开发区人民检察院检察长 蒋忠平
城郊地区人民检察院检察长 孙进力
聊城市人民检察院检察长 王　晨
东昌府区人民检察院检察长 刘　勇
临清市人民检察院检察长 赵培林
阳谷县人民检察院检察长 王勇军
莘县人民检察院检察长 李进国
茌平县人民检察院检察长 邵景良
东阿县人民检察院检察长 隋　军
冠县人民检察院检察长 李纯广
高唐县人民检察院检察长 靖传忠
德州市人民检察院检察长 丁福祥
德城区人民检察院检察长 张利智
乐陵市人民检察院检察长 刘崇利
禹城市人民检察院检察长 李春江

陵县人民检察院检察长　李秀政
平原县人民检察院检察长　王宝庆
夏津县人民检察院检察长　姚永志
武城县人民检察院检察长　李景平
齐河县人民检察院检察长　何万国
临邑县人民检察院检察长　戴志军
宁津县人民检察院检察长　梁志宝
庆云县人民检察院检察长　范素霞（女）
东营市人民检察院检察长　马英川
东营区人民检察院检察长　李金宝
河口区人民检察院检察长　宋继圣
垦利县人民检察院检察长　刘忠太
利津县人民检察院检察长　王海鹰
广饶县人民检察院检察长　李守勤
淄博市人民检察院检察长　马爱国
张店区人民检察院检察长　牟春雷
淄川区人民检察院检察长　毕玉宝
博山区人民检察院检察长　王学强
临淄区人民检察院检察长　韩　敏
周村区人民检察院检察长　翟淑深
桓台县人民检察院检察长　万　华
高青县人民检察院检察长　刘恩泉
沂源县人民检察院检察长　赵长琳
淄博高新技术开发区人民检察院检察长　李家玉
城郊地区人民检察院检察长　刘洪海
潍坊市人民检察院检察长　王卫东
奎文区人民检察院检察长　王常青
潍城区人民检察院检察长　刘利宁
寒亭区人民检察院检察长　李俊杰
坊子区人民检察院检察长　王建利
安丘市人民检察院检察长　周金明
昌邑市人民检察院检察长　张　杰
高密市人民检察院检察长　邓树刚
青州市人民检察院检察长　高大汉
诸城市人民检察院检察长　宋修栋
寿光市人民检察院检察长　王春吉
临朐县人民检察院检察长　法云江
昌乐县人民检察院检察长　李学军
城郊地区人民检察院检察长　梁　栩
烟台市人民检察院检察长　李建新
莱山区人民检察院检察长　王辉天
芝罘区人民检察院检察长　丛修胜
福山区人民检察院检察长　都新建
牟平区人民检察院检察长　刘明水
栖霞市人民检察院检察长　郑昌河
海阳市人民检察院检察长　陈　勇
龙口市人民检察院检察长　毕红光
莱阳市人民检察院检察长　孙德杨
莱州市人民检察院检察长　王宏伟
蓬莱市人民检察院检察长　隋玉利
招远市人民检察院检察长　连峻峰
长岛县人民检察院检察长　林兰剑
烟台市经济技术开发区人民检察院检察长　王培海
威海市人民检察院检察长　姜修健（女）
环翠区人民检察院检察长　孟　莲（女）
荣成市人民检察院检察长　姜　勇
乳山市人民检察院检察长　毕新状
文登市人民检察院检察长　芮海波
威海火炬高技术产业开发区人民检察院检察长　王　健
威海经济技术开发区人民检察院检察长　耿建忠
青岛市人民检察院检察长　（空缺）
市南区人民检察院检察长　薛振环
市北区人民检察院检察长　王同庆
四方区人民检察院检察长　李克英
黄岛区人民检察院检察长　王大海
崂山区人民检察院检察长　高明诚
城阳区人民检察院检察长　高　林
李沧区人民检察院检察长　杨光辉
胶州市人民检察院检察长　牟永和
即墨市人民检察院检察长　陶卫东
平度市人民检察院检察长　程宏谟
胶南市人民检察院检察长　栾成章
莱西市人民检察院检察长　毛永强
日照市人民检察院检察长　巩盛昌
东港区人民检察院检察长　陈为永
岚山区人民检察院检察长　杜　军
五莲县人民检察院检察长　申志刚
莒县人民检察院检察长　管锡露
日照市经济开发区人民检察院检察长　李建鸣（女）
临沂市人民检察院检察长　吕盛昌（代）
兰山区人民检察院检察长　谭长志
罗庄区人民检察院检察长　史效斌
河东区人民检察院检察长　赵琰琳（女）

郯城县人民检察院检察长　贾卫国
苍山县人民检察院检察长　张玉新
莒南县人民检察院检察长　张殿龙
沂水县人民检察院检察长　王卫东
蒙阴县人民检察院检察长　曹卫军
平邑县人民检察院检察长　王正海
费县人民检察院检察长　张西军
沂南县人民检察院检察长　李大军
临沭县人民检察院检察长　王军廷
枣庄市人民检察院检察长　于家珍(代)
薛城区人民检察院检察长　赵　勇
市中区人民检察院检察长　李　斐
峄城区人民检察院检察长　曹茂法
台儿庄区人民检察院检察长　周文珂
山亭区人民检察院检察长　张　伟
滕州市人民检察院检察长　陈　东
济宁市人民检察院检察长　张庆建
市中区人民检察院检察长　王宜海
任城区人民检察院检察长　张鲁光
曲阜市人民检察院检察长　谷　峪
兖州市人民检察院检察长　郝　峰
邹城市人民检察院检察长　刘汉瑞
微山县人民检察院检察长　孙东海
鱼台县人民检察院检察长　张则伟
金乡县人民检察院检察长　梁忠凯
嘉祥县人民检察院检察长　王聿连
汶上县人民检察院检察长　殷宪龙
泗水县人民检察院检察长　刘宏武
梁山县人民检察院检察长　张义民
城郊地区人民检察院检察长　郑培兵
泰安市人民检察院检察长　胡宗智
泰山区人民检察院检察长　刘　民
岱岳区人民检察院检察长　姚红秋(女)
新泰市人民检察院检察长　黄建民
肥城市人民检察院检察长　张宏伟
宁阳县人民检察院检察长　王序东
东平县人民检察院检察长　王敬政
泰安高新技术产业开发区人民检察院检察长　张建同
莱芜市人民检察院检察长　郝广谦
莱城区人民检察院检察长　陈艺英
钢城区人民检察院检察长　李洪都
滨州市人民检察院检察长　赵继明
滨城区人民检察院检察长　李松水
惠民县人民检察院检察长　程志民
阳信县人民检察院检察长　牛向阳
无棣县人民检察院检察长　王俊民
沾化县人民检察院检察长　于　波
博兴县人民检察院检察长　刘源吉
邹平县人民检察院检察长　周长恩
菏泽市人民检察院检察长　丁伟民
牡丹区人民检察院检察长　张敬艳
曹县人民检察院检察长　周文伟
定陶县人民检察院检察长　吴三军
成武县人民检察院检察长　陈天生
单县人民检察院检察长　许澎涛
巨野县人民检察院检察长　辛同军
郓城县人民检察院检察长　韩文进
鄄城县人民检察院检察长　李爱国
东明县人民检察院检察长　张新德
菏泽经济开发区人民检察院检察长　杨依柱
山东省人民检察院济南铁路运输分院检察长　韩　毅
济南铁路运输检察院检察长　周传信
青岛铁路运输检察院检察长　徐荣初

河　南　省

河南省人民检察院检察长　蔡　宁
河南省人民检察院副检察长　张国臣
李晋华
贺恒扬
兰荣增
贾世民
牛学理
郑州市人民检察院检察长　杨祖伟
中原区人民检察院检察长　李伟杰
二七区人民检察院检察长　梁　平
管城回族区人民检察院检察长　吴景禹(代)
金水区人民检察院检察长　宁建海
上街区人民检察院检察长　程振胜
惠济区人民检察院检察长　裴文典
新郑市人民检察院检察长　翁　波
登封市人民检察院检察长　马玉东
新密市人民检察院检察长　王　青(女,代)

巩义市人民检察院检察长　耿　红(女)
荥阳市人民检察院检察长　丁铁梅(女,代)
中牟县人民检察院检察长　张捍卫
郑州高新技术产业开发区人民检察院检察长　王　伟
三门峡市人民检察院检察长　张永键
湖滨区人民检察院检察长　杨　森
义马市人民检察院检察长　水宝泉
灵宝市人民检察院检察长　杨红岩
渑池县人民检察院检察长　陈三奇
陕县人民检察院检察长　王　峰(代)
卢氏县人民检察院检察长　赵　荣
洛阳市人民检察院检察长　种松志
西工区人民检察院检察长　孙小军
老城区人民检察院检察长　李学华
瀍河回族区人民检察院检察长　牛宏伟
涧西区人民检察院检察长　张　伟
吉利区人民检察院检察长　张新潮
洛龙区人民检察院检察长　宋胜杰
偃师市人民检察院检察长　蔡金良
孟津县人民检察院检察长　谢晓阳
新安县人民检察院检察长　张金海
栾川县人民检察院检察长　李汝浦
嵩县人民检察院检察长　杨建刚
汝阳县人民检察院检察长　赵宝红(女)
宜阳县人民检察院检察长　刘赤炜
洛宁县人民检察院检察长　郭现营
伊川县人民检察院检察长　韩春阳
洛阳高新技术产业开发区人民检察院检察长　马治民
焦作市人民检察院检察长　胡保刚
解放区人民检察院检察长　郭跃进
山阳区人民检察院检察长　林贵保
中站区人民检察院检察长　漆泽民
马村区人民检察院检察长　刘卫星
孟州市人民检察院检察长　王　勇(女,代)
沁阳市人民检察院检察长　聂全武
修武县人民检察院检察长　刘　青(代)
博爱县人民检察院检察长　郑新年(代)
武陟县人民检察院检察长　张春峰(代)
温县人民检察院检察长　王良坡
新乡市人民检察院检察长　阎河川
卫滨区人民检察院检察长　邢吉顺
红旗区人民检察院检察长　张　郁
凤泉区人民检察院检察长　安新生
牧野区人民检察院检察长　卫安钢
卫辉市人民检察院检察长　蔡　利
辉县市人民检察院检察长　布孝军
新乡县人民检察院检察长　李新强
获嘉县人民检察院检察长　任常明
原阳县人民检察院检察长　刘　鹰
延津县人民检察院检察长　王　峰
封丘县人民检察院检察长　卢玉峰
长垣县人民检察院检察长　陈顺芝(女)
鹤壁市人民检察院检察长　闫兴振
淇滨区人民检察院检察长　王文伟
山城区人民检察院检察长　刘可民
鹤山区人民检察院检察长　方国民
浚县人民检察院检察长　张春凯
淇县人民检察院检察长　许怀林
安阳市人民检察院检察长　高进学
北关区人民检察院检察长　李建军
文峰区人民检察院检察长　王　飞
殷都区人民检察院检察长　刘河泉
龙安区人民检察院检察长　赵保钢
林州市人民检察院检察长　王劲晓
安阳县人民检察院检察长　张利民
汤阴县人民检察院检察长　曲建斌
滑县人民检察院检察长　肖建钢
内黄县人民检察院检察长　周南山
濮阳市人民检察院检察长　郭建新
华龙区人民检察院检察长　乔永成
清丰县人民检察院检察长　张东升
南乐县人民检察院检察长　赵西永
范县人民检察院检察长　张殿北
台前县人民检察院检察长　曹提忠
濮阳县人民检察院检察长　王方垠
开封市人民检察院检察长　张志超
鼓楼区人民检察院检察长　薛胜利
龙亭区人民检察院检察长　李建义
顺河回族区人民检察院检察长　王志德
禹王台区人民检察院检察长　李少斐
金明区人民检察院检察长　李广岭
杞县人民检察院检察长　贾志平
通许县人民检察院检察长　曹　阳
尉氏县人民检察院检察长　王　斌

开封县人民检察院检察长　马全兴
兰考县人民检察院检察长　马华民
商丘市人民检察院检察长　王广军
梁园区人民检察院检察长　吴　阳
睢阳区人民检察院检察长　林　红(女)
永城市人民检察院检察长　路　鸣
虞城县人民检察院检察长　廉金英
民权县人民检察院检察长　闫富强
宁陵县人民检察院检察长　赵祖生
睢县人民检察院检察长　赵维冠
夏邑县人民检察院检察长　徐爱国(代)
柘城县人民检察院检察长　宋新法
许昌市人民检察院检察长　张湘衡
魏都区人民检察院检察长　杨喜民
禹州市人民检察院检察长　殷志力(代)
长葛市人民检察院检察长　王　柯
许昌县人民检察院检察长　任国强(代)
鄢陵县人民检察院检察长　李书勤(女)
襄城县人民检察院检察长　郑建民
漯河市人民检察院检察长　赵顺宗
郾城区人民检察院检察长　陈德山
源汇区人民检察院检察长　孙留喜
召陵区人民检察院检察长　效广林
舞阳县人民检察院检察长　翟金林
临颍县人民检察院检察长　周彦黎(女)
平顶山市人民检察院检察长　刘新年
新华区人民检察院检察长　任书铭
卫东区人民检察院检察长　郭毅然
湛河区人民检察院检察长　张鹏飞
石龙区人民检察院检察长　王建军
舞钢市人民检察院检察长　马国兴
汝州市人民检察院检察长　刘龙海
宝丰县人民检察院检察长　王明文
叶县人民检察院检察长　刘新义
鲁山县人民检察院检察长　马东光
郏县人民检察院检察长　乔义恩
南阳市人民检察院检察长　刘在贤
卧龙区人民检察院检察长　梁跃进
宛城区人民检察院检察长　王金荣(女)
邓州市人民检察院检察长　杜海宛
南召县人民检察院检察长　齐　杰
方城县人民检察院检察长　梁志敏
西峡县人民检察院检察长　王伯钦
镇平县人民检察院检察长　杜春江
内乡县人民检察院检察长　胡殿信
淅川县人民检察院检察长　李　毅
社旗县人民检察院检察长　赵新强
唐河县人民检察院检察长　刘海恩
新野县人民检察院检察长　曹建煜
桐柏县人民检察院检察长　冯景合
信阳市人民检察院检察长　刘建国
浉河区人民检察院检察长　朱明义
平桥区人民检察院检察长　熊建中
息县人民检察院检察长　彭宗海
淮滨县人民检察院检察长　张焕群
潢川县人民检察院检察长　徐晓明
光山县人民检察院检察长　黄立鹏
固始县人民检察院检察长　黄金山
商城县人民检察院检察长　聂家君
罗山县人民检察院检察长　曹建华(女)
新县人民检察院检察长　余　立
周口市人民检察院检察长　李春长
川汇区人民检察院检察长　朱自军
项城市人民检察院检察长　薄玉龙(代)
扶沟县人民检察院检察长　郭　煜(代)
西华县人民检察院检察长　郭金玉
商水县人民检察院检察长　闫　勇
太康县人民检察院检察长　范东亚
鹿邑县人民检察院检察长　张松树
郸城县人民检察院检察长　顾　涛
淮阳县人民检察院检察长　钱　诚
沈丘县人民检察院检察长　周　威(代)
驻马店市人民检察院检察长　李庆照
驿城区人民检察院检察长　李奎卿
确山县人民检察院检察长　张海成
泌阳县人民检察院检察长　聂旭光
遂平县人民检察院检察长　闫　宝
西平县人民检察院检察长　孟卫民
上蔡县人民检察院检察长　郭东升
汝南县人民检察院检察长　黎梅香(女)
平舆县人民检察院检察长　戴海建
新蔡县人民检察院检察长　苏管学
正阳县人民检察院检察长　梁卫东
河南省人民检察院济源分院检察长　马修道
济源市人民检察院检察长　李宏民

河南省人民检察院郑州铁路运输分院检察长 **刘玉生**
郑州铁路运输检察院检察长 杜永召
洛阳铁路运输检察院检察长 杨保国

湖 北 省

湖北省人民检察院检察长 **敬大力**
湖北省人民检察院副检察长 **徐汉明**
陈亚林
王铁民
郑 青(女)
许发民
武汉市人民检察院检察长 **孙应征**
江岸区人民检察院检察长 张振国
江汉区人民检察院检察长 胡 捷
硚口区人民检察院检察长 江巧云(女)
汉阳区人民检察院检察长 金 鑫
武昌区人民检察院检察长 王为民
青山区人民检察院检察长 吴家峰(代)
洪山区人民检察院检察长 张继生
东西湖区人民检察院检察长 张汉杰
汉南区人民检察院检察长 黄定海
蔡甸区人民检察院检察长 陈晓华(女)
江夏区人民检察院检察长 李小平
黄陂区人民检察院检察长 王海滨
新洲区人民检察院检察长 查日平(代)
武汉市经济技术开发区人民检察院检察长 常家爽
武汉东湖新技术开发区人民检察院检察长 邬建强
十堰市人民检察院检察长 **白章龙**
茅箭区人民检察院检察长 赵晓军
张湾区人民检察院检察长 徐宜斌
丹江口市人民检察院检察长 万华庭
郧县人民检察院检察长 章海明
竹山县人民检察院检察长 陆庆华
房县人民检察院检察长 伍兴海
郧西县人民检察院检察长 杨砚华
竹溪县人民检察院检察长 尤兴品
襄樊市人民检察院检察长 **彭胜坤**
襄城区人民检察院检察长 权建立
樊城区人民检察院检察长 金安军
襄阳区人民检察院检察长 叶先国
老河口市人民检察院检察长 张欲晓
枣阳市人民检察院检察长 杨传军
宜城市人民检察院检察长 柳振华
南漳县人民检察院检察长 邹进康
谷城县人民检察院检察长 王天稚
保康县人民检察院检察长 李乡生
襄樊市高新技术产业开发区人民检察院检察长 肖 劲
城郊地区人民检察院检察长 赵介富
荆门市人民检察院检察长 **赵 进**
东宝区人民检察院检察长 欧阳可能
掇刀区人民检察院检察长 卢良恳
钟祥市人民检察院检察长 黄明振
沙洋县人民检察院检察长 刘天尧
京山县人民检察院检察长 官书云
沙洋地区人民检察院检察长 刘尚君
孝感市人民检察院检察长 **吴天宝**
孝南区人民检察院检察长 张水学
应城市人民检察院检察长 雷 超
安陆市人民检察院检察长 周 伦
汉川市人民检察院检察长 程世明
孝昌县人民检察院检察长 胡 军
大悟县人民检察院检察长 龙华桥
云梦县人民检察院检察长 李 红(女)
黄冈市人民检察院检察长 **黄六洲**
黄州区人民检察院检察长 易孝猛(代)
麻城市人民检察院检察长 王国友
武穴市人民检察院检察长 肖 波
红安县人民检察院检察长 刘 斌
罗田县人民检察院检察长 沈向阳(代)
英山县人民检察院检察长 吴炳先
浠水县人民检察院检察长 喻艳如
蕲春县人民检察院检察长 皮怀宇
黄梅县人民检察院检察长 杨 戬
团风县人民检察院检察长 李明柏
鄂州市人民检察院检察长 **古 峰**
鄂城区人民检察院检察长 汪元金
梁子湖区人民检察院检察长 胡 宁
华容区人民检察院检察长 尹 红
黄石市人民检察院检察长 **杨武力**
下陆区人民检察院检察长 刘先德
黄石港区人民检察院检察长 朱自启

西塞山区人民检察院检察长　刘金明
铁山区人民检察院检察长　王海峰
大冶市人民检察院检察长　袁群荣(女)
阳新县人民检察院检察长　万国东
咸宁市人民检察院检察长　鲁尔英(女)
咸安区人民检察院检察长　万　军
赤壁市人民检察院检察长　陈金保
嘉鱼县人民检察院检察长　蒋志强
通城县人民检察院检察长　王义军
崇阳县人民检察院检察长　朱希辉
通山县人民检察院检察长　汪　隽(代)
荆州市人民检察院检察长　廖焱清
沙市区人民检察院检察长　张家荣
荆州区人民检察院检察长　夏叶林
石首市人民检察院检察长　聂祖美
洪湖市人民检察院检察长　张立宪
松滋市人民检察院检察长　刘新洲
江陵县人民检察院检察长　何山权
公安县人民检察院检察长　杨昌桂(女,代)
监利县人民检察院检察长　郭　华
江北地区人民检察院检察长　周明洪
宜昌市人民检察院检察长　孙光骏
西陵区人民检察院检察长　范启敬
伍家岗区人民检察院检察长　秦长友
点军区人民检察院检察长　汪文明
猇亭区人民检察院检察长　郑祥萍(女)
夷陵区人民检察院检察长　田安友
枝江市人民检察院检察长　李长红
宜都市人民检察院检察长　马晓黎
当阳市人民检察院检察长　胡继坤
远安县人民检察院检察长　陈杨林
兴山县人民检察院检察长　陈　侃
秭归县人民检察院检察长　杨玉超
长阳土家族自治县人民检察院检察长　李永华
五峰土家族自治县人民检察院检察长　冯　毅
三峡坝区人民检察院检察长　李朝平
随州市人民检察院检察长　严红兵
曾都区人民检察院检察长　陈国平
广水市人民检察院检察长　潘　旭
随县人民检察院检察长　徐德超
湖北省人民检察院汉江分院检察长　赵铁民
仙桃市人民检察院检察长　颜其顺
天门市人民检察院检察长　李序军
潜江市人民检察院检察长　周少宏
神农架林区人民检察院检察长　雷爱民
恩施土家族苗族自治州人民检察院检察长　石荣春
恩施市人民检察院检察长　刘全生
利川市人民检察院检察长　房晓军
建始县人民检察院检察长　田崇忠
巴东县人民检察院检察长　郑雪松
宣恩县人民检察院检察长　朱志鸿
咸丰县人民检察院检察长　曹光汉
来凤县人民检察院检察长　税明泽
鹤峰县人民检察院检察长　向朝敏
湖北省人民检察院武汉铁路运输分院检察长　肖知选
武汉铁路运输检察院检察长　牛忠喜
襄樊铁路运输检察院检察长　倪勇毅

湖　南　省

湖南省人民检察院检察长　龚佳禾
湖南省人民检察院副检察长　吴立明
周世雄
卢乐云
常智余
白贵泉
黎光明
印仕柏
长沙市人民检察院检察长　陈邵纯
岳麓区人民检察院检察长　彭建华
芙蓉区人民检察院检察长　周亚红(女)
天心区人民检察院检察长　凌　云
开福区人民检察院检察长　丁晓波
雨花区人民检察院检察长　盛　磊
浏阳市人民检察院检察长　陈立民
长沙县人民检察院检察长　刘革强
望城县人民检察院检察长　胡飞虎
宁乡县人民检察院检察长　谭剑辉
星城地区人民检察院检察长　谭学军
张家界市人民检察院检察长　曲科平
永定区人民检察院检察长　刘三阳
武陵源区人民检察院检察长　鲁礼平
慈利县人民检察院检察长　郁大成
桑植县人民检察院检察长　罗湘平

常德市人民检察院检察长　陈海波
武陵区人民检察院检察长　田建中
鼎城区人民检察院检察长　汪泽云
津市市人民检察院检察长　谢正平
安乡县人民检察院检察长　张美权
汉寿县人民检察院检察长　靳湘辉
澧县人民检察院检察长　苏基云
临澧县人民检察院检察长　卜兴炎
桃源县人民检察院检察长　柳立武
石门县人民检察院检察长　荣　明
白洋堤地区人民检察院检察长　汪建保
益阳市人民检察院检察长　刘清生
赫山区人民检察院检察长　易镇鑫
资阳区人民检察院检察长　白　峰
沅江市人民检察院检察长　王　贤
南县人民检察院检察长　王国余
桃江县人民检察院检察长　肖新阶
安化县人民检察院检察长　符大欣
大通湖管理区人民检察院检察长　王善谋
岳阳市人民检察院检察长　朱必达
岳阳楼区人民检察院检察长　彭新文
君山区人民检察院检察长　许乐平
云溪区人民检察院检察长　李建军
汨罗市人民检察院检察长　徐迪辉
临湘市人民检察院检察长　杨　晖
岳阳县人民检察院检察长　段德平
华容县人民检察院检察长　付仲秋
湘阴县人民检察院检察长　谭载星
平江县人民检察院检察长　廖良忠
屈原管理区人民检察院检察长　徐立泉
株洲市人民检察院检察长　魏启敏
天元区人民检察院检察长　刘新文
荷塘区人民检察院检察长　彭物明
芦淞区人民检察院检察长　周小刚
石峰区人民检察院检察长　朱胜辉
醴陵市人民检察院检察长　李　大
株洲县人民检察院检察长　陈毅清
攸县人民检察院检察长　王友武
茶陵县人民检察院检察长　周育平
炎陵县人民检察院检察长　刘永初
湘潭市人民检察院检察长　潘爱民
岳塘区人民检察院检察长　陈文忠
雨湖区人民检察院检察长　黄革跃
湘乡市人民检察院检察长　张伟民
韶山市人民检察院检察长　王建湘
湘潭县人民检察院检察长　曹海平
衡阳市人民检察院检察长　李　平
蒸湘区人民检察院检察长　黄茂林(女)
雁峰区人民检察院检察长　王生元
珠晖区人民检察院检察长　刘中柱
石鼓区人民检察院检察长　贺晓斌
南岳区人民检察院检察长　贺安凡
常宁市人民检察院检察长　董谢云
耒阳市人民检察院检察长　左才轩
衡阳县人民检察院检察长　杨晓春
衡南县人民检察院检察长　陈文新
衡山县人民检察院检察长　王一平
衡东县人民检察院检察长　曾志平
祁东县人民检察院检察长　李波林
上堡地区人民检察院检察长　潭颂荣
华新地区人民检察院检察长　黄龙庆
郴州市人民检察院检察长　来献明
北湖区人民检察院检察长　许建辉
苏仙区人民检察院检察长　李辉美
资兴市人民检察院检察长　曹三毛
桂阳县人民检察院检察长　朱志雄
永兴县人民检察院检察长　唐小琳
宜章县人民检察院检察长　罗志卫
嘉禾县人民检察院检察长　廖晓晴(女)
临武县人民检察院检察长　徐湘龙
汝城县人民检察院检察长　汪德华
桂东县人民检察院检察长　王郴林
安仁县人民检察院检察长　林贵平
永州市人民检察院检察长　王蓟零
冷水滩区人民检察院检察长　章陵邵
零陵区人民检察院检察长　滕购新
东安县人民检察院检察长　屈春苟
道县人民检察院检察长　蒋江陵
宁远县人民检察院检察长　刘繁荣
江永县人民检察院检察长　吕新陵
蓝山县人民检察院检察长　唐筱勇
新田县人民检察院检察长　蒋长春
双牌县人民检察院检察长　刘　明
祁阳县人民检察院检察长　朱跃陆
江华瑶族自治县人民检察院检察长　蒋大文

邵阳市人民检察院检察长 胡 波
大祥区人民检察院检察长 唐振林
双清区人民检察院检察长 蒋恒西
北塔区人民检察院检察长 夏宇宏
武冈市人民检察院检察长 贺益清
邵东县人民检察院检察长 陈青云
邵阳县人民检察院检察长 孙在启
新邵县人民检察院检察长 姚柳荣
隆回县人民检察院检察长 唐志军
洞口县人民检察院检察长 宋志刚
绥宁县人民检察院检察长 戴哲建
新宁县人民检察院检察长 刘南霞(女)
城步苗族自治县人民检察院检察长 张小林
怀化市人民检察院检察长 韩开学
鹤城区人民检察院检察长 谭建菊(女)
洪江市人民检察院检察长 孙满红
沅陵县人民检察院检察长 张立波
辰溪县人民检察院检察长 刘永荫
溆浦县人民检察院检察长 米双文
中方县人民检察院检察长 田昌喜
会同县人民检察院检察长 刘 岗
麻阳苗族自治县人民检察院检察长 董小韵
新晃侗族自治县人民检察院检察长 黄 翔
芷江侗族自治县人民检察院检察长 江 超
靖州苗族侗族自治县人民检察院检察长 杨 铧
通道侗族自治县人民检察院检察长 向远江
怀化市洪江人民检察院检察长 李泽龙
娄底市人民检察院检察长 肖新华
娄星区人民检察院检察长 邹图华
冷水江市人民检察院检察长 朱纪文
涟源市人民检察院检察长 刘雄辉
双峰县人民检察院检察长 梁巨热(女)
新化县人民检察院检察长 刘新潮
湘西土家族苗族自治州人民检察院检察长 曾新善
吉首市人民检察院检察长 李卫国
泸溪县人民检察院检察长 向宽宇
凤凰县人民检察院检察长 杨良文
花垣县人民检察院检察长 高从军
保靖县人民检察院检察长 杨明礼
古丈县人民检察院检察长 陶燕飞(女)
永顺县人民检察院检察长 李昌云
龙山县人民检察院检察长 张清明

广 东 省

广东省人民检察院检察长 郑 红
广东省人民检察院副检察长 陈 武
董平波
佟 绲
王学成
梁德标
欧名宇
许达雄
郑新俭
广州市人民检察院检察长 王福成
越秀区人民检察院检察长 何元秀
荔湾区人民检察院检察长 蔡世葵
海珠区人民检察院检察长 李善炽
天河区人民检察院检察长 张志强
白云区人民检察院检察长 黄兆鸣
黄埔区人民检察院检察长 黎伟文
番禺区人民检察院检察长 暨中党
花都区人民检察院检察长 孟庆胜
南沙区人民检察院检察长 匡乃安
萝岗区人民检察院检察长 白建国
增城市人民检察院检察长 韩世彪
从化市人民检察院检察长 谭可为
清远市人民检察院检察长 陈盛华
清城区人民检察院检察长 刘 斌
英德市人民检察院检察长 李灶阳
连州市人民检察院检察长 卢跃科
佛冈县人民检察院检察长 何富添
阳山县人民检察院检察长 郑分义
清新县人民检察院检察长 许銮周
连山壮族瑶族自治县人民检察院检察长 王运成
连南瑶族自治县人民检察院检察长 蔡志生
韶关市人民检察院检察长 阙定胜(代)
浈江区人民检察院检察长 饶纲奎
武江区人民检察院检察长 赵 峰
曲江县人民检察院检察长 陈实盟
乐昌市人民检察院检察长 邵 林
南雄市人民检察院检察长 栾怀持
始兴县人民检察院检察长 肖惠明
仁化县人民检察院检察长 肖建红
翁源县人民检察院检察长 曾 洪

新丰县人民检察院检察长 刘 坚
乳源瑶族自治县人民检察院检察长 袁瑞刚
黄岗地区人民检察院检察长 潘维民
中山地区人民检察院检察长 （空缺）
河源市人民检察院检察长 刘祥福
源城区人民检察院检察长 吴志雄
紫金县人民检察院检察长 李小明
龙川县人民检察院检察长 练裕民
连平县人民检察院检察长 张佩玲(女)
和平县人民检察院检察长 曾少平
东源县人民检察院检察长 骆德忠
梅州市人民检察院检察长 何梅林
梅江区人民检察院检察长 钟兴周
兴宁市人民检察院检察长 饶德威
梅县人民检察院检察长 黄荣祥
大埔县人民检察院检察长 钟 坚
丰顺县人民检察院检察长 陈清波
五华县人民检察院检察长 梁振悦
平远县人民检察院检察长 蓝 海
蕉岭县人民检察院检察长 张映文
潮州市人民检察院检察长 来向东(代)
湘桥区人民检察院检察长 谢照明
潮安县人民检察院检察长 石名烈
饶平县人民检察院检察长 庄鲁萍(女)
汕头市人民检察院检察长 赖德贵
金平区人民检察院检察长 陈 民
濠江区人民检察院检察长 王维远
龙湖区人民检察院检察长 刀震泉
潮阳区人民检察院检察长 张广生
潮南区人民检察院检察长 杨汉金
澄海区人民检察院检察长 李福光
南澳县人民检察院检察长 李向东
揭阳市人民检察院检察长 罗 卫
榕城区人民检察院检察长 詹新光
普宁市人民检察院检察长 李国强
揭东县人民检察院检察长 李御荣
揭西县人民检察院检察长 朱喜荣
惠来县人民检察院检察长 林楚峰
汕尾市人民检察院检察长 张占忠(代)
城区人民检察院检察长 王楚雄
陆丰市人民检察院检察长 蔡在扬
海丰县人民检察院检察长 刘 固
陆河县人民检察院检察长 陈汉明
惠州市人民检察院检察长 黄建明
惠城区人民检察院检察长 李建新
惠阳区人民检察院检察长 梁平嘉
博罗县人民检察院检察长 刘小军
惠东县人民检察院检察长 孙仰前
龙门县人民检察院检察长 袁卫国
大亚湾经济技术开发区人民检察院检察长 曾伟标
东莞市人民检察院检察长 黄文艾
第一市区人民检察院检察长 姚旭辉
第二市区人民检察院检察长 李 勇
第三市区人民检察院检察长 刘满光
深圳市人民检察院检察长 白新潮
福田区人民检察院检察长 宋继江
罗湖区人民检察院检察长 孟昭文(女)
南山区人民检察院检察长 王晋闽
宝安区人民检察院检察长 叶 鹏
龙岗区人民检察院检察长 胡 捷(女)
盐田区人民检察院检察长 王国宾
珠海市人民检察院检察长 金 波
香洲区人民检察院检察长 彭小明
斗门区人民检察院检察长 叶祖怀
金湾区人民检察院检察长 向少良
中山市人民检察院检察长 关英彦
第一市区人民检察院检察长 彭郑波
第二市区人民检察院检察长 潘雪亮
江门市人民检察院检察长 向 斌(代)
蓬江区人民检察院检察长 蓝旭明
江海区人民检察院检察长 陈锡章
新会区人民检察院检察长 林跃新
恩平市人民检察院检察长 翁祥安
台山市人民检察院检察长 何国航
开平市人民检察院检察长 卢树图
鹤山市人民检察院检察长 方长江
佛山市人民检察院检察长 廖东明
禅城区人民检察院检察长 陈国生
南海区人民检察院检察长 戴景田
顺德区人民检察院检察长 李国强
三水区人民检察院检察长 黄兆凡
高明区人民检察院检察长 郭俊峰
肇庆市人民检察院检察长 张平坦(代)
端州区人民检察院检察长 黄奋强
鼎湖区人民检察院检察长 陈维轩

高要市人民检察院检察长　宋　明
四会市人民检察院检察长　肖永康
广宁县人民检察院检察长　何文强
怀集县人民检察院检察长　陈保民
封开县人民检察院检察长　苏　斌
德庆县人民检察院检察长　黎更生
云浮市人民检察院检察长　李庆协
云城区人民检察院检察长　何为民
罗定市人民检察院检察长　董家辉
云安县人民检察院检察长　陈华彬
新兴县人民检察院检察长　焦　庆
郁南县人民检察院检察长　梁锦裘(女)
阳江市人民检察院检察长　王广珠
江城区人民检察院检察长　陈书菊
阳春市人民检察院检察长　项颂标
阳西县人民检察院检察长　李希派(代)
阳东县人民检察院检察长　马志成
茂名市人民检察院检察长　刘先进
茂南区人民检察院检察长　李日清(代)
茂港区人民检察院检察长　丁永标(代)
化州市人民检察院检察长　郑超民
信宜市人民检察院检察长　范李刚(代)
高州市人民检察院检察长　吴玲河(代)
电白县人民检察院检察长　朱冠恒
湛江市人民检察院检察长　王雁林
赤坎区人民检察院检察长　郑和平
霞山区人民检察院检察长　黄宜端
坡头区人民检察院检察长　胡连启
麻章区人民检察院检察长　李建明
吴川市人民检察院检察长　廖志胜
廉江市人民检察院检察长　张　明
雷州市人民检察院检察长　程　军
遂溪县人民检察院检察长　龙志锋
徐闻县人民检察院检察长　李　军
湛江市经济技术开发区人民检察院检察长　陈兆明
广东省人民检察院广州铁路运输分院检察长　董亚平
广州铁路运输检察院检察长　罗　强
衡阳铁路运输检察院检察长　兰建平
长沙铁路运输检察院检察长　申彦斐
怀化铁路运输检察院检察长　刘兴无
肇庆铁路运输检察院检察长　王　虹

广西壮族自治区

张少康　男,汉族,1951年7月生,广西贵港人,大学普通班学历,中文专业,中共党员,1972年3月参加工作。

1972年3月至1974年9月广西贵县广播站编辑,1974年9月至1977年3月广西师范学院中文系中文专业学生,1977年3月至1978年3月广西贵县县委宣传部新闻干事,1978年3月至1980年7月广西贵县县委政策研究室秘书,1980年7月至1985年5月广西壮族自治区人大常委会办公厅秘书处干部、人事保卫处干部,1985年5月至1988年7月广西壮族自治区人大常委会办公厅秘书处副处长、处长,1988年7月至1993年8月广西壮族自治区人大常委会办公厅研究室主任、《广西人大》月刊副总编辑(其间:1992年6月至1992年12月广西壮族自治区驻梧州地区社教工作团副团长),1993年8月至1998年6月广西壮族自治区人大常委会副秘书长、办公厅党组成员、《广西人大》月刊总编辑(其间:1994年8月至1995年1月在中央党校进修二班学习),1998年6月至2002年2月广西百色地委副书记(其间:2000年9月至2001年1月在中央党校培训部西部班学习),2002年2月至2002年12月广西柳州地委副书记、行署专员,2002年12月至2008年1月广西来宾市委副书记、市长,2008年1月至2008年12月广西壮族自治区人大常委会秘书长、党组成员,办公厅党组书记,2008年12月至2009年1月广西壮族自治区人大常委会秘书长,自治区人民检察院党组书记,2009年1月至2009年2月广西壮族自治区人民检察院党组书记,2009年2月广西壮族自治区人民检察院党组书记、检察长。

广西壮族自治区人民检察院检察长　张少康
广西壮族自治区人民检察院副检察长　邓海华
曾学愚
陈普生
蒙永山
刘继胜
南宁市人民检察院检察长　马日梧
青秀区人民检察院检察长　陈国庆
兴宁区人民检察院检察长　郭　魏

江南区人民检察院检察长 林 中
西乡塘区人民检察院检察长 白 勇
良庆区人民检察院检察长 黄 伟
邕宁区人民检察院检察长 玉明建
武鸣县人民检察院检察长 韦 穆
横县人民检察院检察长 （空缺）
宾阳县人民检察院检察长 孙华生
上林县人民检察院检察长 方 良
隆安县人民检察院检察长 贾健勇
马山县人民检察院检察长 唐武英
茅桥地区人民检察院检察长 易燕平
桂林市人民检察院检察长 李全义
象山区人民检察院检察长 李劲松
叠彩区人民检察院检察长 胡川平
秀峰区人民检察院检察长 刘跃飞
七星区人民检察院检察长 韦新华
雁山区人民检察院检察长 （空缺）
阳朔县人民检察院检察长 廖国忠
临桂县人民检察院检察长 罗昌勤
灵川县人民检察院检察长 蒋小勇
全州县人民检察院检察长 （空缺）
兴安县人民检察院检察长 陶建立
永福县人民检察院检察长 阳莉琳（女）
灌阳县人民检察院检察长 刘冰轮
资源县人民检察院检察长 王荣利
平乐县人民检察院检察长 龚金长
荔浦县人民检察院检察长 秦荣科
龙胜各族自治县人民检察院检察长 唐陆林
恭城瑶族自治县人民检察院检察长 蒋向东
城郊区人民检察院检察长 徐铭周
柳州市人民检察院检察长 陈祥江
柳北区人民检察院检察长 陈德忠
城中区人民检察院检察长 陈 燎
鱼峰区人民检察院检察长 韦香飘
柳南区人民检察院检察长 梁聚武
柳江县人民检察院检察长 梁 钰
柳城县人民检察院检察长 邓雪刚
鹿寨县人民检察院检察长 覃海宝
融安县人民检察院检察长 陈雄彪
三江侗族自治县人民检察院检察长 吴永辉
融水苗族自治县人民检察院检察长 赵文斌
露塘地区人民检察院检察长 王春树
鹿寨地区人民检察院检察长 林福光

梧州市人民检察院检察长 卢惠盛
长洲区人民检察院检察长 李小坚
万秀区人民检察院检察长 赖定金
蝶山区人民检察院检察长 黎庆年
岑溪市人民检察院检察长 黄庆治
苍梧县人民检察院检察长 彭永雄
藤县人民检察院检察长 石世安
蒙山县人民检察院检察长 陶洪新
贵港市人民检察院检察长 肖昌村
港北区人民检察院检察长 杨 坚
港南区人民检察院检察长 黄初明
覃塘区人民检察院检察长 卢海德
桂平市人民检察院检察长 翁达华
平南县人民检察院检察长 陈 勇
玉林市人民检察院检察长 韦国权
玉州区人民检察院检察长 咸冠南
北流市人民检察院检察长 许 安（女）
兴业县人民检察院检察长 庞振钰
容县人民检察院检察长 覃广雄
陆川县人民检察院检察长 周雪操
博白县人民检察院检察长 林 伟
钦州市人民检察院检察长 梁 钢
钦南区人民检察院检察长 黄 毅
钦北区人民检察院检察长 张顺明
灵山县人民检察院检察长 李 娟（女，代）
浦北县人民检察院检察长 李 伟
北海市人民检察院检察长 黄 坚
海城区人民检察院检察长 宁子传
银海区人民检察院检察长 邓毅昌
铁山港区人民检察院检察长 杨伟才
合浦县人民检察院检察长 韩 健
防城港市人民检察院检察长 金明华
港口区人民检察院检察长 苏振文
防城区人民检察院检察长 王小清
东兴市人民检察院检察长 林京仪
上思县人民检察院检察长 梁恪嘉
崇左市人民检察院检察长 邓如府
江州区人民检察院检察长 李小林
凭祥市人民检察院检察长 曾保强
扶绥县人民检察院检察长 周永贤
大新县人民检察院检察长 李杏生
天等县人民检察院检察长 凌少锋
宁明县人民检察院检察长 吴培光

龙州县人民检察院检察长　邓一兵
百色市人民检察院检察长　周　腾
右江区人民检察院检察长　李卫生
田阳县人民检察院检察长　何耀林
田东县人民检察院检察长　岑忠平
平果县人民检察院检察长　黄建棻
德保县人民检察院检察长　李荣想
靖西县人民检察院检察长　黄朝忠
那坡县人民检察院检察长　农忠纯
凌云县人民检察院检察长　岑咏桦
乐业县人民检察院检察长　覃晓林
西林县人民检察院检察长　罗炳锋
田林县人民检察院检察长　黄　俊
隆林各族自治县人民检察院检察长　韦景文
河池市人民检察院检察长　王人春
金城江区人民检察院检察长　李雄鹰
宜州市人民检察院检察长　梁　林
南丹县人民检察院检察长　王积然
天峨县人民检察院检察长　谭环宇
凤山县人民检察院检察长　蓝廷周
东兰县人民检察院检察长　何绍崇
巴马瑶族自治县人民检察院检察长　谭泽江
都安瑶族自治县人民检察院检察长　卢　锋
大化瑶族自治县人民检察院检察长　田华云
罗城仫佬族自治县人民检察院检察长　黎守全
环江毛南族自治县人民检察院检察长　韦佩旭
来宾市人民检察院检察长　赵建华
兴宾区人民检察院检察长　吴任光
合山市人民检察院检察长　樊永福
象州县人民检察院检察长　谢启足
武宣县人民检察院检察长　冯幸福
忻城县人民检察院检察长　韦玉祥
金秀瑶族自治县人民检察院检察长　李　帅
贺州市人民检察院检察长　叶建辉
八步区人民检察院检察长　黄基盛
昭平县人民检察院检察长　柳毅平
钟山县人民检察院检察长　邱绍银
富川瑶族自治县人民检察院检察长　廖正聪
广西壮族自治区人民检察院南宁铁路运输分院检察长　杨　军
柳州铁路运输检察院检察长　周琴台(女)
南宁铁路运输检察院检察长　杨怀民

海　南　省

海南省人民检察院检察长　马勇霞(女)
海南省人民检察院副检察长　黄卫国
贾志鸿
陈马林
海南省人民检察院第一分院检察长　高海燕(女,代)
海南省人民检察院第二分院检察长　荀守吉
海口市人民检察院检察长　李　铭
龙华区人民检察院检察长　徐　伟(代)
秀英区人民检察院检察长　廖检保(代)
琼山区人民检察院检察长　陈振生(代)
美兰区人民检察院检察长　倪家壮
三亚市人民检察院检察长　侯　伟
城郊人民检察院检察长　王　庄
文昌市人民检察院检察长　李伟军(女)
琼海市人民检察院检察长　吴　彦
万宁市人民检察院检察长　赵喜和
五指山市人民检察院检察长　黎仲民
东方市人民检察院检察长　邢向东
儋州市人民检察院检察长　王彦青
临高县人民检察院检察长　吴聿名
澄迈县人民检察院检察长　刘新力
定安县人民检察院检察长　唐名兴
屯昌县人民检察院检察长　林　山
昌江黎族自治县人民检察院检察长　陈　煦
白沙黎族自治县人民检察院检察长　方建华
琼中黎族苗族自治县人民检察院检察长　唐　论
陵水黎族自治县人民检察院检察长　文　伟
保亭黎族苗族自治县人民检察院检察长　李　彪(代)
乐东黎族自治县人民检察院检察长　范建绥
海南洋浦经济开发区人民检察院检察长　王会义

重　庆　市

重庆市人民检察院检察长　余　敏(女)
重庆市人民检察院副检察长　李元鹤
雷万亚(女)
彭安荣
于天敏
重庆市人民检察院第一分院检察长　余　捷

重庆市人民检察院第二分院检察长　王定顺
重庆市人民检察院第三分院检察长　冉孟辉
重庆市人民检察院第四分院检察长　葛森林
重庆市人民检察院第五分院检察长　戴仕俸
渝中区人民检察院检察长　王　冲
大渡口区人民检察院检察长　张明生
江北区人民检察院检察长　杨　平
沙坪坝区人民检察院检察长　夏　阳
九龙坡区人民检察院检察长　张新华
南岸区人民检察院检察长　刘　昕
北碚区人民检察院检察长　刘　晴
万盛区人民检察院检察长　江克强(代)
双桥区人民检察院检察长　张泽洲
渝北区人民检察院检察长　钟　勇
巴南区人民检察院检察长　李荣辰
万州区人民检察院检察长　张亚林
涪陵区人民检察院检察长　周　军(代)
黔江区人民检察院检察长　杨再方
长寿区人民检察院检察长　庹清文
江津区人民检察院检察长　丁方毅
合川区人民检察院检察长　赵　凡
永川区人民检察院检察长　张明友
南川区人民检察院检察长　许创业
綦江县人民检察院检察长　程　权
潼南县人民检察院检察长　刘　吉
铜梁县人民检察院检察长　谭　闯
大足县人民检察院检察长　孟卫红(女,代)
荣昌县人民检察院检察长　梁经顺
璧山县人民检察院检察长　张德江(代)
垫江县人民检察院检察长　李志军(代)
武隆县人民检察院检察长　曾廷全
丰都县人民检察院检察长　赵　磊(代)
城口县人民检察院检察长　王子毅
梁平县人民检察院检察长　李家全
开县人民检察院检察长　郭祖祥
巫溪县人民检察院检察长　王鸣隆
巫山县人民检察院检察长　陈　忠
奉节县人民检察院检察长　邓正平
云阳县人民检察院检察长　钟晓云
忠县人民检察院检察长　陈　康
石柱土家族自治县人民检察院检察长　石溅泉
彭水苗族自治县人民检察院检察长　刘　瑜
酉阳土家族苗族自治县人民检察院检察长　李大槐
秀山土家族苗族自治县人民检察院检察长　谭祥文

四　川　省

四川省人民检察院检察长　邓　川
四川省人民检察院副检察长　刘　勤
夏黎阳
郭　彦
张晓勇
朱晚林
成都市人民检察院检察长　李　建
青羊区人民检察院检察长　敬　川
锦江区人民检察院检察长　连小可
金牛区人民检察院检察长　刘庆华
武侯区人民检察院检察长　刘雄川
成华区人民检察院检察长　蒋　莉(女)
龙泉驿区人民检察院检察长　李伟光
青白江区人民检察院检察长　伍　健
新都区人民检察院检察长　潘　昆
温江区人民检察院检察长　向　波
都江堰市人民检察院检察长　何　淼
彭州市人民检察院检察长　王德运
邛崃市人民检察院检察长　苏　云
崇州市人民检察院检察长　何文全
金堂县人民检察院检察长　景逢均
双流县人民检察院检察长　黄光柱
郫县人民检察院检察长　孙成建
大邑县人民检察院检察长　陈建勇
蒲江县人民检察院检察长　邓贵杰
新津县人民检察院检察长　姚广平
成都高新技术产业开发区人民检察院检察长　杜利民
广元市人民检察院检察长　许鹤岷
利州区人民检察院检察长　李　磊
元坝区人民检察院检察长　付丕林
朝天区人民检察院检察长　王绍连(代)
旺苍县人民检察院检察长　邹家荣
青川县人民检察院检察长　李国平
剑阁县人民检察院检察长　邓国勤
苍溪县人民检察院检察长　解占泽
荥山地区人民检察院检察长　韩成环
嘉川地区人民检察院检察长　白跃生

绵阳市人民检察院检察长 **支卫平**
涪城区人民检察院检察长 赵开年
游仙区人民检察院检察长 杨德辉
江油市人民检察院检察长 杨育正
三台县人民检察院检察长 陶 毅
盐亭县人民检察院检察长 张 伟
安县人民检察院检察长 陈志勃
梓潼县人民检察院检察长 勾支洋
北川羌族自治县人民检察院检察长 李 成
平武县人民检察院检察长 孙前锋
绵阳科学城人民检察院检察长 李兆森
绵阳高新技术开发区人民检察院检察长 陈 安
德阳市人民检察院检察长 **沈华伦**
旌阳区人民检察院检察长 余长清
什邡市人民检察院检察长 郑存文
广汉市人民检察院检察长 周树强
绵竹市人民检察院检察长 杨剑川
罗江县人民检察院检察长 郭志华
中江县人民检察院检察长 樊 平
南充市人民检察院检察长 **周 力**
顺庆区人民检察院检察长 贾成刚
高坪区人民检察院检察长 王朝富
嘉陵区人民检察院检察长 何晓荣
阆中市人民检察院检察长 洪 峰
南部县人民检察院检察长 敬永国
营山县人民检察院检察长 唐恒博
蓬安县人民检察院检察长 王 瑜
仪陇县人民检察院检察长 朱 瑛(女)
西充县人民检察院检察长 石耀忠
广安市人民检察院检察长 **孔凡示**
广安区人民检察院检察长 吴 辉
华蓥市人民检察院检察长 杨洪云(代)
岳池县人民检察院检察长 李志春
武胜县人民检察院检察长 卿东进
邻水县人民检察院检察长 成代林
遂宁市人民检察院检察长 **贾宪生**
船山区人民检察院检察长 米春燕(女)
安居区人民检察院检察长 胡邦勇
蓬溪县人民检察院检察长 林宗祥
射洪县人民检察院检察长 戴雄莺(女)
大英县人民检察院检察长 王荣华
内江市人民检察院检察长 **钟长鸣**
市中区人民检察院检察长 裴运华
东兴区人民检察院检察长 董 建
威远县人民检察院检察长 杨 宇
资中县人民检察院检察长 蒋兴乐
隆昌县人民检察院检察长 张 杰
乐山市人民检察院检察长 **陆广平**
市中区人民检察院检察长 吕 健
沙湾区人民检察院检察长 冯 桥
五通桥区人民检察院检察长 刘 卫(代)
金口河区人民检察院检察长 李 召
峨眉山市人民检察院检察长 李豫川
犍为县人民检察院检察长 王世谋
井研县人民检察院检察长 谯 民
夹江县人民检察院检察长 施海平
沐川县人民检察院检察长 易思永(代)
峨边彝族自治县人民检察院检察长 王雁飞
马边彝族自治县人民检察院检察长 周发祥
自贡市人民检察院检察长 **刘红立**
自流井区人民检察院检察长 杨熙琳(女)
大安区人民检察院检察长 潘 登(代)
贡井区人民检察院检察长 胡晓明
沿滩区人民检察院检察长 黄卫东
荣县人民检察院检察长 齐 力
富顺县人民检察院检察长 倪 果
泸州市人民检察院检察长 **吕 杰**
江阳区人民检察院检察长 肖桂林
纳溪区人民检察院检察长 徐 海
龙马潭区人民检察院检察长 张明贵
泸县人民检察院检察长 陶 琦
合江县人民检察院检察长 洪明贵
叙永县人民检察院检察长 胡运汉
古蔺县人民检察院检察长 易从中
宜宾市人民检察院检察长 **国 建**
翠屏区人民检察院检察长 陈 旭
宜宾县人民检察院检察长 毛兴刚
南溪县人民检察院检察长 凌 华
江安县人民检察院检察长 张 其
长宁县人民检察院检察长 杨运康
高县人民检察院检察长 刘天银
筠连县人民检察院检察长 苏 平
珙县人民检察院检察长 闵建伟
兴文县人民检察院检察长 岳 亮
屏山县人民检察院检察长 向学军
芙蓉地区人民检察院检察长 周 青

攀枝花市人民检察院检察长　朱晚林(兼)
东区人民检察院检察长　龚建元
西区人民检察院检察长　张克难
仁和区人民检察院检察长　马明林
米易县人民检察院检察长　庄　严
盐边县人民检察院检察长　亢　锋
巴中市人民检察院检察长　魏战海(代)
巴州区人民检察院检察长　熊　军
通江县人民检察院检察长　耿福琴
南江县人民检察院检察长　杨黎明
平昌县人民检察院检察长　冯　平
达州市人民检察院检察长　杨　辉
通川区人民检察院检察长　王　勇
万源市人民检察院检察长　王春明
达县人民检察院检察长　刘文武
宣汉县人民检察院检察长　郭　强
开江县人民检察院检察长　杨辉霞(女)
大竹县人民检察院检察长　陈建平
渠县人民检察院检察长　向可成
资阳市人民检察院检察长　罗枝元
雁江区人民检察院检察长　李　翔
简阳市人民检察院检察长　潘　登
乐至县人民检察院检察长　杨　俊(代)
安岳县人民检察院检察长　张　恒(代)
眉山市人民检察院检察长　陈　兵
东坡区人民检察院检察长　杨华国
仁寿县人民检察院检察长　申亚辉
彭山县人民检察院检察长　高　茜(女)
洪雅县人民检察院检察长　李知易
丹棱县人民检察院检察长　何卫刚
青神县人民检察院检察长　张勇勤
雅安市人民检察院检察长　张燕飞
雨城区人民检察院检察长　吴双文
名山县人民检察院检察长　赵学东
荥经县人民检察院检察长　王　松
汉源县人民检察院检察长　杨　军
石棉县人民检察院检察长　周富林
天全县人民检察院检察长　刘　奇
芦山县人民检察院检察长　刘劲松
宝兴县人民检察院检察长　吴超平
阿坝藏族羌族自治州人民检察院检察长　李邵林
马尔康县人民检察院检察长　王金泉
汶川县人民检察院检察长　孙　力
理县人民检察院检察长　万福清
茂县人民检察院检察长　周文波
松潘县人民检察院检察长　周佃香(女)
九寨沟县人民检察院检察长　侯定云
金川县人民检察院检察长　张海生
小金县人民检察院检察长　周贵龙
黑水县人民检察院检察长　呷尔玛
壤塘县人民检察院检察长　周　莲(女)
阿坝县人民检察院检察长　薛　伟
若尔盖县人民检察院检察长　刘兴亮
红原县人民检察院检察长　王　西
甘孜藏族自治州人民检察院检察长　郑继承
康定县人民检察院检察长　王　华(女)
泸定县人民检察院检察长　吴新春(女)
丹巴县人民检察院检察长　杨小平
九龙县人民检察院检察长　杨勇康
雅江县人民检察院检察长　彭晓辉
道孚县人民检察院检察长　孙向东
炉霍县人民检察院检察长　张长命
甘孜县人民检察院检察长　杨学斌
新龙县人民检察院检察长　吴德裕
德格县人民检察院检察长　呷沙罗布
白玉县人民检察院检察长　泽　多
石渠县人民检察院检察长　尼玛西日
色达县人民检察院检察长　杨　阳
理塘县人民检察院检察长　许志春
巴塘县人民检察院检察长　李成昆
乡城县人民检察院检察长　呷它四郎
稻城县人民检察院检察长　杨康华
得荣县人民检察院检察长　鲜　丽(女)
凉山彝族自治州人民检察院检察长　蒋世林
西昌市人民检察院检察长　徐教林
盐源县人民检察院检察长　张志军
德昌县人民检察院检察长　赵　刚
会理县人民检察院检察长　邱发喜
会东县人民检察院检察长　杨　新
宁南县人民检察院检察长　黄　武
普格县人民检察院检察长　陈　莉(女)
布拖县人民检察院检察长　熊贵华
金阳县人民检察院检察长　熊佐德
昭觉县人民检察院检察长　沙永福
喜德县人民检察院检察长　毛泽禹

冕宁县人民检察院检察长 陈新建
越西县人民检察院检察长 阿木尔举
甘洛县人民检察院检察长 刘合什布
美姑县人民检察院检察长 陈映吉
雷波县人民检察院检察长 曹文军
木里藏族自治县人民检察院检察长 余文琦
安宁地区人民检察院检察长 胡昌临
四川省人民检察院成都铁路运输分院检察长 刘 刚
成都铁路运输检察院检察长 李民宪
重庆铁路运输检察院检察长 李玉林
西昌铁路运输检察院检察长 韩志成
贵阳铁路运输检察院检察长 冯 涛

贵 州 省

贵州省人民检察院检察长 陈俊平
贵州省人民检察院副检察长 陈国明
王 伟
叶亚玲(女)
杨发远
肖振猛
贵阳市人民检察院检察长 张勇建
乌当区人民检察院检察长 钱健民
南明区人民检察院检察长 黄 林
云岩区人民检察院检察长 铙红焰
花溪区人民检察院检察长 王筑生
白云区人民检察院检察长 莫 智
小河区人民检察院检察长 杨宏兵
清镇市人民检察院检察长 李 钧
开阳县人民检察院检察长 张 建
修文县人民检察院检察长 丁泽军
息烽县人民检察院检察长 钟 雷
筑城地区人民检察院检察长 魏 冀
六盘水市人民检察院检察长 王贵喜
钟山区人民检察院检察长 黄群力
盘县人民检察院检察长 王 勇
六枝特区人民检察院检察长 蒋金安
水城县人民检察院检察长 韩贵安
遵义市人民检察院检察长 袁成武
汇川区人民检察院检察长 吴 唸
红花岗区人民检察院检察长 任炳强(代)
赤水市人民检察院检察长 张宗刚
仁怀市人民检察院检察长 刘贵凌
遵义县人民检察院检察长 胡 静(代)
桐梓县人民检察院检察长 刘红云
绥阳县人民检察院检察长 念庆生
正安县人民检察院检察长 许 鹏
凤冈县人民检察院检察长 罗议军
湄潭县人民检察院检察长 赵家铸
余庆县人民检察院检察长 班兴伟
习水县人民检察院检察长 张 杰(代)
道真仡佬族苗族自治县人民检察院检察长 陈昌余
务川仡佬族苗族自治县人民检察院检察长 谢陆臻
安顺市人民检察院检察长 李宏亚
西秀区人民检察院检察长 陈 英(女)
平坝县人民检察院检察长 张 豫
普定县人民检察院检察长 杜学坤
关岭布依族苗族自治县人民检察院检察长 蔡显利
镇宁布依族苗族自治县人民检察院检察长 卢世华
紫云苗族布依族自治县人民检察院检察长 冉 明
贵州省人民检察院毕节分院检察长 徐 坤
毕节市人民检察院检察长 徐 永
大方县人民检察院检察长 江耀波(女)
黔西县人民检察院检察长 罗高峰
金沙县人民检察院检察长 王荣波
织金县人民检察院检察长 廖显东
纳雍县人民检察院检察长 康朝猛
赫章县人民检察院检察长 余朝芳
威宁彝族回族苗族自治县人民检察院检察长 王光强
贵州省人民检察院铜仁分院检察长 乔冀安
铜仁市人民检察院检察长 路 明
江口县人民检察院检察长 文连伸
石阡县人民检察院检察长 潘必忠
思南县人民检察院检察长 姚茂刚
德江县人民检察院检察长 罗 勇
玉屏侗族自治县人民检察院检察长 黎晓聪
印江土家族苗族自治县人民检察院检察长 姚华权
沿河土家族自治县人民检察院检察长 苏 维
松桃苗族自治县人民检察院检察长 杨 彬
万山特区人民检察院检察长 任玉华
黔东南苗族侗族自治州人民检察院检察长 吴仕伦
凯里市人民检察院检察长 张跃强
黄平县人民检察院检察长 龙久顺
施秉县人民检察院检察长 徐锡南

三穗县人民检察院检察长 姜贵云
镇远县人民检察院检察长 李元祥
岑巩县人民检察院检察长 白朝贵
天柱县人民检察院检察长 吴光金
锦屏县人民检察院检察长 向传奎
剑河县人民检察院检察长 杨洪冰
台江县人民检察院检察长 杨 俊
黎平县人民检察院检察长 吴世鑫
榕江县人民检察院检察长 杨通辉
从江县人民检察院检察长 王辉良
雷山县人民检察院检察长 袁黔峰
麻江县人民检察院检察长 吴永吉
丹寨县人民检察院检察长 赵建军
黔南布依族苗族自治州人民检察院检察长 莫远江
都匀市人民检察院检察长 罗 平
福泉市人民检察院检察长 孙庆阳
荔波县人民检察院检察长 朱启松
贵定县人民检察院检察长 金亦践
瓮安县人民检察院检察长 杨嗣春
独山县人民检察院检察长 胡 鸿(女)
平塘县人民检察院检察长 班南山
罗甸县人民检察院检察长 雷学良
长顺县人民检察院检察长 李锻炼
龙里县人民检察院检察长 吴劲松(代)
惠水县人民检察院检察长 韦 松
三都水族自治县人民检察院检察长 莫桂梅(女)
黔西南布依族苗族自治州人民检察院检察长 万庭祥
兴义市人民检察院检察长 余诗豪
兴仁县人民检察院检察长 龙大海
普安县人民检察院检察长 龚德雄(代)
晴隆县人民检察院检察长 张 宏
贞丰县人民检察院检察长 潘建农
望谟县人民检察院检察长 肖 芳(女)
册亨县人民检察院检察长 王夏林
安龙县人民检察院检察长 高文贵

云 南 省

云南省人民检察院检察长 王田海
云南省人民检察院副检察长 李定达
祁鶱昌
倪慧芳(女)
肖 卓
李若昆
李 波
昆明市人民检察院检察长 沈曙昆
盘龙区人民检察院检察长 孙师泰
五华区人民检察院检察长 吕毅平
官渡区人民检察院检察长 朱彬彬(女)
西山区人民检察院检察长 景迎宾
东川区人民检察院检察长 徐 勇
安宁市人民检察院检察长 董 毅
呈贡县人民检察院检察长 李庆华
晋宁县人民检察院检察长 傅铁讯
富民县人民检察院检察长 许 楠
宜良县人民检察院检察长 崔庆林
嵩明县人民检察院检察长 张 黎
石林彝族自治县人民检察院检察长 王凯石
禄劝彝族苗族自治县人民检察院检察长 尹 松
寻甸回族彝族自治县人民检察院检察长 杨瑞云
昆明市城郊地区人民检察院检察长 (空缺)
曲靖市人民检察院检察长 张边卫
麒麟区人民检察院检察长 太祥红
宣威市人民检察院检察长 刘建华
马龙县人民检察院检察长 施彩萍(女)
沾益县人民检察院检察长 王 强
富源县人民检察院检察长 杨利民
罗平县人民检察院检察长 鲍顺林
师宗县人民检察院检察长 张红梅(女)
陆良县人民检察院检察长 孙跃周
会泽县人民检察院检察长 顾华斌
曲靖市城郊地区人民检察院检察长 (空缺)
玉溪市人民检察院检察长 张德勋
红塔区人民检察院检察长 杨燕晨
江川县人民检察院检察长 资云坤
澄江县人民检察院检察长 褚绍明
通海县人民检察院检察长 李发桢
华宁县人民检察院检察长 龚德武
易门县人民检察院检察长 曹立松
峨山彝族自治县人民检察院检察长 吕玉雄
新平彝族傣族自治县人民检察院检察长 尹贞宁
元江哈尼族彝族傣族自治县人民检察院检察长 王政云

保山市人民检察院检察长　孙甸鹤
隆阳区人民检察院检察长　杨　捷
施甸县人民检察院检察长　李利强
腾冲县人民检察院检察长　娄广文(代)
龙陵县人民检察院检察长　杨学东
昌宁县人民检察院检察长　陈玉华
昭通市人民检察院检察长　刘远清(代)
昭阳区人民检察院检察长　熊　雁
鲁甸县人民检察院检察长　王　进
巧家县人民检察院检察长　吴　林
盐津县人民检察院检察长　贺　焜
大关县人民检察院检察长　唐　琨
永善县人民检察院检察长　宋　兵
绥江县人民检察院检察长　罗宏文
镇雄县人民检察院检察长　毛孝华
彝良县人民检察院检察长　迟焕平
威信县人民检察院检察长　王晓芹(女)
水富县人民检察院检察长　李文平
丽江市人民检察院检察长　卢银富
古城区人民检察院检察长　唐加荣
永胜县人民检察院检察长　沙雄峰
华坪县人民检察院检察长　陈光军
玉龙纳西族自治县人民检察院检察长　和金红
宁蒗彝族自治县人民检察院检察长　洪继伟
普洱市人民检察院检察长　庄李全
思茅区人民检察院检察长　颜仕鹏(代)
宁洱哈尼族彝族自治县人民检察院检察长　谢鸿宾
墨江哈尼族自治县人民检察院检察长　李志荣
景东彝族自治县人民检察院检察长　罗跃宇
景谷傣族彝族自治县人民检察院检察长　孔　华(代)
镇沅彝族哈尼族拉祜族自治县人民检察院检察长　吴永红(女,代)
江城哈尼族彝族自治县人民检察院检察长　马维岗
孟连傣族拉祜族佤族自治县人民检察院检察长　赵志荣
澜沧拉祜族自治县人民检察院检察长　郭江孟(代)
西盟佤族自治县人民检察院检察长　杨绍瑜
临沧市人民检察院检察长　杨永华
临翔区人民检察院检察长　杨荣忠
凤庆县人民检察院检察长　熊全斌
云县人民检察院检察长　姚　葵
永德县人民检察院检察长　杨云峰
镇康县人民检察院检察长　和汝军
双江拉祜族佤族布朗族傣族自治县人民检察院检察长　李向东
耿马傣族佤族自治县人民检察院检察长　敬开策
沧源佤族自治县人民检察院检察长　唐国元
德宏傣族景颇族自治州人民检察院检察长　铁　楠(女)
潞西市人民检察院检察长　徐江涛
瑞丽市人民检察院检察长　杨　刃
梁河县人民检察院检察长　康　磊
盈江县人民检察院检察长　赵振荣
陇川县人民检察院检察长　李兴明
怒江傈僳族自治州人民检察院检察长　彭光明
泸水县人民检察院检察长　李润明
福贡县人民检察院检察长　杨德光
贡山独龙族怒族自治县人民检察院检察长　罗嘉堂
兰坪白族普米族自治县人民检察院检察长　杨金灿
迪庆藏族自治州人民检察院检察长　王江华
香格里拉县人民检察院检察长　和润天(代)
德钦县人民检察院检察长　彭利红
维西傈僳族自治县人民检察院检察长　和庆华(代)
大理白族自治州人民检察院检察长　普赵辉
大理市人民检察院检察长　文润祥
祥云县人民检察院检察长　蒙海燕
宾川县人民检察院检察长　许仁旺
弥渡县人民检察院检察长　马光平
永平县人民检察院检察长　王秀山
云龙县人民检察院检察长　禹涌泉
洱源县人民检察院检察长　马卫平
剑川县人民检察院检察长　杨玉奇
鹤庆县人民检察院检察长　尹志贵
漾濞彝族自治县人民检察院检察长　杨　鸿
南涧彝族自治县人民检察院检察长　赵成武
巍山彝族回族自治县人民检察院检察长　张庆红(女)
楚雄彝族自治州人民检察院检察长　李　宏
楚雄市人民检察院检察长　陈　剑
双柏县人民检察院检察长　施应遵
牟定县人民检察院检察长　刘建武
南华县人民检察院检察长　王德云
姚安县人民检察院检察长　李昌荣
大姚县人民检察院检察长　徐　艳(女)

永仁县人民检察院检察长　李全华
元谋县人民检察院检察长　段正明
武定县人民检察院检察长　周　康
禄丰县人民检察院检察长　李　云
红河哈尼族彝族自治州人民检察院检察长　王亚锋
蒙自县人民检察院检察长　李　黎
个旧市人民检察院检察长　刘建国
开远市人民检察院检察长　张　华
绿春县人民检察院检察长　羊　慎
建水县人民检察院检察长　余淑瑾(女)
石屏县人民检察院检察长　刘　俊
弥勒县人民检察院检察长　张仕明
泸西县人民检察院检察长　赵锡萍(女)
元阳县人民检察院检察长　刘海兵
红河县人民检察院检察长　万买富
金平苗族瑶族傣族自治县人民检察院检察长　杜培祥
河口瑶族自治县人民检察院检察长　徐　翔
屏边苗族自治县人民检察院检察长　江鸿林
文山壮族苗族自治州人民检察院检察长　周和玉
文山县人民检察院检察长　吴太金
砚山县人民检察院检察长　段　伟
西畴县人民检察院检察长　韦　东
麻栗坡县人民检察院检察长　王滇奇
马关县人民检察院检察长　王　克
丘北县人民检察院检察长　侯兴嵘
广南县人民检察院检察长　韦功发
富宁县人民检察院检察长　普同山
西双版纳傣族自治州人民检察院检察长　胡　跃
景洪市人民检察院检察长　杨　锋
勐海县人民检察院检察长　李　青
勐腊县人民检察院检察长　高文佳(女)
云南省人民检察院昆明铁路运输分院检察长　王克勤
昆明铁路运输检察院检察长　易昆渝
开远铁路运输检察院检察长　陈卫平

西藏自治区

西藏自治区人民检察院检察长　张培中
西藏自治区人民检察院副检察长　索　达
罗庆东
多　吉
李九西(女)
布尼玛
王　平
赤列晋美
拉萨市人民检察院检察长　次仁旺堆
城关区人民检察院检察长　谢延生
林周县人民检察院检察长　卓　越
当雄县人民检察院检察长　次仁多吉
尼木县人民检察院检察长　次旺欧珠
曲水县人民检察院检察长　李　涛
堆龙德庆县人民检察院检察长　李　华
达孜县人民检察院检察长　马永青
墨竹工卡县人民检察院检察长　唐　凌
西藏自治区人民检察院那曲分院检察长　赤列克珠
那曲县人民检察院检察长　次仁占堆
嘉黎县人民检察院检察长　彭全意
比如县人民检察院检察长　丹增多吉
聂荣县人民检察院检察长　杨丽君(女)
安多县人民检察院检察长　达瓦次仁
申扎县人民检察院检察长　次仁罗布
索县人民检察院检察长　尼玛次仁
班戈县人民检察院检察长　扎西顿珠
巴青县人民检察院检察长　才嘎旺堆
尼玛县人民检察院检察长　彭措扎西
西藏自治区人民检察院昌都分院检察长　晶　明
昌都县人民检察院检察长　李建明
江达县人民检察院检察长　程　军(代)
贡觉县人民检察院检察长　何　庆
类乌齐县人民检察院检察长　孙永杰(代)
丁青县人民检察院检察长　杨　奎
察雅县人民检察院检察长　白雪峰
八宿县人民检察院检察长　张永春
左贡县人民检察院检察长　颜义勇
芒康县人民检察院检察长　四郎欧珠(代)
洛隆县人民检察院检察长　达　瓦
边坝县人民检察院检察长　公秋次仁
西藏自治区人民检察院林芝分院检察长　陈宏东
林芝县人民检察院检察长　次仁罗布
工布江达县人民检察院检察长　林　建
米林县人民检察院检察长　郑林川
墨脱县人民检察院检察长　巩雷斌
波密县人民检察院检察长　全　胜

察隅县人民检察院检察长 秦茂智
朗县人民检察院检察长 米 玛
西藏自治区人民检察院山南分院检察长 雷书亮
乃东县人民检察院检察长 潘华川
扎囊县人民检察院检察长 张焰峰
贡嘎县人民检察院检察长 次仁曲桑
桑日县人民检察院检察长 金 辉
琼结县人民检察院检察长 索朗顿珠
曲松县人民检察院检察长 张 军
措美县人民检察院检察长 旺 久
洛扎县人民检察院检察长 朱建军
加查县人民检察院检察长 梁勤举
隆子县人民检察院检察长 索朗次仁
错那县人民检察院检察长 群增次仁
浪卡子县人民检察院检察长 格 桑
西藏自治区人民检察院日喀则分院检察长 多 洛
日喀则市人民检察院检察长 扎西旺堆
南木林县人民检察院检察长 刘英武
江孜县人民检察院检察长 索 旦
定日县人民检察院检察长 尼 琼
萨迦县人民检察院检察长 达娃穷达
拉孜县人民检察院检察长 普布次仁
昂仁县人民检察院检察长 欧珠多吉
谢通门县人民检察院检察长 达瓦次仁
白朗县人民检察院检察长 蒋天权
仁布县人民检察院检察长 旺 久
康玛县人民检察院检察长 李鹏珠
定结县人民检察院检察长 格桑旺堆
仲巴县人民检察院检察长 普 琼
亚东县人民检察院检察长 秦 静(女)
吉隆县人民检察院检察长 王红军
聂拉木县人民检察院检察长 次 旺
萨嘎县人民检察院检察长 格桑次仁
岗巴县人民检察院检察长 (空缺)
西藏自治区人民检察院阿里分院检察长 勇 扎
噶尔县人民检察院检察长 阮永红
普兰县人民检察院检察长 阿 地
札达县人民检察院检察长 崔来春
日土县人民检察院检察长 刘保泉
革吉县人民检察院检察长 桑杰旦增
改则县人民检察院检察长 巴 桑
措勤县人民检察院检察长 扎西次仁

陕 西 省

陕西省人民检察院检察长 胡太平
陕西省人民检察院副检察长 寇 昉
崔明生
毛 海
程紫平
史建泉
巩富文
西安市人民检察院检察长 任高潮
未央区人民检察院检察长 李亚军
莲湖区人民检察院检察长 邢成军
新城区人民检察院检察长 褚祝利
碑林区人民检察院检察长 闵建孝
灞桥区人民检察院检察长 马 文
雁塔区人民检察院检察长 同振魁
阎良区人民检察院检察长 张发明
临潼区人民检察院检察长 孙 彪
长安区人民检察院检察长 张继锋
蓝田县人民检察院检察长 王 洪
周至县人民检察院检察长 徐永安
户县人民检察院检察长 刘琪荣(女)
高陵县人民检察院检察长 王 君
沙坡地区人民检察院检察长 吴和平
延安市人民检察院检察长 陈建平
宝塔区人民检察院检察长 杜安平
延长县人民检察院检察长 韩几凯
延川县人民检察院检察长 张庆功
子长县人民检察院检察长 张彦学
安塞县人民检察院检察长 赵 祥
志丹县人民检察院检察长 袁新昌
吴起县人民检察院检察长 王建成
甘泉县人民检察院检察长 王武涛
富县人民检察院检察长 宗六一
洛川县人民检察院检察长 杨万耀
宜川县人民检察院检察长 成芳萍(女)
黄龙县人民检察院检察长 王存财
黄陵县人民检察院检察长 闫富平
铜川市人民检察院检察长 杨天民
耀州区人民检察院检察长 杨小平
王益区人民检察院检察长 张宏甫
印台区人民检察院检察长 王洪林

宜君县人民检察院检察长　郝陆卿
崔家沟地区人民检察院检察长　王保成
渭南市人民检察院检察长　刘伟发
临渭区人民检察院检察长　王万兴
华阴市人民检察院检察长　张　毅
韩城市人民检察院检察长　曹仲学
华县人民检察院检察长　焦小潼
潼关县人民检察院检察长　李　林
大荔县人民检察院检察长　曹澄鸣
蒲城县人民检察院检察长　石　烈
澄城县人民检察院检察长　申江生
白水县人民检察院检察长　周加强
合阳县人民检察院检察长　柳英学
富平县人民检察院检察长　任天利
咸阳市人民检察院检察长　刘世民
秦都区人民检察院检察长　王一凡(代)
杨陵区人民检察院检察长　成永涛
渭城区人民检察院检察长　芮克胜
兴平市人民检察院检察长　杜　虎
三原县人民检察院检察长　田胜利
泾阳县人民检察院检察长　魏　涛
乾县人民检察院检察长　雒　强
礼泉县人民检察院检察长　张　辉(代)
永寿县人民检察院检察长　惠　欣
彬县人民检察院检察长　郭云宏
长武县人民检察院检察长　樊长征(代)
旬邑县人民检察院检察长　王兴文
淳化县人民检察院检察长　李养志
武功县人民检察院检察长　安　钢
宝鸡市人民检察院检察长　黄　超
渭滨区人民检察院检察长　孙小为
金台区人民检察院检察长　董江涛
陈仓区人民检察院检察长　黄德仓
凤翔县人民检察院检察长　张俊昆
岐山县人民检察院检察长　刘金良
扶风县人民检察院检察长　贺昌林
眉县人民检察院检察长　董　秦
陇县人民检察院检察长　梁思勇
千阳县人民检察院检察长　张长全
麟游县人民检察院检察长　王　毅
凤县人民检察院检察长　张宝忠
太白县人民检察院检察长　穆永强
汉中市人民检察院检察长　李　华
汉台区人民检察院检察长　杨习钢
南郑县人民检察院检察长　王建宁
城固县人民检察院检察长　赵新平
洋县人民检察院检察长　何治安
西乡县人民检察院检察长　王　岗
勉县人民检察院检察长　解苏中
宁强县人民检察院检察长　王建庆
略阳县人民检察院检察长　郭仲林
镇巴县人民检察院检察长　邵　波
留坝县人民检察院检察长　廖庆海
佛坪县人民检察院检察长　全玉安
榆林市人民检察院检察长　何　宁
榆阳区人民检察院检察长　张玉林
神木县人民检察院检察长　王文生
府谷县人民检察院检察长　折小利
横山县人民检察院检察长　李士贤
靖边县人民检察院检察长　霍慧军
定边县人民检察院检察长　乔跃华(女)
绥德县人民检察院检察长　张旭东(代)
米脂县人民检察院检察长　杨国炜
佳县人民检察院检察长　(空缺)
吴堡县人民检察院检察长　王海峰
清涧县人民检察院检察长　田飞鹏
子洲县人民检察院检察长　王　勇
安康市人民检察院检察长　张绳清
汉滨区人民检察院检察长　徐仁敬
汉阴县人民检察院检察长　王开富
石泉县人民检察院检察长　孙自清
宁陕县人民检察院检察长　余顺清(女)
紫阳县人民检察院检察长　杨小明
岚皋县人民检察院检察长　唐　奇
平利县人民检察院检察长　王炳武(代)
镇坪县人民检察院检察长　罗善斌
旬阳县人民检察院检察长　李孝友
白河县人民检察院检察长　王保康
商洛市人民检察院检察长　常雁翔
商州区人民检察院检察长　张鹏波
洛南县人民检察院检察长　彭生民
丹凤县人民检察院检察长　冀俊英
商南县人民检察院检察长　赵　勇
山阳县人民检察院检察长　李书志
镇安县人民检察院检察长　郭　鹏

作水县人民检察院检察长 叶成有
陕西省人民检察院西安铁路运输分院检察长 苑顺亭
西安铁路运输检察院检察长 赵 豫
安康铁路运输检察院检察长 段高根

甘 肃 省

甘肃省人民检察院检察长 乔汉荣
甘肃省人民检察院副检察长 张兴中
张 清
高继明
徐维忠
兰州市人民检察院检察长 李保刚
城关区人民检察院检察长 赵银生
七里河区人民检察院检察长 赵保民
西固区人民检察院检察长 张春葆
安宁区人民检察院检察长 肖顺禄
红古区人民检察院检察长 席正清
永登县人民检察院检察长 龚昌明
皋兰县人民检察院检察长 王 锐
榆中县人民检察院检察长 敬庆萍(女,代)
大沙坪地区人民检察院检察长 巨积盈
嘉峪关市人民检察院检察长 赵 林
金昌市人民检察院检察长 谢剑魁
金川区人民检察院检察长 顾长寿
永昌县人民检察院检察长 万建军
白银市人民检察院检察长 孙兆麟
白银区人民检察院检察长 王继民
平川区人民检察院检察长 王云命
靖远县人民检察院检察长 李江新
会宁县人民检察院检察长 达剑锋
景泰县人民检察院检察长 强荣文
寺儿坪地区人民检察院检察长 贺 晋
天水市人民检察院检察长 刘建民
秦州区人民检察院检察长 王全社
麦积区人民检察院检察长 王 德
清水县人民检察院检察长 闫忠祥
秦安县人民检察院检察长 张 钊
甘谷县人民检察院检察长 刘 曦
武山县人民检察院检察长 高保德
张家川回族自治县人民检察院检察长 郭怀炜(代)
武威市人民检察院检察长 陈其功
凉州区人民检察院检察长 张爱星
民勤县人民检察院检察长 张 栋
古浪县人民检察院检察长 张永生
天祝藏族自治县人民检察院检察长 姜立新
酒泉市人民检察院检察长 张登祥
肃州区人民检察院检察长 曹宪胜
玉门市人民检察院检察长 生启军
敦煌市人民检察院检察长 李学功
金塔县人民检察院检察长 郭 红(女)
瓜州县人民检察院检察长 咸思杰
肃北蒙古族自治县人民检察院检察长 斯琴巴依尔
阿克塞哈萨克族自治县人民检察院检察长 邓志宏
张掖市人民检察院检察长 田 伟(女)
甘州区人民检察院检察长 郎永生
民乐县人民检察院检察长 徐宏继
临泽县人民检察院检察长 姚煜道
高台县人民检察院检察长 李存爱
山丹县人民检察院检察长 丁 勇
肃南裕固族自治县人民检察院检察长 王立庆
庆阳市人民检察院检察长 任剑炜
西峰区人民检察院检察长 鄂廷印
庆城县人民检察院检察长 郭旭文
环县人民检察院检察长 樊旺谋
华池县人民检察院检察长 勾宏一
合水县人民检察院检察长 刘文宪
正宁县人民检察院检察长 朱晓东
宁县人民检察院检察长 陈建刚
镇原县人民检察院检察长 杨月平
庆阳市子午岭林区人民检察院检察长 李天兴
平凉市人民检察院检察长 王 炜
崆峒区人民检察院检察长 侯和平
泾川县人民检察院检察长 肖树军
灵台县人民检察院检察长 王建明
崇信县人民检察院检察长 黄正华(代)
华亭县人民检察院检察长 张 杰
庄浪县人民检察院检察长 姚崇平
静宁县人民检察院检察长 陈 龙
定西市人民检察院检察长 钟智录
安定区人民检察院检察长 李文娟(女,代)
通渭县人民检察院检察长 张晓文

临洮县人民检察院检察长 贺卫义
漳县人民检察院检察长 何铁群
岷县人民检察院检察长 张 武
渭源县人民检察院检察长 李小平
陇西县人民检察院检察长 蒋世雄
陇南市人民检察院检察长 华 风
武都区人民检察院检察长 卢学世
成县人民检察院检察长 车 瑛
宕昌县人民检察院检察长 李小军
康县人民检察院检察长 张建明
文县人民检察院检察长 安成武
西和县人民检察院检察长 南海生
礼县人民检察院检察长 杨 炳
两当县人民检察院检察长 朱晓伟
徽县人民检察院检察长 李明全
临夏回族自治州人民检察院检察长 刘韶青
临夏市人民检察院检察长 闫仲章
临夏县人民检察院检察长 马学智
康乐县人民检察院检察长 周通清
永靖县人民检察院检察长 李全辉
广河县人民检察院检察长 范家康
和政县人民检察院检察长 马忠贤
东乡族自治县人民检察院检察长 安卫东
积石山保安族东乡族撒拉族自治县人民检察院检察长 冶成华
甘南藏族自治州人民检察院检察长 扎 西
合作市人民检察院检察长 谢文斌
临潭县人民检察院检察长 丹正才让
卓尼县人民检察院检察长 黄正勇
舟曲县人民检察院检察长 靳晓峥
迭部县人民检察院检察长 阿 道
玛曲县人民检察院检察长 贡保当知
碌曲县人民检察院检察长 马 龙
夏河县人民检察院检察长 王晓潭
甘肃省人民检察院白龙江林区分院检察长 董冀海
舟曲林区人民检察院检察长 陈育民
迭部林区人民检察院检察长 龚文龙
洮河林区人民检察院检察长 张树科
白水江林区人民检察院检察长 王继荣
甘肃矿区人民检察院检察长 张 敏
甘肃省人民检察院兰州铁路运输分院检察长 张启锋
兰州铁路运输检察院检察长 孙峻林
武威铁路运输检察院检察长 杜泽民
西宁铁路运输检察院检察长 李俊德
银川铁路运输检察院检察长 尤自明

青 海 省

青海省人民检察院检察长 王晓勇
青海省人民检察院副检察长 马德良
多 旦
李繁荣(女)
西宁市人民检察院检察长 仝德祥
城中区人民检察院检察长 尤祥民
城东区人民检察院检察长 刘万里
城西区人民检察院检察长 李 格
城北区人民检察院检察长 李 伟
大通回族土族自治县人民检察院检察长 孙向东
湟源县人民检察院检察长 孙文胜(代)
湟中县人民检察院检察长 展 涛
南滩地区人民检察院检察长 索玉兰(女)
青海省人民检察院海东分院检察长 周永国
平安县人民检察院检察长 李诗渭
乐都县人民检察院检察长 吕有红
民和回族土族自治县人民检察院检察长 张晓鹏
互助土族自治县人民检察院检察长 郭春蓉(女)
化隆回族自治县人民检察院检察长 李多吉
循化撒拉族自治县人民检察院检察长 权国麟
海北藏族自治州人民检察院检察长 尚洪斌
海晏县人民检察院检察长 王 华(女)
祁连县人民检察院检察长 于建国
刚察县人民检察院检察长 金保山
门源回族自治县人民检察院检察长 张友海
海南藏族自治州人民检察院检察长 周秦宁
共和县人民检察院检察长 周本加(代)
同德县人民检察院检察长 拉旦加
贵德县人民检察院检察长 张文合
兴海县人民检察院检察长 才项仁增
贵南县人民检察院检察长 吴 广
黄南藏族自治州人民检察院检察长 苟军德
同仁县人民检察院检察长 郝林利
尖扎县人民检察院检察长 张晓东
泽库县人民检察院检察长 万玛尖措
河南蒙古族自治县人民检察院检察长 杨子平

果洛藏族自治州人民检察院检察长 **祁建新**
玛沁县人民检察院检察长 李锋
班玛县人民检察院检察长 何俊安
甘德县人民检察院检察长 太哇
达日县人民检察院检察长 先则
久治县人民检察院检察长 阿泽斯特
玛多县人民检察院检察长 恩扎
玉树藏族自治州人民检察院检察长 **何占录**
玉树县人民检察院检察长 周建林
杂多县人民检察院检察长 邦巴
称多县人民检察院检察长 周永文
治多县人民检察院检察长 扎尕
囊谦县人民检察院检察长 董智
曲麻莱县人民检察院检察长 杨延
海西蒙古族藏族自治州人民检察院检察长 **余国龙**
德令哈市人民检察院检察长 王卫东
格尔木市人民检察院检察长 郭玉清(女)
乌兰县人民检察院检察长 黎伟
都兰县人民检察院检察长 张耀山
天峻县人民检察院检察长 李海龙
茫崖矿区人民检察院检察长 刘永胜
冷湖矿区人民检察院检察长 杨瑞海
大柴旦矿区人民检察院检察长 白海平

宁夏回族自治区

宁夏回族自治区人民检察院检察长 **王雁飞**
宁夏回族自治区人民检察院副检察长 **汪敬**
殷学儒
戴向晖
银川市人民检察院检察长 **王兆元**
兴庆区人民检察院检察长 赵立志
金凤区人民检察院检察长 张学信
西夏区人民检察院检察长 陈德山
灵武市人民检察院检察长 马京宁
永宁县人民检察院检察长 王殿宏
贺兰县人民检察院检察长 董克仁
上前城地区人民检察院检察长 杨宁萍(女)
石嘴山市人民检察院检察长 **李际清**
大武口区人民检察院检察长 张国军
惠农区人民检察院检察长 徐光勤
平罗县人民检察院检察长 夏明
红果子地区人民检察院检察长 王华
吴忠市人民检察院检察长 **李桂兰(女)**
利通区人民检察院检察长 马良
青铜峡市人民检察院检察长 庞立强
盐池县人民检察院检察长 张晶
同心县人民检察院检察长 杜利冬
红寺堡开发区人民检察院检察长 苏海东
固原市人民检察院检察长 **李学军**
原州区人民检察院检察长 马占明
西吉县人民检察院检察长 张静隆
隆德县人民检察院检察长 张建勋
泾源县人民检察院检察长 白万钧
彭阳县人民检察院检察长 王金平
中卫市人民检察院检察长 **杨少华**
沙坡头区人民检察院检察长 刘定远
中宁县人民检察院检察长 高立柱
海原县人民检察院检察长 李万刚

新疆维吾尔自治区

新疆维吾尔自治区人民检察院检察长 **哈斯木·马木提**
新疆维吾尔自治区人民检察院副检察长 **杨肇季**
李荣(女)
肖明生
孙宝平
尼加提·卡德尔
托汗·胡马什
吕洪涛
乌鲁木齐市人民检察院检察长
吾提库尔·阿不都热合曼
天山区人民检察院检察长 松晓明
沙依巴克区人民检察院检察长 李宝杰
新市区人民检察院检察长 姚群山
水磨沟区人民检察院检察长 张远
头屯河区人民检察院检察长 田升
达坂城区人民检察院检察长 蒋兴国
米东区人民检察院检察长 邹学文
乌鲁木齐县人民检察院检察长 侯强辉
克拉玛依市人民检察院检察长 **赵德军**
克拉玛依区人民检察院检察长 谢宏亮
独山子区人民检察院检察长 张芳(女)
白碱滩区人民检察院检察长 李宁

乌尔禾区人民检察院检察长　李　宁(兼)
石河子市人民检察院检察长　杨　将
阿拉尔市人民检察院检察长　刘新纪
图木舒克市人民检察院检察长　汪新民
五家渠市人民检察院检察长　田相伟

新疆维吾尔自治区人民检察院喀什分院
检察长　甫拉特·阿不力孜

喀什市人民检察院检察长　艾尔肯·吾拉音
疏附县人民检察院检察长　阿不力米提·阿不都热西提
疏勒县人民检察院检察长　艾斯开尔·乌热依木
英吉沙县人民检察院检察长　买买提江·依明
泽普县人民检察院检察长　吾拉木江·买买提
莎车县人民检察院检察长　阿布都沙塔尔·木一丁
叶城县人民检察院检察长　卡哈尔·胡达拜地
麦盖提县人民检察院检察长　(空缺)
岳普湖县人民检察院检察长　买地尼叶提·司马义(女)
伽师县人民检察院检察长　依明·那曼
巴楚县人民检察院检察长　艾尔肯·尤努斯
塔什库尔干塔吉克自治县人民检察院
检察长　夏迪曼·阿洪巴依

新疆维吾尔自治区人民检察院阿克苏分院
检察长　帕塔尔·吐尔逊

阿克苏市人民检察院检察长　安尼瓦尔·坎吉
温宿县人民检察院检察长　迪里夏提·司马义
库车县人民检察院检察长　阿力木·力提甫
沙雅县人民检察院检察长　帕尔哈提·艾麦提
新和县人民检察院检察长　依明江·买买提
拜城县人民检察院检察长　莫合塔尔·牙生
乌什县人民检察院检察长　阿木提·马木提
阿瓦提县人民检察院检察长　艾合买提·库尔班
柯坪县人民检察院检察长　吾拉木江·热依木

新疆维吾尔自治区人民检察院和田分院
检察长　亚力坤·买合木提

和田市人民检察院检察长　阿不都吉力力·卡斯木
和田县人民检察院检察长　热夏提·塔依尔
墨玉县人民检察院检察长　凯撒尔·吾热孜阿力
皮山县人民检察院检察长　吐尔洪·米吉提
洛浦县人民检察院检察长　努尔买买提·加玛力
策勒县人民检察院检察长　艾科拜尔·喀迪尔
于田县人民检察院检察长　艾斯卡尔·阿布都拉
民丰县人民检察院检察长　阿布来提·卡孜木

新疆维吾尔自治区人民检察院吐鲁番分院
检察长　王大军

吐鲁番市人民检察院检察长　玛力亚木·尼亚孜(女)
鄯善县人民检察院检察长　陈　于
托克逊县人民检察院检察长　买买提·木特力甫

新疆维吾尔自治区人民检察院哈密分院
检察长　李　玲(女)

哈密市人民检察院检察长　汤建伟
伊吾县人民检察院检察长　(空缺)
巴里坤哈萨克自治县人民检察院检察长　常玉群

克孜勒苏柯尔克孜自治州人民检察院
检察长　帕尔哈提·铁力米西

阿图什市人民检察院检察长　玉素因·阿吉
阿克陶县人民检察院检察长　吐尔托合提·加开
阿合奇县人民检察院检察长　阿力木江·哈拉木肉孜
乌恰县人民检察院检察长　艾尼·托兰

博尔塔拉蒙古自治州人民检察院检察长　徐　刚

博乐市人民检察院检察长　申学林
精河县人民检察院检察长　李厚升
温泉县人民检察院检察长　张　钢

昌吉回族自治州人民检察院检察长　刘　明

昌吉市人民检察院检察长　孟兆侠
阜康市人民检察院检察长　田建华
呼图壁县人民检察院检察长　林　燕(女)
玛纳斯县人民检察院检察长　洪　峰
奇台县人民检察院检察长　袁向东
吉木萨尔县人民检察院检察长　徐　虎
木垒哈萨克自治县人民检察院检察长　努尔巴拉提

巴音郭楞蒙古自治州人民检察院检察长　胡远征

库尔勒市人民检察院检察长　朱　明
轮台县人民检察院检察长　李泞江
尉犁县人民检察院检察长　晋　平(女)
若羌县人民检察院检察长　沈文涛
且末县人民检察院检察长　稽友生
和静县人民检察院检察长　张国强
和硕县人民检察院检察长　赵卫东
博湖县人民检察院检察长　王新伟
焉耆回族自治县人民检察院检察长　马辉民

伊犁哈萨克自治州人民检察院检察长　阿德勒别克·德肯

伊宁市人民检察院检察长　单保荣(女)

奎屯市人民检察院检察长 李 忠
伊宁县人民检察院检察长 (空缺)
霍城县人民检察院检察长 李文泉
巩留县人民检察院检察长 (空缺)
新源县人民检察院检察长 叶尔肯·波拉提巴依
昭苏县人民检察院检察长 王慎江
特克斯县人民检察院检察长 排孜热合曼·阿布都热合曼
尼勒克县人民检察院检察长 赛力克·阿德力汗
察布查尔锡伯自治县人民检察院检察长 田 龙

伊犁哈萨克自治州人民检察院塔城分院检察长 艾尔肯·阿不都卡德尔

塔城市人民检察院检察长 帕尔哈提
乌苏市人民检察院检察长 艾山江·卡德尔
额敏县人民检察院检察长 古丽其开·沙力克(女)
沙湾县人民检察院检察长 霍建东
托里县人民检察院检察长 努尔兰·乔开
裕民县人民检察院检察长 赵路胜
和布克赛尔蒙古自治县人民检察院检察长 巴特那生·托卡(女)

伊犁哈萨克自治州人民检察院阿勒泰分院检察长 焦勒保德·居马地力

阿勒泰市人民检察院检察长 胡安别克·沙尼亚孜
布尔津县人民检察院检察长 金恩斯·马木尔汗
富蕴县人民检察院检察长 阿克尔别克·哈巴西
福海县人民检察院检察长 努尔兰·索尔坦尼亚
哈巴河县人民检察院检察长 叶克奔·库尔马汗
青河县人民检察院检察长 哈力木·艾特克
吉木乃县人民检察院检察长 达吾力·孔盖

新疆生产建设兵团人民检察院检察长 肖明生(兼)

新疆生产建设兵团人民检察院农一师分院检察长 李新建

阿拉尔垦区人民检察院检察长 刘新纪
阿克苏垦区人民检察院检察长 朱 平
沙井子垦区人民检察院检察长 窦新军

新疆生产建设兵团人民检察院农二师分院检察长 邵庆云

库尔勒垦区人民检察院检察长 魏新红(女)
焉耆垦区人民检察院检察长 金 波
乌鲁克垦区人民检察院检察长 范 杰

新疆生产建设兵团人民检察院农三师分院检察长 高建中

图木舒克垦区人民检察院检察长 汪新民
喀什垦区人民检察院检察长 王 玮(女)

新疆生产建设兵团人民检察院农四师分院检察长 王玉杰

伊宁垦区人民检察院检察长 刘传东(代)
霍城垦区人民检察院检察长 李同宾
昭苏垦区人民检察院检察长 张运新

新疆生产建设兵团人民检察院农五师分院检察长 周 平

博乐垦区人民检察院检察长 丁永宏
塔斯海垦区人民检察院检察长 殷新云

新疆生产建设兵团人民检察院农六师分院检察长 柳德亮

五家渠垦区人民检察院检察长 田相伟
芳草湖垦区人民检察院检察长 胡春丽(女)
奇台垦区人民检察院检察长 陈 疆

新疆生产建设兵团人民检察院农七师分院检察长 于 军

奎屯垦区人民检察院检察长 李茂林
车排子垦区人民检察院检察长 王建平

新疆生产建设兵团人民检察院农八师分院检察长 张 毅

莫索湾垦区人民检察院检察长 李戈戎
下野地垦区人民检察院检察长 徐 坚

新疆生产建设兵团人民检察院农九师分院检察长 杨满良

额敏垦区人民检察院检察长 勾程新
叶尔盖提垦区人民检察院检察长 杜 平(代)

新疆生产建设兵团人民检察院农十师分院检察长 芦 剑

北屯区人民检察院检察长 孙明珠
巴里巴盖垦区人民检察院检察长 姚智玉

新疆生产建设兵团人民检察院农十二师分院检察长 赵 刚

乌鲁木齐垦区人民检察院检察长 孙海波
三坪垦区人民检察院检察长 覃 斌

新疆生产建设兵团人民检察院农十三师分院检察长 任德军

哈密垦区人民检察院检察长 (空缺)
巴里坤垦区人民检察院检察长 弯增喜

新疆生产建设兵团人民检察院农十四师分院检察长 何桂宝

和田垦区人民检察院检察长 丁新革

新疆维吾尔自治区人民检察院乌鲁木齐铁路运输分院检察长　吴立新
乌鲁木齐铁路运输检察院检察长　韩若萍(女)
哈密铁路运输检察院检察长　杨　平
库尔勒铁路运输检察院检察长　尤国庆
八家户地区人民检察院检察长　赵新振
莎车牌楼地区人民检察院检察长　艾肯·艾沙
于田卡尔汉地区人民检察院检察长　拜合提牙尔·吾拉木

军事检察院

中国人民解放军军事检察院检察长　李晓峰
中国人民解放军军事检察院副检察长　张道发
中国人民解放军总直属队军事检察院检察长　高建国
中国人民解放军总直属队第二军事检察院检察长　曹明毅
海军军事检察院检察长　许子贤
海军直属军事检察院检察长　钟超学
海军北海舰队军事检察院检察长　朱心雪
海军东海舰队军事检察院检察长　陈宏伟
海军南海舰队军事检察院检察长　徐冠添
空军军事检察院检察长　刘潘之
空军直属军事检察院检察长　朱海文
沈阳军区空军军事检察院检察长　朱秀成
北京军区空军军事检察院检察长　焦克坚
兰州军区空军军事检察院检察长　张晓山
济南军区空军军事检察院检察长　李宪臣
南京军区空军军事检察院检察长　包明忠
广州军区空军军事检察院检察长　吴　谋
成都军区空军军事检察院检察长　周成军
沈阳军区军事检察院检察长　田洪举
沈阳军区直属军事检察院检察长　刘海涛
沈阳军区吉林军事检察院检察长　孙立金
沈阳军区黑龙江军事检察院检察长　傅爱民
北京军区军事检察院检察长　李　军
北京军区直属军事检察院检察长　黄昌龙
北京军区天津军事检察院检察长　张静波
北京军区河北军事检察院检察长　史雅杰
北京军区山西军事检察院检察长　靳　峰
北京军区内蒙古军事检察院检察长　靳明臣
兰州军区军事检察院检察长　孙　明
兰州军区直属军事检察院检察长　张彦民
兰州军区新疆军事检察院检察长　徐卫勇
兰州军区新疆军事检察院南疆分院检察长　闫好荣
兰州军区陕西军事检察院检察长　闫永健
兰州军区青海军事检察院检察长　姜立国
63600 部队军事检察院检察长　高万翔
63650 部队军事检察院检察长　杨义兴
济南军区军事检察院检察长　亓玉民
济南军区直属军事检察院检察长　鲍国平
济南军区河南军事检察院检察长　孟耀军
南京军区军事检察院检察长　左安全
南京军区直属军事检察院检察长　顾振华
南京军区上海军事检察院检察长　董华明
南京军区浙江军事检察院检察长　吕柏超
南京军区安徽军事检察院检察长　苏定方
南京军区福建军事检察院检察长　江小华
广州军区军事检察院检察长　周明华
广州军区直属军事检察院检察长　黄正德
广州军区湖北军事检察院检察长　王明勇
广州军区湖南军事检察院检察长　吉荣华
广州军区广西军事检察院检察长　杨灼然
广州军区海南军事检察院检察长　张　亮
驻香港部队军事检察院检察长　刘　明
成都军区军事检察院检察长　程　洪
成都军区直属军事检察院检察长　张云峰
成都军区重庆军事检察院检察长　吴新元
成都军区云南军事检察院检察长　汪　源
成都军区西藏军事检察院检察长　邓　兵
武警部队军事检察院检察长　雷明君
武警部队北京军事检察院检察长　王云川
武警部队沈阳军事检察院检察长　宫良学
武警部队济南军事检察院检察长　张吉忠
武警部队上海军事检察院检察长　谢天凡
武警部队广州军事检察院检察长　何汉华
武警部队西安军事检察院检察长　张建鸿
武警部队成都军事检察院检察长　顾体军
武警部队乌鲁木齐军事检察院检察长　初会军
武警部队拉萨军事检察院检察长　蒋清平

(最高人民检察院政治部提供)

2009 年最高人民检察院表彰的先进集体和先进个人名单

第三届"全国十佳基层检察院"名单(10 个)

浙江省义乌市人民检察院
广东省广州市天河区人民检察院
北京市朝阳区人民检察院
上海市浦东新区人民检察院
河南省灵宝市人民检察院
四川省什邡市人民检察院
江苏省宜兴市人民检察院
山东省济南市槐荫区人民检察院
江西省丰城市人民检察院
陕西省西安市莲湖区人民检察院

第三届"全国十佳基层检察院提名奖"名单(21 个)

吉林省吉林市昌邑区人民检察院
辽宁省海城市人民检察院
山西省长治市郊区人民检察院
湖北省枣阳市人民检察院
湖南省醴陵市人民检察院
天津市河西区人民检察院
河北省邯郸市峰峰矿区人民检察院
内蒙古自治区根河市人民检察院
黑龙江省东宁县人民检察院
安徽省芜湖县人民检察院
福建省福州市鼓楼区人民检察院
广西壮族自治区南宁市青秀区人民检察院
海南省琼海市人民检察院
重庆市渝北区人民检察院
贵州省毕节市人民检察院
云南省易门县人民检察院
西藏自治区日喀则市人民检察院
甘肃省庆阳市西峰区人民检察院
青海省西宁市城西区人民检察院
新疆维吾尔自治区沙湾县人民检察院
广州军区直属军事检察院

第三届"全国先进基层检察院"名单(200 个)

北京市
朝阳区人民检察院
西城区人民检察院
天津市
河西区人民检察院
北辰区人民检察院
河北省
行唐县人民检察院
隆化县人民检察院
怀来县人民检察院
秦皇岛经济技术开发区人民检察院
廊坊市广阳区人民检察院
保定市新市区人民检察院
泊头市人民检察院
衡水市桃城区人民检察院
邢台市桥东区人民检察院
邯郸市峰峰矿区人民检察院
山西省
长治市郊区人民检察院
阳城县人民检察院
乡宁县人民检察院
河津市人民检察院
孝义市人民检察院
阳泉市郊区人民检察院
朔州市朔城区人民检察院
内蒙古自治区
包头市昆都仑区人民检察院
乌拉特前旗人民检察院
敖汉旗人民检察院
呼和浩特市赛罕区人民检察院
根河市人民检察院

辽宁省
沈阳市苏家屯区人民检察院
大连市沙河口区人民检察院
海城市人民检察院
本溪满族自治县人民检察院
宽甸满族自治县人民检察院
营口市老边区人民检察院
昌图县人民检察院
大洼县人民检察院
吉林省
吉林市昌邑区人民检察院
扶余县人民检察院
东辽县人民检察院
白城市洮北区人民检察院
农安县人民检察院
黑龙江省
哈尔滨市阿城区人民检察院
海林市人民检察院
东宁县人民检察院
鸡西市恒山区人民检察院
鸡西市鸡冠区人民检察院
方正县人民检察院
绥芬河市人民检察院
七台河市桃山区人民检察院
伊春市红星区人民检察院
鹤岗市向阳区人民检察院
上海市
浦东新区人民检察院
闵行区人民检察院
江苏省
张家港市人民检察院
宜兴市人民检察院
仪征市人民检察院
通州市人民检察院
丹阳市人民检察院
东海县人民检察院
大丰市人民检察院
南京市秦淮区人民检察院
淮安市淮阴区人民检察院
浙江省
义乌市人民检察院
杭州市余杭区人民检察院
宁波市鄞州区人民检察院
温州市龙湾区人民检察院
绍兴县人民检察院
舟山市普陀区人民检察院
台州市路桥区人民检察院
缙云县人民检察院
安徽省
芜湖县人民检察院
涡阳县人民检察院
太和县人民检察院
宿松县人民检察院
金寨县人民检察院
凤台县人民检察院
长丰县人民检察院
福建省
福州市鼓楼区人民检察院
厦门市思明区人民检察院
石狮市人民检察院
莆田市荔城区人民检察院
漳平市人民检察院
将乐县人民检察院
江西省
丰城市人民检察院
南昌市西湖区人民检察院
萍乡市安源区人民检察院
吉安县人民检察院
南康市人民检察院
抚州市临川区人民检察院
山东省
济南市槐荫区人民检察院
滕州市人民检察院
东营市东营区人民检察院
烟台市芝罘区人民检察院
诸城市人民检察院
邹城市人民检察院
东平县人民检察院
荣成市人民检察院
莒县人民检察院
陵县人民检察院
滨州市滨城区人民检察院
河南省
郑州市金水区人民检察院
兰考县人民检察院
新安县人民检察院

安阳县人民检察院
濮阳市华龙区人民检察院
许昌县人民检察院
漯河市郾城区人民检察院
灵宝市人民检察院
南阳市宛城区人民检察院
永城市人民检察院
淮阳县人民检察院

湖北省

枣阳市人民检察院
武汉市江汉区人民检察院
阳新县人民检察院
丹江口市人民检察院
当阳市人民检察院
京山县人民检察院
仙桃市人民检察院

湖南省

醴陵市人民检察院
长沙县人民检察院
郴州市北湖区人民检察院
冷水江市人民检察院
隆回县人民检察院
汨罗市人民检察院
慈利县人民检察院
常宁市人民检察院

广东省

广州市天河区人民检察院
广州市番禺区人民检察院
深圳市龙岗区人民检察院
佛山市南海区人民检察院
紫金县人民检察院
五华县人民检察院
中山市第一市区人民检察院
遂溪县人民检察院
封开县人民检察院
英德市人民检察院
潮安县人民检察院

广西壮族自治区

贵港市港北区人民检察院
玉林市玉州区人民检察院
罗城仫佬族自治县人民检察院
苍梧县人民检察院
南宁市青秀区人民检察院
大新县人民检察院
桂林市象山区人民检察院

海南省

琼海市人民检察院

重庆市

渝北区人民检察院
巫山县人民检察院
沙坪坝区人民检察院

四川省

成都市锦江区人民检察院
富顺县人民检察院
什邡市人民检察院
绵阳市涪城区人民检察院
苍溪县人民检察院
马边彝族自治县人民检察院
阆中市人民检察院
宜宾县人民检察院
大竹县人民检察院
南江县人民检察院
资阳市雁江区人民检察院

贵州省

毕节市人民检察院
贵阳市南明区人民检察院
贵阳市花溪区人民检察院
水城县人民检察院
黄平县人民检察院
余庆县人民检察院

云南省

易门县人民检察院
昆明市官渡区人民检察院
昌宁县人民检察院
临沧市临翔区人民检察院
澜沧拉祜族自治县人民检察院
陆良县人民检察院
砚山县人民检察院
丽江市古城区人民检察院

西藏自治区

日喀则市人民检察院
工布江达县人民检察院
当雄县人民检察院

陕西省

西安市莲湖区人民检察院
宝鸡市金台区人民检察院

礼泉县人民检察院
蒲城县人民检察院
延安市宝塔区人民检察院
西乡县人民检察院
甘肃省
庆阳市西峰区人民检察院
白银市白银区人民检察院
兰州市七里河区人民检察院
山丹县人民检察院
秦安县人民检察院
青海省
西宁市城西区人民检察院
格尔木市人民检察院
宁夏回族自治区
中宁县人民检察院
新疆维吾尔自治区
叶城县人民检察院
沙湾县人民检察院
阿克苏市人民检察院
乌鲁木齐市头屯河区人民检察院
鄯善县人民检察院
军事检察院
广州军区直属军事检察院
南京军区安徽军事检察院
新疆生产建设兵团
五家渠垦区人民检察院
铁路运输检察院
重庆铁路运输检察院
杭州铁路运输检察院
监所派出检察院
吉林省四方坨子人民检察院
湖南省长沙市星城地区人民检察院

"全国检察机关基层检察院建设组织奖"名单(49个)

省级人民检察院(8个):
河南省人民检察院
福建省人民检察院
上海市人民检察院
山东省人民检察院
黑龙江省人民检察院
山西省人民检察院
浙江省人民检察院
湖北省人民检察院
地(市)级人民检察院(41个):
河北省承德市人民检察院
河北省邢台市人民检察院
山西省长治市人民检察院
内蒙古自治区包头市人民检察院
辽宁省鞍山市人民检察院
吉林省吉林市人民检察院
黑龙江省牡丹江市人民检察院
黑龙江省七台河市人民检察院
江苏省苏州市人民检察院
江苏省南通市人民检察院
浙江省宁波市人民检察院
安徽省安庆市人民检察院
安徽省宣城市人民检察院
福建省三明市人民检察院
江西省吉安市人民检察院
山东省济南市人民检察院
山东省济宁市人民检察院
河南省开封市人民检察院
河南省安阳市人民检察院
湖北省武汉市人民检察院
湖北省襄樊市人民检察院
湖南省长沙市人民检察院
广东省广州市人民检察院
广东省肇庆市人民检察院
广西壮族自治区贵港市人民检察院
广西壮族自治区梧州市人民检察院
四川省成都市人民检察院
四川省德阳市人民检察院
四川省南充市人民检察院
贵州省六盘水市人民检察院
云南省保山市人民检察院
云南省文山壮族苗族自治州人民检察院
西藏自治区人民检察院林芝分院
陕西省咸阳市人民检察院
甘肃省兰州市人民检察院
青海省海西蒙古族藏族自治州人民检察院
宁夏回族自治区中卫市人民检察院
新疆维吾尔自治区伊犁哈萨克自治州人民检察院塔城分院

中国人民解放军海军军事检察院
新疆生产建设兵团人民检察院农六师分院
四川省人民检察院成都铁路运输分院

授予“全国模范检察官”荣誉称号名单(5名)

喻中升　最高人民检察院渎职侵权检察厅副厅级检察员
李永志　河北省承德市人民检察院副检察长
张京文　北京市西城区人民检察院反贪局局长
张章宝　内蒙古自治区土默特右旗人民检察院控申科科长
杨竹芳　云南省昆明市西山区人民检察院侦查监督科科长

追授“全国模范检察官”荣誉称号名单(3名)

金启和　浙江省台州市路桥区人民检察院原检察员
陈海宏　河南省郸城县人民检察院反贪污贿赂局原局长
罗东宁　重庆市巫山县人民检察院职务犯罪侦察局侦查一科原科长

记一等功的先进集体名单(1个)

郑州铁路运输检察分院

记一等功的先进个人名单(2名)

姜德志　吉林省人民检察院原副检察长兼反贪局局长
毕进西　郑州铁路运输检察分院反贪局局长

记二等功的先进个人名单(6名)

马海滨　最高人民检察院反贪总局副局长
黄　河　最高人民检察院公诉厅副厅长
杨兴国　最高人民检察院反贪总局侦查指挥中心常务副主任
曹永保　郑州铁路运输检察院侦查监督科科长
邓超勇　洛阳铁路运输检察院公诉科副科长
陈宝忠　郑州铁路运输检察分院反贪局副局长

记三等功的先进个人名单(10名)

李连成　最高人民检察院反贪总局侦查二处副处长
宗克华　最高人民检察院反贪总局业务指导处副处长
李源伟　最高人民检察院反贪总局侦查一处副处长
侯亚辉　最高人民检察院公诉厅起诉三处副处长
张希靖　最高人民检察院公诉厅起诉三处副处长
张耀强　郑州铁路运输检察分院公诉处检察员
赵　杰　郑州铁路运输检察分院反贪局检察员
李海涛　郑州铁路运输检察分院反贪局助理检察员
马晓东　郑州铁路运输检察院反贪局副局长
黄国丽　郑州铁路运输检察分院反贪局检察员

嘉奖先进个人名单(2名)

骆满昌　最高人民检察院渎职侵权检察厅侦查处处长
董　敏　最高人民检察院技术信息研究中心工程师

（最高人民检察院政治部提供）

索 引

使用说明

一、本索引采用内容分析索引法编制。除“大事记”外，年鉴中有实质检索意义的内容均予以标引，以供检索使用。

二、本索引基本上按汉语拼音音序排列。具体排列方法如下：以数字开头的标目，排在最前面；汉字标目则按首字的音序、音调依次排列。首字相同时则以第二个字排序，依此类推。

三、索引标目后的数字，表示检索内容所在的正文页码，数字后面的英文字母 a、b，表示正文中的栏别，合在一起指该页码及左右两个版面区域。年鉴中以表格形式反映的内容，则在索引标目后用括号注明（表）字，以区别于文字标目。

四、为反映索引款目间的逻辑关系，对于二级标目，采取在一级标目下缩二格的形式编排，之下再按汉语拼音的音序、音调排列。

0～9

A

B

C

D

F

G

H

J

K

L

M

N

P

Q

R

S

T

W

X

Y

Z

(王彦祥　毋栋　编制)

PROCURATORIAL YEARBOOK OF CHINA 2010

Contents

Part I Special Edition

Part II Selection of the Important Reports and Speeches of the Leaders of the Supreme People's Procuratorate of China

Part III Work Reports of the People's Procuratorates of Provinces, Autonomous Regions and Municipalities directly under the Central Government

Part IV Overview of the Procuratorial Work

National Procuratorial Work

Local and Military Procuratorial Work

Part V Selection of Important Documents of the Supreme People's Procuratorate

Part VI Selection of Judicial Interpretations of the Supreme People's Procuratorate

Part VII Selection of Cases

Part VIII Exchange and Cooperation

Part IX Procuratorial Theories and Research, Newspapers and Periodicals Publication, College, Association, Technological News

Part X Important Matters

Part XI Statistics

Part XII Directory

图书在版编目（CIP）数据

中国检察年鉴.2010/最高人民检察院《中国检察年鉴》编辑部编.
—北京：中国检察出版社，2011.1
ISBN 978-7-5102-0431-9

Ⅰ.①中…　Ⅱ.①最…　Ⅲ.①检察机关-工作-中国-2010-年鉴
Ⅳ.①D926.3-54

中国版本图书馆 CIP 数据核字(2011)第 000138 号

中国检察年鉴(2010)
最高人民检察院《中国检察年鉴》编辑部　编

出版发行：中国检察出版社
社　　址：北京市石景山区鲁谷西路 5 号（100040）
网　　址：中国检察出版社（www.zgjccbs.com）
电　　话：(010) 68658769（编辑）　68650015（发行）　68636518（门市）
经　　销：新华书店
印　　刷：北京品墨缘彩色印刷有限公司
开　　本：787mm×1092mm　16 开
印　　张：40.5 印张　插页 14
字　　数：1265 千字
版　　次：2011 年 8 月第一版　2011 年 8 月第一次印刷
书　　号：ISBN 978-7-5102-0431-9
定　　价：158.00 元